Grundlagen der Schulpädagogik

Band 46

Die Schulsysteme Europas

Albanien · Andorra · Armenien · Belgien ·
Bosnien-Herzegowina · Bulgarien · Dänemark ·
Deutschland · England und Wales · Estland ·
Färöer Inseln · Finnland · Frankreich · Georgien ·
Griechenland · Irland · Island · Italien · Kroatien ·
Lettland · Liechtenstein · Litauen · Luxemburg · Malta ·
Makedonien · Moldawien · Monaco · Niederlande ·
Norwegen · Österreich · Polen · Portugal · Rumänien ·
Russische Föderation · San Marino · Schweden · Schweiz ·
Serbien · Slowakische Republik · Slowenien · Spanien ·
Tschechische Republik · Türkei · Ukraine · Ungarn ·
Weißrussland · Zypern

Herausgegeben von

Hans Döbert / Wolfgang Hörner /
Botho von Kopp / Wolfgang Mitter

Schneider Verlag Hohengehren GmbH

Grundlagen der Schulpädagogik
Herausgegeben von Jürgen Bennack, Astrid Kaiser, Rainer Winkel

Mitbegründet von Ernst Meyer

Umschlagentwurf:

Satz & Litho, 59519 Möhnesee

Gedruckt auf umweltfreundlichem Papier (chlor- und säurefrei hergestellt).

Bibliografische Information Der Deutschen Bibliothek

Die Deutsche Bibliothek verzeichnet diese Publikation in der Deutschen Nationalbibliografie; detaillierte bibliografische Daten sind im Internet über ›http://dnb.ddb.de‹ abrufbar.

ISBN 3-89676-799-2

2. überarbeitete und korrigierte Auflage

© Schneider Verlag Hohengehren, D-73666 Baltmannsweiler 2004
  Printed in Germany. Druck: Druck + Media, Kronach

Inhaltsverzeichnis

Vorwort

Ein solcher Band dürfte sich gerade angesichts der sich in den letzten Jahren vollziehenden Reformen und Veränderungen in den Schulsystemen fast aller europäischen Staaten sowie der bevorstehenden Erweiterung der EU als sehr informativ für einen breiten Leserkreis erweisen. Zudem ist das Interesse an Schulentwicklungen in anderen europäischen Staaten insbesondere nach der Veröffentlichung der Ergebnisse von PISA (international und E) Ende des Jahres 2001 bzw. im Frühsommer 2002 deutlich gewachsen.

Der vorliegende Band beschreibt – in dieser Form bisher einmalig – alle 47 Schulsysteme der souveränen Staaten Europas (der Vatikanstaat, der 48. Staat, hat keine eigenen Schulen) und stellt damit eine umfassende und geschlossene Gesamtschau der Schulsysteme in Europa dar. Der Band stützt sich einerseits auf vorliegende Darstellungen der Bildungssysteme ausgewählter europäischer Staaten, wie „Bildungssysteme in Europa", herausgegeben von Oskar Anweiler u.a. oder die für das Forum Bildung erstellte Studie „Aktuelle Bildungsdiskussionen im europäischen und außereuropäischen Rahmen" von Hans Döbert, Peter Döbrich, Botho von Kopp und Wolfgang Mitter, geht aber andererseits sowohl im Umfang der Beiträge als auch in deren Aktualität über diese Darstellungen hinaus.

Die Länderbeiträge sind jeweils so gegliedert, dass sie historische Entwicklungslinien aufzeigen, Reformen und ihre Kontextbedingungen beschreiben, die Organisation des jeweiligen Schulsystems sowie das System der allgemein und berufsbildenden Schulen analysieren, aktuelle Diskussionen thematisieren und Entwicklungsperspektiven des jeweiligen Schulsystems aufzeigen. Durch die relativ einheitliche Gliederung der einzelnen Länderbeiträge werden zugleich vergleichende Betrachtungen ermöglicht.

Das Buch gibt den Entwicklungsstand in den einzelnen Staaten bis Ende 2001 wieder. Allen Länderbeiträgen ist eine weitgehend einheitliche Gliederung unterlegt. Autor- bzw. länderspezifischen Akzentuierungen blieb gleichwohl genügend Raum. Die Darstellung der Länderbeiträge erfolgte durch Sachkenner der Länder in Deutschland bzw. durch entsprechend kompetente Autoren in den jeweiligen Ländern, wobei die Autoren die Verantwortung für ihre Beiträge tragen. Allen an diesem Buch beteiligten 52 Autoren danken die Herausgeber sehr herzlich für die jederzeit konstruktive Zusammenarbeit.

Der besondere Dank der Herausgeber für diese korrigierte 2. Auflage des Buches gilt Herrn Dr. Tobias Werler (Universität Leipzig) für die vollständige Erneuerung der Schaubilder und ebenso Frau Heike Balzer (Forschungsstelle Berlin des Deutschen Instituts für Internationale Pädagogische Forschung) für die technische Gestaltung des Bandes.

Die in diesem Buch verwendeten maskulinen Personen- und Funktionsbezeichnungen sind dem begrenzten Platz geschuldet und gelten für Frauen und Männer in gleicher Weise.

Berlin, Frankfurt am Main und Leipzig, im September 2002

Hans Döbert
Wolfgang Hörner
Botho von Kopp
Wolfgang Mitter

Vorwort der Reihenherausgeber

Der Stachel sitzt tief!

Das sich bislang meist selbst genügende deutsche Schulsystem ist bei internationalen Qualitätsvergleichen nicht in der Spitzengruppe zu finden! Man mag – mehr oder weniger berechtigt – u. a. auf die Enge der Fragestellungen, die Problematik einer quanitativen wie qualitativen Definition von Leistung in den angesprochenen Studien verweisen. An der Tatsache aber kommt niemand vorbei, dass der Nimbus des deutschen Bildungssystems, wie er seit dem 19. Jahrhundert besteht – wie er allerdings mindestens seit dem Nationalsozialismus und der Bildungskatastrophendiskussion in den Sechzigern des 20. Jahrhunderts bereits in Frage zu stellen war – verblasst ist.

Der Bildungspolitik und den mit Bildung befassten Wissenschaften, vor allem der Allgemeinen Didaktik und der Fachdidaktik sowie die Schulpädagogik, bleibt gar nichts anderes übrig, als über den Tellerrand zu schauen. Eine Darstellung aller europäischer Bildungssysteme, wie sie in diesem Band vorgelegt wird, kommt da gerade recht; weitere Vergleiche, z. B. Ergebnisse nationaler Jugendforschung und der sozialen Lage der Eltern (bzw. der Erziehungsberechtigten), wie auch die genaue vergleichende Dokumentationen von Inhalten und Formen der Lehrer(innen)ausbildung, des Lehrer(innen)-Status und des Lehrer(innen)-Selbstbildes, müssten folgen! Schon die vorgelegte Studie aber kann als Vergleichsrahmen Innovationen im deutschen Bildungssystem anregen und begründen; sie wird – ganz allgemein – internationale Diskussionen anstossen und grundlegen. Geradezu selbstverständlich bietet diese verdienstvolle und umfangreiche Dokumentation einen Diskurshintergrund, wenn es um gesamteuropäische Bildungsinitiativen in der Zukunft geht.

Die Herausgeber der Reihe „Grundlagen der Schulpädagogik", die hierdurch ihren 46. Band vorlegen, haben es sich zum Ziel gesetzt, einerseits neues Denken und Handeln für die Schule anzuregen, andererseits aus alten Fundamenten stabile Grundlagen für eine zukunftsweisende Schulgestaltung zu schaffen. Der vorgelegte Band liefert, so glauben wir, genau dazu reichlich Diskussionsstoff. Lehramtsstudierende, Bildungspraktiker und Bildungspolitiker werden von diesem Werk gewiss profitieren.

Oktober 2002

Im Namen der Herausgeber der Reihe   Jürgen Bennack, Köln

Wolfgang Hörner

Die Schulsysteme Europas – zur Einführung

Der Gegenstand

Der vorliegende Band umfasst – in dieser Form einmalig – die Analyse der 47 Schulsysteme aller souveränen Staaten Europas von Island bis zum Kaukasus und vom Nordkap bis Zypern. Der formell 48. Staat, der Vatikanstaat, hat keine eigenen Schulen.

Ein solches Unterfangen mag vermessen oder naiv erscheinen, wenn es den Anspruch hat, über eine Deskription der Oberflächenstruktur auf der Ebene von kurzen Handbuchartikeln hinauszugehen. Die Herausgeber haben nach kontroversen internen Diskussionen und selbstkritischer Prüfung der Aufgaben die Herausforderung dieses breiten „inklusiven" Europabegriffs angenommen, einschließlich der zeitlichen und materiellen Zwänge, die mit dem Unterfangen verbunden waren. Ob es gelungen ist, muss der Leser entscheiden.

Dabei sind allerdings einige geographischen und geopolitischen Besonderheiten zu erklären. Der Band behandelt die Staaten, die eine politische Souveränität besitzen. Das schließt einerseits die „Zwergstaaten" ein, stößt aber im Falle von Bundesstaaten (mit mehreren „Schulsystemen") auf einige Schwierigkeiten. Gilt es nun ohne weiteres als gute Gewohnheit, im Falle der Bundesrepublik Deutschland oder der Schweiz von einem Bildungswesen zu sprechen, auch wenn dieses eine mehr oder weniger abgehobene Abstraktion von der realen Situation darstellt, wird die Frage im Falle des Vereinigten Königreichs von Großbritannien und Nordirland etwas heikler. Auch dort hat sich, gerade in deutschen Darstellungen (z.B. ROBINSOHN 1970/75; ANWEILER u.a. 1996) die Gewohnheit herausgebildet, das United Kingdom durch das Beispiel des Systems von England und Wales darzustellen – sehr zum Verdruss der Vertreter Schottlands und Nordirlands, die ihre jeweiligen Besonderheiten hier nicht genügend berücksichtigt finden. Trotz dieser Bedenken wurde im vorliegenden Band aus systematischen wie pragmatischen Gründen ebenfalls am „Repräsentationsprinzip" festgehalten. Die Entscheidung für das Gegenteil hätte in ihrer Eigenlogik eine Fülle anderer Aufsplitterungen mit sich gebracht (neben Deutschland und der Schweiz z.B. Belgien und Spanien). Ein analoges Problem stellte sich für die noch bestehende Föderative Republik Jugoslawien, die in diesem Band nur durch den Teil Serbien vertreten ist, wobei die Autorinnen dieser Länderstudie bewusst nur für Serbien sprechen wollten. Da die beiden anderen „Schulsysteme" in der Föderation – Montenegro und Kosovo – sich in einem unmittelbaren Umbruchprozess mit ungewissem politischen Ausgang befinden, war dies ein Grund mehr, auch in diesem Fall das Prinzip zu befolgen, für einen souveränen Staat auch nur ein Schulsystem vorzustellen. Im Falle von Bosnien und Herzegowina löste sich das Problem von alleine dadurch, dass sich für die einzelnen Gliedstaaten eine sehr unterschiedliche Quellenlage präsentierte: da für die Republika Srpska kaum Daten vorlagen, wurde ein im Prinzip integriertes Vorgehen gewählt, in dem die Darstellung der Föderation Bosnien und Herzegowina im Vordergrund steht.

Zum weiten, „elastischen" (vgl. den „Ausblick" von Wolfgang Mitter in diesem Band) Europabegriff des Bandes gehört die Aufnahme zweier Staaten, deren Territorien über die engeren Grenzen Europas hinausgehen, Russland und die Türkei. Es gibt gute Gründe, beide Staaten geopolitisch zu Europa zu rechnen. Russland ist in kultureller Hinsicht eindeutig europäisch geprägt, die Türkei bemüht sich seit dem Beginn des 20. Jahrhunderts (Atatürk) um den Anschluss an Europa. Da dies neuerdings auch von europapolitischer Seite mit der Anwartschaft auf die EU-Mitgliedschaft belohnt wurde, steht ihre Aufnahme in diesem Band außer Frage.

Die Methode

Eingrenzung des Untersuchungsobjekts
Wie ist es möglich, die Fülle des Materials von 47 Schulsystemen zu bewältigen? Zunächst gilt es, eine inhaltliche Eingrenzung vorzunehmen. Der Band behandelt Schulsysteme nur mit kurzem Ausblick auf den Hochschulbereich, die Erwachsenen- und Weiterbildung sowie die außerschulische (betriebliche) Berufsbildung. Die genannten Sektoren werden nur als Kontext bzw. Rahmenbedingung angesprochen, die berufliche Bildung wird nur insoweit zum Gegenstand einer ausführlicheren Analyse, als sie (vollzeit-)schulisch organisiert wird. Durch diese Einschränkung unterscheidet sich dieser Band auch im Gegenstandsbereich von der Zehnländerstudie „Bildungssysteme in Europa" (ANWEILER u.a. 1996), die von einem umfassenderen Begriff des Bildungswesens (unter Einschluss von Hochschule, Berufsbildung und Erwachsenenbildung) ausgeht, sich dagegen aus konzeptionellen und pragmatischen Gründen auf zehn europäische Bildungssysteme beschränkt.

Der Leitfaden
Kern des methodischen Konzepts zur Bewältigung des Materials war ein Leitfaden für die Autoren, der in gewissem Sinn die Struktur der Beiträge (und damit deren Gliederung) vorgibt. Dieser Leitfaden lag den Autoren je nach Bedarf in deutscher und englischer Sprache vor. Er strukturiert die Beiträge in vier Hauptteile:

1. Entwicklung des Bildungswesens
Das erste Hauptkapitel beschreibt den historischen und sozio-kulturellen Rahmen. Dazu gehören die Eckpunkte der historischen Entwicklung des Bildungswesens im Zusammenhang mit der allgemeinen Geschichte des Landes, die sozio-kulturellen Rahmenbedingungen und den allgemeinen bildungspolitischen Zielvorgaben des Bildungswesens (einschließlich Bildungsverfassung).

2. Die Organisation des gegenwärtigen Schulsystems
Dazu gehören neben der Beschreibung der jeweiligen Bildungsziele, des rechtlichen Rahmens, der Verwaltung und Finanzierung des Schulsystems eine Überblicksdarstellung des Schulaufbaus, die Beschreibung der Grobstruktur des beruflichen Bildungswesens, die Formen der Differenzierung, die Übergangsverfahren zwischen Schulstufen und Schultypen, die Frage der Abschlüsse und Berechtigungen, das Verhältnis von staatlicher Steuerung und Eigenverantwortung der Schulen (soweit es nicht beim Problem der Bildungsverfassung schon behandelt wurde), die wichtige

Frage der Qualitätskontrolle und Evaluation sowie schließlich die Frage der Lehrerbildung und der Ausbildung der Schulleiter.

3. Allgemein bildende und berufsbildende Schulen
Dieses Kapitel ist sozusagen der Kern der Länderstudie. Es greift die im 2. Kapitel angesprochene Strukturbeschreibung in ihrem Kern auf und vertieft die eigentlichen Probleme des Schulsystems nach Stufen und Übergängen ausdifferenziert. Übergreifende Leitfragen sind dabei die Ziele, die Curricula, die Unterrichtsgestaltung und auftretende Probleme sowie Fragen der Lehrer. Ebenso wurde ein Ausblick auf den Bereich der außerschulischen Berufsbildung und den Hochschulbereich angeregt. Zu den zu behandelnden Themen sollten auch die Sonderschulen und der Umgang der Schule mit Minderheiten, schwachen Schülern usw. gehören. Da in zahlreichen behandelten Bildungswesen, die eine integrative Struktur aufweisen berufsbildende Bildungsgänge in das Schulsystem integriert sind, war es notwendig, den Titel dieses zentralen Kapitels offen zu formulieren.

4. Aktuelle Diskussionen und Entwicklungsperspektiven
Das abschließende Kapitel zeigt auf der Grundlage aktuell diskutierter bildungspolitischer Kontroversen mögliche Entwicklungsperspektiven der Schule aus der Einschätzung des Autors auf. Der ursprüngliche Plan, im Anhang eines jeden Länderartikels eine Reihe statistischer Daten aufzunehmen, musste im Laufe der Bearbeitung der eingegangenen Texte aufgegeben werden. Die Gründe dafür waren nicht nur praktischer Art, wie der fehlende Platz, um den Band noch „handhabbar" halten zu können, sondern vor allem methodologische Probleme: die Heterogenität und damit letztlich Inkompatibilität der zur Verfügung stehenden Daten. Auch ein gezieltes weiteres Nachrecherchieren, um die aggregierten Daten vergleichbar zu machen, hätte das Problem letztlich nicht behoben. Allerdings ist ein zusätzlicher Statistikband (mit klar definierten und vergleichbaren Bildungsindikatoren) für die nähere Zukunft geplant.
Es ist leicht nachvollziehbar, dass die (unter Berücksichtigung von Doppel- und Mehrfachautoren) insgesamt 52 Bearbeiter der Länderbeiträge die Vorschläge des Leitfadens nicht alle in derselben Stringenz befolgt haben. Für die „Zwergstaaten" wurde zudem bewusst eine vereinfachte Struktur gewählt. Der Leitfaden war im Übrigen auch als Strukturierungsvorschlag, nicht als „Pflichtkorsett" vorgegeben worden. Die Autoren sollten aufgrund der konkreten Situation ihres zu behandelnden Landes die Unterpunkte der vier Hauptkapitel selbst gestalten und frei akzentuieren können.
Unter diesen Gesichtspunkten ist die erreichte Homogenität der Länderbeiträge bemerkenswert. Sie erlaubt es, für bestimmte Länder, manche Problem- oder Strukturkapitel, die für den einen oder anderen Leser von besonderem Interesse sind, „quer" zu lesen, um nach eigenen Kriterien vergleichen zu können. Das Buch ist also – wie ähnliche frühere Unternehmungen seiner Art – keine explizit vergleichende Arbeit, sondern steht im Sinne unseres Funktionsschemas des Vergleichs (z.B. HÖRNER zuletzt 1999, S. 109) im Dienst der idiographischen Funktion des vergleichenden Ansatzes (welche Besonderheiten haben die einzelnen Schulsysteme, was ist ihnen gemeinsam? usw.).

Die Autorenfrage

Ein Problem, das bei einer Unternehmung dieses Ausmaßes geklärt werden muss, ist die Gewinnung geeigneter Autoren für die einzelnen Länderstudien. Dabei sind zwei denkbare Perspektiven möglich: die Analyse der einzelnen Schulsysteme aus der Sicht eines „Bildungsinländers", der sein eigenes System beschreibt (Innensicht) und die eines auswärtigen Forschers, der mit einem besonderen Blick für die Probleme des Vergleichs ausgestattet, das fremde Bildungswesen betrachtet (mit dem er natürlich vertraut sein muss). Diese Betrachtung aus der Außensicht wird seit den Reflexionen des Ahnherrn der Vergleichenden Erziehungswissenschaft, Jullien de Paris, von vielen Komparatisten deshalb besonders geschätzt, weil sie einen unbefangenen und „neutralen" Blick auf die Probleme des zu analysierenden Bildungswesens erlaubt, wobei natürlich eine differenzierte Faktenkenntnis vorausgesetzt wird. Die Beschreibung aus der Innensicht hingegen bringt in der Regel eine differenziertere Kenntnis der Fakten, gerät aber, wenn sie nicht durch komparatistische Erfahrung ergänzt wird, leicht in die Gefahr, nicht genügend Empathie für die Fragen und die Wahrnehmungsmöglichkeiten eines fremden Lesers zu haben und die Frage, was für den gesamten Band im Hinblick auf mögliche weitergehende Problemstellungen relevant ist, nicht immer richtig einzuschätzen.

Mehr pragmatische Zwänge als konzeptuelle Überlegungen haben schließlich dahin geführt, dass genau so viele Beiträge aus der komparatistischen Außensicht geschrieben wurden, wie Beiträge aus der Innensicht, nämlich jeweils 22. In den drei restlichen Fällen wurden Innensicht und Außensicht durch die Kooperation mehrerer Autoren miteinander kombiniert. Dies geschah über eine deutsche Bearbeitung, die stärker in die inhaltliche Struktur der Beiträge eingriff, als eine bloße Übersetzung. Im Übrigen wurden unter den „Bildungsinländern" vorzugsweise solche Autoren angesprochen, die bereits über Erfahrungen in der Vergleichenden Erziehungswissenschaft oder zumindest in internationalen Kooperationen verfügten.

Ein methodisches Problem stellte auch der Zwang zur Übersetzung dar, der sich an die Auswahl der Autoren anschloss. Ein Teil der Beiträge wurde ursprünglich in englischer Sprache vorgelegt, die in der Regel (Ausnahmen: die Beiträge zu England und Wales sowie zu Irland) nicht die Muttersprache der Autoren war. Dies gilt auch für den einzigen nicht-englischen fremdsprachigen Beitrag (zu Island), der aus übersetzungstaktischen Gründen auf Norwegisch vorgelegt wurde.

Diese Brechung durch das Medium einer dritten Sprache, die dann ins Deutsche zu übersetzen war, erwies sich erwartungsgemäß für das Verständnis als besonders schwierig. Die Problemfrage bestand darin, ob die z.T. nur näherungsweise adäquaten englischen Ausdrücke zur Kategorisierung der Schulstrukturen in den englischsprachigen Vorlagen über z.B. baltische oder iberische Bildungsrealität beibehalten werden sollten, ob man sie der deutschen Terminologie angleicht, oder ob man die originalsprachliche Terminologie retabliert und paraphrasiert. Die letztgenannte Variante wurde am häufigsten gewählt, da nach Meinung der Herausgeber dadurch am wenigsten Missverständnisse entstehen konnten.

Die Funktionen

Geht man von unserem Viererschema der Funktionen des Vergleichenden Ansatzes in der Erziehungswissenschaft (bzw. in den Sozialwissenschaften schlechthin) aus, – nämlich die Unterscheidung der idiographischen, evolutionistischen, melioristischen und experimentellen Funktion – so steht dieser Band, dies wurde bereits angedeutet, in erster Linie im Dienst der idiographischen Funktion. Im Vordergrund steht die Frage nach den Besonderheiten der untersuchten Bildungswesen. Diese Frage, die logischerweise die komplementäre Frage nach den Ähnlichkeiten einschließt, kann nun im Kontext unseres weiten Europabegriffs eine praktische europapolitische Funktion einnehmen: seit dem 19. Jahrhundert ist bei den europapolitisch aktiven Kräften gerade im Bereich der Schulpolitik das Bewusstsein verbreitet, dass die Kenntnis der Differenzen die Voraussetzung dafür ist, die tiefere Einheit Europas zu erkennen (so bereits F. THIERSCH 1838 – vgl. HÖRNER 1997, S. 79). Der zugrunde liegende nicht-restriktive Europabegriff erlaubt in diesem Zusammenhang auch, durch den Vergleich von EU-Ländern, Beitrittskandidaten und sonstigen europäischen Ländern, Komponenten der „Europakompatibilität" zu objektivieren, die im Diskurs über die Beitrittsfähigkeit der Länderkandidaten auch für den Bereich des Bildungswesens in die Diskussionen gebracht wurden. Die Frage, ob es wirklich europäische Normen für Schulsysteme gibt, mag der Leser nach der zur Kenntnisnahme der Befunde selbst entscheiden. Das schon angesprochene „Querlesen" der Artikel erlaubt aber nicht nur das Ziehen von europapolitischen Schlussfolgerungen. Die Interessenten des „Problemansatzes" (problem approach) innerhalb und außerhalb der disziplinären Grenzen der Vergleichenden Erziehungswissenschaft finden in der Struktur der zusammengetragenen Länderstudien eine Fülle relevanter Problemfelder, deren Untersuchung bereits auf andere Funktionen des vergleichenden Ansatzes verweisen kann.

Als Beispiele, die in einer großen Anzahl von Länderstudien eine Rolle spielen, seien nur genannt das Verhältnis von Schule und Staat (Privatisierungstendenzen im Bildungswesen), die Behandlung von Minderheiten im Bildungswesen (von besonderer Brisanz etwa im Baltikum, auf dem Balkan, in der Türkei und in Russland), Fragen von Regionalisierung der Schule und ihrer Folgen (Beispiele Belgien, Deutschland, die Schweiz und Spanien) und schließlich die Probleme der Schulstruktur (vgl. dazu auch MITTER 1994): Differenzierungsfragen im Pflichtschulbereich mit den selektiven Sekundarschulen „deutscher Tradition" (Deutschland, Niederlande, Österreich, Teile der allemanischen Schweiz) gegenüber der süd- und westeuropäischen gemeinsamen Sekundarstufe I, der nordeuropäischen Einheitsschule und den tastenden Versuchen der postkommunistischen Transformationsstaaten, ihre eigene Schulstruktur zu finden; des weiteren die Frage der Struktur des postobligatorischen Schulbereiches (Sekundarstufe II), mit der zentralen Frage des Verhältnisses von Berufsbildung und Allgemeinbildung, die nur aus deutscher Sicht ein Randthema ist: in der Tat bieten sehr viele aller anderen Länder (einschließlich Österreichs) die Möglichkeit des Erwerbs eines doppeltqualifizierenden Abschlusses (berufliche Qualifikation und Hochschulreife), die in Deutschland nur in einem zeitaufwendigen konsekutiven Verfahren (Berufsausbildung nach dem Abitur = konsekutive Doppelqualifikation) erreichbar ist. Nicht zuletzt ist der (unterschiedliche)

Umgang mit dem aktuellen Problem der Qualitätskontrolle in der Schule ein Thema, zu dem dieser Band differenziertes Material anbieten kann.

Die Fokussierung auf problemorientierte Fragestellungen hat eine enge idiographische Betrachtungsweise im Kern schon transzendiert. Daneben verweist schon der „Ausblick" von Wolfgang Mitter im Nachwort zu diesem Band in seinem Bemühen um das Herausarbeiten von gemeinsamen Entwicklungstrends auf die evolutionistische Funktion des Vergleichs, die über die Beschreibung des Verschiedenen („Einmaligen") hinaus gemeinsame Evolutionslinien deutlich machen möchte. Solche Evolutionslinien lassen sich möglicherweise über den europäischen Rahmen hinaus mit Ansätzen der „Weltsystemanalyse" im Bildungswesen verknüpfen und zu deren Präzisierung oder Falsifizierung beitragen.

Die Offenheit dieses Bandes für verschiedenartige Funktionen des Vergleichs gilt auch für die eher praktische melioristische Funktion des Vergleichs. Diese hat trotz der Geringschätzung, die ihr manche puristische deutsche Methodologen entgegenbrachten, im Zeitalter der PISA-Untersuchungen (und anderen internationalen Schulleistungsvergleichen), methodologisch geläutert, unter der neuen Bezeichnung „best practise" eine ungeahnte Renaissance erlebt. Es soll hier nicht verhohlen werden, dass die TIMSS-Rezeption in Deutschland ein wichtiger Impuls zur Entstehung des vorliegenden Bandes war. In dieser Hinsicht kann der vorliegende Band – in aller Bescheidenheit, die Herausgeber sehen sich jedoch durch die PISA-Befunde und ihre Diskussion vor allem in Deutschland bestätigt, – wichtige Hinweise geben und Spuren aufdecken, die zur Erkenntnis führen, weshalb andere Schulsysteme besser (oder schlechter) abgeschnitten haben als erwartet. Da dieses Buch (zunächst) in deutscher Sprache erscheint, wird diese Frage sicherlich für das deutschsprachige Publikum von besonderem Interesse sein.

Schließlich ist es nicht ausgeschlossen, die Länderstudien dieses Bandes auch im Hinblick auf die experimentelle Funktion des Vergleiches auszuwerten. Dies lässt sich am Beispiel der Untersuchung der Transformationsprozesse in Mittel- und Osteuropa deutlich illustrieren. Ohne diesen Gedanken an dieser Stelle im einzelnen ausführen zu können, sei darauf verwiesen, dass der Vergleich der Entwicklung des Schulsystems in diesen Staaten eine Reihe von gemeinsamen Zügen und differenten Nuancierungen zu Tage treten lässt, die man nicht alle so erwartet hätte und die wichtige Elemente einer Transformationstheorie postsozialistischer Bildungswesen manifest machen beziehungsweise bestehende Ansätze modifizieren können. Auch eine theoriegeleitete oder auch theoriegenerierende Weiterverarbeitung der Daten im Sinne der Funktion des Vergleichs macht dieser Band also möglich. Aus dieser Perspektive kann der Band allen vier Funktionen vergleichender Forschung dienen.

Mit ihrem Ansatz haben sich die Herausgeber somit bemüht, auf die Interessen möglichst vieler unterschiedlicher Leser einzugehen.

Literatur

ANWEILER, O. u.a.: Bildungssysteme in Europa. Entwicklung und Struktur des Bildungswesens in zehn Ländern: Deutschland, England, Frankreich, Italien, Niederlande, Polen, Russland, Schweden, Spanien, Türkei. Weinheim 1996.

HÖRNER, W.: Europa als Herausforderung für die Vergleichende Erziehungswissenschaft. Reflexionen über die politische Funktion einer pädagogischen Disziplin. In: Kodron, Ch. u.a. (Hrsg.): Vergleichende Erziehungswissenschaft. Herausforderung – Vermittlung – Praxis. Festschrift für Wolfgang Mitter zum 70. Geburtstag. Köln 1997, S. 65-80.

HÖRNER, W.: Historische und gegenwartsbezogene Vergleichsstudien. Konzeptionelle Probleme und politischer Nutzen angesichts der Internationalisierung der Erziehungswissenschaft. In: Tertium Comparationis. Journal für Internationale Bildungsforschung 5 (1999) 2, S. 107-117.

MITTER, W.: Strukturfragen des Bildungswesens im internationalen Vergleich mit besonderer Berücksichtigung der Industrieländer. In: Roth, Leo (Hrsg.) Pädagogik. Handbuch für Studium und Praxis. Studienausgabe. München 1994, S. 572 bis 586.

ROBINSOHN, S. B. u.a. (Hrsg.): Schulreform im gesellschaftlichen Prozess. Ein interkultureller Vergleich, 2 Bde. Stuttgart 1970/1975.

www.ibe.unesco.org

www.asg.physik.uni-erlangen.de

Michael Schmidt-Neke[1]

ALBANIEN

Entwicklung des Bildungswesens

Vom Osmanischen Reich bis 1944

Die Anfänge eines albanischen im Sinne eines albanischsprachigen Schulsystems reichen ins 19. Jahrhundert zurück. Die als kulturelle Identitätsweckung begonnene Nationalbewegung, die später wie in anderen osteuropäischen Ländern als Nationale Wiedergeburt (Rilindja Kombëtare) bezeichnet wurde, schrieb sich die Pflege und Vermittlung des Albanischen im Rahmen eines nationalen Bildungswesens auf die Fahne. 1887 wurden die ersten albanischen Schulen eröffnet, die außer der in Korça nur kurze Zeit existierten; 1891 folgte – ebenfalls in Korça – die erste Mädchenschule. Es dauerte noch bis 1908, bis man sich auf die Verwendung eines modifizierten lateinischen Alphabets verständigt hatte. Die osmanischen Behörden behinderten ein nationalsprachliches Schulsystem ebenso wie die orthodoxe Geistlichkeit, die am Griechischen als Unterrichtsmedium festhielt. Der 1912 entstandene albanische Nationalstaat war zu instabil und zu schwach, um einen Neuaufbau des Bildungswesens auf der Grundlage des osmanischen Schulsystems zu leisten. Während des I. Weltkrieges bemühte sich die österreichische Besatzungsverwaltung in Nordalbanien in Zusammenarbeit mit katholischen Klerikern um den Aufbau eines Schulsystems. Besonders der geringe Urbanisierungsgrad machte die Durchsetzung der dann in den 1920er Jahren für 6-11-jährige Schüler beiderlei Geschlechts eingeführten Schulpflicht illusorisch.

Nach dem Schulgesetz von 1921 waren die Grundschulen dreigegliedert für das 1. bis 3., das 4. und 5. sowie das 6. bis 8. Schuljahr; die Schulpflicht galt also für die ersten beiden Stufen. Grundschulen sollten in jedem Dorf mit mindestens 30 Kindern im schulpflichtigen Alter gegründet werden. In den 1920er Jahren waren nicht einmal ein Fünftel der Schüler Mädchen, in den späten 1930er Jahren immerhin ein Drittel. Es gab mehrere allgemein und berufsbildende Typen von weiterführenden Schulen, einschließlich eines Lehrerbildungsinstituts in Elbasan, ettliche davon in ausländischer Trägerschaft. In Art. 206 der Verfassung des Königreiches vom 1.12.1928 wurde festgehalten: „Die Elementarschulbildung ist für alle albanischen Staatsbürger obligatorisch und wird in den staatlichen Schulen umsonst erteilt." Ein Bildungsgesetz vom 27.6.1928 hatte bereits eine strukturelle Annäherung an das italienische Vorbild eingeleitet. In den 1930er Jahren gab es eine Expansion im Bildungswesen. Der Versuch des Diktators Zogu, 1933 das Schulsystem durch Aufhebung der Privatschulen zu nationalisieren, scheiterte; 1936 wurden die Privatschulen

[1]   Ich danke Herrn Prof. Dr. Emil Lafe, Akademie der Wissenschaften, Tirana, und Herrn Jochen Blanken, Projektleiter für Erwachsenenbildung, Tirana, für wertvolle Materialien, ohne die dieser Beitrag nicht hätte entstehen können.

wieder legalisiert, was besonders den italienischen Hegemonialbestrebungen Vorschub leistete.

Langsame Fortschritte wurden auch bei der Einbeziehung der Mädchen in den Schulunterricht gemacht: Zwischen 1924 und 1934 stieg die Zahl der Mädchen an den Primarschulen von 4.000 auf 15.000. An den Sekundarschulen stieg die Zahl der Schülerinnen von 117 auf 1.205. Im Jahre 1937 wurden im ganzen Land 42 Kurse für Analphabetinnen angeboten, an denen 1.906 Frauen teilnahmen; davon erwarben 1.400 ein Abschlusszeugnis. Für 1928 wurde der Analphabetismus insgesamt mit 84% angegeben; in den Gebirgsbezirken, in denen außer den Geistlichen kaum jemand lesen und schreiben konnte, erreichte die Analphabetenquote aber immer noch 97 bis 98%.

Die Schule im kommunistischen System

Nach dem 2. Weltkrieg setzte die kommunistische Regierung eine Ausrichtung auf das sowjetische Schul- und Pädagogikkonzept durch, wie es auch in Jugoslawien zunächst verfochten wurde. Alphabetisierung (auch durch Erwachsenenbildung, die 1949 obligatorisch wurde), Propagierung des Sozialismus und Qualifizierung der bitter benötigten Fachkräfte standen im Mittelpunkt. Der entscheidende Paradigmenwechsel gegenüber dem Zogu-Regime lag darin, dass die Partei der Arbeit Albaniens (PPSH) in einer „intellektuellen Überproduktion" kein Stabilitätsrisiko sah, sondern ein hohes Bildungsniveau auch für Menschen in wenig qualifizierten Tätigkeiten anstrebte. Das Bildungsreformgesetz von 1946 schrieb zunächst eine vierjährige Schulpflicht fest, die 1952 auf sieben, 1963 auf acht Jahre erhöht wurde. Die Zahl der Grundschulen stieg zwischen 1945 und 1949 von 1.097 mit 77.240 Schülern auf 1.883 mit 150.724 Schülern. Die Schulstruktur umfasste folgende Elemente:

– Vorschulerziehung (*arsim parashkollor*)
– Allgemein bildende Siebenjahresschule (*arsimi i përgjithshëm shtatëvjeçar*), bestehend aus vierjähriger Grundschule (*shkolla fillore*) und dreijähriger unterer Mittelschule (*shkolla mesme e ulët*)
– vierjähriges Gymnasium (*gjimnaz*)
– Berufsbildung (*arsim profesional*) mit 6-12-monatigen Kursen, zweijähriger Berufsschule oder vierjährigen Technischen Schulen (*shkolla teknike*).

Nach dem Bruch zwischen Jugoslawien und dem sowjetischen Lager, in dem Albanien zunächst verblieb, wurden die zahlreichen kulturellen Bindungen an Jugoslawien gekappt; nunmehr wurde das Vorbild der stalinistischen UdSSR direkt übernommen. Das wirkte sich besonders im Ausbau des Berufsschulwesens, der stärkeren Praxisorientierung der Curricula sowie der engeren Verbindung zwischen allgemeiner und beruflicher Bildung aus. 1963 – nach der Trennung vom Ostblock – wurde erneut ein Gesetz über eine umfassende Bildungsreform beschlossen, deren Kernelement die obligatorische Achtjahresschule war, an die sich die allgemein bildende Mittelschule mit vierjährigem Curriculum anschloss. Ab 1968 instrumentalisierte die Parteiführung besonders die Schuljugend für die albanische Variante der Kulturrevolution, die ebenso gegen die Religionen wie gegen den Traditionalismus der albanischen Gesellschaft gerichtet war, aber im Unterschied zur chinesischen Kulturrevolution das Machtmonopol der PPSH nie in Frage stellte. Entscheidend waren weniger strukturelle Änderungen durch das Bildungsgesetz von 1969 als vielmehr die Politisierung der Inhalte und Lernmethoden, besonders durch die Verbindung von Unterricht, Produktionsarbeit und vormilitärischer Ausbildung. Dies griff tief ins Leben der Schüler als auch in das der Lehrer ein, die ständig für Arbeitseinsätze in den Schulferien in Anspruch genommen wurden. Ebenso hatten die Lehrer eine wichtige Funktion in der Erwachsenenalphabetisierung, die 1956 offiziell als abgeschlossen galt.

Die Schule spielte auch eine entscheidende Rolle bei der Umsetzung der vereinheitlichten Schriftsprache, die erst 1972 auf einem gesamtalbanischen Kongress unter Einschluss von Philologen aus dem Kosovo, anderen Teilen Jugoslawiens und der Diaspora orthographisch normiert wurde. In den 1980er Jahren machten die gesellschaftskundlichen Fächer (Albanische Sprache, Literatur, Geschichte, Moralisch-Politische Erziehung, Fremdsprachen) ca. 45% des Curriculums der Achtjahresschule aus, auf den mathematisch-naturwissenschaftlichen Bereich entfiel etwa ein Drittel, auf musische Fächer, Sport und gemeinnützige Arbeit je rund 7%. Eine Abschlussprüfung in Albanisch und Mathematik schloss den Besuch der Achtjahresschule ab. Das Notensystem reichte von 10 (der besten Note) bis 1; die Note 5 galt noch als bestanden. Im Zusammenhang mit der angestrebten hohen Qualifikation aller Berufstätigen stieg die Zahl der Absolventen der Mittelschulen besonders in den 1970er Jahren sprunghaft an; 1990 erreichte sie mit 35.500 ihren Höhepunkt. Dabei lag der Schwerpunkt auf den Fachmittelschulen, in denen die berufsbildenden Fächer Vorrang vor den Natur- und Gesellschaftswissenschaften hatten. 1963 wurde ein Internat für blinde und für taubstumme Kinder gegründet, aber erst durch ein Änderungsgesetz von 1983 wurde ein Sonderschulwesen für geistig oder körperlich behinderte Kinder verankert.

Im kommunistischen System wirkte das Bildungswesen sozial integrativ und homogenisierend. Die vor 1944 von Aufstiegschancen fast ausgeschlossene bäuerliche Mehrheit bekam jetzt ebenso wie die allmählich entstehende Arbeiterschaft Zugang zur Bildung und zu Positionen auf allen Ebenen der Gesellschaft. Ausgegrenzt wurden allerdings – in manchen Fällen über vier Generationen hinweg – die Abkömmlinge „schlechter Familien"; dazu gehörten Vertreter der Kollaborationsbehörden und der antikommunistischen Kampfverbände des II. Weltkrieges, aber auch die Angehörigen von Säuberungsopfern der kommunistischen Elite. Diese Familien wurden meist in abgelegenen und strukturschwachen Verbannungsdörfern interniert, wo die Kinder selten mehr als die Achtjahresschule besuchen konnten.

1983 wurden Geldstrafen für Sorgeberechtigte festgelegt, die die Schulpflicht ihrer Kinder nicht einhielten – ein sicheres Zeichen dafür, dass aufgrund der aufkommenden Versorgungskrise immer mehr Eltern lieber die Arbeitskraft ihrer Kinder nutzten, statt sie zur Schule zu schicken. Die Lehrer litten in Albanien an dem generellen Problem ihrer Kollegen in Osteuropa: ihr Beruf war jenseits aller Propaganda (7. März als „Tag des Lehrers") nicht sehr angesehen und, besonders gemessen an der starken außerunterrichtlichen Belastung, mäßig bezahlt, was allerdings dank der sehr egalitären Gehaltspolitik nicht ganz so sehr ins Gewicht fiel wie anderswo. Die pädagogische Tätigkeit war (und ist) ein typischer Frauenberuf.

Mit der Gründung der Pädagogischen Hochschule in Tirana 1946 wurde die Lehrerbildung deutlich aufgewertet. Weitere Pädagogische Hochschulen folgten in Shkodra, Elbasan und Gjirokastra, wo auch die Lehrer für die griechische Minderheit ausgebildet wurden. Die Studiendauer für angehende Lehrer wurde in den 1980er Jahren auf vier Jahre verlängert. Auch an der Staatsuniversität Tirana wurden Mittelschullehrer ausgebildet, während Sport- und Kunstlehrer an den entsprechenden Fachhochschulen studierten. Die Lehrer waren zur Fort- und Weiterbildung verpflichtet, die von einem Institut für Pädagogische Studien in Tirana organisiert wurde. Neben pädagogischen Fachzeitschriften wie „*Arsimi Popullor*" (Die Volksbildung, 1946-1971) und „*Revista Pedagogjike*" (Pädagogische Zeitschrift, seit 1971) werden die Lehrer durch die seit 1961 bis heute vom Bildungsministerium herausgegebene Wochenzeitung „*Mësuesi*" (Der Lehrer) informiert und instruiert, in der auch die Rechtsquellen unterhalb formaler Gesetze für den Bildungs- und Wissenschaftssektor verkündet werden; sie erreichte in den späten 1980er Jahren Spitzenauflagen von 20.000 Exemplaren.

Transitionsprobleme

Der Systemwechsel verlief in Albanien chaotisch. Besonders um die Jahreswende 1990/91 randalierten und plünderten viele Menschen unterschiedslos gegen staatliche Einrichtungen aller Art einschließlich der Schulen, deren Betrieb vielerorts zeitweilig völlig zum Erliegen kam und nur durch internationale Hilfe notdürftig wieder aufgenommen werden konnte. Auch nach der Stabilisierung der öffentlichen Ordnung herrschte Rechtsunsicherheit, da viele Schulen auf Grundstüc??ken standen, die nach dem Krieg enteignet worden waren und die von den Familien der früheren Eigentümer zurückgefordert wurden. Der Staat übernahm im Schulgesetz von 1995 die Garantie für das Leben der Lehrer und Schüler und die Unverletzlichkeit der Schulgebäude und ihrer Grundstücke.

Das Problem des Absentismus wurde immer drängender. Bereits im November 1992 wurden die Strafandrohungen für Sorgeberechtigte verschärft, deren Kinder nicht zur Schule gingen, und es wurden hohe Geldstrafen für Arbeitgeber verhängt, die schulpflichtige Kinder beschäftigten; 1994 wurden diese Sanktionen für die Sorgeberechtigten und für die Arbeitgeber erheblich erhöht. (zum Teil auf das 20-fache des damaligen Durchschnittslohns). Im Bildungsgesetz von 1995 wurde die Strafandrohung für die Sorgeberechtigten reduziert und bei einer Novellierung 1998 nochmals deutlich gemindert. Die Beitreibung dieser Geldstrafen erwies sich jedoch häufig als unmöglich. Die Bildungsbeteiligung ist in den 1990er Jahren stark gesunken; das betrifft vor allem die Mittelschulen. Es bestand tiefes Misstrauen gegen staatliche Strukturen aller Art, auch gegen das von den Kommunisten geförderte Bildungswesen. Wirtschaftlicher Erfolg im neuen System war ganz offensichtlich nicht vom Bildungsniveau abhängig.

Bei durch Auswanderungsverluste geringfügig gesunkener Bevölkerungszahl sank die Zahl der Kinder in Kindergärten um 38,4%, an Achtjahresschulen um 2,4% und an Mittelschulen um volle 50%. Die Zahl der Studierenden stieg im gleichen Zeitraum um 46,1%. Dabei springt die durch Binnenmigration entstandene unterschiedliche Tendenz zwischen Stadt und Land ins Auge: Auf dem Dorf ging die Schülerzahl der Achtjahresschulen um 13,5% zurück, in der Stadt nahm sie um 22% zu. Auf 1.000 Einwohner bezogen sank die Zahl der Bildungsteilnehmer (ohne Erwachsenenbildung) von 291 (1990) auf 226 (1999); dabei sank der Anteil der Kinder im

Kindergarten von 40 auf 24, der Schüler von 244 auf 190, während der Anteil der Studierenden von sieben auf zwölf anstieg.

Organisation des gegenwärtigen Schulsystems

Grundsätze und Struktur des neuen Schulsystems

Wie in allen Bereichen der Gesellschaft waren für die Neukonzeptionierung des Bildungswesens drei Fragen zu beantworten, die nach den Inhalten, die nach den Strukturen und die nach dem Leistungsniveau. Die ideologischen Fächer wurden gestrichen (Wehrerziehung, Parteigeschichte, gesellschaftlich nützliche Arbeit) bzw. durch „entpolitisierte" Inhalte ersetzt. Zum Teil mussten die Schulen ohne Lehr- und Lernmittel auskommen, bis auch dank ausländischer Unterstützung, z.b. der Soros-Stiftung, neue Schulbücher erarbeitet waren.

Erst am 21.6.1995 wurde ein neues Gesetz über das voruniversitäre Bildungswesen verabschiedet. Seine Grundsätze sind die Schulpflicht vom 6. bis zum 16. Lebensjahr, der laizistische Charakter der staatlichen Schulen, das Recht auf Privatschulen, die Kostenfreiheit, das Recht der nationalen Minderheiten auf muttersprachlichen Unterricht und Lehrinhalte, die ihre Geschichte und Kultur beinhalten sowie das Recht der Auslandsalbaner auf Unterricht in Albanien.

Das Schulsystem besteht aus vier Ebenen:
- der öffentlichen Vorschulbildung (*arsimi parashkollor publik*),
- der öffentlichen Pflichtschulbildung (*arsimi i detyruar publik*),
- der öffentlichen Mittelschulbildung (*arsimi i mesëm publik*),
- der öffentlichen Sonderschulbildung (*arsimi special publik*).

Auch für die zwei größten ethnischen Minderheiten, die Griechen und die Makedonier, gibt es staatliche Vorschulen und Schulen, in denen mindestens teilweise muttersprachlicher Unterricht erteilt wird. Das Schuljahr ist in zwei Semester mit zusammen 34-35 Unterrichtswochen eingeteilt. Ans letzte Jahr der Achtjahresschule schließen sich zwei, ans vierte Jahr der Mittelschule vier Prüfungswochen an. Neben zwei Ferienwochen zum Jahreswechsel und einer Woche zu Ostern ist wie in Südeuropa üblich die Sommerpause mit drei Monaten (Mitte Juni bis Mitte September) sehr lang.

Privatschulen

Erstmals wurde durch das Gesetz von 1995 das Recht auf die Gründung und den freien Zugang zu laizistischen Privatschulen kodifiziert. Aufsichts-, Genehmigungs- und Widerrufsbehörde ist das Bildungsministerium, das binnen drei bis zwölf Monaten über einen Genehmigungsantrag zu entscheiden hat; wenn Religionsunterricht erteilt wird oder teilweise fremdsprachlich unterrichtet wird, entscheidet die Regierung über den Zulassungsantrag. Albanische Sprache, Literatur, Geschichte und Geographie sind auf Albanisch zu unterrichten. Die Anforderungen der staatlichen Lehrpläne sind einzuhalten. 1995/96 waren bereits acht private Einrichtungen zugelassen: zwei albanische Privatschulen, fünf Medresen (islamische Privatschulen) und ein türkisches Kolleg. Anfang 2000 besuchten 0,3% der Schulpflichtigen eine private Schule. Mitte 2001 gab es 81 Privatschulen, darunter 33 Mittelschulen, sowie 55 private Kindergärten. 1998 wurde darüber hinaus die Kategorie der privaten ergänzenden Bildungseinrichtungen geschaffen, die besondere Fächer anbieten. Die Nachfrage nach Privatschulen ist hoch, entsprechend dem geringen Prestige der staatlichen Schulen. Das stärkt die soziale Ausdifferenzierung, weil die vom Staat nicht bezuschussten privaten Einrichtungen sich durch die von den Eltern zu erbringenden Schulgelder bzw. durch Sponsorengelder finanzieren müssen. Die Schulpflicht kann in Ausnahmefällen auch durch Privatunterricht erfüllt werden, sofern die Prüfungen an einer öffentlichen Schule abgelegt werden.

Schulfinanzierung

Die Finanzierung des Bildungswesens ist Sache des Staates, außer wenn die Berufsschulen wirtschaftliche Verträge abschließen. Dabei ist allerdings entsprechend dem albanischen Haushaltsrecht ein großer Teil der staatlichen Mittel den Kommunalhaushalten mit Zweckbindung zugewiesen, was zu erheblichen Disparitäten führt; dazu gehören auch die Kosten für die Lehrer und das übrige Personal. 82% der Ausgaben für Bildung sind Personalkosten. Auch im Bildungssektor ist der Anteil der ausländischen Hilfen erheblich (1997/98 ca. 8%). Die Eltern zahlen knapp die Hälfte der Preise der Schulbücher sowie die Verbrauchsmaterialien. Auf freiwilliger Basis tragen sie mit Bargeld oder Sachspenden zur Schulausstattung bei; mancherorts bezahlen sie die Wachen für gefährdete Schulen. Die Schulbeiräte engagieren sich besonders beim Fundraising.

Lehrpersonal

Die Lehrer, die bis 1991 in einer der (seit 1982 vier) Branchengewerkschaften innerhalb des Gewerkschaftsbundes BPSH organisiert waren, gründeten Branchengewerkschaften innerhalb der beiden großen Gewerkschaftsbünde, die mit der Regierung Gehaltszuschläge für den Einsatz in abgelegenen Bergregionen vereinbarten. Dennoch herrschte – besonders in den Naturwissenschaften – Lehrermangel, weil auch mit Zuschlägen die Einkommen unattraktiv waren, während es gleichzeitig immer bessere Möglichkeiten für gebildete Menschen mit Fremdsprachenkenntnissen gab, in der Wirtschaft ein Vielfaches zu verdienen. Die Zahl der Lehrer ist deshalb seit 1990 stark zurückgegangen; einem minimalen Zuwachs von 0,8% an den Achtjahresschulen stehen Rückgänge von 32,8% an den Vorschulen und Kindergärten und von 40,8% an den Mittelschulen gegenüber. Gleichzeitig ist der Lehrerberuf für Männer immer unattraktiver geworden; die Geschlechterstruktur hat sich extrem zugunsten der Frauen verschoben.

Inflationsbedingt werden die allgemeinen Mindestlöhne und die Einkommen im öffentlichen Dienst regelmäßig erhöht; dazu führt das Ministerium jährliche Verhandlungen mit der Lehrergewerkschaft; die Regierung setzt dann die Bezüge fest. Mitte 2001 bekam ein Lehrer an einer Achtjahresschule nach zehn Dienstjahren ca. 15.000 Lek (ca. 115 €); dazu kommen Zuschläge, wenn er nicht an seinem Wohnort eingesetzt wird. Lagen die Lehrergehälter bis 1990 leicht über dem Durchschnitt der Einkommen im öffentlichen Dienst (der damals außer den Genossenschaftsbauern alle Beschäftigten umfasste), sanken sie in den 1990er Jahren deutlich unter diesen Durchschnitt. Sie sind besonders bei den unteren Dienstaltersstufen ohne Zulagen unzureichend zum Lebensunterhalt; die Lehrer sind auf Nebenerwerb durch Privatunterricht oder im Handel angewiesen und vernachlässigen dadurch oft ihre Dienst-

aufgaben. Einstellungsbehörde ist die Bildungsdirektion des Kreises. Die Schulleitungen haben zwar die Möglichkeit, die Entlassung unqualifizierter und unzuverläs-
siger Lehrer vorzuschlagen, tun dies aber kaum, um den Konflikten des informellen
Beziehungsgeflechts zu entgehen, das Albaniens Sozialstruktur unvermindert prägt.
Für Lehrkräfte, die nur in der Unterstufe eingesetzt werden, ist kein Hochschulstudium erforderlich, sondern nur die Absolvierung einer Pädagogischen Mittelschule.
1999/2000 hatten 47% der Lehrer an Achtjahresschulen keine Hochschulausbildung.
Aber selbst an den Mittelschulen arbeiteten 4,1% der Pädagogen ohne Hochschuldiplom. Nach Angaben von 1997 entsprachen 21,8% der beschäftigten Lehrer nicht
den Qualifikationsanforderungen. Die Lehrerfort- und -weiterbildung ist noch nicht
umfassend neu geregelt und wird derzeit von Stiftungen (besonders Soros oder
ähnlichen Instituten) wahrgenommen. Viele Lehrer orientieren sich nach wie vor an
den überkommenen Methoden des lehrerzentrierten Frontalunterrichts.

Schulaufsicht und -leitung

Das Bildungs- und Wissenschaftsministerium (*Ministria e Arsimit dhe Shkencës*) hat
folgende Kompetenzen: die Schulaufsicht, die Festsetzung der Lehrpläne, die Festsetzung der Richtwerte der Unterrichtsversorgung und der Stundentafeln, die Genehmigung der Schulbücher, Festsetzung der Kriterien für Schulabschlüsse und für
die Anerkennung ausländischer Abschlüsse, die Lehreraus- und –weiterbildung und
die Gründung von Berufs- und Sonderschulen.
Ihm nachgeordnet sind das Institut für Pädagogische Studien (*Instituti i Kërkimeve
Pedagogjike*), das die Lehrpläne erarbeitet, die Verlage für Schulbücher und für
Hochschullehrbücher, die mittlerweile aufgrund von Ausschreibungen verlegt werden, das in Privatisierung befindliche Unternehmen für Buchverteilung sowie die
Bildungsdirektorien in den Verwaltungen der 36 Kreise mit Zuständigkeit für die
personelle und sächliche Versorgung der Schulen. Die Gemeinden entscheiden über
die Gründung der allgemein bildenden Schulen sowie der Kindergärten und die
Zuweisung der Kinder an die Schulen.
Die Schulen werden von Direktoren geleitet, die von dem zuständigen Bildungsdi-
rektorium ernannt werden. Die Kompetenzen der Schulleitungen – wie überhaupt
die Eigenverantwortung der einzelnen Schulen – sind sehr beschränkt. Es gibt – zumindest theoretisch – mehrere Beratungsgremien: einen Pädagogischen Rat, Eltern-
beiräte auf Klassen- und Schulebene sowie einen Schulbeirat, der sich allerdings,
soweit überhaupt existent, eher um die Akquirierung von Finanzmitteln als um inhaltliche Beratung bemüht. Eine schulinterne Mitbestimmung der Lehrer, Eltern und
Schüler gibt es bisher nicht.

Leistungsevaluation

Albanien beteiligt sich an internationalen Bildungsprogrammen, z.T. allerdings zeit-
versetzt. Erst im November 2001 wurde nachträglich an 175 Schulen der von der
OECD organisierte internationale Leistungsvergleich PISA (Programme for International Student Assessment) durchgeführt, dessen weltweite Auswertung auf der
Grundlage von 35 Teilnahmeländern bereits im Dezember 2001 veröffentlicht wurde. Außer den genannten Abschlussprüfungen der Achtjahresschule und der Mittelschule gibt es ansonsten keine Evaluierungen von Schul- und Schülerleistungen.

Allgemein bildende und berufsbildende Schulen

Vorschulen

Die Vorschulerziehung erfolgt für die 3-6-jährigen Kinder in kommunalen Kindergärten. Die Anmeldung ist freiwillig; Kosten werden nur erhoben, wenn Verpflegung angeboten wird. Aufgabe der Kindergärten sind Betreuung und Erziehung; zugleich sollen sie auf den Schulbesuch vorbereiten. Während bis 1990 größere Unternehmen einen Betriebskindergarten vorhalten mussten, wurden diese im Zuge der Privatisierung und Stilllegung der sozialistischen Betriebe geschlossen. In den 1990er Jahren ging die Zahl der Kindergärten sowie die Zahl der Kinder, die Kindergärten besuchen, um über 38,2% zurück. In den meisten Kindergärten wird keine Verpflegung mehr angeboten: Konnten 1990 noch 665 (von 804) städtischen Kindergärten und 351 (von 2.622) Dorfkindergärten ein Essensangebot vorhalten, waren es 1999 nur noch 97 (von 380) städtischen Einrichtungen und keiner von 1.731 dörflichen Kindergärten. Mit anderen Worten: 87,3% aller 3-6-jährigen Kinder, die einen Kindergarten besuchen, erhalten dort keine Verpflegung.

Die Achtjahresschule

Die zentrale Schulart ist nach wie vor die Achtjahresschule. Sowohl die Zahl der Einrichtungen als auch die der Schüler sind in den 1990er Jahren fast konstant geblieben. Ihre Strukturen sind konzentriert worden. Rund 100 Dorfschulen, die nur die Klassenstufen 1 bis 4 unterrichtet hatte, wurden geschlossen bzw. zusammengelegt. Gleichzeitig hat die Gesamtzahl der eingerichteten Klassen von 26.131 auf 18.965 um 27,5% abgenommen. Während es bei der Schüler-Lehrer-Relation keine starken Veränderungen gab, wurde die durchschnittliche Klassenfrequenz an den Achtjahresschulen insgesamt von 21 auf 27 erhöht; dies wirkt sich am stärksten in den Unterstufenklassen auf dem Dorf aus, wo die Klassenstärke von 13 auf 29 (also um 113%!) anstieg. Die mindestens achtjährige Pflichtschule ist in eine Unter- und eine Oberstufe eingeteilt, kann jedoch auch in verkürzter Form sowie mit jahrgangsübergreifenden Klassen angeboten werden; das ist in den dünnbesiedelten Bergregionen die einzige Möglichkeit, das im Gesetz vorgeschriebene flächendeckende Angebot umzusetzen.

Die Modellstundentafel für die Achtjahresschule sieht 15 Fächer vor, die nicht alle gleichzeitig unterrichtet werden. Im 3.-5. Jahr wird ein Sammelfach Naturwissenschaftliche Kenntnisse gelehrt, das im 6. Jahr durch Biologie und Physik ersetzt wird; in der Abschlussklasse kommt Chemie dazu. Die Fremdsprache ist Englisch oder Französisch, abhängig von den zur Verfügung stehenden Lehrkräften. Insgesamt wächst die Stundentafel von 21 Stunden (zu 45 Minuten) im ersten auf 30 Stunden im letzten Jahr. Die Übergangsquote auf die weiterführenden Schulen erreichte 1995/96 mit nur noch 55% einen Tiefpunkt; bis 1999/2000 stieg sie wieder auf 67% an.

Die Mittelschule

Die Mittelschule hat die tiefgreifendsten Veränderungen durchlaufen. Die Halbierung ihrer Schülerzahl hängt mit Umorientierung weg von der beruflichen hin zur allgemein bildenden Sekundarschule zusammen, da der Staat das Bildungsangebot nicht mehr an die Perspektiven des Arbeitsmarktes koppelt. Alle Absolventen der Pflichtschule, die nicht älter als 16 Jahre sind, haben das Recht auf den Besuch der Mittelschule, die in verschiedenen Profilen zur allgemeinen oder Fachhochschulreife führt; auch sie kann mit jahrgangsübergreifenden Klassen arbeiten. Die allgemein bildende öffentliche Mittelschule ist vierjährig; sie kann Wahlfächer und Pflichtwahlkurse anbieten. Es gibt künstlerische und andere spezialisierte Mittelschulen.

Auch in der allgemein bildenden Mittelschule sind 15 Fächer vorgesehen. Davon wird Gesellschaftslehre nur in den ersten zwei Jahren, Philosophie im dritten und Wirtschaftslehre im vierten Jahr gelehrt. Technologie wird nach zwei Jahren durch Informatik ersetzt. Im letzten Jahr wird statt Geographie Astronomie unterrichtet. Musische Fächer sind nicht vorgesehen. Die Standardfremdsprache ist Englisch oder Französisch, doch kann die Schulleitung auch Italienisch oder Deutsch festsetzen, sofern das dafür nötige Unterrichtspersonal langfristig gesichert ist. Eine zweite Fremdsprache kann durch Verfügungsstunden abgedeckt werden.

Neben den allgemein bildenden Mittelschulen stehen die öffentlichen Berufsschulen (*shkolla profesionale publike*). Sie schließen für Facharbeiterausbildungen an das 8. Jahr der Pflichtschule mit 2-3-jährigen Ausbildungsgängen an; danach ist ein Überwechseln an die allgemein bildende Mittelschule zum Erwerb der Hochschulreife möglich. Für die Ausbildung von Technikern, Managern u.a. dauern die Ausbildungsgänge fünf Jahre (bzw. drei Jahre, wenn der Schüler bereits zehn Jahre an der Pflichtschule absolviert hat); mit dem Abschlusszeugnis wird das Abitur erworben. Die Berufsschüler absolvieren Praktika in Unternehmen. Die Berufsschulen nehmen auch Weiterbildungsaufgaben für die Mitarbeiter von Behörden wahr; die Kosten werden von den Behörden getragen. Sie haben deswegen eine größere Finanz- und Verwaltungsautonomie als die allgemein bildenden Schulen und können selbst Verträge schließen. Seit 1998 ist sogar eine Privatisierung von Berufsschulen zulässig.

Beim Ende des PPSH-Systems waren 69,5% aller Mittelschulen berufsbildend, 21,4% waren verbundene Systeme; nur 9,1% waren allgemein bildend. 67,2% der Mittelschüler folgten einem berufsbildenden Curriculum. Zehn Jahre später hat die Zahl der Schüler im allgemein bildenden Zweig um 31,3% zugenommen, während die im berufsbildenden Zweig um 89,5% zurückgegangen ist. Dementsprechend ist die Bedeutung der berufsbegleitend absolvierten Abendschule zurückgegangen. 1990/91 besuchten 29,8% der Mittelschüler Abendkurse; 1999/2000 waren es nur noch 11,9%. Im allgemein bildenden Bereich legten im Schuljahr 1998/99 72,6% der vier Jahre zuvor in die Mittelschule aufgenommenen Schüler das Abitur ab.

Der Hochschulzugang erfolgt auf der Grundlage zentral festgelegter Aufnahmequoten für jeden Studiengang nach dem Konkurrenzsystem; es gibt Sonderaufnahmequoten für albanische Studienbewerber aus Kosovo, Makedonien, Montenegro und dem albanischen Minderheitengebiet in Südserbien sowie für Inländer aus den strukturschwachen Bezirken. Die Übergangsquote vom Abitur an die inländischen Hochschulen schwankt zwischen 40 und 50%.

Sonderschulen

Kinder mit körperlichen, geistigen oder seelischen Beeinträchtigungen sollen auf Verlangen der Eltern in den Regelschulen integriert und zusätzlich gefördert werden, sofern dies möglich ist; sonst sollen sie in besonderen Klassen und Einrichtungen von sonderpädagogisch qualifizierten Lehrern unterrichtet werden.

Aktuelle Diskussionen und Entwicklungsperspektiven

Da die Schüler- und Schulzahlen der Achtjahresschule in den 1990er Jahren fast konstant blieben, bedeutet dies angesichts des Anwachsens der entsprechenden Altersgruppe, dass insgesamt 11% der Kinder ihre Schulpflicht trotz Strafandrohungen gegen die Erziehungsberechtigten nicht erfüllen; dieser Absentismus betrifft hauptsächlich Kinder, die auf dem Land leben bzw. aus den Dörfern an die Stadtränder migriert sind. In vielen Schulen herrschen unterrichtsfeindliche Rahmenbedingungen; Heizungen, Wasserversorgung und sanitäre Anlagen sind in einem unzumutbaren und gesundheitsgefährdenden Zustand. Die Migration in die Städte hat dort zu völlig überfüllten Klassen mit 40-50 Schülern geführt, in denen ein effizienter Unterricht praktisch unmöglich ist.

Die Defizite der inneren Sicherheit treffen die Schulen und die Jugendlichen besonders hart. Sowohl 1990/91 als auch 1997 wurden Schulen geplündert und zerstört. Noch heute sind Raubüberfälle auf Schulen und Schüler nicht selten. Jugendliche treten sowohl als Konsumenten als auch als Dealer von Rauschgiften auf. Das gravierendste Kriminalitätsproblem ist jedoch der Menschenhandel. Sehr viele junge Albanerinnen wurden mit Gewalt oder unter falschen Versprechungen verschleppt und zur Prostitution gezwungen. Viele Eltern halten ihre Töchter deshalb von außerunterrichtlichen Veranstaltungen fern oder schicken sie überhaupt nicht zur Schule. Die Schulleitungen reagieren meist mit dem Ausschluss auffällig gewordener Schüler (was auf dieselben Schwierigkeiten stößt wie die Entlassung ungeeigneter Lehrer), mit der Einstellung von Wachpersonal und der Errichtung von Mauern um die Schule. Nach 1991 spielte die politische Diskriminierung keine Rolle mehr, aber die Desintegration der albanischen Gesellschaft führt beim Zugang zu den verschiedenen Bildungwegen und bei der äußeren und inhaltlichen Qualität der Unterrichtsversorgung zu ungleichen Chancen. So sind insbesondere Kinder aus armen Familien, aus ländlichen Regionen (über die Hälfte der Bevölkerung!) und aus durch Binnenmigration neu entstandenen Randbezirken der Städte sowie generell Mädchen deutlich benachteiligt.

Literatur

DETHILLEUL, Y./HOXHA, A./LLAMBI, S./GJERMANI, L./ KOKOMERI, I./KITA, L.: Albania: Issues and Challenges in Education Governance. Tirana, Washington (D.C.): The World Bank 2000.

DUDWICK, N./SHAHRIARI, H.: Education in Albania: Changing Attitudes and Expectations. Tirana, Washington (D.C.): The World Bank 2000.

DYRMISHI, D.: Arsimi dhe shkenca në vitet 1949-1960. In: Studime Historike (2001) 1-2, S. 111-125.

FINGER, Z.: Schulwesen: In: Grothusen, K.-D. (Hrsg.): Südosteuropa-Handbuch, Band VII: Albanien. Göttingen 1993, S. 529-554.

GROTHUSEN, K.-D. (Hrsg.): Südosteuropa-Handbuch Band VII: Albanien. Göttingen 1993.

LAMOUREUX, M. E.: Restructuring Alternatives for Albania's VET Subsector. Tirana, Washington (D.C.): The World Bank 2000.

MUSAJ, F.: Arsimi femëror në Shqipëri 1925-1939. In: Studime Historike (2001) 1-2, S. 43-64.

NAVAL INTELLIGENCE DIVISION: Albania. Geographical Handbook Series. Oxford August 1945.

OSMANI, S.: Fjalor i pedagogjisë. Tirana 1983.

PALOMBA, G./VODOPIVEC, M.: Financing, Efficiency, and Equity in Albanian Education. Tirana, Washington (D.C.): The World Bank 2000.

SCHMIDT-NEKE, M.: Entstehung und Ausbau der Königsdiktatur in Albanien (1912-1939). München 1987 (= Südosteuropäische Arbeiten 84).

TEMO, S.: Arsimi në Republikën Popullore Socialiste të Shqipërisë. Tirana 1985.

TUNGER (BEJKO), W.: Çapitjet e mia nëpër Shqipëri. Tirana 2000 (deutsche Ausgabe in Vorbereitung).

Periodica

FLETORJA ZYRTARE, Tirana 1992 ff.

GAZETA ZYRTARE, Tirana 1944-1991.

MËSUESI, Wochenzeitung des Bildungsministeriums.

VJETARI STATISTIKOR I SHQIPËRISË 1991. Tirana 1991.

VJETARI STATISTIKOR I ARSIMIT 1998 und 2000. Tirana 1998 bzw. 2000.

Albanien

Vorschul-bereich | Primarbereich | Sekundar-Bereich I | Sekundar-Bereich II

Kindergarten (kopsht)

Achtjahrdsschule [shkollë tetëvjeçare]

Unterstufe (cikël fillor)

Oberstufe (cikël lartë)

Mittelschule (shkollë e mesme)

Berufsschule (shkollë profesional)

Universität (universitet)

Fachhochschule (shkolla e lartë, institut i lartë)

Schulpflicht

Alter: 3 4 5 6 7 8 9 10 11 12 13 14 15 16 17 18 19 20 21 22 23

Schuljahre: 1 2 3 4 5 6 7 8 9 10 11 12 13 14 15 16 17

© DIPF 2004

Roland Rudolf/Wendelin Sroka

ANDORRA

Das im Südteil der Pyrenäen gelegene, von Frankreich und Spanien umgebene Fürstentum Andorra (*Principat d´Andorra*) ist mit einer Ausdehnung von 468 Quadratkilometern und ca. 68.000 Einwohnern einer der kleinsten Staaten Europas. Gleichwohl verfügt es aus historisch-politischen Gründen über ein komplexes und pluralis-
tisches Bildungswesen. Das seit Jahrhunderten bestehende *Herrschaftssystem des
spanisch-französischen Co-Prinzipats* ließ mit der Gründung spanischer und französischer Schulen zunächst zwei parallele, von den Nachbarländern verantwortete und
finanzierte Schulsysteme entstehen. Überwiegend durch Immigration aus Spanien,
Frankreich und Portugal wuchs die Einwohnerzahl in den letzten 50 Jahren um das
Zwölffache, mit der Folge, dass der Anteil der Andorraner an der Gesamtbevölkerung heute noch 34% beträgt. Gleichzeitig vollzog Andorra in hohem Tempo den
Schritt von einer agrarischen in eine Dienstleistungsgesellschaft. Neben dem Katalanischen, das als Staatssprache fungiert, sind Spanisch (Kastilisch) und Französisch
anerkannte Verkehrssprachen.

In der Gegenwart existieren in Andorra *differenzierte Bildungsangebote* der vorschulischen Bildung, der Grundschulbildung, der Sekundarschulbildung einschließlich der beruflichen Bildung und in beschränktem Umfang auch der Hochschul- und
der Erwachsenenbildung. Die Eltern schulpflichtiger Kinder haben dabei die Wahl
zwischen dem spanischen, dem französischen und dem seit 1982 bestehenden andorranischen (katalanischsprachigen) Schulsystem, einem System katholischer (spa-
nischsprachiger) Schulen sowie einer englischsprachigen Privatschule. Alle Systeme
sind so konzipiert, dass sie den späteren Übergang der Schüler in Einrichtungen des
Bildungswesens entweder Spaniens oder Frankreichs – im Falle der Privatschule in
Bildungseinrichtungen des angelsächsischen und des spanischen Sprachraums – ermöglichen. Dem Ministerium für Bildung, Jugend und Sport (*Ministerio d´Educa-
ció, Joventut i Esports*) des Fürstentums Andorra ist unmittelbar lediglich der andorranische Teil des Schulsystems unterstellt. Das Ministerium finanziert ferner den
Betrieb der katholischen Schulen und ist zuständig für den Bau und die Unterhaltung
der Schulen des französischen und des spanischen Systems, deren Lehrer von den
Nachbarländern bezahlt werden. Im andorranischen System wurden 1998 mit ca.
1.000 Schülern etwa 13% aller Schüler des Landes unterrichtet. Die Hälfte der
Schüler besuchten Schulen des französischen Systems, spanischsprachige Schulen
(einschließlich katholische Schulen) nahmen etwa 35% der Schüler auf.

Allgemeine *Schulpflicht* besteht vom 6. bis zum 16. Lebensjahr. Während der Dauer
der Pflichtschulbildung ist der Besuch sämtlicher Schulen mit Ausnahme der Privatschule grundsätzlich kostenfrei. Auf Antrag der Erziehungsberechtigten kann auch
der kostenlose Besuch von Vorschuleinrichtungen und weiterführenden Schulen ermöglicht werden.

Die *Einrichtungen des Vorschulwesens* für Kinder von drei bis sechs Jahren sind den
jeweiligen Schulsystemen zugeordnet. Die pädagogische Arbeit erfolgt auf der

Grundlage von Lehrplänen, die der systematischen Wissensvermittlung großes Gewicht einräumen. In den andorranischen Vorschuleinrichtungen gibt es getrennte Lerngruppen für Kinder mit katalanischer und französischer („katalanisch-französischer") Muttersprache.

Die *Grundschule* für Kinder vom 6. bis zum 12. Lebensjahr umfasst sechs Jahrgangsstufen mit drei je zweijährigen Zyklen. Im Zentrum des Unterrichts stehen neben Sozialwissenschaften, Naturwissenschaften, Mathematik und Technologie, Kunst, Musik und Körpererziehung die Sprachen: Eine Zweitsprache wird in der Regel bereits ab dem 1. Zyklus, eine Drittsprache ab dem 2. Zyklus unterrichtet. Die Grundschulen des andorranischen Systems behalten die im Vorschulbereich praktizierte Differenzierung der Lerngruppen nach der Muttersprache der Kinder bei, Unterrichtssprache ist dann ausschließlich das Katalanische. Im französischen Schulsystem ist die Elementar- und Grundschulbildung in 14 Vorschul- und Grundschulzentren (*centres maternels et primaires*) zusammengefasst.

Der *Sekundarbereich* gliedert sich in allen Schulsystemen Andorras in einen obligatorischen Sekundarbereich I mit vier Jahrgangsstufen und einen Sekundarbereich II mit drei Jahrgangsstufen. Im andorranischen Schulsystem ist der Sekundarbereich I in zwei je zweijährige Zyklen unterteilt. Während der erste Zyklus noch einheitlich orientiert ist, weist der zweite Zyklus zahlreiche fakultative Elemente auf. Das andorranische Baccalaureat ist seit 1996 dem französischen Baccalaureat gleichgestellt. Absolventen der französischen Vorschul- und Grundschulzentren setzen ihre Schulbildung in der Regel im Lycée Comte de Foix fort, dessen allgemein bildende Abteilung entsprechend dem französischen Schulmodell in ein collège und ein lycée unterteilt ist. Die Schule verfügt seit 1982 über Bildungsgänge, die bis zum französischen Baccalaureat führen. Zu den Einrichtungen der *Berufsausbildung* in Andorra zählen eine Fachschule für Krankenschwestern, eine Handelsschule, eine Fachschule für Computertechnik und die berufsbildende Abteilung (*lycée d'enseignement professionnel*) des Lycée Comte de Foix. Im Anschluss an die Verabschiedung eines Universitätsgesetzes wurde 1997 die *Universität Andorra* gegründet. Sie fungiert überwiegend als Virtuelle Universität und arbeitet dabei eng mit Universitäten in den katalanischen Teilen Frankreichs und Spaniens zusammen.

Literatur

ASSOCIACIO DE PARES D'ALUMNES: Maternal Education. Escola Andorrana. Andorra 1996.

ASSOCIACIO DE PARES D'ALUMNES: Primary Education. Escola Andorrana. Andorra 1996.

ASSOCIACIO DE PARES D'ALUMNES: Secondary Education. Escola Andorrana. Andorra 1996.

BOTSCHAFT DES FÜRSTENTUMS ANDORRA, Brüssel: Das Bildungswesen in Andorra. (Web-Publikation, 08.06.2002) URL: http://www.andorra.be

UNIVERSITAT D'ANDORRA. URL: http://www.uda.ad

XARXA EDUCATIVA NATIONAL D'ANDORRA (Bildungsssserver von Andorra). URL: http://www.xena.ad

Susanne Bandau

ARMENIEN[1]

Entwicklung des Bildungswesens

Armenien ist eine der Kaukasusrepubliken, die mit dem Zerfall der früheren Sowjetunion unabhängig wurden. Bei einer Fläche von 26.800 km² wird das Land von etwa
3,6 Millionen Menschen bewohnt. Etwa 70% davon leben in Städten. Armenien verfügt über bescheidene Rohstoffvorkommen und ist weitgehend von Energielieferun-
gen abhängig. Zudem hat Armenien bis heute besonders schwer unter den Folgen
des Zusammenbruchs des sowjetischen Wirtschaftsraums und eines Erdbebens von
1988 zu leiden.

Im Vordergrund der meisten zugänglichen Publikationen zur Beschreibung des armenischen Bildungswesens steht die wirtschaftliche Krise des Landes und speziell
die materielle Krise des Bildungswesens. Umfangreiche Fakten über Bildung sind
einem gemeinsamen Bericht des Ministeriums für Statistik der Republik Armenien
und dem Entwicklungsprogramm der Vereinten Nationen von 1998, „Social indicators of poverty", zu entnehmen. Sowohl der Bericht als auch das Entwicklungsprogramm machen bereits das Hauptproblem des Bildungswesens in Armenien deutlich: die Armut insgesamt und die Notwendigkeit, dass der Bildungsbereich auf
ausländische Hilfe angewiesen ist. Obwohl das Land relativ klein ist und die Mehrheit der Bevölkerung in Städten lebt, gibt es innerhalb der genannten Armutsprob-
lematik nochmals erhebliche Unterschiede zwischen den Städten und den vom Erdbeben 1988 betroffenen Gebieten und den Grenzregionen. Hier ist der Anteil der
vom staatlichen Statistikdienst als „arm" oder „sehr arm" eingestuften Bevölkerung
deutlich höher als in anderen Landesteilen (Landesdurchschnitt 55%), was sich wiederum unmittelbar auf den Bildungsbereich auswirkt. Die geschätzte Arbeitslosenquote liegt zudem bei 40%.

Armenien besitzt eine sehr lange Bildungtradition, die bis zur Mitte des 19. Jahrhunderts hauptsächlich von Mönchen christlicher Klöster innerhalb des Osmanischen Reiches getragen wurde. In kompakten Siedlungsgebieten waren die armenische Kirche und später auch Armenier, die ihre Ausbildung in Europa und Amerika
erhalten hatten, Träger des Bildungswesens. Bildung war für die Armenier immer
ein wesentliches Element nationaler Identitätsfindung.

Im 19. und 20. Jahrhundert wurde der russische Einfluss sehr stark. Viele hervorragende Persönlichkeiten Armeniens erhielten ihre Ausbildung in Russland und wirkten zum Teil dort. Innerhalb des russischen Reiches, in Venedig und Konstantinopel

---

[1] Die Quellenlage zur Beschreibung des armenischen Bildungswesens zeichnet sich durch einige
Besonderheiten aus, auf die hier kurz verwiesen sein soll. Insgesamt liegen nur wenige verwertbare
Quellen zum Thema Bildung vor. Die schwierige Quellenlage und die allgemeine Krise des Landes
ermöglichen daher nur partielle Aussagen zu Bildungsfragen. In den verfügbaren offiziellen
Materialien und Dokumenten sind eher Absichtserklärungen der Politik als tatsächliche Situationsbe-
schreibungen enthalten.

entstanden einzelne armenische Schulen. Zu Zeiten der Sowjetunion wurde in Armenien ein nach dem sowjetischen Modell durchorganisiertes Bildungswesen geschaffen, das von der Vorschulerziehung bis zur Hochschule und Erwachsenenbildung reichte. Allerdings konnte sich die armenische Sprache und Kultur in diesen Strukturen behaupten. Nachdem 94% der wahlberechtigten Armenier für den Austritt aus der damaligen Sowjetunion gestimmt hatten, ist Armenien seit dem 21. September 1991 eine souveräne Republik, die unter Nutzung ihrer Bildungstraditionen ein eigenes Bildungswesen aufbaut.

Organisation des gegenwärtigen Schulsystems

Bildungspolitik

Nach der staatlichen Unabhängigkeitserklärung wurden neue politische, ökonomische und soziale Prozesse initiiert. Sie bilden auch die Grundlage für Veränderungen im Bildungswesen. Derzeit liegen Entwürfe für neue Gesetze über das allgemein bildende Schulsystem und das Hochschulwesen vor, die die verfassungsmäßigen Rechte der Bürger auf Bildung garantieren und das Verhältnis von staatlichen und nichtstaatlichen Bildungseinrichtungen regeln sollen. Garantiert werden soll das Recht auf eine allgemeine Bildung für jedes Kind unabhängig vom Einkommen der Eltern. Das Hochschulgesetz soll den Rahmen für Autonomie, Lizenzvergabe und Akkreditierung von Hochschulen regeln. In Kraft sind bereits Regulative für Vorschuleinrichtungen, Grundschulen, Berufsschulen, Bildungseinrichtungen neuen Typs für die Sekundarstufe und solchen in nichtstaatlicher Trägerschaft. Kostenlose Bildung soll acht Jahre lang für Kinder im Alter von sieben bis 15 Jahren garantiert werden.

Die junge armenische Republik verfolgt im Bildungsbereich folgende Hauptprinzipien:

- einen weltlichen und humanistischen Charakter der Bildung,
- die freie Entwicklung der Individualität,
- eine staatsbürgerliche und patriotische Erziehung,
- eine Übereinstimmung von Universellem und Nationalem,
- eine lebenslange Bildung,
- eine Bildung, die in Übereinstimmung mit der Entwicklung individueller Möglichkeiten und Voraussetzungen steht,
- die Einrichtung vielfältiger Stufen und Formen von Bildung,
- eine demokratische Bildungsverwaltung unter Ausschluss jeglichen staatlichen Monopols.

Priorität haben dabei insbesondere die Verbesserung des Bildungsmanagements, die Demokratisierung des Bildungswesens, die Stärkung der Verantwortung von kommunalen und anderen für die Bildung relevanten Körperschaften, die Stärkung der Autonomie von Bildungseinrichtungen (insbesondere der Hochschulen) und die Sicherung der Finanzierung des Bildungswesens.

Die Verwirklichung dieser Ziele ist auf Grund der angespannten wirtschaftlichen Lage in Armenien äußerst kompliziert. Dies trifft insbesondere auf die vom Erdbeben betroffenen Gebiete und die Grenzregionen zu, wo der größte Teil der Bildungseinrichtungen vollständig oder teilweise zerstört wurde. Ein anderes Problem, das den Reformprozess belastet, sind die Flüchtlinge in Folge kriegerischer Auseinandersetzungen (ca. 350.000 Menschen, die nach Armenien kamen). Gleichzeitig verließen wegen der schlechten wirtschaftlichen Lage ca. 800.000 Armenier das Land. Durch Abwanderung nationaler Minderheiten ist deren Anteil an der Gesamtbevölkerung von 10% auf ca. 5% zurückgegangen. Außerdem fällt die Geburtenrate seit mehreren Jahren. Verlässliche statistische Angaben zur Bevölkerungsstruktur und -entwicklung Armeniens fehlen weitgehend. Ihre Ermittlung wird durch die starke Migration zusätzlich erschwert. Deshalb sind eine solide Prognose und Planung auch für den Bildungsbereich kaum möglich.

Bildungsverwaltung

Hauptverantwortlich für das allgemein bildende Schulsystem ist das Ministerium für Bildung und Wissenschaften Armeniens, das die nationale Bildungspolitik durchsetzen sowie entsprechende Gesetzentwürfe und Problemlösungsvorschläge ausarbeiten soll. Die frühere zentrale Bildungsverwaltung wurde bereits seit 1996 durch die Übertragung von Verantwortung in die so genannte Marzpet-Büros (auf Regionsebene) und direkt an die Schulen aufgegeben. An den Schulen existieren Beiräte, die über das Budget und seine Abrechnung entscheiden und den Schulleiter bestimmen. Die Hochschulen unterstehen direkt dem Ministerium, d.h. es nimmt in erster Linie organisatorische Aufgaben wahr, entscheidet über Finanzierung, Zertifikation, Lizenzvergabe und übt Kontrollfunktionen aus.

Finanzierung des Bildungswesens

Die Bildungsausgaben sind in Armenien im Vergleich zu anderen Staaten der Welt sehr niedrig. Nach Angaben des UN-Entwicklungsprogramms wurden durchschnittlich etwa 10% des Staatshaushalts für Bildung verwendet (2001: 11,6%). Das sind ca. 2% des Bruttoinlandprodukts (2001: 2,4%). Während in den 1980er Jahren die Zuwendungen innerhalb der Sowjetunion pro Ausbildungsplatz bei 500-600 US-Dollar lagen, waren es im ersten Haushalt des unabhängigen Armeniens von 1992 weniger als 24 US-Dollar. Eine Summe, die sich bis in die Gegenwart nur sehr wenig erhöht hat. Andere unterstützende Finanzierungssysteme sind zusammengebrochen. Eine Elternbeteiligung stößt bei der allgemeinen Armut an Grenzen.
Die Versorgung mit Lehrbüchern ist kritisch. Nicht jeder Schüler besitzt ein Schulbuch oder kann überhaupt ein Lehrbuch nutzen. Zum großen Teil sind sie veraltet. Die Weltbank hat Armenien 1997 für die Versorgung der allgemein bildenden Schulen mit Lehrbüchern einen Kredit in Höhe von acht Millionen US-Dollar zur Verfügung gestellt. Mit diesem wurde ein Grundstock für Leihbücher geschaffen.
Die Lehrergehälter werden oft nur mit erheblicher Verspätung gezahlt. Die Angaben über die Höhe differieren. Sie liegen aber maximal an der Grenze des Existenzminimums in Armenien.
Das System der Bildungsfinanzierung wird zentral verwaltet und lässt den Bildungseinrichtungen selbst wenig Spielraum. Damit sind auch den an den Schulen geschaffenen Beiräten die Hände gebunden.

Allgemein bildende und berufsbildende Schulen

Vorschulerziehung

Die vorschulischen Einrichtungen lassen sich in drei Gruppen einteilen:
- Krippen-Kindergärten, die Kinder im Alter von einem halben bis sechs Jahren aufnehmen,
- Kindergärten für Kinder von drei bis sechs Jahren,
- Kindergärten-Vorschulen für die Kinder von sech bis sieben Jahren.

Der Besuch dieser Vorschuleinrichtungen ist nicht verpflichtend. Die Krippenerziehung für Kinder unter drei Jahren ist in Armenien traditionell nicht besonders beliebt. Etwa zwei Drittel aller Kindergartenkinder besuchen dagegen die Vorschule, in der bereits Unterrichtsstoff der 1. Klasse (Mathematik, Alphabet u.a.) vermittelt wird. Finanziert werden Vorschuleinrichtungen in erster Linie mit staatlichen Mitteln, gleichwohl sind sie schlechter gestellt als schulische Einrichtungen. Die staatlichen Aufwendungen wurden auf etwa 8-10% der Gesamtausgaben für Bildung und Wissenschaft geschätzt. Diese Mittel werden hauptsächlich für die Bezahlung der Gehälter der Mitarbeiter und für Brot für die Kinder ausgegeben. Ein Teil (mindestens 60% der Aufwendungen für die Verpflegung) muss inzwischen von den Eltern bezahlt werden. Auf Grund des sinkenden Lebensstandards und der steigenden Arbeitslosigkeit werden weniger Kinder von ihren Eltern in die Kindergärten geschickt. Außerdem tragen Migration und niedrige Geburtenrate zu einem Rückgang der Zahl von Kindern in Vorschuleinrichtungen bei. Private Vorschulerziehung besteht hauptsächlich aus „Babysitten", wofür pro Monat zwischen 100 und 150 US-Dollar zu zahlen sind.

Die meisten Vorschuleinrichtungen sind in einem sehr schlechten Zustand. Etliche von ihnen müssen zeitweise geschlossen werden, weil es an Mitteln fehlt, um sie regelmäßig zu beheizen. Die schlechte materielle Ausstattung wiederum macht ihren Besuch für Eltern und Kinder wenig attraktiv. Es fehlt an Spielzeug, Möbeln, didaktischen Materialien. Nicht in allen Kindergärten besteht für die Kinder die Möglichkeit zu schlafen. Ein weiteres Problem ist die Essenversorgung, die hier traditionell zu einer Vorschuleinrichtung gehört, aber heute nicht mehr gesichert werden kann. Vorschuleinrichtungen sind in hohem Maße auf die Mitwirkung der Elternschaft angewiesen. Diese besteht aber zum größeren Teil aus Durchschnitts- oder Wenigverdienern bzw. Armen. Etwa die Hälfte des Kindergartenpersonals hat keine entsprechende Ausbildung. Die schlechte Bezahlung und die unbefriedigenden Arbeitsbedingungen haben zu einer starken Abwanderung des Personals aus den Vorschuleinrichtungen geführt.

Allgemein bildende Schule

Die armenische allgemein bildende Schule befindet sich in einem Umstrukturierungsprozess. Eingeschult wurde bisher mit sieben Jahren. Im Zusammenhang mit der Erweiterung der Gesamtschulzeit auf elf Schuljahre wurden im Dezember 2001 die ersten Erstklässler mit sechseinhalb Jahren eingeschult. Ausgehend von dieser früheren Einschulung umfasst die *Grundschule* nun die Klassen 1 bis 3 (vorher 4). In offiziellen Begründungen für diesen Schritt wird auf die internationale Angleichung verwiesen. In der Grundschule stehen die Entwicklung der Sprachfähigkeiten, grundlegender Lern- und Arbeitstechniken sowie das Verständnis nationaler und internationaler Zusammenhänge im Vordergrund. Am Ende der Grundschule werden die mathematischen und muttersprachlichen Fähigkeiten der Schüler getestet.

Die Grundschule befindet sich in der Regel unter dem Dach einer *Mittelschule*, die ab der vierten Klasse unmittelbar von allen Kindern besucht wird. Hier wurde das „Einheitsschulprinzip" aus der Zeit der Sowjetunion weitgehend beibehalten. Neu ist, dass die Mittelschule nach der 8. bzw. 9. Klasse endet und dann für zwei Jahre am Gymnasium oder Kolleg die Bildungskarriere fortgesetzt werden kann. Es gibt zudem wie „früher" Spezialschulen, wo Fächer bzw. Fächergruppen (Mathematik, Naturwissenschaften, Sprachen) in erweitertem Umfang angeboten werden. Außerdem gibt es einige Musik-, Kunst- und Sportschulen.

Die allgemeine Schulpflicht umfasst die Grundschule und die Mittelschule (erste Sekundarstufe). Während dieser sollen

– grundlegende Kenntnisse über die Natur, über Technologien, die Produktion und Umwelt sowie Methoden des selbstständigen Lernens vermittelt werden,

– Schüler mit nationalen und internationalen Problemen mit der Nationalkultur und einer Psychologie vertraut gemacht werden, die es ihnen erlaubt, selbst aktiv zu werden,

– militärisch-patriotische Bildung und eine vormilitärische Ausbildung vermittelt werden.

In der zweijährigen zweiten Sekundarstufe, dem *Gymnasium*, wird nach differenzierten Lehrprogrammen unterrichtet. Am Ende der Schulzeit muss eine staatliche Prüfung in Armenisch, Mathematik, und armenischer Geschichte abgelegt werden. Ungelöst ist bisher das Problem eines differenzierten Unterrichtsangebots und der einheitlichen Prüfungsanforderungen. Die Noten aus diesen Prüfungen können für die Aufnahmeprüfungen an die Hochschule mitgenommen werden.

Hauptproblem der Schulen ist der Zustand der Schulgebäude. Etwa die Hälfte muss komplett saniert werden. Auch hier ist die Wärmeversorgung nicht immer garantiert. In Dorfschulen kommt es vor, dass die Schüler Heizmaterial mitbringen müssen. Manche schulpflichtigen Kinder bleiben der Schule fern, weil sie nicht entsprechend gekleidet werden können (warmer Mantel, Schuhe) oder weil sie gezwungen sind zu arbeiten. Die Angaben über Kinderarbeit schwanken und liegen zwischen 10% und 30% aller Schüler.

Von großer Bedeutung für das „Überleben" einer Schule sind die Kontakte des Schulleiters auf kommunaler Ebene, um zusätzliche Mittel zur Sicherung des Schulbetriebs zu erschließen. Zum Teil können die Schulen auf die Unterstützung der Eltern zählen, die beispielsweise unentgeltlich Klassenräume renovieren. Finanzielle Mittel können von ihnen meist aber nicht aufgebracht werden.

Die Stellung des *Lehrers* innerhalb der armenischen Gesellschaft ist aus Tradition anerkannt, was sich aber in keiner Weise materiell widerspiegelt. Etwa zwei Drittel aller Lehrer an allgemein bildenden Schulen sind Frauen. Das Durchschnittsalter der Lehrerschaft in diesen Schulen liegt bei 40 Jahren. Viele von ihnen haben keinen qualifizierten Abschluss. Einige Fächer können an einzelnen Schulen gar nicht unterrichtet werden, da es an qualifiziertem Personal fehlt. Die niedrige und unregelmäßige Bezahlung von Lehrern führt dazu, dass viele von ihnen einen zweiten oder dritten Job haben. Sehr beliebt sind Privatstunden, insbesondere um auf die Aufnahmeprüfungen an den Hochschulen vorzubereiten. Landlehrer sind häufig gezwungen, eine Landwirtschaft zu betreiben, um den Lebensunterhalt sichern zu können. Viele von ihnen sind auf humanitäre Hilfe aus dem Ausland angewiesen. Etwa ein Viertel erhält sie von im Ausland lebenden Verwandten. Viele Lehrer machen schon seit Jahren faktisch keinen Urlaub mehr, nehmen nicht an Fortbildungen teil, haben nicht die Möglichkeit, aktuelle Literatur zu beziehen.

Fehlende staatliche Finanzierung und die ökonomische und soziale Situation in der Gesellschaft wirken sich sehr stark auf die Qualität der Allgemeinbildung aus. Um den Übergang an eine Hochschule zu schaffen, reichen die in der Schule erworbenen Kenntnisse oft nicht aus. Das ist kein grundsätzlich neues Problem, es hat sich aber unter den gegebenen Umständen noch verschärft. Über die Privatstunden ist ein Kreislauf entstanden, der Lehrern wiederum das Überleben sichert. Gerade in den höheren Klassen führt die Situation, dass privater Nachhilfeunterricht notwendig ist, zu einem Motivationsverlust für das Lernen im Unterricht. Die Schule wird von einer zunehmenden Zahl von Schülern nicht mehr als primärer Ort der Wissensvermittlung anerkannt. Außerdem stehen Schüler den Fähigkeiten ihrer Lehrer kritischer gegenüber.

Die allgemein bildende Schule vermittelt ihren Schülern vorwiegend theoretische Kenntnisse. Eine praktische Orientierung wie etwa durch das Fach Arbeitslehre gibt es gar nicht mehr. Eine große Rolle bei der künftigen Berufsfindung spielen die Eltern. Viele Schüler machen bereits während der Schulzeit erste Erfahrungen im Handel, sehen hier ihre Zukunft und versuchen die Schule so schnell wie möglich zu verlassen. Eine andere Gruppe jugendlicher Schulabsolventen sieht hingegen keine berufliche Zukunft nach dem Abschluss der 8. Klasse und setzt deshalb den Schulbesuch fort in der Hoffnung, so ihre beruflichen Chancen zu erhöhen. Über die Hälfte der Absolventen der zweiten Sekundarstufe entscheidet sich für ein Hochschulstudium, das aber nicht immer ihren Fähigkeiten und Voraussetzungen entspricht.

Seit der Unabhängigkeit Armeniens sind einige Versuche unternommen worden, das Schulsystem zu reformieren. Der Inhalt einiger Unterrichtsfächer wurde revidiert. Neue Lehrpläne für die humanistischen Fächer wurden erarbeitet und über die Hälfte der Schullehrbücher überarbeitet. Die Einführung neuer Unterrichtsinhalte und -materialien wird durch Kommissionen des Ministeriums für Bildung und Wissenschaften wissenschaftlich begleitet. In den letzten Jahren ist eine Reihe von neuen Sekundar- und Berufsschulen im Rahmen der zweiten Sekundarstufe entstanden.

In Armenien gibt es 22 *Sonderschulen* für Kinder und Jugendliche mit Behinderungen. 13 von ihnen stehen unter kommunaler Verwaltung. Der Rest untersteht den Ministerien für Bildung und Gesundheit.

Berufliche Bildung

Die berufliche Bildung in Armenien wird in Berufsschulen, Technischen Berufsschulen, hier häufig in Verbindung mit dem Abschluss der allgemeinen Bildung, und an Kollegs in 103 Berufen vermittelt. In Abhängigkeit vom zu erlernenden Beruf kann sie an den Berufsschulen zwei bis fünf Jahre dauern, am Kolleg drei Jahre, wenn ein vollständiger Sekundarschulabschluss vorliegt. Die berufliche Bildung leidet sehr stark unter der wirtschaftlichen Situation.

Universitäten und Hochschulen

Bereits im Mittelalter gab es in Armenien Universitäten, an denen Theologen, Philosophen, Übersetzer, Historiker, Künstler und Naturwissenschaftler ausgebildet wurden. Zu Zeiten der Sowjetunion gab es ein entwickeltes Hochschulsystem. Unter den damaligen Sowjetrepubliken nahm Armenien immer einen der vorderen Plätze ein, was den prozentualen Anteil von Hochschulabsolventen an der Gesamtbevölkerung betraf. Das Land verfügt derzeit über 16 staatliche Hochschulen (Universitäten und Institute) und ca. 84 nichtstaatliche Hochschuleinrichtungen, die aber vom Bildungsministerium zugelassen werden müssen. Da dies längst nicht alle sind, es gibt darüber hinaus weitere private, aber noch nicht zugelassene Hochschuleinrichtungen, ist für viele ihrer Absolventen unklar, inwieweit ihre Abschlüsse anerkannt werden. Einige dieser privaten Hochschuleinrichtungen verstehen sich heute als „Elitehochschulen" oder sind zumindest um solch einen Ruf bemüht. Etwa ein Drittel aller Studenten besuchen private Hochschulen, die in der Hauptsache stark nachgefragte Studienrichtungen anbieten: Internationale Politik und Beziehungen, Rechtswissenschaften, Wirtschaftswissenschaften, Medizin, Stomatologie, Fremdsprachen.

Nach der breiten internationalen Unterstützung bei der Beseitigung der Folgen des Erdbebens von 1988 wurde in Jerewan die Amerikanische Universität Armeniens gegründet. Sie folgt dem angelsächsischen Ausbildungsmodell und bietet eine Ausbildung in Business und Management, Industrieingenieurwesen, Informatik und Kommunikationstechnik, Politikwissenschaften, Medizin, Rechtswissenschaften, auch vergleichende Rechtsstudien, und Fremdsprachen an. Zur Universität gehören verschiedene Forschungszentren. Die Amerikanische Universität in Armenien versteht sich als unabhängige, private, nichtkommerzielle sowie in amerikanischer und armenischer Bildungstradition stehende Bildungseinrichtung. An drei höheren Bildungseinrichtungen wird zudem der Nachwuchs für die Armenisch-Apostolische Kirche ausgebildet.

Die Zulassung zum Hochschulstudium setzt eine abgeschlossene 10- bzw. 11-jährige allgemeine Schulbildung voraus. An der Hochschule selbst muss eine Aufnahmeprüfung abgelegt werden, die unbedingt die armenische Sprache und eine Fremdsprache umfasst. Ein drittes obligatorisches Prüfungsfach richtet sich nach der gewünschten Studienrichtung bzw. dem Profil der Hochschule. Berücksichtigung können dabei auch die Schulabschlussnoten finden. An dieser Hürde scheitern schon viele Bewerber, da allein die Schulkenntnisse oft nicht ausreichen, um diese Eingangsprüfungen zu bestehen.

In der sowjetischen Vergangenheit war die Hochschulbildung kostenlos. Dies trifft heute nur noch auf einen Teil der Studienplätze an staatlichen Hochschulen zu. Damit sind weite Bevölkerungsteile auf Grund ihrer materiellen Situation vom Studium ausgeschlossen. Möglichkeiten von Stipendien o.ä. Unterstützung gibt es zur Zeit kaum. Insgesamt ist die Zahl der Studenten an Hochschulen im letzten Jahrzehnt zurückgegangen. Ein wichtiger Grund dafür ist sicher auch, dass das Studium häufig privat zu finanzieren ist. Nicht zuletzt dürften aber auch die früher garantierten und heute oft fehlenden Chancen auf dem Arbeitsmarkt für Absolventen eine Rolle spielen. An Hochschulen können Abschlüsse auf drei Niveaustufen erworben werden:

– Bachelor, mit einem vollständigen Sekundarschulabschluss als Voraussetzung und einer Mindeststudiendauer von vier Jahren;
– Diplom, mit einem vollständigen Sekundarschulabschluss als Voraussetzung und einer Mindeststudienzeit von fünf Jahren an einer Hochschule;
– Master, nach zweijährigem Aufbaustudium.

Darauf aufbauend können weitere akademische Titel erworben werden.

Im Gegensatz zu anderen Bildungseinrichtungen sind als Hochschullehrer mehr Männer als Frauen tätig. Obwohl sie besser bezahlt werden als Lehrkräfte an allgemein bildenden Schulen, liegt auch ihr offizielles Einkommen im Rahmen des Existenzminimums; sie verfügen aber über vielfältige Möglichkeiten, um zu zusätzlichen Einnahmen zu kommen und so ihre finanzielle Lage zu verbessern.

Aktuelle Diskussionen und Entwicklungsperspektiven

Der Zusammenbruch des sowjetischen Wirtschaftsraumes hat das Land in eine tiefe Krise gestürzt, die durch das Erdbeben von 1988, kriegerische Auseinandersetzungen und ihre Folgen und politische Instabilität noch verschärft wurde. Davon ist in besonderem Maße auch das Bildungswesen betroffen, das die nächsten Jahre auf internationale Hilfe angewiesen bleibt. Notwendige und diskutierte Reformen scheitern in der Hauptsache an fehlenden materiellen Voraussetzungen und Möglichkeiten. Die teilweise Privatisierung des Bildungswesens hat nur für eine relativ kleine Gruppe von Schülern und Studenten eine Verbesserung von Bildungschancen gebracht. Die Bildungschancen für weite Bevölkerungsschichten haben sich hingegen deutlich verschlechtert. Die Struktur des Bildungswesens hat sich nur wenig verändert und es kann davon ausgegangen werden, dass dies im Bereich der Inhalte und Methoden des Unterrichts und der Lehre, bis auf einige Ausnahmen, noch weniger der Fall ist.

Zur Überwindung der Krise des Bildungswesens sind seitens der Regierung Armeniens einige lang- und kurzfristige Reformprogramme in Angriff genommen worden. Insbesondere sind hier zu nennen:
– der Neubau von Bildungseinrichtungen im Erdbebengebiet;
– ein staatliches Programm der Grundschulbildung;
– ein Sozialprogramm für die Grundschule;
– ein Programm für Schulmanagement;
– ein Programm pädagogischer Bildung;
– ein Berufsbildungsprogramm in der Übergangsperiode zur Marktwirtschaft;
– ein Programm beruflicher Fortbildung;
– ein Programm zur Förderung begabter Kinder;
– ein Hochschulentwicklungsprogramm;
– ein Hochschulmanagementprogramm.

In einem seit 1999 laufenden Pilotprojekt geht es auch um die Dezentralisierung der Bildungsverwaltung im allgemein bildenden Schulsystem, um eine größere Autonomie der Einzelschule in Verbindung mit einem neuen System der Schulfinanzierung. Wie erfolgreich all diese Reformvorhaben sein werden, bleibt abzuwarten.

Literatur

REPUBLIC OF ARMENIA, Ministry of Statistics/United Nations Development Programme: Social Indicators of Poverty. Yerevan 1998.

WORLD BANK PROJECT DATA: Education Financing and Management Reform Project. Washington 1997.

GÖTZ, R./HALBACH, U.: Entwicklung und aktuelle Lage der Mitgliedsstaaten – Armenien; Köln 1999.

UNITED NATIONS COMMISSION ON HUMAN RIGHTS: Report of the Representative of the Secretary-General, Mr. Deng, Francis submitted pursuant to Commission Human Rights resolution 2000/53. 06 November 2000.

www.EuroEducation.net: Armenia.

OSEAS*Europe, Republic of Armenia, Education System in Armenia.

www.bibl.u-szeged.hu/oseas/armedu.html

Armenien

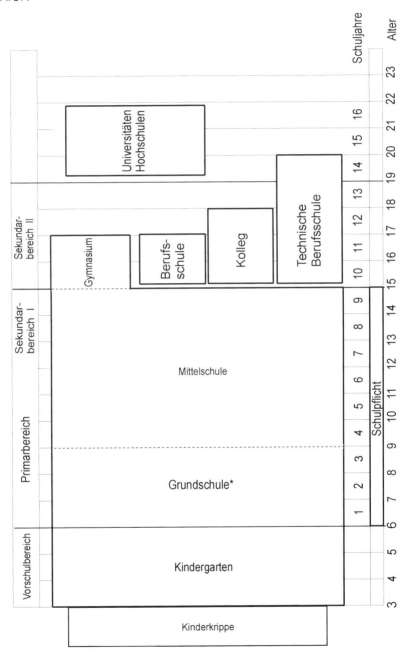

* Das Einschulungsalter wird z.Zt. Von 7 auf 6 Jahre umgestellt   © DIPF 2004

Christiane Brusselmans-Dehairs

BELGIEN

Entwicklung des Bildungswesens

Belgien grenzt an Frankreich, Deutschland, Luxemburg, an die Niederlande sowie an die Nordsee. Die Hauptstadt Belgiens und gleichzeitig der Europäischen Union ist Brüssel. Belgien hat eine Fläche von 30.528 km². Bei einer Gesamtbevölkerung von zehn Millionen Menschen (1995) hat es mit 328 Einwohnern pro km² die zweithöchste Bevölkerungsdichte Europas. Die Bevölkerungsdichte variiert jedoch von 429 Einwohnern/km² im Norden bis zu 194 Einwohnern/km² im Süden. Es gibt drei Landessprachen: Niederländisch, Französisch und Deutsch.

Vom Einheitsstaat zum Föderalstaat mit Gemeinschaften und Regionen

Belgien ist eine konstitutionelle Monarchie mit einem repräsentativen parlamentarischen Regierungssystem. Im Jahr 1831 erfolgte die Gründung des *einheitlichen* und zentralisierten belgischen Staates. Ab 1970 wurde die Verfassung jedoch schrittweise reformiert und die politischen, gesetzgebenden und administrativen Staatsstrukturen in ein Föderalsystem transformiert. Der föderale Staat umfasst die *drei Zuständigkeitsebenen* Föderalstaat, Gemeinschaften und Regionen, die jeweils eigene legislative und exekutive Organe haben. Der *Föderalstaat* hat ein nationales Parlament und eine nationale Regierung. Die drei *Gemeinschaften* (die flämisch-, französisch- und deutschsprachige) sind für die Kultur- und Personalangelegenheiten innerhalb eines bestimmten Sprachgebiets zuständig. Im Grunde gibt es jedoch vier Sprachgebiete: ein niederländisches (die Sprache der flämischen Kommune), ein französisches, ein deutsches und ein zweisprachiges Gebiet (Brüssel). Darüber hinaus gibt es die drei *Regionen* Flandern, Wallonien und Brüssel, die für territoriale Angelegenheiten zuständig sind. In Flandern sind die Gemeinschaft und die Region politisch identisch, d.h. es gibt ein gemeinsames flämisches Parlament und 'eine gemeinsame flämische Regierung.

Die Zuständigkeit der Gemeinschaften für das Bildungswesen

Infolge der jüngsten Staatsreformen ist die Zuständigkeit für das Bildungswesen an die Gemeinschaften übergegangen. Diese haben sowohl die Exekutive (durch den jeweiligen Bildungsminister) als auch die Legislative übernommen. Seit Januar 1989 ist jede Gemeinschaft, von einigen wenigen Einschränkungen abgesehen, hinsichtlich des Bildungswesens vollständig autonom. Die Föderalregierung hat nur noch Kompetenzen für die Pensionen der Mitarbeiter von Bildungseinrichtungen, die Festlegung der Schulpflicht und die Mindestanforderungen für einen akademischen Abschluss. Für 58% der schulpflichtigen Kinder ist das flämische System zuständig, für 41% das französische System und für weniger als ein Prozent das deutsche System.

Kulturelle Voraussetzungen

Von Anfang des 20. Jahrhunderts bis 1970 blieb die Zahl der Immigranten relativ stabil. Tatsächlich versuchte Belgien eine Zeit lang ausländische Arbeitskräfte insbesondere für die traditionellen Industriegebiete im französischsprachigen Teil des Landes anzuwerben. Eine Immigrationswelle zwischen 1970 und 1981, bei der türkische und marokkanische Arbeitskräfte nach Belgien kamen, erhöhte die Gesamtzahl der Ausländer um mehr als 25%. Gegenwärtig stellen die Kinder der türkischen und marokkanischen Immigranten die Hälfte der ausländischen Bevölkerung unter 15 Jahren. 9,1% der in Belgien lebenden Menschen sind Ausländer (4,2% in Flandern, 11,3% in Wallonien und 27,2% in Brüssel).

Organisation des gegenwärtigen Schulsystems

Bildungsziele

Die zentrale Aufgabe der Bildungspolitiker liegt in der Gewährleistung der Qualität des Bildungswesens. Das von Jacques Delors 1996 erstellte Rahmenkonzept „Handeln lernen, Zusammenzuleben lernen, Sein lernen" wirft ein Schlaglicht auf die Grundsatzfragen der Bildungspolitik. Der Bildungsauftrag umfasst Kenntnisse, Fertigkeiten und Fähigkeiten, soziale Kompetenzen und die Entwicklung der Persönlichkeit. Ein durch Qualität ausgezeichnetes Bildungswesen sollte Werte vermitteln und entwickeln, die eine tolerante, sorgsame und humane Gesellschaft kennzeichnen. Dies bedeutet die Abschaffung von Isolation, Intoleranz und mangelndem Verständnis durch die Förderung von Solidarität, Toleranz und einem wachen kritischen Verstand. Kurz gesagt ist das Hauptziel des Bildungsauftrags die Erziehung junger Menschen zu mündigen und verantwortungsvollen Bürgern.

Gesetzliche Grundlagen

Schulpflicht

Entsprechend der belgischen Verfassung hat jeder Bürger das Recht auf Bildung. Dieses Recht soll durch die Schulpflicht für alle Kinder gewährleistet werden. Gemäß dem Gesetz über die Schulpflicht von 1983 müssen die Erziehungsberechtigten dafür Sorge tragen, dass ihre minderjährigen Kinder zwölf Jahre lang die Schule besuchen. Die Schulpflicht beginnt am 1. September des Jahres, in dem das Kind seinen 6. Geburtstag hat, und dauert zwölf vollständige Schuljahre. Im Alter von 15 Jahren (in manchen Fällen auch im Alter von 16 Jahren) können die Jugendlichen entscheiden, die Schule in Teilzeit zu besuchen und daneben einer Teilzeitausbildung bzw. -arbeit nachzugehen. Die Mehrheit der Schüler besucht jedoch die Vollzeitschule. Die Schulpflicht endet am Ende des Schuljahres, in dem der Schüler 18 Jahre alt wird oder wenn er das Sekundarschulzeugnis erworben hat (unabhängig vom Alter). Alle in Belgien lebenden Kinder unterliegen der Schulpflicht, auch Kinder mit einer anderen Staatsangehörigkeit. Kinder, die illegal in Belgien leben, sind ebenfalls zum Schulbesuch berechtigt und haben dieselben Rechte wie die belgischen Schüler. Die Schulpflicht ist jedoch nicht mit einer Verpflichtung zur Einschulung gleichzusetzen: Die Kinder müssen nicht die Schule besuchen, sondern können auch zuhause unterrichtet werden. Eltern, die sich für dieses Verfahren entscheiden, haben gegenüber dem Bildungsministerium eine Informationspflicht.

Dieses Verfahren wählen jedoch nur sehr wenige Eltern. Die Behörden überprüfen, ob alle schulpflichtigen Schüler der Schulpflicht tatsächlich nachkommen. Falls eine Überprüfung ergeben sollte, dass ein Kind nicht der Schulpflicht nachkommt, können die Eltern juristisch belangt werden. Die belgische Verfassung bestimmt ferner, dass der Schulbesuch bis zum Ende der Schulpflicht *kostenlos* ist. Daher dürfen die Primar- und Sekundarschulen, die von der Regierung finanziert oder bezuschusst werden, keine Gebühren verlangen. Der Besuch des Kindergartens (nicht verpflichtend) ist ebenfalls kostenlos. Im Sekundar- und Hochschulbereich können Schüler bzw. Studenten, deren Eltern über ein geringes Einkommen verfügen, *Studienbeihilfe* beantragen.

Freiheit des Bildungswesens
Eines der wichtigsten Prinzipien ist die Freiheit des Bildungswesens (1831, Artikel 17 der belgischen Verfassung). Dieser Artikel besagt, dass die Organisation von Bildungssystemen nicht eingeschränkt werden darf, d.h. dass jede natürliche oder juristische Person das Recht hat, Unterricht zu organisieren und zu diesem Zweck eine Einrichtung zu gründen. Dennoch müssen die Bildungsträger verschiedene gesetzliche Bestimmungen und Richtlinien einhalten, wenn sie offiziell anerkannte Zertifikate und Zeugnisse ausstellen und Zuschüsse von den Gemeinschaften in Anspruch nehmen möchten. Die Eltern sind dazu berechtigt, den Ausbildungstyp bzw. die Schule für ihre Kinder auszuwählen.

Die Finanzierung des Bildungswesens

Seit 1959 müssen die für die Schulen erforderlichen Finanzmittel in Form eines Pauschalzuschusses bereitgestellt werden. Für die Bereitstellung der Mittel sind die Gemeinschaften zuständig (vor der Föderalisierung war der Staat dafür zuständig). Die an die Bildungsnetze ausgegebenen Subventionen sollen die Dienstbezüge der Lehrkräfte und die Kosten abdecken, die für die Verwaltung, Unterhaltung und Erneuerung der Ausstattung und Gebäude anfallen. Die Ausgaben für das belgische Schulsystem sind aus mehreren Gründen relativ hoch. Die hohen Kosten lassen sich teilweise auf die Freiheit des Bildungswesens zurückführen, die insbesondere im Sekundar- und Hochschulbereich zu einer sehr großen Dichte der Schulen und Fachbereiche geführt hat. Die verschiedenen Bildungsnetze bieten nicht nur dieselben Fachrichtungen an, auch innerhalb der Netze sind die Angebote oft sehr ähnlich. Daher wird die Kontrolle des Bildungshaushaltes zukünftig Priorität haben.

Autonomie der Bildungsnetze

Eine Folge der von der Verfassung garantierten Freiheit des Bildungswesens ist die große Vielfalt der Bildungsnetze. Ein Bildungsnetz kann von Gemeinschaften, Provinzen, Gemeinden und anderen öffentlichen Stellen sowie Privatpersonen oder Vereinen getragen werden. Insgesamt gibt es drei Netze:
-   *Schulen der Gemeinschaften*: Dies sind Schulen, die ursprünglich vom Staat gegründet wurden und jetzt der Zuständigkeit der Gemeinschaften unterliegen. Laut Verfassung sind die Bildungseinrichtungen der Gemeinschaften zur Neutralität verpflichtet, d.h. dass die religiösen, philosophischen oder ideologischen Überzeugungen der Eltern oder Schüler respektiert werden müssen.

- *Subventionierte öffentliche Schulen:* Dazu gehören kommunale Schulen, die von den Gemeinden getragen werden, und Provinzschulen, die von den Provinzbehörden getragen werden.
- *Subventionierte private Schulen:* Diese Schulen werden von einer Privatperson oder privaten Organisation getragen und beruhen auf Privatinitiative. Häufig ist der Bildungsträger ein gemeinnütziger Verein. Ein Großteil der Privatschulen wird von der katholischen Kirche getragen. Es ist jedoch auch möglich, protestantische, jüdische, orthodoxe und islamische Schulen zu gründen. Neben den Konfessionsschulen gibt es auch freie Schulen, wie z.B. die Freinet-Schulen, Montessori-Schulen und anthroposophische Schulen, die nach eigenen Methoden arbeiten und daher auch „Methodenschulen" genannt werden.

Bildungseinrichtungen, die von der Regierung getragen werden (Schulen der Gemeinschaften, der Gemeinden und der Provinzen) werden als *öffentlich geführte Schulen* bezeichnet. Bildungseinrichtungen des dritten Netzes werden als *privat geführte Schulen* bezeichnet. Verglichen mit Flandern gibt es in Wallonien weniger private Schulen und mehr Schulen der Gemeinschaft.

Curriculumstruktur und Curriculumpolitik

Langfristig werden *Lernziele* die konkreten Lehrpläne und Curricula ersetzen, die bisher für jedes Schulfach und jede Klassenstufe erstellt wurden. Die Mindestanforderungen der Gemeinschaften an die Bildungseinrichtungen müssen nachvollziehbar sein, um die Qualität des Bildungswesens zu gewährleisten und die Bildungsträger rechtlich abzusichern. Aus diesem Grund wurde der Begriff „Lernziel" eingeführt. Lernziele sind Mindestvorgaben, die der Großteil der Schüler in einer bestimmten Stufe und in einem bestimmten Fach anstreben und erreichen soll. Lernziele beziehen sich auf Kenntnisse, Fertigkeiten sowie Einstellungen und Verhalten. Es gibt sowohl fachbezogene als auch übergreifende Lernziele.

Da die Lehrpläne für die Schüler im Primarbereich nahezu identisch sind und es selten mehr als zwei Klassen pro Jahrgangsstufe gibt, wird weder eine interne noch eine externe Differenzierung durchgeführt. Im Sekundarbereich wechseln die Schüler entsprechend ihrer Leistungen und Eignung in unterschiedliche Bildungszweige.

Überblick über die Struktur des Bildungswesens

In Belgien gibt es *drei Bildungsstufen*: den Elementarbereich, den Sekundarbereich und den Hochschulbereich. Auch wenn es einige Unterschiede zwischen dem niederländischen, französischen und deutschen Bildungswesen gibt, sind diese im Allgemeinen vergleichsweise gering. Die Unterschiede betreffen vor allem die Sekundarstufe: In Wallonien gibt es noch zwei Sekundarschultypen (Typ 1 entspricht der Gesamtschule und Typ 2 dem gegliederten Schulsystem), während in Flandern 1989 die einheitliche Sekundarstruktur eingeführt wurde (als Kompromiss zwischen dem gegliederten Schulsystem und der Gesamtschule).

Elementarbereich

Die Elementarstufe umfasst die *Vorschulerziehung*, die nicht obligatorisch ist, aber von den meisten Kindern im Alter von zweieinhalb bis sechs Jahren besucht wird, und die *Primarstufe* (Klassenstufe 1 bis 6) für Kinder im Alter von sechs bis zwölf Jahren. Nach dem Abschluss der 6. Klasse erhalten die Schüler ein Zeugnis über den Abschluss der Primarstufe. Der Unterricht im Primarbereich erfolgt in der Regel in Jahrgangsklassen durch einen Klassenlehrer oder Klassenbetreuer. Die Schulen können auch einen Förderlehrer einstellen, um Kinder mit temporären Schwierigkeiten zu fördern.

Sekundarschulbereich in Flandern: die einheitliche Struktur

Der Sekundarschulbereich wendet sich an Schüler zwischen zwölf und 18 Jahren und umfasst die Klassenstufen 7 bis 12. Der Sekundarschulbereich dauert sechs Jahre und ist in drei zweijährige Phasen unterteilt. Es gibt die folgenden vier Zweige:

–   *Allgemein bildender Sekundarschulbereich:* Der Unterricht vermittelt umfassende allgemein bildende Kenntnisse und damit eine solide Grundlage für ein späteres Hochschulstudium.
–   *Technischer Sekundarschulbereich*: Der Unterricht umfasst sowohl allgemein bildende als auch technisch-theoretische Fächer. Die Schüler können nach dem Abschluss in das Erwerbsleben eintreten oder eine Hochschule besuchen.
–   *Künstlerischer Sekundarschulbereich:* Neben allgemein bildenden Fächern werden vor allem praxisorientierte künstlerische Fächer unterrichtet. Die Schüler können nach dem Abschluss in das Erwerbsleben eintreten oder an eine Hochschule wechseln.
–   *Berufsbildender Sekundarschulbereich:* Der Schwerpunkt liegt auf einer praktischen Ausbildung, in der die Schüler Fachkenntnisse erwerben und gleichzeitig eine allgemein bildende Ausbildung erhalten. Die Schüler können unter bestimmten Voraussetzungen eine Hochschule besuchen.

In der „einheitlichen Struktur" wird die von den Schülern zu treffende Auswahl und damit eine frühe Festlegung zurückgestellt, sodass sie ein breit angelegtes Wissen in möglichst vielen Fächern erwerben können. Auf die gemeinsame *Grundbildung* wird großer Wert gelegt. Ein Teil der Grundbildung ist daher für alle Schüler derselben Klassenstufe gleich. Daneben haben die Schüler Wahlmöglichkeiten, die *Optionen* genannt werden. Die Schüler können nach der 12. Jahrgangsstufe ein zusätzliches (siebtes) Jahr im Sekundarschulbereich (technisch, künstlerisch und berufsbildend) bzw. nach vier Jahren Berufschule ein zusätzliches fünftes Jahr besuchen.

Sekundarschulbereich in Wallonien und in der deutschen Gemeinschaft: Koexistenz der traditionellen (gegliederten) Schulen und der Gesamtschulen

In Wallonien bestehen der so genannte Typ 1 (Gesamtschulbereich) und der Typ 2 (gegliedertes Schulsystem) nebeneinander, wobei der Gesamtschulbereich wesentlich stärker vertreten ist. Lediglich in Brüssel gibt es noch einige Schulen des Typs 2.

Das Schulsystem nach Typ 1 hat die folgende Struktur:
–   drei zweijährige Phasen:
    Phase 1: Beobachtungsphase,
    Phase 2: Orientierungsphase,
    Phase 3: Spezialisierungsphase;

- vier verschiedene Zweige: allgemein bildend, technisch, künstlerisch, berufsbildend;
- zwei Arten der Differenzierung: Übergangsunterricht und Befähigungsunterricht (sowohl im Übergangsunterricht als auch im Befähigungsunterricht gibt es verschiedene Unterrichtsoptionen);
- Spezialisierungsjahre: die zweite und dritte Phase ermöglichen eine Spezialisierung.

Das Schulsystem nach Typ 2 hat die folgende Struktur:

- zwei dreijährige Phasen: Unterstufe und Oberstufe;
- Zweige: allgemein bildend, technisch und berufsbildend (nur in der Oberstufe).

Im Gegensatz zum einheitlichen Schultyp haben die Schüler an Schulen des Typs 2 nicht die Möglichkeit, Fächer auszuwählen und einen individuellen Stundenplan zu erstellen. Ebenso kann die Entscheidung über die Art der Orientierung nicht zurückgestellt werden, da sich die Schüler direkt nach der Primarschule festlegen müssen.

Teilzeitsekundarbereich

Neben der Vollzeitschule besteht die Möglichkeit, die Sekundarschule auch in Teilzeit zu besuchen. Diese Unterrichtsform wurde 1983 zusammen mit der Ausweitung der Schulpflicht von 16 auf 18 Jahren eingeführt. Der Teilzeitunterricht wird in Teilzeitausbildungszentren oder in Ausbildungszentren für den Einzelhandel angeboten.

Sonderschulbereich

In der neueren internationalen Geschichte der Sonderschulerziehung hatte Belgien immer eine Vorreiterfunktion. Seit dem 18. Jahrhundert wurden viele Gesetze erlassen, um behinderten Kindern eine angemessene Ausbildung zu ermöglichen. Der Sonderschulbereich wendet sich an Kinder und Jugendliche für die der Besuch einer gewöhnlichen Bildungseinrichtung (vorübergehend oder dauerhaft) nicht möglich ist. Sie benötigen eine besondere Förderung. Der Sonderschulbereich ist an die speziellen Anforderungen der Schüler mit körperlichen, sensorischen, psychischen oder geistigen Behinderungen angepasst. Die Sonderschulen haben die Aufgabe, die Schüler einerseits in die Welt der Bildung und andererseits in die Gesellschaft zu integrieren. Die Sondereinrichtungen umfassen *Sonderkindergärten* (für Kinder von zweieinhalb bis sechs Jahren), *Sonderprimarschulen* (für Kinder von sechs bis 13 Jahren) und *Sondersekundarschulen* (für Kinder von 13 bis 21 Jahren). In der Primarstufe und der Sekundarstufe gibt es acht verschiedene Schultypen, die an die jeweiligen Erfordernisse der Schüler angepasst sind (Typ 1: leichte geistige Behinderung; Typ 2: mittlere bis schwere geistige Behinderung; Typ 3: emotionale Störung; Typ 4: körperliche Behinderung; Typ 5: lange Krankheit; Typ 6: Sehbehinderung; Typ 7: Hörbehinderung; Typ 8: schwere Lernstörung).

Hochschulbereich

Der Hochschulbereich umfasst den *universitären* und den *nichtuniversitären* Bereich. Zwischen den verschiedenen Ebenen der Hochschulausbildung sind Übergänge möglich. Für die Zulassung an einer Hochschule ist ein Abschlusszeugnis der Sekundarstufe II erforderlich, das nach dem Abschluss der Sekundarschule (allgemein bildend, technisch und künstlerisch) bzw. nach einem zusätzlichem Jahr im berufsbildenden Bereich erworben wird. An den Hochschulen gibt es keinen „Numerus Clausus". Studenten, die einen Hochschulabschluss in Nautik, einen Hochschulabschluss in bestimmten künstlerischen Studiengängen oder einen Universitätsabschluss im Bauingenieurwesen, Bauingenieurwesen/Architektur, in Zahnmedizin oder Medizin anstreben, müssen sich jedoch einer Aufnahmeprüfung unterziehen.

Nichtuniversitärer Hochschulbereich

Der nichtuniversitäre Hochschulbereich umfasst verschiedene Fachrichtungen, die sich in acht Hauptkategorien unterteilen lassen: Technik, Wirtschaftswissenschaften, Sozialwissenschaften, Kunst, Gesundheitswesen, Landwirtschaft, Pädagogik, Nautik. Es werden sowohl Studiengänge kurzer Dauer (drei Jahre) als auch Studiengänge langer Dauer (vier oder fünf Jahre) angeboten. Im Rahmen der kurzen Hochschulausbildung sollen die für den Eintritt in das Erwerbsleben erforderlichen Fachkenntnisse erworben werden. Dazu gehört auch die praktische Ausbildung. Die lange Hochschulausbildung ist wissenschaftlich ausgerichtet. Die Studenten lernen, die Ergebnisse der wissenschaftlichen Forschung in den Berufsalltag zu integrieren.

Universität

Universitäten sind im Interesse der Gesellschaft gleichzeitig in der Lehre und Forschung tätig und bieten wissenschaftliche Dienstleistungen an. Die Universitäten stellen der Regierung Informationen über Forschungsergebnisse und Politikoptionen zur Verfügung. Es gibt sechs Universitäten in Flandern und drei in Wallonien. Die wissenschaftliche Ausbildung beruht auf der Grundlagenforschung und trägt insgesamt zur Allgemeinbildung bei, indem sie die Studenten auf die eigenständige wissenschaftliche Tätigkeit oder die Anwendung wissenschaftlicher Kenntnisse vorbereitet. Die Studenten können an der Universität ein Vollzeit- oder Teilzeitstudium durchführen. Die Universitäten ermöglichen in 18 verschiedenen Fachrichtungen ein *grundständiges Studium*. Das grundständige Studium ist in zwei Phasen unterteilt. Die erste Phase schließt mit einem ersten Hochschulabschluss ab und dauert zwei Jahre (in Medizin und Veterinärmedizin drei Jahre). Die zweite Phase dauert in der Regel ebenfalls zwei Jahre, sie kann jedoch in einigen Studiengänge auch drei oder sogar vier Jahre dauern. Die meisten Studiengänge schließen mit einem Lizenziat oder Master ab. In Zusammenhang mit den Sorbonne- und Bologna-Erklärungen der EU wird die aktuelle Struktur des Studiums sicherlich modifiziert werden. Gegenwärtig finden in Belgien Diskussionen über die konkrete Anwendung der in den Erklärungen aufgeführten Grundsätze statt.

Weiterführende Studiengänge dienen zur Ergänzung und Vertiefung der wissenschaftlichen Ausbildung. Das ergänzende Studium soll einen oder mehrere wissenschaftliche Studiengänge in der zweiten Phase ergänzen oder erweitern. Die Studiengänge schließen mit einem akademischen Grad in dem Ergänzungsstudium ab.

Die universitäre Ausbildung zur Lehrkraft schließt mit einer Qualifikation für den Unterricht an der Sekundarstufe II ab. Diese Ausbildung richtet sich an Studenten in der zweiten Phase eines grundständigen Universitätsstudiums. Die Qualifikation kann jedoch erst vergeben werden, nachdem die Studenten den Hochschulabschluss der zweiten Studienphase erworben haben. Der *Promotionsstudiengang* dient zur

Abfassung einer Dissertation und schließt nach der öffentlichen Verteidigung der Dissertation mit dem Doktortitel ab.

Erwachsenenbildung

In der von schnellen Änderungen gekennzeichneten belgischen Gesellschaft sind reguläre Umschulungen und Fortbildungen in allen Sektoren zu einer Notwendigkeit geworden. Zudem verfolgen einige Schüler und Studenten innerhalb des regulären Bildungswesens Ausbildungen, für die sie nicht geeignet sind, sodass sie auf dem Arbeitsmarkt schlechtere Chancen haben. Die Erwachsenenbildung soll diese Probleme lösen. Das Bildungsministerium bietet daher Lehrgänge zur sozialen Förderung an. Das Angebot umfasst auch Kunstausbildungen in Teilzeit, Fernunterricht, Grundbildung und den zweiten Bildungsweg. Angebote der Erwachsenenbildung werden darüber hinaus durch die Ministerien für Wirtschaft, Arbeit und Inneres sowie für Soziales, Gesundheit und Kultur bereitgestellt.

Selbstverwaltung der Schulen

In 95% der Schulen sind die Prüfungen und Entscheidungen über die Versetzung in eine andere Klasse schulbasiert. Ebenso ist die Ausstellung von Zeugnissen und Qualifikationen (auch der Reifezeugnisse) alleinige Angelegenheit der Schulen. Es gibt weder in der Primarstufe noch in der Sekundarstufe obligatorische externe Prüfungen. Die Schulen führen für jedes Fach viertel- oder halbjährlich eigenständige Prüfungen durch. Die Leistungen in den Prüfungen, die im Laufe des Schuljahrs kontinuierlich durchgeführt werden, bilden die Grundlage für die Endnote. Die Prüfungsunterlagen werden von den Lehrkräften erstellt.

Qualitätskontrolle

Das belgische Schulsystem nutzt verschiedene Verfahren, um eine bestmögliche Übereinstimmung zwischen dem intendierten und dem umgesetzten Curriculum zu erzielen. Beispielsweise werden die Lehrkräfte in den inhaltlichen und pädagogischen Methoden ausgebildet, die in den Curriculum-Leitfäden festgelegt sind. Darüber hinaus werden Unterrichtsmaterialien wie Lehrbücher, Unterrichtshilfen und Mitteilungen des Ministeriums, die auf das Curriculum abgestimmt sind, entwickelt bzw. bereitgestellt. Die Umsetzung des Curriculums wird durch die *Schulinspektion* oder Schulrevision überwacht. Die Schulinspektion muss prüfen, ob die grundsätzlichen Bildungsziele effizient umgesetzt werden und andere organisatorischen Verpflichtungen (wie die konkrete Umsetzung des Kerncurriculums) eingehalten werden. Die Inspektion ist weder fachorientiert noch dient sie zur Kontrolle einzelner Lehrkräfte. Sie soll vielmehr die Schule in ihrer Gesamtheit überprüfen. Sie ist vom Kindergarten bis zur kurzen Hochschulausbildung für alle Bildungsebenen zuständig. In der Schulinspektion sind öffentliche und subventionierte private Bildungsträger je zur Hälfte vertreten. Die pädagogischen Beratungsdienste innerhalb der Netze sind auch für die externe Beratung der Schulen und pädagogischen Mitarbeiter zuständig. Die Beratungsdienste unterstützen die Lehrkräfte und Schulen in allgemeinen pädagogischen und methodischen Fragen.

Qualifikation des pädagogischen Personals und der Schulleiter

Es wird zwischen Lehrkräften auf temporärer Basis (befristete Anstellung) und Lehrkräften in Festanstellung unterschieden. Ein längeres Beschäftigungsverhältnis ist Voraussetzung, um Lehrkraft in Festanstellung zu werden. Es gibt drei Qualifikationstypen: Als notwendige Qualifikation muss der Kandidat über den erforderlichen pädagogischen Abschluss verfügen. Als ausreichende Qualifikation werden unter Umständen auch andere Zeugnisse anerkannt, die bei Lehrermangel ebenfalls eine Tätigkeit als Lehrkraft ermöglichen. Die dritte Art der Qualifikation ist befristet und wird nur in Notfällen anerkannt. Nur die ersten beiden Qualifikationen können zu einer Festanstellung führen. Die Ausbildung der Lehrer erfolgt auf drei verschiedenen Ebenen:

– *Ausbildung an der Universität:*

  An der Universität können die Studenten neben dem Universitätsabschluss auch ein zusätzliches Zertifikat für den Unterricht in der Sekundarstufe erwerben. Der erste Teil des Studienprogramms ist eine theoretische Einführung. Der zweite Teil besteht in einer praktischen Einführung: Die Studenten beobachten mehrere Unterrichtsstunden in einer Klasse und unterrichten schließlich selbst unter der Aufsicht eines Betreuers. Abschließend müssen im Rahmen einer Prüfung zwei Unterrichtsstunden durchgeführt werden (öffentlich). Wer diese Prüfung mit Erfolg besteht, ist für den Unterricht in der Sekundarstufe II qualifiziert (Klassenstufen 10 bis 12).

– *Vollzeitausbildung im nichtuniversitären Hochschulbereich (kurze Dauer):*

  Hier werden die Lehrkräfte für den Vorschulbereich (Kindergarten), die Primarstufe und die Sekundarstufe I (Klassenstufen 7 bis 9) ausgebildet. Die Studenten in diesem Bildungstyp spezialisieren sich im Laufe des Studiums auf ein oder zwei Fächer. Für die Zulassung zu dieser dreijährigen Ausbildung ist ein Abschlusszeugnis der Sekundarschule erforderlich.

– *Teilzeitausbildung in Pädagogik im Rahmen der beruflichen Förderung:*

  Im Rahmen der beruflichen Förderung wird eine spezielle Ausbildung angeboten, die sich an Lehrkräfte wendet, die in der Sekundarstufe berufsbildende praktische Fächer unterrichten, oder an Lehrkräfte, die im Hochschulbereich keine Ausbildung machen können. Diese Teilzeitausbildung findet abends oder am Wochenende statt. Die Lehrgänge umfassen sowohl theoretische als auch praktische Teile. Nach dem Bestehen einer Prüfung erhalten die Teilnehmer ein Zertifikat, das ihre pädagogische Kompetenz bescheinigt und sie für den Unterricht von Fachkursen in den berufsbildenden, technischen und künstlerischen Schulen der Sekundarstufe I und II qualifiziert.

Allgemein bildende Schulen

Der Vorschulbereich

Der erste Kindergarten wurde 1827 in Brüssel gegründet. Zunächst waren die Kindergärten für Kinder bestimmt, deren Eltern nicht zuhause arbeiteten. Sie sollten für das „moralische Wohlergehen" und die Gesundheit der Kinder sorgen. Später wurde die Kindergartenerziehung von modernen Pädagogen wie Fröbel (Deutschland), Montessori (Italien) und Decroly (Belgien) stark beeinflusst. Vorschule und Primarstufe sind zwar strukturell getrennte Bereiche, doch soll der Übergang zwischen den beiden Bildungsstufen fließend sein. Obwohl der Besuch des Kindergartens nicht verpflichtend ist, besuchen nahezu alle Kinder (über 95%) eine der drei Lerngruppen (von zweieinhalb bis vier Jahren, von vier bis fünf Jahren und von fünf bis sechs Jahren). Nur in wenigen Ländern gibt es einen solch hohen Anteil von Kindern im Vorschulbereich. Die Kindergartenerziehung, die die Eigeninitiative der Kinder fördern soll, ist erfahrungsbezogen, d.h. die persönlichen Erfahrungen der Kinder stehen im Mittelpunkt. Ziel der Vorschulerziehung ist die Selbstverwirklichung.

Der Großteil des pädagogischen Personals ist weiblich und hat eine Vollzeitausbildung von drei Jahren in einem Hochschulstudium kurzer Dauer absolviert. Verschiedene regionale Bildungszentren bieten Fortbildungen an. Bereits im Vorschulbereich gibt es für jede Jahrgangsstufe Curricula. Die allgemeinen Ziele der Kindergärten sind:

– Förderung des psychischen und physischen Gleichgewichts;
– Entwicklung der geistigen Fähigkeiten;
– angemessene Verständigung;
– harmonische und vielseitige Weiterentwicklung der Psychomotorik;
– Förderung der Selbstständigkeit;
– Förderung der Kreativität;
– angemessenes Verhalten in einer Gemeinschaft.

Die Kindergartenwoche besteht aus fünf Schultagen mit insgesamt 28 Einheiten von jeweils 50 Minuten. Ein Vorschuljahr umfasst wie ein Primarschuljahr 182 Schultage. In der Regel sind in einer Gruppe höchstens 20 Kinder, die dem Alter entsprechend gebildet werden.

Einschulung und Übergänge in der allgemein bildenden Schule

Der Übergang vom Kindergarten in die Primarschulen
Im Vorschulbereich werden die Kinder vor allem durch *Beobachtung* beurteilt. Diese Einschätzung hat drei Funktionen:

– prognostisch: Übergang zur nächsten Phase der Vorschule oder Übergang zur Primarschule;
– beurteilend: Wissen des Kindes im Vergleich mit gleichaltrigen Kindern;
– diagnostisch: Verstehen, warum die Entwicklung gehemmt ist oder ein bestimmter Lernprozess nicht erfolgt ist.

Die Einschulung in den Primarbereich
Die Eltern können die Schule selbst auswählen. Keine Schule darf bestimmte Kinder ablehnen. Dies gilt sowohl für belgische Kinder als auch für Kinder, die keine belgische Staatsangehörigkeit besitzen. In den Primarschulen findet der Unterricht sowohl morgens als auch nachmittags (außer Mittwoch Nachmittag) an fünf Tagen in der Woche statt. Jedes Schuljahr besteht aus mindestens 182 Tagen. In der flämischen Gemeinschaft werden wöchentlich 28 Unterrichtseinheiten (zu jeweils 50 Minuten) durchgeführt. In der französischen und deutschen Gemeinschaft umfasst der Stundenplan von der 1. bis zur 4. Klasse 28 Unterrichtsstunden und in der 5. und 6. Klasse 30 Unterrichtsstunden. Im Jahr 1999 war die Schüler-Lehrer-Relation in der flämischen Gemeinschaft 15,7:1 und in der wallonischen Gemeinschaft 14,2:1.

Der Unterricht in Mathematik, den Naturwissenschaften und in der Muttersprache nimmt einen sehr wichtigen Platz ein. In der 1.-4. Klasse umfasst er 70% und in der 5. und 6. Klasse 50% des gesamten Stundenplans. Kennzeichnend für Belgien ist, dass bereits in der 5. und 6. Klasse eine zweite Landessprache (und in Wallonien zusätzlich auch Deutsch) unterrichtet werden kann. In einigen Gemeinden (Brüssel und die angrenzenden Gemeinden) ist der Unterricht in einer zweiten Landessprache ab der 3. Klassenstufe verpflichtend.

Die Versetzung innerhalb der Primarschule
In der Primarschule erstellen die Lehrkräfte selbst die Prüfungsunterlagen, mit denen am Ende jeder Unterrichtsphase die Umsetzung der Bildungsziele beurteilt und der Lernerfolg überprüft wird. Ein Schulzeugnis ermöglicht Schülern und Eltern einen regelmäßigen Überblick über die Leistungen, den Fortschritt, das Lernverhalten und die Entwicklung der Persönlichkeit. Die einzelnen (formativen) Prüfungen können durch umfassendere summative Prüfungen ergänzt werden. Das Dekret über die Grundbildung verpflichtet die Primarschulen in der flämischen Gemeinschaft einen Schulplan („*schoolwerkplan*") zu erstellen und darin die jeweiligen Leistungsmessungsmethoden des pädagogischen Projekts darzulegen. Hierbei müssen jedoch die offiziell vorgegebenen Zeiträume und Entwicklungsziele eingehalten werden. Die französische Gemeinschaft erprobt eine Regelung, nach der die Schüler alle zwei Jahre beurteilt werden. Dies bedeutet, dass die Versetzung in die 2., 4. und 6. Klassenstufe automatisch erfolgt. Nach jeweils zwei Klassenstufen wird überprüft, ob die Schüler in die nächste zweijährige Klassenphase versetzt werden können. Diese Reform soll bis 2005 in alle Schulen eingeführt werden.

Die Versetzung innerhalb der Sekundarschulen
Im Sekundarbereich entscheidet der *Klassenrat* über die Versetzung in die nächste Klassenstufe. Der Klassenrat bezieht verschiedene Quellen ein, wie die früheren Schulleistungen der jeweiligen Schüler, ihre aktuellen Leistungen in den formativen Prüfungen, Informationen der Schülerberatungsstelle sowie schließlich Gespräche mit den Eltern und Schülern selbst. Die Entscheidung über die Versetzung in die nächste Klassenstufe (mit oder ohne Einschränkungen) steht im „Orientierungsbescheid", den alle Schüler am Ende einer Sekundarklassenstufe erhalten.

Die Versetzung im Sonderschulbereich
Im Sonderschulbereich erfolgt die Leistungsmessung überwiegend formativ. Der Klassenrat und die Beratungsstelle legen die Zusammensetzung der Klassen fest. Sie entscheiden damit auch, ob ein Schüler in derselben Gruppe bleibt, in eine höhere Klasse versetzt wird oder in eine andere Schulform wechselt. Während der Unterrichtsstunden kann eine Differenzierung von Schülern mit unterschiedlichen geistigen oder körperlichen Behinderungen erfolgen. Der Unterricht wird an die besonderen Bedürfnisse des Kindes individuell angepasst. Im Sonderschulbereich werden die folgenden vier Ausbildungsprogramme (mit den entsprechenden Bildungszielen) angeboten:
- Ausbildung sozialer Kompetenzen mit dem Ziel der Integration in eine geschützte Umgebung;

–   Ausbildung sozialer und allgemeiner Kompetenzen mit dem Ziel der Integration
    in eine geschützte Arbeitssituation;
–   Ausbildung sozialer und berufsbildender Kompetenzen mit dem Ziel der Integ-
    ration in eine normale Umgebung und Arbeitssituation;
–   Ausbildung, die auf den Hochschulbereich und die Integration in das Erwerbs-
    leben vorbereitet.

Über 4% (3,91% im Schuljahr 1999/2000) aller Schüler besuchen eine Sonderschule. Daneben besteht die Möglichkeit, dass behinderte Schüler in gewöhnliche
Schulen integriert werden. Diese Integration wird von Sonderschulfachkräften unterstützt.

Übergänge im Hochschulbereich

Im Hochschulbereich beruht die Bewertung auf einer Prüfung am Ende eines Jahres
und einer wissenschaftlichen Arbeit. In einigen Fachbereichen werden auch einzelne
Leistungsnachweise (vor allem praktische Arbeiten) der Studenten berücksichtigt.
Gegenwärtig gibt es mehrere Initiativen zur Einführung einiger formativen Prü-
fungsformen, wodurch die Beurteilung des Lernerfolgs im Laufe eines Jahres vere-
infacht werden würde. Wie bereits erwähnt, haben die verschiedenen Hochschulebenen spezifische Strukturen, Ziele und Methoden. Dennoch werden zunehmend mehr
Vereinbarungen zwischen Hochschulen derselben oder unterschiedlicher Ebenen
getroffen. Dadurch sollen die starren traditionellen Strukturen zwischen den Bildungsebenen abgeschafft und größere Durchlässigkeit ermöglicht werden. So werden die bei einem nichtuniversitären Hochschulabschluss erbrachten Studienleistungen bei der Immatrikulation an einer Universität anerkannt, was eine Befreiung von
einigen obligatorischen Lehrveranstaltungen bedeutet.

Aktuelle Diskussionen und Entwicklungsperspektiven

Der Lehrberuf wird immer unattraktiver

Aus Statistiken wird ersichtlich, dass der Lehrberuf immer unattraktiver wird. Mögliche Gründe sind die Dauer der Lehrerausbildung, die extrem lange Zeit der
befristeten Einstellung und keine Garantie auf eine feste Einstellung, das geringe
Gehalt (verglichen mit den Gehältern im Privatsektor) und die mangelnde soziale
Anerkennung des Lehrberufs. Die Regierung beabsichtigt daher, sowohl kurzfristig
als auch mittelfristig eine ausreichende Zahl kompetenter und motivierter Lehrkräfte
für die Schulen zu gewinnen. Dazu wurden folgende kurz- und mittelfristigen
Realisierungsstrategien entwickelt. Um den Lehrermangel *kurzfristig* zu beheben,
wurden im September 2000 folgende Maßnahmen ergriffen:

–   Die Überstunden der Lehrkräfte sollen besser bezahlt werden. Für eine befris-
    tete Rückkehr in den Beruf nach Beurlaubung oder Pensionierung sollen flexi-
    ble Vereinbarungen getroffen werden.
–   Ein „Vertretungspool" für Lehrkräfte ermöglicht einen besseren Status der Aus-
    hilfslehrer. Als Gegenleistung für den regional orientierten Einsatz als Vertre-
    tung bietet der Pool einen sicheren Arbeitsplatz und ein sicheres Einkommen.

Aufgrund des massiven Lehrermangels wurden zusätzlich die folgenden Maßnahmen getroffen, die 2001 in Kraft getreten sind:
–   Bereitstellung zusätzlicher Hilfskräfte für Lehrkräfte und Schulverwaltungen aus Sektoren, die über genügend Arbeitskräfte verfügen,
–   Werbekampagne in den Medien, um Schüler für die Lehrerausbildung zu gewinnen,
–   Zulagen für Lehrkräfte, die in Brüssel arbeiten und die Sprachprüfung bestehen.
–   Einführung längerer Unterrichtspraktika (zwei Monate) für Studenten im letzten Jahr der Lehrerausbildung,
–   Konzipierung eines Programms, um arbeitslose und anderweitig tätige Erzieher und Sportlehrer zu Primarschullehrern fortzubilden.

Um *mittelfristig* die Attraktivität und Wertschätzung des Lehrberufs zu erhöhen, wurde ein einheitlicher und koordinierter Aktionsplan mit verschiedenen politischen Vorhaben eingeführt:
–   Seit dem Jahr 2000 werden Evaluationen der Lehrerausbildung durchgeführt. Sowohl die Auszubildenden als auch die Ausbilder und andere Fachkräfte sind an der Evaluation beteiligt. Die Ergebnisse der Evaluation sollen die Grundlage für eine Modifizierung der Erstausbildung und der Fortbildung bilden.
–   Im Jahr 2000 beschloss die Regierung den Tarifvertrag V, um die Arbeitsbedingungen der Lehrkräfte zu verbessern. Damit werden vor allem finanzielle Mittel für zusätzliche unterstützende Maßnahmen und für die Verringerung der Belastung der Lehrkräfte bereitgestellt. Die Diskussionen im Jahr 2001 führten zu dem Tarifvertrag VI (gültig für 2001 und 2002). Der Tarifvertrag VI sieht neben einer allgemeinen Erhöhung der Bezüge eine erhebliche Verringerung der Arbeitsbelastung vor. Eine von der Regierung in Auftrag gegebene Studie soll die Bezüge der Lehrkräfte sowohl mit den Gehältern in anderen Sektoren als auch mit den Bezügen der Lehrkräfte in anderen Ländern vergleichen. Die neue Gehaltspolitik für flämische Lehrkräfte wird sich an den Ergebnissen dieser Studie orientieren. Die gesellschaftliche Debatte und die Evaluation der Lehrerausbildung wird zu einem Gesamtkonzept des Lehrberufs und damit verbundenen politischen Veränderungsvorschlägen führen.
–   Die Einführung einer professionellen Schulverwaltung ist vorgesehen. Das Gesetz der Regierung von Flandern über die rechtliche Stellung soll entsprechend geändert werden. Die Schulen sollen mit den erforderlichen Kompetenzen, Mitteln und Kapazitäten ausgestattet werden, damit sie eine angemessene Personalpolitik, die die Weiterentwicklung, Kontrolle, Beratung und Bewertung der Lehrkräfte umfasst, verwirklichen und somit ihre Rolle als Arbeitgeber möglichst gut erfüllen können.

Zielgruppenorientierte Politik

Die belgische Regierung widmet den Bildungsproblemen bestimmter Zielgruppen besondere Aufmerksamkeit. Im letzten Jahrzehnt wurden sowohl auf den jeweiligen Bildungsebenen als auch übergreifend verschiedene Projekte eingeführt. Diese Projekte unterscheiden sich erheblich hinsichtlich der Ziele, Verwaltung, Finanzierung, Aufsicht und Kontrolle. Im Rahmen der Bildungsprioritätsprojekte (für Kinder ausländischer Herkunft im Primar- und Sekundarschulbereich) und der erweiterten

Angebote für Kinder mit besonderen Anforderungen (vor allem für bildungsbenachteiligte Kinder im Primarbereich) können Schulen *zusätzliche Unterrichtsstunden*
beantragen. Schulen, die zusätzliche Unterrichtsstunden bewilligt bekommen,
können verschiedene unterstützenden Maßnahmen in Anspruch nehmen.
Netzübergreifend arbeitende Schulberater bieten den Schulen Supervision an, die in
der Regel unentgeltlich ist. Brüsseler Schulen können zusätzliche *Fördermittel* beantragen, um die Bildungsprioritätsprojekte umzusetzen und das Angebot für Kinder
mit besonderen Anforderungen zu erweitern. Schließlich gibt es verschiedene
Projekte für spezielle Zielgruppen, wie z.B. ein spezielles Schulnetz in Antwerpen
für Kinder von Binnenschiffern. Die Regierung bezuschusst darüber hinaus im Tertiärbereich Schulungskurse für Lehrkräfte zu bestimmten Themenbereichen (z.B.
Islam). Verschiedene Lehrgänge gibt es zu einem Projekt, das die Aufnahme und
den Wechsel von ausländischen Kindern fördern soll. Für Schüler unter 18 Jahren,
die nicht die in Belgien üblichen Sprachen sprechen, werden beispielsweise im
Primar- und Sekundarbereich Aufnahmeklassen angeboten. Sie sollen das schnelle
Erlernen ausreichender Sprachkenntnisse (Niederländisch, Französisch bzw.
Deutsch) ermöglichen, sodass diese Kinder am normalen Unterricht teilnehmen
können. Die Einrichtungen für Erwachsenenbildung und für die Erwachsenengrund-
bildung führen Kurse in Niederländisch bzw. Französisch als Fremdsprache durch.

Informations- und Kommunikationstechnologien (IKT)

Seit 1996 fördert die Regierung die Einführung der Informations- und Kommunikationstechnologien im Bildungswesen. Informationskampagnen, Fortbildungen, Zuschüsse für die Infrastruktur und zur Finanzierung von Projekten sollen die Schulen
dazu anregen, IKT in ihre Unterrichtsstunden zu integrieren. Die Schüler werden im
Rahmen verschiedener Themen und Fächer in die IKT und ihre Anwendung eingeführt. Die IKT-Fördermaßnahmen stützen sich im Wesentlichen auf fünf Punkte:

– Die Bereitstellung der erforderlichen Grundausstattung. Ursprünglich sollte bis
   2002 in den drei höchsten Klassenstufen der Primarschulen und allen Sekundar-
   schulklassen für zehn Schüler jeweils ein Computer verfügbar sein. Das föderal-
   le Telekomgesetz sorgt dafür, dass die Schulen mit preisgünstigen ISDN-Inter-
   netanschlüssen ausgestattet werden.
– Zur Unterstützung der Schulen wurden verschiedene Projekte eingerichtet. Die
   Veröffentlichung eines Programms zur schrittweisen Einführung der IKT ermöglicht den Schulen, eigene IKT-Konzepte zu erstellen.
– Die Lehrkräfte müssen von den Vorteilen der IKT-Anwendung überzeugt werden und sollten über ausreichende Kompetenzen auf diesem Gebiet verfügen.
   Die Politiker müssen daher zwei Ausbildungsebenen berücksichtigen. Dies betrifft erstens die Ausbildung der nächsten Lehrergeneration. Die Einführung der
   IKT in die Lehrerausbildung hat kurz- und mittelfristig oberste Priorität. Zweitens müssen Fortbildungen für die gegenwärtigen Lehrkräfte bereitgestellt werden. In Flandern gibt es gegenwärtig fünf regionale Netze, die IKT-Fortbildun-
   gen auf pädagogischer, technischer und organisatorischer Ebene für Lehrkräfte
   anbieten.
– Viele europäische Länder werden mit ähnlichen Anforderungen und Problemen
   bei der Einführung neuer Medien in ihr Bildungswesen konfrontiert. In diesem

Zusammenhang war die Gründung einer gemeinsamen internationalen Plattform für den Erfahrungsaustausch und die Konzeption neuer Initiativen äußerst sinnvoll und hilfreich. Das Europäische Schulnetz wurde 1998 gegründet, um Informationen und Projekterfahrungen austauschen zu können.

– Die IKT-Maßnahmen müssen durch Forschung und regelmäßige Evaluation begleitet werden. In diesem Zusammenhang fand im Dezember 2000 ein IKT-Forum statt, in dem Lehrkräfte, Schulverwaltungen, Mitarbeiter der Jugendarbeit, Wirtschaftsleute und Politiker eine Analyse der IKT-Maßnahmen durchführten. Nach diesem Forum soll ein neuer Maßnahmenkatalog erstellt werden, der u.a. die folgenden Schwerpunkte enthält: Erweiterung der Infrastrukturprogramme, Verbesserung der IKT-Applikationen, sichere Nutzung des Internets, Erstellung eines neuen Pädagogikportals usw.

Lebenslanges Lernen

Lernen ist ein Prozess, der das ganze Leben umfasst. Die Regierung kann zum Lernen motivieren, indem von der Primarschule bis zur Hochschule Lerninhalte und Unterrichtssituationen angeboten werden, um Kompetenzen zum lebenslangen Lernen auszubilden und deren spätere Anwendung zu fördern. So könnten alle jungen Menschen selbstständiges Lernen und problemlösendes Denken als Bestandteil der Grundbildung erlernen. Dieser Prozess erfordert sowohl herausfordernde (und teilweise fachübergreifende) Lernziele als auch Grundfertigkeiten. Mithilfe der Angebote der Erwachsenenbildungszentren sollen Erwachsene das lebenslange Lernen tatsächlich umsetzen können. Der Weiterbildungsbereich wird gegenwärtig klarer strukturiert und setzt nach der Sekundarstufe ein. Kurzfristig soll untersucht werden, wie die Erwachsenenbildung für ausgebildete und erfahrene Lehrkräfte attraktiver gestaltet werden kann. Die Schaffung einer elektronischen Unterrichtsplattform ist ein weiteres wichtiges Element, um lebenslanges Lernen für Erwachsene zu erleichtern. Die Einrichtung der kombinierten Ausbildung in den Erwachsenenbildungszentren ist ebenfalls in das Konzept des lebenslangen Lernens einzuordnen. Die Lernerfahrungen, die Erwachsene außerhalb des formalen Bildungswesens erworben haben (z.B. durch Arbeitserfahrung), sollen zukünftig aufgewertet werden. Diese Maßnahmen haben zugleich eine europäische Perspektive.

Literatur

MONSEUR, C./BRUSSELMANS-DEHAIRS, C.: Belgium. – In: National Contexts for Mathematics and Science Education. An Encyclopedia of the Education Systems participating in TIMSS. Ed. by Robitaille, D.F. Vancouver: 1997, p. 50 bis 61.

BRUSSELMANS-DEHAIRS, C.: Belgium-Flemish. – In: The Impact of TIMSS on the Teaching and the Learning of Mathematics and Science. Ed. by Robitaille D.F., Beaton, A.E., Plomp, T. Vancouver 2000, p. 22-27.

EURYDICE: Lifelong Learning: the contributions of educational sytems in the Member States of the European Union. Results of the EURYDICE Survey. Brussels 2000.

JEURIS M.: Studeren in Wallonië. Brussel: CSBO, 1998.

MINISTERIE VAN DE VLAAMSE GEMEENSCHAP: Vlaanderen gepeild. De Vlaamse overheid en waardenonderzoek. Brussel: Ministerie van de Vlaamse Gemeenschap, 1998.

MINISTERIE VAN DE VLAAMSE GEMEENSCHAP, Departement onderwijs, afdeling begroting en gegevensbeheer: Vlaamse onderwijsindicatoren in internationaal perspectief – editie 1999. Brussel: Ministerie van de Vlaamse Gemeenschap, departement onderwijs, 1999.

MINISTRY OF THE FLEMISH COMMUNITY, Education Department. Education in Flanders. A broad view of the Flemish educational landscape. Brussels: Ministry of the Flemish Community, Education Department, 2001.

OECD: Education at a Glance. OECD Indicators. Paris 1998.

UNESCO: World education report. Oxford 1995.

VANDERPOORTEN M.: Flemish minister of Education, 2000. Beleidsnota Onderwijs en Vorming 1999-2004. Brussel: Departement Onderwijs 2000.

WIELEMANS W.: Het onderwijs in België. Onderwijs in de Europese Unie: eenheid en verscheidenheid. Open universiteit. Leuven-Apeldoorn 1996.

Belgien

Schuljahre / Alter

Schuljahre	Alter
16	22
15	21
14	20
13	19
12	18
11	17
10	16
9	15
8	14
7	13
6	12
5	11
4	10
3	9
2	8
1	7

Universitärer Hochschulbereich

Nicht-universitärer Hochschulbereich

Betriebliche Ausbildung: - Mittelstand - Industrie / **Arbeits-Ausbildungs-Vertrag**

Spezialisierungs- oder weiterführendes Schuljahr

Sekundarbereich II — Typ I: 3. Stufe, 2. Stufe; Oberstufe; Unterricht in Teilzeitform / Lehrlings-Ausbildung

Sekundarbereich I — Typ I: 1. Stufe; Typ II: Unterstufe

Primarbereich — 1. Stufe, 2. Stufe, 3. Stufe

Schulpflicht

Vorschulbereich — Kindergarten

© DIPF 2004

Katarina Batarilo/Volker Lenhart

BOSNIEN-HERZEGOWINA

Entwicklung des Bildungswesens

Das Bildungswesen in Bosnien-Herzegowina im Rahmen des ehemaligen Jugoslawien

Der Grundstein für das moderne Bildungswesen Bosniens und der Herzegowina (BiH) wurde unter der österreichisch-ungarischen Herrschaft im 19. Jahrhundert gelegt. Ende des 19. Jahrhunderts waren noch ca. 97% der Bevölkerung Bosnien-Herzegowinas Analphabeten, woraufhin die österreichisch-ungarische Provinzregierung einen Plan zur Eröffnung regelmäßiger öffentlicher Schulen ausarbeitete (vgl. RUSSO 2000, S. 950). Nach dem Zerfall Monarchie 1918 und dem Entstehen des Königreichs der Serben, Kroaten und Slowenen blieben das System der öffentlichen Grundschulbildung und auch die privaten Schulen der religiösen Gemeinschaften bis zum Ausbruch des II. Weltkrieges weiterhin bestehen. Der II. Weltkrieg schädigte auch die Bildungseinrichtungen schwer. Das Jugoslawien der Nachkriegszeit hatte mit großen finanziellen Schwierigkeiten zu kämpfen und es mangelte auch an menschlichen Ressourcen. Mit einer finanziellen Unterstützung allein war es nicht getan, und nur ein neuer Ansatz der Struktur und Organisation der Bildung konnte die Lösung der Probleme sein. Einen nicht unbedeutenden Einfluss auf die Bildungsentwicklung nahm der neue Staatschef Josip Broz Tito selbst, der Bildung als eine der wichtigsten Aktivitäten zum Wiederaufbau und zur Entwicklung des Landes betrachtete (vgl. RUSSO 2000, S. 951). Bildung war damit der Schlüsselfaktor in der Nachkriegszeit.

Bis 1990 sah die Struktur des Bildungswesens, das Curriculum und die Lehrerausbildung in Bosnien-Herzegowina genauso aus wie in allen Republiken des damaligen Föderativen Sozialistischen Staates Jugoslawien (FSRJ). BiH unterschied sich lediglich in der Qualität und Quantität, z.B. bezüglich der Schulgebäude und der Qualifikation der Lehrer. Das Bildungswesen war gekennzeichnet von der sozialistischen und atheistischen Ideologie: „Das die Nation umspannende System der unentgeltlichen Pflichtschule diente zusammen mit der kommunistischen Ideologie als Mörtel für die multi-ethnische jugoslawische Republik, da die Schulen für alle Kinder ungeachtet ihres religiösen, ethnischen oder sozialen Hintergrundes offen standen." (RUSSO 2000, S. 951). Eine der ersten Maßnahmen war die Aufhebung der privaten und religiösen Schulen. Ein weiteres Kennzeichen der Ideologie im Bildungswesen waren die zentralisierte Planung, Finanzierung und Verwaltung der Bildungsinstitutionen. Zunächst wurde die Grundschulbildung flächendeckend ausgebaut. Nur wenige Schüler setzten die Schulbildung an weiterführenden Schulen fort. Bis in die 1950er Jahre existierten drei verschiedene Arten von Grundschulen: Grundschulen von 4-, 6- und 8-jähriger Dauer. 1958 wurde jedoch ein allgemeines Gesetz zur Grundschulbildung verabschiedet, welches eine achtjährige Grundschulbildung für Kinder im Alter zwischen sieben und 15 Jahren festlegte, so wie es noch heute in allen ehemaligen Republiken die Regel ist. Im Schulsystem wurden 1979 Innovationen eingeführt und 1987 entstand das erste gemeinsame „gesamt-jugoslawische" Kerncurriculum. Diese Versuche einer Verbesserung des Bildungswesens führten zu dem Ergebnis, dass Anfang der 1980er Jahre nahezu alle Kinder in Jugoslawien die Primarstufe besuchten, wobei sogar ca. 70% der Schüler den Schulbesuch auf der Sekundarstufe fortsetzten (vgl. RUSSO 2000, S. 952). Nach dem Tode Titos (1980) begann das Bildungswesen, auch in Folge politischer Instabilität, zu stagnieren.

Die 1990er Jahre fingen mit Reformen im bosnisch-herzegowinischen Bildungswesen an, da man sich der „zeitgemäßen" Bildung in Europa nähern wollte. Dies führte dazu, dass man sich vom strikt zentralisierten System abwendete und Änderungen im Curriculum vornahm. Die vollständige Entwicklung und Implementation der veränderten Curricula wurde jedoch durch den Ausbruch des Krieges verhindert. Mit Beginn des Krieges im April 1992 änderten sich auch wesentliche Merkmale in den jeweiligen Schulen bzw. im Schulsystem: Je nachdem, welcher Ethnie die Mehrzahl der Bewohner einer Region angehörte, variierte auch der Inhalt des Curriculum, ja sogar die Unterrichtssprache. Während zuvor das Serbo-Kroatische als einheitliche Sprache definiert worden war, wurde dieses Standardidiom nun politisch forciert gespalten. Dies bedeutete beispielsweise, dass in einer Region mit mehrheitlich muslimisch-bosniakischen Schülern als Unterrichtssprache Bosniakisch[1] benutzt wurde. Die Schulen waren somit politisch und ethnisch auseinander gefallen.

Bildung in Bosnien-Herzegowina während der Kriegsjahre 1992-1995

Zwischen 1992 und 1995 blieben die Schulen in Sarajevo und in allen anderen Teilen Bosnien-Herzegowinas trotz der Kriegssituation geöffnet, weil man versuchte, einen so normalen Alltag wie nur möglich herzustellen. Während der Belagerung Sarajevos wurden zahlreiche Kinder getötet und verletzt, sei es durch Heckenschützen oder durch Granatbeschuss auf Wohngebäude, Schulen, Krankenhäuser oder öffentliche Plätze.

Die so genannten „Kriegsschulen" begannen am 1. März 1993 in ganz BiH mit einem verkürzten 18-Wochen Schuljahr zu arbeiten. Während der Schuljahre 1993-1994 und 1994-1995 wurde in nur 30 anstatt 36 geplanten Schulwochen unterrichtet. Während der außergewöhnlichen Lage der Schulen bzw. des Unterrichts in der Kriegssituation war die aktive Lehrerschaft gezwungen, didaktisch zu improvisieren. Im Angesicht der weit verbreiteten Angst vor dem Tode, der Verwüstung und Zerstörung änderte sich auch das Lehrer-Schüler-Verhältnis, wie sich das in den Worten eines Schülers zeigt: „In jenen Tagen waren Schüler und Lehrer wie eine Familie, wir teilten alle dieselbe Gefahr und die Wirren des Krieges" (RUSSO 2000, S. 954). Wie es den Schülern im Krieg erging, zeigen weitere erschreckende Zahlen: 99% der Schüler und Studenten erlebten in unmittelbarer Nähe Beschuss von Panzern oder Heckenschützen, 92% wären dadurch beinahe ums Leben gekommen, 72% der Heime/Häuser dieser Schüler und Studenten wurden beschossen, 51% mussten zusehen, wie eine Person umkam, 40% wurden zum Ziel von Heckenschützen (vgl.

---

[1] Eine Mischung aus der serbischen und der kroatischen Sprache mit einer Vielzahl von Turzismen.

RUSSO 2000, S. 954). Das Friedensabkommen von Dayton 1995 beendete diesen Krieg und das Land wurde in zwei Entitäten aufgeteilt: Die (muslimisch-kroatische) Föderation und die Republika Srpska.

„Die zentralen staatlichen Einrichtungen sind nur in dem Maße ausgebildet, das für die internationalen Beziehungen des Landes notwendig ist. Besonders die Bildungsangelegenheiten liegen ausschließlich in der Regelungshoheit der beiden „entities". Die Serbische Republik ist zentralstaatlich organisiert, die Föderation ist in (zehn) Kantone eingeteilt, von denen jeder über seine Bildungsinstitutionen selbst bestimmen kann. Diese politische Realität hat dazu geführt, dass im Lande de facto drei Schulsysteme parallel nebeneinander bestehen: ein muslimisch – bosniakisches, ein kroatisches und ein serbisches" (LENHART 1999, S. 35).

Die Organisation des gegenwärtigen Schulsystems

Das Bildungswesen in der Republika Srpska

Die Republika Srpska (RS) ist in sieben Regionen geteilt und man beharrt dort wie vor dem Krieg weiterhin auf einem zentralisierten Bildungswesen auf der Entitätsebene. Der Bildungsminister im Ministerium in Banja Luka hat die zentralisierte Kontrolle über das Bildungswesen inne. Er führt das vom Parlament verabschiedete Bildungsgesetz aus und bestimmt die gesamte Bildungspolitik, mitunter auch die Einrichtung neuer Schulen. Ihm untersteht auch das unter anderem als Planungseinrichtung fungierende Pädagogische Institut in Banja Luka. Die örtliche Leitung von Schulen übernehmen Schulbehörden, bestehend aus Repräsentanten der Schulträger und Eltern (vgl. RUSSO 2000, S. 957).

Ein 1998 beschlossener Reformplan, der eine Individualisierung von Bildungslaufbahnen vorsah (Republic of Srpska 1998), ist wegen Regierungswechsels nicht voll implementiert worden. Die schulische Organisationsstruktur ist dieselbe wie in anderen Landesteilen geblieben. Der Distrikt Brcko, der nach 1995 zur Republika Srpska gehörte, ist inzwischen internationaler Kontrolle unterstellt worden. Dort gibt es ein eigenes System, eine andere Gesetzgebung und nur dort einen ethnisch integrierten Unterricht.

Das Bildungswesen in der Föderation Bosnien-Herzegowina

Die Verwaltung

Die Föderation von Bosnien-Herzegowina ist nach dem Schweizer Vorbild konstruiert: Es existieren zehn weitgehend dezentralisierte Verwaltungseinheiten (Kantone), die in kommunale Einheiten geteilt sind.

Bildung wird in der Föderation BiH auf vier Ebenen verwaltet:

- auf der Ebene der Föderation,
- auf der Ebene der Kantone,
- auf der lokalen Ebene, d.h. Gemeinde/Stadt,
- auf der Schulebene.

Die Föderation hat ein zentrales Bildungsministerium mit einem (in der Regel) bosniakischen Minister und einem kroatischen Vizeminister. Sitz des Ministeriums ist Sarajevo, die kroatische Seite unterhält eine Außenstelle in Mostar. In den Jahren 1999/2000 gab es im Ministerium offenkundig politisch bedingte Abstimmungs-

probleme. Offizielle Aufgabe des Ministeriums ist die Koordination und die Ermöglichung von Kooperation zwischen den Bildungsbehörden der Kantone. Die Verfassung überträgt nämlich Bildungsangelegenheiten weitgehend auf die Kantone. Aber
da deren „Bildungsminister" in der Regel nicht über die notwendigen Planungs- und
Administrationsressourcen verfügen, sind stark abweichende Regelungen selten, de
facto bestehen ein bosniakisches und ein kroatisches Bildungswesen. Diese Tendenz
wird in den nicht von einer ethnischen Mehrheit dominierten „gemischten" Kantonen noch dadurch verstärkt, dass die kantonalen Schulbehörden Kompetenzen an
kommunale Instanzen abtreten können. So wird etwa den so genannte Rückkeh-
rerkindern und den Kindern der ethnischen Minderheit ein nicht von der Mehrheit-
sethnie dominierter Schulunterricht ermöglicht. Innerhalb der Kommunen kann die
Dezentralisierung, die freilich meist auch Ethnisierung bedeutet, bis auf die Ebene
der Einzelschule fortgesetzt werden.

Bezogen auf die Einzelschule übernimmt die Schulbehörde die Leitungsfunktion der
Schule, der Schulleiter hat die Verwaltungsautorität und der Schulaufsichtsrat hat
eine Kontrollfunktion. Der Schulleitungsausschuss setzt sich aus Schulträgerschaft
und Elternvertretern zusammen. Die Aufgaben des Ausschusses sind Arbeits- und
Schulentwicklungspläne aufzustellen, Jahrespläne zu entwickeln, finanzielle Pläne
vorzubereiten, den Schulleiter einzustellen, Lehrer auszuwählen oder die Durchführ-
barkeit des Curriculum zu diskutieren (vgl. MURATOVIC 2000, S. 10).

Finanzierung

Bis 1990 wurden Bildungssubventionen durch die sozialistischen Selbstverwaltungs-
sorgane bereitgestellt, die es auf allen Bildungsebenen gab. Nahezu 80% der Mittel
wurden für die Gehälter der Beschäftigten ausgegeben (vgl. MURATOVIC 2000,
S. 11). Während des Krieges gewährten verschiedene internationale Organisationen
bedeutende finanzielle Hilfen und Hilfsgüter für das Überleben der gesamten Bevölkerung, so auch für die Beschäftigten im Bildungsbereich. Nach dem Krieg war die
Finanzierung des Schulsystems weitgehend von den Spendenmitteln der internationalen Gemeinschaft abhängig. Die Bildungsausgaben belaufen sich auf unter 6% des
Staatshaushaltes. Entsprechend fehlt es in den Schulen an Materialien (vgl.
www.isoplan.de/mi/bh/bh3.htm), und auch das Einkommen der Beschäftigten im
Bildungsbereich ist sehr gering. Die unterbezahlten Lehrkräfte bekommen ihre Gehälter oft mit mehrmonatiger Verspätung.

Curriculumentwicklung und Curriculumpolitik

In der FBiH wurden während der Kriegsjahre in den Gebieten mit bosniakisch-mus-
limischer Mehrheit Curricula und Schulbücher aus der ehemaligen Republik BiH
verwendet. Im Jahre 1994 wurden neue Curricula für alle Schultypen entwickelt. In
Gebieten mit kroatischer Mehrheit waren leicht veränderte Curricula und Schulbücher aus der Republik Kroatien in Gebrauch (vgl. MURATOVIC 2000, S. 15). Nach
dem Friedensabkommen von Dayton (1995) sind die Kantone in der Schulpolitik
relativ selbstständig. Sie sind dabei auch berechtigt, wenn auch nicht immer in der
Lage, eigene Curricula zu erstellen. Auch die Schulen sind sehr eigenständig. Sie
haben die Freiheit, aus den Lehrplänen eine Auswahl treffen zu können. Dabei muss
70% des Curriculums unterrichtet werden und über 30% entscheidet die Schule im

Sinne einer pädagogischen Profilierung (vgl. NÄDER 2001, S. 46). Die (kantonaler Hoheit unterstehenden) Pädagogischen Institute sind Ansprechpartner der Schulen in pädagogischen Fragen und können auch unterrichtliche Empfehlungen geben (vgl. NÄDER 2001).

Qualifizierung des pädagogischen Personals
Vorschullehrer werden in Lehrerseminaren (so genannte Lehrerschulen) und auf der Hochschulebene in Pädagogischen Akademien ausgebildet. Grundschullehrer der Klassen 1-4 erhalten ihre zwei bzw. vier Jahre dauernde Ausbildung auf dem Lehrerseminar und auf der Pädagogischen Akademie. Grundschullehrer der Klassen 5-8 werden nur auf der Pädagogischen Akademie ausgebildet. Sekundarschullehrer schließen ein Fachstudium an einer Universitätsfakultät oder der Musik-/Kunsthochschule ab und absolvieren zugleich ein pädagogisch-psychologisches Begleitstudium. Für Sonderschullehrer gibt es eine eigene „Defektologische Fakultät".
Durch die Kriegssituation mussten viele Lehrkräfte in andere Länder flüchten oder sie wechselten ihre Arbeitsstelle (v.a. die Fremdsprachenlehrer). Diese Situation brachte die Kantone dazu, Pädagogische Akademien und Fakultäten in ihren Hauptstädten zu eröffnen (in Mostar, Zenica, Bihac). In vielen Bereichen gibt es aber immer noch unqualifizierte Lehrer. Das betrifft besonders die Lehrkräfte im Grundschulbereich, Fremdsprachenlehrer (v.a. für Englisch), Lehrer für Muttersprache- und Literaturunterricht und Informatiklehrkräfte.
Das Lehrerstudium ist sehr theoretisch ausgerichtet, der Praxisbezug wird als unzureichend angesehen. Viele Fakultäten, die Pädagogischen Akademien ausgenommen, haben nicht genug Personal für den Bereich Fachdidaktik (vgl. MURATOVIC 2000, S. 19). Lehreranfänger müssen erst ein Jahr lang ein Tutorium (Referendariat) absolvieren und ein Examen bestehen, bevor sie als voll qualifiziert und ausgebildet gelten. Es gibt keine Möglichkeit für einen weiteren Studienabschluss (M.A.) im Bereich Lehr- und Lernmethoden oder Bildungsplanung (vgl. MURATOVIC 2000, S. 20). Jede Schule hat zwar die Aufgabe, im Rahmen ihres Jahresplans Lehrerfortbildungsprogramme zu organisieren. Lehrerfortbildungen werden auch von Pädagogischen Instituten und Lehrerfakultäten geleitet, aber diese Aufgabe kann nur unvollkommen erfüllt werden. Nach 1995 unternahmen verschiedene internationale Organisationen Initiativen zur Verbesserung der Lehrerfortbildung (vgl. MURATOVIC 2000, S. 20).

Allgemein bildende Schulen

Vorschulische Bildung und Erziehung

In den meisten Kantonen gibt es Bildungsgesetze zur Vorschulerziehung. Diese liegt in der Verantwortung der Gemeinden und ist den Sozialbehörden unterstellt. Der Besuch einer Vorschuleinrichtung ist keine Pflicht; die Aufnahmequote der Kinder ist in den Kantonen unterschiedlich und hängt von den zur Verfügung stehenden Mitteln ab. Vorschulprogramme werden oft auch in regulären Grundschulen durchgeführt. Vorschulinstitutionen können öffentlich oder privat getragen werden, meist jedoch sind Städte oder Gemeinden die Träger dieser Institutionen. Die Finanzierung ist Sache der Gemeinde; daneben gibt es erhebliche Elternbeiträge.

Es lassen sich verschiedene Formen der Vorschulinstitutionen unterscheiden: Kindertagesstätten (Kinder von sechs Monaten bis zu drei Jahren), Kindergärten (drei Jahre bis Grundschulalter), und „Kindergarten auf Rädern". Dementsprechend variieren die Programme der Vorschulerziehung: Erziehungs-, Bildungs-, Gesundheits-, Ernährungs- und Sozialversorgungsprogramme; Programme für Kinder mit Behinderung, für begabte Kinder und allgemeine Vorschulprogramme; Programme für frühes Fremdsprachenlernen, Kunsterziehung, Kultur- Religion- und Sportprogramme sowie andere, den Eltern- und Kinderwünschen entsprechende Programme. Das Personal für die Implementierung dieser Programme sind Kindergärtner, Gesundheitsfachkräfte, Lehrer und Psychologen (vgl. MURATOVIC 2000, S. 21).

Das Grundschulwesen

Die Grundschulbildung, die für alle Kinder im Alter ab sieben Jahren verpflichtend ist, ist in zwei Stufen geteilt und zwar in die Klassen 1-4 und 5-8. Alle Kantone in der FBiH haben eigene Grundschulgesetze erlassen. Derzeit existieren in der Föderation zwei Grundschulsysteme: ein bosniakisches und ein kroatisches. Sie sind bezüglich der Schulorganisation nahezu identisch. Große Unterschiede sind aber in den Curricula festzustellen. Grundschulklassen werden in den lokalen Sprachen unterrichtet, wobei die Schüler seit 2000 (in ganz Bosnien-Herzegowina!) sowohl das lateinische als auch das kyrillische Alphabet erlernen müssen. Sind 20 oder mehr Schüler einer ethnischen Minderheit im gleichen Alter vorhanden, können diese den Wunsch äußern, in ihrer Muttersprache unterrichtet zu werden. In diesem Fall können Vereinbarungen über die Einrichtung einer Sonderklasse für diese Schüler getroffen werden (vgl. www.isoplan.de/mi/bh/bh3.htm). Grundschulen gibt es in öffentlicher oder privater Trägerschaft.

Schulorganisation

Im Bereich der regulären Grundschulen gibt es selbstständige Sondergrundschulen für Kinder mit allen Formen psychischer und physischer Behinderung. Es gibt auch Tendenzen, Sonderschüler in reguläre Klassen einzugliedern. Daneben gibt es so genannte parallele Grundschulen. Dabei besuchen Schüler gleichzeitig die Musik- oder Ballettschule und die reguläre Grundschule. Außerdem gibt es Schulen für die nachzuholende Grundbildung von Erwachsenen, die selbstständig oder organisatorisch Grundschulen eingegliedert sein können (vgl. MURATOVIC 2000, S. 23).

Die Struktur der Bildungsaktivitäten

Im regulären, gemeinsamen Unterricht werden die in den Curricula festgehaltenen Aufgaben/Lernziele für alle Schüler implementiert. Der Kursunterricht ermöglicht an die jeweiligen Bedingungen angepasste Angebote. Einige Schulen erteilen Förderunterricht für die so genannte schwachen Schüler. Für begabte Schüler wird Ergänzungsunterricht angeboten. Für Schüler. die an besonderen Fächern, die nicht im Lehrplan vorgesehen sind, Interesse haben. gibt es das Angebot eines fakultativen Unterrichts (vgl. MURATOVIC 2000, S. 23). Des Weiteren werden in der Schule Freizeitaktivitäten, Berufsinformations- und Berufsberatungsprogramme sowie soziale und kulturelle Schulaktivitäten durchgeführt.

Dauer der Grundschulerziehung

Grundschulerziehung beginnt mit sechs bzw. sieben Jahren und dauert acht Jahre. Es besteht eine Schulpflicht für alle Kinder in diesem Alter. Das Schuljahr beginnt immer am 1. September und endet am 31. August. Der Unterricht beginnt am ersten Montag im September und dauert 35 Wochen (=175 Unterrichtstage). Die Abschlussklasse, also die 8. Klasse ist um zwei Wochen verkürzt. Fünf Tage in der Woche wird unterrichtet, die Unterrichtsstunde dauert 45 Minuten, die Pausen dauern fünf bis zehn Minuten. Es wird häufig in Schichten unterrichtet, und zwar zweimal, manchmal auch dreimal am Tag. Dies behindert eine effektive Bildungsarbeit, die Freizeitaktivitäten für die Schüler und die Zusammenarbeit zwischen der Schule und der Gemeinde (vgl. MURATOVIC 2000, S. 24). In den Klassen 1-4 unterrichtet eine Lehrkraft alle Fächer, in den Klassen 5-8 unterrichten verschiedene Lehrer unterschiedliche Fächer.

Das Fächerangebot in der Grundschule besteht aus den Fächern Sprachen, Gesellschaftskunde (Geschichte und Geographie), Mathematik, Heimat- und Sachkunde, Kunst, Musik und Sport. Je nach Schule wird auch noch zusätzlich Religion angeboten. In Klasse 5-8 kommt zusätzlich eine zweite Fremdsprache hinzu, ferner Biologie, Physik und Chemie. Die erste Fremdsprache ist meist Englisch und dann Deutsch, Italienisch, Französisch und vor dem Krieg oft auch Russisch. Charakteristisch für die Curricula der Grundschule ist bereits die hohe Anzahl an Fächern (in Klasse 8 sind es 15 Fächer). Die Curricula gelten als stoffüberladen, Schulbücher und andere didaktische Materialien sind nur begrenzt vorhanden (vgl. MURATOVIC 2000, S. 24).

Die Sekundarstufe

Die Sekundarstufe ist nicht verpflichtend, dennoch setzen ca. 90% der Schüler ihre Schulbildung auf der Sekundarstufe fort. Bei der Aufnahme haben die Sekundarschulen teilweise ein Auswahlrecht. Sekundarschulen können privat oder öffentlich getragen sein. Die öffentlichen Sekundarschulen werden meistens vom Stadtrat in Übereinkunft mit der kantonalen Regierung gegründet. Die Bildungsministerien der Kantone haben die Verantwortung für die Führung dieser Schulen. In letzter Zeit wurden einige Privatschulen meist von religiösen Gemeinschaften eröffnet.

Die berufsbildenden Schulen dauern drei Jahre (in Ausnahmefällen vier Jahre), die Ausbildung von Arbeitern zwei Jahre und alle anderen Sekundarschultypen vier Jahre (vgl. MURATOVIC 2000, S. 25). Die Angaben zu Schuljahr, Schulwoche und Schulstunden sind mit denen der Primarschule zu vergleichen. Es wird auch hier in Schichten (zweimal am Tag) unterrichtet.

Die Schultypen der Sekundarschule

Es lassen sich sechs verschiedene Sekundarschultypen unterscheiden: zum einen das *Gymnasium* (aufgeteilt in das Allgemein bildende Gymnasium, das Klassische Gymnasium und das Sprachengymnasium), das vier Jahre lang dauert und zu einer Hochschulzugangsberechtigung führt. Ferner die *technisch-orientierten Schulen*, die drei bzw. vier Jahre dauern und die in 21 Fachrichtungen aufgefächert sind. Mit einem Zertifikat dieser Schulen erscheinen die Schüler auf dem Arbeitsmarkt oder nehmen ihr Recht auf Weiterbildung wahr. Eine *Lehrerausbildungsschule* (Lehrerseminar) führt zu einem Studium an einer so genannte Lehrerakademie (oder auch Pädagogischen Fakultät).

Eine vierte Gruppe von Schülern besucht die besondere Schulart: *Kunst-, Musik- oder Ballettschule*. Die Mehrheit der Schülern (ca. 80%) besucht eine der 16 *Berufsschulen*, in denen 89 Berufsausbildungen angeboten werden. An diesen Schulen kann keine Hochschulzugangsberechtigung erworben werden. Die Berufsbildung wurde seit Ende der 1990er Jahre durch das PHARE-Programm der EU unterstützt. Gleichwohl gibt es nach Meinung von OECD-Experten weiterhin „Probleme und Barrieren in der beruflichen Bildung", nämlich:

–   Eine unbefriedigende Informationsbasis über Beschäftigung und Arbeitsmarkt, d.h. fehlende Zusammenarbeit zwischen dem Arbeitsamt und den staatlichen Entitäten;

–   Das fehlen eines kohärenten langfristigen staatlichen Entwicklungsplans für berufliche Erstausbildung und Erwachsenenbildung, das heißt angesichts der hohen Quote von Erwachsenen- und Langzeitarbeitslosigkeit müsste größerer Nachdruck auf lebenslanges Lernen und die Entwicklung flexibler Beschäftigungsfähigkeiten gelegt werden, und weniger auf eine enge Vorbereitung für spezifische Tätigkeiten. Das Schlüsselproblem besteht darin, eine Strategie für lebenslanges Lernen zu haben.

–   Eine irrationale berufliche Vorbereitung für Felder, in denen es überhaupt keine Arbeitsplätze mehr gibt, während Ausbildung in neueren Tätigkeitsfeldern und entsprechende Fähigkeiten den jungen Leuten nicht vermittelt werden. Die Anpassung des institutionellen Rahmens und die Verknüpfung mit den neuen Verhältnissen in BiH sind wesentlich. Fortbildung von Berufsschullehrern und Personalentwicklung sind nicht kohärent oder fehlen ganz genau wie Berufsberatung und -orientierung für Berufsschüler.

–   Ein schwacher Beitrag der Sozialpartner zur Reform der beruflichen Bildung.

–   Die Ineffizienz des BerufsBildungswesens, das heißt zu viele Spezialisierungen, zu viele Lehrer, nicht genug Entwicklung.

–   Keine Mittel für die Erwachsenenbildung trotz eines katastrophalen Niveaus der Arbeitslosigkeit (OECD 2001, S. 37/38).

Schließlich gibt es noch die *Sonderschulen* für Behinderte und die *religiösen Schulen*, in denen Imams, Pfarrer, Rabbis oder Priester ausgebildet werden. Diese Schulen werden von den jeweiligen religiösen Gemeinschaften unterhalten (vgl. RUSSO 2000, S. 958). In jeder Schule gibt es einen Beratungslehrer und einen hauptamtlichen Berater, der „Pädagoge" genannt wird und dem zugleich die Aufgabe der Schulsozialarbeit zukommt.

Hochschulbildung

Im akademischen Jahr 1999/2000 gab es in der FBiH fünf Universitäten (Sarajevo, Tuzla, Mostar bosniakisch, Mostor kroatisch und Bihac) mit insgesamt 62 Fakultäten (zwei weitere gibt es in der Republika Srpska). Studenten, die sich an eine der Universitäten immatrikulieren wollen, müssen nach dem Abschluss der weiterführenden Schule eine Aufnahmeprüfung bestehen. Die Finanzierung ist Sache der Kantone. Die Universitäten sind stark lehrorientiert. Forschung und Entwicklung werden vernachlässigt und es gibt kaum Zusammenarbeit mit ausländischen Institutionen (vgl. MURATOVIC 2000, S. 29). Zur Verbesserung der Lage wurde auf internationalen Druck ein Hochschulrat (für ganz BiH) eingerichtet.

Aktuelle Diskussionen und Entwicklungsperspektiven

Dringende Reformaufgabe ist die Koordination der de facto drei Bildungssysteme. „Eine solche Bildungsreform ist zur Vorbedingung für die Aufnahme des Landes in den Europarat gemacht worden" (NÄDER 2001, S. 45). Bei der Bildungsreform in BiH spielen internationale Organisationen wie die UNESCO, die EU und das Office of the High Representative (OHR) sowie zahlreiche Nicht-Regierungsorganisationen (NGOs) eine bedeutende Rolle.

In den Jahren nach dem Krieg waren die Lehrpläne für die Sekundarstufe in den politisch eher neutralen Fächern gleich geblieben und auch die entsprechenden Curricula für die Klassen 1 bis 8 wurden nur geringfügig verändert. In den so genannte „nationalen Fächern", also denen mit politischen Sozialisationsabsichten, herrschte aber eine ethno-nationalistische Ausrichtung vor. Beispiele sind die scharfe ethnische Trennung in Literatur und Sprache sowie eine ethnische Geschichtsdeutung (vgl. NÄDER 2001, S. 45). Im Mai 1998 vereinbarten die Bildungsbehörden des Kantons Sarajevo zusammen mit dem Bildungsbeauftragten des UNESCO Büros Sarajevo und des Hohen Repräsentanten (OHR), dass vorurteilsbeladene und rassistische Textstellen aus Schulbüchern gestrichen werden müssen. Dies geschah in eher hilfloser Form durch Schwärzung entsprechender Textpassagen. Ab 1999 wurden auf Friedensschaffung und -bewahrung gerichtete Lehrplanaktivitäten in Gang gesetzt. Die UNESCO beauftragte 1999 ein Team der Forschungsstelle für Vergleichende Erziehungswissenschaft der Universität Heidelberg, die politisch-sozialisierenden Intentionen und die technische Brauchbarkeit der Curricula des Schuljahres 1998/99 der „nationalen Fächer", zu denen Geschichte, Geographie, Muttersprache und Literatur, Sozialkunde, (Grundschul-) Sachkunde, Musik und Bildende Kunst, Zivilverteidigung und Wehrkunde gehören, zu analysieren. (vgl. LENHART/KESIDOU/STOCKMANN 1999).

Die in einem Bericht zusammengefassten Ergebnisse bildeten die Grundlage eines nationalen Curriculumsymposions im Februar 2000 für BiH, bei dem alle drei Seiten und internationale Experten zusammenkamen. Dabei wurde beschlossen, dass parallele aber koordinierte Curricula das Grundmuster der Lehrplanorganisation sein werden und ein Koordinationsmechanismus, bestehend aus den Bildungsministerien, Pädagogischen Fakultäten und den internationalen Organisationen, aufgestellt wird. Zu seinen wesentlichen Aufgaben zählen unter anderem die gegenseitige Information über Curriculumänderungen, die Anerkennung von Zeugnissen und die Regulierung der Integration von Schülern, die zur Gruppe der Rückkehrer oder Minderheiten gehören (vgl. LENHART 2000). Eine weitere Folge dieser Analyse war die Einrichtung einer „Ständigen Konferenz der Bildungsminister BiH", also mit dem Bildungsminister FBiH und seinem Vizeminister sowie dem Bildungsminister der RS, die im Mai 2000 eine Resolution verfassten, in der zukünftige gemeinsame Aktionen und Regelungen vereinbart wurden (vgl. NÄDER 2001).

Es folgten Aktivitäten zur Harmonisierung der konfliktbeladenen Schulpolitik. Ein Beispiel war der Versuch der Erstellung von „Bildungsmodulen" in Literatur, Spra-

che und Kultur für alle BiH- Bevölkerungsgruppen, wobei gemeinsam geteilte Elemente in die Curricula der drei Nationalitäten integriert werden sollten (vgl. NÄDER 2001, S. 45). Bisher gelang es der UNESCO, einen gemeinsamen Kompromissvorschlag für die Revision der Lehrpläne für Literatur zu erarbeiten. Die anderen „Module" (Sprache und Kultur) bedürfen noch weiterer Koordination (vgl. NÄDER 2001, S. 47). Ein weiterer wichtiger Schritt in Richtung Bildungsreform ist auch die Einführung des neuen Schulfaches „Menschenrechts- und Demokratieunterricht" vom Schuljahr 2001/2002 an. Die Lernziele und Inhalte des Faches wurden von der amerikanischen Nicht-Regierungsorganisation CIVITAS entwickelt und von der US-Botschaft unterstützt. Das neue Fach wird in der 8. Klasse mit einer Wochenstunde unterrichtet und ersetzt unter anderem das Schulfach „Zivilverteidigung" (vgl. NÄDER 2001, S. 45). Der Beschluss der Bildungsminister vom 10. Mai 2000 sah auch einen Unterricht über alle Religionen des Landes BiH vor. So sollte mit Beginn des Schuljahres 2001/2002 das neue Fach „Kultur der Religionen" in BiH eingeführt werden. Historischer Hintergrund ist, dass es im ehemaligen Jugoslawien in den Schulen keinen Religionsunterricht gab. Seit den ersten freien Wahlen in den Entitäten wurde die Einführung von Religion in die Schulen vorangetrieben. Ab 1994 wurden so auch entsprechende Curricula für Religionserziehung der verschiedenen religiösen Gruppen in der Föderation implementiert. In manchen Kantonen wird die Wahl für die Religionskurse den Eltern überlassen. Sie entscheiden, ob ihr Kind einen konfessionsgebundenen Religionsunterricht oder aber einen nicht-bekenntnisorientierten Unterricht besuchen soll. Mit dem neuen Fach soll eine Haltung der Toleranz und der Versöhnung gefördert werden. Doch der Prozess der Einführung des Faches verläuft nur sehr langsam, weil die jeweiligen Kirchenvertreter und Verantwortliche aus dem Bildungsbereich zu keiner Übereinkunft kommen können. Auch das Unterrichtsfach Geschichte wird reformiert, weil der Geschichtsunterricht bisher von einer ethno-nationalistischen Perspektive geprägt ist, die abgebaut und der gegenüber Kriterien, wie Multiperspektivität, gemeinsame bosnisch-herzegowinische Staatsbürgerschaft und der Beitrag der kleinen Minderheiten, wie Juden und Roma, zur Entwicklung der bosnischen Gesellschaft, gestärkt werden müssen. Im Jahre 2001 wurden von der UNESCO und dem Georg-Eckert-Institut für Schulbuchforschung (Braunschweig) Expertenseminare zu den Lehrplänen und der Schulbuchgestaltung für Geschichte in BiH durchgeführt, wobei wichtige Empfehlungen für die Revision der Geschichtscurricula und -schulbücher vereinbart wurden.
Neben der Aufgabe der Überwindung der ethno-nationalistischen Spaltung im Bildungsbereich sind Modernisierung und Qualitätsentwicklung ein zentrales Reformanliegen. Seit dem Schuljahr 2001/2002 gibt es ein langfristig angelegtes Projekt „*Towards a Sector Development Programme in Bosnia and Herzegovina General Education*", das von der Europäischen Union und der UNESCO initiiert wurde. Dabei wurde ein Plan für eine „*Shared strategy for a Modernisation of Primary and General Secondary Education in Bosnia and Herzegovina*" ausgearbeitet. Ein wichtiges Ziel dieser Strategie ist die Realisierung einer Bildung für alle in BiH durch ein modernisiertes Bildungswesen, das den europäischen Standards entspricht und flexibel ist, sich den sich ändernden gesellschaftlichen Forderungen anzupassen (vgl. ROEDERS 2001, S. 2). In die Modernisierung des Bildungswesens in BiH sollen die folgenden fünf wichtigen Bereiche einbezogen werden: Curriculum, Lehrerausbil-

dung, Schulverwaltung, Bildung und Erziehung für besondere Bedürfnisse (*inclusive and special needs education*), also sonderpädagogische Einrichtungen, Gesetzgebungs- und Unterstützungssystem (vgl. ROEDERS 2001, S. 8). Für jeden Bereich wurden Arbeitsgruppen, bestehend aus lokalen Experten gebildet und für die weitere Planung und Implementierung gab es bereits drei große Workshops. Im Juni 2001 unterschrieben die Bildungsminister der Entitäten eine Übereinkunft zu diesem langfristigen Bildungsprojekt.

Literatur

BILDUNG UND AUSBILDUNG IN BOSNIEN-HERZEGOWINA. www.isoplan/de/mi/bh/bh3.htm download 16.04.2002.

LENHART, V.: Bildungspolitischer Kommentar. Bildung für Versöhnung mit und zwischen den Nationalitäten des ehemaligen Jugoslawien. In: Zeitschrift für Internationale Bildungsforschung und Entwicklungspädagogik, 23(1999), S. 34-35.

LENHART, V.: Peace Building Curriculum Reform Activities in Bosnia and Herzegovina. In: Bernd, Overwien (Hrsg.): Lernen und Handeln im globalen Kontext. Frankfurt 2000, S. 51-57.

LENHART, V./KESIDOU, A./STOCKMANN, St.: The Curricula of the „national subjects" in Bosnia and Herzegovina. A Report to UNESCO. Heidelberg/Sarajevo 1999.

MURATOVIC, H. (Hrsg.): Education in the Federation of Bosnia and Herzegovina. Sarajevo 2000.

NÄDER, M.: Ein Jahr in Sarajevo. In: UNESCO heute, (2001)3, S. 44-47.

OECD – Organisation for Economic Cooperation and Development: Centre for Co-Operation with Non-Members: Thematic Review of National Policies for Education – Bosnia and Herzegovina. 27. Sept. 2001. CCNM/DEELSA/ED (2001)3.

REPUBLIC OF SRPSKA: Ministry of Education Banja Luka: Strategy and Conception of Changes in the System of Education in the Republic of Srpska. Banja Luka 1998.

ROEDERS, P.: Towards a Sector Development Programme in BiH General Education. Proposal for the elaboration of a „Shared Strategy" for a Modernisation of Primary and General Secondary Education in Bosnia-Herzegovina. Concept paper, final version. Sarajevo 2001.

RUSSO, CH. J.: Religion and Education in Bosnia: Integration Not Segregation. In: Brigham Young University Law Review, 2000, S. 945-966.

Bosnien-Herzegowina

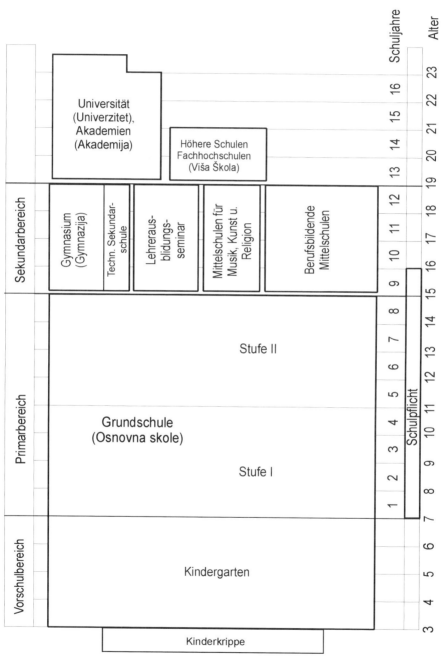

© DIPF 2004

Nikolay Popov

BULGARIEN

Entwicklung des Bildungswesens

Grunddaten des Schulsystems

Im Jahr 2001 betrug die Bevölkerungszahl Bulgariens 7,9 Millionen, wobei 6,4 Millionen Bulgaren 18 Jahre oder älter waren. Es sind die folgenden ethnischen Gruppen vertreten: Bulgaren 85%, Türken 8,5%, Roma 3,5%, andere 3%. Der Anteil der registrierten Schüler bzw. Studenten nach Schulniveau beträgt in der Vorschule 40%, im Grundschulbereich 86%, im Sekundarschulbereich 70% und im Hochschulbereich 35%. Im Jahr 2000/2001 gab es 3.600 Vorschuleinrichtungen mit 240.000 Kindern und 23.000 Lehrkräften, sowie 3.767 Schulen aller Typen und Phasen mit 1.103.000 Schülern und 84.000 Lehrkräften.

Eckpunkte der historischen Entwicklung des Schulsystems

Bulgarien befreite sich am 3. März 1878 von der türkischen Herrschaft und erreichte die Unabhängigkeit. Dies war die Gründung des Dritten Bulgarischen Staates. Der Berliner Kongress im Juli 1878 teilte jedoch das Land in das Fürstentum Bulgarien und Ostrumelien. Das erste Schulgesetz im Fürstentum Bulgarien lautete „Provisorisches Statut über die öffentlichen Schulen" (1878). Die wesentlichen Prinzipien des Statuts waren die Demokratie und Dezentralisierung bei der Verwaltung des Bildungswesens, die dreijährige Schulpflicht im Primarbereich sowie der säkulare Charakter des Schulsystems. 1881 führte das Bildungsministerium Schulaufsichtsbehörden auf Bezirksebene ein, deren Leiter vom Minister ernannt wurden. Diese Entwicklung war wieder ein Schritt in Richtung Zentralisierung der Schulverwaltung. Im Jahr 1880 wurde in Ostrumelien das „Gesetz über primäres Lernen in Ostrumelien" verabschiedet. Die wesentlichen Prinzipien des Gesetzes waren hingegen Dezentralisierung der Verwaltung und Finanzierung der Bildung.

Die Union Bulgarien wurde am 6. September 1885 gegründet. Von besonderer Bedeutung war das „Gesetz über das öffentliche Bildungswesen" (1891), das drei wichtige Änderungen veranlasste:

- Zentralisierung der Schulverwaltung, indem die gesamte Zuständigkeit auf das Bildungsministerium übertragen wurde;
- Einführung der sechsjährigen Schulpflicht;
- Einrichtung von Kindergärten für Kinder im Alter zwischen drei bis sieben Jahren als erste Phase des Bildungswesens.

Eine weitere wichtige Entwicklung war das „Gesetz über das nationale Bildungswesen" (1909), das das westeuropäische Bildungsniveau anstrebte. Die Zentralisierung der Verwaltung wurde wesentlich stärker vorangetrieben. 1921 wurde ein neues Bildungsgesetz verabschiedet. Seine Hauptprinzipien waren die berufsbildende Ausrichtung des Sekundarschulbereichs und die Einführung der siebenjährigen Schulpflicht. Die berufsbildende Orientierung des Sekundarbereichs wurde drei

Jahre später, 1924, wieder zugunsten einer allgemein bildenden Ausrichtung zurückgenommen, wobei der Schwerpunkt auf humanistische Bildung gesetzt wurde und die gesellschaftliche, moralische und religiöse Erziehung wichtiger wurde. Die starke Zentralisierung der Schulverwaltung wurde beibehalten.

Die Kommunisten kamen am 9. September 1944 an die Macht. Dies war der Beginn des kommunistischen Regimes in Bulgarien. Das neue „Gesetz über das nationale Bildungswesen" (1948) führte die folgende Struktur ein: Kindergarten für Kinder im Alter von drei bis sieben Jahren; vier Jahre Primarschule, plus drei Jahre Progymnasium, plus vier Jahre Gymnasium, zwei Jahre Berufsschule plus höhere Schulen und Hochschulen. Der Gedanke, zuerst den Sozialismus aufzubauen und anschließend die kommunistische Gesellschaft, wurde schließlich in dem Schulgesetz (1959) „Gesetz über engere Beziehungen zwischen der Schule und dem Leben und die Weiterentwicklung der Volksbildung" umgesetzt. Die Hauptintention des Gesetzes bestand darin, die bulgarische Jugend auf das Leben in der sozialistischen und kommunistischen Gesellschaft vorzubereiten, indem das Bildungswesen mit gesellschaftlich nützlicher und produktiver Arbeit verbunden wurde. Diese Zielsetzung, die zur Lähmung des bulgarischen Schulsystems führte, wurde Ende 1989 nahezu gänzlich und 1991 per Gesetz endgültig abgeschafft. Das Gesetz von 1959 nahm zwei wesentliche Änderungen der Struktur vor: Die Dauer der Schulpflicht wurde auf acht Jahre verlängert und die 12-jährige polytechnische Schule wurde eingeführt. Die polytechnische Schule war in drei Phasen (Primarstufe, Mittelstufe und Oberstufe) gegliedert, wobei jede Phase vier Jahre dauerte. Es wurden vierjährige Technikumschulen sowie dreijährige berufsbildende technische Sekundarschulen gegründet, die auf der 8. Klasse aufbauten. Die kommunistische Ära im bulgarischen Schulsystem sollte in zweierlei Hinsicht bewertet werden. Eindeutig negativ war die Tatsache, dass das gesamte Bildungswesen – Ziele, Inhalte, Verwaltung und Struktur – im Rahmen der kommunistischen Ideologie entwickelt und organisiert wurde. Der Bildungsprozess folgte vollständig den sowjetischen Vorbildern und Unterrichtsstunden. Positiv war jedoch, dass der Staat das Bildungswesen sehr wichtig nahm und beispielsweise neben mehreren tausend Kindergärten und Schulen auch viele Hochschulen und Wohnheime baute.

Die politischen, ökonomischen und gesellschaftlichen Veränderungen seit 1989 haben das Bildungswesen neu geprägt. Der Übergang könnte als dreifache Krise beschrieben werden, die direkte Auswirkungen auf das Bildungswesen hatte.

–   Ökonomie und Finanzen: Die Jahre von 1989/90 bis 1997 waren von einer anhaltenden Krise mit Wechselkursschwankungen, ökonomischer Destabilisierung und Konkursen gekennzeichnet. Seit 1997 ist in finanzieller Hinsicht eine Stabilisierung eingetreten, doch die wirtschaftliche Situation hat sich noch nicht verbessert.

–   Gesellschaft und Demographie: Etwa zwei Drittel der bulgarischen Bevölkerung leben in Armut und fast ein Drittel unterhalb des Existenzminimums. Die Geburtenrate beträgt 7:1000, die Sterberate jedoch 14:1000.

–   Werte: Während die anderen Aspekte der Krise in naher Zukunft überwunden werden können, wird die tiefgehende Krise der humanen und gesellschaftlichen Werte eine schwere Bürde der kommenden Jahre bleiben.

Bedingungen der jüngsten Entwicklung

Im Folgenden werden die wichtigsten positiven Bedingungen für die Entwicklung des Bildungswesens in den letzten zwölf Jahren aufgeführt: Abschaffung jeglicher ideologischen, politischen und parteigebundenen Beeinflussung der Ziele, Verwaltung und Inhalte des Bildungswesens; Respekt vor der Freiheit und Initiative des Individuums; Anstrengungen zur Erfüllung der Bildungsinteressen und Bildungsbedürfnisse der Schüler; Diversifizierung der Lehrpläne; Einrichtung von Strukturen, die Schülern eigene Wahlmöglichkeiten einräumen sowie Eröffnung von Privatschulen. Gleichzeitig dürfen jedoch die folgenden negativen Bedingungen, zumeist im Bereich der staatlichen Politik, nicht unbeachtet bleiben:

-   Fehlen einer klar definierten nationalen Politik für den Sekundarschulbereich – in der Regel hat die Bildung bis heute keine Priorität bei den Regierungen eingenommen;
-   häufiger Wechsel der ministeriellen Arbeitsgruppen, was zu mangelnder Kontinuität führt;
-   starke Fluktuation der Schulleiter und Lehrkräfte;
-   einerseits eine zunehmende Zentralisierung der Verwaltung und andererseits eine zunehmende Dezentralisierung bei der Bildungsfinanzierung.

Organisation des gegenwärtigen Schulsystems

Bildungsgesetze

Von der Nationalversammlung (Parlament) wurden vier Gesetze zum Vorschul-, Primar- und Sekundarbereich verabschiedet: „Gesetz über das nationale Bildungswesen" (1991); „Ergänzung des Gesetzes über das nationale Bildungswesen" (1998); „Gesetz zum Bildungsstand, allgemeinen Bildungsminimum und Curriculum" (1999); „Verordnung Nr. 4 über das allgemeine Bildungsminimum und die Unterrichtsdauer" (1999); „Verordnung Nr. 2 über das Curriculum" (2000).

Prinzipien und Ziele

Alle bulgarischen Bürger haben ein Grundrecht auf Bildung, mit der Zielsetzung, Individuen zu mündigen Staatsbürgern in einer demokratischen Gesellschaft zu bilden. Das Bildungswesen strebt an, allen Bürgern zwischen sieben und 16 Jahren grundlegende Fähigkeiten und Allgemeinbildung zu vermitteln, den Unterricht in der Schule und die Vorbereitung auf das Leben außerhalb des Klassenzimmers eng miteinander zu verbinden, sowie das Bewusstsein für verantwortungsvolle Staatsbürgerschaft und die Sensibilität für globale Probleme zu fördern. Die Bildungsreform beruht auf traditionellen Prinzipien des bulgarischen Bildungswesens:

-   die Gewährleistung gleicher Ausgangsbedingungen durch Allgemeinbildung und Schulpflicht und dem Angebot der Sekundarausbildung für alle Bürger;
-   kostenloser Unterricht an den staatlich finanzierten Schulen und den Kommunalschulen;
-   gleicher und gemeinsamer Unterricht für Schüler beiderlei Geschlechts;
-   Schaffung von Verbindungen zwischen dem allgemein bildenden und dem berufsbildenden Bereich, zwischen Theorie und Praxis;

- effektive Kombination von Pflicht- und Wahlunterricht, Kombination von Klassen-, Gruppen- und Einzelarbeit;
- Einbeziehung der Eltern und der Gemeinde bei Schulaktivitäten;
- Bereitstellung von Weiterbildungsmöglichkeiten ohne Altersbeschränkung mithilfe verschiedener Typen der Ausbildung und Berufsqualifizierung.

Die Ziele des gegenwärtigen bulgarischen Schulsystems sind: das intellektuelle Potenzial eines jeden Schülers zu entwickeln; Individualität, Unabhängigkeit und den Wunsch nach kontinuierlichem Lernen zu fördern; nationales, kulturelles und historisches Bewusstsein zu entwickeln; allgemein bildende und berufsbildende Ausbildung zu gewährleisten sowie eigenständiges Lernen und das Bedürfnis zu fördern, am öffentlichen Leben unter den Bedingungen einer Marktwirtschaft teilzunehmen.

Zuständigkeiten

Die Verwaltung der Vorschulerziehung findet auf vier Ebenen statt: Staat, Region, Kommune und Schule. Für die Verwaltung des Schulsystems sind drei Ebenen zuständig: Staat, Region und Schule. Die folgenden Institutionen sind für die Verwaltung der Vorschulerziehung und Schulerziehung zuständig:
- auf nationaler Ebene – das Ministerium für Bildung und Wissenschaft;
- auf regionaler Ebene – die Schulaufsichtsbehörden;
- auf kommunaler Ebene – die Schulabteilungen der Kommunalverwaltung;
- auf Schulebene – die Schulleiter und relevante Schulräte.

Finanzierung

Der Staatshaushalt ist die wichtigste Quelle für die Bildungsfinanzierung. Die Nationalversammlung (Parlament) genehmigt jährlich den öffentlichen Haushalt, der die Bildungsfinanzierung einschließt. Die Gelder für das Schulsystem werden über die Haushalte der Kommunalverwaltungen an Kindergärten und ca. 90% der Schulen (Primar-, Grund- und Sekundarstufe) verteilt. Aus diesem Grund werden diese Einrichtungen Kommunalschulen genannt. Ungefähr 10% der Schulen (Sonderschulen, Berufsschulen und einige Schulen mit speziellem Profil) werden über den Haushalt des Ministeriums für Bildung und Wissenschaft finanziert. Diese Einrichtungen heißen Staatsschulen. Die Erziehung in den Kindergärten ist nicht kostenlos. Auch wenn der größte Teil der Kosten durch die kommunalen Haushalte getragen wird, bezahlen die Eltern einige Gebühren, die vor allem das Essen für die Kinder abdecken. Die Höhe der Gebühren wird von den Gemeinderäten festgelegt, daher sind sie regional unterschiedlich. Die Gelder werden nach Ausbildungsniveau und Schultyp zugewiesen. Mit den Mitteln werden Kapitalinvestitionen, die Unterstützung der wissenschaftlichen Forschung, die Weiterqualifizierung der Lehrer und die Gehälter des pädagogischen Personals finanziert. Der Unterricht an Privatschulen wird von der Regierung nicht finanziert. Die Kindergärten und Schulen aller Typen und Stufen sind zu zusätzlichen Einnahmen durch Vermietung, Stiftungen, Sponsoring, pädagogische und kreative Aktivitäten sowie Gebühren für Sonderleistungen usw. berechtigt.

Im Jahr 2000/01 betrugen die Ausgaben für Bildung 4% des BSP und 10% des Staatshaushaltes. Die 4% des BSP verteilen sich dem Ausbildungsniveau entsprechend auf Vorschule und Schule 3,37%, College 0,03% und Universität 0,6%. Die 10% des Staatshaushaltes sind dem Ausbildungsniveau entsprechend wie folgt verteilt: Vorschule und Schule (Primar-, Grund- und Sekundarstufe) 8,4%, College 0,1% und Universität 1,5%.

Curriculumstruktur und Curriculumpolitik

Das Curriculum war in den letzten drei Jahren ein Feld aktiver Reformen. Die Curriculumreform begann mit dem „Gesetz zum Bildungsstand, allgemeinen Bildungsminimum und Curriculum" (1999). Die Reform bezog sich sowohl auf die Struktur wie auf die Inhalte der Lehrpläne, des Lehrstoffs und der Schulbücher. Die Änderungen zielen auf größere Flexibilität der Strukturen, mehr Freiheit für Lehrkräfte und Schüler, die Aktualisierung der Inhalte und die Erleichterung des Unterrichts und des Lernens. Jeder Lehrplan ist dreigeteilt und besteht aus einem Pflicht-, einem Wahlpflicht- und einem Wahlbereich. Die jüngste Politik hat dazu geführt, dass die Gesamtzahl der Unterrichtsstunden erhöht wurde, wobei der Pflichtanteil verringert und der Wahlpflichtanteil sowie der freie Wahlanteil erhöht wurden.

Überblick über die aktuelle Struktur des Schulsystems

Die Struktur des bulgarischen Bildungswesens enthält die folgenden drei Stufen:
1. Vorschulbereich – für Kinder zwischen drei und sieben Jahren
2. Schulbereich – umfasst zwei Stufen:
   a) Grundschule, Dauer sieben oder acht Jahre, gegliedert in zwei Phasen:
      – Primarschule, Dauer vier Jahre, 1.-4. Klasse
      – Progymnasium, Dauer drei oder vier Jahre, 5.-7./8. Klasse
   b) Sekundarschule, Dauer vier, fünf oder sechs Jahre, 8./9.-12./13. Klasse. In manchen Fällen erfolgt die Zulassung zu Sekundarschulen nach dem Abschluss der Klasse 7, wobei die Ausbildung fünf Jahre dauert (8.-12. Klasse). In anderen Fällen erfolgt die Aufnahme an Sekundarschulen nach Abschluss der 8. Klasse, sodass der Sekundarschulbesuch vier Jahre dauert (9.-12. Klasse). Es gibt auch Schulen (berufsbildende Gymnasien) mit 6-jähriger Ausbildungsdauer (8.-13. Klasse), die nach Abschluss der 7. Klasse beginnen. Die Sekundarschulen sind entsprechend den Unterrichtsinhalten in allgemein bildend oder berufsbildend gegliedert. Daraus ergeben sich im bulgarischen Schulsystem die folgenden Strukturmodelle hinsichtlich der Dauer der Grund- und Sekundarstufe: sieben plus fünf; acht plus vier; sieben plus sechs.
3. Hochschulausbildung – es gibt drei Hochschultypen: Universität, Hochschule (Institut, Akademie usw.) und College.

Es besteht eine allgemeine Schulpflicht bis zum Alter von 16 Jahren. Die Primarschule beginnt in der Regel im Alter von sieben Jahren. Die Kinder können auf Wunsch ihrer Eltern bereits mit sechs Jahren in die 1. Klasse eingeschult werden, wenn ihre Schulreife nachgewiesen wurde.

Schultypen des allgemein bildenden Schulsystems

Die beiden Schulphasen, Grundstufe und Sekundarstufe, umfassen die folgenden Typen allgemein bildender Schulen:

– Primarschule, Dauer vier Jahre, 1.-4. Klasse
– Grundschule, Dauer acht Jahre, 1.-7./8. Klasse
– Gymnasium, Dauer fünf Jahre, 8.-12. Klasse
– allgemein bildende Sekundarschule, Dauer zwölf Jahre, 1.-12. Klasse
– allgemein bildende Sekundarschule, Dauer acht Jahre, 5.-12. Klasse

Struktur des berufsbildenden Schul- und Ausbildungssystems

Im Prinzip beginnt das berufsbildende Schul- und Ausbildungssystem ab der Sekundarstufe und umfasst die folgenden Schultypen:
– berufsbildendes Gymnasium, Dauer vier, fünf oder sechs Jahre, 8./9.-12./ 13. Klasse
– Berufsschule, Dauer vier Jahre, 9.-12. Klasse
– berufsbildende Zentren.

Laut dem „Gesetz über den berufsbildenden Unterricht und die berufliche Ausbildung" (1999) müssen Berufsschulen ihre unteren Bereiche öffnen, um so einen Zugang nach Abschluss der 6. Klasse zu ermöglichen. Das Gesetz ist jedoch bis heute nicht umgesetzt worden und es ist fraglich, ob dies in Zukunft geschehen wird.

Die Schüler der Berufsschulen erhalten allgemein bildenden und berufsbildenden Unterricht. Hinsichtlich des Profils der Berufsschulen gibt es eine breite Auswahl. Die Aufnahme der Schüler an den verschiedenen Berufsschultypen hängt von den Schulkriterien ab. Die Zulassung zu den berufsbildenden Gymnasien erfolgt entweder nach der 7. oder nach der 8. Klasse. Voraussetzung für die Zulassung ist das Bestehen einer Aufnahmeprüfung. Die Ausbildung schließt mit einem Zeugnis über die berufliche, technische bzw. sonstige Spezialisierung ab. Das Lehrer-Schüler-Verhältnis ist 1:10. Die Aufnahme an den Berufsschulen erfolgt nach der 8. Klasse und hat keine Prüfung zur Voraussetzung. Die Ausbildung schließt mit einem berufsqualifizierenden Zeugnis ab. Das Lehrer-Schüler-Verhältnis ist 1:16,5. Berufsbildende Zentren bieten Ausbildungskurse an, deren Profil und Dauer variieren.

Es wurden dauerhafte Verbindungen zu Unternehmen und Firmen aufgebaut, die Sachvermögen für die praktische Ausbildung bereitstellen und Schülern ermöglichen, an realen Produktionsprozessen teilzunehmen. Die Rezession hat die Kontakte der Berufsschulen zu einigen Unternehmen erschwert, was sich negativ auf die Qualität der praktischen Ausbildung ausgewirkt hat. Zum Berufsschulbereich gehören auch einige Kunstschulen. Im Jahr 2000/2001 gab es insgesamt 525 Schulen im berufsbildenden Bereich mit 190.000 Schülern und 17.000 Lehrkräften. Das durchschnittliche Lehrer-Schüler-Verhältnis ist 1:11.

Abschlüsse und Zeugnisse

Nach dem Beenden der 8. Klasse erhalten die Schüler ein Zeugnis über den Abschluss der Grundschule. Die allgemein bildende Sekundarstufe wird mit dem erfolgreichen Besuch der 12. Klasse und dem Bestehen von drei schriftlichen „Immatrikulationsprüfungen" (Reifeprüfung), die staatlich sind, abgeschlossen. Die Absolventen erhalten ein Sekundarschuldiplom. Die Schüler der Berufsschulen bekommen am Ende ihrer Schulzeit (in der 12. bzw. 13. Klasse) ein Diplom über den Abschluss der Sekundarstufe und ein berufsqualifizierendes Zeugnis ausgehändigt.

Leistungsbewertung

Die Bewertung der Schülerleistungen in mündlichen und schriftlichen Prüfungen, Tests, Zeugnissen und Diplomen beruht in allen Phasen der schulischen Ausbildung sowie in der Hochschulausbildung auf einer Skala von zwei bis sechs, wobei zwei mangelhaft, drei befriedigend, vier gut, fünf sehr gut und sechs ausgezeichnet ist.

Staatliche Kontrolle, Aufsichtsbehörden und Selbstverwaltung der Schulen

Die wesentlichsten Behörden zur Verwaltung des Schulsystems sind:

1. Das Ministerium für Bildung und Wissenschaft (MES)

Das MES ist ein Organ des Ministerrats (der Regierung), das für die Festlegung und Leistungsfähigkeit der Regierungspolitik auf dem Gebiet der Bildung und Wissenschaft zuständig ist. Dazu gehören die folgenden Aufgaben:

– Planung der Bildungsentwicklungsaktivitäten in langfristigen Programmen, Organisation und Koordinierung der Arbeit in den Verwaltungseinheiten und Bildungseinrichtungen, Kontrolle der bulgarischen Kindergärten und Schulen aller Typen und Stufen;

– Mitwirkung an der Gestaltung der Hauptziele und nationalen Strategie bei der Entwicklung von Bildung und Wissenschaft;

– Genehmigung der pädagogischen Dokumentation und des pädagogischen Netzwerks, Einführung von Innovationen, Bereitstellung von Lehrbüchern und Handbüchern, Zuständigkeit für die Lehrkräfte;

– Durchführung von internationalen Aktivitäten auf dem Gebiet der Bildung und Wissenschaft;

– Festlegung der national einheitlichen Bildungsstandards;

– Organisation der Publikationstätigkeit im Bildungssektor;

– Vorschläge und Anregungen gegenüber der Regierung zur Wissenschafts- und Bildungsfinanzierung;

– Gründung, Transformation und Schließung der Staats- und Kommunalschulen; Genehmigung der privaten Schulen und Kindergärten;

– Ernennung der Leiter der Schulaufsichtsbehörden.

2. Schulaufsichtsbehörden

Alle 28 Regionen in Bulgarien haben eine eigene Schulaufsichtsbehörde. Diese Aufsichtsbehörden sollen als spezialisiertes regionales Organ des MES das Schulsystem wirksam verwalten. Sie setzen die Planung und Koordination um und üben gegenüber den Schulen und Kindergärten der Region Kontrollfunktion aus. In den Aufsichtsbehörden sind Fachkräfte für Schulorganisation und weitere Spezialisten tätig. Die Leiter der Aufsichtsbehörden ernennen die Schulleiter in der jeweiligen Region.

3. Bildungsabteilungen der Kommunalverwaltungen

Die Bildungsabteilungen sind Teil der politischen Territorialstruktur und wirken an der Umsetzung der Bildungspolitik auf lokaler Ebene mit. Sie haben für die Vorschulerziehung unterstützende und verwaltende Funktion. Der Bürgermeister ernennt die Leiter der Kindergärten. Für das Schulsystem haben die kommunalen Bildungsabteilungen jedoch lediglich unterstützende Funktion. Sie sind zuständig für:

– die Pflichtschulerziehung für Schüler bis 16 Jahre;

– außerschulische Aktivitäten, Sportanlagen und Erholung;

- die medizinische Versorgung in Kindergärten und Schulen;
- Finanzierung, Gebäude, Mobiliar, Materialien und technische Ausstattung;
- Schulkantinen, Wohnheime, Transport;
- Gehälter der Lehrkräfte, Stipendien und spezielle Beihilfen für Schüler.

4. Direktoren und Räte

Der Schuldirektor und der Pädagogische Rat sind die administrativen Organe der Schule. Der Schuldirektor ist für alle Schulaktivitäten zuständig und verantwortlich. Zu seinen Aufgaben gehören:

- Ausführung der staatlichen Vorgaben im Erziehungsbereich;
- Repräsentation der Schule gegenüber anderen Institutionen und Behörden;
- interne Kontrolle des Bildungsprozesses und der Bildungsorganisation;
- Einstellung von Lehrkräften und sonstigem Personal, Ernennung des stellvertretenden Schulleiters;
- Zulassung von Schülern entsprechend den staatlichen Anforderungen;
- Vorsitz über den Pädagogischen Rat.

Der Pädagogische Rat umfasst alle Vollzeitlehrkräfte und führt die folgenden Aktivitäten durch:

- Diskussion und Anerkennung der Schulvorschriften;
- Anerkennung des Schullehrplans;
- Ausführung und Bewertung der pädagogischen Leistungen und Ergebnisse;
- Festlegung des Aufnahmeverfahrens unter Berücksichtung des Gesetzes;
- Anerkennung einzelner Schülerprogramme;
- Entscheidungen über außerschulische Aktivitäten;
- Diskussion und Entscheidungen über wichtige, die Schüler betreffende Angelegenheiten (Gesundheit, körperliche Verfassung, Leistungen) sowie über personalinterne Probleme.

Es gibt ein weiteres Schulgremium, das jedoch nicht verwaltend, sondern beratend wirkt: der Schulrat (Vorstand). Er besteht aus dem Schuldirektor, den Lehrkräften, Eltern, Vertretern der Öffentlichkeit, Geschäftsleuten und Künstlern. Daneben kann auch ein Elternrat, Schülerrat und Klassenrat zur Koordination von Aktivitäten in der Schule gegründet werden. In den Kindergärten fungieren der Leiter und der Pädagogische Rat als Verwaltungsorgane. Es fallen im Wesentlichen dieselben Aufgaben wie in den Schulen an.

Qualifikation der Lehrkräfte

Die Ausbildung der Lehrer vor der Berufsausübung wird an unterschiedlichen Einrichtungen durchgeführt:

- Lehrer-Colleges, Dauer drei Jahre (Lehrerausbildung für Kindergärten, Primarschulen und Grundschulen);
- pädagogische Fakultäten an Universitäten (Lehrerausbildung für alle Schulfächer und Stufen vom Kindergarten bis zum Gymnasium);
- pädagogische Institute an technischen Universitäten, Wirtschaftsuniversitäten sowie anderen spezialisierten Universitäten (Lehrerausbildung vor allem für den berufsbildenden Bereich).

Die 13 Universitäten mit pädagogischen Fakultäten sind die beliebtesten Institutionen für die Lehrerausbildung. Es gibt zwölf Lehrer-Colleges. In der Regel setzen die College-Absolventen ihre Ausbildung fort, indem sie ein kurzfristiges Teilzeitstudium an den pädagogischen Fakultäten oder Instituten der Universitäten absolvieren, das sie mit einem Bachelor oder Master abschließen. Somit haben fast alle bulgarischen Lehrer (in Kindergärten, Grundschulen, allgemein bildenden bzw. berufsbildenden Sekundarschulen) einen Bachelor- oder Master-Abschluss. Die schulinterne Qualifizierung von Lehrern wird von den pädagogischen Fakultäten der Universitäten und Institute (insgesamt drei) organisiert, um die Qualifikation der Lehrer zu verbessern.

Allgemein bildende Schulen

Vorschulerziehung

Die Vorschulerziehung soll eine Umgebung schaffen, die für die Entwicklung der kindlichen Fähigkeiten förderlich ist. Die Kinder sollen auf die formale Erziehung vorbereitet werden. Es gibt im Wesentlichen zwei Vorschultypen: Kindergärten und vereinheitlichte Kindereinrichtungen (UCE – Kindergärten und Krippen). Das Angebot der Kindergärten und UCE-Einrichtungen umfasst Ganztagsbetreuung, Gesundheitsfürsorge, Sondergruppen, Halbtagsbetreuung, Wochenbetreuung und schulvorbereitende Gruppen. Die Kinder im Alter von drei bis sieben Jahren werden gewöhnlich in drei Gruppen unterteilt. Die Kindergartenpädagogik strebt die emotionale, moralische, ästhetische, geistige und körperliche Entwicklung der Kinder an. Der Besuch der Vorschule ist nicht obligatorisch. Es gibt etwa 3.600 Vorschuleinrichtungen (3.200 Kindergärten und 400 UCE-Institutionen) mit ca. 240.000 Kindern und 23.000 Lehrkräften. Etwa 40% aller Kinder gehen zur Vorschule. Dieser geringe Anteil, der sich seit 1989 (82%) fast halbiert hat, hat unterschiedliche Ursachen, doch sind die ökonomischen Gründe am signifikantesten. Die Anzahl der Kinder in den Gruppen variiert von zwölf bis 22, wobei die durchschnittlich Anzahl der Kinder 20,6 beträgt. Das Lehrer-Kinder-Verhältnis ist 1:11. Es gibt auch private Kindergärten, die in den meisten Fällen Halbtagsbetreuung mit Fremdsprachen, Kunst und Musik als Schwerpunkt anbieten. Ihr Anteil an der Gesamtzahl der Einrichtungen liegt unter 5%. Die tatsächliche Anzahl der Privatkindergärten lässt sich jedoch nicht genau feststellen, da unter Umständen nicht alle eine staatliche Zulassung haben.

Grundschule

Primarphase

Der Primarunterricht wird an Primarschulen (Anzahl 492), an den Primarstufen der Grundschulen (Anzahl 2.014) bzw. an den Primarstufen der allgemein bildenden Sekundarschulen des Typs 1.-12. Klasse (Anzahl 391) angeboten. Das Schuljahr beginnt am 15. September. Die Kinder haben in der 1. und 2. Klasse 33 Pflichtwochenstunden und in der 3. und 4. Klasse 25 Pflichtwochenstunden. Das Curriculum für die Primarschule enthält vier Stunden Wahlunterricht pro Woche. Die Wahlunterrichtslehrpläne werden von den Lehrern ausgearbeitet und vom Schulleiter nach Rücksprache mit den Eltern genehmigt. Im Jahr 2000/2001 gab es in der Primarphase 395.000 Schüler und 22.000 Lehrkräfte. Die Zahl der Schüler pro Klasse liegt zwischen 16 bis 28, die durchschnittliche Schülerzahl ist 21. Das Lehrer-Schüler-Verhältnis ist 1:17. Der Privatsektor umfasst nur acht Primarschulen sowie 18 Grundschulen mit einer Primarstufe.

Progymnasiumphase
Der Übergang von der Primar- zur Progymnasiumphase findet nach dem erfolgreichen Abschluss der 4. Klasse statt. Die Progymnasiumphase (5.-7./8. Klasse) wird an Grundschulen, an allgemein bildenden Sekundarschulen des Typs 1.-12. Klasse und an allgemein bildenden Sekundarschulen des Typs 5.-12. Klasse angeboten. In dieser Phase werden alle Lehrfächer in umfassender Weise unterrichtet und die ersten Grundlagen für das Erlernen der Wissenschaften gelegt. Am Ende erhalten die Schüler ein Abschlusszeugnis. Die Schüler haben in der 5.-8. Klasse 30 Pflicht- und vier Wahlwochenstunden. In der Progymnasiumstufe gab es im Jahr 2000/2001 335.000 Schüler und 31.000 Lehrkräfte. Die Zahl der Schüler pro Klasse variiert zwischen 14 bis 27, wobei die durchschnittliche Klassenstärke 20,5 Schüler beträgt. Das Schüler-Lehrer-Verhältnis ist 1:11. Der private Sektor enthält 18 Grundschulen und zwei Progymnasien.

Allgemein bildende Sekundarstufe
Die allgemein bildende Sekundarerziehung wird an allgemein bildenden Sekundarschulen des Typs 1.-12. Klasse sowie des Typs 5.-12. Klasse und an Gymnasien angeboten. 2000/2001 gab es im allgemein bildenden Sekundarschulbereich 170.000 Schüler und 12.000 Lehrkräfte. Das Lehrer-Schüler-Verhältnis ist 1:14.
Nahezu alle allgemein bildenden Sekundarschulen (391 des Typs 1.-12. Klasse sowie 86 des Typs 5.-12. Klasse) haben profilorientierten Unterricht in Fremdsprachen, Mathematik, Chemie, Biologie und Geschichte. Voraussetzung für die Aufnahme ist der Abschluss der 7. Klasse und das Bestehen eines landesweiten Tests sowie einer profilabhängigen Prüfung. Die Dauer der Ausbildung beträgt fünf Jahre. Die Zulassung zum nicht profilorientierten Unterricht erfolgt ohne Tests oder Prüfungen nach der 8. Klasse. Die Ausbildungsdauer beträgt vier Jahre. Die Schüler erhalten eine grundlegende Allgemeinbildung gemäß den staatlichen Bildungsstandards. Die Schüler haben 32 Pflichtwochenstunden und vier Wahlwochenstunden. Die durchschnittliche Anzahl der Schüler pro Klasse beträgt 22,5. Das Lehrer-Schüler-Verhältnis ist 1:14. Im Jahr 2000/2001 gab es in allen allgemein bildenden Sekundarschulen rund 300.000 Schüler und 21.000 Lehrkräfte.
Die Gymnasien (Anzahl 154) sind spezialisierte Schulen mit Profil. Die Aufnahme erfolgt nach der 7. Klasse nach dem Bestehen eines landesweiten Tests und einer Prüfung. Die Ausbildungsdauer beträgt fünf Jahre. Die Schüler spezialisieren sich in einem Fach und erhalten darin Unterricht auf einem höheren Niveau – z.B. Fremdsprachen, Naturwissenschaften und Mathematik, Geisteswissenschaften und Altphilologie, Sport usw. Das Angebot an den Gymnasien ist breit gefächert. In der Regel wird das Hauptfachgebiet nach Themen gegliedert. Insbesondere die fremdsprachlichen Gymnasien haben hohes Prestige. Im Jahr 2000/2001 gab es in den Gymnasien 85.000 Schüler und 6.000 Lehrkräfte. Das Lehrer-Schüler-Verhältnis ist 1:14.

Übergang zum Hochschulwesen

Die Hochschulausbildung umfasst 41 Universitäten (26 Universitäten und 15 spezialisierte Hochschulen – Institute und Akademien – mit Universitätsstatus) sowie
47 Colleges. Somit gibt es in Bulgarien insgesamt 88 Hochschulen. Die Festlegung
der Zulassungsbedingungen liegt bei den Hochschulen. Im Allgemeinen werden für
die renommiertesten Universitäten sowie für die beliebtesten Fachrichtungen an den
übrigen Hochschulen Aufnahmeprüfungen verlangt. Im Jahr 2000/2001 gab es
250.000 Studenten, davon 230.000 an Universitäten und 20.000 an Colleges. Die
Anzahl der Hochschullehrer betrug im selben Zeitraum 24.500, davon 21.400 an
Universitäten und 3.100 an Colleges. Es gibt vier Privatuniversitäten und drei
private Colleges. Die meisten Colleges sind keine eigenständigen Einrichtungen,
sondern Teil der Universitätsstruktur.

Im Postsekundarbereich gibt es kein eigentliches System der Berufsausbildung und
des berufsbildenden Unterrichts. Dies bedeutet, dass zwar ein stark ausgeprägtes
System der Hochschulausbildung, jedoch kein Tertiärbereich vorhanden ist. Einige
berufsbildende staatliche Gymnasien (20 mit 6.000 Schülern und 250 Lehrkräften)
bieten eine zweijährige Postsekundarausbildung an. Dazu kommen zwölf private berufsbildende Gymnasien, die eine vergleichbare Ausbildung anbieten. Insgesamt ist
dieser Sektor jedoch nicht ausreichend entwickelt. Ein ernsthafter Schritt zum Aufbau eines berufsbildenden Tertiärbereichs war die Verabschiedung des „Gesetzes
über den berufsbildenden Unterricht und die berufliche Ausbildung". Es ist jedoch
zum gegenwärtigen Zeitpunkt noch zu früh, um die Ergebnisse absehen zu können.

Sonderschulen

Die Sonderschulen bieten Unterricht, Ausbildung und Rehabilitation für körperlich,
geistig oder psychisch behinderte Kinder an. Im Jahr 2000/2001 gab es 105 Sonderschulen mit 13.000 Schülern und 2.000 Lehrkräften. Ein großer Teil der Schulen
(67) sind für geistig behinderte Kinder. Die meisten Sonderschulen (95) sind Grundschulen (1.-8. Klasse). Das Lehrer-Schüler-Verhältnis beträgt 1:6,5. Das Ministerium für Bildung und Wissenschaft fördert in einigen Fällen die Integration von
Schülern mit Sonderbedürfnissen in die allgemein bildenden Schulen in der Hoffnung, dass die Kinder so leichter in die Gesellschaft integriert werden können. Das
Ministerium für Gesundheit und das Ministerium für Bildung und Wissenschaft beaufsichtigen die Aufnahme der Schüler an Sonderschulen. Die Ausbildung und der
Unterricht an Sonderschulen richtet sich nach den von der Regierung festgelegten
Bildungsstandards.

Problembereiche

Ein schwerwiegendes Problem des bulgarischen Bildungswesens ist die Tendenz zur
Schulverweigerung. In den letzten elf Jahren hat die Zahl der Schulaussteiger immer
stärker zugenommen. Im Jahr 2000/2001 haben nahezu 43.000 Schüler die Schule
abgebrochen. Über 16.000 Schüler haben als Hauptgrund für den Schulausstieg
Lernverweigerung angegeben. Ein weiteres ernstes Problem ist der niedrige Bil-
dungsstand von zwei Minderheitengruppen, den Türken und den Roma. Laut der
Volkszählung von 2001 gehören 8,5% der bulgarischen Bevölkerung der ethnischen
Gruppe der Türken an. Etwa 3,5% der Bulgaren sind Roma, wobei jedoch deren tat-

sächliche Anzahl unbekannt ist. Generell geht man davon aus, dass die Zahl der Roma etwa doppelt bis dreimal so hoch ist.

Ein weiteres Problem ist, dass die Hochschulausbildung vom Sekundarbereich abgetrennt zu sein scheint. Die Zulassungsvoraussetzungen für die Hochschulausbildung sind wesentlich höher als die Anforderungen für den Sekundarschulabschluss, sodass zwischen dem Sekundarbereich und dem Hochschulbereich eine Lücke ist. Die Absolventen der Sekundarschulen müssen sich für eine Bewerbung an den Hochschulen zusätzlich vorbereiten, zumeist durch Privatunterricht.

Aktuelle Diskussionen und Entwicklungsperspektiven

Aktuelle Probleme

Neben den genannten Problemen dominieren die folgenden in der aktuellen Bildungsdiskussion:

– Rückgang der Schülerzahl: In den letzten 15 Jahren hat sich die bulgarische Bevölkerung konstant verringert: 1988 zählte sie 8,9 Millionen, im Jahr 1992 8,5 Millionen und im Jahr 2001 noch 7,9 Millionen. In den letzten sieben Jahren ist die Zahl der Schüler in allen Schultypen und Schulphasen um mehr als 10.000 pro Jahr zurückgegangen. Diese Entwicklung spiegelt sich in der Zahl der Schulen und Lehrkräfte direkt wider.

– Diskrepanz zwischen der Tendenz, den berufsbildenden Bereich auszubauen, und den Möglichkeiten der berufsbildenden Schulen hinsichtlich Ausstattung und Sachwerte, dieser Tendenz zu folgen;

– geringes Ausstattungsniveau der Schulen mit Computern und anderen technischen Geräten;

– zunehmende Lehrerarbeitslosigkeit und fehlende Programme für eine berufliche Neuorientierung.

Aktuelle Tendenzen

Ansehbar sind die folgenden Tendenzen:

– Schaffung eines gesetzlichen Rahmens für Lehrpläne durch die Verabschiedung einiger Verordnungen: In dieser Hinsicht waren das „Gesetz zum Bildungsstand, allgemeinen Bildungsminimum und Curriculum" (1999), die „Verordnung Nr. 4 über das allgemeine Bildungsminimum und die Unterrichtsdauer" und die „Verordnung Nr. 2 von 2000 über das Curriculum" äußerst wichtige Schritte;

– zunehmende Bedeutung des Fremdsprachenunterrichts: Seit 2000/2001 ist der Fremdsprachenunterricht ab der 1. Klasse obligatorisch.

– Anerkennung der Gleichwertigkeit der bulgarischen Sekundarschulzeugnisse durch die EU-Mitgliedsstaaten: In diesem Zusammenhang wurden obligatorische Reifeprüfungen gemäß der „Ergänzung des Gesetzes über das nationale Bildungswesen" (1998) eingeführt.

Aktuelle Herausforderungen

Das Bildungswesen Bulgariens steht derzeit vor allem vor folgenden Herausforderungen: Es muss in der Praxis beweisen, dass ein osteuropäisches Land, das den

Regelungen des Currency Board unterliegt, die Qualität der westeuropäischen Se-
kundar- und Hochschulausbildung erreichen kann, auch wenn es, verglichen mit den
westeuropäischen Staaten, über geringere finanzielle Mittel und wesentlich schlechtere Voraussetzungen verfügt. Es muss den Bildungsanforderungen und Problemen
der Minderheiten entsprochen werden. Dazu müssen alternative Entwicklungs- und
Ausbildungsprogramme aufgebaut werden. Die Abwanderung der hochqualifizierten
jungen Menschen muss verringert werden. Es ist zu klären, welche Arbeitskräfte für
Wirtschaft, Industrie und Gesellschaft erforderlich sind. Es fehlt eine klare Strategie
für den Wiederaufbau der Wirtschaft und die vordringlichsten Wirtschaftsziele.
Diese Unklarheit wirkt sich auf die Entwicklung des Schulsystems negativ aus. Es
muss ein neues System für die Qualifizierung, Beratung und Evaluation der
Lehrkräfte aufgebaut werden.

Literatur

POPOV, N.: Das Bildungswesen der türkischen Volksgruppe in Bulgarien 1878-
    1998. In: Ost-Dokumentation: Bildungs-, Wissenschafts- und Kulturpolitik in
    Mittel- und Osteuropa, 12(1998)3, S. 49-58.

POPOV, N.: Higher Education Reform in Bulgaria. In: Leitner, E. (Hrsg.): Educatio-
    nal Research and Higher Education Reform in Eastern and Central Europe.
    Frankfurt am Main 1998, S. 219-229.

POPOV, N.: A Review of the System of Higher Education in Bulgaria. In:, vol.1, No
    4, Civic Education Project 2000.

POPOV, N.: A Review of Higher Education Reform in Bulgaria. In: International
    Higher Education; (2001)23, S. 27-28.

POPOV, N./TAULOVA, R.: Bulgaria: as recentes mudancas do pais e da educacao. In:
    Em Aberto(Brasilia), 14(1994)64, S. 95-101.

POPOV, N./TAULOVA, R.: Allgemeinbildung in Bulgarien. In: Ost-Dokumentation:
    Bildungs- und Wissenschaftspolitik, 11(1997)3, S. 59-65.

POPOV, N./TAULOVA, R.: Fremdsprachenunterricht in Bulgarien. In: Ost-Dokumen-
    tation: Bildungs- und Wissenschaftspolitik, 12(1998)1, S. 66-75.

POPOV, N./TAULOVA, R.: Die Ausbildung der Unterstufenlehrer in Bulgarien. In:
    Ost-Dokumentation: Bildungs- und Wissenschaftspolitik, 13(1999)2, S. 55-62.

POPOV, N./TAULOVA, R.: Berufsbildungsreform in Bulgarien. In: Ost-Dokumenta-
    tion: Bildungs- und Wissenschaftspolitik, 13(1999)3, S. 49-54.

POPOV, N./TAULOVA, R.: Der neue Lehrplan in Bulgarien. In: Ost-Dokumentation:
    Bildungs- und Wissenschaftspolitik, 13(1999)4, S. 81-88.

POPOV, N./TAULOVA, R./POPOVA, K.: Unterrichtsinhalt in der bulgarischen allge-
    mein bildenden Schule. In: Ost-Dokumentation: Bildungs- und Wissenschafts-
    politik in Mittel- und Osteuropa, 12(1998)4, S. 67-69.

TAULOVA, R./POPOV, N.: Bildungs- und Hochschulpolitik in Bulgarien 1989-1998.
    In: Ost-Dokumentation: Bildungs- und Wissenschaftspolitik, 12(1998)2, S. 49
    bis 55.

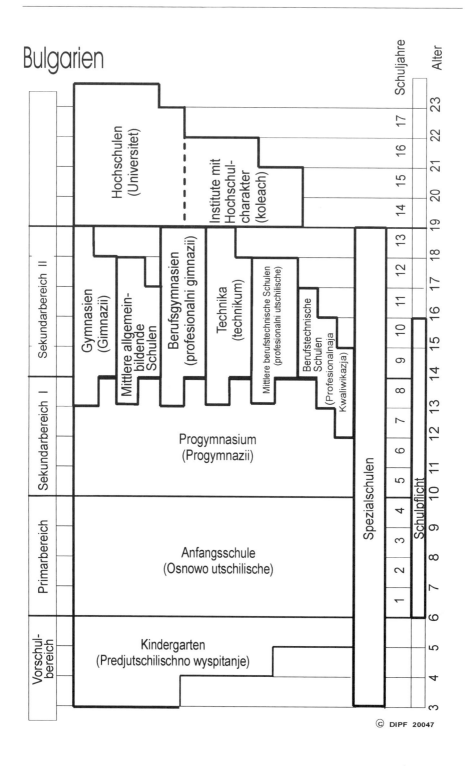

Bulgarien

© DIPF 20047

Tobias Werler

DÄNEMARK

Entwicklung des Bildungswesens

In Dänemark befinden sich etwa 1.250 Volksschulen (*folkeskole* – staatliche Grund-schule), 360 freie Schulen (*friskole*) sowie rund 150 Gymnasien (*gymnasia*) und Handelsfachschulen (*handelsskole*). Im Jahr 1999 befanden sich ca. 650.900 Schüler in einer Ausbildungsphase im Schulsystem (vgl. STATISTISK ÅRBOK 2001, S. 89). An berufsbildenden Schulen wurden 180.000 Schüler unterrichtet; 170.000 Personen studierten an einer Hochschule (vgl. STATISTISK ÅRBOK 2001, S. 89). Etwa 94% eines Altersjahrganges setzen nach Abschluss der Pflichtunterrichtszeit ihre Ausbildung fort; etwa die Hälfte davon besuchen den gymnasialen Bereich, 40% nehmen an der beruflichen Grundbildung teil (vgl. STATISTISK ÅRBOK 2001, S. 90, 101).

Rahmenbedingungen

Dänemark ist mit annähernd 5,3 Mill. Einwohnern, im Gegensatz zu den anderen skandinavischen Ländern, dicht besiedelt. Die gesamte Landfläche beträgt nur 43.000 Quadratkilometer. Fast 70% der Landfläche werden agrarisch genutzt. Durch starke Rationalisierungsmaßnahmen sind im landwirtschaftlichen Bereich aber nur noch 5,7% der erwerbstätigen Bevölkerung beschäftigt. Ein weiterer bedeutender Wirtschaftsbereich ist die Fischwirtschaft. Seit den 1960er Jahren wandelte Däne-mark sich vom Agrar- zum Industriestaat. Rund 28% der Erwerbstätigen sind in der Industrie tätig, weitere 66% im Dienstleistungssektor. Die intensive Verbreitung moderner Produktions- und Forschungstechnologien in Verbindung mit qualitativ hoch ausgebildeten Arbeitskräften sichern der dänischen Industrie ein hohes Export-potential. Die Arbeitslosenquote betrug 1999 5,9%. Das 2001 erwirtschaftete Brut-tosozialprodukt betrug 182 Milliarden €. Rund 14% der öffentlichen Ausgaben gin-gen in das Bildungswesen. Mit der Expansion des Wohlfahrtsstaates stiegen die Ausgaben für Bildung und Erziehung von rund 2% in den 1950er Jahren auf 14% (2001: 12,9 Milliarden €) des BIP.

Die ethnische Struktur der Bevölkerung ist relativ homogen. Im Süden des Landes lebt eine kleine deutsche Minderheit, die etwa 1,6% der Bevölkerung ausmacht. Daneben gibt es eine kleine Anzahl an Einwanderern (258.000). Der dänische Staat kann auf eine lange demokratische Tradition zurückblicken; die absolute Monarchie wurde 1849 durch eine freie Verfassung und die Einrichtung des *Folketing* als Parlament aufgelöst. Die Königin steht der konstitutionellen Monarchie vor; die Exekutive wird jedoch durch die Ministerien und die Zentralverwaltung erfüllt. Das *Folketing* bildet die Legislative.

Das dänische Staatsgebiet ist in 14 Kreise (*amt*) und 275 Kommunen eingeteilt. Zum dänischen Königreich gehören ferner die autonomen Gebiete Grönland (56 100 Einwohner) sowie die Färöer-Inseln (45 500 Einwohner), die als eigener Staat gelten (siehe dazu den entsprechenden Beitrag in diesem Band). Es besteht keine Trennung zwischen Kirche und Staat; 84,7% der Bevölkerung waren 2001 Mitglied der *Folke-kirke* (Volkskirche).

Die Bildungstradition

Das dänische Schulsystem kann ohne Zweifel zum skandinavischen Modell gezählt werden. Hauptkennzeichen sind darin ein ausgeprägtes reformpädagogisches und sozialdemokratisches Bildungsdenken. So wurde das Bildungswesen immer auch als Teil der Sozialpolitik verstanden. Seitens des Schulsystems wird eine hohe Bereitschaft zur Loyalität gegenüber dem Staat gezeigt.

Bezüglich der Stellung zum Staat sind diese Schulsysteme traditionell von einem hohen Grad an Zentralisierung gekennzeichnet, selbst wenn es seit dem Beginn der 1970er Jahre eine Tendenz hin zur Dezentralisierung gibt. Lokale und regionale Kommissionen übernehmen die Aufgaben der Planung, Steuerung und Evaluation des Bildungswesens. Gleichwohl werden durch den Staat Entscheidungen zentral getroffen. Der Staat (d.h. die Regierung bzw. eine von ihr eingesetzte Kommission) arbeitet die organisatorische Struktur des Schul- und Bildungswesens aus. Des Weiteren greift er in die Ausarbeitung von Inhalten, Arbeitszielen, Lehrplänen und in die Evaluation ein. Die wohlfahrtsstaatliche Politik Dänemarks ist auf die Schaffung der sozialen Homogenität im Sinne sozialer Gerechtigkeit und Chancengleichheit ausgerichtet. Die Anwendung dieses Prinzips auf Dänemark bedeutet, dass die Regierung zunächst versucht, den Lernenden einen gleichen Ressourcenzugang zu ermöglichen, unabhängig von ihrer regionalen oder lokalen Situation.

Wie in allen nordischen Ländern wurde auch in Dänemark im Laufe der ersten Nachkriegsjahrzehnte die Dauer der obligatorischen Schulzeit auf neun Jahre ausgedehnt. Dabei wurde das mitteleuropäische Parallelschulsystem („gegliedertes Sekundarschulwesen") innerhalb des obligatorischen Schulsystems durch eine Einheitsschulordnung ersetzt, die alle Schüler im schulpflichtigen Alter umfasst. Die organisatorische Differenzierung in unterschiedliche (Bildungs-) Niveaugruppen wurde abgelöst durch die Etablierung eines einheitlichen Klassenverbands. Im Bestreben nach weiterer umfassender Integration wird die Inklusion von Behinderten in den Schulalltag weiter vorangetrieben. Basierend auf den Kriegserfahrungen wird besonderer Wert auf die Stärkung der Demokratie durch die Schule gelegt. Die Schulzeit wurde zudem ausgedehnt und die Zusammenarbeit zwischen Eltern und Schule verstärkt. Die außerschulische Betreuung wurde durch den Ausbau von Kindergärten und die Etablierung von Schulfreizeitordnungen intensiviert.

Organisation des gegenwärtigen Schulsystems

Bildungspolitische Ziele

Die Bestimmung der Ziele des dänischen Schulsystems ist relativ unscharf und erschließt sich nur indirekt in den Ausführungen des *folkeskole*-Gesetzes (1993) und des Lehrplans (1995). Zum einen soll der Unterricht im Schulsystem dem individuellen Zugang zur Bildung dienen und zum fachlichen Können beitragen; zum anderen wird die berufliche (Aus-)Bildung als persönlichkeitsbildend angesehen. Um die ganzheitliche Entwicklung des Einzelnen zu sichern und um den lokalen Ausbildungsbedürfnissen besser entsprechen zu können, ist es an dänischen Schulen wesentliches Ziel, den Unterricht fächerübergreifend und projektorientiert anzubieten. Die Schüler sollen in allen Fachgebieten die Anwendung informationstechnologischer Hilfsmittel erlernen. Aus der geltenden Zielbestimmung des *folkeskole*-Gesetzes lässt sich ableiten, dass die *folkeskole* zum Verständnis über das Verhältnis zwischen Mensch und Natur beitragen soll; dieser Aspekt soll nach Möglichkeit in allen Fächern eingebunden sein. Neben der allgemeinen Bildung wird in der dänischen Schule die praktisch-musische Dimension besonders betont. Daneben soll den Schülern die Chance zu sinnlichen Erfahrungen und Eindrücken geboten werden. Traditionell wird dieses Ziel eher den praktisch-musischen Fächern zugeordnet, doch soll gerade hier die interdisziplinäre Arbeitsform für Innovationen sorgen.

Gesetzliche Grundlagen – Bildungsverfassung – Finanzierung

Wie bereits erwähnt, ist das dänische Schulsystem heute dezentralisiert. Die Entscheidungen über die konkreten Lerninhalte werden – im Rahmen der vorgegebenen Stundentafeln – auf lokaler Ebene getroffen. Diese Autonomie wurde durch politische Entscheidungen der letzten Jahre noch verstärkt. Die Verwaltungs- und Entscheidungsebene wurde vom Unterrichtsministerium noch stärker auf die lokalen Behörden und von den lokalen Behörden auf die einzelnen Schulen übertragen. Für jeden Schultyp gibt es ein eigenes Schulgesetz. Ausführungsbestimmungen, Ergänzungen sowie Anpassungen des Gesetzeswerkes werden laufend vorgenommen.

Das *Undervisningsministerium* (Ministerium für Bildung und Unterricht – *UVM*) trägt in Dänemark die Verantwortung gegenüber dem Bildungswesen mit Ausnahme der Kindergärten, der beruflichen Erwachsenenbildung sowie einzelner Hochschulkurse. Strukturell setzt sich das Ministerium aus drei nationalen Behörden zusammen: *Uddannelsesstyrelsen* (Abteilung für Bildungspolitik – inhaltliche Ebene), *Institutionsstyrelsen* (Abteilung für institutionelle Planung – Finanzierung) sowie *SUstyrelsen* (Staatliche Behörde zur Bildungsfinanzierung und Förderung der Schüler).

Das *Undervisningsministerium* bestimmt die äußeren Rahmenbedingungen für die *folkeskole* sowie für die *friskole* (freie Schule*)*. Dies beinhaltet die allgemeine Zielbestimmung von Schule sowie die Vorgabe der allgemeinen Ziele des Curriculums sowie der einzelnen Fächer. Die Gestaltung der öffentlichen Schule wird durch einen Rahmenlehrplan sowie durch die Aufstellung von Richtlinien zur Stundenverteilung an der *folkeskole* bestimmt. Auf dem Niveau der höheren weiterführenden Bildung (*gymnasium, hf-kurs,* technisch-berufliche gymnasiale Schule – *HHX,* Handelsschule – *HTX*) erarbeitet das Ministerium Erlasse zum Curriculum und den Abschlussprüfungen. Zugleich werden hier neue Fächer genehmigt und die schriftlichen Abschlussprüfungen ausgearbeitet; ebenfalls werden durch das *Undervisningsministerium* der Unterricht und die Prüfungen beaufsichtigt.

Das *amt* (Kreis) verfügt über nur sehr geringe Kompetenzen bezüglich der Administration des Bildungswesens. Auf dieser Ebene wird lediglich über die Ernennung und Entlassung von Lehrern an der *folkeskole* entschieden. Das *a*mt betreibt die *gymnasia* und die *hf-kurse (Højere Forberedelseseksamen –* Hochschulvorbereitungskurs) und ist damit auch zuständig für deren Finanzierung. Die Kreisräte entscheiden über die Errichtung, Unterhaltung oder Schließung dieser Schulen; sie legen die Anstellung und Entlassung von Lehrern, die Größe der Schule sowie die Schülerzahl fest. Auf die *HHX*- und *HTX*-Programme sowie auf die berufliche Bildung hat das *amt* keinen Einfluss. Die folgenden Körperschaften sind an der lokalen Verwaltung und Ausgestaltung der *folkeskole* beteiligt:

–   Der *kommunalbestyrelse* (Gemeinderat) – von denen es insgesamt 275 mit jeweils bis zu 25 Mitgliedern im gesamten Land gibt – trägt die Verantwortung über die *folkeskole*. In diesem Rahmen obliegt ihm die Bestimmung der Bildungsziele sowie die Schaffung der dafür notwendigen Bedingungen. Der Gemeinderat beschließt die Verteilung der finanziellen Mittel, die Einstellung der Lehrer, die Eröffnung/Schließung von Schulen. Ebenfalls in den Kompetenzbereich des Gemeinderates gehört die Beschlussfassung über das lokale Curriculum einschließlich der entsprechenden Stundentafeln. Die Schulkonferenz schlägt diese beiden Elemente vor. Die Gemeinden sind nicht verpflichtet, sich an zentrale Vorgaben (Rahmenrichtlinien) zu halten.

–   Die Schulkonferenz *(skolebestyrelse)* findet sich an jeder der ca. 1250 Schulen. Sie besteht aus mindestens elf Mitgliedern. Dazu werden fünf bis sieben Elternvertreter gewählt. Neben den Elternvertretern entwickeln in der Schulkonferenz zwei Lehrer und zwei Schülervertreter das lokale Curriculum. Der Schulleiter, zwei Vertreter des Lehrerkollegiums und zwei Schüler sowie in wenigen Fällen ein Mitglied des Gemeinderates nehmen an den Sitzungen der Schulkonferenz ohne Stimmrecht teil. Neben der Entwicklung des Lehrplans und der Stundentafeln besteht die Aufgabe der Schulkonferenz in der Organisation der Wahlfächer, der Klassenbildung, der Lehrerzuweisung sowie der Zusammenarbeit zwischen Eltern und Schule.

–   Darüber hinaus verfügt jede Schule über einen beratenden Lehrerrat *(pædagogisk råd)*, dem jeder Lehrende des Kollegiums angehört. Dessen Funktion besteht im Wesentlichen in der Diskussion pädagogischer (schulrelevanter) Probleme. Auf Anforderung hin ist das Gremium verpflichtet, die Schulleitung zu beraten. An allen Schulen, die über fünf oder mehr Klassenstufen verfügen, sind die Schüler aufgefordert, zur Durchsetzung ihrer Interessen einen Schülerrat zu bilden.

Dem Schulleiter und der Schulkonferenz obliegt die Regelung des Ausbildungs- und Fächerangebots, die Verwendung der staatlichen Fördermittel, die Ausarbeitung und Durchführung von Prüfungen sowie die Entscheidung über die Beschäftigung von Lehrern. Gleichermaßen ist jede dieser Schulen selbstverantwortlich hinsichtlich Ausstattung, Organisation und Unterhalt. Die Freiheit der lokalen Schulgestaltung drückt sich weiterhin darin aus, dass Lehrbücher und alle anderen Unterrichtsmittel keiner staatlichen Genehmigung bedürfen. Die Auswahl hierfür liegt bei der Schulkonferenz, über den Einsatz entscheidet dann jeder Lehrer selbst.

Das *Folketing* und das *Undervisningsministerium* entscheiden über die Unterrichtsziele und setzen Mindeststandards der Unterrichtsversorgung, die von den Schulen erfüllt werden müssen. Die Aufsicht über die Schulen üben die Kommunen bzw. das *amt* aus. Für die *friskole* wird ein Aufsichtsbeauftragter entweder aus der Elternschaft gewählt oder von der Kommune ernannt. Staatliche Finanzmittel erhalten alle allgemein bildenden und berufsbildenden Schulen. Die Schulen auf *amt*-Ebene erhalten eine Finanzierung von 100%. Bei privaten Schulen werden ca. 85% der Kosten durch den Staat übernommen. Die *folkeskole* wird indirekt ebenfalls zu 100% vom Staat finanziert; jede Kommune kann durch den zur Verfügung gestellten staatlichen Pauschalzuschuss Teilbereiche individuell betonen. Seit Beginn der 1990er Jahre wurde in Dänemark zunehmend das „Taxameterprinzip" eingeführt. Es setzt sich aus einem Pauschalbetrag (*grundtilskud)*, einem schülergebunden Betrag (*uddannelsestakst)* und aus einer Kombination fester Beträge zur Deckung der Verwaltungs- und Betriebskosten (*fællestakst + bygningstakst)* zusammen.

Derzeitige Struktur im Überblick

Im Gegensatz zu zahlreichen anderen europäischen Ländern verfügt Dänemark über keine *Schulpflicht*. Die Eltern haben lediglich dafür Sorge zu tragen, dass ihre Kinder einer mindestens 9-jährigen *Unterrichtspflicht* folgen. Dadurch ergibt sich die Möglichkeit der individuellen Schulwahl; der Einzelne kann ungehindert aus den Bildungsangeboten wählen. Dabei können die Kinder dem öffentlich angebotenen Unterricht in der *folkeskole* folgen oder aber sie nehmen an einer Unterrichtsform teil, die inhaltlich dem der *folkeskole* entspricht. Die Unterrichtspflicht beginnt mit dem siebten Lebensjahr eines Kindes und dauert regulär neun Jahre. Nach Abschluss der Unterrichtspflicht können die Jugendlichen an beruflichen oder auf ein Hochschulstudium vorbereitenden Bildungsveranstaltungen teilnehmen. Darüber hinaus ist die Teilnahme an der traditionsreichen dänischen Erwachsenenbildung möglich. Die *folkeskole* (9-jährige Grundschule) ist die öffentliche staatliche Schule, welche den Zeitraum der Unterrichtspflicht abdeckt. Sie erstreckt sich über die Primar- und Sekundarbildung, ohne dieser allerdings strukturell zu entsprechen. Zur Sekundarbildung gehört nämlich auch die weiterführende gymnasiale Bildung sowie die berufliche Bildung. Dänemark verfügt neben dem öffentlichen Schulsystem über ein mannigfaltiges freies (privates) Schulsystem *(friskole)*. Die Angebote erstrecken sich hierbei hauptsächlich auf den Bereich der Unterrichtspflicht; aber auch in der weiterführenden Bildung finden sich zahlreiche freie Einrichtungen. Nach Abschluss der Unterrichtspflicht können die akademisch orientierten Kurse am *gymnasium* oder den beruflich bildenden gymnasialen Schulen (*HHX/HTX)* oder aber beruflich-praktisch ausgerichtete Kurse an den berufsbildenden Schulen besucht werden.

Hochschule

Im Alter von 19-20 Jahren setzen viele Schüler ihren Bildungsweg im Bereich der akademischen Bildung fort. Es können Universitätsstudien oder nicht-universitäre Hochschuleinrichtungen besucht werden. Weiterhin werden angeboten kurz- (drei Jahre), mittel- (drei bis vier Jahre) und langfristige (mehr als vier Jahre) Bildungsgänge im Hochschulsektor. Von einer mittleren Studiendauer an wird ein gymnasialer Abschluss (*Studentereksamen, HF, HHX, HTX*) vorausgesetzt; das *Studentereksamen* ist die Voraussetzung für die Zulassung zu langfristigen Studiengängen. Die dreijährigen Studiengänge schließen mit einem Bachelor Degree (B.A., B.Sc.) ab; im Rahmen der mindestens 4-jährigen Studiengänge kann der Abschluss *kandidat* (Master Degree) erworben werden *(cand. mag., cand. scient., cand. theol., cand. med., cand. phil., mag. art.)*.

Allgemein bildende und berufsbildende Schulen

Die Lebensaufklärung – *„opplysning"* – bildet die tragende Idee des dänischen
Schulsystems. Nach dieser, auf N.F.S. Grundtvig zurückgehenden Konzeption, wird
die Gestaltung von Erziehung und Bildung innerhalb der Schule vollzogen. Mittel-
bares Ziel des dänischen Bildungswesens ist nicht der Erwerb theoretischen Wissens, sondern praktischen Wissens, das vom Leben ausgeht und dieses zu erklären
versucht.

Vorschule und Einschulung

Die ersten Institutionen vorschulischer Erziehung und Bildung wurden um 1820 in
Dänemark eingerichtet. Reformen im Sozialwesen zu Beginn des 20. Jahrhunderts
resultierten daraus, dass der Staat – und seit 1987 die Kommune – die finanzielle
und pädagogische Verantwortung in diesem Bereich trägt.
In den Kinderkrippen *(vuggestuer)* werden sechmonatige bis drei Jahre alte Kinder
betreut. In den daran anschließenden Kindergärten *(børnehaver)* werden 3-7-jährige
Kinder aufgenommen. Um den Übergang zwischen dem spielerisch-entdeckend
konzipiertem pädagogischen Programm der vorschulischen Einrichtungen an die
folkeskole zu ermöglichen, wurden innerhalb dieser einjährige Vorschulklassen
(børnehavsklasser) geschaffen. In ihnen werden 5-7-jährige Kinder betreut. Durchschnittlich 95% aller Kinder eines Altersjahrganges werden in diesen vorschulischen
Einrichtungen auf den Besuch der *folkeskole* vorbereitet. Neben diesen Institutionen
finden sich noch zahlreiche altersübergreifende Einrichtungen *(integrerede institutio-
ner)*, die Kinder vom Vorschulalter bis zum Alter von 14 Jahren betreuen. Sie bieten
ein breit gefächertes Betreuungsangebot.

Die folkeskole als Primar- und Sekundarschule
Entwicklungslinien
Die Beschäftigung mit dänischer Schule und Schulentwicklung bedingt zwangsläufig die Betonung des dänischen Modells der Einheitsschule. Die Verbindung zwischen den einzelnen Schultypen (*almuesskole* – Volksschule, *realskole* – Realschule, *gymnas* – Gymnasium) war in der Mitte des 20. Jahrhunderts in der *enheds-
skole* (Einheitsschule) erreicht geworden. Diese Entwicklung stand in unmittelbarem
Zusammenhang mit dem Wandel der Sozialstruktur, der Urbanisierung und dem Bevölkerungswachstum. Immer größere Teile der Bevölkerung bedurften, ausgelöst
durch die Industrialisierung und gefolgt durch die Modernisierung der Gesellschaft,
der Integration und Qualifikation.
Die Tatsache, dass Schule als verteilungspolitisches Instrument behandelt wird,
kennzeichnet die Expansion der Schulzeit (1972) sowie die erweiterten Zugangs-
möglichkeiten zu weiterführender Bildung. Die Entwicklung der Einheitsschule kul-
minierte im Verlauf der 1970er und 1980er Jahre. Die äußere Differenzierung der
Schule wurde im Prozess der Vereinheitlichung in schulinterne Differenzierung
(Fachkurse) umgewandelt. Als grundsätzliche Gefahr bei der weiteren Durchsetzung
des Modells „Einheitsschule" wird seit 1985 die Möglichkeit der Mitbestimmung
der Eltern über die schulische Profilierung gesehen (BRØCHER 1989, S. 11).

Besonderes Kennzeichen der einsetzenden Reformphase zu Beginn der 1990er Jahre war die Ausformung von Mannigfaltigkeit, Wahlmöglichkeit und Konkurrenz zwischen den Schulen. Die Prinzipien des Marktes sollen in den öffentlichen Sektor hineingetragen werden; es soll die Wahl zwischen verschiedenen Ausbildungsangeboten mit unterschiedlichem Inhalt und unterschiedlicher Qualität ermöglicht werden. Um dieses System ohne Qualitätsverlust zu verwirklichen, mussten landesweite Prüfungen in Form staatlicher Evaluation eingeführt werden. Die daraus resultierenden Zensuren wurden gegenüber den Eltern auch als ein Serviceangebot verstanden, die von ihren Kindern besuchte Schule ihrer Qualität nach einordnen zu können.

Die folkeskole: aktueller Stand
Die *folkeskole* ist die öffentliche Schule. Etwa 88% der Kinder besuchen das öffentliche Bildungswesen zur Erfüllung ihrer neunjährigen Unterrichtspflicht. Zusätzlich können das vorangestellte freiwillige Jahr im Kindergarten und das Angebot eines freiwilligen 10. Schuljahres wahrgenommen werden. Die *folkeskole* ist eine koedukative, allen Schülern offenstehende Einheitsschule, deren Besuch einschließlich der Bereitstellung von Schulbüchern und anderer Lehr- und Lernmaterialien kostenlos ist. Das Konzept der Einheitsschule ermöglicht es allen Kindern, in derselben Schülergruppe mit den denselben Teilnehmern vom ersten bis zum neunten Schuljahr zu verbleiben. Obwohl vom achten Schuljahr an Englisch, Deutsch und Mathematik und vom 9. Schuljahr an Physik/Chemie auf zwei Niveaustufen – der Grundstufe und der Leistungsstufe – angeboten werden können, gibt es einen bemerkenswerten landesweiten Trend, von diesen Möglichkeiten abzuweichen und die Klassen *nicht* nach Niveaugruppen zu teilen. Bildungs- und Berufsberatung ist als Unterrichtsfach verpflichtend vom siebten bis neunten Schuljahr und freiwillig im zehnten Schuljahr.
Zwischen dem ersten und siebten Schuljahr erfolgt keine Benotung. Die Schulen sind verpflichtet, Schülern und Eltern mindestens zweimal jährlich über den Fortschritt der Schüler zu berichten. Vom achten bis zehnten Schuljahr werden Noten in den Fächern gegeben, in denen ein Abschlussexamen *(Bevis for folkeskolens afgangsprøve)* gemacht werden kann: Dänisch, Mathematik, Englisch, Physik/Chemie, Deutsch, Französisch, Kunst, Hand-/Holzarbeit, Hauswirtschaft, Maschineschreiben. Das Abschlussexamen wird auf der Basis einzelner Fachprüfungen durchgeführt. Die erweiterten Abschlussexamen *(Bevis for folkeskolens udvidede afgangsprøve)* der *folkeskole* können nur in fünf Fächern abgelegt werden. Dazu müssen die Schüler die entsprechenden Leistungskurse belegt und das freiwillige zehnte Schuljahr beendet haben. Durch das Bildungsministerium werden die schriftlichen Prüfungen für alle Schulen zentral vorgegeben. Mündliche Prüfungen werden von den einzelnen Lehrern – in Gegenwart eines Lehrers einer anderen Schule *(sensor)* – abgehalten. Ca. 95% eines Altersjahrganges erwerben ein Abschlusszeugnis.

Der Einzelne oder alle?
Die Erziehungs- und Bildungsprozesse der dänischen Schule sind stark von individualistischen Idealen geprägt. Nicht zu Unrecht bestehen Befürchtungen, dass Erziehung zu Verantwortlichkeit und der Verpflichtung zur Mitgliedschaft in Gemeinschaft untergeht. Als vor ca. 35 Jahren die Abschaffung des Parallelschulwesens beschlossen wurde, war eine notwendige methodische Voraussetzung dafür die Ein-

führung des individualisierten Unterrichts. Im *folkeskole*-Gesetz von 1993 zeigt sich die Notwendigkeit, darauf explizit hinzuweisen. Politischer Willensausdruck und Zielvorstellung über Schule wird in dem traditionell jedem Schulgesetz voranstehenden *formålsparagraf* (Zielparagraph) ausgedrückt. Er ist der Ausdruck der Auffassung von der sozial (-politischen) Funktion von Schule.

Die fachliche Leistung wird in diesem Zusammenhang als Mittel gesehen, dänische Kultur und dänisches Selbstverständnis (auch) im Prozess von Europäisierung/Globalisierung zu stärken. Das Ziel schulischer Kultur ist nicht (allein) Ausbildung; Schule soll der „*allseitigen persönlichen Entwicklung*" eines jeden Schülers dienen. Die Schüler sollen eigene Möglichkeiten entdecken und fähig sein, Stellung zu beziehen und zu handeln. Erziehung durch Schule wird darüber hinaus in Verbindung zu anderen Menschen gesetzt. Explizit wird die kulturelle und ökologische Funktion schulischer Bildung betont. Als Selbstverständlichkeit gilt für die dänische Schule die Unterstützung von Glaubensfreiheit, Gleichwertigkeit und Demokratie. Der Zielparagraph manifestiert also humanistische Werte in der Schule, die *folkeskole* wird nicht als wertfreie Schule verstanden.

Der Lehrplan – Aufgabe und Stellung

Der „*Læseplans for folkeskolens fag*", so der offizielle Titel des dänischen Lehrplans, ist seiner Struktur nach als Rahmenplan konzipiert, sodass die Schüler aktiv Stellung zu kulturellen, politischen, ökonomischen und umweltbezogenen Problemen beziehen können. Dabei versucht der Lehrplan, humanistische, sozial (wissenschaftlich)e und naturwissenschaftliche Ebenen miteinander zu verbinden; deutlich wird dabei, dass Unterricht mehrheitlich projektbezogen und fächerübergreifend (interdisziplinär) stattfinden soll. Die Methodenwahl obliegt dem einzelnen Lehrenden. Verpflichtend für die Lehrer ist allein der Beschluss des Gemeinderats *(kommunalbestyrelsen)* über die jeweilige lokale Anpassung des Lehrplans. Die einzelnen Schulen haben weiterhin die Aufgabe, dem Gemeinderat hinsichtlich der lokalen Lehrpläne Vorschläge zur Versuchs- und Entwicklungsarbeit an der kommunalen Schule vorzulegen. So können sich je nach Fokus einer Kommunalverwaltung unterschiedliche Schwerpunkte zeigen.

Der Lehrplan besteht aus: (1) Pflichtfächern, die von jeder Schule anzubieten sind, (2) Pflichtfächern, die eine Schule anbieten kann, (3) Wahlfächern, die von jeder Schule anzubieten sind sowie aus (4) Wahlfächern, die eine Schule anbieten kann. Obligatorischer Unterricht ist für alle Schüler der ersten beiden Jahrgangsstufen: Dänisch, Mathematik, Sport, Christenlehre, Bildende Kunst und Musik. Ebenso ist von der 1. bis zur 7. Klasse der Natur- und Technikunterricht zu besuchen. Weiterhin sind von den Schülern offene Diskussionsforen zu besuchen. Englischunterricht ist ab der 4. Klasse obligatorischer Bestandteil der Schule. Wahlpflichtfächer sind ab der 7. und bis zur 9./10. Klasse: Deutsch oder Französisch.

Dieser Fächerkanon wird in den folgenden Klassenstufen erweitert. Der Geschichtsunterricht findet von der 3.-9. Klasse statt, der für Geographie und Biologie von der 3.-7. Klasse, Physik- oder Chemieunterricht sind in der 7.-9. Klasse zu besuchen. Die Kommune entscheidet darüber, ob in einer oder mehreren Klassenstufen die Fächer Heimatkunde, *sløjd* (Handfertigkeitsunterricht) und Hauswirtschaft angeboten werden. Von der 8. Klasse an können die Schüler im Fach Arbeitslehre unterrichtet werden. Sie sollen dadurch Ausbildungswege, berufliche Aussichten, den Arbeitsmarkt sowie die Realität der Arbeitswelt kennen lernen. Praktika und Exkursionen in Betrieben und Institutionen werden dabei häufig als pädagogische Mittel eingesetzt. Weiterhin wird Unterricht in Gesellschaftskunde *(samfundsfag)* ab der 9. Klasse angeboten, Inhalte sind grundlegende Prinzipien von Sozialkunde, Politik und Ökonomie. Der Lehrplan sieht weiterhin auf den Klassenstufen 7-9 die Pflichtfächer „Ausbildungs-, Arbeits- und Arbeitsmarktorientierung" sowie „Arbeitserfahrung" vor. Im Zentrum dieses Unterrichts steht die intensive Auseinandersetzung mit dem lokalen ökonomischen Umfeld. Ferner sollen über diese Form des Unterrichts Beziehungen zu Unternehmen und zum beruflichen Bildungswesen aufgebaut werden. Als praxisorientierte Pflichtfächer können die Schulen Textverarbeitung, Technologie, Medien, Fotolehre, Film, Schauspiel, Motorenlehre sowie fakultativ in Klasse 10 Latein anbieten.

Dass sich die wöchentliche Unterrichtszeit nach dem Alter der Schüler richtet, darf als selbstverständlich gelten. So beträgt sie in den ersten beiden Klassen mindestens 20 Stunden; diese Anzahl wird im Verlauf der Schullaufbahn auf mindestens 28 Stunden gesteigert. Dies bedeutet, dass die tägliche Unterrichtszeit je nach Altersgruppe zwischen vier und acht Stunden variiert. Wie bereits angedeutet, findet der Unterricht in Jahrgangsklassen statt. Ein Grundsatz der dänischen *folkeskole* ist, dass prinzipiell keine Leistungsdifferenzierung vorgenommen wird. Die Schüler verbleiben während ihrer gesamten *folkeskole*-Laufbahn im selben Klassenverband. Eine fachliche Vertiefung wird für ausgewählte Fächer von der 8. Klasse an angeboten.

Entsprechend dem *„Gesetz über die folkeskole"* sind alle Kinder verpflichtet, die *folkeskole* oder einen vergleichbaren Bildungsweg zu besuchen. Dies gilt auch für Schüler, die auf sonderpädagogische Betreuung angewiesen sind. Jährlich erhalten im Rahmen der *folkeskole* ca. 12% der Schüler länger- oder kurzfristige sonderpädagogische Betreuung. Charakteristisch für die *folkeskole* ist, dass physische bzw. psychische Benachteilung immer weniger zum Ausschluss aus dem alltäglichen Unterricht führt. Für etwa 70.000 Schüler wird diese Form des integrierten Unterrichts in der *folkeskole* durchgeführt.

Die Lehrer

Die Ausbildungsstätten der dänischen *folkeskole*-Lehrer sind *Seminarer* (Lehrerseminare, d.h. universitäre Hochschuleinrichtungen). Das Hochschulcurriculum umfasst alle Unterrichtsfächer an einer *folkeskole* sowie pädagogische Ausbildungsbausteine. Es können jedoch vier Ausbildungsschwerpunkte gesetzt werden, wobei Dänisch und Mathematik Wahlpflichtfächer sind (eines der beiden Fächer muss gewählt werden). Fragen der Weiterbildung werden auf lokaler Ebene geregelt.

Den *Klassenlehrern* kommt an den dänischen Schulen eine besondere Funktion zu. Da die Lehrkräfte in Dänisch und mindestens zwei weiteren Fachgebieten ausgebildet sind, können sie (theoretisch) eine Klasse oder eine Schülergruppe während der gesamten Schulzeit als Klassenlehrer begleiten. Das System der Klassenlehrer ist keine obligatorische Bestimmung, doch gleichwohl ist es ein charakteristisches Merkmal des dänischen *folkeskole*-Alltags.

Friskole – Freie Schulen

Seit der Mitte des 19. Jahrhunderts finden sich in Dänemark private *frie skoler / friskoler* (freie Schule). Die freien privaten Grundschulen können über einen ähnlichen Aufbau wie die staatlichen Schulen verfügen. Dabei können die Eltern die Schulform ihrer Kinder frei wählen. Die Eltern entscheiden souverän sowohl über Pädagogik und Struktur der Schule als auch über Form, Inhalt und Umfang des Unterrichts; sie verfügen außerdem über das verfassungsmäßige Recht, die Kinder selbst zu unterrichten. Die Schulen sind klein, die Schülerzahl variiert zwischen 28 und 450. Die ca. 200 *friskoler* werden von ca. 12% der Schüler eines Altersjahrgangs besucht. Die nicht durch den Staat gedeckten Kosten (etwa 15%) werden durch Schulgeld gedeckt. Durch einen Elternvertreter wird kontrolliert, ob der Unterricht der Schule auf demselben Niveau abgehalten wird wie in der staatlichen Schule. Dieser hat die Aufsicht über den Unterricht in den Fächern Dänisch, Mathematik und Englisch. Darüber hinaus fordert der Staat, dass die Lehrer wie an den öffentlichen Schulen vergütet werden – obwohl die freien Schulen das Recht haben, Lehrer ohne Rücksicht auf ihre formelle Ausbildung anzustellen.

Heimunterricht und Efterskole

Eltern, die ihre Kinder selbst im Heimunterricht unterweisen wollen, müssen dies der örtlichen Kommune mitteilen. Der Gemeinderat kann zur Überwachung und Sicherung des Lerniveaus auf dem Niveau der *folkeskole* jedes Jahr Prüfungen in Mathematik, Dänisch und Englisch abhalten. Die *efterskole* (Nachschule) zählt zu den privaten freien Schulen. Sie geht auf die Tradition der 1814 in Rødding von N.F.S. Grundtvig gegründeten ersten *folkehøjskole* (Heimvolkshochschule) zurück. Heute ist die *efterskole* eine Wohnschule für Jugendliche zwischen 14 und 18 Jahren. Sie können das 9. und 10. Schuljahr an solch einer staatlich geförderten Einrichtung alternativ zur *folkeskole* verbringen. Charakteristisch für die *efterskole* ist, dass sie ein Ort des Lernens und Zusammenlebens ist: Eine Trennung zwischen Unterricht und Freizeit findet sich nicht. Durch die Betonung der praktischen Ausbildung stellt die *efterskole* eine Alternative für „Spätentwickler" dar.

Jugendbildung/Sekundarstufe II

An einer dänischen weiterführenden Schule werden gewöhnlich alle Ausbildungsformen angeboten, welche im Anschluss an die Unterrichtspflicht möglich sind: *Gymnasium* und *Hf-kurs*, *HHX* und *HTX* sowie unterschiedliche Formen der beruflichen Grundbildung. Zusätzlich bieten sie meist auch Sonderpädagogischen Unterricht sowie Veranstaltungen im Rahmen der Erwachsenenbildung an.

Im Wesentlichen gibt es drei Typen von Schulbildung, die im Anschluss an die *folkeskole* etwa 94% eines Altersjahrganges erfassen. Etwa 40% dieser Jugendlichen setzen nach erfolgreichem Abschluss der *folkeskole* ihren Bildungsweg in der beruflichen Bildung fort. Die Bildung auf höherem Sekundarschulniveau ist wiederum unterteilt in zwei Haupttypen, die beide zur Hochschulzugangsberechtigung führen:

- dreijährige allgemein bildende Gymnasien *(gymnasium)* sowie in den Hochschulvorbereitungskurs *(Højere Forberedelseksamen – hf-kurs)* als Vorbereitung auf ein Hochschulstudium;

– zwei- bis dreijährige doppeltqualifizierende Bildung an Handelsschulen *(Højere Handelseksamen – HHX)* und Technischen Schulen *(Højere Teknisk Eksamen – HTX)*.

Die Ausbildungsgänge erhalten ihre Namen jeweils von den Abschlussprüfungen. Neben diesen Formen höherer Sekundarbildung gibt es die Möglichkeit, zweijährige Tages- oder Abendkurse zu belegen, die zum Abitur führen oder aber alle Fächer bzw. einen Teil der *hf*-Prüfung auf Basis einzelner Fächer in so genannte Einzelfachkursen im Rahmen der Erwachsenenbildung zu belegen.

Gymnasium

Die koedukativen *gymnasia* bieten innerhalb einer dreijährigen Ausbildungsphase allgemein bildenden Unterricht für 16-19-jährige Schüler an. Der Besuch des Gymnasiums wird mit dem *studentereksamen* (Studentenexamen), der allgemeinen Hochschulzugangsberechtigung, abgeschlossen. Der Besuch dieser öffentlichen Schulen ist kostenlos; lediglich Lernmittel (außer Lehrbücher) müssen durch die Schüler angeschafft werden. Etwa 6% aller *gymnasia* befinden sich in privater Trägerschaft. Schüler, die die 10. Klasse der *folkeskole* abgeschlossen haben, können alternativ dazu die zweijährigen Kurse *(studenterkurser)* belegen. Der Unterricht kann dort auch in Abendveranstaltungen stattfinden. Prinzipiell können Schüler, welche die 9. Klasse abgeschlossen haben, in einen studienvorbereitenden Bildungsgang aufgenommen werden. Die Mehrzahl der Bewerber wird generell an der gewählten Schule angenommen; Bewerber können aber auch an eine andere Schule verwiesen werden oder sie müssen sich einer Aufnahmeprüfung unterziehen.

Die Schüler sind in Jahrgangsstufen eingeteilt und werden in Kursen durch Fachlehrer unterrichtet. Das *gymnasium* ist in einen sprachlichen und in einen mathematisch-naturwissenschaftlichen Zweig geteilt. Die Abschlussprüfung – *studentereksamen* – setzt sich aus zehn Einzelprüfungen zusammen. Die Prüfungen finden in allen gewählten Leistungskursen sowie in Dänisch statt. Der Prüfungszeitraum erstreckt sich über die zweite und dritte Jahrgangsstufe. Die schriftlichen Prüfungen werden zentral im Ministerium erarbeitet. Ebenso legt das Bildungsministerium fest, welche Schüler in welchen Fächern geprüft werden. Ferner müssen alle Schüler in Dänisch oder Geschichte oder in einem der Leistungsfächer eine Abschlussarbeit verfassen. Die Abschlussnote in den einzelnen Fächern setzt sich darüber hinaus aus den Leistungen zusammen, welche im Verlauf der Schulzeit erbracht wurden.

Die Fachlehrer am *gymnasium* verfügen in der Regel über ein Fachstudium in mindestens zwei Fächern. Nach Abschluss des Fachstudiums erfolgt eine sechsmonatige theoretische und praktische Ausbildung *(pedagogikum)*, begleitend zur Lehrtätigkeit an einem *gymnasium* oder einem *hf-kurs*.

Der hf-kurs

Das *hf-kurs*-System drückt den politischen Wunsch nach ausgedehnter Bildungspartizipation breiter Bevölkerungsgruppen aus. Ursprünglich sollten in diesem Kurssystem zukünftige Lehramtskandidaten ausgebildet werden, um Lehrer zu gewinnen, die in relativer sozialer und kultureller Nähe zu ihren zukünftigen Schülern standen. Nach Abschluss der 10. Klasse der *folkeskole* können Jugendliche und Erwachsene den zweijährigen Hochschulvorbereitungskurs zur Erlangung der allgemeinen Hoch-

schulzugangsberechtigung besuchen. Das *hf-kurs*-System findet besondere Reso-
nanz bei Jugendlichen, die aus sozialen oder persönlichen Gründen nicht das *Gymnasium* besuchen konnten. Während am *Gymnasium* eine Überrepräsentation von
Kindern aus den mittleren und höheren sozialen Milieus zu finden ist, rekrutieren
sich die Schüler für den *hf-kurs* aus einem weiteren Kreis der Gesellschaft. Die Kurse finden entweder in Form von Vollzeit- oder in Form von Abendveranstaltungen
im *Gymnasium* oder in Einrichtungen der lokalen Erwachsenenbildung statt.
Das *Undervisningsministeriet* zeichnet für die Durchführung der Abschlussprüfungen verantwortlich. Der Abschluss *„Bevis for højere forberedelseseksamen"* (Zeugnis über höhere Vorbereitungsexamen) wird nach Beendigung der mündlichen und
schriftlichen Prüfungen des *hf-kurs* vergeben. Zur Schullaufbahn- und Berufsberatung stehen den Schülern am Ende der 2. Jahrgangsstufe Beratungslehrer zur Verfügung. Die meisten Schüler nehmen nach Ende des *hf-kurs* einen nicht-universitären
Studiengang auf.

HHX und HTX

Zu den an die *folkskole* anschließenden weiterführenden Bildungsgängen innerhalb
der Jugendbildung gehören 2-3-jährige doppeltqualifizierende „berufsgymnasiale"
Ausbildungsgänge *(erhvervsgymnasiale uddannelser)*. Neben einer grundlegenden
Ausbildung werden berufliche Bildungsgänge angeboten, die mit dem *HTX* oder
HHX abschließen. Die schulische Vollzeitausbildung in beiden Ausbildungswegen wird
mit einer mündlichen und schriftlichen Prüfung abgeschlossen, die beruflich qualifizie-
render Abschluss und Hochschulzugangsberechtigung zugleich ist. Der *HTX*-Abschluss
kann an technischen berufsbildenden Schulen erworben werden, die Bildungsgänge im
technischen Sektor anbieten. Die Ausbildung für den Bereich Handel, Wirtschaft und
Verwaltung erfolgt an kaufmännischen Schulen. Zwar finden sich einzelne Elemente
der gymnasialen Ausbildung in der beruflich-gymnasialen Ausbildung wieder, doch
sind diese Schulen weit stärker auf die Ausbildung von qualifizierten Fachkräften ausgerichtet. Beide Bildungsgänge sind kostenlos. Die *HHX*- und *HTX*-Bildungsgänge sind
in der Regel von dreijähriger Dauer. Das *HHX*-Programm umfasst festgelegte obligatorische Fächer. Dazu gehören Dänisch, Englisch, eine weitere Fremdsprache,
Wirtschaftskunde sowie spezielle Fächer wie Handel, Informationstechnologie, internationale Wirtschaft, Handelsrecht und berufsbildende Fächer. Darin eingeschlossen
sind unter anderem eine Projektarbeit, optionale Fächer wie Mathematik, die Fortsetzung einer Fremdsprache, der Neubeginn einer Fremdsprache, Kulturelles Verstehen, Design, Medienkunde, Psychologie, Umweltunterricht wie auch EU- und
Wirtschaftskooperation. Der Wahlbereich umfasst 40 bis 55% der Unterrichtszeit. In
den Wahlfächern ist Fachleistungsdifferenzierung möglich.
Das 1982 eingeführte *HTX*-Programm, welches sich an junge Menschen mit wissen-
schaftlich-technischem Interesse richtet, umfasst eine Reihe obligatorischer Fächer.
Darunter befinden sich zwei berufsbildende Fächer, Technologie, Mathematik, Phy-
sik, Chemie, Biologie, Dänisch, Englisch, eine zweite Fremdsprache (Deutsch oder
Französisch) und Sozialkunde. Hinzukommen weitere wahlfreie Fächer: Handel,
Wirtschaft, Arbeitsumwelt, Geschichte der Technologie, Internationale Technologie
und Kultur, Informationstechnologie, Materialbearbeitung, Design, Statistik und
Qualitätskontrolle. Diese Fächer können in den Niveaus A, B und C besucht werden.

Die Wahl der technischen Fächer entscheidet dabei über ihre Spezialisierung: Konstruktion und Energie, Design und Produktion, Service und Kommunikation, Verarbeitung und Ernährung, Natur und Landwirtschaft. Auf die optionalen Fächer entfallen 40% der Unterrichtszeit.

In beiden Programmen werden Lehrer für die berufsbildenden Fächer und für die allgemein bildenden Fächer beschäftigt. Die Lehrer für die beruflichen Fächer verfügen in der Regel über eine Ausbildung an einer Staatlichen Berufspädagogischen Lehrerausbildungseinrichtung *(Statens Erhvervspædagogiske Læreruddannelse – SEL)*. Die allgemein bildenden Fachlehrer verfügen über die gleiche Ausbildung und Qualifikation wie diejenigen an den *gymnasia*. Die Lehrer sind zur Erweiterung ihrer beruflichen Qualifikationen verpflichtet; ihnen ist dabei aber freigestellt, wie sie diese Pflicht erfüllen.

Weitere schulische Bildungsangebote

Berufliche Grundbildung wird in Dänemark im Rahmen eines nationalen homogenen beruflichen Schulsystems *(Erhvervsfaglige uddannelser)* angeboten. Die Abschlüsse sind landesweit gültig und durch die Sozialpartner anerkannt. Neben diesem Angebot finden sich in der Produktionsschule *(produktionsskoler)* ein alternatives Bildungskonzept, welches darauf zielt, die persönliche Entwicklung der Teilnehmer zu fördern und so ihre Chancen am Arbeitsmarkt und bezüglich des gesamten (weiterführenden) Bildungswesens zu verbessern. Dies soll durch die Verbindung von Unterricht, Beratung und praxisnaher Tätigkeit erreicht werden.

Berufliche Grundbildung

Die berufliche Grundbildung findet in Dänemark im Rahmen eines dualen Systems alternierend an Berufsschulen und in Betrieben statt. Die Ausbildungsbetriebe schließen dabei mit den Schülern Ausbildungsverträge ab. Alternativ wird dazu die schulgestützte berufliche Ausbildung für Schüler angeboten, die in einem Betrieb keinen Ausbildungsplatz erhalten haben. Das Ziel der beruflichen Bildungsprogramme ist die theoretische und praktische Qualifizierung Jugendlicher für den Arbeitsmarkt. Darüber hinaus dienen die Programme zur Motivation (selbstständiger) Weiterbildung: Damit tragen sie der individuellen und sozialen Entwicklung des Schülers Rechnung. Die berufliche Grundbildung ist Teil schulischer Bildung in dem Sinne, dass sie die Fortsetzung der *folkeskole* bildet.

Die Struktur der beruflichen Grundbildung wurde 2000/01 geändert. Das berufliche Bildungsprogramm wurde geteilt: in einen Basiskurs *(grundforløb)* und einen Hauptkurs *(hovedforløb)*. Der Basiskurs wird schulgestützt durchgeführt und schließt mit einem Zeugnis über dessen Besuch ab. Darin werden die vom Schüler besuchten Fächer und die erreichten Niveaustufen aufgeführt. Dieses Zeugnis ist die Voraussetzung zur Teilnahme am Hauptkurs. Dieser setzt sich aus der theoretischen und der praktischen beruflichen Bildung zusammen, wobei der praktische Ausbildungsteil im Betrieb (bzw. in der Schule) vollzogen wird. Der Hauptkurs beginnt mit der praktischen Ausbildung im Betrieb.

Produktionsskole

Auf Initiative des *amt* oder der Kommune können *produktionsskoler* (Produktions-schulen) eingerichtet werden. Sie bieten Ausbildungsprogramme für 16- 24-jährige Jugendliche an. Diese verbinden theoretischen Unterricht, Beratung, praxisnahe Arbeit und Produktion miteinander. Die Produktionsschule geht ihrem Ansatz nach auf Grundtvig zurück. Der personenzentrierte Ansatz soll dabei helfen, die Chancen des Einzelnen auf dem Ausbildungs- und Arbeitsmarkt zu verbessern. Die allgemein bildenden und praktischen Kurse an einer Produktionsschule dauern in der Regel zwölf Monate, können aber eher abgebrochen werden. Ein besonderes Merkmal liegt in der Flexibilität der Lehrpläne und des Curriculums. Basis des Unterrichts sind die Anforderungen und Erfahrungen des Schülers, die hervortreten, wenn mit der praktischen Werkstattarbeit begonnen wird.

Evaluation und Qualitätskontrolle

Seit ca. zehn Jahren lässt sich eine anhaltende Debatte um die Durchsetzung von Qualität und Qualitätsentwicklung an dänischen Schulen beobachten. Im Jahr 1998 begann die landesweite Einführung des Qualitätsentwicklungs- und -sicherungspro-gramms. Dieses wird auf nationalem, kommunalem, schulischem und klassenbezo-genem Niveau durchgeführt. Dies bedeutet, dass jede Schule sich mit Evaluierungs- und Qualitätssicherungsinstrumenten beschäftigen muss und die entstehenden Daten auf nationalem Niveau gesammelt und zur weiteren Entwicklung der gemeinsamen *folkeskole* ausgewertet werden. Durch das *Undervisningsministeriet* wurde 1997 ein Projekt initiiert, dessen Ziel darin besteht, ein Beratungssystem zu Fragen der Qualität von Bildung auf Basis existierender Qualitätsentwicklungsprojekte aus allen Bildungsbereichen aufzubauen.

Dänemarks Pädagogische Universität – DPU

Um die Stellung von Erziehung und Bildung, Pädagogik und Lehrerausbildung innerhalb der gesamten dänischen Gesellschaft zu stärken, wurde im Jahr 2000 durch das *Undervisningsministeriet* eine Pädagogische Universität – *Danmarks Pedagogiske Universitet (DPU)* – gegründet. Ihre Aufgabe besteht in der Bildungsforschung sowie in der Lehre. Zentrale Aspekte sind dabei die didaktische-methodische Forschung und die Bündelung des vorhandenen pädagogischen Wissens. Letztlich soll die DPU eine Brückenfunktion zwischen Forschung, Bildung/Erziehung und praktisch-didaktischer Realität einnehmen.

Aktuelle Diskussionen und Entwicklungsperspektiven

Als allgemeine Aussage über dänische Politik lässt sich formulieren, dass diese geprägt war von der Idee der individuellen Verantwortung und der eigenen Initiative; der Deregulierung der Märkte und des Vermeidens staatlicher Interventionen. Dadurch unterlag die Bildungspolitik Dänemarks in den vergangenen 20 Jahren starken restaurativen und neokonservativen Einflüssen. Prämisse war dabei, dass jede pädagogische Institution zwischen dem Schüler und der Gesellschaft existiert. Die Beschulung der Jugend der Gesellschaft diente dabei als Instrument einer industriell orientierten Politik. Das Ziel dieser Politik war die Steigerung des Marktanteils der nationalen Wirtschaft am Weltmarkt. In der Folge wurden die Freiheit des Unterrichts und die Eigentätigkeit der Schüler im Lernprozess eingeschränkt. Bezüglich der Ziele und Aufgaben von Schule setzte sich die Auffassung durch, dass es nicht möglich sei, durch die Schulstruktur gleiche Möglichkeiten und Gleichheit zu schaffen (LUNDAHL 1989, S. 191). Die restaurative Bewegung ging insofern auf die Forderungen nach Gleichheit ein, als sie diese als Mittel zur Steigerung der nationalen Effektivität verstand.

Zu Schlagworten einer entsprechenden Debatte wurden Begriffe wie: „Niveau", „Qualität", „Kompetenz" und „Effektivität" (vgl. TELHAUG/TONNESSEN 1992). Bezüglich der methodischen Arbeit stützte sich die restaurative Pädagogik auf Training und Arbeit unter Bezugnahme auf technisch-kognitve Kompetenzforderungen. Dieses Vorgehen konnte nur unter Anwendung einer zentralen Administration vollzogen werden. In Dänemark, einem Land mit langer Tradition lokaler Selbstverwaltung und -gestaltung, wurden dazu ein nationaler Lehrplan sowie nationale Prüfungen eingeführt. Die Bedeutung der individuellen und institutionellen Konkurrenz wurde verstärkt. Kennzeichen dieser Marktorientierung war die Einschränkung der Wahlmöglichkeiten für die Schüler, wobei im Gegenzug die der Eltern erhöht wurde.

Die gesteigerte Dezentralisierung und Selbstbestimmung in Fragen der Finanzierung und Verwaltung, resultierend aus dem *folkeskole*-Gesetz von 1993, führte zu einem Wettbewerb um die Schüler. Leitendes Motiv dabei ist, dass mit jedem neuen Schüler an einer Schule sich für diese Schule das finanzielle Budget erhöht (Taxameterprinzip). Der Wettbewerb um die Schüler verstärkte sich noch zusätzlich als zu Beginn der 1990er Jahre die „freie Wahl der Schule" innerhalb der Grenzen der Gemeinde vom *Folketing* bei gleichzeitigem Absinken der Schülerzahlen bestätigt wurde. Oder anders: in der dänischen *folkeskole* werden sich, trotz des Vorhandenseins einer Einheitsschule, Merkmale der Martkwirtschaft durchsetzen. Schule wird so zum Instrumentarium der Erhöhung der Effizienz und Produktivität des Schulsystems. Fraglich daran bleibt, ob so die Ziele des Lehrplans, des Qualitätssicherungsprogramms und der Entwicklungsvisionen eingehalten werden können.

Literatur

ANDERSEN, K. H.: Skoleliv i Danmark. Vejle 1994.

BRØCHER, K.: Kursen mod enhedsskolen. S. 7-13 In: Jørgensen, J. Chr. (Hrsg.): Enhedsskolen i udvikling. Kopenhagen: Folkeskolens Udviklingsråd 1989.

HAARDER, B.: Grænser for politik. Kopenhagen 1990.

HAUE, H./NØRGAARD, E./SKOVGAARD-PETERSEN, V.: Skolen i Danmark. 1500 bis 1980´erne. Herning 1986.

JØRGENSEN, J. Chr. (Hrsg.): Enhedsskolen i udvikling. Kopenhagen: Folkeskolens Udviklingsråd 1989.

KAMPMANN, T./MARKUSSEN, I./NØRGAARD, E. (Hrsg.): Et folk kom i skole. 1814 bis 1989. Kopenhagen: Danmarks Lærerhøjskole og Undervisningsministeriet ved Institut for Dansk Skolehistorie 1989.

KVALITET DER KANN SEES. Kopenhagen: Undervisningsministeriet 2000.

LUNDAHL, L.: I moralens, produktionens och det suna förnunfts namn. Det svenska högerpartiets skolepolitik 1904-1962. Lund: Pedagogiska insitutionen, Lunds universitet 1989.

MARKUSSEN, I.: Visdomens lænker. Studier i enevældens skolereformer fra Reventlow til skolelov. Odense 1988.

NØRR, E.: Almue- og borgerskolevæsenet i det 19. århundrede. In: Jespersen, L./Peterse, E. L./Tamm, D. (Hrsg.): Dansk forvaltingshistorie I. Stat, forvaltning og samfund. Fra middelalderen til 1901. Kopenhagen 2000. (=Dansk forvaltningshistorie. 1) S. 757-786.

STATISTISK ÅRBOK. Kopenhagen 2001.

TANKER OM EUD-REFORMEN. En pædagogisk og organisatorisk udfordring. Kopenhagen: Undervisningsministeriet 2001.

TELHAUG, A. O./TØNNESSEN, R. TH.: Dansk utdanningspolitikk under Bertel Haarder. Dansk nyliberalistisk og nykonservativ utdanningspolitikk fra 1982 til 1992. Oslo 1992.

TONNESEN, L./BASTHOLM, E. (Hrsg.): Ungdomsuddannelserne i 90´erne. En bog til oplysning og debat. Vejle 1991.

UNDERVISNINGSMINISTERIET (Hrsg.): Formål, centrale kundskabs, færdighedsområder. folkeskolens Fag. Kopenhagen: Undervisningsministeriet 1994.

UNDERVISNINGSMINISTERIET (Hrsg.): Læseplaner. Folkeskolens fag. Kopenhagen (Undervisningsministeriet) 1995.

USSING, O. P.: Skolen for samfundet. Frederikshavn 1986.

Internet:

http://www.aer.dk
http://www.dpu.dk
http://www.folkeskolen.dk
http://www.folkeskolen.dk
http://www.gsk-fag.dk/
http://www.odin.dk/
http://www.politikken.dk
http://www.uvm.dk/grundskole/generelt/
http://www.uvm.dk/lov/menu/m1.htm
http://www.uvm.dk/pub/2000/friegrundskoler
http://www.uvm.dk/statistik/noegle/010800.htm
http://www.uvm.dk:80/pub/1999/eur2000/index.html
http://www.uvm.dk:80/pub/1999/q90/index.html

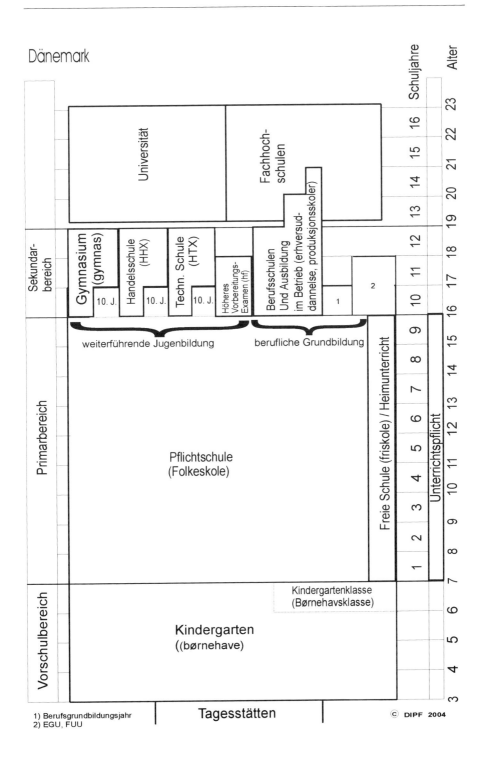

Dänemark

1) Berufsgrundbildungsjahr
2) EGU, FUU

Tagesstätten

© DIPF 2004

Hans Döbert

DEUTSCHLAND

Entwicklung des Bildungswesens

Im 8. Jahrhundert fanden sich die ersten Schulen im deutschsprachigen Raum. Mit der Christianisierung und der Gründung von Klöstern entstanden *Kloster-, Dom- und Stiftsschulen*, die vor allem die Aufgabe hatten, Kleriker heranzubilden. Aber auch stärker weltlich orientierte Schichten nutzten diese Möglichkeit, Bildung zu erlangen. Die Klosterschulen gelten als die Vorläufer des späteren Höheren Schulsystems (Gymnasien). Im Mittelalter erwies sich insbesondere im Kontext des aufblühenden Handels, der Entstehung von Städten und der Institutionalisierung des Handwerks das Beherrschen von Schreiben, Lesen und Rechnen für größere Bevölkerungsteile als notwendig. Aus diesem Bedarf von Händlern, Kaufleuten und Handwerkern heraus entstanden zuerst private dann kommunale Schulen, in denen die Elementartechniken gelehrt wurden. Diese *deutschen Schreib- und Rechenschulen* hatten ihre Blütezeit vom 13. bis zum 18. Jahrhundert und gelten als eine der Wurzeln der Volksschule. Mit dem verstärkten Aufkommen des Bürgertums vom Ende des 18. Jahrhunderts an entstand die *Realschule*. Ihre Leitidee war, ein Bildungsangebot für die darzustellen, die keine gymnasiale Laufbahn und ein Studium anstrebten, zugleich aber eine gesellschaftliche Abgrenzung von „unteren" Schichten zu ermöglichen. Ihre realistisch orientierte Bildung hebt sich dadurch sowohl von der klassisch-humanistischen als auch der volkstümlichen Bildung ab. Im Laufe des 19. Jahrhunderts entstand so ein *dreigliedriges Schulsystem*, das im Wesentlichen den politischen und sozialen Status-Interessen einer Drei-Klassen-Gesellschaft in Deutschland folgte und diese zu stabilisieren hatte. Glanzstück des Schulsystems in Deutschland waren seit jeher die vor allem zum akademischen Studium führenden Gymnasien, die schon seit den 30er Jahren des 19. Jahrhunderts ihren Bildungsgang mit einer auch international einmaligen „Qualitätsprüfung", dem Abitur, abschlossen (vgl. GEIßLER 2002a, S. 177).

Der Ende des 18./Anfang des 19. Jahrhunderts beginnende Modernisierungsprozess im Bildungswesen, vor allem in Preußen, verstärkte zum einen den Eingriff des Staates in das Schulsystem (vgl. TENORTH 1992, S. 136f.) und trug zum anderen dem Streben breiter Schichten der Bevölkerung nach Bildung Rechnung. Das Allgemeine Landrecht Preußens von 1794 bestimmt beispielsweise, dass Schulen und Universitäten Veranstaltungen des Staates sind (§1) und nur mit Vorwissen und Genehmigung des Staates errichtet werden dürfen (§2). Im Rückblick auf das gerade zu Ende gegangene 19. Jahrhundert hob F. Paulsen 1906 daher zwei durchgehende Grundzüge deutscher Schulentwicklung hervor: „... der eine die fortschreitende Verweltlichung und Verstaatlichung des Bildungswesens, der andere die beständige Ausbreitung schulmäßiger Bildung über immer weitere Kreise, wenn man will: die Demokratisierung der Bildung" (PAULSEN 1906, S. 171). In der Tat waren die staatlich-föderalistische Vielfalt, staatliche und konfessionelle Gegensätze und die stets überlagernde Idee einer nationalen Bildungseinheit kennzeichnend für die deutsche Schulgeschichte im 19. Jahrhundert und darüber hinaus (vgl. ANWEILER 1996, S. 31). Weder im Deutschen Reich (1871-1918) noch in der Weimarer Republik (1918-1933) gab es einheitliche Regelungen für das Schul- bzw. Hochschulsystem. Lediglich das „Reichsgrundschulgesetz" von 1920 schuf mit der Einführung einer vierjährigen Grundschule eine verbindliche Regelung für Deutschland. Ähnlich verhielt es sich mit der Schulpflicht: Wenngleich schon 1717 eine Schulpflicht in Teilen Preußens eingeführt wurde, war von einer Durchsetzung des Schulbesuchs im Sinne einer Realisierung der Schulpflicht trotz einschlägiger Erlasse lange keine Rede (vgl. TENORTH 1992, S. 85). Hinzu kommt, dass bis 1918 zumeist lediglich Unterrichtspflicht bestand, der auch in privaten Schulen oder in privatem häuslichen Unterricht nachgekommen werden konnte (vgl. TENORTH 1992, S. 137). Erst die Weimarer Reichsverfassung (Artikel 145) verfügte eine allgemeine Schulpflicht.

Umfassende Änderungen der bis dato überwiegend gegliederten Schulstruktur gab es auch in der Zeit der nationalsozialistischen Herrschaft (1933-1945) in Deutschland nicht. Während nach dem Zusammenbruch des NS-Regimes die Länder der Westzonen unter Kontrolle der West-Alliierten im Wesentlichen an die Schulstruktur vor 1933 in Deutschland anknüpften, wurden in der sowjetischen Besatzungszone (SBZ) eine achtjährige gemeinsame Grundschule (Einheitsschule) und eine vierjährige Oberschule, später eine zehnjährige gemeinsame Schule, eingeführt. Es standen sich eine *föderalistische Ordnung* des Bildungswesens im Westen und eine *zentralistische Bildungsverfassung* im Osten Deutschlands gegenüber (vgl. ANWEILER 1996, S. 32). Von Anfang an wies das Bildungswesen der beiden deutschen Staaten zudem in der Organisation, in der Struktur, in den Zielen und Inhalten sowie im Umgang mit den „Ergebnissen von Bildung" erhebliche Unterschiede auf. Beispielsweise stand dem historisch überkommenen, weiterhin nach drei Typen (der Volksschule bis 1964, sodann der Hauptschule, der Realschule und dem Gymnasium) gegliederten allgemein bildenden Schulsystem in der Bundesrepublik eine zehnjährige allgemein bildende polytechnische Oberschule in der DDR entgegen. Während sich in den Anfangsjahren der Bundesrepublik Bildungs- und Schulreformen nicht durchsetzen konnten (vgl. HEINEMANN 1999), jedoch parlamentarische Demokratie und plurale Öffentlichkeit als Ganzes zum entscheidenden Gewinn für das Bildungswesen wurden (vgl. GEIßLER 2002b, S.17), blieb trotz umwälzender Neuerungen und einer bis zu den Hochschulen reichenden Gleichheitsprogrammatik die Bildungsreform in der DDR letztlich perspektivlos, weil zunehmende Ideologisierung und Politisierung reformerische und pädagogische Diskussionen reglementierten.

Mitte der 1960er Jahre begann in der Bundesrepublik eine Phase verschiedener Reformbestrebungen im Bildungswesen, die unterschiedlichste Quellen hatten, nicht zuletzt auch die Wahrnehmung einer drohenden Bildungskatastrophe (vgl. PICHT 1964). Insbesondere der 1965 berufene „Deutsche Bildungsrat" hat bis 1975 in einer Vielzahl von Empfehlungen und Gutachten Bildungsreformen befördern wollen bzw. sie wissenschaftlich begleitet. Alle Stufen des Bildungswesens, von der Grundschule über die Oberstufe des Gymnasiums bis zu den Universitäten, wurden Veränderungen unterzogen. Zudem wurden Bildungseinrichtungen neu geschaffen (z.B. die Gesamtschulen, die Fachoberschulen und Fachhochschulen, neue Universitäten) und ein breiter Zugang zu weiterführenden Bildungseinrichtungen (z.B. ca. 30%

Abiturienten) ermöglicht. Die damals vorgenommenen oder eingeleiteten Veränderungen bestimmen in hohem Maße auch noch die heutige Bildungslandschaft in Deutschland. In der DDR wurde in dieser Zeit trotz teils beachtenswerter struktureller und inhaltlicher Modernisierungsbestrebungen die politisch-soziale Selektionsfunktion (z.B. ca. 12% Abiturienten) des Bildungswesens ausgebaut (Näheres: vgl. GEIßLER 2000). Mit der politischen Wende in der DDR im Herbst 1989 erfolgte in kürzester Zeit ein Abbruch der mehr als vierzigjährigen Entwicklung des Bildungswesens. Die wesentlich aus der oppositionellen Bürgerrechtsbewegung hervorgegangenen „Runden Tische" versuchten zunächst eine Reformierung des DDR-Bildungswesens, dann den Spagat zwischen bewahrenswerten Elementen desselben und den Grundstrukturen des bundesdeutschen Bildungswesens, ehe ihre Bestrebungen in den Prozess der „Zusammenführung der beiden Bildungssysteme" auf dem Wege der Anpassung der ostdeutschen an die westdeutsche Kompetenzordnung eingingen. Seit der deutschen Wiedervereinigung am 3. Oktober 1990 gilt nun auch in den neu gebildeten ostdeutschen Bundesländern die föderale Struktur im Bildungswesen. Der Einigungsvertrag zwischen der Bundesrepublik Deutschland und der Deutschen Demokratischen Republik von 1990 verpflichtete die fünf neuen Länder bis zum 30. Juni 1991 die rechtlichen Grundlagen für die Neuorganisation des Bildungswesens zu schaffen. Die neuen Länder traten im Dezember 1990 der Ständigen Konferenz der Kultusminister mit dem Ziel bei, durch die Zusammenarbeit der Bundesländer eine gemeinsame und vergleichbare Grundstruktur in das Bildungswesen einzuführen. Damit wurde das westdeutsche gegliederte System zum Anfang des Schuljahres 1992/93 in allen fünf neuen Ländern eingeführt. Seit der Wiedervereinigung zählt die Neuorganisation des Schulsystems auf der Grundlage der entsprechenden Vereinbarungen der Ständigen Konferenz der Kultusminister sowie die Neuordnung der Hochschulbildung in den neuen Ländern zu den zentralen Aufgaben der Bildungspolitik. Auch wenn mit der deutschen Wiedervereinigung eine neue Phase der Bildungsentwicklung in Deutschland begann, drängt sich spätestens nach den internationalen Schulleistungsstudien (TIMSS, PISA) die Frage auf, ob trotz aller beachtenswerten Leistungen im Zuge der deutschen Wiedervereinigung nicht zugleich reale Chancen für eine durchgängige Modernisierung des deutschen Bildungswesens weitgehend ungenutzt blieben.

Organisation des gegenwärtigen Schulsystems

Grundprinzip und gesetzliche Grundlagen des Bildungswesens

Die Bundesrepublik Deutschland ist ein demokratischer und sozialer Föderalstaat. Das bedeutet für das Bildungswesen, dass nicht nur Deutschland insgesamt, sondern auch jedes der sechzehn Bundesländer als Staaten mit eigener Gesetzgebung und Regierung zu betrachten sind. Die Zuständigkeit für das Bildungswesen wird durch die Föderalstruktur geregelt. Das Grundgesetz enthält nur einige wenige grundlegende Bestimmungen zu Fragen der Bildung, Kultur und Wissenschaft. Beispielsweise garantiert es die Freiheit der Kunst und der Wissenschaft, der Forschung und der Lehre, die Freiheit des Glaubens und der Weltanschauung, die freie Wahl des Berufs und des Ausbildungsplatzes, die Gleichheit vor dem Gesetz und die Rechte der Erziehungsberechtigten. Das gesamte Schulsystem steht unter staatlicher Aufsicht.

Im *Vorschulbereich* obliegt es der Bundesebene (Bund), laut dem Grundgesetz im Rahmen der Sozialgesetzgebung Gesetze zur Kinder- und Jugendhilfe zu erlassen. Dies gilt auch für die Bereitstellung von Kinderkrippen und Kindergärten. Die Länder sollen diesen Gesetzen durch eine eigene Gesetzgebung konkretere Formen verleihen. Für den *Primarschulbereich* enthalten das Grundgesetz und die Länderverfassungen eine Reihe grundlegender Bestimmungen über das Schulsystem (Schulaufsicht, Rechte der Eltern, Pflichtschule, Religionsunterricht, Privatschulen). Die gesetzlichen Grundlagen für die Grundschule als erste Pflichtschule für alle Kinder sind in den Schulgesetzen, den Schulpflichtgesetzen und den Schulordnungen für die Primarschule enthalten, die von den Kultusministerien der Länder verabschiedet wurden. Der *Sekundarschulbereich* umfasst sowohl allgemein bildende als auch berufsbildende Unterrichtsangebote. Auf der Grundlage der Schulgesetze, der Schulverwaltungsgesetze und der Schulpflichtgesetze der Bundesländer enthalten die Schulordnungen für allgemein bildende und berufsbildende Schulen ausführliche Vorschriften über den Inhalt der Bildungsgänge sowie die Abschlusszeugnisse und Qualifikationen, die durch den Abschluss der Sekundarstufen I und II erworben werden. Die gesetzlichen Bestimmungen für die beruflichen Ausbildungen in Industrie und Handwerk sind im Berufsbildungsgesetz und dem Gesetz zur Ordnung des Handwerks enthalten. Im *Hochschulbereich* bilden das Hochschulrahmengesetz und die Hochschulgesetzgebung der Länder die gesetzliche Grundlage für das Hochschulwesen. Auf der Grundlage der allgemein gehaltenen Bestimmungen des Rahmengesetzes konkretisieren die Hochschulgesetze der Länder die jeweiligen Sachverhalte. Die Bestimmungen gelten für alle Hochschulen einschließlich der privaten Hochschulen und bilden somit eine systematische Grundlage für das Hochschulwesen, das über 300 Einrichtungen umfasst. Eine Bestimmung im Grundgesetz bezieht sich auf den Ausbau der Hochschulen und legt fest, dass der Bau von Hochschuleinrichtungen eine gemeinsame Aufgabe der Bundesregierung und der Länder ist. Die *Erwachsenenbildung* ist in einem geringeren Umfang durch den Staat geregelt als die anderen Bildungsbereiche. Die staatlichen Aktivitäten im Weiterbildungsbereich beschränken sich auf die Festlegung von Grundsätzen und Vorschriften, die sich auf die Organisation und Finanzierung beziehen. Auch hier sind die Länder für detailliertere Regelungen zuständig.

Struktur des Schulsystems

Die *Pflichtschule* beginnt für alle Kinder in Deutschland im Alter von sechs Jahren und umfasst in der Regel neun Jahre Vollzeitschule (zehn Jahre in Berlin, Brandenburg, Bremen und Nordrhein-Westfalen). Nach dem Abschluss des Pflichtschulbereichs sollen diejenigen Schüler, die keine allgemein bildende Schule der Sekundarstufe II oder berufsbildende Schule in Vollzeit besuchen, für die Dauer von gewöhnlich drei Jahren eine Schule in Teilzeit besuchen (die Dauer des Schulbesuchs richtet sich nach der Ausbildungsdauer anerkannter Ausbildungsberufe). In einigen Ländern gibt es Bestimmungen, dass Schüler, die weder eine allgemein bildende Schule der Sekundarstufe II besuchen noch eine Ausbildung beginnen, eine berufsbildende Vollzeitschule besuchen sollen. Darüber hinaus gibt es in den meisten Ländern die Möglichkeit, ein freiwilliges zehntes Schuljahr zu absolvieren und dadurch zusätzliche Qualifikationen zu erwerben. Die Schulpflicht gilt auch für Kinder und Jugendliche mit Behinderungen. Abhängig von ihrem jeweiligen sonderpädagogischen Förderbedarf besuchen sie entweder zusammen mit nichtbehinderten Schülern eine Regelschule oder sie besuchen eine Sonderschule.

Strukturell ist das Schulsystem in Deutschland ein allenfalls „teilintegriertes" System, das sich nach einem relativ einheitlichen Elementar- und Primarbereich, in den Sekundarbereichen I und II, im Hochschulbereich und im Bereich der Weiterbildung in vielfältiger Weise und mehrgliedrig ausdifferenziert. Diesen äußeren Rahmen füllt jedes Bundesland zudem verschieden aus. Derzeit beinhaltet das vielgestaltige und differenzierte allgemein bildende Schulsystem in Deutschland:

– die Grundschule (Beginn der Schulpflicht nach Vollendung des sechsten Lebensjahres), deren Dauer vier, in Berlin und Brandenburg sechs Schuljahre umfasst;

– das 5. und 6. Schuljahr als „Orientierungsstufe", die als schulformabhängige, an einer Grundschule, Hauptschule, Realschule oder einem Gymnasium existierende Phase des Übergangs von der Primar- in die Sekundarstufe der Förderung, Beobachtung und Orientierung dienen soll (die Bezeichnungen sind in den Ländern unterschiedlich);

– eine schulorganisatorische Typenvielfalt in der Sekundarstufe I: Hauptschule, Realschule, Gymnasium (das als einzige allgemein bildende Schule die Sekundarstufen I und II umfasst), Gesamtschule, Mittelschule in Sachsen (mit einem Haupt- und Realschulabschluss), Sekundarschule in Sachsen-Anhalt (mit den gleichen Abschlüssen) und Regelschule in Thüringen (mit ebenfalls Haupt- und Realschulabschluss) sowie Sonderschulen zur speziellen Förderung behinderter Kinder;

– den Sekundarbereich II, der Bildungs- und Ausbildungsgänge an allgemein bildenden Schulen (gymnasiale Oberstufe) und beruflichen Vollzeitschulen sowie Berufsausbildungsgänge im dualen System umfasst (im berufsbildenden Bereich existieren über 15 verschiedene Schulformen);

– Schulen in freier Trägerschaft (private Schulen) mit etwa 5 bis 6% Schüleranteil und mit Ersatz- und Ergänzungsfunktion, die sich in staatlich anerkannte Ersatzschulen mit uneingeschränkter Anerkennung der Zeugnisse und staatlich genehmigte Ersatzschulen (Ergänzungsschulen), deren Schüler sich als „Externe" den Prüfungsbedingungen einer öffentlichen oder staatlich anerkannten Schule stellen müssen, unterscheiden;

– verschiedene schulische Ausbildungsgänge des zweiten Bildungsweges, wie Kolleg, Abendrealschule, Abendgymnasium.

An den Sekundarbereich II schließt sich der Hochschulbereich an, der auch auf dem zweiten Bildungsweg erreicht werden kann.

Steuerung und Verwaltung

Gemäß dem Grundgesetz ist der Bund nur für bestimmte Aufgabenbereiche im Bildungssektor zuständig. Die Zuständigkeit für diese Aufgaben übernimmt primär das Bundesministerium für Bildung, Wissenschaft, Forschung und Technologie (BMBF). Abstimmungen zwischen der Bundesregierung und den Ländern finden bei

Bedarf im Bundesrat, in der Bund-Länder-Kommission für Bildungsplanung und Forschungsförderung (BLK), die als ständiges Diskussionsforum für alle sowohl den Bund als auch die Länder betreffenden Angelegenheiten des Bildungswesens und der Forschungsförderung dient, im Wissenschaftsrat und im Planungsausschuss für den Hochschulbau statt. Die *Ständige Konferenz der Kultusminister der Länder in der Bundesrepublik Deutschland (KMK)* ist ein Organ, das die Zusammenarbeit und die Koordination in Bildungsangelegenheiten zwischen den Landesregierungen ermöglicht. Die Beschlüsse der Ständigen Konferenz können nur einstimmig gefasst werden. Die zuständigen Minister verpflichten sich dazu, die Beschlüsse in Gesetze umzusetzen, zuvor haben sie lediglich den Status von Empfehlungen. Auf der Grundlage einer Vereinbarung zwischen den Ländern hinsichtlich der Standardisierung des Schulsystems (Hamburger Abkommen), die 1964 getroffen und 1971 abgeändert wurde, wurden die folgenden grundlegenden Merkmale der Bildungswesen der Länder vereinheitlicht: der Beginn und die Dauer der Vollzeitschulpflicht, die Daten für den Anfang und das Ende des Schuljahres, die Länge der Schulferien, die Bezeichnungen der verschiedenen Bildungseinrichtungen und ihre Organisation, die Möglichkeit des Wechsels zwischen unterschiedlichen Schultypen, der Beginn des Fremdsprachenunterrichts und die Reihenfolge der Fremdsprachenoptionen, die Anerkennung der Abschlusszeugnisse sowie der Staatsexamen im Rahmen der Lehrerausbildung und die Festlegung der Notenskala für Schulzeugnisse und für die Prüfungen in der Lehrerausbildung.

Die Länder sind primär für die Schulgesetzgebung und die Verwaltung des Bildungswesens zuständig. Die Ministerien für Bildung, Kultur und Wissenschaft („Kultusministerien") sind die höchsten Behörden für das Bildungswesen in den Ländern. Zudem haben die Länder eigene Forschungsinstitute für das Schulsystem, den Hochschulbereich und den Weiterbildungssektor gegründet. Die *Schulaufsicht* für die allgemein bildenden und berufsbildenden Schulen fällt unter die Zuständigkeit der Kultusministerien der Länder. Mit der Planung und Organisation des gesamten Schulsystems befassen sich die Kultusministerien und die Schulverwaltung. Zu den Aufgaben der Länder gehört neben der Organisation der Schulstruktur und der Festlegung der Unterrichtsinhalte und Unterrichtsziele auch die Beaufsichtigung der Tätigkeit der Lehrkräfte an den öffentlichen Schulen. Die *Schulverwaltung* ist häufig in Form eines dreistufigen Systems strukturiert: Die Kultusministerien bilden hierbei die höchste Ebene, die Schulämter der Bezirksregierungen oder unabhängige Oberschulämter bilden die mittlere Ebene und die Schulämter der Kommunalbehörden die unterste Ebene. In einigen Ländern und in Stadtstaaten beruht die Schulverwaltung auf einem zweistufigen System (d.h. entweder fehlt die mittlere oder die untere Verwaltungsebene). Die öffentlichen Schulen sind größtenteils staatlich-kommunale Schulen, die gemeinsam von dem jeweiligen Land und einer Kommunalbehörde verwaltet werden. Die Kosten für das Lehrpersonal trägt das Land, während die Kosten für das sonstige Personal sowie die Sachkosten von der jeweiligen Kommune übernommen werden. Die Kommunen, die für die Einrichtung und Instandhaltung der Schulen einschließlich der Finanzierung zuständig sind, werden als Schulträger bezeichnet (Ausnahme: in Bayern wird das Land als Schulträger betrachtet, obwohl die Kommunen die Sachkosten für die öffentlichen Schulen tragen). Außerdem gibt es in einigen Ländern (einschließlich Bayern) kommunale Schulen, d.h. dass die Kommunen sämtliche Sachkosten sowie die Kosten für das Lehrpersonal tragen. Für die Berufsschulen sind ausschließlich die Länder zuständig, während die Aufsicht über die betriebliche Berufsausbildung dem Bund obliegt. Die Hochschuleinrichtungen haben den Status einer öffentlich-rechtlichen Körperschaft und unterstehen in der Regel als öffentliche Einrichtungen der Zuständigkeit der Länder. Sie sind zur Selbstverwaltung im Rahmen der Gesetze berechtigt. Die Hochschulen verfassen selbst ihre Statuten (Grundordnungen), die jedoch dem entsprechenden Land zur Genehmigung vorzulegen sind. Neben den Hochschulen, die grundsätzlich für alle zugänglich sind, gibt es einige spezielle Einrichtungen mit beschränktem Zugang, die vom Bund und den Ländern getragen werden. Ferner gibt es in Deutschland verschiedene kirchliche Hochschuleinrichtungen, die den Status einer öffentlich-rechtlichen Körperschaft haben, sowie einige Hochschulen in privater Trägerschaft.

Finanzierung

Die Finanzierung des Bildungswesens aus öffentlichen Geldern beruht auf den folgenden Regelungen: Die meisten Bildungseinrichtungen werden von den öffentlichen Behörden getragen. Sie finanzieren sich im Wesentlichen durch direkte Zuwendungen aus dem öffentlichen Haushalt und nur zu einem sehr geringen Teil durch Schul- bzw. Studiengebühren. Auf allen drei Ebenen der politischen und administrativen Hierarchie in Deutschland (Bund, Länder, Kommunen) werden Entscheidungen zur Bildungsfinanzierung getroffen, doch werden über 90% der Gelder von den Ländern und den Kommunen bereitgestellt. Der Vorschulbereich ist kein Bestandteil des staatlichen Schulsystems, sodass der Besuch des Kindergartens in der Regel gebührenpflichtig ist. Die Einrichtungen im Vorschulsektor werden von öffentlichen und nichtöffentlichen Körperschaften finanziert, d.h. von den Kommunen, den Wohlfahrtsverbänden und den Kirchen. Sowohl die öffentlichen Kinder- und Jugendhilfedienste als auch die Organisationen im Freiwilligensektor erhalten von den Ländern Zuschüsse für die Sach- und Personalkosten der Kindergärten. Darüber hinaus müssen die Eltern Gebühren zahlen, um die Kosten abzudecken. Die Höhe der Gebühren ist von den Einkommensverhältnissen der Eltern abhängig. Das staatliche Schulsystem wird auf der Grundlage der Aufteilung der Zuständigkeiten zwischen den Ländern und den Kommunen finanziert. Der Besuch der öffentlichen Schulen ist kostenlos. Jedes Land unterstützt die Kommunen darüber hinaus durch einmalige Zuwendungen, beispielsweise Zuschüsse für den Schulbau oder für bestimmte Betriebskosten. Die finanziellen Leistungen der Kommunen decken etwa 20% der Kosten des Schulsystems ab, während die Länder etwa 80% der Gesamtkosten des Schulsystems tragen. Die öffentlichen Hochschulen werden zu 95% aus dem Etat der Ministerien für Wissenschaft und Forschung der Länder finanziert. An den Hochschulen (mit Ausnahme einiger privater Hochschuleinrichtungen) werden in der Regel keine Immatrikulationsgebühren, Semestergebühren oder Prüfungsgebühren erhoben. Dies gilt sowohl für deutsche als auch für ausländische Studierende. Der Weiterbildungsbereich wird vom öffentlichen Sektor, der Wirtschaft, gesellschaftlichen Gruppen sowie Weiterbildungseinrichtungen getragen. Die Träger der *Privatschulen* werden von den Ländern in unterschiedlicher Form bezuschusst. Berechtigte Privatschulen haben Anspruch auf eine so genannte Regelfinanzhilfe, die durch das Land bereitgestellt wird. Sie umfasst Zuschüsse in Höhe der vergleichbaren Personal- und Sachkosten für öffentliche Schulen. Die öffentlichen Zuwendungen hängen aber von der Art der Schule ab, z.B. genehmigte Privatschulen (Ersatzschulen), anerkannte Privatschulen (Ergänzungsschulen), Internate und kirchliche Ersatzschulen.

Über 180 Milliarden Euro wurden im Jahre 2000 in Deutschland für Bildung, Wissenschaft und Forschung aufgewandt. Davon gaben Staat, Wirtschaft und Private 125,9 Milliarden Euro allein für die Bildung aus (vgl. BLK-„Bildungsfinanzbericht 2000/2001"). Im Vergleich zu 1999 haben Bund, Länder und Kommunen ihre Bildungsausgaben für 2000 um knapp 233 Millionen Euro (Ist-Zahlen) erhöht. Für die Schulen, für die Hochschulen und für die Förderung des Bildungswesens sollen die Aufwendungen für die Jahre 2000 und 2001 nochmals erhöhen. Auffällig ist, dass Deutschland im europäischen Vergleich den Einsatz seiner Ressourcen besonders stark auf ältere Schüler und Studenten konzentriert, während viele andere europäische Staaten bei Kindergarten- und Grundschulkindern mehr tun.

Qualitätsentwicklung und -sicherung

In Deutschland hat sich das „traditionelle Modell der Qualitätssicherung" (vgl. Rolff 1995) bis heute weitgehend stabil behauptet. Der entscheidende Grund dafür liegt ganz offensichtlich darin, dass es auch bis heute erfolgreich schien. Die OECD stellte noch 1994 fest, dass das im deutschen Schulsystem praktizierte System der Qualitätssicherung ziemlich gut funktioniert, obwohl es praktisch keine Evaluation gibt. Die Situation und ihre Einschätzung haben sich nach TIMSS und PISA deutlich verändert.

Die Steuerung von Schule – und damit auch die Qualitätssicherung – geschieht bisher in Deutschland überwiegend durch Rechts- und Verwaltungsvorschriften. Da das gesamte Schulsystem unter Aufsicht des Staates steht, hat sich dieser als Instrument im engeren Sinne die *Schulaufsicht* geschaffen, die sich in Fachaufsicht, Dienstaufsicht und Rechtsaufsicht gliedert. In einem weiteren Sinne gibt es dann ein Netzwerk von Regelungsfaktoren, zu denen die Lehrerausbildung, der Fachunterricht, die Rahmen- und Lehrpläne, die Schulbücher, die Stundentafeln und die Schulaufsicht gehören. Vor allem sind es drei große Bereiche, auf die sich die staatlichen Regelungen quantitativ konzentrieren: Im ersten Bereich geht es darum, was Kinder in der Schule lernen sollen. Gemeint sind Stundentafel, Stoffverteilungspläne, Lehrpläne und Lehrmittelzulassungsverfahren. Als wichtigstes Instrument in diesem Bereich wirkt die Stundentafel, mit der auch das Fachlehrerprinzip und die Zeitrhythmen korrespondieren. Ein zweiter Bereich befasst sich mit der Normierung statusrelevanter Schullaufbahnentscheidungen, nämlich mit Prüfungs-, Versetzungs-, Zugangs- und Abschlussregelungen. Diese Regelungen sorgen für eine formale Kontinuität schulischer Leistungsbewertung und standardisieren Beurteilungsverfahren. Der dritte Bereich betrifft Bestimmungen zur Unterrichtsorganisation, wie etwa die Festlegung der Klassenfrequenzen, die Lehrerstundenzahl oder die Art der unterrichtlichen Differenzierung. Während dazu genaue Rechts- und Verwaltungsvorschriften existieren, werden etwa die Vorbereitung und Durchführung des Unterrichts, die pädagogische Arbeit im außerunterrichtlichen Bereich, die Kooperationsformen der Lehrer untereinander und die Fortbildung wesentlich geringer normierend vorstrukturiert. Eine besondere Rolle kommt der Steuerungsfunktion von Kontrolle, Beratung oder Weisung durch den Schulrat zu. Kontroll- und Weisungsbefugnis – mit Eingrenzungen seiner institutionell ausgestalteten Macht – besitzt auch der Schulleiter. Der Umfang und die Unübersichtlichkeit aller Regelungen des ganzen Kodifikationssystems bringt zwangsläufig eine gewisse Unkenntnis von Vorschriften in den Schulen und beim einzelnen Lehrer mit sich. Als Maßnahmen zur Qualitätssicherung lassen sich mindestens folgende Bereiche und Elemente nennen:

- „Professionalität" des Lehrpersonals;
- Organisatorische Vorstrukturierungen von Schule und Unterricht;
- Personal- und Sachmitteleinsatz;
- Schulaufsicht;
- Mitwirkungsmöglichkeiten (Näheres siehe: DÖBERT/GEIßLER 1997).

Seit Beginn der 1990er Jahre sind in den Ländern Vorhaben im Gange, die auf eine Intensivierung von Qualitätssicherung abzielen. Im Mittelpunkt steht dabei die Stärkung der Selbstständigkeit der Einzelschule bei gleichzeitiger Rücknahme der Schulverwaltung und der Kontrollfunktion der Schulaufsicht (verbunden mit einem Ausbau von Unterstützung und Beratung der Schulen). Damit verbunden ist zwangsläufig eine neue Schulleiterrolle. Schulleitungen sollen auf Grund des Aufgaben- und Verantwortungszuwachses gestärkt werden. In erster Linie ist damit gemeint, ihre Kompetenzen in den Bereichen pädagogische Profilbildung in der Schule, Organisationsentwicklung, Personalführung und -entwicklung, Management und Budgetverwaltung zu befördern. Nach den Ergebnissen der PISA-Studie und einer für Deutschland durchgeführten Ergänzungsstudie (PISA-E) sind Bund, Länder und Schulen in Deutschland derzeit dabei, auch das herkömmliche System der Qualitätssicherung auf den Prüfstand zu stellen und nach neuen Lösungen zu suchen.

Abschlüsse und Berechtigungen

Entsprechend der traditionellen dreigliedrigen Schulstruktur gibt es im deutschen Schulsystem im Wesentlichen auch drei Abschlüsse: den Hauptschulabschluss, den Realschulabschluss (Mittlere Reife) sowie das Abitur. Der *Hauptschulabschluss* berechtigt zum Besuch einer weiterführenden beruflichen Schule und wird als Voraussetzung für eine Ausbildung in einem Handwerksberuf, für die Facharbeiterausbildung in der Industrie und in kaufmännischen Berufen verlangt. Der *Realschulabschluss* (sowie die äquivalenten Abschlüsse Mittlere Reife und Fachschulreife) berechtigt zur Fortsetzung der Schulausbildung in der Oberstufe eines allgemeinen oder beruflichen Gymnasiums (in der Regel wird ein Mindestnotendurchschnitt verlangt) und – nach abgeschlossener Ausbildung – zum Besuch der Berufsoberschule (Berufskolleg). Dieser Abschluss ist Voraussetzung für eine Ausbildung in so genannten qualifizierten Berufen (z.B. Industriekaufmann, Bankkaufmann, Zahntechniker, Technischer Zeichner u.a.). Die Fachhochschulreife berechtigt zum Studium an einer Fachhochschule. Das *Abitur* oder die allgemeine Hochschulreife ist Voraussetzung für ein Studium an einer Universität oder einer Hochschule bzw. Fachhochschule. In einigen Bundesländern ist auch der Erwerb einer Fachgebundenen Hochschulreife möglich. Mit diesem Abschluss können an den Universitäten aber nur bestimmte Fächer studiert werden.

Mit den in den Schularten erreichbaren und meistens mit Prüfungen zu erwerbenden Abschlüssen sind Berechtigungen verbunden, die allerdings eingeschränkt werden können, wie beispielsweise durch „Numerus Clausus" in einigen Studienfächern oder wenn Mindestnotendurchschnitte verlangt werden. Im Übrigen ist für weite Bereiche des öffentlichen und insbesondere des privaten Ausbildungswesens nicht gesetzlich geregelt, welche Schulabschlüsse jeweils gefordert sind. Die Anforderungen werden von den Ausbildungsbetrieben und deren Organisationen – den Handwerksinnungen, Kammern und Verbänden – nach eigenem Ermessen festgelegt. In zunehmendem Umfang werden im öffentlichen und vor allem im privatwirtschaftlichen Schul- und Ausbildungswesen nicht mehr nur Abschlüsse, sondern zusätzlich bestandene Eingangs- und Eignungsprüfungen zur Bedingung für die Aufnahme gemacht.

Lehrerbildung und Qualifizierung von Schulleitern

Die Lehrerbildung differenziert zwischen der Lehrerausbildung und der Lehrerfort- oder -weiterbildung. Charakteristisches Merkmal der Lehrerausbildung in Deutschland ist ihre institutionelle und inhaltliche Gliederung in zwei Phasen. Die erste Phase umfasst ein Hochschulstudium, das mit einer ersten Staatsprüfung abschließt, die zweite besteht aus einem Vorbereitungsdienst (Referendariat) nach dem Hochschulabschluss in eigenen Studienseminaren und an den Schulen selbst. Erst mit Bestehen eines zweiten Staatsexamens wird die Berechtigung zur vollen Ausübung des Lehrerberufs erworben. Trotz der formalen Gleichstellung der verschiedenen Lehrämter, die auf die bestehenden Schularten bezogen oder als Lehrkraft für eine Stufe deklariert sind, gibt es beim Studium unterschiedliche Gewichtungen. Bei den Studierenden für ein gymnasiales Lehramt dominieren eindeutig die Fachwissenschaften als Basis für die zwei geforderten Unterrichtsfächer, bei den späteren Grund- und Hauptschullehrern hingegen haben die pädagogischen Disziplinen ein deutlich stärkeres Gewicht. Eine Vereinbarung der KMK von 1990 legt die Mindestnormen (Semesterwochenstunden) für die verschiedenen Lehrämter fest.

Für künftige Schulleiter gibt es keine gesonderte Ausbildung. Es sind in der Regel erfahrene Lehrer, die sich auf eine Schulleiterstelle bewerben und als „primus inter pares" und im Prozess „learning by doing" dieser Aufgabe nachkommen. Die Arbeitszeit von Schulleitern und Schulleitungsmitgliedern gliedert sich in die Leitungszeit und die Unterrichtszeit. Die zunehmende pädagogische und administrative Eigenverantwortung der Schulen hat zur Folge, dass zusätzliche Anforderungen an die Rolle des Schulleiters entstehen. Die Wahrnehmung der Schulleitungsfunktion verlangt schon jetzt hohe pädagogische und Managementqualifikationen. Aus diesen Anforderungen ergibt sich, dass die für Leitungsaufgaben aufzuwendende Zeit zunehmend an die erste Stelle rückt und, so die aktuelle Diskussion, Schulleiter auf die Notwendigkeit, eine Schule optimal zu leiten und eine umfassende Kommunikation zwischen allen an der Schule Beteiligten herzustellen und weiterzuentwickeln, explizit vorbereitet werden müssen.

Allgemein bildende und berufsbildende Schulen

Allgemein bildende Schulen

Elementarbereich

Zum Elementarbereich gehören alle Kinder, die noch nicht schulpflichtig sind. Die Vorschulerziehung wendet sich daher an Kinder im Alter von drei bis sechs Jahren und erfolgt in erster Linie in Kindergärten. Kindergärten oder auch andere Betreuungseinrichtungen für Kinder im Vorschulalter sind meistens kommunale Einrichtungen oder Einrichtungen von freien Trägern. An diese Träger müssen die Eltern normalerweise für die Betreuung ihrer Kinder Gebühren bezahlen. In der Regel werden die Kinder im Alter von sechs Jahren eingeschult. Für Kinder, die zwar im schulpflichtigen Alter sind, jedoch noch nicht den Entwicklungsstand erreicht haben, der für die Einschulung erforderlich ist, gibt es Vorschulprogramme in Schulkindergärten. Während die vorschulische Erziehung der Kinder- und Jugendhilfe zugeordnet ist (für die in der Regel die Sozialministerien zuständig sind), gehören die nur in einigen Bundesländern bestehenden Vorklassen für noch nicht schulpflichtige Fünfjährige und die Schulkindergärten für Sechsjährige, die noch nicht „schulreif" sind, zum Schulsystem.

Primarbereich

Mit dem Primarbereich beginnt die Pflichtschule. Der Primarbereich deckt die Klassen 1 bis 4 (in Berlin und Brandenburg die Klassen 1 bis 6) ab, d.h. die Kinder besuchen in der Regel im Alter von sechs bis zehn (bzw. zwölf) Jahren gemeinsam die Grundschule. Grundschulkinder erhalten zur Beurteilung ihrer Leistungen in den ersten beiden Jahren noch keine Ziffernzensuren und keine Zeugnisse. An deren Stelle erhalten sie ausführliche Beurteilungen ihres Lernverhaltens, ihres Lernfortschritts und ihres Verhaltens in der Gruppe. Erst ab Klasse 3 werden die verbalen Beurteilungen mehr und mehr von Zensuren abgelöst. Am Ende der Grundschulzeit erhalten die Kinder noch einmal zusätzlich zu ihrem Ziffernzeugnis eine verbale Beurteilung und eine Empfehlung über den weiteren Schulbesuch in der Sekundarstufe I.

Übergänge

Für den Übergang von der Grundschule in die weiterführenden Schulen hat der Elternwille Vorrang vor einem staatlichen Bestimmungsrecht. Die in den Ländern unterschiedlichen Regelungen des Übertrittsverfahrens sehen eine Zusammenarbeit von Schule und Elternhaus vor, wonach die Eltern zu beraten sind, die Grundschule eine Empfehlung abgibt und gegebenenfalls Eignungsprüfungen durchgeführt werden können. Das am häufigsten angewandte Verfahren kann so beschrieben werden: Eltern und Schüler werden – meistens schon in der vorletzten Klasse beginnend – über die weiterführenden Schulen informiert, und zwar durch das Lehrpersonal der Grundschule, durch Vertreter der einzelnen weiterführenden Schulen oder durch Angehörige der Schulverwaltung sowie durch Besuche in den weiterführenden Schulen („Tage der offenen Tür"). In der letzten Grundschulklasse erhalten die Kinder bzw. deren Eltern eine „Grundschulempfehlung". Grundlage dieser Empfehlung ist im Wesentlichen die im Zeugnis erzielte Durchschnittsnote. In einigen Bundesländern werden zusätzliche Ausleseverfahren eingesetzt. Folgen die Eltern der Empfehlung, können sie das Kind bei der weiterführenden Schule anmelden. Wollen die Eltern von der Empfehlung „nach unten" abweichen, also z.B. ein Kind mit Realschulempfehlung in die Hauptschule schicken, gibt es keine Probleme. Eine Abweichung „nach oben" ist dagegen an Bedingungen gebunden (Aufnahmeprüfung o.ä.). In fast allen Ländern gelten dann die ersten drei Monate oder das erste Schulhalbjahr als Probezeit, an deren Ende endgültig entschieden wird. An dem gesamten Übergangsverfahren gibt es immer wieder Kritik, in deren Kern es darum geht, dass bei einem zehnjährigen Kind in der Regel kaum eine sichere Prognose über die künftige Bildungskarriere gegeben werden kann. Dieses Problem wird auch nicht durch die Ermöglichung späterer Wechsel zwischen den einzelnen Schulformen („Durchlässigkeit des Schulsystems") gegenstandslos.

Besonderheit des 5. und 6. Schuljahrganges
Das 5. und 6. Schuljahr war in seiner schulstrukturellen Zuordnung in Deutschland stets umstritten. Zwar stimmen die Schulsysteme der einzelnen Bundesländer mit der Grundstruktur überein, die von den deutschen Ländern im Hamburger Abkommen von 1964 vereinbart und seither mehrfach fortgeschrieben wurden, jedoch unterscheiden sie sich hinsichtlich der Struktur ihres allgemein bildenden öffentlichen Schulsystems, insbesondere in der Regelung des Übergangs von der Primarstufe zur Sekundarstufe I und in der Gestaltung der Sekundarstufe I, zum Teil erheblich. Hier lassen sich im Wesentlichen folgende Formen unterscheiden:
– der direkte Übergang nach der Primarstufe in eine Schule der gegliederten Sekundarstufe I entsprechend der Elternwahl und der Eignung des Schülers (z.B. Bayern);
– der Übergang nach der Primarstufe in eine Schule der gegliederten Sekundarstufe I (einschließlich Gesamtschule), in der die Jahrgangsstufen 5 und 6 an den Hauptschulen, den Realschulen und den Gymnasien als zweijährige Beobachtungsstufe oder Erprobungsstufe geführt werden, nach alleiniger Entscheidung der Eltern (z.B. Hamburg, Nordrhein-Westfalen);
– der Übergang nach der Primarstufe in eine Schule der gegliederten Sekundarstufe I auf Antrag der Eltern; bei einem vom Votum der Klassenkonferenz der Grundschule abweichenden Elternwunsch „Querversetzung" des nicht geeigneten Schülers in eine andere Schulform am Ende des Schulhalbjahres der 5. Klasse möglich; daneben unbeschränkter Zugang zur Förderstufe, die als schulformübergreifende Organisation der Jahrgangsstufen 5 und 6 Bestandteil von verbundenen Haupt- und Realschulen, von kooperativen Gesamtschulen oder von Grundschulen sein kann (z.B. Hessen);
– der automatische Übergang nach der Primarstufe in eine an der Sekundarschule eingerichtete zweijährige Förderstufe, an deren Ende die Eltern einen Bildungsgang an einer weiterführenden Schule (Sekundarschule, Gymnasium, Gesamtschule) wählen (z.B. Sachsen-Anhalt);
– der Übergang nach einer 6-jährigen Grundschule in eine Schule des gegliederten Sekundarbereichs (Gesamtschule, Gymnasium, Realschule) nach Elternwille und Eignung des Schülers (z.B. Berlin, Brandenburg).

Interessant ist, dass auch die Länder, die sich gegen den direkten Übergang in das gegliederte Schulsystem nach Klasse 4 entschieden haben (z.B. Berlin, Brandenburg, Sachsen-Anhalt), besonders leistungsstarken Schülern spezielle Bildungskarrieren eröffnen (Verkürzung der Schulzeit, Überspringen von Klassen o.ä.). Bis auf wenige Ausnahmen (z.B. Bayern, Sachsen, Thüringen) eröffnen alle anderen Bundesländer den Schülern die Möglichkeit des Besuchs einer (integrierten oder kooperativen) Gesamtschule, in der alle Schüler ab Jahrgangsstufe 5 gemeinsam unterrichtet werden. Bei weitgehendem Verzicht auf äußere Differenzierung ist dort das Bemühen um innere Differenzierung und damit um eine betont pädagogische Förderung jedes Schülers entsprechend seinen Anlagen, Neigungen und Leistungen auffällig. In den Ländern gibt es derzeit keine explizite Diskussion über eine Strukturreform. Allerdings wird überall die Notwendigkeit betont, die Leistungsstandards auch hinsichtlich des Übergangs in weiterführende Schulen zu präzisieren. Dem Gebot der Modernisierung der Schule sollen vor allem „innere Reformmaßnahmen" Rechnung tragen. Gleichwohl finden sich auch strukturelle Veränderungen, so in Bayern mit der Einführung der sechsstufigen Realschule oder in Hessen, wo die Förderstufe seit 1999 nicht mehr als eigenständige Schulform geführt wird. Dass strukturellen Veränderungen im Einklang mit Prozessen der begonnenen inneren Schulreformen und als Folge der PISA-Ergebnisse künftig wieder größere Bedeutung zukommt, ist anzunehmen.

Sekundarbereich I und II
Seit mehr als drei Jahrzehnten gehört die Sekundarstufe I zu den bildungspolitisch wie wissenschaftlich am meisten diskutierten Bereichen des deutschen Schulsystems. Im Mittelpunkt steht dabei fast immer die Frage nach dem Verhältnis von gemeinsamer Förderung und Integration von Schülern sowie einer sachgerechten Differenzierung nach Befähigung und Leistung. Bis Anfang der 1980er Jahre spitzte sich dieses Problem auf die Frage zu, ob die äußere Differenzierung nach Schulformen oder die innere Differenzierung im Rahmen einer Gesamtschule die pädagogisch und schulorganisatorisch überzeugendere Lösung sei und ob das gegliederte Schulsystem (Hauptschule, Realschule, Gymnasium) beibehalten oder durch ein Gesamtschulsystem ergänzt oder abgelöst werden sollte. Mehr als zwei Jahrzehnte lang hat der Streit um die strukturelle Alternative die Diskussion über die Gestaltung der Sekundarstufe I in Deutschland bestimmt. Nachdem es seit der Vereinbarung der KMK über die Schularten und Bildungsgänge im Sekundarbereich I vom 3.12.1993 hinsichtlich der Systemkonkurrenz um die Sekundarstufe I ruhiger geworden war, brechen die Diskussionen in jüngster Zeit, insbesondere nach der Veröffentlichung der Ergebnisse von PISA und PISA (E) erneut auf.
Der *Sekundarschulbereich* ist in die Sekundarstufe I mit den Jahrgangsstufen 5 bis 10 (bzw. 7 bis 10) und in die Sekundarstufe II unterteilt. Die Sekundarstufe I wendet sich an die 10- bzw. 12-16-jährigen Schüler, während sich die Sekundarstufe II an die 16-19-jährigen Schüler richtet. Beide Altersgruppen sind zum Schulbesuch verpflichtet. Die schon erwähnte schulorganisatorische Typenvielfalt (Hauptschule, Realschule, Gymnasium, Gesamtschule, Mittelschule, Sekundarschule, Regelschule) einschließlich der Sonderschulen zur speziellen Förderung behinderter Kinder ist charakteristisch für die Sekundarstufe I des deutschen Schulsystems. Der erste, fast

in allen Bundesländern (außer Brandenburg, Sachsen-Anhalt, Sachsen und Thüringen) verbreitete Sekundarschultyp ist die *Hauptschule*. Die aus der Volksschuloberstufe hervorgegangene Hauptschule war bis Mitte der siebziger Jahre die zahlenmäßig größte allgemein bildende Schule; ihre Schülerzahl sank jedoch bis Ende der achtziger Jahre erheblich. In einigen Bundesländern ist sie sogar zu einer „Restschule" geworden; aber auch dort, wo sie schulpolitisch gefördert wurde, wie in Baden-Württemberg und Bayern, ging ihr Schüleranteil stark zurück. Insofern ist die Hauptschule nicht zu Unrecht als „Verlierer der Bildungsexpansion" bezeichnet worden. Ihr pädagogischer Auftrag wird dadurch erschwert, dass ihre heutige Schülerschaft sehr heterogen ist, nicht wenige so genannte „Problemkinder" und gering lernmotivierte Schüler enthält, während gleichzeitig das Anspruchsniveau gehoben wurde, z.B. durch Englisch als obligatorischer Fremdsprache. In drei Ländern (Berlin, Bremen und Nordrhein-Westfalen) schließt die Hauptschule mit der 10. Klasse, sonst mit der 9. ab. Die meisten Hauptschüler nehmen anschließend eine Berufsausbildung auf, aber nach wie vor verlassen 12-14% die Hauptschule ohne ein Abschlusszeugnis. Andererseits erhalten ca. 14% der Schüler nach einem zehnten, obligatorischen oder freiwilligen Schuljahr den Realschulabschluss zuerkannt. Allerdings bestehen auch hier große regionale Abweichungen. Der zweite Sekundarschultyp, die *Realschule*, bietet einen Bildungsgang an, der nach zehn Schuljahren abschließt und eine „mittlere Reife" darstellt. Auch hier gibt es keine bundeseinheitliche Struktur. Beispielsweise sind in mehreren Ländern (Saarland, Sachsen-Anhalt, Sachsen, Thüringen) Haupt- und Realschulklassen zusammengefasst. Das Unterrichtsangebot enthält eine zweite, fakultative Fremdsprache; eine stärkere Berufsorientierung erfolgt, ähnlich wie in der Hauptschule, im Fach Arbeitslehre oder im Stoff anderer Fächer sowie durch spezielle Betriebspraktika. Der Realschulabschluss eröffnet sowohl berufliche Ausbildungsmöglichkeiten als auch den Übergang in die Fachoberschule (mit anschließender Fachhochschulreife) und, bei entsprechender Eignung, in das Gymnasium. Derzeit nimmt etwa ein Drittel der Realschulabsolventen die Möglichkeit eines weiteren Schulbesuchs wahr. Die Realschule war ein „Gewinner" der Schulentwicklung der letzten beiden Jahrzehnte in Deutschland und der von ihr vergebene Abschluss ist zum Standard geworden. Das *Gymnasium* umfasst die Klassen 5 bzw. 7 bis 12 bzw. 13; es kann recht unterschiedliche Profile aufweisen (neben dem klassischen, altsprachlich humanistischen, das neusprachliche, mathematisch-naturwissenschaftliche, musische, wirtschaftswissenschaftliche usw. Gymnasium). Die in einigen Ländern bestehenden beruflichen Gymnasien oder Fachgymnasien gehören zum beruflichen Schulsystem. Die traditionell starke Stellung des Gymnasiums im deutschen Schulsystem resultiert daraus, dass es die Schulform ist, die unmittelbar nach erfolgreichem Abschluss (Abitur) die Berechtigung zum Hochschulstudium (allgemeine Hochschulreife) verleiht und die besten Zugangschancen zum Ausbildungs- und Arbeitsmarkt eröffnet. Das Gymnasium hat am meisten von der „Bildungsexpansion" seit den sechziger Jahren profitiert. Die Anmeldungszahlen für Gymnasien haben sich deutlich erhöht (im Durchschnitt ca. 35% eines Schülerjahrganges). Dadurch hat es aber auch den ehemals „elitären" Charakter weitgehend eingebüßt. Eine tiefgreifende Änderung gab es durch die 1972 beschlossene Reform der gymnasialen Oberstufe, die eine größere individuelle Wahlmöglichkeit unter den Fächern und eine differenziertere Leistungsbeurteilung bezweckte. In der Folgezeit wurde der Grundsatz einer verbindlichen Grundbildung, repräsentiert durch Pflichtfächer und Grundkurse, wieder verstärkt. Eine von der KMK getroffene Übergangsregelung ermöglicht den Ländern unter gewissen Bedingungen (mindestens 265 Schülerwochenstunden in der Sekundarstufe I und der gymnasialen Oberstufe) die Entscheidung, ob das Gymnasium wie bisher nach insgesamt 13 Schuljahren oder schon nach zwölf abgeschlossen werden soll.

Die Konzeption einer *integrierten bzw. kooperativen Gesamtschule* entwickelte sich Anfang der 1960er Jahre aus der Kritik am gegliederten Schulsystem, an seinem damaligen Modernitätsrückstand und seiner sozialen Selektivität. Das Konzept für die integrierte Gesamtschule sah vor, die relativ starre vertikale Gliederung der Schulformen in der Sekundarstufe I durch eine vielfältigere und flexiblere Unterrichtsorganisation innerhalb einer Schule zu ersetzen. Diese doppelte Zielsetzung – einerseits die Leistungsentwicklung jeder Schülerin und jedes Schülers zu fördern, andererseits Chancengerechtigkeit zu verwirklichen – stellte hohe Ansprüche an die Organisation und Gestaltung des Unterrichts und rückte Fragen der Unterrichtsorganisation in den Blickpunkt. Dabei sollten sich die Jahrgangsklassen, der Unterricht in Kerngruppen und differenzierten Fachleistungskursen, Wahlpflichtveranstaltungen und Wahlangebote ergänzen. Diese organisatorischen Neuerungen wurden mit bildungsprogrammatischen Modernisierungen verbunden. Nach dem Ende der Versuchsphase wurde die Gesamtschule aufgrund der KMK-Vereinbarung von 1982 über die gegenseitige Anerkennung von Gesamtschulabschlüssen zu einem auch formal akzeptierten Bestandteil des Schulangebots in Deutschland.

Mit der Einführung der Gesamtschule haben sich auch die herkömmlichen Schulformen, wenn auch in unterschiedlichem Ausmaß, gewandelt. Ihre entscheidende Veränderung besteht in der erhöhten wechselseitigen Durchlässigkeit, durch die das gegliederte Schulsystem eine vordem nicht gekannte innere Verzahnung und Vielfältigkeit gewonnen hat. Damit haben die einzelnen Schulformen ihren vormals starren Charakter weitgehend verloren, Übertritte zwischen den Schulformen sind für die Schüler nach und nach erleichtert worden. Zudem haben viele Organisationsmerkmale der Gesamtschule Eingang in das gegliederte Schulsystem gefunden oder sich unter dem Einfluss der Gesamtschule dort parallel entwickelt.

Privatschulen
Die Schulgesetze sehen vor, dass neben den öffentlichen Schulen auch Privatschulen eingerichtet werden können. Schulen in freier Trägerschaft (private Schulen) mit etwa 5-6% Schüleranteil besitzen eine Ersatz- und Ergänzungsfunktion. Sie unterteilen sich daher in staatlich anerkannte Ersatzschulen mit uneingeschränkter Anerkennung der Zeugnisse und staatlich genehmigte Ersatzschulen (Ergänzungsschulen), deren Schüler sich als „Externe" den Prüfungsbedingungen einer öffentlichen oder staatlich anerkannten Schule stellen müssen. Die meisten Privatschulen sind Ersatzschulen. Träger von Privatschulen können Kirchen und sonstige Körperschaften des öffentlichen oder privaten Rechts, aber auch Einzelpersonen sein. Die staatlich anerkannten Privatschulen unterliegen der staatlichen Schulaufsicht. Lehrpläne und Bildungsziele entsprechen denen der öffentlichen Schulen. Abschlussprüfungen werden von staatlichen Prüfungskommissionen abgenommen. Privatschulen erhalten in der Regel vom Staat Kostenersatz, teilweise oder in voller Höhe. Allerdings wer-

den nur die Kosten ersetzt, die dem Staat für einen vergleichbaren Schüler in einer öffentlichen Schule entstehen. Da in Privatschulen meistens kleinere Klassen gebildet werden und den Schülern zusätzliche Angebote zur Verfügung stehen, sind die Kosten höher als in öffentlichen Schulen. Daher wird von den meisten Privatschulen ein Schulgeld in unterschiedlicher Höhe erhoben. Zusätzliche Kosten entstehen bei Internatsschulen.

Sonderschulen
Sonderschulen sind speziell zur Förderung behinderter Kinder eingerichtet worden. Nach der Art der Behinderung lassen sich zehn Typen von Sonderschulen unterscheiden, unter denen die Schule für Lernbehinderte am stärksten vertreten ist, gefolgt von den Schulen für Geistigbehinderte und für Sprachbehinderte. Die Sonderschulen erstrecken sich über den Primarbereich und den Sekundarbereich I, bei körper- und sinnesbehinderten Jugendlichen auch in den Sekundarbereich II. An Sonderschulen werden ca. 4% der Altersgruppe von sechs bis 15 Jahren unterrichtet. Seit Mitte der siebziger Jahre wird die Forderung nach einer möglichst weitgehenden Integration der behinderten Schüler in die allgemeinen Schulen erhoben, um einer sozialen Segregation Behinderter entgegenzuwirken. Die sonderpädagogische Betreuung erfolgt daher zunehmend in gemeinsamen Klassen des gegliederten wie des integrierten Schulsystems.

Berufsbildende Schulen
Die Berufsausbildung als Vermittlung einer beruflichen Erstqualifikation (Erstausbildung) stellt neben den allgemein bildenden Schulen und den Hochschulen einen relativ selbstständigen Bereich des Bildungswesens dar. Formal wird die Berufsausbildung dem Sekundarbereich II zugeordnet (vgl. ANWEILER 1996, S. 42 ff). Sie gliedert sich seit 1964 in das so genannte „duale System", gekennzeichnet durch eine berufspraktische Ausbildung in einem Lehrlingsverhältnis mit einem begleitenden Unterricht in der Berufsschule, und in eine Ausbildung in beruflichen Vollzeitschulen, wobei die betriebliche Lehre traditionsgemäß das Kernstück an der Berufsausbildung ist. Beim dualen System handelt es sich um eine Kooperation zweier „Lernorte" (Berufsschule und betriebliche Ausbildung). Die Ausbildungsdauer beträgt in der Regel drei Jahre. Die Auszubildenden erhalten eine monatliche Ausbildungsvergütung seitens des Betriebes. Der Berufsschulunterricht wird an einem oder an zwei Wochentagen erteilt, teilweise auch als Blockunterricht. Die Lehrpläne enthalten einen allgemein bildenden Teil (Deutsch, Sozialkunde, Sport, Religion) mit ca. 40% der Stundenzahl und einen fachlichen, überwiegend berufstheoretischen Teil. Die Berufsschule wird mit einem Abschlusszeugnis beendet, welches zusammen mit dem Prüfungszeugnis über die abgeschlossene berufliche Ausbildung bei einem guten Notendurchschnitt einem Realschulabschluss gleichgestellt ist. Unter den schulischen Berufsbildungsgängen in Vollzeitform nehmen die Berufsfachschulen den größten Raum ein. Hinter der gemeinsamen Bezeichnung verbirgt sich eine Vielfalt von Trägern, Fachrichtungen, Dauer und Berechtigungen sehr verschiedener Schulen. Grundsätzlich setzen die Berufsfachschulen mindestens den Hauptschulabschluss voraus. Die Schuldauer beträgt ein, zwei oder drei Jahre, und entsprechend sind die erworbenen Abschlüsse und Berechtigungen, die entweder für eine weitere

Ausbildung angerechnet werden können oder eine Qualifikation in einem anerkannten Ausbildungsberuf testieren. Über ein Viertel der Berufsfachschulen sind Einrichtungen privater Träger. Für Schulabgänger mit geringeren Schulleistungen oder Berufswahlproblemen und für Jugendliche ohne einen Ausbildungsvertrag gibt es besondere Einrichtungen (z.B. Berufsvorbereitungsjahr o.Ä.). Im Jahre 1969 entstanden als Unterbau für die neuen Fachhochschulen die Fachoberschulen. Sie umfassen die Jahrgangsstufen 11 und 12 und bauen auf einem mittleren Schulabschluss (Realschulabschluss) auf. Ziel ist die so genannte Fachhochschulreife. Es gibt Fachoberschulen für Technik, Wirtschaft und Verwaltung, Sozialwesen und andere Bereiche. Im ersten Jahr dominiert die fachpraktische Ausbildung, im zweiten der allgemeine und fachbezogene theoretische Unterricht.

Universitäten und Fachhochschulen

Die Fachhochschulreife, die Hochschulreife oder eine gleichwertige Qualifikation wird in der Regel im Alter von 18 oder 19 Jahren erreicht. Die Altersstruktur der Studierenden ist nicht homogen. Alle Hochschulstudiengänge mit gleichwertigen Abschlüssen (Diplom, Magister, Staatsprüfung bzw. Bachelor und Master als neueingeführte Abschlüsse) werden von Rahmenordnungen geregelt. Die Rahmenordnungen enthalten quantitative Referenzdaten für Studiengänge, u.a. die Regelstudienzeit, die Anzahl der Unterrichtsstunden in den Pflicht- und Wahlfächern, die Anzahl der für die Zulassung zu den Prüfungen erforderlichen Leistungsnachweise, Einzelheiten zur Prüfung und den zulässigen Zeitrahmen für die Abschlussarbeit. Seit der Bildung von Fachhochschulen 1968 gibt es eine „Zwei-Typen-Struktur" im deutschen Hochschulwesen. Die Universitäten und die Fachhochschulen sind zwei nach Zugangsvoraussetzungen und Abschlüssen relativ abgegrenzte Bereiche. Kennzeichen der Fachhochschulen sind vor allem ein praxisorientiertes Studium, kürzere Studienzeiten und eine anwendungsbezogene Forschung. Zum universitären Sektor zählten 1999 insgesamt 93 Universitäten (darunter 11 private), 16 Theologische Hochschulen (alle nichtstaatlich), sechs Pädagogische Hochschulen und 47 Kunsthochschulen (darunter zwei nichtstaatliche). Die in den siebziger Jahren gegründeten Gesamthochschulen, deren Idee die Integration verschiedener Hochschultypen und Studiengänge unterschiedlicher Dauer und Abschlüsse war, tragen heute die Bezeichnung Universität-Gesamthochschule. Wer die formalen Voraussetzungen erfüllt, kann sich zum Studium an einer Universität oder Fachhochschule einschreiben. In Deutschland ist es üblich, dass nur in Studienfächern mit einer übergroßen Bewerberzahl Zulassungsbeschränkungen (Numerus clausus) und Auswahlverfahren angewandt werden (z.B. für die medizinischen Studiengänge oder Psychologie). Die Modalitäten der Zulassung werden von der Zentralstelle für die Vergabe von Studienplätzen (ZVS) in Dortmund gehandhabt (nach Abiturnoten, Wartezeit, sozialen Aspekten und anderen Kriterien). Studiengebühren werden derzeit nur an den privaten Universitäten und Hochschulen erhoben, die dafür ihre Studenten selbst auswählen können. Die relativ hohe Quote der Studienabbrecher (ca. 30% der Studienanfänger) weist auf die Notwendigkeit einer immer wieder angemahnten Studienreform hin.

Aktuelle Diskussionen und Entwicklungsperspektiven

Spätestens seit den Veröffentlichungen der Ergebnisse der IEA Study of Reading Literacy (1992/1994), des International Adult Literacy Survey (1995/1997), der TIMS-Studien (2000) sowie der PISA-Ergebnisse (2001/2002) ist der Handlungsbedarf bei der Weiterentwicklung des deutschen Bildungswesens hinreichend bekannt. In den letzten drei Jahren wird daher allerorts in Deutschland wieder explizit über Bildung diskutiert. Hervorzuheben sind dabei insbesondere die im Jahr 2001 veröffentlichten zwölf Empfehlungen des Forum Bildung, ein gemeinsam von Bund und Ländern getragenes Diskussionsforum von Politikern, Wirtschaftsvertretern, Vertretern von Sozialpartnern, Wissenschaftlern und Praktikern zur Bildungsreform (vgl. EMPFEHLUNGEN). Im Mittelpunkt der aktuellen Bildungsdiskussion in Deutschland steht eine Reihe offenbar zentraler pädagogischer und bildungspolitischer Fragen: z.B. die Frage des Umgangs mit Standards, mit Leistungsmessung, Systembeobachtung und Rückmeldung, die Frage der Selbstständigkeit von Bildungseinrichtungen (insbesondere der „Schulautonomie"), der Rolle von Unterstützungssystemen, der Lehrerbildung und der Lehrerfortbildung (einschließlich der Vorbereitung auf den Umgang mit Heterogenität der Schülerschaft) und schließlich die Frage der Gestaltung eines leistungsorientierten, gleichwohl jeden Schüler fördernden Unterrichts. Kritisch hinterfragt werden auch die Struktur des Schulsystems (insbesondere vorgesehene Bildungsgänge und faktische Bildungswege/reale Bildungskarrieren, auch im Elementar- und Primarbereich), der Umgang mit empirischen Befunden aus bisherigen Untersuchungen bzw. Assessments sowie Fragen des kulturellen Hintergrunds (Verhältnis von Bildung und Familie, Rolle des Lernens in der Familie und in der Gesellschaft). Aber auch Fragen der neuen Bildungsziele und der entsprechenden Curricula (Stichworte Kerncurriculum und Literacy-Aspekt), des Verhältnisses von innerer Schulentwicklung und äußerer Differenzierung, der Gestaltung von Leistungsvergleichen und Standardsicherung sowie die Umsetzung in Steuerungsinformationen und in Maßnahmen zur Qualifizierung des Unterrichts, die Etablierung neuer Steuerungsmodelle und die Stärkung der Professionalität der Lehrkräfte werden diskutiert. Dazu wird bildungspolitisch bereits eine Reihe von Maßnahmen erwogen:

- Maßnahmen zur besseren Verzahnung von vorschulischem Bereich und Grundschule mit dem Ziel einer chancengerechten Förderung aller Schüler und eines altersgerechten Lernens;
- Maßnahmen zur Veränderung der Lehr- und Lernkultur mit dem Ziel, eine stärkere Individualisierung von Lernprozessen zu ermöglichen, die zunehmende Selbststeuerung von individuellem wie kooperativem Lernen zu befördern und Lern-Settings zu nutzen, in denen Schüler zunehmend reale und problemorientierte Aufgaben des „wirklichen" Lebens lösen;
- Maßnahmen zur wirksamen individuelleren Förderung bildungsbenachteiligter Kinder, insbesondere auch der Kinder und Jugendlichen mit Migrationshintergrund;
- Maßnahmen zum Ausbau von schulischen und außerschulischen Ganztagsangeboten mit dem Ziel erweiterter Bildungs- und Fördermöglichkeiten, die sowohl

Schülern mit Bildungsdefiziten als auch solchen mit besonderen Begabungen gerecht werden;
- Maßnahmen zur konsequenten Weiterentwicklung und Sicherung der Qualität von Unterricht und Schule auf der Grundlage verbindlicher Standards (etwa Zentralabitur) sowie ergebnisorientierter Evaluation bei erweiterter Verantwortung der Einzelschule;
- Maßnahmen hinsichtlich der Öffnung der Schule für das Umfeld und der Entwicklung von Kooperationen mit Nachbarn, Sportvereinen, Kirchen, Künstlern, freien Trägern der Jugendarbeit, wobei die entscheidenden Stichworte dabei Partnerschaft, Kooperation und Dialog für entstehende Bildungs-Netzwerke heißen;
- Maßnahmen zur Verbesserung der Professionalität der Lehrenden, insbesondere im Hinblick auf diagnostische und methodische Kompetenz als Bestandteil systematischer Schulentwicklung;
- Maßnahmen zur Verstärkung des Paradigmenwechsel in der Lehrerfortbildung, von der Qualifizierung der einzelnen Lehrkraft zu ihrer Qualifizierung in Teams und in der Schule, sowie zu einer praxisnäheren Lehrerausbildung als ein wichtiges Moment der notwendigen Bildungsoffensive.

Jeder der genannten Problembereiche und die in dem jeweiligen Zusammenhang erwogenen Maßnahmen haben ihre Berechtigung. Das Problem ist jedoch, dass es sich meistens um Einzelaspekte und -maßnahmen handelt. Erfahrungen anderer europäischer Staaten zeigen, dass letztlich nur ein konzeptionell aufeinander bezogenes und miteinander abgestimmtes Bündel an Reformbestrebungen und Maßnahmen Erfolg verspricht.

Auf einige Diskussionsthemen sei nachfolgend etwas näher eingegangen:

Mehrsprachigkeit und Fremdsprachenunterricht

Mehrsprachigkeit ist mittlerweile nicht nur eine Schlüsselqualifikation für eine gesamteuropäische Entwicklung, sondern sie ist auch eine Voraussetzung für Kommunikation und Mobilität. Demgemäß soll der Fremdsprachenunterricht schon in der Primarstufe in Deutschland in folgender Hinsicht entwickelt werden: Die Vermittlung von Fremdsprachenkenntnissen in der 3. und 4. Klasse soll ein besonderes Fach mit eigenen didaktischen Mitteln werden. In den Sekundarstufen I und II ist der Fremdsprachenunterricht ein fester Bestandteil des allgemeinen Schulunterrichts und der Spezialisierungsangebote der allgemein bildenden Schulen. In Abhängigkeit von den jeweiligen Zielen des Bildungsgangs sind Kenntnisse in mindestens einer, in der Regel aber zwei Fremdsprachen erforderlich. Unabhängig von der Schulform ist der Unterricht in einer ersten Fremdsprache ab der 5. Klasse für alle Schüler obligatorisch. Die erste Fremdsprache ist in der Regel Englisch. Je nach Bundesland und Schulform werden jedoch auch Französisch, Spanisch, Italienisch und Russisch bzw. Latein und Alt-Griechisch angeboten. Die Sprachen Dänisch, Niederländisch, Polnisch und Tschechisch werden in den entsprechenden Grenzregionen unterrichtet. Von der 7. bis zur 10. Klasse ist derzeit nur an den Gymnasien eine zweite Fremdsprache obligatorisch. Allerdings kann an Gesamtschulen oder anderen Schulen (Realschulen, Mittel-, Regel-, Sekundarschulen) die zweite Fremdsprache als Wahlfach angeboten werden, aber auch hier wird geprüft, ob eine zweite Fremdsprache analog zu den Empfehlungen der EU obligatorisch wird. Eine dritte Fremdsprache wird in der Regel erst ab der 9. Klasse in Bildungsgängen unterrichtet, die mit dem Abitur abschließen.

Standards

Zu den neueren Entwicklungen hinsichtlich der Sekundarstufe I zählt die Vereinbarung der KMK über „Standards für den mittleren Schulabschluss in den Fächern Deutsch, Mathematik und erste Fremdsprache" von 1995. Diese Standards ermöglichen eine Einigung der Bundesländer hinsichtlich der Anforderungen in den Hauptfächern für den Mittleren Schulabschluss am Ende der 10. Klasse. Die Vereinbarung ist so verfasst, dass die Länder bei der Erstellung der Lehrpläne ihre Spezialisierungsbereiche selbst festlegen können. Andererseits werden die Leistungsanforderungen hinreichend beschrieben, damit die Abschlusszeugnisse der einzelnen Länder miteinander vergleichbar sind. Im Juni 2002 hat die KMK nun beschlossen, basierend auf der Vereinbarung von 1995 und unter dem Eindruck der PISA-Befunde, nationale Bildungsstandards in Kernfächern für bestimmte Jahrgangsstufen und Abschlussklassen zu erarbeiten. Durch landesweite Vergleichsarbeiten, aber auch durch Vergleichsuntersuchungen, sollen regelmäßige Überprüfungen durchgeführt werden. Ein solches Vorgehen stützt sich auf die Vermutung, dass von verbindlichen Standards qualitätsentwickelnde Wirkungen ausgehen, die sich in der Arbeit der einzelnen Schule und in der Gestaltung des Unterrichts durch den einzelnen Lehrer unmittelbar niederschlagen. Das Problem ist jedoch, dass es an einer Konzeption mangelt, die von bildungspolitischen, pädagogischen und fachlichen Leitzielen (Kompetenzen) ausgeht, in diesem Kontext die Frage der Formulierung und Evaluierung von Standards klärt und insbesondere aufzeigt, was mit diesen Steuerungsinformationen konkret und praxisfördernd geschehen soll.

Ganztagsschulen

In den meisten mit Deutschland vergleichbaren Ländern sind Ganztagsschulen die Regel. Über den Unterricht hinaus wird die Erledigung der Aufgaben pädagogisch betreut und begleitet. Dazu kommen vielfältige, pädagogisch mit den Unterrichtsinhalten abgestimmte Freizeitangebote. In einigen Bundesländern wurden in den letzten Jahren Versuche mit Ganztagsschulen gemacht bzw. solche eingerichtet. Die Angebote richteten sich in der Regel zunächst an Kinder und Jugendliche und deren Eltern, bei denen als Folge von Problemen im familiären und privaten Umfeld nicht damit gerechnet werden kann, dass sie bei der Erledigung schulischer Aufgaben und bei der Freizeitgestaltung unterstützt und betreut werden. Die Einführung von Ganztagsschulen wird daher als wichtiger Schritt zur Realisierung von Chancengleichheit gesehen. Probleme bei der verbreiteten Einführung der Ganztagsschule sind vor allem hinsichtlich des Elternrechts, der Kosten sowie einer bisher kaum vorhandenen pädagogischen „Ganztagskonzeption" zu vermuten. Bildungspolitisch ist die allgemeine Einführung der Ganztagsschule vor allem seitens des Bundes ein wichtiger Mosaikstein, um die heftig beklagte Bildungsmisere zu verbessern sowie Lern- und Schulprobleme zu vermindern. Dabei wird sich vor allem auf die Länder berufen, die bei der viel zitierten PISA-Studie in den vordersten „Rängen" platziert sind (z.B. Finnland, Schweden) und die Ganztagsschule als Regelschule seit Jahrzehnten eingeführt haben.

Fachhochschulen versus Universitäten

In den letzten Jahren haben sich die Fachhochschulen in Deutschland zu einer ernsthaften Konkurrenz für die Universitäten entwickelt. Im Zuge der Bildungsexpansion wurden 1969 die ersten drei Fachhochschulen gegründet; heute sind es 156. Da die Fachhochschulen effizient organisiert sind, die Ausbildung berufsnah und praxisorientiert ist, die Studienzeiten relativ kurz sind und die Zahl der Studienabbrecher deutlich geringer als an den „Massen"-Universitäten ist, soll nach dem Willen des Wissenschaftsrats in Deutschland die Mehrheit der Studenten künftig an einer Fachhochschule eingeschrieben sein. Die Vorstellungen gehen dahin, dass die Universitäten wie früher für die wissenschaftliche Elite und die Fachhochschulen für die Mehrheit der Studenten zuständig sein sollen. Das würde auch den Berufsplänen der meisten Studenten gerecht werden, die vor allem einen akademischen Abschluss als Einstieg in das Berufsleben und weniger eine praxisferne Ausbildung zu „künftigen Wissenschaftlern" anstreben. In besonderer Weise, so die Diskussion, trifft das auf die Ausbildung der Lehrer zu.

Literatur

ANWEILER, O.: Deutschland. In: Anweiler u.a. (Hrsg.): Bildungssysteme in Europa. Weinheim und Basel 1996, S. 31-56.

ARBEITSGRUPPE BILDUNGSBERICHT AM MAX-PLANCK-INSTITUT FÜR BILDUNGSFORSCHUNG: Das Bildungswesen der Bundesrepublik Deutschland. Strukturen und Entwicklungen im Überblick. Hamburg 1994.

ARNOLD, R./LIPSMEIER, A. (Hrsg.): Handbuch der Berufsbildung. Opladen 1995.

AVENARIUS, H.: Schulische Selbstverwaltung – Grenzen und Möglichkeiten. In: Recht der Jugend und des Bildungswesens 42 (1994) 2, S. 256-269.

BLK-"BILDUNGSFINANZBERICHT 2000/2001". Reihe: Materialien zur Bildungsplanung und zur Forschungsförderung, Heft 103, Bonn 2002.

DEUTSCHER BILDUNGSRAT: Empfehlungen der Bildungskommission. Strukturplan für das Bildungswesen. Bonn 1970.

DEUTSCHES PISA-KONSORTIUM (Hrsg.): PISA 2000. Opladen 2001.

DEUTSCHES PISA-KONSORTIUM (Hrsg.): PISA 2000 – Die Länder der Bundesrepublik Deutschland im Vergleich. Opladen 2002.

DÖBERT, H./ERNST, CHR. (Hrsg.): Aktuelle Schulkonzepte. Reihe Basiswissen Pädagogik. Hohengehren 2001.

DÖBERT, H./GEIßLER, G. (Hrsg.): Schulautonomie in Europa. Baden-Baden 1997.

DÖBERT, H./FUCHS, H.-W./WEISHAUPT, H. (Hrsg.): Transformation in der ostdeutschen Bildungslandschaft. Eine Forschungsbilanz. Opladen 2002.

EMPFEHLUNGEN DES FORUM BILDUNG. Bonn 2001.

FUCHS, H.-W./REUTER, L.R.: Bildungspolitik in Deutschland. Opladen 2000.

FÜHR, CH.: Deutsches Bildungswesen seit 1945. Grundzüge und Probleme. Bonn 1996.

GEIßLER, G.: Leistung zwischen Selektion und Integration. In: Die deutsche Schule 94 (2002) S. 176-191.

GEIßLER, G.: Bildungs- und Schulpolitik. Unveröffentlichtes Manuskript, Berlin 2002b.

GEIßLER, G.: Geschichte des Schulwesen in der Sowjetischen Besatzungszone und in der Deutschen Demokratischen Republik 1945-1962. Frankfurt u.a. 2000.

HEINEMANN, M. (Hrsg.): Zwischen Restauration und Innovation. Bildungsreformen in Ost und West nach 1945. Köln u.a. 1999.

KLEMM, K.: Bildungsexpansion und kein Ende? In: Helsper, W./Krüger, H.-H./Wenzel, H. (Hrsg.): Schule und Gesellschaft im Umbruch. Bd. I: Theoretische und internationale Perspektiven. Weinheim 1996, S. 427-445.

MITTER, W.: Schule zwischen Reform und Krise. Köln u.a. 1987.

PAULSEN, F.: Das deutsche Bildungswesen in seiner geschichtlichen Entwicklung. Leipzig 1912.

PETERSEN, J./REINERT, G.-B. (Hrsg.): Bildung in Deutschland. Band I-III. Donauwöth 1996/98.

PICHT, G.: Die deutsche Bildungskatastrophe. Oldenburg und Freiburg 1964.

ROLFF, H.-G.: Autonomie als Gestaltungs-Aufgabe. Organisationspädagogische Perspektiven. In: Daschner, P./Rolff, H.-G./Stryck, T. (Hrsg.): Schulautonomie – Chancen und Grenzen, Weinheim 1995, S. 31-54.

TEICHLER, U. (Hrsg.): Das Hochschulwesen in der Bundesrepublik Deutschland. Weinheim 1990.

TENORTH, H.-E.: Geschichte der Erziehung. Weinheim und München 1992.

TIPPELT, R. (Hrsg.): Handbuch der Bildungsforschung. Opladen 2002.

www.forum-bildung.de

Deutschland

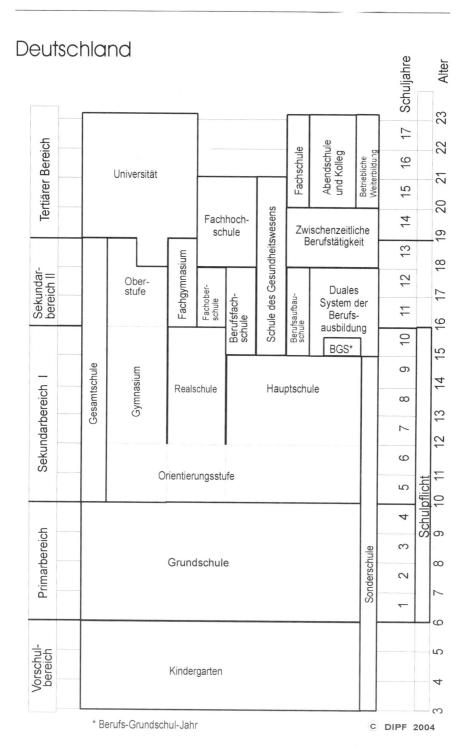

* Berufs-Grundschul-Jahr

© DIPF 2004

David Phillips

ENGLAND UND WALES[1]

Entwicklung des Bildungswesens

Das Vereinigte Königreich (UK) verfügt über kein Bildungswesen in dem Sinn, dass es eine gemeinsame Struktur für Schulen, Colleges und Universitäten gibt, die für das ganze Land gilt. Hierfür können die folgenden drei Gründe angegeben werden: Erstens umfasst das Vereinigte Königreich die Länder England, Wales, Schottland und Nordirland mit einem jeweils eigenen Bildungswesen. Schottland und Nordirland unterscheiden sich in der Gestaltung des Bildungswesens recht stark von England. Das walisische Bildungswesen ist, obgleich es einige wichtige spezifische Kennzeichen aufweist, dem englischen Bildungswesen recht ähnlich, sodass beide Länder gemeinsam dargestellt werden können. Zweitens gibt es eine lange Tradition der *lokalen Kontrolle* des Bildungswesens, wodurch ein äußerst vielfältiges Angebot geschaffen wurde. Drittens wurde durch die *Autonomie* in Bildungsangelegenheiten, der trotz der Gesetze seit den 1980er Jahren weiterhin eine große Bedeutung beigemessen wird, eine große *Vielfalt* geschaffen. Die Förderung der Vielfalt, der sich zuvor die konservativen Regierungen Thatcher und Major verschrieben hatten, ist mittlerweile auch zu einem Grundpfeiler der Politik der Labour-Regierung geworden. In England und Wales liegt die Zuständigkeit für das Bildungswesen bei den lokalen Schulbehörden (*local education authorities* – LEAs), die infolge des Bildungsgesetzes (*Education Act*) von 1902 gegründet wurden (wobei ihre Form und Zahl sich im Laufe der Jahre verändert haben). Die lokalen Schulbehörden wiederum räumten den einzelnen Schulen ein hohes Maß an Autonomie ein. Bis zum Bildungsreformgesetz (*Education Reform Act*) von 1988 legte beispielsweise der Schulleiter, unterstützt durch den Schulverwaltungsrat (*governing body of the school)* die Unterrichtsfächer, den Umfang und die Gestaltung der Unterrichtszeit fest.

Das Bildungsgesetz von 1944 übertrug den lokalen Schulbehörden die Kontrolle über den *weltlichen* Unterricht. Die einzige Auflage für alle Schulen war die gemeinsame Andacht am Anfang des Schultages und der Religionsunterricht. Die lokalen Schulbehörden übten ihr Recht auf „Kontrolle" des weltlichen Curriculums nicht aus, sondern überließen die Curriculumgestaltung dem Schulleiter und den Mitgliedern des Schulverwaltungsrates. Bezeichnend äußerte sich George Tomlinson, der Bildungsminister der Labour-Partei in der Nachkriegszeit, folgendermaßen zum Curriculum: „*Minister knows nowt (nothing) about curriculum"* („der Minister versteht nichts vom Curriculum"). David Eccles, ein späterer konservativer Minister, sprach von einem „*secret garden of the curriculum"* („geheimen Garten des Curriculums"), in den sich die Politiker nicht hineinwagen sollten. Um sicherzustellen,

---

[1] Die nachfolgenden Ausführungen gelten lediglich für England und Wales, während Schottland und Nordirland nur kontrastierend zu England und Wales berücksichtigt werden.

dass alle Beteiligten sich der Autonomie der lokalen Schulbehörden und Schulen bewusst waren, waren die Staatsbediensteten im Bildungsministerium dazu gehalten, nicht den Begriff „*state schools*" (staatliche Schulen) zu verwenden, sondern von „*maintained schools*" (unterstützte Schulen) zu sprechen, im Sinn von Schulen, die durch die lokalen Schulbehörden unterstützt werden. Die ministerielle Zuständigkeit für das Bildungswesen in England liegt beim Bildungsminister (dessen Befugnisse infolge der Gesetzgebung von 1988 erheblich zunahmen).

Der blühende und einflussreiche private Bildungssektor sollte nicht vergessen werden. Er unterscheidet sich stark von den privaten Schulen in anderen Ländern und ist in England ein wichtiger Faktor. Unter den englischen Privatschulen befinden sich einige der berühmtesten und prestigeträchtigsten Bildungseinrichtungen in Europa. Neben den Schulen innerhalb des Systems der lokalen Schulbehörden blicken die Privatschulen auf eine lange und hervorragende Tradition zurück. Zwar besuchen nur etwa 7% aller Schüler Privatschulen, doch zählen ihre Eltern zur Elite der vermögenden und einflussreichen Führungspersonen, die in allen gesellschaftlichen Bereichen vertreten sind. Da sie den privaten Sektor für die Ausbildung ihrer Kinder bevorzugen, kommen ihr beträchtlicher Einfluss und ihre Unterstützung selbstverständlich nicht den Schulen der lokalen Schulbehörden zugute. Dies führt wiederum dazu, dass die Schulen der lokalen Schulbehörden viele fähige Schüler verlieren (etwa 50% der Studenten in Oxford und Cambridge kommen normalerweise von Privatschulen) und von einem erheblichen Teil der „erfolgreichen" Bevölkerung nicht als Schulen für ihre Kinder ausgewählt werden. Die meisten grafischen Darstellungen des englischen und walisischen Schulsystems (oder des Schulsystems des Vereinigten Königreichs) berücksichtigen nicht den bedeutsamen Privatsektor.

In England wurde das allgemeine Schulsystem vergleichsweise spät eingeführt. Die Bereitstellung einer allgemeinen Grundbildung wurde erst im Jahr 1870 gesetzlich vorgeschrieben. Der staatlichen Kontrolle wurden Angst und Misstrauen entgegengebracht. Gegner der staatlichen Beteiligung am Schulsystem brachten sehr oft vor, dass „kontinentale" Verfahren (hierfür wurde Preußen oft als Beispiel verwendet) nicht für ein Land geeignet seien, das sich selbst (ob zu Recht oder Unrecht) stolz als Mutter der Demokratie sieht. Obwohl einflussreiche Stimmen eine staatliche Kontrolle wie in Preußen (die in einigen Kommentaren sehr bewundert wurde) favorisierten, war die allgemeine Meinung vorherrschend, dass die Kirchen und die lokalen Behörden für die Schulbildung der Kinder zuständig sein sollten. Erst mit dem Bildungsgesetz von 1944 wurde ein tragfähiges Einvernehmen zur Lösung der lange verschleppten Probleme erzielt, die durch die große Vielfalt der lokalen Bildungsträger während eines langen Zeitraums entstanden waren. Durch das Bildungsgesetz von 1944 erhielten die lokalen Schulbehörden die Zuständigkeit für die kirchlichen Schulen.

Die im Bildungsgesetz von 1944 enthaltene allgemeine Sekundarbildung für alle ging von der Annahme aus, dass es drei Arten der Intelligenz gibt und dementsprechend auch drei Sekundarschultypen geben sollte. Dieses Modell wurde jedoch nach kurzer Zeit in Frage gestellt. Im Jahr 1965 wurden unter Labour die lokalen Schulbehörden durch den Bildungsminister Anthony Crosland mehr „gebeten" als „aufgefordert", den Sekundarschulbereich umzustrukturieren und sich dabei an einem Gesamtschulmodell zu orientieren, damit es nur noch einen einzigen Sekundarschultyp für Kinder aller Fähigkeitstypen gebe. Einige lokale Schulbehörden weigerten sich jedoch, Umstrukturierungspläne einzureichen, und noch heute betreiben einige „rebellische" Schulbehörden *Grammar Schools* (Gymnasien), *Technical Schools* (Technische Schulen) und *Secondary Modern Schools* (Hauptschulen). Die meisten Schüler im Sekundarschulbereich besuchen heute jedoch die Gesamtschule (*Comprehensive School*). Die Schulpflicht beginnt im Alter von fünf Jahren und endet im Alter von 16 Jahren. Nordirland hingegen hat die *Grammar Schools* (Gymnasien) beibehalten.

Das Bildungsreformgesetz (*Education Reform Act*) von 1988 führte zum ersten Mal ein *National Curriculum* für England und Wales sowie neue Sekundarschultypen ein. Zudem erhielten Schulen unter gewissen Voraussetzungen die Möglichkeit, aus dem System der Kontrolle durch die lokalen Schulbehörden auszusteigen („*to opt out*"). Diese so genannte *grant-maintained schools* (durch eine Globalzuweisung unterstützte Schulen) wurden direkt der Zuständigkeit einer Zentralbehörde unterstellt und erhielten verschiedene finanzielle Anreize. 1988 wurde auch die Abschlussprüfung für Schüler im Alter von 16 Jahren reformiert und ein gemeinsames Abschlussprüfungssystem mit der Bezeichnung *General Certificate of Secondary Education* (GCSE) eingeführt. Wie zuvor kann dieses Zeugnis in einer beliebigen Anzahl einzelner Fächer erworben werden. Es gibt keine kontinuierliche schulbasierte Leistungsbeurteilung wie in kontinentalen Schulsystemen. Ebenso wenig ist im Vereinigten Königreich die Wiederholung einer Klasse üblich, vielmehr erfolgt die Versetzung in die nächste Klasse automatisch.

Die konservativen Regierungen unter Margaret Thatcher und ihrem Nachfolger John Major in der Zeit von 1979 – 1997 wiederholten zur Charakterisierung der Bildungspolitik beständig bestimmte Schlüsselbegriffe wie „*choice*" (Auswahl), „*diversity*" (Vielfalt) und „*standards*" (Leistungsniveau). Die Politik der Labour-Regierung unter Tony Blair, der nun in seiner zweiten Amtszeit ist, unterscheidet sich in diesen Punkten wenig von der Politik der konservativen Regierungen. In der Tat hat Königin Elizabeth II in ihrer Rede zur Eröffnung der neuen Legislaturperiode im Juni 2001 die Gründung weiterer spezialisierter Schulen im Sekundarbereich angekündigt, um das Leistungsniveau zu verbessern und mehr Auswahl und Vielfalt zu ermöglichen. Die Wahlfreiheit ist jedoch auch von dem vorhandenen Angebot abhängig. Die meisten Familien sind gezwungen, ihre Kinder in die nächstgelegene Schule am Ort zu schicken, und zwar unabhängig davon, ob diese einen besonderen Status hat oder nicht. Die grant-maintained schools wurden wieder in das System der lokalen Schulbehörden integriert.

Organisation des gegenwärtigen Schulsystems

Finanzierung

Die Finanzierung des Bildungswesens ist zwischen den zentralen und den lokalen Behörden aufgeteilt. Die Zentralregierung leistet ihren Anteil weitgehend in Form von Zuschüssen an die lokalen Schulbehörden. Die Ausgaben für das Bildungswesen machen mit etwa 40% einen beträchtlichen Anteil des lokalen Finanzbudgets aus. Seit dem Bildungsreformgesetz von 1988 sind die Schulleiter für die Verwaltung des Schulbudgets zuständig, wobei sich die Höhe der von den lokalen Schulbe-

hörden bereitgestellten Gelder nach der Anzahl der Schüler richtet. Der Schulleiter
ist gegenüber dem Schulverwaltungsrat (bestehend aus Eltern, lokalen Schulbehörden und anderen Repräsentanten) rechenschaftspflichtig. Der Schulverwaltungsrat
hat dem Schulleiter auch die Einstellung und die Entlassung der Lehrkräfte und des
sonstigen Personals übertragen.

Evaluation und Prüfungen

Das *National Curriculum* ist für Schüler im schulpflichtigen Alter obligatorisch
(wobei dies jedoch nicht für die Privatschulen gilt) und wird von der *Qualifications
and Curriculum Authority* (QCA) überprüft. Die Schüler nehmen im Alter von 7, 11
und 14 Jahren an nationalen Prüfungen (*Standard Assessment Tasks* – SATs) teil.
Hinzu kommen öffentliche Prüfungen für Schüler im Alter von 16 Jahren als Grundlage zur Leistungsbeurteilung.

In England und Wales führen Mitarbeiter des *Office for Standards in Education* (Of-
sted) regelmäßig eingehende Schulinspektionen durch und veröffentlichen die Ergebnisse in einem Bericht. Es wird von den Schulen erwartet, dass sie auf die in den
Ofsted-Berichten geäußerte Kritik mit entsprechenden Maßnahmen reagieren. Bei
den Inspektionen werden frühere Berichte offiziell hinzugezogen und Vergleiche
vorgenommen. Infolge des so genannte *„naming and shaming"*-Verfahrens unterliegen „leistungsschwache" Schulen besonderen Maßnahmen, die bis zur Schließung
gehen können. Die lokalen Schulbehörden werden ebenfalls inspiziert und unterliegen bei schwachen Leistungen speziellen Maßnahmen. An den erziehungswissenschaftlichen Fakultäten der Universitäten (bei denen früher lediglich in Ausnahmefällen, auf besondere Aufforderung, Inspektionen durch den HMI (*Her Majesty's In-
spector*) durchgeführt wurden, da sie nicht zum öffentlichen Bildungssektor gehörten) erfolgen seit den 1980er Jahren regelmäßig Inspektionen.

Überblick über die Struktur des Schulsystems

Auf den ersten Blick scheint die Struktur des Schulsystems in England täuschend
einfach zu sein. Obgleich die Kinder im Alter von fünf Jahren schulpflichtig werden,
können auch vierjährige Kinder (die als *„rising five"* – „fast Fünfjährige" bezeichnet
werden) die Schule besuchen. Damit findet die Einschulung wesentlich früher als in
vielen anderen Ländern statt, was seit kurzem Gegenstand einer Debatte geworden
ist. Die Kinder besuchen gewöhnlich die *Reception Class* in der *Infant School,* bevor
sie in den ersten Jahrgang der Klassenabfolge wechseln, die den formalen Anforderungen des *National Curriculum* unterliegt. Nach drei Jahren besuchen sie die Junior
School und anschließend im Alter von elf Jahren eine Sekundarschule. Die meisten
Schüler wechseln an eine Gesamtschule im System der lokalen Schulbehörden.
Komplexer wird diese Struktur dadurch, dass es in manchen Regionen ein anderes
System gibt, das aus *First School* (Erste Schule), *Middle School* (Mittelschule) und
Upper School (Oberschule) besteht. An diesen Schulen kann der Wechsel zwischen
den verschiedenen Schultypen in verschiedenen Altersstufen stattfinden. Es wurde
errechnet, dass je nach Region die Schüler in jedem beliebigen Alter zwischen sieben und 14 Jahren von einem Schultyp an einen anderen wechseln können. Insgesamt gibt es jedoch kaum Unterstützung für ein System, das Mittelschulen umfasst,
da sie weder vollständig zum Primarbereich noch zum Sekundarbereich gehören. Sie

eröffnen auch kaum ernsthafte Berufsperspektiven für die meisten Lehrkräfte, da
diese sich entweder als Primarschullehrer begreifen oder aber als Fachlehrer an einer
Sekundarschule Schüler unterrichten möchten, die den Unterricht bis zur Hochschulreife fortsetzen.

Die meisten Kinder (über 90%) besuchen die Gesamtschule. Für die Aufnahme an
einer Gesamtschule gibt es kein standardisiertes Auswahlverfahren. Der zuerst im
Bildungsgesetz von 1980 festgehaltene Grundsatz der elterlichen Wahlfreiheit gibt
Eltern die Möglichkeit, ihre Kinder an eine Schule ihrer Wahl zu schicken, sofern
für ihr Kind ein freier Platz verfügbar ist. Diese Einschränkung führt dazu, dass die
Freiheit der elterlichen Wahl in vielen Fällen nicht wirklich eingelöst werden kann.

Die Schüler der Primarschule haben in der Regel die Möglichkeit, ihre künftige Sekundarschule zu besuchen. Die Sekundarschulen erhalten von den zuständigen Primarschullehrern einen Bericht über den Lernfortschritt des Schülers. Es gibt jedoch
im unterstützten Sektor keine regulären Aufnahmeprüfungen, auch wenn es aufgrund der neueren Entwicklungen so aussieht, als würde die gegliederte Schule wieder eingerichtet werden, die es vor der Einführung der Gesamtschule gab. Wie bereits erwähnt, gibt es noch in einigen Landesteilen innerhalb des „staatlichen"
Bildungswesens *Grammar Schools* (Gymnasien) sowie andere gegliederte Schultypen. Das *National Curriculum* (seit seiner Einführung im Jahr 1988 gibt es drei verschiedene Fassungen) ist in vier *Key stages* (Schlüsselphasen) der Entwicklung gegliedert. Die Schlüsselphasen eins bis zwei entsprechen dem Primarschulbereich,
der in *Infant School* und *Junior School* gegliedert ist, während die Schlüsselphasen
drei bis vier den Sekundarschulbereich abdecken. Das *National Curriculum* gilt
weder für den Schulbereich nach dem Ende der Schulpflicht (Altersgruppe 16 bis
18 Jahre) noch für die Schulen im privaten Sektor.

Für die Sekundaroberstufe ist immer noch die Bezeichnung „*sixth form*" gebräuch-
lich. Sie zeichnet sich, verglichen mit der entsprechenden Bildungsstufe anderer
Schulsysteme, durch eine hochgradige Spezialisierung aus. Die meisten Schüler haben in ihrem letzten Schuljahr nur noch drei Fächer. Das Curriculum wurde kürzlich
in der „*lower sixth*" etwas erweitert, sodass die Schüler fünf Fächer auf AS-Niveau
(*Advanced Supplementary*) haben. Diese Regelung wird jedoch zurzeit überprüft, da
sie verschiedene Verwaltungsprobleme und erheblichen Druck auf Lehrkräfte und
Schüler erzeugt hat. Die Schüler legen in ihren letzten Schuljahren (im Alter von 16,
17 und 18 Jahren) anspruchsvolle öffentliche Prüfungen ab. In Schottland ist das
Curriculum für die Sekundaroberstufe schon immer breiter angelegt gewesen. Die
Fächer Englisch, Mathematik und Naturwissenschaften sind die „*core subjects*"
(Kernfächer) des Nationalen Curriculums; die verbleibenden Fächer werden als
„*non-core foundations subjects*" (nicht zum Kernbereich gehörende Grundlagenfä-
cher) bezeichnet. Hinsichtlich der Leibeserziehung ist die Regierung der Ansicht,
dass alle Schulen anstreben sollten, zwei Stunden körperlicher Aktivität pro Woche
anzubieten, wobei dieser Anspruch curriculare sowie außercurriculare Aktivitäten
umfasst. Dies gilt für alle Schlüsselphasen.

Der Religionsunterricht, dessen Inhalte auf lokaler Ebene festgelegt werden, ist für
alle Schüler verpflichtend, obgleich die Eltern ihre Kinder vom Unterricht befreien
lassen können: Jeder vereinbarte Lehrplan sollte widerspiegeln, dass die religiösen
Traditionen in Großbritannien insgesamt christlich sind, wobei die Lehre und Praxis

anderer Weltreligionen, die in Großbritannien vertreten sind, berücksichtigt werden sollten. Ferner muss in der Primar- und Sekundarschule jeweils angepasst an die unterschiedlichen Anforderungen Sexualkunde unterrichtet werden. Auch hier können Eltern ihre Kinder vom Unterricht befreien lassen. In der Sekundarstufe muss Berufskunde angeboten werden. In Wales zählt Walisisch in walisischsprachigen Schulen zu den Kernfächern. In Schulen, an denen der Unterricht nicht in walisischer Sprache erfolgt, ist Walisisch ein Grundlagenfach. Es bestehen keine bindenden Vorschriften hinsichtlich der Anzahl der Unterrichtsstunden für die im Curriculum enthaltenen Fächer.

Das Bildungsreformgesetz von 1988 legte Verfahrensregeln für Attainment Targets (Leistungsziele) fest, die für jede Schlüsselphase des *National Curriculum* festzulegen sind. Diese Ziele beziehen sich nicht auf eine bestimmte Klasse (Jahrgangsstufe), sondern auf Schlüsselphasen, die zwei bis vier Schuljahre abdecken. Darin unterscheidet es sich stark von den Curriculumzielen anderer Bildungssysteme, in denen, wie beispielsweise im deutschen Bildungswesen, die Schüler das *Klassenziel* erreichen sollen. In diesen Bildungssystemen wird die Klasse nicht als eine *Phase* im Bildungsprozess, sondern als eine mit einer bestimmten Altersstufe verbundenen Einheit aufgefasst, und das Nichterreichen des Klassenziels hat die Wiederholung der Klassenstufe zur Folge. Die Leistungsziele ermöglichen Vergleichswerte, um die Leistungen der Kinder auf nationaler Ebene zu messen. Die Schüler legen – wie erwähnt – im Alter von sieben, elf und 14 Jahren *Standard Assessment Tests* (SATs) ab. Ferner wird bei den Schulanfängern eine als Vergleichsbasis dienende Leistungsmessung („*baseline assessment*") durchgeführt. Die Leistungen der Schulen werden veröffentlicht, sodass es möglich ist, Ranglisten zu erstellen, mit denen ein Vergleich zwischen den Schulen und die Ermittlung des Rangs einzelner Schulen im nationalen Vergleich durchgeführt werden kann. Die Ergebnisse der öffentlichen Prüfungen, die die Schüler im Alter von 16 Jahren (*GCSE*) und 18 Jahren (*A-Levels*) machen und die in der überregionalen Presse besondere Beachtung finden, werden ebenfalls in Ranglisten dargestellt. Im folgenden Abschnitt werden die Leistungsziele ausführlicher erläutert.

Allgemein bildende Schulen

Primarschulen

Der Primarschulbereich wurde in den letzten Jahren erheblich modifiziert. Nach der Veröffentlichung des Plowden-Berichts über die Primarschulen im Jahr 1967 wurden vielerorts Anstrengungen unternommen, um die Unterrichtsmethoden insgesamt kindzentrierter zu gestalten. Neue Schulen, die häufig als Großraumschulen konzipiert waren, spiegelten den Wunsch wider, das einzelne Kind in den Mittelpunkt zu stellen und vom *Frontalunterricht* abzugehen, der den Elementarbereich im Vereinigten Königreich wie auch anderswo gekennzeichnet hatte. Allmählich setzte sich jedoch die Kritik an der kindzentrierten Unterrichtsmethode mit der Begründung durch, dass die Kindzentriertheit zu einem erkennbaren Abfall des Leistungsniveaus (insbesondere beim Lesen, Schreiben und Rechnen) beiträgt.

Die Einführung des *National Curriculum* war ein erster Schritt, um einen Vergleich der Schulen zu ermöglichen und dafür zu sorgen, dass die Grundfertigkeiten nicht vernachlässigt werden. Die erste Version des *National Curriculum* stellte insbesondere für die Primarschullehrer (verglichen mit ihren Kollegen an den Sekundarschulen) eine enorme Belastung dar, sodass schließlich die Anforderungen heruntergeschraubt wurden. Eine Ausweitung des Frontalunterrichts wurde entschieden befürwortet, und die Regierung führte zwei Strategien ein (für Rechnen sowie für Lesen und Schreiben), die als Rahmen mit detaillierten Zielsetzungen für die Planung und den Unterricht in diesen beiden Fächern dienen. Der entsprechend einer vorgeschriebenen Form stattfindende tägliche Unterricht in Lesen, Schreiben und Mathematik ist nun zu einem festen Bestandteil des Primarschultags geworden. Die Ofsted-Berichte vom Herbst 2000 weisen darauf hin, dass diese Strategien sich eindeutig auf das Leistungsniveau auswirken. Im Folgenden werden die beiden Strategien detailliert erläutert:

Lesen und Schreiben
Die Lese-/Schreibstrategie hat zum Ziel, dass bis zum Jahr 2002 etwa 80% der 11-jährigen Schüler die Stufe vier erreichen. Die Strategie umfasst eine Mischung aus Frontalunterricht und Gruppenarbeit, wobei der Schwerpunkt auf Phonetik, Rechtschreibung, Wortschatz, Schreibschrift und Grammatik liegt. Die Regierung hat angekündigt, dass im kommenden Jahr die Unterrichtsstunde in Lesen und Schreiben auf die Sekundarschulen ausgeweitet werden soll.

Rechnen
Die Rechenstrategie wurde im September 1999 eingeführt. Die Regierung strebt an, dass 75% aller 11-jährigen Schüler bis zum Jahr 2002 die Stufe 4 erreichen. An den Schulen findet täglich eine Unterrichtsstunde als Frontalunterricht mit dem Schwerpunkt auf Kopfrechnen statt, einschließlich der Zahlentafeln. Schulen mit schlechten Leistungen in Mathematik werden zusätzlich gefördert.

Beim Wechsel von der Primar- zur Sekundarschule sind gegenwärtig mehr Informationen über die Leistungen der Schüler verfügbar: zum einen die erreichten Punktzahlen in den SATs, die die Kinder im Alter von sieben Jahren ablegen, zum anderen die Leistungen im Lesen, Schreiben und Rechnen. Die Sekundarschulen stehen in Verbindung mit den Primarschulen. Die Primarschüler haben in der Regel die Möglichkeit, einen Tag an ihrer künftigen Sekundarschule zu verbringen. Überdies organisieren die Sekundarschulen Informationsveranstaltungen für die Eltern, deren Kinder an die Sekundarschulen wechseln werden. Die Primarschullehrer erstellen Berichte über die Kinder.

Sekundarschule
Die Sekundarschulen stehen vor dem unmittelbaren Problem, über die Zusammensetzung der Unterrichtsgruppen zu entscheiden. Einige vertreten die Ansicht, dass es an der Gesamtschule selbstverständlich ausschließlich leistungsheterogene Lerngruppen geben sollte. Dies ist jedoch eine extreme Position und es gibt nur sehr wenige Schulen, die auf eine solche Regelung für alle Schüler im Alter von 11 bis 16 Jahren bestehen. Vielmehr gibt es normalerweise eine Phase mit leistungsheterogenen Lerngruppen, um eine angemessene Diagnose und Prognose der Fähigkeiten zu ermöglichen. Anschließend erfolgt eine horizontale Differenzierung durch „Setting", d.h. die Schüler werden fachbezogen in leistungsdifferenzierte Gruppen eingeteilt. Dies bedeutet, dass ein Schüler beispielsweise für Französisch oder Englisch

in der leistungsstärksten Gruppe und für Mathematik in einer leistungsschwächeren Gruppe sein kann. Das „*Streaming*", d.h. die vertikale Differenzierung nach allgemeiner Leistungsfähigkeit, wodurch die Schüler fachübergreifend beispielsweise einem A-, B- oder C-Zweig zugeteilt werden, ist mittlerweile sehr selten geworden und gilt als traditionelles Differenzierungsverfahren der Grammar Schools. In der Gesamtschule sind einige Fachlehrer stärker als andere an einer horizontalen Leistungsdifferenzierung interessiert. In der Regel favorisieren die Lehrkräfte für moderne Fremdsprachen und Mathematik eine möglichst frühe Differenzierung der Schüler, die Lehrkräfte für geisteswissenschaftliche Fächer (insbesondere für Fächer wie Theater und Musik) dagegen leistungsheterogene Unterrichtsgruppen. Die Schüler werden jedoch aus Gründen der Verwaltung und der Betreuung zusätzlich einer Tutorgruppe oder einer allgemeinen Klasse zugeteilt, für die eine Lehrkraft als Betreuungslehrer in allgemeiner Hinsicht verantwortlich ist. Am Anfang des Schultags versammelt sich die Klasse zur Überprüfung der Anwesenheit und zur Erledigung von Verwaltungsangelegenheiten. Der Betreuungslehrer soll an den Schülern seiner Klasse in umfassender Weise Anteil nehmen, an den Elternabenden über die Schüler Auskunft geben und die Zusammenstellung der Berichte über den Lernerfolg der Schüler koordinieren. Ferner soll der Betreuungslehrer mit dem leitenden Schulverwaltungsteam (Leiter des Jahrgangs oder Leiter der Unter- bzw. Oberstufe, stellvertretende Schulleiter, Schulleiter) in Angelegenheiten zusammenarbeiten, die mit der Betreuung der einzelnen Schüler zusammenhängen. Die Lehrkräfte im Vereinigten Königreich vertreten die Eltern (*in loco parentis*) und erfüllen Aufgaben, die häufig über die Pflichten der Lehrkräfte in anderen europäischen Schulsystemen hinausgehen.

Bis zum Bildungsreformgesetz von 1988 wurde der Inhalt des Schulcurriculums von den einzelnen Schulen festgelegt, was zu einem vielfältigen Unterrichtsangebot führte. Nun erhält ein Schüler, der an die Sekundarschule wechselt, Unterricht in den Fächern des Nationalen Curriculums. Als „neue" Fächer im Sekundarbereich, d.h. Fächer, in denen die Schüler im Primarbereich nicht unterrichtet werden, kommen eine moderne Fremdsprache und ab 2002 Staatsbürgerschaft hinzu. Die meisten Schüler wählen als Fremdsprache Französisch (überwiegend aus historischen Gründen und weil viele Fremdsprachenlehrer Französisch unterrichten). Andere Sprachen liegen, insbesondere im Bereich der ersten Fremdsprache, weit dahinter zurück: auf Französisch folgen mit Abstand Deutsch und Spanisch. Im Grunde können alle Schulen eine beliebige Sprache der Mitgliedsstaaten der Europäischen Union anbieten oder alternativ eine Sprache aus der Liste der Sprachen der im Vereinigten Königreich lebenden ethnischen Minderheiten. Es gibt weder eine geregelte kontinuierliche Leistungsbeurteilung der Schüler noch ein standardisiertes Verfahren für Schulzeugnisse, deren Erstellung den einzelnen Schulen obliegt. Ferner ist, wie bereits erwähnt, eine erzwungene Wiederholung der Klassenstufe nicht üblich. Die Schüler legen im Alter von 16 und 18 Jahren öffentliche externe Prüfungen ab, auf deren Grundlage ein Abschlusszeugnis erstellt wird. Es gibt kein Schulabgangszeugnis von einzelnen Schulen, obgleich einige Einrichtungen verschiedene Leistungsbescheinigungen, die nicht gesetzlich vorgeschrieben sind, ausstellen. Diese sind vor allem für Jugendliche hilfreich, die die Schule frühzeitig verlassen und auf Arbeitssuche sind.

Sonderschulen

Behinderte Schüler werden heute nach Möglichkeit in die Regelschulen integriert. Wenn eine solche Integration aufgrund der Behinderung nicht möglich oder wünschenswert ist, besuchen sie eine der „Sonderschulen", die für Kinder mit Lernstörungen, körperlichen Behinderungen oder emotionalen Störungen zuständig sind. Inwieweit der Unterricht der Kinder dem *National Curriculum* folgt, wird von Fall zu Fall entschieden.

Verfahrensweise des Nationalen Curriculums

Im folgenden wird am Beispiel des Fachs Geschichte die Verfahrensweise des *National Curriculum* erläutert. Hierbei werden die Jahrgangsstufen 7 und 8 berücksichtigt, d.h. die ersten beiden Jahre der Schlüsselphase 3 zu Beginn des Sekundarbereichs. Das folgende Zitat ist dem *Handbook for Secondary Teacher*s (Leitfaden für Sekundarlehrer) des *National Curriculum* entnommen:

„Die Unterrichtsprogramme beschreiben für jedes Fach und jede Schlüsselphase, welche Kenntnisse den Schülern vermittelt werden sollten. Die Leistungsziele beschreiben das erwartete Niveau der Schülerleistungen. Die Schulen entscheiden selbst, in welcher Weise sie ihr Schulcurriculum gestalten, um die Unterrichtsprogramme zu integrieren."

Die im *Handbook* ausgeführten Unterrichtsprogramme erläutern, was die Schüler in jeder Schlüsselphase lernen sollten. Zudem sollen die Lehrkräfte die folgenden vier allgemeinen Unterrichtsanforderungen berücksichtigen, die übergreifend für alle Unterrichtsprogramme gelten:

Inklusion: Bereitstellung wirksamer Lernangebote für alle Schüler:

– angemessene (und herausfordernde) Lernziele festlegen,
– auf die unterschiedlichen Lernerfordernisse der Schüler eingehen,
– potentielle Barrieren, die das Lernen und die Leistungsbewertung der Individuen und Schülergruppen behindern, ausräumen,

Curriculumübergreifende Förderung der Sprache:

– Förderung der Fähigkeiten hinsichtlich Schreiben, Sprechen, Zuhören und Lesen,

Curriculumübergreifende Anwendung der Informations- und Kommunikationstechnologie:

– Gesundheit und Sicherheit.

Die Leistungsziele sind in acht Stufen unterteilt, hinzu kommt die Stufe „*exceptional performance*" (hervorragende Leistung). Die acht Stufen sind eine Vereinfachung der ursprünglich zehn Stufen, die in der ersten Version des *National Curriculum* vorgegeben waren. Die Beschreibungen der Stufen dienen als Grundlage für die Leistungsbeurteilung der Schüler am Ende der Schlüsselphasen 1, 2 und 3. In der Schlüsselphase 4 sind nationale Prüfungen in den Fächern des *National Curriculum* die Basis für die Leistungsbeurteilung. Die nachstehende Tabelle 3 stellt dar, wie sich die Stufen auf die Schlüsselphasen und die Altersgruppen aufteilen:

Das Geschichtscurriculum für die Schlüsselphase 3 erläutert, welches Wissen, welche Fähigkeiten und welches Verständnis (*knowledge, skills* and *understanding*) zu vermitteln sind, z.B.:

- Verstehen der chronologischen Abfolge,
- Wissen und Verständnis hinsichtlich der Ereignisse, Menschen und Veränderungen in der Vergangenheit,
- Interpretation geschichtlicher Ereignisse,
- historische Untersuchung,
- Organisation und Kommunikation.

Wissen, Fähigkeiten und Verständnis bezüglich Geschichte sollen durch drei britische Themen, ein europäisches Thema und zwei weltgeschichtliche Themen vermittelt werden:

- Britannien 1066-1500,
- Britannien 1500-1750,
- Britannien 1750-1900,
- ein europäisches Thema vor 1914,
- ein Thema der Weltgeschichte vor 1900,
- ein Thema der Weltgeschichte nach 1900.

Im Folgenden werden zwei Beispiele für Attainment Levels (Leistungsstufen) gegeben. Zur Veranschaulichung werden Level 4 (Stufe 4 sollen die meisten Schüler in den Jahrgangsstufen 7 und 8 erreichen) und Level 7 (Stufe 7 erreichen unter Umständen die besten Schüler) erläutert:

Level 4

Die Schüler verfügen über Faktenwissen und Verständnis hinsichtlich einiger Aspekte der britischen Geschichte und der Weltgeschichte. Sie wenden das erworbene Wissen an, um bestimmte Merkmale vergangener Gesellschaften und Epochen zu beschreiben und um Änderungen innerhalb verschiedener Zeiträume und über mehrere Epochen hinweg zu kennzeichnen. Sie beschreiben einige der wichtigsten Ereignisse, Personen und Veränderungen und können einige Gründe für die wichtigsten Ereignisse und Veränderungen angeben und deren Folgen aufzeigen. Sie verfügen über ein gewisses Verständnis darüber, dass Aspekte der Vergangenheit unterschiedlich dargestellt und interpretiert werden. Sie fangen an, Informationen aus verschiedenen Quellen auszuwählen und zueinander in Beziehung zu setzen. Sie beginnen, strukturierte Arbeiten anzufertigen, wobei sie Daten und Begriffe angemessen verwenden.

Level 7

Die Schüler stellen Zusammenhänge zwischen ihrem Faktenwissen und ihrem Verständnis hinsichtlich der britischen Geschichte und der Weltgeschichte her. Sie verwenden diese Zusammenhänge, um die Merkmale einer bestimmten Epoche oder Gesellschaft und die Gründe für Ereignisse und Veränderungen sowie deren Folgen zu analysieren. Sie erklären, wie und warum verschiedene historische Interpretationen erzeugt wurden. Die Schüler können einer Untersuchung eigenständig folgen, indem sie ihr Wissen und ihre Kenntnisse anwenden, um in kritischer Weise Informationsquellen zu ermitteln, zu bewerten und anzuwenden. Manchmal kommen sie selbstständig zu überzeugenden Schlussfolgerungen. Sie können relevante Informationen auswählen, ordnen und anwenden, um gut strukturierte Schilderungen, Beschreibungen und Erklärungen anzufertigen, wobei sie Daten und Begriffe angemes-

sen verwenden. (vgl. *The National Curriculum Handbook for Secondary Teachers in England,* 1999)
Die Beschreibungen sind sehr weit gefasst und lassen viel Spielraum für Interpretationen. Es werden keine Fakten und Themen aufgelistet, die unterrichtet werden müssen, auch hier ist dem einzelnen Geschichtslehrer viel Spielraum für Interpretationen gelassen. Hinsichtlich der Leistungsbeurteilung gilt: Am Ende einer Schlüsselphase sollten die Lehrkräfte beurteilen, welche Beschreibung am besten zu den Leistungen eines Schülers passt. Hierbei sollten auch die Beschreibungen der jeweils angrenzenden Stufen einbezogen werden.
Die Merkmale der Jahrgangsstufen 7 und 8 in der Sekundarschule können wie folgt zusammengefasst werden:

– der in der Primarschule erfolgte Unterricht wird durch das Nationale Curriculum fortgeführt und weiterentwickelt,
– die Schüler legen im Alter von elf Jahren eine nationale Prüfung ab (die eine Fortsetzung der Prüfung für die 7-jährigen Schüler darstellt),
– einige neue Fächer werden eingeführt (eine moderne Fremdsprache, Staatsbürgerschaft),
– der Tag ist nach Fächern strukturiert (stärker als im Primarbereich),
– viele Fachlehrer anstelle des Generalisten, der verschiedene Fächer unterrichtet,
– in einigen Fächern kann, anders als in den Primarschulen, in denen leistungsheterogene Unterrichtsgruppen die Norm sind, eine Leistungsdifferenzierung erfolgen.

Lehrer und Lehrerausbildung

Die Lehrer im Sekundarbereich sind entweder Fachlehrer, die einen ersten Hochschulabschluss in ihrem Unterrichtsfach und anschließend im Rahmen eines einjährigen erziehungswissenschaftlichen Aufbaustudiums ein *Postgraduate Certificate of Education* (PGCE) erworben haben, oder Generalisten mit einem ersten Hochschulabschluss in mehreren Fächern und in Erziehungswissenschaften. Beide Ausbildungswege enthalten umfangreiche Unterrichtspraktika. Gegenwärtig setzt der Lehrberuf einen Hochschulabschluss voraus. Die meisten Sekundarschullehrer unterrichten nur ein Fach. Ausnahmen sind die Lehrer der modernen Fremdsprachen, die häufig mehr als eine Sprache unterrichten (insbesondere wenn ihre „Hauptsprache" im Curriculum eine Minderheitensprache ist) sowie die Lehrer der naturwissenschaftlichen Fächer, die häufig allgemeine Naturwissenschaften unterrichten müssen. Gelegentlich unterrichten geisteswissenschaftliche Lehrkräfte mehrere Fächer. Staatsbürgerschaft (*citizenship*), ein neues Fach im Sekundarschulcurriculum, soll vorrangig von Geschichtslehrern unterrichtet werden. Einige Geschichtslehrer, die bedauern, dass Geschichte nicht mehr ein Pflichtfach in Schlüsselphase 4 ist, sehen Vorteile darin, zusätzlich Staatsbürgerschaft unterrichten zu können.

Aktuelle Diskussionen und Entwicklungsperspektiven

Die Ausbildung im schulischen Bereich ist nun in eine relativ stabile Phase eingetreten. Hinsichtlich vieler wichtiger und schwieriger Reformen wurden Entscheidungen getroffen. Die Lehrkräfte, Eltern und Schüler haben sich an das vorgeschriebene Curriculum, an nationale Prüfungen, an die Rechenschaftspflicht und an regelmäßige Inspektionen und Evaluationen gewöhnt. Natürlich werden einzelne
Schulen erheblichen Herausforderungen entgegentreten müssen. Dies gilt insbesondere für Schulen in benachteiligten Gebieten, in denen gegenüber Bildung Skepsis
herrscht. In einer dezidiert multikulturellen Nation gibt es Spannungen, die von
enormer und hochsensibler Komplexität sind und mit denen einige Schulen, insbesondere im Innenstadtbereich, konfrontiert werden. In vielen innerstädtischen Schulen haben sprachliche Probleme ein großes Gewicht. Diese Schulen kämpfen um
eine Anerkennung der Vielfalt. Gleichzeitig streben sie an, allen Schülern ein hohes
Leistungsniveau in den nationalen Prüfungen zu ermöglichen, deren Ergebnisse in
Ranglisten veröffentlicht werden. Unter den Lehrkräften herrscht teilweise Frustration, da ihre erzielten Erfolge in den Leistungsindikatoren keinen Platz haben, obwohl sie unter schwierigen Bedingungen eine ausgezeichnete Arbeit leisten. Die
Schüler müssen am Ende der Schlüsselphase 3 unter den Fächern, die in der Schlüsselphase 4 nicht mehr obligatorisch sind, eine Auswahl treffen. Zudem müssen sich
die Schüler hinsichtlich des breiten Spektrums beruflicher Qualifikationen, die neuerdings in England angeboten werden, entscheiden. Dies gilt zunehmend auch für
berufliche Praktika.

In England und Wales gibt es das Problem, dass Entscheidungen nie zugunsten einer
Situation getroffen werden, in der Beobachter sagen könnten: „Eine Schule ist eine
Schule ist eine Schule." Dieses Problem wird von den Regierungen, gleichgültig ob
rechts oder links, verschärft. Die Vielfalt bleibt nach wie vor ein grundlegendes Ziel
für das Bildungswesen. Die Schwachstellen des Bildungswesens sollen mithilfe des
Marktes ermittelt werden. „Leistungsschwache" Schulen mit schlechten Ofsted-Berichten können durch übergeordnete Schulleiter („*superheads*") übernommen werden, um schlecht abschneidende Einrichtungen „umzudrehen". Leistungsschwache
lokale Schulbehörden können von einem Privatunternehmen übernommen werden.
Die Macht der lokalen Schulbehörden, an die sich früher Schulleiter und Lehrkräfte
wegen Rat (und finanzieller Unterstützung) zuerst gewandt haben, wurde schrittweise verringert. Durch das Prinzip der lokalen Schulverwaltung haben die Schulleiter die vollständige Kontrolle über das Schulbudget erhalten. Häufig fehlt es ihnen
jedoch an den erforderlichen betriebswirtschaftlichen Fähigkeiten zur Leitung einer
Schule, die einem kleinen Unternehmen mit einem relativ hohen Jahresumsatz
gleichkommt.

Die künftige Politik wird mit Sicherheit die erforderliche Verbesserung des Leistungsniveaus in den Mittelpunkt stellen. Daher wird die Vermittlung der Grundkenntnisse im Lesen, Schreiben und Rechnen zentral bleiben, um die in der Primarstufe erzielten Erfolge auszubauen. Ferner ist wohl kaum damit zu rechnen, dass die
nationalen Prüfungen und die strenge Inspektion eingeschränkt werden. Gleichzeitig
blüht der Privatsektor. Es besteht weiterhin der Imperativ, weitere spezialisierte (u.a.
auch konfessionelle) Sekundarschulen zu gründen, um den Wettbewerb gegenüber

Schulen noch zu verstärken, die der Pressesprecher des Premierministers in einem unbedachten Augenblick als „*bog standard*"-Gesamtschulen (in etwa: „Gesamtschulmorast") bezeichnete.

Die attraktivere Gestaltung des Lehrberufs für gut qualifizierte Hochschulabsolventen sollte ein vordringliches Anliegen der Politiker sein. Im Vereinigten Königreich ist das Gehalt der Lehrkräfte nicht besonders hoch. Hinzu kommt, dass Lehrkräfte einem ständigen Druck durch Tests, Evaluationen, Inspektionen, Rechenschaftspflichten und die allgemeine Bürokratie ausgesetzt sind. Folglich ist dieser Beruf für gute Hochschulabsolventen nicht besonders anziehend. Dieser bedauerliche Zustand, der für die Zukunft des Bildungswesens im Vereinigten Königreich insgesamt entscheidend ist, wurde jedoch von den verschiedenen Regierungen nicht angegangen.

Das Bildungswesen hat seit Mitte der 1970er Jahre in der nationalen politischen Tagesordnung einen wichtigen Platz eingenommen: James Callaghan, der Premierminister der Labour-Partei thematisierte in seiner berühmten Rede am Ruskin College in Oxford verschiedene grundlegende Probleme (wie beispielsweise ein gemeinsames Curriculum), mit denen sich die Zentralregierung zuvor nicht befasst hatte. Es bedurfte dann einer starken konservativen Regierung (ab 1979), um die Gesetze einzuführen, die in Stuart Maclure's Worten, „*redesigned the educational chessboard*" in England und Wales (das bildungspolitische Schachbrett in England und Wales) neu gestalteten.

Das Mantra des Premierministers Tony Blair ist 'Bildung, Bildung, Bildung'. Diese Ermahnung ist nicht neu: Es stammt aus dem 19. Jahrhundert und geht auf den radikalen Vorkämpfer und liberalen Abgeordneten Richard Cobden zurück. Er war der Ansicht, dass politische Veränderungen entscheidend von der Volksbildung abhingen, was die Vereinigten Staaten sehr gut begriffen hätten. Im Grunde gleichen sich die Botschaften: Das künftige wirtschaftliche Wohlergehen des Landes hängt von der Verbesserung des Bildungswesens ab. Somit wurde das Bildungswesen im Jahr 1996 zu einer Hauptstütze der Wahlkampagne. Das Bildungswesen war „*Labour's number one priority*" (erste Priorität der Labour-Partei), blieb dies auch während der Unterhauswahl von 2001 und stellt nun für die Gesetzgebung im neuen Parlament eine vordringliche Priorität dar.

Literatur

BARBER, M.: The Making of the 1944 Education Act, London 1994.

BENN, C./CLYDE, CH.: Thirty Years On: Is Comprehensive Education Alive and Well or Struggling to Survive? London 1996.

BROCK, C./TULASIEWICZ, W. (Hrsg.): Education in a Single Europe. London 2000.

DOCKING, J. (Hrsg.): New Labour's Policies for Schools. Raising the Standard? London 2000.

DUNFORD, J. E.: Her Majesty's Inspectorate of Schools Since 1944. Standard Bearers or Turbulent Priests? London 1998.

EDUCATION ACT, (1944), London (HMSO), Ch. 31.

EDUCATION REFORM ACT *1988* (1988), London (HMSO) Ch. 40.

FOWLER, W. S.: Towards the National Curriculum: Discussion and Control in the English Educational System, 1965-1988. London 1988.

KNIGHT, CH.: The Making of Tory Education Policy in Post-War Britain, 1950 bis 1986. London 1990.

LAWTON, D.: Education and Politics in the 1990s: Conflict or Consensus? London 1992.

LAWTON, D.: The Tory Mind on Education, 1979-94. London 1994.

MACKINNON, D./STATHAM, J.: Education in the UK. Facts and Figures. London 1999.

MACLURE, J. S.: Educational Documents: England and Wales, 1816 to the Present Day. London 1986.

MACLURE, J. S.: Education Re-Formed. London 1988.

MACLURE, J. S.: The Inspectors' Calling. HMI and the Shaping of Educational Policy 1945-1992. London 2000.

PHILLIPS, D. (Hrsg.): The Education Systems of the United Kingdom. Wallingford 2000.

THE NATIONAL CURRICULUM FOR ENGLAND. London 1999 (DfEE/QCA) (Box containing: The National Curriculum: Handbook for Primary Teachers in England; The National Curriculum: Handbook for Secondary Teachers in England; and 12 National Curriculum subject booklets).

TOMLINSON, S.: Education in a Post-Welfare Society. Buckingham 2001.

England und Wales

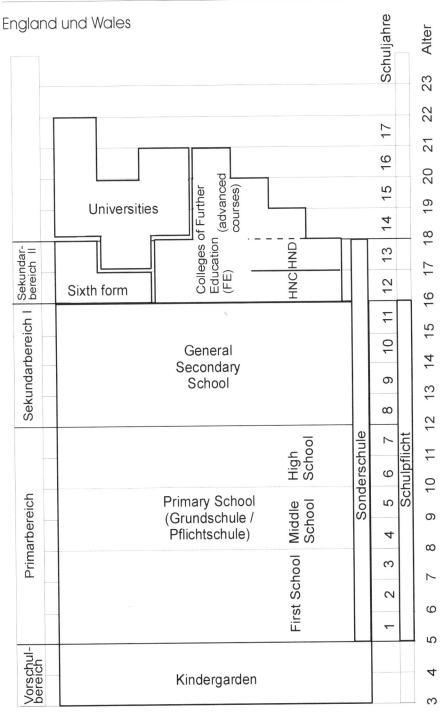

EXKURS: NORDIRLAND UND SCHOTTLAND[1]

Schulsystem Nordirland

Gegenüber den übrigen Teilen des Vereinigten Königreichs weist das Schulsystem Nordirlands (1,7 Millionen Einwohner, davon 54% Protestanten und 42% Katholiken) Besonderheiten auf, die sich vor allem im Beginn der Schulpflicht, in der Struktur des Sekundarbereichs und in einem differenzierten System der Schulträgerschaft zeigen. Die Schulpflicht beginnt in Nordirland bereits mit dem vierten (im übrigen Königreich mit dem fünften) Lebensjahr. Auf der Grundlage der Schulgesetze von 1944 und 1947 wurde im nordirischen Schulsystem bis zur Gegenwart die Zweiteilung des Sekundarbereichs (*post-primary education*) in Gymnasien (*grammar schools*) und Sekundarschulen (*secondary schools*) beibehalten. Die Zukunftsfähigkeit dieser Zweiteilung ist in den letzten Jahren Gegenstand zahlreicher Debatten in Politik und Öffentlichkeit. In administrativer Hinsicht existieren unter der Aufsicht des nordirischen *Department of Education* und in unterschiedlicher Anbildung an die regionalen Schulverwaltungen (*Education and Library Boards*) derzeit vier Hauptsysteme: 1. die staatlichen Schulen (*controlled schools*) in der Trägerschaft der *Education and Library Boards* und mit Aufsichtsräten, die überwiegend von den protestantischen Kirchen bestellt werden; 2. die Schulen in katholischer Trägerschaft (*catholic maintained schools*); 3. die „freien Schulen" (*voluntary schools*), die entweder von der katholischen oder von einer protestantischen Kirche verwaltet werden; 4. die in den letzten Jahren entstandenen überkonfessionellen Schulen (*integrated schools*). Seit den 1980er Jahren haben zudem Schulen mit Gälisch (Irisch-Gälisch) als Unterrichtssprache sowie zweisprachige (gälisch-englischsprachige) Schulen an Bedeutung gewonnen.

Literatur

DEPARTMENT OF EDUCATION NORTHERN IRELAND: Structure of the Education System in Northern Ireland. Belfast 2000.

NORTHERN IRELAND ASSEMBLY, Committee for Education: Report on the Review of Post-Primary Education in Northern Ireland. Session 2001/2002 First Report. Belfast 2001.

---

[1]   Zusammengestellt von Wendelin Sroka.

Schulsystem Schottland

Das Schulsystem Schottlands (5,1 Millionen Einwohner) unterscheidet sich traditionell in einigen Bereichen von demjenigen in England und Wales. Die Unterschiede zeigen sich unter anderem im späteren Zeitpunkt des Übergangs von der junior school in die secondary school – in Schottland wechseln die Kinder üblicherweise erst im Alter von zwölf Jahren – und in der Entwicklung eigener Curricula, darunter des „5-14 Programme", eines Rahmencurriculums für die junior school und die ersten beiden Jahre der secondary school. Seit Beginn der 1980er Jahre hat ferner die Pflege der gälischen Sprache (Schottisch-Gälisch) und Kultur in den Schulen auf den Hebriden und in weiteren Gebieten Schottlands mit gälischsprachiger Bevölkerung erheblich an Bedeutung gewonnen.

Die wachsende politische Autonomie – Schottland verfügt seit 1999 über ein eigenes Parlament und über ein eigenes Ministerium für Bildung und Jugend – schlägt sich in den letzten Jahren in zunehmender Eigenständigkeit auch im Bereich der Schulpolitik nieder. Zu den Schwerpunkten dieser Politik zählt die Verbesserung der vorschulischen Erziehung – gegenwärtig besuchen bereits 80% der Dreijährigen und 97% der Vierjährigen eine vorschulische Einrichtung – sowie die Steigerung der Schulqualität. Letzterem diente das im Juni 2000 vom Schottischen Parlament verabschiedete Gesetz über Schulstandards, das einen umfangreichen Maßnahmenkatalog zur schulischen Qualitätssicherung auflistet. Der Katalog umfasst die Pflicht der Schulen, einen Schulentwicklungsplan zu erarbeiten, die Fortentwicklung des Systems der Selbstevaluierung der Schulen sowie die Einrichtung einer zentralen schottischen Schulinspektion (HM Inspectorate of Education) zur kontinuierlichen Überprüfung der Schulstandards. Im März 2002 initiierte das Ministerium für Bildung und Jugend zudem eine nationale Debatte über die Zukunft der schulischen Bildung, die als Grundlage einer neuen schulpolitischen Strategie dienen soll. Bislang gibt es kaum Anzeichen dafür, dass die in England geplante grundlegende Veränderung des Systems der comprehensive schools in Schottland eine Entsprechung finden wird.

Literatur

HM INSPECTORATE OF EDUCATION (Scotland): Standards and Quality in Primary and Secondary Schools: 1998-2001. Edinburgh 2002.

SCOTTISH GOVERNMENT: The National Debate on Education.
http://www.scotland.gov.uk/nationaldebate

SCOTTISH PARLIAMENT: Standards in Scotland's Schools Act, passed on 7 June 2000. Edinburgh 2000.

Väino Rajangu

ESTLAND

Entwicklung des Bildungswesens

Die Anfänge der Schulbildung in Estland gehen in das 13. und 14. Jahrhundert zurück, als bei Kirchen und Klöstern erste lateinischsprachige Lehranstalten gegründet wurden. Im Jahre 1575 erschien das erste estnischsprachige ABC-Buch und im Jahre 1632 wurde die erste Hochschule (*Academia Gustaviana)*, die Vorgängerin der heutigen Universität Tartu (Dorpat) gegründet. Die ersten gebildeten Schulmeister kamen aus dem zweijährigen B.G. Forselius-Seminar, das in den Jahren 1684 bis 1688 in der Nähe von Tartu bestand. Ende des 18. Jahrhunderts konnten zwei Drittel der Bauern lesen, schreiben aber konnte kaum jemand. In den Jahren 1870 bis 1880 wurde die dreijährige Schulpflicht eingeführt und nach den Angaben der Volkszählung des Jahres 1881 konnten fast alle Bauern lesen, 30 bis 40% auch schreiben. Im Jahre 1940 und – nach der „Pause" der Kriegsjahre – wieder seit 1944, begann die Einführung des sowjetischen Schulsystems.

Seit dem Jahre 1988 begann man in Estland ein eigenständiges Bildungswesen zu entwickeln und das sowjetische Schulsystem aufzugeben. Nach der Unabhängigkeitserklärung Estlands am 20. August 1991 wurde die begonnene Arbeit kontinuierlich weitergeführt. Am 23. März 1992 wurde dann das Bildungsgesetz der Republik Estland verabschiedet, das seit 30. März 1992 in Kraft getreten ist. Das Grundgesetz der Republik Estland, verabschiedet am 28. Juni 1992 durch Volksabstimmung, bestimmt:

- „Jedermann hat das Recht auf Bildung. Die Schulpflicht gilt für Kinder im Schulalter im in der Gesetzgebung vorgesehenen Maße und der Unterricht ist in den staatlichen und kommunalen allgemein bildenden Schulen kostenlos.
- Um die Bildung zugänglich zu machen, wird von Staat und Kommunen die benötigte Zahl der Schulen unterhalten. Auf der gesetzlichen Basis können auch andere Lehranstalten, darunter Privatschulen eröffnet und unterhalten werden.
- Das Entscheidungsrecht bei der Schulwahl für das Kind gehört den Eltern.
- Jedermann hat das Recht auf estnischsprachige Schulbildung. Die Unterrichtssprache in einer Lehranstalt der Minderheitsvölker wird von der Lehranstalt gewählt.
- Das Bildungswesen steht unter staatlicher Aufsicht."

Organisation des gegenwärtigen Schulsystems

Grundlegende Prinzipien

Diese Punkte bilden die vom Grundgesetz bestimmten Richtlinien für die heutige Bildungsorganisation in Estland und sind bestimmend für folgende Prinzipien der Bildungsorganisation:

- der Staat und die Kommunen gewährleisten jedem in Estland die Möglichkeit, unter den gesetzlich bestimmten Bedingungen die Schulpflicht zu erfüllen und weitere Bildung zu erwerben;
- innerhalb der Grenzen Estlands gewährleisten der Staat und die Kommunen die Möglichkeit, in allen Stufen in öffentlichen Lehranstalten und Universitäten eine estnischsprachige Bildung zu erhalten;
- die Republik Estland gewährleistet den Unterricht der estnischen Sprache in allen anderssprachigen Lehranstalten und Lehrgruppen; die Teilnahme am Religionsunterricht ist freiwillig;
- der Aufbau des Bildungswesens und der staatliche Bildungsstandard schaffen für jedermann die Möglichkeit, von einer Bildungsstufe auf die nächste überzugehen;
- wirtschaftliche Fragen der Bildungsanstalten werden getrennt von der pädagogischen Steuerung und Kontrolle gehandhabt;
- der Erwerb der Sekundarbildung in öffentlichen Lehranstalten ist kostenlos.

In den Bildungseinrichtungen werden folgende Unterrichtsformen angeboten: Tagesstudium, Fernstudium, externe Vorbereitung auf eine Abschlussprüfung, Haus- und Individualunterricht. Theoretisch können noch weitere Formen angeboten werden. Die Unterrichtsform wird durch das Statut der Bildungseinrichtung bestimmt. Bei der Leitung des Bildungswesens wird vom Prinzip einer zweckbestimmten Dezentralisierung ausgegangen.

Gesetzliche Grundlagen

Die Prinzipien der Bildungsgesetzgebung werden auf bestimmte Typen von Bildungsanstalten ausgeweitet.

Im Bereich Bildung gibt es vor allem die folgenden Gesetze: das Privatschulgesetz (vom 03.06.1998), das Vorschulgesetz (vom 09.06.1993), das Hauptschul[1]- und Gymnasialgesetz (vom 15.09.1993), das Erwachsenenbildungsgesetz (vom 10.11.1993), das Wissenschaftsorganisationsgesetz (vom 26.03.1997), das Universitätsgesetz (vom 12.01.1995), das Gesetz über die Universität Tartu (vom 16.02.1995), das Berufschulgesetz (vom 17.06.1998) und das Fachhochschulgesetz (vom 10.06.1998). Eng mit dem Bildungswesen verbunden sind auch das Sprachgesetz (vom 21.02.1995) sowie das Kulturautonomie- und Minderheitengesetz (vom 26.10.1993). Die in den Jahren 1993-1995 verabschiedeten Gesetze decken fast das ganze Bildungswesen ab. Die einzige Ausnahme ist das Fachhochschulgesetz, das wegen heftiger Diskussionen erst im Jahre 1998 verabschiedet wurde.

Neuverabschiedete Gesetze bringen es mit sich, dass ältere Gesetze korrigiert werden müssen. So hat das Universitätsgesetz Veränderungen im Bildungsgesetz und im Privatschulgesetz notwendig gemacht, die dann auch verabschiedet worden sind. Einige der genannten Gesetze wurden in der Zwischenzeit mehrfach verändert: das Privatschulgesetz, das Wissenschaftsorganisationsgesetz und das Berufsschulgesetz. Ergänzungen in den schon verabschiedeten Gesetzen sind im Allgemeinen durch die dynamische Entwicklung der Gesellschaft, aber auch durch zu große Eile bei der

---

[1] neunjährige Schule (Klassen 1-9)

Abfassung der Gesetze bedingt. Je später ein bestimmter Bereich des Bildungswesens gesetzlich reguliert worden ist, desto mehr hat es Probleme und
Widersprüche in jenem Bereich gegeben. Die Fachhochschule ist ein neuer Typus
von Bildungsanstalt in Estland, deren Beziehungen zu benachbarten Schultypen
sowie die offenen Probleme weitgehend noch ungeklärt sind; so lässt sich auch die
Verzögerung bei der Verabschiedung des entsprechenden Gesetzes erklären.

Überblick über die Struktur des Schulsystems

Das allgemein bildende Schulsystem setzt sich aus der 9-jährigen „Hauptschule"
(*pöhikool*) für die Altersjahrgänge 7-15 und dem 3-jährigen Gymnasium (*gümnaasium*) zusammen. Das Schuljahr beginnt jeweils am 1. September. Der Besuch der
vorausgehenden Vorschuleinrichtungen für 5-6-jährige Kinder beruht auf freiwilliger Grundlage. Dies gilt auch für die Einrichtungen, in denen 1-4-jährige Kinder
betreut werden.

Mit dem im Jahre 1989 verabschiedeten ersten Sprachgesetz wurde das Estnische als
alleinige Staatssprache in Estland anerkannt. Damals gehörte Estland noch zur
Sowjetunion und war die erste Sowjetrepublik, in der die Staatssprache gesetzlich
festgelegt wurde. Wegen der seither eingetretenen allgemein-gesellschaftlichen
Wandlungen sind auch Gesetzesänderungen bezüglich des offiziellen Sprach-
gebrauchs erforderlich geworden. Am 21. Februar 1995 erklärte die Staatsver-
sammlung (Parlament) das Gesetz vom Jahre 1989 für ungültig und verabschiedete
ein neues Sprachgesetz. Es definiert alle Sprachen außer dem Estnischen als Fremdsprachen. Die Beherrschung des Estnischen wird für Mitarbeiter der staatlichen,
kommunalen und anderen Behörden, die dienstliche Kontakte mit der Bevölkerung
haben, von der Verwaltung der Republik Estland als erforderlich festgelegt. Die
staatlichen und kommunalen Behörden garantieren estnischsprachige Bildung in allen ihnen unterstehenden Bildungseinrichtungen, ebenso wie fremdsprachige Bildung gemäß der Gesetzgebung. So bestimmt das Hauptschul- und Gymnasialgesetz
vom Jahre 1993 (§ 9): „Die Unterrichtssprache in der Schule ist Estnisch. In der
Grundschule kann eine andere Sprache Unterrichtssprache sein; in der kommunalen
Schule wird sie von der kommunalen Verwaltung bestimmt und in der staatlichen
Schule vom Bildungsministerium. In der Schule oder in der Klasse, wo eine andere
Sprache als Estnisch Unterrichtssprache ist, soll Estnisch ab der 3. Klasse gelernt
werden." Ferner legte dieses Gesetz fest, dass bis zum Jahre 2000 in den staatlichen
und kommunalen Gymnasien (nicht aber in den Privatgymnasien) der Übergang zur
estnischen Unterrichtssprache vollzogen sein sollte. Diese Entscheidung löste viele
politische Diskussionen aus, in deren Ergebnis die Übergangsfrist durch Gesetzesänderung zuerst bis zum Jahre 2004 danach aber bis 2007 aufgeschoben wurde.

Aus der sowjetischen Periode sind neben den estnischsprachigen Schulen russischsprachige Schulen erhalten geblieben. Im Schuljahr 2000/2001 erhielten 73% der
Lernenden ihren regulären Unterricht in der estnischen und 27% in der russischen
Sprache. Estnischsprachige Bildungseinrichtungen werden auch von Angehörigen
anderer Nationalitäten besucht.

Neben den rein estnischsprachigen und den rein russischsprachige Schulen gibt es
auch solche, in denen Klassen mit jeweils estnischsprachigem bzw. russischsprachigem Unterricht eingerichtet sind. Diese Schulen befinden sich hauptsächlich in den

Regionen, in denen die Zahl der Schüler verhältnismäßig gering ist. Das Netz der
estnischsprachigen Schulen ist über das ganze Land verstreut, während sich die russischsprachigen Schulen hauptsächlich in den Städten der Bezirke Harjumaa und
Ida-Virumaa befinden. Städtische Schulen sind in der Regel größer als Schulen auf
dem Lande; daraus erklärt sich, dass der Anteil der Schulen mit russischsprachigem
Unterricht größer ist als der Anteil der Schüler mit russischer Muttersprache. Unter
den Schülern in beruflichen Lehranstalten (insgesamt 28.000) lernten im Schuljahr
2000/2001 ca. 18.000 oder 63,5% auf Estnisch und 10.000 oder 36,5% auf Russisch.
Unter den Absolventen beruflicher Bildungsanstalten im Jahre 2000 (insgesamt
8.600) hatten 5.800 oder 67% ihre Ausbildung in estnischer und 2.800 oder 33% in
russischer Sprache erhalten. An den Hochschulen gibt es in allen Fachrichtungen die
Möglichkeit eines estnischsprachigen Studiums (im Studienjahr 2000/01 ca. 49.000
oder 86% von insgesamt 56.700 Studierenden), 6.500 oder 12% absolvierten ihr Studium in russischer und 1.200 oder 2% in englischer Sprache. Die Möglichkeit eines
englischsprachigen Studiums wurde erst in den letzten Jahren, vor allem in neu er-
richteten privaten Hochschulen geschaffen. Im Allgemeinen kann behauptet werden,
dass sich die Kenntnisse der estnischen Sprache unter den Absolventen der russischsprachigen allgemein bildenden Schulen seit der Wiedererlangung der Unabhängigkeit ständig verbessern. Damit erhöhen sich ihre Studienchancen an estnischsprachigen Bildungseinrichtungen und verstärkt sich ihre Integration in die estnische Gesellschaft. Dazu muss besonders erwähnt werden, dass der Unterricht im
Fach Estnische Sprache in der russischsprachigen Schule didaktisch und methodisch
umgestaltet wurde und den Charakter eines Zweitsprachenunterrichts erhalten hat.

Berufliche Bildung

Der gesetzliche Status und die Arbeitsordnung der beruflichen Bildungseinrichtungen (im weiteren Berufsschulen genannt) bestimmt das am 14. Juni 1995 verabschiedete Berufsschulgesetz. Dieses Gesetz bestimmt die Vorgehensweise, die bei
der Gründung, Vereinigung, Aufteilung und Schließung von Berufsschulen zu beachten ist. Auch die Verwaltungs- und Finanzierungsgrundsätze der Lehranstalten,
die Formen und Bedingungen des Berufs- und Fachausbildungserwerbs sowie die
grundlegenden Pflichten der Berufsschüler werden im Gesetz festgelegt. Die 3-jäh-
rigen Berufsschulen (kutseõppeasutus) sollen den Auszubildenden die Möglichkeit
zum Erwerb von für Beruf und Beschäftigung notwendigen Kenntnissen, Fähigkeiten und ethischen Prinzipien sicherstellen. Bei der Planung der beruflichen Ausbildung sowie der darauffolgenden Weiterbildung werden die gesellschaftlichen und
arbeitsmarktbezogenen Bedingungen berücksichtigt.
Es gibt Berufsschulen mit unterschiedlichen Zulassungsvoraussetzungen: für manche wird ein Hauptschulabschluss verlangt, während andere den Abschluss einer
oberen Sekundarschule voraussetzen. Es gibt auch Schulen, in denen auf der Basis
beider Bildungsniveaus unterrichtet wird. Unter bestimmten Bedingungen kann in
diesen Berufsschulen auch ein allgemein bildender Abschluss erworben werden. Das
Berufsschulgesetz umfasst kommunale und staatliche Berufsschulen. Private Schulen werden nach dem Privatschulgesetz geregelt. Der Name der Lehranstalt bringt
den Standort und die Hauptfachrichtung der Schule zum Ausdruck. Die Verwaltung
staatlicher Schulen unterliegt dem Bildungsministerium. Der Unterricht in den Be-

rufsschulen richtet sich nach staatlichen Lehrplänen. Diese bestimmen die Aufgaben der Berufsbildung, die Anforderungen an das Bildungsniveau der Ausbildungsanfänger sowie der Abgänger, das Verzeichnis der verbindlichen Ausbildungsfächer und den Gesamtumfang der Ausbildung. Die Lehrpläne werden von der Regierung verabschiedet. Die Ausbildungsordnung der einzelnen Berufsschulen enthält Angaben zum Umfang und dem allgemeinen Inhalt der Ausbildungsfächer, den Wahlmöglichkeiten und -bedingungen sowie zu den Anforderungen bezüglich Zulassung und Abschluss, darunter der Abschlussarbeit. Für alle Fächer werden eigene Stundentafeln verfasst.

Um eine Übereinstimmung mit den Bedürfnissen der Gesellschaft und des Arbeitsmarktes zu erzielen, wurden Berufsräte zusammengestellt, die aus Vertretern der Arbeitgeber- und Arbeitnehmerorganisationen des jeweiligen Berufsbereichs, der Berufsorganisationen und der Regierung bestehen. Die Mitglieder der Berufsräte werden auf Vorschlag des Sozialministers von der Regierung ernannt. Die Berufsräte machen der Regierung Vorschläge zur Abfassung von Stundentafeln für berufliche Fachrichtungen und üben Einfluss auf die Gestaltung der Weiterbildung aus.

Fachhochschulen und Universitäten

Die Hochschulen gliedern sich in Universitäten (*ülikool*) und Fachhochschulen (*rakendurkörgkool*). Die Universität ist eine wissenschaftliche Einrichtung, an der Lehr- und Forschungstätigkeit betrieben wird und alle Stufen der Hochschulbildung erworben werden können. Die Fachhochschule ist demgegenüber eine nicht-universitäre Bildungsinstitution, die zwar keine akademischen Grade verleiht, wohl aber den Erwerb eines Hochschuldiploms ermöglicht. Eine Sonderform der Fachhochschule ist die Militärakademie, für die besondere Annahme-, Ausbildungs- und Abschlussbedingungen gelten. Private Hochschulen finanzieren sich über private Mittel, und ihre Tätigkeit wird entsprechend dem im Jahre 1993 verabschiedeten Gesetz über die privaten Bildungsanstalten geregelt.

In Estland gibt es sechs staatliche Universitäten. Die älteste ist die Universität Tartu (Dorpat), die bereits im Jahre 1632 gegründet wurde; die zweitälteste ist die Technische Universität Tallinn (Reval), gegründet im Jahre 1918. An den Universitäten werden Studiengänge zum Erwerb des Bakkalaureus-, Magister- und Doktorgrades angeboten. Die Regelstudienzeit des Bakkalaureusstudiums dauert drei bis vier Jahre, des Magisterstudiums zwei und des Doktorstudiums vier Jahre. Die sechs staatlichen Fachhochschulen, die sich in fünf Städten befinden, existieren in ihrer heutigen Form noch nicht lange (gegründet 1991-1992). Die meisten sind durch die Umwandlung ehemaliger Fachoberschulen entstanden. Die Regelstudienzeit beträgt drei bis vier Jahre. Die Zahl der privaten Hochschulen beträgt 21; die ersten wurden im Jahre 1989 gegründet.

Allgemein bildende Schulen

Die Unterrichtsinhalte an den Hauptschulen und Gymnasien werden nach dem Hauptschul- und Gymnasialgesetz durch staatliche und schuleigene Lehrpläne bestimmt, während für Anforderungen an die Leistungen der Schüler Bildungsstandards festgesetzt worden sind, deren Erarbeitung durch die Stundentafeln zeitlich fixiert ist. Der staatliche Lehrplan stellt das Grundlagendokument für den Bildungserwerb dar und enthält Erläuterungen über Bildungsziele, das Verhältnis des staatlichen Lehrplans zum Lehrplan der Schule, verbindliche Stundentafeln mit vorgeschriebenen Wochenstundenzahlen und Unterrichtsinhalten, Möglichkeiten und Bedingungen zur Wahl der Unterrichtsfächer, Anforderungen an die Unterrichtsstufen und an den Schulabschluss. Der Lehrplan der Schule enthält Erläuterungen über spezifische Bildungsziele in der Schule, die Zeitplanung des Unterrichts in der Schule, genauere Angaben zu den Inhalten der Pflichtfächer, Angebote, Inhalte und Wahlbedingungen der Wahlpflichtfächer sowie die Unterrichtsbedingungen für die Wahlfächer. Dieser Lehrplan wird vom Direktor der jeweiligen Schule nach Übereinstimmung mit dem Schulrat und dem Vorstand der Schule bestätigt.

Die Stundentafel für die Hauptschule und das Gymnasium wird für jedes Unterrichtsjahr in einer Verordnung des Bildungsministeriums überprüft und modifiziert. Das Unterrichtsjahr enthält mindestens 175 Pflichtschultage. Die maximal zulässige Wochenstundenzahl beträgt für die Schüler der 1. Klasse 20, der 2. Klasse 23, der 3. Klasse 25, der 4. Klasse 25, der 5. Klasse 28, der 6. Klasse 30, der 7. Klasse 30, der 8. Klasse 32, der 9. Klasse 34, der 10. Klasse 35, der 11. Klasse 35 und der 12. Klasse 35 Stunden. Eine Unterrichtsstunde dauert 45 Minuten.

Die Leistungen der Schüler werden vierteljährlich zensiert und in entsprechenden Zeugnissen bestätigt. Fächer mit nur einer Wochenstunde müssen nur halbjährlich zensiert werden. Im Gymnasium kann diese Regelung durch Beschluss des Schulrates auf alle Fächer ausgeweitet werden. Wahlpflichtfächer müssen in dem hierfür vorgesehenen Umfang angeboten werden, werden aber nicht zensiert. Die Wahlpflicht- und Wahlfächer sind nicht in der staatlichen Stundentafel enthalten, sondern werden von der Schule bestimmt. Dadurch erfahren die Gymnasien eine Spezialisierung beispielsweise in geisteswissenschaftlicher oder naturwissenschaftlich/technischer Richtung. Bei der Auswahl der Fächer werden die Wünsche der Schüler sowie die Möglichkeiten der Schule berücksichtigt.

Entsprechend dem Unterrichtsbeginn in den Klassenstufen werden die Fremdsprachen als A- ,B- und C-Sprache bezeichnet. Die A- und B- Sprache werden von der Schule unter Russisch, Englisch, Deutsch und Französisch ausgewählt. Die C-Sprache kann von der Schule frei gewählt werden, wobei die Entscheidung vom Schulrat gefällt wird. Ab der 10. Klasse können die Schüler statt Russisch eine andere A- oder B-Sprache wählen. Dabei soll ihnen jedoch die Möglichkeit erhalten bleiben, weiterhin Russisch zu lernen. Das Fach Sozialkunde beschränkt sich in der 7. Klasse auf Gesundheitslehre und weitet sich in den Gymnasialklassen auf Psychologie und Familienkunde aus. Das Angebot des Religionsunterrichts steht frei. Sobald jedoch 25 Schüler einer städtischen bzw. zehn Schüler einer ländlichen Schule den Wunsch nach diesem Fach äußern, muss die Schule den Unterricht anbieten. Wirtschaftslehre wird in Gymnasien abhängig von Lehrer- und Lehrmittelkapazität wöchentlich mit zwei Wahlpflicht- bzw. Wahlstunden gelehrt.

Wenn es in einer Klasse mehr als 25 Schüler gibt, wird die Klasse für den Fremdsprachenunterricht in zwei Gruppen geteilt. Falls die Schüler einer Klasse verschiedene Fremdsprachen lernen, beträgt die Mindestgröße einer Gruppe neun Schüler. Bei einer kleineren Anzahl werden Schüler aus unterschiedlichen Klassen in einer Lerngruppe zusammengefasst, oder die in der Stundentafel vorgesehene Wochenstundenzahl wird um die Hälfte reduziert. In Gymnasialklassen mit mehr als 25 Schülern können die Wahlfachstunden in diesen Gruppen durchgeführt werden. Pro Klasse werden nicht mehr als 50 Wochenstunden gerechnet (40 Wochenstunden, falls es in der Klasse weniger als 25 Schüler gibt).

Das Fach Werken wird ab der 5. und Sport ab der 6. Klasse für Jungen und Mädchen getrennt unterrichtet. Gruppen der Parallelklassen oder nachfolgender Klassen können zusammengelegt werden, falls eine Gruppe die Größe von 24 Schülern nicht erreicht. In den kleineren Schulen ohne Parallelklassen darf die zusammengelegte Gruppe nicht größer als 15 Schüler sein. Eine reine Mädchen- bzw. Jungenklasse wird in Gruppen geteilt, falls sie größer als 25 Schüler ist. Die Stundentafel kann in den Klassen 1-9 im Umfang von drei Stunden und in den Klassen 10-12 im Umfang von zwei Stunden umverteilt werden. Dabei muss aber ausreichender Wissenserwerb gewährleistet sein und die vorgeschriebene Wochenstundenzahl darf nicht überschritten werden. Von den drei Wochenstunden Sport in der 11. und 12. Klasse wird für Jungen eine Stunde für Übungen der Landesverteidigung gewidmet, während die Mädchen zusätzlich eine Stunde Gesundheits- und Familienlehre haben. In der 10. und 11. Klasse können von der Schule zehn Tage pro Schuljahr für Praktika vorgesehen werden.

In den Hauptschulen und Gymnasien gibt es Klassen mit erweitertem Fremdsprachen-, Musik-, Kunst-, Mathematik- und Physikunterricht. Für solche Klassen, ebenso wie für russischsprachige Schulen, sind eigene Stundentafeln ausgearbeitet. Die Stundentafeln der russischsprachigen Schulen unterscheiden sich von denen der estnischsprachigen durch die Anzahl der Unterrichtsstunden für Estnisch, Russisch und Fremdsprachen.

Aktuelle Diskussionen und Entwicklungsperspektiven

Nach dem gegenwärtig geltenden Bildungsgesetz ist das Bildungswesen nach Schultypen strukturiert, doch ist beabsichtigt, es künftig an horizontalen Bildungsstufen zu orientieren. Im Jahre 1996 wurde in den allgemein bildenden Schulen der Übergang zu den neuen Lehrplänen vollzogen. Ab 2004 sind Novellierungen beabsichtigt. Im Zusammenhang mit dem hohen Geburtenrückgang und der entsprechenden Rückläufigkeit schulpflichtiger Kinder sind die kleinen Landschulen von Schließung bedroht. Große Aufmerksamkeit wird darauf gerichtet, dass die Schulpflicht tatsächlich erfüllt wird. Aufgebaut wird ein schulisches Beratungssystem. Erhöht wurden die Lehrergehälter. Erarbeitet wurde ein neues System für die Ausbildung von Lehrern berufsbildender Einrichtungen; in diesen wird der Übergang zu neuen Lehrplänen mit Ziel einer breiteren Qualifizierung der Auszubildenden fortgesetzt. Ein Teil der staatlichen Berufslehranstalten ist in die Trägerschaft der Landkreise überführt worden, was zur Errichtung regionaler Berufsausbildungszentren geführt hat.

Es ist beabsichtigt, den Inhalt des Begriffs „Universität" neu zu definieren. Während bis jetzt jede Hochschule, an der wenigstens in einer Disziplin ein Bakkalaureusstudium angeboten wird, sich als „Universität" bezeichnen darf, werden sich künftig nur solche Wissenschafts-, Lehr- und Kulturanstalten „Universität" nennen dürfen, an denen alle Stufen der akademischen Lehre (d.h. Bakkalaureus-, Magister- und

Doktorstudium) in mehreren Fachrichtungen angeboten werden. An die Stelle des heutigen 3-4-jährigen Bakkalaureusstudiums soll ein 3-jähriges Studium treten, sodass Bakkalaureus- und Magisterstudium zusammen fünf Jahre dauern werden. Die neue Regelstudienzeit des Doktorstudiums wird drei bis vier Jahre betragen.

2001 wurden auch die Grundsätze des staatlichen Bildungsauftrags verändert, der heute Bakkalaureus-, Magister- und Doktorstudium umfasst und als Grundlage zur Finanzierung der Hochschulen dient. Zukünftig wird nur für Magister- und Doktorstudium ein staatlicher Bildungsauftrag vergeben, wobei die Absolventenzahl als Rechnungsgrundlage gelten wird.

Literatur

RAJANGU, V.: Das Bildungswesen in Estland: Grundlagen – Tendenzen – Probleme. Köln/Weimar/Wien 1993.

RAJANGU, V.: Higher education in Estonia. Bucharest: UNESCO Office in Bucharest (CEPES) 1997.

RAJANGU, V.: Das Bildungswesen im unabhängigen Estland. Entwicklungen in den neunziger Jahren. Köln/Weimar/Wien 1998.

HIGHER EDUCATION IN ESTONIA, Tallinn: Ministry of Education. Estonian Academic Recognition Information Center 2000.

HARIDUS. Education 2000/2001. Tallinn: Statistikaamet (Statistical Office of Estonia) 2001.

Estland

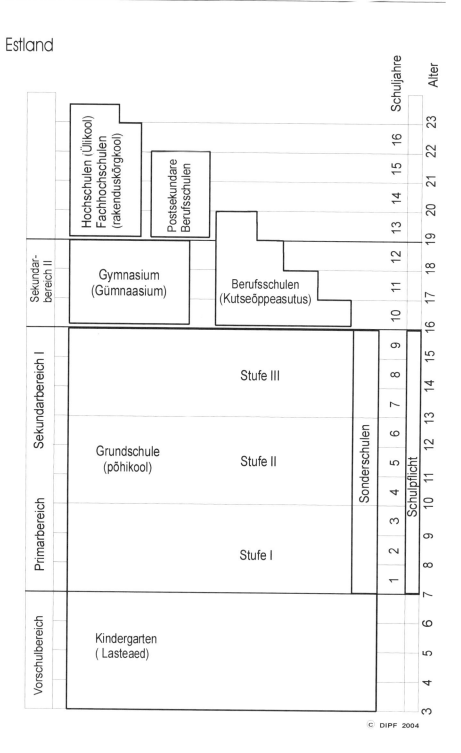

Hochschulen (Ülikool)
Fachhochschulen
(rakenduskõrgkool)

Postsekundare
Berufsschulen

Sekundar-
bereich II

Gymnasium
(Gümnaasium)

Berufsschulen
(Kutseõppeasutus)

Sekundarbereich I

Stufe III

Stufe II

Sonderschulen

Grundschule
(põhikool)

Primarbereich

Stufe I

Schulpflicht

Vorschulbereich

Kindergarten
(Lasteaed)

Schuljahre

Alter

© DIPF 2004

Wendelin Sroka

FÄRÖER INSELN

Die Färöer, eine Inselgruppe nordwestlich von Schottland mit knapp 50.000 Einwohnern, sind seit 1948 ein autonomes Land unter der dänischen Krone mit eigenem Parlament sowie eigener Regierung und Verwaltung. Die administrative Zuständigkeit für das Bildungswesen liegt beim Ministerium für Kultur. *Struktur und Curriculum des Schulsystems* der Färöer entsprechen weitgehend dem dänischen Schulsystem. Besonderheiten ergeben sich aus der überwiegend auf Fischfang und Fischverarbeitung ausgerichteten Wirtschaftsstruktur, aus den kulturellen Traditionen – Landessprache und tragende Säule der örtlichen Kultur ist das Färöische – und aus den demographischen Verhältnissen auf den 18 bewohnten Inseln.

Die Schulpflicht beginnt für Kinder im 7. Lebensjahr und dauert neun Jahre. Sie wird in der Regel in der Volksschule (*fólkaskúlin*) absolviert, die zehn Jahrgangsstufen umfasst. Um ein möglichst wohnortnahes Angebot der Grundbildung für alle schulpflichtigen Kinder sicherzustellen, ist die Bildungspolitik der Färöer darauf ausgerichtet, dass alle größeren Dörfer über eine eigene Volksschule verfügen. Der Unterricht wird im Färöischen erteilt, ab Klasse 3 kommt Dänisch und ab Klasse 5 Englisch hinzu. Der erfolgreiche Abschluss einer Prüfung am Ende der 9. Klasse ermöglicht den Übergang in das System der „oberen Sekundarschulbildung". Schüler ohne bestandene Übergangsprüfung können ihre Allgemeinbildung in der 10. Klasse der Volksschule fortsetzen.

Die *obere Sekundarschulbildung* umfasst folgende Bildungswege: Der Besuch der dreijährigen Oberschule (*studentaskúlin*) führt die Schüler zur allgemeinen Hochschulreife. Die Schüler haben dabei die Wahl zwischen einem mathematisch-naturwissenschaftlichen und einem sprachlichen Zweig. An den Handelsschulen (*handilsskúlin*) eröffnet ein einjähriger Kurs den Weg in die anschließende betriebliche Berufsausbildung. Die fachgebundene Hochschulreife kann nach dem erfolgreichen Abschluss des dreijährigen Bildungsgangs erworben werden. Die Technischen Fachschulen (*tekniski skúlin*) sowie die Fachoberschule für Fischerei (*fiskivinnuskúlin*) weisen in ihren Bildungsgängen analoge Strukturen auf.

Zu den *Einrichtungen der vollzeitschulischen Berufsausbildung*, die überwiegend in der Hauptstadt Torshavn gelegen sind, zählt die Haushaltsschule (*húsarhaldsskúlin*), die Schule für Schiffsköche (*kokkaskúlin*) und die Seefahrtsschule (*sjonvinnuskúlin*). An der Fachschule für Krankenpflege (*sjúkrasystraskulin*) werden in einem drei- bis vierjährigen Bildungsgang Krankenschwestern ausgebildet. Das *Hochschulwesen* umfasst Fachhochschulen für Seefahrt (*sjómansskúlin*), für Seefahrtstechnik (*maskinmeistarskúlin*) sowie die 1965 gegründete „Universität der Färöer-Inseln".

Literatur

FAROE ISLANDS BUSINESS ENVIRONMENT: Higher Education. Torshavn 2002.
FAROE ISLANDS BUSINESS ENVIRONMENT: The Education System. Torshavn 2001.
GUTTESEN, ROLF: Die Färöer – ein Überblick. URL: http://www.denmark.de

Pertti Kansanen

FINNLAND

Entwicklung des Bildungswesens

Eckpunkte der historischen Entwicklung des Schulsystems

Finnland gehörte bis 1809 zum Königreich Schweden. Das Bildungswesen unter-
stand der Kirche und der Unterricht fand in Klosterschulen sowie in der Domschule
statt, die während des 13. Jahrhunderts in Turku gegründet worden war. Der Unterricht, der in Latein erfolgte, diente als Vorbereitung auf eine kirchliche Laufbahn.
Die erste finnische Universität, die Academia Aboensis, wurde im Jahr 1640 in
Turku gegründet. Finnland wurde 1809 zu einem autonomen Großfürstentum unter
russischer Herrschaft. Die bisherige Gesetzgebung und das Gesellschaftssystem aus
der schwedischen Epoche wurden jedoch beibehalten. Die russischen Bildungssta-
tuten wurden nicht in Finnland angewendet, sodass die inneren Bedingungen nahezu
unverändert blieben. Finnland verfügte auch über ein eigenes Parlament und behielt
seine Eigenständigkeit in wirtschaftlichen Belangen.
Während des 19. Jahrhunderts fand ein bedeutender Ausbau der Grundschulbildung
statt. Die kommunale Elementarschule wurde in den 60er Jahren des 19. Jahrhunderts eingeführt. Seit 1898 waren die lokalen Behörden dazu verpflichtet, allen Kindern im Schulalter den Schulbesuch zu ermöglichen. 1921 wurde die generelle
Schulpflicht eingeführt. Finnland wurde 1917 unabhängig. Von Beginn an waren
kontinuierliche Anstrengungen zur Verbesserung des Bildungsniveaus sowie die Bereitstellung von Bildungsmöglichkeiten für alle Bürger in sämtlichen Landesteilen
wesentliche Bestandteile der Politik der jungen Nation. Die Verfassung von 1919
enthält die Verpflichtung, eine allgemein bildende Pflichtschule und die kostenlose
Grundbildung bereitzustellen. Bis in die 1970er Jahre fand die Pflichtausbildung in
der sechsjährigen Volksschule statt. Nach vier Jahren Volksschule wechselte ein
Teil der jeweiligen Altersgruppe an die Sekundarschule, die in die vierjährige
Sekundarstufe I und die dreijährige Sekundarstufe II unterteilt war. In den 1970er
Jahren wurde auf Grundlage der Volksschule und der Sekundarstufe I eine
gemeinsame neunjährige Pflichtschule für die gesamte Altersgruppe geschaffen. Die
Universitäten wurden nach dem zweiten Weltkrieg nach und nach zu einem landesweiten Netz ausgebaut. In den 1990er Jahren wurde parallel zum Universitäts-
sektor ein nichtuniversitärer Hochschulsektor geschaffen, der nahezu 30 Fachhochschulen umfasst.

Grunddaten des finnischen Schulsystems

Finnland ist seit 1995 ein EU-Mitgliedsstaat und das fünftgrößte Land in Europa
(338.000 km²). Die finnische Bevölkerung umfasst jedoch lediglich 5,2 Millionen
Menschen, die größtenteils im mittleren und westlichen Süden des Landes leben.
Finnland ist ein dünn besiedeltes Land, wobei hinsichtlich der Bevölkerungsdichte
große regionale Unterschiede bestehen. Die finnische Hauptstadt ist Helsinki, die

zusammen mit den umliegenden Städten nahezu eine Million Einwohner hat. Die Sprache der überwiegenden Mehrheit der Einwohner (94%) ist Finnisch. Daneben gibt es eine schwedischsprachige Minderheit (6%). Die dritte in Finnland gesprochene Sprache ist Samisch, die etwa 1.700 Menschen (0,03% der Bevölkerung) als Muttersprache sprechen. Die Samen leben in Lappland, dem nördlichsten Teil Finnlands, und haben das Recht, gesellschaftliche Dienstleistungen in ihrer Muttersprache zu erhalten. In Finnland leben etwa 1,7% Ausländer. Finnland hat zwei Staatskirchen: etwa 87% der Bevölkerung gehört der evangelisch-lutherischen Kirche und etwa 1% der griechisch-orthodoxen Kirche an, etwa 10% haben keine Religionszugehörigkeit. Die prozentuale Verteilung der berufstätigen Bevölkerung war 1998 wie folgt: Land- und Forstwirtschaft: 6%, Industrie und Bauwesen 27%, Dienstleistungen 67%. Knapp die Hälfte aller Haushalte verfügt über einen Computer, praktisch alle Schulen im Primarbereich und Sekundarbereich I, die allgemein bildenden bzw. berufsbildenden höheren Sekundarschulen und Fachschulen sind an das Internet angeschlossen.

Organisation des gegenwärtigen Schulsystems

Grundsätze der finnischen Bildungspolitik

Das Hauptziel der finnischen Bildungspolitik besteht darin, unabhängig von Alter, Wohnsitz, finanziellen Verhältnissen, Geschlecht oder Muttersprache die Chancengleichheit aller Bürger im Bildungswesen zu gewährleisten. Das Recht auf Bildung wird als Grundrecht betrachtet. Die Bestimmungen des Grundrechts auf Bildung garantieren allen Bürgern erstens das Recht auf eine kostenlose Grundbildung und legen die Schulpflicht fest. Zweitens haben die öffentlichen Behörden die Pflicht Chancengleichheit zu gewährleisten, sodass alle Bürger nach dem Abschluss der Grundschule die Möglichkeit haben, entsprechend ihren Fähigkeiten und besonderen Bedürfnissen auch in Fällen finanzieller Härte eine weiterführende Ausbildung zu verfolgen und sich weiterzuentwickeln.

Ein Hauptziel der finnischen Bildungspolitik besteht darin, das höchstmögliche Bildungsniveau für die gesamte Bevölkerung zu erreichen und den gesamten Altersgruppen nach dem Beenden der Pflichtschule weiterführende Bildungsmöglichkeiten anzubieten. Ein hoher Anteil der jeweiligen Altersgruppe tritt nach dem Abschluss der Grundschule in den Sekundarbereich II ein: Über 90% aller Grundschulabsolventen wechseln an höhere Sekundarschulen oder machen im berufsbildenden Sekundarbereich II eine Ausbildung.

Überblick über die Struktur des Schulsystems

Das finnische Bildungswesen umfasst die neunjährige Gesamtschule für die gesamte Altersgruppe ab sieben Jahren, den Sekundarbereich (drei Jahre allgemein bildender Unterricht an der höheren Sekundarschule bzw. drei Jahre berufliche Ausbildung), den Hochschulbereich sowie die Erwachsenenbildung. Für die 6-jährigen Kinder wird eine fakultative Vorschulerziehung angeboten. Die Kinder werden im Alter von sieben Jahren eingeschult. Vor der Einschulung können sechsjährige Kinder auf freiwilliger Basis eine Vorschule in einer Kindertagesstätte oder einer Gesamtschule besuchen. In naher Zukunft soll allen Kindern der Besuch einer einjährigen kostenlosen Vorschule, die Teil der lokalen Gesamtschule ist, ermöglicht werden. Die Dauer der Schulpflicht beträgt neun Jahre. Nahezu alle Kinder besuchen die Gesamtschule. Die Regierung legt die Kernfächer, die staatlichen Bildungsziele sowie die Zuweisung der Unterrichtsstunden pro Fach fest. Das Schuljahr hat 190 Schultage und ist in ein Herbst- und Frühlingshalbjahr unterteilt. Das Herbsthalbjahr beginnt Mitte August und endet vor Weihnachten, während das Frühlingshalbjahr Anfang Januar beginnt und Anfang Juni endet. Den statistischen Angaben entsprechend schließen 99,7% aller Schüler einer Altersgruppe (etwa 65.000 Schüler) die Pflichtschule ab. Somit ist die Schulabbruchquote weltweit eine der niedrigsten.

Die unteren Jahrgangsstufen (1.-6. Klasse) werden von Klassenlehrern unterrichtet, die für die gesamte Altersgruppe und sämtliche Fächer zuständig sind und die gesamte persönliche Entwicklung der Schüler betreuen. Für die höheren Jahrgangsstufen der Gesamtschule (7.-9. Klasse) und die Jahrgänge der höheren Sekundarschule sind Fachlehrer zuständig, die in der Regel ein oder zwei Fächer unterrichten. Mehr als die Hälfte der Schüler wechselt nach dem Abschluss der Gesamtschule an die höhere Sekundarschule (Dauer drei Jahre, Alter 16-18 Jahre) mit dem Ziel, die Hochschulreife zu erwerben, die in der Regel für die Bewerbung an einer Universität erforderlich ist. Knapp 40% wechseln direkt zu verschiedenen Typen und Ebenen des beruflichen Bildungswesens, die teilweise ebenfalls den Zugang zur Universität ermöglichen. Die meisten Schüler, die in diesem Bereich ihre Hochschulreife erworben haben, schreiben sich jedoch anschließend an einer berufsbildenden Fachhochschule ein.

Nach der Sekundarstufe II kann die Ausbildung im Hochschulbereich entweder an einer Fachhochschule oder einer Universität fortgesetzt werden. Der Hochschulbereich stellt Studienplätze für insgesamt 66% der entsprechenden Altersgruppe (Universität 29%, Fachhochschule 37%) bereit. Aufgrund der strukturellen Veränderungen in der Industrie und auf dem Arbeitsmarkt ist das lebenslange Lernen ein wichtiges Prinzip der Bildungspolitik geworden. Angebote der Erwachsenenbildung gibt es an Universitäten und Fachhochschulen, öffentlichen und privaten Institutionen der beruflichen Bildung, Erwachsenenbildungszentren und Sommeruniversitäten, höheren Sekundarschulen für Erwachsene, Studienzentren, Sporteinrichtungen und Musikinstituten.

Der Großteil der Erwachsenenbildung findet jedoch nicht in Bildungseinrichtungen statt, sondern erfolgt, vom Arbeitgeber organisiert, am Arbeitsplatz oder als Fortbildung. Eine Sonderform der Erwachsenenbildung ist die Schulung für den Arbeitsmarkt, die überwiegend berufsspezifische Kurse umfasst und vom Arbeitsamt finanziert wird. Diese Schulung wendet sich an Menschen, die arbeitslos oder von Arbeitslosigkeit bedroht sind. In der Regel ist die Erwachsenenbildung eng mit dem Erwerbsleben und dem Arbeitsmarkt verbunden, sie ist jedoch nicht immer berufsbezogen oder auf eine Qualifikation ausgerichtet. Es besteht ein großes Angebot an sozialwissenschaftlichen und politischen Bildungsmöglichkeiten für Erwachsene, die ihr Wissen erweitern oder sich persönlich weiterentwickeln möchten.

Verwaltung und Finanzierung

Das finnische Parlament beschließt die Bildungsgesetze und die allgemeinen Grundsätze der Bildungspolitik. Die Regierung, das Bildungsministerium und der Nationale Bildungsrat sind für die Umsetzung der Beschlüsse auf zentraler Verwaltungsebene zuständig. Fast das gesamte öffentlich finanzierte Bildungswesen untersteht der Zuständigkeit oder der Aufsicht des Bildungsministeriums. Der Nationale Bildungsrat ist mit der landesweiten Planung und Evaluierung des Primarbereichs, des Sekundarbereichs sowie der Erwachsenenbildung betraut. Er ist für die Erstellung und Einführung der Kerncurricula sowie für die Evaluation des finnischen Bildungswesens (mit Ausnahme des Hochschulbereichs) verantwortlich.

Die lokale Verwaltung wird von den kommunalen Behörden gewährleistet. Es gibt insgesamt 452 Gemeinden in Finnland. Die Entscheidungsbefugnisse liegen bei dem gewählten Gemeinderat. Der Gemeinderat setzt den Gemeindevorstand sowie die Sonderausschüsse ein. In jeder Gemeinde gibt es mindestens einen Bildungsausschuss oder ein vergleichbares Gremium, dessen Mitglieder durch den Gemeinderat gewählt werden. Die kommunalen Behörden sind dazu verpflichtet, allen in der Gemeinde lebenden Kindern die Grundschulbildung zu ermöglichen.

Von den annähernd 4.300 Gesamtschulen in Finnland sind 86 private und 30 staatliche Einrichtungen. Alle übrigen Gesamtschulen sind Eigentum der Gemeinden bzw. der Gemeindeverbände. Von den allgemein bildenden höheren Sekundarschulen werden 95% von Gemeinden und 5% privat getragen. Im Bereich der berufsbildenden Schulen werden 15% von den Gemeinden und 35% von Gemeindeverbänden getragen, 40% der Schulen sind in privater Trägerschaft. Der Staat unterhält sechs berufsbildende Sondereinrichtungen. Die Fachhochschulen sind entweder kommunale oder private Einrichtungen, während die Universitäten staatlich und weitgehend selbstverwaltet sind.

Der Staat und die lokalen Behörden bzw. die sonstigen Bildungsträger sind gemeinsam für die Finanzierung des Bildungswesens und den Bau von Schulen zuständig. Die lokalen Bildungsträger haben Anspruch auf staatliche Zuschüsse für die Gründungs- und Betriebskosten. Für alle Bildungsträger gelten dieselben Finanzierungskriterien. Der Unterricht ist in der Regel auf allen Bildungsebenen gebührenfrei. Der Besuch der Grundschule ist für alle Schüler völlig kostenlos, während die Schüler bzw. Studenten in den höheren Bildungsebenen die Kosten für Unterrichtsmaterialien, Mahlzeiten und Transport gegebenenfalls selbst tragen müssen. In Finnland sind alle Kinder dazu verpflichtet, die neunjährige Gesamtschule zu besuchen und abzuschließen. Die Gesamtschulen werden überwiegend von den Kommunen getragen. Die öffentlichen Gesamtschulen sind kostenlos, wobei die Regierung sich an der Finanzierung beteiligt. Die Kommunen kommen praktisch für sämtliche mit der Schule zusammenhängende Ausgaben auf, einschließlich Bücher, Unterrichtsmaterialien, Mahlzeiten und sogar medizinische und zahnmedizinische Vorsorgeuntersuchungen. Seit fast 50 Jahren erhalten die Schüler täglich eine kostenlose warme Mahlzeit. Für Kinder, deren Wohnsitz weiter als fünf Kilometer von der Schule entfernt ist, wird die Beförderung zur Schule übernommen.

Qualifikation der Lehrkräfte und der Schulleiter

Infolge der Reform des finnischen Schulsystems Anfang der 1970er Jahre erfolgt seit 1974 die Ausbildung der Lehrkräfte an der Universität. Einige Jahre später (1979) wurden die Universitätsprüfungen umfassend reformiert, sodass das Studium an der Universität mit dem Master-Grad abschließt, der eine Master-Arbeit und 160 Studienwochen umfasst. Entsprechend schließt die Lehrerausbildung für die Klassenlehrer (zuständig für die Jahrgangsstufen 1-6) und für die Fachlehrer (zuständig für die Jahrgangsstufen 7-9 und die höheren Sekundarschulen) mit dem Master ab, der für die Tätigkeit als Lehrkraft an der Gesamtschule und höheren Sekundarschule erforderlich ist.

Der Beruf des Klassenlehrers erfordert ein Studium der Erziehungswissenschaften am Fachbereich für Lehrerausbildung. Die Ausbildung der Fachlehrer erfolgt dagegen in den entsprechenden Fachbereichen. Die für die Lehrtätigkeit erforderlichen pädagogischen Qualifikationen erhalten die Studenten durch den Besuch zusätzlicher Veranstaltungen im Fachbereich für Lehrerausbildung. Seit 1995 findet die Ausbildung der Lehrkräfte für den Kindergarten ebenfalls an den Universitäten statt. Das Programm umfasst 120 Studienwochen und schließt mit einem Bachelor ab. Die Ausbildung der Berufsschullehrer findet an eigens dafür eingerichteten Institutionen statt. Auch wenn es neben dem Lehrerexamen keine anderen systematischen Lehrgänge oder Anforderungen für Schulleiter gibt, bieten viele Universitäten und Institutionen der Erwachsenenbildung spezielle Fortbildungskurse in diesem Bereich an.

Evaluation

In den vergangenen Jahrzehnten wurde die grundlegende Infrastruktur des Bildungswesens aufgebaut, sodass nun die Qualität des Bildungswesens stärker in den Mittelpunkt der Aufmerksamkeit gerückt werden muss. Eine Möglichkeit der Qualitätssicherung ist die Evaluierung der Leistungen. Da die Entscheidungsbefugnisse in den vergangenen Jahren auf die lokale Ebene verlagert wurden, bildet die Evaluierung ein bedeutendes Hilfsmittel für die Steuerung des Bildungswesens. Für die Durchführung der Evaluierung sind gesetzlich sowohl die Bildungsanbieter als auch die Behörden zuständig.

Allgemein bildende und berufsbildende Schulen

Vorschulerziehung

Vorschulerziehung bedeutet in Finnland die systematische Vorbereitung der Sechsjährigen auf die Einschulung im folgenden Jahr. Die Vorschulerziehung findet auf freiwilliger Basis in Kindertagesstätten sowie in speziellen Klassen der Gesamtschule statt. Für den Vorschulbereich bestehen keine spezifischen Aufnahmevoraussetzungen. Die Vorschule soll ein Lernumfeld schaffen, das die Entfaltung und Entwicklung der Persönlichkeit fördert. Auch wenn keine formale Leistungsbewertung erfolgt, wird die Entwicklung der Kinder sehr genau beobachtet. Das Curriculum ist nicht nach Fächern oder Unterrichtsstunden unterteilt, sondern orientiert sich an verschiedenen Themengebieten und Zielen. Über 60% der Kinder besuchen den Vorschulbereich, wobei dieser Anteil kontinuierlich zunimmt. Die Vorschulversorgung soll in naher Zukunft ausgeweitet werden, um allen Sechsjährigen die Teilnahme an der Vorschule zu ermöglichen. Dem Vorschulbereich geht die Kindergartenerziehung für jüngere Kinder voraus.

Gesamtschule

Im Grundschulgesetz heißt es über die grundlegenden Ziele dieses Schultyps:
„Die Grundbildung soll die Entwicklung der Schüler fördern, sie zu humanen und verantwortungsbewussten Mitgliedern der Gesellschaft ausbilden und ihnen die für das Leben erforderlichen Kenntnisse und Fähigkeiten vermitteln... Der Unterricht soll zur Gleichberechtigung in der Gesellschaft beitragen und die Fähigkeiten der Schüler fördern, damit sie am Bildungswesen partizipieren und sich eigenständig weiterentwickeln können" (Grundschulgesetz 628/1998).

Alle finnischen Bürger werden mit sieben Jahren schulpflichtig und müssen den Lehrplan der Gesamtschule absolvieren. Die Schulpflicht endet, wenn die Schüler siebzehn Jahre alt sind. Den Schülern ist freigestellt, in welcher Weise sie die im Lehrplan aufgeführten erforderlichen Fähigkeiten erwerben. Dennoch besuchen praktisch fast alle die neunjährige Gesamtschule. Der Unterricht ist allgemein bildend und kostenlos. Die Einschulung der Kinder erfolgt in ihrem siebten Lebensjahr. Soweit möglich, sollen sich die Kinder innerhalb der Gemeinde, in der sie leben, die Grundschule auswählen können. Die Heimatgemeinde ist dazu verpflichtet, für Kinder, die aus gesundheitlichen oder anderen Gründen die gewöhnliche Schule nicht besuchen können, ein alternatives Unterrichtsangebot zu organisieren. Nur sehr wenige Schüler einer Altersgruppe verlassen die Gesamtschule ohne Abschlusszeugnis (im Jahr 1993/1994 lag der Anteil bei etwa 0,2%). Alle Schulen arbeiten nach dem Prinzip der Koedukation. Die Schüler haben an der Grundschule die Möglichkeit, nach dem Ende der Pflichtschulzeit bei Bedarf ein zusätzliches zehntes Jahr zu absolvieren. Nach dem Abschluss der Grundschule ist die Pflichtausbildung beendet. Das Gesamtschulnetz deckt das gesamte Land ab. Insbesondere für den Primärbereich (1.-6. Klasse) wird angestrebt, längere Schulwege zu vermeiden. Wenn der Schulweg länger als fünf Kilometer ist, werden kostenlose Beförderungsmöglichkeiten bereitgestellt. Der Unterricht im Grundschulbereich erfolgt nach Jahrgangsstufen, d.h. im Rahmen einer Klasse. In den ersten sechs Jahren wird der Unterricht von Klassenlehrern erteilt, die alle bzw. die meisten Fächer unterrichten. Für den Unterricht in den höchsten drei Jahrgangsstufen sind Fachlehrer zuständig. Der Grundschulbereich bietet darüber hinaus Beratung für Schüler und gegebenenfalls Sonderunterricht an.

Die Regierung legt die allgemeinen landesweiten Zielsetzungen fest und weist Unterrichtsstunden für die Fächer und Beratung zu. Der Nationale Bildungsrat ist für den allgemeinen Curriculumrahmen zuständig. Mithilfe dieser Grundlage erstellt jeder Bildungsanbieter selbst seinen Grundschullehrplan. Das Curriculum für den Grundschulbereich umfasst u.a. Sprachunterricht und Literatur in der Muttersprache (Finnisch oder Schwedisch), die zweite Landessprache (Schwedisch oder Finnisch), Fremdsprachen, Umweltlehre, Gemeinschaftskunde, Religion oder Ethik, Geschichte, Gesellschaftslehre, Mathematik, Physik, Chemie, Biologie, Geografie, Sport, Musik, bildende Künste, Werkunterricht und Hauswirtschafslehre.

Höherer Sekundarschulbereich

Nach dem Abschluss der Gesamtschule kann der Schüler zwischen dem allgemeinen und dem beruflichen Zweig der Sekundarstufe II wählen. Der allgemein bildende höhere Sekundarbereich ist auf den allgemein bildenden Unterricht ausgerichtet und bereitet auf die Reifeprüfung vor. Das Hauptziel der berufsbildenden Programme ist die Vermittlung beruflicher Fähigkeiten. Etwa 94% aller Jugendlichen der entsprechenden Altersgruppe wechseln an eine allgemein bildende oder berufsbildende Schule der Sekundarstufe II und etwa 82% schließen diese Ausbildung ab. Etwa die Hälfte aller Schüler besuchen nach dem Abschluss der Gesamtschule eine allgemein bildende höhere Sekundarschule. Die Zulassung zu einer höheren Sekundarschule erfolgt aufgrund eines Auswahlverfahrens in Kombination mit den in der Gesamtschule erbrachten Leistungen, die in der Notengebung dokumentiert sind.

Allgemein bildende höhere Sekundarschule

Die höhere Sekundarschule bietet einen dreijährigen allgemein bildenden Unterricht für Schüler im Alter von etwa 16-19 Jahren an. Der Besuch der höheren Sekundarschule ermöglicht den Erwerb der allgemeinen Hochschulreife und damit die Qualifizierung für ein beliebiges Hochschulstudium an einer Universität oder Fachhochschule. Das Curriculum sieht für den Abschluss der höheren Sekundarschule eine Dauer von drei Jahren vor, die Schüler können den Lehrplan jedoch in einem längeren oder kürzeren Zeitraum absolvieren. Die landesweite Reifeprüfung umfasst Prüfungen in den folgenden Fächern: Sprache und Literatur der Muttersprache (Finnisch, Schwedisch, Samisch), zweite Landessprache (Finnisch, Schwedisch), erste Fremdsprache sowie entweder Mathematik oder Allgemeinwissen. Die Schüler können zusätzliche Prüfungen auf freiwilliger Basis ablegen, um die Chancen für die Zulassung an einer Hochschule zu verbessern. Der Unterricht ist in 75 Kurseinheiten gegliedert, von denen 45-49 obligatorisch sind. Einige allgemeine höhere Sekundarschulen bieten spezielle Fächer oder Bereiche an. Das stark differenzierte Kurssystem ermöglicht individuell gestaltete Stundenpläne sowie ein jeweils individuelles Lerntempo.

Ein Beratungssystem unterstützt die Schüler beim Lernen, bei der Planung der beruflichen Zukunft und bei der Auswahl der Kurse. Dieses Beratungssystem, das ebenfalls an der Gesamtschule angeboten wird, soll gewährleisten, dass die Schüler klare Zukunftsvorstellungen entwickeln können und sich ihrer Wahlmöglichkeiten bewusst sind. Der Anteil der Mädchen an den höheren Sekundarschulen beträgt 57%, ist seit mehreren Jahren nahezu unverändert und liegt damit deutlich über dem der Jungen.

Neben den herkömmlichen Sekundarschulen, deren Unterricht tagsüber stattfindet (Tagesschulen), gibt es höhere Sekundarschulen für Erwachsene, an denen der Unterricht in der Regel abends stattfindet. Sie wenden sich an Personen ab 18 Jahren. In den höheren Sekundarschulen für Erwachsene werden keine praktischen und künstlerischen Fächer unterrichtet und der Anteil der unmittelbaren Kommunikation ist geringer als in den Tagesschulen. Das Netz der allgemein bildenden Sekundarschulen deckt das gesamte Land ab. Die Schulen sind daher relativ klein. Im Schuljahr 1998/99 erreichte die durchschnittliche Schülerzahl an den Tagesschulen 253 Personen. An den größten Schulen waren über 800 Schüler registriert, wohingegen die sechs kleinsten Schulen jeweils weniger als 50 Schüler hatten. In den letzten Jahren hat sich die durchschnittliche Zahl der Schüler an den städtischen Tagesschulen durch die Zusammenlegung von Schulen vergrößert.

Berufsbildender höherer Sekundarschulbereich

Im berufsbildenden Sekundarbereich II gibt es grundsätzlich zwei Wege für die Weiterführung der Ausbildung: der Besuch einer berufsbildenden Einrichtung oder die Lehre. Die berufliche Erstausbildung dauert, je nach Hintergrund der Schüler, in der Regel drei Jahre. Der Unterricht findet an berufsbildenden Schulen mit mehreren Fachrichtungen oder an spezialisierten Fachschulen statt. Der Abschluss des dreijährigen berufsbildenden Bereichs berechtigt zu einem Hochschulstudium. Die Bewerbung für einen Studienplatz erfolgt über ein landesweites Bewerbungsverfahren. Die Lehrpläne für den berufsbildenden Unterricht sind sehr diversifiziert und umfassen je nach Fachrichtung sehr unterschiedliche Fächer. Einige Fächer werden jedoch für alle Schüler angeboten: die Muttersprache, die zweite Landessprache, Mathematik, Physik und Chemie, Fächer der Sozialwissenschaften, Sport und Gesundheitslehre, sowie Künste und Kultur. Der Unterricht zielt vor allem auf die Vermittlung der fachlichen Fähigkeiten ab, die für das Erwerbsleben erforderlich sind. Es gibt zunehmend bessere Möglichkeiten für eine individuelle Gestaltung des Lernfortschritts. Es bestehen in diesem Bereich auch Bildungsangebote, die speziell auf die Lebensumstände Erwachsener zugeschnitten sind.

Die Ausbildung im Rahmen einer Lehre wird seit Jahren systematisch weiterentwickelt und führt zu den selben Berufsqualifikationen wie die berufsbildenden Institutionen. Die Kenntnisse und Fähigkeiten der Auszubildenden werden mithilfe einer Fachprüfung ermittelt. Die Lehre stellt einen befristeten Ausbildungsvertrag zwischen dem Auszubildenden und dem Arbeitgeber dar, wobei die Vertragsdauer zwischen sechs Monaten und vier Jahren liegen kann. Die Ausbildung umfasst im Wesentlichen das Lernen in realen Arbeitssituationen am Arbeitsplatz und wird durch den theoretischen Unterricht an Bildungseinrichtungen ergänzt. Der Auszubildende bezieht für die Dauer der Lehre normalerweise ein Gehalt in Höhe des (in der Branche üblichen) Mindestlohns. Dem Arbeitgeber werden die anfallenden Aufwendungen für die Ausbildung von der Regierung erstattet.

Der berufsbildende höhere Sekundarbereich bietet eine Vielzahl verschiedener Bildungsmöglichkeiten, die durch die Kombination von guten Fachkenntnissen mit einer soliden Allgemeinbildung gekennzeichnet sind. Der gesamte berufsbildende Sekundarbereich hat die Aufgabe, die persönliche Entfaltung und Weiterentwicklung der Jugendlichen zu unterstützen und ihre Eigeninitiative zu fördern.

Der Übergang zum Hochschulbereich

Fachhochschulen

Die Absolventen der höheren Sekundarausbildung können ihre Ausbildung mit einem Studium an einer Universität oder an einer Fachhochschule fortsetzen. Die Fachhochschulen (AMK-Einrichtungen, finnisch: *Ammattikorkeakoulu*) sind Institutionen der nichtuniversitären berufsbezogenen Hochschulausbildung und setzen die Reifeprüfung oder eine abgeschlossene berufliche Ausbildung der Sekundarstufe II voraus. Sie umfassen meistens mehrere Fächer, die an verschiedenen Abteilungen unterrichtet werden. Das Studium bis zur Erlangung eines Fachhochschulab-schlusses dauert etwa dreieinhalb bis vier Jahre und beinhaltet 140-160 Studienwo-chen. Das finnische Fachhochschulsystem wurde in den 1990er Jahren aufgebaut, um einen nichtuniversitären Hochschulsektor zu schaffen. Dafür wurden die bisher für den beruflichen Postsekundarbereich genutzten Einrichtungen übernommen und zu einem landesweiten Hochschulnetz ausgebaut. Sie werden von den Gemeinden, den Gemeindeverbänden oder privaten Organisationen getragen. Die Fachhochschu-len sind für die Ausbildung von hoch qualifizierten Fachkräften in den folgenden Bereichen zuständig: Rohstoffe, Technik und Nachrichtenwesen, Betriebswirtschaft und Verwaltung, Tourismus, Catering, Gesundheitspflege und Sozialwesen, Kultur-wissenschaften sowie Geistes- und Erziehungswissenschaften. Das Studium umfasst ein Grundstudium und ein Fachstudium, Wahlfächer, Seminare zur Verbesserung der praktischen beruflichen Fähigkeiten sowie eine Abschlussarbeit. Die Studien-gänge unterliegen der Genehmigung des Bildungsministeriums, während die Curri-cula völlig unabhängig von den Fachhochschulen erstellt werden.

Die Fachhochschulen wählen ihre Studenten unter den Studienbewerbern selbst aus. Die Bewerbung um einen Studienplatz erfolgt über das landesweite Bewerbungsver-fahren. Voraussetzung für die Tätigkeit als Hochschullehrer ist der Master-Ab-schluss, während für die leitenden Hochschullehrer ein wissenschaftlicher Abschluss im Postgraduiertenbereich erforderlich ist. Die Hochschullehrer müssen eine Lehr-befähigung und drei Jahre Berufserfahrung vorweisen können. Die Grundfinanzie-rung der Fachhochschulen wird durch den Staat und lokale Behörden gewährleistet. Das Fachhochschulstudium ist kostenlos.

Universitäten

In Finnland gibt es zwanzig Universitäten: zehn multidisziplinäre Universitäten, drei Universitäten für Technik, drei Universitäten für Wirtschaftswissenschaften sowie vier Kunstakademien. Ferner ist es möglich, an der Militärakademie ein Hochschul-studium abzuschließen. Das Netz der Universitäten deckt das gesamte Land ab und stellt für fast ein Drittel der Altersgruppe Studienplätze bereit. Das Studium ist kos-tenlos und die Studierenden können staatliche Beihilfen beantragen. Alle Universi-täten werden vom Staat getragen. Sie übernehmen sowohl die Lehre, sind aber auch für die Forschung zuständig und sind daher berechtigt, den Doktortitel zu verleihen. Für den Bachelor-Abschluss sind 120 Studienwochen erforderlich, was im Regelfall etwa drei Jahre dauert und für den Master-Abschluss 160 Studienwochen, was über-licherweise vier Jahre dauert.

Die Universitäten entscheiden selbst über die Zulassung der Studenten. Für alle Stu-dienfächer gilt eine jährlich festgelegte Zulassungsquote, sodass die Konkurrenz um Studienplätze sehr stark ist. Verschiedene Aufnahmeprüfungen sind ein wesentlicher Teil des Zulassungsverfahrens. Insgesamt stellen die Hochschulen für etwa ein Drittel der entsprechenden Altersgruppe einen Studienplatz bereit. Nach einem hö-heren Hochschulabschluss (oberhalb der Bachelor-Ebene) besteht die Möglichkeit, ein Promotionsstudium aufzunehmen. Im Jahr 1995 wurden Graduiertenzentren ge-gründet, um die vorhandenen Möglichkeiten zur Ausbildung des wissenschaftlichen Nachwuchses zu erweitern und eine bessere Effizienz bei der Promotionsausbildung zu erreichen. Das Netz der Graduiertenzentren umfasst sowohl Abteilungen an einzelnen Fakultäten oder Standorten als auch landesweite Einrichtungen, die mehrere Fakultäten zusammenfassen. An den Graduiertenzentren sind alle wichtigen Forschungsbereiche vertreten. Die Frauen sind mit über 50% bei allen Hochschulabschlüssen in allen Hochschulebenen vertreten. Ausgenommen ist hierbei die Promotion, bei der die Frauen einen Anteil von lediglich 40% aufweisen. Der Anteil der Frauen isngesamt im Hochschulbereich ist in den 1990er Jahren schnell angestiegen. In den Fächern Medizin, Tiermedizin und Pharmazie sind sogar über 80% der Studierenden Frauen.

Aktuelle Diskussionen und Entwicklungsperspektiven

Sprachenprogramm

Finnland hat zwei Amtssprachen: Finnisch und Schwedisch. Beide Sprachen sind in der Gesamtschule Pflichtfächer. Für die Mehrheit der Bevölkerung ist Schwedisch jedoch mehr oder weniger eine Fremdsprache, während die schwedischsprachige Minderheit Finnischkenntnisse hat und im Grunde zweisprachig ist. Sowohl Finnisch als auch Schwedisch sind „kleine" Sprachen, sodass das Erlernen einer Weltsprache unabdingbar ist. Die erste offizielle Fremdsprache der meisten Schüler ist Englisch. Zudem lernen in der Sekundarstufe I über 20% der Schüler Deutsch und etwa 10% Französisch, vorwiegend auf freiwilliger Basis. Der Sprachunterricht nimmt daher übermäßig viel Raum ein und beansprucht einen großen Teil des Lehrplans, sodass für die übrigen Fächer weniger Zeit bleibt. Dies führt zu einer beständigen Konkurrenz der verschiedenen Fächer um Unterrichtsstunden im Curriculum. Insbesondere wird in gewissen Abständen die Rolle der Fächer Schwedisch und Religion im Schulcurriculum problematisiert. Eine Entspannung dieser Situation ist jedoch in naher Zukunft absehbar.

Schulbasierte Curricula

In den 1990er Jahren fand eine grundlegende Reform der staatlichen Schulverwaltung durch eine umfassende Dezentralisierung des bisherigen Systems statt. Dies hatte zur Folge, dass der Nationale Bildungsrat nur noch einen relativ weit gefassten Curriculumrahmen festlegt, auf dessen Grundlage die Schulen eigene Lehrpläne erstellen können. Diese Reform stärkte die Position der Lehrkräfte, da sie nun selbst für die Erstellung des Lehrplans zuständig sind. Die erste Lehrplanerstellung auf Schulebene führte zu umfassenden Diskussionen über die Ziele des Schulsystems und des Lehrplans, an denen sich nicht nur die Lehrkräfte, sondern auch die Eltern beteiligten. Auch die Schüler können Vorschläge zur Lehrplangestaltung machen. Somit wurde das der Dezentralisierung zugrunde liegende Ziel, nämlich die kontinuierliche Anpassung der Lehrpläne, erreicht, auch wenn der Enthusiasmus bei den folgenden Lehrplanüberarbeitungen nicht mehr ganz so stark wie anfangs war.

Informationsgesellschaft

Die Regierung führt gegenwärtig ein umfangreiches Programm zur Entwicklung der Grundbedingungen der Informationsgesellschaft in allen Verwaltungsbereichen ein. Mithilfe größerer staatlicher Fördermittel wurden die finnischen Bildungseinrichtungen in den 1990er Jahren mit Computern ausgestattet und an die Informationsnetze angeschlossen. Inzwischen wurden die angestrebten technischen Ziele erreicht, sodass sich die Förderung auf die Inhalte, Ausbildung der Lehrkräfte und die Anwendung der Informationsnetze verlagert hat.

Vermarktung und Spezialisierung

Die zunehmende Dezentralisierung hat viele Merkmale des freien Marktes in das Schulleben eingeführt. Die Eltern und Schüler haben innerhalb gewisser Grenzen die Auswahl zwischen verschiedenen Schulen, sodass bei der Erstellung des Lehrplans die Konkurrenz und Profilierung wichtiger werden. Manche Schulen versuchen, Eltern und Schüler mit attraktiven Angeboten anzusprechen und bezeichnen sich als Dienstleistungsunternehmen, die Bildung an Kunden verkaufen. Dieses Phänomen hat jedoch insgesamt keine große Bedeutung, da es in Finnland nur sehr wenige Privatschulen gibt. Dennoch führen die Konkurrenz und Profilierung zu einem stärkeren Leistungsdenken und damit einhergehend zu einer zunehmenden Evaluierung. Die Schulen werden stärker miteinander verglichen, auch wenn diese Rangordnungen inoffiziell sind. Die Schulen versuchen verstärkt, zusätzlich zu den öffentlichen Geldern, Mittel aus privaten Quellen einzuwerben. Insgesamt hat die zweite Dezentralisierungswelle ein System der kontinuierlichen Evaluierung und Kontrolle herbeigeführt, das die durch die lokale Lehrplanerstellung zunächst erreichten Vorteile in gewisser Weise wieder relativieren könnte. Die Schließung kleiner Schulen in ländlichen Regionen hält weiterhin an, da die Zahl der Kinder abnimmt. Trotz Proteste der Eltern müssen die Kinder größere Schulen besuchen und damit längere Fahrtwege in Kauf nehmen.

Multikulturelle Vielfalt

Finnland ist hinsichtlich ethnischer Herkunft, Religion und Sprache ein sehr homogenes Land. Auch die ökonomischen Verhältnisse sind relativ ausgeglichen, verglichen mit den meisten EU-Ländern sind die Abweichungen vernachlässigbar. In den letzten Jahren hat sich diese Situation jedoch grundlegend geändert. Durch die Immigration von Menschen unterschiedlicher Herkunft hat sich auch an den Schulen eine kulturelle Vielfalt entwickelt, die in gewisser Weise das Schulleben beeinflusst. Insgesamt ist die Zahl der Immigranten nicht besonders hoch, doch leben sie überwiegend in ganz bestimmten Regionen. Es versteht sich von selbst, dass multikulturelle Bedingungen sich auch auf die Lehrpläne auswirken werden und neue Herausforderungen darstellen.

Literatur

HAVÉN, H. (Hrsg.): Education in Finland. Statistics and indicators. SVT Education 1999, 4. Statistics Finland, Helsinki 1999.

MINISTRY OF EDUCATION: Higher Education Policy in Finland. Helsinki 1998.

MINISTRY OF EDUCATION: Education and Research. Development Plan for Education and University Research for 1995-2000. Helsinki 1996.

MINISTRY OF EDUCATION: Education in Finland. Helsinki 1999.

MINISTRY OF EDUCATION: Information Strategy for Education and Research 2000-2004. Implementation Plan. http://www.minedu.fi/minedu/education/priorities. html

NATIONAL BOARD OF EDUCATION: Framework Curriculum for the Comprehensive School 1994. Helsinki 1994.

NATIONAL BOARD OF EDUCATION: Framework Curriculum for the Senior Secondary School 1994. Helsinki 1994.

NATIONAL BOARD OF EDUCATION: The Education System of Finland 1998., Helsinki, 1999 and database of Eurydice network, Eurybase 1999.

VOCATIONAL EDUCATION AND TRAINING IN FINLAND. CEDEFOP, Office for Official Publications of the European Communities, 1997.

Finnland

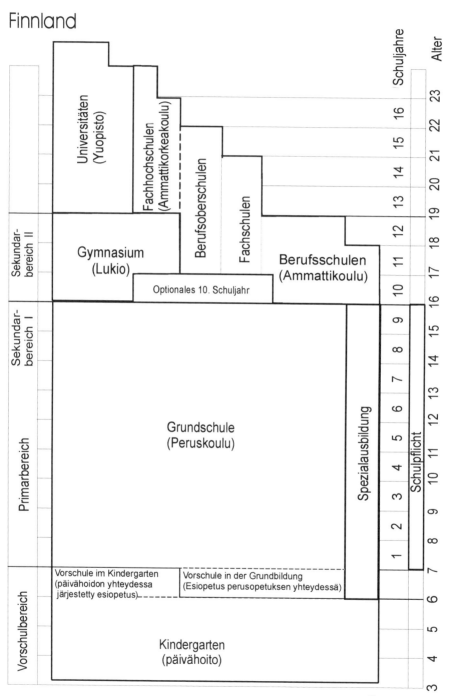

Wolfgang Hörner

FRANKREICH

Entwicklung des Bildungswesens

Eckpunkte der historischen Entwicklung des Bildungswesens

Das französische Bildungswesen erhielt die Grundlagen seiner *theoretischen Konzeption* in der Französischen Revolution, die Grundzüge seiner *realen Gestalt* aber erst seit dem Ende des 19. Jahrhunderts mit den Schulgesetzen der III. Republik zum Primarschulwesen (ausführlicher bei HÖRNER 2000a, S. 7ff.). Tatsächlich hatten die Vertreter der Revolution nicht die finanziellen Möglichkeiten, ihre Ideen von der *Bildung für alle* zu verwirklichen. Unter der Herrschaft Napoleons aber war bildungspolitische Priorität der Ausbau des höheren Schulsystems (des napoleonischen *lycée*), um Kader für den neuen Staat auszubilden.

Erste politische Bestrebungen zur Schaffung einer *Einheitsschule* lassen sich seit dem Ende des Ersten Weltkriegs beobachten. Sie erhielten nach dem Zweiten Weltkrieg neuen Auftrieb; die zahlreichen Schulreformprojekte der Nachkriegszeit fanden jedoch keine parlamentarische Mehrheit. Erst mit Beginn der V. Republik (Ära *De Gaulle*) kam 1959 ein eher pragmatisch geführter Prozess der schrittweisen Sekundarschulreform in Gang, an dessen vorläufigem Ausgang 1975 ein Bildungsgesetz stand, das von der damaligen konservativen Regierung getragen wurde. Es sah ein horizontal gegliedertes Schulsystem vor, dessen Kern ein nicht-selektiver Sekundarschultyp für die Sekundarstufe I, das *collège*, bildete, dem auf der Sekundarstufe II eine Verzweigung verschiedener allgemein bildender, technischer und beruflicher Schultypen folgte. Diese Grundstruktur der Schulorganisation wurde in der Folge nur noch auf der Ebene der Feinabstimmung modifiziert.

Kulturelle Rahmenbedingungen

Bildung hat im kollektiven Bewusstsein der französische Nation einen auffallenden Stellenwert (HÖRNER 2000a, S.78f.). Dieser ist historisch zurückführbar auf das kulturelle Sendungsbewusstsein der Nation nach außen *(rayonnement de la civilisation française),* das bis auf die Zeit der *Aufklärung* zurückgeht, die in ihrer Struktur selbst universalistisch angelegt ist (Aufklärung als *siècle des lumières,* also das Licht, das alle gleichermaßen erleuchten soll). Dazu kommt, dass Französisch lange die Sprache der europäischen Fürstenhöfe war und noch heute als die Diplomatensprache gilt. Dieses kulturelle Selbstbewusstsein ist somit stark an die französische Sprache, Literatur und Philosophie gebunden. Diese Besonderheit kann man bildungshistorisch wiederum auf die stark rhetorisch-verbalistisch – und nicht philosophisch, wie in Deutschland – geprägte spezifische Humanismusinterpretation der französischen Jesuitenkollegs des 17. Jahrhunderts zurückführen. Indikatoren für den hohen Stellenwert gerade der sprachlichen Bildung als Ausdruck der Nationalkultur sind etwa die breite öffentliche Diskussion von Lehrplanreformen in diesem Bereich (z.B. bei HÖRNER 1979, 135ff.) oder die regelmäßige publizistische Anteilnahme der Nation bei der Diskussion um Sinn und Unsinn bestimmter Themen im zentralen Französischabitur.

Der hohe gesellschaftliche Stellenwert von Schule liegt aber zum andern auch im revolutionären Impetus des Gleichheitsprinzips (*égalité*) als Staatsmotto begründet. Bindeglied ist das meritokratische Prinzip (d.h. Allokation gesellschaftlicher Positionen durch – zunächst *schulische* – Leistung), das der Schule als scheinbar „objektiver" Verteilerin sozialer Positionen eine eminente gesellschaftliche Bedeutung einräumt. Dass die französische Bildungssoziologie immer wieder gezeigt hat, durch welche subtilen sozialen Mechanismen die Schule dennoch im Dienste der Reproduktion der herrschenden gesellschaftlichen Verhältnisse steht, ist eher komplementär dazu zu verstehen. Die Verbindung dieser Motive erklärt die geradezu überragende gesellschaftliche Bedeutung von Schule. Dieser unangefochtene Stellenwert der Schule ist offensichtlich auch im Bewusstsein der französischen *Schüler* verankert, die eine wesentlich höhere Schulzufriedenheit bei offensichtlich höherer zeitlicher Beanspruchung durch die Schule zeigen als beispielsweise ihre deutschen Kollegen (vgl. CZERWENKA 1990). Natürlich hat die Bedeutung der Schule in den Köpfen der Schüler auch ihr Pendant in den Köpfen der Eltern. Als Indikator dafür können die bildungspolitische Aktivität der zahlreichen Elternverbände dienen, die vor allem bei schulorganisatorischen Problemen zu Schuljahresbeginn auch schon manchen lokalen und sogar überregionalen Schulstreik organisiert haben.

Organisation des gegenwärtigen Schulsystems

Bildungspolitische Ziele

Die hohe gesellschaftliche Wertschätzung von Schule wirkt sich einerseits auf bestimmte Merkmale der Schulorganisation aus, zum anderen aber auch auf die bildungspolitischen Zielvorstellungen. Aus der Sicht des deutsch-französischen Vergleichs wären im Hinblick auf die Schulorganisation vor allem drei sehr auffallende Merkmale des französischen Bildungswesens zu nennen:
- die weitgehende Einbeziehung beruflicher Ausbildungsgänge in die (staatliche) Schule,
- die Integration des Vorschulbereichs in das Schulsystem,
- die Organisation des Unterrichts in allen Schulstufen als Ganztagsschule.

Der hohe gesellschaftliche Stellenwert von Schule zeigt sich auch in den bildungspolitischen Leitvorstellungen, wie sie im Bildungsgesetz vom 14. Juli 1989 verankert wurden (vgl. LOI 1989): Bis zur Jahrtausendwende sollten bis zu 80% eines Altersjahrgangs auf Abiturniveau (d.h. in die 12. Jahrgangsstufe) gelangen. Das bedeutete nicht weniger als die Quasi-Verdoppelung der Abiturientenquote, denn im Jahr 1986 waren nur 47% eines Altersjahrgangs in der Abiturklasse. „Sekundarbildung für alle" in Frankreich kein parteipolitisch besetztes Thema. Hinsichtlich dieses „nationalen" Ziels bestand parteiübergreifender Konsens. Allerdings sind zwei Dinge zu relativieren: Zum einen waren damit nicht 80% *tatsächliche Abiturienten* gemeint, sondern lediglich 80% des Altersjahrgangs in einer Klasse, die zum Abitur führt. Zum Zweiten waren damit die technischen (Technikerabitur) und berufsbildenden Ausbildungsgänge (Berufsabitur), die eine Doppelqualifikation vermitteln, eingeschlossen, die selbst zusammen etwa die Hälfte der potentiellen Abiturienten ausmachen. Die offizielle Abiturientenstatistik für das Jahr 2000 (RENAULT 2001) gibt die Quote der „tatsächlichen" Abiturienten mit 61% an, die Quote derer, die sich der Prüfung gestellt haben mit 67% der jeweiligen Altersjahrgänge. Knapp die Hälfte der Abiturienten kommen tatsächlich aus den doppeltqualifizierenden technischen oder beruflichen Zweigen.

Diese Orientierung an der Hochschulreife *(baccalauréat)* als Leitgröße der Bildungspolitik zeigt, dass das *Baccalauréat* als das zentrale Instrument zur gesellschaftlichen Statusbestimmung fungiert (vgl. auch HÖRNER 1994). Diese schulische Logik korrespondiert mit systembestimmenden mikro- wie makro-ökonomischen Gegebenheiten des französischen Wirtschaftssystems, nämlich der Arbeitskräftehierarchie im Industriebetrieb (der wesentlich mehr Hochschulabsolventen/Abiturienten einsetzt als in Deutschland üblich) und, davon abhängig, der Struktur des Arbeitsmarktes (vgl. LUTZ 1976; MAURICE/SELLIER/SILVESTRE 1982).

Die bildungspolitischen Leitvorstellungen spiegeln letztlich ein Phänomen, das die französische Schule seit dem Anfang des 19. Jahrhunderts bestimmt: das eigentümliche *Spannungsverhältnis von egalitärer Massenschule und Elitebildung*, das sich historisch zurückführen lässt auf die schon genannte Übernahme des egalitären revolutionären Erbes durch den napoleonischen Staat und seine Umformung in die von Napoleon favorisierte Kaderpolitik (vgl. HÖRNER 1995). Es konkretisiert sich in der Spannung zwischen dem Anspruch auf Bildung für *alle* und einem selektiven Hochschulsystem. Die Selektivität schlägt sich nieder in der impliziten Dreigliedrigkeit des tertiären Bildungswesens, deren Spitze die elitären *Grandes Écoles* bilden.

Gesetzliche Grundlagen/Bildungsverfassung/Finanzierung/Trägerschaften

Das Recht auf Zugang zum Unterricht, zur Berufsbildung und zur kulturellen Entwicklung hat in Frankreich Verfassungsrang (Präambel der Verfassung der Französischen Republik vom 4. Oktober 1958). Der schulische Unterricht steht in der Tradition von 1789, er wird ohne Bindung an die Kirchen erteilt und ist auf allen Stufen Angelegenheit des Staates. Die wichtigste rechtliche Grundlage für das französische Bildungswesen in der Gegenwart (vgl. dazu auch HÖRNER 1996a; KODRON 1997) ist das *Orientierungsgesetz über die Bildung* vom 10. Juli 1989 (LOI 1989), eine völlige Neufassung des Bildungsgesetzes aus dem Jahr 1975. Das „Orientierungsgesetz" bezeichnet das Bildungswesen als „erste nationale Priorität" (Art. 1, 1). Es setzt als „nationales" Ziel fest, bis zum Jahr 2000 *allen* Jugendlichen mindestens eine Ausbildung auf Facharbeiterniveau zukommen zu lassen. Die zentrale Lehrplanstruktur *(programmes nationaux)* wird gesetzlich fortgeschrieben, allerdings soll als Neuerung das Verfahren der Curriculumerarbeitung durch die Schulaufsicht durch die Vorarbeiten eines unabhängigen Expertengremiums ergänzt werden. Die einzelnen Schulen sollen in deutlicher Abweichung vom bisherigen zentralistischen Modell individuelle Schulentwicklungspläne *(projets d'établissement)* aufstellen, die eine individuelle Profilierung der Schulen ermöglichen sollen (Näheres OBIN/CROS 1991; KODRON 1997). Diese Schulprofile sollen allerdings die spezifische Umsetzung der nationalen Zielsetzung zum Gegenstand haben.

Die Funktionsweise der Universitäten und Hochschulen wird heute durch ein eigenes *Hochschulgesetz* aus dem Jahr 1984 geregelt. Das grundlegende Gesetzeswerk für den außerschulischen *beruflichen Bildungsbereich* stammt noch aus dem Jahr 1971 und betrifft die berufliche Erstausbildung, die Weiterbildung und die betriebliche Lehre.

Der wichtigste Träger und Finanzier des Bildungswesens ist in Frankreich der (zentrale) *Staat*. Knapp 80% aller Schulen sind in der direkten Trägerschaft des Staates. Daneben sind etwa 20% (meist katholische) *Privatschulen* regional sehr unterschiedlich verteilt (z.B. bis zu 40% in der Bretagne). Aber auch die Privatschulen sind meist vertraglich der staatlichen Schulaufsicht und den staatlichen Lehrplänen unterworfen, wobei die öffentliche Hand im Gegenzug den Hauptteil der Finanzierung der Schule (Besoldung der Lehrer) übernimmt. Im gesamten Bildungsbereich hat der Staat jedoch das Monopol der *Vergabe der Diplome*. Auch Absolventen privater (Berufs-) Bildungseinrichtungen bzw. einer betrieblichen Ausbildung müssen sich staatlichen Prüfungen unterziehen.

Die *staatliche Schulverwaltung* hat bis heute ihren Schwerpunkt auf der zentralen Ebene, dem Ministerium für Nationale Bildung in Paris. Die Lehrer werden auf zentraler Ebene eingestellt und besoldet. Unterhalb der nationalen Ebene gibt es 28 regionale Schulverwaltungsbezirke (*académies*), die sich mit wenigen Ausnahmen an die 24 „Regionen" als politisch-ökonomische Verwaltungsbezirke anlehnen, die im Zuge der Dezentralisierung oberhalb der traditionellen Gliederung in *départements* gebildet wurden. Ihre Bedeutung ist durch die innenpolitischen Dezentralisierungsbemühungen (*déconcentration*) der 1980er Jahre gestiegen. An der Spitze einer *académie* steht ein von der Regierung ernannter *recteur d'académie*. Vertreter des Rektors auf der Ebene eines Departements wiederum ist der Akademieinspektor, der vor allem die direkte Aufsicht über den Primarschulbereich hat. Die Kommunen haben im Bereich des Bildungswesens – mit Ausnahme der Bereitstellung der materiellen Infrastruktur für die Vorschuleinrichtungen und die Grundschulen – keine nennenswerten Kompetenzen. Das Landwirtschaftsministerium verwaltet direkt einen quantitativ nicht ganz unbedeutenden Sektor des Primar- und Sekundarbereichs im *ländlichen Bereich*, der anfangs der 1990er Jahre etwa 16% aller Schüler erfasste.

Die Verbindung zur „Gesellschaft" wird über eine Reihe von *Konsultativgremien* hergestellt, die die Interessen der Betroffenen und Abnehmer des Bildungswesens (Eltern- und Lehrerverbände, die Arbeitgeber und die Gewerkschaften) vertreten sollen. Diese nehmen zu wichtigen Struktur- und Inhaltsentscheidungen Stellung, ohne dass die Bildungsverwaltung allerdings zur Annahme dieser Empfehlungen verpflichtet wäre.

Seit den Dezentralisierungsbemühungen der 1980er Jahre sind die Sekundarschulen zu relativ autonomen „Lokalen Öffentlichen Unterrichtseinrichtungen" (*établissemsnts publics locaux d'enseignement – EPLE*) geworden (vgl. dazu KODRON 1997; AUDUC 1998, S. 58ff.). Das bedeutet, dass die Personalkosten weiter vom Zentralstaat bestritten werden, die Sachkosten aber durch die Gebietskörperschaften. Für die Sekundarstufe I (*collèges*) sind die Departements, für die Sekundarstufe II (*lycées*) die Regionen dafür zuständig. Das *collège* wird von einem *(professeur) principal*, das *lycée* von einem *proviseur* geleitet, die gemäß dem ambivalenten Autonomiestatus ihrer Einrichtungen eine doppelte Funktion haben: Einerseits sind sie vom Bildungsminister ernannte Vertreter des Zentralstaates und damit für die Ausführung der staatlichen Regelungen verantwortlich, andererseits sind sie ausführendes Organ der Beschlüsse der Schulkonferenz, also des „Parlaments" der Schule (*conseil d'administration*), dessen Vorsitzende sie sind.

Der *conseil d'administration* ist ein drittelparitätisch (Verwaltung/Lehrer/Schüler bzw. Eltern) zusammengesetztes *beschlussfassendes* Organ. Er entscheidet über eine Reihe genau definierter Fragen, wie z.B.: den Schulentwicklungsplan (*projet scolaire*), den Haushaltsplan der Schule, die Schulordnung u.Ä.

Die pädagogische Autonomie der Einzelschule erstreckt sich im Wesentlichen auf die Verteilung des globalen Kontingents an Unterrichtsstunden, das ihr durch die Schulverwaltung zugewiesen wurde, die Modalitäten der Aufteilung der Schüler in Klassen und Gruppen, die Auswahl schulspezifischer Lehrinhalte in Übereinstimmung mit dem gewählten Schulprofil sowie die Festlegung der fakultativen Lernaktivitäten. Auf diese Weise entsteht sozusagen ein Kompromiss zwischen der zentralen Lehrplanstruktur und der Umsetzung der Lehrpläne vor Ort. Auffällig ist allerdings, dass die meisten Bereiche dieser pädagogischen Autonomie sich auf den fakultativen Bereich beziehen bzw. auf den Spielraum, den die Stundentafeln zwischen den Minimal- und den Maximalangaben lassen.

Curriculumstruktur und Curriculumpolitik

Die zentrale Bildungsverwaltung ist auf der Ebene des *Curriculumsystems* nach wie vor fast ungebrochen. Die Unterrichtsinhalte sind in Lehrplänen (*programmes*) festgelegt, die für das ganze nationale Territorium verbindlich sind. Ihre Einhaltung wird von einem zentralen bzw. der zentralen Aufsicht verantwortlichen Inspektorat überwacht. Die Erstellung der Lehr- und Ausbildungspläne war lange Zeit das Monopol des Generalinspektorats. 1989 wurde als Innovation ein „Nationaler Lehrplanbeirat" geschaffen, der als Konsultativgremium eine breitere gesellschaftliche Basis für die Leitlinien der Curriculumerneuerung schaffen sollte. Die neuen Lehrpläne der 1990er Jahre wurden zudem erstmalig durch fachspezifische Lehrplankommissionen neuen Typs erarbeitet, in denen unter der Leitung der Vertreter der Generalinspektion auch Wissenschaftler und Lehrer mitarbeiteten und die einem umfangreichen Diskussionsprozess mit der Lehrerschaft unterbreitet wurden.

Derzeitige Struktur des Schulsystems im Überblick

Seit dem Reformgesetz von 1975 verfügt Frankreich über ein horizontal gegliedertes Schulsystem (vgl. auch HÖRNER 1996a; 2000a; KODRON 1997): Es sieht auf der untersten Ebene als *kostenfreies Angebot des Staates* einen nicht-obligatorischen, aber fast zu 100% in Anspruch genommenen Vorschulbereich (*école maternelle*) für Kinder von drei bis sechs Jahren vor. Der Vorschulbereich ist strukturell, administrativ und pädagogisch Teil des Schulsystems. Auf die Vorschule folgt eine fünfjährige Grundschule (*école primaire élémentaire*) als erster Teil des eigentlichen Pflichtschulbereichs. Von der 6. Jahrgangsstufe an gehen alle Kinder gemeinsam in das vierjährige *collège*, die gemeinsame Sekundarstufe I, die einen undifferenzierten Unterricht mit demselben Lehrplan für alle anbietet. Erst von der 8. Jahrgangsstufe an gab es bis in die jüngere Vergangenheit angepasste Lehrplanvarianten für die schwächeren Schüler. Bis zur Reform des *collège* in der Mitte der 1990er Jahre wurde darauf Wert gelegt, dass die „leichteren" Varianten (mit höheren praktisch-technischen Anteilen) *innerhalb* der allgemein bildenden Pflichtschule angeboten wurden. Auf diese Weise hatten auch die schwächeren Schüler die Möglichkeit, im *collège* den vollständigen Abschluss der Sekundarschule (das so genannte *brevet des collèges*) zu erreichen, das ihnen die weiterführenden Bildungsgänge der Sekundarstufe II öffnet.

Erst nach dem *collège* findet also eine strukturelle wie curriculare Ausdifferenzierung der weiteren Bildungsgänge in einen allgemein bildenden, technischen und beruflichen Zweig statt. Den Schülern stehen dann mehrere weiterführende Bildungs- bzw. Ausbildungsgänge offen, die sich an die Pflichtschule anschließen:

–   Die höchste gesellschaftliche Wertschätzung genießt das allgemein bildende oder technische Gymnasium (*lycée d'enseignement général et technologique*). Dieser Schultyp ist in Sektionen gegliedert und führt zur allgemeinen Hochschulreife. Die Variante des technischen Gymnasiums vermittelt neben der allgemeinen Hochschulreife *gleichzeitig* einen anerkannten Techniker-Abschluss, der den direkten Übergang ins Berufsleben erlaubt. Das Technikerabitur (*baccalauréat technologique – BTn*) stellt also eine echte Doppelqualifikation dar.

–   Die zweijährige Ausbildung an einer Berufsfachschule (*lycée professionnel*) führt zum *Brevet d'Études Professionnelles (BEP)*, einem Facharbeiter-/Fachangestellten-Diplom. Bis in die neunziger Jahre war ein dem BEP formal gleichgestelltes Facharbeiterdiplom weiter verbreitet, das *Certificat d'Aptitude Professionnelle (CAP)*, das nach einem *dreijährigen* Ausbildungsgang erreicht wurde und ein engeres Qualifikationsprofil auf demselben Ausbildungsniveau zum Gegenstand hatte.

–   Der Erwerb des *BEP* berechtigt seit Mitte der achtziger Jahre zum Besuch eines weiterführenden beruflichen Bildungsgangs, der zugleich die allgemeine Hochschulreife vermittelt, das Berufsabitur (*baccalauréat professionnel – bac pro*), das sich wachsender Beliebtheit erfreut. Es stellte im Jahr 2000 bereits knapp 20% aller Abiturienten (nach RENAULT 2001).

–   Eine dritte Ausbildungsmöglichkeit bietet der *Lehrvertrag* mit einem Betrieb in einer Organisationsform, die dem deutschen „dualen System" nahe kommt.

Aus der Aufzählung ergibt sich, dass in Frankreich der Hauptteil der beruflichen Qualifikationen im Rahmen der staatlichen Schule vermittelt werden. Die betriebliche Ausbildung erfasst trotz steigender Tendenz kaum mehr als 10% eines Altersjahrgangs.

Abschlüsse und Berechtigungen

Das französische Bildungswesen kennt heute im allgemein bildenden Bereich nur noch zwei Abschlüsse: das *brevet des collèges* als Abschluss der Sekundarstufe I (in etwa äquivalent zum Realschulabschluss) und die genannten unterschiedlichen Typen des *baccalauréat*. Im beruflich-technischen Bildungswesen gibt es in der Sekundarstufe II noch die beiden beruflichen (Facharbeiter-/Fachangestellten-) Abschlüsse *brevet d'études professionnelles* (*BEP* – breitprofilig) und das ältere *certificat d'aptitude professionnelle* (*CAP* – engprofilig). Das Abitur (*baccalauréat*) spielt in Frankreich eine zentrale Rolle als Instrument zur sozialen Positionsbestimmung. Heute ist faktisch der Zugang zum gesamten tertiären Bildungsbereich an den Besitz des *baccalauréat* gebunden. Die Möglichkeit der Ablegung einer Sonderreifeprüfung als einziger Alternative zum *baccalauréat* ist an strenge Auflagen und Vorbedingungen geknüpft, sodass sie statistisch keine Rolle spielt. Im Jahr 1997/98 kamen in ganz Frankreich etwa 0,2% der Abiturienten über die Sonderreifeprüfung. Von seiner historischen Herkunft her ist das französische Abitur formell immer noch der erste Universitätsgrad, obgleich es funktional das Ende der Sekundarschulbildung sanktioniert (die Studienvorbereitung ist heute Aufgabe der Sekundarschule). Dies erklärt einige seiner Besonderheiten. Da die Prüfung als formell erster Universitätsgrad unter der Aufsicht von Universitätsangehörigen steht, ist sie ein externes Examen mit zentraler Aufgabenstellung auf nationaler Ebene für die schriftliche Prüfung und relativ hoher Zufallskomponente geblieben. Dies schlägt sich in hohen Durchfallquoten bei der Abiturprüfung nieder, die z.B. noch im Jahr 1999 je nach Sektion zwischen 20% (Technikerabitur in Labortechnik, bestes Ergebnis!) und 27% (Technikerabitur in Industrietechnik, schlechtestes Ergebnis!) betrugen. Vor der Oberstufenreform gab es in den damaligen Sektionen des Technikerabiturs Durchfallquoten von bis zu 40%. 1999 betrug die Erfolgsquote beim allgemein bildenden Abitur 78,4%, beim Technikerabitur 78,5%.

Trotz der Diversifizierung der zum Abitur führenden Bildungsgänge gibt es nach wie vor eine klare Hierarchie der Abiturtypen: an der Spitze der sozialen Wertskala stehen die allgemein bildenden Abiturtypen, unter diesen wiederum steht das Abitur in der naturwissenschaftlichen Sektion an erster Stelle, danach kommen die technischen Abiturtypen, dann das Berufsabitur und am Ende die nicht das Abitur vermittelnden Ausbildungen der Berufsfachschulen und zuallerletzt die betriebliche Lehre als Alternative zur Berufsfachschule.

Übergangsverfahren zwischen den verschiedenen Schulformen

Der Übergang zwischen den Schulformen, soweit er ungleichwertige Optionen einschließt, wird in Frankreich unter dem Begriff der *Orientierung* diskutiert. Der Begriff „Orientierung" (*orientation*) wurde in den 1960er Jahren geradezu zum Schlüsselbegriff der gesamten Schulreform und ist es z.T. geblieben. Seine Leitidee war, durch die zu erprobenden neuen Schulstrukturen die negative *Selektion* durch das Schulversagen durch eine „positive" (freiwillige) *Orientierung* nach Neigung und Begabung zu ersetzen, bevor es noch zu einem schulischen Misserfolg (*échec scolaire*) kommen konnte. Dazu wurde ein komplexes und stark formalisiertes „Orientierungsverfahren" entwickelt, das jeweils an den Übergangsschwellen (*paliers d'orientation*) der verschiedenen Bildungsgänge die Objektivität und die positive Bedeutung dieser Orientierung sicherstellen sollte. Dazu gehörte nicht nur die Tatsache, dass das Orientierungsverfahren an die Spielregeln der schulischen Partizipation gebunden wurde, sondern auch die Einbeziehung einer „objektiven" (quasi-außerschulischen) Instanz in das Verfahren, nämlich den Orientierungsberater (*conseiller d'orientation,* heute *conseiller d'orientation-psychologue,* einen Fachmann mit im Wesentlichen psychologischen Kompetenzen, der durch seine Testbatterien im Zweifelsfall ein über die möglichen Vorurteile der Lehrer erhabenes, „objektives" Urteil über die Eignung der Kandidaten für bestimmte Bildungswege abgeben sollte. Die Objektivität des Verfahrens soll weiter durch eine längere Abstimmungsphase gewährleistet werden, an deren Ende die Schule rechtzeitig vor Schuljahresende eine definitive Orientierungsempfehlung abgibt. Bei bleibendem Dissens ist für Eltern und Schüler noch der Weg des Einspruchs bei der Schulaufsicht oder der

Nachweis einer Eignungsprüfung gegeben (ausführlicher HÖRNER/SCHLOTT 1983, S. 184ff).

Qualitätskontrolle/Evaluation

Die *Qualitätskontrolle des Unterrichts* bzw. seiner Ergebnisse findet auf sehr unterschiedlichen Ebenen statt. Die bekanntesten sind die nationalen (d.h. zentral erstellten) Abschlussprüfungen, unter denen das Abitur das anschaulichste Beispiel ist. Die anonyme Prüfungsstruktur bedeutet im kollektiven Bewusstsein der Nation die Garantie der Objektivität und demnach auch ein Qualitätssiegel nicht nur für die Schüler, sondern auch für die beteiligten Schulen und Lehrer. Eine weitere, schon sehr alte Form der Leistungskontrolle der *Lehrer* ist die Inspektionstätigkeit der Schulinspektoren (*Inspection Générale* bzw. *Régionale*). Deren Unterrichtsbesuche sollen die Qualität des Unterrichts beurteilen und eventuelle Anregungen für die Verbesserung des Unterrichts geben und sind ein wichtiger Gesichtspunkt für die Beförderung der Lehrer.

Die wichtigste *neue* Form der Evaluation sind jedoch seit den 1990er Jahren national durchgeführte Leistungsbilanzen der Schüler. Darunter versteht man landesweite Tests mit dem Ziel, vor Beginn eines neuen Lernabschnitts zu überprüfen, ob die Schüler die Lernziele des vorherigen Zyklus erreicht haben. Solche Leistungsevaluationen finden alternierend zu Beginn des Vertiefungszyklus (3. Klasse) und zu Beginn des *collège* (6. Klasse) sowie zu Beginn des *lycée* (10. Klasse) statt. Diese Evaluation soll weder die Einzelleistung der Schüler, noch die der Lehrer klassifizieren, sondern ausschließlich dazu dienen, den Lehrern der aufnehmenden Klassen die möglichen Defizite der Schüler zu zeigen, um dagegen in einem modularisierten und deshalb stärker individualisierten Unterricht vorgehen zu können. Darüber hinaus haben diese Evaluationen auch den Sinn, auf der (nationalen) *Systemebene* die Leistungsfähigkeit der verschiedenen Kernelemente des Bildungswesens als ganzes festzustellen.

Die Qualifizierung des pädagogischen Personals und der Schulleiter

Die Ausbildung der Lehrer aller Schulformen (vgl. ZAPATA 1995) erfolgt auf der Grundlage eines universitären Fachstudiums und einer ergänzenden Ausbildung am *IUFM (Institut Universitaire de Formation des Maîtres)*. Die strukturelle Vereinheitlichung der Ausbildung hat zur Folge, dass erstmalig in der Geschichte der französischen Schule alle Lehrer korporationsrechtlich gleich gestellt sind. Die Grundschullehrer (einschließlich der Lehrkräfte des Vorschulbereichs!) bekommen den prestigereichen Titel *professeur,* d.h. sie werden zu *professeurs des écoles*. Nur im Stundendeputat gibt es noch Abstufungen (die Sekundarschullehrer haben geringere Lehrverpflichtungen). Eine besoldungsrechtliche Ausnahme bilden weiter die Sonderrechte der so genannten *Professeurs Agrégés* der Sekundarschulen (vor allem der *lycées),* die ein erweitertes Fachstudium und einen selektiveren *concours* absolvieren müssen, dafür aber in der praktischen Ausbildung einige Erleichterungen zugebilligt bekommen, ein niedrigeres Stundendeputat haben und besoldungsrechtlich höher eingruppiert werden.

Die Stellen der Schulleiter werden durch einen internen Auswahlwettbewerb (*concours interne*) besetzt, der Lehrern mit mindestens fünfjähriger Berufserfahrung offen steht. Die Wettbewerbsprüfung besteht aus schriftlichen und mündlichen Prüfungen, auf die ein sechsmonatiger Weiterbildungskurs vorbereitet. Das berufliche Selbstverständnis des Schulleiters steht heute mehr denn je im Spannungsfeld zwischen Managerfunktionen und denen des pädagogischen Leiters. Waren die letzten Jahre eher dadurch gekennzeichnet, dass die Funktion des Schulleiters infolge verstärkter Autonomietendenzen für die Einzelschulen sich eher der eines Managers anglich – es galt u.a. die „Partnerschaft" (*partenariat*) mit außerschulischen Instanzen zu pflegen, auch im Hinblick auf finanzielle Sponsoren –, so wird in jüngster Zeit wieder in Zusammenhang mit neuen Modellen der Qualitätssicherung der Lehrertätigkeit die *pädagogische* Funktion der Schulleiter als Leiter des „Pädagogenteams" in den Mittelpunkt des Interesses gerückt. Es ist in diesem Zusammenhang vielleicht bezeichnend, dass sich in den letzten Jahren nicht genügend qualifizierte Kandidaten für die ausgeschriebenen Schulleiterstellen fanden. Im Jahr 1998 blieben mehr als 7% der Schulleiterstellen nur kommissarisch besetzt (vgl. PELAGE 2000).

Besonderheiten der Schulorganisation

Im Unterschied zu Deutschland ist die französische Schule eine *Ganztagsschule* (vgl. dazu auch KODRON 1991). Nach einer alten laizistischen Tradition ist zumindest im Grundschulbereich der Mittwoch oder Donnerstag frei, um die Gelegenheit zum Besuch eines konfessionellen Religionsunterrichts außerhalb der Schule zu ermöglichen. Bei den älteren Schülern, die ein höheres Lernpensum zu bewältigen haben, beschränkt sich diese Möglichkeit gewöhnlich auf einen einzigen freien Nachmittag. In den letzten Jahren wird der freie Mittwoch aber im Übrigen oft gegen den Samstag eingetauscht oder aber die Schule beschließt, nur an vier Wochentagen Unterricht zu geben – sofern die vorgeschriebene Stundentafel auf diese Weise erfüllt werden kann.

Der Ganztagsunterricht setzt die Möglichkeit der Kantinenverpflegung voraus. Die Teilnahme an der Schulverpflegung wird so sehr als Norm betrachtet, dass eine unterdurchschnittliche Quote von Teilnehmern am Kantinenessen als Indikator für eine Schule mit defavorisierter Schülerpopulation angesehen wird (die Eltern sind sogar zu arm, um das subventionierte Kantinenessen zu bezahlen – vgl. RONDEAU/TRANCART 1995). Folge des Ganztagsunterrichts ist eine Ausdifferenzierung pädagogischer und eher disziplinärer Aufgaben. Zur Beaufsichtigung der Schüler und zur Betreuung der unterrichtsfreien Stunden, die für Einzelarbeit (*étude*) genutzt werden sollen, leistet sich die französische Schule neben den Lehrern eigenes pädagogisches Aufsichtspersonal (*conseiller d'éducation, adjoint d'enseignement,* usw.). Diese pädagogischen Hilfstätigkeiten entlasten die Lehrer spürbar von außerunterrichtlichen Arbeiten. Sie werden oft als Nebentätigkeit von (fortgeschrittenen) Lehramtsstudenten übernommen.

Allgemein bildende Schulen

Die vorschulische Bildung und Erziehung

Die *école maternelle* steht allen Kindern vom vollendeten 2. bis zum 6. Lebensjahr offen. Obgleich der Besuch der Vorschuleinrichtungen nicht verpflichtend ist – die Schulpflicht beginnt erst mit dem vollendeten 6. Lebensjahr –, machen heute dennoch fast alle Eltern von Kindern zwischen drei und sechs Jahren von der Möglichkeit vorschulischer Erziehung Gebrauch. Bezogen auf die Dreijährigen ist die Betreuungsquote zwischen 1960 und 1992 von 36% auf 99% gestiegen. Zum Erfolg der *école maternelle* trägt zweifellos bei, dass die Vorschulbetreuung als schulisches Angebot des Staates für die Eltern kostenlos ist. Wie die gesamte französische Schule ist auch die *école maternelle* als Ganztagsschule konzipiert. Der Ausbau der Vorschuleinrichtungen hat in Frankreich unschätzbare positive gesellschaftspolitische Konsequenzen. Er ist Teil einer gezielten Familienförderungspolitik (zu der auch die Aufrechterhaltung der Ganztagsschule im gesamten Schulsystem gehört), mit deren Hilfe es möglich war, dass Frankreich trotz einer erheblich höheren Frauenerwerbsquote als in Deutschland hinsichtlich der Geburtenrate innerhalb der Europäischen Union nach wie vor nur noch von Irland übertroffen wird.

Die *école maternelle* hat heute eine dreifache Zielsetzung: Förderung der kindlichen Entwicklung, Vorbereitung auf die Schule, Entlastung der arbeitenden Mütter (Eltern). Der befriedigenden Erfüllung der pädagogischen Aufgabe der *école maternelle* steht allerdings die hohe Gruppenfrequenz (z.Zt. 25,4 Kinder) entgegen. Die Integration ins Schulsystem hat auch zur Folge, dass die Erzieherinnen der *école maternelle* statusmäßig den Grundschullehrkräften gleich gestellt sind. Sie haben dieselbe Grundausbildung durchlaufen wie die Grundschullehrerinnen. Da seit der Neugliederung der Lehrerbildung in den neunziger Jahren für die künftig ausgebildeten Lehrkräfte nur noch eine gemeinsame Bezeichnung für alle Lehrerkategorien existiert, nämlich der Name *professeur,* tragen auch die Erzieherinnen den für deutsche Ohren ungewöhnlichen Titel *professeur des écoles maternelles*!

Die Primarschule und das Übergangsproblem

Die funktionale Verknüpfung der fünfjährigen französischen *Grundschule* mit dem Vorschulbereich (vgl. HÖRNER 1996b) war durch die fast vollständige „Beschulung" der 3-6-jährigen Kinder möglich geworden. Dass der Übergang zwischen der Vorschule und der Grundschule dennoch lange Zeit einen neuralgischen Punkt des Elementarschulbereichs bildete, wurde von vielen Bildungspolitikern als paradox und als besondere Herausforderung empfunden. Aus Sicht der Grundschule sah man die Lösung des Übergangsproblems vor allem in einer Neubelebung reformpädagogischer Konzepte: in der Öffnung der Schule nach außen und in dem verstärkten Bemühen, die Schüler mit aktivierenden Methoden zum selbstständigen Lernen zu veranlassen. Damit schien zugleich ein Mittel gegeben, die verheerenden Wiederholerquoten zu senken, die allein schon darauf schließen ließen, dass die Progression der Lernschritte in der Grundschule für eine nicht unbedeutende Zahl von Schülern nicht angemessen war.

Die Förderung der *pädagogischen* Neuordnung der Grundschule wurde schließlich zu Beginn der 1990er Jahre von einer *strukturellen* Neuordnung begleitet: Die gesamte Vor- und Grundschulzeit wurde in drei in sich geschlossene „Lernzyklen" von jeweils drei Jahren gegliedert (vgl. auch AUDUC 1998, S. 24ff.). Damit sollte einmal deutlich werden, dass beide Bereiche als Einheit angesehen wurden. Die durchgängige Zählung in Dreijahreszyklen setzt allerdings voraus, dass man den ersten Zyklus in der école maternelle schon mit zwei Jahren beginnen lässt. Auf diese Weise aber wurde aus den ersten Jahren der *école maternelle* ein eigener Lernzyklus, der

„Zyklus des ersten Lernens" (*cycle des apprentissages premiers*). In der Grund-schule selbst entstand zum einen der „Zyklus grundlegenden Lernens" (*cycle des apprentissages fondamentaux,* zweiter Zyklus), der das letzte Jahr der *maternelle* und die beiden ersten Jahre der Grundschule umfasst, zum anderen der „Vertie-fungszyklus" (*cycle des approfondissements,* dritter Zyklus), der die Grundschul-klassen 3-5 zusammenfasst. Es ist offensichtlich, dass die drei schulformübergrei-fend die gesamte Vor- und Grundschulzeit strukturierenden Lernzyklen die struktu-relle wie funktionale Verknüpfung zwischen beiden Bereichen festigen sollen.

Zentrale Aufgabe der Grundschule ist die *Alphabetisierung,* d.h. der Erwerb der Schriftlichkeit. Hier liegen auch nach wie vor ihre größten Probleme, da die Zahl der funktionellen Analphabeten, die die Grundschule entlässt, nur langsam zurückgeht. So liegt hier der curriculare Schwerpunkt in beiden Zyklen der Grundschulzeit: Der muttersprachliche Unterricht ist in beiden Zyklen mit neun Wochenstunden vertre-ten, die Mathematik dagegen nur mit 5 bis 5½ Wochenstunden. „Sachkunde", die im Zyklus des Grundlegenden Lernens unter dem Namen „Entdeckung der Welt – Sta-atsbürgerliche Erziehung" geführt wird (*découverte du monde – éducation civique*), umfasst vier Wochenstunden. Im Vertiefungszyklus werden allerdings wieder die traditionellen Fächerbezeichnungen verwendet (Geschichte/Geographie, Staatsbür-gerliche Erziehung, Naturwissenschaft und Technik). Das Fachprinzip, das die Se-kundarschule kennzeichnen soll, wird also langsam vorbereitet. Weitere Fächer des Vertiefungszyklus sind Kunst und Sport, denen zusammen 5½ Wochenstunden zu-geordnet werden, sowie zwei Wochenstunden zur freien Verfügung des Lehrers für Übungen gelenkter Einzelarbeit (*étude dirigée*).

Die Einteilung in Lernzyklen wurde begleitet von der Einführung so genannter *Nati-onaler Evaluationen* des erreichten Lernniveaus (siehe oben und KODRON 1997, S. 194f.). Neuere Ergebnisse dieser Evaluationen zeigen noch einige deutliche Lük-ken im Bereich des muttersprachlichen Unterrichts. Im Kern geht es dabei aber um eher *formale* Probleme der Schriftlichkeit, d.h. der grammatisch-orthographisch richtigen Textproduktion, die beim jüngsten Testjahrgang im Durchschnitt nur zu 50% beherrscht wurden. Das Problem des Übergangs in die Sekundarstufe I scheint in diesem Licht zum großen Teil ein Problem des noch nicht von allen Schülern hin-reichend erreichten Abstraktionsvermögens zu sein.

Die gemeinsame Sekundarstufe I (collège)

Wie dieses Beispiel zeigt, war die Einführung der gemeinsamen Sekundarstufe I von Beginn an mit dem Problem der notwendigen Differenzierung des Unterrichts be-haftet. 1975 wurde für die ersten beiden Jahre (die Klassen 6 und 7) ein undifferen-zierter Unterricht eingeführt. Die einzige offizielle Differenzierungsmöglichkeit be-stand aus drei Stunden Förderunterricht in der Muttersprache, der Fremdsprache und Mathematik für die besonders lernschwachen Schüler. Allerdings gab es im *collège* schon von Anfang an eine Form verdeckter Leistungsdifferenzierung, die Wahl der ersten Fremdsprache. Da die Wahl zwischen den Hauptsprachen Englisch, Deutsch und Spanisch im Prinzip frei war, Deutsch aber als flexionsreiche Sprache im Vergleich zu den beiden anderen gerade für Anfänger als schwierig galt, wurden die Deutschkurse meist von leistungsbewussten oder ehrgeizigen Eltern gewählt. Da der Deutschkurs meist aus Gründen der Vereinfachung der Stundenplanorganisation als feste Parallelklasse geführt wurde, fanden sich in diesen Klassen mit Deutsch als erster Fremdsprache sehr oft „rein zufällig" die leistungsstärkeren und/oder die sozial besser gestellten Kinder wieder. So wurde die Wahl der ersten Fremdsprache zum verdeckten Mechanismus sozialer Selektion (Deutsch übernahm im Übrigen in diesem Zusammenhang die Funktion der früheren Latein-Klassen).

In Klasse 8 setzte bis in die 1990er Jahre faktisch eine äußere Differenzierung nach Zweigen ein. Die Lernschwächeren bekamen die Möglichkeit, vorzeitig aus dem *collège* auszuscheiden und eine berufsvorbereitende Sektion zu besuchen, die dem Berufsschulwesen zugeordnet war. Da diese Regelung dem Geist der gemeinsamen Sekundarstufe I für alle eklatant zu widersprechen schien, wurde sie mit der Regierungsübernahme der Linkskoalition und den sie begleitenden Schulreformen zu Beginn der 1980er Jahre schrittweise geändert. Statt der strukturellen Differenzierung durch eigene Klassen außerhalb des *collège* schuf man eine curriculare Form der Differenzierung vorzugsweise *innerhalb* der allgemein bildenden Schule: die so genannte „technologischen Klassen".

Diese zeichneten sich gegenüber den Klassen mit Standardcurriculum dadurch aus, dass sie einen wesentlich höheren Anteil an technischen Inhalten aufwiesen, allerdings nicht im Sinne des auch für die anderen Schüler verbindlichen Technologieunterrichts, der in dieser Zeit ebenfalls eingeführt wurde, sondern als Projektunterricht. Daneben wurde angestrebt, auch andere Unterrichtsinhalte nach der Logik des Projekts zu vermitteln. Ziel dieser Maßnahme war es auch, die Voraussetzungen zu schaffen, möglichst alle Schüler zum vollen Abschluss der Sekundarstufe I (Mittlere Reife) zu bringen. Dies war nämlich die Voraussetzung für das bildungspolitische Ziel, 80% eines Altersjahrgangs auf Abiturniveau zu bringen. Diese bildungspolitische Strategie schien auch relativ erfolgreich zu sein: Es gelang tatsächlich, die Quote der Schüler zu steigern, die auf diese Weise das *brevet des collèges* erreichten. Mit der Einführung des *bac pro* wurde darüber hinaus auch ein beruflich orientierter Abiturtyp zur Abschöpfung weiterer Begabungsreserven und damit zum Erreichen des ehrgeizigen Ziels geschaffen.

Allerdings war damit das Grundproblem der unzureichenden Differenzierung, vor allem in den Klassen 6 und 7, noch nicht gelöst. Insbesondere die Übergangsproblematik zwischen Grundschule und Sekundarstufe I war noch ohne überzeugende Lösung, stellte sich aber um so dringlicher, als die wachsende Leistungsheterogenität der Grundschulabgänger vor allem in den Vorstädten der Ballungszentren die Lehrer vor immer schwierigere Aufgaben stellte, die auch mit der Einführung so genannter „bevorzugter Bildungs-/Erziehungszonen" (*zones d'éducation prioritaires – ZEP*), also der Mobilisierung zusätzlicher Mittel für Personal und Infrastruktur in Schulen, die in sozialen Brennpunkten lagen (siehe unten, vgl. auch HÖRNER 1995; 2000a; KODRON 1997), nur unvollkommen gelöst werden konnten. So versuchte man Mitte der 1990er Jahre, mittels einer Reform der internen Struktur des *collège* dieses Problem besser bewältigen zu können. Der Grundgedanke der Reform (vgl. AUDUC 1998, S. 50ff.) war eine Umstrukturierung des Bildungsgangs des *collège*. Statt der bisherigen zwei Zyklen (nämlich Beobachtungsstufe und Orientierungsstufe), die in dieser Form durch die strukturelle Entwicklung überholt waren, wurden nunmehr drei Zyklen geschaffen, die aber anders geschnitten waren.

Die 6. Klasse, die Eingangsklasse des *collège*, erhielt den Namen *cycle d'adaptation* (Anpassungsstufe), ein Signal, dass man das Problem der Anpassung der Grundschüler an die neuen Arbeitsformen und Lernansprüche der Sekundarstufe I (konsequenter Fachunterricht, Fachlehrerprinzip) wahrgenommen hatte. Die beiden Klassen dazwischen (Klasse 7 und 8) erhielten einfach die Bezeichnung *cycle central* (Mittelstufe), die 9. Klasse, die zwischenzeitlich für die überwältigende Mehrheit der Schüler zum Ausgangspunkt ihrer weiteren Schullaufbahnentscheidung geworden war, bekam nun allein den Namen *cycle d'orientation*. Die Namensänderung war natürlich nur das Signal für eine Reihe curricularer wie pädagogischer Änderungen, die alle auf eine bessere Lösung des Differenzierungsproblems abzielten (vgl. BOISSINOT 1997).

Maßnahmen der Differenzierung

Durch eine Flexibilisierung der Stundenplanvorschriften für die Einzelschulen sollte die Verteilung des Gesamtstundenvolumens dem jeweiligen Schulentwicklungsplan (*projet d'établissement*) angepasst werden können. Besondere Betreuungsstunden für alle Schüler konnten nach Bedarf variiert werden. Angebote konkreter Hilfen der „Konsolidierung" für Schüler mit starken schulischen Schwierigkeiten können in integrierter Form in leistungsheterogenen Klassen oder als eigene separate Konsolidierungsklassen geführt werden. Die Wahl wird der Einzelschule nach Maßgabe ihrer Mittel und Bedürfnisse freigestellt. Allerdings soll die Einrichtung separater Klassen mit eigenen, vereinfachten Lehrplänen keine Dauerlösung für das ganze Schuljahr sein. Das „pädagogische Team" (*équipe pédagogique*), das diese Konsolidierungsmaßnahmen durchführen oder überwachen soll, muss auf *freiwilliger Basis* arbeiten, wenn die Aktion vollen Erfolg haben soll.

Die gelenkte Einzelarbeit soll vor allem in die besonderen Arbeitsmethoden der Sekundarschule einführen (d.h. mehr selbstständige Arbeit). Sie wendet sich an alle Schüler und soll sich an deren unterschiedliche Lernfortschritte anpassen. Die staatsbürgerliche Erziehung (*éducation civique* – ein Begriff, der eigentlich genauer mit „Erziehung für eine Gesellschaft freier Bürger" – die *société civile* – umschrieben werden müsste) wird als einziger Inhaltsbereich eigens genannt. Sie soll fächerübergreifend Aufgabe aller Lehrer sein und sich als deren gemeinsames pädagogisches Projekt der Erziehung für eine Gesellschaft freier Bürger verstehen, was ausschließt, dass hier nur Institutionenkunde betrieben wird.

Die Logik dieser Form von Differenzierung, die letztlich mehr auf innere als auf äußere Differenzierung abzielt, wird in den folgenden Klassen, dem *cycle central*, weitergeführt: Für alle Fächer werden Minimal- und Maximalstundenzahlen angegeben, zwischen denen sich die Schulen frei positionieren dürfen. Dazu gehört insbesondere auch die Einrichtung von differenzierten persönlichen Curricula (*parcours diversifiés*) für die Schüler der 7. und 8. Klasse. Das bedeutet, dass die Schüler am Ende des Zyklus (der 8. Klasse) dieselben Ziele auf verschiedenen Wegen erreichen können. Durch die individuellen „Lernumwege" sollen jedoch die besonderen Kompetenzen der Schüler zur Geltung kommen, in denen diese besonders leistungsbereit sind. Was die differenzierten Bildungswege im Einzelnen sein können und welche spezifischen Ziele man mit ihnen verbindet, soll jede Schule selbst festlegen.

Für die Schüler mit sehr großen Schwierigkeiten stehen besondere Unterrichtsstunden der „Niveauangleichung" (*remise à niveau*) im Umfang von maximal sechs Wochenstunden zur Verfügung. Damit sind insbesondere die Schüler gemeint, die beim Übergang von der Grundschule die Grundlagen der Kulturtechniken nicht ausreichend beherrschen. Zur Früherkennung solcher schwieriger Fälle sind verstärkt Kooperationsformen (gemeinsame Lehrgänge usw.) zwischen den Lehrenden der Grundschule und des *collège* vorgesehen.

Die Sekundarstufe II

Strukturelles Merkmal der *gymnasialen Sekundarstufe II* ist eine zunehmende Profilbildung in allgemein bildende oder technische Sektionen, die schließlich in einen eng profilierten Abiturtyp einmünden. Allerdings verleiht das *baccalauréat* unabhängig von dem gewählten Profil formal die uneingeschränkte Hochschulreife, d.h. den direkten Zugang zu den Universitäten (die keinen Numerus Clausus kennen!) bzw. die Möglichkeit, an den unterschiedlichen Selektionsverfahren für die anderen Hochschultypen teilzunehmen. Um die Nachteile der frühen Spezialisierung abzumildern, wurde 1992 schrittweise eine Oberstufenreform in Gang gesetzt, die darauf abzielte, die Wahl der Abitursektion möglichst lange reversibel zu halten. Deshalb wird heute die 10. Klasse (*Seconde de détermination*) noch ganz ohne Profilierung angeboten: Hier gibt es auch noch keine Trennung zwischen allgemein bildenden und technischen Zweigen. Sie dient also erst zur Festlegung des Weiteren Bildungswegs. Aber auch die 11. und 12. Klasse des allgemein bildenden Zweiges werden dann mit reduziertem Profilspektrum angeboten. Nach der 10. Klasse findet deshalb noch einmal ein Orientierungsverfahren statt. Zur Wahl stehen die beiden Abiturzweige (allgemein bildend und technologisch) mit ihren jeweiligen Profilen oder im Falle mangelnden Erfolges in der 10. Klasse auch die „Reorientierung" zur Berufsfachschule oder zur betrieblichen Lehre.

Ein weiteres Ziel der Oberstufenreform neben der Verzögerung der definitiven Bildungsentscheidung war das Bestreben, dem oft beklagten „Imperialismus der Mathematik" in der Hierarchisierung der Oberstufensektionen gegenzusteuern (das gesellschaftliche Prestige der Oberstufensektionen wuchs mit der Zahl der Mathematikstunden, die dort unterrichtet wurden!). Deshalb wurde die Zahl der allgemein bildenden Abiturtypen auf drei reduziert:

- L *(littéraire)*, d.h. sprachliches Profil,
- ES *(économique et social)* d.h. wirtschafts- und gesellschaftswissenschaftliches Profil,
- S *(scientifique)*, d.h. mathematisch-naturwissenschaftliches Profil.

Parallel zur Reduzierung der Abiturtypen geht auch eine Erweiterung und Flexibilisierung der Wahldifferenzierung. Neben den profilbildenden Pflichtfächern und einem für alle verpflichtenden Kernkanon an „Allgemeinbildung" *(culture générale)* besteht für die Schüler die Möglichkeit, zusätzliche Angebote in ihr individuelles Curriculum aufzunehmen, die entweder in modularer Form (als flexibel kombinierbare Lehrbausteine) oder als zusätzliche Wahlfächer angeboten werden. Solche Wahlfächer dienen z.B. zur Vertiefung der mathematisch-naturwissenschaftlichen Bildung in der geistes- oder sozialwissenschaftlichen Sektion oder umgekehrt der

Erweiterung der Fremdsprachenkenntnis insbesondere in der naturwissenschaftlichen Sektion.

Durch die flexiblere *Wahldifferenzierung* soll die starre Sektionenstruktur aufgebrochen werden. Die Freigabe von Zusatzangeboten hat das Ziel, sozusagen „antizyklisch" persönliche Profile zu erlangen, um so z.B. in der naturwissenschaftlichen Sektion mehr Sprachen, in der sprachlichen mehr Mathematik wählen zu können.

Als *technische Abitursektionen* stehen heute die folgenden Möglichkeiten zur Wahl:
- STI (*Sciences et technologies industrielles*), d.h. industrielle Wissenschaften und Technologien;
- STL (*Sciences et technologies de laboratoire*), d.h. Laborwissenschaften und -technologien;
- SMS (*Sciences médico-sociales*), d.h. medizinisch-soziale Wissenschaften;
- STT (*Sciences et technologies tertiaires*), d.h. Wissenschaften und Technologien des tertiären Wirtschaftssektors.

Dabei muss man präzisieren, dass das französische Bildungswesen einen *weiten Technikbegriff* gebraucht, der auch den tertiären Wirtschaftsbereich (Handel und Verwaltung) mit einschließt. Das hat die praktische Folge, dass heute die Mehrzahl der „Technikerabiturienten" (1999 waren es 53%) aus der „tertiären" Sektion STT kommen, in der die Mädchen in deutlicher Überzahl sind.

Sonder- und Förderschulen

Für körperlich und geistig behinderte Kinder sowie Kinder mit spezifischen Lernproblemen besteht neben der möglichen Integration in Normalklassen oder der Einrichtung eigener Sektionen im Rahmen der Regelschulen auch die Möglichkeit zum Besuch einer Einrichtung des Sonderschulwesens (*enseignement spécialisé*). Mitte der neunziger Jahre gingen von den etwa 4,23 Millionen Kindern im Grundschulalter 56.000 Schüler (1,3%) in Einrichtungen des Sonderschulwesens, die z.T. unter der Aufsicht des Gesundheitsministeriums arbeiten. Zu den Sonderschulsektionen, die in das *collège* integriert sind, gehören insbesondere „Sektionen für angepasstes allgemeines und berufliches Lernen" (*sections d'enseignement général et professionnel adapté – SEGPA*), die aus den früheren Sektionen der Sondererziehung (*section d'éducation spécialisée – SES*) hervorgegangen sind. Ziel dieses „angepassten Unterrichts" ist es, die Schüler so weit zu bringen, dass sie eine einfache Facharbeiterlehre bewältigen können. Die Schüler dieser Sektion kommen selbst meistens aus dem Sonderschulbereich der Grundschule.

Umgang mit Problembereichen

Da die gesetzliche Schulpflicht in Frankreich vom vollendeten 6. bis zum 16. Lebensjahr geht, Grundschule und Sekundarstufe I zusammen aber nur neun Jahre umfassen, stößt man auf ein schulorganisatorisches Kuriosum: Die Schulpflicht ist mit einer Gesamtdauer von zehn Jahren um ein Jahr länger als die beiden Pflichtschultypen. Das deutet darauf hin, dass der Gesetzgeber stillschweigend von der Prämisse ausgeht, dass alle Kinder, die die Pflichtschule in der Regelschulzeit absolvieren, dann auch auf einen weiterführenden allgemein bildenden, technischen oder berufsbildenden Schulzweig gehen. Die wenigen (schwächeren) Schüler, die keinen weiterführenden schulischen Bildungsgang anstreben, haben aber mindestens eine

Klasse wiederholt, sodass sich die Frage ihrer Schulpflicht nach dem Abgang vom *collège* (z.B. in eine betriebliche Lehre) nicht mehr stellt. In der schulischen Realität gibt es also das Problem der nicht erreichten Schulpflichtgrenze nach der allgemein bildenden Schule überhaupt nicht. Dieses Problem des *Sitzenbleibens* hat noch eine andere schulpolitische Dimension. Spätestens die Abiturientenstatistik zeigt, dass die französischen Schüler zwar nominell nur zwölf Schuljahre bis zum Erwerb des Abiturs brauchen, dass in der Realität aber noch Anfang der 1990er Jahre 48% der erfolgreichen Abiturienten des allgemein bildenden und sogar 86% der Abiturienten in manchen Sektionen des technischen Bereichs mindestens ein Jahr zu alt sind. Der Grund dafür liegt einmal in der erhöhten Durchfallquote im Abitur, zum anderen aber in der schon angedeuteten generell hohen Sitzenbleiberquote von der Grundschule an. Das Problem des Schulversagens (*échec scolaire*) hatten besonders die von der politischen Linken dominierten Regierungen immer als besondere Herausforderung angesehen. Die Konzentration sozialer Probleme in den Vorstädten der Ballungszentren mit allen negativen Anzeichen sozialer Anomie bei den Schülern (Schulverdrossenheit, Gewalt, Vandalismus) führte die Linkskoalition zu Beginn der 1980er Jahre dazu, die *zones d'éducation prioritaires (ZEP)* einzuführen (vgl. zum folgenden auch HÖRNER 1995; 2000a; KODRON 1997). Die Aktion wurde von dem Gedanken getragen, dass die „republikanische Schule" von ihrem sozialen Anspruch her auf die Chancenungleichheit reagieren muss. Der Ausdruck „Bevorzugte Erziehungs-/Bildungszonen" zielt also auf positive Diskriminierung der sozial Benachteiligten ab.

Daraus ergeben sich zwei Hauptziele, nämlich die Erhöhung der Qualität des Unterrichts und die Diversifizierung der Schulwege ohne Niveauverlust. Um diesen Zielen näher zu kommen, entwickelten die französischen Bildungspolitiker außer der Zuteilung größerer finanzieller Mittel ein ganzes Bündel pädagogischer, didaktischer und schulorganisatorischer Maßnahmen, wie z.B. eine möglichst frühe Diagnose von Handicaps, eine flexible Leistungsdifferenzierung in der Sekundarstufe I, die es in der Regelschule nicht gibt, eine spezifische Förderpädagogik, die Vorgabe genauerer quantitativer und qualitativer Ziele in den Schulentwicklungsplänen der Einzelschulen usw. Zum Maßnahmenkatalog gehört auch das Konzept der Nachbarschaftsschule: Durch eine engere Zusammenarbeit mit den lokalen Instanzen soll sich die Schule für ihre Umwelt öffnen, um ihre Isolierung in einer lebensfremden „Schulkultur" zu vermeiden, die für schwächere Schüler demotivierend ist.

Die quantitative Bilanz der *ZEP*-Maßnahmen ist beachtenswert. Anfang der 1990er Jahre gab es 554 „Bevorzugte Erziehungs-/Bildungszonen". Die meisten waren in großstädtischen Ballungsgebieten, einige aber auch im dünnbesiedelten ländlichen Raum. Diese Zonen umfassten 6.450 Schulen, das sind 9% der Grundschulen, 16% der Schulen der Sekundarstufe I, 9% der Berufsfachschulen und 2% der Gymnasien. Hinsichtlich der Schülerzahl umfassten die *ZEP*-Maßnahmen 1,2 Millionen Schüler, das sind 11% aller Schüler des öffentlichen Unterrichtswesens. Dies sind 12% der Kinder im Grundschulbereich, 15% im Bereich der Sekundarstufe I. Es fällt auf, dass die ZEP im Bereich des *collège* am stärksten vertreten sind.

Der relative politische Erfolg der *ZEP*-Maßnahmen steht sicher in Verbindung mit dem aufweisbaren pädagogischen Erfolg. Nach den Berichten der Schulaufsicht (RAPPORT 1992) sollen die Fördermaßnahmen zu einer spürbaren Verbesserung des

Schulklimas geführt haben. Durch den projektorientierten Unterricht, durch die Erweiterung der Sport- und Freizeitangebote in der Schule sei es gelungen, bei vielen betroffenen schulmüden Schülern wieder ein positives Bild von Schule zu vermitteln. Zu dem positiven Bild von Schule gehört, dass das „Schuleschwänzen" in einigen besonders anfälligen Schulen von 10% auf 2% der Regelzeit zurückgegangen ist und so auch die Delinquenzrate tatsächlich spürbar zurückging. Des Weiteren wurden bei dieser Schülerpopulation bedeutend weniger Lücken in den grundlegenden Kulturtechniken festgestellt als vorher. Die Schüler konnten ohne Nachteil ihrem eigenen – langsameren – Lernrhythmus folgen, wobei bewusst eine Schulzeitverlängerung in Kauf genommen wurde. Die Stoffverteilung auf drei Jahre erwies sich als pädagogisch sinnvoller als ein sonst notwendig gewordenes Wiederholen einer ganzen Klassenstufe.

Die kritische Auseinandersetzung um die „Bevorzugten Erziehungs-/Bildungszonen" hat auch die verbleibenden Problemfelder sichtbar gemacht. Das bedeutet zum Beispiel das Eingehen auf einen besonderen *Ausländeranteil*, der als Chance zur Bereicherung der eigenen Kultur genutzt werden sollte. Die Kritiker denken dabei z.B. an die Einführung bilingualer Sektionen mit Zweitsprache Portugiesisch oder Arabisch, um die Schüler in den Sprachen der stärksten Immigrantengruppen bedeutende Weltsprachen entdecken zu lassen. Eine besondere Herausforderung, der die französische Schule gerade im Pflichtschulbereich gegenübersteht, sind in der Tat gerade die *Kinder nicht-französischer Muttersprache* (vgl. zum folgenden Abschnitt LACERDA 2000). Im Jahr 1998 betrug ihr Anteil 6,2% der Grundschüler, auf der Ebene des *collège* wurden durchschnittlich 8,2% gezählt. Der gesunkene Ausländeranteil im Grundschulbereich mag dabei auf eine restriktivere Einwanderungspolitik einerseits, auf eine leichtere Naturalisierung anderseits zurückführbar sein. Die meisten ausländischen Immigranten kommen nach wie vor aus Nordafrika (Algerien, Tunesien und Marokko), die zusammen fast die Hälfte aller ausländischen Kinder ausmachen (46,5%). Portugal ist der einzige Staat der Europäischen Union, der einen nennenswerten Anteil (10%) an der Population ausländischer Kinder in Frankreich hat. Aus der Statistik des Schuljahres 1998/99 geht hervor, dass die ausländischen Schüler sowohl in regionaler Hinsicht als auch bezüglich der Einzelschulen sehr ungleich verteilt sind. An den *collèges* in den *ZEP* liegt der Ausländeranteil im Durchschnitt bei 20%, in besonders „sensiblen" Schulen der Sekundarstufe I kann er im Extremfall bis auf 67% anwachsen. Landesweit haben knapp 7% der Schulen einen Ausländeranteil von mehr als 20%. Bezogen auf die einzelnen Schulverwaltungsbezirke *(académies)* finden sich die höchsten Ausländerquoten im Raum Paris (19%), in Korsika (15%) und im Bezirk Straßburg (knapp 10%).

Zur Betreuung besonderer Schülerpopulationen, deren Schulerfolg gefährdet zu sein scheint, gibt es in der französischen *Grundschule* verschiedene Arten von Sonderklassen, die auch für ausländische Schüler zur Verfügung stehen. Es handelt sich dabei meist um Klassen mit geringerer Schülerzahl, die durch geeignete pädagogische und unterrichtsorganisatorische Maßnahmen dazu dienen sollen, schwächeren Schülern den Anschluss an die Regelklassen zu sichern und ihnen den Weg in die Sonderschule zu ersparen. Um dies zu erreichen, werden verschiedenen Differenzierungsvarianten erprobt. Diese Klassen sind also nicht primär für ausländische Schüler geschaffen worden, trotzdem sind die Ausländer hier doppelt so stark vertreten, wie als ihr prozentualer Anteil es erwarten ließe.

Aktuelle Diskussionen und Entwicklungsperspektiven

Kritische Beobachter des französischen Schulsystems stellen fest „Das *collège* ist das schwache Glied im französischen Bildungswesen" (AUDUC 1998, S. 47). So ist es nicht verwunderlich, dass wenige Monate nach dem vollen Wirksamwerden der Reform der Sekundarstufe I erneut ein Gutachten zur Situation des *collège* vorgelegt wurde, das im Regierungsauftrag erstellt worden war und die unbefriedigend gelösten Fragen der Heterogenität der Schülerpopulation neu zu lösen versuchte (zit. nach www.education.gouv.fr/rapport/joutard). Zur Lösung der aktuellen Probleme des *collège* rekurriert der Autor auf den alten Begriff der Orientierung. Die Ablösung der negativ konnotierten *Selektion* durch eine positive, nicht diskriminierende *Orientierung* ist ein uralter Traum der französischen Bildungsreformer, der allerdings offensichtlich die real existierenden gesellschaftlichen Hierarchien unterschätzt: *Funktionale* gesellschaftliche Arbeitsteilung, auf die hin orientiert wird, ist immer zugleich *soziale* Differenzierung und als solche von sozialen Hierarchien belastet.
Nach den vorliegenden Zeugnissen scheint die Annäherung der 6. Klasse an die Abschlussklasse der Grundschule und die anderen Maßnahmen der Individualisierung des Unterrichts (gelenkte Einzelarbeit usw.) einen Teil der Übergangsproblematik tatsächlich zu absorbieren. Die Differenzierungsmaßnahmen der „Anpassungsstufe" bekommen bei der Bewertung durch die Lehrer noch die besten Noten. Ob dies allerdings schon ausreicht, vom *collège* als Ganzes das Negativbild des „schwächsten Gliedes im Bildungswesen" wegzunehmen, muss beim derzeitigen Stand der Entwicklung noch offen bleiben.

Literatur

AUDUC, J.-L.: Les institutions scolaires et universitaires. Paris 1998.
BENHAÏM, J./DO, Ch./THAUREL-RICHARD, M.: La renovation du collège. In: Note d'Information du Ministère de l'Éducation Nationale, de la Recherche et de la Technologie 99.01 (Januar 1999).
BOISSINOT, A.: Organisation des enseignements au collège. Circulaire No 97-052 du 27-2-1997. In: Bulletin Officiel du Ministère de l'Éducation Nationale, Nr. 10, 6.3.1997, S. 695-705.
BRAUNS, H.: Zur Vereinbarkeit von Chancengleichheit und Eliteformation im Bildungswesen – Das Beispiel Frankreich. In: Zeitschrift für internationale erziehungs- und sozialwissenschaftliche Forschung 13(1996) 1, S. 13-47.
CZERWENKA, K.: Schulsystem, Selektion und Schulzufriedenheit in Frankreich. In: Zeitschrift für Pädagogik 36(1990), S. 849-875.
DANYSZ, E.: Schule in Frankreich. Zentralismus, Hierarchie – und trotzdem Autonomie? In: Pädagogik (1994)4, S. 45-49.
DEUTSCH-FRANZÖSISCHES INSTITUT (Hrsg.): Frankreich-Jahrbuch 1994. Opladen 1995.

HEGELE, I.: Grundschule in Frankreich. In: Grundschullehrer 2(1986)12, S. 40-48.

HÖRNER, W.: Curriculumentwicklung in Frankreich. Probleme und Lösungsversuche einer Inhaltsreform der Sekundarschule (1959-1976) (Studien und Dokumentationen zur vergleichenden Bildungsforschung, Bd. 10). Weinheim 1979.

HÖRNER, W.: Technische Bildung und Schule. Eine Problemanalyse im internationalen Vergleich (Studien und Dokumentationen zur vergleichenden Bildungsforschung, Bd. 52). Köln 1993.

HÖRNER, W.: Auf dem Weg zur „lernenden Gesellschaft"? – Zur Logik der Berufsbildung in Frankreich. In: Bildung und Erziehung 47(1994)3, S. 285-305.

HÖRNER, W.: Schulqualität in Frankreich – Zwischen Eliteschulen und Massenbildung; die „Zones d'Éducation Prioritaires". In: Schulqualität. Facetten und Felder einer Entwicklung. Europäisches Bildungsgespräch '94. Hrsg. von O. ACHS u.a. Wien 1995, S. 71-84.

HÖRNER, W.: Frankreich. In: ANWEILER, O. u.a.: Bildungssysteme in Europa. 4. völlig überarbeitete und erweiterte Auflage. Weinheim 1996a, S. 83-107.

HÖRNER, W.: Primarschulsysteme im europäischen Vergleich. In: Bildung in europäischer Sicht. Perspektiven für die Pädagogik der Grundschule. Hrsg. von Ludwig DUNCKER. Langenau-Ulm 1996b, S. 181-197.

HÖRNER, W.: Bildungswesen in Frankreich. Studienbrief Kulturwissenschaft Französisch. Koblenz 2000a (Fernstudienprojekt: Fremdsprachen in Grund- und Hauptschulen, Universität Koblenz-Landau)

HÖRNER, W.: Stéréotypes nationaux, sciences de l'éducation et travail scolaire. Comparaison France – Allemagne. In: Manières de penser, manières d'agir en éducation et en formation. Publié sous la direction de B. MAGGI. Paris: PUF 2000b, S. 157-182 (Éducation et Formation).

HÖRNER, W./SCHLOTT, W.: Technische Bildung und Berufsorientierung in der Sowjetunion und in Frankreich. Ein intersystemarer Vergleich (Erziehungswissenschaftliche Veröffentlichungen des Osteuropa-Instituts der Freien Universität Berlin, Bd. 15). Wiesbaden 1983.

KNAUP, G.: Die französische Beobachtungs- und Orientierungsstufe. Entstehung, Struktur, Entwicklungstendenzen und Probleme eines französischen Sekundarschultyps (CES). Hannover 1974.

KODRON, Ch.: Zeit für Schule: Frankreich. In: HESSE, H.-G./KODRON, CH.: Zeit für Schule: Frankreich und Spanien (Studien und Dokumentationen zur vergleichenden Bildungsforschung, Bd. 48/6). Köln 1991.

KODRON, Ch.: Frankreich. In: Döbert, H./Geißler, G. (Hrsg.): Schulautonomie in Europa. Umgang mit dem Thema, Theoretisches Problem, Europäischer Kontext, Bildungshistorischer Exkurs. Baden-Baden 1997, S. 177-201

LACERDA, E. de: Les écoliers de nationalité étrangère. In: Note d'Information du Ministère de l'Éducation Nationale, de la Recherche et de la Technologie 00.03 (Februar 2000)

LECLERCQ, J.-M.: Die jüngsten Entwicklungen in der Bildungspolitik Frankreichs in europäischer und internationaler Sicht. In: Bildung und Erziehung 43(1990), S. 267-278.

LEGRAND, L.: Pour un collège démocratique. Rapport au ministre de l'Education nationale. Paris 1983.

LOI D'ORIENTATION SUR L'EDUCATION (No 89-486 du 10 juillet 1989). In: Journal Officiel de la République Française du 14 juillet 1989, S. 8860-8864.

LUTZ, B.: Bildungswesen und Beschäftigungsstruktur in Deutschland und Frankreich. In: Mendius, H. G. u.a. (Hrsg.): Betrieb, Arbeitsmarkt, Qualifikationen, Bd. 1. Frankfurt/M. 1976, S. 83-151.

MAURICE, M./SELLIER F./SILVESTRE, J.-J.: Politique d'éducation et organisation industrielle en France et en Allemagne. Paris 1982.

NAZE, Y. e.a.: Guide du système éducatif. Paris 1993.

OBIN, J.-P./CROS, F.: Le projet d'établissement. Paris 1991.

PELAGE, A.: Les transformations du rôle du chef d'établissement d'enseignement secondaire. In: ZANTEN, A. van (Dir.): L'école – l'état des savoirs. Paris: La Découverte 2000, S. 219-227.

RAPPORT A MONSIEUR LE MINISTRE D'ÉTAT RELATIF AUX ZONES D'ÉDUCATION PRIORITAIRES. Mission des inspections générales 1991-1992. Paris: Ministère de l'Éducation Nationale et de la Culture 1992.

RENAULT, C.: Le baccalauréat. Session 2000, résultats définitifs. In: Note d'Information du Ministère de l'Éducation Nationale, de la Recherche et de la Technologie 01.24 (Mai 2001).

RONDEAU, M.-Cl./TRANCART, D.: Les collèges sensibles – description, typologie. In: Education et Formations, 40, 1995, S. 15-21.

TANGUY, L.: Strukturentwicklung des Bildungswesens, Arbeitsmarkt und bildungspolitische Interventionen des Staates in Frankreich (1971-1986). In: Bildung und Erziehung 40(1987), S. 57-72.

ZANTEN, A. van (Dir.): L'école – l'état des savoirs. Paris: La Découverte 2000

ZAPATA, A. (Red.): Lehrer werden in der Oberrhein-Region – Formation des Maîtres dans la Région du Rhin Supérieur. Aarau 1995

ZETTELMEIER, W.: Bildungswesen im Wandel. In: Christadler, M./Uterwedde, H. (Hrsg.): Länderbericht Frankreich. Geschichte – Politik – Wirtschaft – Gesellschaft. Opladen 1999, S. 139-163.

Internet-Adressen:

http://www.education.gouv.fr (mit zahlreichen Verzweigungen)

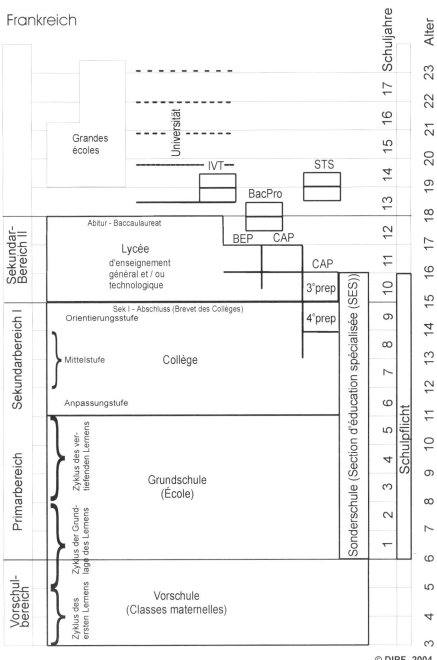

Frankreich

© DIPF 2004

Susanne Bandau

GEORGIEN

Entwicklung des Bildungswesens

Georgien liegt im Südkaukasus, erstreckt sich über eine Fläche von 69.700 km² und hat 5,4 Millionen Einwohner, von denen etwa 70% Georgier, 8% Armenier, 6,3% Russen, 5,7% Aseri, 3% Osseten, 1,9% Griechen und 1,8% Abchasier sind. Infolge von Nationalitätenkonflikten und Fluchtbewegungen sind die genannten Prozentangaben relativ zu sehen; sie sind seit Anfang der 1990er Jahre ständiger Veränderung unterworfen. Auf dem Gebiet Georgiens bestehen drei autonome Enklaven: Abchasien am Schwarzen Meer mit der Hauptstadt Suchumi, Südossetien an der Grenze zu Russland mit der Hauptstadt Zchinwali und Adscharien/Atschara am Schwarzen Meer mit der Hauptstadt Batumi.

Im August 1995 wurde eine neue, postsowjetische Verfassung verabschiedet. Die politische Krise und der Zusammenbruch sowjetischer Wirtschaftsstrukturen haben zu einem katastrophalen Absinken des Bruttoinlandsprodukts, einer Hyperinflation und zu einer Deindustrialisierung geführt. Zu Zeiten der Sowjetunion erfreute sich das Land eines relativ hohen Lebensstandards, der hauptsächlich einem ausgeprägten System der „Schattenwirtschaft" zu verdanken war. Heute überleben weite Teile der Bevölkerung nur durch Betätigung in mehreren Jobs gleichzeitig, so in privater Landwirtschaft, für die in der Region durch ein stellenweise subtropisches Klima günstige Bedingungen herrschen, oder durch eine zu neuer Blüte gekommene „Schattenwirtschaft" sowie mittels ausländischer Hilfe. Es fehlt an Energie und Brennstoffen. Viele Schulen sind seit Jahren geschlossen.

Georgien verfügt über eine lange Kultur- und Bildungtradition, deren Hauptträger zunächst die Ostkirche war. Die Landeskirche gehört nach der armenischen zu den ältesten christlichen Kirchen überhaupt. 1801 erfolgte der Anschluss an Russland. Damit wurde der russische Einfluss stärker, dem man sich aber immer stark widersetzte. Dieser Widerstand blieb auch nach 1917 spürbar und erst Mitte der 1930er Jahre wurde Georgien eine der Unionsrepubliken der Sowjetunion mit autonomen Gebietskörperschaften (Autonome Republiken Abchasien, Adscharien, Südossetisches Autonomes Gebiet). Die Säuberungen der Stalinzeit richteten sich insbesondere gegen die georgische Intelligenz. In den Jahren der Zugehörigkeit zur Sowjetunion setzt sich dann das sowjetische Bildungswesen durch, allerdings mit einer starken Stellung der georgischen Sprache.

Organisation des gegenwärtigen Schulsystems

Bildungsverwaltung

Das Bildungswesen als Ganzes wird vom Bildungsministerium gesteuert. Seine Aufgaben und Pflichten sind im Bildungsgesetz und in vom Präsidenten bestätigten Verordnungen verankert. Alle mit öffentlichen Mitteln finanzierten Bildungsein-

richtungen unterstehen direkt oder indirekt dem Ministerium. Im Bildungsgesetz von 1997 werden für das Bildungsministerium folgende Aufgaben formuliert:
- Durchsetzung staatlicher Bildungspolitik;
- Festlegung staatlicher Lehrprogramme sowie des staatlichen Bildungsstandards und die Kontrolle seiner Einhaltung;
- Bestimmung von Kriterien für die Zulassung von Bildungseinrichtungen;
- Bestimmung von Anforderungen an das pädagogische Personal und die Schüler und deren Überprüfung;
- Festlegung akademischer Grade und Kriterien ihrer Verleihung;
- Anerkennung von im Ausland erworbenen akademischen Graden;
- Organisation von Entwicklung und Herausgabe neuer Lehrmaterialien und technische Versorgung der Bildungseinrichtungen;
- Unterhalt eines wissenschaftlich-methodischen und eines Informationsdienstes.

Die autonomen Enklaven auf dem Gebiet Georgiens unterhalten eigene Bildungsministerien. Sie betreiben für ihre Territorien weitgehend eine eigenständige Bildungspolitik, obwohl sich Tbilissi um eine Abstimmung und Koordination bemüht. Das Land unterteilt sich in zehn Regionen und 70 Bezirke. Regionale Bildungsbehörden sind für die Verwaltung und das Management von Kindergärten und Schulen zuständig. Die Einzelschule ist in gewissem Maße autonom. Sie wird von einem administrativen oder pädagogischen Rat geleitet. Normalerweise hat jede Bildungseinrichtung einen Beirat, der die Finanzen verwaltet und sich um deren Beschaffung kümmert.

Auch für den Hochschulbereich legt das Ministerium für Bildung die entsprechenden Bildungsstandards sowie die Regeln für die Studenten, das Personal und für die Vergabe akademischer Grade fest. Die Hochschulen sind in hohem Grade autonom. Sie wählen ihre Rektoren und wissenschaftlichen Beiräte selbst, nehmen selbstständig Veränderungen in ihren Strukturen vor, entscheiden über ihr Personal und Lehrinhalte, quasi organisieren sie sich selbst. Das Bildungsgesetz von 1997 erlaubt allen lizenzierten privaten Hochschulen die Vergabe von Zertifikaten und den akkreditierten die Vergabe von Diplomen. Im berufsbildenden Bereich untersteht ein Teil der Einrichtungen dem Bildungsministerium, aber es gibt auch Berufsschulen, die in die Verantwortung des Gesundheits-, Kultur- oder Landwirtschaftsministeriums fallen.

Bildungsfinanzierung

Hauptquelle für die Finanzierung des Bildungswesens ist der Staatshaushalt. Daneben kommt Geld für Bildungseinrichtungen aus kommunalen Quellen und Unterrichtsgebühren. 1997 wurden 11,6% der staatlichen Ausgaben in den Bildungssektor eingebracht, was aber nicht ausreichte, um die dringendsten Bedürfnisse zu befriedigen. An dieser Situation hat sich bis heute kaum etwas geändert, obwohl viele internationale Organisationen wie die UNESCO, die Weltbank, der Europarat, die SOROS-Stiftung, die British Council, der DAAD versuchen, georgischen Bildungseinrichtungen befriedigende Arbeitsbedingungen zu ermöglichen.

Vorschuleinrichtungen werden aus lokalen Budgets, Beiträgen der Eltern und sonstigen Einnahmen der Einrichtungen finanziert. Um die Folgen der Finanzierungskrise zu mildern, wurden die Elternbeiträge für die Verpflegung der Kinder erhöht, Personal eingespart und die Eltern gebeten, einen Teil der Personalkosten zu übernehmen.

Der Besuch der Grundschule und der ersten Stufe der Sekundarschule ist für ca. 30% der Schüler kostenlos. Alle anderen Schüler müssen einen bestimmten Betrag bezahlen. Auch ein Hochschulstudium muss – in Abhängigkeit von der Leistung – selbst mitfinanziert werden.

Allgemein bildende und berufsbildende Schulen

Vorschulerziehung

Die Vorschulerziehung ist nicht obligatorisch und unterteilt sich in Kinderkrippen, für Kinder im Alter von ein bis drei Jahre, und Kindergärten für drei bis sechs Jahre. Viele Vorschuleinrichtungen wurden auf Grund der wirtschaftlichen und finanziellen Krise in den letzten Jahren geschlossen. Weder der Staat noch die Kommunen oder die Eltern können sie finanzieren. Nur etwa 14% der Kinder können in Kindergärten altersgerecht betreut werden. Ziel der Betreuung in den Kindergärten ist die Vorbereitung auf den Schulbesuch sowie die körperliche, soziale und geistige Entwicklung der Kinder. Normalerweise werden Kindergärten fünf Tage in der Woche besucht, bei einer täglichen Öffnungszeit von zehn bis zwölf Stunden. Es gibt aber auch Einrichtungen, in denen Kinder Tag und Nacht betreut werden. Die Gruppen haben im Durchschnitt 20 Kinder. In der Relation kommen auf eine Erzieherin ca. 14 Kinder.

Die Primarschule

Die Primarschule ist obligatorisch und dauert sechs Jahre. Eingeschult werden die Kinder mit sechs Jahren. In der Primarschule sollen die Entwicklung der Persönlichkeit des Kindes und seine Talente gefördert werden, die Freude am Lernen geweckt und es soll zum weiteren Lernen motiviert werden. Beim Übergang von einer Klasse in die nächste können die Schüler ab dem 4. Schuljahr getestet werden. Darüber entscheidet der Pädagogische Rat der Schule in Abstimmung mit der lokalen Bildungsbehörde. Etwa zwei Prozent der Kinder beenden die Primarschule aus gesundheitlichen oder finanziellen Gründen nicht. Durchschnittlich lernen 30 Schüler in einer Klasse und in der Relation kommen auf einen Lehrer etwa 18 Schüler.

Die Sekundarschule

Die Sekundarschule besteht aus zwei Stufen. Die Grundstufe umfasst die Klassen 7 bis 9. Hier geht es um eine weitere Entwicklung der Lernmotivation, der Talente und Fähigkeiten der Schüler, ihres logischen und selbstständigen Denkens. Sie sollen zur Achtung anderer und der Natur erzogen werden, sich physisch gut entwickeln, Kunst schätzen lernen und ein Gefühl für staatsbürgerliche Verantwortung bekommen. Etwa 30% der Absolventen dieser Schulstufe haben nicht die Möglichkeit, in die zweite Stufe zu wechseln.

Die zweite Stufe der allgemein bildenden Sekundarschule umfasst die Klassen 10 und 11, sie soll künftig aber um ein Jahr erweitert werden. Hauptziel ist es, auf ein Hochschulstudium oder den Arbeitsmarkt vorzubereiten. Nach Abschluss dieser Schulstufe sollen die Absolventen zu einem eigenständigen Leben bereit sein. Am Ende der Schulzeit ist eine Prüfung abzulegen. Die durchschnittliche Klassenstärke an der Sekundarschule beträgt 30. Durchschnittlich steht ein Lehrer für etwa acht Schüler zur Verfügung.

Spezialschulen

Für körperlich und geistig Behinderte gibt es spezielle Schulen, an denen insgesamt etwa 3.000 Schüler lernen. Wo die Behinderung es erlaubt, werden in den Spezialschulen die Inhalte der Allgemeinbildung angeboten, die an den anderen Schulen auch vermittelt werden. Allerdings dauert diese Ausbildung länger als an den Primar- und Sekundarschulen. Zusätzlich werden in Abhängigkeit von der Art der Behinderung Fähigkeiten vermittelt, damit sich diese Schulabsolventen auch im Alltag zurechtfinden können.

Berufliche Ausbildung

Auf der letzten Stufe der Sekundarschule ist ein Wechsel in die Berufsausbildung (Technische Sekundarschule, Kolleg) möglich, wo in verschiedenen Berufszweigen (Industrie, Bau, Verkehr u.a.) ausgebildet wird. Die Ausbildung dauert in Abhängigkeit vom zu erlernenden Berufsbild zwei bis vier Jahre und schließt mit einem Zertifikat oder einem Diplom ab. In der sowjetischen Vergangenheit war das Prestige von Berufsschulen nicht besonders groß. Handelschulen gab es gar nicht. Allerdings waren die Berufsschulen relativ gut ausgestattet. Der ökonomische Niedergang nach dem Ende der Sowjetunion hat auch dazu geführt, dass Einrichtungen demontiert und Gebäude anderweitig verwendet wurden. Inzwischen wurde dieser Prozess nicht nur gestoppt, sondern es wurde mit dem Aufbau einer neuen beruflichen Ausbildung begonnen. Beispielsweise werden in neuen Kursen Landwirte, Handwerker und Kaufleute ausgebildet. Die Struktur der Berufsausbildung wurde verändert, indem man seit Beginn der 1990er Jahre versucht, Industriebildungszentren zu etablieren. Hier werden auch Qualifizierungsmaßnahmen und Umschulungen angeboten.

Universitäten und Hochschulen

In Georgien gibt es acht staatliche Universitäten und 14 technische und spezialisierte Hochschulen. Daneben existieren etwa 209 private Hochschulen. Ebenso wie der berufsbildende Bereich soll der Hochschulbereich unmittelbar den gesellschaftlichen und wirtschaftlichen Veränderungen in Georgien dienen. Hier sollen hoch qualifizierte Spezialisten, Wissenschaftler, Künstler und Lehrer für den Aufbau des Landes aus- und fortgebildet werden. Insgesamt werden ca. 300 verschiedene Fachrichtungen angeboten. Neben den üblichen Wissenschaften sind dies auch sehr spezielle Studienrichtungen, z.B. in den kaukasischen Sprachen. Voraussetzung für den Hochschulbesuch ist der Abschluss der zweiten Stufe der allgemein bildenden Sekundarschule oder einer Berufsausbildung mit Diplom sowie das Bestehen einer Aufnahmeprüfung. Besondere Nachfrage besteht nach Studienplätzen der Medizin, der Betriebswirtschaft und in den Fremdsprachen. Das Studium dauert in der Regel fünf Jahre. Die Struktur des Studiums hat sich an einigen Hochschulen mit der Einführung der Bachelor- und Masterstudiengänge verändert. Der Bachelorstudiengang dauert vier Jahre. Besonders erfolgreiche Studenten können hier gleichzeitig einen Berufsabschluss erwerben. Allerdings ist noch unklar, in welcher Form er zur Beruf-

sausübung berechtigt. Der sich anschließende Masterstudiengang dauert zwei bis
drei Jahre. Höhere akademische Grade werden weiterhin nach dem alten System
vergeben (Kandidat und Doktor der Wissenschaften). Neben staatlich finanzierten
Studienplätzen gibt es solche, die selbst finanziert werden müssen. Dies ist auch eine
Zugangsmöglichkeit für Studienbewerber, die ihre Eingangsprüfungen nicht so gut
bestanden haben und aus diesem Grund eventuell keinen Zugang zum Hochschulstudium hätten.
Seit 1991 gibt es private Hochschulen, die nach Zulassung Zertifikate und nach
nochmaliger Überprüfung durch das Bildungsministerium auch staatlich anerkannte
Diplome vergeben dürfen. Umstritten, besonders bei der georgischen Intelligenz, ist
die Etablierung von ausländischen Hochschulen in Georgien.

Aktuelle Diskussionen und Entwicklungsperspektiven

Das georgische Bildungswesen leidet direkt und indirekt unter den Folgen der wirtschaftlichen Krise im Land. Finanzierungen von Seiten des Staates, so für die dringend notwendige Totalsanierung von ca. der Hälfte aller allgemein bildenden Schulen und die Zahlung der Lehrergehälter, sind nicht möglich. Die Begleichung der anfallenden Kosten für Bildung aus privater Hand stößt an Grenzen. Eine gute Ausbildung wird schon auf dem Niveau der allgemein bildenden Schule teilweise zu einer
Frage des sozialen und finanziellen Hintergrunds der Schüler. Für Studenten an
Hochschulen gilt dies noch in viel stärkerem Maße. In einigen Bergregionen gibt es
gar keine erreichbaren Schulen. Reformbemühungen werden durch diese Umstände
jedenfalls stark beeinträchtigt. Zusätzliche Probleme sind durch die Nationalitäten-
konflikte und Bürgerkriegsfolgen in der Kaukasusregion entstanden und erschweren
die Durchsetzung einer demokratischen Bildungspolitik bzw. machen sie unmöglich.
Ein langfristiger Kredit der Weltbank und Hilfen anderer internationaler Organisationen sollen den Reformprozess des Bildungswesens in Georgien unterstützen.
Um vor allem Kosten zu sparen, wird aktuell eine Einsparung bei den Lehrkräften
diskutiert. Zu diesem Zweck wurde die Arbeit der Lehrer überprüft. Mangels einer
gesetzlichen Regelung und zur Wahrung des sozialen Friedens wurde die Überprüfung der Lehrer vorläufig ausgesetzt und die beabsichtigten Personalkürzungen verschoben. Der schnelle Erfolg der eingeleiteten Reformbemühungen und vor allem
der gewünschte Anschluss an das internationale Niveau in naher Perspektive ist
derzeit eher fraglich.

Literatur

Euroeducation.net – Georgia .
www. euroeducation.net
www. Parliament.ge/Education
Georgia – Administration and management of the education system.

Georgien

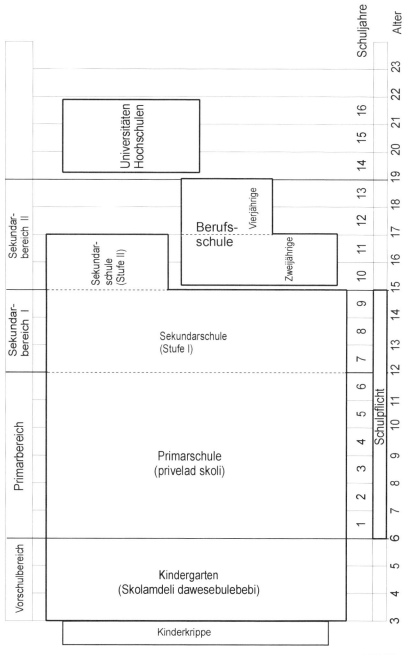

Panos Xochellis/Anastasia Kesidou

GRIECHENLAND

Entwicklung des Bildungswesens

Die ersten Schulgesetze im neugriechischen Staat – unter dem Einfluß der entsprechenden bayerischen Schulgesetzgebung – womit die Grundlagen für das Schulsystem in Griechenland gelegt wurden, stammen aus den dreißiger Jahren des 19. Jahrhunderts (1834-1836). Weitere nennenswerte Schritte und Bemühungen sind gegen
Ende des neunzehnten (z. B. die Schulgesetzentwürfe von 1899), im zweiten Jahrzehnt des zwanzigsten (die Schulgesetzentwürfe 1913 bzw. 1917) sowie und vor allem gegen Ende der zwanziger und Anfang der dreißiger Jahre desselben Jahrhunderts (die Schulreform der Jahre 1929-1932) unternommen worden. Über die neu-
zeitliche Schulgeschichte Griechenlands bis zu den fünfziger Jahren des vergangenen Jahrhunderts gibt es ausreichende Literaturnachweise, auch in deutscher Sprache, auf die wir hiermit verweisen[1].

Für das Verständnis der gegenwärtigen Situation[2] des griechischen Schulsystems ist
besonders der Abschnitt der Schulgeschichte nach dem zweiten Weltkrieg relevant.
Es ist bekannt, dass in diesem Zeitraum in allen europäischen Ländern versucht
wurde, das Schulwesen an die veränderten wirtschaftlichen, politischen und sozialen
Verhältnisse anzupassen. Die einzelnen Reformmaßnahmen bezogen sich auf organisatorische (z.B. Gesamtschule), inhaltliche (z.B. Curriculumrevision) und unter-
richtsmethodische (z.B. Differenzierungsmaßnamen) Dimensionen[3], wobei bei allen
Bemühungen das Prinzip der Chancengleichheit eine zentrale Rolle spielte. Nach einigen vereinzelten Reformmaßnahmen in den fünfziger Jahren beginnt für Griechenland eine wichtige Etappe ihrer Schulgeschichte Mitte der sechziger Jahre; seit
diesem Zeitpunkt bis heute sind drei große Schulreformen zu verzeichnen[4]. Der
erste Reformansatz erfolgte 1964, wurde bald durch die siebenjährige Obristendik-
tatur (1967-1974) unterbrochen, setzte sich aber dann in den Jahren 1976-1980 im
gleichen Sinne fort. Die zweite Reform fällt in den Zeitraum 1981-1985 und prägt
zum Teil bis heute die griechische Schulwirklichkeit. Der dritte Reformansatz
stammt aus den drei bzw. vier letzten Jahren (seit 1997) und befindet sich noch in
Entwicklung und Diskussion. Generell ist die griechische Schulpolitik der letzten
vier Jahrzehnte durch wiederholte Anstrengungen und Maßnahmen zur Anpassung
des Schulsystems an die historischen, sozialen und wirtschaftlichen Gegebenheiten
gekennzeichnet. Dabei stand und steht der Grundsatz der gleichen Bildungschancen

---

1   Vgl. insb. J. Pirgiotakis, 1988 (mit einschlägiger Literatur). M. Kelpanides, 1980, S. 448- 471. Ders.,
    1997, S. 231- 249.

2   Vgl. A. Brousos, 1990, S. 37- 82. A. Kazamias, 1986, S. 9-19. N. Terzis, 1993.

3   Vgl. B. Hamann, 1986, S. 228.

4   Vgl. P. Xochellis, 1995, S. 51- 60 (mit einschlägiger Literatur). A. Kazamias/ M. Kassotakis (Hrsg.),
    1986.

im Mittelpunkt aller Reformen. An der Verwirklichung dieses Grundsatzes läßt sich die Demokratisierung des Schulsystems messen und diese Tendenz charakterisiert das griechische Schulsystem seit dem 19. Jahrhundert[5].

Die Hauptintention der ersten von den genannten Reformen bestand darin, die Schulbildung den Bürgern aus allen sozialen Schichten zu öffnen und gleichzeitig durch Ausbau eines zweiten Schulnetzes mit beruflichen Studiengängen den ungewöhnlich großen Zustrom zu den Hochschulen infolge des bis dahin eingleisigen Schulsystems zu vermindern bzw. umzuleiten. Man könnte allgemein sagen, dass Förderung und Auslese die Leitmotive dieser Schulreform bilden. Im Einzelnen wurden die Lehrmittelfreiheit auf allen Stufen des Schulwesens eingeführt, die Schulpflicht von sechs auf neun Jahre verlängert und der sechsjährige Sekundarbereich des Schulwesens in zwei dreijährige Stufen aufgeteilt, das einheitliche Gymnasium und das in einen allgemein bildenden und einen technisch–beruflichen Schulzweig differenzierte Lyzeum. Als Voraussetzung für den Hochschulzugang am Ende der Sekundarstufe II wurde das sog. „Akademische Abschlußzeugnis" – anstatt der bisherigen Aufnahmeprüfungen – eingeführt[6]. Es wurden auch einige Änderungen im Bildungskanon vorgenommen, die einerseits Modifizierungen im Muttersprachunterricht durch die Einführung der „Volkssprache als Gegenstand und Medium des Unterrichts" – damit ist der jahrzehnte lang andauernde Streit um die Sprachenfrage beendet worden – und andererseits die Verstärkung der naturwissenschaftlichen Unterrichtsfächer zum Ziel hatten.

Der anfänglich in der Zeit nach 1976 wohl existierende Konsensus über Schulfragen zwischen den politischen Parteien und in der Öffentlichkeit zerbricht gegen Ende der siebziger Jahre und es beginnt eine heftige Kritik an der Reform[7], eine Kritik, die nach den Parlamentswahlen von 1981, welche die sozialistische Partei (PASOK) an die Macht brachten, zu einem neuen Reformansatz für das Schulwesen führte. Die Grundkonzeption der neuen Reform wurde offiziell wie folgt formuliert: „Grundsatz der Schulpolitik ist, dass die Sorge für die Bildung ausschließliche Angelegenheit des Staates ist; der Staat muß alle Voraussetzungen schaffen und alle Mittel zur Verfügung stellen, die für das Gedeihen der Bildung notwendig sind. Ein zweiter Grundsatz besteht darin, dass die Bildung eine Angelegenheit des ganzen Volkes darstellt; somit beteiligen sich an den Bildungsinstitutionen und an der Bildungsplanung der Staat, die Lehrer, die Studenten, Schüler und die sozialen und wissenschaftlichen Gruppen"[8]. Man könnte kurz sagen, dass diese bildungspolitische Konzeption drei Leitmotive hatte: staatliches Schulwesen, gleiche Bildungschancen für alle, Demokratie in den Bildungsinstitutionen und in der Bildungsplanung. Die Grundlinien dieses Schulgesetzes, das ein Rahmenschulgesetz für das ganze Schulwesen darstellt, geben bis heute in vieler Hinsicht die Basis für den Schulunterricht ab.

---

5   Vgl. insb. K. Tsoukalas, 1977.

6   Vgl. Schulgesetz 4379/1964.

7   Vgl. z.B. E. Hodolidou, 1987.

8   Vgl. die Einleitung zum Schulgesetz 1566/1985. Auch S. Bouzakis, S. 240- 265.

Den dritten Ansatz bildet die Schulreform, die vor etwa vier Jahren (1997) eingeleitet worden ist[9]. In deren Mittelpunkt steht die Vereinheitlichung der Sekundarstufe II einschließlich der Regelung des Zugangs zum Hochschulstudium. Anstatt der bisherigen drei verschiedenen Schultypen im Sekundarbereich II (das allgemein bildende, das Technisch-Berufliche und das Polyvalente Lyzeum) ist das Einheitslyzeum eingeführt worden; daneben bestehen einerseits einige kirchliche sowie Musiklyzeen und andererseits die zwei- bzw. dreiklassigen Technisch-Beruflichen Schulen (TEE). Über den Zugang zum Hochschulstudium (Fachhochschulen und Universitäten) entscheidet das Abschlusszeugnis des Lyzeums, wovon an anderer Stelle etwas näher die Rede sein wird. Dieses Schulgesetz enthält auch weitere wichtige Maßnahmen, welche den Modus für die Einstellung der Lehrer, die Evaluation von Lehrern und Schulen, die Ganztagsschule, den sog. „Einheitlichen Curricularen Rahmen" für die gesamte Schulpflichtzeit, Stützkurse für lernschwache Schüler, den zweiten Bildungsweg, die Gründung des Nationalen Zentrums für Schul- und Berufsberatung mit seinen regionalen Außenstellen sowie Fragen der Umwelt- und Gesundheitserziehung betreffen. Einige dieser Maßnahmen werden in den nächsten Abschnitten beschrieben und kommentiert.

Zur Zeit ist ein Gesetzentwurf fertig, der einmal eine Auflockerung der zentralistisch strukturierten Schulverwaltung durch Einrichtung einer neuen regionalen Verwaltungsebene intendiert, zum anderen das heikle Thema der Schul- und Lehrerevaluation weiterführt und konkretisiert und drittens die Gründung einer zentralen staatlichen Institution für Lehrerfortbildung vorsieht, welche die etwas zersplitterte Fortbildung der Lehrer vor allem koordinieren aber auch insgesamt planen und evaluieren soll.

Wollte man nun die kurz beschriebenen Reformversuche und Reformen etwas zusammenfassend charakterisieren, könnte man vor allem folgende vier Punkte herausstellen.

–   Was die Struktur des Schulwesens betrifft, ist bezeichnend, dass stufenweise die Einheitsschule auch in der Sekundarstufe II eingeführt worden ist. Sowohl dadurch als auch durch zusätzliche Maßnahmen (z.B. zur Differenzierung des Unterrichts) erhofft man sich größere Chancengleichheit, ein Bereich in dem tatsächlich wichtige Schritte im griechischen Schulwesen zu verzeichnen sind.

–   Die Selektionsprüfung für den Eingang in den tertiären Bereich des Schulwesens – ein zentraler Punkt aller Schulreformen der letzten fünfzig Jahre – ist in dem genannten Zeitabschnitt vielfach modifiziert worden. Zur Zeit gilt als Kriterium, wie bereits erwähnt, das Abschlusszeugnis des Lyzeums, das den „freien Zugang zum Studium" garantieren soll, was noch abzuwarten ist, da es in manchen „renommierten" Studienrichtungen (z.B. Medizin) der Zugang zum Studium immer noch reglementiert wird.

–   Bei all diesen Reformen sind über Strukturänderungen hinaus auch einige Maßnahmen ergriffen worden, die zur „inneren" Schulreform zu rechnen sind[10], wie

---

[9]   Vgl. die Schulgesetze 2525/1997 und 2640/1998.

[10]   Vgl. allgemein zu dieser Fragestellung N. Terzis, 1981, S. 272- 281 und 1982, S. 100-110. Auch N. Terzis, 1988.

z.B. Neuordnung der Lehrerbildung oder Änderungen in den Lehrplänen und Schulbüchern sowie in der Leistungsbeurteilung, ohne allerdings dass in diesem Bereich von einer grundlegenden Reform aus einem Guss die Rede sein kann.

– Was das Hochschulwesen betrifft, ist vor allem die Integration der Lehrerausbildung für den Vorschul- und Primarbereich in die Universitäten (1982ff.) zu erwähnen, von der an anderer Stelle näher zu sprechen sein wird.

Organisation des gegenwärtigen Schulsystems

Das gegenwärtige Schulwesen gliedert sich in den Primarbereich (Vorschulerziehung und Grundschule), in die allgemein bildende Sekundarstufe I (Gymnasium), die allgemein bildende und berufsbildende Sekundarstufe II (Einheitslyzeum und Technisch-Berufliche Schulen) sowie in den Tertiärbereich (Universitäten und Fachhochschulen). Die Grundschule (6. bis 12. Lebensjahr) und das Gymnasium (12. bis 15. Lebensjahr) bilden die neunjährige Pflichtschule. Es folgt die Sekundarstufe II mit drei bzw. zweijähriger Studiendauer. Der Übergang von der einen Schulstufe zur anderen erfolgt *ohne* Selektion außer im Fall des Übergangs zum tertiären Bereich. Das *berufsbildende* Schulwesen umfaßt die Technisch-Beruflichen Schulen (TEE) sowie die Institute für Berufsausbildung (IEK), die hier etwas näher betrachtet werden sollen.

Die Technisch-Beruflichen Schulen (*Technika kai Epagelmatika Ekpaideftiria-TEE*) sollen im Hinblick auf den Einstieg der Schüler in den Arbeitsmarkt eine Kombination von Allgemeinbildung und spezialisierter technisch-beruflicher Ausbildung anbieten. Das Studienprogramm besteht aus zwei Stufen, von denen die erste zwei Jahre und die zweite ein weiteres Jahr dauert. Die beiden Stufen sind voneinander unabhängig in dem Sinne, dass für beide ein separates Abschlusszeugnis gewährt wird. Alle Schüler, die das Abschlusszeugnis des Gymnasiums erworben haben, sind berechtigt, sich in eine Technisch-Berufliche Schule einschreiben zu lassen. Die Aufnahme in die zweite Stufe setzt jedoch den erfolgreichen Abschluss der ersten voraus.

Das Curriculum umfaßt sowohl allgemein bildende als auch Spezialisierungsfächer. Die allgemein bildenden Fächer machen auf der ersten Stufe 38-42% des gesamten Programms aus, während der entsprechende Prozentsatz auf der zweiten Stufe auf 23-27% sinkt. Zu den allgemein bildenden Fächern gehören Religion, Neugriechisch, Geschichte, Mathematik, Physik, Chemie, Computer, Fremdsprache und Sport. Die Aufzählung der vorhandenen Spezialisierungsbereiche überschreitet den Rahmen dieses Beitrages. Die Schüler nehmen den praktischen Teil ihres Studienprogramms im Labor, in „Schullaborzentren" sowie an Arbeitsplätzen im staatlichen oder privaten Sektor vor.

Schüler, welche die erste Stufe des Studienprogramms erfolgreich abgeschlossen haben, können entweder eine Lizenz zur Ausübung eines Handwerks erwerben oder ihr Studium auf der zweiten Stufe fortsetzen bzw. sich in die 2. Klasse des Einheitslyzeums einschreiben lassen. Abgänger der zweiten Stufe können entweder eine Lizenz zur Ausübung eines Handwerks erwerben oder sich mit Prioritätsanspruch in ein Institut für Berufsausbildung (IEK) einschreiben lassen bzw. Prüfungen ablegen, um einen Studienplatz in einer Fachhochschule (TEI) zu erwerben[11].

Die Technisch-Beruflichen Schulen sind mit einer Menge von Problemen konfrontiert (vor allem die Verzögerung in der Anfertigung von Curricula sowie die personelle Besetzung dieser Schulen stehen im Vordergrund), die einer baldigen Lösung bedürfen, wenn die seit langem erstrebte Steigerung der beruflichen Bildungsstandards zustande kommen soll.

Die *Institute für Berufsausbildung* (*Instituta Epagelmatikis Katartisis - IEK*) sind Einrichtungen, die sich nicht eindeutig in einen Bereich des Schulsystems einordnen lassen. Sie bieten post-sekundäre, nicht hochschulbezogene Berufsbildung an (Schulgesetz 2009/92). Die Institute für Berufsausbildung können entweder staatlich (zur Zeit bestehen 488 Einrichtungen) oder privat sein. Voraussetzung für die Aufnahme des Studiums ist ein Abschluss der Sekundarstufe II (Lyzeum) und in einigen Fachrichtungen lediglich ein Abschluss der Sekundarstufe I, wobei im ersteren Fall das Studium vier Semester, im letzteren hingegen nur zwei Semester dauert. Jedes IEK bietet eine Auswahl an Studiengängen und im Rahmen letzterer eine Anzahl von verschiedenen Spezialisierungen an. Das Studium ist direkt an dem Arbeitsmarkt orientiert, wobei der Versuch unternommen wird, die angebotenen Spezialisierungen auf die ständig sich wandelnden Ansprüche des Arbeitsmarktes abzustimmen. Bei erfolgreichem Abschluss ihres Studiums erhalten die Auszubildenden den „Nachweis beruflicher Ausbildung", welcher die Teilnahme an zentral organisierten gesamtgriechischen Prüfungen ermöglicht, durch die das sogenannte „Diplom der Berufsausbildung" erworben werden kann[12].

Im tertiären Bereich sind die *Fachhochschulen (Technologika Ekpaideftika Idrimata-TEI)* zu erwähnen, wovon an anderer Stelle die Rede ist.

Private Schulen unterstehen der Zuständigkeit des Unterrichtsministeriums (offiziell wird es „Ministerium für Nationalbildung und Religion" genannt) und folgen denselben Lernzielen und Curricula wie die öffentlichen Schulen. Es gibt private Schulen auf allen Schulstufen (der prozentuale Anteil des Privatschulwesens beläuft sich etwa auf 5-6%) außer im Tertiärbereich; nach dem griechischen Grundgesetz ist die Gründung von privaten Institutionen im Tertiärbereich nicht erlaubt.

Grundprinzipien und Formen der Differenzierung

Eine Form der Binnendifferenzierung im griechischen Schulwesen erfolgt im Englischunterricht des Gymnasiums, der in vielen Schulen je nach Schülerkenntnissen in zwei Leistungskursen (Anfänger und Fortgeschrittene) angeboten wird. Eine äußere Differenzierung erfolgt erst im Lyzeum, wo das Schulprogramm teilweise allgemein bildenden Kernfächern und teilweise Spezialisierungsfächern gewidmet ist. Die Schüler können hierbei zwischen drei entsprechenden Studienrichtungen (theoretisch, naturwissenschaftlich und technologisch) wählen. Darüber hinaus besteht eine begrenzte Zahl von Unterrichtsstunden, die Wahlfächern gewidmet werden. In den letzten Jahren wird ferner mit Erfolg die Maßnahme der sogenannten „Zusätzlichen Unterrichtshilfe" vor allem in der Sekundarstufe II angewendet. Es handelt sich

---

[11] Vgl. Eurydice National Unit, 2000.

[12] Vgl. Schulgesetz 2009/1992. Eurydice-Eurybase, 2000.

um Stützkurse für lernschwache Schüler, die innerhalb der öffentlichen Schulen angeboten werden. Daneben findet immer noch Förderunterricht in den zahlreichen und breit verbreiteten privaten *Frontistiria* (Repetitorien) statt, in denen Schüler und Eltern die Mängel der in den öffentlichen Schulen angebotenen Bildung auszugleichen versuchen. Es gibt neuerdings auch einige ganz wenige Einrichtungen des zweiten Bildungsweges, die noch vermehrt werden sollen und darauf abzielen, Erwachsenen Möglichkeiten zur Erwerbung von Schulabschlüssen anzubieten.

Schulverwaltung und Schulfinanzierung

Die Schulverwaltung erfolgt in drei Ebenen: die oberste, zentrale Ebene bilden die verschiedenen nach Schulstufen und Sachgebieten gegliederten Abteilungen des Unterrichtsministeriums, die mittlere Ebene umfaßt die Verwaltungsinstanzen in den Präfekturen bzw. Distrikten des Landes (Schulämter) und die unterste, lokale Ebene bilden die Schulleiter und die Lehrerkollegien in den Schulen. Die Vorsteher der Schulämter und die Schulleiter werden auf Grund eines Bewerbungsverfahrens durch die auf Distriktebene funktionierenden sog. Diensträte bzw. durch das Ministerium für jeweils vier Jahre bestellt. Zur Zeit wird ein Gesetzentwurf diskutiert, der eine vierte Verwaltungsinstanz auf regionaler Ebene – zwischen der zentralen und der bisher mittleren – vorsieht, an die zur Dezentralisierung des bisher zentralistisch verwalteten Schulsystems Kompetenzen seitens des Unterrichtsministeriums abgetreten werden sollen.

Weil nach der Verfassung des Landes die Bildung eine ausschließliche Aufgabe des Staates darstellt, wird das Schulwesen vom Staat finanziert, während die Kommunen nur die Wartungskosten für die Schulgebäude übernehmen; ihnen obliegt ferner die Finanzierung für die Kinderkrippen und Kinderhorte.

Evaluation und Schulqualität

Die beschriebenen Verwaltungsinstanzen des Schulwesens beschränken sich auf die Einhaltung der Dienstvorschriften und haben keine Kompetenz was die wissenschaftlichen und pädagogischen Aspekte des Erziehungs- und Unterrichtsgeschehens in den Schulen betrifft. Die diesbezügliche Beratungsfunktion üben die Schulräte aus, die ebenfalls auf Grund eines Bewerbungsverfahrens für jeweils vier Jahre bestellt werden und bis jetzt keine Kompetenzen zur Beurteilung von Lehrern und Schulen haben. In Griechenland gibt es seit zwei Jahrzehnten keine Beurteilung der Lehrer und keine Evaluation von Schulen. Das bereits oft erwähnte Gesetz von 1997 sieht dies vor und der ebenfalls genannte im Augenblick besprochene neue Gesetzentwurf enthält konkrete Durchführungsvorschriften, so dass mit der Evaluation des Schulwesens insgesamt bald begonnen werden wird. Die Intention besteht darin, durch Evaluation zur Bildungsqualität beizutragen, was zur Zeit als ein Hauptziel der Bildungspolitik vom Unterrichtsministerium bezeichnet und immer wieder betont wird.

Qualifikation des Lehrpersonals

Die *Grundausbildung* der Lehrer/innen für den Vorschul- und Primarbereich erfolgt (seit dem akademischen Jahr 1984/85) auf universitärem Niveau in einem achtsemestrigen und einphasigen Studium. Die Studieninhalte stammen aus drei Bereichen: Erziehungswissenschaft, Fachwissenschaften (Unterrichtsgegenstände der Schule) und Fachdidaktik sowie Schulpraxis. Etwa ähnlich aber zweiphasig strukturiert sich die Ausbildung für die Lehrer des technisch-beruflichen Bereichs des Schulwesens. Die Grundausbildung der Lehrer/innen der allgemein bildenden Sekundarstufe erfolgt nach wie vor einphasig und fast ausschließlich fachwissenschaftlich orientiert, ebenfalls an den Universitäten.

Die *Fortbildung* aller Lehrer erfolgt sowohl an Universitäten als auch und vor allem an den sog. *„Regionalen Fortbildungszentren"*. Das Konzept ist zur Zeit vorwiegend auf Fortbildungskurse kurzer Dauer ausgerichtet und weist verschiedene Formen auf: z.B. einführend sofort nach der Einstellung der Lehrer, periodisch zur Erneuerung der Kenntnisse und Fertigkeiten der lange im Schuldienst stehenden Lehrer und punktuell bei Einführung von Reformmaßnahmen. In den letzten fünf Jahren sind sehr viele solche Fortbildungskurse veranstaltet worden, die zum großen Teil aus Mitteln der Europäischen Union finanziert worden sind[13].

Die *Weiterbildung* ist partiell, d. h. sie bleibt zur Zeit auf die Lehrer der Primarstufe und die Kindergärtner/innen beschränkt, erfolgt an den Universitäten durch Beurlaubung der Lehrer bei vollen Dienstbezügen und dauert zwei Jahre; für die Lehrer der Sekundarstufe gibt es bisher diese Möglichkeit nicht. Für alle Lehrer besteht ferner grundsätzlich die Möglichkeit, ein Aufbaustudium an den Universitäten aufzunehmen, wozu sie dann auch mit vollen Bezügen für die Dauer des Studiums beurlaubt werden.

Bis zum Jahre 1998 erfolgte die *Einstellung der Lehrer* auf Grund einer Warteliste, auf die man einfach nach Abschluss des Studiums auf Antrag kam. Dieses Verfahren wurde 1998 (mit einer fünfjährigen Übergangsphase) durch einen alle zwei Jahre stattfindenden Konkurs in drei bis vier Fächern (je nach Fachrichtung) ersetzt, was scharfe Kritik bei den Lehrerverbänden ausgelöst hat und trotz einer Ergänzung bzw. Verbesserung immer noch umstritten ist. Eine weitere einschlägige Maßnahme betrifft zwei Punkte: Einmal die Strukturierung der pädagogischen Ausbildung der angehenden Lehrer der Sekundarstufe (ab 2003 soll für die Einstellung das sog. „Pädagogisch-didaktische Kompetenzzeugnis" verlangt werden, das ein zweisemestriges Studium voraussetzt) und zum anderen die Evaluation für Schule und Lehrer, etwas was auch seit einigen Jahren Diskussionsstoff liefert und auf heftige Kritik seitens der Lehrergewerkschaften stößt.

Allgemein bildendes Schulwesen

Vorschulerziehung

Die Vorschulerziehung ist nach dem Schulgesetz 1566/85 Teil der Primarstufe, dauert zwei Jahre und richtet sich an Kinder zwischen vier und sechs Jahren. Sie findet in Kindergärten (*Nipiagogeia*) statt, welche teilweise im gleichen Gebäude mit einer Grundschule untergebracht sind; es gibt jedoch natürlich im Hinblick auf die räumlichen Einrichtungen auch unabhängige Kindergärten. Träger der Vorschuleinrichtungen sind vorwiegend der Staat aber auch Private. Der Besuch von staatlichen

---

13 Vgl. P. Xochellis, 2000, S. 172-178 (mit den einschlägigen Literaturhinweisen).

Kindergärten ist kostenlos, private Kindergärten erheben hingegen Schulgebühren. Kinder, die bis zum 31. Dezember eines Jahres das Alter von vier Jahren erreicht haben, können im Kindergarten aufgenommen werden. Nach Gesetz wird die Wahl des Kindergartens durch den Wohnsitz der Familie bestimmt, wobei der Besuch des Kindergartens nach Schulbezirken erfolgt. Im Schuljahr 1997/98 und zur Anwendung des Schulgesetzes 2525/97 erfolgte die Einführung des „Ganztagskindergartens", der auf der Basis eines erweiterten Stundenplans arbeitet und die Beschäftigung der Kinder mit kreativen Aktivitäten für die Dauer von mindestens acht Stunden pro Tag ermöglicht. Während der Ganztagskindergarten zu jenem Zeitpunkt als ein Pilotprogramm eingeführt worden war und die Zahl von 160 Einrichtungen nicht überstieg, betrug dieselbe Zahl zwei Jahre später, im Schuljahr 1999/2000, 700 Kindergärten. Gleichzeitig wird erstrebt, dass alle Kindergärten ganztägig arbeiten. Die Einführung des Ganztagskindergartens ist als eine Förderung der Vorschulerziehung zu betrachten, wobei die ganzheitliche Vorbereitung des Kindes auf die Grundschule, die Beseitigung der Bildungs- und der Sozialungleichheiten und die Erleichterung der berufstätigen Eltern im Mittelpunkt stehen[14].

Lehr- und Lernziele, Curriculum
Nach den heute gültigen Rahmenrichtlinien (Schulgesetz 1566/85) gilt als Ziel des Kindergartens die physische, emotionale, kognitive und soziale Entwicklung der Kinder innerhalb des größeren Rahmens, der durch die Leitziele der Primar- und der Sekundarstufe bestimmt wird. Insbesondere soll die Vorschulerziehung den Kindern dabei helfen, ihre Sinne zu entwickeln und ihre Erfahrungen aus der physischen und sozialen Umwelt zu bereichern und zu strukturieren. Hinzu kommt die Entwicklung ihrer Fähigkeit, sich mit Symbolen im Bereich der Sprache, der Mathematik und der Ästhetischen Bildung vertraut zu machen. Schließlich werden zwei sozialbezogene Fähigkeiten erstrebt: erstens die Entwicklung interpersoneller Beziehungen, welche die harmonische Integration der Kinder in das Gemeindeleben fördern soll, und zweitens die Entwicklung der Eigeninitiative im Rahmen der organisierten Umwelt sowie das Angewöhnen an das Geben- und Nehmen-Verhältnis zwischen den einzelnen Personen und in der Gruppe.
Für die Konstruktion der Lehrpläne aller Schulstufen und -arten ist das Pädagogische Institut zuständig. Es handelt sich um eine verhältnismäßig selbständige Dienststelle des Unterrichtsministeriums, die über alle Fragen der Unterrichtsgestaltung (wie z.B. Lehrpläne, Schulbücher und Leistungsbeurteilung) eine Gutachterkompetenz ausübt. Im Lehrplan des Kindergartens sind Spiel- und Lernbereiche inhaltlich und zeitlich definiert. Darüber hinaus besteht auch ein „Tätigkeitenbuch", welches detaillierte Hinweise und praktische Vorschläge zur Organisation jeder Unterrichtsstunde beinhaltet. Letzteres verleiht besonderes Gewicht der aktiven Partizipation des Kleinkindes an seiner „ganzheitlichen" Entwicklung und hebt die Bedeutung realer Situationen für die Entfaltung vielfältiger kognitiver Fähigkeiten bei dem Kind hervor.

---

14   Vgl. Ministerium für Nationalbildung und Religion, 1998, S. 15.

Unterrichtsplanung und Unterrichtsorganisation

Auch die konkrete Arbeit in den Vorschuleinrichtungen wird vom Staat in der Form eines Präsidialerlasses bestimmt. Das tägliche Arbeitsprogramm enthält: a) freie Tätigkeiten an „Spielecken" ohne direkte Lehrerbeteiligung, b) Tätigkeiten, die entweder auf die vom Lehrer (und auf dem Lehrplan beruhenden) vorgewählten Ziele abzielen oder auch auf Ziele, die sich aus ungeplanten oder geplanten Tätigkeiten ergeben. Das generell an Schulleistung orientierte griechische Schulwesen wird sogar in der Vorschulerziehung sichtbar. Bemerkenswert ist es z.B., dass für das zweite Jahr des Kindergartenbesuchs (Altersgruppe 5 bis 6 Jahre) Grundzüge einer ersten Leistungsbeurteilung sichtbar sind.

Probleme

Das Hauptproblem der Vorschulerziehung besteht im Mangel an Kindergartenplätzen. Nach der OECD[15] war Mitte der 90er Jahre aufgrund mangelnder Plätze nur die Hälfte der Kinder der entsprechenden Altersgruppe in einem Kindergarten eingeschrieben; nach statistischen Daten des Unterrichtsministeriums besuchen heute den Kindergarten etwa 60% der Jahrgänge 4 bis 6. Ein weiteres Problem besteht in den mangelnden räumlichen Einrichtungen der Kindergärten, vor allem derjenigen, die mit Grundschulen unter einem Dach arbeiten. Die Situation ist häufig so, dass kaum Platz für kreative Tätigkeiten und keine oder nur sehr bescheiden eingerichteten Spielplätze vorhanden sind. Darüber hinaus wird der Vorteil der Koexistenz von Kindergarten und Schule im Hinblick auf einen flexibleren Übergang von der Vor- zur Primarschule nicht in Anspruch genommen.

Grundschule

Die sechsjährige Grundschule (*Dimotiko Scholeio* – 6. bis 12. Lebensjahr) bildet den ersten Teil der neunjährigen Schulpflicht. Einzige Voraussetzung für die Einschulung der Kinder ist die Vollendung ihres 6. Lebensjahres bis zum Ende des Jahres der Einschreibung; auch im Fall der Grundschule erfolgt der Besuch nach dem Wohnsitz der Familie. Grundschulen sind in der Regel Halbtagsschulen, aber seit 1997 und entsprechend der schon dargestellten Entwicklung in der Vorschulerziehung gibt es auch Ganztagsgrundschulen. Zur Zeit existieren 28 Pilotschulen dieser Art und es besteht der Plan, bis zum Jahre 2006 300 neue zu gründen. Daneben bestehen über 2000 Schuleinheiten mit erweitertem Tagesprogramm, die gewöhnlich auch als Ganztagsschulen bezeichnet werden.

Lehr- und Lernziele, Curriculum

Das auf die Grundschule bezogene Leitziel, welches im Schulgesetz 1566/85 formuliert wird, unterscheidet sich wenig von dem des Kindergartens: es handelt sich um die „ganzheitliche geistige und physische Entwicklung der Schüler innerhalb des größeren Rahmens, der durch die Leitziele der Primar- und der Sekundarstufe bestimmt wird". Ferner soll die Grundschule den Schülern dabei helfen, ihre Beziehung zu Gegenständen, Situationen und Phänomenen zu erweitern und erneut zu de-

---

[15] Vgl. OECD, 1997, S. 147.

finieren, Grundkonzepte zu erlernen und schrittweise die Fähigkeit zum abstrakten Denken zu entwickeln. Außerdem sollen die Schüler „mit moralischen, religiösen, nationalen, humanistischen und weiteren Werten schrittweise vertraut werden und diese in ein Wertesystem organisieren".

Es gibt einen grundlegenden Lehrplan für jede der sechs Primarschulklassen. Laut Schulgesetz 2525/97 soll eine Vereinheitlichung der Lehrpläne der Primar- und der Sekundarstufe I durch den „Einheitlichen Curricularen Rahmen für die gesamte Schulpflichtzeit" erfolgen, dessen Verwirklichung gerade ansetzt. Die in der Grundschule unterrichteten Fächer sind: Religion, Neugriechische Sprache, Mathematik, Geschichte, Umweltstudien, Geographie, Physik, Sozial- und Gemeinschaftskunde, Ästhetische Erziehung, Sport, Fremdsprache (Englisch) und „Schulleben". Alle Fächer sind obligatorisch und werden in der Mehrheit der Schulen vom gleichen Lehrer unterrichtet; Ausnahmen bilden die Fächer Englisch, Sport und Musik, die von Fachlehrern unterrichtet werden.

Unterrichtsplanung und Unterrichtsorganisation

Die Verbindlichkeit des Curriculums betrifft nicht die Lehrmethoden, d. h. die Lehrer haben die Möglichkeit, ihren Unterricht frei zu gestalten. Auf der anderen Seite bietet das schon benannte Pädagogische Institut sowohl innerhalb der Lehrpläne als auch (und vorwiegend) in den Lehrerhandbüchern (für jedes einzelne Schulfach bzw. Schulbuch aller sechs Schulklassen besteht ein entsprechendes Lehrerhandbuch) detaillierte Hinweise zur Organisation des Unterrichts an. Die Lehrerhandbücher sind teilweise, vor allem mit dem Argument kritisiert worden, dass sie die Unterrichtsgestaltung in allen Schulen zu stark vereinheitlichen und damit die Selbständigkeit und die Kreativität des Lehrers begrenzen.

Die Leistungsbeurteilung der Schüler erfolgt in Klassen 1 und 2 aufgrund von Berichtzeugnissen, in Klassen 3 und 4 nach vier Leistungsgruppen (A, B, C und D) und in den zwei letzten Jahrgangsstufen nach einem Punktesystem (Skala von 1-10, wobei 10 die beste Note – „ausgezeichnet" – und 5 – „gut" – die Versetzungsnote ist). Die Versetzung zur jeweils nächsten Klasse erfolgt automatisch unter Voraussetzung des regelmäßigen Besuchs und einer positiven Bewertung des Lehrers, dass der betreffende Schüler die Grundkenntnisse der Klasse erworben hat. Am Ende jedes Schuljahres erhalten die Schüler ein Versetzungszeugnis, nach Klasse 6 ein Primarschulabschlusszeugnis (*Apolitirio Dimotikou*), das die Leistung des Schülers in den einzelnen Fächern enthält und seine Aufnahme (ohne Ausleseverfahren) in die erste Klasse des Gymnasiums (Sekundarstufe I) sichert.

Probleme

Probleme und Diskussionspunkte, die in Bezug auf die griechische Grundschule registriert werden, sind folgende: die Sicherung der Qualität der angebotenen Bildung in überlasteten Schulen der Großstädte; die kleinen Schulen auf dem Lande mit einer bis vier Schulklassen, die sich keine elaborierten Unterrichtshilfen leisten können oder Kinder in Kleindörfern, die täglich große Wege bis zur nächst gelegenen Grundschule fahren müssen; die Verwendung des einen und einzigen Schulbuchs pro Unterrichtsfach für alle Schulen Griechenlands, die einschränkend für die Kreativität und den Anreiz von Schülern und Lehrern wirkt; die mangelnde Unterstützung für Schüler mit Lernschwierigkeiten oder die fehlende Begleitung der automatischen Versetzung des Schülers von einem ausführlichen Bericht über seine Stärken und Schwächen, der als Orientierung des Lehrers der folgenden Klasse dienen könnte.

Sekundarstufe I (Gymnasium)

Wie bereits an anderer Stelle erwähnt, besteht die allgemein bildende Sekundarstufe aus dem Gymnasium (*Gymnasio*) und dem Lyzeum (*Lykeio*). Das dreiklassige Gymnasium entspricht der Sekundarstufe I und bildet somit den zweiten Teil der neunjährigen Pflichtschule. Das Gymnasium ist allen Schülern zugänglich, welche die Grundschule erfolgreich abgeschlossen haben, richtet sich somit an Schüler zwischen 12 und 15 Jahren und bietet ein für alle Schüler gemeinsames Studienprogramm ohne Differenzierungen an. Eine Ausnahme bildet das Fach Englisch, das je nach Schülerkenntnissen in vielen Schulen in zwei Leistungskursen (Anfänger und Fortgeschrittene) unterrichtet wird. Neben den Halbtagsgymnasien gibt es auch Abendgymnasien, die auch dreijährige Curricula anbieten. Es gibt auch eine kleine Anzahl von kirchlichen und Musikgymnasien.

Lehr- und Lernziele, Curricula

Laut Schulgesetz 1566/85 besteht das Leitziel des Gymnasiums in der Förderung der ganzheitlichen Entwicklung der Schüler und ihrer Fähigkeiten in diesem Alter den Lebensansprüchen entsprechend. Ferner soll das Gymnasium den Schülern dabei helfen, ihr Wertesystem zu erweitern, so dass sie sich kreativen Zielen und humanistischen Taten hinwenden. Sie sollen außerdem Kenntnisse erwerben und diese mit Sozialreflexionen kombinieren, so dass sie eine Vielfalt von Situationen bewältigen und Lösungen zu Lebensproblemen auf verantwortliche Weise anstreben können. Erwähnt werden auch der richtige Sprachgebrauch, die normale Körperentwicklung und das Kennenlernen von verschiedenen Formen der Kunst sowie die Entwicklung von eigenen ästhetischen Kriterien. Schließlich wird Wert darauf gelegt, dass die Schüler ihrer eigenen Fähigkeiten, Neigungen, Fertigkeiten und Interessen im Hinblick auf ihre künftige Beschäftigung im Arbeitsmarkt bewußt werden. Wie in der Primarschule gibt es auch hier einen grundlegenden Lehrplan für jede der drei Gymnasialklassen[16]. Das Schulprogramm umfaßt folgende Unterrichtsfächer: Religion, Altgriechische Sprache und Literatur, Neugriechische Sprache und Literatur, Geschichte, politische Bildung und Sozialkunde, Fremdsprache (Englisch, Französisch oder Deutsch), Mathematik, Physik, Chemie, Informatik und Technologie, Geographie, Biologie I und II, Schul- und Berufsberatung, Sport, Ästhetische Erziehung und Hauswirtschaft.

Unterrichtsplanung und Unterrichtsorganisation

Ähnlich wie in der Grundschule basiert der Unterricht auf dem einen und einzigen Schulbuch pro Fach. Die Schuljahre sind in Trimester gegliedert. Die Leistungsbeurteilung wird nach einem Punktesystem vorgenommen (Skala von 1-20, wobei die

---

16 Vgl. zum Thema der Curricula A. Kesidou, 1999.

20 für „ausgezeichnet" steht und die 10 Versetzungsnote ist). Im Laufe der Trimester erfolgen sowohl mündliche als auch schriftliche Tests, während am Ende des Schuljahres auch Abschlussprüfungen stattfinden. Den Prüfungsstoff bilden die 3/5 des im Laufe des Jahres unterrichteten Lehrstoffes und die Endnote in den einzelnen Fächern berücksichtigt sowohl die Trimesternoten als auch die Note der Abschlussprüfung. Schüler, die 50% der zu erbringenden Punkte in allen versetzungsrelevanten Fächern erreicht haben, werden versetzt. Es gibt auch die Möglichkeit in bis zu vier Fächern Nachprüfungen abzulegen. Wenn das Ziel auch in diesem Fall nicht erreicht wird, muß die bestimmte Klasse wiederholt werden. Auch das Abschlusszeugnis (*Apolitirio Gymnasiou*) wird nach der gleichen Regelung erteilt und erlaubt den freien Zugang zur Sekundarstufe II, d. h. ohne Selektion.

Probleme

Einige der meist erwähnten Probleme, die mit der Gymnasialstufe verbunden werden, sind folgende: der Übergang von der Grundschule ins Gymnasium scheint ziemlich problematisch zu sein, da viele Schüler auf die Ansprüche der neuen Schulstufe nicht gut vorbereitet sind. Außerdem ist eine Tatsache, dass auch im Gymnasium die Mehrheit der Schüler zur nächsten Klasse versetzt wird. Auf diese Weise ergibt sich eine große Zahl von Schülern, die trotz erheblicher Lernschwierigkeiten und schlechter Leistungen das Gymnasium durchlaufen. Darüber hinaus werden die niedrige Motivation der Lehrer, die unzureichend besetzten Lehrerplätze in manchen Schulen und Gegenden sowie die Notwendigkeit eines teilweise differenzierten Curriculums diskutiert (letzteres unter dem Gesichtspunkt, dass ein einheitliches Curriculum, das bis zum 15. Lebensjahr keine Auswahlmöglichkeiten erlaubt, nicht immer der internationalen Praxis entspricht)[17].

Sekundarstufe II (Lyzeum und Technisch-Berufliche Schule)

Das Einheitslyzeum (*Eniaio Lykeio*) ist die allgemein bildende Form der Sekundarstufe II, während Technisch-Berufliche Schulen (*Technika kai Epagelmatika Ekpaideftiria* oder *TEE*) die technisch-berufsbildende Sekundarstufe II bilden, wie bereits dargestellt worden ist. Das *Einheitslyzeum* ergab sich aus den Reformmaßnahmen des Jahres 1997, nach denen die vorherigen Schultypen der Sekundarstufe II („allgemein bildendes", „Technisch-Berufliches", „Polyvalentes", „Klassisches" usw. Lyzeum) abgeschafft wurden. Es gibt nur noch eine kleine Anzahl von kirchlichen und Musiklyzeen. Die Studiendauer im Halbtagslyzeum beträgt drei Jahre und die Schule betrifft die Altersgruppe zwischen 15 und 18 Jahren. Das Studienprogramm des Abendlyzeums für berufstätige Schüler dauert hingegen vier Jahre und das Schüleralter liegt zwischen 18 und 25 Jahren.

Im Gegensatz zum Gymnasium ist das Einheitslyzeum neben seinem allgemein bildenden Charakter auch auf Spezialisierung ausgerichtet. Die erste der drei Schulklassen funktioniert als grundlegende Orientierungsstufe mit einem allgemein bildenden Curriculum und nur einem oder zwei Wahlfächern. In der 2. und 3. Klasse wird das Schulprogramm teilweise Kernfächern (die Allgemeinkenntnisse vermit-

---

17 Vgl. OECD, 1997, S. 150.

teln) und teilweise Spezialisierungsfächern gewidmet, wofür es drei entsprechende Studienrichtungen gibt: a) theoretische, b) naturwissenschaftliche und c) technologische. Außerdem ist eine begrenzte Zahl von Unterrichtsstunden Wahlfächern gewidmet[18].

Lehr- und Lernziele, Curricula

Das Einheitslyzeum zielt auf ein hohes Niveau der Vermittlung von Allgemeinkenntnissen ab. Außerdem betrifft ein weiteres Ziel die Entwicklung von Fähigkeiten, wie Eigeninitiative, Kreativität und Kritikfähigkeit. Das Einheitslyzeum soll den Schülern Kenntnisse und Fähigkeiten vermitteln, die notwendig für die Fortsetzung des Studiums auf der nächsten Bildungsstufe sind – gleichzeitig aber Fertigkeiten fördern, die nach einer Spezialisierung oder Ausbildung ihren Zugang zum Arbeitsmarkt erleichtern können. Die neueste Reform der griechischen Oberstufe hat unter anderem auch die Lehrpläne und Schulbücher betroffen. Neue Unterrichtsfächer wurden eingeführt und viele neue Schulbücher veröffentlicht. In Klasse 1 werden die allgemein bildenden Fächer, insgesamt 29 Stunden pro Woche, unterrichtet; dazu kommt noch der Unterricht in einem oder zwei Wahlfächern (2 oder 4 Stunden). In Klasse 2 umfassen die allgemein bildenden Fächer 24 Wochenstunden. Spezialisierungsfächer sind in „obligatorische" (sieben Wochenstunden) und „Wahlfächer" (zwei oder vier Stunden) unterteilt. Dieselbe Unterteilung gilt auch für die Klasse 3, wobei die Unterrichtsstunden wie folgt aufgeteilt sind: allgemein bildende Fächer (16 Unterrichtsstunden), obligatorische Spezialisierungsfächer (12 Stunden), Wahlfächer (zwei oder vier Stunden). Die im Lyzeum unterrichteten Gegenstände (ohne die Einbeziehung der sehr breit strukturierten Spezialisierungsfächer) können den entsprechenden Stundenplänen entnommen werden.

Schüler, die das Lyzeum erfolgreich abgeschlossen haben, erhalten das Einheitslyzeumabschlußzeugnis (*Apolitirio Eniaiou Lykeiou*). Es handelt sich dabei um eine Art Abitur, das zum Universitätsstudium berechtigt. Die Berechtigung dazu ergibt sich aus der Leistung des Schülers im Laufe des Schuljahres sowie aus dessen Leistung in den auf nationaler Ebene durchgeführten Abschlussprüfungen in jeweils neun Fächern in der 2. und 3. Klasse zusammen; die Endnote der 2. Klasse zählt zu 30% und diejenige der 3. Klasse zu 70%. Die Bewerbungen um einen Studienplatz im tertiären Bereich werden auf der Basis eines Punktesystems geregelt. Dieses setzt sich aus der Endnote des Abschlusszeugnisses sowie aus der Benotung der Schüler in zwei Fächern von „besonderer Gewichtung" der 3. Klasse zusammen, wobei diese Fächer nach Wissenschaftsbereich unterschiedlich und mit einem unterschiedlichen Koeffizienten (1,3 bei dem ersten und 0,7 bei dem zweiten Fach) versehen sind. Die Anwendung des anfänglich (1997) vorgesehenen dritten Indikators (das Ablegen eines Tests allgemeiner Kenntnisse und Fertigkeiten) ist bis auf weiteres verschoben worden. Das erwähnte Punktesystem spielt eine besondere Rolle in den Fällen, wo die Bewerbungen um einen Studienplatz die zur Verfügung stehenden Studienplätze überschreiten (dies ist z.B. bei den „renommierten" Abteilungen und Fakultäten der

---

[18] Vgl. Eurydice-Eurybase, 2000.

Fall). Die Studienmöglichkeiten beziehen sich auf fünf sogenannte „Wissenschafts-
felder":
- Humanistische Wissenschaften, Rechts- und Sozialwissenschaften,
- Naturwissenschaften,
- Gesundheitswissenschaften,
- Technologische Wissenschaften,
- Betriebs- und Wirtschaftswissenschaften.

Probleme

Leistungs- und Zeitdruck sowie Überforderung von Schülern und Lehrern sind die
Hauptprobleme, die aus den neuen Gegebenheiten im Lyzeum resultiert haben. Die
Schularbeit ist fast ausschließlich an den Abschlussprüfungen orientiert bei Beschränkung des Freiraums für weitere Aktivitäten und kreative Arbeit. Darüber hinaus stellte die Lehrplan- und Schulbuchrevision, die zur gleichen Zeit stattfand, ein
zusätzliches Problem für Lehrer/innen, was auf ihre mangelnde Vorbereitung zurückzuführen ist.

Tertiärer Bereich

Die Hochschulbildung wird in Universitäten (*Anotata Ekpedeftika Idrimata - AEI*)
und Fachhochschulen (*Technologika Ekpaideftika Idrimata - TEI*) angeboten. Je
nach Fachrichtung kann das Universitätsstudium acht, zehn oder zwölf Semester
dauern. Das Studium in den Fachhochschulen dauert sieben bis acht Semester. Die
Fachhochschulen sind zugänglich sowohl von Schulabgängern, die das Abschlusszeugnis des Lyzeums erworben haben als auch von Schülern, welche die zweite
Stufe der Technisch-Beruflichen Schule erfolgreich abgeschlossen haben und eine
diesbezügliche Prüfung abgelegt haben.
Die früher vorgenommene Unterscheidung zwischen der „Höchsten Bildungsstufe"
(*anotati ekpaidefsi*) und der „Höheren Bildungsstufe" (*anoteri ekpaidefsi*) gibt es inzwischen nicht mehr, da durch ein neues Gesetz beide Studienbereiche die zwei
Teile der einheitlichen tertiären Bildungsstufe ausmachen. Die Universitäten sind
auf Lehre und Grundlagen- bzw. angewandte Forschung, die Fachhochschulen sind
praxisorientierter und vorwiegend auf angewandte Forschung ausgerichtet. Im gleichen Gesetz ist die Evaluation des Personals der Fachhochschulen vorgesehen, die
bereits im Gange ist. Das gilt auch für die Universitäten und es sind in einigen Fällen bereits Pilotevaluationen vorgenommen worden.
1997 wurde die griechische *Fernuniversität* gegründet, welche zum ersten Mal in
Griechenland ein Fernstudium ermöglicht. Die Fernuniversität bietet Bildung und
Weiterbildung universitärer Ebene in Fernstudienform an, bei Entwicklung und Anwendung von geeigneten Unterrichtsmaterialien und -methoden. Ein weiteres Ziel
besteht in der Forschungsförderung im Bereich der Wissensvermittlung in Fernstudienform[19].

---

[19] Vgl. Ministerium für Nationalbildung und Religion, 1998, S. 24.

Sonderschulen (Förderschulen)

Das Sonderschulwesen wird derzeit durch das Schulgesetz 2817/2000 geregelt, das den bisherigen institutionellen Rahmen dieses Bildungsbereichs ergänzt. Danach können Schüler, die in dieser Hinsicht förderungsbedürftig sind, folgende Klassen bzw. Schulen besuchen:

– Klassen der Normalform, die gleichzeitig von einem Sonderschullehrer unterstützt werden,
– Sonderklassen im Rahmen von allgemein bildenden und berufsbildenden Schulen,
– Sonderschulen,
– Sonderklassen oder Schulen in Krankenhäusern, Rehabilitationszentren usw., wo solche Kinder sich aufhalten.
– In Ausnahmsfällen findet der Unterricht auch zu Hause statt, der von spezialisierten Lehrern und nach dem jeweiligen Fall organisiert wird. Die Sonderschulen decken alle Bildungsstufen ab: Kindergärten und Grundschulen richten sich an Kinder zwischen 4 und 14 Jahren, wobei der Kindergarten drei und die Grundschule sieben Jahre dauert. Sondergymnasien (Sekundarstufe I) wenden sich an lernschwache Schüler zwischen 14 und 18 Jahren (vier Jahre) und Sonderlyzeen betreffen dieselbe Schülergruppe und decken das Alter zwischen 18 und 22 Jahren ab (auch vier Jahre). Darüber hinaus existieren auch entsprechende Technisch-Berufliche Schulen sowie „Sonderkurse für berufliche Ausbildung".

Die Ziele des Sonderschulwesens sind laut Schulgesetz folgende: die Entwicklung der Schülerpersönlichkeit, die Verbesserung ihrer Fähigkeiten und Fertigkeiten, so dass sie in die Normalklassen bzw. -schulen und ins Sozialleben integriert oder reintegriert werden können, das Anbieten von Berufsbildung sowie die Förderung der Teilnahme der Schüler am produktiven Leben und schließlich die Förderung ihrer normalen Sozialentwicklung sowie ihrer Akzeptanz von der Gesellschaft. Nach dem Präsidialerlaß 301/96 wurde der „Rahmen des Curriculums für das Sonderschulwesen" bestimmt. Das derzeit gültige Curriculum besteht aus 25 Fächern und 30 Unterrichtsstunden sowohl in der Primar- als auch in der Sekundarschule.

Drop-outs

Eine im Jahre 2000 vom Pädagogischen Institut durchgeführte Untersuchung[20], die das Drop-out-Problem in der Sekundarstufe I anging, stellte einen diesbezüglichen Prozentsatz von 6,98% für das Schuljahr 1997/98 fest. Obwohl letzterer im Vergleich zu den entsprechenden Daten der achtziger Jahre deutlich niedriger ausfällt, ist er immerhin nicht als unbedeutend zu betrachten. Jugendliche, die nicht einmal das Abschlusszeugnis der Pflichtschule besitzen, welches die Mindestvoraussetzung für den Erwerb einer „mittleren" Arbeitsstelle oder einer Stelle in der Ausbildung ausmacht, sind in einer Zeit von wachsender Arbeitslosigkeit besonders gefährdet. Es wird erwartet, dass der entsprechende Prozentsatz in den kommenden Jahren noch weiter sinken wird; gleichzeitig kann es aber auch gut sein, dass aufgrund der

---

[20] Vgl. Pädagogisches Institut, 2001.

wachsenden Anzahl von ausländischen und Rückwandererkindern in den griechischen Schulen, die mit Sprach- und Anpassungsproblemen konfrontiert sind, dieser Rückgang nicht mit besonders schnellem Tempo stattfindet. Weitere wichtige Ergebnisse der Untersuchung sind die folgenden:

– Fast die Hälfte des schulischen Drop-outs betrifft Schüler, die sich in Klasse 1 des Gymnasiums überhaupt nicht einschreiben lassen. Die Drop-out-Zahl vermindert sich im Laufe des Gymnasialstudiums, so dass der Prozentsatz der Schüler, welche die Klasse 3 erreichen, jedoch nicht das Abschlusszeugnis erwerben, lediglich bei 0,31% liegt (Schuljahr 1997/98).

– Schüler verlassen das Gymnasium zu einem höheren Prozentsatz als Schülerinnen.

– Der Drop-out-Prozentsatz ist in den Städten niedriger als auf dem Lande.

Minoritäten

In den griechischen öffentlichen Schulen befindet sich gegenwärtig eine große Zahl von Kindern, die aus fremden Ländern stammen oder nach jahrelanger Emigration nach Griechenland zurückgekehrt sind. Zur ersten Gruppe gehören Arbeitsmigranten aus Osteuropa, Albanien, Bulgarien, Afrika, aus dem Nahen Osten sowie aus dem Fernost, die sich legal oder illegal im Land aufhalten und arbeiten. Die zweite Gruppe besteht zum einen aus griechischen Remigranten aus Westeuropa (Deutschland, Belgien, Schweden etc.) sowie aus Rückwanderern aus überseeischen Ländern, beispielsweise Australien. Zum anderen gehören zu dieser Gruppe Minoritäten, die durch historische Ereignisse unter andere Herrschaft geraten sind und erst neulich (hauptsächlich im letzten Jahrzehnt) die Möglichkeit hatten, ins Mutterland zurückzukehren. Dabei handelt es sich vor allem um Rücksiedler griechischer Abstammung („Ponten") aus Russland[21]. Die Maßnahmen, die seitens der griechischen Bildungsbehörden in Bezug auf diese Kinder in der Primar- und Sekundarstufe getroffen sind, haben die Form von Studiengängen dreierlei Art genommen:

– Sprachkurse, die Nachhilfeunterricht in der griechischen Sprache anbieten und im Anschluss an den normalen Unterricht stattfinden (bis sechs Stunden wöchentlich mit maximal neun Teilnehmern),

– Aufnahmeklassen, die parallel zu den normalen Klassen auf der Basis von eigenem Unterrichtsmaterial arbeiten; die Teilnehmerzahl liegt in diesem Fall zwischen neun und zwanzig Schülern.

– Die sogenannten „Interkulturellen Schulen", die von einheimischen, ausländischen und von Schülern griechischer Herkunft (einschließlich Rückwandererkindern) besucht werden.

Was die beiden ersten Studiengänge betrifft, ist anzumerken, dass in der Tat nur ein kleiner Prozentsatz der Minoritätenkinder diese Schulformen besuchen und von deren Vorteilen profitieren. Darüber hinaus gibt es in einigen Interkulturellen Schulen (derzeit 20 Schulen in ganz Griechenland) keine einheimischen Schüler, so dass der interkulturelle Charakter dieser Schulen abgeschwächt wird. Derzeit wird das Thema der besseren schulischen Integration bei Vermeidung der Gefahr der sozialen

---

[21] Vgl. Hopf D., 1992.

Ausgrenzung dieser Kinder breit diskutiert. Diese Diskussion sollte sowohl das Problem des immer zunehmenden Anteils von Ausländerkindern in den griechischen Schulen als auch Probleme der kulturellen Minderheiten wie z.B. der Zigeunerkinder einbeziehen. Insofern sind die bereits 1998 vom Unterrichtsministerium angekündigten Maßnahmen zur interkulturellen Erziehung als positiv zu bezeichnen[22].

Aktuelle Diskussion und Entwicklungsperspektiven

Kritische Bemerkungen

Versucht man jetzt unter Berücksichtigung des Dargestellten sowie unter Hinzuziehung weiterer Aspekte aus der griechischen Schulgeschichte und -politik *eine kritische Bilanz zu ziehen*, ließe sich Folgendes herausstellen[23]:

Im zwanzigsten Jahrhundert und vor allem in den letzten vierzig Jahren gab es in Griechenland immer wieder Reformversuche und Reformen kleinen oder größeren Ausmaßes sowie unterschiedlicher Bedeutung, die ohne Zweifel nennenswerte Verbesserungen in vielen Bereichen des Schulsystems herbeigeführt haben. Eine Bewertung all dieser Versuche und Maßnahmen kam jedoch nicht umhin auch festzustellen, dass das Schulsystem in dem genannten Zeitabschnitt kaum zur Ruhe gekommen ist. Alle fünf bis maximal zehn Jahre erfolgte eine Schulreform, so dass die Zeit zu deren Bewährung immer fehlte.

–   Keine der erfolgten Reformen wurde durch eine begleitende wissenschaftliche Überprüfung abgesichert. Die in wenigen einzelnen Fällen eingeleiteten Evaluierungen wurden meistens kurz darauf abgebrochen bzw. ihre Ergebnisse sind nicht bekannt geworden. *Generell kann man also sagen, dass alle Reformen unter Zeitdruck geplant und ohne die nötige wissenschaftliche Absicherung durchgeführt worden sind.* Aber aus der Forschungsliteratur wissen wir, dass ohne eine solide empirisch-wissenschaftliche Basis die Reformen allzu oft an einzelnen Symptomen herumkurieren und meistens ihr Ziel verfehlen. Darüber hinaus war es meistens so, dass *die Reformen sich nicht auf einen breiten Konsensus in der Öffentlichkeit stützen konnten,* so dass sie schnell kritisiert und angegriffen wurden. Außerdem gab es in den meisten Fällen kaum eine ausreichende Vorbereitung der Lehrer und anderer Bezugsgruppen (z.B. der Eltern) und wenn ja, dann ist sie unsystematisch vorgenommen worden. Es fehlte auch oft an den notwendigen „Flankierungsmaßnahmen" für die Realisierung der Reformen. Darüber hinaus handelte es sich meistens bei den letzten Schulreformen um eine *Überakzentuierung des Stellenwertes der Schule*, was keineswegs mit neueren wissenschaftlichen Erkenntnissen und mit dem gegenwärtigen Problembewusstsein einhergeht.

–   Trotz der erzielten Verbesserungen im Schulwesen brachten die Reformen im allgemeinen wenig Änderungen in Bereichen, die das Innenleben und insbesondere die sozialen Dimensionen des Schulgeschehens betreffen; das gilt vor allem für das Sekundarschulwesen. Wenig binnendifferenzierende Elemente, eine

---

22   Vgl. Ministerium für Nationalbildung und Religion, 1998, S. 28-29.
23   Vgl. P. Xochellis, 1993, S. 71- 81 (mit Literaturhinweisen).

fast ausschließlich leistungsbezogene Klimatik und lehrerzentrierte Unterrichtsmethodik kennzeichnen immer noch die griechische Schulwirklichkeit.
Man könnte also sagen, dass das Resümee einer pädagogischen Bilanz nicht
durchgehend positiv klingt: viele Reformen, die zwar Bewegung in das griechische Schulwesen hineingetragen und sicher vielfache Lösungen gebracht haben, *der eigentlich pädagogische Ertrag, d. h. Änderungen in der inneren
Struktur der Schule und des Schullebens, ist jedoch immer gering gewesen; eine
Schulreform in diesem Sinne ist also trotz aller Reformen bisher nicht zustande-
gekommen.*

– Ein großes Problem, welches das griechische Schulwesen seit den dreißiger Jahren des zwanzigsten Jahrhunderts stark belastet und zugleich wesentlich charakterisiert, hängt mit der *Auslese der Schüler für das Hochschulstudium* zusammen. Die seit vielen Jahren durch verschiedene Modi vorgenommene Selektion am Ende der Sekundarstufe II, welche die vielen Bewerber für das
Hochschulstudium auf eine gewünschte und vorauszubestimmende Zahl bringen
sollte, ist mit vielen methodologischen und substantiellen Nachteilen verbunden,
ein Problem, das jedenfalls bisher keine Schulreform effektiv lösen konnte. Zur
Zeit versucht man mit vorerst etwas sichtbarem Erfolg durch das Abschlusszeugnis des Lyzeums dem beizukommen, es ist aber noch abzuwarten, ob dies
eine bleibende und in jeder Hinsicht befriedigende Lösung darstellen wird.

– Bezüglich der seit 1984/85 bestehenden universitären *Grundausbildung der
Erzieher/innen und Lehrer/innen* für den Vorschul- und Primarbereich ist bei
allen großen Vorteilen folgendes kritisch zu vermerken. Die Studieninhalte sind
so unterschiedlich und bund (man kann die Studieninhalte, die allen Fachbereichen gemeinsam sind, nicht einmal an einer Hand zählen), dass die Frage berechtigt ist, was man letztlich für einen Lehrertyp intendiert. Ähnlich verhält es
sich mit der praktischen Ausbildung der künftigen Lehrer/innen in den einzelnen Fachbereichen, d. h. ihr Gewicht sowie die Art und Weise deren Organisation und Struktur sind sehr unterschiedlich. Ferner muß angemerkt werden, dass
obwohl diese Lehrerausbildung auf Universitätsebene deutlich mehr als ein
Jahrzehnt existiert, immer noch Probleme in der Personalausstattung sowohl in
quantitativer als auch in qualitativer Hinsicht bestehen. Die Grundausbildung
der Lehrer/innen der Sekundarstufe betreffen vor allem Mängel in ihrem völlig
unzureichenden pädagogischen und didaktisch-schulpraktischen Teil. Das oft
genannte Gesetz von 1997 sieht ein zweisemestriges pädagogisch-didaktisches
Studium an den Universitäten für alle angehenden Lehrer der Sekundarstufe vor,
es fehlen aber noch die notwendigen Durchführungsvorschriften.

Das seit 1995 existierende neue Konzept der *Lehrerfortbildung* (kurzer Dauer, wie-
derholbar und polyvalent, die Lehrertätigkeit begleitend) kann nach unserer Auffassung wissenschaftlichen Anforderungen durchaus standhalten und scheint in bildungspolitischer Hinsicht realistisch zu sein; es hat jedenfalls wesentliche Vorteile
und wird von den Lehrern/innen positiv beurteilt. Die Frage ist aber nur, ob der griechische Staat über die zur Zeit erfolgende Teilfinanzierung durch die Europäische
Union hinaus an der Durchführung dieses Konzepts konsequent halten und die dafür
notwendigen Mittel aufbringen kann.

Was die *Weiterbildung* betrifft, steht fest, dass sie vorerst partiell ist, d. h. auf die Lehrer der Primarstufe und die Kindergärtner/innen beschränkt bleibt und die Lehrer/innen der Sekundarstufe außer Acht läßt.

Gegenwärtige Diskussion und Entwicklungsperspektiven

Die zur Zeit in der Diskussion stehenden und auf die künftige Entwicklung des Schulsystems hinweisende Fragestellungen betreffen insbesondere folgende Aspekte:

–   Ein erster zentraler Diskussionspunkt bezieht sich immer noch auf das bereits genannte *Problem des Zugangs zum Hochschulstudium*. Der Zuwachs der Aspiranten für das Hochschulstudium in den letzten Jahrzehnten stellt außer seinen positiven Aspekten (größere Bildungschancen und soziale Gerechtigkeit, Anerkennung des Prinzips „Bildung ist Bürgerecht") ein Problem dar. Angesichts der beschränkten Hochschul- und Arbeitsmarktkapazitäten wird in vielen Ländern versucht, durch unterschiedliche Selektionsmechanismen (Auslese während der Schulzeit, oder Zulassungsprüfungen und Numerus Clausus bzw. restriktive Bildungsplanung am Eingang der Hochschulen) den Schülerzustrom zu den Hochschulen zu drosseln. In Griechenland ist die Nachfrage zum Studium infolge der hohen Bildungsaspiration der Familie, der bestehenden Wirtschaftsstruktur und des mangelhaft ausgebauten Berufsschulwesens immer besonders stark gewesen. Der bis vor kurzem bestehende Auslesemodus hatte viele Nachteile. Abgesehen von berechtigten methodologischen Fragen, wie z.B. Validitätsvorbehalte, verursachte diese Art der Selektion viele soziale, ökonomische und psychologische Belastungen für die Schüler und deren Familien, sowie soziale und regionale Bildungsbarrieren. Den größten Nachteil bildete aber die Tatsache, dass dadurch die Sekundarstufe II stark an Bildungsqualität einbüssen mußte. Die Schularbeit orientierte sich vorwiegend an den am Ende dieser Schulstufe stattfindenden Ausleseprüfungen und versuchte die bestmögliche Speicherung und effektive Wiedergabe von genau vorbestimmten Lerninhalten zu erreichen und damit positiv über die künftige Studien- und Berufslaufbahn der Schüler zu entscheiden. Somit verwandelte sich die Sekundarstufe II zu einem Vorraum oder zu einer Art Vorbereitungsanstalt für die Hochschulen mit höchst unerwünschten Auswirkungen: Leistungsdruck und schlechtes Schulklima[24]. Die Kritik an dem neueingeführten Modus für die Zulassung zum Hochschulstudium ist seitens der Lehrer, der Schüler und der Eltern in den ersten Jahren nach der letzten Reform (1998 bis 2000) sehr scharf gewesen, was das Ministerium zu einigen Änderungen und zur Novellierung des genannten Gesetzes veranlaßte. Zur Zeit scheint sich die Lage etwas zu beruhigen aber der versprochene „freie Zugang zum Studium" bildet jedoch immer noch eine Diskussionsfrage in Kreisen der Fachleute und in der Öffentlichkeit und wird auch weiterhin die Aufmerksamkeit beanspruchen.

–   Ein weiteres Thema der gegenwärtigen Diskussion hängt mit der Frage der *Schulqualität* zusammen, etwas was auch das Unterrichtsministerium in letzter

---

[24] Vgl. Griechische Rektorenkonferenz, 1995.

Zeit immer wieder in den Vordergrund stellt. Die Schulqualität ist aber mit der *Evaluation von Schule und Lehrern* eng verbunden, ein Aspekt, der – wie bereits erwähnt – seit Jahren seitens der Lehrerorganisationen umstritten ist. Es ist aber klar, dass dieser Komplex keine Verzögerung mehr zuläßt, wenn man die Diskussion und auch die teilweise bestehende Praxis in anderen europäischen Ländern in Betracht zieht.

– Ein dritter Diskussionspunkt bezieht sich auf die *Ausstattung der Schulen*. Es ist z.B. eine Tatsache, dass in großen Ballungszentren immer noch wegen Mangels an Schulgebäuden Schichtunterricht herrscht, was sich natürlich negativ auf die Qualität des Unterrichts auswirkt. Hier ist seitens des Staates bzw. der Kommunen notwendig, künftig die erforderlichen Mittel aufzubringen und die nötige Arbeit zu leisten, was die ausreichende Zahl und die Ausstattung der Schulgebäude betrifft. Zur Zeit läuft ein großes entsprechendes Projekt des Unterrichtministeriums an. Die Personalausstattung der Schulen ist zur Zeit ausreichend, wenn man statistische Berechnungen über das Lehrer-Schüler-Verhältnis zugrundelegt. Das bedeutet aber nicht, dass die Lehrkräfte im Lande so gerecht verteilt sind, dass die Bedürfnisse jeder einzelnen Schule abgedeckt werden. Von dieser Sicht her bildet auch diese Frage immer noch einen Diskussionspunkt zwischen dem Unterrichtsministerium und den Lehrerorganisationen vor allem zu Beginn jeden Schuljahres.

– Ferner ist eine Tatsache, dass das griechische Schulsystem seit jeher zentralistisch verwaltet wird, was den Spielraum für konkrete Entscheidungen seitens der zuständigen Verwaltungsorgane auf der Ebene der Region bzw. der Präfektur und vor allem seitens der Schulen äußerst begrenzt. Seit mehreren Jahren wird daher sogar von offizieller Seite von Maßnahmen zur *Dezentralisierung der Schulverwaltung* gesprochen, was jedoch in der Schulpraxis bisher nicht spürbar ist. Auch zur Zeit wird, wie bereits erwähnt, ein neuer Gesetzentwurf mit Dezentralisierungsmaßnahmen diskutiert. Die Schulautonomie, die heute in allen europäischen Ländern als ein zentrales Thema gilt, das auf der Tagesordnung von Tagungen, Seminaren und Diskussionen steht und auch immer wieder mit konkreten Schritten in Wirklichkeit umgesetzt wird, müßte auch für Griechenland eine wichtige Angelegenheit darstellen.

– *Informatik in der Schule* bildet zur Zeit auch einen Punkt der bildungspolitischen Diskussion und meint die Einführung der neuen Medien in die Schule, d.h. konkret die Unterstützung des Unterrichts durch den Computer. Es gibt bereits in vielen Schulen der Sekundarstufe die notwendige Ausstattung und es sollen nach den Plänen des Unterrichtsministeriums bis 2003 alle Sekundarschulen und bis 2006 auch alle Primarschulen über diese Ausstattung verfügen. Die entsprechende Fortbildung der Lehrer/innen hat bereits im Rahmen des von der Europäischen Union mitfinanzierten Projekts unter dem Titel „Die Gesellschaft der Informatik" begonnen und soll in den nächsten drei Jahren insgesamt 75.000 Lehrer/innen erfassen.

Literatur

BOUZAKIS, S.: Schulreformen in den achtziger Jahren. In: Pirgiotakis, J./Kanakis, I. (Hrsg.): Weltkrise in der Erziehung, Athen 1992, S. 240-265 (in gr. Sprache).

BROUSOS, A.: Gegenwärtige Tendenzen im griechischen Schulsystem. In: Zeitschrift für erziehungs- und sozialwissenschaftliche Forschung, 1/1990, S. 37-82.

EURYDICE NATIONAL UNIT: Greece-Technical Vocational Schools. In: European Commission (DG Education and Culture) Magazine on Education, Training and Youth, 13/2000.

EURYDICE: Summary Sheets on Education Systems in Europe – Greece. July 2000.

GRIECHISCHE REKTORENKONFERENZ: Bericht aus dem Symposium über das Thema „Übergang von dem Sekundär- in den Tertiärbereich des Schulsystems". Athen 1995 (unv. Manuskript in gr. Sprache).

HAMANN, B.: Geschichte des Schulwesens. Bad Heilbrunn 1986.

HODOLIDOU, E.: Die Diskussion über die Schulreform (1976-1981). Thessaloniki 1987 (in gr. Sprache).

HOPF, D.: Schulische Wiedereingliederung von Remigrantenkindern in Griechenland. Integrationshilfen durch Förderkurse. Münster/New York 1992.

KAZAMIAS, A./KASSOTAKIS, M. (Hrsg.): Die Schulreformen in Griechenland. Rethymno 1986 (in gr. Sprache).

KAZAMIAS, A./KASSOTAKIS, M. (Hrsg.): Griechische Bildung. Perspektiven für Wiederaufbau und Erneuerung. Athen 1995 (in gr. Sprache).

KAZAMIAS, A.: Schulreformen 1957-1977. Mythen und Wirklichkeit. In: Kazamias, A./ Kassotakis, M.(Hrsg.): Die Schulreformen in Griechenland. Rethymno 1986, S. 9-19 (in gr. Sprache).

KELPANIDES, M.: Schulsystem und Volksbildung in Griechenland. In: Südosteuropa-Handbuch, Band III. Göttingen 1980, S. 448-471.

KELPANIDES, M.: Griechisches Bildungswesen: Rezeption von Einflüssen aus anderen europäischen Ländern. In: Lechner, E. (Hrsg.): Pädagogische Grenzgänger in Europa. Frankfurt a. M. u.a. 1997, S. 231-249.

KESIDOU, A.: Die europäische Dimension der griechischen und baden-württembergischen Lehrpläne und Schulbücher der Sekundarschule. Frankfurt a.M. u.a. 1999.

MINISTERIUM FÜR NATIONALBILDUNG UND RELIGION: Die Bildungsreform 1996 bis 1998. Athen 1998 (in gr. Sprache).

NATIONALES STATISTISCHES AMT GRIECHENLANDS: Bildungsstatistiken 1999/2000. Vorabdruck. Athen 2000 (in gr. Sprache).

OECD: Reviews of National Policies for Education – Greece. Paris 1997.

PÄDAGOGISCHES INSTITUT: Richtlinien für den Unterricht der philologischen Fächer im Einheitslyzeum. Schuljahr 1999/2000. Athen 1999 (in gr. Sprache).

PÄDAGOGISCHES INSTITUT: Das schulische Drop-out-Problem im Gymnasium. Schuljahr 1997/98. Athen 2001 (in gr. Sprache).

PIRGIOTAKIS, J.: Schulreformen in Griechenland. Köln/Wien 1988.

PIRGIOTAKIS, J./KANAKIS, I. (Hrsg.): Weltkrise in der Erziehung. Athen 1992 (in gr. Sprache).

SCHULGESETZ 4379/1964 (in gr. Sprache).

SCHULGESETZ 1566/1985 (in gr. Sprache).

SCHULGESETZ 2009/1992 (in gr. Sprache).

SCHULGESETZ 2525/1997 (in gr. Sprache).

SCHULGESETZ 2640/1998 (in gr. Sprache).

SCHULGESETZ 2817/2000 (in gr. Sprache).

TERZIS, N.: Meinungen über die Schulreform. Äußere und innere Schulreform. In: „Philologos", 23/1981, S. 272- 281 und 28/1982, S. 100-110 (in gr. Sprache).

TERZIS, N.: Das Gymnasium als Stufe der Pflichtschule. Kritische Bestandsaufnahme und Vergleich. Thessaloniki 1988 (in gr. Sprache).

TERZIS, N.: Schule und Schulpolitik in Griechenland: Rückblick und Gegenwart. Festrede gehalten am 26. Oktober 1993 in der Aristoteles-Universität Thessaloniki. Thessaloniki 1993 (in gr. Sprache).

TSOUKALAS, K.: Abhängigkeit und Reproduktion. Die soziale Rolle der Schulmechanismen in Griechenland. Athen 1977 (in gr. Sprache).

XOCHELLIS, P.: Bildungsreform in Griechenland. Versuch einer pädagogischen Bilanz unter Berücksichtigung der europäischen Dimension. In: Boteram, N. (Hrsg.): Interkulturelles Verstehen und Handeln. Pfaffenweiler 1993, S. 71-81.

XOCHELLIS, P.: Dreißig Jahre Schulreformen in Griechenland (1964-1994). Eine kurze kritische Bilanz aus der Sicht der Erziehungswissenschaft. In: Enosi Filon tou Pneumatikou Idrymatos „Georgios Papandreou" (Hrsg.): Die Schulreform von 1964: dreißig Jahre danach. Patra 1995, S. 51-60 (in gr. Sprache).

XOCHELLIS, P.: Die Lehreraus-, -fort- und -weiterbildung in Griechenland. In: „Tertium Comparationis", 6(2000)2, S. 172-178.

http://www.eurydice.org/Eurybase

http://www.ibe.unesco.org/International/Databanks/Dossiers/pgreece.htm)

Griechenland

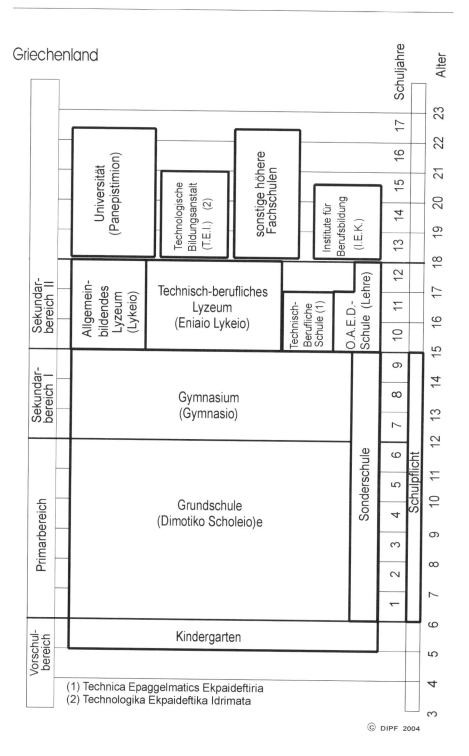

(1) Technica Epaggelmatics Ekpaideftiria
(2) Technologika Ekpaideftika Idrimata

© DIPF 2004

Maureen Killeavy

IRLAND

Entwicklung des Bildungswesens

Die Republik Irland ist ein kleines Land am Westrand Europas mit knapp 3,5 Millionen Einwohnern. Irland, seit 1922 ein selbstständiger Staat, ist Mitglied der Europäischen Union. Die überwiegende Mehrheit der irischen Bevölkerung (90% laut OECD-Bericht von 1991) gehört der römisch-katholischen Kirche an. Daher hat Irland trotz des schnellen Wirtschaftswachstums seit den 1960er Jahren viel von seiner eigenen nationalen Kultur und Identität bewahren können, wie beispielsweise die irische Sprache und eine charakteristische keltische Identität, die sich in der Literatur und in den Künsten ausdrückt.

Dennoch unterliegt das Land kulturellen und sozialen Veränderungen und ist wie die meisten westlichen Gesellschaften mit den damit einhergehenden Problemen konfrontiert. Zu diesen Veränderungen, die in jüngster Zeit von einem schnellen Wirtschaftswachstum begleitet werden, zählen die Folgen des Beschäftigungsrückgangs in der Landwirtschaft und der damit zusammenhängenden Verstädterung, die Ergebnisse der letzten Volksentscheide über Ehescheidung und Abtreibung, die Zunahme des Fremdenverkehrs, die wachsende Zahl Alleinerziehender sowie der Einfluss der neuen Technologien und der weltweiten Medien. In Zusammenhang mit diesen Phänomenen haben die mit innerstädtischer Armut verbundenen sozialen Probleme trotz des erheblichen Wirtschaftswachstums des letzten Jahrzehnts zugenommen (insbesondere Drogenabhängigkeit und Drogenkriminalität).

Die Hälfte der irischen Bevölkerung ist unter 25 Jahre, sodass sich Irland hinsichtlich der Altersstruktur erheblich von den meisten anderen europäischen Ländern unterscheidet (OECD, 1991). Früher waren viele Iren zur Emigration gezwungen, um in anderen Ländern, vor allem den Vereinigten Staaten, Großbritannien und Australien, Arbeit zu suchen. Dieser Trend wurde durch das neue Wirtschaftswachstum umgekehrt. Zusätzlich sind viele Immigranten sowie Asylbewerber nach Irland gekommen, um sich eine Existenz aufzubauen. Diese Veränderungen stellen neue Anforderungen an das Bildungswesen und die Lehrkräfte. Gleichzeitig haben sie zu einer Zunahme der mit innerstädtischer Armut verbundenen sozialen Probleme geführt (insbesondere Drogenabhängigkeit und die damit einhergehende Kriminalität).

Organisation des gegenwärtigen Schulsystems

Überblick über die Struktur des Schulsystems

In Irland umfassen die Primarschulen eine Phase von sieben Jahren. Die Kinder werden im Alter von vier Jahren und sechs Monaten eingeschult und wechseln im Alter von etwa zwölf Jahren in Schulen der Sekundarstufe. Fast alle Primarschulen werden vom Staat finanziert. Die meisten Schulen sind Konfessionsschulen und die Aufnahme der Schüler orientiert sich an der entsprechenden Konfession. Ihre Standorte und die Organisation sind an die Pfarrgemeinden gebunden. Die irischen Primarschullehrer haben in der Regel einen Bachelor in Erziehungswissenschaften (BEd) und unterrichten alle Fächer des Primarschullehrplans.

Die Schulen der Sekundarstufe werden überwiegend staatlich finanziert und der Unterricht umfasst fünf oder sechs Jahre. Bei den Schulen im Sekundarbereich handelt es sich um *Secondary Schools* (Sekundarschulen), die aus der Tradition der humanistischen Gymnasien stammen, *Vocational Schools* (berufsbildende Schulen), an denen ursprünglich fachspezifischer Unterricht angeboten wurde, *Comprehensive Schools* (Gesamtschulen) für Gebiete ohne Ausbildungsmöglichkeiten im Sekundarbereich sowie *Community Colleges* (Gemeinde-Colleges), die ein umfassenderes Curriculum anbieten und häufig für ältere Schüler zuständig sind. Die Lehrkräfte im Sekundarbereich sind keine Klassenlehrer wie in der Primarstufe, sondern Fachlehrer. Die berufsspezifische Ausbildung der meisten Lehrkräfte erfolgt gewöhnlich im Anschluss an einen ersten Hochschulgrad durch ein einjähriges Aufbaustudium an der Universität, das mit einem Diplom abschließt.

Das Curriculum der Primar- und Postprimarschulen in Irland ist breit gefächert. Am Ende der Primarschule wird keine staatliche Abschlussprüfung für die Zulassung zum Postprimarbereich durchgeführt. Die meisten Kinder besuchen eine Schule in der Nähe ihres Wohnorts. Der Schulbesuch ist in der Regel kostenlos und nur wenige Privatschulen erheben Gebühren. Der Postprimar- bzw. Sekundarbereich ist nicht in Institutionen für jüngere und ältere Schüler unterteilt (keine getrennten „Junior"- bzw. „Senior"-Einrichtungen). Die Schüler bereiten sich in einem breit angelegten Bildungsgang auf die Abschlussprüfung am Ende der Sekundarstufe vor (*Leaving Certificate Examination*).

Verwaltung und Finanzierung

Das Ministerium für Bildung und Wissenschaft (*Department of Education and Science*) hat die Aufgabe, durch das Bildungswesen das Gedeihen der Wirtschaft, sozialen Wohlstand und eine gute Lebensqualität für alle Bürger innerhalb einer demokratischen Gesellschaft zu ermöglichen (DES 2002). Diesem Auftrag liegen Grundsätze wie Pluralismus sowie Achtung vor den verschiedenen Werten, Konfessionen, Sprachen und Traditionen der irischen Gesellschaft zugrunde. Ferner hat das Ministerium für Bildung und Wissenschaft den Anspruch, Bildungsangebote für alle Lebensalter bereitzustellen und das Konzept des lebenslangen Lernens zu fördern.

Das staatliche Bildungswesen wird überwiegend von der Zentralregierung finanziert. Das Ministerium für Bildung und Wissenschaft ist für die Formulierung der politischen Grundsätze, die Zuweisung der Ressourcen, die Leistungsbeurteilung, die Qualitätssicherung und die Beratung der Schulverwaltungen und pädagogischen Mitarbeiter zuständig. Verwaltungsräte (*Boards of Management*) übernehmen die alltäglichen bzw. unmittelbaren Verwaltungsaufgaben der Primar- und Sekundarschulen und Secondary Schools (die fast alle einen konfessionellen Träger haben) sowie der übrigen, konfessionell unabhängigen Postprimareinrichtungen.

Curriculumstruktur und Curriculumpolitik

Der Nationale Rat für Curriculum und Leistungsbewertung (*National Council for Curriculum and Assessment – NCCA*) wurde im November 1987 gegründet und ist entsprechend den Bestimmungen des Bildungsgesetzes von 1998 als eine Körperschaft öffentlichen Rechts konzipiert. Er umfasst Lehrkräfte und ihre Vertreter, Bildungsexperten sowie weitere Interessengruppen wie z. B. die Eltern.

Zu den Aufgaben des *NCCA* gehört die Beratung des Ministers für Bildung und Wissenschaft in Angelegenheiten des Curriculums und der Leistungsbewertung im Primar- und Sekundarbereich. In den letzten Jahren übernahm der *NCCA* die Überarbeitung des Curriculums für die Primarstufe sowie die Erstellung der drei Curriculumformen für das *Leaving Certificate* (*Leaving Certificate General, Leaving Certificate Vocational und Leaving Certificate Applied*). Weitere durch den *NCCA* erfolgte Curriculumneuerungen sind die Konzeption eines dreijährigen Bildungsgangs im Anschluss an die Primarstufe mit einer Abschlussprüfung (*Junior Certificate*) sowie das Übergangsjahr (*Transition Year Programme*), das breit gefächerte schulische und nichtschulische Bildungsangebote umfasst. Der *NCCA* konzipierte ferner neue Fächer wie beispielsweise das Fach staatsbürgerliche, soziale und politische Bildung (*Civic, Social and Political Education Cours*, in dem die demokratische Staatsbürgerschaft auf der Grundlage der Menschenrechte und der sozialen Verantwortung im Mittelpunkt steht. Die Arbeitsstruktur und die durch Beratung gekennzeichnete Arbeitsweise des Nationalen Rats für Curriculum und Leistungsbewertung veranschaulichen das partnerschaftliche Verfahren im Bildungswesen, das verschiedene Minister für Bildung und Wissenschaft in den letzten Jahren gefördert haben. Auf diese Weise kann bei der Weiterentwicklung des Curriculums ein möglichst breites Spektrum an Sichtweisen und Sachkenntnissen zum Tragen kommen.

Qualifizierung des pädagogischen Personals und der Schulleiter

Die Qualifikationen der irischen Lehrkräfte im staatlichen Bildungswesen variieren je nach Art der Lehrerausbildung. Seit 1975 erfolgt jedoch die Ausbildung aller Lehrkräfte für den Primar- und Sekundarbereich an der Universität. Es gibt grundsätzlich zwei Ausbildungsmodelle für Lehrkräfte: Das „parallele" Modell der Lehrerausbildung bezieht sich auf den Primarbereich, während die Lehrerausbildung für den Sekundarbereich nach dem „konsekutiven" Modell erfolgt. Das parallele Modell umfasst ein drei- bis vierjähriges Studium der Erziehungswissenschaften, Unterrichtspraktika sowie ein Studienfach bis zum Hochschulabschluss und endet mit einem ersten akademischen Grad. Als Studienfächer können gewöhnlich Englisch, Französisch, Geographie, Geschichte, Irisch, Mathematik und Musik gewählt werden. Bei erfolgreichem Abschluss des Studiums wird der Hochschulgrad Bachelor of Education (*BEd*) verliehen, der für die Unterrichtstätigkeit an einer Primarschule qualifiziert. Dieses Studium ist der übliche Zugang zur Tätigkeit als Primarschullehrer. Bei Lehrermangel (wie zum gegenwärtigen Zeitpunkt) wird indessen zusätzlich nach dem konsekutiven Modell ausgebildet. An den Lehrerbildungskollegs (*colleges of education*) können Graduierte, die den Lehrberuf im Primarbereich ergreifen möchten, in einem 18monatigen Studiengang einen Abschluss als Lehrer erwerben. Die Qualifizierung für den Lehrberuf im Sekundarbereich erfolgt üblicherweise nach dem konsekutiven Modell der Lehrerausbildung, d.h. dass Graduierte (die beispielsweise den Titel *BSc* oder *BA* erworben haben) im Anschluss an ihr Studium im Rahmen eines einjährigen Aufbaustudiums ein ergänzendes Diplom in Pädagogik erwerben. Für einige Fächer wie Hauswirtschaft, Instrumentalmusik und Leibeserziehung gibt es jedoch verschiedene parallele Modelle der Lehrerausbildung für den Sekundarbereich. Die Zulassung zur Hochschulausbildung für das Primarschullehramt erfolgt auf der Grundlage der Leistungen in der Abschlussprüfung am Ende der Sekundarstufe. Die zentrale Zulassungsstelle (*Central Applications Office*), die alle Studienplatzbewerbungen bearbeitet, trifft unter den Bewerbern eine Auswahl.

Die Studienplatzvergabe für die postgraduale Sekundarlehrerausbildung erfolgt meistens ebenfalls zentral auf Grundlage der Studienleistungen. Die Bewertung berücksichtigt die Klassifikation und die Note des ersten Hochschulabschlusses, weitere Hochschulgrade, sonstige Qualifikationen sowie bereits vorhandene Unterrichtserfahrungen. Freie Stellen werden in den öffentlichen Medien ausgeschrieben. Für die Einstellung als Lehrer bzw. Schulleiter sind die Qualifikationen der Bewerber sowie ihre Eignung für die betreffende Stelle entscheidend, die im Rahmen eines Vorstellungsgesprächs bewertet wird.

Allgemein bildende Schulen

Vorschulbereich

Das irische Bildungswesen bietet keine Vorschulerziehung auf nationaler Ebene an, doch sollte in diesem Zusammenhang darauf hingewiesen werden, dass die offizielle Primarschule früher als in vielen anderen europäischen Ländern einsetzt. Auch wenn der Besuch der Primarschule erst für Kinder ab sechs Jahre obligatorisch ist, werden fast alle irischen Kinder am Anfang des auf ihren vierten Geburtstag folgenden Schuljahrs eingeschult. Das Ministerium für Bildung und Wissenschaft bietet eine beschränkte Zahl zielgruppenorientierter Programme für dreijährige Kinder mit Förderbedarf an. Solche Initiativen umfassen ein Früherziehungsprogramm (*Early Start Programme*) für bildungsbenachteiligte Kinder sowie Programme, die auf die Bedürfnisse der Kinder von Landfahrern (*Traveller*) zugeschnitten sind. Neben diesen speziellen Angeboten gibt es einige kostenpflichtige private Vorschuleinrichtungen für Kinder, die noch nicht in die staatliche Primarschule eingeschult werden können. Der Vorschulbereich soll jedoch in Zukunft ausgebaut werden.

Primar-/Elementarschule

Die staatlichen Primarschulen decken das gesamte Land ab und sind für die Schulbildung der Kinder im Alter von vier bis elf bzw. zwölf Jahren zuständig. Obgleich es auch einige private Primarschulen in Irland gibt, besucht die überwiegende Mehrheit der irischen Kinder staatliche Primarschulen. Die größeren Konfessionen und das Bildungsministerium haben hinsichtlich der Bereitstellung und Organisation des Primarschulwesens ergänzende Funktionen (OECD 1991). Der Schulbeirat (*School Board*) übernimmt die alltäglichen Arbeiten der Schulverwaltung sowie die Einstellung der Lehrkräfte und ist für die Befolgung der vom Bildungsminister festgelegten Richtlinien verantwortlich.

In Irland ist das Primarschuljahr in Trimester unterteilt und hat in der Regel 183 Schultage. Es gibt 56 Ferientage, 16 Feiertage sowie sechs Tage für schulbezogene Aktivitäten wie Curriculumentwicklung, Schulplanung und Fortbildung der Lehrkräfte. Die Weihnachtsferien dauern etwa zwei Wochen und die Osterferien zehn Tage. Das Sekundarschuljahr ist recht ähnlich strukturiert, wobei 179 Schultage vorgeschrieben sind. Nahezu alle Primarschulen sind Konfessionsschulen und die Aufnahme der Schüler orientiert sich an der entsprechenden Konfession. Die Standorte und die Organisation sind an die Pfarrgemeinden gebunden (OECD 1991). Die Eltern können jedoch ihre Kinder ungeachtet ihrer Religion an einer beliebigen Schule ihrer Wahl anmelden, sofern freie Plätze verfügbar sind. Einige wenige Schulen arbeiten indessen nach einem anderen Modell, z.B. eine jüdische und eine muslimische Schule sowie achtzig kürzlich gegründete multikonfessionelle Schulen mit gleichen Zugangschancen für katholische, protestantische und andere Kinder.

In den irischen Primarschulen hat üblicherweise der Religionsunterricht höchste Priorität. Im Primarschulcurriculum, das das Bildungsministerium 1971 veröffentlicht hat, nimmt der Religionsunterricht eine herausragende Stellung ein. Der gesamte Schulunterricht soll von Religiosität geprägt und belebt sein (vgl. DEPARTMENT OF EDUCATION 1971, S. 23). Die meisten Primarschullehrer unterrichten ihre Klasse selbst in Religion. Auch die irische Sprache ist schon immer ein wichtiges Schulfach im Primarschulcurriculum gewesen. In letzter Zeit sind zunehmend mehr Schulen gegründet worden, in denen der gesamte Unterricht in Irisch stattfindet.

Das gegenwärtig gültige Curriculum für die Primarstufe wurde 1999 eingeführt. Die Kinder sollen in allen Lebensbereichen ausgebildet werden, wobei seelische, moralische, kognitive, kreative, ästhetische, soziale und körperliche Entwicklungsaspekte berücksichtigt werden. Das Kerncurriculum umfasst Sprache, Mathematik, Sozialkunde, Umweltkunde und Naturwissenschaften, Kunsterziehung (Musik, Theater und Bildende Künste), Leibeserziehung, Persönlichkeitsbildung und Gesundheitslehre. Die Primarschullehrer unterrichten in der Regel alle Curriculumfächer und übernehmen somit die gesamte Betreuung ihrer Klasse. Am Ende der Primarstufe wird weder eine staatliche Prüfung durchgeführt, noch erfolgt für den Wechsel an die Postprimareinrichtungen eine Differenzierung der Kinder durch ein staatliches Auswahlverfahren.

Sekundarschule

Der Sekundar- oder Postprimarbereich umfasst in Irland fünf oder sechs Jahre und ist in die folgenden Schultypen gegliedert: *Secondary School* (Sekundarschule), *Vocational School* (berufsbildende Schule), *Comprehensive School* (Gesamtschule), *Community School* (Gemeindeschule) und *Community College* (Gemeinde-College). Zwei Drittel aller Schulen der Sekundarstufe sind *Secondary Schools*. Sie werden in privater Trägerschaft gewöhnlich von religiösen Ordensgemeinschaften geführt. Da diese Schulen vom Staat finanziert werden, erheben sie zumeist keine Gebühren. Sie gehören traditionell zu den humanistischen Gymnasien. Die *Vocational Schools* wurden ursprünglich zur Vermittlung fachlicher Fertigkeiten gegründet. Ihre Funktion wurde jedoch erweitert, sodass der Unterricht alle Fächer des Sekundarcurriculums abdeckt. Die *Comprehensive Schools* wurden eingerichtet, um dem Bildungsbedarf in Gebieten ohne Sekundarschulangebot nachzukommen. Ihr Curriculum ist breit gefächert und enthält sowohl allgemein bildende als auch berufsbezogene Fächer. Die *Community Schools*, deren Curriculum ebenso breit angelegt ist wie das der *Comprehensive Schools*, werden gleichzeitig als lokale Kultur- und Bildungszentren genutzt. Die *Community Colleges*, die ursprünglich berufsbildende Einrichtungen waren, sind mit den *Community Schools* vergleichbar, doch ist das von ihnen angebotene Curriculum noch umfassender und ihr Angebot wendet sich vor allem an ältere Schüler. In Irland sind die Lehrkräfte im Sekundarbereich nicht wie im Primarbereich Klassenlehrer, sondern Fachlehrer. Die überwiegende Mehrheit der Lehrkräfte verfügt über einen ersten Hochschulabschluss und hat eine pädagogische Ausbildung im Rahmen eines einjährigen Aufbaustudiengangs an der Universität abgeschlossen.

Abschlüsse und Qualifikationen

Die Auswahl der Bewerber für Tertiäreinrichtungen erfolgt auf der Grundlage der staatlichen Abschlussprüfung am Ende des Sekundarbereichs (*Leaving Certificate Examination*). Das Universitätsgesetz von 1997 (*Universities Act*) und das Gesetz über das Institut für Technologie in Dublin von 1992 (*Dublin Institute of Technology Act*) autorisiert die Universitäten und Colleges zu eigenen Aufnahmeverfahren, sofern bestimmte Bedingungen wie beispielsweise die Chancengleichheit beachtet werden.

Berufliche Bildung, Weiterbildung und Erwachsenenbildung

Die traditionell große Bedeutung der beruflichen Schulen für die Berufsausbildung ist zurückgegangen, da sie schrittweise ihr Unterrichtsangebot im voruniversitären Sekundarbereich auf Schüler im Alter von zwölf bis achtzehn Jahren ausgeweitet haben. Früher wurde ein Jugendlicher bei Abschluss der Schulpflicht bereits in einem Gewerbe ausgebildet, während heute immer mehr Jugendliche erst eine berufliche Ausbildung anfangen, nachdem sie das Abschlusszeugnis der Sekundarstufe (*Leaving Certificate*) erworben haben. Die Kommissionen für berufliche Bildung (*Vocational Education Committees*) und Institute für Technologie (*Institutes of Technology*) bieten Ausbildungen an, in denen der formale Unterricht mit praktischer Arbeitserfahrung kombiniert ist.

Fördermöglichkeiten für behinderte Kinder

Für Kinder mit Behinderungen gibt es drei Fördermodelle im Bereich der schulischen Ausbildung. Behinderte Schüler in einer Regelklasse können durch einen Aushilfslehrer oder Förderlehrer zusätzliche Unterstützung erhalten. An den Regelschulen gibt es jedoch auch Sonderschulklassen. Die dritte Möglichkeit der schulischen Ausbildung für behinderte Kinder ist der Besuch einer Sonderschule mit einem auf die jeweilige Behinderung ausgerichteten Förderangebot. Das Bildungsangebot für behinderte Kinder ist bisher unzureichend gewesen. Diese Situation wird sich jedoch voraussichtlich bessern, denn gemäß dem Bildungsgesetz von 1998 (*Education Act*) ist der Minister für Bildung und Wissenschaft dazu verpflichtet, für alle Personen, einschließlich Personen mit Behinderungen, Dienstleistungen und Bildungsangebote bereitzustellen, wobei das Niveau und die Qualität der Bildungsangebote den Bedürfnissen und Fähigkeiten der jeweiligen Person entsprechen sollen.

Bewältigung bestimmter Problemfelder

Gegenwärtig werden verschiedene innovative Programme zur Überwindung bestimmter Probleme durchgeführt. Die Kommissionen für berufliche Bildung (*Vocational Education Committees*) und die Behörde für Ausbildung und Arbeit (*Foras Áiseanna Saothair – FÁS*) haben die Schirmherrschaft für drei bedeutende Initiativen übernommen, die auf bestimmte Problemfelder zugeschnitten sind: Das *Youthreach-Programm* wendet sich an Jugendliche, die die Schule ohne formalen Abschluss verlassen haben. Das zweijährige Programm umfasst neben dem allgemein bildenden und berufsbildenden Unterricht auch die berufliche Praxis.

Das *Community Training Workshops-Programm* soll Jugendlichen zwischen 16 bis 25 Jahren, die aufgrund unzureichender schulischer Leistungen und geringer Lese-, Schreib- und Rechenfertigkeiten gefährdet sind, eine Ausbildung ermöglichen. Die Ausbildungswerkstätten für Landfahrer (*Travellers Training Workshops Programme*) sollen den Kreislauf der sozialen Benachteiligung und des Analphabetismus durchbrechen und den Fahrenden ermöglichen, selbstbewusste und unabhängige Mitglieder der Gesellschaft zu werden. Die Behörde für Ausbildung und Arbeit und die Kommissionen für berufliche Bildung führen die Förderprogramme gemeinsam auf lokaler Ebene durch.

Aktuelle Diskussionen und Entwicklungsperspektiven

Das irische Bildungswesen hat sich in den letzten zehn Jahren durch Dialog, Weiterentwicklung und Innovation ausgezeichnet. Im Rahmen politischer Initiativen und Gesetze werden gegenwärtig weitreichende Vorschläge für die Weiterentwicklung der irischen Lehrerausbildung in konkrete Maßnahmen umgesetzt. Viele dieser Vorschläge wurden bereits in den Untersuchungen *Report of the National Convention on Education* (1994) und *Charting Our Education Future* (1995) sowie weiterer Studien angekündigt. Die meisten dieser Initiativen, die sich wahrscheinlich stark auf das Bildungswesen auswirken werden, sind aus Untersuchungen der bestehenden Bildungspraxis und Bildungsangebote hervorgegangen. Diese Untersuchungen werden überwiegend von Gremien durchgeführt, in denen die verschiedenen Interessengruppen vertreten sind und die durch einen ministeriellen Erlass eingerichtet werden. Die Empfehlungen der Gremien haben maßgeblichen Einfluss auf die Gesetzgebung und die entsprechenden Verwaltungsvorschriften. Die wichtigsten Neuerungen, die sich daraus ergaben, waren vermutlich die Einrichtung des *Teaching Council* (Unterrichtsrat) und der *Expert Advisory Review Groups on Teacher Education at First and at Second level* (Fachausschüsse zur Überprüfung der Lehrerausbildung für den Primar- und Sekundarbereich), da sie voraussichtlich den stärksten Einfluss auf das Bildungswesen ausüben werden.

Der Teaching Council (Unterrichtsrat)

Gegenwärtig arbeitet man an einer gesetzlichen Regelung zur Einrichtung eines Unterrichtsrates. Diese neue Körperschaft öffentlichen Rechts soll für die berufliche Anerkennung aller Lehrkräfte im Primar- und Sekundarbereich zuständig sein. Das neue Gremium hat u.a. die Aufgabe, Verfahren und Kriterien für die Probezeit und den Eintritt in das Berufsleben einzuführen, die Anerkennung der Qualifikationen für das Lehramt zu regeln und die Lehrerausbildungsprogramme in regelmäßigen Abständen zu überprüfen. Die Arbeit des Gremiums wird sich sehr positiv auf die Regelung der beruflichen Richtlinien und den Status des Lehrberufs auswirken. Der Teaching Council stößt auf breite Zustimmung, da alle Berufsvertreter und die wichtigsten Interessengruppen an der Konzeption und Einrichtung des neuen Gremiums beteiligt sind. Insgesamt könnte diese Neuerung positive und nachhaltige Auswirkungen auf das irische Schulsystem haben.

Überprüfung der Lehrerausbildung für den Primar- und Postprimarbereich

Das Ministerium für Bildung und Wissenschaft hat im Jahr 1998 zwei Prüfungsausschüsse eingesetzt, die den Inhalt, die Organisation, die Struktur und die unterrichtspraktischen Bestandteile der Programme untersuchen und Empfehlungen geben sollen. Die Prüfungsausschüsse wurden beauftragt, eine Vergleichsstudie zu den konsekutiven und parallelen Modellen der Lehrererstausbildung durchzuführen. Hierbei sollen auch Änderungen des Curriculums sowie neue Programme in Erwägung gezogen werden, die auf die unterschiedlichen und vielfältigen Bedürfnisse eines Schülerjahrgangs eingehen. In der Vergleichsstudie sollen auch die besonderen Anforderungen behinderter Kinder, die Probleme benachteiligter Schüler und die Entwicklungen in den Kommunikations- und Informationstechnologien berücksichtigt werden. Die Berichte der beiden Kommissionen sollen noch 2002 veröffentlicht werden.

Realisierungsstrategien: Förderung der neuen Lehrkräfte

Seit geraumer Zeit fordern die pädagogischen Berufsverbände den Staat auf, die Einarbeitung der Berufsanfänger im Lehramt zu fördern. Laut dem Ministerium für Bildung und Wissenschaft (1995) trägt die Einarbeitung und berufliche Förderung neuer Lehrkräfte entscheidend dazu bei, dass die Berufsanfänger ihre in der Ausbildung erworbenen Kenntnisse und Fähigkeiten weiterentwickeln und anwenden können und dadurch insgesamt eine positive Einstellung gegenüber dem Lehrberuf gewinnen. Die Schulaufsichtsbehörde des Ministeriums für Bildung und Wissenschaft und die pädagogischen Zentren bieten landesweit einige Lehrgänge zur Förderung der Berufsanfänger sowie Fortbildungskurse an. Die Aufbaustudiengänge und Diplom-Studiengänge an den Universitäten und Colleges sind hingegen nicht auf Berufsanfänger zugeschnitten, sondern wenden sich fast immer an Lehrkräfte, die über mindestens fünf Jahre Berufserfahrung verfügen. Kürzlich wurde jedoch die Förderung neuer Lehrkräfte durch strukturierte und kohärente Einarbeitungsangebote offiziell zugesichert. Sobald eine Analyse der Forschungsergebnisse vorliegt und die Finanzierungsfragen geregelt sind, können Modelle zur Einführung pädagogischer Berufsanfänger erarbeitet werden.

Literatur

CLARKE, M./KILLEAVY, M.: Citizenship education in the Irish curriculum: processes of teacher-child interaction in social learning. In: Ross, A. (Ed.) Developing identities in Europe: citizenship education and higher education, London 2000.

COOLAHAN, J.: Irish Education. History and Structure. Dublin 1981.

DEPARTMENT OF EDUCATION: Primary School Curriculum Teacher's Handbook, Part 1. Dublin 1971.

DEPARTMENT OF EDUCATION: The Stay Safe Programme. Health Promotion Unit Department of Health and Department of Education: Government Stationary Office. Dublin 1991.

DEPARTMENT OF EDUCATION IRELAND: Report of the National Convention on Education. Dublin 1994.

DEPARTMENT OF EDUCATION: Charting Our Education Future. White Paper on Education. Dublin 1995.

DEPARTMENT OF EDUCATION AND SCIENCE IRELAND: Report of the Steering Committee on the Establishment of a Teaching Council. Dublin 1998.

DEPARTMENT OF EDUCATION AND SCIENCE IRELAND: Learning for Life. White Paper on Adult Education. Dublin 2000.

DRUDY, S./LYNCH, K.: Schools and Society in Ireland. Dublin 1993.

IRISH NATIONAL TEACHERS ORGANISATION: In-service Education and Training of Teachers. Dublin 1993.

IRISH NATIONAL TEACHERS ORGANISATION: Educating Teachers: Reform and Renewal. Dublin 1995.

KILLEAVY, M.: 'The Academic, Socio-economic and Demographic Profile of Entrants to Primary Teaching in Ireland: A Comparative Study. Irish Educational Studies, 11(1993)1.

LYNCH, K.: The Hidden Curriculum: Reproduction in Education. A Reappraisal. London 1989.

MULCAHY, D. G./O'SULLIVAN, D.: Irish Education Policy: Process and Substance. Dublin 1989.

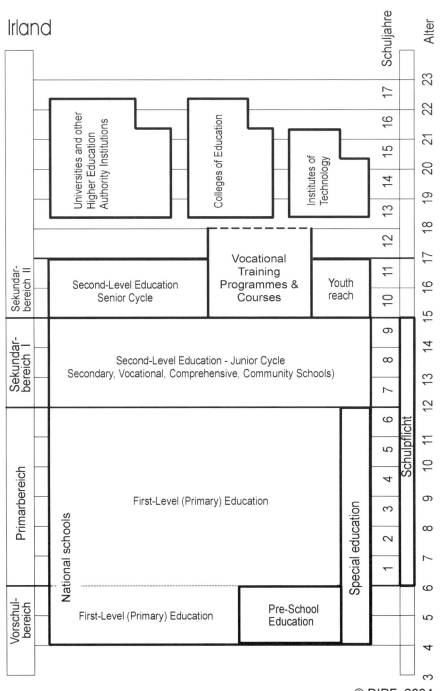

Irland

Schuljahre

Alter

© DIPF 2004

Ragnheidur Karlsdottir/Thorarinn Stefansson[1]

ISLAND

Entwicklung des Bildungswesens

Rahmenbedingungen

Island ist eine Insel im Atlantischen Ozean an der Grenze zwischen dem Warmwasser des Golfstroms und der Arktischen Zone. Das gesamte Areal beträgt 103.000 km². Davon sind 23.805 km² landwirtschaftliche Nutzfläche; 2.757 km² Binnenseen, 11.922 km² Gletscher und 64.538 km² Ödmark. Im Dezember 2000 betrug die Einwohnerzahl 283.361. Dies bedeutet einen durchschnittliche Besiedelung von 2,8 Einwohnern je Quadratkilometer. Die Bevölkerungskonzentration ist im Südwesten des Landes am höchsten. In der Hauptstadt Reykjavik wohnen 39%, weitere 23% der Gesamtbevölkerung in der näheren Umgebung. Die Amtssprache ist Isländisch. Über 88% der Bevölkerung gehören der nationalen evangelisch-lutherischen Staatskirche an. Von der erwerbstätigen Bevölkerung sind 69% in Serviceberufen (davon 6% in Ausbildung), 23% in der Industrie und 8% in der Land- und Fischereiwirtschaft beschäftigt. Die Arbeitslosigkeit betrug im Jahr 2000 ca. 2,3%. Der Außenhandel setzte sich im Jahr 2000 zu 63,3% aus Fisch und Fischprodukten, zu 31,3% aus Industriewaren, zu 1,7% aus landwirtschaftlichen Produkten und zu 3,7% aus Produkten anderer Sektoren zusammen.

Die erste Staatsbildung auf Island vollzog sich 930 mit der Einrichtung des *Alþingi* (Allthing, Parlament). Während dieser ersten republikanischen Phase war die Legislative und Judikative im gesetzgebenden *Alþingi* verankert. Die Exekutive war dezentralisiert und stand unter der Leitung von 36 *goðar* (Häuptlinge), die jeweils eine Region verwalteten. Im Jahr 1000 wurde auf Beschluss des *Alþingi* das Christentum als Staatsreligion eingeführt. Das Land wurde in ein nördliches und südliches Bistum geteilt; 1550 wurde dann in Island die Reformation eingeführt. König Håkon von Norwegen wurde 1262 König über Island; 1380 fielen Island und Norwegen gemeinsam an die dänische Krone. Nach Abschluss des Kieler Friedens von 1814 verblieb Island bei Dänemark. Im Jahr 1918 wurde Island souveräner Staat – noch in Personalunion mit dem dänischen König. Die zweite isländische Republik wurde 1944 errichtet. Island ist eine parlamentarische Demokratie mit klassischer Gewaltenteilung. Die 63 Mitglieder des *Alþingi* bilden die Legislative. Der Präsident sowie die Regierung verwalten die Exekutive; die Gerichte die Judikative. Die Mitglieder des *Alþingi* und der Präsident werden gewöhnlich für eine vierjährige Amtsperiode in direkter Volksabstimmung gewählt.

Die Regionalverwaltung des Schulsystems ist entsprechend den 124 Kommunen organisiert. Island wurde 1949 Mitglied der NATO; ist aber nicht Mitglied der EU.

---

[1] Übersetzung aus dem Norwegischen: Tobias Werler (Universität Leipzig).

Eckpunkte der Entwicklung

Das isländische Bildungswesen wurzelt in zwei Traditionen: einerseits in der katholischen Tradition; auf der anderen Seite in der nationalen literarischen Tradition.
Kathedral- und Klosterschulen waren die ersten Schulen. Eine der ersten wurde
1056 am südlichen Bischofssitz Skálholt eingerichtet. Gelehrt wurde Lesen, Schreiben, Theologie, Latein, Gesang und Dichtkunst. Während der katholischen Phase
wurden 13 Schulen eingerichtet. Während dieser Zeit verfügte die Kirche über aus-
gedehnten Grundbesitz und große soziale Macht. Damit war die Einnahmengrund-
lage für die Schulen verhältnismäßig stabil. In Folge der Reformation erhielt der
König das Kontrollrecht über die Ökonomie der Kirche. Dies führte zu einer Verar-
mung der Schulen. Schrittweise wurden sie auf Kathedralschulen reduziert.

Die literarische Tradition kann bis ins Hochmittelalter zurückgeführt werden. Seit
dieser Zeit liegt es in der isländischen Kultur, dass Kinder Lesen lernen sollten.
Nach der Reformation wurde diese Tradition als Teil der Verkündigung institutionalisiert. Die Eltern erhielten per Reglement den Auftrag, ihre Kinder im Lesen und
im Christentum zu unterrichten; die Pfarrer übernahmen die Kontrolle der Lesefä-
higkeit der Kinder. Alle Kinder sollten bis zu ihrer Konfirmation lesen können. Am
Ende des 18. Jahrhunderts war Island eines der wenigen Länder, in denen nahezu die
gesamte Bevölkerung lesen konnte.

Die ersten Elementarschulen wurden 1745 auf den Westmännerinseln (*Vestman-
naeyjar*) an der Südküste des Landes und 1830 in Reykjavik eingerichtet. Per Gesetz
wurde 1880 festgelegt, dass die Eltern Sorge für den Unterricht ihrer Kinder im Lesen, Schreiben und Rechnen tragen sollen. Gebiete ohne feste Schulgebäude wurden
durch Wanderlehrer versorgt. Die geringe Bevölkerungsdichte erschwerte die Einrichtung von Schulen auf dem Land. Dies führte dazu, dass die Tradition des Heim-
unterrichts unter Aufsicht des Pfarrers bis ins 20. Jahrhundert hinein fortgesetzt
wurde. Von 12 030 Kindern im Alter zwischen sieben und 14 Jahren besuchten
5 416 eine Schule. Der Schulbesuch für Kinder im Alter von zehn bis 14 Jahren
wurde 1907 Pflicht. Voraussetzung dafür war, dass diese Kinder bis zum Alter von
zehn Jahren die grundlegenden Kulturtechniken im Heimunterricht erlernt haben.
Gleichzeitig übernahm der Staat teilweise die Kosten, die in Verbindung mit dem
Schulbesuch entstanden. Überdies wurde der Fächerkanon um Geographie, Geschichte und Naturgeschichte erweitert.

Die ersten (weiterführenden) Volksschulen wurden im Norden in Möðruvellir 1880
und wenige Jahre später im südlichen Hafnarfjörður eingerichtet. Diese Schulen
boten eine zweijährige Ausbildung nach dänischem Muster an. Nach dem
Schulgesetz von 1929 wurde eine Reihe zweijähriger Internatsschulen in den einzelnen Provinzen errichtet. An ihnen wurden die Schüler in isländischer Sprache und
Literatur, Körperertüchtigung, Musik und Technik unterrichtet. Die Anpassung des
Gesetzes (1930) führte zur Einrichtung von Volksschulen in den meisten Städten.
Diese Schulen waren sowohl zwei- als auch dreijährig; die praktische Ausbildung
erhielt dabei weitaus größeres Gewicht als die akademische Vorbereitung.

Die Grundlage für das aktuelle Schulsystem wurde mit den Gesetzen von 1926,
1936 und 1946 gelegt und die Schulpflicht 1946 nach unten ausgedehnt. Sie galt für
7-15-jährige Schüler in den Städten. Der Fächerkanon wurde ergänzt durch Gym-
nastik, Schwimmen, Handarbeit und Musik. Die (weiterführende) Volksschule

wurde umstrukturiert in drei wahlfreie Linien: eine zweijährige Jugendschule (*unglingaskóli*), die nur der Erfüllung der Schulpflicht diente, in eine dreijährige Mittelschule (*miðskóli*), die mit einem landesweiten Examen abschloß und zum Besuch von weiterführenden Schulen berechtigte sowie in eine vierjährige Schule (*gagnfræðaskóli*), die eine praktische Ausbildung vermittelte. Durch das Schulgesetz von 1974 wurde die Schulpflicht auf das 16. Lebensjahr ausgedehnt. Im Verlauf der 1990er Jahre entstanden eine Reihe weiterer Gesetze für alle Schultypen. Für den Kindergarten, die Grundschule, die weiterführende Schule, die Hochschulen und die Universität wurden vereinheitlichte Lehrpläne eingeführt. Seit 1991 gilt die Schulpflicht für Kinder von sechs bis 16 Jahren. Dadurch unterliegt der gesamte Bereich der Grundschule der Schulpflicht.

1801 wurden die beiden Kathedralschulen in der *Lærðiskólinn* in Reykjavik zusammengeführt. Diese Schule wurde ein Vorläufer des weiterführenden Schulsystems. 1946 wurde die vierjährige weiterführende Schule eingeführt, deren Abschluss zum Studium an einer Hochschule oder Unviversität berechtigt. In Reykjavik wurde 1847 eine Pfarrer/Priesterseminar, 1877 eine Ärzteschule und 1908 eine Juristenschule eingerichtet. Diese Schulen wurden 1911 in der Universität Islands (*Háskóli Íslands*) zusammengefasst. Neben der historischen Fakultät wurden eine theologische, eine medizinische und eine juristische Fakultät etabliert. Heute besteht die Universität aus elf Fakultäten: Theologie, Medizin, Jura, Betriebswirtschaft, Geschichte und Philosophie, Pharmakologie, Odonthologie, Technologie, Naturwissenschaft, Gesellschaftswissenschaft und Pflegewissenschaft. Während der letzten 30 Jahre wurden daneben zahlreiche Fachhochschulen eingeführt. Dazu zählen die Pädagogische Hochschule Islands, die Ingenieurhochschule, die Kunstakademie sowie die Hochschule Akureyri (mit den Abteilungen Lehrerbildung, Gesundheit, Betriebswirtschaft, Fischerei und Informationstechnologie). An der Hochschule Kvanneyri wird Agrarwirtschaft unterrichtet. Das Angebot wird durch zwei private Wirtschaftshochschulen ergänzt.

Organisation des gegenwärtigen Schulsystems

Gesetzliche Grundlagen/Bildungsverfassung/Finanzierung

Die grundlegenden Ziele und der administrative Rahmen des Schulsystems werden durch Gesetze reguliert. Das oberste Verwaltungsorgan für das gesamte Bildungswesen ist das Bildungsministerium (*Menntamálaráðuneytið*). Prinzipiell ist der gesamte Unterricht (Ausnahme: private Einrichtungen) kostenfrei. Mittlerweile sind Aufnahmegebühren an einigen Schulen, Hochschulen und an der Universität zu entrichten. Die Schüler an den weiterführenden Schulen, den Hochschulen und an der Universität müssen ihre Lehrbücher selbst bezahlen und Schüler in der beruflichen Ausbildung anteilig Materialkosten übernehmen. Das Bildungsministerium gibt die zu verwendenden Lehrpläne für die Grundschule und die weiterführende Schule vor. Diese Pläne differenzieren die Ziele des Schulgesetzes und bieten eine Orientierung zur Umsetzung des Lehrplans in der Praxis an. Das Bildungsministerium legt ebenfalls das pädagogische Programm für Kindergärten fest. Darin werden die Ziele für und Einstellungen zum Unterricht der Kleinkinder reguliert. An der Grundschule sind Lehrmittel kostenlos. Das staatliche Lehrmittelinstitut trägt die Verantwortung zur Entwicklung von gewöhnlichen Lehrmitteln sowie auch von Lehrmitteln für den Sonderunterricht.

Die Kommunen sind verantwortlich für den Betrieb der Kindergärten und der Grundschulen. Die wirtschaftliche Verantwortung liegt im Prinzip bei jeder Institution selbst, auch wenn dieses Ziel noch nicht vollständig umgesetzt werden konnte. Der Kindergarten wird durch den lokalen Kindergartenausschuss verwaltet. Die Repräsentanten der Eltern und der Leiter des Kindergartens haben das Recht, an den Sitzungen des Kindergartenausschusses teilzunehmen. In den meisten Kindergärten gibt es Elternvereinigungen. Diese haben aber keinen direkten Einfluss auf die Verwaltung des Kindergartens. Die Vorschullehrer werden durch die Kommune angestellt und auch von ihr entlohnt. Die Grundschule wird durch den kommunalen Schulausschuss geleitet. Dieser trägt die Verantwortung, dass alle Kinder im schulpflichtigen Alter entsprechend den gesetzlichen Vorschriften unterrichtet werden. Sowohl Stadt- als auch Landkommunen müssen den Schulen Zugang zum pädagogischen Service, Beratung bezüglich Sonderunterricht und schulpsychologischen Dienst etc. anbieten. Repräsentanten der Eltern und der Leiter der Schule können als Beobachter an den Treffen des Schulausschusses teilnehmen. Jede Schule soll über einen aus Elternvertretern bestehenden Elternrat verfügen. Er hat beratende Funktion. Die Lehrer an der Grundschule werden von der einzelnen Schule angestellt und von der Kommune besoldet.

Der isländische Staat trägt die Verantwortung zur Durchführung der weiterführenden Schulen, der öffentlichen Hochschulen und der Universität Islands. Die weiterführenden Schulen werden von einem Ausschuss geleitet, der vom Bildungsminister eingesetzt wird und aus Vertretern des Ministeriums und der Kommunen besteht. Repräsentanten der Lehrer und Schüler können als Beobachter ohne Stimmrecht an den Sitzungen teilnehmen. Der Rektor jeder Schule nimmt ebenfalls ohne Stimmrecht an den Sitzungen teil, ist aber der Vorsitzendes des Schulausschusses. Der Ausschuss legt die Schwerpunkte der schulischen Aktivitäten sowie den jährlichen Handlungsplan und das Budget fest. Die berufliche Ausbildung wird entsprechend den Branchen durch Fachräte gestaltet; die Mitglieder werden vom Bildungsminister ausgewählt. Die Fachräte definieren den Bedarf für jeden Beruf bezüglich des notwendigen Wissens und der Fertigkeiten der zukünftigen Mitarbeiter; sie definieren auch die Ziele für einzelne Kurse. Die Fachräte werden darüber hinaus bezüglich der Ausbildungsstruktur und der Lernziele konsultiert. Ein beratender Kooperationsausschuss (18 Mitglieder, vom Bildungsminister ausgewählt) bildet die Basis für die strategische Planung der Berufsbildung und berät das Ministerium bezüglich der Gestaltung der Berufsbildung. Der Schulausschuss an einer weiterführenden Schule verfügt über das Recht, einen oder mehrere beratende Ausschüsse bezüglich der Zusammenarbeit zwischen der Schule und lokalen Betrieben einzurichten. Die Lehrer an den weiterführenden Schulen, den Hochschulen und der Universität werden durch die jeweilige Institution angestellt und vom Staat besoldet.

Private Schulen haben kein Recht auf finanzielle Unterstützung durch den Staat; gleichwohl werden Zuschüsse zu den erhobenen Schulgebühren gewährt. Für öffentliche wie auch private Schulen gelten gleiche gesetzliche Regelungen.

Überblick über die Struktur des Schulsystems

Das Schulsystem ist in vier Niveaus geteilt: den Kindergarten (*leikskóli*) zwischen einem halben und sechs Jahren, die Grundschule (*grunnskóli*) von sechs bis 16 Jahren, die weiterführende Schule (*framhaldsskóli*) von 16 bis 20 Jahren und die Hochschule (*háskóli*) ab 20 Jahren. Im Jahr 2000 befanden sich 76.149 Personen in Ausbildung. Der Kindergarten wurde von 14.574 Kindern und die Grundschule von 43.644 Schülern besucht. Davon waren 31.786 im Alter zwischen sechs und zwölf Jahren, in der Altersgruppe 13-16 waren es 11.858. Die weiterführende Schule wurde von 20.256 Schüler besucht. An Hochschuleinrichtungen studierten 10.543 Studierende, 1.706 Personen studierten im Ausland.

Der Kindergarten unterliegt dem Gesetz über Kindergärten von 1994. In ihm wird Unterricht für Kinder unterhalb des schulpflichtigen Alters angeboten. Sehr wenige Kindergärten nehmen Kinder jünger als ein Jahr auf. Im Jahr 2000 besuchten 21,6% aller Kinder unter zwei Jahren und 90,6% der Drei- bis Sechsjährigen einen Kindergarten. Der Bau und der Unterhalt der Kindergärten wird durch die Kommunen finanziert. Die Kommune hat die Möglichkeit, den Betrieb an private Akteure zu übergeben. Ein Teil der Kosten ist von den Eltern zu tragen. Ihr Beitrag deckt ca. 30% der Betriebskosten in den öffentlichen Kindergärten; dieser Beitrag ist an privaten Einrichtungen ca. 10-20% höher.

Die Grundschule wird nach dem Gesetz über die Grundschule von 1995 organisiert. Die Schulpflicht besteht für den gesamten Grundschulbereich. Alle Kinder müssen von den Eltern an einer Schule eingeschrieben werden. Diese haben auch für den regelmäßigen Schulbesuch ihres Kindes zu sorgen. Der Staat und die lokalen Behörden sind verantwortlich dafür, dass der Unterricht entsprechend dem Gesetz gestaltet wird. Er ist für die Herausgabe der Lehrmittel, die Evaluation und Kontrolle der pädagogischen Arbeit an den Schulen im Einklang mit den geltenden Zielen verantwortlich. Der Schulausschuss legt die interne Gliederung der Grundschule fest. Einige Schulen sind in eine Kinderstufe (1.-7. Klasse) und in eine Jugendschule (8.-10. Klasse) eingeteilt. Organisationsmöglichkeiten der Grundschule sind Schultypen mit allen Altersstufen, Schulen mit den Klassenstufen 1-7 und Schulen mit den Klassenstufen 8-10. Dieser Typ fasst Schüler aus zahlreichen Schulen mit den Klassenstufen 1-7 zusammen. Die Größe der Schulen variiert stark. Die größten Schulen befinden sich in Reykjavik und Umgebung. An ihnen lernen über 800 Schüler. Auf dem Land finden sich zahlreiche kleine Schulen mit teilweise weniger als zehn Schülern. An der Hälfte der Grundschulen werden weniger als 100 Schüler unterrichtet. Zahlreiche Kommunen bieten für die jüngsten Schüler eine pädagogische Betreuung nach der Schulzeit an.

Die weiterführende Schule wird entsprechend dem Gesetz über die weiterführenden Schulen von 1996 verwaltet. Die weiterführende Schulbildung ist freiwillig; alle Schüler mit abgeschlossener Grundschulbildung haben das Recht auf weiterführenden Unterricht. Tatsächlich gingen in den letzten Jahren etwa 90% aller Schüler nach Abschluss der Grundschule direkt in die weiterführende Ausbildung über. Die weiterführenden Schulen können Zugangsbedingungen für einzelne Ausbildungsrichtungen einführen. Es gibt vier Grundtypen von weiterführenden Schulen: *Allgemein bildende* weiterführende Schulen bieten Unterricht in allgemein bildenden Fächern mit einem Abschlussexamen an, das den Zugang zur Hochschule ermöglicht.

Technische Schulen bilden in beruflichen Fächern aus. *Integrierte* weiterführende Schulen verbinden allgemein bildende und beruflich bildende Fächer zu einer Doppelqualifikation. *Fachschulen* bereiten auf spezielle Berufe vor. Ein Teil der allgemein bildenden Schulen ist nach dem traditionellen Muster in Jahrgangsklassen (*menntaskólar*) organisiert. Der größte Teil folgt dem Kurssystem (*fjölbrautarskólar*): Die Schüler wählen nach eigenen Interessen und nach individuellem Lerntempo ihre Kurse aus. So können sie ihren Bildungsgang in kürzerer oder längerer Zeit als den normierten vier Jahren beenden. Einige Schulen bieten darüber hinaus Abendunterricht für Erwachsene an.

Zugangsvoraussetzung zu den Hochschulen ist das Examen der allgemein bildenden weiterführenden Schule. Zusätzlich besteht auch die Möglichkeit der Aufnahme auf Grund beruflicher Erfahrung. Die Institutionen legen die Zugangskriterien selbst fest.

Evaluation

Der Staat übt die Kontrolle über die Kindergärten und Schulen durch das Bildungsministerium aus. Das Ministerium beurteilt die pädagogische Praxis in den Kindergärten und evaluiert die Schulen, um deren Wirksamkeit entsprechend der gesetzlichen Regelungen zu sichern. Zusätzlich sind alle Kindergärten und Schulen beauftragt, Methoden zur kontinuierlichen Selbstevaluation zu entwickeln und einzusetzen. Diese Evaluation soll sowohl die pädagogische als auch die administrative Praxis, die interne wie die externe Kommunikation umfassen. Die internen Selbstevaluationsmethoden werden jedes fünfte Jahr einer externen Überprüfung unterzogen. Das Ministerium evaluiert die Arbeit der Schulen durch standardisierte Prüfungen. Das staatliche Evaluationsinstitut (*Námsmatsstofnun*) trägt die Verantwortung bezüglich der Ausarbeitung, Organisation und Evaluation der national standardisierten Prüfungen an Grund- und weiterführenden Schulen. Das Institut veröffentlicht die Untersuchungsergebnisse in Form von Schul- und Landesübersichten. Weiterhin soll die Qualität von Schule durch unterschiedliche Berichte und Empfehlungen von Experten verbessert werden. Das Institut soll eigene Forschung betreiben und an internationalen Studien teilnehmen.

Die standardisierten Überprüfungen werden in der vierten und siebten Klasse sowie am Ende der Grundschulzeit vorgenommen. Die Prüfungen untersuchen den Wissensstand der Schüler für jede Schule und Klasse. Die Resultate sollen den Lehrern als Hinweis in ihrer Arbeit dienen. Zur Beratung der Wahl über den weiteren Ausbildungsweg an einer weiterführenden Schulart werden die Ergebnisse der Abschlussprüfung der Schüler herangezogen. Die Prüfungen während der vierten und siebten Klasse werden in Isländisch und Mathematik abgelegt. Die Abschlussprüfung beinhaltet standardisierte Prüfungen in Isländisch, Dänisch, Englisch, Mathematik und Naturkunde. Die Schüler können selbst wählen, ob und in welchem Fach sie sich den standardisierten Abschlussprüfungen unterziehen wollen. Schüler, die diese Prüfungsform wählen, werden beim Zugang zur weiterführenden Bildung bevorzugt. Im Frühjahr 2002 legten über 95% aller Schüler in Abschlussklassen an der Grundschule standardisierte Prüfungen in Isländisch, Mathematik und Englisch, 85% in Dänisch und 70% im Naturkunde ab. Am Ende der Grundschulzeit erhalten die Schüler ein Examenszeugnis, das sowohl die Noten der standardisierten Prüfungen, als auch die anderer abgeschlossener Fächer ausweist.

Gegenwärtig werden in der weiterführenden Bildung keine standardisierten Abschlussprüfungen abgelegt. Jedoch werden verschiedene Möglichkeiten der Einführung einer standardisierten Prüfungsform für die allgemein bildenden weiterführenden Schulen erprobt. Die Prüfungen an weiterführenden Schulen finden gewöhnlich am Ende eines jeden Schulhalbjahrs statt. In den Schulen mit Jahrgangsklassen werden die Fachexamina mehrheitlich am Ende des letzten Schuljahres abgehalten; an den Schulen, die nach dem Kurssystem arbeiten, finden die Kursprüfungen am Ende eines jeden Halbjahres statt. Die Examensnote bildet die Abschlussnote (Zeugnis). In einigen der Kurse findet eine Prozessevaluation statt. Die Prüfungen können auch durch gesonderte Aufgaben ersetzt werden. Die beruflichen Fachgremien sind verantwortlich für die Durchführung der Gesellenprüfungen sowie deren abschließende Beurteilung.

Lehrerqualifikationen

Die Vorschullehrer sollen über eine dreijährige abgeschlossene Ausbildung verfügen. Eine große Mehrheit der Vorschullehrer verfügt über ein abgeschlossenes Examen einer allgemein bildenden weiterführenden Schule. Grundschullehrer der 1. bis 7. Klasse benötigen zur Anstellung eine dreijährige allgemeine Ausbildung an einer Lehrerhochschule.

Lehrer für die 8.-10. Klasse müssen über den Abschluss einer Lehrerhochschule oder aber über ein dreijähriges Universitätsstudium, erweitert mit einer einjährigen pädagogischen Ausbildung verfügen. In den Klassen 1.-7. unterrichten Klassenlehrer die sprachlichen Fächer; speziell ausgebildete Lehrer unterrichten in den ästhetischen Fächern. Für die Klassen 8-10 gilt das Fachlehrerprinzip. In der weiterführenden Bildung sollen die Lehrer über ein mindestens vierjähriges Universitätsstudium verfügen. Dieses muss durch eine einjährige fachdidaktische Ausbildung ergänzt werden. Für jedes Unterrichtsfach ist ein mindestens zweijähriges Fachstudium Voraussetzung. Lehrer in technischen oder berufsbildenden Fächern müssen über ausreichende Qualifikationen oder aber über den Meisterbrief verfügen. Darüber hinaus müssen sie eine einjährige fachdidaktische Ausbildung absolviert haben sowie mindestens zwei Jahre berufliche Praxis vorweisen können. Schulleiter werden aus den pädagogisch und administrativ erfahrensten Lehrern rekrutiert. Ein großer Teil der Lehrer in Kindergärten und in der Grundschule sind Frauen; männliche Lehrkräfte dominieren in der weiterführenden Bildung, der Hochschule und der Universität.

Allgemein bildende Schulen

Recht auf Schule

Das isländische Schulsystem ist als einheitliches und ganzheitliches System konzipiert. Ziel ist es, dass alle Schüler einen ihren Eigenschaften, Anlagen und Interessen angepassten Unterricht erhalten; dabei soll die Steigerung der Anforderungen von einer Schulstufe zur nächsten gleichmäßig vollzogen werden. Alle Kinder haben das Recht zum Besuch ihrer Heimatschule unabhängig von einer möglichen Behinderung. Parallel existieren für Schüler mit zu starken Funktionseinschränkungen, als dass sie in die allgemeine Schule integriert werden könnten, Sonderschulen. Etwa 1,2% aller Schüler besuchen eine Sonderschule. Die Kommunen finanzieren und unterhalten diese Schulen.

Der Kindergarten

Das pädagogische Konzept des Kindergartens orientiert sich am Hauptlehrplan für Kindergärten (*Aðalnámsskrá leikskóla* 1999). Der Lehrplan gibt Richtlinien für die Erziehungs- und Bildungsfunktion des Kindergartens vor. Er baut auf dem Grundsatz der Kindzentrierung auf und fokussiert dabei die Bedürfnisse und Entwicklungen der einzelnen Kinder. Der Lehrplan bietet gleichzeitig einen Standard zur Evaluation der Arbeit des Kindergartens und der Ausbildung der Vorschullehrer und soll dadurch die Qualität der Kindergärten, nämlich einen guten Erziehungsprozess für alle Kinder, sichern. Das zentrale methodische Element der Kindergartenarbeit ist das Spiel. Spielen wird als besonders wichtig für den Reifungs- und Lernprozess angesehen. Zentrale pädagogische Ziele des Kindergartens sind: (1) Anbieten von Fürsorge, Bereitstellen eines gesunden Entwicklungsmilieus, Sichern der Spielmöglichkeiten; (2) Möglichkeiten zu Spiel und Arbeit, Ausnutzen der verschiedenen Entwicklungsmöglichkeiten in und durch die Kindergruppe unter Anleitung des Vorschullehrers; (3) Fördern der allseitigen Entwicklung des Kindes entsprechend seiner individuellen Natur und seiner Bedürfnisse in Zusammenarbeit mit den Eltern, Anbieten emotionaler und physischer Unterstützung, sodass das Kind von seiner Kindheit profitieren kann; (4) Förderung von Toleranz und Weitblick, Schaffen von gleichen Entwicklungsmöglichkeiten; (5) Stärken der christlichen Ethik der Kinder, Schaffen der Grundlage dafür, dass die Kinder selbstständig denkend, aktiv und verantwortlich an der sich ständig und rasch verändernden Gesellschaft teilnehmen können; (6) Entwickeln kreativer Eigenschaften mit dem Ziel der Stärkung des Selbstbilds, der Sicherheit und der Fähigkeit, Probleme auf friedliche Art und Weise zu lösen.

Der Kindergartenbesuch ist freiwillig, aber allen Kindern soll die Möglichkeit zum Besuch des Kindergartens geboten werden, wenn die Eltern dies wünschen. Dies gilt ebenfalls für Kinder mit Funktionsstörungen; sie werden oftmals bevorzugt. Der Unterricht im Kindergarten soll einen weichen Übergang in die Grundschule sichern.

Die Grundschule

Der Unterricht an der Grundschule basiert auf dem Hauptlehrplan für die Grundschule (*Aðalnámsskrá grunnskóla* 1999). Er präzisiert die Rolle der Grundschule in Erziehung und Bildung und gibt Richtlinien für den Unterricht sowie für die Verwaltung vor und vertieft die Vorschriften des Schulgesetzes im Hinblick auf die besonderen Akzente in den Pflichtfächern. Der Lehrplan beschreibt gemeinsame Ziele und Anforderungen an alle Schüler und Mitarbeiter an den Grundschulen. Der Lehrplan bildet den Rahmen für Schulevaluation, er ist Leitfaden zur Entwicklung von Unterrichtsmaterial, Ausgestaltung der Lehrerbildung, der Lehrplanarbeit und der Verteilung der gesamten Unterrichtsstundenzahl auf einzelne Fächer. Er soll den Eltern die Möglichkeit bieten, der schulischen Entwicklung ihrer Kinder zu folgen. Besonders wird die Stellung der Allgemeinbildung und das gleiche Recht auf Ausbildung hervorgehoben. Allgemeinbildung soll kritisches, selbstständiges Denken fördern und die Eigenschaft stärken, sich neuen Verhältnissen anzupassen. In der Grundschule ist das Selbstvertrauen zu unterstützen. Allgemeinbildung soll Toleranz und Respekt vor dem Anderen fördern; das eigene kulturelle Bewusstsein des Schülers sowie der Respekt vor nationalen Kulturen soll entwickelt werden. Gleiches Recht auf Bildung bedeutet, dass den Schülern ein Unterricht angeboten wird, der ihren Fähigkeiten angepasst ist und ihnen die Möglichkeit bietet, Aufgabenstellungen nach eigener Wahl zu bearbeiten. Die Aufgaben sollen dabei sowohl von Interesse für Mädchen als auch Jungen, für Kinder in der Stadt und auf dem Land, mit Behinderung oder ohne, unabhängig von Herkunft, Glaube und Hautfarbe sein.

Primäres Ziel der Grundschule in der Zusammenarbeit mit den Eltern ist:

- Die Vorbereitung der Schüler auf das Leben in einer demokratischen und sich ständig entwickelnden Gesellschaft, sodass sich Toleranz, christlicher Lebenssinn und demokratische Zusammenarbeit entwickeln können. Die Schule soll den Horizont der Schüler weiten, das Verständnis für die Situation anderer Menschen, der isländischen Gesellschaft, ihrer Geschichte und Besonderheiten und der individuellen Verpflichtungen in der Gesellschaft stärken.
- Die Steuerung der täglichen Arbeit in Übereinstimmung mit der Natur und den Bedürfnissen des Einzelnen sowie die Stimulation der allseitigen Entwicklung, Ausbildung und Gesundheit.
- Die Möglichkeit der Aneignung von Fähig- und Fertigkeiten sowie Arbeitsweisen, die ein dauerhaftes Bildungsinteresse sichern.

Aufgabe der Grundschule ist daher die Schaffung der Grundlage für selbstständiges Denken und die Zusammenarbeit mit anderen. Die Lehrer an jeder einzelnen Schule sind verpflichtet, einen lokalen Lehrplan auf Grundlage des nationalen Lehrplans auszuarbeiten. Jede Schule erhält dadurch die Chance, lokale Verhältnisse und Besonderheiten zu berücksichtigen. Der lokale Plan hat für das gesamte Schuljahr zu gelten und muss einen Jahreskalender, die Beschreibung der Unterrichtsorganisation, die Unterrichtsziele und -inhalte, die Art und Weise der Schülerbewertung, die Schulevaluation, die außerschulischen Aktivitäten sowie alle organisatorischen Aspekte beinhalten.

Die Anzahl der Schultage, der Wochenstunden und die Verteilung über jedes Fach wird im Lehrplan festgesetzt. Die Mindestanzahl an Schultagen beträgt 180. Unterricht findet an fünf Wochentagen statt. Die Verteilung der Schulstunden pro Woche variiert entsprechend dem Alter der Schüler von 30-37 Stunden pro Woche. Eine Schulstunde dauert in jeder Klassenstufe 40 Minuten. Die Fächer Isländisch, Mathematik, Naturlehre, Gesellschaftskunde, Religion und Sport sind für alle Schüler zwischen der 1.-9. Klasse obligatorisch. Der Unterricht in den anderen Fächern erfolgt später. In der Abgangsklasse (10. Klasse) werden alle Schüler in Isländisch, Mathematik, Englisch, Dänisch, Gesellschaftskunde, Ethik und Sport unterrichtet. Andere Fächer können variieren. Der Lehrplan beinhaltet Richtlinien für Sonderunterricht für Kinder, die eine andere Muttersprache als Isländisch sprechen. Es wird betont, dass Schülern ausländischer Herkunft die gleichberechtigte Teilnahme am schulischen Unterricht und an der isländischen Gesellschaft zu ermöglichen ist. Im Herbst 2001 waren 1201 Schüler an isländischen Grundschulen registriert, die eine andere Muttersprache als Isländisch sprachen. Davon kamen 163 aus den nordischen

Ländern, 617 Schüler aus elf anderen europäischen Ländern und 312 aus fünf asiatischen Ländern.

Der Lehrplan enthält ferner Richtlinien für Sonderunterricht für Gehörlose und Hörgeschädigte sowie für Unterricht in Zeichensprache. Schüler mit fachlichen oder sozialen Problemen erhalten Förderunterricht nach Analyse ihrer Probleme. Dieser Unterricht kann verschiedenartig gestaltet sein. Gewöhnlich unterrichtet ein spezieller Lehrer den Schüler im Allgemeinen Klassenzimmer. Eine andere Möglichkeit besteht im Einzel- oder Kleingruppenunterricht. Hauptsächlich wird Förderunterricht in Isländisch und Mathematik erteilt. An einigen Schulen existieren Spezialabteilungen für Schüler mit ungewöhnlich großen fachlichen oder sozialen Problemen.

Weiterführende Bildung

Der Hauptlehrplan aus dem Jahr 1999 bildet die Basis für die weiterführende Schule (*framhaldsskóla*). Er gibt die Richtlinien für die Arbeit der Schule vor und besteht aus fünf Teilen. Der allgemeine Teil beschreibt die (generellen) Ziele für alle Ausbildungsrichtungen. Vier weitere Teile ergänzen Ziele für vier unterschiedliche Ausbildungsrichtungen: eine allgemein bildende Richtung, die zum Examen Artium, und vier berufliche Richtungen, die zur Gesellen- und Meisterprüfung für Handwerker und zu Berufsfachprüfungen für andere Berufe führen. Der Lehrplan bildet die Struktur einer jeden Ausbildungsrichtung und macht die Zusammenhänge zwischen ihnen deutlich. Weiterhin legt er die Mindestanzahl an Unterrichtsstunden, die Länge der Ausbildungszeit und die allgemeinen Inhalte fest. Alle Ausbildungsrichtungen können durch zusätzliche Angebote ergänzt werden.

Für die weiterführende Schule sind primäre Ziele: (1) die Unterstützung der allseitigen Entwicklung des Schülers, sodass er bestmöglich auf die aktive Teilnahme in einer demokratischen Gesellschaft vorbereitet ist; (2) die Vorbereitung der Schüler auf das Arbeitsleben und die weitere Ausbildung; (3) die Stärkung von Verantwortungsgefühl, Vorurteilsfreiheit, Initiative, Selbstvertrauen und Toleranz bei den Schülern; (4) das Training disziplinierter und selbstständiger Arbeitstechniken und kritisches Denken; (5) die Vermittlung kultureller Werte; (6) die Motivation zur kontinuierlichen Weiterbildung u.a. durch die Nutzung moderner Informationstechniken.

Alle weiterführenden Schulen sind aufgefordert, eigene Lehrpläne zu entwickeln. Diese sollen festlegen, welche Ausbildungsgebiete besonders betont werden; sie sollen die Ausbildungsangebote sowie die Unterrichtsmethoden und die Organisation beschreiben. Die allgemeine Ausbildungsrichtung ist in drei Gruppen aufgeteilt: allgemeine Fächer, obligatorisch für alle Schüler, Vertiefungsfächer sowie Wahlfächer. Die Ausbildung ist in fünf Studienrichtungen geteilt: Sprache, Naturlehre, Gesellschaftskunde, Informations- und Kommunikationstechnologie und Kunst. Innerhalb jeder Richtung werden Spezialisierungsmöglichkeiten angeboten. Die Ausbildung dauert normalerweise vier Jahre. Die beruflichen Ausbildungsrichtungen werden ebenfalls in Studienrichtungen eingeteilt. In der Handwerksausbildung repräsentieren die Studienrichtungen die verschiedenen Handwerke. Insgesamt acht Hauptstudienrichtungen führen zur Gesellenprüfung; zur Meisterprüfung führen zehn. Die Ausbildung zum Handwerker dauert ca. drei bis vier Jahre. Die Ausbildung vollzieht sich unter der Kontrolle einer beruflichen Studienrichtung. Ergänzend kommt ein

Lehrvertrag mit einem Meister oder einem Betrieb hinzu. Am Ende der Ausbildung wird die Gesellenprüfung abgelegt. Sie verleiht das Recht zur praktischen Tätigkeit. Die Meisterprüfung kann bei abgelegter Gesellenprüfung, ausreichender praktischer Erfahrung sowie einer abgeschlossenen weiterführenden Ausbildung an einer technischen Schule abgelegt werden. Im Bereich der beruflichen Ausbildung finden sich unter anderem Studienrichtungen wie Fischfang, Tourismus, Handel usw.

Wählen Schüler eine Handwerks- oder Berufsausbildung, so verfügen sie weiterhin über die Möglichkeit zur weiteren Ausbildung, die zum Examen Artium führt und damit ein Studium ermöglicht. Das Schuljahr dauert neun Monate und ist in Herbst- und Frühjahrssemester eingeteilt. Je Woche wird zwischen 32-40 Stunden unterrichtet. Die Schule bietet neben den allgemeinen Studienrichtungen Hilfe bei Planung und Erstellung der Studienpläne sowie bei Lernproblemen an.

Aktuelle Diskussionen und Entwicklungsperspektiven

Während der letzten Jahrzehnte unterlag das isländische Bildungswesen großen Veränderungen. Auf der einen Seite wurde die Administration des Schulsystems dezentralisiert; auf der anderen Seite wurden die Anforderungen an das Schulsystem exakter gefasst und die Kontrolle darüber, dass die Anforderungen eingehalten werden, wurde verschärft. Beabsichtigt wurde eine Steigerung der Flexibilität und Qualität des Bildungswesens, damit sich Gesellschaft und Wirtschaft den raschen technologischen und wissenschaftlichen Veränderungen anpassen können. Grundgedanke war, dass eine gute Ausbildung jungen Menschen bessere Chancen bietet, mit ständigen Veränderungen umzugehen. Die geltenden Lehrpläne betonen die Differenzierung und die Bedeutung der individuellen Lehrpläne, die sowohl für Schüler mit Lernproblemen, als auch für Begabte angefertigt werden sollen. Beide Varianten erfordern den Einsatz umfangreicher Ressourcen hinsichtlich Zeit und Kompetenz. Die Einführung der neuen Ansätze in ein einheitliches Bildungswesen erfordert erheblichen zeitlichen und finanziellen Aufwand. Besonders Lehrer erleben starke Frustrationen, beispielsweise durch den Mangel an neuen Lehrmitteln, die die neuen Unterrichtspläne allerdings erfordern.

Alle Kinder haben das Recht zum Besuch der Heimatschule; dabei spielt der Grad der Behinderung keine Rolle. Schlagwort hierfür ist: „Schule ohne Exklusion" („*Skóli án aðgreininga"*). Es ist offizielle Politik des Bildungsministeriums. Um möglichst viele Kinder in den normalen Unterricht zu integrieren, muss innerhalb des Sonderunterrichts beträchtliche Umorganisationsarbeit geleistet werden. Unter anderem sind an jeder Schule Zentren für Sonderunterricht (*sérkennsluver*) geplant.

Diese Veränderungen bestimmen mittlerweile sowohl die schulische Arbeit als auch die Diskussion der Lehrer und der schulischen Mitarbeiter. Seitens der Lehrer war Widerstand gegen die Inklusion aller Kinder in die Schule zu beobachten. Hauptgrund war die Erwartung, dass die bewilligten Mittel nicht für alle Schüler mit Behinderung ausreichen würden. Daher wurden in Island zahlreiche Forschungsprojekte zum Thema: „Schule ohne Exklusion" durchgeführt. Einige davon sind Teilbereiche des internationalen Forschungsprojekts ETAI (Enhancing Teachers Ability in Inclusion), an dem außer Island auch Österreich, Spanien und Portugal

mitwirken. Resultate dieser Projekte liegen auf den Internetseiten http://www.unak.
is/vefir/etai aus.

Das Bildungsministerium initiierte zum netzgestützen Lernen (2001-2003) das Projekt „Vorsprung in der Zukunft" („*Forskot til framtíða*"). Ziel des Projekts ist dabei
der Gebrauch des Internets als Informationsmittel für die Schule. Auf diese Weise
sollen Unterrichtsmaterial zielorientiert verteilt und die Kommunikation zwischen
Schülern, Lehrern, Schulleitern, Eltern und Firmen ermöglicht werden. Vorausset-
ung zur stärkeren Nutzung der Informationstechnologie war unter anderem die Eröffnung des Informationsportals: https://www.menntagatt.is.

Island nahm an zahlreichen internationalen Untersuchungen – IEA, TIMSS, PISA –
teil. Island kann auf deutlich höhere Plazierungen gegenüber dem OECD-Durchschnitt im Bereich Lesen und Schreiben verweisen. Die Plazierung im Bereich Mathematik und Naturwissenschaften lag unter dem Durchschnitt. Die Behörden beginnen zahlreiche Maßnahmen, um die Kompetenz der Schüler zu verbessern. So
wird beispielsweise neues Unterrichtsmaterial ausgearbeitet. Auch wenn die pädagogische Diskussion herausstellt, dass die politische Kritik am Unterricht in Mathematik und in den Naturwissenschaften nur unzureichend begründet war, heißt dies
nicht, dass die aktuell eingeführten Verbesserungen nicht notwendig seien. Weitere
Evaluationen sollen daher mit brauchbaren psychometrischen Werkzeugen durchgeführt werden. Die Ergebnisse der Rankings lassen es im Umkehrschluss dann allerdings auch nicht zu, dass der Unterricht qualitativ hochwertig durchgeführt wird.

Aktiv werden die Rolle des Lehrers im Klassenzimmer sowie die Unterrichtsmethoden diskutiert. Der Fokus liegt dabei auf dem Lehrer, der führt und anbietet. In der
Projektarbeit wird der Wert der Teamarbeit betont; Interdisziplinarität wird als
wichtig erachtet und gegenwärtig durch Projektarbeiten gefördert.

Literatur

AÐALNÁMSSKRÁ FRAMHALDSSKÓLA (1999). Reykjavík: Menntamálaráðuneytið.
AÐALNÁMSSKRÁ GRUNNSKÓLA (1999). Reykjavík: Menntamálaráðuneytið.
AÐALNÁMSSKRÁ LEIKSKÓLA (1999). Reykjavík: Menntamálaráðuneytið*.
ICELAND IN FIGURES 2001-2002 (2002). Hagstofa Islands (Statistics Iceland).
LÖG UM FRAMHALDSSKÓLA NR. 80/1996. Reykjavík: Menntamálaráðuneytið.
LÖG UM GRUNNSKÓLA NR. 66/1995. Reykjavík: Menntamálaráðuneytið.
LÖG UM HÁSKÓLA nr 136/1997. Reykjavík: M enntamálaráðuneytið.
LÖG UM HÁSKÓLA ÍSLANDS 41/1999. Reykjavík: Menntamálaráðuneytið.
LÖG UM LEIKSKÓLA, nr. 78/1994. Reykjavík: Menntamálaráðuneytið.
LÖG UM NÁMSMATSSTOFNUN, 76/1993. Reykjavík: Menntamálaráðuneytið.
Zahlreiche Dokumente finden sich unter dem Internetportal:
    www.menntamalaraduneyti.is
Weiterführenden statistische Informationen sind über www.hagstofa.is zugänglich.

Island

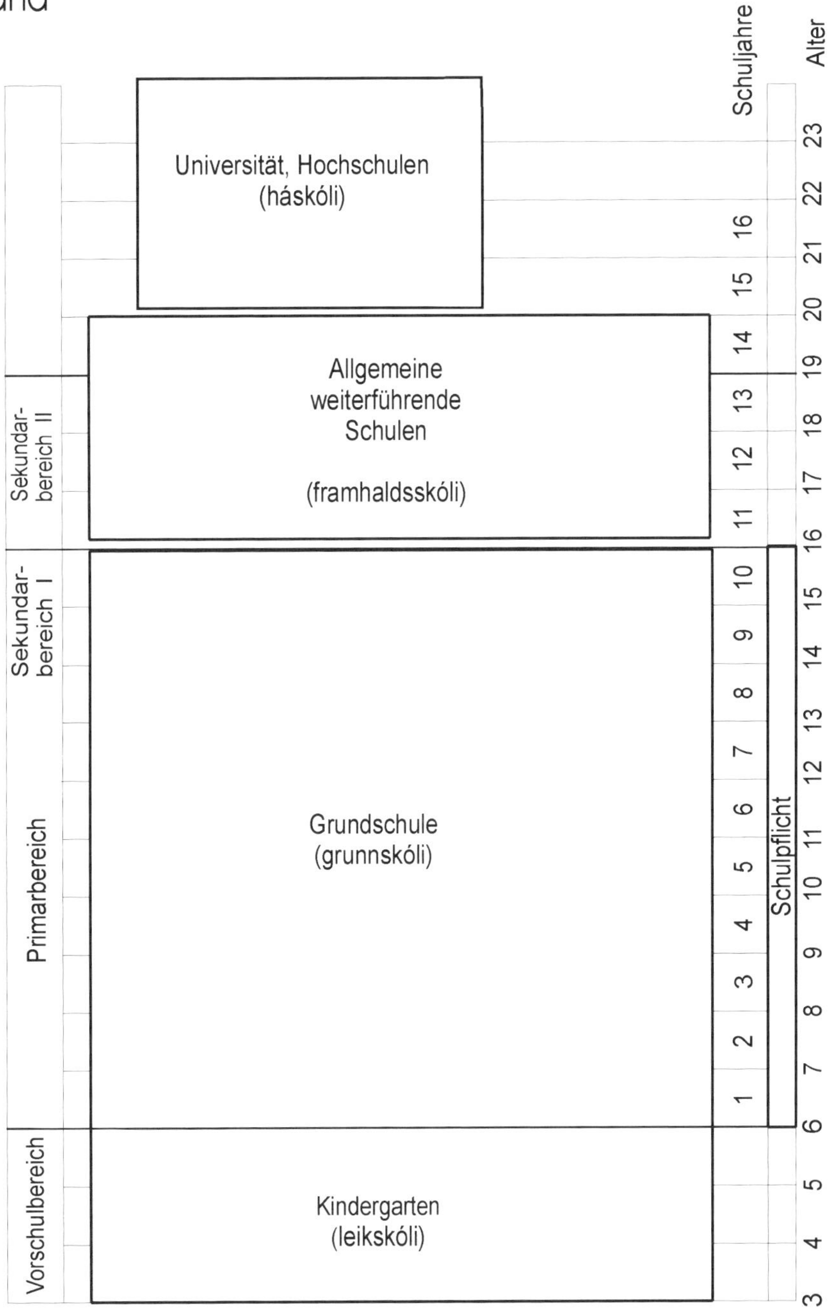
Universität, Hochschulen
(háskóli)
Allgemeine
weiterführende
Schulen
(framhaldsskóli)
Grundschule
(grunnskóli)
Kindergarten
(leikskóli)
Sekundar-
bereich II
Sekundar-
bereich I
Primarbereich
Vorschulbereich
Schuljahre
Alter
Schulpflicht
1
2
3
4
5
6
7
8
9
10
11
12
13
14
15
16
3
4
5
6
7
8
9
10
11
12
13
14
15
16
17
18
19
20
21
22
23

Günther Brinkmann

ITALIEN

Entwicklung des Bildungswesens

Die Ursprünge des derzeitigen italienischen Schulsystems gehen auf das Gesetz des Grafen Gabrio Casati aus dem Jahre 1859 zurück. Es wurde zunächst für das Königreich Piemont-Sardinien und für die Lombardei konzipiert und mit der politischen Vereinigung Italiens im Jahre 1861 auf alle anderen Regionen Italiens ausgedehnt. Die grundlegende bildungspolitische Bedeutung dieses am 13.11.1859 verkündeten Gesetzes liegt darin, dass es Casati erstmals um die schulische Ausbildung des gesamten Volkes und um die Bildung der Führungsklasse unter der Kontrolle des Staates ging, wodurch die traditionelle Vorherrschaft der Kirche im Schulsystem erstmals eingeschränkt wurde. Besondere Bedeutung kommt der begrenzten Schulpflicht zu, da die Analphabetenquote zur damaligen Zeit 75% betrug (67% in Norditalien und 87% in Süditalien). Deshalb war die Schaffung einer einheitlichen Grundschule (*scuola elementare*) ein wichtiger erster Schritt zur Senkung dieser Quote, auch wenn nur der erste zweijährige Zyklus dieser Grundschule obligatorisch war. Auf der *scuola elementare* baute eine zweigeteilte Sekundarstufe auf. Die klassische Sekundarbildung, die als wahres Zentrum der Schule Casatis bezeichnet wurde, erfolgte in zwei Stufen, dem fünfjährigen Gymnasium und dem darauf aufbauenden dreijährigen Lyzeum. Ziel des Unterrichts in Gymnasium und Lyzeum war der Erwerb einer literarischen und philosophischen Kultur, die den Zugang zur Universität erlaubte. Neben diesem klassischen Zweig sah das Gesetz einen technisch-naturwissenschaftlichen Sekundarschulzweig vor, der ebenfalls aus zwei Stufen bestand, der dreijährigen Technischen Schule und dem dreijährigen Technischen Institut. Es war ausdrücklich festgelegt, dass die technischen Schulen und Institute getrennt von den Gymnasien und Lyzeen zu errichten waren. Diese strikte Trennung nach klassischer und technischer Sekundarschulbildung war keineswegs unumstritten. Alle Versuche zur Vereinheitlichung dieser getrennten Schulzweige scheiterten jedoch in den folgenden Jahrzehnten. Ein großes Problem bei der schulpraktischen Realisierung der Primarbildung war das Faktum, dass die Einrichtung der Schulen in die Zuständigkeit der Gemeinden fiel. Diese waren jedoch häufig nicht in der Lage oder nicht bereit, die Finanzen bereitzustellen, um die Voraussetzungen für den Schulunterricht zu schaffen. Das Gesetz Casati sah zwar vor, dass der erste zweijährige Zyklus in allen Gemeinden eingerichtet werden sollte, in denen es mindestens 50 Kinder im schulpflichtigen Alter gab und dass der zweite Zyklus an allen Orten mit mindestens 4.000 Einwohnern eingerichtet werden sollte. Beide gesetzlichen Bestimmungen wurden jedoch in den ersten Jahrzehnten nach 1859 in vielen Fällen nicht beachtet.
Im Anschluss an das 1872 veröffentlichte Buch des Historikers Pasquale Villari „Die Schule und die soziale Frage" (VILLARI 1872) wurde eine lebhafte öffentliche Debatte über die Priorität des öffentlichen Unterrichts im Zusammenhang mit ande-

ren fundamentalen Erfordernissen in Italien geführt. Dabei ging es vor allem um die Beziehung des Schulsystems zur Industrialisierung angesichts der enormen Verbreitung der Kinderarbeit in der ersten Industrialisierungsphase. Mit fortschreitender Industrialisierung wurde auch die Schulpflicht schrittweise verlängert. Ein Meilenstein auf diesem Wege war das Gesetz Orlando aus dem Jahre 1904. Zum ersten Mal wurde der Pflichtschulbereich nicht nach Schuljahren angegeben, sondern durch das Lebensalter der Schüler bestimmt: bis zum 12. Lebensjahr, hieß es im Gesetz Orlando. Diese Ausweitung des Pflichtschulbereichs hatte zuvor bereits am 28.11.1900 Minister Gallo in einen Gesetzesvorschlag aufgenommen. „Gallo schlug in jeder Kommune die Einrichtung einer obligatorischen ergänzenden dreijährigen Volksschule (*scuola popolare*) vor, deren Besuch für alle Schüler verpflichtend sein sollte, die die dritte Grundschulklasse absolviert hatten, mit einem Programm, das jene Unterrichtsinhalte vorsah, die der Erziehung von Menschen dienen würde, die entschlossen und bereit seien, die kommenden Arbeits- und Industriekämpfe[1] zu bestehen" (DE VIVO 1986, S. 61-62). Aus dieser Zielsetzung geht die Verknüpfung von Wirtschaft, Industrie und Bildungswesen deutlich hervor.

Ein Meilenstein beim weiteren Aufbau des italienischen Schulsystems bildete das Gesetz Daneo-Credaro aus dem Jahre 1911. Dies Gesetz sah die Übernahme aller Grundschulen durch den Staat vor. Damit lud sich der Staat die Bürde der Finanzierung und der Verwaltung des gesamten Pflichtschulwesens auf, um die Missverhältnisse ausgleichen zu können, die aufgrund der unterschiedlichen Voraussetzungen der Kommunen bestanden. Als Bindeglied zwischen dem Zentralstaat und den Schulen wurden Provinzialschulbeiräte (*Consigli provinciali scolastici*) neu geschaffen, die sich aus von der Regierung ernannten Experten und aus gewählten Mitgliedern zusammensetzten. Diese Provinzialschulbeiräte übernahmen alle wichtigen Aufgaben der Schulverwaltung bis hin zur Gründung neuer Schulen und der Ernennung der Lehrer. Eine Ausnahme bildeten lediglich die Grund- und Volksschulen in den Provinzhauptstädten, die aufgrund von Art. 14 des Gesetzes nicht vom Staat übernommen wurden und bis 1933 unter städtischer Verwaltung verblieben.

In dem Gesetz von 1911 wird auch das Verhältnis des Staates zu den privaten Schulen präzise festgelegt. Private Schulen gab es im Primarschulbereich in drei verschiedenen Formen: sie wurden entweder von Laien verwaltet oder von konfessionellen Vereinigungen oder existierten als ländliche Aushilfs- oder Ersatzschulen in Gegenden, in denen nur ganz wenige schulpflichtige Kinder wohnten. Die Schulen in konfessioneller Trägerschaft hatten im Privatschulsektor eine deutliche Mehrheit. In Art. 70 des Gesetzes Daneo-Credaro wird die Oberaufsicht des Staates über die Privatschulen im Einzelnen festgelegt. Vor allem über diese Examina können sich die staatlichen Prüfungskommissionen und damit der gesamte staatliche Verwaltungsapparat ein Bild von der Qualität der Privatschulen machen. Nach einem genau festgelegten Verfahren kann schließlich der Minister für den öffentlichen Unterricht eine völlig ineffektiv arbeitende Privatschule schließen. Die Übernahme des Primarschulwesens durch den Staat hat in jedem Fall positive Auswirkungen gehabt. So konnte beispielsweise die Analphabetenquote innerhalb von zehn Jahren um 20%

---

[1]   Dieser Begriff „Kampf" meint die Herausforderungen der Arbeitswelt und speziell der Industrie.

gesenkt werden: Sie betrug im Jahre 1911 noch 47% und verringerte sich bis zum Jahre 1921 auf 27%.

Ein weiterer Meilenstein in der Entwicklung des italienischen Schulsystems wurde von Giovanni Gentile gestaltet. Gentile gilt als der wirkungsgeschichtlich bedeutendste Schulreformer Italiens. Als namhafter Philosophie-Professor an der Universität Rom übernahm er 1923 das Amt des Unterrichtsministers im ersten Kabinett Mussolinis. Wie an anderer Stelle ausführlicher erläutert und bewertet (vgl. BRINKMANN 1995, S. 14-18), schlug er 1923 eine umfassende Schulreform vor, die im Sinne der faschistischen Ideologie vor allem eine Verschärfung der Schülerauslese und eine Elitenbildung zum Ziel hatte. Dabei wurden die Lehrpläne der scuola elementare maßgeblich von Lombardo Radice beeinflusst. Die scuola elementare sollte das Fundament der kulturellen, ethischen und politischen Bildung des Bürgers bilden. Der Schwerpunkt der Reform lag jedoch auf der Sekundarstufe, die durch eine konsequente Selektion Elitenbildung ermöglichen und Akademikerarbeitslosigkeit verhindern sollte. Wichtigste Schulform blieb das Gymnasium-Lyzeum mit seiner traditionellen philologisch-klassischen Orientierung. Es blieb ausdrücklich nur den „wenigen, nach Intellekt und Vermögen Begabten" (*ai pochi e ai miglior, per intelletto e per censo*) vorbehalten. Es bestand aus dem fünfjährigen Gymnasium, das nach Abschluss der *scuola elementare* nur über eine Aufnahmeprüfung erreichbar war, und dem darauf aufbauenden dreijährigen Lyzeum, dessen Besuch wiederum vom Bestehen einer Aufnahmeprüfung abhängig gemacht wurde. Das fünfjährige Gymnasium wurde nun zusätzlich in eine dreijährige Unterstufe (*ginnasio inferiore)* und eine zweijährige Oberstufe (*ginnasio superiore*) unterteilt, zwischen die wiederum eine Ausleseprüfung gelegt wurde.

Neben diesem Gymnasium-Lyzeum, das als einzige Schulform zum unbeschränkten Hochschulstudium führte, existierten Technische Institute und das Lehrerseminar. Das nach Berufszweigen aufgegliederte Technische Institut (*istituto tecnico*) wurde formal dem Gymnasium-Lyzeum als Sekundarschule gleichgestellt. Sein erfolgreicher Abschluss berechtigte zum Studium an bestimmten technischen Fakultäten der Universität. An dem Lehrerseminar (*istituto magistrale*) wurden mit einer Kursdauer von sieben Jahren die Lehrer für die scuola elementare ausgebildet.

Mit der Schulreform wurden 1923 zwei weitere Sekundarschultypen eingeführt: das naturwissenschaftliche Gymnasium (*liceo scientifico*) und das Mädchenlyzeum (*liceo femminile*). Das naturwissenschaftliche Gymnasium hatte zum Ziel, den Absolventen ein Studium an den naturwissenschaftlichen und medizinischen Fakultäten der Universitäten zu ermöglichen. Das Lyzeum für Mädchen bereitete dagegen ausdrücklich nicht auf das Universitätsstudium vor. Es hatte lediglich eine Ergänzung der Allgemeinbildung zum Ziel.

Die Reform Gentiles sah außerdem eine Verlängerung der Schulpflicht bis zum 14. Lebensjahr vor. Aus diesem Grunde musste für die Schüler, die nach der *scuola elementare* keine allgemein bildende Sekundarschule besuchen wollten oder konnten, eine Ergänzungsschule (*scuola complementare*) eingerichtet werden. Das gelang zunächst nur in den Großstädten, sodass achtjährige obligatorische Schulbesuch lange Zeit nur auf dem Papier stand. Aus diesen Ergänzungsschulen gingen die dreijährigen postelementaren Berufsschulen (*scuole di avviamento professionale*) hervor, die im Jahre 1931 per Erlass offiziell eingeführt wurden. Sie bereiteten direkt auf die Arbeitswelt vor. Ein Übergang auf die allgemein bildenden weiterführenden Sekundarschulen war nicht vorgesehen.

Dieser Schulaufbau Gentiles ist bis zur Einführung der Gesamtschule in der Sekundarstufe I im Jahre 1962 nicht grundsätzlich verändert worden. Auf der Ebene der Sekundarstufe II hat er in seiner Grundstruktur sogar bis heute Bestand.

Organisation des gegenwärtigen Schulsystems

Überblick über die Struktur des Schulsystems

Das heutige Schulsystem ist für ganz Italien klar und übersichtlich gegliedert: Auf der fakultativen Vorschule (*scuola materna*) bauen die fünfjährige Grundschule (*scuola elementare*) und die dreijährige Gesamtschule (*scuola media*) auf. Danach beginnt die schulstrukturell hochdifferenzierte Sekundarstufe II (*scuola superiore*), die im Kern auf Giovanni Gentile zurückgeht. Damit ist in der Zeit nach dem zweiten Weltkrieg bis heute lediglich die *scuola media* neu geschaffen worden. Die Einführung der einheitlichen *scuola media* für alle elf- bis vierzehnjährigen Schüler war ein Ergebnis der fortschreitenden Demokratisierung des Schulsystems nach dem zweiten Weltkrieg, die sich deutlich von der restriktiv-elitären Schulpolitik des Faschismus abgrenzte. Diese Demokratisierung bedeutet in einem doppelten Sinn, zum einen eine möglichst große Zahl von Schülern zu möglichst hohen Bildungszielen zu führen, und zum anderen die Mitbestimmung und die Beteiligung der Öffentlichkeit an der Gestaltung des Schullebens im kleinen und der Schulpolitik im großen zu befördern.

Die italienische Schule der Nachkriegszeit war weder vorbereitet auf die Probleme der ökonomischen Entwicklung des Landes noch auf die dringend erforderliche Erneuerung der Gesellschaft, in der die Widersprüche zwischen Industrie und Landwirtschaft bzw. zwischen Nord und Süd besonders eklatant waren. Es blieb der Mitte-Links-Koalition Anfang der sechziger Jahre vorbehalten, eine breitere politische Plattform zur Lösung der anstehenden Probleme zu schaffen und damit auch bedeutende Reformen im Schulsystem durchzuführen. In diese Periode fiel die Einführung der *scuola media unica*, der einheitlichen *scuola media* bzw. der dreijährigen Gesamtschule im Anschluss an die bereits bestehende fünfjährige einheitliche Grundschule. Damit war es gelungen, im gesamten Pflichtschulbereich die letzten Überreste eines als diskriminierend empfundenen Schulsystems zu beseitigen, in der es einer Minderheit vorbehalten war, über eine vormals elitäre *scuola media* in die Gymnasien und zur Universität und dadurch in gehobene Berufspositionen zu kommen, während die Masse der Jugendlichen über die Berufsvorschulen höchstens als zweitrangig eingestufte Berufsinstitute frequentierte. Gleichzeitig war damit die ursprüngliche Absicht verwirklicht, mehr Schüler als bisher auf das Universitätsstudium vorzubereiten, um damit den Erfordernissen einer in rascher Entwicklung befindlichen industriellen Gesellschaft zu entsprechen.

Nach der Abschlussprüfung an der *scuola media* geht ein Großteil der Absolventen zur *scuola secondaria superiore*, der entsprechende Prozentsatz liegt seit den achtziger Jahren bei 80%. Hier trifft der Schüler nicht nur auf Schularten für allgemein bildenden weiterführenden Unterricht, sondern auch auf Schulen, die eine Berufsausbildung in Vollzeitform anbieten. Man kann vier Hauptwege unterscheiden:

–   Die vom Anspruchsniveau her bedeutenden Gymnasien: das altsprachliche (*li-ceo classico*), das neusprachliche (*liceo linguistico*) und das naturwissenschaft-liche (*liceo scientifico*). Daneben gibt es Institute zur Ausbildung von Grund-schullehrern (*istituto magistrale*) und von Kindergärtnerinnen (*scuola ma-gistrale*).

–   Technische Fachoberschulen (*istituti tecnici*), die beruflichen Vollzeitunterricht in neun Berufsfeldern vermitteln.

–   Berufliche Fachschulen (*istituti professionali*), die in der Regel eine dreijährige berufliche Vollzeitausbildung in sechs Berufsfeldern anbieten.

–   Die künstlerische Ausbildung erfolgt an Fachschulen (*istituti d'arte*), am Kunst-gymnasium (*liceo artistico*) oder an Konservatorien (*conservatori di musica*).

Alle Schüler, die eine fünfjährige Schulausbildung an einer der genannten Schular-ten – auch an den Berufsschulen mit Vollzeitunterricht – erfolgreich abschließen, erwerben *scuola secondaria superiore* damit die uneingeschränkte Hochschulreife (*maturità*). Dies ist einerseits ein Indiz für den weit fortgeschrittenen Demokratisie-rungsprozess im italienischen Bildungswesen, andererseits die entscheidende Vor-aussetzung für die hoffnungslos überfüllten italienischen Universitäten.

Berufliche Ausbildung

Neben der Berufsausbildung in Vollzeitform an staatlichen Sekundarschulen gibt es eine zweite Form der Berufsausbildung, für die die Regionen zuständig sind. Die re-gionalen Berufsbildungszentren haben sich mittlerweile als Hauptweg zum Beruf entwickelt. Sie haben als Aufgabe die Verbreitung von theoretischen und prakti-schen Kenntnissen, die für eine Berufsausübung erforderlich sind und sich auf den ersten Übergang in die Arbeitswelt, die Berufsausbildung, die Umschulung, Spezia-lisierung und Fortbildung der Arbeitskräfte beziehen. Berufliche Erstausbildung und Weiterbildung werden hier aufeinander bezogen und als Einheit gesehen. In der Re-gel führt die Ausbildung an den Berufsbildungszentren in zwei bis drei Jahren zu ei-nem ersten berufsqualifizierenden Abschluss. Hiermit kann man sich entweder auf dem Arbeitsmarkt bewerben oder an ihn einen zumeist einjährigen Spezialisierungs-kurs in verschiedenen Sektoren desselben Berufsfeldes am Berufsbildungszentrum anschließen. Das Examen dieses Spezialisierungskurses eröffnet die Chance, eine qualifiziertere und höherdotierte Tätigkeit in der Arbeitswelt aufzunehmen. Das Lehrlingswesen ist in Italien nur von untergeordneter Bedeutung. Sein Schwerpunkt liegt im Handwerks- und Handelsbereich. Es handelt sich dabei aber nicht um eine „duale Ausbildung" nach deutschem Vorbild, sondern mehr um Arbeitsverträge mit wenigen Anlernanteilen. Die industriellen Großbetriebe bieten dagegen Jugendli-chen eine interne, gesetzlich aber nicht abgesicherte Ausbildung an.

Insgesamt gilt das System der Berufsausbildung und beruflichen Weiterbildung in Italien selbst als extrem komplex, regional zersplittert und wenig effizient. Größter Schwachpunkt sind die beruflichen Vollzeitschulen, deren vermittelte Qualifikatio-nen vom Arbeitsmarkt nur unzureichend angenommen werden. Dagegen sind die re-gionalen Berufsbildungszentren eher geeignet, eine qualifizierte Berufsausbildung durchzuführen. Sie können die Besonderheiten der regionalen Beschäftigungs- und Anforderungsstruktur besser berücksichtigen und durch projektartiges Vorgehen kurzfristig auf Veränderungen des Arbeitsmarktes reagieren. Schließlich verspricht ihr System der „*formazione permanente*" ohne Trennungslinien zwischen beruflicher Erstausbildung, Weiterbildung und Umschulung mit der beruflichen Weiterbildung als Schwerpunkt der richtige Ansatz zur Modernisierung des Ausbildungssystems zu sein.

Autonomie und Kontinuität

Die schulpraktische Weiterentwicklung des staatlichen Schulsystems ist in den letzten Jahren im Wesentlichen auf zwei Aspekte konzentriert. Es geht zum einen um eine *verstärkte Autonomie der einzelnen Schule*. Diese Tendenz ist interessanterweise durch ein Finanzgesetz aus dem Jahre 1993 angestoßen worden. Das neue Gesetz bildet vor allem die Grundlage dafür, den Klassenteiler bezüglich des Lehrer-Schüler-Verhältnisses heraufzusetzen und eine größere Autonomie an allen Schulen und Kulturinstituten gleich welchen Grades einzuführen. Damit hat die in Italien erst seit wenigen Jahren geführte Autonomiedebatte im Schulsystem einen entscheidenden Impuls bekommen. Dem Gesetz liegt ein umfassender Autonomiebegriff zugrunde. Schulen und Institute sollen nicht nur organisatorische, finanzielle und didaktische Autonomie erhalten, sondern auch Autonomie in Forschung und Entwicklung. Da die italienische Schule schon lange über eine umfassende didaktische Autonomie verfügt, gibt es wenige konkrete Hinweise darauf, wieweit in jüngster Zeit diese größere Autonomie in der Praxis umgesetzt worden ist.

Anders verhält es sich mit dem zweiten neuen Aspekt der Schulentwicklung, dem *Prinzip der Kontinuität*. Dazu wurde zunächst im Jahre 1992 ein Ministerialerlass mit anschließenden Rundschreiben vorgelegt, in denen die Kontinuität ausschließlich als erzieherisches und didaktisches Problem dargestellt wurde. Ziel war, dass der Lehrer für erzieherische und didaktische Kontinuität bei seiner Planung, Durchführung und Kontrolle des eigenen Unterrichts zu sorgen habe. In den darauf folgenden Jahren bekam die Kontinuität mehr und mehr eine institutionelle Dimension. Man spricht heute von vertikaler und horizontaler Kontinuität. Unter vertikaler Kontinuität versteht man die enge Kooperation zwischen Schulen verschiedener Schulstufen, die zu diesem Zweck zu einem Schulkomplex zusammengefasst werden. Mit horizontaler Kontinuität wird die Zusammenarbeit zwischen Schule und außerschulischen Einrichtungen inklusive den Familien angesprochen. Der Gesamtkomplex der Kontinuität wird in den letzten Jahren zunehmend theoretisch aufgearbeitet (vgl. GUERRA 1996) und ist Gegenstand von Versuchsprojekten und Lehrerfortbildung.

Lehrerausbildung

In Italien ist in den letzten fünf Jahren die Qualitätskontrolle und Evaluation ein viel diskutiertes Thema. Im Gegensatz zu England, den Niederlanden oder der Schweiz sind aber noch keine entsprechenden flächendeckenden Maßnahmen ergriffen worden. Dagegen unternimmt man seit Jahren große Anstrengungen, die Qualifikation der Lehrerschaft durch Lehrerfortbildung zu erhöhen. In der Lehrerausbildung werden zudem bedeutende Innovationen durchgeführt, indem z.Zt. die ersten Studienphasen von Grundschullehrern und Vorschulerziehern an den Universitäten stattfinden. Die gesamte Lehrerausbildung soll ab sofort in zwei Phasen gestaltet werden: ein dreijähriges Universitätsstudium mit einem ersten Abschluss in Form einer „*lau-*

rea breve" und darauf aufbauend eine zweijährige „Spezialisierungsschule" an der Universität mit einem zweiten Universitätsexamen.

Allgemein bildende Schulen

Vorschulbereich

Für den Vorschulbereich der Drei- bis Sechsjährigen existiert kein Lehrplan im engeren Sinne, sondern so genannte didaktische Orientierungen aus dem Jahre 1988. In diesem allgemein abgefassten programmatischen Dokument wird eine neue Lebensqualität des Kindes als großes Erziehungsziel unserer Zeit bezeichnet.

In den didaktischen Orientierungen wird großer Wert auf die enge Verbindung zwischen der Vorschule und der Grundschule gelegt, da alle Lernprozesse in der Grundschule auf den in der Vorschule vermittelten grundlegenden Fähigkeiten (*capacità di base*) aufbauen. Dabei werden in Klammern mehr oder weniger konkrete Beispiele genannt: „... die Fähigkeit, mit anderen in einer Gemeinschaft zu leben, die ihre eigenen Regeln und Gewohnheiten hat; die Fähigkeit, mit den Altersgenossen und den Erwachsenen zu kommunizieren und ihnen zuhören zu können; die Fähigkeit, die uns umgebende Realität zu entdecken und ihre Bedeutungen zu verstehen; die Fähigkeit, sich in geeigneter Weise zu bewegen und immer größere Selbstständigkeit zu erwerben" (I NUOVI ORIENTAMENTI 1990, S. 19) Danach wird speziell für die Fünfjährigen auf die Notwendigkeit curricularer Kontinuität mit der Grundschule verwiesen. Begriffe wie Fähigkeit zur Raumvorstellung, Übung graphischer Aktivitäten, Konzeptualisierung der Schriftsprache oder mündliche Verfahrensweisen des Zählens weisen unmissverständlich den Vorschulcharakter als wichtigsten Bildungszweck aus. Demgegenüber tritt der Betreuungs- oder Fürsorgeaspekt eindeutig in den Hintergrund. Diese Schwerpunktverlagerung schlägt sich auch in der Terminologie nieder. Neben der Bezeichnung „*scuola materna*", die in ihrer Verbindung von „Schule" und „Mütterlichkeit" zwar schwer ins Deutsche übersetzbar ist, aber doch den Fürsorge- und Betreuungsaspekt unterstreicht, wird zunehmend von „*scuola dell' infanzia*", also von Schule der Kindheit gesprochen.

Die inhaltlichen Leitlinien gehen von einem multidisziplinären Ansatz aus und sprechen in diesem Zusammenhang von drei Gebieten:
– ein kommunikativer und linguistischer Bereich;
– ein Bereich der nonverbalen Ausdrucksweisen: graphisch, musikalisch, manuell, motorisch;
– ein Wissenschafts- und Umweltbereich (Natur- und Sozialwissenschaften) (vgl. RAPPORTO 1989, S. 10).

In demselben Abschnitt über „Curriculum" werden unter dem Aspekt der Zielsetzung drei Komponenten vorgestellt: die disziplinäre, die psychologische und die Wertkomponente. Von diesem Ansatz aus kommt man zu folgender Einteilung:
– effektiv-emotionaler Bereich, sozialer Bereich, moralisch-ethisch-religiöser Bereich;
– praktisch-konstruktiver Bereich, kognitiver Bereich;
– psychomotorischer und mimischer Bereich, Bereich der graphischen, malerischen, plastischen, ikonischen Ausdrucksweisen, musikalischer Bereich, linguistischer Bereich (Ebd., S. 11)

Grundschule

Die Lehrpläne für die fünfjährige Grundschule (*scuola elementare*) sind 1985 verabschiedet worden und 1987/88 in Kraft getreten. Die Zielsetzung des Lehrplans von
1985 geht von der Bildung des Menschen und des Staatsbürgers aus, wie sie in der
Verfassung der italienischen Republik vom 1. Januar 1948 festgelegt ist, beruft sich
auf internationale Erklärungen der Rechte des Menschen und des Kindes und spricht
sich für Verständigung und Zusammenarbeit mit den anderen Völkern aus. Bei den
Ausführungen über Prinzipien und Ziele der *scuola elementare* wird die Erziehung
zum demokratischen Zusammenleben besonders hervorgehoben. Die Palette der
Einzelaspekte reicht hier von der Anerkennung der Werte und Erfahrungen in der
Familie über Erfahrungen mit Formen der Gruppenarbeit inklusive der Unterscheidung zwischen aktiver Solidarität und passivem Nachgeben gegenüber der Gruppe
bis zur Erweiterung des kulturellen und sozialen Horizonts. In diesem Zusammenhang ist darauf hinzuweisen, dass diese anspruchsvollen Zielsetzungen keineswegs
nur wohlklingende Passagen in den Allgemeinen Vorbemerkungen (*premessa gene-
rale*) bilden, sondern zu tiefgreifenden didaktischen Konsequenzen führen. Dazu
zählen insbesondere die Einführung zweier neuer Fächer für die *scuola elementare*,
der Fremdsprache (*lingua straniera*) und des Faches „Soziale Studien und Kenntnis
des gesellschaftlichen Lebens" (*studi sociali e conoscenza della vita sociale*). Deren
fachliche Zielsetzungen beziehen sich wiederum auf die Grobziele in der Allgemeinen Vorbemerkung, ein Indiz für die in sich stimmige Konzeption dieser theoretisch
sicherlich anspruchsvollen neuen Lehrpläne.

Diese Lehrpläne werden durch das am 5. Juni 1990 verabschiedete Gesetz über die
Reform der Grundschulordnung in wichtigen Punkten ergänzt. Dieses jüngste
Grundschulgesetz gilt auch für die staatlich anerkannten privaten Grundschulen, die
allerdings weniger als 8% aller italienischen *scuole elementari* ausmachen. Damit
sind die nichtstaatlichen *scuole elementari* zugleich verpflichtet, die neuen Lehrpläne von 1985 zu realisieren. Eine besonders einschneidende Neuerung des Gesetzes von 1990, die das bisherige Klassenlehrerprinzip und damit die Einheitlichkeit
der *scuola elementare* ablöst, sind die neuen Organisationsmodelle für den Leh-
rereinsatz. Danach sind drei Lehrer für zwei Klassen oder vier Lehrer für drei Klassen zuständig. Die Aufteilung des Fächerspektrums erfolgt in der Regel nach
Schwerpunkten, z.B. unterrichtet ein Lehrer die anthropologischen Fächer, der
zweite die sprachlichen Fächer und der dritte die naturwissenschaftlichen Fächer.
Diese drei Lehrer bilden ein Team und können zwei Stunden ihres Lehrdeputats wöchentlich für die gemeinsame Planung und Evaluation ihres Unterrichts in Anspruch
nehmen.

Sekundarbildung

Die auf der *scuola elementare* aufbauende dreijährige *scuola media* wird als zweite
Stufe des Pflichtschulbereichs von dem im Jahre 1979 erlassenen Lehrplan (Dekret
vom 9. Februar 1979) geprägt. Auch dieser Lehrplan beruft sich in seiner allgemeinen Zielsetzung fast gleichlautend wie der 1985 verabschiedete und zuvor erwähnte
neue Lehrplan für die *scuola elementare* auf die Verfassung der italienischen Republik. Danach wird das allgemeine Ziel der *scuola media* wie folgt definiert: „Als
Schule für den obligatorischen Unterricht entspricht die *scuola media* dem demo-

kratischen Prinzip, das persönliche Erziehungs- und Bildungsniveau jedes einzelnen Bürgers und allgemein des ganzen italienischen Volkes anzuheben. Sie steigert die Fähigkeit, an den Werten der Kultur, der Zivilisation und des sozialen Zusammenlebens teilzunehmen und zu ihrer Entwicklung beizutragen" (MINISTERO 1979, S. 15). Das Grobziel wird sodann nach vier Prinzipien näher erläutert. Die Prinzipien lauten:

- eine Schule für die Bildung des Menschen und des Staatsbürgers,
- eine Schule zur Vorbereitung auf das Leben,
- eine Schule zur Orientierung,
- eine Sekundarschule im Rahmen der Pflichtschule.

Bei der Erläuterung der Sekundarbildung im Bereich der Pflichtschule wird ausdrücklich betont, dass es der *scuola media* auf den einheitlichen Prozess der Persönlichkeitsentfaltung und auf das Erreichen einer grundlegenden Bildung bzw. einer grundlegenden kulturellen Vorbereitung (*il raggiungimento di una preparazione culturale di base*) ankommt.

Der derzeit gültige Lehrplan für die *scuola media* vom 9. Februar 1979 besticht durch seine einheitliche Konzeption. Alle drei Jahrgänge (Klasse 1 bis 3 der *scuola media* bzw. die 6. bis 8. Jahrgangsstufe) haben dieselben neun Pflichtfächer, die wöchentliche Gesamtstundenzahl beträgt für alle drei Jahrgänge jeweils 30 zu je 60 Minuten. Im Zentrum des Lehrplans steht der Schüler, steht die Entwicklung seiner Persönlichkeit, nicht ein festgelegter Kanon von Bildungsinhalten. Die Grundidee besteht darin, dass in der Schule nur die kulturellen Elemente oder Inhalte an den Schüler herangetragen werden, die der Lehrer für den Reifungsprozess des Schülers für nützlich und notwendig hält. Entsprechend ist die Aufgabe der einzelnen Unterrichtsfächer festgelegt. Neben der ganzheitlichen Persönlichkeitsentwicklung des Schülers geht es in der *scuola media* um die Vermittlung einer grundlegenden Bildung für alle. Damit wird nicht nur schulorganisatorisch, sondern auch didaktisch das Prinzip der Einheitlichkeit dieser Schulform unterstrichen, bei der der private Sektor im Übrigen nur ca. 4% ausmacht und deshalb hier außer Betracht bleiben kann. Eine unterrichtsorganisatorische Differenzierung findet in der *scuola media* nur durch den Ganztagsunterricht statt, der gegenwärtig von ca. 20% aller Schüler der *scuola media* in ganz Italien besucht wird.

Die Zielsetzungen der *scuola superiore* (Sekundarstufe II) kann man zum einen den Lehrplänen entnehmen, die für jede der unterschiedlichen Schulformen getrennt vorliegen und zumeist Jahrzehnte alt sind, und zum anderen den Entwürfen zur Reform dieser Schulstufe, von denen allerdings bisher keiner Gesetzeskraft erlangt hat. Das grundlegende Ziel der Gymnasien war von dem historisch bedeutsamen Gesetz *Casati* aus dem Jahre 1859 über die bis zum heutigen Tage wirksame Reform des Unterrichtsministers Gentile aus dem Jahre 1923, die Schüler auf das Universitätsstudium und auf die Ausbildung an so genannten höheren Instituten (*istituti superiori*) vorzubereiten. Die Lehrpläne für das *liceo classico* und für das *liceo scientifico* gehen auf das Jahr 1944 zurück. Sie sind lediglich in wenigen Fächern im Laufe der Jahre ersetzt oder modifiziert worden, zuletzt durch Erlass des Präsidenten der Republik vom 1. Oktober 1982 zum Sportunterricht und durch den Erlass vom 21. Juli 1987 zum katholischen Religionsunterricht. Prinzipiell sind sie dabei kaum verändert worden. In ihrer Grundstruktur handelt es sich um stoffliche Rahmenpläne, die in knapp bemessener Form die wichtigsten Bildungsinhalte aufführen. So werden z.B. in den literarischen Fächern bedeutende Autoren mit ihren zu lesenden Werken oder im Fach Geschichte im Wesentlichen die zu behandelnden Geschichtsepochen genannt. Die entsprechenden Stundentafeln sind zuletzt durch Ministerialerlass vom 1. Dezember 1952 modifiziert worden und sind – soweit die Schulen nicht an den Schulversuchen (*sperimentazioni*) beteiligt sind – bis heute gültig.

Förderung von Behinderten

Ein besonderes Kennzeichen des italienischen Schulsystems ist der Verzicht auf staatliche Sonderschulen. An deren Stelle ist das integrative Modell der Förderung von Behinderten in dem zuvor beschriebenen Regelschulsystem getreten. Die Integration der Behinderten wurde vom Jahre 1971 an schrittweise vollzogen und wurde im Gesetz vom 4. Juli 1977 verbindlich geregelt. Es wurde festgelegt, dass für die behinderten Schüler neben allen Lehrern der Schule auf die Behinderung spezialisierte Lehrer (Stützlehrer) und ein sozio-psycho-pädagogischer Dienst zuständig sein sollen. Diese Grundpfeiler wurden in den nach 1977 vorgelegten Lehrplänen und zahlreichen Gesetzen, Dekreten und ministeriellen Rundschreiben bestätigt und ausdifferenziert. Im Laufe der Zeit wurde ein Modell entwickelt, dessen Grundkonturen aus folgenden Aspekten besteht:

- Der Antrag auf Anerkennung als behinderter Schüler (*alunno portatore di handicap*) geht von den Eltern aus.
- Die lokalen Gesundheitsbehörden entscheiden in der Regel über den Antrag.
- Der behinderte Schüler wird in eine Klasse mit maximal 20 Schülern eingewiesen.
- In der Regel befindet sich nur ein behindertes Kind, selten zwei, in einer Klasse.
- Der Behinderte erhält neben dem normalen Klassenunterricht sechs Stunden Zusatzunterricht durch einen Stützlehrer (*insegnante di sostegno*).
- Der Stützlehrer betreut den Behinderten entweder im Einzelunterricht, meist jedoch in der Gruppe von vier behinderten Schülern im separaten Gruppenraum oder im Klassenzimmer im Beisein der gesamten Klasse und des Klassenlehrers.
- Der Stützlehrer ist zumeist für vier Behinderte zuständig, bei schweren Behinderungen auch nur für drei, zwei oder einen Schüler.
- Der Stützlehrer hat eine zweijährige Zusatzausbildung zur Spezialisierung absolviert und mit Examen abgeschlossen.
- Zur Betreuung und Förderung der Behinderten ist zusätzlich eine so genannte „*equipe*" zuständig, d.h. ein Team von Fachleuten, das sich zusammensetzt aus Arzt (häufig ein Neuropsychiater), Sozialassistent bzw. Sozialfürsorger, Psychologen, Therapeuten und Hilfskräften.
- Für jedes behinderte Kind ist eine individualisierte didaktische Planung vorzunehmen.

Die behinderten Schüler erlangen wie alle anderen bei nachgewiesenen Fortschritten in der Persönlichkeitsentwicklung den Abschluss der *scuola elementare* (*licenza elementare*) und der *scuola media* (*licenza media*).

Aktuelle Diskussionen und Entwicklungsperspektiven

Im Jahre 2002 werden die bildungspolitischen Debatten in der pädagogischen Öffentlichkeit im Kern von zwei unterschiedlichen Positionen bestimmt. Es handelt sich zum einen um angekündigte Schulreformmaßnahmen der Regierung Berlusconi. Zum anderen handelt es sich um die bereits begonnene Schulreform der Vorgängerregierung D'Alema. Beide Positionen sind darstellbar. Allerdings ist immer noch unklar, welche Regelungen die neue Regierung im Detail von der alten Regierung übernehmen wird und welche sie außer Kraft setzen wird. Hinzu kommt, dass die beabsichtigten Reformmaßnahmen der Regierung Berlusconi zwar in einem Gesetzentwurf vom 1. Februar 2002 festgelegt sind, in der eigenen Regierungskoalition aber noch umstritten sind.

Die Kernpunkte der 1999 von der Regierung D'Alema eingeleiteten Schulreform sind die Anhebung der Schul- und Bildungspflicht und die Neueinteilung der Schulstufen. Im Gesetz Nr. 9 von 1999 über die neue Schulpflicht wird bereits für das Schuljahr 1999/2000 die Schulpflicht von acht auf zehn Jahre erhöht. Gleichzeitig wird ermöglicht, in einer ersten Anwendungsphase – bis zu einer generellen Neuordnung des Schul- und Bildungswesens – lediglich eine neunjährige Schulpflicht zu praktizieren. Die neue Regierung hat sich zu diesem konkreten Punkt überhaupt noch nicht geäußert. Die Schulpraktiker gehen daher z.Zt. von einer neunjährigen Schulpflicht aus. In demselben Gesetz von 1999 war auch die Anhebung der Bildungspflicht auf achtzehn Jahre vorgesehen. Ein Jugendlicher soll also nach der neunjährigen Pflichtschule entweder drei Jahre eine allgemein bildende oder berufsbildende Sekundarschule besuchen. Diese Bestimmung ist im neuen Gesetzesentwurf vom 01.02.2002 übernommen worden. Der wichtigste Bereich der Reform war die Neueinteilung der Schulstufen. Diese ist in Form des Gesetzes Nr. 30 am 10. Februar 2000 verabschiedet worden. Vorgesehen war, die *scuola elementare* und die *scuola media* zu einer einzigen siebenjährigen Grundstufe (*ciclo primario*) zusammenzulegen. Nach der Grundstufe sollten alle Schüler das Biennium in der Sekundarstufe besuchen, um ihre Schulpflicht zu erfüllen. Diese Neueinteilung der Schulstufen ist von Berlusconi bereits im Wahlkampf attackiert und im Juli 2001 zurückgenommen worden.

Kurz nach Amtsantritt hat der neue Ministerpräsident Berlusconi selbst die Initiative ergriffen, um eine Alternative zur bereits eingeleiteten Schulreform erarbeiten zu lassen. Er beauftragte am 18. Juli 2001 eine kleine Arbeitsgruppe (*gruppo ristretto di lavoro*) unter Leitung des Pädagogikprofessors Giuseppe Bertagna, eine konkrete Überprüfung der aktuellen Schulreformmaßnahmen und eventuell Modifizierungen des Gesetzes Nr. 30 vom 10. Februar 2000 vorzunehmen. Dazu gab er einen engen zeitlichen Rahmen von nur vier Monaten vor. Die Gruppe legte Teil 1 ihres Berichtes am 26. November 2001 vor, Teil 2 am 03. Dezember 2001 und den Abschlussbericht mit den Empfehlungen zur Schulreform am 14. Dezember 2001. Nach Anhörung aller am Reformprozess interessierten Gruppen legte die neue Unterrichtsministerin ebenfalls in Rekordzeit auf der Basis des Abschlussberichts der Arbeitsgruppe einen Gesetzentwurf vor (DELEGA AL GOVERNO 2001), der bereits am 1. Februar 2002 im Ministerrat diskutiert wurde. Der Gesetzentwurf enthält folgende Schlüsselaussagen: Die grundlegende Wertvorstellung der Regierung bezieht sich auf „die Freiheit erzieherischer Wahl der Familie, geistliche und moralische Bildung, Entwicklung des historischen Bewusstseins und der Zugehörigkeit zur lokalen Gemeinde, zur Nation und zur europäischen Zivilisation" (www.istruzione.it 2002). Der Familie wird damit wieder größere Bedeutung im Erziehungsprozess zuerkannt. Sie kann beispielsweise entscheiden, ob sie ihr Kind mit drei Jahren oder vier Monate früher im Kindergarten anmeldet und entsprechend mit vollendetem sechsten Lebensjahr oder vier Monate früher in der Grundschule. Die Schule soll durch Verstärkung der Informationstechnologie moderner und durch Aufnahme von zwei modernen Fremdsprachen, die erste ab dem sechsten Lebensjahr und die zweite ab dem elften Lebensjahr, europäischer werden. Die Schulzeit der Gymnasien soll wie bisher fünf Jahre betragen. Das letzte Jahr soll für neue Aktivitäten der Orientierung und der Beziehung zu Universitäten und dem höheren technischen Ausbildungssektor genutzt werden. Die traditionellen gymnasialen Schultypen (altsprachliche, naturwissenschaftliche und Kunstgymnasien) werden durch neue Schultypen ergänzt (ökonomische, technologische, musikalische, neusprachliche und humanwissenschaftliche). Die Reform sieht ferner vor, das einheitliche nationale Schulsystem durch eine bestimmte Quote an Schulen zu ergänzen, für die allein die Regionen zuständig sind. Damit sollen deren spezifische Interessen und lokale Gegebenheiten Berücksichtigung finden. In letzter Zeit sind bereits Bestrebungen einzelner Regionen bekannt geworden, den Privatschulsektor aus eigenen Mitteln deutlich stärker als bisher (bis zu 75% aller Kosten) zu bezuschussen. Daraus sind zwei Tendenzen abzuleiten: die der Aufwertung der Privatschulen, die zumeist in katholischer Trägerschaft sind und die Tendenz zur Dezentralisierung des allgemein bildenden Schulsystems.

Der Gesetzentwurf vom 1. Februar 2002 sieht nicht weniger als zehn Einzelgesetze vor, die innerhalb von neunzig Tagen, nachdem der hier erläuterte Entwurf in Kraft getreten ist, dem Ministerrat zur Genehmigung vorgelegt werden müssen. Die wichtigsten Gesetzesvorhaben beziehen sich auf die Entwicklung von verstärkter Autonomie im Bildungswesen, auf die Einrichtung eines nationalen Dienstes zur Evaluation des Schulsystems, auf eine professionelle Bewertung der Lehrerschaft sowie auf Initiativen zur Veränderung der Eingangsphase der Lehrerbildung und der Lehrerfortbildung. Damit sind die Schwerpunkte der zukünftigen Entwicklung des italienischen Schulsystems vorgezeichnet, falls die Regierung Berlusconi noch einige Jahre im Amt bleibt. Bei einem Regierungswechsel wäre jede Prognose reine Spekulation.

Literatur

ARNOLD, E.: Unterricht und Erziehung im italienischen Bildungswesen. Weinheim/Basel 1981.

BERTAGNA, G.: Intervento del Presidente del Gruppo Ristretto di Lavoro. In: Nuova secondaria, Nr. 6, 15 febbraio 2002, S. 5-11.

BERTONI-JOVINE, D.: Storia della scuola popolare in Italia. Torino 1954.

BRINKMANN, G.: Erziehungsraum Schule: Italien. Köln /Weimar/ Wien 1995.

CANESTRI, G./RICUPERATI, G.: La scuola in Italia dalla legge Casati a oggi. Torino 1976.

DAL SITO www.istruzione.it: Tutti i punti-chiave del progetto. Roma 2002.

DELEGA AL GOVERNO per la definizione delle norme generali sull'istruzione e dei livelli essenziali delle prestazioni in materia di istruzione e di formazione professionale 2001.

DE VIVO, F.: Linee di storia della scuola italiana. Brescia 1986.

GUERRA, L.: La Continuità. Milano 1996.

I NUOVI ORIENTAMENTI PER LA SCUOLA DELL' INFANZIA, In: Scuola e Insegnanti. Nr. 19, 15 ottobre 1990.

MINISTERO DELLA PUBBLICA ISTRUZIONE: Nuovi programmi orari di insegnamento e prove di esame per la scuola media statale. Roma 1979.

MOSCATO, M. T.: Neue Entwicklungen im italienischen Schulwesen. In: Zeitschrift für internationale erziehungs- und sozialwissenschaftliche Forschung, 6(1989)2, S. 332-333.

PROGRAMMI DIDATTICI PER LA SCUOLA PRIMARIA. In: I diritti della scuola, supplemento al n. 14. Milano 1985.

RAPPORTO DELLA COMMISSIONE PER LA REVISIONE DEGLI ORIENTAMENTI PER LA SCUOLA MATERNA. In: L'educatore, Nr. 12/13, 1 febbraio 1989.

VILLARI, P.: La scuola e la questione sociale in Italia. In: Nuova Antologia, XXI novembre 1872.

Italien

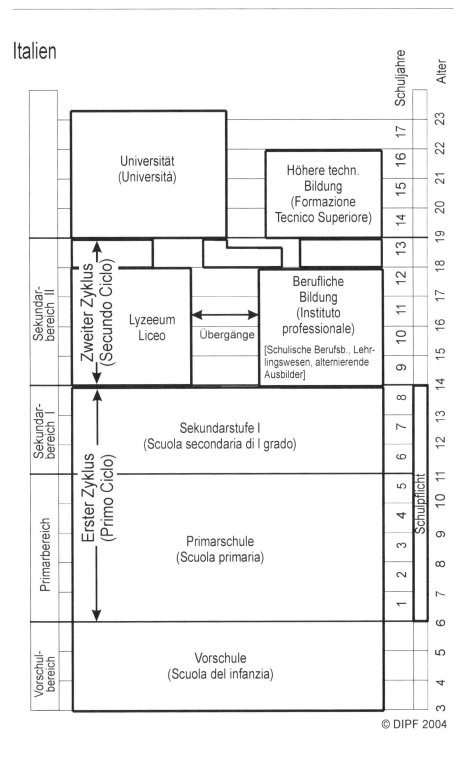

Schuljahre / Alter

Universität
(Università)

Höhere techn.
Bildung
(Formazione
Tecnico Superiore)

Sekundarbereich II

Zweiter Zyklus
(Secundo Ciclo)

Lyzeeum
Liceo

Übergänge

Berufliche
Bildung
(Instituto
professionale)
[Schulische Berufsb., Lehrlingswesen, alternierende Ausbilder]

Sekundarbereich I

Erster Zyklus
(Primo Ciclo)

Sekundarstufe I
(Scuola secondaria di I grado)

Primarbereich

Primarschule
(Scuola primaria)

Schulpflicht

Vorschulbereich

Vorschule
(Scuola del infanzia)

© DIPF 2004

Marko Palekčić/Nenad Zekanović

KROATIEN

Entwicklung des Bildungswesens

Kroatien hat ca. 4,4 Millionen Einwohner. Im Schuljahr 2000/01 wurden an kroatischen Schulen (einschließlich institutioneller Erwachsenenbildung sowie des außerordentlichen Studiums) etwa 820.000 Personen ausgebildet, die meisten davon jünger als 25 Jahre (etwa 18% der Gesamtbevölkerung). In den Einrichtungen der Kleinkind- und Vorschulerziehung wurden etwa 103.000 Kinder (etwa 35% der Gesamtpopulation dieser Altersstufe) betreut, die obligatorische Grundschule besuchten etwa 400.000 Schüler (100% der Generation), die Mittelschulen etwa 220.000 Schüler und Erwachsene, während an den Hochschulen etwa 100.000 Studenten studierten. Von ungefähr 1,4 Millionen Beschäftigten im Jahre 2000 in Kroatien waren etwa 5% als Lehrer tätig. Unter den Personen mit vollendetem 15. Lebensjahr gab es 2,5% Analphabeten (nach UNESCO-Angaben 1997).

Die ältesten Angaben über Schuleinrichtungen (einschließlich Hochschulen) im heutigen Kroatien stammen aus dem 14. Jahrhundert und beziehen sich auf die von der Kirche geleiteten Dorf- und Domschulen. Reformbewegungen, die in späteren Jahrhunderten von österreichischen und ungarischen Herrschern angeregt wurden, wirkten sich sehr positiv auf das gesamte kroatische Schulsystem aus. Aber ohne Lehrer und offizielle Schulbücher in kroatischer Sprache dürfte das damalige Schulsystem kaum als kroatisch bezeichnet werden. Erst in der 2. Hälfte des 19. Jahrhunderts (nach dem Fall des Absolutismus und des Kroatisch-Ungarischen Ausgleichs 1868 innerhalb von Österreich-Ungarn) erlebte das kroatische Schulsystem eine bedeutendere Entwicklung. Im Unterricht wurde Kroatisch als Amtssprache eingeführt. Die von der fortschrittlichen Lehrerschaft eingeleiteten Reformbemühungen fanden ihren Höhepunkt in der Veröffentlichung pädagogischer Schriften, in der Gründung von zahlreichen Lehrerverbänden, die 1871 unter dem Namen *Kroatische pädagogisch-literarische Gemeinschaft* zu einer Dachorganisation zusammengefasst wurden, sowie in der Einberufung von drei großen Lehrertagungen. Mit dem ersten nationalen Grundschul- und Lehrerbildungsgesetz *(Gesetz über die Einrichtung von Grundschulen und Lehrerbildungsanstalten für Grundschullehrer im Königreich Kroatien und Slawonien*, Kroatischer Landtag, vom 31. August 1874) wurden Voraussetzungen für die Schaffung der kroatischen Volksschule geleistet. Auch die Kroatische Universität in Zagreb begann mit der Arbeit (1874). Seitdem erreichte Kroatien eine hohe Autonomie in der Einrichtung des nationalen Schulsystems.

Im Rahmen des Königreichs von Serben, Kroaten und Slowenen nach dem 1. Weltkrieg wurde das Schulsystem zentralisiert, aber einzelne Länder (*Banate*) konnten selbstständig einzelne Fragen im Kontext des Gesamtsystems regeln. Die Grundlagen eines einheitlichen Schulsystems wurden 1926 gelegt, und 1929 wurde ein einheitlicher Lehrplan erlassen, die achtjährige Schulpflicht (einschließlich der

Vorschulerziehung) eingeführt sowie gesetzlich das Mittel- und Hochschulwesen geregelt. Nach dem Jahr 1929 wurde die Schulautonomie beträchtlich geschwächt. Die Spaltung des kroatischen Nationalkörpers während des 2. Weltkrieges konnte auch nicht ohne negative Folgen für die Weiterentwicklung des kroatischen Schulsystems bleiben. Nach 1945 wird das kroatische Schulsystem (wie auch die gesamte Republik Kroatien) der neuen Gesellschafts- und Staatsordnung im Rahmen der jugoslawischen Föderation angepasst. Die achtjährige Grundschulpflicht wurde 1952 eingeführt. In dieser Zeit fand eine Neuregelung des Schulsystems statt, die 20 Jahre dauern sollte. Die Zahl von Gymnasien als Grundtypus der allgemein bildenden Schulen nahm stark zu, die Lehrerausbildung dauerte fünf Jahre und gleichzeitig wurde ein Netz von 4-jährigen technischen und verwandten Fachschulen sowie 3- und 2-jährigen Berufsschulen ausgebaut. Durch das Allgemeine Schulgesetz von 1958 wurde die kroatische Sondergesetzgebung geregelt. So bekam Kroatien eine Chance für die selbstständige Regelung seines Schulsystems mit relativ großer Autonomie (natürlich im Rahmen der ideologisch-politischen Grundlagen der damaligen sozialistischen Gesellschaftsordnung).

In den 60er Jahren des 20. Jahrhunderts wird das Schulsystem organisatorisch und inhaltlich vereinheitlicht, mit einem gewissen Niveau der Dezentralisierung. Die so genannte „zweite Schulreform" (Mitte der 1970er Jahre) wurde verwirklicht durch eine engere „interessengeleitete" Zusammenarbeit zwischen Schulen als „Dienstleistungsbetrieben" und wirtschaftlichen Unternehmen als „Kunden" und führte zu einer Art „Antiintelektualismus" (Gymnasien wurden auch formal abgeschafft). Dies war auch ein Versuch die allgemeine Schulpflicht für die gesamte Schülerschaft auf zehn Jahre zu verlängern. Wegen innerer Widersprüche im Reformkonzept selbst sowie wegen fehlender Finanzierung war dieser Versuch aber zum Scheitern verurteilt. Die berechtigte Kritik dieser Schulreform führte zur Konzipierung neuer Änderungen im Schulsystem, insbesondere in den Mittelschulen (1986-1990). Durch kriegerische Auseinandersetzungen (Kroatischer Heimatkrieg) wurde nach 1991 die Weiterentwicklung des kroatischen Schulsystems auf demokratischer Grundlage innerhalb des politischen Mehrparteiensystems verlangsamt, aber nicht verhindert.

Organisation des gegenwärtigen Schulsystems

Gesetzliche Grundlagen, Bildungsträger und Finanzierung

Nach der *Verfassung der Republik Kroatien* (1990-2001) ist „die Grundschule obligatorisch und kostenlos", während „die Ausbildung an den Mittel- und Hochschulen jedem unter gleichen Bedingungen im Einklang mit seiner Fähigkeiten zugänglich" ist (Art. 65). Sonderrechte werden durch das *Verfassungsgesetz über Menschenrechte und Freiheiten und Rechte von ethnischen und nationalen Gruppen oder Minderheiten in der Republik Kroatien* (2000) gewährleistet. Die Kleinkinder- und Vorschulerziehung ist durch das 1997 verabschiedete *Gesetz über die Kleinkinder- und Vorschulerziehung* geregelt. Auf den Primarschulbereich bezieht sich das Grundschulgesetz (*Gesetz über das Grundschulwesen*, 1990-2001), und auf den Sekundarbereich das Mittelschulgesetz (*Gesetz über das Mittelschulwesen*, 1992-2001). Das Hochschulwesen wird durch das Hochschulgesetz (*Gesetz über die höheren Schulen*, 1996) geregelt.

Die Bildungsträger sind die *Republik Kroatien*, Einheiten der regionalen Selbstverwaltung (Komitate und die Stadt Zagreb), lokale Selbstverwaltungseinheiten (Gemeinden und Städte) sowie in- und ausländische juristische und natürliche Personen (einschließlich Kirchen und Religionsgemeinschaften).

Für das gesamte Schulsystem wird etwa 3,2% des kroatischen Bruttosozialproduktes verwendet. Aus dem Staatshaushalt der Republik Kroatien (etwa 8% der Budgetmittel) wird ein kleinerer Teil von Programmen in der Vorschulerziehung, etwa 80% der Kosten im Grund- und Mittelschulwesen sowie die meisten Kosten des Hochschulwesens finanziert. Die Eltern der Schüler bezahlen die Lehrbücher, decken einen Teil der Kosten für regelmäßige Programme sowie alle Sonderprogramme im Kindergarten (40-80%), fakultative Programme in der Grundschule sowie die gesamten Ausbildungskosten „nach persönlichem Bedarf" in der Mittelschule.

Verfassung und Verabschiedung von Lehrplänen

Dokumente, die die Struktur von Lehrplänen und Bildungsinhalten für alle Schulstufen regeln, werden vom kroatischen Kultusministerium verabschiedet. Das Programm für die Kleinkinder- und Vorschulerziehung wurde 1991, Lehrpläne und Programme für die Grundschule 1992-1999 und für die Mittelschulen von 1992 bis 2001 erlassen. In diesen Dokumenten werden Inhalte und das Gesamtstundenbudget, das die Schüler in einem Pflicht- oder Wahlfach über mehrere Jahre hinweg wöchentlich erhalten müssen, festgelegt und auf die Schuljahrgänge verteilt. Darüber hinaus enthalten sie, abhängig von der Schulstufe, Grundrisse von didaktischen Anforderungen, Personal- und Raumbedingungen sowie Richtlinien zur Ausführung einzelner Programme. Lehrpläne für die mittleren Fach- und Berufsschulen im Dualsystem werden vom Gewerbeministerium erlassen.

Lehrpläne und -programme werden von Ausschüssen und Arbeitsgruppen des Kultusministeriums entwickelt und nach einer öffentlichen Diskussion verabschiedet. Es handelt sich um das klassische Modell staatlicher Steuerung von Schule und Unterricht durch Lehrpläne und Schulprogramme. Die auf diese Weise erlassenen Lehrpläne und -programme dienen zur Legitimierung der Bildungspolitik und Steuerung von Lehr- und Lernprozessen, insbesondere zur Lenkung der Lehrertätigkeit. Schulen und Lehrer genießen eine gewisse Autonomie bei der Durchführung des vorgeschriebenen Lehrplans und Schulprogramms.

Allgemeine Zielsetzungen der Schulreform

Unter komplexen Transformationsbedingungen und mit vielen durch die Kriegsfolgen bedingten wirtschaftlichen Schwierigkeiten stellt sich die bevorstehende Umwandlung des kroatischen Schulsystems zum Ziel, ein zeitgemäßes Erziehungs- und Bildungswesen aufzubauen, das auf allen Ebenen die modernen europäischen Bildungsstandards berücksichtigt, ohne dabei die traditionellen guten Leistungen im nationalen Rahmen zu vernachlässigen. Ein besonderer Wert wird dabei auf die allmähliche Eingliederung aller Vorschulkinder in die Programme der Vorschulerziehung gelegt sowie auf die Verlängerung der allgemeinen Schulpflicht und Anpassung des Mittel- und Hochschulwesens an die Entwicklung der gesamten Gesellschaft und Wirtschaft (siehe ausführlicher dazu: NATIONAL REPORT 2001).

Derzeitige Struktur des Schulsystems im Überblick (öffentlich-privat)

Die meisten Schuleinrichtungen sind staatlich. Von der Gesamtzahl der Einrichtungen und Schüler sind etwa 15,87% Kindergärten (4,1% Kinder), 0,6% Grundschulen (0,11% Schüler), 4,10% Mittelschulen (0,9% Schüler) privat. Kirchliche Kindergärten gibt es 11,06% (3,22% Kinder) und kirchliche Mittelschulen 3,08% (0,79% Schüler). Alle Einrichtungen sind öffentlich oder „öffentlich anerkannt".

Die freiwillige Kleinkinder- und Vorschulerziehung findet in den Kindergärten (*dječji vrtić*) statt. Sie werden von etwa 103.000 Kindern (ca. 32% der Kinder im Alter von zwei bis sechs Jahren) besucht. Den Grundtypus der allgemein bildenden Schule bildet die Grundschule (*osnovna škola*). Sie dauert acht Jahre und wird in zwei 4-jährige Ausbildungszyklen eingeteilt: 1.-4. Klasse (*Klassenunterricht*) und 5.-8. Klasse (*Fachunterricht*). Die Schulpflicht erstreckt sich bis zum vollendeten 15. Lebensjahr des Schülers. Im Schuljahr 2000/01 wurde sie von 403.449 Schülern besucht. Nach der 8. Klasse sind die Schüler zur Immatrikulation in alle Schultypen des Sekundarbereichs berechtigt. Das Gymnasium (*gimnazija*) ist die einzige allgemein bildende Mittelschule (26% Schüler). Es dauert vier Jahre (1.-4. Klasse) und führt zur Hochschulreife, die nach dem bestandenen Abitur (*matura*) erworben wird.

Grobstruktur des berufsbildenden Schulsystems

Im berufsbildenden Schulsystem lassen sich im Sekundarbereich folgende Berufsschultypen unterscheiden: *4-jährige technische* und verwandte *Fachschulen* (44% Schüler*), 3-jährige Berufsschulen* (29%) – davon 13% im Industriebereich, 11% klassische Gewerbeschulen und 5,5% Gewerbeschulen im „Dualsystem". Ausbildungsprogramme für *qualifizierte Arbeitskräfte* dauern ein bis zwei Jahre (0,6% Schüler). Sonderschulen für körperlich oder geistig behinderte Kinder, die selbstständig oder im Rahmen von Regelschulen organisiert sein können, dauern drei Jahre (0,8%). *Künstlerische Mittelschulen* (Musik-, Ballett-, Kunst- und Designerschulen) dauern mindestens vier Jahre (2% Schüler).

Differenzierung und Übergangsverfahren

Im Kindergarten und in der Grundschule sind Lehrpläne und Schulprogramme einheitlich, obwohl jeder Schüler nach eigenen Affinitäten zusätzliche Inhalte wählen kann – z.B. Religion, eine zweite Fremdsprache oder ein anderes Wahlfach; insgesamt stehen dafür drei bis vier Stunden wöchentlich zur Verfügung. Der Schüler kann aber auch am Ergänzungs- und Zusatzunterricht bzw. an außerschulischen Aktivitäten teilnehmen. Die Differenzierung beginnt mit der Immatrikulation in die 1. Klasse der Mittelschule (im 15. oder 16. Lebensjahr): Der Schüler wählt eines von etwa 430 Ausbildungsprogrammen, mit sehr wenig Raum für Wahlfächer oder fakultative Programme. Bis zum Abschluss der Grundschule kann der Schüler jederzeit ohne irgendwelche Bedingungen die Schule wechseln; in der Mittelschule ist ein Wechsel des Ausbildungsprogramms in der Regel nur nach dem 1. Ausbildungsjahr möglich.

Abschlüsse und Berechtigungen

Die Schülerleistungen aus jedem Pflicht- und Wahlfach sowie ihre Gesamtleistung werden nach einer Notenskala von fünf Zensuren bewertet: sehr gut (5), gut (4), befriedigend (3), genügend (2) und ungenügend (1). Für den Übergang in die nächste Klasse müssen alle Noten positiv sein (eine Ausnahme bilden die 1.-3. Klasse). Betragen wird mit einer deskriptiven Note bewertet. Diese wird in der Grundschule vom Klassenlehrer formuliert; in der Mittelschule kann die entsprechende Bewertung vorbildhaft, gut oder schlecht sein.

Abschlüsse und Versäumnisse

In der Grund- und Mittelschule ist der Schüler verpflichtet, regelmäßig den Unterricht und andere Lehrveranstaltungen zu besuchen. In der Mittelschule, wenn ein Schüler die erlaubte Zeit von unentschuldigten Versäumnissen (30-35 Stunden) überschreitet oder wegen schwerer Verletzungen der Hausordnung, kann der Schüler bis zum Schuljahresende vom Unterricht entfernt werden. Er hat aber die Berechtigung, an dieser oder einer anderen Schule Nachprüfungen abzulegen. Nach der Beendigung der 8. Klasse wird ohne eine besondere Abschlussprüfung die Grundschule abgeschlossen. Die Mittelschule wird mit der Ablegung des Abiturs im Gymnasium oder der Abschlussprüfung in den Fach- und Berufsschulen beendet.

Staatliche Steuerung, Aufsicht und Eigenverantwortung der Schulen

Auf der Staatsebene wird das Schulsystem vom Kultusministerium (*Ministerium für Bildung und Sport*) verwaltet, das für das Funktionieren des gesamten Schulsystems verantwortlich ist. Es verabschiedet die Durchführungsvorschriften, genehmigt die Eröffnung von Schuleinrichtungen bis zur Mittelschulebene und entscheidet auch in Verwaltungssachen in einzelnen Fällen. Die Geschäftsführung von Schuleinrichtungen (bis zur Mittelschulebene) wird von zwei Gremien innerhalb des Kultusministeriums beaufsichtigt. Die Schulaufsichtsbehörde (*prosvjetna inspekcija*) kontrolliert die Gesetzlichkeit der Arbeit in jeder Schuleinrichtung. Diese Kontrolle richtet sich auf die Schule als Ganzes und auf die einzelne Schule (Schulleiter, Lehrer und übriges Personal). Die pädagogische Aufsicht (*stručno-pedagoški nadzor*) wird vom Institut für Schulentwicklung (*Zavod za unapređivanje školstva*) wahrgenommen. Diese Behörde beaufsichtigt ausschließlich die pädagogische Arbeit an der Schule, und zwar insbesondere: die Durch- und Ausführung des Lehrplans und des Jahresprogramms der betreffenden Schule, die Organisation und Planung von Unterricht und anderer Lehrveranstaltungen, den fachlich angemessenen Einsatz von Lehrbüchern, Lehrmitteln und Medien, die Erfüllung von pädagogischen und didaktisch-methodischen Ansprüchen und Maßstäben der Unterrichtsgestaltung, die Ordnungsmäßigkeit der Prüfungen und Abschlüsse. Die Verwaltungsaufsicht über die Schulen als öffentliche Einrichtungen wird von regionalen Amtsstellen als untergeordneten Verwaltungsbehörden für einzelne Landeskreise (*Komitate*) wahrgenommen.

Die Einzelschule trägt Eigenverantwortung für die Durchführung des vorgeschriebenen Lehrplans und Schulprogramms sowie für die ordnungsgemäße Verwendung der verfügbaren Geldmittel. Die Verabschiedung von jährlichen Lehrplänen und Schulprogrammen sowie die Kontrolle der Durchführung obliegt den zuständigen

Verwaltungsgremien an jeder Schule, die aus Vertretern der Lehrer, Bildungsträger und Eltern bestehen. Zur Aufsicht und Entscheidungsfindung im pädagogischen Bereich wurden vom Lehrerpersonal Schul- und Klassenkonferenzen (für die Schule bzw. Klasse) gebildet. Als Beratungsgremien sind an jeder Schule auch Eltern- und Schülerbeiräte tätig.

Qualitätskontrolle und Evaluation

In Kroatien gibt es keine festgelegten und vom Staat vorgegebenen „Standards" für die einzelnen Schulebenen, nach denen die Leistungen von Schülern und Lehrern, von Schulen, Teilsystemen oder des Systems insgesamt objektiv bewertet werden könnten. In Kroatien beenden 98% der Schüler die Grundschule in der vorgegebenen Frist, 97% davon lassen sich in eine Mittelschule immatrikulieren, und zum größten Teil werden die Zulassungsquoten an den Hochschulen erfüllt. Nach den verfügbaren Daten erlangen etwa 10% der Schüler keine Mittlere Reife, 13% der Studenten schließen ihr Studium in der vorgeschriebenen Zeit ab (bei durchschnittlicher Studiendauer von etwa sieben Jahren an den Universitäten und fünf Jahren an den Fachhochschulen), 25% der immatrikulierten Studenten beenden das eingeschriebene Studium nicht und etwa 60% der Personen mit abgeschlossener Mittelschule sind arbeitslos.

Qualifizierung des pädagogischen Personals und der Schulleiter

Unmittelbar mit den Schülern arbeiten Erzieher in den Kindergärten, Grundschullehrer in der Grundschule sowie Mittelschullehrer (*Gymnasialprofessoren*), Fachlehrkräfte und Assistenten im Unterricht in der Mittelschule. Die Erzieher werden in einem zweijährigen Studium an der Pädagogischen Hochschule oder an der Pädagogischen Akademie ausgebildet. Die Grundschullehrer im Klassenunterricht (1.-4. Klasse) werden in einem vierjährigen Studium an der Pädagogischen Hochschule ausgebildet. Die Grundschullehrer im Fachunterricht (5.-6. Klasse) sowie die Mittelschullehrer werden in der Regel in einem vierjährigen Universitätsstudium ausgebildet. Personen mit abgeschlossener Universitätsausbildung in anderen Fächern, die nicht zum Lehramt führen (Diplomingenieure u.a.), sind verpflichtet im Zeitraum von ein bis zwei Jahren eine ergänzende pädagogische, psychologische, methodisch-didaktische Ausbildung zu erwerben. Das pädagogische Schulentwicklungsteam, das für eine oder mehrere Schulen zuständig ist, besteht aus folgenden Fachleuten: Pädagogen, Psychologen, Sonderpädagogen, Sozialarbeiter, Informatiker und Bibliothekare mit abgeschlossener vierjähriger Universitätsausbildung. Das oben genannte pädagogische Personal, das vom Schulleiter oder vom Schulverwaltungskollegium eingestellt und von diesen auch entlassen werden kann, ist verpflichtet, in der gesetzlich vorgeschriebenen Frist von anderthalb bis zwei Jahren vor dem Ausschuss des Kultusministeriums die Lehramtprüfung zu bestehen. Danach können sie befördert werden und den Titel des Mentors oder Beraters erwerben.

Die Leiter von Kindergärten, Grund- oder Mittelschulen müssen alle Voraussetzungen für den Erzieher, Grund- oder Mittelschullehrer bzw. Fachassistenten erfüllen und darüber hinaus fünf Jahre Berufserfahrung besitzen. Sie werden auf Grund von öffentlichen Ausschreibungen vom Verwaltungsgremium der Schuleinrichtung ernannt: vom Schulbeirat in den Grund- und Mittelschulen bzw. vom Verwaltungsrat in den Kindergärten. Von diesen Gremien können sie auch ihres Amtes enthoben werden.

Allgemein bildende Schulen

Die vorschulische Bildung und Erziehung

Die Ziele der vorschulischen Bildung und Erziehung ergeben sich aus dem humanistischen Entwicklungsansatz und zeigen sich in der Förderung der Gesamtentwicklung jedes einzelnen Kindes, d.h. vor allem in der Berücksichtigung seiner Persönlichkeit. Die durchschnittliche Relation zwischen Erziehern und Kindern beträgt 1:13,5. Außer Erziehern sind in den Kindergärten auch verschiedene Fachkräfte (Pädagogen, Psychologen und Sonderpädagogen) sowie Krankenschwestern tätig. Die Erzieher sind verpflichtet, sechs Stunden täglich (30 Stunden wöchentlich) in der Kindergruppe zu verbringen. Das Programm der vorschulischen Bildung und Erziehung umfasst vier Entwicklungsfelder: a) körperliche und psychomotorische Entwicklung, b) sozial-emotionale Entwicklung und Persönlichkeitsentwicklung, c) kognitive Entwicklung und d) Sprach-, Kommunikations- und Ausdrucksfähigkeiten. Die Erstellung des Programms basiert auf den vom Kultusministerium erarbeiteten Richtlinien für die Bildung und Erziehung von Kindern im Vorschulalter (Ministerium für Bildung und Sport, Institut für die Schulentwicklung, 1991). Das Programm jedes Kindergartens soll vom Kultusministerium genehmigt werden, während die Genehmigungen von Gesundheitspflege, Hygiene, richtiger Ernährung und sozialer Betreuung von zuständigen Abteilungen des Gesundheitsministeriums bzw. des Ministeriums für Sozialarbeit wahrgenommen werden. Von der Gesamtpopulation dieser Altersstufe werden etwa 17% der zwei- und dreijährigen Kinder im Kindergarten betreut; die Betreuung von drei- bis sechsjährigen Kindern kann acht bis zehn Stunden (etwa 75% der Kinder), fünf bis acht Stunden (ca. 22% der Kinder) und weniger als fünf Stunden (3% der Kinder) dauern. Die so genannte „Vorschule" wird von etwa 17% der Kinder besucht und die Spezialprogramme (Musik, Kunst, Tanz, Fremdsprachen, Sport usw.) werden von etwa 13% der Kinder dieser Altersstufe in Anspruch genommen. Die Gruppen sind unterschiedlich groß, von zwölf bis 30 Kindern. Die größten Probleme stellen die fehlenden pädagogischen Standards auf der Ebene des Staates, der Raummangel in einigen Ortschaften sowie große Abweichungen in der Zahl der betreuten Kinder in einzelnen Regionen, die unsystematische Finanzierung von privaten Kindergärten, das Fehlen von Einrichtungen für die Betreuung von Kleinkindern (im Alter von sechs Monaten bis zu einem Jahr) sowie der Ausbau des Kindergartennetzes in kleineren Orten dar.

Grundschule

In die Grundschule werden alle Kinder immatrikuliert, die am 1. April des laufenden Jahres ihr sechstes Lebensjahr vollendet haben. Sie werden in der Regel in die Schule eingeschrieben, die ihrem Wohnort am nächsten liegt. Die Immatrikulation kann für ein Jahr aufgeschoben werden. Die Grundschule soll den Schülern ermöglichen, eine allgemeine Grundbildung zu erwerben und in elementaren Formen ihre Selbstständigkeit, Interessen, positiven Werthaltungen und andere Persönlichkeitsmerkmale zu entwickeln, die sie befähigen sollen, ihre weitere Bildung ihren Neigungen und Fähigkeiten entsprechend fortzusetzen. Im 1. Ausbildungszyklus (1.-4. Klasse) unterrichten Grundschullehrer mit verschiedenem Ausbildungsniveau (pädagogische Fachschule, zwei- oder dreijährige Hochschulausbildung). Die Grundschullehrer im 2. Ausbildungszyklus (5.-8.Klasse) verfügen über eine Hochschulausbildung, die zwei bzw. vier Jahre dauert. Sie unterrichten ein oder zwei Schulfächer; in den beiden Zyklen haben etwa 25% der Lehrer einen Hochschulabschluss, 69% einen Fachhochschul- und 6% einen Mittelschulabschluss. Die Lehrer-Schüler-Relation beträgt etwa 1:15,2 (1:18,5 im ersten und 1:14,2 im zweiten Ausbildungszyklus). Einen Schulpädagogen haben 49% der Schulen, einen Sozialarbeiter lediglich 2%, einen Psychologen haben 14% und einen Sonderpädagogen 35% der Schulen; diese sind für mehrere Schulen zuständig, indem sie in jeder nur einen Teil ihrer gesamten Arbeitszeit verbringen. Einen Schulbibliothekar, wenigstens in Teilzeitarbeit, hat jede Schule.

Der Lehrplan besteht aus Pflicht- und Wahlfächern sowie fakultativen Programmen. Die schwächeren Schüler können Ergänzungsunterricht und die besseren Zusatzunterricht besuchen. Die pädagogische Arbeitsnorm beträgt 18 bis 23 Stunden wöchentlich. Der Unterricht dauert vom Anfang September bis Mitte Juni (175 Arbeitstage). Der Schüler verbringt in der Schule vier bis sieben Stunden täglich; eine Schulstunde dauert 45 Minuten. Die meisten Schulen arbeiten in zwei Schichten, manche sogar in drei. In den Klassen mit Schülern einer gleichen Jahrgangsstufe gibt es durchschnittlich 25,18 Schüler; in den kombinierten Klassen sind etwa 12 Schüler. Bei der Durchführung des Unterrichts überwiegt der „klassische" lehrgangsförmige Unterricht.

Zu den schwerwiegenden Problemen zählen das Fehlen von gesetzlich vorgeschriebenen pädagogischen Standards auf der Staatsebene, die Zergliederung des Schulnetzes, der Mangel an Schulgebäuden, insbesondere Sporthallen, an Ausstattung, Lehrmitteln und Medien, an qualifizierten Lehrkräften (im Durchschnitt ca. 6%) sowie Probleme mit der Herausgabe von Lehrbüchern.

Sekundarschulen (mittlere Schulen)

Die Immatrikulierung der Schüler in die 1. Klasse der Sekundarschule wird lediglich durch die bisherigen Schulleistungen und verfügbare Ausbildungsplätze begrenzt. Abhängig vom Ausbildungsprogramm werden die Leistungen aus der 7. und 8. Klasse in drei bis fünf Unterrichtsfächern bewertet, die für die weitere Ausbildung relevant sind, sowie der Gesamterfolg in den letzten zwei Klassen. Zusätzlich werden erzielte Leistungen auf (regionalen, nationalen und internationalen) Schulwettbewerben bewertet. Die Schüler mit besten Ergebnissen sowie behinderte Schüler werden direkt in das gewünschte Ausbildungsprogramm immatrikuliert. In die Mittelschule werden 97% der Schüler mit Grundschulabschluss immatrikuliert.

Gemeinsame Merkmale von Gymnasien und Fachschulen sind der auf der Staatsebene festgelegte gemeinsame Schuljahreskalender, der Unterricht in einer Folge von zwei Semestern, eine fünftägige Arbeitswoche, die Dauer einer Schulstunde von 45 Minuten. Die pädagogische Arbeitszeit der Mittelschullehrer beträgt 18 bis 22 Stunden wöchentlich in den theoretischen Fächern, 28 Stunden im praktischen Unterricht an den Fachschulen und 32-36 Stunden wöchentlich für Fachassistenten. Die Lehrer-Schüler-Relation ist etwa 1:12, die Klassenfrequenz etwa 27,2 Schüler.

Das *Gymnasium*, als allgemein bildende Mittelschule, bereitet die Schüler hauptsächlich auf die weitere Ausbildung an den Hochschulen vor. Der Unterricht wird von den Gymnasiallehrern durchgeführt, die mindestens eine 4-jährige Universitätsausbildung abgeschlossen haben und Experten für ein oder zwei Unterrichtsfächer sind. Es gibt allgemeine, Sprach-, mathematisch-naturwissenschaftliche und humanistische Gymnasien. Darüber hinaus gibt es ein Gymnasium mit einem internationalen Programm sowie Gymnasien, an denen Unterricht in einer Fremdsprache gehalten wird. Etwa 90% des Lehrplans ist allen Typen des Gymnasiums gemeinsam. *Künstlerische Mittelschulen* lassen sich in Musik-, Ballett- sowie Kunst- und Designschulen einteilen. Sie bereiten die Schüler vor allem auf die Fortsetzung ihrer Fachausbildung vor.

An den *mittleren Berufsschulen* werden die Schüler für verschiedene Tätigkeitsbereiche (Elektrotechnik, Bau- und Verkehrswesen, chemische Technologie, Ökonomie, Handel, Gastgewerbe, Touristik, Gesundheitswesen usw.) ausgebildet. Die Schüler an den vierjährigen *technischen und verwandten Schulen* werden unmittelbar für den Arbeitsmarkt, aber auch für eine Fortsetzung ihrer Bildungskarriere ausgebildet. Die Lehrer haben überwiegend einen vierjährigen Hochschulabschluss, während die Fachlehrkräfte und Assistenten über niedrigere Qualifikationen verfügen. Die Lehrpläne und Schulprogramme bestehen aus einem allgemein bildenden und einem fachlichen Teil im Verhältnis 60%:40%. Die durchschnittliche Schülerzahl in der Klasse beträgt 28,5 Schüler und die Lehrer-Schüler-Relation 1:11. An den *dreijährigen Berufsschulen* werden die Schüler hauptsächlich für den Arbeitsmarkt ausgebildet. Die Relation zwischen Schülern und Lehrern beträgt hier etwa 1:10. An den „klassischen" Gewerbe- und Industrieschulen werden die meisten Programme in der Schule selbst ausgeführt. Der gemeinsame allgemein bildende Teil macht 30-35%, theoretischer Fachunterricht 20-25% und der praktische Teil etwa 40% des Lehrplans aus. Die Schüler können ihre Ausbildung an einigen Fachhochschulen fortsetzen. An den *Gewerbeschulen* im Dualsystem ist das Größenverhältnis zwischen dem praktischen Unterricht und den theoretischen (allgemein bildenden und fachlichen) Inhalten 60%:40%.

Sonder- und Förderschulen

Die Ausbildungsdauer von behinderten Schülern beträgt in der Mittelschule in der Regel drei Jahre, möglich sind aber auch kürzere Programme (für qualifizierte Arbeiter ein bis zwei Jahre). Schüler mit einem geringeren Behinderungsgrad werden an den Normalschulen ausgebildet, während stärker behinderte Kinder Sonderschulen besuchen (etwa 1,5% der Gesamtpopulation im Mittelschulalter). Lehrpläne und Programme sehen die Ausbildung für 27 „Hilfsberufe" in elf Berufsfeldern vor. Der Lehrplan besteht aus einem allgemein bildenden Teil, Berufstechnologie, Berufspraktikum und verlängerter Betreuung. Zu den bedeutendsten Problemen der Mittelschulausbildung von behinderten Schülern zählen das Fehlen ganzheitlicher pädagogischer Standards, der Raummangel, der Unterricht in zwei Schichten, die mangelnde Ausstattung, die zu umfangreichen und oft unangemessenen Lehrpläne sowie die mangelnde Koordination mit den Hochschulprogrammen, der Mangel an Lehrbüchern und qualifizierten Lehrern in einzelnen Fächern sowie die Unmöglichkeit, angesichts einer relativ unentwickelten Wirtschaft, einen guten praktischen Unterricht zu organisieren.

Fachhochschulen

Das Studium an den höheren Fachschulen (5. Ausbildungsgrad nach der ISCED 97 Klassifikation) dauert zwei Jahre, an den Fachhochschulen und Hochschulen drei oder vier Jahre. An den Fachhochschulen waren im Schuljahr 2000/01 insgesamt 31.457 Studenten (31,4% aller Studenten in Kroatien) immatrikuliert, davon 61% im ordentlichen Studium. Lehrer gab es 2.130 (davon 671 Frauen). Den akademischen Doktorgrad besaßen 778 Lehrer; Magister oder „Spezialisanten" gab es 517. Die Lehrer-Studenten-Relation beträgt zur Zeit 1:15. Abhängig von den Zulassungskriterien werden an manchen Fachhochschulen Eignungsprüfungen abgelegt und an anderen lassen sich die Studenten ausschließlich auf Grund ihrer bisherigen Schulleistungen immatrikulieren.

Umgang mit spezifischen „Problembereichen"

Für die Angehörigen von ethnischen Minderheiten und Volksgruppen wurde im Schuljahr 2000/01 die Ausbildung in anderen Sprachen gewährleistet: in Serbisch in sieben Kindergärten und 37 Grundschulen; in italienisch in 32 Kindergärten, 17 Grundschulen und 17 Mittelschulen; in tschechisch in zwei Kindergärten und 18 Grundschulen; in deutsch in fünf Kindergärten; in slowakisch in zwei Grundschulen; in ungarisch in einem Kindergarten, neun Grundschulen und einer Mittelschule (etwa 1,6% der gesamten Schülerzahl).
In der Grundschule wird eine Klasse äußerst selten wiederholt (ca. 0,6% der gesamten Schülerzahl im Schuljahr 2000/01) und es gibt nur wenige Personen ohne Grundschulabschluss. In der Mittelschule wiederholen etwa 2,3% der Schüler die Klasse. Jene, die die Grundschule nicht abschließen, werden nachträglich in die Erwachsenenbildung aufgenommen. Im Jahre 2000 gab es in der Erwachsenenbildung etwa 23.000 Teilnehmer, die in etwa 170 Programmen ausgebildet wurden.

Aktuelle Diskussionen und Entwicklungsperspektiven

Diskussionsprobleme im Überblick

Die Diskussion über die Änderung des Schulsystems in Kroatien begann noch im Jahre 1992. Es wurden vier Entwürfe zur Schulreform vorgelegt, aber keiner von ihnen angenommen und realisiert. Im Zeitraum von 1992 bis 1999 wurden jedoch partielle Änderungen in der Gesetzgebung, im Curriculum und in der Struktur des Schulsystems durchgeführt (vgl. NATIONAL REPORT 2001). Neue Vorschläge einer Änderung des Schulsystems wurden im Jahre 2000 unterbreitet. Der Bildungsrat (ein Expertenausschuss zur Beratung des Kultusministeriums) hatte im Mai 2000 die Ausarbeitung eines Reformentwurfs im Schulsystem der Republik Kroatien angeregt. Nach der Veröffentlichung der „Grundlagen für die Einrichtung des kroatischen Schulsystems" wurde eine öffentliche Diskussion durchgeführt, deren Ergebnisse systematisiert und im März 2001 veröffentlicht wurden. Parallel zu diesem Vorschlag wurde auch im Jahre 2000 im Rahmen des Projektes „Entwick-

lungsstrategie der Republik Kroatien für das 21. Jahrhundert" unter direkter Schirmherrschaft der kroatischen Regierung ein Entwurf der Änderungen im kroatischen
Bildungswesen unterbreitet. Im ersten Vorschlag werden folgende Fragestellungen
thematisiert: Grundmerkmale und Mängel des bestehenden kroatischen Schulsystems; Zielsetzungen und Aufgaben der Bildung und Erziehung; Strukturprinzipien
und theoretische Richtlinien; Strukturelemente des Schulsystems; Lehrplan und Programm (Curriculum); Schulung, Aus- und Weiterbildung von Lehrkräften und anderen Beschäftigten; Evaluation der Arbeit, Schülerleistungen, Qualität und Bildungsstandards sowie Finanzierung. Der andere Entwurf der Änderungen des Bildungswesens geht vom Konzept des ganzheitlichen Lernens aus. Auf Grund einer
Vergleichsanalyse von Kompatibilität der kroatischen und europäischen Schule
werden Änderungen auf allen Stufen des Schulsystems vorgeschlagen. Der
Reformentwurf enthält auch eine Analyse des aktuellen Zustands und einen Vorschlag der Änderungen im Erwachsenenbildungssystem.

Eine der zentralen Fragen in den beiden oben genannten Entwürfen sowie in der ge-
führten öffentlichen Diskussion ist die Dauer einzelner Stufen des Schulsystems.
Die beiden Reformentwürfe enthalten daher auch mehrere Modelle der Dauer der
Grund- und Mittelschulausbildung: Nach dem ersten Entwurf wird zum Beispiel das
Modell „1 + 3 + 3 + 3 +2-4" vorgeschlagen – d.h. ein Jahr obligatorische Vorschul-
erziehung; die Grundschule hat drei Ausbildungszyklen von je drei Jahren (3+3+3).
An die neunjährige Schulpflicht schließt sich die Mittelschulausbildung in einer
Dauer von zwei bis vier Jahren an. Nach dem zweiten Entwurf werden mehrere Mo-
delle der Dauer beispielsweise der Grundschule angeboten: Modell „4 + 4 + 1", Mo-
dell „6 + 3" und Modell „6 + 4".

Eine der am häufigsten thematisierten Fragen in der öffentlichen Diskussion ist die
der Curriculumreform bzw. der Änderung der bestehenden Lehrpläne und Programme für alle Stufen des Schulsystems. Große Aufmerksamkeit in den politischen
und fachlichen Kreisen haben auch die Fragen der gesetzlichen Regelungen und insbesondere der Finanzierung der Schulreform hervorgerufen.

Eine ganze Reihe von besonderen Fragen zur Bildungsreform (deren praktische
Durchführung und erziehungswissenschaftliche bzw. bildungspolitische Grundlagen) stehen im Mittelpunkt einer intensiven fachlichen, wissenschaftlichen und politischen Diskussion. Es handelt sich insbesondere um folgende Fragen: europäische
Orientierung des kroatischen Schulsystems; Hinterfragung der grundsätzlichen Bil-
dungs- und Erziehungsziele; Demokratisierung und Pluralisierung in der Bildung
und Erziehung; Anpassung von Bildungsinhalten und Qualifikationen an die Erfordernisse am Arbeitsmarkt; Chancengleichheit; Verhältnis von formaler und infor-
meller Bildung und Rolle der Selbstbildung; Dezentralisierung in der Steuerung und
Finanzierung des Schulsystems; Hinterfragen der Konzeption aller einzelnen Stufen
des Schulsystems (Vorschul-, Grundschul- und Mittelschulausbildung); vertikale
und horizontale Übergangsverfahren zwischen den verschiedenen Schultypen; Änderungen in der Auffassung von Lehr- und Lernprozessen unter besonderer Berücksichtigung des Erwerbs von Kenntnissen und Fähigkeiten mit größerem Transfer-
wert sowie der Förderung von begabten Schülern; Schulung und Ausbildung von
körperlich oder geistig behinderten Kindern; (tägliche, wöchentliche und jährliche)
Organisation von Schule und Unterricht auf allen Stufen des Schulsystems; Einfüh-

rung des Zentralabiturs; schriftliche oder mündliche Bewertung der Schülerleistungen und Versetzung in die nächste Klasse mit schlechten Zensuren; Anteil von Erziehung und Bildung in der Lehrtätigkeit; theoretische Arbeit in der Pädagogik und wissenschaftliche Erforschung der Schulentwicklung (z.B. wird vorgeschlagen, ein Institut für Bildungsforschung zu gründen).

Wahrscheinliche Entwicklungsperspektiven und Realisierungsstrategien

Änderungen im kroatischen Schulsystem sind notwendig und unerlässlich, besonders im Hinblick auf die von Kroatien angestrebten europäischen Integrationsprozesse. Die kroatische Wirtschaft ist bekannterweise in einem Transitionsprozess begriffen und es ist zu erwarten, dass auch die Änderungen im kroatischen Schulsystem von diesem Prozess stark beeinflusst werden. Ob diese Änderungen durch eine Reihe von kurzfristigen Eingriffen und Änderungen im bestehenden Schulsystem verwirklicht werden oder eine Reform des gesamten Schulsystems angegangen wird – etwa auf der Grundlage des ersten oder zweiten Reformentwurfs oder deren Kombination bzw. eines eventuell dritten Entwurfs –, hängt von einer ganzen Reihe gesellschaftlicher, politischer, wirtschaftlicher, finanzieller und erziehungswissenschaftlicher Fragen und Interessenkonflikte ab. Die Verfasser der angeführten Reformentwürfe des Bildungs- bzw. Schulsystems sehen als ersten Schritt im Reformprozess jeweils auch eine grundsätzliche Analyse des Zustands im kroatischen Schulsystem und eine Machbarkeitsstudie vor. Die Lage am Ende des Jahres 2001 zeigt eine Tendenz zur Kombination beider Ansätze. Einige Teiländerungen des Schulsystems werden bereits realisiert. Zum Beispiel ist die partielle Dezentralisierung der Finanzierung von Grund- und Mittelschulwesen heute bereits Wirklichkeit geworden. Andere kurzfristige Maßnahmen sehen auch partielle Curriculumsänderungen vor, indem der Lehrstoff reduziert und die Schüler entlastet werden.

Zugleich wird eine Diskussion über die Notwendigkeit und Konzeption einer Reform des gesamten Schul- und Bildungswesens geführt. Es werden Forschungsvorhaben angemeldet, die sich die wissenschaftliche Untersuchung einzelner Teilaspekte des Schulsystems zum Ziel setzen (z.B. experimentelle Überprüfung des neun- und zehnjährigen Modells der Schulpflicht; Analyse der Lehramtsstudienreform; wissenschaftliche Evaluation von Bildungsleistungen) oder Schlüsselfragen jeder Bildungsreform thematisieren (z.B. Forschungsprojekte „Reform des nationalen Curriculums" oder „Methodologie und Struktur des nationalen Curriculums"). Unter Berufung auf die Ergebnisse der über die oben genannten Reformvorschläge geführten Diskussion unterbreitete die kroatische Regierung im November 2002 einen „Entwurf des kroatischen Schulsystems für das 21. Jahrhundert", in dem sie sich für die 9-jährige Schulpflicht (6-jährige Grundschule mit der obligatorischen „Vorschule" von 250 Stunden, 3-jährige untere Mittelschule und anschließend 2-4 Jahre höhere Mittelschule) entschied. Der Entwurf umfasst alle Bestandteile möglicher Änderungen des koratischen Bildungssystems – Grundlagen, Ziele und Reformprinzipien für das gesamte Schulsystem sowie für seine Teilbereiche von der Vorschul- bis zur Hochschulebene (einschließlich organisatorische, inhaltliche und Personaländerungen im System und seiner Unterstützung, z.B. in der Auswertung, Leitung und Steuerung, Finanzierung, fachmännisch-wissenschaftlichen Unterstützung usw.). Die Änderungen sollten allmählich in einem 10-jährigen

Rahmen ab Schuljahr 2004/05 durchgeführt werden. Im Entwurf werden keine Fristen für die Dynamik von Reformprozessen in diesen zehn Jahren festgelegt, aber er enthält lang- und kurzfristige Maßnahmen im System und seiner Unterstützung, die bis Juni 2004 vorzunehmen sind. Die Kroatische Akademie der Wissenschaften und Künste bekundete ihre Reserven gegenüber dem im Entwurf vorgelegten Konzept der künftigen Änderungen im Schul- und Bildungssystem („Deklaration über das Wissen", am 17.12.2002), und das Schicksal der vorgeschlagenen Konzeption wird endgültig entschieden nach der Diskussion im kroatischen Parlament. Es ist zu erwarten, dass die Ergebnisse der angeführten und weiterer Forschungsvorhaben sowie die nachträgliche öffentliche Diskussion dazu beitragen können, dass der methodologische und theoretische (insbesondere erziehungswissenschaftliche) Ansatz der Schulreform klarer umrissen wird und somit negative Folgen von wissenschaftlich ungenügend begründeten Teiländerungen im Schulsystem vermieden werden können; die Konzepte der vorgeschlagenen Änderungen verbessert werden bzw. eine der wirtschaftlichen und gesellschaftlichen Lage angemessenere Konzeption der Änderungen im Schulsystem ausgearbeitet wird; ein realistischer Zeit- und Finanzierungsrahmen für die strategische Durchführung der geplanten Schul- und Bildungsreform gesetzt wird; ein Ausbildungs- und Finanzierungskonzept der Lehrkräfte erarbeitet wird, das mit den vorgeschlagenen Reformänderungen übereinstimmt; ein Bildungsinstitut gegründet wird, das die Veränderungen im Rahmen der Bildungsreform erforschen und wissenschaftlich begleiten kann und ein Reformentwurf des Schulsystems erarbeitet und durchgeführt wird, in dem ein (dynamisches) Gleichgewicht zwischen der Notwendigkeit einer Kompatibilität des kroatischen Schulsystems mit den europäischen Entwicklungen und dem Wunsch nach Bewahrung wesentlicher Merkmale des nationalen Curriculums erreicht wird. Damit wird eine insgesamt realitätsnähere und kompetentere Auseinandersetzung mit den Problemen und Herausforderungen ermöglicht, vor der die kroatische Schulreform am Anfang des 21. Jahrhunderts steht (vgl. NATIONAL REPORT 2001).

Literatur

Gesetzestexte und Vorlagen

ZAKON O PREDŠKOLSKOM ODGOJU I NAOBRAZBI, Narodne novine broj 10/97.

ZAKON O OSNOVNOM ŠKOLSTVU, Narodne novine broj 59/90, 26/93, 27/93., 6/97. i 59/01.

ZAKON O SREDNJEM ŠKOLSTVU, Narodne novine broj 19/92, 26/93, 27/93., 50/95. i 59/01.

ZAKON O VISOKIM UČILIŠTIMA, Narodne novine broj 59/96.

ZAKON O ODGOJU I OBRAZOVANJU NA JEZIKU I PISMU NACIONALNIH MANJINA, Narodne novine broj 51/00.

ZAKON O PROSVJETNOJ INSPEKCIJI, Narodne novine broj 50/95. i 73/97.

DRŽAVNI ZAVOD ZA STATISTIKU REPUBLIKE HRVATSKE (2001), Statističke informacije/Statistical Information. Zagreb 2001.

ZAKON O STRUČNO-PEDAGOŠKOM NADZORU, Narodne novine broj 73/97.

HRVATSKI ZAVOD ZA ZAPOŠLJAVANJE (2001), Godišnjak. Zagreb 2000.

PRIJEDLOZI NOVOG ŠKOLSKOG SUSTAVA REPUBLIKE HRVATSKE (1992), Glasnik Ministarstva prosvjete ikulture, izvanredno izdanje od 26. svibnja 1992.

NASTAVNI PLAN I PROGRAM ZA OSNOVNU ŠKOLU (1999). Zagreb, Ministarstvo prosvjete i športa, Prosvjetni vjesnik, posebno izdanje, br. 2, lipanj 1999.

NASTAVNI PROGRAM ZA GIMNAZIJE (1992), Zagreb, Ministarstvo prosvjete i kulture, Glasnik Ministarstva prosvjete i kulture, posebno izdanje.

NASTAVNI PLANOVI I PROGRAMI ZA PODRUČJE STROJARSTVA (A), (B) i (C) (1996), Ministarstvo prosvjete.

ŠPORTA, posebna izdanja broj. 7.,8. i 9., Zagreb.

NASTAVNI PLANOVI I PROGRAMI odgoja i školovanja učenika s teškoćama u razvoju Zagreb 1996.

MINISTARSTVO PROSVJETE I ŠPORTA, posebno izdanje broj. 4.

NATIONAL REPORT ON EDUCATIONAL DEVELOPMENT IN THE REPUBLIC OF CROATIA. Ministry of Education and Sports Republic of Croatia, 2001.

STRATEGIJA RAZVOJA REPUBLIKE HRVATSKE u 21. stoljeću, Projektni zadatak „Odgoj i obrazovanje". Voditelj: N. Pastuović. Institut za društvena istraživanja, Centar za istraživanje i razvoj obrazovanja. Zagreb 2001.

STATISTIČKE INFORMACIJE/STATISTICAL INFORMATION 2001, Državni zavod za statistiku Republike hrvatske. Zagreb 2001.

USTROJ ŠKOLSTVA REPUBLIKE HRVATSKE, radni materijal. Ministarstvo prosvjete i športa, vijeće. Urednik. Zagreb 2001.

Publikationen

ANTIĆ, S.: Školstvo u Hrvatskoj. U: Školstvo u svijetu, Hrvatsko pedagoško-književni zbor. Zagreb 1993, str. 260-296.

EUROPSKA ORIJENTACIJA HRVATSKOG ŠKOLSTVA, Skupina autora, Hrvatsko pedagoško-književni zbor. Zagreb 1995.

KATUNARIĆ, V. (ur.), Multicultural reality and Perspectives In Croatia, Interkultura. Zagreb.

MIJATOVIĆ, A.: Osnove ustroja školskog sustava, „Školske novine". Zagreb 1994.

MIJATOVIĆ, A.: Obrazovanje za stoljeće znanja XXI. stoljeće. Svrha, zadaće i strategija 1998.

MIJATOVIĆ, A./PREVIŠIĆ, V. (Ur.): Demokratska i interkulturalna obilježja srednješkolaca u Hrvatskoj, Interkultura. Zagreb 1999.

PEDAGOGIJA I HRVATSKO ŠKOLSTVO – JUČER, DANAS, ZA SUTRA. Zbornik stručno-znanstvenog skupa. Zagreb 1996.

PREOBRAZBE HRVATSKOG ŠKOLSTVA, Hrvatski pedagoško-književni zbor, Zagreb.

STRUGAR, V.: Ususret promjeni sustava odgoja i obrazovanja u Hrvatskoj, Napredak 2001, vol. 142. br. 2, str. 218-224.

VRGOČ, V.: Za preobrazbu hrvatskog školstva. Upravljanje i rukovođenje, učiteljstvo, materijalna osnova i financiranje, HPKZ. Zagreb 1999.

VRGOČ, H.: Promjene u hrvatskom školstvu: zašto? kako? kada? Napredak 2001 , vol. 142., br. 2, str. 197-217.

WORLD EDUCATION REPORT 2000, Literacy, Culture and Communication. UNESCO'S World Education Indicators.

Kroatien

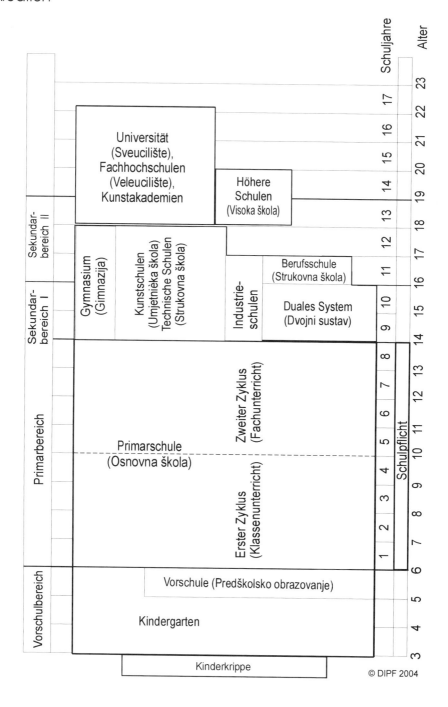

© DIPF 2004

Irēna Žogla/Rudīte Andersone/Emilija Černova

LETTLAND[1]

Entwicklung des Bildungswesens

Lettland unterlag in seiner Geschichte dem Einfluss verschiedener Mächte. Der Deutschritterorden drang 1201 ein, Kreuzfahrer gründeten 1270 den Staat Livland, später folgten polnische Eroberer. 1772 eroberte das russische Zarenreich das gesamte Land. Jeder dieser Invasionen folgte die jeweilige Landeskultur und beeinflusste die Kultur Lettlands. Während des 20. Jahrhunderts erstarkte die nationale Befreiungsbewegung. Der Erste und der Zweite Weltkrieg zerstörten jedoch die Wirtschaft; 50% der Industrieunternehmen wurden nach Russland umgelagert. Das Territorium wurde in Teile mit verschiedenen Interessenssphären geteilt. Dies führte zur Zunahme der Suche nach nationaler Identität. 1918 wurde die Republik Lettland ausgerufen; eine der ersten Amtshandlungen der neuen Regierung war die Veröffentlichung von Dokumenten, welche die humanistische Bildung fördern sollten. Seit dem Ende des 19. Jahrhunderts wurde Bildung zum wichtigsten Kriterium des nationalen Fortschritts. Geringe natürliche Ressourcen lassen die Bedeutung von Bildung als Grundlage der nationalen Entwicklung, der Gestaltung von Wettbewerbsfähigkeit am Arbeitsmarkt und der sozialen Integration in einem multikulturellen Land besonders deutlich hervortreten.

Während der sowjetischen Zeit war das Bildungswesen Lettlands Teil des Bildungswesens der UdSSR und wurde entsprechend den sowjetischen Gesetzen verwaltet. Geringfügige Eigenheiten bezüglich der Ausprägung des Bildungswesens blieben in nationalen Traditionen und der demokratischen Sichtweise auf Schule erhalten. Innerhalb dieses Gerüsts wurde während der 1980er Jahre die allgemeine Sekundarschulpflicht eingeführt und mehr als 90% der Schüler besuchten eine weiterführende Schule oder eine berufsbildende Sekundarschule. Im Rahmen eines hoch zentralisierten Bildungswesens war eine Auswahl zwischen Lehrplänen, Lehrbüchern und Arbeitsmethoden ausgeschlossen. Erst die Perestroika initiierte demokratische Emanzipationsprozesse an den Lehranstalten. Aufgrund einer Lehrer- und Schulleiterinitiative wurden seit 1989 wichtige Veränderungen eingeführt. Sie bereiteten die Bildungsreform vor, die 1991 begann, nachdem die nationale Unabhängigkeit zurückgewonnen worden war. Wesentliche politische und wirtschaftliche Änderungen führten einerseits zu einer Dezentralisierung und andererseits zu einer gewissen Demokratisierung des Bildungswesens.

Seit 1993 wurden systematische und zielorientierte Gesetzesänderungen vorgenommen, so vor allem durch eine neue Konzeption von Allgemeinbildung. Der rasche politische und wirtschaftliche Wandel, der Zusammenbruch der industriellen und landwirtschaftlichen Produktion, die geringe finanzielle Absicherung der Bildungs-

---

1   Aus dem Englischen übersetzt von Tobias Werler (Universität Leipzig).

reformen erschwerten und verkomplizierten diesen Prozess. Die zur Verfügung stehende Zeit, um einen neuen Lehrplan einzuführen und die Lehrer auf die Paradigmenänderung vorzubereiten, war außerordentlich kurz.

Einer der Hauptfehler dieser Phase des demokratischen Wandels ist in der Ablehnung des positiven Ertrags während der sowjetischen Periode zu sehen. So fand keine analytische Reflexion darüber statt, wie die erreichte Qualität dort erhalten werden konnte, wo es angemessen schien. Die wesentlichen Dokumente zur Bildungsreform basierten nicht auf systematischer Forschung, sondern waren westlichen Mustern entliehen und wurden nur notdürftig in die nationalen Traditionen und das nationale Wertesystem integriert. Die Gesetzgebung unterliegt ständiger Entwicklung: Das Bildungsgesetz von 1991 wurde mehrmals verbessert (1995, 1998).

Organisation des gegenwärtigen Schulsystems

Grundstruktur des lettischen Schulssystems[2]

In Lettland gibt es drei Arten von Schulen; staatliche, kommunale und private Schulen. Die Privatschulen machen nur 4,19% der Gesamtzahl aller Schulen aus. Nur etwa 0,8% aller Schüler besuchen eine dieser Schulen. Dieser Sektor setzt sich aus 4 Grund-, 22 Basisschulen und 19 weiterführenden Schulen zusammen. Vor 1991 gab es keine Privatschulen.

Die Zahl staatlich und lokal getragener Schulen sinkt entsprechend der zurückgehenden Geburtenrate und dem Bemühen um Optimierung des Schulsystems. Entsprechend der Regierungspolitik wurden sehr kleine Schulen in Gebieten mit sinkender Schülerzahl geschlossen. Abendschulen werden von Schülern besucht, die nicht an Ganztagsschulen teilnehmen können. Gegenwärtig sind 3,6% aller Schulen Abendschulen und werden von 4,2% aller Schüler besucht.

Kultureller Rahmen

Kulturelle Werte haben in der lettischen Bevölkerung schon immer hohe Wertschätzung erfahren. Ästhetische Bildungsinhalte sind in alle curricularen Fächer integriert und werden durch eine Reihe außerschulischer Aktivitäten wie Chorsingen, Volkstanz, Kunsthandwerk usw. unterstützt. Nach der politischen Wende nahmen solche Aktivitäten, die normalerweise lokale Träger initiierten, vor allem aus finanziellen Gründen ab. Dementsprechend wurden auch die Tätigkeitsfelder für Schüler geringer. Der ökonomische Zusammenbruch verursachte einen Anstieg von Armut und Arbeitslosigkeit im Land. Davon sind kulturelle Prozesse betroffen und Anzeichen von Depressionen unter einem Teil der Bevölkerung sind offensichtlich. Darin offenbart sich einer der Gründe für die Existenz von Straßenkindern und solchen, die keine Schule besuchen.

---

[2]   Der Artikel stützt sich hauptsächlich auf amtliche Quellen. Auf einen Einzelnachweis der zahlreichen Quellen in lettischer Sprache wurde für den deutschsprachigen Beitrag verzichtet.

Bildungsziele – Differenzierung versus Einheitlichkeit

Die Hauptziele der Bildung in Lettland sind formuliert im Bildungsgesetz, der Bildungskonzeption und den Rahmenlehrplänen der Grund- und Sekundarbildung. Das Ziel von Bildung ist es, die Möglichkeiten für jeden zu schaffen, seine/ihre physischen und geistigen Fähigkeiten, eine freie und verantwortliche Individualität, eine kreative und kultivierte Persönlichkeit zu entwickeln. Dies bedeutet im Einzelnen die Förderung von: Wissen, Fertigkeiten und Handlungsfähigkeit der Schüler; Unabhängigkeit, Kompetenz und Verantwortlichkeit als Mitglied einer demokratischen Gesellschaft; Anpassungsbereitschaft, Fertigkeiten für die zukünftige berufliche Bildung; grundlegenden Lerntechniken und der Bereitschaft zu lebenslangem Lernen; persönlicher Kultur sowie dem Erwerb allgemeiner humaner und nationaler Werte.

Um diesen Zielen zu entsprechen, bieten alle Schulen den Schülern Wahlmöglichkeiten an:

– Bis Januar 2001 sind 77 Fachlehrpläne (Curricula) entwickelt worden. Viele von ihnen bieten Alternativen an; sie erlauben die Auswahl aus verschiedenen Inhalten und Lehr-Lern-Methoden. Ebenso können Lehrer unter zwei oder drei Lehrbüchern wählen. Wenn einer der angebotenen Fachlehrpläne nicht zufriedenstellend ist, haben die Lehrer das Recht, eigene Curricula und Lehrbücher zu gestalten. Diese sind entsprechend den Vorschriften des Bildungsgesetzes durch das Ministerium zu autorisieren.

– Jedes Jahr gibt das Ministerium für Bildung und Wissenschaft eine Liste empfohlener Literatur und Lehrbücher heraus. Sie umfasst alle Lehrbücher und Lehrmittel, die von den Lehrer- und Fachlehrerverbänden empfohlen sind.

– Weiterführende Schulen wählen ihr Profil und dehnen den Fächerkanon der obligatorischen oder zusätzlichen Lehrangebote aus, um den Schülern die Gelegenheiten zu bieten, sich zu spezialisieren oder bestimmte Fächer, die ihrem Interesse entsprechen, zu vertiefen.

– Extracurriculare Angebote sind zusätzlich zu den Fachlehrplänen bei den Schülern beliebt. Etwa 46% aller Schüler nehmen daran teil. Noch beliebtere Angebote in den Klassen 1-6 erreichen bis zu 50% Beteiligung.

Zusätzlich zu den kostenfreien Wahlangeboten in der Schule, können außerschulische Aktivitäten wahrgenommen werden, die von den Eltern bezahlt werden müssen. Arbeitslosigkeit und Armut sind (besonders auf dem Land) für eine große Zahl an Kindern aber ein ernstes Hindernis, um diese Angebote nutzen zu können.

Gesetzliche Prinzipien/Bildungsverfassung/Finanzierung

Die Pflichtschulzeit setzt sich aus zwei Stufen zusammen:

– die Primarstufe vermittelt die Grundbildung, sie beginnt im Alter von sieben Jahren und umfasst vier Klassenstufen;

– die Grundstufe (untere Sekundarstufe) bildet den zweiten Teil der obligatorischen Schulbildung und umfasst die Klassen 5 bis 9.

Nach Abschluss der Pflichtschulzeit gehen 57% aller Schulabgänger an weiterführende Schulen, 6% besuchen Abendschulen und 35% setzen ihren Bildungsweg mit einer beruflichen Ausbildung fort. Etwa 2% setzen ihre Ausbildung nicht fort. Die weiterführende Bildung ist nicht obligatorisch. Diese Schulen werden von den lokalen Gremien verwaltet. Die wachsende Beliebtheit der weiterführenden Schulen spiegelt sich in der steigenden Anzahl dieser Schulen und der Schüler: seit 1995/96 nahm die Anmeldung für die Klassen 10 bis 12 um mehr als 32% (2000/01) zu. Diese Tendenz kann aus dem Streben der Schüler nach Hochschulbildung erklärt werden. Von den Schülern, die im Jahr 2000 weiterführende Schulen abschlossen, besuchten danach 64% tertiäre Bildungseinrichtungen, 12% unternahmen berufliche Ausbildungsgänge und 24% setzten ihren Bildungsweg nicht fort.

Sowohl die Pflichtschule als auch die berufliche Bildung wird aus dem Staatshaushalt finanziert. Durchschnittlich nimmt dieser Sektor 15,5% des gesamten Haushaltsplans während der letzten fünf Jahre ein. Die Finanzierung kann regional differieren: das Budget pro Schüler schwankte 1999 zwischen Lat 117,- (Latgale, Region Riga) und Lat 250,- (Bezirk Aluksne).[3] Dieser Unterschied zeigt sich auch bezüglich der Klassenstärke. In Großstädten sind mehr als 23 Schüler in einer Klasse bei einem Budget von Lat 117,- bis 243,- pro Schüler. Auf dem Land stehen bei einer Klassenstärke von 13-20 Schülern je Klasse Lat 181,- bis 250,- pro Schüler zur Verfügung. Während der letzten zwei Jahre stieg die Anzahl von Computern an den Schulen beträchtlich (Haushaltsmittel und Sponsoring). So kam 2000/01 ein Computer auf 30 Schüler, der Zugang zum Internet steht an mehr als 550 Schulen (54%) zur Verfügung. Die Verbreitung von Internetzugängen und die Anzahl von Computern nimmt rasch zu.

Verantwortlichkeiten/Sponsoring/Schulausschüsse

Das Parlament (*Saeima*) beschließt alle Bildungsgesetze und nimmt notwendige Veränderungen vor. Es beschließt ferner den Staatshaushalt und das Bildungsbudget. Das Bildungsgesetz gestaltet den Hintergrund für alle normativen Dokumente, die den Bildungsbereich betreffen. Die Regierung beschließt alle wesentlichen normativen Dokumente, die die Entwicklung des Bildungswesens wie z.B. die Rahmenlehrpläne betreffen. Die Regierung überwacht außerdem den Haushaltsplan. Das Ministerium für Bildung und Wissenschaft ist die zentrale oberste Bildungsbehörde in der Republik. Es erarbeitet normative Dokumente entsprechend den Vorgaben des Bildungsgesetzes und der ministeriellen Bildungskonzeption, es organisiert die Einhaltung der Rahmenlehrpläne. Das Ministerium überwacht die Arbeitsweise der Schulen, bietet Hilfe innerhalb des Rahmens seiner finanziellen Möglichkeiten an, bereitet die Zentralprüfungen vor und führt sie durch.

Die Mehrheit der staatlichen Vorschulen, der Schulen für die Grund- und Hauptstufe sowie die weiterführenden Bildungseinrichtungen sind dem Ministerium und dadurch den kommunalen Körperschaften der Regionen unterstellt. Die Regierung bezahlt die Gehälter der Lehrer und der Schulleiter (entsprechend dem Haushaltsplan) und kommt für die Sozialabgaben von durchschnittlich 28% auf, die die Arbeitgeber zu zahlen haben. Die kommunalen Behörden kommen für die Gehälter der Vor-

---

3   Die lettische Währung: 1 Lat entspricht etwa 1,5 Euro.

schullehrer auf. Sie finanzieren die Einrichtung und den Erhalt der Schulen, die Schulbibliotheken und den Kauf von Büchern.

Die Sonderschulen für Behinderte, die berufsbildenden und die weiterführenden Schulen werden durch die Zentralregierung verwaltet. Diese finanziert auch die Bildungsinstitutionen, die dem Ministerium für Landwirtschaft, dem Ministerium für Wohlfahrt und dem Kulturministerium unterliegen. Die Hochschulen/Universitäten werden ebenfalls aus dem Staatshaushalt finanziert, obgleich die Studiengebühren einen nicht unbedeutenden Teil des Gesamtbudgets ausmachen. Die Höhe der Gebühr richtet sich nach der Art der Institution, deren Popularität und ihrem Angebot. Die Universitäten und Hochschuleinrichtungen verfügen über relative Autonomie. Auf der kommunalen Ebene bilden die Schulausschüsse den strukturellen Kern der lokalen Behörden.

1998 wurde ein nationaler Grundbildungslehrplan und 2000 ein nationaler Rahmenlehrplan für die Sekundarbildung eingeführt. Sie wurden entwickelt, um die Bildungspolitik im Schulcurriculum und dieses in den Lehrplänen der Fächer umzusetzen. Die grundlegenden Prinzipien der Bildungsreform sind:

–   eine Akzentverschiebung vom Wissen hin zu Anwendung und praktischem Nutzen;
–   Betonung der Problemlösung im Lehr-Lern-Prozess, Entwicklung der praktischen Fähigkeiten der Schüler, Handlungskompetenz und Schüleraktivität;
–   eine stärkere Integration der Schulfächer.

Die Bildungsinstitutionen (Schulen) arbeiten Curricula aufgrund der nationalen Rahmenlehrpläne aus. Lehrer, Eltern, Schüler und die lokale Gemeinschaft sind in diesen Prozess mit eingebunden. Nur lizensierte Curricula werden zur Anwendung freigegeben. Dabei wird die innere Stimmigkeit des Curriculums überprüft. Beim nächsten Schritt, der Akkreditierung des Curriculums, werden die Erfahrungen der Implementation evaluiert. Alle Programme werden durch das Ministerium für Bildung und Wissenschaft entsprechend des Schulgesetzes amtlich registriert. Die Lehrer sind aufgefordert, in Übereinstimmung mit den nationalen Rahmenlehrplänen eigene Curricula auszuarbeiten oder aus bereits vorhandenen die ihnen passenden auszuwählen. Die Fachcurricula werden im Lehrplan und Evaluationszentrum im Ministerium für Bildung und Wissenschaft ausgearbeitet. Erfahrene Lehrer, Berufsverbände der Lehrer, Wissenschaftler, Schulbuchautoren und andere Spezialisten sind daran beteiligt.

Schultypen im öffentlichen Bildungswesen

1. Allgemein bildende Einrichtungen, differenziert in Grundschule und Sekundarstufe I und weiterführende Schulen (Sekundarstufe II);
2. Berufsfachschulen, Berufliche höhere Schulen, verwaltet von verschiedenen Ministerien (Bildung und Wissenschaft, Landwirtschaft, Wohlfahrt, Kultur);
3. Spezialschulen für Schüler mit Behinderungen bzw. besonderen Lernbedürfnissen;
4. Abendschulen (http://www.izm.lv).

Die Schulstruktur in Lettland wird kompliziert dadurch, dass das offizielle Stufenmodell überlagert wird durch sich ausdifferenzierende Schulformen. So gibt es sowohl eigenständige Elementarschulen (Kl. 1-4) als auch 9-jährige Basisschulen

(Kl. 1-9) und sogar vollständige Einheitsschulen („*all-through-comprehensive*" im englischen Sinn) mit eingeschlossener Abiturstufe oder Schulen der Sekundarstufe I (5.-9. Kl.). Auf der anderen Seite gibt es selektive gymnasiale Schultypen (auch mit dem Namen „Gymnasium"), d.h. Sekundarschulen mit den Klassen 5-12. Da die amtliche Statistik nur die Stufen, nicht aber die Schultypen berücksichtigt, ist es kaum auszumachen, welchen Stellenwert die „selektiven" Gymnasien in der lettischen Schulstruktur haben.

Übergangsmöglichkeiten zwischen den Schultypen
Innerhalb einer Niveaustufe kann der Schüler jederzeit einen Schulwechsel vollziehen. Die Rahmenlehrpläne gelten landesweit für jeden Schultyp und für jedes Niveau. Das Bildungsgesetz erlaubt einer weiterführenden Schule Zugangsprüfungen einzuführen, wenn sie eine über die Rahmenlehrpläne hinausgehende Spezialisierung anbietet. An den Grundschulen sowie an den Basisschulen (Sekundarstufe I) finden innerhalb des Bereichs der Schulpflicht keine Aufnahmeprüfungen statt.

Zeugnisse und Diplome
Absolventen der Basisschule erhalten ein Zeugnis – dieses Dokument bescheinigt ihnen den Erwerb der Grundausbildung und gibt ihnen das Recht, eine Sekundarschule oder eine berufsbildende Schule zu besuchen. Schüler, die den Abschluss der Basisschule nicht erreichen, müssen bis zu ihrem 18. Lebensjahr die Basisschule weiter besuchen. Aus gesundheitlichen oder anderen Gründen, die in der Gesetzgebung erwähnt sind, können Schüler von den Abschlussexamen freigestellt werden. Im Abschlussjahr 2000/01 legten mehr als 6% der Schüler der Basisschulen und 11% der Schüler an einer Sekundarschule die Abschlussprüfungen nicht ab. Der erfolgreiche Abschluss der vollendeten Sekundarschulbildung ermöglicht die Fortsetzung des Bildungsgangs auf tertiärem Niveau.

Berufliche Bildung
1990 gab es in Lettland ca. 1.000 Ausbildungsberufe. Diese Zahl ging danach auf 329 zurück, impliziert dabei aber eine breitere Ausbildung, da aufgrund der umstrukturierten, marktorientierten Produktion zahlreiche Berufe nicht mehr nachgefragt werden. Seit 1990/91 nahm die Anzahl der höheren Berufsschulen um 14% ab, da einige dieser Schulen in Einrichtungen des Hochschulwesen umgewandelt wurden – dementsprechend änderte sich die Klassifikation der Ausbildungsberufe.
Eine neuere Veröffentlichung der lettischen Regierung erklärt, dass alle jungen Menschen eine Basisbildung und Fähigkeiten erwerben sollen, die für Weiterbildung notwendig sind. Jeder muss über berufliche Grundqualifikationen verfügen, die mit den wechselnden Bedürfnissen des Arbeitsmarktes sowohl in Lettland als auch in Europa kompatibel sind. Das Gesetz zur Berufsbildung wurde 1999 verabschiedet. Ziel ist die Durchführung einer Bildungspolitik, die ein neues Berufsbildungssystem in einem neuen politischen Rahmen schafft. Die berufliche Bildung selbst gliedert sich in die berufliche Grundbildung, die berufliche Sekundarbildung und die berufliche höhere Bildung.

Öffentliche Kontrolle, Supervision und die Selbstverwaltung der Schulen

Jede Schule verfügt über einen Beirat, der aus Vertretern der Ortsbehörden, der Eltern und allen, die an der Erziehung von Kindern und der kulturellen Entwicklung der Region interessiert sind, besteht. Zusätzlich verfügt jede Schule über einen pädagogischen Rat bestehend aus Vertretern des Eltern- und Schülerrats.

Bei der Qualitätskontrolle der Schülerergebnisse wird deutlich zwischen fortlaufender Leistungskontrolle (formative Evaluation) und Endkontrolle (summativer Evaluation) unterschieden.

In den Klassen 1-3 werden keine Noten verwendet. Kurze mündliche oder schriftliche Stellungnahmen der Lehrer als Information an die Eltern reflektieren die Besonderheiten der Schüler in Lernbereitschaft, Lernfähigkeit, Lerntypus, Kommunikations- und Kooperationsverhalten. Die Ergebnisse in Klasse 4 in den Fächern Mathematik, Lettisch und Muttersprache (in Minderheitenschulen, in denen die Muttersprache eine andere als Lettisch ist) werden mit einem 10-Punktesystem (10 = höchste Bewertung) bewertet. In allen anderen Fächern werden keine Punkte vergeben, sondern das Bewertungssystem der Klassen 1-3 wird beibehalten. In den Klassen 5 bis 9 werden die Leistungen der Schüler in Ethik, Gesundheitskunde und Gesellschaftskunde mit „erfolgreich"/„nicht erfolgreich" getestet. Die Ergebnisse der anderen Fachgebiete unterliegen dem 10-Punktesystem. Die gesamten Ergebnisse der Schüler der Klassen 10-12 werden nach dem Punktesystem bewertet. Eine andere Einstufung wird während der zentralisierten Prüfungen verwendet. Sechs Leistungsniveaus werden unterschieden: A, B, C, D, E, F, wobei A der höchsten Leistungsstufe entspricht. Die Leistungen in den Fremdsprachen werden entsprechend den Empfehlungen des europäischen Rats gestaffelt.

Zweimal im Jahr erhalten die Schüler Zeugnisse; Schüler der Klassen 9 und 12 bekommen diese jeweils nur am Ende des ersten Schulhalbjahres. Am Ende eines Schuljahres erhalten nur jene Schüler ein Abgangszeugnis, die keine Abschlussprüfung abgelegt haben. Jene Schüler (oder ihre Eltern), die mit den Ergebnissen nicht zufrieden sind, können von der Möglichkeit Gebrauch machen, sich für die Wiederholung eines Lehrplanes der Schule zu bewerben, um so ihr Wissen und ihre Kompetenzen zu verbessern.

Schülern mit sonderpädagogischem Bedarf wird die Möglichkeit geboten, an entsprechenden Curricula teilzunehmen. Schülern, deren Muttersprache nicht Lettisch ist, werden, um ihren Bedürfnissen zu entsprechen und ihr lettisches Sprachniveau dem der Muttersprachler anzupassen, vier Bildungsmodelle angeboten:

–   In den Fächern der Klasse 1 beträgt der lettische Sprachanteil anfänglich 25%, wird aber bis Klasse 9 stetig angehoben, bis Lettisch schließlich einzige Unterrichtssprache ist (Ausnahme: eigene Muttersprache).

–   Die Unterrichtssprache in den Klassen 1-8 ist in der Hälfte der Fächer Lettisch, in Klasse 9 wird dieser Wert auf 60% erhöht.

–   Anfangs wird nur in einem Schulfach auf Lettisch unterrichtet, durch ständige Steigerung werden acht Fächer bis Klasse 9 auf Lettisch unterrichtet.
    In der Grundschule werden Schüler zunächst nur in ihrer Muttersprache unterrichtet außer in den Unterrichtsstunden zur lettischen Sprache. Zweisprachige Bildung beginnt mit 60% Fächer in Klasse 4 und erreicht in Klasse 9 einen Anteil von 80%.

Qualifikation des Lehrkörpers und der Schulleiter

In Lettland gibt es ein nationales Programm durchgehender Qualifikation von Schulleitern. Zur Ernennung sind hohe Anforderungen seitens der Bewerber zu erfüllen. Sie müssen mindestens einen höheren pädagogischen Abschluss sowie die Teilnahme an Kursen zum Schulmanagement vorweisen können. Die Mehrzahl der Lehrer, die über keinen höheren pädagogischen Abschluss verfügen oder deren Ausbildung nicht der Schulstufe entspricht, in der sie unterrichten, nehmen an universitären Weiterbildungsveranstaltungen zur pädagogischen Höherqualifizierung teil.

Allgemein bildende Schulen

Allgemeine Bildung wird von Basisschulen, Sekundarschulen und teilweise auch von berufsbildenden höheren Schulen angeboten. Das gilt auch für Schulen mit russischer, polnischer oder einer anderen Unterrichtssprache. Im Jahr 2000/01 gab es 1.021 Schulen bzw. 110.600 Schüler mit russischer Unterrichtssprache. Polnische Schulen und Klassen umfassen nur 844 Schüler.

Politische und wirtschaftliche Änderungen hatten direkten Einfluss auf die Vorschulbildung in Lettland. Der Bildungs- und Erziehungsplan für die Kindergärten wurde geändert, sodass diese Bildungs- und Erziehungsinstitutionen wurden. Ihre frühere Orientierung, nur spielerische Aktivitäten der Kinder zu organisieren und zu beaufsichtigen, wurde dadurch ersetzt. Aus finanziellen Gründen ist der Bereich der Vorschule nicht mehr obligatorisch. Der frühere obligatorische Status dieser Einrichtung wurde durch das Bildungsgesetz von 1999 aufgehoben. Aufgrund der schulvorbereitenden Bedeutung der Vorschule sind aber entsprechende Verordnungen geplant, den obligatorischen Status der Vorschule wiederherzustellen.

Die Zahl der von den Kindergärten betreuten Kinder nahm seit 1990 stetig ab (83% eines Altersjahrgangs) und erreichte 1998 nur noch 40,3%. Im Jahr 2001 konnte wieder eine Zunahme auf 52% verzeichnet werden. Der Erfolg der prozentualen Zunahme wird allerdings stark relativiert durch extrem starken Geburtenrückgang, der diesen relativen Zuwachs erst möglich machte. Um sich auf den Besuch der Schule vorzubereiten, besuchten 91,08% der Sechsjährigen einen Kindergarten. Der „Rahmenplan" für die Vorschuleinrichtungen hat vor allem das Ziel, die Entwicklung der Kinder zu fördern; die Entwicklung der Lese- und Schreibkompetenz ist nur von untergeordneter Bedeutung. Die Vorschuleinrichtungen dienen der Schulvorbereitung und sind für Kinder bis zum Alter von sieben Jahren bestimmt. Eine Verlängerung des Besuchs der Vorschule ist auf Elternwunsch und bei medizinischer Notwendigkeit möglich.

Einschreibungsmodalitäten in Grundschulen

Alle Kinder, die das 7. Lebensjahr erreichen, werden in die 1. Klasse der nächstgelegenen Schule eingeschrieben, wenn nicht besondere Voraussetzungen (Notwendigkeit sonderpädagogischer Förderung) die Einschreibung in andere Schulen notwendig machen. Die Grundschulbildung (Niveau 1 der Grundbildung entsprechend ISCED, 1997) schließt die Klassen 1-4 ein. Im Bildungsgesetz ist festgelegt, dass Kinder im Alter von sieben Jahren die erste Klasse besuchen.

Der nationale Rahmenlehrplan umfasst vier Bildungsbereiche. Jeder von ihnen besteht aus einer bestimmten Fächerkombination:
–   Sprachen – Lettisch, Minderheitssprachen, Fremdsprachen;
–   Technologien und grundlegende Naturwissenschaften – Mathematik, Physik, Chemie, Biologie, Gesellschaftskunde, Geographie, Informatik;
–   Kunst – Musik, darstellende Kunst, Literatur, Kunsthandwerk;
–   Mensch und Gesellschaft – Geschichte, Sozialwissenschaften, Geographie, Haushalt, Handwerk, Sport.

Der Übergang von der Grundschule an eine weiterführende Schule erfolgt über die Sekundarstufe I (Basisschule – zweite Phase), die die Klassen 5-9 umfasst. Die tägliche Belastung der Schüler steigt von durchschnittlich sechs Stunden in Klasse 5 auf acht Stunden in Klasse 9. Das Schuljahr dauert 35 Wochen für die Klassen 2 bis 8 und 37 Wochen für die Klasse 9. Der Rahmenlehrplan für die Basisbildung benennt Fähigkeiten, welche die Schüler erwerben sollen. Sie bilden gleichzeitig die Grundlage für die Abschlussprüfungen in Klasse 9. Es finden Prüfungen statt in Mathematik, Unterrichtssprache und ihre Literatur, Lettische Sprache und Literatur, Fremdsprachen, Sport, Geschichte, Sozialwissenschaften und Naturwissenschaften. Der Erwerb des Abschlusszeugnisses der Basisschule dokumentiert den Erfolg eines Schülers. Es berechtigt zum Besuch einer Schule der Sekundarstufe II. Jene weiterführenden Schulen, die Vertiefungsprofile anbieten, (d.h. spezifische Fächer mit einem erhöhten Stundensatz), nehmen in erster Linie Schüler auf, die in den entsprechenden Vertiefungsgebieten schon über herausragende Ergebnisse verfügen.

Die Teilnahme an der 2. Stufe der Sekundarschulbildung ist freiwillig. Gleichwohl wird der Besuch der Sekundarstufe II von den Abgängern der Basisschule stark nachgefragt. Die oberen weiterführenden Schulen umfassen die Klassen 10-12. An den profilbildenden Schulen, die zusätzliche Fächer haben, ist die Stundenanzahl auf 36 (und acht Stunden je Tag) beschränkt. Die Abschlussprüfungen betreffen Lettische Sprache und Literatur, das Profilfach der jeweiligen Schule als Pflichtfach, ein von der jeweiligen Schule ausgewähltes Fach, das im Umfang von mindestens 105 Stunden unterrichtet wurde und zwei Fächer nach Wahl der Schüler, die im Umfang von mindestens 105 Stunden unterrichtet wurden. Jeder Schüler muss mindestens fünf Prüfungen ablegen. Erste zentrale Prüfungen wurden 1997 eingeführt; man begann mit dem Fach Englisch. 1999/2000 kamen Deutsch, Russisch, Französisch, Mathematik, Geschichte und Lettisch, im Jahr 2000/01 Physik und Chemie dazu. Die schriftlichen Zentralprüfungen werden von einem Curriculum- und Prüfungszentrum des Bildungs- und Wissenschaftsministeriums evaluiert. Diese Körperschaft verfügt über die Möglichkeit, zusätzliche Formen der Leistungskontrolle zu entwickeln, um das erreichte Qualitätsniveau mittels zentraler Tests zu überprüfen. Bis 2005 werden alle Prüfungsergebnisse der 23 obligatorischen und fakultativen Prüfungsfächer zentral evaluiert werden. Der Charakter der Prüfungen verändert sich langsam, indem verstärkt die praktischen Fähigkeiten und erworbenen Kompetenzen statt des formalen Wissens überprüft werden.

Die Universitäten und tertiären Bildungseinrichtungen akzeptieren die Ergebnisse der zentralisierten Prüfungen, obwohl in Fällen, in denen die Bewerberzahl hoch ist, diese Institutionen weiterhin eigene Zulassungsverfahren praktizieren. Es ist deshalb ein spezifisches Unterrichtsziel der Lehrer, Schüler auf die Aufnahmeprüfungen der

Universitäten vorzubereiten und ihre eigenen Anforderungen den Besonderheiten der jeweiligen Hochschulen anzupassen.

Ausblick: Der Wechsel in die berufliche Bildung

Im Vergleich zum ehemaligen sowjetischen System erfährt die Berufsbildung Lettlands bedeutende Änderungen. Seit 1990 ist eine deutliche Abnahme von Berufsschülern von 67.000 auf 48.000 (2000) zu verzeichnen. Ursachen hierfür sind der Übergang zur Marktwirtschaft sowie der Produktionsrückgang. Jeder dritte Schüler an einer Schule der Sekundarstufe II erwirbt zugleich die Grundlagen eines Berufs. Die Verantwortung für die Ausarbeitung von Rahmenlehrplänen, Lehrplänen und Abschlussprüfungen teilen sich die Ministerien für Bildung und Wissenschaft, Landwirtschaft und Kultur. Dies erweist sich für die Schaffung eines einheitlichen Bildungswesens als problematisch. Daneben haben die Arbeitgeber nur geringen Einfluss auf die Berufsausbildung. Berufsfachschulen nehmen Bewerber im Alter von 15-19 Jahren in vollzeitschulische Programme auf. Weniger als 8% der Gesamtzahl der Berufsschüler nehmen an Teilzeitprogrammen teil.

Sonderschulen für behinderte Schüler

Das Bildungsgesetz bildet den Hintergrund für die Erziehung behinderter Kinder. Dieser Prozess ist in der Diskussion, da sowohl spätentwickelte Kinder, Kinder mit Verhaltensproblemen als auch begabte Kinder außerhalb der Schulbildung spezielle Förderung benötigen würden. Ein vom Ministerium für Bildung und Wissenschaft eingesetzter Rat überprüft die Möglichkeiten der Integration dieser Kinder in die Pflichtschule. Analoge Räte arbeiten auch auf der lokalen Ebene, sie sollen in Zusammenarbeit mit den Eltern Kinder für den Unterricht an Sonderschulen nach eingehender Beratung und Diagnose vorschlagen.

1999 wurden 15.500 Kinder an 64 Sonderschulen sonderpädagogisch betreut. Davon benötigen 10.022 langzeitig medizinische Betreuung. Das Rehabilitationszentrum in Jurmala bietet Berufsbildungsprogramme für Jugendliche mit sonderpädagogischem Bedarf an. Daneben wird dort in zweiwöchigen Kursen versucht, eine geeignete Berufsausbildung für den Jugendlichen zu finden, die seiner Behinderung gerecht wird. Für Körperbehinderte werden Sekundarschulprogramme angeboten. Die Programme wurden aufgrund der schlechten wirtschaftlichen Lage auf Wirtschaft und Informatik reduziert.

Andere Problemfelder (drop-outs)

In Zusammenarbeit zwischen der zentralen Regierung und den Ortsbehörden wurden Regelungen zur Vermeidung von „Schulversagern" eingeführt. Die Ortsbehörden sind verpflichtet, dafür zu sorgen, dass alle Schüler ihren Schulbesuch fortsetzen können, sollten kleine Schulen auf dem Land geschlossen werden. Ebenso verfügen die lokalen Behörden über ein Register von Risikofamilien, welches der Schule zur Verfügung steht, um diese Kinder besser integrieren zu können.

Aktuelle Diskussionen und Entwicklungsperspektiven

Die Reformschwerpunkte sind gegenwärtig Demokratisierung, Dezentralisierung von Entscheidungen, Befähigen von Schulen und Lehrern zu Entwicklung von mehr Kreativität und zur Übernahme von Verantwortung. Um eine qualitative Wende erfolgreich herbeizuführen, muss eine zentrale Reformkomponente verbessert werden: der stoff- und wissenszentrierte Lehrplan ist in ein schülerzentriertes Curriculum zu überführen, in dem deren Fähigkeiten und die praktische Anwendung von Wissen im Mittelpunkt stehen. Dieses Problem ist direkt mit der Einführung neuer Lehrbücher und der Verbesserung der technischen Ausstattung der Schulen verknüpft. So erscheinen zwar neue Lehrbücher und in einigen Fächern kann man zwischen zwei oder drei Lehrplanvarianten und Lehrbüchern wählen, als Folge davon steht die Rückgewinnung wissenschaftlicher Qualität jedoch zur Debatte. Die gegenwärtig von der Regierung verfolgte Bildungspolitik im Vorschulbereich und der Lehrerbildung widerspricht den Ansprüchen und Bedürfnissen der Eltern. So werden von der Regierung verstärkt private Initiativen im Bereich der Kindergärten gefördert. Verbunden damit sind allerdings hohe Kosten für die Eltern, obwohl die lokalen Behörden jedes Kind mit Lats 28,- pro Monat unterstützen.

Die Belastung der Lehrer übersteigt 24 Unterrichtsstunden pro Woche bei geringen Gehältern. Durch eine wachsende Anzahl von (didaktischen) Printmedien kann die Arbeitsbelastung bezüglich dieser hohen Stundenzahl nur langsam gesenkt werden. Ein weiteres zu lösendes Problem besteht gegenwärtig in den hohen Kosten für Bücher. Oftmals können die Schüler bzw. deren Eltern die notwendigen finanziellen Mittel zum Erwerb nicht aufbringen. Nur 10% der Kosten der Lehrbuchproduktion können vom Staatshaushalt gedeckt werden. Eine besondere Schwierigkeit stellt momentan die Attraktivität des Lehrerberufs bei Hochschulabsolventen dar. Die hohe Arbeitsbelastung und die niedrigen, von Ausbildung und Erfahrung abhängigen Gehälter der Lehrer motivieren nur wenige zur Wahl dieses Berufs. Über die Hälfte der Hochschulabsolventen der Studienrichtung Pädagogik bevorzugen Berufe außerhalb des Bildungswesens, da ihre Kompetenzen dort nachgefragt sind und entsprechend vergütet werden. Für eine Konzeption der Lehrerfort- und -weiterbildung besteht noch immer Diskussionsbedarf.

Es ist geplant, die Bildungsfinanzierung stärker an Marktprinzipien auszurichten. Die Regierung und die Ortsbehörden beabsichtigen dazu das Prinzip einzuführen, dass nicht mehr die einzelne *Schule*, sondern der *Schüler* unterstützt wird: jedem Schüler wird ein Budget zugeordnet. Das Geld folgt dem Schüler. Dadurch hängt der Haushaltsplan einer Schule stärker von ihrer Anziehungskraft und Qualität ab.

Die Lehrerbildung ist in den Studiengängen der Hochschule gut vertreten. Dabei steigt die Zahl der Lehramtsstudierenden stetig, obgleich sie zwischen 40 und 60% der Studiengebühren selbst zu tragen haben. Das vorhandene Stipendien- und Kreditsystem zur Studienfinanzierung ist nicht ausreichend.

Jährlich werden durch das Ministerium für Bildung und Wissenschaft staatlich finanzierte Forschungsprogramme mit besonderer Priorität ausgeschrieben. Zahlreiche internationale Kooperationsprojekte sollen den Reformprozess begleiten.

Literatur

EUROPEAN COMMISSION, AGENDA 2000: Commission Opinion on Latvia's Application for Membership of the European Union. 1997.

JAUNIEŠU SOCIOLOĢISKAIS PORTRETS (Sociological portrait of youth). – Riga: LU Filosofijas un socioloģijas institūts, 1999, pp. 37-64.

MINISTRY OF EDUCATION AND SCIENCE, Development of Education: National Report of Latvia.- Geneva: International Bureau of Education, 2001.Izglītība Latvijā 1995/96 - 1998/99 (Education in Latvia). – Rīga 1999.

NATIONAL PROGRESS REPORT „Latvia's Contribution to the Report from the Commission on Latvia's Progress Towards Accession."– Riga 1999.

REPUBLIC OF LATVIA „Education Sector Strategy Paper" – Washington: The World Bank 1998

REVIEW OF NATIONAL POLITICS FOR EDUCATION: Latvia. – Paris: OECD 2001.

HOMEPAGE OF THE MINISTRY OF EDUCATION AND SCIENCE OF LATVIA: http://www.izm.lv

Lettland

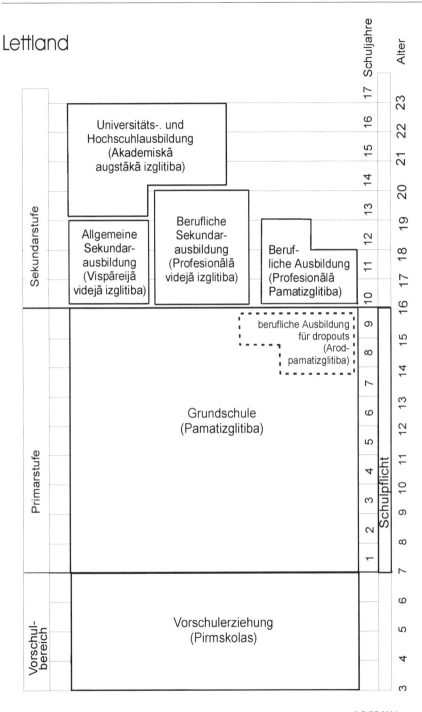

Schuljahre / Alter

Universitäts-. und Hochscuhlausbildung (Akademiskā augstākā izglitiba)

Allgemeine Sekundarausbildung (Vispāreijā videjā izglitiba)

Berufliche Sekundarausbildung (Profesionālā videjā izglitiba)

Berufliche Ausbildung (Profesionālā Pamatizglitiba)

berufliche Ausbildung für dropouts (Arodpamatizglitiba)

Grundschule (Pamatizglitiba)

Vorschulerziehung (Pirmskolas)

Sekundarstufe

Primarstufe

Vorschulbereich

Schulpflicht

© DIPF 2004

Botho von Kopp

LIECHTENSTEIN

Entwicklung des Bildungswesens

Liechtenstein hat eine Landfläche von 160 m² und rund 32.800 Einwohner, wobei der Anteil der Ausländer, deren Zahl seit Ende der 1960er Jahre rapide anstieg, bei ca. 34% und bei den Arbeitskräften der Anteil der Ausländer bei ca. 60% liegt (davon wiederum mehr als die Hälfte Pendler aus der Schweiz und Österreich – vgl. LIECHTENSTEIN IN ZAHLEN 2001). Philosophie und Struktur des liechtensteinischen Schulsystems sind eng mit dem seiner unmittelbaren Nachbarn Österreich und, seit Beginn des 20. Jahrhunderts, insbesondere der Schweiz verknüpft, ohne mit diesen identisch zu sein. Diese Balance von Nähe und Erhalt distanzierter Eigenständigkeit ist insgesamt typisch auch für die politisch-wirtschaftliche und kulturelle Situation des Landes. Das Fürstentum ist eine „konstitutionelle Erbmonarchie auf demokratisch-parlamentarischer Grundlage". Die Staatsgewalt liegt beim Fürsten und beim Landtag, der aus allgemeinen Wahlen hervorgeht. 1719 erhob Kaiser Karl VI. das heutige Staatsgebiet, das nur einen Teil der damaligen Besitztümer des Hauses Liechtenstein darstellt (weitere umfangreiche Besitztümer lagen in Niederösterreich und Mähren), zum Reichsfürstentum. Dieses erhielt als Mitglied des Rheinbundes 1806 erstmals eine weitreichende Souveränität, die es, nach dem Zerfall des Deutschen Bundes (1866), zur Eigenstaatlichkeit erweitern und bis heute erhalten konnte. 1868 schaffte Liechtenstein das eigene Militär ab. Nach dem Ersten Weltkrieg wurde die Währungsunion mit Österreich aufgegeben und nach einer Übergangzeit durch die Währungsunion mit der Schweiz ersetzt. Liechtenstein ist seit 1978 Vollmitglied des Europarates. 1991 trat das Land der Europäischen Freihandelszone (EFTA) und 1995 dem Europäischen Wirtschaftsraum (EWR) bei, einer Organisation, die sich als Brücke zwischen EFTA und EU versteht. Dass die Schweizer per Referendum den EWR-Beitritt abgelehnt hatten, stellte Liechtenstein zunächst vor ein Problem, das es inzwischen durch eine so genannte „parallele Verkehrsfähigkeit", das heißt die gleichzeitige volle Mitgliedschaft in zwei distinkten Wirtschaftsräumen, dem europäischen und (weiterhin) dem schweizerischen, gelöst hat. Seit dem EWR-Beitritt nimmt Liechtenstein auch an den EU-Bildungsprogrammen Sokrates und Leonardo für allgemeine und berufliche Bildung teil.

Der Beginn eines gesetzlich geregelten Schulsystems wird auf Anfang des 19. Jahrhunderts datiert, als ein fürstlicher Erlaß aus Wien von jeder Gemeinde die Einrichtung eines Schulfonds und die Einführung der Schulpflicht forderte. Das erste Schulgesetz wurde 1827 verabschiedet. Während das allgemeine Schulsystem sich parallel aus der gemeinsamen Tradition mit den Nachbarstaaten entwickelte, hat sich die geregelte Berufsbildung, „bedingt durch die überwiegend bäuerlichen Strukturen, die geringe Rolle des Handwerks sowie die späte Industrialisierung im 19. Jahrhundert", erst relativ spät etabliert (BERUFLICHE BILDUNG 1997, S. 8). Zwar hatte schon im Jahr 1793 eine Gruppe von Schaaner Bürgern ein Schreiben an den damaligen Fürsten gerichtet, in dem sie baten, er möge ihren Kindern ermöglichen, in Wien eine Lehre zu absolvieren, und im gleichen Jahr wurden tatsächlich auf Kosten des Fürsten drei, im darauffolgenden Jahr 1802 (allerdings „nur noch widerwillig") zwei Jugendliche nach Wien in die Lehre geschickt (NEGELE o.J., S. 1). Erst in der zweiten Hälfte des 19. Jahrhunderts lassen sich „erste systematische Anstrengungen zur Einrichtung von Berufsbildungsmöglichkeiten feststellen" (Ebd.), die dann in den 20er Jahren des 20. Jahrhunderts zur Einführung von Handelskursen und im Schulgesetz von 1929 zur gesetzlichen Verankerung der Durchführung öffentlicher Fachkurse für Lehrlinge führten. Überlegungen zur Einrichtung einer eigenen Berufsschule wurden verworfen und man nahm in den 1930er Jahren Kontakt zum schweizerischen Kanton St. Gallen auf, um liechtensteinischen Lehrlingen die Aufnahme in dortige Berufsschulen zu ermöglichen. 1936 wurde das erste Lehrlingsgesetz geschaffen, das alle Lehrlinge verpflichtete, neben der praktischen Ausbildung schulischen Unterricht zu besuchen. 1976 wurde das Berufsbildungsgesetz verabschiedet, das u.a. ein Amt für Berufsbildung schuf, das seither Aufsichts- und Vollzugsorgan für die berufliche Bildung ist.

Obwohl bekanntermaßen der Sektor Banken und Finanzwesen mit seinen kapitalfreundlichen Rahmenbedingungen wesentlich zur wirtschaftlichen Prosperität der einstigen reinen Agrarregion beigetragen hat und nicht zuletzt auch mit seinen ca. 73.000 „Briefkastenfirmen" ca. 30% der Staatseinkünfte erwirtschaftet, ist Liechtenstein insofern eine Ausnahme unter den Kleinstaaten, als es eine gut diversifizierte Wirtschaft aufgebaut hat, die bei einer Einwohnerzahl von 33.000 Personen immerhin rund 25.000 Arbeitsplätze aufweist (vgl. NEGELE o.J., S. 4). Neben Finanzwirtschaft und Tourismus spielt vor allem die verarbeitende Industrie (z.B. Metallverarbeitung, Maschinenbau, Pharmazeutika, Präzisionsinstrument) eine wichtige Rolle. In der Landwirtschaft arbeiten heute nur noch 2% der Beschäftigten. Angesichts der skizzierten Wirtschaftsentwicklung, die erst in den letzten Jahrzehnten einsetzte, hat die berufliche Ausbildung im Bildungswesen Liechtensteins eine hervorragende Stellung gewonnen. Diesen neuen Bedingungen wurde mit dem Berufsbildungsgesetz von 1976 Rechnung getragen, das die Frage der Trägerschaft, der beruflichen Grund- und Weiterbildung, Organisation und Finanzierung grundsätzlich regelt.

Organisation des gegenwärtigen Schulsystems

Überblick über die Struktur des Schulsystems

Der Vorschulbereich umfasst die *Kindergärten* sowie gegebenenfalls *Spezielle Vorschulklassen* als Vorbereitung für den Eintritt in den Pflichtschulbereich. Liechtenstein hat ein dreigliedriges Schulsystem. Die Pflichtschule dauert neun Jahre und setzt sich zusammen aus der fünfjährigen *Primarschule* und den drei Formen der Sekundarstufe I: der vierjährigen „*Oberschule*" (in deutscher Terminologie: „Hauptschule"), der vierjährigen *Realschule* und der dreijährigen Unterstufe des *Gymnasiums*. Für Real- und Oberschüler gibt es, nach einem erfolgreichen Abschluss des 9. Jahres, die Möglichkeit, ein freiwilliges *10. Schuljahr* zu besuchen. Die Oberstufe des Gymnasiums ist in fünf Profile geteilt, sie dauert vier Jahre und führt zum Abitur („*Matura*").

Die berufliche Erstausbildung im Berufsschulwesen findet im so genannten dualen System statt. Die Berufslehre der Lehrlinge dauert meist drei bis vier Jahre und erfolgt in einem anerkannten Lehrbetrieb, heute zunehmend auch in überbetrieblichen Einrichtungen. Am Abschluss der Ausbildung steht eine Lehrabschlussprüfung. Auf einer *Berufsmittelschule* können die Jugendlichen, die eine mindestens dreijährige Berufslehre abgeschlossen haben, im berufsbegleitenden Studium einen Abschluss erwerben, der sie zum weiteren Studium an einer Hochschule befähigt. In den letzten Jahren hat der Bereich der beruflichen Weiterbildung stark an Bedeutung gewonnen und eine Vielfalt von Angeboten steht zur Verfügung.

Neben dem öffentlichen Schulsystem gibt es auch eine private Waldorfschule, der auch ein Kindergarten angegliedert ist. Außerdem gibt es eine ungeteilte (Sekundarstufe I und II integrierende) Sekundarschule mit Namen *„formatio"*, die von einer „Stiftung Neues Lernen" getragen wird. Hierbei handelt es sich um eine Ganztagsschule, die neben den allgemeinen Lehrzielen der Sekundarschule schwerpunktmäßig die Entwicklung der Persönlichkeit sowie die Entwicklung besonderer Begabungen und die Kompetenz in modernen Schlüsselqualifikationen fördern will (FÜRSTENTUM LIECHTENSTEIN 2000, S. 36). Für die Privatschulen gibt es staatliche Zuwendungen, jedoch müssen die Eltern Schulgeld bezahlen.

Seit dem Gesetz von 1992 und der Umwandlung der schon seit 1961 (zunächst als *Abendtechnikum Vaduz*) bestehenden *Liechtensteinischen Ingenieurschule (LIS)* in eine Fachhochschule gibt es in Liechtenstein auch formell einen tertiären Bildungsbereich. Die Fachhochschule bietet seit 1999 auch ein Diplomstudium in Betriebswirtschaft mit Schwerpunkt Finanzdienste. Außerdem bietet die Fachhochschule eine Vielfalt von Weiterbildungsmöglichkeiten z.B. in den Fachbereichen Logistik, Baumanagement, Treuhandwesen, Wirtschaftsingenieur usw. Seit 1997 ist die Fachhochschule Liechtenstein eine Stiftung des öffentlichen Rechts. Neben der Fachhochschule gibt es eine *„Interstaatliche Fachhochschule für Technik Buchs"*, die von den Schweizer Kantonen St. Gallen, Graubünden sowie von Liechtenstein gemeinsam getragen wird. Sie erhielt schon 1993 in Liechtenstein selbst sowie vom baden-württembergischen Bildungsministerium die Anerkennung als Fachhochschule, die entsprechende Anerkennung in der Schweiz erfolgte 1998 in Folge der dortigen gesetzlichen Einführung von Fachhochschulen. Die *Internationale Akademie für Philosophie (IAP)* ist eine private Hochschuleinrichtung, die den Magister- sowie den Doktorabschluss anbietet. Diese Abschlüsse sind in Deutschland und in Österreich als gleichwertig anerkannt. Daneben gibt es das *Liechtenstein Institut (LI)* als Forschungs- und Lehrstätte. Es verleiht keine eigenen Diplome aber gegebenenfalls wird für Diplome und Dissertationen an ausländischen Hochschulen eine wissenschaftliche Mitbetreuung geboten.

Da der Hochschulbereich sehr eingeschränkt ist, studieren die meisten liechtensteinischen Hochschüler im Ausland. Ein Abkommen von 1976 sichert die uneingeschränkte Anerkennung der liechtensteinischen Matura als Voraussetzung für ein Hochschulstudium in Österreich und der Schweiz. Im Falle Deutschlands erfolgt die Zulassung zum Hochschulstudium in Form von Einzelentscheidungen durch die Länderbehörden (BERUFLICHE BILDUNG 1997, S. 5).

Staatliche Aufsicht, Steuerung der Schulen

Nach der Landesverfassung steht das gesamte, öffentliche wie private, Erziehungs- und Unterrichtswesen, unter staatlicher Aufsicht. Der Regierung untergeordnete Organe sind das Schulamt, das Amt für Berufsbildung, der Schulrat, der Berufsbildungsrat und die Erwachsenenbildungskommission, die verschiedene Kompetenzbereiche verwalten und beaufsichtigen. Der Schulrat wird von der Regierung für vier Jahre gewählt. In seine Kompetenzen fallen u.a. das Vorschlagsrecht bei der Einstellung von Lehrern staatlicher Schulen und bei der Ernennung von Schulleitern, die Genehmigungen für Schulwechsel von Schülern in eine andere Schulform, Zustimmung für frühere oder spätere Einschulung und die Festsetzung obligatorischer Lehrerfortbildungskurse. Für den berufsbildenden Bereich gibt es einen Berufsbildungsrat, der ebenfalls von der Regierung für vier Jahre gewählt wird. Er berät die Regierung und das Amt für Berufsschulwesen, das seinerseits für die Durchführung des Berufsbildungsgesetzes insgesamt sowie u.a. die Vermittlung von Lehrstellen und die Aufsicht über die Berufsschulen und Lehrbetriebe verantwortlich ist. Schulträger der öffentlichen Kindergärten und der Primarschulen und damit Eigner der Schulgebäude sind die Gemeinden. Ein vom Gemeinderat gewählter Gemeindeschulrat leitet das Gemeindeschulwesen, legt u.a. die Schulbezirke fest, stellt die Kindergärtnerinnen ein und übt ein Vorschlagsrecht für die Auswahl der Primarschullehrer aus. Außerdem gehört zu den wichtigsten Aufgaben des Gemeindeschulrats die Erstellung eines Gemeindebudgetantrags für das Bildungs- und Erziehungswesen sowie die Kontrolle der gemeindeeigenen Schulgebäude und -anlagen (vgl. FÜRSTENTUM LIECHTENSTEIN 2000, S. 10-11).

Allgemein bildende und berufsbildende Schulen

Die vorschulische Bildung und Erziehung

Die Kindergärten sind für den Besuch der Kinder im 4. und 5. Lebensjahr vorgesehen. Traditionell werden Kinder aufgenommen, die zum Juni des Jahres das 4. Lebensjahr vollenden. Die früher verbindliche Regelung ist jedoch gelockert worden und die Eltern haben mehr Möglichkeiten, den Zeitpunkt des Kindergarteneintritts mitzubestimmen. Die Kindergärten werden von den Gemeinden eingerichtet und getragen. Es müssen so viele Plätze angeboten werden, dass alle Kinder der betreffenden Altersstufe aufgenommen werden können. Die staatliche Aufsicht wird vom Kindergarteninspektorat des Schulamts wahrgenommen. Insgesamt befanden sich im Schuljahr 2000/2001 ca. 862 Kinder in 57 Kindergartenabteilungen. Der Besuch eines Kindergartens ist für Einheimische freiwillig und unentgeltlich. Für fremdsprachige Kinder ist der Kindergartenbesuch des zweiten Jahrgangs obligatorisch. Hier erhalten sie gezielten Deutschunterricht als Vorbereitung auf den Schulbesuch. Das Heilpädagogische Zentrum in Schaan betreibt einen Sonderschul-Kindergarten. Kinder mit Entwicklungsstörungen oder -hemmnissen können im Rahmen einer speziellen Einschulung und um die Einschulung zu erleichtern in eine spezielle Vorschule aufgenommen werden. Diese Vorschule ist in einigen Gemeinden ein-, in anderen zweijährig. Das Konzept des Kindergartens sieht vor, die familiäre Erziehung des Kindes zu ergänzen und zu unterstützen und die ganzheitliche Entwicklung des Kindes zu fördern.

Die Primarschule

Üblicherweise werden diejenigen Kinder in die Primarschule aufgenommen, die bis Ende Juni des laufenden Jahres das 6. Lebensjahr erreicht haben. Schulfächer der Primarschule sind Mathematik, Deutsch, Naturkunde („Realien"), Bildnerisches Gestalten, Musik, Sport, Textiles und Technisches Gestalten, Religion sowie Englisch ab dem dritten Jahr (seit 1996/97). Nachdem seit 1980 die musikalische Früherziehung in die Kindergärten integriert ist, wurde dieses Prinzip auch seit dem Schuljahr 1993/94 für den Primarschulbereich übernommen und in den Unterricht des ersten und zweiten Jahrgangs integriert. Dabei arbeiten die öffentlichen Schulen eng mit der Liechtensteiner Musikschule zusammen.

Seit dem Schuljahr 1999/2000 gibt es an den Primarschulen nur noch verbale Begutachtungen. Diese sollen auf eine ganzheitliche Beurteilung hinzielen und sowohl den Aspekt der Lernkontrolle wie auch eine summarische prognostische Beurteilung über die weitere schulische Entwicklung beinhalten. Hierüber sollen die Eltern in mindestens zwei Einzelgesprächen pro Schuljahr, an denen auch die Schüler teilnehmen können, informiert werden. Bestandteil der Lehrerfortbildung ist eine spezielle Schulung im Hinblick auf diese Beurteilung. Die Versetzung in die nächsthöheren Jahrgänge erfolgt automatisch, es gibt also kein Sitzenbleiben. Es kann jedoch ein Schuljahr freiwillig (im Abschlussjahr der Primarschule nur nach Genehmigung des Schulamtes) wiederholt werden.

Übergang in die weiterführenden Sekundarschulen

Am Ende der Primarschule findet das Zulassungsverfahren in eine der Schulformen der Sekundarstufe I statt. Dabei gibt die Primarschule (der Klassenlehrer) im zweiten Halbjahr des letzten (fünften) Jahrgangs eine Empfehlung an die Eltern. Über davon abweichende Einschulungswünsche entscheidet der Schulrat, wobei das Primarschulinspektorat und der Schulpsychologische Dienst mit zur Beurteilung herangezogen werden. Im Prinzip verteilen sich die Schülerströme auf eine der drei Schulformen nach ihren Schulleistungen in den allgemein bildenden Fächern. Etwa 28% eines Jahrgangs treten in eine Oberschule, ca. 50% in eine Realschule und der Rest in ein Gymnasium über.

Die Oberschule

Die Oberschule ist umfasst die Jahrgangsstufen 6 bis 9. Als Pflichtfächer werden unterrichtet: Deutsch, Mathematik, Informatik, Naturkunde („Realien"), Englisch, Französisch, Haushaltskunde, Textiles und Technisches Gestalten, Religion, Musik, Bildnerisches Gestalten, Informatik, Lebenskunde und Sport. Daneben gibt es eine Vielfalt von Wahlfächern. Im Prinzip handelt es sich bei der Oberschule um eine Schulform, die unterschiedlichen Anspruchsniveaus gerecht werden soll. Für Lernschwache gibt es im Rahmen besonderer schulischer Maßnahmen einen speziellen Ergänzungsunterricht bzw. Unterricht in Kleingruppen. Für überdurchschnittliche Schüler gibt es Zusatzunterricht in Mathematik und Deutsch. Nach Ende des ersten Oberschuljahres kann die Schulleitung aufgrund guter Schulleistungen einzelner Schüler einen prüfungsfreien Übertritt in den ersten Jahrgang einer Realschule vorschlagen. Abgesehen davon müssen sich Schüler, die ohne das Vorliegen einer solchen Empfehlung den Übertritt in eine Realschule wünschen, einer Prüfung unterziehen. Am Ende des 9. Schuljahres erhalten die Schüler, die die Oberschule erfolgreich absolviert haben ein Abschlusszeugnis. Dessen Noten werden aus den Noten der beiden Halbjahre der Abschlussklasse errechnet. Abgesehen davon können die Oberschulen eine eigene Abschlussprüfung durchführen, deren Ergebnisse im Abschlusszeugnis aufgeführt werden.

Realschule

Die Realschule vermittelt gegenüber der Oberschule „eine erweiterte und vertiefte Grundausbildung und bereitet die Schüler auf ihre Berufslaufbahn oder auf eine weitere schulische Laufbahn vor" (FÜRSTENTUM LIECHTENSTEIN, Bd. 4, S. 24). An ihr werden – in anspruchsvolleren Varianten – dieselben Pflichtfächer wie an der Oberschule sowie zusätzlich Wahlfächer (u.a. Latein) unterrichtet. Ab dem zweiten Jahr können in einigen Fächern Leistungszüge in zwei Anspruchsvarianten eingerichtet werden. Dabei ist der Leistungskurs A auf den Übergang in Fachschulen und anspruchsvolle technische und kaufmännische Lehrberufe ausgerichtet, der Leistungskurs B auf die Lehre in gewerblichen, technischen und kaufmännischen Berufen. Nach dem ersten, dritten und vierten Realschuljahr ist, bei entsprechenden Leistungen und Befürwortung durch die Schule, ein prüfungsfreier Übergang in das Gymnasium möglich. Liegt keine Empfehlung vor, muss eine Prüfung abgelegt werden.

Freiwilliges 10. Schuljahr

Jugendliche, die erfolgreich die Oberschule oder die Realschule abgeschlossen haben, können ein freiwilliges 10. Schuljahr absolvieren, das seit 2000 neu konzipiert wurde und als eigenständige Schulform gilt. Es gibt drei Angebote in den Schwerpunkten Sprachen und soziale Berufe (die so genannten „pro lingua"), Informatik und Gestalten (die so genannten „Cyberclass/Werkjahr") und ein allgemeines schulisches und soziales Lernangebot (so genannte „Zukunftsbrücke"). Der Unterricht soll den Schülern den Übergang in eine weiterführende Schule bzw. das Berufsleben sichern. So bietet das 10. Schuljahr z.B. eine gezielte Berufswahlberatung. Praktika sollen Einblick und den Übergang in das Berufsleben erleichtern. Oberschulabsolventen, die Pro lingua absolvieren, können sich u.a. für eine kaufmännische Lehre entscheiden, die sonst nur Realschulabgängern offensteht. Das 10. Schuljahr wird gegenwärtig von ca. 14% eines Schülerjahrgangs der Ober- und Realschulen zusammen besucht.

Gymnasium

Das Gymnasium bereitet auf den Abschluss der Reifeprüfung „Matura" vor, die über Abkommen mit den Nachbarländern bzw. anderen bi- oder multilateralen Abkommen zur Aufnahme eines Hochschulstudiums berechtigt. Vorgesehen ist gegenwärtig sowohl eine gymnasiale Langform (drei Jahre Unterstufe, vier Jahre Oberstufe) als auch eine gymnasiale Kurzform. In der Oberstufe wird ein Unterricht in fünf Profilen angeboten:
–   das Profil „Lingua" zielt auf die Bereiche Literatur, Kunst, Philosophie, Sprache und schließt den Unterricht in Latein (in Fortführung dieses Faches aus der Unterstufe) ein;

- das Profil Neue Sprachen bietet, ebenfalls neben der Fortführung des Lateinunterrichts, als dritte Fremdsprache Spanisch an;
- das Profil Kunst, Musik und Pädagogik zielt auf einen vertieften Unterricht in den fraglichen künstlerischen Bereichen einschließlich der Erwartung an eine aktive Ausübung von Musik bzw. künstlerischer Aktivitäten;
- das Profil Wirtschaft und Recht;
- das Profil Mathematik und Naturwissenschaften.

Die berufliche Bildung und Ausbildung

Das System der allgemein bildenden Schulen und das System der Berufsbildung haben sich „beinahe unabhängig voneinander entwickelt" (BERUFLICHE BILDUNG 1997, S. 8). Dabei hat man sich bei der Entwicklung des letzteren eng am Berufsbildungssystem der Schweiz orientiert, und es gibt enge Kooperationen und darüber hinaus auch gemeinsame Einrichtungen mit gemischten Finanzierungen. Das Amt für Berufsbildung arbeitet mit ca. 30 Schweizer Berufsschulen und Ausbildungszentren zusammen. Zunehmend erstreckt sich diese Kooperation auch auf Meisterschulen, höhere Fachschulen und Fachhochschulen. Da eine eigenständige Entwicklung der vielfältigen in Liechtenstein zur Anwendung kommenden Lehrberufe nicht möglich ist, gilt seit 1977 eine Regierungsverordnung, nach der alle von den zuständigen Stellen in der Schweiz erlassenen Ausbildungsreglemente automatisch auch in Liechtenstein Gültigkeit haben.

Eine zunehmende Bedeutung hat die Berufsberatung der Jugendlichen, die von der Stelle für Berufs- und Laufbahnberatung auf vielfältige Weise, von allgemeinen Informationsveranstaltungen bis hin zu individuellen Beratungen, geleistet wird. Eine zentrale Rolle spielt hierbei das sehr aktive und gut ausgestattete Berufsinformationszentrum in Schaan, das u.a. detaillierte Informationen zu allen möglichen Ausbildungsrichtungen und Feldern gesammelt und aufbereitet hat. Die Bedeutung der Berufs- und Berufswahlberatung wird auch durch die Tatsache verdeutlicht, dass in den 3. und 4. Klassen der Ober- und Realschulen in Zusammenarbeit mit der Berufsberatungsstelle bzw. des Berufsinformationszentrums seit Jahren der Berufswahlunterricht als Pflichtfach durchgeführt wird. Dabei sollen die Schüler in vielen Schritten an eine bewußte Entscheidung zur Berufswahl herangeführt werden, wobei auch die Erziehungsberechtigten einbezogen werden. Das Berufsinformationszentrum vermittelt im Rahmen der schulischen Berufsberatung auch so genannte Schnupperlehren und ermöglicht gegebenenfalls individuelle Beratung.

Lehrberufe

Die Ausbildung in Lehrberufen entspricht im Wesentlichen dem Prinzip des so genannten *dualen Systems* wie es sich in den deutschsprachigen Nachbarländern herausgebildet hat. Wie für dieses System typisch, wird das Lehrverhältnis durch einen Lehrvertrag geregelt. Neben der Ausbildung im Betrieb besucht der Lehrling in der Regel an zwei Wochentagen die Berufsschule (hier spielt das Berufsbildungszentrum in der linksrheinischen schweizerischen Stadt Buchs eine zentrale Rolle). Heute spricht man in Liechtenstein auch von einem „trialen System". Damit ist die Tatsache angesprochen, dass neben ausbildendem Betrieb und Berufsschulen – die die Lehrlinge in der Regel an ein bis zwei Wochentagen besuchen – zunehmend auch

Berufsverbände branchenspezifische Bildungsmaßnahmen anbieten. Die Ausbildung dauert typischerweise drei oder vier Jahre. Die Lehrabschlussprüfungen werden in der Schweiz durchgeführt. Das Amt für Berufsbildung registriert und vermittelt die Lehrstellen und es übt die Aufsicht über die Berufsschulen und die Lehrbetriebe aus. Neben der regulären Lehre gibt es eine zweijährige so genannte *Anlehre*. Sie ist weniger anspruchsvoll und offener, und nach einem betrieblichen Ausbildungsprogramm auch in der Berufsschule wird in separaten Klassen unterrichtet. Fremdsprachige Jugendliche können im Rahmen einer so genannten *Vorlehre* (basierend auf einem Vorlehrvertrag) ein Jahr lang im angestrebten Beruf in einem Lehrbetrieb arbeiten. Daneben lernen sie in Spezialkursen im Interstaatlichen Berufsbildungszentrum Buchs die deutsche Sprache. Diese Kurse stehen auch fremdsprachigen Jugendlichen offen, die sich nicht in einem Vorlehrverhältnis befinden. Es ist bemerkenswert, dass in Liechtenstein selbst gegenwärtig ca. 750 Lehrbetriebe eine Ausbildung mit ca. 1.000 Lehrverhältnissen in etwa 100 Berufen durchführen (BERUFLICHE BILDUNG 1997, S. 38 und NEGELE o.J., S. 3). Hierfür müssen die Ausbildungsbetriebe vom Amt für Berufsbildung eine Ausbildungsbewilligung erhalten, die für jeden Ausbildungsberuf und Betrieb einzeln erstellt wird. Ca. 20% der Lehrlinge kommen als Grenzgänger aus der Schweiz (einige wenige auch aus dem österreichischen Vorarlberg) in liechtensteinische Lehrbetriebe. Die überwiegende Mehrheit der in Liechtenstein im Lehrverhältnis stehenden Auszubildenden (70%) besucht das Interstaatliche Berufsbildungszentrum Buchs. Die Lehrberufeausbildung wird heute zunehmend durch Zusatzausbildungen z.B. als Zweitlehre oder in Aufbaukursen ergänzt oder erweitert.

Fachschule, Berufsmittelschule, Fachhochschulreife

Für einige Berufsrichtungen werden Ausbildungen in Fachschulen angeboten. Neben einer Handelsschule gibt es Ausbildungen u.a. im Bereich Arztgehilfin, Hotelwesen und Kunstgewerbe. Die *Berufsmittelschule* bietet interessierten Lehrlingen in Form von berufsbegleitendem (Abend-) Unterricht im Verlauf von zwei Jahren die Möglichkeit, gemeinsam mit dem erfolgreichen Lehrberufeabschluss in einem doppelqualifizierenden Abitur („*Berufsmaturität*") die fachgebundene Hochschulreife zu erwerben. Sie ermöglicht den prüfungsfreien Zugang zu den Hochschulen Liechtensteins und Österreichs sowie den Fachhochschulen der Schweiz. Inhaltlich konzentriert sich der Unterricht auf die üblichen allgemein bildenden Pflichtfächer (einschließlich Rechts- und Wirtschaftskunde, Arbeitstechnik und Informatik) sowie alternative Schwerpunktfächer (Naturwissenschaften, Wirtschaftswissenschaften) und Wahlfächer. Für Berufstätige, die die Lehre schon abgeschlossen und eine Praxis erworben haben, gibt es seit 1992 generell die Möglichkeit, in einem dreisemestrigen „Vorbereitungslehrgang Fachhochschulreife" eine Qualifikation zu erlangen, die zum Fachhochschulstudium berechtigt. Neben der Form des berufsbegleitenden Unterrichts gibt es auch die Möglichkeit, sich in einem einjährigen Vollzeitkurs auf die Prüfung zur technischen Berufsmaturität vorzubereiten.

Sonderschulen und besondere Fördermaßnahmen

In Schaan gibt es ein Heilpädagogisches Zentrum, das auch eine Sonderschule betreibt. Daneben gibt es drei Schulklassen und zwei Kindergärten, die Kinder mit leichteren Entwicklungsbeeinträchtigungen integrieren. Dazu gibt es weitere schuli-sche und außerschulische Therapie- und Betreuungsmaßnahmen. Als besondere För-dermaßnahmen sind die spezielle Einschulung, Deutschkurse für ausländische Kin-der, Ergänzungsunterricht und schließlich die Spezielle Förderung in Kleingruppen, die gegebenenfalls auch an die Stelle des Regelunterrichts treten kann, anzuführen.

Aktuelle Diskussionen und Entwicklungsperspektiven

Schon 1987 wurde der Bericht einer Kommission veröffentlicht, der eine umfas-sende Reform, u.a. die Einführung einer neuen Schulstruktur vorschlug, die jedoch in der Öffentlichkeit keine eindeutige Unterstützung fand. 1992 wurde die Kommis-sion beauftragt, ein konsensfähiges Strukturmodell zu entwickeln. Aus den Vor-schlägen ging schließlich 1998 ein Regierungsentwurf hervor. „Der Entwurf sieht ein kooperatives vierjähriges Sekundarstufenmodell vor, welches eine Gliederung in zwei Stammklassen und in drei Fächern in drei Leistungsniveaus aufweist. Das Gymnasium beginnt nach der 7. Schulstufe als eigenständiger Schultyp" (FÜRSTEN-TUM LIECHTENSTEIN 2000, S. 8). Außerdem sieht ein Beschluss des Landtages vom Jahr 2000 vor, eine umfassende Reform der gymnasialen Oberstufe durchzuführen, in dessen Gefolge die fünf bisherigen Züge durch ein flexibleres System von Kursen ersetzt werden sollen. Während einige Reformen (Einführung des Fremdsprachenun-terrichts im 3. Jahrgang, neue Prinzipien der Benotung, Ingangsetzen einer neuen Lernzielentwicklung) realisiert wurden, waren die Struktur- und die Oberstufenre-form bisher (Stand Ende 2000) noch nicht umgesetzt.

Im Bereich der Berufsbildung gilt es, die Anpassungen an Bevölkerungs-, Wirt-schafts- und Technologieentwicklung zu vollziehen. Die Einführung der doppelqua-lifizierenden Berufsmaturität, der weiterhin verstärkte Aufmerksamkeit gewidmet werden soll, ist sowohl als Maßnahme gedacht, die Ausbildung in Lehrberufen für junge Leute attraktiver zu machen, als auch die wachsenden Ansprüche in vielen bisherigen und völlig neuen Berufen in die Ausbildung einzubauen. Die Lehre soll zukünftig auch durch verstärkten fächerübergreifenden Unterricht charakterisiert werden. Dies gilt besonders für die Berufsmatura, die zu einem „Modell des integ-rierten Unterrichts" (FÜRSTENTUM LIECHTENSTEIN 2000, S. 39) werden soll. Ver-stärkt soll auch die Fremdsprache Englisch in mehr und mehr Ausbildungsberufe als Pflichtfach eingeführt werden. Die berufliche Weiterbildung, insbesondere in Ko-operation mit den Nachbarländern soll weiter gefördert werden.

Literatur

BERUFLICHE BILDUNG IM FÜRSTENTUM LIECHTENSTEIN. Liechtensteinisches Amt für Berufsbildung, Leonoardo da Vinci Büro Liechtenstein (Hrsg.). Schaan 1997.
FÜRSTENTUM LIECHTENSTEIN – Eine Dokumentation. Bd. 4: Das liechtensteinische Bildungswesen. Vaduz: Presse- und Informationsamt 2000.
LIECHTENSTEIN IN ZAHLEN, 2001. Amt für Volkswirtschaft, Statistik. Vaduz 2001.
NEGELE, MARTIN: Berufliche Bildung in Liechtenstein. Manuskript, Schaan o. J.
http://www.cia.gov/cia/publications/factbook/

Liechtenstein

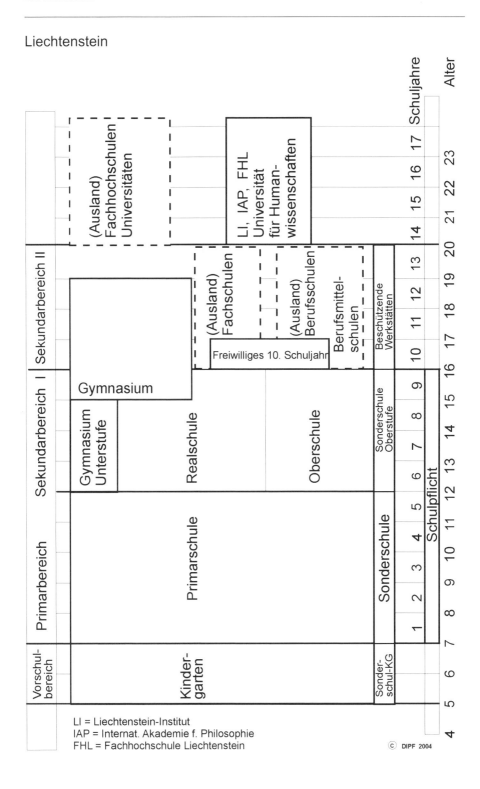

LI = Liechtenstein-Institut
IAP = Internat. Akademie f. Philosophie
FHL = Fachhochschule Liechtenstein

© DIPF 2004

Elvyra Giedraitiene

LITAUEN

Entwicklung des Bildungswesens

Der sozio-kulturelle Rahmen

Litauen ist die südlichste der baltischen Republiken mit einer vergleichsweise geringen Einwohnerzahl von 3,5 Millionen und der Hauptstadt Vilnius (Wilna). Die Bevölkerung besteht zu 81% aus Litauern, daneben gibt es 8,5% Russen, 7% Polen,
1,5% Weißrussen und 1% Ukrainer. Die herrschende Konfession ist zu 90% rö-
misch-katholisch. Die Staatssprache ist litauisch, eine baltische Sprache, die als eine
der ältesten indogermanischen Sprachen gilt und dem Sanskrit sehr nahe kommt.
Litauen ist eine parlamentarische Republik mit Präsidialverfassung und einem Ein-
kammer-Parlament (*seima*). Die tiefgreifenden politischen und sozio-ökonomischen
Veränderungen in Ost- und Mitteleuropa haben auch Litauen berührt. Gleich in den
ersten Jahren der Unabhängigkeit begann die Reform des Bildungswesens. Es war
symbolisch, dass im Jahre 1990, als Litauen seine Unabhängigkeit erklärt hat,
zugleich das 600-jährige Jubiläum der litauischen Schule gefeiert wurde.

Historische Aspekte

Die erste Schule im litauischen Königreich bestand im 14. Jahrhundert an der Ka-
thedrale von Vilnius. Im 16. und 17. Jahrhundert hat man mehr als 100 Schulen an
verschiedenen Klöstern eröffnet. Ende des 18. Jahrhunderts gab es in Litauen 195
Grund- und elf Mittelschulen. In der ersten Hälfte des 19. Jahrhunderts hat man die
litauischen Schulen nach dem russischen Muster umgeformt. Im 19. Jahrhundert gab
es in den Provinzen von Vilnius und Kaunas bereits 426 Volksschulen. Im 20. Jahrhundert. wurde die litauische Schule gleich dreimal umgestaltet: 1919-1940 zur Zeit
der Selbstständigkeit, 1940-1985 zur Sowjetzeit und schließlich 1988, als man die
Konzeption der litauischen Nationalschule verkündete zu einem Zeitpunkt, als Litauen noch ein Bestandteil der UdSSR war. Diese Reform zieht sich jetzt bis ins 21.
Jahrhundert hinein. Die litauische Bildungsreform beruht auf festen strategischen
Grundlagen. Die Konzeption der litauischen Nationalschule von 1988 wurde 1992 in
der „litauischen Bildungskonzeption" vervollständigt. Dadurch wurde es möglich,
diese Reform unabhängig von mehrmaligen Regierungswechseln durchzuführen.
1991 wurde das Bildungsgesetz verabschiedet, 1998 wurden die Korrekturen dieses
Gesetzes bestätigt. 1997 wurde das Berufsbildungsgesetz verabschiedet, das die
Struktur und die Verwaltung der Berufsausbildung sowie die Verhältnisse zwischen
staatlichen Institutionen und Sozialpartnern definierte. Das im Jahre 1998 angenommene Gesetz für die non-formale Erwachsenenbildung hat das Erwachsenenbildungssystem in Litauen flexibler gemacht. 1998 wurde auch das Gesetz für die sonderpädagogische Bildung verabschiedet, das den Kindern mit förderpädagogischem
Bedarf Ausbildungsmöglichkeiten bis zum 21. Lebensjahr gab.

Diese Dokumente stellen die Kontinuität der Bildungsreform sicher. Der Reformprozess, der in der so genannten litauischen Bildungskonzeption (1992) begonnen
wurde, ist für einen Zeitraum von ungefähr 16 Jahren vorgesehen.

Der Reformprozess läßt sich in zwei Etappen zusammenfassen:

Im Jahre 1997 endete die erste Etappe der litauischen Bildungsreform. Die wichtigsten Rechtsakte waren vorbereitet. Das Netz des pädagogischen und psychologischen Hilfsdienstes begann zu funktionieren, es wurde das Bildungswesen für Kinder mit sonderpädagogischem Bedarf geschaffen. Zu der Zeit entstanden neue Typen
der Vorschulerziehung. Man begann sich auf den Übergang zum zehnjährigen Lernen in der Basisschule und dem profilierten Lernen in der Mittelschule vorzubereiten. Ein Netz von Jugendschulen wurde geknüpft, die ersten Schritte der Berufsbildungsreform wurden realisiert, das System der Erwachsenenbildung wurde umgestaltet. In dieser Periode wurden auch die Qualifizierungsstufen für Lehrer und
Schulleiter gebildet.

Für die zweite Etappe, die jetzt im Gange ist, hat man drei prioritäre Ziele formuliert:

–   die Modernisierung des Lern- und Studienprozesses, die Steigerung der Ausbil-
    dungsqualität;
–   die Verbesserung der sozialen und pädagogischen Lern- und Studienbedingun-
    gen, die den Zugang zur Ausbildung für alle sicherstellen;
–   die Harmonisierung des Bildungswesens, denn bis jetzt ist es den wichtigsten
    politischen Kräften nicht gelungen, sich über eine gemeinsame nationale Bil-
    dungspolitik zu verständigen.

In der zweiten Etappe soll insbesondere die Demokratisierung der Gesellschaft, die
Festigung der Marktwirtschaft und die EU-Kandidatur des Landes berücksichtigt
werden. Die Bildung hat in Litauen also einen besonderen strategischen Wert. Die
Entwicklung des litauischen Bildungswesens ist aber bipolar: Einerseits kann man
den Fortschritt erkennen, andererseits wird das Bestehende zerstört.

Die Prioritätensetzung hat dazu beigetragen, dass man an den allgemein bildenden
Schulen Stellen für Sozialpädagogen eingeführt hat. Die Einführung des Sozialpädagogen in den Schulen hängt mit den negativen Entwicklungen der letzten Jahre zusammen: Die Schulpflicht wird nicht respektiert, die Leistungen lassen nach. Für
den tatsächlichen Schulbesuch gibt es leider keine zuverlässigen statistischen Angaben. Die statistische Abteilung des Ministeriums schätzt, dass etwa 20.000 schulpflichtige Kinder überhaupt nicht lernen. Die größte Zahl der Kinder, die die Schule
nicht besuchen, findet sich in den Großstädten, wo die Wirtschaft stark entwickelt
war. Inzwischen herrscht hier aber eine große Arbeitslosigkeit. Aber auch in
dörflichen Gegenden besuchen die Kinder die Schule schlecht.

Die Organisation des gegenwärtigen Schulsystems

Die Verwaltungsstruktur

Die litauische Schule steht unter der Gesamtaufsicht des Bildungsministeriums, das
auch direkt als Schulträger für die Berufsschulen und einige besondere Schultypen
auftritt. Die allgemein bildenden Schulen werden von den Kommunen getragen und
finanziert (mit staatlichen Subventionen). Zwischen der nationalen und der kommu-

nalen Ebene stehen die Bildungsabteilungen der zehn Provinzen, die z.B. für die Schulinspektion zuständig sind. Der Bildungsminister ist für die nationalen Rahmenlehrpläne verantwortlich, die von ihm genehmigt werden müssen. Die Überwachung der Implementation der Lehrpläne geschieht auf Schulebene. Jede Schule hat eine aus Eltern, Lehrern und Schülern bestehende Schulkonferenz, die allerdings eher Beratungsfunktionen hat. Ihre Entscheidungsbefugnis ist deshalb marginal und sollte nach Meinung der OECD-Gutachter (OECD 2000, S. 18) verstärkt werden.

Problem Schulsprache

Im Vergleich zu den nördlichen baltischen Nachbarn hat Litauen eine vergleichsweise kleine russische Minderheit. Nach der Wiedergewinnung der Staatlichkeit wurde jedoch den Minderheiten das Recht auf ihre Sprache als Schulsprache eingeräumt. Ende der 90er Jahre wurden 87% der Schüler auf Litauisch unterrichtet, 8,3% auf Russisch und 3,8% hatten Polnisch als Unterrichtssprache.

Schulorganisation

Die Kinder beginnen in Litauen im 6. oder 7. Lebensjahr die Schule zu besuchen. Die vollständige Ausbildung dauert zwölf Jahre. Der Beginn des Schuljahres ist der 1. September. Die Unterrichtsstunde dauert 45 Minuten, nur in der ersten Klasse ist sie kürzer (35 Minuten). Das Benotungssystem besteht aus zehn Punkten, die Noten ab drei Punkten abwärts sind negativ. Die vom Bildungsgesetz verordnete Schulpflicht dauert neun Jahre.

Allgemein bildende Schulen

Vorschulerziehung

In den ersten Jahren der Unabhängigkeit in Litauen war bei steigender Arbeitslosigkeit und steigenden Kosten für die Betreuung im Kindergarten die Zahl der Kinder in vorschulischen Bildungsstätten zurückgegangen. Im Jahre 1990 besuchten 40,8% der Kinder im Alter zwischen ein und sechs Jahren vorschulische Bildungsstätten. Im Jahr 1993 ist der Anteil auf 21,3% zurückgegangen. In dieser Zeitspanne ist in den städtischen vorschulischen Einrichtungen die Kinderzahl zweimal geringer geworden, in den Dörfern dagegen viermal. Die nicht rentablen Einrichtungen hat man geschlossen. Zugleich ist die Geburtenrate zurückgegangen, was zur Folge hat, dass die Kinderzahl im Vorschulalter immer kleiner wird. Trotzdem kann die Nachfrage nach Kindergartenplätzen nur zu 85% erfüllt werden. Diese Bildungsstufe ist nicht obligatorisch. Ein ökonomischer Grund dafür, dass der Bedarf an solchen Einrichtungen zum Vergleich zu den Jahren 1990-1993 gewachsen ist, ist der Wunsch der arbeitenden Mütter, ihre Arbeitsstelle zu behalten.

Allerdings wurde auch eine neue Entwicklungstendenz deutlich: Immer mehr Eltern möchten die Zukunft ihrer Kinder dadurch sichern, dass sie diese in die vorschulischen Bildungsstätten schicken, in denen reformpädagogische Erziehungs- und Bildungsmethoden verwendet werden. Die Pädagogen erziehen die Kinder zwar nach dem staatlichen Bildungsprogramm, sie haben aber zugleich das Recht, zusammen mit den Eltern das Erziehungsprogramm der Einrichtung und zugleich auch alternative Methoden (Montessori-, Waldorfpädagogik) zu bestimmen. Man versucht die

Nachfrage nach Vorschulerziehung dadurch zu decken, dass man Vorschulgruppen bzw. Klassen für 5-6-jährige Kinder an den Grundschulen bildet, damit alle Kinder die Möglichkeit haben, die Grundlagen des Vorschulprogramms zu erhalten.

Grundschule

Die litauische Grundschule hat eine reiche Tradition. In der Grundschule lernen die Kinder vier Jahre lang (1.-4. Klasse). Die Hauptfächer, aus denen das Bildungsprogramm besteht, sind Litauisch, Ethik oder Religionsunterricht (nach Wahl), Mathematik, Naturkunde, Zeichnen, Körperkultur. Die leistungsstarken Schüler haben von der 2. Klasse an die Möglichkeit, eine Fremdsprache zu lernen. Von der vierten Klasse an ist eine Fremdsprache obligatorisch. Die Grundschullehrer sind im engen Kontakt mit der Familie jedes Schülers.

Basisschule („Hauptschule", Sekundarstufe I)

Der Begriff Basisschule (oder in einer nicht ganz korrekten Analogie zur deutschen Begrifflichkeit: „Hauptschule") als Schultyp der Sekundarstufe I ist in Litauen ganz neu. Während der Zwischenkriegszeit gab es sechsjährige Schulen und Progymnasien, in sowjetischer Zeit dann sieben-, acht- und neunjährige Schulen. Nach der litauischen Unabhängigkeit wurde die Basisschule/Hauptschule eingeführt. Zugleich wurde die Schulpflicht bis zum 16. Lebensjahr festgelegt. Die Lerninhalte bestehen aus den Fächern Litauisch, Fremdsprachen, Ethik (oder Religionsunterricht), Mathematik, Mensch und die Natur, Biologie, Chemie, Physik, Informatik, Geschichte, Erdkunde, Zeichnen, Musik, Körperkultur. Ab 15 Jahren dürfen die Schüler selbstständig entscheiden, ob sie den Religionsunterricht besuchen. Der Abschluss der „Hauptschule" endet mit obligatorischen Prüfungen. Nach dem Bildungsgesetz darf man danach das Lernen in der Mittelschule oder dem Gymnasium fortsetzen oder aber in die Arbeitswelt eintreten. Die meisten Schüler setzen das Lernen in der Sekundarstufe II fort.

Mittelschule (Sekundarstufe II)

Die Mittelschule bildet nach der alten Terminologie der Sowjetzeit die letzte Stufe der allgemein bildenden Schule (11. und 12. Klasse). In den Städten bildet sie meist eine organisatorische Einheit mit der Basisschule (Sekundarstufe I), wie die einzelnen Schultypen überhaupt faktisch sehr unterschiedliche Organisationsformen haben können (z.B. Klasse 1-10: Grundschule und Basisschule oder Klasse 5-12: Basisschule und Mittelschule/Gymnasium usw.). Im Schuljahr 2000/2001 wurde in den Mittelschulen die Profilierung eingeführt, die schon 1998/99 als Schulversuch erprobt worden war. Den Abschluss der Mittelschule (wie auch des Gymnasiums) bildet die Reifeprüfung (Abitur), die seit dem Jahr 2000 als stärker zentralisierte (nationale) Prüfung neu gestaltet wurde. Sie soll schrittweise die noch bestehenden Hochschulzugangsprüfungen überflüssig machen (OECD 2000, S. 80ff.). Die Differenzierungen innerhalb der Mittelschule orientieren sich an den Bedürfnissen der Schüler, die entweder Schwierigkeiten im Lernen haben und auf eher praktische Tätigkeit ausgerichtet sind, oder solcher, die eine akademische Ausbildung anstreben. Die implizite Polarisierung führte dazu, eigene Schultypen – Gymnasien und Jugendschulen – zu gründen.

Gymnasien

Das Gymnasium ist eine eigene, vier Jahre dauernde Schulform, die eine tiefere profilierte Ausbildung vermittelt. Zur Zeit gibt es Realgymnasien, sprachlich-humanis-
tische Gymnasien und musische Gymnasien. Die Lehrer an Gymnasien sind fachlich
hochqualifiziert. Die Schüler lernen nach individuellen Profil- und Wahlfächerpro-
grammen. Die Einrichtung von Gymnasien bietet der Jugend die Möglichkeit, verschiedene alternative Bildungsinstitutionen zu wählen. Dabei entstand die Frage, ob
das Gymnasium eine Schule für begabte, leistungsstarke Schüler oder eine einfache
Regelschule ist. Führt es nicht zur Spaltung der Gesellschaft? Verletzt es nicht das
Prinzip der Gleichheit und gibt es jedem die Möglichkeit, gute Ausbildung zu bekommen? Trotz dieser kritischen Fragen ist die Zahl der Gymnasien in den letzten
fünf Jahren um das achtfache gewachsen.

Jugendschule

Die Jugendschule ist eine alternative, allgemein bildende Schule für die Lernenden,
die spezifische Probleme hinsichtlich der Lernmotivation oder einfach Lernschwierigkeiten haben. Der Lernprozess ist in solchen Schultypen individualisiert. Den
Lernenden wird eine besondere pädagogisch-psychologische Hilfe angeboten. Im
Curriculum spielen praktische Inhalte eine größere Rolle. Sehr oft lernen in solchen
Schulen die Kinder aus den sozial unterpriviligierten Familien, in denen sie pädagogisch vernachlässigt werden. Viele von ihnen brauchen auch materielle Unterstützung.
Das Ziel solcher Schulen ist es, den Schülern zu helfen, die Lernmotivation zurück-
zuerhalten, die Bedingungen zu schaffen, in die allgemein bildende Schule zurück-
zukommen oder den weiteren Lernprozess in Berufsschulen fortzusetzen.

Berufsschulen

Die Entwicklung der Berufsschulen wird direkt von der wirtschaftlichen Situation
im Lande und dem sich ständig verändernden Arbeitsmarkt beeinflusst. In Litauen
werden 243 Programme für Berufsausbildung verwirklicht. Sie werden in 84 Berufsschulen, von denen drei privat sind, realisiert. Hier absolvieren 52.000 Auszubildende eine Berufsausbildung. Man unterscheidet vier Typen von Berufsschulen:
Typ I (Berufsbildung der 1. Stufe) ist die so genannte grundlegende berufliche Ausbildung. Sie betrifft Schüler, die nicht jünger als 14 Jahre alt sein dürfen und keinen
Abschluss der Sekundarstufe I haben. Es besteht auch die Möglichkeit, neben der
beruflichen Ausbildung, die zwei bis drei Jahre dauert, auch ein „Hauptschulzeug-
nis" zu erhalten.
Typ II (Berufsbildung der 2. Stufe) nimmt diejenigen Schüler auf, die das Abschlusszeugnis der Sekundarstufe I schon haben. Die Ausbildung dauert drei Jahre,
die Auszubildenden erhalten nur eine berufliche Qualifizierung.
Typ III (Berufsbildung der 3. Stufe) bietet vierjährige Programme für diejenigen an,
die die Basisschule absolviert haben und neben der Berufsqualifizierung noch die
Hochschulreife zu erwerben wünschen.
Der Typ IV (Berufsbildung der 4. Stufe) betrifft Absolventen der Sekundarstufe II
(also Abiturienten) im Alter von 18-21 Jahren. Je nach Ausbildungsziel können die
Lernenden eine berufliche Qualifizierung in ein bis zwei Jahren erhalten.

Sonderpädagogische Bildung

1991 wurde das Bildungsgesetz verabschiedet, das den Kindern mit sonderpädagogischem Bedarf ermöglicht, sich in das Bildungswesen zu integrieren. In den 1998 erlassenen Ergänzungen zum Bildungsgesetz steht, dass es keine lernunfähigen Kinder gibt. Das hat dazu beigetragen, dass die Kinder mit besonderen Lernbedürfnissen schneller in das allgemeine Bildungswesen aufgenommen wurden. Das Gesetz über die sonderpädagogische Bildung (1999) hat den Zugang zum Lernen bzw. Studieren von der Kindheit an bis zur Hochschulbildung festgelegt. Nach Angaben des Bildungsministeriums gab es im Schuljahr 2000/2001 ca. 53.308 Schüler mit sonderpädagogischem Bedarf, das macht 9% aller litauischer Schüler aus. Man unterscheidet drei Integrationsformen: spezielle Schulen, integrierte Klassen und einzelne Schüler, die in die Klassen integriert sind. Davon wurden 85% mit anderen Kindern in Regelschulen unterrichtet. Das könnte man als vollständige Integration betrachten. Doch in Wirklichkeit haben solche Kinder noch große Integrationsprobleme. Besonders kompliziert ist der Aufnahmeprozess für körperlich behinderte Kinder. Die Verwirklichung behindertengerechter Lernbedingungen verlangt große materielle Investitionen, indem man die Umgebung umgestaltet. So ist ein großer Teil der Behinderten gezwungen, zu Hause zu lernen. Das hat einen großen Nachteil für die Sozialisation der behinderten Kinder.

Privatschulen

In den Jahren der Unabhängigkeit entstanden private Bildungsstätten. In den letzten Jahren ist ihre Zahl (und auch die Zahl ihrer Schüler) um das Zweieinhalbfache gewachsen. Die Zahl der Lehrer, die dort arbeiten, hat sich verfünffacht. Das zeugt von der Popularität solcher Schulen.

Umgang mit Problembereichen

Zu den drei wichtigsten Elemente der menschlichen Sozialentwicklung gehört die Bildung. Der Staat soll sich deshlab darum kümmern, sie allen zugänglich zu machen. Der Staat erklärt die Bildung zur Priorität, doch das konkrete Handeln, insbesondere die Finanzierung, zeigt eher das Gegenteil.

In dieser komplizierten wirtschaftlichen Situation nimmt die Zahl der Kinder aus den so genannte Risikogruppen zu. Die Schule ist das Spiegelbild der Gesellschaft. Zu den Aufgaben der Schule zählt man auch die Verbesserung von Lebens- und Lernbedingungen von Kindern, die sozial unterstützt werden sollen. In Litauen leben zur Zeit etwa 900.000 Kinder unter 18 Jahre, das macht 24,2% der gesamten litauischen Bevölkerung aus. Der Staat ist gezwungen, die Unterstützung für Kinder zu gewähren, weil sie in den Familien vernachlässigt oder missbraucht wurden. Etwa 8.000 Kinder stehen unter Vormundschaft. In verschiedenen stationären Kinderanstalten sind etwa 15.000 Kinder untergebracht, von denen nur 6.000 richtige Waisen sind. Der Staat muss jedoch jedes Jahr etwa 300 Kinder mehr unterstützen, weil ihre Eltern unter die Armutsgrenze gerutscht sind. Die komplizierte sozio-ökonomische Situation führt zu einer Steigerung der Kriminalität. Die Kriminalitätsrate der Minderjährigen hat sich von 1990 bis 2000 verdoppelt. Drogen verbreiten sich sehr rasch. Das übt einen negativen Einfluss auf die Gesundheit der Lernenden und ihre geistige Kapazität aus und behindert ihre soziale Entwicklung. Aktuelle Untersuchungen haben gezeigt, dass illegale Rauschmittel heute von durchschnittlich etwa 15,5% aller Schüler verwendet werden.

Die entstandene sozio-ökonomische Situation im Lande erschwert die Arbeit der Bildungs- und Pflegeanstalten. Daher erhofft man sich durch die Einführung der Sozialpädagogen einen Beitrag zur Lösung vieler sozialer Probleme, auf die die Schüler und ihre Familien stoßen. 1999 wurden kurzfristig Qualifizierungsforderungen für die Arbeit der Sozialpädagogen definiert. Diese Stellen in der Schule haben die Probezeit bestanden. Die litauische Regierung hat in ihrem Programm für die Jahre 2001-2005 die Einrichtung der Stellung der Sozialpädagogen in den Schulen bestätigt. Das Ziel des Regierungsprogramms ist es, die Sozial- und Präventivarbeit zu aktivieren. Dies betrifft nicht nur die Einrichtung der Stellung der Sozialpädagogen in den Schulen, sondern auch die Arbeit mit den Kindern aus Risikogruppen, die Institutionen, die die Kinderrechte, ihre Sicherheit und die Befriedigung der psychologischen Bedürfnisse schützen, kurz das Schaffen von befriedigenden sozialen und pädagogischen Entwicklungsbedingungen für alle Lernenden. Die Sozialpädagogen sollen den Schülern auch bei der Integration in die Gesellschaft, die Gemeinde und die Bildungsstätten helfen. Sie kümmern sich um die Anpassung der Lebensumgebung an kindlichen Bedürfnissen, sie arbeiten mit den Kindern, die soziale und Lernprobleme haben.

Aktuelle Diskussionen und Entwicklungsperspektiven

Infolge der gesellschaftlichen Veränderungen wird das Bildungswesen verschiedenen Herausforderungen unterworfen, die man in Litauen folgendermaßen definieren könnte:

- Der Rückgang der Geburtenrate und Bevölkerungsmigration zwingen dazu, das Schulnetz und die Prinzipien der Bildung als Dienstleistung umzugestalten.
- Die Demokratisierung der Gesellschaft und die Festigung der Marktwirtschaft fordern eine Überprüfung des Ausbildungsinhalts und die Qualität der Bildungsdienstleistungen.
- Die wirtschaftliche und soziale Spaltung der Gesellschaft zwingt den Staat, den Zugang zur Bildung für alle sicherzustellen.
- Die Vorbereitung auf den Eintritt in die EU verlangt von dem litauischen Bildungswesen Offenheit und Anpassung an die europäischen Standards.

Abschließend kann man Folgendes betonen: Die erfolgten strukturellen Veränderungen haben wenigstens einen Teil des vergrößerten gesellschaftlichen Bedarfs gedeckt. Die Gründung der 10-jährigen Basisschule hat mitgewirkt, dass Halbwüchsige länger im schulischen Netz bleiben. Die Erweiterung des Netzes der Gymnasien schuf bessere Bedingungen für stark motivierte Schüler, die nach Bildung streben. Das Modell der Jugendschulen hat im Wesentlichen die Erwartungen der Schüler getroffen, die in der traditionellen Schule nicht anpassungsfähig waren. Es wurde das vierstufige Berufsausbildungssystem geschaffen, mit dem man versuchte, sich an den Arbeitsmarkt und die wirtschaftlichen Veränderungen anzupassen. Die eingeführten staatlichen Reifezeugnisprüfungen haben die Wechselwirkung zwischen Schule und Hochschule verbessert. Die Veränderungen in der Verwaltungsstruktur erlaubten eine partielle Autonomie in allgemein bildenden Schulen und

Berufsschulen. Die Ideen der Bildungsreform, die Verwirklichung der neuen Be-
stimmungen haben die Grundlagen des ganzen Bildungswesens qualitativ verändert.
Das führt aber auch zur Formulierung der drei wichtigsten Aufgaben für die
Zukunft:

1. das Schaffen offener lebenslanger Lernformen in einem gerechten und für alle
   zugänglichen Bildungswesen;
2. die Sicherstellung der Ausbildungsqualität, die der heutige Mensch braucht und
   die seine Fähigkeiten berücksichtigt und auf das praktische Leben hin orientiert
   ist;
3. das Schaffen eines effektiven, harmonischen Bildungswesens, das den Bedürfnissen der sich immer verändernden Gesellschaft entspricht.

Literatur

PECK, B. T./MAYS, A. (Eds.): Challenge and Change in Education: The Experience
of the Baltic States in the 1990's – New York 2000.

PECK, B. T. (Ed.): Teaching and Learning in Lithuania Since „Rebirth": A Challenge for School Directors and Teachers – New York 1998.

GENERAL CONCEPT OF EDUCATION IN LITHUANIA. – Vilnius 1994, 43 p.

LITHUANIAN HUMAN DEVELOPMENT REPORT.-Vilnius: UNDP, 1995. P.38-46.

LITHUANIAN HUMAN DEVELOPMENT REPORT.-Vilnius: UNDP, 1996. P.60-72.

LITHUANIAN HUMAN DEVELOPMENT REPORT.-Vilnius: UNDP, 1997. P. 76-85.

LITHUANIAN HUMAN DEVELOPMENT REPORT.-Vilnius: UNDP, 1998. P. 89-101.

LITHUANIAN HUMAN DEVELOPMENT REPORT.-Vilnius: UNDP, 2000. P. 69-77.

LITHUANIAN HUMAN DEVELOPMENT REPORT.-Vilnius: UNDP, 2001. P. 33-39.

OECD – Organisation für Economic Co-operation and development: Reviews of
National Policies for Education: Lithuania. Paris: OECD 2000
(auch unter: www.smm english/geninfo/OECD_report.pdf.)

Internet

www.smm.lt

www.eurydice.org/Eurybase/~LT_EN_3

Litauen

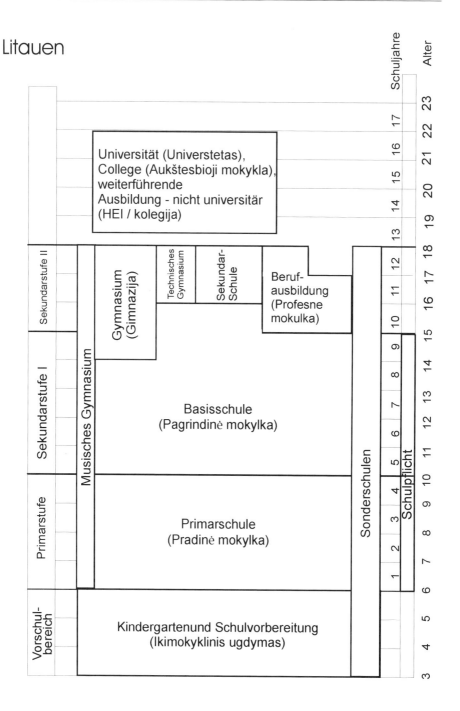

John Pull

LUXEMBURG

Entwicklung des Bildungswesens

Der luxemburgische Staat ist eine parlamentarische Demokratie in Form einer Monarchie. Luxemburg ist ein sehr kleines Land mit einer Gesamtfläche von 2.586 km²
und einer Gesamtbevölkerung von 430.000 Einwohnern. Es gibt keine Einteilungen
in Departements oder Regierungsbezirke. Die Gemeinden stellen in gewisser Weise
das Prinzip der regionalen, dezentralisierten Verwaltung dar. Die Situation des
Großherzogtums wird durch zwei wichtige Phänomene gekennzeichnet, einerseits
die hohe Zahl der Einwanderer und andererseits die Mehrsprachigkeit. Luxemburg
hat offiziell drei Landessprachen. Die Muttersprache der einheimischen Bevölkerung ist das „Luxemburgische" (*Lëtzebuergesch*), ein mosel-fränkischer Dialekt, der
als Umgangssprache von den Luxemburgern benutzt wird. Die beiden anderen offiziellen Sprachen, das Französische und das Deutsche, werden als Umgangssprachen
in den Verwaltungen, den Schulen, den Presseorganen sowie im wirtschaftlichen
und teilweise auch im gesellschaftlichen Leben verwendet. Hier ist besonders die
französische Sprache mit den zahlreichen frankophonen Einwanderer hervorzuheben. Diese Mehrsprachigkeit besteht schon seit mehreren Generationen.
In der Primarschule wurde bereits vor 1843 Deutsch als Unterrichtsfach gelehrt,
während Französisch zusätzlich in der Sekundarschule unterrichtet wurde. Das Gesetz vom 26. Juli 1843 verstärkte die Zweisprachigkeit, indem auch Französisch als
Lehrfach im Grundschulunterricht eingeführt wurde. Luxemburgisch wurde erst
durch das Schulgesetz von 1912 in die Primarschulen aufgenommen. Das Gesetz
vom 24. Februar 1984 bestätigte und festigte die luxemburgische Identität, indem es
die luxemburgische Sprache als Nationalsprache erklärte und gleichzeitig alle drei
Sprachen als offizielle Sprachen des Großherzogtums anerkannte. Der Großherzog-
liche Beschluss vom 30. Juli 1999 reformierte die offizielle luxemburgische Ortho-
graphie. Dadurch, dass die französische und die deutsche Sprache beibehalten werden, bleibt Luxemburg ein Treffpunkt der Kulturen. Die Dreisprachigkeit bedeutet
Öffnung nach außen und Integrationsmöglichkeiten der Ausländer nach innen.

Organisation des gegenwärtigen Schulsystems

Bildungspolitische Ziele

Der Luxemburger Staat setzt sich das Ziel, jedem Mitbürger eine optimale Ausbildung zu ermöglichen. Eine wichtige Rolle spielt hierbei die so genannten Früherziehung (*éducation précoce*), die das soziale Verhalten der Kinder und die Integration
ausländischer Kinder in Schule und Gesellschaft fördern soll. Die Vorschulklassen
oder Kindergärten (*enseignement préscolaire*) verfolgen pädagogische und soziale
Ziele: harmonische Entwicklung des Kindes; Förderung der motorischen, schöpferischen, affektiven und geistigen Fähigkeiten; Optimierung des sozialen Verhal-

tens und der Schulintegration, besonders was den Erwerb der luxemburgischen
Sprache und die Familiarisierung mit der luxemburgischen Kultur für Ausländerkinder anbelangt. In diesem Sinne sollen Grund- und Sekundarschulen die erwähnten
bildungspolitischen Ziele vertiefen und erweitern und besonderen Wert auf die Aneignung von Kulturtechniken, wie lesen, schreiben, rechnen, sowie auf allgemeine
und spezialisierte Wissensvermittlung legen.

Gesetzliche Grundlagen, Bildungsverfassung, Trägerschaften

Die Grundschulerziehung ist in Artikel 23 der luxemburgischen Verfassung verankert. Wichtige Eckpunkte der Schulgesetzgebung sind: Gesetz vom 5.8.1963 über
die Vorschulerziehung und das Grundschulwesen; Gesetz vom 10.5.1968 über den
allgemeinen Sekundarunterricht; Gesetz vom 14.3.1973 über den differenzierten Unterricht; Gesetz vom 21.5.1979 über die die Berufsausbildung und den technischen
Sekundarunterricht; Gesetz vom 6.9.1983 über die Grundschullehrerausbildung; Gesetz vom 4.9.1990 über den technischen Sekundarunterricht und die berufliche Weiterbildung; Gesetz vom 3.6.1994 über die Einführung von Modularklassen im technischen Sekundarunterricht; Gesetz vom 28.6.1994 mit der Abänderung und Ver-
vollständigung des Primarschulgesetzes von 1912; Gesetz vom Mai 1998 über die
Früherziehung.

In Luxemburg gibt es nur nationale und kommunale Kompetenzen hinsichtlich des
Schulsystems. Das luxemburgische Erziehungsministerium hat die Aufsicht über
sämtliche Bereiche des Schulsystems, mit Ausnahme des Hochschulwesens und der
wissenschaftlichen Forschung, welche dem Minister für Kultur, Hochschulwesen
und Forschung unterstehen. Beiden Ministerien obliegt die Ausarbeitung von
Gesetzesvorlagen, großherzoglichen und ministeriellen Reglementierungen. Die
Gesetzesvorlagen werden dann dem Parlament zur Abstimmung vorgelegt.

Die überwiegende Zahl der Primarschulen untersteht als öffentliche Schulen den
Gemeindeautoritäten. Einige Primar- und Sekundarschulen werden von Privatorga-
nisationen geleitet. Diese Privatschulen sind gebührenpflichtig, müssen sich aber,
falls sie vom Staat subventioniert werden, an die öffentlichen Lehrprogramme halten. Die Curricula der Primar- und Sekundarschulen, die Gültigkeit für das ganze
Land haben, werden durch das Ministerium für Nationale Erziehung, Berufsausbildung und Sport festgelegt. Die meisten Sekundarschulen in Luxemburg sind öffentliche Schulen.

Finanzierung und Steuerung, Eigenverantwortung der Schulen

Der Luxemburger Staat hat die Aufgabe, das Schulsystem zu finanzieren, zu organisieren, zu verwalten und zu überwachen. Das öffentliche Schulsystem ist kostenfrei
für Schüler und Studenten. Sämtliche anfallenden Kosten werden vom Staatshaushalt getragen. Das Budget des Erziehungsministeriums ist eines der größten im
Staatshaushalt. Im Grundschulbereich bezahlen die Gemeinden die Lehrbücher. Das
Gesetz vom 14.7.1996 bewilligt den Schülern eine besondere finanzielle Zuwen-
dung zum Schulbeginn. Auch der Schülertransport ist kostenlos. Schüler und Studenten erhalten Studienbeihilfen sowohl im postprimären Unterricht als auch für
Hochschulstudien. Diese Beihilfen bestehen für die Studenten aus Stipendien und
Darlehen zu einem niedrigen Zinssatz.

Das luxemburgische Erziehungsministerium steuert und beaufsichtigt sämtliche Bereiche des Schulsystems, mit Ausnahme des Hochschulwesens. Auch lokale und kommunale Kompetenzen sowie verschiedene Beratungsgremien tragen wichtige Mitverantwortung bei der Steuerung der Schulen. Der Gemeinderat, unterstützt durch die lokale Schulkommission, befasst sich mit der alltäglichen Verwaltung der Früherziehung, der Vor- und Grundschulen. Der oberste Bildungsrat fungiert als allgemeines Konsultationsorgan des Erziehungsministers. Die Unterrichtskommission gibt ihre Meinung zu grundsätzlichen Fragen der Grundschule ab und schlägt der Regierung Verbesserungen und Reformen vor. Der Rat für Bildung und Erziehung, zusammengesetzt aus Vertretern der Schulleitung, der Lehrerschaft, der Eltern und der Schüler, befasst sich in den jeweiligen klassischen und technischen Sekundarschulen vorwiegend mit Disziplinarvorschriften, der Organisation von kulturellen und sportlichen Aktivitäten in der Schule, der Haushaltsvorlage für die jeweilige Schule und mit dem Erstellen von Schulprojekten. Die Eigenverantwortung der Schulen wird besonders durch die Ausarbeitung und die Durchführung von Schulprojekten gefördert. Diese Schulprojekte sind aufgrund des Gesetzes zur Reform des technischen Unterrichts entstanden. Sie stellen ein neues Element der Dezentralisierung im Schulsystem dar.

Curriculare Vorgaben, pädagogisch-psychologische Beratung

Im Primarbereich wird nach einem gemeinsamen Lehrplan unterrichtet. In der Regel sind die Schüler nach Altersjahrgängen zu Klassen zusammengefasst. Die Kernfächer werden von einem einzigen Lehrer unterrichtet. In Fächern wie Sport, Musik, Religion und Kunst kann der Unterricht auch von Fachlehrern erteilt werden. In der Regel wechselt der Lehrer nach jedem Schuljahr. In manchen Gemeinden behält ein Lehrer eine Klasse zwei, höchstens jedoch drei Jahre lang. Die Leistungsbeurteilung erfolgt aufgrund kontinuierlicher Leistungskontrollen durch den Lehrer. Von der ersten Klasse an werden regelmäßig in den einzelnen Fächern so genannte Schulaufgaben gestellt, die aber keine Prüfungen sind. Dreimal jährlich erhalten die Schüler ein Zeugnis, das über die Leistungen im abgelaufenen Trimester Auskunft gibt. Dabei wird ein System mit 60 Punkten zugrundegelegt; eine Note von weniger als 30 Punkten wird als unzureichend angesehen.

Die Entscheidung über das Vorrücken in die nächsthöhere Klasse bzw. die Wiederholung der Klasse liegt beim Klassenlehrer; dabei werden die mündlichen Beiträge der Schüler und die Ergebnisse der schriftlichen Arbeiten während des ganzen Schuljahres berücksichtigt. Gegen die Entscheidung können die Erziehungsberechtigten bei der Schulaufsicht für den Primarbereich Einspruch erheben. Am Ende des Schuljahres erhalten die Schüler ein Zeugnis, das den erfolgreichen Abschluss der Klasse und damit die Versetzung bescheinigt. Am Ende der 6. Klasse des Primarbereichs wird von einer kompetenten Kommission für jeden Schüler ein Orientierungsbescheid erstellt. Es findet jedoch keine spezielle Abschlussprüfung statt und es wird auch kein Abschlusszeugnis ausgestellt.

Schulorientierung und psychologische Beratung der Schüler im postprimaren Unterricht übernimmt die Dienststelle für Psychologie und Schulorientierung CPOS (*Centre de psychologie et d'orientation scolaires*), welche dem Erziehungsministerium untersteht. Die Sekundarschüler werden beraten oder ihnen wird eine psycho-logische Betreuung angeboten.

Überblick über die Struktur des Schulsystems

Ein erstes Früherziehungsjahr für drei- bis vierjährige Kinder ist nicht obligatorisch. Die eigentliche Schulpflicht beginnt mit dem 4. Lebensjahr und endet im Alter von 15 Jahren, d.h. sie umfasst elf Jahre. Eingeschlossen sind zwei Jahre Vorschulerziehung, sechs Jahre Grundschule und drei Jahre im Sekundarbereich.

Der postprimare Unterricht gliedert sich in den allgemeinen Sekundarunterricht und in den technischen Sekundarunterricht. Der allgemeine Sekundarunterricht besteht aus einer dreijährigen Unterstufe und einer vierjährigen Oberstufe. Der technische Sekundarunterricht ist in eine dreijährige Unterstufe und in eine zwei- bis fünfjährige Oberstufe gegliedert. Da Luxemburg bislang keine Universität besitzt, können Absolventen des allgemeinen Sekundarunterrichts ihre Studien an verschiedenen luxemburgischen Hochschulen oder an Universitäten des Auslandes fortsetzen. Schüler, welche im Besitz des technischen Abiturs sind, können ebenfalls ein Studium an Hochschulen und Universitäten aufnehmen. Die mehrteilige Gliederung des technischen Sekundarunterrichts ermöglicht verschiedene praktische Berufsausbildungen und kann mit dem Meisterbrief abschließen.

Die Struktur des Schulsystems stellt sich folgendermaßen dar:
- Früherziehung (vom dritten bis zum vierten Lebensjahr).
- Vorschulerziehung (vom vierten bis zum sechsten Lebensjahr).
- Schultypen der Grund- oder Primarschule mit den normalen Grundschulklassen 1 bis 6 sowie den Auffang-, Übergangs-, Stütz-, Förder- und Spezialklassen.
- Schultypen der Unterstufe der allgemein bildenden Sekundarschulen (7., 6. und 5. Klasse) und der 7. Klasse als Orientierungsklasse. Danach muss der Schüler sich für den klassischen Unterricht (mit Latein als 3. Sprache) oder für den neusprachlichen Unterricht (mit Englisch als 3. Sprache) entscheiden.
- Nach der 5. Klasse verzweigt sich der allgemein bildende Sekundarunterricht. Der Schüler wählt jetzt einen der Oberschultypen der sprach- und geisteswissenschaftlichen Richtung (*orientation littéraire*) oder der naturwissenschaftlichen Richtung (*orientation scientifique*).
- Schultypen der Oberstufe der allgemein bildenden Sekundarschulen (4., 3. und 1. Klasse).
- Schultypen der Unterstufe der technischen Sekundarschulen (7e, 8e, 9e). Diese Stufe erweitert das Allgemeinwissen der Schüler und hilft ihnen nach und nach, eine Ausbildung zu wählen oder einen Beruf zu ergreifen. Dabei gibt es folgende Wege:
  - die 7e ST ist eine erste allgemein bildende Klasse;
  - die 7e ADAPT bietet nur die wichtigsten Fächer an für Schüler mit Schwierigkeiten;
  - ab der 8e spaltet sich das Studium in eine technische, die „8e *théorique*", und in eine berufsorientierte, „8e *polyvalente*", Richtung;
  - die 9e ermöglicht drei Gliederungen: die „9e *théorique*", die „9e *polyvalente*" und die „9e *pratique*".

– Schultypen der Mittelstufe der technischen Sekundarschulen (die 10e, 11e und je nach Fachrichtung noch die 12e).
– Schultypen der Oberstufe der technischen Sekundarschulen (die 12e und die 13e, und für die hilfsmedizinischen und sozialpädagogischen Berufe auch noch die 14e).

Für die beruflichen Sekundarschultypen unterscheidet man drei Typen von Abschlüssen:

– zum Abschluss der Berufsausbildung (10e bis 12e): Zeugnis über technische und berufliche Reife;
– zum Abschluss der Technikerausbildung (10e bis 13e): Technikerdiplom;
– das „régime technique": (10e bis 13e, bzw. 14e): führt zum technischen Abitur.

Grundprinzipien und Formen der Differenzierung: Die „Education différenciée", Förderklassen, gestaffelte Ausbildung

Viele, manchmal gegensätzliche Ideen zur soziopädagogischen Integrationsproblematik behinderter Schüler wurden in den letzten Jahren gesammelt. Die Integration von Schulkindern mit Behinderungen in das reguläre Schulsystem wird seit etwa 25 Jahren erforscht, diskutiert, kritisiert und bewertet. Die Teilnahme des „Service de guidance de l'enfance" an der schulischen Integration ist besonders gekennzeichnet durch vorbeugende Interventionen, die bezwecken, Misserfolge zu reduzieren und die schulische, emotionale, psychologische und soziale Situation des Kindes und seiner Umwelt zu festigen. Die Mitarbeiter dieser psychologischen Dienststelle der „Education différenciée" bemühen sich, der schulischen Aussonderung der Kinder mit verschiedenartigen Problemen entgegenzuwirken.

Seit dem Jahre 1993, anlässlich des zwanzigjährigen Bestehens der „Education différenciée", arbeiten quer durch das Land ambulante Teams, in denen verschiedene spezialisierte Berufe (Diplompädagogen, Sonderschullehrer, Erzieher, Heilpädagogen u.a.) vertreten sind. Die neue pädagogische Dienststelle, der „Service ré-éducatif ambulatoire" (SREA), ein ambulanter Erziehungsdienst, gegründet im Rahmen der „Education différenciée", wendet sich einerseits an behinderte Kinder, welche im regulären Schulsystem eingeschult sind, und andererseits an Kinder der Vor- und Grundschule, welche Gefahr laufen, einer schulischen Aussonderung aufgrund bedeutender Lernschwierigkeiten zum Opfer zu fallen.

Im Rahmen der Sonderförderung gibt es noch folgende Formen verschiedener Hilfeleistungen für Ausländerkinder und für Kinder, deren Schulerfolg durch Lernschwierigkeiten gefährdet ist. Diese Betreuung findet in Sonderklassen im Primarschulbereich statt und zwar in:

– Auffangklassen (classes d'accueil) für Ausländerkinder und für Kinder, die während des laufenden Schuljahres in Luxemburg ankommen;
– Stütz- und Förderkursen (cours d'appui), die verschiedene Hilfen, besonders im Erlernen der deutschen Sprache anbieten;
– Übergangsklassen (classes d'attente), die Programme der unteren Klassen, d.h. des ersten und zweiten Schuljahres, in drei, statt in zwei Jahren durchnehmen.

Schüler, die nach sechs Jahren Grundschule für die allgemein bildende oder technische Richtung des Sekundarbereichs nicht geeignet erscheinen, besuchen so genannte Modularklassen, die in die technische Sekundarbildung integriert sind und auf den Übergang ins Berufsleben vorbereiten. Diese Klassen wurden geschaffen, um den Jugendlichen die Möglichkeit zu geben, eine Berufsausbildung zu erhalten. Sie vermitteln eine dreijährige allgemeine und praktische Bildung. Der modulare Unterricht ist eine gute Basis für das Erlangen folgender Zertifikate: Prüfungszeugnis zur praktisch-handwerklichen Befähigung (*CCM*), Prüfungszeugnis zur technischen und beruflichen Einweisung (*CITP*) und Prüfungszeugnis zur technischen und beruflichen Reife (*CATP*).

Übergänge zwischen den verschiedenen Schulstufen und -typen

Am Ende des Schuljahres erhalten die Schüler des Primarunterrichts ein Zeugnis, das den erfolgreichen Abschluss der Klasse und damit die Versetzung bescheinigt. Am Ende der 6. Klasse des Primarbereichs wurde früher im Hinblick auf den Übergang in den Sekundarbereich eine landesweite Prüfung abgehalten. Dieses so genannte Aufnahmeexamen zum postprimären Unterricht wurde abgeschafft und durch eine flexiblere Orientierungsmethode ersetzt. Während des zweiten Trimesters werden jetzt in sämtlichen sechsten Schulklassen des Primarunterrichts einheitliche Prüfungen in den Hauptfächern Mathematik, Deutsch und Französisch abgelegt. Zusätzlich zu den Schulnoten bewertet der Lehrer das im Unterricht beobachtete Lernverhalten des Kindes. Darüber hinaus werden auch die Eltern in den Orientierungsprozess miteinbezogen.

Der Zugang zum postprimaren Unterricht erfolgt dann aufgrund des Orientierungsbescheids, eines durch den Orientierungsrat erstellten Gutachtens. Dem Orientierungsrat gehören neben dem zuständigen Inspektor und dem Primärschullehrer auch jeweils ein Lehrer des allgemeinen und des technischen Sekundarunterrichts an. Bei Hinzuziehen eines Psychologen nimmt dieser in beratender Funktion an den Gesprächen teil. Obschon dem Schüler die zwei verschiedenen Unterrichtsformen des allgemeinen und des technischen Sekundarunterrichts offen stehen, gilt es, die richtige Wahl bereits nach dem 6. Schuljahr des Primarunterrichts zu treffen.

Die 7. Klasse im Allgemeinen Sekundarunterricht ist eine Orientierungsklasse. Sie soll dem Schüler ermöglichen, sich auf das Lernen in der Sekundarstufe II einzustellen und zu prüfen, ob seine Leistungen den Anforderungen dieser Unterrichtsform entsprechen. Am Ende der Sekundarstufe I wird ohne besondere Prüfung ein Zeugnis über den erfolgreichen Abschluss der Stufe erteilt, das Voraussetzung für den Übergang in die Oberstufe ist. Mit einer Schuldauer von vier Jahren führt die Oberstufe zum Abitur, dem „*Certificat de fin d'études secondaires*", das zum Übergang an eine Hochschule oder eine Universität berechtigt.

Aufsicht, Qualitätskontrolle und Evaluation

Die Kindergruppen der Früherziehung, die Vorschulklassen und die Schulklassen des Grundschulunterrichts stehen unter der Aufsicht des Erziehungsministeriums und der Gemeinde. Dies gilt sowohl für die öffentlichen als auch für die Privatschulen. Bei den öffentlichen Schulen sind die Gemeinden vor allem verantwortlich für die Verwaltung und den Unterhalt der schulischen Einrichtungen. Die Kontrolle der Früherziehung, der Vorschulklassen und der Grundschulen obliegt den Inspektoren des Primarschulwesens, welche dem Erziehungsministerium unterstehen.

Das Schulgesetz vom 10. August 1912 regelt die Zusammensetzung, die Prärogativen und die Arbeitsweise der Unterrichtskommission als nationales und der Schulkommission als kommunales Überwachungsorgan der Primarschulen. Da es in Luxemburg keine Schulleiter in den Primarschulen gibt, werden Lehrerdelegierte als Mitglieder der Schulkommissionen gewählt. In vielen Gemeinden verzichtet das Lehrpersonal auf die gesetzliche Möglichkeit der Wahl eines Lehrerdelegierten zu Gunsten einer mehrköpfigen Vertretung des Lehrpersonals in Form etwa eines „Comité des enseignants" oder eines „Comité de cogestion".

Im technischen und allgemeinen Sekundarunterricht wird die Kontrolle von den jeweiligen Schuldirektoren durchgeführt, die ebenfalls dem Erziehungsminister verantwortlich sind. Diese Kontrolle bezieht sich sowohl auf die einzelnen Unterrichtsprogramme als auch auf die Lehrbücher. Die privaten Schulen unterliegen ebenfalls der Kontrolle des Staates. Die Schüler der Privatschulen müssen sich Staatsprüfungen unterziehen, wenn sie ein offizielles Diplom erwerben möchten.

1993 wurde eine dem Erziehungsministerium unterstellte Dienststelle für Forschungskoordination und für pädagogische und technologische Erneuerung (*Service de Coordination de la Recherche et de l'Innovation Pédagogiques et Technologiques – SCRIPT*) geschaffen.

Qualifizierung des pädagogischen Personals und der Schulleiter

Die Vor- und Grundschullehrer werden in Luxemburg ausgebildet. Die theoretische Ausbildung der Lehrer des allgemeinen und technischen Sekundarunterrichts erfolgt an verschiedenen Universitäten im Ausland. Die praktische Ausbildung dieser Lehrer wird in Luxemburg angeboten. Die zukünftigen Lehrkräfte des Präprimar- und der Primarunterrichts können nach einem mit einem guten Notendurchschnitt bestandenen allgemein bildenden oder technischen Abitur sowie mit einem vom Erziehungsministerium anerkannten ausländischen Abschlussdiplom in das Lehrerbildungsinstitut aufgenommen werden (*Institut Supérieur d'Études et de Recherches Pédagogiques, ISERP*). Außerdem müssen die Bewerber ein Examen bestehen, das die Kenntnisse in den drei gebräuchlichen Sprachen in Luxemburg prüft. Die Ausbildung am ISERP gilt als Hochschulstudium und dauert drei Jahre. Nach Abschluss des dritten Studienjahres findet ein staatliches Auswahlexamen statt, welches zur Ausübung des Lehrerberufes im Primarschulunterricht berechtigt. Die Prüfungen dieses Examens bestehen aus Luxemburgisch, Französisch und Deutsch, aus Fragen über Ziele, Inhalte, Methoden und aus Fragen über spezifische Aspekte der Früh-, Vorschul- und Grundschulerziehung. Das *ISERP* organisiert auch die berufliche Weiterbildung der Lehrer im vor- und primarschulischen Bereich.

Die Lehramtskandidaten für den allgemein bildenden und technischen Unterricht in den Sekundarschulen müssen sich, nach den vorgeschriebenen Studien von vier bis fünf Jahren in ihrer Spezialisierung an einer ausländischen Universität, einem vom Unterrichtsministerium in Luxemburg organisierten Aufnahmeverfahren stellen. Es besteht aus Vorprüfungen in Französisch, Deutsch und Luxemburgisch und dem darauffolgenden Hauptexamen in der jeweiligen Spezialisierung. Nach seinem Bestehen folgen Praktika von 24 Monaten, die eine theoretische und praktische pädagogische Ausbildung unter Anleitung eines Tutors beinhalten. Diese Praktika schließen mit einem Schlussexamen und der Verteidigung einer schriftlichen Arbeit ab. Der

erfolgreiche Bewerber ist zur Kandidatur zugelassen. Während einer achtzehnmona-
tigen Zeitperiode kann der Praktikant seine Kandidaturarbeit vorbereiten, nach deren
erfolgreicher Verteidigung er zum Lehrer in seiner Spezialisierung ernannt wird.

Allgemein bildende Schulen

Die vorschulische Bildung und Erziehung

Seit 1999 ist in Luxemburg durch ministeriellen Beschluss die Früherziehung (*Édu-
cation précoce*) für Kleinkinder in der Altersstufe zwischen drei und vier Jahren pro-
visorisch eingeführt. Alle Gemeinden sollen bis zum Jahre 2004/2005
Früherziehungsklassen eingeführt haben. Die Früherziehung ist dem zweijährigen
Vorschulunterricht für Kinder zwischen vier und sechs Jahren vorangestellt und sie
entspricht in etwa dem französischen und dem belgischen Modell der „maternelles".
Die Früherziehungsklassen, als Vorstufe des Vorschulunterrichts, sind dem
Unterrichtsministerium direkt zugeordnet. Seit 1992 ist die Vorschulerziehung
(*Éducation préscolaire*) für Kinder ab vier Jahren bis zum Schuleintritt mit sechs
Jahren Pflicht. Die meisten Einrichtungen der Vorschulerziehung sind Grundschulen
angegliedert, das Lernprogramm ist jedoch der Altersgruppe angepasst. Die heutigen
Vorschulklassen, die sich wesentlich von den so genannte früheren Kindergärten
unterscheiden, sollen die begonnene pädagogische Arbeit der Früherziehung
vertiefen und festigen. Sie sollen vor allem dazu beitragen, die Persönlichkeitsentwicklung der Kinder zu fördern, soziale Unterschiede auszugleichen
und schulischen Anpassungsschwierigkeiten vorzubeugen. Die Ziele, welche sowohl
während der Früherziehung als auch in den Vorschulklassen angestrebt werden,
beziehen sich auf die globale Entwicklung des Kleinkindes und vor allem auf die
Sprachentwicklung. Hier verweist man auf die Wichtigkeit der Kenntnisse der
luxemburgischen Sprache für das spätere Erlernen der deutschen Sprache. Großer
Wert wird auch auf die Entwicklung affektiver, motorischer, intellektueller und sozialer Aspekte gelegt.

Die Einschulungspraxis

Die obligatorische Einschulung eines sechsjährigen Kindes in die Grundschule kann
um ein Jahr verzögert werden, wenn die erziehungsberechtigte Person ein dement-
sprechendes Gesuch einreicht und triftige Gründe geltend machen kann. Die Schuldauer von neun vorgeschriebenen Jahren wird durch diese Verzögerung nicht abgeändert. Auch kann die Einschulung eines Kindes, um ein Jahr vorverlegt werden,
wenn die Prüfung des Gesuchs der erziehungsberechtigten Person bestätigt, dass die
physische und geistige Entwicklung des Kindes diese Maßnahme erlauben. Die
Schuldauer von neun vorgeschriebenen Jahren wird auch in diesem Fall durch die
Vorverlegung nicht abgeändert.

Die Primarschule

Laut Angaben des Nationalen Erziehungsministeriums liegt die Schülerzahl der
Vor- und Grundschulen in Luxemburg bei etwa 40.000 Kindern. Das öffentliche
Vor- und Grundschulsystem in Luxemburg setzt eine gut entwickelte Lernfähigkeit
der Schüler voraus, denn die Leistungsanforderungen an die Grundschulkinder sind

hoch. Das Programm der Grundschule wird vom Erziehungsministerium festgesetzt und findet im ganzen Land Anwendung. Folgende Fächer werden unterrichtet: Deutsch, Französisch und Luxemburgisch, Malen, Basteln, Musik, Sport, Einführung in die Wissenschaften, Geographie, Geschichte, Moral- und Religionsunterricht, Moral- und Sozialunterricht, Einführung in die Informationstechnologien. Das Lesen erlernen die Kinder anhand der deutschen Sprache, die nach und nach Unterrichtssprache wird. Die französische Sprache wird erst ab Mitte des zweiten Schuljahres gelehrt. Es sei hervorgehoben, dass die luxemburgische Sprache vor allem während der ersten Schuljahre als Verkehrssprache benutzt wird.

Beim Erstellen des Gutachtens zum Orientierungsbescheid werden wichtige Faktoren berücksichtigt: Eine bedeutende Rolle kommt der Bewertung der schulischen Leistungen aufgrund der Zeugnisse der 5. und 6. Schuljahre und den Zwischenergebnissen in den Fächern Mathematik, Deutsch und Französisch zu. Auch die Bewertung des Lernverhaltens durch den Lehrer und der Standpunkt der Eltern werden berücksichtigt. Sind diese mit dem Orientierungsbescheid nicht einverstanden, kann das Kind eine spezielle Aufnahmeprüfung ablegen. Sie ist schriftlich und bezieht sich auf den Lernstoff in Mathematik, Deutsch und Französisch der 5. und 6. Primarschulklassen. Das 6. Schuljahr kann aufgrund besonderer Antragstellung der Eltern, durch Beschluss des Lehrers der betreffenden Klasse und mit dem Einverständnis des zuständigen Schulinspektors wiederholt werden.

Die Sekundarschulen

Am Ende der Grundschule werden die Schüler, unter Berücksichtigung ihrer Fähigkeiten und Neigungen, auf einen der folgenden Bildungswege hingeführt:
Die *dreijährige Unterstufe*, als Sekundarstufe I, mit der 7., 6. und 5. Klasse des *allgemein bildenden Sekundarunterrichts*, beginnt mit einer ersten gemeinsamen Klasse, die der Beobachtung der einzelnen Schüler dient. Im zweiten Jahrgang müssen sich die Schüler zwischen einem altsprachlichen (mit Lateinunterricht) und einem neusprachlichen Zweig (mit Englischunterricht) entscheiden. Das Grundprogramm ist dasselbe. Die Schüler, die Latein gewählt haben, beginnen mit dem Englischunterricht erst in der 5. Klasse. Nach der 5. Klasse verzweigt sich der allgemein bildende Sekundarunterricht.

Die *dreijährige Unterstufe* als Sekundarstufe I *des technischen Sekundarunterrichts* ist eine Phase der Beobachtung und Orientierung. Im ersten Jahr, der Jahrgangsstufe 7, wird nach einem gemeinsamen Lehrplan unterrichtet. In der Jahrgangsstufe 8 treffen die Schüler eine Wahl zwischen dem technischen und dem beruflichen Zweig. Die Jahrgangsstufe neun ist in drei Zweige untergliedert (technischer, polyvalenter und beruflicher Zweig). Die Entscheidung für den einen oder anderen Zweig spielt für die weitere Schullaufbahnplanung eine Rolle. Die Leistungsbeurteilung erfolgt während der drei Schuljahre auf kontinuierlicher Basis, ohne Jahresabschlussprüfung. Am Ende der Unterstufe wird bei erfolgreichem Abschluss ein Zeugnis über die Erfüllung der Schulpflicht erteilt. Andernfalls kann der betroffene Schüler entweder die Klasse wiederholen oder sich für bestimmte berufliche Ausbildungsgänge entscheiden. Schüler, die die Unterstufe der beruflichen Sekundarausbildung nicht abgeschlossen haben, können eine berufliche Ausbildung aufnehmen, die im Wesentlichen praktische Kenntnisse vermittelt.

Der 4-jährige Bildungsgang der *oberen Richtung* des allgemein bildenden Sekundarunterrichts ist in zwei Stufen von je zwei Jahren unterteilt:

–   eine gemeinsame Stufe, auf der sich die Schüler zwischen dem literarischen und
    naturwissenschaftlichen Zweig entscheiden müssen; der Lehrplan umfasst be-
    reits Wahlfächer im Hinblick auf die spätere Spezialisierung;
–   eine Stufe der Spezialisierung, auf der die Schüler eine weitere Spezialisierung
    innerhalb des literarischen oder naturwissenschaftlichen Zweiges wählen müs-
    sen.

Der allgemein bildende Unterricht der Sekundarstufe II schließt mit einem Examen
ab, das landesweit organisiert wird. Der Schüler, der sein Abiturdiplom (*diplôme de
fin d'études secondaires*) erlangt hat, kann entweder ein Hochschul- oder ein Universitätsstudium aufnehmen oder direkt ins Berufsleben eintreten.

Übergänge zum berufsbildenden und Hochschulbereich

Der berufliche Bildungsgang wird an den technischen Sekundarschulen angeboten.
Er umfasst drei Stufen: die Beobachtungs- und Orientierungsstufe, die Mittelstufe
und die Oberstufe. Dieser Bildungsweg wird von Schülern eingeschlagen, die für die
allgemein bildende Richtung des Sekundarbereichs nicht geeignet erscheinen, ohne
dass sie aber einer Ergänzungsklasse zugewiesen werden müssten.

Die 3-jährige Mittelstufe umfasst einen technischen und einen beruflichen Zweig sowie die Technikerausbildung. Die Schüler der technischen Bildungsgänge besuchen
eine Vollzeitschule, die berufliche Ausbildung hingegen besteht aus Lehre und Teil-
zeitschule. Die Leistungsbeurteilung erfolgt fortlaufend während des ganzen Schuljahres. Sie ist auch für die Versetzung maßgeblich. Am Schuljahresende erhält der
Schüler ein Zeugnis, das den erfolgreichen Abschluss der Klasse und die Versetzung
bescheinigt. Der Bildungsgang endet mit einer landesweiten Prüfung, die zum Abschluss *CAPT* (*Certificat d'aptitude technique et professionnelle*) führt, der den Eintritt ins Berufsleben ermöglicht. Das *CAPT* des technischen Zweiges und der Technikerausbildung ermöglicht den Übergang in die Oberstufe der technischen Richtung der höheren Sekundarbildung. Die 2-jährige Oberstufe führt, als Vollzeitschule,
zum Abschlusszeugnis der höheren technischen Sekundarbildung, das den
Hochschulzugang eröffnet. Daneben kann ein Technikerdiplom erworben werden,
das sowohl den Eintritt ins Berufsleben als auch den Zugang zu bestimmten höheren
Studiengängen ermöglicht. Der technische Sekundarunterricht bereitet die Schüler
hauptsächlich auf das Berufsleben vor und bietet außerdem die Möglichkeit, höhere
Studien oder Universitätsstudien zu absolvieren. Das Abschlussdiplom des
technischen Sekundarunterrichts (*diplôme de fin d'études secondaires techniques*)
bietet dieselben Möglichkeiten wie das Abschlussdiplom des allgemeinen
Sekundarunterrichts. Es ist ein direkter Weg zum Berufsleben, öffnet aber auch den
Zugang zu höheren Studien. Diplome des technischen Sekundarunterrichts, die nicht
direkt zur Hochschulreife führen sind u.a. die Technikerausbildung (gegebenenfalls
mit fachgebundener Hochschulreife) sowie die Oberstufe der Ausbildung für
hilfsmedizinische und soziale Berufe.

Obwohl Luxemburg keine eigene Universität besitzt, werden folgende tertiären Studienmöglichkeiten angeboten:

– ein erstes Studienjahr auf Universitätsniveau am „*Centre Universitaire de Luxembourg*" in Geistes- und Sozialwissenschaften, Naturwissenschaften, Medizin und Pharmazie;

– eine Postgraduiertenausbildung am „*Institut Universitaire International de Luxembourg*";

– 3-jährige Studiengänge am „*Institut Supérieur de Technologie*";

– 3-jährige Studiengänge in den Bereichen Erziehungswissenschaften bzw. Sozialpädagogik am „*Institut supérieur d'études et de recherches pédagogiques*" und am „*Institut d'études éducatives et sociales*";

– 2-jährige Studiengänge in Informatik und Betriebswirtschaft am „*Centre Universitaire de Luxembourg*";

– ein 2-jähriger Studiengang, der zum Abschluss des „*technicien supérieur*" führt.

Sonderschulwesen

Der differenzierte Unterricht, die „*Education différenciée*", das eigentliche Luxemburger Sonderschulwesen, wurde durch das Gesetz vom 14. März 1973 geschaffen. Das Schulgesetz vom 12. August 1912 hatte behinderte Kinder von der Schulpflicht ausgeschlossen. Durch das Gesetz von 1973 wird der Luxemburger Staat verpflichtet, jedem Kind, welches aufgrund seiner geistigen, charakterlichen und sensorischen Besonderheiten keine Regelschule besuchen kann, im Rahmen eines differenzierten Unterrichts eine Ausbildung zu gewähren, wie es sein Zustand oder seine Lage verlangen. Das Gesetz von 1973 führte zur Gründung der verschiedenen spezialisierten Zentren, Institute und öffentlichen Dienststellen der „*Education Différenciée*" wie auch zur Einführung der allgemeinen Schulpflicht für alle behinderten Kinder in Sonderschulen. Durch dieses neue Gesetz erhalten die Kinder mit spezifischen Bedürfnissen die Möglichkeit, ihrer Schulpflicht in den Klassen des Regelunterrichts nachzugehen. Neben den zwei im Gesetz angebotenen Möglichkeiten, ein regionales Zentrum beziehungsweise ein spezialisiertes Institut der „*Education Différenciée*" in Luxemburg oder ein spezialisiertes Institut im Ausland zu besuchen, bestehen seit dem Gesetz von 1994 zwei weitere Formen eines integrativen Unterrichts:

– die „Vollintegration", der ganztägige Besuch eines behinderten Kindes des regulären Vor-, Grund- oder Sekundarschulunterrichts, wenn nötig mit der Unterstützung einer qualifizierten Lehrperson des differenzierten Unterrichts;

– die „Teilintegration", eine Mischform, welche es dem behinderten Kind ermöglicht, an verschiedenen Aktivitäten des regulären Unterrichts teilzunehmen, während es für die restlichen obligatorischen Unterrichtsstunden in einem regionalen Zentrum oder einem Institut der „*Education Différenciée*" eingeschult ist.

Aktuelle Diskussionen und Entwicklungsperspektiven

Seit einigen Jahren werden Schulversuche besonders unterstützt. Dabei handelt es sich in der Regel um Projekte, welche von den einzelnen Schulen ausgearbeitet werden, um Lehrern und Schülern der Sekundarbereiche die Möglichkeit zu bieten außerhalb der vorgeschriebenen Programme neue Forschungsvorhaben und Realisierungsstrategien zu erproben. Die Dienststelle *SCRIPT* im Unterrichtsministerium koordiniert aktuelle Projekte, wie z.B. die Übergangs-, Begleit- und Forschungsmaßnahmen, welche die neue Orientierungsprozedur zwischen Primar- und Sekundarunterricht betreffen, so etwa: die Ausarbeitung und Verbesserung der standardisierten Prüfungen, ein Projekt zur Entwicklung und Evaluation von Kompetenzen und Wissen, gemeinsame pädagogische Tagungen zwischen Primar- und Sekundarlehrern sowie Beobachtung der Resultate und Effekte der Versuche. Nach ihrer inhaltlichen Bedeutung und ihrem Innovationspotential für das luxemburgische Schulsystem sind folgende Projekte besonders zu erwähnen: Das e-learning und die Integration von Multimedia in der Schule, die Entwicklung der Schülerprofile entsprechend der kulturellen Vielfalt und den verschiedenartigen Lernbedürfnissen sowie die Evaluation der praktischen Schulintegration von behinderten und anderen Kindern mit speziellem Förderbedarf.

Für ein kleines Land wie Luxemburg ist die Planung einer eigenen Universität von besonderer Bedeutung. Nach Vorstellen des Konzeptes sowie der im Weißbuch eingeschriebenen Pläne seitens der Ministerin für Kultur, Hochschulwesen und Forschung soll die Luxemburgische Universität in den nächsten Jahren gegründet werden. Neue Ausbildungen und neue Strukturen sollen an drei verschiedenen Stätten des Landes entstehen:

– in Belval-Westen: eine naturwissenschaftliche Fakultät, eine Fakultät für Medizin und eine Fakultät für Technologien;

– in Luxemburg-Limpertsberg: eine Fakultät für juristische und Wirtschaftswissenschaften sowie eine Fakultät für philosophische und Humanwissenschaften;

– in Walferdingen: eine sozialwissenschaftliche Fakultät und eine Fakultät der Erziehungswissenschaften.

Literatur

DAS SCHULWESEN IN LUXEMBURG. Unité Nationale d'Eurydice. Ministère de la Culture, de l'Enseignement Supérieur et de la Recherche, 2000.

ENG KLENG HËLLEF FIR LËTZEBUERGESCH ZE SCHREIWEN. Numéro spécial du Courrier de l'Éducation Nationale, janvier 2001.

ENSEIGNEMENT SECONDAIRE TECHNIQUE. Horaires et Programmes 2000-2001. Ministère de l'Éducation Nationale, de la Formation Professionnelle et des Sports. CD-ROM Copyright MENFPS 2000.

INTERNET: www.education.lu;   http://www.men.lu;   www.gouvernement.lu: Le Grand-Duché de Luxembourg. Tout savoir sur le Luxembourg. Éducation et recherche. Le système scolaire 2001.

L'ECOLE OBLIGATOIRE. Recueil de législation concernant l'éducation préscolaire, l'enseignement primaire, l'éducation différenciée et le régime préparatoire de l'enseignement secondaire technique. Numéro spécial du Courrier de l'Éducation Nationale. Ministère de l'Éducation Nationale, de la Formation Professionnelle et des Sports, 2000.

LETTRE CIRCULAIRE DE PRINTEMPS AUX ADMINISTRATIONS COMMUNALES ET AU PERSONNEL ENSEIGNANT CONCERNANT L'ORGANISATION SCOLAIRE: Courrier de l'Éducation Nationale 2001/2002: N° spécial, 2001.

LOI DU 10 AOUT 1912 CONCERNANT L'ORGANISATION DE L'ENSEIGNEMENT PRIMAIRE.

LOI DU 14 MARS 1973 PORTANT CREATION D'INSTITUTS ET DE SERVICES D'EDUCATION DIFFERENCIEE.

LOI DU 28 JUIN 1994 MODIFIANT ET COMPLETANT: a) la loi modifiée du 10 août 1912 concernant l'organisation de l'enseignement primaire; b) la loi modifiée du 14 mars 1973 portant création d'instituts et de services d'éducation différenciée; en faveur de la participation d'enfants affectés d'un handicap à l'enseignement ordinaire et de leur intégration scolaire.

MOTIFS, OBJECTIFS, ORGANISATION DE L'ÉDUCATION PRECOCE. Ministère de l'Éducation Nationale, de la Formation professionnelle et des Sports. Internet http://www.men.lu/fre/enseignement précoce 2001.

PLAN-CADRE POUR L'ÉDUCATION PRECOCE AU GRAND-DUCHE DE LUXEMBOURG. Ministère de l'Éducation Nationale, de la Formation Professionnelle et des Sports. Juin 2000.

PLAN D'ETUDES POUR L'ÉDUCATION DIFFERENCIEE. Ministère de l'Éducation Nationale et de la Formation Professionnelle. Version 1996.

WAS TUN NACH DEM SECHSTEN SCHULJAHR? Ministère de l'Éducation Nationale, de la Formation Professionnelle et des Sports, 2001.

Luxemburg

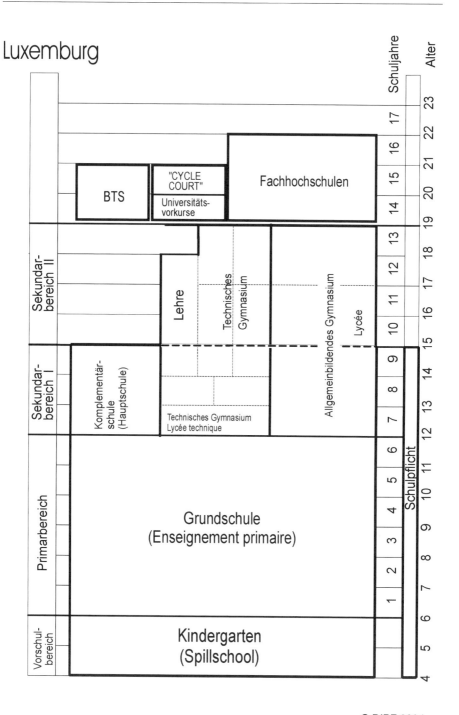

Christopher Bezzina/Grace Grima

MALTA

Entwicklung des Bildungswesens

Malta besteht aus einer Gruppe kleiner Inseln, von denen zwei bewohnt sind. Auf der größten Insel Malta leben etwa 350.000 Menschen, während die zweitgrößte Insel Gozo etwa 29.000 Bewohner hat. Der Archipel liegt 93 km südlich von Sizilien und 290 km nördlich der afrikanischen Küste. Seine zentrale Mittelmeerlage und seine Naturhäfen haben die Eroberungslust zahlreicher Kolonialmächte (Karthager, Römer, Byzantiner, Araber, Normannen, verschiedene spanische Herrschaftshäuser, Franzosen und Briten) geweckt. Malta hat mit durchschnittlich 1.200 Personen pro Quadratkilometer die höchste Bevölkerungsdichte Europas. Überdies erhöht sich die Bevölkerungszahl beträchtlich durch den ganzjährigen Tourismus (schätzungsweise etwa 1,2 Millionen Touristen im Jahr 2000), wobei der Touristenandrang von Mai bis Oktober besonders stark ist. Malta ist eine kleine Nation mit einer eigenen (überwiegend semitischen) Sprache und Kultur. Die Bevölkerung ist durch die Geschichte und geographische Lage kosmopolitisch geprägt. Dies wird durch den florierenden Tourismussektor verstärkt. Malta wurde 1964 unabhängig und 1974 zur Republik erklärt. Das Land hat in den letzten Jahren die Mitgliedschaft in der Europäischen Union beantragt.

Die wichtigsten Ereignisse der neueren Bildungsgeschichte sind die Einführung der Schulpflicht im Jahr 1946, die Einführung der Sekundarbildung für alle im Jahr 1970, die Gründung berufsbildender Sekundarschulen im Jahr 1972 (SULTANA 1992), das Heraufsetzen des Schulentlassungsalters auf 16 Jahre im Jahr 1974 (VENTURA 1996) sowie tiefgreifende Universitätsreformen zwischen 1978 und 1987 einschließlich der Einführung einer maltesischen Variante des chinesischen Studenten-Arbeiter-Programms. Die Labour-Partei wurde 1987 durch eine christdemokratische Regierung abgelöst, die 1988 ein neues Bildungsgesetz verabschiedete und viele Reformen der vorherigen Regierung durch die folgenden Maßnahmen wieder zurücknahm: die „Wiederherstellung" der Universität Malta, die stärkere Berücksichtigung des Postsekundarbereichs, die Veröffentlichung des nationalen Mindestcurriculums (*NMC*) für alle Jahrgangsstufen von der Primarstufe bis zur höheren Sekundarstufe sowie die Etablierung von Schulräten, um die übermäßige Zentralisierung des Bildungswesens auf ein Mindestmaß einzuschränken. Die jüngsten Entwicklungen umfassen die Verlagerung von weiteren Entscheidungsbefugnissen auf Schulebene mithilfe der Schulentwicklungsplanung, eine Überarbeitung des *NMC* unter Einbeziehung aller am Bildungsprozess Beteiligten im Rahmen eines langen Beratungsverfahrens sowie die Gründung des Malta College für Kunst, Wissenschaft und Technik (*MCAST*).

Das Arbeitskräftepotenzial ist bei weitem die wichtigste Ressource für Malta, sodass die Ausbildung und der wirksame Einsatz der Arbeitskräfte das Hauptanliegen des lokalen Bildungswesens ist. Auch wenn sich diese Ziele nicht von denen anderer

Bildungssysteme unterscheiden, gibt es eine Reihe besonderer Einschränkungen aufgrund der begrenzten Ressourcen und der geringen Größe der maltesischen Gesellschaft (FARRUGIA/ATTARD 1989; MIZZI 2001).

Organisation des gegenwärtigen Schulsystems

Das Bildungsgesetz (1988)

Die wesentlichen Zielsetzungen des maltesischen Bildungswesens sind in der Verfassung und im Bildungsgesetz von 1988 (Gesetz XXIV von 1988; letztes Gesetz in einer Reihe ähnlicher Gesetze) festgelegt. Das Bildungsgesetz ist das wichtigste Rechtsdokument, das das Bildungsangebot der Maltesischen Inseln regelt. Es führt eine Reihe bedeutender Neuerungen ein und stellt somit eine Revision vorheriger Gesetze dar.

Gemäß den Bestimmungen der Verfassung liegt die Entwicklung des Bildungswesens in der Verantwortung des Staates. Dazu gehören insbesondere:

- die Förderung des Bildungs- und Unterrichtswesens;
- die Bereitstellung von Schulen und Einrichtungen, die eine vollständige Entwicklung aller Persönlichkeitsaspekte einschließlich der Berufsfähigkeit ermöglichen und allen maltesischen Bürgern offen stehen;
- die Gründung von Schulen und Einrichtungen, sofern Bedarf besteht.

Das Gesetz erkennt das Recht des Staates an, für alle Bildungssektoren ein Mindestcurriculum zu erstellen, und zwar unabhängig davon, ob die Schulen staatlich oder privat getragen werden. Ebenso hat der Staat das Recht, Minimalbedingungen festzulegen, die sowohl die staatlichen als auch die privaten Schulen erfüllen müssen.

Das Gesetz erkennt ferner die Grundrechte von Einzelpersonen und Erziehungsberechtigten an: Jeder Bürger hat unabhängig von Alter, Geschlecht, Glauben oder finanzieller Mittel das Recht... auf geeignete Bildungs- und Unterrichtsmöglichkeiten.

Bis 1987 waren Kinder im Alter von sechs bis 16 Jahren in Malta schulpflichtig, das Gesetz von 1988 hat diese Bestimmung in zweierlei Hinsicht erweitert: Die Schulpflicht gilt nun für Bürger im Alter von fünf bis 16 Jahren. Der Bildungsminister ist ermächtigt, die Dauer der Schulpflicht für bestimmte Ausbildungsgänge seinen Anordnungen entsprechend zu verlängern.

Das Gesetz sieht vor, dass alle Bürger das Recht haben, beim Bildungsminister eine Lizenz zur Gründung und Leitung einer Schule zu beantragen. Der Minister ist gesetzlich zur Erteilung einer Lizenz verpflichtet, wenn es sich bei dem Antragsteller um die katholische Kirche (die als Staatskirche Trägerin vieler Schulen ist) oder um eine gemeinnützige Organisation handelt. In beiden Fällen muss der Antragsteller selbstverständlich gewährleisten, dass die Schulen die Minimalbedingungen erfüllen. Das Gesetz erkennt ferner den Lehrberuf als geschützten Berufsstand an, sodass niemand ohne ministerielle Genehmigung den Beruf ausüben und dafür Gehalt beziehen kann. Die ministerielle Lehrerlaubnis wird grundsätzlich erteilt, wenn die erforderliche, von der Universität Malta anerkannte Berufsausbildung oder ein zweiter bzw. höherer Hochschulabschluss vorliegt. Um dem Bedarf nach Lehrkräften mit Fachkenntnissen nachzukommen (und um eine Übergangsregelung für Stelleninhaber ohne Berufsqualifikation bereitzustellen), kann der Minister auch befristete Genehmigungen für geeignete Personen ausstellen.

Das Gesetz verpflichtet den Staat, allen Studenten, die über die erforderlichen Zulassungsvoraussetzungen verfügen, eine kostenlose Universitätsausbildung zu ermöglichen. Bei Erfüllung der Aufnahmebedingungen haben die Studenten das Recht, sich für ein Studienfach ihrer Wahl einzuschreiben, ohne einem Numerus clausus oder sonstigen Zulassungsbeschränkungen zu unterliegen. Die Universität ist jedoch nicht dazu verpflichtet, jede Lehrveranstaltung regelmäßig anzubieten, sodass einige Lehrveranstaltungen (aufgrund eingeschränkter Unterrichtsmöglichkeiten) nur alle zwei Jahre angeboten werden, um den erforderlichen Standard gewährleisten zu können. Das Gesetz räumt der Universität eine weitgehende Autonomie ein.

Die Abteilung für Bildung des Ministeriums für Bildung und Arbeit ist für sämtliche staatlichen Schulen und Bildungseinrichtungen zuständig. Das Bildungsgesetz von 1988 sieht für die Abteilung für Bildung bestimmte Aufgaben vor: Vor allem soll sie ein leistungsfähiges und effizientes Schulsystem gewährleisten und somit Bildungs- und Ausbildungsmöglichkeiten bereitstellen, die für die maltesische Gesellschaft von Relevanz sind. Das Gesetz betrachtet das Recht des Individuums auf die Entwicklung seiner kognitiven, affektiven und praktischen Fähigkeiten als eine moralische Verpflichtung der Gesellschaft und als notwendige Investition in die Weiterentwicklung der Nation. Ferner hat die Abteilung für Bildung den gesetzlichen Auftrag, sämtliche Bestimmungen des Bildungsgesetzes von 1988, die das Bildungswesen betreffen, in allen staatlichen und privaten Einrichtungen umzusetzen sowie deren Einhaltung zu überwachen. Hiervon sind die Universitäten ausgenommen.

Aufgaben der Verwaltung

Das maltesische Bildungswesen ist stark zentralisiert, sodass die einzelnen Schulen in den meisten Verwaltungsangelegenheiten (wie z.B. das Personalwesen sowie die Gestaltung und Erstellung des Curriculums) nur einen recht eingeschränkten Handlungsspielraum haben. Die Abteilung für Bildung übernimmt daher, abgesehen von der alltäglichen Schulroutine, sämtliche mit der Schulverwaltung verbundenen Aufgaben wahr. Die Abteilung für Bildung übt die folgenden Funktionen aus:

–   Einstellung, Eingruppierung und Einsatz des Personals,
–   Gestaltung, Erstellung und Anordnung des Curriculums,
–   Auswahl, Beschaffung und Einsatz der Lehrmittel,
–   Entwicklung von Evaluationsverfahren,
–   Zusammenstellen der jährlichen Prüfungsunterlagen,
–   Zuweisung der Schüler an die einzelnen Schulen,
–   Ausarbeitung von Spezifikationen, Beschaffung und Einsatz von Sachmitteln,
–   Instandhaltung der Gebäude und der Sachmittel,
–   Organisation von nationalen Schüleraktivitäten,
–   Organisation und Durchführung von Fortbildungsprogrammen,
–   Bereitstellung von Dienstleistungen zur Unterstützung der Schulen.

Die zuständigen Beamten werden bei den meisten Aufgaben durch spezielle Ausschüsse unterstützt, die aus Lehrkräften und Schulleitern zusammengesetzt sind.

Personal im Schulsystem

Die Abteilung für Bildung beschäftigt für den Unterricht verschiedene Kategorien von Mitarbeitern:

– offiziell anerkannte Lehrkräfte mit unbefristeter ministerieller Genehmigung, die entweder an einem College für die Lehrerausbildung oder an der erziehungswissenschaftlichen Fakultät einer Universität eine Fachausbildung erhalten haben;

– Lehrkräfte mit einem höheren akademischen Abschluss (nicht unbedingt in Erziehungswissenschaften); sie haben ebenfalls eine unbefristete ministerielle Genehmigung und sind offiziell als Lehrkräfte anerkannt;

– Mitarbeiter, die entweder fachlich bzw. beruflich qualifiziert sind oder mehrere O-Level-Prüfungen und eine A-Level-Prüfung[1] bestanden haben; sie haben keine offizielle Anerkennung als Lehrer und werden als „Ausbilder" bezeichnet; in der Regel erhalten sie eine befristete ministerielle Genehmigung;

– Aushilfslehrer, die für eine Reihe von Fachgebieten registriert sind und nach Bedarf eingesetzt werden.

Offiziell anerkannte Lehrkräfte haben denselben Status wie andere qualifizierte Staatsbedienstete (z.B. Ärzte, Architekten und Ingenieure).

Lehrerausbildung

In den 1940er Jahren wurden zwei nach Geschlecht getrennte Colleges für die Ausbildung von Lehrern gegründet. Die Ausbildung begann 1944 als dreimonatiges Programm. Die Dauer der Ausbildung wurde erst auf ein Jahr (1947), dann auf zwei Jahre (1954) und schließlich auf drei Jahre (1971) verlängert (XERRI 1994). Im Jahr 1978 wurde die Fakultät für Erziehungswissenschaften zur Ausbildung von Lehrkräften für den Primar-, Sekundar- und Postsekundarbereich gegründet. Die Fakultät bietet einen vierjährigen Studiengang an, der mit einem Bachelor in Erziehungswissenschaften (*B.Ed. Hons*) abschließt, sowie ein einjähriges Aufbaustudium, das mit einem Postgraduiertenzertifikat in Erziehungswissenschaften (*P.G.C.E.*) abschließt.

An der Fakultät für Erziehungswissenschaften ist eine Spezialisierung auf den Primarbereich oder Sekundarbereich möglich. Die Spezialisierung auf den Primarbereich qualifiziert für den Unterricht von 5-8-jährigen Schülern bzw. 8-11-jährigen Schülern. Die Spezialisierung auf die Sekundarstufe hingegen qualifiziert für den Unterricht von 11-16-jährigen Schülern. Beide Studiengänge umfassen Seminare in Philosophie, Psychologie und Soziologie. In jedem der vier Studienjahre ist ein Praktikum als Modul enthalten, und zwar in den ersten beiden Jahren ein beobachtendes Praktikum und in den letzten beiden Jahren ein Unterrichtspraktikum. Voraussetzung für die Teilnahme an dem erziehungswissenschaftlichen Postgraduiertenprogramm ist ein erster Hochschulabschluss sowie die Teilnahme an einem Auswahlgespräch, in dem die Motivation und Befähigung des Bewerbers für den Unterricht in der Sekundarstufe geklärt wird.

---

[1] O-Level-Prüfung: Prüfung in einem oder mehreren Fächern auf dem Niveau der mittleren Reife; A-Level-Prüfung: Prüfung in einem bzw. mehreren Fächern auf Abiturniveau.

Ferner werden an der Universität zwei Möglichkeiten der beruflichen Weiterbildung für Lehrkräfte angeboten: Es besteht die Möglichkeit, im Rahmen eines weiterführenden Studiums an der Fakultät für Erziehungswissenschaften akademische Grade (*Certificate, Diploma oder Master*) zu erwerben. Darüber hinaus bietet der Dienstleistungsbereich der Universität Malta ganzjährig Fortbildungen in speziellen Gebieten an.

Die Abteilung für Bildung bietet für Lehrkräfte zur Erweiterung ihrer Kenntnisse und Fähigkeiten verschiedene Fortbildungskurse und -seminare an (vgl. BEZZINA/ CAMILLERI 1998).

Allgemein bildende Schulen

Allgemeines

In Malta sind Kinder im Alter von fünf bis 16 Jahren schulpflichtig. Der Besuch der staatlichen Schulen (sowie Schulbücher und Transport zur Schule) sind im Primar- und Sekundarbereich staatlich finanziert und daher kostenlos. Nach dem Ende der Schulpflicht erhalten fast alle Schüler eine staatliche Studienbeihilfe. Neben den staatlichen gibt es auch kirchliche und freie Schulen.

Die kirchlichen Schulen, die fast vollständig von Orden geleitet werden, erhalten staatliche Zuschüsse und erheben für den Primar- und Sekundarbereich gegenwärtig keine Gebühren. Der Staat trägt die Gehälter für die Lehrkräfte. Die Eltern spenden jedoch für die Deckung aller sonstigen Kosten regelmäßig Beiträge. Die Schüler in den kirchlichen Postsekundarschulen erhalten ebenfalls eine Studienbeihilfe, sofern sie die Mindestanforderungen für den Eintritt in vergleichbare staatliche Institutionen erfüllen.

Kindergarten

Die ersten Kindergärten wurden 1975 für vierjährige Kinder gegründet. Dieses Angebot wurde im Jahr 1987 für Kinder ab drei Jahren erweitert. Der Staat hat den gesetzlichen Auftrag, in allen Städten und Dörfern Kindergärten einzurichten, wobei die meisten Kindergärten in die Primarschulen integriert sind. Der Besuch der Kindergärten erfolgt auf freiwilliger Basis. Schätzungsweise gehen etwa 94% der dreijährigen und alle vierjährigen Kinder in staatliche, kirchliche oder private Einrichtungen zur Vorschulerziehung.

Primarbereich

Die Ausbildung im Primarbereich dauert sechs Jahre (1.-6. Klasse). Es gibt in allen Städten und Dörfern staatliche Primarschulen. Dennoch ziehen es einige Eltern vor, ihre Kinder in kirchliche oder freie Schulen zu schicken. Alle staatlichen Primarschulen sowie die meisten freien Schulen sind koedukativ (seit 1980), während die kirchlichen Primarschulen entweder Mädchen oder Jungen unterrichten. Die Größe der Primarschulklassen liegt bei höchstens 30 Schülern. Das durchschnittliche Schüler-Lehrer-Verhältnis liegt auf dieser Stufe sowohl im staatlichen wie im kirchlichen bzw. freien Sektor gegenwärtig bei 1:19. Für den Unterricht im Primarbereich ist ein Klassenlehrer zuständig, wobei die Fächer kreative Künste (Bildende Kunst und Theater), Sport und Wissenschaft hiervon ausgenommen sind. Sie werden von

Fachlehrkräften unterrichtet, die an mehreren Schulen eingesetzt sind. Daneben wird für die Kinder im Primarschulbereich ein schulpsychologischer Dienst angeboten. Schüler mit Schwierigkeiten im gewöhnlichen Unterricht können an einem ergänzenden Bildungsprogramm teilnehmen, das an ihre individuellen Bedürfnisse angepasst ist. Schüler mit körperlichen Behinderungen und/oder Lernproblemen haben jeweils einen Assistenten („*Facilitator*") zur Unterstützung.

Der staatliche Primarschulbereich ist in zwei dreijährige Phasen unterteilt. In den ersten drei Jahren werden vor allem soziale Fähigkeiten sowie Grundlagenkenntnisse im Lesen, Schreiben und Rechnen vermittelt, die nach und nach zu formalen Fähigkeiten weiterentwickelt werden. Diese Phase der Primarstufe hat in der Regel einen eigenen Schulleiter, der die Schüler psychologisch betreut. Die Schüler werden nicht nach Fähigkeiten differenziert und lediglich informell durch den Lehrer bewertet. Die Versetzung in die nächste Klasse orientiert sich gewöhnlich am Alter der Schüler. Die zweite Phase des Primarschulbereichs dauert ebenfalls drei Jahre und legt ein größeres Gewicht auf die Vermittlung theoretischer Fähigkeiten. In der 5. und 6. Klasse finden am Ende des Schuljahres offizielle Prüfungen in den Fächern Englisch, Maltesisch, Mathematik, Religion und Gemeinschaftskunde statt. In der 6. Klasse werden die Schüler aufgrund ihrer Prüfungsergebnisse nach Leistungen differenziert. Am Ende der Primarstufe werden die Kinder mithilfe einer selektiven Prüfung verschiedenen Schultypen zugewiesen. Diese Differenzierung wurde 1981 in Form der so genannte „*elf plus examinations*" wieder eingeführt, die 1972 durch die Einführung der Gesamtschule abgeschafft worden waren. Für das Bestehen der „*elf plus*"-Prüfung sind ausreichende Leistungen in Maltesisch, Englisch, Mathematik, Gemeinschaftskunde und Religion erforderlich (die Schüler haben die Möglichkeit, sich aus Glaubens- oder Gewissensgründen von der Prüfung in Religion befreien zu lassen). Mithilfe dieser Bandbreite sollen alle Gebiete des Primarlehrplans in angemessener Weise berücksichtigt werden. Das Bestehen der selektiven „*elf plus*"-Prüfung in den fünf wichtigsten Fachgebieten berechtigt zum Besuch des „*Junior-Lyzeums*", das nach Geschlechtern getrennt ist. Im Jahr 1999 nahmen insgesamt 74,7% der Schüler in der 6. Primarschulklasse an der „elf plus"-Prüfung teil (74,1% der Jungen und 75,2% der Mädchen). Die aktuelle Erfolgsquote liegt bei etwa 50,5%. Derzeit erfüllen etwa 51% der Mädchen und 49,4% der Jungen die Voraussetzungen für den Eintritt in das „*Junior-Lyzeum*". Die Schüler, die diese Prüfung nicht bestehen bzw. nicht an ihr teilnehmen, wechseln zu den allgemein bildenden Bezirkssekundarschulen („*Area Secondary Schools*").

Sekundarbereich

Nach sechs Jahren Primarschule wechseln die Schüler an die fünfjährige Sekundarschule (Jahrgangsstufe 1-5). An den staatlichen Sekundarschulen werden Mädchen und Jungen getrennt unterrichtet. Es gibt zwei Typen staatlicher Sekundarschulen: Schüler, die die „*elf plus*"-Prüfung am Ende der Primarstufe bestehen, werden in die „*Junior-Lyzeen*" aufgenommen, die im April 1981 gegründet wurden (VENTURA 1996). Die übrigen Schüler besuchen die allgemein bildenden Bezirkssekundarschulen. In beiden Schultypen ist der Sekundarunterricht in zwei Phasen unterteilt. Die „*Junior-Lyzeen*" haben eine zweijährige Orientierungsphase, in der die Schüler nach einem gemeinsamen Lehrplan unterrichtet werden und nur beschränkte Wahlmöglichkeiten haben (z.B. Wahl einer Fremdsprache), damit sie einen allgemeinen Überblick über die Fachgebiete erhalten. Auf diese Orientierungsphase folgt eine stärker spezialisierte dreijährige Phase, die neben einem verpflichtenden Kerncurriculum auch mehrere Wahlfächer umfasst. Ein breites Fächerangebot ermöglicht in der Regel die Auswahl derjenigen Fächer, die für die spätere berufliche Ausbildung oder Hochschulausbildung hilfreich sind. Die Bezirkssekundarschulen haben ebenfalls eine einführende Orientierungsphase, die drei Jahre dauert und ein breites Spektrum an Fächern abdeckt. Darauf folgt eine zweijährige Spezialisierungsphase mit einem verpflichtenden Kerncurriculum und zusätzlichen Wahlfächern. Gegenwärtig liegt das Schüler-Lehrkraft-Verhältnis sowohl im staatlichen als auch im nichtstaatlichen Sekundarbereich bei 1:11.

Die Lehrpläne für das „Junior-Lyzeum" und die Bezirkssekundarschulen sind sich relativ ähnlich, auch wenn an die Schüler des „Junior-Lyzeums" in gewisser Weise höhere Anforderungen gestellt werden als an ihre Altersgenossen an den Bezirkssekundarschulen. Die Schüler beider Schultypen nehmen an den jährlich stattfindenden landesweiten Prüfungen in praktisch allen Fächern teil. Am Ende der insgesamt fünfjährigen Phase können die Schüler an externen Prüfungen teilnehmen, nach deren Bestehen sie ein Zeugnis über den Abschluss der Sekundarschule (O-Level) erhalten. Die Schüler haben die Möglichkeit, an den lokalen Sekundarprüfungen teilzunehmen, die von der Universität Malta durchgeführt werden und mit dem „Secondary Education Certificate" (SEC) abschließen. Sie können jedoch alternativ oder zusätzlich an den Prüfungen der englischen Universitäten teilnehmen, die mit dem „General Certificate of Education" (GCE) abschließen. Die Zahl der Schüler, die an den lokalen Prüfungen teilnehmen, ist in den letzten Jahren deutlich angestiegen.

Die 1990er Jahre waren von einer weitreichenden Reform des Bildungswesens gekennzeichnet, die das Ziel hatte, grundlegende Veränderungen in Bildung, Politik und Kultur herbeizuführen. Die Behörden überarbeiteten das Bildungsprogramm für den Primar- und Sekundarbereich mithilfe eines aufwändigen Verfahrens, das alle am Bildungsprozess Beteiligten einbezog und sich über mehrere Jahre erstreckte. Auf Grundlage dieser Zusammenarbeit wurde das Dokument „National Curriculum – Creating the Future Together" erstellt, das im Dezember 1999 vom Bildungsministerium veröffentlicht wurde. Die Umsetzung des gesamten Curriculums mit sämtlichen dazugehörigen Aspekten wird in den nächsten Jahren erfolgen.

Der Unterricht an den privaten Sekundarschulen orientiert sich insgesamt an dem selben Bildungsmodell. Diese Schulen sind dazu verpflichtet, das nationale Mindestcurriculum einzuhalten. An einigen freien Schulen wird zunehmend koedukativer Sekundarunterricht angeboten.

Sonderschulbereich

Die Sonderschulen sind für den Unterricht von Kindern mit Lernstörungen oder Behinderungen zuständig. Da gegenwärtig die Integration gefördert wird, ist die Zahl der an Sonderschulen aufgenommenen Schüler rückläufig. Gleichzeitig werden die pädagogischen Ressourcen für Schüler mit Behinderungen erweitert und modernisiert.

Fachausbildung

Insgesamt gibt es vier Schultypen, die eine Fachausbildung anbieten: Gewerbe-schulen, Fachinstitute, Fachausbildungszentren und das erweiterte Ausbildungspro-gramm („*Extended Skills Training Scheme*"). Die letzten drei Schultypen sind für die Ausbildung von Jugendlichen ab 16 Jahren zuständig. Die Gewerbeschulen wurden schrittweise abgewickelt und bis zum Ende des Schuljahres 1999/2000 vollständig geschlossen. Sie werden durch das Malta College für Kunst, Wissenschaft und Technik („*Malta College for Arts, Science and Technology*" *MCAST*) ersetzt.

Postsekundarbereich

Der Postsekundarbereich umfasst weiterführende Ausbildungen in verschiedenen Bereichen, die anschließend je nach Abschluss den Besuch einer Hochschule, eine Berufsausbildung oder den Eintritt in das Erwerbsleben ermöglichen. Gegenwärtig wird der berufsbildende Sektor grundlegend umstrukturiert und an die neuesten An-forderungen angepasst. Das Malta College für Kunst, Wissenschaft und Technik hat inzwischen die Durchführung der bereits bestehenden berufsbildenden Lehrgänge übernommen und bietet neue Ausbildungsmöglichkeiten an.

Fast der gesamte Postsekundarbereich ist staatlich, abgesehen von einigen wenigen kirchlichen und freien Schulen, die auf die Hochschulreife vorbereiten. Der Postse-kundarbereich steht allen Schülern offen, sofern sie die jeweiligen Aufnahmebedin-gungen der Einrichtungen erfüllen. In der Regel erhalten die Schüler der Postsekun-darstufe eine staatliche Studienbeihilfe zur Abdeckung ihrer Ausgaben. Alle Schulen dieser Ebene sind koedukativ. Die Lehrkräfte haben mindestens einen ersten Hoch-schulabschluss. Die Mehrheit der Schüler, die ein Universitätsstudium planen, besuchen das Junior College. Die Aufnahmevoraussetzung für das Junior College ist die *SEC*-Prüfung in sechs Fächern mit der Bewertung fünf oder besser (bzw. ein gleichwertiger Abschluss). Die *SEC*-Prüfungsfächer sind Englisch, Maltesisch und Mathematik sowie ein naturwissenschaftliches Fach (Physik, Chemie, Biologie und Humanbiologie). Hinzu kommt eine Fremdsprache (z.B. Französisch, Italienisch, Deutsch, Spanisch) und ein weiteres Fach.

Der zweijährige Unterricht am Junior-College führt zur Hochschulreife („*Matricula-tion Certificate*"). Die Schüler spezialisieren sich in zwei Fächern (*A-Level*) und er-lernen vier Fächer auf mittlerem Niveau (*Intermediate Level*). Das Fach Wissen-schaftslehre ist obligatorisch. Im Mai 1999 nahmen 1.721 Schüler an der Reifeprü-fung teil, von denen 878 die Prüfung bestanden haben (51%). An der höheren Sekundarschule („*Higher Secondary School*") können die Schüler den für die *SEC*-Prüfungen erforderlichen Lehrstoff wiederholen und sich auf die Reifeprüfung vorbereiten. Die Schüler haben auch die Möglichkeit, in einzelnen Fächern auf höherem Niveau (*A-Level*) unterrichtet zu werden.

Universität

Das Bildungsgesetz von 1988 enthält wichtige Bestimmungen zur Universität. Eine der wichtigsten Bestimmung verpflichtet die Universität zur Immatrikulation aller Studenten, die die Zulassungsvoraussetzungen erfüllen, d.h. die Zulassung zum Stu-dium darf nicht durch einen Numerus Clausus beschränkt werden. Die Berechtigung zu einem Universitätsstudium wird durch das Reifezeugnis erworben (*A-Level* in zwei Fächern, *Intermediate-Level* in drei Fächern und ein Abschluss in Wissenschaftslehre). Darüber hinaus ist in den Fächern Englisch, Maltesisch und Mathematik mindestens ein *SEC*-Abschluss erforderlich. Die Universität entscheidet selbst darüber, welche Lehrveranstaltungen angeboten werden. Aufgrund räumlicher oder ausstattungstechnischer Beschränkungen wurde die Teilnehmerzahl für einige Lehrveranstaltungen, vor allem an der Fakultät für Medizin und Zahnmedizin, begrenzt.

In Malta möchten zunehmend mehr Studenten ihre Ausbildung im Tertiärbereich weiterführen. Während 1985 lediglich 6,3% der 18-22-jährigen (1.408 Personen) studierten, hat sich die Zahl der Studierenden in den letzten Jahren stetig erhöht. Im Jahr 1999 waren 6.064 Studenten (21% der entsprechenden Altersgruppe) an der Universität immatrikuliert.

Aktuelle Diskussionen und Entwicklungsperspektiven

Eine der größten Neuerungen ist die Gründung des Malta College für Kunst, Wissenschaft und Technik (*MCAST*). Dieses College soll zehn Institute umfassen und eine Ausbildung im Hochschulbereich ermöglichen. Ein wesentliches Kennzeichen der Lehrgänge ist die berufsbezogene Orientierung. Theorie und Praxis sollen gleichermaßen berücksichtigt werden, d.h. die Lehrgänge sollen sowohl Lehrveranstaltungen an den jeweiligen Instituten enthalten als auch Praxiserfahrung durch Arbeitsverträge mit Behörden und Privatunternehmen ermöglichen. Das College soll vorhandene Lehrgänge integrieren und neue Kurse einführen. Insbesondere soll der berufsbildende Postsekundarbereich neben dem universitären Sektor ausgebaut werden. Die Weiterentwicklung des Landes und der Beitritt zur Europäischen Union wird nur möglich sein, wenn die gegenwärtigen und zukünftigen Arbeitskräfte über die erforderlichen beruflichen und wissenschaftlichen Fachkenntnisse verfügen. Das College wendet sich sowohl an Jugendliche im Postsekundarbereich als auch an Erwachsene. Lebenslanges Lernen kann somit als Konzept und Strategie zu einem selbstverständlichen Bestandteil des Lebens werden.

In den letzten fünf Jahren gab es verschiedene Initiativen der zentralen Behörden, mehr Zuständigkeiten und Entscheidungsbefugnisse auf die Schulen zu verlagern. So sollen z.B. alle staatlichen Primar- und Sekundarschulen Schulentwicklungskonzepte entwerfen. Diese Initiative zeigt die Einsicht an, dass die Schule der zentrale Ausgangspunkt für Reformen ist und daher Entwicklungsbemühungen direkt auf Schulebene ansetzen müssen. Diese Sichtweise wird ferner durch aktuelle Initiativen zur Reform des nationalen Curriculums unterstützt (MINISTRY OF EDUCATION 2000, 2001; GIORDMAINA 2000). Dieses Konzept ermöglicht einen alternativen Blick auf das zentralisierte, normative Modell der Schulentwicklung. Die staatlichen Schulen in Malta waren an ein Bildungswesen gewöhnt, das durch Hierarchie, Zentralisierung und Bürokratie gekennzeichnet war. Dies führte bei den Lehrkräften zu Stress, Desillusionierung und letztlich Resignation (BEZZINA 1995; BORG/FALZON 1989). Die Situation der Lehrkräfte ist widersprüchlich: einerseits der Glaube an Demokratie und Partizipation, andererseits die Alltagserfahrung fehlender Entscheidungskompetenzen. Im Laufe der Jahre hatten die Schulen keine Chance, sich in lebendige

Lehr- und Lerneinrichtungen weiterzuentwickeln, die sowohl fachliche Analysen als auch reflektierende Praxis ermöglichen (BEZZINA 1997; 1998).

Der Wechsel von den Zwängen der Abhängigkeit hin zur Autonomie wird nicht einfach sein. Dabei müssen die Kultur und das Klima des Bildungswesens berücksichtigt werden, die sich über Jahre hinweg entwickelt haben und die für die aktuelle Situation verantwortlich sind. Diese Gegebenheiten prägen immer noch weitgehend das Denken und Handeln der Menschen. So sind die Voraussetzungen für eine Weiterentwicklung der Schulen zu Zentren der Analyse und Veränderung denkbar ungünstig. Zu den schlimmsten Bedingungen zählen die Isolation der Lehrkräfte und der Bediensteten in der Schulverwaltung, die Fragmentierung des Schultags in getrennte Lehrinhalte, die Zuteilung einer bestimmten Zeit pro Fach, die unhaltbare Klassen- und Kursgröße sowie der Zeitmangel der Lehrkräfte für wirkliche Reflexion, Partizipation und kritische Analyse (BEZZINA 1999).

Alle Versuche, die Leistungsfähigkeit der Schulen zu verbessern, hängt von der Dynamik der Schulen ab. Daher müssen die Handlungen bzw. Einflussmöglichkeiten der Lehrkräfte, Schüler und Studenten, Bediensteten im Bildungswesen, Eltern, Gemeindemitglieder und des Curriculums in ihrer Gesamtheit erforscht werden. Tatsächlich fordert das nationale Mindestcurriculum die Veränderung der gesamten philosophischen und pädagogischen Kultur, die von Kollegialität und Zusammenarbeit der Beteiligten geprägt sein sollte. Hierbei bilden die Leitung und Führung die größten Herausforderungen. Es bedarf charismatischer und innovationsfähiger Personen mit Führungsqualitäten, für die kreative Zusammenarbeit und die Neustrukturierung der Arbeitsbeziehungen und Arbeitsmodelle zentral sind. Gegenwärtig sollen verschiedene Initiativen sowohl auf struktureller als auch auf schulischer Ebene die Entwicklung einer neuen Kultur fördern. Gleichzeitig werden mehrere Reformen eingeführt, um bisherige Verfahrensweisen zu modernisieren und die Qualität des Bildungswesens zu verbessern.

Literatur

BEZZINA, C.: The Maltese Primary School Principalship: Perceptions, Roles and Responsibilities. PhD thesis, Brunel University, School of Education, UK 1995.

BEZZINA, C.: Restructuring Schools in Malta: the road to improvement. International Journal of Educational Management, 11(1997)5, S. 194-202.

BEZZINA, C.: Making Quality Work: the Challenge is Now. Keynote Address at the MUT Conference, The Role of Education Officers and Subject Coordinators as Agents of Change and Development, 25th-26th April 1998, Malta.

BEZZINA, C.: Authentic educational leadership for 21st century – Malta: breaking the bonds of dependency. Mediterranean Journal of Educational Studies, 4(1999)1, S. 51-66.

BEZZINA, C./CAMILLERI, A.: Teacher Education Reform in Malta: the Voice From within. Paper presented at the 23rd Annual Conference of the Association for Teacher Education in Europe. Limerick, Ireland 1998.

BORG, M./FALZON, J.: Stress and job satisfaction among primary school teachers in Malta. Educational Review, 41(1989)3, S. 271-279.Central Office of Statistics: Education Statistics 1999. Department of Information, Valletta, Malta 2000.

EDUCATION DIVISION: Junior Lyceum Entrance Examinations 1999. Curriculum Department, Floriana, Malta 2001.

FARRUGIA, C./ATTARD, P.: The Multi-functional Administrator. Commonwealth Secretariat, London 1989.

GIORDMAINA, J. (Hrsg.): National Curriculum on its Way – Proceedings. Ministry of Education, Floriana, Malta 2000.

MINISTRY OF EDUCATION: Creating the Future Together – National Minimum Curriculum. Floriana, Malta 2000.

MINISTRY OF EDUCATION: National Curriculum on its Way – Strategic Plan. Floriana, Malta 2001.

MIZZI, C.: An Overview of the Maltese Secondary Education Sector. In: School Experience Reader and Guidesheets. Faculty of Education, University of Malta 2001, S. 12-15.

SULTANA, R.: Education and National Development: Historical and critical perspectives on vocational schooling in Malta. Malta 1992.

VENTURA, F.: (Hrsg.): Secondary Education in Malta: Challenges and Opportunities. MUT Publications, Valletta, Malta 1996.

XERRI, J.: Major Developments in Maltese Primary Education, Appendix II. In: C. Farrugia (Hrsg.): A New Vision for Primary Schools. MUT, 1994, S. 289-316. Publications, Valletta, Malta. (1994) S. 289-316.

ZAMMIT MANGION, J.: An Analysis of the Growth and Development of Education in Malta Since 1946. In: UNESCO: Education in Malta – A look to the future, Paris 1987, S.17-25.

Malta

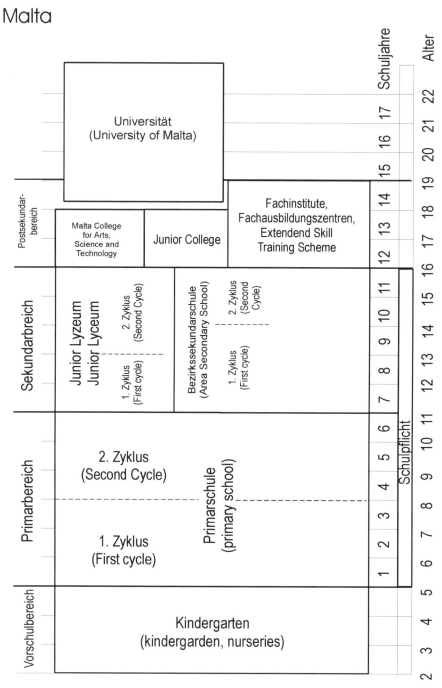

Wolf Oschlies

REPUBLIK MAKEDONIEN

Entwicklung des Bildungswesens

Die Republik Makedonien, die aufgrund eines Einspruchs Griechenlands in der UNO im offiziellen Verkehr den Namen FYROM (*Former Yougoslavian Republic of Macedonia*) annehmen musste, diese Bezeichnung aber selbst nie akzeptiert hat, hat eine Fläche von 25.713 km^2 und etwa zwei Millionen Einwohner (vgl. LU-KAN/JORDAN 1998). In dieser Population gibt es neben der makedonischen Titu-larnation, die etwa 66% ausmacht, noch 23 ethnische Minderheiten. Die numerisch stärksten unter diesen sind die Albaner mit 23%, die Türken mit 4% und die Roma mit 2,3%, also z.T. ethnische Gruppen, bei denen entweder eine traditionelle Abnei-gung gegen Bildungsinstitutionen herrscht (Roma), oder wo Mädchen und Frauen im Bildungswesen signifikant unterrepräsentiert sind (Albaner).

Ende des 5. Jahrhunderts nannte Byzanz die in seinen Bereich vorgedrungenen Sla-wen nach der Region, also „Makedonische Slawen" und integrierte sie in die Struk-turen des byzantinischen Reichs. Eine bewegte Geschichte brachte die Makedonier abwechselnd unter bulgarische, serbische und schließlich türkische Herrschaft, bis ihr Siedlungsgebiet schließlich 1912/13 zwischen Griechenland, Bulgarien und Ser-bien aufgeteilt wurde. Die heutige seit 1991 souveräne Republik Makedonien ist mit dem früheren serbischen Teil identisch.

Sprache und Kultur

Bereits im 15. Jahrhundert war die makedonische Sprache mit allen ihren Besonder-heiten im Kreis der slawischen Sprachenfamilie vollständig ausgeformt, aber sie konnte sich überwiegend nur als nichtschriftlicher Regiolekt artikulieren. Die vor-sichtigen Ansätze zu makedonischen Schulen im 19. Jahrhundert (vgl. KANNTARD-ŽIEV 1965) reichten für eine kulturelle Selbstvergewisserung nicht aus. Im August 1944 bestimmte der Antifaschistische Volksbefreiungsrat Makedoniens (*ASNOM*), dass „in der Republik Makedonien die makedonische Volkssprache Amtssprache ist". Die „Republik Makedonien" sollte ein Teil der „Föderativen Republik Jugos-lawien" sein, die es zu diesem Zeitpunkt ebenso wenig gab wie ein makedonisches Alphabet, ein makedonisches Schrifttum usw. (vgl. KANTARDŽIEV 2002, S. 542ff.). Man muss sich vergegenwärtigen, dass die kleine Nation sprachlich von Null auf die volle politische und kulturelle Handlungskompetenz durchstartete. Behörden edier-ten Erlasse, Verlage publizierten basierend auf einer neugebildeten Variante des ky-rillischen Alphabets. Bis in die 1950er Jahre dauerte es, bis die makedonische Sprache lexikalisch, phonologisch, grammatisch, orthographisch „Tritt gefasst" hat-te. In dieser unglaublichen Situation, da ein archaisches Idiom per linguistischem Retortenexperiment in die kommunikative Basis einer modernen Nation verwandelt wurde, entstanden Lehrbücher, Schulen, Alphabetisierungskurse, Lieder, Laienspielensembles, Lyrikbände, Romane, die die neu-alte Nationalkultur der Makedonen befestigten (vgl. HRISTOV 1965, S. 152ff).

Bildung und ethnische Identität

Wenn man sich daran erinnert, dass gerade die jüngste und kriegerische Zuspitzung des Kosovo-Konflikts mit Kontroversen im Bildungs- und Hochschulbereich startete, dann wird man auch die zweite Kulturleistung Makedoniens zu schätzen vermögen: Makedonien blieb nach der Aussage seines heutigen Präsidenten Gligorov deshalb vom Krieg verschont, weil es in seiner Geschichte nie einen bewaffneten Konflikt mit ethnischen Minderheiten hatte. Aber die Bildung ist das Feld, das den Balkan seit jeher zum „Pulverfass" Europas machte. Die jüngsten Entwicklungen auf diesem Gebiet werden zu aller Schaden einfach nicht wahrgenommen: In Kultur und Bildung wird gespart, weil der Staat die Mittel anderweitig benötigt, nationalistische Lehrer, Lehrpläne und Schulbücher wiederholen alte „Schlachten" und präparieren neue, Universitäten werden zu ideologischen Indoktrinationsstätten (SUČEVIĆ 1997). In diesem Kontext ist es bemerkenswert, dass die Makedonen zu allen Zeiten bemüht waren, gezielte bildungspolitische Antworten auf die kulturellen und identitätsfördernden Bedürfnisse ihrer ethnischen Minderheiten zu geben. Das war allerdings in der jugoslawischen Föderation nicht immer mit Erfolg gekrönt. Nach dem Zerbrechen Jugoslawiens (1990/91) realisierte Makedonien eine Bildungs- und Kulturpolitik im Geiste interethnischer Toleranz.

Das makedonische Bildungswesen in der jugoslawischen Zeit

Die Herausforderung der Nachkriegszeit, eine nationale Bildung und Kultur aus dem Nichts heraus zu schaffen, fand ihr größtes Hindernis nicht nur in einer erst zu entwickelnden Schriftsprache, sondern ganz einfach im Umstand, dass mehr als zwei Drittel der Bevölkerung über zehn Jahre Analphabeten waren (vgl. JURUKOVA 1990, S. 73). Trotz einer verschwindend geringen Zahl von 337 Lehrern, wurde nach 1944 eine siebenjährige Pflichtschule eingeführt und der Lehrermangel „pragmatisch" (durch Schnellkurse usw.) behoben. Ein ähnlicher Mangel herrschte bezüglich der Schulgebäude. Trotzdem wurden – im Rahmen des Vielvölkerstaats Jugoslawien – von Anfang an auch Schulen für die ethnischen Minderheiten (Schulen mit nicht-makedonischer Unterrichtssprache) eingerichtet. Im Jahr 1948 wurde ein jugoslawischer „Bundesrahmenlehrplan" für die Pflichtschule erlassen. Bereits zusammen mit den Grundschulen (*osnovno učilište*) waren die ersten Gymnasien (*gimnazija*) und Fachmittelschulen (*sredno stručno učilište*) gegründet worden. Generell litt auch das makedonische Schulsystem unter den jugoslawischen „Erbübeln", der Zentralisierung und der Bürokratie. Allerdings wurde die föderale Bildungspolitik in Makedonien vergleichsweise pragmatisch gehandhabt. So scheinen eine Reihe von Besonderheiten erwähnenswert (KANTARDŽIEV 2002, S. 553ff.):

Die *Vorschulerziehung* hatte in Makedonien keine Tradition, da die Kinder in der Großfamilie aufwuchsen. Noch 1960 wurden weniger als 3% der Kinder erfasst. Erst in den 1970er Jahren erfolgte eine Ausweitung des Angebots über eine Systematisierung der Ausbildung der Erzieherinnen. Die flächendeckende Versorgung des Landes (besonders des Ostens) mit *Grundschulen* war ein wichtiges Anliegen der Bildungspolitik im Hinblick auf die Bekämpfung des Analphabetentums. Wichtigstes Mittel dazu war der Aufbau von Lehrerbildungsanstalten (auch als gymnasiale Zweige). Im Jahr 1958 wurde mit dem Allgemeinen Schulgesetz die Achtjährige Einheitsgrundschule eingeführt, deren Lehrplan auch in den 1970er Jahren kaum geändert wurde. Noch komplizierter war die Lage dadurch, dass parallel zum makedonischen auch ein albanisch-sprachiges System von Schule und Lehrerbildung aufzubauen war.

Eine besondere Expansion verzeichneten die *Sekundarschulen* (zwei- bis dreijährige Berufsschulen und vierjährige Mittelschulen/Gymnasien). Deren enge Verbindung mit den Betrieben (als Schulträger) führte jedoch zu einer gewissen Abhängigkeit von deren Personalbedarf. Dies änderte sich erst mit dem Mittelschulgesetz (1970). Mit Beginn der 1980er Jahre wurden die Gymnasien eingefroren. Das gesamte Sekundarschulwesen wurde in das „Einheitssystem der ausgerichteten Bildung" (*Edinstven sistem na nasočeno obrazovanie*) zusammengefasst.

Eine nennenswerte Fürsorge für behinderte Kinder begann in Makedonien erst nach 1945. Sie wurde systematisch ausgebaut. Anfang der 1980er Jahre gab es fünf Sonderschulen mit 1.482 Schülern (vgl. KANTARDŽIEV 2002, S. 580ff.)

Bereits 1946 wurde in Skopje mit einer Philosophischen Fakultät der Kern einer Staatsuniversität eröffnet. Bis 1974 waren daraus schon zehn Fakultäten geworden, die in der Folgezeit neue institutionelle Zuordnungen bekamen.

Organisation des gegenwärtigen Schulsystems

Gesetzliche Grundlagen/Bildungsverfassung

Basis des makedonischen Rechtssystems ist die Verfassung von 1991, die im schulischen Bereich durch zahlreiche *System-Gesetze* für alle Schulstufen und –formen ergänzt und präzisiert wurde (vgl. GUČEVA 2001). Das Recht auf Bildung ist allgemein, die achtjährige Grundschulbildung obligatorisch und kostenfrei. Alle Bildungsanstalten verstehen sich als Dienstleistungsinstitutionen für die Bürger. Jede neue Maßnahme der makedonischen Schulpolitik wird in enger Kooperation und Konsultation mit UNESCO, Europarat, OECD, UNICEF, Weltbank etc. vorgenommen. Oberste Zuständigkeit für das Bildungswesen hat das Ministerium für Bildung und Wissenschaft – ausgenommen ist nur das Vorschulwesen, dessen Leitung es sich mit dem Ministerium für Arbeit und Sozialpolitik teilt. Als eine Art Planungsstab des Bildungsministeriums fungiert das Büro für Bildungsentwicklung (*Biro za razvoj na obrazovanieto*), das Lehrpläne entwirft und deren Implementierung überwacht. Ihm obliegt auch die Fachaufsicht über die Lehrer und deren Weiterbildung. Lehrpläne und Lehrbücher prüft der Pädagogische Dienst (*Pedagoška služba*). Die Einhaltung von Gesetzen und Vorschriften überwacht das Staatliche Bildungs-Inspektorat (*Državen prosveten inspektorat*).

1991 und 1995 erließ Makedonien Gesetze zum Sekundarschulwesen, wobei das von 1995 unter allgemeiner Billigung die Gymnasien wieder einführte. Weiterführende Schulen werden vom 15. bis 18. bzw. 19. Lebensjahr besucht. Für die Jugendlichen trägt der Staat die Schulkosten, nicht aber für Erwachsene, die – was leicht möglich ist – sich in solche Schulen einschreiben können, um versäumte Bildung nachzuholen. Ebenfalls seit 1995 ist die Einrichtung privater Sekundarschulen erlaubt. Die Aufnahme in eine staatliche Sekundarschule erfolgt über einen *Konkurs*

(Bewerbungsverfahren). Liegen mehr Bewerbungen als freie Plätze vor, wird eine Auswahl nach dem Schulerfolg vorgenommen; abgewiesene Bewerber dürfen weitere Versuche an Schulen wagen, wo es noch freie Plätze gibt.

Nach der Verfassung von 1991 und dem Hochschulgesetz vom Juni 2000 ist den Hochschulen die Autonomie garantiert. Das Studium dauert generell vier Jahre, nur bei Medizin, Zahnmedizin, Elektrotechnik, Architektur und einigen anderen sind sechs Studienjahre zu absolvieren. Alle Hochschulen sind per Gesetz zur Lehre, Kaderfortbildung und wissenschaftlicher Forschung verpflichtet. Zum Studium wird nur zugelassen, wer zuvor die vierjährige Sekundarschule absolvierte; Studienbewerber für Kunst- und Sportinstitute „müssen besondere Fähigkeiten und Begabungen beweisen". Die Zulassung zum Studium und zu den Postdiplom-Studien erfolgt nach dem System der bereits erwähnten *Konkurse*, die jedes Jahr im März für größere Nervosität sorgen. Das Studium ist grundsätzlich kostenlos. Ein Schulgeld (*školarina*) zahlen nur diejenigen, die nicht auf dem normalen Weg und innerhalb der vorgeschriebenen Quoten an die Hochschule gelangen. Eine Besonderheit der Zulassung besteht darin, dass die ethnischen Minderheiten eigene festgelegte Zugangsqouten haben, um ihre Präsenz auch bei schwächerer Schulleistung zu sichern.

Alle Schulen haben ihre Komitees (*odbori*), in denen Vertreter der Schule, der Gemeinde und der Eltern vertreten sind. Im Vorschulbereich stützen sich diese Komitees zudem noch auf das Kinderschutzgesetz von 2000.

Überblick über die Struktur des Schulsystems

Generell hat das makedonische Schulsystem seit der Unabhängigkeit konzeptionelle Wandlungen in Fülle erfahren, dabei aber eine relative strukturelle Kontinuität gewahrt. Nach wie vor umfasst es die folgenden Glieder und Stufen:

– Vorschulerziehung und -bildung (*Predučilišno vospitanie i obrazovanie*) für Kinder von neun Monaten bis sieben Jahren: Die Vorschule, die innerlich differenziert ist in den *Kindergarten* (bis sechs Jahre) und die einjährige *Spielstätte*, ist nicht obligatorisch und wird mit Programmen in vier Sprachen (Makedonisch, Albanisch, Türkisch und Serbisch) angeboten. Daneben gibt es seit 1997/98 noch das bilinguale (makedonisch-albanische) Experiment, das in drei Schulen mit zusammen 40 Kindern läuft. Die tägliche Dauer der Betreuung ist unterschiedlich, doch nimmt der halbtägige Aufenthalt (*poludneven prestoj*) bei weitem den ersten Rang ein. 1994/95 wurde die Vorschulerziehung in der ganzen Republik lediglich von 14.429 Kindern, 1999/2000 von 15.599 Kindern in Anspruch genommen. Diese relativ geringe Frequenz ist sicher zum Teil der hohen Arbeitslosigkeit im Lande (45%) geschuldet, wird in makedonischen Aussagen aber nicht thematisiert.

– Achtjährige Grundschulerziehung und -bildung (*Bazično osumgodišno vospitanie i obrazovanie*): Sie ist laut Verfassung und einschlägigen Gesetzen obligatorisch und gliedert sich in den jeweils vierjährigen Klassen- und Fachunterricht (*oddelenska i predmetna nastava*). Im Jahr 2000 gab es in Makedonien 342 Grundschulen mit insgesamt 254.828 Schülern, darunter albanische (77.496 Schüler), türkische (6.287 Schüler) und serbische (643 Schüler). Allerdings können die meisten der Minderheitenschulen noch „Filialen" in Dörfern, Bergregionen etc. haben. Somit sind zu den genannten 342 makedonischen Schulen noch 163 „volle regionale", 528 „nicht volle regionale Schulen" (Klassen I-IV) und 880 nicht näher definierte „Objekte in ländlichen Siedlungen" hinzuzuzählen (vgl. JANKULOVSKA 2000).

-   Es gibt Sonderschulen für körperlich und geistig behinderte Kinder, die vom 6. bis zum 17. bzw. 19. Lebensjahr reichen.

-   Sekundarschulwesen (*sredno obrazovanie*): unter diesem Sammelbegriff sind Gymnasien (vier bis fünf Jahre), vierjährige Kunstschulen, drei- bis vierjährige Berufsfachschulen (plus einjähriger „Spezialistenbildung") sowie die einjährige berufliche Anlehre (*stručno osposobuvanje*) zusammengefasst.

-   Hochschule (*visoko obrazovanie*): zu nennen sind zwei Universitäten (Skopje, Bitola) mit ausgelagerten „Fakultäten", die wie eigene Hochschulen auftreten und sechs selbstständige Fachhochschulen (*visoki stručni školi*), deren Bildungsgänge von zwei bis sechs Jahren dauern.

Qualitätskontrolle und Evaluation

In Makedonien gibt es im Schulbereich viele Prüfungen und Zensuren, die zu wenig über die tatsächlichen Entwicklungen und Erfolge aussagen. Für makedonische Schüler besteht eine „systematische Begleitung der allgemeinen Entwicklung" und eine „Bewertung der Kenntnisse und Fähigkeiten" mittels Noten von Fünf bis Eins. Noch intensiver werden die Lehrer bewertet, denn die Schulen erstellen Jahresberichte mit genauen Angaben zu jedem Einzelnen: Aktivitäten und Ergebnisse in den „obligatorischen, Wahl- und fakultativen Fächern", im „zusätzlichen und Ergänzungsunterricht", in „freien Schüleraktivitäten" und in „breiterer pädagogischer Arbeit". Das alles scheint allerdings für die Verwaltung immer noch nicht sonderlich aussagekräftig zu sein, weswegen in den letzten Jahren Evaluierungsprojekte im Primarbereich vorangetrieben werden. Damit sollen objektivere Bewertungen auf der Grundlage „standardisierter Instrumente zur externen Messung der einzelnen Fächer" möglich werden. Für die Klassen I bis III wird ein Sonderprogramm einer allgemeinen schriftlichen Bewertung betrieben, das man aus den Niederlanden bekam und mit Unterstützung der dortigen Regierung umsetzt.

Eine allgemeine Verbesserung erhofft sich Skopje von der Eingliederung Makedoniens in die internationale Studie PISA PLUS, womit man in dieser Frage Kontakt zu allen 32 Mitgliedern der OECD bekam. Denselben Effekt verfolgen andere Mitgliedschaften und Kooperationen – u.a. in der Internationale Vereinigung für die Evaluierung von Bildungsergebnissen (IEA), zumal diese in aller Regel mit finanziellen Unterstützungen verbunden sind. Erstes sichtbares Resultat sollte in nächster Zeit die Einführung eines nationalen Abiturs (*matura*) nach internationalen Standards sein, die seit 1996 an einem Gymnasium bereits „geprobt" wird.

Allgemein bildende Schulen

Vorschule

Alle Schulen Makedoniens sehen sich mit neuen Orientierungen und Reformzwängen konfrontiert. Die Vorschulen mühen sich, drei schwer integrierbare Konzeptionen unter einen Hut zu bringen: Zum ersten sollen sie in ganz herkömmlicher Weise die sensorische, psycho-motorische, intellektuelle, soziale und emotionale Entwicklung der Kinder fördern. Zum zweiten sollen sie gezielter auf die Schule vorbereiten und zum dritten berufstätige Eltern zeitweilig von der Sorge um die eigenen Kinder befreien. Diese Situation wirkt sich zuerst auf das tägliche Zeitbudget der Schulen aus. Die (durchweg koedukativen) Vorschulen arbeiten täglich unterschiedlich lange, ganztägig (sechs bis neun Stunden) und halbtägig (vier bis sechs Stunden). In größeren Siedlungen sind sie sogar bis zu elf Stunden aktiv, aber generell zeigt sich bei Eltern ein vermehrtes Interesse, ihre Kinder nur eine bis zwei Stunden täglich in der Vorschule zu lassen, d.h. nur so lange, wie die „konzentrierten Bildungs- und Erziehungsaktivitäten dauern". Und da bietet sich, so die makedonischen Fachleute (vgl. GUČEVA 2001), eine pragmatische Lösung der drei Probleme an: Man koordiniert diese Konzentrationsphase mit dem beruflichen Engagement der Eltern und nutzt dafür auch den Umstand, dass die Vorschulen in vielen Regionen in räumlicher Nähe zu Grundschulen untergebracht sind, sodass sich die intendierte vorschulische Ausrichtung gewissermaßen von allein ergibt. Das Nahziel im Vorschulbereich, das in den letzten Jahren forciert wurde, ist, deutlich mehr Kinder in den letzten Jahrgang der Vorschulen einzugliedern, um dadurch den allseits ersehnten Übergang zur neunjährigen Pflichtschule zu fördern. Die Kinder sind in den Vorschulen in „homogenen Altersgruppen" vereint. Die bestehenden Vorschriften bestimmen, dass solche Gruppen für bis Dreijährige maximal 15, für ältere Kinder 25 Mitglieder nicht übersteigen sollen. Eine solche Aufteilung erlaubt den Erziehern (*vospituvač*) und den Pflegerinnen (*negovatelka*) eine optimale Arbeit.

Grundschule

In den Grundschulen bleibt es vorerst bei der 4 + 4-Teilung, wobei in der Unterstufe ein Lehrer alle Fächer unterrichtet. Erst danach tritt eine Fächerdifferenzierung ein, doch werden „verwandte" (*srodni*) Fächer von einem Lehrer unterrichtet. Der Fremdsprachenunterricht soll künftig besonders gefördert werden, wofür zusätzliche Lehrer eingestellt werden. Das Schuljahr beginnt am 1. September. Im Juli und August gibt es Sommerferien (*leten raspust*), die acht bis neun Wochen dauern. Neu in Makedonien sind kurze Winter- bzw. Frühjahrsferien. Die Unterrichtswoche dauert von Montag bis Freitag, pro Klasse sind maximal 34 Schüler vorgesehen. Eine Unterrichtsstunde dauert 45 Minuten, ein Unterrichtsjahr 38 Wochen. Angestrebt wird, den Unterricht nur vormittags abzuhalten, beginnend ab 7.30 bzw. 8.00 Uhr. Noch zwingen aber beengte räumliche Verhältnisse dazu, vielerorts in zwei *Schichten* (smena) zu unterrichten, was im Jahr 2001 105.000 Schüler, rund 40% der gesamten Schulpopulation, betraf. Die materiellen Engpässe führten auch dazu, dass die Eltern bis 1997 auch die Schulbücher für ihre Kinder kaufen mussten, erst seitdem werden diese kostenlos ausgegeben.

Sekundarbereich

Im Sekundarschulwesen ist eine stärkere Differenzierung geplant. Die Wiedereinführung der vierjährigen Gymnasien ist ein erster Effekt davon. Neben den Gymnasien bestehen die drei- bis vierjährigen Fachschulen (*stručno obrazovanie*). Auch in diesem Bereich soll die Klassenstärke 34 Schüler nicht übersteigen, und gerade im Sekundarbereich ist „Schichtunterricht" geradezu die Regel, und alle zwei Wochen ist sozusagen „Schichtwechsel". Die Zeitvorgaben für Unterricht, Schuljahr, Ferien etc. sind dieselben wie im Primarbereich, ausgenommen einige Besonderheiten der verschiedenen Schultypen. Für Erwachsene, die sich in diese Bildungsgänge eingeschrieben haben, wird auch eine Art Fernstudium (*konsultacija*) praktiziert, dessen Resultate jährlich in sechs Prüfungsfristen (*ispiten rok*) – Februar, April, Juni, August, Oktober, Dezember – kontrolliert werden. Für naturwissenschaftlichen und anderen Spezialunterricht stehen besondere Unterrichtsräume bereit. Die Unterrichtsmethoden können die Lehrer selber bestimmen, und in jüngster Zeit wird zunehmender Wert auf solche gelegt, die den Schülern zu selbsttätiger Arbeit verhelfen.

Probleme der Schul- und Unterrichtsorganisation

Eine zentrale bildungspolitische Aufgabe des neuen Staates Makedonien war die Erkundung der Ursachen des Analphabetismus, um ihn wirkungsvoller „eliminieren" zu können. Dabei hatte man mit zahlreichen Schwierigkeiten zu tun. Im Vorschulbereich, der nach den bildungspolitischen Vorstellungen gerade die sozial unterprivilegierten Kinder fördern sollte, blieb genau diese Klientel infolge des ökonomischen Niedergangs aus. Die UNICEF-Fördermittel, die gerade die „obligatorische Vorschulbildung" fördern sollten, verpufften weitgehend im Leeren. Die unterschiedlichen Geburtenraten bei Makedonen (sinkend) und ethnischen Minderheiten (steigend) brachten auf Grundschulniveau Verzerrungen im Schulnetz: Überfüllung der albanischen (und türkischen) Schulen steht gegen geringe Auslastung bei makedonischen Schulen. Zu Verwerfungen kam es auch im Bereich der Sekundarschulen. Die Nachfrage nach den zweijährigen Ausbildungen am Arbeitsplatz und den dreijährigen Berufsschulen sank stark, während die vierjährigen mit der Hochschulreife verbundenen Ausbildungsgänge einen wahren Boom erlebten. Im Gegenzug wurden die Kurse für berufliche Anpassung (*kursevi za stručnoto osposobuvanje* = Anlehre) als Auffangbecken für Minderbegabte ausgebaut. Sie dauern nur einige Monate bis zu einem Jahr und werden auf immer neue Berufszweige ausgedehnt. Den mit der Expansion der Sekundarschule verbundenen Andrang auf die Hochschulen versuchte man mit der Revitalisierung des Fernstudiums und der Einführung von „Immatrikulationen mit Selbstbeteiligung" zu begegnen. Besondere Bemühungen sind für die Schulen der ethnischen Minderheiten zu verzeichnen. Für die Ausbildung der Lehrer für den muttersprachlichen Unterricht in albanischer und türkischer Sprache gibt es vierjährige Studiengänge an der Pädagogischen Hochschule. Auch an den Lehrstühlen für albanische und türkische Sprache und Literatur an der Philologischen Fakultät der Universität Skopje ist ein entsprechendes muttersprachliches Studium der Minderheitensprachen möglich.

Ein bleibendes Problem ist allerdings ein „Sockel" von geschätzten 5-6% Analphabeten, der noch steigt. Grund dafür scheint zu sein, dass Institutionen und Maßnahmen zur Alphabetisierung Erwachsener in den letzten Jahren abgebaut wurden, ohne dass die Schulpflicht auch bei den Frauen der Minderheiten schon vollständig durchgesetzt wäre. Um dem facettenreichen Problem zu begegnen, wurde zu einem breiten gesellschaftlichen „Alphabetisierungsvertrag" aufgerufen.

Aktuelle Diskussionen und Entwicklungsperspektiven

Makedonien, noch immer von zahlreichen strukturellen Schwächen des alten Tito-Jugoslawiens geplagt, möchte ein moderner europäischer Staat werden, und ganz konsequent arbeitet man darum am „Design eines neuen Bildungswesens". Dafür sind folgende Grundsätze akzeptiert:
-   Rationalisierung der Lehrpläne, d.h. vor allem inhaltliche Entlastung;
-   Vergrößerung der Autonomie der Bildungsinstitutionen, besonders „mit Blick auf die Auswahl des Stoffs, der Lehrmittel und der Lehrmethoden";
-   verbesserte Anpassung der Unterrichtsziele, -inhalte und -methoden an die Entwicklung der Schüler und Studenten;
-   Festlegung realisierbarer Ziele in der Verknüpfung von Theorie und Praxis;
-   Aufwertung der außerschulischen Bildung;
-   verstärkte Integration der Schulen das soziopolitische Leben.

Aus diesen allgemeinen Vorgaben resultieren konkrete Vorhaben für die einzelnen Segmente des Bildungswesens:

Vorschulwesen: Konkretisierung der Inhalte und Methoden; verstärkte Anpassung an den Entwicklungsstand der Kinder; größere Differenzierung der jeweiligen Aktivitäten bei gleichzeitiger Reintegration durch freies Spiel; über die vorgeschriebene Inhalte hinaus Eingehen auf die erkannten Bedürfnisse; mehr Aufmerksamkeit auf didaktische Hilfsmittel und Materialien; Förderung aktiver Lernmethoden.

Grundschule: Ausarbeitung und Anwendung neuer Lehrpläne, die mit Blick auf die grundlegend gewandelten politischen Rahmenbedingungen des Landes erstellt werden; Standardisierung von Art, Umfang und Erwerb einer Allgemeinbildung; Integration behinderter Kinder; Aufnahme neuer Fächer in den Kanon (z.B. Grundlagen der Informatik); Neugliederung des Lehrplans in obligatorische, Wahl- und fakultative Fächer; Ergänzungsunterricht (*dopolnitelna nastava*) für Kinder mit „zeitweiligen" Lernschwierigkeiten; Zusatzunterricht (*dodatna nastava*) für Hochbegabte.

Sekundarschulwesen: Intensivierung des PHARE-Reformprogramms, das seit 1998 an 20 Pilotschulen mit zehn Fachprofilen angewendet wird. Dabei geht es um vermehrte Rücksicht auf die Bedürfnisse des Arbeitsmarkts, die Neubestimmung der Berufsprofile nach internationalen Standards, die Disponibilität des künftigen Beschäftigten, die Betonung gleicher Grundlagen in „verwandten" Berufen etc.

Als „schwächster Punkt" des Schulsystems wird das System der Leistungsbewertung angesehen. Deviationen, wie die Bestechung von Lehrern, schon in der Grundschule, sind in Verbindung zu sehen mit einer Inflation guter Noten, die der realen Leistung nicht gerecht werden. Hier gilt die vom Ausland (Weltbank und niederländische Regierung) unterstützte Gründung einer eigenen Evaluationsabteilung im Ministerium als Remedium. Als Mittel zur Qualitätssteigerung gilt auch die Arbeit an „nationalen" Lehrplänen, die auch für die Minderheitenschulen gelten sollen. Deren kulturelle Besonderheiten sollten sich dann auf maximal 20% des Lehrplans beschränken. Künftigen Handlungsbedarf gibt es auch im Ersetzen des traditionellen Frontalunterrichts durch „interaktiven Unterricht". Auch hier gibt es entsprechende von UNICEF finanzierte Projekte.

Das scheinbar harmonische System der Minderheitenschulen steht ebenfalls in der Kritik. Ein komplexes Problem scheint nämlich die Erfüllung der Schulpflicht durch die Minderheiten (vor allem albanische Mädchen) zu sein, die traditionell oft noch im schulpflichtigen Alter verheiratet werden. Die Privilegien für Minderheiten (um vor allem gebildete Frauen zu haben) hatten den Sinn, diesen Gewohnheiten gegen zu steuern. Die bisherigen Resultate werden als nicht überzeugend angesehen. Der schleichende Rückzug der Albaner aus dem makedonischen Bildungswesen wird u.a. im Mangel an Albanisch sprechenden Fachlehrern gesehen. Noch anders gelagert ist das Problem der Roma-Kinder. Da die Roma-Sprache noch nicht kodifiziert ist (entsprechende Versuche der Schaffung einer Schriftsprache sind bislang nicht gelungen), müssen sie makedonische Schulen besuchen, was zur doppelten Halbsprachigkeit führt. Hier ist noch keine befriedigende Lösung in Sicht.

Ein Mittel, um die gewünschte „europäische Orientierung" besser zu erreichen, wird in einer Verstärkung des (bisher etwas vernachlässigten) Fremdsprachenunterrichts gesehen – Favoriten sind dabei Englisch und Deutsch. Der Beginn der ersten Fremdsprache in der 4. Klasse und der zweiten in der 6. Klasse (d.h. auch für alle Schüler) wird als Antwort auf die Globalisierung angesehen. Bleibt allerdings, das Problem, dass zwar viele überflüssige Fachlehrer für das (nicht mehr nachgefragte) Fach Russisch da sind, aber zu wenig für die nachgefragten westlichen Sprachen. Auch hier liegt eine komplexe Aufgabe vor der makedonischen Schule.

Literatur

ALTHAMMER, W. (Hrsg.): Makedonien – Probleme und Perspektiven eines jungen Staates, Aus der Südosteuropa-Forschung Bd. 10. München 1999.

GUČEVA, S. (Hrsg.): National Report: Development of Education in the Republic of Macedonia. Skopje 2001.

HRISTOV, A. T.: Sozdavanje na federalna Makedonija vo jugoslovenskata federacija 1941-1945 (Die Schaffung des föderalen Makedoniens in der jugoslawischen Föderation). Skopje 1965.

JANKULOVSKA, S.: Analitički izveštaj na proektot UNICEF – TRANSMONEE 2000. Obrazovanie – Mladite i nivnata blagosostojba (Analytischer Bericht zum Unicef-Projekt. Bildung, die Jugendlichen und ihr Wohlbefinden). Skopje 2000.

JURUKOVA, N.: Osnovnoto vospitanie i obrazovanie vo Makedonija 1944-1950 (Grundschule und Erziehung in Makedonien). Skopje 1990.

KANTARDŽIEV, R.: Makedonskoto prerodbensko učilište (Die makedonische Schule der Wiedergeburt). Skopje 1965.

KANTARDŽIEV, R.: Istorija na obrazovanieto i prosvetata vo Makedonija (Geschichte der Bildung und Aufklärung in Makedonien). Skopje 2002.

LUKAN, W./JORDAN, P. (Hrsg.): Makedonien – Geographie, Ethnische Struktur, Sprache und Kultur, Politik, Wirtschaft, Recht. In: Österreichische Osthefte Nr. 1-2/1998.

ORTAKOVSKI, V.: Minorities in the Balkans – Malcinstvata na Balkanot. Skopje 1998.

SUČEVIĆ, Đ.: Studenti i ideologizacija društva (Studenten und die Ideologisierung der Gesellschaft). In: Erasmus Nr. 21/1997, S. 55-59.

Makedonien

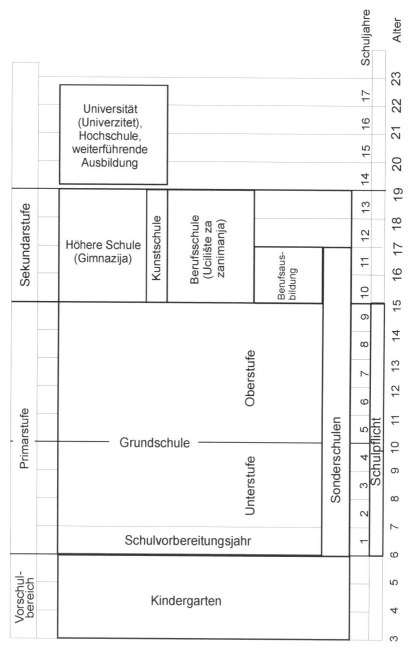

Natalia Odobescu

MOLDAWIEN

Entwicklung des Bildungswesens

Seit der Proklamation des selbstständigen Staates (1991) legt die Republik Moldau den Akzent auf die Umstrukturierung des früheren Schulsystems und den Aufbau eines neuen, eigenen nationalen Bildungswesens. Das derzeitige Schulsystem ist „demokratisch und humanitär, offen und flexibel und gründet sich auf National- und Universalwerte" (Schulgesetz 1995, Art. 4). Die Bildungspolitik wird durch die allgemeinen Erziehungsziele bestimmt, die in der Verfassung von 1994, im *Conceptia învătămîntului în Moldova* (Konzept der Bildungsentwicklung in der Republik Moldau von 1994) und im Schulgesetz von 1995 festgelegt sind. Die öffentliche Bildung ist gemäß der Verfassung laizistisch und kostenlos. Als allgemeine Ziele der Bildung sind im Schulgesetz (1995, Art. 5) festgelegt: die Förderung einer freien und harmonischen Entwicklung des Menschen sowie die Entwicklung einer kreativen Persönlichkeit, die sich an die Änderungen der modernen Gesellschaft anpassen kann. Unabhängig von Geschlecht, Nationalität, Alter, sozialer Herkunft und von politischen und religiösen Überzeugungen hat jeder Bürger das Recht auf Bildung (Art. 6). Nach einer Umfrage von 1989 betrug die Alphabetisierungsrate der erwachsenen Bevölkerung in der Republik Moldau 96,4%. Etwa vier Fünftel der Bevölkerung im Alter von 25-40 Jahren hat mindestens einen Mittelschulabschluss.

Organisation des gegenwärtigen Schulsystems

Bildungsträger

Das neue Schulgesetz, das die Bildungspolitik bestimmt und die Funktion und Organisationsstruktur des Schulsystems regelt, wurde 1995 verabschiedet. Das Schulsystem ist in der Republik Moldawien noch immer stark zentralisiert. Seit der Schulreform 1998 wurden aber die Bildungskosten teilweise dezentralisiert. Durch die Einführung des neuen Nationalcurriculums besitzen die Lehrer bei der Durchführung des vorgeschriebenen Lehrplans mehr Autonomie.

Das Bildungsministerium ist das zentrale öffentliche Verwaltungsorgan des Schulsystems. Es arbeitet die Bildungsstrategien aus, regelt die Struktur der Curricula sowie auch die Bildungsinhalte für alle Schulstufen und führt die Bildungspolitik des Staates durch. Auf der regionalen Ebene funktionieren jeweils Bildungszentren (*Directiile de invatamant*), die für die Bildung in den Landkreisen verantwortlich sind. Diese Behörden beaufsichtigen u.a. die Durchführung der Bildungspolitik, die Ausführung des Curriculums, die methodische Organisation des Unterrichts, die Koordinierung der Abschlussprüfungen und die Weiterbildung der Lehrer. Die Struktur dieser Bildungszentren wird auf Empfehlung des Bildungsministeriums durch die Regierung selbst bestimmt. Innerhalb jedes Bildungszentrums ist eine Schulinspektion tätig. In jedem Landkreis gibt es ebenfalls eine didak-

tische und eine psycho-pädagogische Abteilung, die dem jeweiligen Bildungs-
zentrum untergeordnet sind. Im Schulsystem gibt es Beiräte (*organe administrative
și organe consultative*) auf staatlicher, regionaler und Schulebene.

Die Einzelschule trägt die Verantwortung für die Durchführung des vorgeschriebenen Lehrplans, für die Durchführung und Evaluierung des Lehrprozesses sowie auch
für die Einstellung der Lehrkräfte.

Die Finanzierung des Schulsystems

Die Wirtschafts- und- Finanzkrise von 1994 hat die öffentlichen Ressourcen deutlich
verringert, gleichzeitig dazu sind jedoch die Kosten für die Bildung bis 1997 weiter
gestiegen. Gemäß dem Schulgesetz sollen für die Bildung mindestens 7% des Bruttoinlandsprodukts (BIP) ausgegeben werden. Seit 1998 macht sich jedoch eine Tendenz zur Senkung der Bildungsausgaben bemerkbar. Sie machten im Jahr 2000 nur
noch 5,3% des BIP aus, im Vergleich dazu betrugen sie 1997 ca. 10,5%. Wurden die
Bildungsausgaben vorher zentral veranschlagt, so gilt seit 1. Januar 2000 das Gesetz
„Finanzele publice locale" (Lokale Finanzen), das öffentlichen Finanzen dezentralisiert. Damit sind die Landkreise für ihre eigenen Bildungsinstitutionen (Kindergarten, Grundschulen, allgemein bildende Schulen und Berufsschulen) verantwortlich. Die Dezentralisierung der Bildungsausgaben war der erste Schritt in Richtung
auf Dezentralisierung im Bildungsbereich. Neben dem finanziellen Aspekt gibt es
auch einen inhaltlichen und administrativen Vorteil, da nun auch die Landkreise
direkt für die Kindererziehung und lokale Bildungsfragen zuständig sind. Die
finanziellen Ressourcen der Landkreise werden überwiegend von Steuergeldern und
dem Staatsbudget gespeist. In der Praxis gibt es jedoch Schwierigkeiten bei der
Durchführung der Dezentralisierung der Mittel. Der Mechanismus der Finanzüber-
gaben vom Staat zum Landkreis und umgekehrt ist kompliziert und es gibt keine
ausreichende Motivation der Landkreise für Sparmaßnahmen, für eine Effizienz der
Bildungsausgaben und eigene Steuereinnahmen. Der Grund liegt vor allem darin,
dass die Landkreise ihre Finanzüberschüsse an die Zentrale zurückführen müssen
und im darauffolgenden Jahr nur ein geringerer Zuschussbedarf berechnet wird.

Curriculumstruktur und Curriculumpolitik

Das neue Nationalcurriculum wurde zwischen 1998 und 2000 erarbeitet und eingeführt. Erstmals wurde in der Republik Moldawien ein neues System für die Struktur
der Unterrichtsfächer angeboten: ein Kerncurriculum und ein Curriculum für die
Entscheidungen auf der Schulebene. Im Vergleich zu den früheren Lehrplänen hat
das neue Nationalcurriculum einen ausgeprägt innovativen Charakter. Der Akzent
wird nun nicht mehr vor allem auf die Inhalte, sondern auf die Ziele gelegt, nicht auf
reproduzierbares Wissen, sondern auf kreative Fähigkeiten und intellektuelle Arbeitstechniken sowie auf Entscheidungsfähigkeiten. Das Curriculum jedes Lehrfachs
schließt folgende *Komponenten* ein: Vorwort, Lehrfachkonzept, Ziele, Lerninhalte,
methodische Vorschläge, Evaluierungsvorschläge, minimale und maximale Stundenzahl (zur Entscheidung auf der Schulebene) und Bibliographie. Die Fremdsprachen werden schon in der Grundschule ab der 2. Klasse unterrichtet. In der Sekundarstufe II (*liceu*) sind zwei Fremdsprachen obligatorisch. Ab der 5. Klasse ist Russisch obligatorisch. Zwischen 1998 und 2000 wurden Curricula für alle Unterrichts-

bereiche der Grundschule und des Gymnasiums neu erarbeitet. Diese Arbeiten wurden in Rumänisch, Russisch sowie auch in den Sprachen der verschiedenen Minderheiten (Gagausisch, Ukrainisch und Bulgarisch) veröffentlicht.

Evaluierung, Abschlüsse

Das Schulsystem gründet sich auf die festgelegten Bildungsstandards, nach denen die Schulleistungen objektiv bewertet werden können. In die Grundschule werden alle Kinder, die das 6. bzw. 7. Lebensjahr vollendet haben, aufgenommen. Nach der Grundschule gehen die Kinder ohne Aufnahmeprüfung in die Sekundarstufe I (*gimnasiu*). Diese Stufe ist dann aber mit einer Abschlussprüfung verbunden. Dabei wird ein offizielles Zertifikat erteilt. Die Schüler, die die Sekundarstufe I abgeschlossen haben, dürfen nach einer Aufnahmeprüfung die Sekundarstufe II (*liceu*) besuchen. Die Sekundarstufe II wird durch die Abiturprüfung (*bacalaureat*) abgeschlossen. Dabei wird das Abiturzeugnis erteilt, das die Aufnahme in eine Hochschulinstitution ermöglicht. Die Abiturprüfung kann maximal zweimal innerhalb von drei Jahren abgelegt werden. Die Schulleistungen werden nach der im Schuljahr 1990/1991 eingeführten Notenskala 1-10 (wobei die 10 die höchste Note ist) bewertet. Die Noten 1 bis 4 bedeuten eine negative Bewertung. Die erste nationale Evaluierung von Schulleistungen der 4. Klasse wurde im Jahr 2000 durchgeführt. Ein Jahr später folgte die Untersuchung der 9. Klasse. Die Erarbeitung eines neuen Evaluierungssystems ist ein Hauptziel der laufenden Schulreform.

Qualifizierung des pädagogischen Personals

Das Personal für das Schulsystem besteht aus Pädagogen (Lehrer, Erzieher), wissenschaftlichen Mitarbeitern, Psychologen, Logopäden (in den Vorschulinstitutionen und Grundschulen), didaktischen Assistenten und Verwaltungsmitarbeitern. Die Besoldung hängt jeweils vom Studienabschluss und von der Arbeitserfahrung ab. Die Lehrer werden an den Pädagogischen Hochschulen (*universitate pedagogica*) ausgebildet. Das Studium dauert vier bis fünf Jahre. Die Ausbildung der Vorschulerzieher und Grundschullehrer wird an Pädagogischen Hochschulen und an den Pädagogischen Colleges durchgeführt. Alle fünf Jahre werden die Leistungen der Lehrer bewertet und mindestens einmal alle fünf Jahre müssen sie sich weiterbilden. Die Weiterbildung ist obligatorisch; ihr Hauptziel ist die allgemeine Verbesserung der Unterrichtsqualität durch die Einführung neuer Lehrinhalte, die Modernisierung der Lehrmethoden und der Lehrtechnologie und die Auseinandersetzung mit neuen Ergebnissen der Forschung im Bereich der Lern- und Kinderpsychologie.

Die meisten Schulinstitutionen in Moldawien sind öffentlich. Es gibt aber seit den 1990er Jahren auch private Bildungseinrichtungen, vor allem im Hochschulbereich. In letzter Zeit werden auch private Bildungseinrichtungen im Mittelschulbereich sowie auch im Bereich der Vorschulerziehung eröffnet. Derzeit besuchen 0,4% der gesamten Schülerzahl eine private Einrichtung.

Überblick über die Struktur des Schulsystems

Die Bildung ist in Stufen organisiert und hat folgende Struktur:

I   Vorschulerziehung
II Grundschule

III Sekundarstufe
  – allgemeine Sekundarstufe:
    a) Sekundarstufe I: Gymnasium (*gimnasiu*)
    b) Sekundarstufe II mit zwei Formen: Lyzeum (*liceu*) und allgemeine Mittelschule
  – sekundäre Berufsbildung
IV Hochschulwesen
  1. kurze Dauer (*Colleges*)
  2. Universität
V Postuniversitäre Bildung.

Das Bildungswesen schließt auch andere Formen wie Sondererziehung, Weiterbildung, Erwachsenenbildung ein. Die Schulpflicht dauert neun Jahre: Vier Jahre Grundschule und fünf Jahre Gymnasium. Der Unterricht findet hauptsächlich auf Rumänisch (Amtssprache in der Republik Moldawien) statt, es wird aber auch in Sprachen der nationalen Minderheiten (Russisch, Ukrainisch, Gagausisch, Bulgarisch) unterrichtet.

Allgemein bildende Schulen

Vorschulerziehung

Die Vorschulerziehung ist die erste Stufe des moldawischen Schulsystems, die aus verschiedenen Institutionen (öffentlichen und privaten) besteht. Für die Erziehung der Kinder bis zum 3. Lebensjahr ist vorwiegend die Familie verantwortlich. Vom 3. bis zum 6. Lebensjahr übernimmt der Staat die Verantwortung für die Vorschulerziehung in den Kindergärten. Im 5. Lebensjahr des Kindes beginnt das obligatorische Vorbereitungsjahr für die Grundschule, das im Kindergarten, in der Schule (in einer Vorbereitungsklasse) oder auf Verlangen der Eltern in der Familie erfolgt. Gemäß dem Schulgesetz von 1995 (Art. 17) werden die Kinder im Alter von 5 und 6 (7) Jahren an einer Vorschuleinrichtung auf die Grundschule vorbereitet. Die Kinder müssen lesen und schreiben können, bevor sie auf die Grundschule gehen. Die Vorschulbildung zielt auf die allgemeine Entwicklung jedes einzelnen Kindes, d.h. auf seine psychomotorische Entwicklung, Persönlichkeitsentwicklung, Entwicklung der Sprach- und Kommunikationsfähigkeiten sowie die Entwicklung der sozial-emotionalen Kompetenz ab. Die Vorschulerzieher werden an pädagogischen Hochschulen (*universitate pedagogica*) mit einer Studiendauer von vier Jahren oder an den pädagogischen *Colleges* ausgebildet.

Ein Problem ist die insbesondere in letzter Zeit zu beobachtende starke Reduzierung der Teilnahme an der Vorschulerziehung. Von 1992/93 bis heute ist die Anzahl der Kinder, die einen Kindergarten besuchen, um 56% gesunken. Von 1995 bis 2000/2001 ist die Anzahl der Kindergärten von 1774 auf 1135 gesunken, was eine Reduzierung um 36% in nur sechs Jahren bedeutet. Diese Entwicklung wird vor allem durch die niedrige Geburtenrate und den Mangel an materiellen Ressourcen erklärt. Als ein weiterer Grund gilt die Privatisierung der Kindergärten. Diese wurden oftmals nach der Privatisierung geschlossen und umfunktioniert.

Grundschule

Die Grundschule wird von allen Kindern besucht, die am Anfang des Schuljahres das 6. bzw. 7. Lebensjahr vollendet haben. Ab dem 7. Lebensjahr ist die Einschulung in die Grundschule obligatorisch. Die Immatrikulation der sechsjährigen Kinder erfolgt auf der Basis ihrer psychosomatischen Schulreife und nur mit der Zustimmung der Eltern. Die Grundschulbildung dauert vier Jahre (1.-4. Klasse) und findet an Schulen statt, die Teil einer allgemeinen Mittelschule oder eine eigene Einrichtung sind. Die Anzahl der Unterrichtsstunden beträgt in der 1. Klasse 20 Stunden pro Woche bis 24 Stunden pro Woche in der 4. Klasse. Der Unterricht findet in der Muttersprache statt. Die Gruppen bestehen in der Regel aus 25-30 Kindern, die von einem Grundschullehrer betreut werden. Die Grundschule richtet sich seit 1999 nach dem neuen Curriculum, das ein Teil des Nationalcurriculums ist. Der Lehrplan besteht aus folgenden Fächern: rumänische Sprache und Literatur, Fremdsprache, Mathematik, Naturkunde (Naturwissenschaften), rumänische Geschichte, Musik, Kunst, technologische Bildung und Sport. Die Ausbildung der Lehrkräfte für die Grundschule wird an den pädagogischen Hochschulen und an den Pädagogischen Colleges durchgeführt. Die Ausbildung dauert vier Jahre. Derzeit verfügen 55,1% der tätigen Grundschullehrer über eine Hochschulausbildung.

Sekundarstufe I (gimnasiu)

Die Sekundarstufe I ist obligatorisch für alle Kinder, die die Grundschule abgeschlossen haben, und umfasst die Klassen 5-9. Die Aufgabe dieser Stufe ist die Förderung der intellektuellen, praktischen und kreativen Fähigkeiten des Kindes, seine Vorbereitung auf die Sekundarstufe II bzw. auf die Berufsschule sowie auch seine Berufsorientierung. Die Sekundarstufe I wird mit einer Abschlussprüfung beendet, die den Eintritt in die Sekundarstufe II ermöglicht.
Das Curriculum, das 1999 eingeführt wurde, gilt auch für die Sekundarstufe I. Dieses Curriculum schafft den Lehrern Freiräume bei der Festlegung der Anzahl der Unterrichtsstunden (minimale – maximale Stundenzahl) sowie bei der Planung der Unterrichtsfächer.

Sekundarstufe II (liceu)

Die Sekundarstufe II fördert die theoretische Bildung und die Allgemeinbildung der Schüler und bereitet sie hauptsächlich auf ihre weitere Ausbildung an den Hochschulen vor. In der Republik Moldawien gibt es zwei Schulformen der Sekundarstufe II: das Lyzeum (*liceu*) (mit den Klassen 10-12) und die allgemeine Mittelschule (mit den Klassen 10-11). Da es sich erwiesen hat, dass die Ausbildungsqualität in den Lyzeen besser als in den allgemeinen Mittelschulen ist, sollen diese in Lyzeen umgewandelt werden. Dieser Prozess wird voraussichtlich bis 2005 dauern. Die Ausbildung in der Sekundarstufe II wird an den allgemeinen theoretischen Lyzeen, an den theoretischen Lyzeen mit einem oder mehreren Profilen, an einer allgemeinen Mittelschule sowie auch an den „polyvalenten Berufsschulen" durchgeführt. Die Lyzeen werden durch eine Verordnung der Regierung auf Empfehlung des Bildungsministeriums gegründet bzw. geschlossen. Lyzeen können auch innerhalb einer Universität – in der Regel für hochbegabte Schüler – gegründet werden. Die Aufnahme in ein Lyzeum erfolgt durch eine Aufnahmeprüfung. Das Lyzeum wird mit der Abiturprüfung (*bacalaureat*) und der Erteilung des Abiturzeugnisses (*diploma de bacalaureat*) beendet, das den Eintritt in eine Hochschulinstitution ermöglicht.

Eine spezielle Kunst- und Sporterziehung wird für Kinder mit Begabungen für Musik, Ballett, Kunst, Theater und Sport an den Profillyzeen mit den Jahrgängen 1-12 oder 4-12 angeboten. Die Aufnahme findet auf der Basis einer Prüfung statt.

Berufsbildung

Berufliche Bildung im Sekundarbereich wird in den Berufschulen (*şcoala de meserii*) und in „Polyvalenten Berufsschulen" durchgeführt. Der Staat garantiert allen Absolventen der Sekundarstufe I, die noch nicht 16 Jahre alt sind und keine allgemeine Mittelschule besuchen, eine Berufsausbildung. Die Berufsschule bildet die Schüler in einem Beruf bzw. in mehreren miteinander verbundenen Berufen aus. Die Ausbildung der qualifizierten Arbeitskräfte dauert ein halbes bis eineinhalb Jahre. Das Konzept der Berufsbildung, das im Zeitraum 1992-1995 ausarbeitet wurde, orientierte sich am Umbau der ehemaligen Berufstechnischen Schulen in „polyvalente Berufsschulen". Diese neue Form der Berufsschule bietet eine Berufsausbildung und eine Vorbereitung auf das Abitur an. An der „polyvalenten Berufschule" können alle Absolventen des Gymnasiums, der allgemeinen Mittelschule und des Lyzeums, mit oder ohne Abitur, auf Grund der Aufnahmeprüfungen eingeschrieben werden. Die Ausbildung dauert fünf Jahre für die Absolventen eines Gymnasiums und drei Jahre für die Absolventen des Lyzeums und der allgemeinen Mittelschule. Die „polyvalenten Berufsschulen" werden in drei Ausbildungsstufen eingeteilt: Die I. Stufe dauert zwei Jahre und bildet qualifizierte Arbeitskräfte für den Arbeitsmarkt aus. Die II. Stufe, ebenfalls zweijährig, bietet eine Ausbildung in einem breiten Qualifikationsbereich und zusätzlich lyzeelle Kenntnisse mit einem applikativen Charakter (technisches Profil, technologisches oder agrarisches Profil) an. Die III. Stufe dauert ein Jahr und bietet eine postsekundäre Bildung sowie eine Berufsausbildung bis zum Techniker oder Technologen. Die meisten Probleme, die im Zusammenhang mit der Berufsbildung auftauchen, sind mit der schwierigen Finanzlage der Wirtschaft verbunden. Die Berufsbildung ist von den Sparmaßnahmen stark betroffen. Im Jahr 1999 wurden nur 25% der geplanten Berufsbildungskosten finanziert. Zudem gibt es Schwierigkeiten, genügend Praktikumplätze für alle Auszubildenden bereitzustellen.

Sonderschulen

Sonderschulen sind für Kinder mit unterschiedlichem Behinderungsgrad – geistig Behinderte, Körperbehinderte, Sehbehinderte, Schwerhörige, Sprachbehinderte, Lernbehinderte usw. – vorgesehen, welche in den „normalen" Schulen nicht die notwendige Förderung erhalten können. Die Sondererziehung wird in Sondereinrichtungen mit Internat angeboten. Die Dauer der obligatorischen Sondererziehung hängt vom Behinderungsgrad ab: Sie beträgt acht Jahre für geistig Behinderte und zehn bis zwölf Jahre für Körperbehinderte. Die Sonderpädagogen werden an den Pädagogischen Hochschulen ausgebildet. In der Republik Moldawien gibt es gegenwärtig 64 Sonderschulen, in denen 12.500 Kinder betreut werden. Eines der wichtigsten Probleme der Sondererziehung in der Republik Moldau ist die mangelhafte Ausstattung der Einrichtungen für behinderte Kinder.

Hochschulbildung

Die Hochschulbildung findet an Hochschuleinrichtungen wie Colleges, Universitäten, Akademien und Instituten statt. In der Republik Moldawien gab es im Jahre 2000 ca. 42 Hochschuleinrichtungen (14 öffentliche und 28 private), 57 Colleges (45 öffentliche und 12 private). Die Absolventen, die über ein Abiturzeugnis bzw. ein Zeugnis der abgeschlossenen Mittelschule verfügen, können nach der Aufnahmeprüfung in einer Hochschulinstitution immatrikuliert werden. Das Studium an den Colleges dauert zwei bis drei Jahre, an den Universitäten vier bis sechs Jahre. Das Fernstudium dauert ein Jahr länger. Das Studium wird durch ein Staatsexamen (*examene de licenta*) und eine Diplomarbeit abgeschlossen.

Bildung für die nationalen Minderheiten

Die Bildung für die nationalen Minderheiten wird im Rahmen der Bildungstransformationen mitberücksichtigt. Die Bevölkerung der Republik Moldau besteht aus 64,5% Moldawiern, 13% Russen, 14% Ukrainern, 3,5% Gagausen und 2% Bulgaren. In ihrer Nationalitäten- und Minderheitenpolitik hat sich die moldawische Regierung bisher sehr flexibel gezeigt und die Rechte auf eine muttersprachige Erziehung unterstützt. Gemäß der Verfassung und den Artikeln 18, 19 und 20 des Sprachgeseztes *(Legea cu privire la functionarea limbilor pe teritoriul Republicii Moldova)* hat jeder Bürger das Recht, seine Sprache auch im Schulsystem auszuwählen. 1999 wurde ein entsprechendes neues Curriculum für die 1.-12. Klasse erarbeitet; es wurden ebenfalls Lehrbücher für die Klassen 1 bis 4 auf Russisch, Ukrainisch, Gagausisch und Bulgarisch herausgegeben. Nach Angaben des Bildungsministeriums wurde im Schuljahr 1999/2000 Ukrainisch in 72 Schulen und vier Lizeen als Unterrichtsfach unterrichtet, Gagausisch in 36 Schulen und 16 Lizeen und Bulgarisch in 26 Schulen und drei Lyzeen. Der nächste beabsichtigte Schritt der Republik Moldawien bei der Verwirklichung der Minderheitspolitik soll die Ausarbeitung eines *Konzeptes der Erziehung der nationalen Minderheiten* sein.

Aktuelle Diskussionen und Entwicklungsperspektiven

Nach dem Zusammenbruch der Sowjetunion und der Erklärung des selbstständigen Staates (1991) hat Moldawien eine Entwicklung vollzogen, die durch gewaltige Umgestaltungen im politischen, sozialen, ökonomischen und ideologischen Bereich gekennzeichnet ist. Die Transformation hat alle Bereiche des Bildungswesens erfasst. Die erste Umorientierungs- und Umstrukturierungsphase des moldawischen Bildungswesens umfasst den Zeitraum von 1991 bis 1997. In diesem Zeitraum wurden mehrere partielle Änderungen eingeleitet. Durch die Regierung wurde eine Strategie erarbeitet, die in zwei Richtungen geht: die Strukturtransformation des Schulsystems und die Transformation der Bildungsinhalte. Ein wichtiger Schritt in der Umstrukturierung des Schulsystems waren die Regierungserlasse von 1990-1993, die für die Einführung der *Lyzeen* sorgten. Obwohl das nationale Programm für die Entwicklung des Schulsystems für den Zeitraum 1995-2005 schon 1993/94 ausgearbeitet wurde, ist es erst 1999 von der Regierung beschlossen worden. 1995 wurde das neue Schulgesetz verabschiedet, das die weitere Bildungspolitik bestimmt sowie die Organisationsstruktur und die Funktion des Schulsystems reglementiert.

Seit 1998 läuft die zweite Phase, die als Phase der Durchführung der Reform be-schrieben werden kann. Eine bedeutende Unterstützung erfährt das Projekt „Reform des allgemeinen Schulsystem" seit 1998 durch die Weltbank. Dieses Projekt betrifft die Bildungstransformation in der Grundschule und in der Sekundarstufe. Als Berei-che, die von der Bildungsreform unmittelbar betroffen sind, gelten vor allem:

– die Erarbeitung und Einführung eines neuen nationalen Curriculums,
– die Ausarbeitung und Veröffentlichung neuer Lehrbücher,
– die Verbesserung der Lehrerausbildung,
– ein neues Evaluierungssystem.

In den Jahren 1998-2000 wurden Curricula für alle Unterrichtsbereiche der Grund-schule und des Gymnasiums erarbeitet, genehmigt und herausgegeben. Die Einfüh-rung des neuen Curriculums ist direkt mit der Ausarbeitung neuer Lehrbücher ver-bunden. Lehrer und Schüler der 3. und 4. Klassen arbeiten bereits mit neuen Lehr-büchern. Bis zum Schuljahr 2003/2004 ist die Veröffentlichung der Lehrbücher für alle anderen Klassen vorgesehen. Zugleich wird ein neuer „Mechanismus" für die Ausarbeitung, die Herausgabe und den Vertrieb der Lehrbücher erarbeitet und einge-führt. Die Schüler bekommen die Lehrbücher gegen eine Jahresgebühr. So entstehen extrabudgetäre Geldmittel für die Lehrbücher, die nach vier bis fünf Jahren für die Veröffentlichung einer neuen Ausgabe benutzt werden sollen. Die Qualität der Lehrbücher ist unterschiedlich. Einige Bücher, die dem neuen Curriculum entspre-chen, sind gut strukturiert und zugänglich für die Schüler. Lehrbücher mit anderen Inhaltsschwerpunkten hingegen sind gekennzeichnet durch eine zu hohe Informati-onsfülle. Um die Qualität der Bildung zu verbessern, werden mehrere alternative Lehrbücher angeboten.

Die Verbesserung der Lehrerausbildung wird parallel mit der Einführung des neuen Curriculums durchgeführt. Das Ausbildungsprogramm ist auf das neue Curriculum und die neuen Lehrbücher orientiert. Gleichzeitig wurde ein neues Modell der Leh-rerausbildung angeboten, das auf dem Dezentralisierungsprinzip und auf einer Öff-nung gegenüber den Curriculuminnovationen basiert.

Ein Fokus der Bildungsreform ist die Erarbeitung eines umfassenden Konzeptes der Evaluierung von Schulleistungen sowie eines Evaluierungssystems auf nationaler Ebene, das mit internationalen Systemen kompatibel ist.

Parallel zu dem Projekt „Reform des allgemeinen Schulsystem", das von Weltbank unterstützt wird, laufen andere Projekte, z.B.:

– das Projekt „Individualisierte Vorschulerziehung" (*PETI Proiectul educaţiei timpurii individuale*), das von der UNICEF finanziert wird;
– das Projekt „Reform der Berufsbildung in Moldawien" (*Tacis*);
– das Projekt „CSDD UNICEF", das die Sondererziehung betrifft, ist noch in der Vorbereitungsphase;
– das Programm „Schritt für Schritt" (*Pas cu pas*), das die Vorschulerziehung und die Grundschule betrifft, wird von SOROS finanziert;
– das Programm für die Modernisierung des Schulsystems (*Prodidaktika*), das die Gymnasien und Lyzeen betrifft; wird ebenfalls von SOROS finanziert.

Diese und andere Projekte haben das Ziel, das Bildungswesen zu verbessern und die Bildungstransformationen zu unterstützen. Im Gegensatz zu den anderen Trans-formationsstaaten hat sich Moldawien für eine schrittweise Reform des Schulsystems entschieden, die zuerst auf das allgemeine Schulsystem gerichtet war. Das Hochschulwesen bleibt, was Struktur und Inhalt betrifft, bisher praktisch unverändert.

Die zukünftigen Aufgaben der Republik Moldau auf der Ebene des Bildungswesens sind folgende: die Dezentralisierung und Demokratisierung weiter zu befördern, die Chancengleichheit zu sichern, das ganze Bildungsfinanzierungssystem und -management zu restrukturieren, ein neues nationales Evaluierungssystem und Bildungsstandards zu erarbeiten, das eingeführte neue Nationalcurriculum weiter zu fördern und zu entwickeln, die Umsetzung der aktuellen Schulreform konsequent abzuschließen, das Projekt einer Reform der Berufsbildung in die Praxis umzusetzen, eine Reform des Hochschulwesens zu erarbeiten und die Qualität der Lehrerausbildung zu verbessern.

Literatur

CONSTITUȚIA Republicii Moldova. Adoptată la 29 Iulie 1994. The Constitution of Republic of Moldova. Adopted on 29 th , July 1994.

CONCEPȚIA învățămîntului în Moldova. – În: Valențele reformei învățămîntulu, Partea I, Baltag, I., Bucun, N., Bîcu, V., Cojocaru, V., Constandoglo, I., Pâslaru, Vl., Paniko, V., Chișinău, ISPP al MȘÎ, 1992.

LEGEA Învățămîntului, Nr. 547 din 21.07.95, Monitorul Oficial al R. Moldova nr. 62-63/692 din 09.11.1995, Chișinău.

MINISTERUL Educației și stiinței Republicii Moldova, Raport de activitate, 1999-2000.

NEGURĂ, I., The Educational System of Republic of Moldova. Human Development National Report-1997, Chișinău, 1998.

PROGRAMUL Național de dezvoltare a învățămîntului în Republica Moldova 1995-2005

(COMPENDIU), Chișinău, Ministerul Învățămîntului, Institutul de stiințe Pedagogicești.

PROGRAMUL „Educație pentru toți", relații, opțiuni și perspective, Republica Moldova, Chișinău, 3-5 Dezember, 2001.

REPUBLICA Moldova în cifre, Departamentul Statisticii al Republicii Moldova, Chișinău, 1998.

UNICEF: Moldova, Studiul multelateral al indicatorilor, 2000.

UNICEF: Proiectul Educației Timpurii Individualizate, raport de evaluare, 30 martie-15 iunie, 1999.

SITUAȚIA copiilor din Republica Moldova, Departamentul Statistica și Sociologie, Chișinău, 2000.

Moldawien

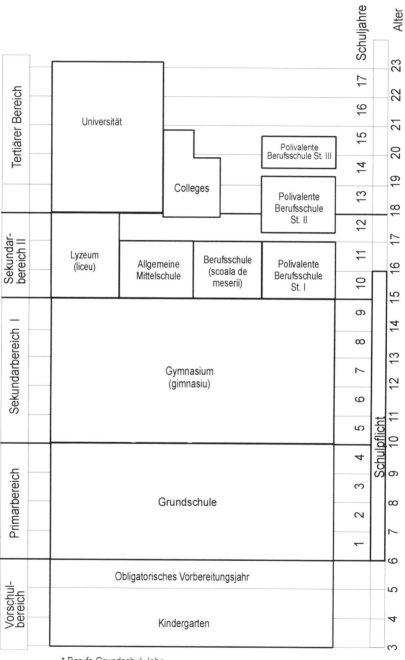

* Berufs-Grundschul-Jahr

© DIPF 2004

Wendelin Sroka

MONACO

Im Fürstentum Monaco (*Principauté de Monaco*) mit ca. 30.000 Einwohnern besteht Schulpflicht für Kinder vom 6. bis zum 16. Lebensjahr. Als Landessprache fungiert das Französische, der römische Katholizismus ist laut Verfassung Staatsreligion. Die Schulverwaltung obliegt der Direktion für Bildung, Jugend und Sport des Fürstentums. Der Aufbau des Schulsystems und die Schulabschlüsse entsprechen dem französischen Schulsystem: An die Vorschule (*école préscolaire*) für Drei- bis Fünfjährige schließt sich die Grundschule (*école primaire*) mit fünf Klassenstufen an. Es folgt das Collège mit vier und das zum Baccalaureat führende Lycée mit drei Jahrgangsstufen. Im Unterricht sowohl der staatlichen wie der Privatschulen gelten die Lehrpläne Frankreichs. Die Zuständigkeit für die Abschlussprüfungen liegt bei der *Académie de Nice* (Nizza). In Ergänzung zum französischen Lehrplan wird bereits in den ersten Klassen der Grundschule Englischunterricht und sowohl im Primar- als auch im Sekundarbereich des Schulsystems Unterricht in der monegassischen Sprache, in Geschichte und politischer Landeskunde Monacos sowie in katholischer Religion erteilt. Das Monegassische kann im Baccalauréat, mit dem nahezu 90% der Jugendlichen ihre Schulbildung abschließen, als Prüfungsfach gewählt werden. Das staatliche Schulsystem besteht aus sieben „*Écoles préscolaires et primaires*", einem Collège, dem Lycée Albert Ier sowie dem Lycée Technique de Monte-Carlo. Beide Lyzeen bieten allgemein bildende und technologische Bildungsgänge an. Dem Prinzessin-Gracia-Hospital ist eine Krankenschwesternschule zugeordnet. Neben dem staatlichen Schulsystem gibt es im Fürstentum drei Privatschulen des katholischen monegassischen Bildungssektors (*Enseignement catholique de Monaco*): Zwei dieser Schulen verfügen über einen Vorschul- und Grundschulteil. Das Schulzentrum „François d'Assise Nicolas Barré" umfasst sämtliche Schularten von der École préscolaire bis zum Lycée. In die staatlichen und privaten Schulen Monacos werden bevorzugt Schüler monegassischer Abstammung und Schüler mit erstem Wohnsitz in Monaco aufgenommen. Über die Aufnahme anderer Schüler entscheidet die Schulverwaltung des Fürstentums. Schülern aller Schulstufen und deren Eltern steht ein differenziertes System professioneller Bildungsberatung zur Verfügung. Die 1986 gegründete Privathochschule „University of Southern Europe Monaco" bietet wirtschaftswissenschaftliche Studienprogramme in englischer Sprache und mit internationaler Ausrichtung. Absolventen der Schulen des Sekundarbereichs in Monaco setzen ihre Ausbildung jedoch in der Regel an Bildungseinrichtungen in Frankreich fort.

Literatur

CYBER MONACO: Les établissements scolaires de la Principauté. Monaco 1999. URL: http://www.cyber-monaco.mc.
GOUVERNEMENT DE MONACO, Direction de l'Education Nationale, de la Jeunesse et de Sports: Les établissements d'enseignement de la Principauté. Monaco 2001.

Bob van de Ven

NIEDERLANDE

Entwicklung des Bildungswesens

Historische Entwicklung

Gegen Ende des 18. Jahrhunderts nach der Besatzung durch die französische Armee entwickelten sich die Niederlande zu einem einheitlichen Staat. Den Haag wurde das nationale Regierungszentrum; von dort aus wurden und werden die Veränderungen im Schulsystem gesteuert. Im Jahr 1801 wurde das erste Gesetz für den Primarunterricht verabschiedet; seither gibt es staatliche Schulen und Privatschulen. Zu den staatlichen Schulen gehörten noch Gemeinde- und Dorfschulen, französische Schulen und lateinische Schulen. Privatschulen wurden durch die Kirche, durch Stiftungen und private Personen gegründet. Mit der Gründung staatlicher und privater Schulen entwickelte sich ein langer Streit über deren gleiche Behandlung und Finanzierung. Diesen Streit nannte man den Schulstreit, der erst mit dem Schulgesetz von 1917, der so genannten Unterrichtsspezifikation, sein Ende fand. Seither wird der Unterricht in staatlichen und privaten Schulen vom Staat finanziert. Im Jahre 1900 wurde die allgemeine Schulpflicht eingeführt. Damals besuchten schon ungefähr 90% der Kinder die Grundschule. Allerdings gab es zu der Zeit kaum Interesse am Sekundarunterricht: Um 1900 gingen mehr als 92% der Schüler nicht zum Sekundarunterricht, nachdem sie die Grundschule verlassen hatten. Man glaubte, genügend Bildung zu haben, wenn man die Grundschule hinter sich hatte.

Nach dem Zweiten Weltkrieg änderte sich das. Immer mehr Schüler besuchten auch eine Sekundarschule und man legte großen Wert auf einen Abschluss (Diplom), weil das den Zugang zu vielen interessanten Jobs eröffnete. Im Jahre 1950 waren es 45,2% und im Jahre 1990 schon 85,4% Schüler im Alter zwischen zwölf und achtzehn Jahren, die eine der verschiedenen Formen der Sekundarbildung besuchten. Diese stetig zunehmende Beteiligung am Sekundarunterricht, übrigens mit verursacht durch die Demokratisierungstendenzen jener Zeiten, führte dazu, dass man in den sechziger Jahren mit der Reformierung des Sekundarunterrichts und eines entsprechenden Gesetzes begann. 1968 ist das Jahr „*Wet op het Voortgezet Onderwijs*" (Gesetz für den Sekundarunterricht). Weil mit diesem Gesetz das ganze Unterrichtssystem erneuert wurde, nannte man das Gesetz auch das „Mammutgesetz". Es entstanden die Bildungsgänge („Schulformen") *HAVO, MAVO* und *VWO*. Jede dieser „Schulformen" bereitete in spezifischer Weise auf den weiteren Unterricht vor: *MAVO* (Dauer: vier Jahre) vor allem auf die weiterbildende Berufsschule, *HAVO* (Dauer: fünf Jahre) vor allem auf die Berufshochschule und *VWO* (Dauer: sechs Jahre) vor allem auf den wissenschaftlichen Unterricht. Wesentlich war, dass die Schüler auf einem höheren Niveau weiter studieren konnten, d.h. nach der *MAVO* konnte man in der vierten Klasse der *HAVO* weiterstudieren und nach *HAVO* in der fünften Klasse der *VWO*. Neu war auch, dass man in den letzten zwei Jahren jeder Form sechs oder für *VWO* sieben Fächer (mehr oder weniger) frei wählen konnte.

Nur Niederländisch und eine Fremdsprache waren verpflichtend. Erst 1993 wurde die Unterstufe von *MAVO, HAVO* und *VWO* verändert (Basisbildung). 1998 änderte man das System in der Oberstufe mit der Einführung der Profilstruktur zusammen mit Entwicklungen unter dem Namen „Studienhaus".

Kulturelle Rahmenbedingungen

Denkt man an das niederländische Bildungswesen, dann denkt man vor allem an die Autonomie der Schule und an die Freiheit, selbst Schulen gründen zu dürfen. In der Verfassung ist die Freiheit der Einrichtung der Schule klar festgelegt. Das Verhältnis von Freiheit und Verantwortung und die Reduzierung zentraler Steuerung auf das Nötigste, die für das heutige niederländische Bildungswesen so charakteristisch sind, haben ihre Wurzeln in der Geschichte der niederländischen Bildungsentwicklung und in der Volksart der Niederländer. Im Bildungsbereich trifft man bis zum heutigen Tag die vier verschiedenen Richtungen, auch „Säulen" genannt, an: Protestanten, Katholiken, eine neutrale Säule (Daltonschulen, Montessori, Rudolf Steiner u.ä) und die öffentlichen Schulen. Der Staat hat keine eigenen Schulen mehr.

Organisation des gegenwärtigen Schulsystems

Gesetzliche Grundlagen

Wet op het Basisonderwijs (WBO)von 1985 (Gesetz für den Basisunterricht):
In Artikel 8 des „*Wet op het basisonderwijs (WBO)*" wird festgelegt, dass das Ziel des Unterrichtes in der Primarschule die breite Bildung der Schüler ist. Das heißt, dass der Unterricht sich auf die emotionelle und geistige Entwicklung der Schüler, auf die Entwicklung der Kreativität und auf die Erwerbung von erforderlichen sozialen, kulturellen und körperlichen Fertigkeiten konzentrieren soll. In Artikel 9 vom WBO steht, dass „Kernziele" entwickelt werden sollen, die allesamt einer breiten Bildung dienen sollten. Die „Kernziele" werden von der Schule gehandhabt als die Ziele, die am Ende der Primarschule von den Schülern erreicht werden müssen. In Kapitel 3 wird näher auf diese Kernziele eingegangen. Mit dem „*Wet op het basisonderwijs*" kam eine einheitliche „Basisschule" für Kinder von vier bis zwölf Jahren, die acht Jahre dauert, zu Stande. Zugleich wurde damit den vereinzelten Formen für Kindergarten und Grundschule, wie sie im Gesetz für den Primarunterricht von 1920 noch beschrieben waren, ein Ende gesetzt. Jetzt ist auch der Schulbeginn wie folgt geregelt: Die Einschulungspflicht gilt ab dem 5. Lebensjahr. Am ersten Schultag nach dem Geburtstag, an dem ein Kind fünf Jahre alt wird, ist es also verpflichtet in die Schule zu gehen. Es kann jedoch schon zur Grundschule gehen, wenn es vier Jahre alt wird.
Für die Sonderschulen gibt es das Gesetz „*Interimwet speciaal onderwijs en voortgezet speciaal onderwijs*" (*ISOVSO*). Der Unterricht an diesen Schulen ist für Kinder vorgesehen, die wegen körperlicher oder geistiger Behinderung mehr Hilfe bei der Erziehung und beim Lernen brauchen als die anderen Kinder, die eine Grundschule besuchen.
Wet op het primair onderwijs (WPO) von 1998 (Gesetz für den Primarunterricht):
Dieses Gesetz regelt den Primarunterricht, auch den Spezialunterricht für den Primarbereich. Es soll eine Zusammenarbeit zwischen den „normalen" Schulen und

den Sonderschulen angestrebt werden, in Form von Zusammenarbeitsverbänden zwischen den verschiedenen Trägerschaften, mit gleichzeitiger Verantwortung für eine entsprechende gemeinschaftliche Struktur.

Wet op het Voortgezet Onderwijs (WVO) von 1968 (Gesetz für den Sekundarunterricht):

Das „Gesetz für den Sekundarunterricht" stammt aus dem Jahr 1963, trat aber erst am 1. August 1968 in Kraft. In den vergangenen mehr als dreißig Jahren hat sich vieles geändert und vor allem in den letzten Jahren sind wesentliche Innovationen in dem Gesetz verankert worden. Im Jahre 1993 wurde die „Basisbildung" (basisvorming) eingeführt. Ab 1998 oder auf Wunsch auch erst im Jahre 1999 mussten die Schulen die Profilstruktur für die höheren Klassen in *HAVO* und *VWO* einführen, in Realisierung des Konzeptes vom „Studienhaus". Und am 1. August 1998 trat das „*Gesetz vom 25. Mai 1998*" in Kraft, mit dem die Einrichtung von *MAVO* und *VBO* (Vorbereitende Berufsbildung) eingehend verändert wurde. Man spricht nun von *VMBO* (Vorbereitende Mittlere Berufsbildung), bei der man vier Studienwege („*Leerwegen*") unterscheidet: eine theoretische, eine gemischte, eine berufsgerichtete und eine praktische Richtung. In der theoretischen Richtung bleibt die Möglichkeit bestehen, das Studium in *HAVO* fortzusetzen.

Trägerschaften

Die Regierung steuert die Bildung mittels Gesetzgebung auf Grund der Bestimmungen in der Verfassung. Die wichtigsten Aufgaben der Regierung sind die Sorge für die Strukturierung, die Qualität und die Finanzierung der Bildung. Daneben gilt ihre Sorge den öffentlichen Bildungseinrichtungen (in den Gemeinden), der Schulaufsicht, der Evaluation und der Studienfinanzierung. Die Schulen haben einen Träger, der verantwortlich für die Verwaltung der Schule ist. Bei öffentlichen Schulen ist das die Gemeinde. Privatschulen haben einen eigenen Träger. Früher war das oft die Kirche, aber heutzutage ist solch ein Träger häufig eine Stiftung oder ein Verein. Seit 1997 ist es auch bei öffentlichen Schulen möglich, dass nicht der Gemeinderat der Träger ist, sondern beispielsweise eine öffentliche Rechtsperson innerhalb des Rahmens des Gemeindegesetzes. Auch die Gemeinden haben bestimmte Befugnisse hinsichtlich der Privatschulen. Es geht dabei unter anderem um die Verwaltung der Schulgebäude und die Verteilung der Gelder für Schüler, die in ihrer Entwicklung zurück geblieben sind. Deshalb gibt es jetzt die Tendenz, die Gemeinde nicht mehr direkt verantwortlich zu machen als Träger der öffentlichen Schulen.

Die Struktur des allgemein bildenden Schulsystems

Das niederländische Bildungswesen ist wie folgt aufgebaut:
- *Primarunterricht* (für Kinder zwischen vier und zwölf Jahren)
- *Sonderschulen* (sowohl für den Primar- wie für den Sekundarunterricht)
- *Sekundarunterricht* (von zwölf bis 19 Jahren)
  Dabei unterscheidet man: *VMBO* (vorbereitende mittlere Berufsbildung, vier Jahre), *HAVO* (höhere allgemeine Bildung, fünf Jahre), *VWO* (vorbereitende wissenschaftliche Bildung, sechs Jahre)
- *Berufs- und Erwachsenenbildung*
- *Höhere Bildung* (Berufshochschule, Universität, Offene Universität).

Grobstruktur des berufsbildenden Schulsystems

Das Regionale Ausbildungszentrum (ROC)

Am 1. Januar 1996 trat das Gesetz für Erwachsenen- und Berufsbildung (*WEB=Wet Educatie en Beroepsonderwijs*) in Kraft. Damit wurden die Gesetze für Erwachsenenbildung und Berufsbildung in einem einheitlichen gesetzlichen Rahmen zusammengefügt, um einen stärkeren Zusammenhang zwischen diesen Bildungsformen zu schaffen. Im Jahre 1998 war die Bildung der *ROC's* (Regionale Zentren für Ausbildung) vollendet. Alle Schulen für Berufsbildung und Erwachsenenbildung in einer Region wurden fusioniert und unter eine Trägerschaft gebracht. Sie bieten nun das komplette Angebot an Ausbildungen der Erwachsenenbildung und der Berufsbildung an. Im Zentrum stehen die allgemeinen Qualifikationsstrukturen der Erwachsenen- und Berufsbildung. Auch Privateinrichtungen können an der nationalen Qualifikationsstruktur partizipieren.

VMBO

Die Vorbereitende Mittlere Berufsbildung (*VMBO*) dauert vier Jahre und hat einen fundierenden Charakter, sowohl was die Basisbildung als auch die Vorbereitung auf die Berufsbildung betrifft. Die *VMBO* ist für Schüler von 12 bis 16 Jahren. Sie haben die Wahl zwischen vier verschiedenen Richtungen, vier „Lehrwegen": dem theoretischen Lehrweg, dem gemischten Lehrweg, dem berufsgerichteten Lehrweg (mit Vorbereitung auf das *ROC*) und dem praktischen Lehrweg.

Hochschulbereich und Universitäten

Man unterscheidet in den Niederlanden zwischen Berufshochschulen (*HBO* = Höhere Berufsbildung) und den Universitäten. Man kann eine Berufshochschule besuchen, wenn man das *HAVO*-Diplom hat. Um an der Universität zu studieren, braucht man *VWO*. Sowohl für die Berufshochschule als für die Universität dauert das Studium im Durchschnitt vier Jahre. Für einige Studienrichtungen sind es aber fünf Jahre. Das Medizinstudium dauert noch länger. Momentan arbeitet man an der Einführung der Bachelor-Master-Struktur. Dabei bleibt der Unterschied in Orientierung zwischen der Berufshochschule und der Universität aufrecht erhalten. An den Universitäten wird die ungeteilte Struktur aufgegeben und es werden zwei Phasen entstehen: die Bachelor-Phase und die Master-Phase. Für die Berufshochschulen wird die heutige Ausbildung als Bachelorausbildung anerkannt. Überdies wird es möglich, dass sie *HBO*-Masterausbildungen anbieten.

Abschlüsse und Berechtigungen

Nach vier Jahren *VMBO*, nach fünf Jahren *HAVO* und nach sechs Jahren *VWO* machen die Schüler ein Examen:
Das Examen VMBO: besteht aus: dem Schulexamen und dem zentralen Examen. Für die einzelnen Fächer ist dies unterschiedlich geregelt. Ein Examen kann für ein Fach aus einem Schulexamen oder aus einem Schulexamen in Verbindung mit einem zentralen Examen bestehen. Der berufsgerichtete Lehrweg und der praktische Lehrweg kennen auch noch ein praktisches Examen. Die Schüler, die ein Examen im theoretischen oder gemischten Lehrweg machen, müssen auch noch eine

„Sektorarbeit" schreiben. Sektor bedeutet die Richtung, die der Schüler mit seinen
Fächern gewählt hat (z.B. Sektor Landwirtschaft, Technik, Wirtschaft).
Das Examen HAVO und VWO: Am 1. August 1998 ist ein neues Examensprogramm
für *HAVO* und *VWO* eingeführt worden, das an die Profilstruktur der zweiten Phase
anschließt. Auch hier gibt es, wie bei *VMBO*, ein zentrales Examen und ein Schulexamen. Für einige Fächer gibt es nur ein Schulexamen, das in Form eines „Exa-
mensdossiers" aufgebaut ist. Im Examensdossier werden alle Resultate der Schulexamen der Schüler, Noten und Produkte, aufbewahrt; das gilt auch für die „Profilarbeit" sowie andere Ergebnisse praktischer Arbeiten. Der Schüler nimmt sein Examensdossier mit, wenn er die Schule verlässt. Er kann anhand des Dossiers zeigen,
wie er sich auf sein Diplom vorbereitet hat. Das Schulexamen fängt schon in der
vierten Klasse *VWO* und *HAVO* an. Das zentrale Examen macht der Schüler in seinem letzten Jahr. Alle Schüler in den Niederlanden bekommen zur gleichen Zeit
dieselben Examensaufgaben. Auch die Normen werden zentral festgelegt. Das *CITO*
spielt auch hier eine wichtige Rolle. Zentrale Examen machen die Schüler in den
Fächern Niederländisch und Englisch sowie in allen Fächern, die in dem gewählten
Profil vorkommen. Die Fächer, die man in dem „freien Teil" gewählt hat, werden
normalerweise mit einem Schulexamen abgeschlossen. Alle Schüler, die das Exam-
en bestanden haben, bekommen ein Diplom mit einer Liste mit allen erreichten Noten. Auf dem Diplom ist jeweils vermerkt, ob es für *MAVO*, *HAVO* oder *VWO* vergeben wurde; vermerkt sind zudem die Fächer, die ausschlaggebend bei der Ermittlung des Endergebnisses des Examens waren.
Mit dem *VMBO-Diplom* kann man zur mittleren Berufsbildung gehen. Hat man das
MAVO-Diplom (den theoretischen Lehrweg), dann hat man auch den Zugang zu
HAVO. Das *HAVO-Diplom* ist für die Berufshochschule und das *VWO-Diplom* für
ein wissenschaftliches Studium erforderlich. Mit dem *HAVO-Diplom* kann man auch
das *VWO-Studium* absolvieren.

Staatliche Steuerung und Qualitätskontrolle

Dezentralisierung

Seit den letzten 15 Jahren besteht eine eindeutige Tendenz zur Dezentralisierung
auch im Schulbereich. Das heißt, dass das Bildungsministerium immer weniger reguliert und die Schulen immer mehr Eigenverantwortung tragen für ihre Arbeit. Die
Schulen bekommen ein festes Budget („*lump-sum-Finanzierung*"), in dessen Verwendung sie frei sind. Erhalten bleibt natürlich die Verantwortung des Staates für
die Qualität des Schulsystems. In diesem Zusammenhang hat sich auch die Aufgabe
der Schulaufsicht verändert.

Evaluation und Aufsicht

Ungefähr seit 1980 ist die niederländische Schulpolitik vornehmlich auf die Verbesserung der Qualität der Schulen gerichtet. Zugleich wird die Verantwortung für die
Qualität immer mehr auch zur eigenen Verantwortung der Schulen und Institutionen
selbst. Neben dieser internen Qualitätssorge gibt es auch eine Evaluation auf nationalem Niveau, insbesondere durch die niederländische Schulaufsicht.
Die *Aufgaben der Schulaufsicht* sind vor allem die folgenden:

- Kontrollen, ob sich die Schulen und andere Bildungseinrichtungen an die qualitativen Vorgaben halten;
- Kontinuierliche Information über die Situation in der Bildung, unter anderem dadurch, dass regelmäßig Bildungseinrichtungen besucht werden;
- Förderung von Innovationen und neuen Entwicklungen im Unterrichtswesen, etwa dadurch, dass man Erfahrungen von Schulen und regionalen oder lokalen Behörden verbreitet.

Seit 1998 gilt die „Regelung Position Schulaufsicht". Diese Regelung ist die Aktualisierung der Verselbstständigung der Schulaufsicht, die schon vor einigen Jahren angefangen hat. Die Schulaufsicht kontrolliert und fördert die Qualität des Unterrichts in den niederländischen Schulen und Institutionen. Sie berichtet hierüber sowohl den Schulen als auch dem Ministerium und dem Parlament.

Jede Schule ist verpflichtet, die Eltern darauf hinzuweisen, dass es eine *Beschwerderegelung* in der Schule gibt. Alle Eltern und auch alle diejenigen, die in der Schule arbeiten, haben die Möglichkeit ihre Beschwerden an einen entsprechenden Ausschuss zu richten.

Schulplan

Einmal alle vier Jahre soll der Träger einer Schule einen so genannte Schulplan im Sinne eines Ergebnis- und Leistungsberichts machen. In dem Plan steht, auf welche Weise an der Verbesserung der Qualität gearbeitet wurde und welche Resultate erreicht wurden. Jede Schule ist verpflichtet, die eigene Qualität regelmäßig zu evaluieren. Die Resultate sollen im Schulplan fixiert werden und sind die Basis für die Arbeit der Schule in den nächsten vier Jahren. Der Mitverwaltungsrat jeder Schule muss dem Schulplan zustimmen. Für die Schulaufsicht bildet der Schulplan eine Informationsgrundlage hinsichtlich der Entwicklungen in der Schule und insbesondere hinsichtlich ihrer Qualität.

Qualitätskarte

Die Schulaufsicht legt für jede Schule jährlich eine Qualitätskarte an. Darauf stehen wichtige Informationen über jede einzelne Schule. Die Qualitätskarte wird veröffentlicht und ist auch im Internet verfügbar. In dieser Karte werden die Examensresultate publiziert sowie auch die Lernergebnisse der Schüler in den anderen Klassen. Es sind Angaben enthalten, wie viele Schüler in eine höhere Klasse versetzt wurden, wie viele Schüler sitzen bleiben oder ohne Diplom die Schule verlassen sowie wie viele Schüler auf einem niedrigeren Niveau weiterlernen. So bekommen die Eltern, aber natürlich auch die Öffentlichkeit, einen Eindruck von den Leistungen jeder Schule. Um zu verhindern, dass Schulen mit einer zum Beispiel hohen multikulturellen Zusammensetzung ihrer Schülerschaft im Verhältnis zu anderen Schulen, die eine völlig andere Schulbevölkerung haben, etwa schlechter abschneiden, wird versucht, nur Schulen, die in derselben Situation sind, mit einander zu vergleichen.

Qualifizierung des pädagogischen Personals und der Schulleiter
Die Lehrerausbildung
Es gibt in den Niederlanden verschiedene Möglichkeiten, sich für den Lehrerberuf zu qualifizieren. Die Grundschullehrer werden in pädagogischen Hochschulen aus-

gebildet. Mit dem *HAVO-Diplom* kann man zur pädagogischen Hochschule. Das Studium dauert vier Jahre und bereitet direkt auf die Arbeit an einer Grundschule vor. Für den Sekundarunterricht gibt es zwei Niveaus der Ausbildung: eine Ausbildung für die erste Phase (man hat dann ein Diplom zweiten Grades) und eine Ausbildung für die zweite Phase (*HAVO* und *VWO*) und damit erreicht man ein Diplom ersten Grades. Für den zweiten Grad (die ersten Jahre des Sekundarunterrichts) geht man zur Lehrerausbildung in die Hochschule und studiert dort *ein* Fach (früher zwei Fächer). Neben spezifischen Fachkenntnissen werden vor allem Didaktik, Methodik und Pädagogik gelehrt. Für den ersten Grad studiert man sein Fach an einer Universität; man bleibt dann noch ein Jahr länger für den so genannten „Lehrervariant". Momentan ist die Lehrerausbildung in einem Prozess der Umbildung. Das hängt einerseits mit der Tatsache zusammen, dass immer weniger Studenten Lehrer werden wollen, andererseits mit neuen Einsichten in die Qualität pädagogischer Arbeit und entsprechender Konsequenzen für die Lehrerausbildung. So wird jetzt auch eine praxisorientiertere duale Variante entwickelt und Partnerschaften mit den Schulen gesucht; charakteristisch für diese Variante ist eine gemeinsame Verantwortung für die Ausbildung künftiger Lehrer.

Die Ausbildung der Schulleiter

Zur Zeit ist es noch immer so, dass in den meisten Fällen derjenige Schulleiter wird, der eine bestimmte Karriere in der Schule gemacht hat und der sich so in der Praxis für die Arbeit eines Schulleiters qualifiziert hat. Es gibt aber auch schon die Möglichkeit, und davon wird zunehmend Gebrauch gemacht, sich durch eine spezielle Ausbildung auf eine Stelle als Schulleiter vorzubereiten. Allerdings ist diese Ausbildung derzeit noch keine Garantie dafür, dass man auch als Schulleiter ernannt wird. Seit September 2001 werden vom Ministerium zusätzliche Mittel für die Schulleiterqualifizierung eingesetzt. Die Aufgaben und Verantwortungen der Schulleiter haben sich in den letzten Jahren enorm geändert, vor allem durch die Tatsache, dass die Autonomie der Schule immer größer wird und man durch Einführung der „*lump-sum-Finanzierung*" viel stärker betriebswirtschaftlich arbeiten muss. Der Verein für Schulleiter (*VVO*) hat zusammen mit den Arbeitgeberverbänden ein Schulungsprogramm für Schulleiter mit dem Ziel entwickelt, die Professionalität der Schulleiter zu vergrößern. Das Programm heißt „*ISIS*" (Integrale Schulung in Schulmanagement, vgl. www.schoolmanager.info).

Allgemein bildende Schulen

Die vorschulische Bildung und Erziehung

Die Primarschule ist für Kinder von vier bis zwölf Jahren. Seit 1985 (Gesetz für den Primarunterricht) gibt es den Kindergarten nicht mehr; die Kinder gehen seither gleich in eine integrierte Schule. In den ersten zwei Jahren (Gruppe eins und Gruppe zwei) wird zwar noch viel gespielt, aber es wird auch schon gelernt, abhängig von der Individualität jedes Kindes.

Die vorschulische Bildung und Erziehung ist im Sozialgesetz verankert und damit Aufgabe der Gemeinden. Die Gemeinden sind verantwortlich für die Qualität und die Finanzierung vorschulischer Bildung. Derzeit bemühen sich die Gemeinden, die Kapazität erheblich zu vergrößern. Man unterscheidet im vorschulischen Bereich: Kindertagesstätten für Kinder von sechs Wochen bis vier Jahren;

- außerschulische Auffangzentren für Kinder von vier bis zwölf Jahren. Sie sind nach dem Unterricht und während der Ferien geöffnet;
- Kinderkrippen für Kinder von zwei bis vier Jahren. Diese sind ursprünglich nicht als regelmäßige Kinderbetreuungsstätten gedacht; die Kinder sollen nur ein oder zweimal pro Woche zum sozialen Lernen dorthin gehen und auch um die Gelegenheit zu haben, mit anderen Kindern zu spielen.

Eine besondere Regelung gibt es bei der *Einschulungspraxis*: Wenn die Kinder drei Jahre und zehn Monate alt sind, dürfen sie schon einige Tage die Schule besuchen. Damit können sie sich schon ein wenig an den Unterricht gewöhnen. Von dem Tag an, an dem sie vier Jahre alt sind, dürfen sie eingeschult werden. Schulpflicht besteht erst von dem ersten Schultag des Monats nach dem fünften Geburtstag an. Wenn ein Kind fünf Jahre alt ist, sind die Eltern verpflichtet, es in die Schule zu schicken. Die *Schulpflicht* dauert minimal zwölf Schuljahre. Daneben gilt die Schulpflicht für alle Schüler bis zum Ende des Schuljahres, in dem sie sechzehn Jahre erreicht haben. Wenn die Schulpflicht endet, gibt es noch die partielle Lehrpflicht. Sie dauert ein Jahr und der jeweilige Schüler ist verpflichtet, neben seiner schulischen Arbeit noch zwei Tage eine Ausbildung zu machen. Wenn Eltern gegen das Schulpflichtgesetz verstoßen, können sie ein erhebliches Bußgeld auferlegt bekommen oder sogar zu einer härteren Strafe verurteilt werden. Die Gemeinde hat die Aufgabe, darauf zu achten, dass alle Kinder regelmäßig zur Schule gehen. Sie hat zu kontrollieren, ob alle Kinder in einer Schule eingeschrieben sind. Das gilt auch für Privatschulen. Seit 1995 kommt den die Gemeinden eine zentrale Rolle in der regionalen Melde- und Kontrollfunktion zu. Das heißt auch, dass sie eine wichtige Aufgabe beim Registrieren der Schüler haben, die frühzeitig die Schule verlassen.

Die Primarschule

Private und öffentliche Schulen
Es gibt ungefähr 7.000 Primarschulen in den Niederlanden, die alle vom Staat subventioniert werden. Ungefähr 30% davon sind öffentliche Schulen, 70% sind Privatschulen. Die öffentlichen Schulen werden von der Gemeinde verwaltet, oder von einem Gemeindeausschuss. Werden sie von einem Gemeindeausschuss verwaltet, dann sind sie unabhängiger von der Gemeinde. Bei einer Gemeindeschule ist der Gemeinderat der Träger und entscheidet über die Ernennung der Schulleiter und der Lehrer an der Schule. Ungefähr zwei Drittel aller Kinder besuchen eine private Schule. Dabei gibt es viele verschiedene Richtungen. Die meisten sind katholische oder protestantische Schulen, aber es gibt auch jüdische, moslemische und humanistische Schulen; zudem noch Waldorfschulen sowie private Schulen, die nicht auf der Basis einer bestimmten Religion, sondern einer pädagogischen Idee gegründet wurden, wie zum Beispiel Montessori-Schulen, Jena Plan-, Dalton- oder Freinetschulen. Private Schulen werden von einer Stiftung oder einem Verein verwaltet. Meistens spielen Eltern oder Vertreter der Eltern die wichtigste Rolle in dem Vorstand einer solchen Stiftung oder des Vereins.

Ziele der Primarschule

Im Primarunterricht wird die Basis für die Persönlichkeits- und Leistungsentwicklung aller Kinder gelegt. Innerhalb eines bestimmten Rahmens (der „Kernziele") können die Schulen ihren Unterricht nach eigenen Ideen einrichten. Im *WPO* (Gesetz für den Primarunterricht) wird beschrieben, welche Forderungen diesbezüglich an die Schulen gestellt werden und welche „Kernziele" erreicht werden müssen. Darin wird genau bestimmt, wie das Minimum an Lehrstoff aussieht, der unterrichtet werden muss. Die Schüler sollen bereits in wissenschaftlichen Fächern unterrichtet werden, vor allem jedoch in niederländischer Sprache und Mathematik. Eine andere wichtige Bedingung betrifft die Qualifizierung des Personals. Die Schulaufsicht sieht sehr genau darauf, dass Schulen innerhalb der Vorgaben des Gesetzes bleiben.

Gestaltung des Unterrichts

Das Gesetz schreibt nicht detailliert vor, wie der Unterricht in der Primarschule gestaltet werden soll. Wie man unterrichtet, nach welchen pädagogischen Prinzipien oder auf Basis welcher didaktischen Formgebung, ist Sache der Schule und der Lehrer selbst. Meistens sind die Schüler in acht unterschiedliche Gruppen eingeteilt, je nach Alter und Niveau der Schüler. Jedes Kind fängt mit vier Jahren in Gruppe eins an (man redet nicht mehr von „Klasse" sondern von „Gruppe") und geht dann jährlich weiter bis zur Gruppe acht. Gruppe eins und zwei haben ein Kindergartenprogramm, obwohl man nicht mehr von Kindergarten spricht. Das Kind geht zur „*basisschool*" und nicht in den Kindergarten. Es ist auch möglich, diese Gruppeneinteilung zu verändern und die Schüler etwa nach Lernniveaus einzuteilen. Aber auch in den traditionellen Schulen stellt man sich immer mehr auf die individuellen Unterschiede der Schüler ein; der Unterricht wird immer mehr individualisiert. In der Regel bleiben die Kinder acht Jahre in der Grundschule.

Auch in Gruppe sieben und acht haben die Schüler bei nur wenigen Fachlehrern Unterricht. Die meisten Stunden bekommen sie vom Klassenlehrer. Um den Übergang von der Grundschule zur ersten Klasse der Sekundarschule für die Schüler leichter zu machen, gibt es jetzt schon Sekundarschulen, die in der ersten Klasse mit einem Kernteam arbeiten, das heißt mit einigen Lehrern, die verschiedene Fächer unterrichten. Das ist allerdings in den Niederlanden noch nicht allgemein verbreitet, weil die meisten Lehrer nur für ein Fach ausgebildet sind. Die Resultate der Schulen, die diesen Weg gehen, sind gut. Das Problem sind die Lehrer, weil die sich auch auf andere Fächer vorbereiten müssen.

Kernziele

Im Jahre 1998 wurden vom Staat die „Kernziele der Grundschule" festgelegt. Die Kernziele beschreiben die Qualitäten der Schüler auf den Gebieten der Kenntnisse, der Einsicht und der Fähigkeiten. Die Kernziele sollen am Ende der Grundschule erreicht sein. Man unterscheidet zwei Typen von Kernzielen:

- Lerngebietsübergreifende Kernziele: Diese sind die Kernziele, die sich auf die Entwicklung oder Förderung allgemeiner Fertigkeiten beziehen und daher nicht bei einem speziellen Lerngebiet untergebracht werden können. Sie beziehen sich auf das ganze Unterrichtsangebot in der Grundschule. Man unterscheidet folgende Themengebiete: 1. Arbeitshaltung; 2. Arbeiten nach einem Plan; 3. Gebrauch von unterschiedlichen Studierstrategien; 4. Selbstbild; 5. Soziales Verhalten; 6. Neue Medien.

– Lerngebietsspezifische Kernziele: Diese Kernziele beziehen sich auf ein spezifisches Lerngebiet. Man unterscheidet folgende: I. Niederländische Sprache; II Englische Sprache; III Rechnen/Mathematik; IV Orientierung auf Mensch und Welt; V Sport; VI Orientierung auf Kunst. In Orientierung auf Mensch und Welt findet man beispielsweise: Geografie, Geschichte, die Gesellschaft, Technik, Umwelt, gesundes und geschicktes Leben, Unterricht der Natur.

Übergangsverfahren zwischen den verschiedenen Schultypen

Von der Grundschule zur Sekundarschule

Nach der Grundschule, wenn die Schüler in der Regel zwölf Jahre alt sind, kommt der Übergang zum Sekundarunterricht. Die aufnehmende Schule entscheidet darüber, ob ein Kind zugelassen wird. Schon in Gruppe sieben fängt man an, die Schüler auf die Schulwahl vorzubereiten. Die erste Frage, die man sich natürlich stellen muss, und meistens tun das die Eltern, ist: Welche Schulform ist für das Kind geeignet? Und das ist nicht einfach, weil man eine große Wahl hat. Es ist zwar so, dass das Kind zur Basisbildung geht, aber es ist ein großer Unterschied, ob das an einer Schule mit *MAVO/HAVO/VWO*, an einer Schule mit nur *HAVO/VWO*, an einem kategorialen Gymnasium, an einer „breiten Schule" mit *VMBO/HAVO/VWO* oder vielleicht sogar an einem kategorialen *MAVO* ist. Von letzterer gibt es zwar wenige, aber sie bestehen immer noch. Der Unterricht in der Primarschule ist sehr individualisiert. In Gruppe acht werden fast alle Schüler in den Niederlanden getestet (der so genannte *CITO-Test – Centraal Instituut voor Toetsontwikkeling*, Zentrales Institut für Testentwicklung der Niederlande). Das Resultat ist ein bestimmtes Niveau, das wiederum den verschiedenen Schulformen, die es im Sekundarbereich gibt, zugeordnet wird. Man testet die Rechenfähigkeiten und die Sprachkenntnisse. Daneben verwenden die meisten Schulen noch einen anderen Test, der mehr Persönlichkeitsmerkmale in großer Spannbreite erfasst (zum Beispiel: ob man sich gut konzentrieren kann, ob man über soziale Kompetenz verfügt o.Ä.). Weiter ist das Gutachten des Schulleiters der Grundschule und des Klassenlehrers sehr wichtig. Man hat also drei Kriterien, um zu entscheiden, zu welcher Schulform ein Schüler zugelassen werden kann. Um die Grundschüler für eine bestimmte Sekundarschule zu interessieren, denn es gibt noch immer einen Wettbewerb um die Schüler, organisiert man einen „Tag der offenen Tür". An dem Tag können Schüler und Eltern Sekundarschulen besuchen, damit sie einen Eindruck von der Schule und den Lehrern bekommen. Überdies schaffen viele Sekundarschulen die Möglichkeit für Schüler der Grundschule, sich einen Tag oder einen Teil des Tages am Unterricht der Schule zu beteiligen. Es wird viel Wert darauf gelegt, den Übergang von der Grundschule zur Sekundarschule möglichst schülergerecht zu gestalten.

Weil man in der Sekundarschule in den ersten Jahren noch die Basisbildung hat, ist es möglich, dass man nach dem ersten Jahr eventuell in einen anderen Bildungsgang (Schulform) wechselt. Das kann in der eigenen Schule geschehen; es kann aber auch sein, dass eine andere Schule gesucht werden muss. Da das für den betreffenden

Schüler natürlich eine ungünstige Lösung ist, geht man so sorgfältig bei der Schulwahl vor.

Der CITO-Test
Wie erwähnt, machen die meisten Schüler einen *CITO-Test*. Am Ende der Schulpe-
riode in Gruppe acht ist dieser Lernfortschrittstest vorgesehen. Das Resultat des
Testes bietet Informationen über die Leistungen der Schüler, aber auch über die
Leistungen der Schule. Im Jahre 2001 beteiligten sich 84% der Schulen mit insgesamt 150.000 Schüler an dem Test. Der Test ist kein Examen. Vorherrschende Absicht ist es, mit dem Test den Schulerfolg eines Schülers im Sekundarunterricht
möglichst genau vorherzusagen. Nach den bisherigen Resultaten hat sich herausge-
stellt, dass der Test recht valide ist. Aus dem Test zeigt sich nicht nur, welche Schulform für den Schüler infrage kommt, er sagt auch etwas, über die Qualität einer
Schule in Relation zu den anderen Schulen aus.
Der Test für die Schüler in Gruppe sechs ist der so genannte Entree-Test (Eintritts-
Test). In diesem Test werden Aufgaben für die niederländische Sprache, für Mathematik und Informatik gestellt. Die Schüler machen 16 Tests mit jeweils 25 oder 30
Aufgaben. Für jede Aufgabe braucht man 30 bis 45 Minuten, sodass man wenigstens
vier Vormittage für diese Tests braucht. Wenn eine Schule den Test gemacht hat,
werden die Unterlagen zum *CITO* geschickt. Dort findet die Verarbeitung statt und
die Schule bekommt eine Auswertung der Resultate zugeschickt. Dabei werden die
Resultate der jeweiligen Schüler mit denen der anderen Schüler in der Schule, mit
Schülern in der Region und zudem auch mit den Durchschnittsresultaten im Land
verglichen. Am Ende von Gruppe sieben kann wieder so ein Test gemacht werden.
Auf diese Weise kann man die Lernfortschritte in einem Schuljahr feststellen.
Zugleich werden dadurch die Schüler allmählich auf den Endtest in Gruppe acht
vorbereitet und die Eltern und Lehrer bekommen kontinuierlich Einblicke in die
Kompetenzentwicklung des Kindes. Die empfangende Sekundarschule bekommt
jedoch nur in die Resultate des Endtestes von Gruppe acht Einsicht. Die Resultate
jedes einzelnen Schülers stehen in einem Zeugnis. Daraus kann man ablesen, wie die
Leistungen des Schülers sich zu denen der anderen Teilnehmern verhalten. Das
Standardergebnis ist ein Wert zwischen 501 und 550. Mithilfe dieses Standarder-
gebnisses ist es möglich vorherzusagen, ob das Kind in einem bestimmten Schultyp
zu den stärkeren oder zu den schwächeren Schülern gehören wird.

Schulformwahl nach der „Basisbildung"
Eines der Ziele der Basisbildung (die ersten zwei oder drei Jahre des Sekundarunterrichts) ist die genauere Leistungseinschätzung jedes Schülers. Die Studienresultate
der ersten Jahre der Basisbildung bilden den Ausgangspunkt für ein Gutachten, das
die Schule über den weiteren Lernerfolg abgibt. Jede Schule kann da mehr oder weniger frei bestimmen, auf welche Weise man diese Einschätzung organisiert. Jedenfalls ist es Teil des Curriculums, dass die Schüler sich auf diese Wahl vorbereiten.
Es ist für den Schüler ein Prozess des Sich Bewusstwerdens, was man studieren will,
welche Intentionen man hat und welche Berufswahl eventuell infrage kommt.
Durch das System von *MAVO/HAVO/VWO* bleibt immer die Möglichkeit offen,
nach *MAVO* zur *HAVO* und nach *HAVO* zur *VWO* umzusteigen. Auch umgekehrt

kommt es ziemlich oft vor, dass ein Schüler zwischendurch von *VWO* nach *HAVO*, von *HAVO* nach *MAVO* geht oder von *MAVO* zur Berufsausbildung („berufsgerichteter" Lehrweg usw.). Auf diese Weise wird verhindert, dass die Schüler, was ihre Schulkarriere betrifft, in eine Sackgasse kommen. Weil die meisten Schulen „breite" Schulen oder manchmal sogar „sehr breite Schulen" sind (mit dem ganzen Angebot an *VMBO-Ausbildung* bis zum Gymnasium), brauchen die Schüler oft nicht in eine andere Schule zu wechseln, was auch psychisch für sie günstiger ist.

Die Schultypen im Sekundarunterricht

Die erste Phase der Sekundarstufe

Die meisten Schulen bilden Schulgemeinschaften mit *VMBO/HAVO/VWO*. *MAVO* und *VBO* (Vorbereitende Berufsbildung) heißen wie beschrieben seit 1999 *VMBO* (Vorbereitende Mittlere Berufsbildung). In der *VMBO* gibt es noch immer den theoretischen Lehrweg, den man früher *MAVO* nannte. Zu der ersten Phase der Sekundarstufe gehören die vierjährige Ausbildung *VMBO* und die ersten drei Jahre von *HAVO* (fünf Jahre) und *VWO* (sechs Jahre). Man nennt die erste Phase die „Basisbildung" (nicht zu verwechseln mit „basisschool", denn das ist die Grundschule). Die Basisbildung ist das Unterrichtsprogramm für die ersten Jahre aller Schultypen. Der Akzent liegt auf dem Anwenden von Kenntnissen und Fertigkeiten und man legt großen Wert auf die Zusammenhänge im Lehrplan. Auch wollte man mit der Einführung der Basisbildung erreichen, dass die definitive Wahl für *MAVO*, *HAVO* oder *VWO* aufgeschoben wurde, und dass man während der Basisbildung noch besser die Fähigkeiten der einzelnen Schüler fördern kann. Die Einführung der Basisbildung im Jahre 1993 ist als ein Kompromiss anzusehen zwischen den Vertretern der Gesamtschulidee (im Niederländischen: middenschool) und denjenigen, die dagegen waren, dass die Schüler nach der Grundschule noch länger gemeinsam unterrichtet werden. Es entwickeln sich so recht verschiedene Schultypen. Es gibt Sekundarschulen, die in der ersten Klasse völlig heterogen zusammengesetzte Klassen haben, also sowohl mit gymnasial geeigneten Schülern als auch mit Schülern, die nur den untersten Lehrweg der *VMBO* erreichen können. Aber es gibt auch solche Sekundarschulen, in denen schon in der ersten Klasse die Schüler nach unterschiedlichen Niveaus eingestuft werden. Dazwischen gibt es viele Varianten. Die Schule ist darin frei zu entscheiden, ob die Basisbildung zwei, drei oder vier Jahre dauert. Anfangs wollte das Ministerium die Kernziele, die erreicht werden mussten, testen , aber weil das in der praktischen Umsetzung ungeheuer viel Mühe und Arbeit kostete, überdies die Unterschiede zwischen den Schulen sehr groß waren, weil jede Schule eine andere Struktur wählte, hat man davon abgesehen. Nachdem die ersten Jahre der Basisbildung evaluiert sind, muss man feststellen, dass sie leider nicht das gebracht hat, was man von ihrer Einführung erwartete. Es ist den meisten Schulen nicht gelungen, ein System zu bilden, das den Prinzipien der Basisbildung gerecht wird, nämlich den Schülern neben Kenntnissen auch Fertigkeiten beizubringen und eine Kohärenz im schulischen Angebot zu erreichen. Das Ministerium entscheidet daher zurzeit über die Weiterentwicklung der Basisbildung.

In der Periode der Basisbildung wird jeder Schüler in mindestens 15 Fächern unterrichtet. Für die verschiedenen Fächer sind *Kernziele* festgelegt, die eine Beschreibung der Qualitäten der Schüler auf dem Gebiet von Einsichten, Kenntnissen und

Fertigkeiten enthalten. Am Ende der Basisbildung soll die Schule wenigstens diese Kernziele erreicht haben. Die Schüler sollen in den ersten drei Jahren 1.000 Unterrichtsstunden von je 50 Minuten entsprechend dem Kerncurriculum unterrichtet werden. Daneben gibt es noch einen freien Raum für die Schule von 870 Stunden. Diesen freien Raum dürfen die Schulen für andere Aktivitäten und andere Unterrichtsstunden gebrauchen. Pro Schuljahr sollen die Schüler wenigstens 1280 Unterrichtsstunden von je 50 Minuten erhalten haben. Neue Fächer bei der Einführung der Basisbildung waren die Fächer Technik, Informatik und „Versorgung". Bei dem Fach Versorgung ist zu denken an: „Kochen lernen", „wie pflegt man sich", „wie esse ich gesund" und ähnliche Themen. Für Versorgung und Technik mussten viele Lehrer neu ausgebildet und auch Baumaßnahmen in den Schulen getroffen werden, um diese Fächer entsprechend unterrichten zu können.

Seit zwei oder drei Jahren hat sich die zweite Phase im Sekundarunterricht in Richtung des „Studienhauses" entwickelt. Das bedeutet, dass die Schüler mehr selbstständig arbeiten müssen, dass Fertigkeiten geprüft werden und dass der Lehrer mehr als Begleiter des Lernprozesses des einzelnen Schülers auftritt. Man stellt nun fest, wie wichtig es in dieser Hinsicht ist, dass man die Schüler in der ersten Phase schon allmählich daran gewöhnt, selbstständiger zu arbeiten. Und nun wird wahrscheinlich in der Schule von innen heraus eine Entwicklung in dieser Richtung zu Stande kommen und der Unterricht in der ersten Phase dadurch innovativer.

Die zweite Phase im Sekundarunterricht

Bei Einführung der „Neuen zweiten Phase" wurden als Ziele formuliert: eine breite allgemeine Bildung und die gute Vorbereitung auf den weiteren Bildungsgang. Seit 1968 („Mammutgesetz") hat sich der Unterricht im Sekundarbereich nicht wesentlich verändert. Die Einführung der Basisbildung bildete den Anfang zu weiteren Innovationen. Man hatte, vor allem an den Universitäten und Hochschulen, festgestellt, dass der Anschluss zwischen dem Sekundarunterricht und der weiteren Bildung immer problematischer wurde. Die Schüler waren nicht gewöhnt selbstständig zu arbeiten und ihre Kenntnisse und Fertigkeiten waren zum Teil ungenügend. Sie waren zu „schmal" ausgebildet, was mit dem System der Fächerwahl in den letzten Jahren vor dem abschließenden Examen zusammenhing. (*HAVO* sechs Fächer, *VWO* sieben Fächer). Im Jahre 1998 fingen die ersten Schulen mit der Einführung der „Neuen Zweiten Phase" an und seit 1999 gilt sie für alle Schulen. Was ist alles neu an der „Neuen Zweiten Phase"? Jetzt wird nicht mehr von einer bestimmten Zahl von Unterrichtsstunden für die Schüler geredet. Man geht jetzt von der „Studienbelastung" aus, also von der Zeit, die der Schüler für sein Studium verwenden soll. Beim Berechnen der Studienbelastung wird die Durchschnittzeit, die ein Schüler braucht, um sich einen bestimmten Teil des Stoffes selbstständig zu eigen zu machen, zu Grunde gelegt. Man nimmt dabei an, dass die totale Studienbelastung pro Jahr 1600 Stunden beträgt, nämlich 40 Wochen mit 40 Stunden.

Das Curriculum ist wie folgt aufgebaut:

Alle Schüler haben einen *gemeinschaftlichen Teil* in ihrem Studium. In dem gemeinschaftlichen Teil werden sie unterrichtet in: Niederländisch, Englisch, einer zweiten Fremdsprache, Allgemeinen Naturwissenschaften, Geschichte und Gesellschaftslehre, Kultureller Erziehung, Sport. Daneben wählen sie aus vier *Profilen*:

– Natur und Technik,
– Natur und Gesundheit,
– Wirtschaft und Gesellschaft,
– Kultur und Gesellschaft.

Zum Schluss bleiben noch Stunden übrig, die die Schüler frei wählen können. Für das Unterrichtsprogramm (Lehrstoff, Methodik und Lehrmittel) werden keine näheren Vorschriften gegeben. Im Schulplan soll die Wahl für den Lehrstoff und für die angewandte Didaktik beschrieben und verantwortet werden. Die Schule wählt die Unterrichtsmethoden und die Eltern schaffen für ihre Kinder die Bücher an.

Wesentlich ist, dass die Schüler mehr Fächer angeboten bekommen, selbstständiger arbeiten müssen und dass vielfältige Fertigkeiten verlangt werden. So sollen die Schüler eine „Profilarbeit" machen. Das ist eine Arbeit in der sie selbstständig den Zusammenhang zwischen zwei von ihnen gewählten Fächern zeigen. Weil sie mehr Fächer haben, und für die Fächer weniger Stunden zur Verfügung stehen als im alten System, müssen die Schüler den Stoff selbstständiger verarbeiten. Der Lehrer begleitet gleichsam mehr den Lernprozess, als dass er vor der Klasse steht. Viele Schulen haben „Selbstständigkeitsstunden" eingeführt. Zum Beispiel können die Schüler für die dritte Unterrichtsstunde im Stundenplan wählen, zu welchem Lehrer sie gehen. Da können sie dann unter Aufsicht des von ihnen gewählten Lehrers studieren und wenn nötig ihm Fragen stellen. Man nennt diese neue Didaktik das „Studienhaus".

Sonder- und Förderschulen

Kinder, die lernbehindert sind oder auffällige Verhaltensprobleme haben, werden meistens nicht in normalen Schulen unterrichtet. Für sie gibt es spezielle Sonderschulen. Im Allgemeinen versucht man aber, die Kinder wenn irgend möglich in eine „normale" Schule gehen zu lassen unter der Losung „wieder zusammen zur Schule". Also nur in den Fällen, wo es für das Kind wirklich unmöglich ist, eine normale Schule zu besuchen, kommt eine Sonderschule in Betracht. Auch die Eltern bevorzugen es, dass ihr Kind so lange wie irgend möglich eine normale Schule besucht. Auch ist es wichtig, dass das Kind dann in seiner eigenen Umgebung zur Schule gehen kann, wo es die Kinder aus der Nachbarschaft wieder trifft. Seit kurzem bekommen diese Kinder, für die früher nur der Sonderunterricht in Betracht kam, vom Ministerium ein persönliches Budget, das in der Schule, die besucht wird, verwendet werden kann. Mit diesem Budget kann die aufnehmende Schule spezielle Förderstunden und eine spezielle pädagogische Betreuung organisieren. Die bisherige Förderung der Sonderschule wird gleichsam auf die andere Schule übertragen, zusammen mit diesem extra Budget.

Umgang mit besonderen „Problembereichen"

Seit dem 1. August 1998 sind die Gemeinden auch verantwortlich für die Bildungspolitik für Schüler mit Rückständen. Sowohl für die öffentlichen als auch für die Privatschulen sollen sie einen Plan machen, um diese Unterrichtsrückstände für bestimmte Risiko-Gruppen in der Gemeinde zu bekämpfen. Dies gilt sowohl für den Primar- als auch für den Sekundarunterricht. Daneben gibt es seither auch die Möglichkeit, Unterricht in den allochtonen Sprachen anzubieten. Ziel ist es, dass die

Schüler ihre Muttersprache besser beherrschen und so Kontakt mit ihrer eigenen
Kultur bewahren. Man hofft damit zu erreichen, dass sie selbstbewusster werden und
infolgedessen auch leichter in die niederländische Gesellschaft zu integrieren sind
und aktiver an ihr teilhaben können. Der Unterricht in einer allochtonen Sprache ist
freiwillig, wird aber in der Schule angeboten.

Aktuelle Diskussionen und Entwicklungsperspektiven

Wieder zusammen zur Schule
Unter diesem Arbeitstitel haben alle Grundschulen die Aufgabe bekommen, so viel
Schüler wie möglich, die früher zur Sonderschule gingen, in der Grundschule zu
unterrichten. Nach dem letzten Bericht der Schulaufsicht gehen Schulen zunehmend
besser mit Unterschieden zwischen den Schülern um.

Die Qualität des Unterrichts
Immer mehr kommen die Resultate der verschiedenen Schulen in die Öffentlichkeit.
Die Schulen müssen lernen, damit umzugehen und eine entsprechende aktive „Politik" zu führen. Alle Schulen sind bestrebt, selbst den Unterricht und seine Resultate
zu evaluieren und aufgrund dessen notwendige Maßnahmen zu treffen und sie öffentlich zu machen.

Schule und Umfeld
Die Schule ist immer mehr Teil ihres Umfeldes geworden. Entwicklungen in Richtung einer Schule, die von morgens acht Uhr bis fünf Uhr am Nachmittag geöffnet
ist, mit einem breit gefächerten Programm außerhalb des Unterrichts, sind mehr als
nur ein Trend. Es gibt sie derzeit vor allem in den Großstädten schon. Auch wird die
Schule immer mehr Teil der Gemeindepolitik. Die Gemeinde bekommt vom Staat
Geld, um Kindern mit Rückständen im Lernen zusätzliche Hilfe zu leisten. Um diese
Gelder zu bekommen, muss die Schule mit der Gemeinde verhandeln. Die Bildungspolitik verschiebt sich zunehmend vom Staat zur Gemeinde, so wie es auch auf vielen anderen Gebieten eine Dezentralisierung der Staatspolitik gibt.

Demografische Entwicklungen und Lehrermangel
Eine wichtige demografische Entwicklung ist die Zunahme des Durchschnittsalters
der Lehrer. Im Moment ist das Durchschnittsalter im Sekundarbereich schon 45
Jahre und damit besteht keine ausgewogene Balance mehr zwischen alten und jungen Lehrern. In den kommenden Jahren werden viele Lehrer den Beruf wegen ihrer
Pensionierung aufgeben. Hinzu kommt, dass nur noch wenig junge Leute ein Leh-
reramt wählen, weil das Interesse daran stark nachgelassen hat. Wenn keine eingrei-
fenden Maßnahmen getroffen werden, entsteht in absehbarer Zeit ein enormer Mangel an Lehrern.

Finanzielle Unabhängigkeit

Seit 1993 hat man in der Berufs- und Erwachsenenbildung und seit 1996 auch in der Allgemeinbildung (Sekundarbereich) *„lump-sum-Finanzierung"*. Das heißt, dass jede Schule jährlich einen Pauschalbetrag bekommt, um damit alle personalen und materiellen Kosten zu decken. Der Betrag ist abhängig von der Zahl der Schüler, die im vorhergegangenen Jahr die Schule besuchten. Das ist auch dann problemlos, wenn die Zahl der Schüler deutlich zurückgeht. Aber umgekehrt ist es ein Problem, wenn die Schülerzahl, etwa durch höhere Anmeldungen, deutlich wächst. Dann muss man die zusätzlichen Lehrerstunden aus (vorhandenen) Reserven bezahlen oder – im ungünstigsten Fall – größere Klassen bilden. Auf diese Weise kann vor allem das Bildungsministerium die Kosten für die Bildung besser planen, wie auch die Schulen mit dem System mehr Freiheit bekommen haben. Jede Schule bekommt zwar einen Betrag für die Personalkosten und einen anderen Betrag für die materiellen Kosten, aber die jeweiligen Posten sind gegenseitig deckungsfähig. Also auch: Computer statt Lehrer! Diese Pauschalfinanzierung hat andererseits große Folgen für die Schulen und die Träger gehabt. Es zeigt sich nämlich eine Tendenz, nach der die Träger der privaten Schulen mehr Zusammenarbeit untereinander suchten und viele Träger in den letzten Jahren fusionierten, damit man stärker und noch unabhängiger seine „eigene Schulpolitik" betreiben kann. Das war auch eine Maßnahme, um sich finanziell abzusichern, weil es mit der Pauschalfinanzierung nicht mehr undenkbar ist, dass eine Schule auch finanziell Pleite machen kann.

Das Schulmanagement in den modernen Schulen

„Ons Middelbaar Onderwijs" ist privater Träger mit mehr als fünfzig (!) Schulen. Wie beschrieben, haben die Einführung der Pauschalfinanzierung und die Dezentralisierung der Bildungspolitik große Folgen für die Verwaltung der Schulen gehabt. War es früher so, dass viele Träger nur eine Schule verwalteten, gibt es heutzutage, nach den vielen Fusionen, vor allem Träger mit mehreren Schulen. In der Provinz Brabant zum Beispiel gibt es den Verein *„Ons Middelbaar Onderwijs"* mit ungefähr fünfzig Sekundarschulen. Das ist zwar eine Ausnahme, aber die Tendenz zur Vergrößerung ist deutlich sichtbar. Das heißt natürlich auch, dass die Träger professionalisiert werden müssen und das erreicht man dadurch, dass man den Schulleitern mehr verwaltungsmäßige Befugnisse gibt. Wenn mehrere Schulen unter einem Vorstand zusammenarbeiten, hat man manchmal ein Vorstandskollegium mit einem Kollegiumsvorsitzenden, der für die zusammenarbeitenden Schulen wesentliche Verwaltungsaufgaben wahrnimmt. Der Träger steht damit in einer größeren Distanz zu den Schulen und funktioniert mehr wie ein Aufsichtsrat so wie in der Wirtschaft. Nicht selten gibt es auch das Modell, dass die Schulleiter der zusammenarbeitenden Schulen ein „überschulisches Managementteam" bilden. Bei diesem letzten Modell ist die Autonomie der einzelnen Schule besser gewährleistet als in dem Modell mit einem Vorstandskollegium, aber es stellt große Forderungen an die Kollegialität der einzelnen Schulleiter.

Neue Aufgaben für die Schulleiter

Es versteht sich, dass hiermit auch die Rolle des Schulleiters eine völlig andere wird. Der Schulleiter hat mehr Aufgaben zu bewältigen, die früher beim Träger lagen, und hat damit immer weniger Zeit für pädagogische Aufgaben. In den Schulen entstehen dadurch neue Managementmodelle, in denen die stellvertretenden Schulleiter mehr die Rolle des traditionellen Schulleiters übernehmen. Allmählich entwickelt sich damit eine neue Managementschicht in den Schulen: das *„middle-management"*. Gerade, weil der Träger autonom ist, die Schule so zu gestalten, wie man es für gut hält, können die niederländischen Schulen sich in dieser Richtung zu professionellen und effektiven Organisationen weiter entwickeln.

Literatur

DODDE, N. L.: „...tot der kinderen selffs profijt..."– Een geschiedenis van het onderwijs te Rotterdam. Den Haag 1991.

DROOG, M.G.A.: Informatiedossier over de onderwijssystemen in de Europese Unie 2000, Nederland, Ministerie van Onderwijs, Cultuur en Wetenschappen. Zoetermeer 2001, 142 S.

INSPECTIE van het Onderwijs, Schooltoezicht VO 2001-2002: Informatiebrochure voor scholen voor voortgezet onderwijs en speciaal voortgezet onderwijs. Utrecht 2001, 48 S.

KNIPPENBERG, H./VAN DER HAM, W.: Een bron van aanhoudende zorg, 75 Jaar Ministerie van Onderwijs (Kunsten) en Wetenschappen. Assen, 1993, 927 S.

MARES, A.: Jaarboek onderwijs in cijfers 2001. Centraal Bureau voor de Statistiek. Voorburg 2001, 267 S.

MEYSEN, J. H.: Lager Onderwijs in de spiegel der geschiedenis 1801-1976, Staatsuitgeverij. Den Haag 1976, 303 S.

OCENW: Het voortgezet onderwijs, gids voor ouders, verzorgers en leerlingen. Ministerie van Onderwijs, Cultuur en Wetenschappen. Zoetermeer 2001, 64 S.

OCENW: Onderwijs in stelling. SDU Uitgeverij: Den Haag 2000, 56 S.

SALIMOVA, K./DODDE, N. L. (Editors): International Handbook on history of education. Moskau 2000, 559 S.

STAATSBLAD van het Koninkrijk der Nederlanden: Besluit van 2 juni 1998, houdende vaststelling van nieuwe kerndoelen voor het basisonderwijs. Staatsuitgeverij 1998.

Niederlande

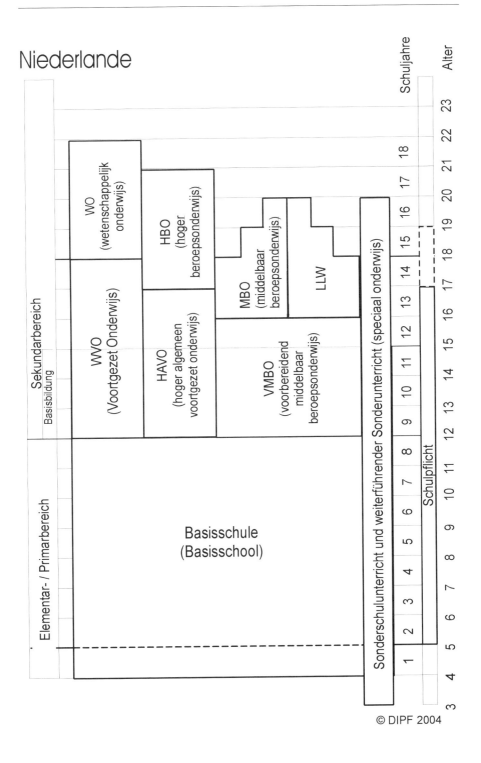

© DIPF 2004

Tobias Werler

NORWEGEN

Entwicklung des Bildungswesens

Rahmenbedingungen

In Norwegen lebten 2001 etwa 4,5 Millionen Menschen. Sie bilden hinsichtlich Einkommen und Bildungsabschlüsse eine relativ homogene Gruppe. Zur traditionellen Bevölkerung des Landes gehören die beiden Minderheiten der Samen und Finnen. Darüber hinaus leben weiterhin ca. 184.337 norwegische Staatsbürger ausländischer Herkunft im Land. Die Gesamtzahl der Eingewanderten beträgt 249.904 (5,5%). Die Samen sind eine relativ kleine Bevölkerungsgruppe, ihre Zahl wird auf etwa 20.000 geschätzt. Sie verfügen über eine eigene Kultur und Sprache (Sami). Sie leben hauptsächlich in der nördlichsten Provinz des Landes. Ca. 86% der Bevölkerung gehören der norwegischen Staatskirche an. Norwegens Oberfläche ist bestimmt von einem komplexen Gebirgssystem, die Küste wird von der stark zergliederten Fjordlandschaft geprägt, mit einer Fläche von 323.700 Quadratkilometern. Das Land erstreckt sich über eine Länge von ca. 2500 km, ein Drittel davon befindet sich nördlich des Polarkreises. Der größte Teil der Bevölkerung lebt in den Regionen um die Städte Oslo (dort allein die Hälfte der Gesamtbevölkerung), Stavanger, Bergen und Trondheim. Die Bevölkerungsdichte liegt bei rund 14 Einwohnern je Quadratkilometer. Die Landwirtschaft konzentriert sich an der südlichen Küste, eine ausgeprägte Industrialisierung prägt den Großraum der Städte.

Im Jahr 1397 wurden Schweden, Norwegen und Dänemark vertraglich geeinigt. Während Schweden 1523 wieder in die Unabhängigkeit gelangte, verblieb Norwegen bis 1814 unter dänischer Herrschaft. Während dieser Zeit wurden die eigenständigen Strukturen des Landes im Wesentlichen durch Dänische ersetzt. Nach den Napoleonischen Kriegen musste Dänemark die norwegische Provinz an Schweden abtreten. Erst im Jahr 1905 wurde diese Verbindung durch einen Volksentscheid aufgelöst. Seitdem existiert das Königreich Norwegen als unabhängiger Staat. 1940 besetzten aber deutsche Truppen das Land. Wie in anderen Teilen Europas, so begann auch in Norwegen die Politik der Nazifizierung und Unterdrückung. Nach 1945 gelang Norwegen, unterstützt durch den Marshall-Plan, ein rascher Wiederaufbau. Die Bevölkerungszahl stieg von 3,1 Millionen 1946 auf ca. 4,5 Millionen (2001) Einwohner an. 1949 trat Norwegen der NATO bei. Die nach Erdölfunden in der Nordsee 1974 aufblühende Ölwirtschaft erlangte schnell eine große wirtschaftliche Bedeutung. Das Bruttosozialprodukt wuchs schnell. Zwei Volksabstimmungen (1972/1994) über den Beitritt zur EU gingen negativ aus. Die Arbeitslosigkeit betrug im August 2001 bei nur geringer Preissteigerung 2,9%. Der öffentliche Haushalt kann durch die Gewinne aus der Erdölförderung einen bedeutenden Überschuss verzeichnen. Dies ermöglicht dem Staat eine großzügige Finanzierung öffentlicher Wohlfahrt.

Sozialsystem und Einheitsschule (Enhetsskolen)

Der norwegische Staat sieht ein wichtiges Staatsziel in der Schaffung gesetzlich garantierter gleicher sozialer Bedingungen. Ein wesentliches Kennzeichen ist die Marktunabhängigkeit sozialer Rechte. Diese sind auf die gesamte Bevölkerung ausgedehnt. Eine Reihe sozialer Grundrechte garantieren den Wohlfahrtsstaat: das Recht auf ein Mindesteinkommen, das Recht auf kostenfreie Schulbildung und Studium. Politische Handlungsstrategie ist dabei der Ausgleich der Lohnunterschiede durch die Steuergesetzgebung und die Schaffung sozialer Mobilität für breite Bevölkerungsschichten. Dem Bildungswesen kommt dabei der Auftrag zu, diese Mobilität mit zu ermöglichen. Um einen hohen Grad der sozialen Sicherung zu gewährleisten, tritt der moderne norwegische Wohlfahrtsstaat als Arbeitgeber für einen großen Teil der Bevölkerung auf.

Das Schulsystem Norwegens war in den vergangenen Jahren Gegenstand zahlreicher Reformen. Ziel war es, ein flexibles Bildungswesen zu schaffen, um die Schüler auf eine sich kontinuierlich wandelnde Gesellschaft vorzubereiten. Die Vorgeschichte der Einheitsschule beginnt im 19. Jahrhundert, als zu der Spannung zwischen Stadt und Land der Konflikt zwischen verschiedenen sozialen Klassen dazukam. Die Klassenunterschiede drückten sich im Besuch von unterschiedlichen Schultypen aus. Die Interessen der höheren Schulen (*børgerskole* – Bürgerschule, *latinskole* – Lateinschule, *gymnas* – Gymnasium) standen im Konflikt mit denen der *folkeskole* (Volksschule). Die Mehrheit im *Storting* (dem norwegischen Parlament) glaubte, die Gegensätze durch eine Politik des Ausgleichs aufheben zu können. Die Lösung wurde in einer gemeinsamen Schule für alle Schüler gesehen. So legte bereits das Schulgesetz von 1896 fest, dass alle Kinder in den ersten fünf Schuljahren gemeinsam die *folkeskole* besuchen, erst mit dem sechsten Schuljahr wurden die Schülerströme geteilt. Mit den Schulgesetzen von 1935 und 1959 wurde in Norwegen eine siebenjährige Einheitsschule *(grunnskole)* geschaffen, die alle schulpflichtigen Kinder umfasste. Das Ziel der norwegischen Bildungspolitik ist seit den 1960er Jahren die Chancengleichheit aller, ungeachtet des Geschlechts, des Wohnorts und des wirtschaftlichen, sozialen und kulturellen Hintergrunds. Allen Kindern soll eine auf ihre individuellen Fähigkeiten zugeschnittene schulische Ausbildung ermöglicht werden. Während der 1970er und 1980er Jahre erfolgte daher ein grundlegender Wandel der Schulstruktur auf dem Niveau der weiterführenden Schulbildung (Sekundarstufe II). Die *realskole* (Realschule) wurde in die Jugendstufe (Sekundarstufe I) der *grunnskole* integriert, das *gymnas* wurde in ein System der weiterführenden (beruflichen) Ausbildung (Sekundarstufe II) eingegliedert.

Die strukturellen Reformen der *videregående skole* (1994), der *grunnskole* (1997), der Lehrerbildung (1998) und der Erwachsenenbildung (2001) wurden unter dem Aspekt der Einheitlichkeit und der Möglichkeit lebensbegleitenden Lernens durchgeführt. Leitmotiv dieser Reformen sind die Steigerung des Wissens sowie die Verbesserung allgemeiner Kompetenzen der kommenden Schülergeneration auf allen Ausbildungsniveaus. Die Bildung und Ausbildung des Einzelnen nimmt einen hohen Stellenwert in Norwegen ein. Im Jahr 2000 befanden sich ca. 900.000 Menschen in einer Ausbildungsphase. Im Schuljahr 2000/01 wurde die *grunnskole* (10-jährige Grundschule) von ca. 590.500 Schülern besucht. Annähernd 164.000 Schüler besuchten die *videregående skole* (weiterführende Schule). Den Übergang von der

grunnskole an die *videregående skole* vollziehen jährlich ca. 96% eines
Altersjahrgangs.

Zusätzlich nehmen jährlich etwa eine Million Menschen an einer Form der
organisierten Erwachsenenbildung/Weiterbildung teil. Dass die Anhebung des
Bildungsniveaus der gesamten Bevölkerung in der vergangenen Zeit gelang, belegen
folgende Zahlen: Aus der Gruppe der über 16-jährigen Kinder verfügen 22,8% über
einen Abschluss der *grunnskole* (Pflichtschulzeit); 56% verfügen über einen Abschluss der *videregående skole* (Hochschulzugangsberechtigung) und 21,4% haben
einen Universitäts- oder Hochschulabschluss. Die öffentlichen Bildungsausgaben
betragen in Norwegen nach der amtlichen Statistik 6,12% der öffentlichen Gesamtausgaben.

In den Schulen des Landes werden die zwei amtliche Schriftsprachen *Bokmål*
(Buchsprache) und *Nynorsk* (Neunorwegisch) unterrichtet. Während das *Nynorsk*
sehr stark die regionalen Dialekte widerspiegelt, ist das *Bokmål* stark an das Dänische angelehnt. Beide Sprachen sind nicht natürlich gewachsenen, sondern wurden
im 19. Jahrhundert künstlich geschaffen. Zahlreiche Verordnungen versuchen die
Stellung des *Nynorsk* zu stärken. Trotzdem benutzen heute ca. 85% der Bevölkerung
Bokmål als Schriftsprache. Die Kommune entscheidet darüber, welche Sprachform
den Kindern vermittelt wird. Kinder der samischen Minderheit haben generell
Anspruch auf Unterricht in Samisch. Zunehmend gilt dies auch für weitere Minderheiten.

Organisation des gegenwärtigen Schulsystems

Bildungspolitische Ziele

Die Hauptziele der norwegischen Bildungspolitik sind an den Idealen von Gleichheit
und Gemeinschaft orientiert. Dabei meint „Gleichheit" die Schaffung des gleichen
Zugangs zu allen Angeboten des Ausbildungssystems. Des Weiteren bedeutet
„Gleichheit" die Schaffung einheitlicher Bildungsinstitutionen im Hinblick auf die
Aufhebung differierender Ausbildungsqualität unter den Schulen und Vermeidung
stark voneinander abweichender Resultate. Die Zusammenführung ehemals separater Ausbildungswege und -angebote soll Gemeinschaft und Solidarität befördern.

Mitte der 1950er Jahre setzte in Norwegen die „Politik des institutionalisierten Indi-
vidualismus" ein. Seitdem wurden die Schüler als Mittelpunkt von Schule und Pädagogik proklamiert. So wird ihnen die freie Wahl des Bildungsweges ermöglicht, unabhängig von der finanziellen Situation der Erziehenden. Der norwegischen Bildungspolitik gelang es, ideologische, kulturelle und territoriale Werte in den Schulunterricht zu integrieren. Eine zu starke Akademisierung des Unterrichts konnte dadurch verringert werden. Im Vordergrund der aktuellen Schulentwicklung steht der
erhöhte Erwerb an Kenntnissen, Wissen und Fähigkeiten der Schüler. Die aktuelle
Bildungsentwicklung fokussiert daher inhaltliche und qualitative Aspekte.

Administration und Bildungsverfassung

Der norwegische Staat, eine parlamentarische Monarchie, die zu den Konsensdemo-
kratien gerechnet wird (vgl. ROTHHOLZ 1986, S. 125), ist strukturell nach zentralistischen Prinzipien aufgebaut, obgleich den lokalen Körperschaften eine große Be-

deutung zukommt. Wesentliche Institutionen der norwegischen Demokratie sind heute das *Storting*, die ministeriale Verwaltung, die Interessenverbände und die 19 *Fylke*(= regionale Gliederungsebene der Verwaltung) sowie die 435 Kommunen. Das *Storting* fasst alle legislativen Beschlüsse. *Fylke* und Kommunen sind einander gleichgestellte Verwaltungsebenen, das *Fylke* ist der Kommune nicht übergeordnet. Der Gemeinderat bildet das oberste Gremium der Kommune, während das *Fylke* im *Flykesting* (Fylkeparlament) seine Entsprechung findet. Beide Organe sind im Rahmen gesetzlicher Regelungen gegenüber dem Staat autonom und werden von den Einwohnern gewählt. Der Gesamtstaat hat die Verantwortung für Universitäten und Hochschulen, für das Sozialwesen, das Gerichts- und Polizeiwesen sowie für infrastrukturelle Aufgaben.

Die gesetzliche Grundlage für Unterricht an der öffentlichen *grunnskole*, der *videregående skole*, den Lehrlingseinrichtungen sowie für die öffentliche (staatliche und auf Ebene der *Fylke* und Kommunen durchgeführte) Erwachsenenbildung ist das „Gesetz über die *grunnskole* und die weiterführende Ausbildung". Das *Storting* und die Regierung entwickeln die nationalen Bildungsziele und schaffen dafür den Rahmen. Das seit dem 01.01.2002 so genannte *Utdannings- og forskningsdepartement* (UFD – Bildungs- und Forschungsministerium) ist das oberste Verwaltungsorgan für die Schule und alle anderen Bildungsbereiche. Ihm obliegt die Verantwortung zur Durchführung der nationalen Schulpolitik. Zur Sicherung eines national gemeinsamen Standards werden Gesetze, Verordnungen und Lehrpläne erlassen. In seinen Aufgabenbereich fallen ferner die Weiterbildung der Schulleiter und die Schulentwicklung. Der vom Ministerium erstellte Rahmenlehrplan (L 97) charakterisiert die Grundlagen der einzelnen Bildungsinstitutionen und der Unterrichtsfächer. Er beschreibt für jede zu erreichende Stufe die individuellen Befähigungen der Lernenden. Seit dem 1. August 2001 übernimmt eine eigene staatliche Behörde pädagogische und organisatorische Beratungsaufgaben für den Bereich der *grunnskole* sowie der *videregående skole*. Sie bietet zusätzliches Unterrichtsmaterial, Zeitschriften, internetbasierte Datenbanken und Diskussionsforen sowie Schulevaluationen an. Weiterhin verantwortet das Ministerium die Aufstellung der Stundentafeln sowie die Durchführung der nationalen landesweiten Abschlussprüfungen und die Genehmigung von Schulbüchern.

Auf dem regionalen Niveau (*Fylke*) werden die staatlichen Aufgaben und Pflichten durch Staatliche Ausbildungsbüros *(statens utdanningskontor)* wahrgenommen. Das *Fylke* trägt die Verantwortung für die *videregående skole*. Neben der Entscheidung über die Beschäftigung von Lehrern und der Einführung von Schulentwicklungs- und -evaluationsprogrammen entscheidet das *utdanningskontor* über die Aufnahme von Schülern. Zusätzlich übernehmen die *Fylke* Maßnahmen zur Weiterbildung der Lehrer sowie zur Ausbildung von Führungskräften. Die Kommunen erfüllen gegenwärtig die Aufgabe der Durchführung der *grunnskole*[1], der Kinder- und Jugendarbeit sowie der Sozialfürsorge. Jede Kommune entscheidet darüber hinaus im Schulausschuss des Gemeinderats über die Beschäftigung von Lehrern sowie die Durchführung von

---

1   Die Begrifflichkeiten *grunnskole* und *videregående skole* werden im Text noch ausführlich behandelt. Es sind die norwegischen Begriffe für Primar- und Sekundarschule, die im norwegischen Bildungswesen nicht verwendet werden, da eine Entsprechung nicht gesehen wird. Im Nachfolgenden wird dieser Praxis gefolgt.

Norwegisch-Sprachkursen für Erwachsene. Es ist die Aufgabe der Kommunen, den Rahmenlehrplan dem lokalen Bedarf anzupassen und weiter zu entwickeln.

Die einzelne *grunnskole* wird in administrativer und pädagogischer Hinsicht von einem Schulleiter geführt. In die Verwaltung sind weitere Mitglieder aus dem Lehrerkollegium sowie Schüler einbezogen. Repräsentanten der Angestellten, der Eltern, der Schüler und der Kommune bilden den *samarbeidsutvalg* (Ausschuss für Zusammenarbeit) einer *grunnskole*. Darüber hinaus können an jeder Schule ein *klasseråd* (Klassenrat), *foreldreråd* (Elternrat) und *elevråd* (Schülerrat) eingerichtet werden. Größere finanzielle, organisatorische oder pädagogische Entscheidungen werden in Abstimmung zwischen den Räten im *samarbeidsutvalg* getroffen. Die Lehrer haben die Möglichkeit, ihren Unterricht inhaltlich und methodisch entsprechend dem Rahmenplan frei zu gestalten. In Norwegen gibt es keine staatlichen, regionalen oder kommunalen Schulaufsichtsbehörden. Probleme im Bildungssektor können seit 1992 zwischen dem Ministerium und den staatlichen Ausbildungsbüros diskutiert werden.

Alle öffentlichen Bildungsangebote sind kostenlos. Das gilt auch für die Lehrbücher der *grunnskole*. Alle staatlichen und privaten Schulen und Bildungseinrichtungen werden von der Zentralregierung bezuschusst. Um die Prinzipen der Dezentralisierung, Wirtschaftlichkeit und Autonomie aufrechtzuerhalten, wird den einzelnen Trägern ein nicht zweckgebundener Pauschalbetrag zugewiesen, aus dem die einzelnen Schulen zu finanzieren sind. Das Bezuschussungssystem berücksichtigt dabei regionale Differenzen im Finanzierungsbedarf, so dass auch in den peripheren Regionen des Nordens ausreichende finanzielle Mittel zur Verfügung stehen.

Das Schulsystem im Überblick

Das Schulsystem Norwegens ist nach dem Prinzip der Einheitsschule aufgebaut. Nahezu alle Schüler besuchen die obligatorische staatliche Schule (98,3%), eine andere öffentliche Schulform gibt es nicht. Die norwegische *grunnskole* vereint Elemente der Primarschule mit denen der Sekundarstufe I. Eine interne Form der Differenzierung bilden die drei Stufen *barnetrinn* (Kinderstufe), *mellomtrinn* (Zwischenstufe) und *ungdomstrinn* (Jugendstufe). Schüler mit Lernschwierigkeiten und/oder Behinderungen sind seit 1982 in den normalen Schulunterricht integriert. Neben der öffentlichen *grunnskole* finden sich nur wenige private Schulen. Diese sind hauptsächlich an Prinzipen der Reformpädagogik (Waldorf- und Montessori-Schulen) oder an religiösen Vorstellungen orientiert. Seit mehreren Jahren kann eine Zunahme der Zahl der privaten *grunnskoler* beobachtet werden. So stieg ihr Anteil von 1,1% (1985/86) auf 2,7% (2000/01) an.

Die zweite Ausbildungsstufe bildet die *videregående skole*. Ihr Besuch ist fakultativ, jedem Schüler mit *grunnskole*-Abschluss steht aber das Recht zu, diesen Schultyp zwischen dem 16. und dem 19. Lebensjahr für drei Jahre zu besuchen. Ihre heutige Form verdankt sie einer Schulreform von 1994. Eine Erweiterung des Schulgesetzes brach mit dem bis dahin bestehenden Prinzip der Selektion der Schüler entsprechend ihrer schulischen Leistungen. Der Besuch der *videregående skole* ist seither lediglich an den Abschluss der *grunnskole* gebunden. Ein weiteres wichtiges Resultat war die Reduzierung der Anzahl der berufsbildenden Kurse von 109 eng spezialisierten auf 13 breiter angelegte Kurse. Die große fachliche Breite der neuen

Fächer findet ihre wirtschaftliche Logik in dem Zwang zur erhöhten Flexibilität des Einzelnen gegenüber Veränderungen der wirtschaftlichen Situation. Durch die Reduktion und den Zusammenschluss einzelner Fachgebiete wurde eine vielfältige Ausbildung ermöglicht. Die Struktur der *videregående skole* ist geprägt durch drei theoretisch-allgemein bildende Lernfelder, welche die allgemeine Studienkompetenz sichern, und zehn doppeltqualifizierende Fachbebiete, die zur Berufskompetenz führen, sowie die entsprechenden Fachlehrpläne. Die Reform von 1994 ist deutlich der Verwirklichung der Idee der Einheitsschule verpflichtet.

Jeder mögliche Bildungsweg steht jedem Interessenten offen. In der weiterführenden Schule können Elemente schulischer Berufsbildung mit der Möglichkeit des Erwerbs einer Hochschulzugangsberechtigung verbunden werden. Neben den von den *Fylke* getragenen Schulen finden sich eine Reihe privater Einrichtungen, die öffentlich subventioniert werden. Die *videregående skole* wird von 96,1% (1999) aller Schüler der *grunnskole* besucht. Dabei treten deutliche regionale Unterschiede auf. Die Möglichkeit des Besuchs der weiterführenden Schule wird in den traditionell agrarisch orientierten (*Østfold*) oder peripher gelegenen Regionen (*Finnmark*) weniger stark in Anspruch genommen.

Sonder- und Förderschulen stellen in Norwegen eher eine Ausnahme dar. Spezialunterricht für Kinder und Jugendliche wird auf verschiedenen Niveaus erteilt. In konsequenter Verwirklichung des Einheitsschulgedankens soll allen Schülern eine ihren Anlagen und Voraussetzungen entsprechende Schulbildung ermöglicht werden. Allen Schülern, die von dem obligatorischen Schulangebot nicht profitieren können, steht seit 1982 das Recht auf sonderpädagogischen Unterricht zu. Für die sonderpädagogische Betreuung minderjähriger Kinder, die durch Kindergärten, medizinische und soziale Betreuungseinrichtungen oder durch Schulen realisiert wird, ist die Kommune verantwortlich. Schüler, die Spezialunterricht benötigen, werden – soweit dies möglich ist – in den normalen Unterricht integriert. Darüber hinaus erhalten sie die notwendige Hilfe, technische Hilfsmittel oder Spezialunterricht in einzelnen Fächern oder Betreuung über das übliche Stundenkontingent hinaus, um mit Gewinn am Unterricht teilnehmen zu können. Neben der Möglichkeit der Betreuung dieser Schüler durch einen Sonderpädagogen im Unterricht in der Klasse besteht die Möglichkeit, innerhalb der *grunnskole* Sonderklassen einzurichten. Um Heimunterricht oder die Einrichtung von Sonderschulen zu vermeiden, sind die Kommunen bzw. das *Fylke* für den Transport der betroffenen Schüler verantwortlich. Neben der selten angewendeten Möglichkeit zur Einrichtung von Sonderschulen finden sich einzelne Bildungs- und Betreuungsangebote innerhalb sozialer oder medizinischer Institutionen.

Staatlichen sonderpädagogischen Kompetenzzentren wurde die Aufgabe übertragen, an der Entwicklung sonderpädagogischer Kompetenz in Kindergärten, Schulen, Einrichtungen der Erwachsenenbildung sowie in den Kommunen und *Fylke* mitzuwirken. Dies gilt besonders für die Bereiche Sinne, Gehör, Sprache (Kommunikation), soziale und emotionale Schwierigkeiten sowie für Lernschwierigkeiten. Die Kompetenzzentren betreiben Aufklärungs- und Entwicklungsarbeit, bieten Kurzzeitaufenthalte für Eltern, Kinder und Lehrer an.

Ausblick: Hochschule und Erwachsenenbildung

Der Abschluss der *vidergående skole* berechtigt zur Aufnahme eines Hochschulstudiums. In Norwegen finden sich vier Universitäten (Oslo, Bergen, Trondheim, Tromsø) sowie 26 staatliche Hochschulen. Dieses Angebot wird durch weitere private Bildungseinrichtungen ergänzt. Die Studiendauer variiert zwischen vier bis sechs Jahren. 1998 studierten ca. 43 861 Menschen an akademischen Einrichtungen; 28% der norwegischen Bevölkerung zwischen 25-64 Jahren verfügen über einen Universitäts- oder Hochschulabschluss (1999).

Die norwegische Erwachsenenbildung beruht auf Grundtvig'schen Ideen, diese wurden aber den eigenen Bedürfnissen angepasst. Ziel der öffentlich organisierten Erwachsenenbildung ist es, das Kompetenzniveau der gesamten Bevölkerung zu heben, um so Gleichstellung, Allgemeinbildung und persönliches Wachstum zu sichern. Dazu wurde in Norwegen eine breite Palette unterschiedlichster Erwachsenenbildungsangebote geschaffen. Im Jahr 2000 besuchten ca. 666.729 Erwachsene ein organisiertes Angebot im Bereich der Erwachsenenbildung.

Allgemein bildende und berufsbildende Schulen

Die Verbesserung der Chancengleichheit und Gleichstellung aller war auch Leitmotiv zweier groß angelegter Reformzyklen zwischen 1994 und 1997. Ziel beider Reformen war die generelle Anhebung des Bildungsniveaus der gesamten (zukünftigen) Gesellschaft. Mit dem Beginn des Schuljahres 1997/98 wurden in Norwegen durch die *Reform 97* die Schulzeit auf zehn Jahre verlängert und ein neuer Lehrplan eingeführt. Bereits 1994 war der Sektor der weiterführenden Bildung neu gestaltet worden.

Vorschulische Bildung und Erziehung

Im Vorschulalter kann institutionelle Bildung und Erziehung in Kindergärten (*barnehage*) erfolgen. In diesen Einrichtungen der Tagesbetreuung werden Kinder im Alter bis zu sechs Jahren betreut. Der Besuch ist freiwillig und erfolgt voraussetzungslos. Für die Bereitstellung der Betreuungsangebote sind die Kommunen zuständig. Neben den Kommunen finden sich auch private Träger. Deshalb variieren das Betreuungsangebot und die Zahl der zur Verfügung stehenden Plätze. Für die pädagogische Betreuung und die Versorgung der Kinder wird ein Entgelt erhoben; alle staatlich anerkannten Kindergärten erhalten jedoch Zuschüsse. Durchschnittlich wird der Kindergarten von 53% aller Kinder (ein bis sechs Jahre) besucht; mit zunehmendem Alter steigt der Anteil auf 80%.

Die grunnskole

Jedes Kind soll mit Vollendung des 6. Lebensjahres den Schulbesuch beginnen. Der Besuch der 10-jährigen *grunnskole* ist obligatorisch. Sie gliedert sich in Altersjahrgänge von max. 28 Schüler (ab Kl. 8: 30) und umfasst drei Stufen: *Barnetrinn* (Kinderstufe: 1.-4. Klasse – Primarstufe) *Mellomtrinn* (Zwischenstufe: 5.-7. Klasse – Mittelstufe), *Ungdomstrinn* (Jugendstufe: 8.-10. Klasse – Sekundarstufe I).

Die Zusammensetzung der heterogenen koedukativen Klassenjahrgänge wird zwischen der 1. und der 10. Klasse stabil gehalten. Die dünne Siedlungsdichte Norwe-

gens bewirkt, dass Schüler verschiedener Altersjahrgänge häufig im selben Klassen-
raum unterrichtet werden (*fådelte skoler* – wenig gegliederte Schulen). Im Schuljahr
1999/2000 betraf dies nicht weniger als 39% aller Schulen. Häufig werden dabei die
einzelnen Stufen zusammengefasst. Unterrichtsfächer oder Leistungen und Fähigkeiten der Schüler sind keine Faktoren für eine Differenzierung. Während der letzen
drei Schuljahre wird der Klassenverband lediglich durch Wahlfächer verändert.
Klassen werden grundsätzlich nicht wiederholt. Eine Versetzung in die nächste
Klasse erfolgt automatisch am Schuljahresende. Der Unterricht an der staatlichen
grunnskole ist kostenlos; das *Fylke* finanziert denjenigen Schülern den Schulweg,
die mehr als vier Kilometer zurückzulegen oder ein Boot zu benutzen haben. Das
Schuljahr besteht für Schüler wie auch für Lehrer aus 38 Wochen innerhalb eines
zusammenhängenden Blocks von 45 Wochen. Die Anzahl der Unterrichtsstunden
steigt mit dem Alter der Schüler auf 30 Stunden in den letzten Schuljahren. Der
Schultag beginnt in der Regel um 8:00 Uhr und endet 15:30; die tägliche Unterrichtszeit soll in der Regel nicht mehr als sechs Unterrichtsstunden betragen. Die
Kommunen setzen die Schultage und die Ferientermine fest.
An der *grunnskole* ist der Lehrer für die Ausgestaltung des Unterrichts verantwortlich. Der Rahmenlehrplan betont, dass Schüler aktiv, unternehmungslustig und unabhängig sein sollen. Schüler sollen durch Erkunden und Experimentieren lernen
und so neues Wissen und Verständnis aufbauen. Grundprinzip des Lehrplans ist dabei die Schülerbeteiligung. Den Schülern wird allmählich Verantwortung für das
Planen ihrer eigenen Bildung gegeben. Das thematische Strukturieren von Inhalten
ist ein wichtiges didaktisch-methodisches Prinzip im täglichen Unterricht. So können Themen für Projektarbeiten entwickelt werden. Die Schüler sollen strategisch-
organisatorische Aufgaben durchführen und auf diese Weise die Verbindung zwischen Theorie und Praxis realisieren. Der Lehrer spielt dabei lediglich eine Rolle als
Führer und Mentor. Damit wird den Schülern ein aktives Mitspracherecht gegeben
und sie lernen, Verantwortung in einer demokratischen Gesellschaft zu übernehmen.
Lernmaterialien können neben den staatlich zugelassenen Lehrbüchern andere
Texte, Abbildungen, IT-gebundene Hilfen, Zeitungsartikel, Spielfilme usw. sein.
Schon an der *grunnskole* bildet die Schulbibliothek eine wichtige Quelle für Informationen und Materialien.
Mit der Reform von 1997 wurde nicht nur die Schulstruktur verändert, sondern auch
eine neuer Lehrplan eingeführt. Charakteristisches Ziel der Schulbildung ist, dass
das Individuum befähigt wird, wahrzunehmen, teilzunehmen, zu erfahren und Akzente zu setzen. (Schul-) Bildung basiert in Norwegen auf christlich-humanistischen
Werten und diese gilt es in Verbindung mit der Bewahrung des kulturellen Erbes zu
erhalten, um den kommenden Generationen Perspektiven und Orientierung anbieten
zu können. Der Rahmenlehrplan formuliert als weitere Ziele die Aufrechterhaltung
und die Entwicklung von Qualität, Vielfalt und lokale Anpassung des Curriculums.
Das klare Ziel von Schulbildung ist die Bereitstellung der Möglichkeit, dass jeder
Schüler sein Potential entwickeln kann. Alle Aktivitäten einer Schule sollen diesen
Prinzipien untergeordnet sein, um Gleichheit zwischen den Geschlechtern und Regionen schaffen zu können.
Der Lehrplan *„Læreplanverket for den 10-årige grunnskolen"* (Lehrplanwerk für
die 10-jährige *grunnskole* – L 97) von 1997 beinhaltet den Lehrstoff für die *grunn-*

skole (für die samische Minderheit gibt es einen eigenen Lehrplan). Der neue Lehrplan für die obligatorische Schulzeit weist inhaltliche Veränderungen auf. So wird im Lehrplan die Einheitsschule als einzige Schulform explizit betont: Aufbau und Struktur der *grunnskole* ist im gesamten Land gleich und die Schüler folgen dem gleichen Schulverlauf und begegnen den gleichen Fächern. Die größere Betonung der allen gemeinsamen Fächer schließt die lokale und individuelle Anpassung des Rahmenlehrplans nicht aus. Die bedarfsorientierte Anpassung ist wesentliches Kennzeichen der Pflichtschule. Obligatorische Unterrichtsfächer sind für alle Schüler: Christentumskunde mit Religions- und Lebenssinnorientierung, Norwegisch, Mathematik, Englisch, Gesellschaftskunde, Naturwissenschaft und Umwelt, Musik, Kunst- und Handwerk, Sport und Heimatkunde. Die Möglichkeit zu freien Aktivitäten besteht im *småskoletrinn*. Während der 8.-10. Klasse (*ungdomstrinn*) ist von den Schülern ein Fach fakultativ aus dem Angebot der Schule zu belegen. Dies kann eine weitere Fremdsprache (Deutsch, Französisch, Finnisch), die Vertiefung von Norwegisch oder Englisch oder aber auch Projektarbeit sein. Darüber hinaus sind im Stundenplan Einheiten zur Klassen- und Schülerratsarbeit vorgesehen.

Die durch die Reform 1997 eingeführte 10-jährige *grunnskole* verfügt über drei interne Differenzierungsstufen. Die Inhalte, die Unterrichtsmethoden sowie Dauer des Unterrichts in jeder dieser Stufen entsprechenden den Besonderheiten der Entwicklung der Altersgruppe. Der Unterricht in der Kinderstufe (1.-4. Klasse) baut auf dem Kindergarten und der Tradition der Schule auf. Er soll den Übergang vom Kindergarten an die Schule erfolgreich gestalten. Im Verlauf dieser Schulstufe wird das Erlernen der grundlegenden Kulturtechniken durch Spiel und thematisch gebundene Projekte in gemischten Altersgruppen betont. In der Zwischenstufe (5.-7. Klasse) werden verstärkt praktische und theoretische Elemente akzentuiert. Thematische Projekt- und Gruppenarbeit soll einerseits die Interdisziplinarität, aber auch die Einübung des selbstständigen Lernens und Planens sichern. Im Verlauf der 8.-10. Klasse, auf dem Niveau der Jugendstufe, sollen die Schüler auf den Übergang zur weiterführenden Ausbildung vorbereitet werden. Charakteristisches Kennzeichen dafür ist die Möglichkeit der fachlichen Vertiefung.

Neben dem Lehrplan als bildungspolitisches Instrument findet sich die 1999 eingeführte Schulfreizeitordnung (*Skolefritidsordning* – SFO). Jede Kommune wird dadurch verpflichtet, für ein ganztägiges pädagogisches Angebot vor und nach der Schulzeit für Schüler der Klassen 1-4 zu sorgen. Durch die freiwillige Teilnahme an der Schulfreizeitordnung sollen diesen Schülern alters- und interessengemäße Spiel-, Kultur- und Freizeitaktivitäten ermöglicht werden. Durch die in jeder Kommune zu erstellende *SFO* soll die pädagogische Betreuung ganztägig sichergestellt werden.

In der *grunnskole* wird der Unterricht gewöhnlich von einem Klassenlehrer durchgeführt. Dieser unterrichtet in den ersten Klassen alle Fächer, häufig wird ein Wechsel der Klassenlehrer während des Übergangs von der 7. zur 8. Klasse vorgenommen. In den beiden oberen Stufen finden sich für spezielle Fächer allerdings auch Fachlehrer (Sport, Fremdsprachen). In der Regel sollen die Schülergruppen einen Lehrer möglichst lang behalten. Sind in einer 1. Klasse mehr als 18 Schüler, so wird diese Klasse von zwei Lehrern unterrichtet. Bedürfen Schüler besonderer pädagogischer Betreuung, so können weitere Lehrer bzw. Betreuungspersonen während der gesamten Schuldauer hinzugezogen werden. An der *grunnskole* finden sich Lehrer mit unterschiedlichem Hintergrund wieder: allgemeine Lehrer, Fachlehrer und Lehrer mit einem Hochschulabschluss. Die Lehrerausbildung für die *grunnskole* vollzieht sich heute in Norwegen an pädagogischen Hochschulen und Universitäten. Das Studium dauert vier Jahre an der pädagogischen Hochschule und berechtigt zum Unterricht in den beiden unteren Schulstufen in allen Fächern. Das maximal 6-jährige Studium an der Universität schließt eine einjährige praktisch-pädagogische Ausbildung mit ein. Der fachbezogene Abschluss berechtigt zum Fachunterricht in der Jugendstufe der *grunnskole* und an der *videregående skole*. Das norwegische Bildungsgesetz verlangt von den Lehrern, dass sie sich mindestens fünf Tage im Jahr fortbilden.

Die videregående skole

Während des Höhepunkts des norwegischen Wohlfahrtsstaates wurden Ende 1970 und während der 1980er Jahre umfangreiche Reformen im fakultativen Schulsektor (Sekundarbereich II) durchgeführt. Eines der wichtigsten Ziele war dabei die Zusammenführung der weiterführende Schulen mit der betrieblichen Berufsausbildung. Dabei sollten der theoretischen und der praktischen Bildung gleicher Status eingeräumt werden. Zum Ende des 20. Jahrhunderts wurde diese Zielstellung erweitert. Die Anhebung des Kompetenzniveaus der gesamten Bevölkerung sowie die berufliche Spezialisierung des Einzelnen wurden in den Mittelpunkt gerückt.

Im Juni 1992 wurde die Einsetzung der *Reform 1994* zum 1. August 1994 beschlossen. Mit Beginn des neuen Schuljahres wurden neue Curricula, neue Fächer, neue Kurse und neue Lehrbücher eingeführt. Allen 16-jährigen Schülern steht seither das Recht auf eine 3-jährige weiterführende Ausbildung im Anschluss an den abgeschlossenen Besuch der *grunnskole* zu. So können die Schüler in den teilweise doppelqualifizierenden Kursen zwischen dem Erwerb von Berufs- und/oder Studienkompetenz oder aber auch dem Erwerb einer Teilkompetenz wählen. Jedes einzelne *Fylke* ist dafür verantwortlich, dass entsprechend den Schülerwünschen das Recht auf weiterführende Bildung wahrgenommen werden kann. Ein Beratungsdienst *(oppfølgingstjeneste)* auf *Fylke*-Ebene soll dabei diejenigen Schüler betreuen, die ihr Recht nicht wahrnehmen. Die ursprünglich mehr als 100 beruflichen Bildungswege wurden durch die Reform auf insgesamt 13 Kurssysteme reduziert. Die damit verbundene erhöhte fachliche Breite der Kurse wird mit der erhöhten Flexibilität und den veränderten Anforderungen der Wirtschaft begründet. So wurden drei theoretische Lernfelder, die zur allgemeinen Studienkompetenz führen, und zehn beruflich vorbereitende Fachgebiete eingeführt. Die berufliche Ausbildung wird in den ersten beiden Jahren in der Schule durchgeführt. Daran schließt sich eine einjährige praktische Ausbildung in den entsprechenden Betrieben an. Um die generelle Studierfähigkeit aller zu gewährleisten, sind die Fächer Norwegisch, Englisch, Gesellschaftskunde, Mathematik sowie Natur- und Umweltkunde obligatorischer Bestandteil der theoretischen Fachgebiete.

Gegenwärtig entscheiden sich 49,1% aller Schüler an einer *videregående skole* für den allgemeinen, administrativen und kaufmännischen Unterricht. Schüler, die an den Kursen der allgemein bildenden Studienrichtungen teilnehmen, bereiten sich auf den Besuch einer Hochschule vor. Alle anderen Kurse fokussieren stärker auf das Berufs- und Arbeitsleben. Aber auch für sie besteht, bei Erwerb entsprechender Zusatzqualifikationen, die Möglichkeit zum (fachgebundenen) Besuch einer Hochschule. Alle Studienrichtungen bauen dabei auf einem ein- oder zweijährigen Grundkurs, gefolgt von weiterführenden Kursen (ein bis zwei Jahre) auf. Nebenbei finden sich in Einzelfällen verkürzte Kurse. Der Klassenverband der *grunnskole* ist aufgelöst und wird durch Fachklassen ersetzt. Da allgemein bildende und berufsbezogene Inhalte vermittelt werden, gestattet es die Teilnahme am zweijährigen Grundkurs den Schülern, anschließend zwischen der allgemein bildenden oder einer berufsbezogenen Studienrichtung zu wählen. In den weiterführenden Kursen besteht die Möglichkeit zur Spezialisierung. Das Schuljahr besteht aus 38 Wochen; der wöchentliche Unterricht beträgt, je nach Kurs, 30-35 Stunden. Der Zugang zu einer Studienrichtung ist prinzipiell offen; in Fällen begrenzter Kapazität entscheidet die Schule anhand der Noten der *grunnskole*, ob eine Aufnahme möglich ist oder nicht. Die Versetzung in die nächst höhere Klassenstufe erfolgt automatisch; die Prüfungsleistungen an jedem Schuljahresende sind hierfür im Allgemeinen ohne Belang. Bedeutung erlangen diese Anschlüsse nur dann, wenn in den weiterführenden Kursen die Kapazität nicht ausreicht.

Die berufsbezogene Ausbildung kann zum einen vollständig an einer *videregående skole* vollzogen werden. Auch die praktische Ausbildung erfolgt dann an dieser Schule. Neben diesem Modell besteht weiterhin die Möglichkeit der Kombination aus schulischer Berufsbildung und der Ausbildung in einem Betrieb. Die beiden ersten Jahre der Ausbildung finden dabei an einer *videregående skole* (Grundkurs, weiterführender Kurs 1) statt. Der „weiterführende Kurs 2" wird in einem Lehrbetrieb durchgeführt. Das pädagogische Interesse an diesem Ausbildungsmodell ist, dass Ausbildung und Wertschöpfung kombiniert werden. Die Lehrbetriebe erhalten dabei staatliche Zuschüsse; sind in einem *Fylke* nicht genügend Plätze in Lehrbetrieben vorhanden, so muss das *Fylke* die abschließende Ausbildung anbieten.

Die fachspezifischen Lehrpläne bestimmen die Hauptinhalte und Ziele der weiterführenden Ausbildung. Weiterhin werden durch sie die Kompetenzen, die der Schüler (Lehrling) durch den Unterricht erlangen soll, bestimmt. Generell findet sich in allen Fachlehrplänen die Leitidee, dass umfassendes Wissen, praktische Fähigkeiten, ethische Werte und persönliche Qualitäten, wie Kreativität, die Kompetenz zu selbstständiger Tätigkeit, Kommunikation und Zusammenarbeit herausgebildet werden sollen. In allen Lehrplänen wurde die Bedeutung der Internationalisierung, Umweltlehre sowie der Informationstechnologie berücksichtigt. Die aktuellen Lehrpläne bestehen aus Modulen; ein Modul kann dabei ein Fach oder auch nur einen Teil davon repräsentieren. Dadurch besteht insbesondere für Teilnehmer in der Erwachsenenbildung die Möglichkeit der Kombination der einzelnen Module, bis ein anerkannter Abschluss abgelegt werden kann.

In der Stundentafel für den allgemeinen, administrativen und kaufmännischen Unterricht beträgt der Umfang der Pflichtfächer im ersten Jahr 28 Stunden je Woche. Die sinkende Stundenzahl im zweiten und dritten Schuljahr bietet die Möglichkeit zur Spezialisierung. Zusätzlich zur ersten Fremdsprache (A-Sprache: Englisch) ist eine weitere Fremdsprache (aus dem Angebot der Schule) zu erlernen (B-Sprache). Hat ein Schüler bereits in der *grunnskole* eine zweite Fremdsprache erlernt, so kann er diese mit Beginn der weiterführenden Bildung abwählen und er setzt mit einer dritten Fremdsprache (C-Sprache) fort.

Fachlehrer unterrichten an der *videregående skole* in den allgemein- und in den berufsbildenden Studienrichtungen. Die Fächer und Klassen, die sie unterrichten, entsprechen ihren Qualifikationen. Die allgemein bildenden Fächer werden von Lehrern unterrichtet, die ein bis zu sechs Jahre dauerndes Studium an einer Universität abgelegt haben. Sie verfügen in der Regel über eine Lehrberechtigung in zwei bis drei Fächern. Die berufsbildenden Fächer werden von Lehrern unterrichtet, die eine entsprechende abgeschlossene berufliche Bildung nachweisen können. Beide Lehrergruppen müssen vor ihrer beruflichen Tätigkeit die Lehrerausbildung durchlaufen. Diese dauert ein Jahr. Die Lehrer an der *videregående skole* werden vom *Fylke* beschäftigt. Sie haben, wie auch in der *grunnskole*, einen Anspruch auf fünf Tage Fortbildung im Jahr.

Die Abschlüsse

Die Leistungsbeurteilung an der *grunnskole* erfolgt im Sinne einer Orientierungshilfe und Förderung des Lernprozesses. Verlässt ein Schüler die Schule mit Abschluss der 10. Klasse, so erhält er ein Abgangszeugnis *(vitnemål)*. Dieses Zeugnis weist den Notendurchschnitt am Ende der 10. Klasse für jedes Fach aus. Zusätzlich können auch die Ergebnisse einzelner Abschlussprüfungen aus dem Wahlbereich vermerkt sein. Neben den Noten, die dem Fächerkanon entsprechen, finden sich Benotungen zur Verhaltenseinschätzung: „Ordnung" und „Verhalten". Das Abgangszeugnis sollen auch diejenigen Schüler erhalten, die von einer generellen Benotung ausgenommen wurden. Die Prüfung findet unter Aufsicht der staatlichen Examensbehörde statt. Mindestens eine schriftliche Prüfung muss in Norwegisch, Mathematik oder Englisch abgelegt werden.

In der Kinder- und in der Zwischenstufe erfahren die Schüler prinzipiell keine Benotung. Durch ein persönliches Gespräch oder einen Bericht sind die Eltern zweimal im Jahr über den Entwicklungsstand ihres Kindes zu informieren. Basis dafür ist die Beobachtung des Schülers durch den Lehrer. An Schüler der Jugendstufe sollen in den obligatorischen Fächern vor Weihnachten und zum Ende des Schuljahres Benotungen vergeben werden. Grundlage hierfür ist das Engagement des Schülers im Unterricht sowie Klassenarbeiten. Auf Wunsch der Eltern können auch in fakultativen Fächern Noten vergeben werden. In der *videregående skole* werden in allen von den Schülern belegten Kursen Noten aufgrund der Gesamtleistung vergeben und repräsentieren gleichzeitig einen bestimmten Punktwert. Grundlage dafür ist die Zusammenfassung aller Noten des Schülers im Schuljahr aus der praktischen Tätigkeit, der Mitarbeit, den Leistungen in Projekt- und Gruppenarbeiten sowie aus unterschiedlichen Leistungstest. Die verwendeten Noten bilden das bedeutendste Kriterium zur Leistungseinschätzung und Selektion hinsichtlich der Aufnahme eines Studiums oder einer anderen Bildungsmaßnahme. Den Abschluss der Schullaufbahn bildet die Vergabe eines Abschlusszeugnisses *(vitnemål)*. Dazu werden jährlich sowohl für die allgemein bildenden, als auch die berufsbildenden Linien zentrale Prüfungen durch die staatliche Prüfungskommission organisiert. Die Prüfungen erfolgen sowohl schriftlich als auch mündlich und richten sich an den unterschiedlichen Ordnungen der einzelnen Linien aus. Prinzipiell fungiert der Klassenlehrer als Prüfer; die Benotung wird von einem extern herangezogenen Prüfer vorgenommen.

Die durch die *Reform 1994* geführten strukturellen Veränderungen der Ausbildungswege führten zu neuen Formen der Abschlussmöglichkeiten. So besteht nun die

Möglichkeit: (1) zur Qualifikation zum Facharbeiter mit Fach- bzw. Gesellenbrief *(fag-/sveinebrev)*; (2) des Berufskompetenznachweises *(yrkeskompetanse)*; (3) des Erwerbs einer allgemeinen Hochschulzugangsberechtigung *(studiekompetanse)*. Der Fach- bzw. Gesellenbrief wird im Anschluss an die abgeschlossene berufliche Bildung in der *videregående skole* und einem Lehrbetrieb sowie der bestandenen Fachprüfung gemäß der Lehrlingsordnung *(lærlingeordning)* vergeben. Ist dies nicht der Fall, so wird der Abschluss *yrkeskompetanse,* bezogen auf den gewählten dreijährigen Berufszweig, innerhalb der *videregående skole* (Vollzeitschule) vergeben. Mit diesem ist die Aufnahme eines fachgebundenen Hochschulstudiums möglich. Die allgemeine Studienkompetenz *(studiekompetanse)* und die Möglichkeit eines Hochschulstudiums wird nach erfolgreichem Abschluss des dreijährigen allgemein bildenden Zweigs der *videregående skole* vergeben. Dabei müssen der Grundkurs, der weiterführende Kurs I und der weiterführende Kurs II (unabhängig vom Berufszweig) besucht worden sein. Ein Abgangszeugnis *(*Teilkompetenz – *delkompetanse)* erhält, wer die Bildungslaufbahn vorzeitig verlässt oder die entsprechend vorgesehenen Prüfungsleistungen nach Wiederholungen nicht erreicht. Zeugnisse werden nur verliehen, wenn der Besuch von mindestens 90 Wochenstunden in drei Schuljahren (30 je Jahr) nachgewiesen wird. Dafür wurde ein eigenes Punktesystem *(vektall)* eingeführt. Jeder Schüler erhält für einen abgeschlossenen Fachkurs eine bestimmte Punkteanzahl. Im Zuge der 1994 durchgeführten Reformen wurde neben dem oben charakterisierten Zugang zum Hochschulstudium die Möglichkeit geschaffen, sich an einer Hochschule einschreiben zu können, wenn der Nachweis über ein bestimmtes Leistungsniveau (Punkteanzahl) anhand belegter und abgeschlossener Fächer nachgewiesen werden kann. Dies sind Norwegisch (mit 14 Punkten), Englisch (5), Gemeinschaftskunde (6), Mathematik (5), Naturwissenschaften und Umweltstudien (5). Dadurch wurde prinzipiell für alle Schüler, die den Abschluss einer *videregående skole* nachweisen können, der Zugang zur akademischen Bildung eröffnet.

Curriculumsstruktur und Curriculumpolitik

Um eine nationale Schulpolitik in einem dünn besiedelten Flächenstaat durchführen zu können, wurde in den 1990er Jahren die Entscheidungsfreiheit der einzelnen Schulen erhöht. Um aber dabei unkontrollierte Entwicklungen zu verhindern, formulierte das Ministerium für Kirche, Ausbildung und Forschung nationale Schulziele und kontrolliert diese durch nationale Prüfungen. Dieses *managment by objectives* bedeutet für Norwegen eine direkte staatliche Steuerung der Schulentwicklung, wobei Raum gegeben ist zu lokaler Handlungsfreiheit. Jede Schule bestimmt den Weg zum Ziel selbst, *Storting* und Regierung entwickeln die Rahmenvorgaben. So entscheidet die einzelne Schule selbst über den Einsatz ihrer Mittel (Finanzen, Räume, Material, Lehrer). Alle unterrichtsrelevanten Probleme, wie die fachliche und pädagogische Organisation des Unterrichts, sind dem Lehrer übertragen. Ihm obliegt die Ausgestaltung des Rahmenlehrplans. Dadurch verfügt er über ein hohes Maß an persönlicher Gestaltungsfreiheit. Um dafür geeignete Lehrer zu finden, ist es den Schulen möglich, selbst geeignetes Lehrpersonal anzustellen.

Im Herbst 1993 erhielten die norwegische *grunnskole*, die *videregående skole* und die Erwachsenenbildung einen neuen allgemeinen Lehrplan. Dieser fasste die Lehrpläne der *grunnskole* von 1987 und die für die *videregående skole* von 1976 zusammen. Den Hintergrund der Einführung des neuen Lehrplanes bildete das Ergebnis eines Regierungsberichts aus dem Jahr 1988, in dem dem norwegischen Bildungswesen mangelhafte Qualität nachgesagt wurde. Mit diesem Dokument wurde die Basis für die Reformen der 1990er Jahre geschaffen. Der neue Lehrplan brach mit alten Traditionen. Die Orientierung an Lernzielen und den dazu notwendigen Mitteln wurde aufgegeben, im Vordergrund stand die Entwicklung des einzelnen Menschen und seiner Lernfähigkeit durch Bildung. Das wesentlichste Kennzeichen war, dass es nun nur noch *einen* allgemeinen Lehrplan für *grunnskole* und *videregående skole* gab, der die gemeinsamen Ziele, Arbeitsweisen und Strukturen beschrieb, die Fachlehrpläne blieben erhalten.

Die Lehrplanreform veränderte jedoch nicht die gesellschaftlichen und bildungspolitischen Ziele. Der Lehrplan aus dem Jahr 1993 betonte besonders: Durch die Akzentuierung kultureller und historischer Perspektiven des kulturellen Erbes sollte die Identität und das Zugehörigkeitsgefühl gestärkt werden. Die Schulausbildung hat sich auf die veränderten technologischen Bedingungen einzustellen, den Schülern muss Wissen über neue Technologien vermittelt werden. Ein weiterer wesentlicher Bezugspunkt ist die Einbindung ökologischer Fragen in den schulischen Unterricht. Das bildungspolitische Hauptziel bisheriger Reformphasen, die Schaffung von Gleichheit und Gleichstellung, blieb erhalten. Die zentralen pädagogischen Prinzipien des individualisierten Unterrichts, die selbstständige Arbeit des Schülers, die gemeinschaftliche Zusammenarbeit von Schülern und Lehrern und die Anpassung der schulischen Prozesse an die lokalen Bedingungen blieben erhalten oder wurden verstärkt.

Unter Wahrung der reformpädagogischen Impulse wurde die Funktionsorientierung schulischer Bildung und Erziehung in Abhängigkeit von bestimmten Veränderungen in der Umwelt (etwa durch die Wirtschaft) stärker betont. Der die vorherigen Lehrpläne kennzeichnende Ausdruck von Allgemeinwissen *(allmennkunnskap)* wurde abgelöst durch die Verwendung des Begriffs Allgemeinbildung *(allmenndannelse)*. Neben der Betonung des Wissens wurde der Bildungsbegriff um die Bedeutung sozialer Komponenten ausgedehnt – Sprache, Tradition und Gelehrsamkeit *(lærdom)* gegenüber der Lokalgesellschaft *(lokalsammfunn)* bestimmen den gemeinschaftlichen Hintergrund nationaler Identität und Solidarität. Die Integration des Einzelnen in die soziale Realität wurde im Zusammentreffen mit der spannungsreichen Wirklichkeit und der Persönlichkeit gesehen. Es wurde Aufgabe des Individuums „sich selbst zu realisieren in einer Weise, die der Gemeinschaft zu Gute kommt", wie der Lehrplan formuliert.

Qualitätskontrolle und Evaluation

Der Fokus aktueller Evaluation richtet sich in der gegenwärtige Reformphase auf inhaltliche und strukturelle Aspekte vor dem Hintergrund der Einheitlichkeit und Durchlässigkeit des Bildungswesens. Um den gegenwärtigen Erfolg sicherzustellen, ist eine ständige Evaluation und Überwachung notwendig, um Anpassung jederzeit vornehmen zu können. Der Zweck und das Profil eines nationalen Auswertungsprogramms für die *grunnskole* wurden dem *Storting* in einem Weißbuch überreicht. Es schlug eine Schülerbeurteilung, eine schulbasierte Auswertung und ein nationales Auswertungsprogramm vor. Der Bericht hob hervor, dass der Zweck eines nationalen Auswertungsprogramms helfen soll, die Versorgung eines hohen Standards von Schuleinrichtungen für alle Schüler sicherzustellen. Dieses allgemeine Ziel sollte erreicht werden durch:

- das Erheben von Kontrolldaten;
- das Bereitstellen vielfältiger Informationen und Hilfsmittel als Basis für Schulentwicklung;
- die Veröffentlichung der gewonnenen Informationen.

Der Umgang mit den Samen und anderen Minderheiten

Ende des 20. Jahrhunderts deutet sich ein Wandel des Verständnisses über die Integration von Minderheiten in die norwegische Kultur an. Die samische Kultur, ihre Traditionen und ihr Sozialleben werden nun als Teil des gemeinsamen norwegischen/nordischen Kulturerbes betrachtet. Um Anerkennung und tatsächliche Integration der Minderheiten zu erfahren, sollen alle Schüler Norwegens beiden Kulturen im Unterricht begegnen. In samischen Gebieten und anderen nach bestimmten Kriterien ausgewählten Regionen des Landes hat der Unterricht dem samischen Lehrplan zu folgen. Der samische Lehrplan soll die samische Kultur vermitteln und die samische Sprache und Identität entwickeln. Aber er soll auch die Teilnahme an der Gesellschaft ermöglichen. An den samischen Schulen werden samische Lehrbücher verwendet; die samische Lehrerausbildung wird an der samischen Hochschule vorgenommen. In Norwegen trägt die Universität Tromsø die Verantwortung gegenüber der samischen Sprache und der Durchführung von Forschung zur samischen Kultur. Norwegen erlebt in den letzten Jahrzehnten einen raschen Zuzug von Immigranten. Dieser Tatsache muss sich auch das Einheitsschulsystem öffnen. Im Herbst 2000 waren 38.600 von 580.000 Schülern (6,6%) Angehörige einer fremdsprachlichen Gruppe. Etwa die Hälfte dieser Schüler erhielt Unterricht in der Muttersprache; mehr als 70% aller Schüler aus der fremdsprachlichen Gruppe erhielten zusätzlichen Norwegisch-Unterricht.

Aktuelle Diskussionen und Entwicklungsperspektiven

In den vergangenen Jahren wurden mehrere nationale Projekte zur allgemeinen Anhebung schulischer Qualität und der Entwicklung von Kompetenzen begonnen. Diese Aufgaben stehen in engem Zusammenhang mit der Idee der rollenden Reform; nach Einführung einer Reform wird diese überprüft und die festgestellten Mängel und Forderungen bei Anpassungsmaßnahmen berücksichtigt. Ausgangsdokument hierfür ist das Weißbuch *„Mot rikare mål"* (Zu reicheren Zielen): Soll sich die Einheitsschule in einer sich verändernden Welt behaupten, soll das Bildungsangebot tatsächlich von Wohnort und sozialem Hintergrund unbeeinflusst sein und soll die Qualität von *grunnskole* und *videregående skole* angehoben werden, so sind Anpassungsmaßnahmen unumgänglich. Deshalb wird die Einführung eines Programms zur allgemeinen Kompetenzanhebung, die Teilnahme externer Beobachter in der lokalen Ausgestaltung des Lehrplans, der Aufbau eines nationalen Berichts- und Informationssystems, die Einrichtung einer nationalen elektronischen Ressourcendatenbank sowie der Aufbau weiterer elektronischer Hilfsmittel und die Rückmeldung bildungspolitischer Maßnahmen an das *Storting* vorgeschlagen.

Die Regierung verabschiedete im Jahr 2000 für den Bereich der *grunnskole* einen Handlungsplan, um Schule qualitätsbewusst und zeitgemäß entwickeln zu können. Die Qualitätsentwicklung an der *grunnskole* soll sich dabei auf die Gebiete Kompetenzentwicklung, Interdisziplinarität, Anwendung und Entwicklung der Informations- und Kommunikationstechnologie beziehen. Ziel dieser Arbeit soll die Betonung der lokalen Arbeit sein, um das Zusammenwirken von Schule, Berufsleben und Gesellschaft zu verbessern. Dabei steht die Entwicklung zielgerichteter, systematischer Arbeit und die Herausbildung einer ganzheitlichen pädagogischen Strategie im Mittelpunkt, die aus dem Zusammenspiel lokaler, regionaler und zentraler Wirkmittel resultiert.

Das Projekt *„Differensiering og tilrettelegging i videregående opplæring 2000-2003"* (Differenzierung und Anpassung in der weiterführenden Ausbildung 2000-2003) beschäftigt sich mit der Entwicklung von Arbeitsweisen an der *videregående skole*, die dem einzelnen Schüler bestmögliche Ausbildung ermöglichen und seinen Bedürfnissen und Voraussetzungen angepasst sind. Hintergrund hierfür ist die Feststellung, dass die individuelle Anpassung des Unterrichts in der weiterführenden Bildung nicht ausreichend ist; die Inhalte der Reform 1994 werden dadurch den aktuellen Ergebnissen angepasst.

Erstmalig wurde 1996 in Norwegen ein nationaler Handlungsplan zur Einführung der Informationstechnologie an Schulen vorgelegt. Die Betonung der zu erwerbenden Fertigkeiten lag auf der Anwendung der Technologie. Mit der technischen Entfaltung wurde deutlich, dass Forderungen und Möglichkeiten bestehen, die Informations- und Kommunikationstechnologie im Unterricht, im Lernprozess und für die Kompetenzentwicklung einzusetzen.

Im Sinne der Ganzheitlichkeit des Bildungswesens in Verbindung mit dem alten Leitgedanken der Chancengleichheit und Gleichstellung mittels eines einheitlichen Bildungswesens soll sowohl der Hochschul- als auch der Erwachsenenbildungssektor einer generellen Reform unterzogen werden. Die *Kompetansereform* (Kompetenzreform) zielt daraufhin ab, dem einzelnen Erwachsenen bessere Möglichkeiten zur Weiterbildung und Kompetenzanhebung zu bieten. In langfristiger Perspektive ist damit die weitere Harmonisierung des gesamten Bildungswesens verbunden. Die Reform basiert auf den ökonomischen und sozialen Bedürfnissen nach gesteigerter Kompetenz in einer Wissensgesellschaft.

Im Dezember 2001 fasste die neue rechtskonservative Regierung eine Entschließung zur Einsetzung eines Qualitätsausschusses *(Kvalitetsutvalget)* des norwegischen Bildungswesens. Die Berichterstattung an das *Storting* soll im Frühjahr 2003 noch vor dem Ende der aktuellen Legislatur erfolgen. Ziel des Ausschusses ist in Anschluss an die Ergebnisse aus der PISA-Untersuchung (2001) die Überprüfung des Inhalts, der Qualität und der Organisation des Schulsystems im Verhältnis zu den Intentionen der Reform 1994 und der Reform 1997. Alle Schüler sollen nach Abschluss der *grunnskole* die grundlegenden Kulturtechniken, Fremdsprachen sowie die Anwendung der Informations- und Kommunikationstechnologie beherrschen; sie sollen verstärkt zu Kreativität und Neugier angeregt werden. Im Sinne der lebenslangen Bildungsperspektive ist der Bildungsverlauf des Einzelnen dieser Realität anzupassen. In der weiterführenden Bildung muss eine Lösung gefunden werden, wie eine Unterbrechung möglich ist, ohne den Bildungsanspruch zu verlieren. Im Zusammenhang mit der Arbeit des Ausschusses und seiner Überprüfung der Dauer der gesamten, momentan 13-jährigen Dauer des Bildungsverlaufs, wird intensiv diskutiert werden, wie diese um ein Jahr verkürzt werden kann.

Literatur

ABRAHAMSEN, R.; HALLSTENSEN, J.: Fra M87 til L97 – revision eller revolusjon? Oppsummering av plandokumenter og sammenligning av sentrale prinsipper og reningslinjer i de to læreplanene. Tromsø 1996.

ALLARDT, E. (Hrsg.): Nordic democray. Ideas, issues, and institutions in politics, economy, education, social and cultural affairs of Denmark, Finland, Iceland, Norway, and Sweden. Copenhagen 1981.

BJOERNDAL, I.: The norwegian educational system. Oslo 1992.

BJØRNSRUD, H.; RAAEN, F. D. (Hrsg.): Grunnskolereformen -97. Om læreplanidealer og undervisningsrealiteter. Oslo 1996.

BØCKMAN, P. W. (Hrsg.): Alternative skoler i Norge. Oslo 1993.

DIGRE, L.: Reform -97. Fra skybrudd til jordnær virklighet. Oslo 1996.

DOKKA, H.-J.: En skole gjennom 250 år. Den norske allmueskole, folkeskole, grunnskole 1739-1989. Oslo 1988.

GOODERHAM, P. (Hrsg.): Skolesystemer og samfunnsystemer i 1990-tallets Norge. Trondheim 1993. (= ISS RAPPORT; NR. 37).

HAGEMANN, G.: Skolefolk. Lærernes historie i Norge. Oslo 1992.

UTDANNINGS- OG FORSKNINGSDEPARTEMENTET (Hrsg.): Handbok for skolen. Oslo 1990. (= Handbok For Skolen – Vidergående Skole)

KIRKE- OG UNDERVISNINGSDEPARTEMENT, Kultur – og vitenskapsdepartement Organisajon for kulturelt og økonomisk samarbeid (OECD): OECD – vurdering av norsk utdanningspolitikk. Norsk rapport til OECD. Ekspertvurdering fra OECD. Oslo 1989.

NESS, E.: Det var ein gang. Norsk skole gjennom tidene. Oslo 1989.

LIE, S., KJÆRNSLI, M., ROE, A., TURMO, A.: Godt rustet for framtida? Norske 15-åringers kompetanse i lesing og realfag i et internasjonalt perspektiv. Oslo 2001. (=°Acta Didactica 4. 2001).

ROTHOLZ, W.: Ursprünge und Elemente der wohlfahrtsstaatlichen Demokratie Norwegens. In: Nordeuropa – Studien, (1993)30.

OECD: Reviews of national policies for education. Norway. Paris 1990.

OECD: OECD-vurdering av norsk utdanningspolitikk. norsk rapport til OECD. Ekspertvurdering fra OECD. Oslo 1989.

RUST, V. D.: The democratic tradition and the evolution of schooling in Norway. New York 1989. (= Contributions To The Study Of Education; Nr. 34).

BUACHALLA, S. Ó.; FINDLAY, I.; KÖRNER, A.: Schulen am Rande Europas. Irland, Schottland und Nordnorwegen. Gießen 1983.

SOLSTAD, K. J.: Equity at risk? Schooling and change in Norway. Bodø 1994.

TELHAUG, A. O.: Norsk og internasjonal skoleutvikling. Studier i 1980-årenes restaurative bevegelse. Oslo 1992.

TELHAUG, A. O.: Norsk skoleutvikling etter 1945. Utdanningspolitikk og skolereformer 1945-1994. 4. utgave. Oslo 1994.
TELHAUG, A. O.: Utdanningspolitikken og enhetsskolen. Studier i 1990-årenes utdanningspolitikk. Oslo 1994.
TELHAUG, A. O.: Reform '97. Planene om 10-årig grunnskole i samtidshistorisk belysning. In: Norsk Pedagogisk Tidskrift, (1995)6, S. 279-295.

Internetquellen (Stand 2002)

http://lu62gw.sdS.no/cgi-bin/esop-nou-dok?000788
http://odin.dep.no/kuf/norsk/publ/periodika/p10001887/014081-230031/index-dok000-b-n-a.html
http://odin.dep.no/ufd/norsk/publ/stmeld/014005-040023/index-hov001-b-n-a.html#1.3
http://www.ls.no
http://www.ls.no/prosjekter/differensiering/
http://www.odin.dep.no/ufd/norsk/publ/handlingsplaner/014031-990018/index-hov002-b-n-a.html#hov2.1
http://www.ssb.no/aarbok/tab/t-120110-583.html
http://www.ssb.no/emner/04/utdanning_as/200105/t-11.html
http://www.ssb.no/emner/06/03/innvarbl/tab-2001-11-21-01.html

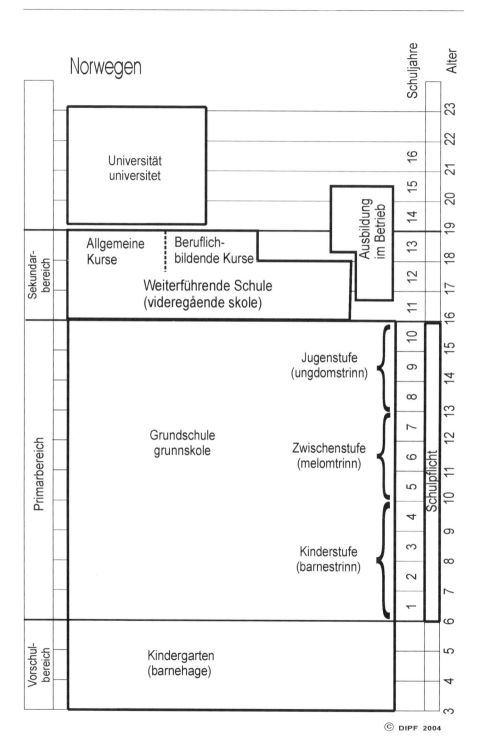

Ferdinand Eder/Josef Thonhauser

ÖSTERREICH

Entwicklung des Bildungswesens

Die österreichische Bildungspolitik hatte 1945 insofern ein besonders schweres Erbe angetreten, als es gleichzeitig die Schäden der nationalsozialistischen Ära und des vorausgegangenen Ständestaates zu reparieren galt. Dass die Erblasser zum Teil mit den Erben identisch waren, hat dieses Vorhaben nicht erleichtert. Denn die Bruchstellen zwischen den beiden großen Parteien (SPÖ und ÖVO) schienen vorprogrammiert zu sein. Sie verliefen entlang der in der Ersten Republik ungelösten Fragen, unter ihnen insbesondere die Organisation der Lehrerbildung und die Organisation der Sekundarstufe I. Zunächst deckte jedoch Kompromissbereitschaft die Gegensätze zu. Dieser verdankt Österreich insbesondere die – formal gesehen – längst überfälligen Schulgesetze des Jahres 1962. Mit ihnen wurde unter anderem auch die Auseinandersetzung beendet, wo das – mit Blick auf die internationale Entwicklung als unabdingbar angesehene – 9. Pflichtschuljahr angesiedelt werden sollte. Zwei unterschiedliche Vorstellungen hatten um Anerkennung gekämpft: ein zusätzliches Jahr in der Grundschule (ÖVP) oder ein zusätzliches Jahr in der (als einheitliche Schule der 10-15-Jährigen zu führenden) Schule der Sekundarstufe I. Geeinigt hat man sich auf einen kurios anmutenden Kompromiss: den *Polytechnischen Lehrgang* (nunmehr *Polytechnische Schule*). Diese einjährige Schulform sollte alle, die nicht eine mittlere oder höhere Schule besuchten, in ihrem neunten Pflichtjahr auf den Eintritt in einen (Lehr-)Beruf vorbereiten.

Den Schulgesetzen von 1962, zu vorderst dem Schulorganisationsgesetz (SchUG), dem 1974 das Schulunterrichtsgesetz (SchUG) folgte, kommt zweifellos das Verdienst zu, einerseits nach Jahrzehnte währenden Provisorien endlich eine rechtliche Basis für die Schule geschaffen und andererseits Signale für eine allgemeine Steigerung schulischer Qualifikationen gesetzt zu haben. Zu diesen gehören das Bemühen um eine höhere Qualifizierung der Lehrer von Pflichtschulen sowie die Beschulung der Schüler ab der Sekundarstufe in differenziert organisierten Schulen. Dem gemäß profitierten vom neuen Gesetz zunächst insbesondere die Hauptschulen, indem sie nach und nach die Klientel der bis dahin von annähernd einem Drittel der Pflichtschüler besuchten Volksschuloberstufen übernahmen. Zudem hatten sie noch dadurch an Attraktivität gewonnen, dass ihre Funktion als Zubringerschulen für eine neu eingerichtete Oberstufenform einer AHS und für die (mit der allgemeinen Hochschulreife ebenfalls aufgewerteten) berufsbildenden höheren Schulen hervorgestrichen wurde. Die Unterstufen der allgemein bildenden höheren Schulen (AHS) expandierten hingegen zunächst nicht spektakulär (vgl. SEEL 2001, S. 16ff.).

Mit der erneuten Diskussion um eine Gesamtschule stellte sich auch die Frage nach dem Übergang von der Grundschule in die Schulen der Sekundarstufe I neu. Im Sinne der frisch etablierten Bildungspartnerschaft entschied man sich im Konsens dafür, weitreichende Reformen zunächst in wissenschaftlich kontrollierten Schulversuchen zu erproben. (Ein unvoreingenommener Beobachter hätte glauben können, einen bedeutsamen Schritt hin zu rationalen Entscheidungen wahrzunehmen.) Anfangs schien es, als würden mehrere Modelle in einen Wettbewerb treten:

- die Additive Gesamtschule (Zusammenfassung von Hauptschule und Gymnasium in räumlicher und organisatorischer Hinsicht),
- die Integrierte Gesamtschule (keine Trennung der Schüler in Hauptschule und AHS) und
- die Orientierungsstufe (die 5. und die 6. Schulstufe werden integriert geführt, danach erfolgt die Trennung in Hauptschule bzw. AHS).

Bald jedoch reduzierten sich die Schulversuche auf „Integrierte Gesamtschulen", die sich in Konkurrenz zu AHS des gleichen Einzugsgebietes hätten durchsetzen sollen, in Wahrheit jedoch auf die AHS-Schülerschaft zum Großteil verzichten mussten. Während der von 1970 bis 1985 dauernden Versuchsperiode wurde der Zugang zur AHS-Unterstufe neu geregelt. Die bis dahin obligate Aufnahmeprüfung wurde zunächst sistiert und später abgeschafft. An ihre Stelle trat das Urteil der Volksschule über die Eignung für eine höhere Schule (zur Begründung vgl. SAUER/GAMSJÄGER, 1996, 285ff.). Außerdem sorgte Mitte der 1980er Jahre eine Reform für wortidente Lehrpläne von Hauptschule und AHS. Was sich zunächst noch wie die Vorbereitung einer Entscheidung zugunsten einer Gesamtschule ausnehmen mochte, mündete schließlich – und entgegen den in den Ergebnissen der Schulversuche begründbaren Empfehlungen – in die „Neue Hauptschule" mit Leistungsgruppen (*setting*) in Deutsch, Englisch und Mathematik, aber ohne die zwei Klassenzüge (*streaming*). Daneben blieb die AHS-Unterstufe ohne weitreichende Veränderungen als Organisationsform bestehen. In der Folge hat sich der Trend zur AHS deutlich verstärkt. In den Ballungsräumen waren es im Durchschnitt bald mehr als 50%, in manchen Bezirken Wiens mehr als 80% eines Jahrgangs, die in jene Schule drängten. Oberflächlich betrachtet mag ein Grund darin gesehen werden, dass die AHS in der Alltagsdiskussion für viele immer noch das Image des Elitären und damit der „besseren Schule" besaß.

Organisation des gegenwärtigen Schulsystems

Bei einer Beschreibung der gegenwärtigen Organisation des österreichischen Schulsystems sind folgende Faktoren in Rechnung zu stellen:

- ein – zumindest leichter – Trend zur Deregulierung und komplementär dazu
- ein Zuwachs an Möglichkeiten zu autonomen Entscheidungen;
- ein – wenn auch in relativ engen Grenzen – wachsendes Interesse an Privatschulen, sei es aus sozialen (z.B. Flucht vor Kindern mit nicht deutscher Muttersprache), sei es aus pädagogischen Gründen (Präferenzen für Schulen mit alternativen Konzepten) und schließlich
- der weiter anhaltende Trend zum Besuch weiterführender Schulen sowie Einrichtungen des tertiären Bildungsbereichs.

Die Organisation des österreichischen Schulsystems ruht auf einer breiten Grundlage aus Gesetzen und Verordnungen, die nach Meinung ihrer Verfechter dafür sorgt, dass sich das österreichische Schulsystem konsistent als eine differenzierte

Einheit darstellen lässt. Eine seit Anfang der 1990er Jahre beobachtbare Tendenz zur *Deregulierung* versucht gegenzusteuern, wo „des Guten zuviel" getan wurde.

Die Schulen im österreichischen Schulsystem – ein Überblick

Das österreichische Schulsystem unterscheidet Schulen nach ihrer *Bildungshöhe* und nach ihrem *Bildungsinhalt*: nach der Bildungshöhe Primarschulen, Sekundarschulen und Akademien; nach dem Bildungsinhalt allgemein bildende Schulen, berufsbildende Schulen und Anstalten der Lehrerbildung und der Erzieherbildung:

– *Primarschulen* sind die Volksschule bis einschließlich der 4. Schulstufe und die entsprechenden Stufen der Sonderschule.

– *Sekundarschulen der Sekundarstufe I* sind die Oberstufe der Volksschule, die Hauptschule, die Polytechnische Schule, die entsprechenden Stufen der Sonderschule (allgemein bildende Pflichtschulen) und die 4-jährigen Unterstufen der 8-jährigen Langformen der allgemein bildenden höheren Schulen (*AHS* = Gymnasium, Realgymnasium und wirtschaftskundliches Realgymnasium).

– *Sekundarschulen der Sekundarstufe II* sind
  - die Berufsschulen (berufsbildende Pflichtschule),
  - die berufsbildenden mittleren Schulen (*BMS* = Handelsschulen, technische, gewerbliche, kunstgewerbliche, wirtschaftsberufliche, sozialberufliche sowie land- und forstwirtschaftliche Fachschulen[1])
  - die 5-jährigen berufsbildenden höheren Schulen (*BHS* = Handelsakademien, Höhere technische, gewerbliche und kunstgewerbliche Lehranstalten, Lehranstalten für wirtschaftliche Berufe und höhere land- und forstwirtschaftliche Lehranstalten)
  - die ebenfalls 5-jährigen Bildungsanstalten für Kindergartenpädagogik und Bildungsanstalten für Sozialpädagogik sowie
  - die allgemein bildenden höheren Schulen (die 4-jährigen Oberstufen der 8-jährigen Langformen und das 4-jährige Oberstufenrealgymnasium).

– *Akademien* sind jeweils dreijährig; es gibt die Akademien für Sozialarbeit, die Pädagogischen Akademien und die Berufspädagogischen Akademien (als Institutionen der Lehrerausbildung) sowie die Pädagogischen Institute (als Institutionen der Lehrerfortbildung).

Zu den wichtigsten Charakteristika des österreichischen Schulsystems zählen:

– die freie Zugänglichkeit der öffentlichen Schulen,
– das an öffentlichen Schulen allgemein geltende Prinzip der Koedukation,
– das Festhalten an zwei Schulen (Hauptschule und *AHS*) auf der Sekundarstufe I,
– die Asynchronität vom Ende der Pflichtschulzeit (*nach* dem 9. Schuljahr) und dem Beginn der Schulen der Sekundarstufe II (*mit* dem 9. Schuljahr),
– der relativ hohe Prozentsatz von Jugendlichen im dualen System der Berufsausbildung (Berufsschule und Betrieb),

---

1 Die land- und forstwirtschaftlichen Fachschulen und die höheren land- und forstwirtschaftlichen Lehranstalten unterstehen nicht dem Unterrichts- sondern dem Landwirtschaftsministerium. Deshalb fehlen sie manchmal bei der Darstellung des österreichischen Schulsystems.

–   das Festhalten an den Langformen der *AHS*, obwohl die Abschlüsse der selbst-
    ständigen Oberstufenformen der *AHS* und der *BHS* letztlich die gleichen Stu-
    dienberechtigungen vermitteln,
–   die große Bedeutung der sehr differenziert organisierten berufsbildenden höhe-
    ren Schulen (auch im Hinblick auf die in ihnen zu erwerbende Studienberechti-
    gung) und
–   die getrennte Ausbildung der Lehrer für die Sekundarstufe I in verschiedenen
    Institutionen: an Pädagogischen Akademien für Hauptschullehrer; an Universi-
    täten für *AHS*-Lehrer.

Die öffentliche Trägerschaft der Bildungsinstitutionen verteilt sich auf Gemeinden
(Kindergärten), Länder (Pflichtschulen) und Bund (mittlere und höhere Schulen sowie Akademien). In allen Bereichen gibt es auch ein Privatschulwesen, das von der
öffentlichen Hand in unterschiedlichem Ausmaß subventioniert wird. Ins Gewicht
fällt besonders die Bezahlung von Lehrern in Form von *Lebendsubventionen*.

Die Schulformen und ihr Auftrag im allgemein bildenden Schulsystem

Die Volksschule

Die österreichische Volksschule ist eine Gesamtschule. Die allermeisten schulpflichtigen[2] Kinder besuchen die Volksschule ihres durch den Wohnort der Eltern festgelegten Schulsprengels. Diese hat die Aufgabe, „in den ersten vier Schulstufen eine
für alle Schüler gemeinsame Elementarbildung unter Berücksichtigung einer
sozialen Integration behinderter Kinder zu vermitteln" (SchOG, § 9 (2)). Der Volksschule wird bei Bedarf eine Vorschulstufe vorausgestellt, welche die Aufgabe hat,
„jene Kinder, die in dem betreffenden Kalenderjahr schulpflichtig geworden sind,
jedoch noch nicht die Schulreife besitzen, und ebenso jene Kinder, deren vorzeitige
Aufnahme in die 1. Schulstufe widerrufen wurde, im Hinblick auf die für die
1. Schulstufe erforderliche Schulreife zu fördern" (SchOG, § 9 (1)). Die Zahl der
Schüler in einer Klasse darf 30 nicht übersteigen. Organisatorisch bilden die ersten
beiden Schulstufen die Grundstufe I, die eine Beurteilungseinheit darstellt, wodurch
ein Wiederholen der 1. Klasse und somit ein negativ belasteter Schulstart vermieden
wird. Die 3. und 4. Schulstufe bilden die Grundstufe II.

Die Hauptschule

„Die Hauptschule schließt an die 4. Stufe der Volksschule an und hat die Aufgabe,
in einem vierjährigen Bildungsgang eine grundlegende Allgemeinbildung zu vermitteln sowie den Schüler je nach Interesse, Neigung, Begabung und Fähigkeit für
das Berufsleben und zum Übertritt in mittlere Schulen oder in höhere Schulen zu befähigen" (SchOG, § 15 (1)). Sie umfasst somit vier Schulstufen, ihre Klassenschü-

---

2   Die Schulpflicht kann auch an einer anerkannten privaten Schule erfüllt werden. Streng genommen
    besteht in Österreich nicht Schulpflicht, sondern *Unterrichtspflicht*. Eltern, die ihre Kinder nicht in
    die (öffentliche) Schule schicken möchten, sind berechtigt, ihre Kinder so lange selbst zu unterrichten
    oder durch Personen ihrer Wahl unterrichten zu lassen, so lange der Schulerfolg der betreffenden
    Schulstufe erfolgreich nachgewiesen wird. Diese insgesamt eher selten genutzte Möglichkeit des
    „häuslichen Unterrichts" wird unter anderem auch dazu verwendet, private Alternativschulen zu
    führen (vgl. FISCHER-KOWALSKI/PELIKAN/SCHANDL 1993).

lerzahl darf 30 nicht übersteigen. Neben der Regelform gibt es Sonderformen mit besonderer Berücksichtigung der musischen oder sportlichen Erziehung („Sporthauptschulen", „Musikhauptschulen").

Die Polytechnische Schule

„Die Polytechnische Schule schließt an die 8. Schulstufe an und umfasst eine Schulstufe. Sie hat ... insbesondere auf das Berufsleben dadurch vorzubereiten, als sie die Allgemeinbildung der Schüler in angemessener Weise zu erweitern und zu vertiefen, durch Berufsorientierung auf die Berufsentscheidung vorzubereiten und eine Berufsgrundbildung zu vermitteln hat" (SchOG, § 28 (1)).

Die Sonderschule und Sonderpädagogische Zentren

„Die Sonderschule in ihren verschiedenen Arten hat physisch oder psychisch behinderte Kinder in einer ihrer Behinderungsart entsprechenden Weise zu fördern, ihnen nach Möglichkeit eine den Volksschulen oder Hauptschulen oder Polytechnischen Schulen entsprechende Bildung zu vermitteln und ihre Eingliederung in das Arbeits- und Berufsleben vorzubereiten" (SchOG, § 22). Sonderpädagogische Zentren haben bei der Integration von Kindern mit sonderpädagogischem Förderbedarf in allgemeine Schulen eine besonders wichtige Aufgabe.[3]

Die allgemein bildenden höheren Schulen

„Die allgemein bildenden höheren Schulen haben die Aufgabe, den Schülern eine umfassende und vertiefte Allgemeinbildung zu vermitteln und sie zugleich zur Hochschulreife zu führen" (SchOG, § 34 (1)). Die Unterstufe der allgemein bildenden höheren Schulen schließt an die 4. Stufe der Volksschule an und umfasst vier Schulstufen. Die Oberstufen der Langformen und das Oberstufenrealgymnasium schließen an die 8. Schulstufe an und umfassen vier Schulstufen. Für Berufstätige, Köperbehinderte und Personen mit sozial oder regional bedingten verminderten Bildungschancen werden für die Oberstufe Sonderformen angeboten.

Grundprinzipien und Formen der inneren und äußeren Differenzierung

Das österreichische Schulsystem ist nach wie vor gekennzeichnet durch eine frühe Trennung der Schülerströme in Pflichtschulen (Hauptschulen) und höhere Schulen (*AHS*), auch wenn die ursprüngliche Begründung für diese Trennung – die Elite der leistungsfähigen Schüler in die *AHS*, das Gros der Schülerschaft in die Hauptschule – nicht mehr als argumentierbar erscheint und auch faktisch nicht mehr zutrifft, wie an anderer Stelle erörtert wird. Mit dieser Trennung verbunden ist jedoch die Annahme, die den Schulen zugewiesenen Schüler seien weitgehend leistungshomogen. Mit der Bildung von Leistungsgruppen in den selektiven Gegenständen wird die Homogenisierung in der Hauptschule noch weiter unterstützt. Somit ist die *äußere Differenzierung* durch *streaming* und *setting* über langwierige Schulversuche hinweg ein bestimmendes Merkmal der österreichischen Schule geblieben. In den

---

3   Kinder mit sonderpädagogischem Förderbedarf erhielten mit der 15. Novelle zum SchOG 1993 das Recht auf Integration in die Volksschule, mit der 17. Novelle zum SchOG 1996 auch das Recht auf Integration in die Hauptschule, die Polytechnische Schule und die Unterstufe der AHS.

Schulen der Sekundarstufe I erfolgt sie – dem System zufolge – nach Leistungskriterien; auf der Sekundarstufe II tritt ein inhaltlich differenziertes Angebot (allgemein bildende, technische, kommerzielle, wirtschaftsorientierte, sozialberufliche sowie land- und forstwirtschaftliche Schulen) hinzu.

Übergangsverfahren zwischen den verschiedenen Schulformen
Noch bis 1997 galten in Österreich bei den Übergangsverfahren verschiedene Prinzipien: zum Teil vergaben die entlassenden Schulen die Berechtigungen zum Besuch weiterführender Bildungseinrichtungen (z.b. höhere Schulen mit dem Reifezeugnis die allgemeine Studienberechtigung), zum Teil lag das Recht bei den aufnehmenden Institutionen (z.b. berufsbildende höhere Schulen mit Hilfe eines standardisierten Aufnahmetests). Auffallenderweise ist in den letzten Jahren das Recht durchgängig auf die entlassenden Schulen übergegangen, obwohl in der bildungspolitischen Diskussion sowohl höhere Schulen als auch Universitäten immer wieder den Anspruch auf Überprüfung der Eignung von Aspiranten angemeldet haben.

Die Aufnahme in die Volksschule
Kinder die vor Beginn des Schuljahres (1. September) *schulpflichtig* (sechs Jahre) geworden und *schulreif* sind, werden in die 1. Schulstufe der Volksschule aufgenommen. Die Überprüfung der Schulreife nimmt – erforderlichenfalls, d.h. insbesondere dann, wenn Zweifel an der Schulreife bestehen oder die Erziehungsberechtigten die Überprüfung verlangen, gestützt auf ärztliche oder psychologische Gutachten – der Schulleiter der *Sprengelschule* des Kindes vor. Kinder, die zwar schulpflichtig, aber nicht schulreif sind, sowie Kinder, deren vorzeitige Aufnahme in die 1. Schulstufe widerrufen wurde, werden in eine *Vorschulstufe* aufgenommen.

Von der Grundschule in die Schulen der Sekundarstufe I
Die im gegebenen Zusammenhang besonders wichtige Regelung des Übergangs von der Volksschule (4. Schulstufe) in die Schulen der Sekundarstufe I (Hauptschule oder *AHS*-Unterstufe) stellt sich wie folgt dar:
Das Urteil des Volksschullehrers (bei ausschließlich mit sehr gut oder gut beurteilten Leistungen) in erster oder der Schulkonferenz (bei ungünstiger beurteilten Leistungen) in zweiter Instanz entscheidet über die Aufnahme in eine *AHS*. Wer mit dieser Zuordnung nicht einverstanden ist, kann eine Aufnahmeprüfung beantragen, deren Ergebnis das Urteil der Lehrer bzw. der Schulkonferenz aufhebt. Wenn an einer *AHS* zu wenig Plätze vorhanden sind, erfolgt eine Reihung der Bewerber nach den Noten der 3. Schulstufe; Abweisungen aus Platzgründen sind möglich. Für die Aufnahme in eine *Hauptschule* genügt der positive Abschluss der 4. Schulstufe. Im Verlaufe des ersten Semesters der Hauptschule werden die Schüler den entsprechenden Leistungsgruppen zugeordnet. Wer sich in einer oberen Leistungsgruppe (trotz Stützmaßnahmen) nicht bewährt, wird abgestuft. Wer in einer unteren Leistungsgruppe überdurchschnittliche Leistungen zeigt, kann aufgestuft werden. Wie zu erwarten sind Aufstufungen seltener als Abstufungen. In der Praxis gehen die Schulen mit diesem Problem nach allem, was man weiß, sehr unterschiedlich um. In der Schulstatistik wird das Ausmaß an Auf- und Abstufungen nicht erfasst, sodass genauere Angaben nicht möglich sind.

Von der Hauptschule in die AHS-Unterstufe

„Schüler der Hauptschule, deren Jahrgangszeugnis für die 1., 2. oder 3. Klasse den Vermerk enthält, dass sie im nächsten Unterrichtsjahr in den leistungsdifferenzierten Pflichtgegenständen die höchste Leistungsgruppe zu besuchen haben, und in den übrigen Pflichtgegenständen eine Beurteilung aufweist, die nicht schlechter als „Befriedigend" ist, sind (ebenso wie jene Schüler, die die Schulstufe „mit ausgezeichnetem Erfolg" abgeschlossen haben,)[4] berechtigt, zu Beginn des folgenden Schuljahres in die 2., 3. bzw. 4. Klasse einer allgemein bildenden höheren Schule überzutreten. Aufnahmebewerber, die diese Voraussetzung nicht erfüllen, haben aus jenen Pflichtgegenständen, in denen die Voraussetzungen nicht erfüllt werden, eine Aufnahmeprüfung abzulegen" (SchOG, § 40 (2)).

Von den Schulen der Sekundarstufe I in Schulen der Sekundarstufe II

„Schüler der Hauptschule, deren Jahreszeugnis für die 4. Klasse in den leistungsdifferenzierten Pflichtgegenständen in der höchsten Leistungsgruppe eine positive Beurteilung oder in der mittleren Leistungsgruppe keine schlechtere Beurteilung als „Gut" und in den übrigen Pflichtgegenständen eine Beurteilung aufweist, die nicht schlechter als „Befriedigend" ist, sind (ebenso wie jene Schüler, die die Schulstufe „mit ausgezeichnetem Erfolg" abgeschlossen haben,) berechtigt, am Beginn des folgenden Schuljahres in die 5. Klasse einer Langform der allgemein bildenden höheren Schule (Gymnasium, Realgymnasium, Wirtschaftskundliches Realgymnasium und Oberstufenrealgymnasium) überzutreten; die Beurteilung eines leistungsdifferenzierten Gegenstandes in der mittleren Leistungsgruppe mit „Befriedigend" steht der Aufnahme nicht entgegen, sofern die Klassenkonferenz feststellt, dass der Schüler auf Grund seiner sonstigen Leistungen mit großer Wahrscheinlichkeit den Anforderungen der Oberstufe der allgemein bildenden höheren Schule genügen wird. Aufnahmebewerber, die diese Voraussetzung nicht erfüllen, haben aus jenen Pflichtgegenständen, in denen die Voraussetzungen nicht erfüllt werden, eine Aufnahmeprüfung abzulegen" (SchOG, § 40 (3)). Die Aufnahme in die *Übergangsstufe eines Oberstufenrealgymnasiums* setzt (lediglich) die erfolgreiche Erfüllung der ersten acht Jahre der allgemeinen Schulpflicht voraus (SchOG, § 40 (5)). Voraussetzung für die Aufnahme in eine *berufsbildende mittlere Schule* ist der erfolgreiche Abschluss der 8. Schulstufe. Schüler der niedrigsten Leistungsgruppe in leistungsdifferenzierten Pflichtgegenständen haben in dem betreffenden Pflichtgegenstand eine Aufnahmeprüfung abzulegen. Bei einem Übertritt nach erfolgreichem Abschluss der 9. Schulstufe (z.B. der Polytechnischen Schule) entfällt die Aufnahmeprüfung (SchOG, § 55 (1)). Für die Aufnahme in *kunstgewerbliche Fachschulen* ist die erfolgreiche Ablegung einer *Eignungsprüfung* Voraussetzung.

---

[4] Textpartien in Klammern sind sinngemäß anderen Abschnitten des betreffenden Gesetzes entnommen.

Abschlüsse und Berechtigungen

Mit dem erfolgreichen Abschluss von berufsbildenden mittleren Schulen von mindestens dreijähriger Dauer (Fachschulen bzw. Handelsschulen) wird die gleiche Berechtigung wie mit einer erfolgreichen Lehrabschlussprüfung verliehen. Der erfolgreiche Abschluss einer allgemein bildenden oder berufsbildenden höheren Schule (Reife- bzw. Reife- und Diplomprüfung) berechtigt zum Besuch von Akademien, Fachhochschulen, Hochschulen und Universitäten. Gegebenenfalls sind für das Studium bestimmter Studienrichtungen Zusatzprüfungen (z.B. aus Latein, Griechisch, Philosophie, Darstellende Geometrie etc.) abzulegen. Der erfolgreiche Abschluss berufsbildender höherer Schulen bestätigt zugleich eine höhere fachliche Bildung, die zur Ausübung eines gehobenen Berufes auf technischem, gewerblichem, kunstgewerblichem oder hauswirtschaftlichem Gebiet befähigt (SchOG, § 65).

Qualitätskontrolle/Evaluation, Aufsicht, Qualifizierung des pädagogischen Personals und der Schulleiter

Seit etwa einem Jahrzehnt ist – zunächst im Zusammenhang mit der Erweiterung autonomer Entscheidungsbefugnisse und einhergehend mit einer erhöhten Verantwortlichkeit der einzelnen Schulen – Bewegung in die Diskussion über die Qualitätskontrolle der österreichischen Schulen gekommen. Diese ist mit den Ergebnissen der erstmals auch Österreich erfassenden internationalen Vergleichsstudien (insbesondere TIMSS und PISA) über Schulleistungen deutlich intensiviert worden.

Im Zusammenhang mit dem Konzept eines neuen Lehrplans für die Schulen der Sekundarstufe I (BMUK 1996) ist erstmals die bildungspolitische Absicht zur Diskussion gestellt worden, Schulen im Rahmen der Arbeit an ihrem *Schulprogramm*[5] zur (Selbst-)Evaluation zu verpflichten. Dahinter steht die Überzeugung, dass Qualitätsentwicklung und Qualitätssicherung im günstigen Falle mit Selbstevaluation[6] beginnen soll, die in größeren Zeitabständen durch Fremdevaluation, insbesondere in der Form einer Metaevaluation, zu ergänzen sei (vgl. DUBS/POSCH/STRITTMATTER 1999). Den Schulen wurde eine längere Gewöhnungsphase an die neuen Ansprüche zugebilligt. Anreize und Hilfen für aktive Schulen erhielten für die erste Phase mehr Gewicht als Druck und Kontrolle. In wenigen Jahren war die einschlägige Literatur, aus der man sich Rat holen kann, auf ein beträchtliches Quantum angewachsen. Im BM:BWK wurde – zusätzlich zu einschlägigen Schulversuchen (STANZEL-TISCHLER /GROGGER 1998) – eigens ein Projekt installiert, das die Schulen, insbesondere die Lehrer, bei der Erfüllung der neuen bzw. verstärkten Ansprüche unterstützen soll:

---

5   Der Begriff *Schulprogramm* wird in zwei verschiedenen Bedeutungsumfängen gebraucht. Im weiteren Sinn umfasst ein Schulprogramm (a) das (grundlegende) Leitbild und das (aktuelle) Schulprofil einer Schule sowie (b) den gegenwärtigen Entwicklungsstand bzw. die Ergebnisse bereits vorliegender Evaluationsergebnisse, die Ziele in den einzelnen Qualitätsbereichen, einen Katalog von Maßnahmen, die der Erreichung der ausverhandelten Ziele dienen sollen, einen Aktionsplan zur Umsetzung der geplanten Maßnahmen und (evaluative) Verfahren, mit denen überprüft wird, inwieweit die Ziele und ggf. nicht beabsichtigte Nebenwirkungen erreicht worden sind (ausführlich in EDER u.a., in Vorbereitung).

6   Selbstevaluation bedeutet, dass die Initiative von der zu evaluierenden Institution, also z.B. der einzelnen Schule, ausgeht. Das bedeutet nicht, dass dabei nicht weitere Ressourcen, z.B. auswärtige Experten, zur Unterstützung herangezogen werden dürfen.

Qualität in Schulen (QIS) (www.qis.at). Der Zugang unterliegt keinen Beschränkungen. Die laufend ergänzten Materialien (Erhebungsinstrumente, Hinweise für die Auswertung, Kontaktadressen, Berichte über Teilprojekte, Literaturangaben etc.) haben einerseits eine motivierende Funktion, indem sie Schulen Mut für die Arbeit am Schulprogramm machen, andererseits eine kommunikative Funktion, indem sie die Diskussion und den Erfahrungsaustausch der Schulen untereinander fördern sollen. Gleichzeitig ist man sich bewusst geworden, dass unter diesen neuen Gegebenheiten auf die Schulaufsicht eine neue Rolle zukommt (SCHRATZ 1996).

Allgemein bildende Schulen

Schulformen, Zielsetzungen, Aufgaben

Die Hauptschule
Die Bezeichnung „Haupt"-Schule bezieht sich auf die – zumindest ursprünglich gegebene – quantitative Bedeutung der Schulform, sie ist historisch gesehen jene, die den größeren Anteil der Schüler aufzunehmen hat. Die Voraussetzung für den Eintritt ist der erfolgreiche Abschluss der Volksschule. Hauptschulen sind verpflichtet, in Deutsch, Mathematik und Englisch zur Förderung der Kinder Leistungsgruppen einzurichten, wobei in der Regel drei (mindestens jedoch zwei) Leistungsgruppen geführt werden. Nur wenn Kinder mit sonderpädagogischem Förderbedarf gemeinsam mit den Hauptschülern unterrichtet werden („Integrationsklassen"), kann die Einrichtung von Leistungsgruppen unterbleiben.
Die einzelnen Leistungsgruppen der Hauptschule sind mit unterschiedlichen Berechtigungen verbunden. Die 1. Leistungsgruppe ist der Unterstufe der allgemein bildenden höheren Schule gleichgestellt; die in dieser Gruppe vergebenen Schulnoten haben im fünfstufigen Notensystem den gleichen Stellenwert wie die Noten der AHS. Diese Gleichstellung ist vor allem deswegen von Bedeutung, weil sie Schülern aus Regionen ohne allgemein bildende höhere Schulen den Zugang zu den höheren Schulen in einer der *AHS* vergleichbaren Weise ermöglicht.

Die Unterstufe der Allgemein bildenden höheren Schule („AHS-Unterstufe")
Die allgemein bildenden höheren Schulen haben die Aufgabe, den Schülern eine umfassende und vertiefte Allgemeinbildung zu vermitteln und sie zugleich zur Universitätsreife zu führen (SchOG, § 34 (1)). Voraussetzung für den Eintritt in die *AHS* ist, „dass die vierte Stufe der Volksschule erfolgreich abgeschlossen wurde und die Beurteilung in Deutsch, Lesen sowie Mathematik für die vierte Schulstufe mit „Sehr gut" oder „Gut" erfolgte; die Beurteilung mit „Befriedigend" in diesen Pflichtgegenständen steht der Aufnahme nicht entgegen, sofern die Schulkonferenz der Volksschule feststellt, dass der Schüler auf Grund seiner sonstigen Leistungen mit großer Wahrscheinlichkeit den Anforderungen der allgemein bildenden höheren Schule genügen wird" (SchOG, § 40 (1)). Die Unterstufe umfasst vier Schulstufen, die auch als ganztägige Schulform geführt werden können; die Schülerzahl in den Klassen darf 30 nicht übersteigen. Sie umfasst folgende Formen: das Gymnasium, das Realgymnasium und das Wirtschaftskundliche Realgymnasium.

Personal

In der Sekundarstufe I unterrichten unterschiedlich ausgebildete (und unterschiedlich bezahlte) Lehrer. Die Lehrer der Hauptschule (und der Sonderschule) werden in einem dreijährigen Studiengang an den Pädagogischen Akademien ausgebildet. Sie sind in der Regel für zumindest einen Hauptgegenstand (Deutsch, Englisch oder Mathematik) und meist mehrere andere Fächer lehrberechtigt. In ihrer Ausbildung haben Humanwissenschaften (Pädagogik, Psychologie, Soziologie), Didaktik, Fachdidaktik sowie die schulpraktische Ausbildung einen hohen Stellenwert, dem gegenüber tritt die reine Fachausbildung im Vergleich zur Ausbildung der *AHS*-Lehrer deutlich zurück. An der Unterstufe der AHS unterrichten Lehrer mit universitärer Ausbildung. Sie haben in der Regel eine hoch spezialisierte Ausbildung für zwei weitgehend frei kombinierbare Fächer (Lehrämter), die mit einem vergleichsweise kurzen pädagogisch-psychologischen und fachdidaktischen Begleitstudium sowie einem Schulpraktikum verbunden wird. Im Anschluss an ihre akademische Ausbildung absolvieren sie ein einjähriges Unterrichtspraktikum an der Schule, bevor sie in den öffentlichen Dienst übernommen werden können.

Curricula

Die Schulformen der Sekundarstufe unterscheiden sich etwas in den allgemeinen Zielsetzungen: Während die Hauptschule eine „grundlegende Allgemeinbildung" zu vermitteln hat, ist dies bei der *AHS* eine „umfassende und vertiefte Allgemeinbildung". Beide haben aber im Wesentlichen gleichlautende Lehrpläne, um die Durchlässigkeit zwischen den beiden Schulformen zu begünstigen und ihre Vergleichbarkeit zu sichern. Diese wird allerdings durch andere Entwicklungen in Frage gestellt:

–   Der neu erlassene „Lehrplan 99" (http://www.bmuk.gv.at/pbildg/allgbdg/lehrplans.htm) sieht die Unterscheidung von „Kernbereich" und „Erweiterungsbereich" vor, wobei die entsprechenden Operationalisierungen durch schulautonome Lehrplanbestimmungen erfolgen können. Dies hat zur Folge, dass die Einzelschulen letzten Endes doch nicht mehr nach einem gemeinsamen Lehrplan arbeiten.

–   Als Folge der Schulautonomie können auch standortbezogene Stundentafeln entwickelt werden, um schulbezogene Schwerpunkte (Schulprofile) zu entwickeln. Auf diese Weise erhalten einzelne Fächer unterschiedliche Dotierungen, was ebenfalls zu erheblichen Unterschieden zwischen Einzelschulen führen kann. Es ist zu erwarten, dass es dadurch noch schwieriger wird, zwischen Leistungsansprüchen von Hauptschulen und *AHS* prinzipiell – wie es das System fordert – zu unterscheiden. Die Varianz innerhalb der Schulformen wird zunehmen, die Varianz zwischen den Schulformen in Folge dessen abnehmen.

Unterrichtsgestaltung

Unterrichtsformen

Entsprechend der unterschiedlichen Ausbildung der Lehrer und den unterschiedlichen Rahmenbedingungen entwickeln sich in *AHS*-Unterstufe und Hauptschule unterschiedliche Lernkulturen (die aber insgesamt wenig erforscht sind). An der *AHS* finden wir eine stark an der Struktur des einzelnen Gegenstandes orientierte, stärker an Darstellung als an Aneignung ausgerichtete Gymnasialpädagogik mit strikter Fächerung des Unterrichts und Betonung der Fachkompetenz des einzelnen Lehrers. Den Schülern bleibt es häufig selbst überlassen, wie sie mit den Anforderungen zurechtkommen; in relativ hohem Ausmaß ist dafür außerschulische Nachhilfe erforderlich. Neue Lernformen wie offenes Lernen finden nur zögernd Eingang in diese Schulform (vgl. HOFMANN 2000/PICK 2001). An den Hauptschulen finden wir eine eher am Schüler orientierte, Förderung und Übung stärker betonende Unterrichtskultur, die häufiger auch über die Fachgrenzen hinweg thematischen Zusammenhängen nachgeht. Das mit den Leistungsgruppen verbundene System der Auf- und Abstufungen verhindert weitgehend, dass Schüler Schulstufen wiederholen müssen.

Differenzierungsformen
Die beiden Schulformen der Sekundarstufe I repräsentieren zwei Schülerströme, die sich dort, wo beide Formen zugänglich sind, idealtypisch vor allem hinsichtlich ihrer kognitiven Leistungsfähigkeit unterscheiden. Die *AHS*-Unterstufe ist von der Logik des Gesamtsystems her eine Schule für Hochbegabte mit Aspirationen auf ein Studium an der Universität, die Hauptschule eine Einrichtung für den verbleibenden größeren Teil der Schülerschaft, der sich oft durch Fähigkeiten und Interessen im praktisch-technisch-handwerklichen oder in anderen eher schulfernen Bereichen charakterisieren lässt. In Regionen, in denen *AHS*-Standorte nur schwer zugänglich sind, übernimmt die erste Leistungsgruppe der Hauptschule deren Funktion.
Die beiden Schulformen weisen unterschiedliche Formen der Differenzierung auf. Die AHS strebt eine Differenzierung durch „Schulzweige" an, d.h. sie bietet unterschiedliche Einstiege an (Gymnasium, Realgymnasium, Wirtschaftskundliches Gymnasium), die sich während der achtjährigen Schullaufbahn durch zusätzliche Schwerpunktbildungen (z.B. durch Sprachen, Naturwissenschaften etc.) einerseits immer weiter auseinanderentwickeln, andererseits aber auch zusätzliche Wahlmöglichkeiten eröffnen. Mit diesem Zugang versucht sie, den unterschiedlichen Begabungen und Interessen der Schüler gerecht zu werden (vgl. LUDICK 2001). Überdies wandern am Ende der Sekundarstufe I große Anteile ihrer Schüler in berufsbildende mittlere und höhere Schulen ab. Innerhalb der Schulzweige werden jedoch alle Schüler als gleich befähigt und gleich interessiert betrachtet, sodass zusätzliche Formen der Differenzierung durch stabile oder wechselnde Gruppen (Binnendifferenzierung) als nicht notwendig betrachtet werden. Schulischer Misserfolg kann durch Wiederholen einer Schulstufe oder durch Wechsel in die Hauptschule bewältigt werden.

Probleme

Die beschriebene Organisation der Sekundarstufe ist mit einer Reihe immanenter Probleme verbunden, die primär die von der Schule betroffenen Personengruppen, in ihrer kontinuierlichen Verschärfung aber das Schulsystem als Ganzes betreffen.

Leistungen und Noten
Die Leistungen österreichischer Schüler der Sekundarstufe werden ausschließlich von jenen Lehrern festgestellt und beurteilt, die auch den Unterricht erteilen. Über die Schulklasse hinausgehende Leistungsvergleiche sind daher im Allgemeinen

nicht möglich. Da sich Österreich vorher kaum an internationalen Vergleichsuntersuchungen beteiligt hat, boten erstmals die Ergebnisse der TIMS-Untersuchungen
die Möglichkeit einer vergleichenden Bewertung. Generell liegen die Leistungen der
Schüler auf der Sekundarstufe I im internationalen Mittelfeld, was einen Rückschritt
gegenüber dem Rang in der Grundschule bedeutet. Es gibt bei den mathematischen
und naturwissenschaftlichen Leistungen große regionale Unterschiede innerhalb der
beiden Schulformen. Hauptschüler aus dem ländlichen Bereich leisten *im Durchschnitt* erheblich mehr als Hauptschüler aus dem städtischen Bereich; *AHS*-Schüler
in Großstädten erheblich weniger als solche in kleineren Städten. Es gibt zweite
Leistungsgruppen aus ländlichen Hauptschulen, die höhere Durchschnittswerte erzielen als 1. Leistungsgruppen oder *AHS*-Klassen aus Großstadtschulen (vgl. EDER
2002a,/BUSCHMANN 1998, 59ff.). Dies hängt vor allem mit der Entwicklung der
Schülerströme zusammen. Im Hinblick auf die Notenverteilungen bzw. Durch-
schnittsnoten bringt der Eintritt in die Sekundarstufe – parallel zu einem massiven
Anstieg der für die Schule aufgewendeten Arbeitszeit – eine deutliche Verschlechte-
rung in der durchschnittlichen Beurteilung in den Hauptgegenständen mit sich (vgl.
die Darstellung in HAIDER 1997, S. 169).

Verhaltensprobleme

Seit etwa zehn Jahren wird verstärkt über Verhaltensauffälligkeiten in der Sekundarstufe berichtet. Es geht insbesondere um die Zunahme von Unterrichtsstörungen, sozialem Fehlverhalten und vereinzelt auch Gewalthandlungen (vgl. EDER 1996). Insgesamt handelt es sich dabei um Phänomene, die weniger mit den Schulformen und
stärker mit der regionalen Situierung der Schulen zusammenhängen; Verhaltensauffälligkeiten sind überwiegend ein Charakteristikum (groß-)städtischer Schulen
(EDER/MAYR 2001). Generell erweist sich der Zeitraum der Sekundarstufe I als
Keimzelle zahlreicher devianter Laufbahnen (beginnender Alkohol-, Nikotin- und
Drogenkonsum), die vor allem bei leistungsschwächeren Schülern auch in negativen
schulischen Erfahrungen ihre Ursachen haben dürften.

Sonder- und Förderschulen

Kinder und Jugendliche mit sonderpädagogischem Förderbedarf können auf Wunsch
der Eltern bzw. Erziehungsberechtigten entweder in einer ihrer Behinderungsart entsprechenden Sonderschule oder in integrativer Form in der Regelschule (Volksschule, Hauptschule, AHS-Unterstufe) betreut werden („Integrationsklassen“).
Die Sonderschule umfasst den Zeitraum der gesamten Pflichtschule (neun Schuljahre), sodass der Eintritt in der Regel bereits vor dem Übergang in die 5. Schulstufe
erfolgt. Sie kann nach dem Lehrplan der Volksschule oder der Hauptschule geführt
werden, und den Kindern je nach Bildungsfähigkeit in einzelnen Gegenständen auch
die Teilnahme am Unterricht der nächstniedrigen oder nächsthöheren Schulstufe ermöglichen. Ihre grundlegende Aufgabe ist es, die Kinder in einer ihrer Behinderung
entsprechenden Weise zu fördern. Zur Unterstützung der Betreuung von Kindern mit
sonderpädagogischem Förderbedarf im Regelsystem sind – zumeist in Verbindung
mit Allgemeinen Sonderschulen – „Sonderpädagogische Zentren“ eingerichtet.

Aktuelle Diskussionen und Entwicklungsperspektiven

Diskussionsprobleme

Umgang mit Heterogenität/Homogenität

Die Zweigliedrigkeit der Sekundarstufe und das System der Leistungsgruppen innerhalb der Hauptschule stellen Versuche dar, die Schüler durch die Bildung homogener Lerngruppen besser zu fördern als dies in heterogenen Verbänden möglich ist. Zweifel an der Förderwirkung vor allem der 3. Leistungsgruppe (Entstehung eines insgesamt nicht lernförderlichen Milieus, verstärkte soziale Diskriminierung leistungsschwächerer Schüler; vgl. EDER 2002b) sowie generelle Überlegungen zur Integrationsfunktion der Pflichtschule veranlassten zahlreiche Lehrer bzw. Schulstandorte, Möglichkeiten zu suchen und zu erproben, individuelle Förderung sowohl der leistungsstarken als auch der leistungsschwachen Schüler unter Beibehaltung der heterogenen Lerngruppe zu realisieren. Die wesentlichen Instrumente dafür sind Binnendifferenzierung und Team-Teaching. Evaluationen zu einschlägigen Schulversuchen („Mittelschulversuche", Versuche zur Binnendifferenzierung) haben klar gezeigt, dass durch den Einsatz von Binnendifferenzierung und Team-Teaching heterogene Lerngruppen so unterrichtet werden können, dass das fachliche Lernen nicht negativ beeinträchtigt wird, weder bei den hoch befähigten noch bei den weniger befähigten Schülern (vgl. OLECHOWSKI 1999/SVECNIK 1997).

Unterschiedliche regionale Entwicklungen

Gesamtösterreichisch hat sich der Anteil der *AHS*-Schüler seit 1966 praktisch verdoppelt. Im großstädtischen Bereich (Wien) nimmt demnach die *AHS* bereits die Mehrheit der Schüler auf; in einzelnen Bezirken Wiens liegt ihr Anteil bereits bei 80%. Im Vergleich dazu ist die *AHS* etwa in Vorarlberg eine Eliteschule. Für die AHS bedeutet diese Entwicklung, dass sie dem Auftrag, eine Schule für die Leistungstüchtigeren zu sein, nicht mehr gerecht wird und die Annahme einer leistungshomogenen Gruppe nicht aufrecht erhalten kann. Durch den starken Abgang am Ende der Sekundarstufe verliert die Langform der *AHS* letzten Endes auch den Charakter einer durchgehenden Schulform.

Die städtische Hauptschule wird zur „Restschule", die trotzdem verpflicht ist, mindestens zwei Leistungsgruppen zu führen. Auf der Ebene des Gesamtsystems bedeutet diese Verschiebung eine massive Ungleichheit im Hinblick auf das Verhältnis von Leistung und damit verbundenen Berechtigungen, die in beiden Schulformen dazu führen, dass in ländlichen Schulen für die gleiche Berechtigung erheblich mehr geleistet werden muss als in städtischen, vergleichsweise hochbefähigte Schüler in Landhauptschulen in die niedrigeren und vergleichsweise niedrig befähigte Schüler in Stadthauptschulen in die oberen Leistungsgruppen eingereiht werden. Dies bedeutet auf Schul- und Klassenebene je nach Situation eine erhebliche Zunahme an Heterogenität bzw. Homogenität und auf der Ebene des Gesamtsystems einen erheblichen Verlust an sozialer Gerechtigkeit und Fairness. Schulökonomisch führt es dazu, dass – weil zugleich die Schülerzahlen insgesamt gesunken sind – Hauptschulklassen leerstehen bzw. Hauptschulstandorte aufgegeben werden, während die AHS-Standorte erheblichen Mangel an Unterrichtsräumen haben.

Leistungsfähigkeit des Gesamtsystems

Im Gefolge der zunehmenden Heterogenisierung von Teilen des Bildungswesens wird diskutiert, inwieweit es dadurch zu einer Einschränkung der Leistungsfähigkeit des Systems insgesamt („Nivellierung nach unten") und zu einem – auch durch die Autonomie der einzelnen Schulstandorte geförderten – Auseinanderdriften des Systems mit den Begleitfolgen einer verringerten Durchlässigkeit und Vergleichbarkeit der Leistungen kommt, die letztlich eine verringerte Konkurrenzfähigkeit des österreichischen Bildungswesens bedeuten könnte. Damit verbunden sind häufig auch Zweifel, inwieweit die vor allem von der Wirtschaft geforderten alten und neuen Qualifikationen (hohes Niveau der Kulturtechniken in Verbindung mit „Schlüssel-qualifikationen") erbracht werden.

Entwicklungsperspektiven

Die gegenwärtige Diskussion ist geprägt vom Nebeneinander weitgehend unverbundener Entwicklungsvorstellungen, die in drei zum Teil durch Schulversuche bereits erprobte Richtungen gehen:
-   Entwicklung von „Verbundmodellen", die eine Kooperation von *AHS* und Hauptschule in den Ballungsräumen vorsehen;
-   Einführung einer sechsjährigen „Realschule" mit dem Abschluss einer „mittleren Reife" als Alternative zur Hauptschule;
-   Ausweitung der Schwerpunktbildung, um die Attraktivität von Hauptschulen zu steigern;
-   Restauration der „alten" *AHS* (z.B. durch den Vorschlag zur Wiedereinführung von Aufnahmeprüfungen).

Verbundmodelle (z.B. „Wiener Mittelschulverbund", „Schulverbund Graz-West") sehen vor, dass in einer Region (z.B. in einem Stadtbezirk) *AHS* und Hauptschule alle Schüler aufnehmen und nach einem gemeinsamen Konzept unterrichten. An die Stelle der Leistungsgruppen bzw. Schulformen treten Konzepte der Binnendifferenzierung, die in Team-Teaching realisiert werden. Lehrer aus AHS und Hauptschulen unterrichten in beiden Schulformen. Alternative Formen des Unterrichtens haben insgesamt einen hohen Stellenwert. Am Ende der Sekundarstufe I erhalten alle Schüler mit positivem Abschluss das Zeugnis eines Realgymnasiums, das zum Besuch weiterführender Schulen berechtigt. Als ein verhältnismäßig schlüssiges Konzept erscheint die Weiterentwicklung der Verbundmodelle zur „Kooperativen Mittelschule", die auf der Basis eines Verbundmodells versucht, Kooperationen mit anschließenden Schulen der Sekundarstufe II einzugehen, um auch den Hauptschülern durchgehende Schullaufbahnen anzubieten.

Die *Realschule* versucht, in einem sechsjährigen Bildungsgang auf Basis des Lehrplans eines Realgymnasiums eine attraktive Alternative zur Hauptschule anzubieten, die vor allem durch eine intensive Vorbereitung auf den Beruf geprägt ist und mit einer mittleren Reife abschließt. Auch sie ersetzt Leistungsgruppen durch Binnendifferenzierung und legt einen Schwerpunkt auf praktische Kooperationen mit Betrieben. Die Erfahrungen haben gezeigt (vgl. FRIEDL 2001), dass eine sechsjährige Schule im österreichischen Bildungswesen nicht etabliert werden konnte, die beiden letzten Schulstufen von den Betroffenen nicht angenommen (Wechsel in andere Schulen) und von der Wirtschaft nicht honoriert werden (keine Anrechnung von

Schulzeit auf die betriebliche Lehre). Sie bedeutet zudem eine weitere Schwächung der Hauptschule, weil sie die leistungsstärkeren Schüler aus dem Gesamtspektrum anspricht und zum Teil gezielt auswählt.

Das Konzept der *Schwerpunktbildung* setzt darauf, Hauptschulen nach dem Muster der bereits bestehenden Sonderformen durch inhaltliche Schwerpunktsetzungen attraktiver zu machen (z.B. Informatikschwerpunkte, technische Schwerpunkte, zusätzliche Fremdsprachen u.Ä.), damit sie von den Eltern häufiger gewählt werden und zu nachhaltigeren Qualifikationen führen. Die Erfahrungen zeigen, dass Sonderformen und Schwerpunktbildungen dieser Art die Wählbarkeit der Hauptschule deutlich erhöhen, dass sie allerdings, wenn sie nur einen Teil der Schule betreffen (z.B. eine einzelne Klasse), dazu führen, dass die Lehrer den Großteil ihrer Energie in diesen Bereich verlegen und es zu problematischen „Restklassen" mit den verbleibenden Schülern kommt.

In jüngster Zeit sind politische Vorstöße gemacht worden, durch Wiedereinführung von *Aufnahmeprüfungen* den Zulauf zur *AHS* zu bremsen und dadurch den Bestand der Hauptschule abzusichern. Es ist zu vermuten, dass sie als Einzelmaßnahme nicht in der Lage sein würden, dem Drang der Eltern zur AHS und der Bereitschaft der *AHS*-Lehrer, dem zu entsprechen, nachhaltig entgegen zu wirken. Dies gilt wohl auch für Versuche, die Anzahl von *AHS*-Klassen an einzelnen Standorten „einzufrieren".

Abschließende Bemerkungen

Nach Meinung maßgebender Vertreter der Erziehungswissenschaft, vieler Bildungspolitiker und auch eines Teils der bildungspolitisch interessierten Öffentlichkeit ist – wenn auch mit unterschiedlichen Begründungen – die Gestaltung der Sekundarstufe I im österreichischen Schulsystem nicht zufriedenstellend gelöst. Im Schatten dieser wenig befriedigenden Gesamtstruktur existierende Schulversuche, Initiativen einzelner Lehrergruppen oder Profilierungsversuche aktiver Schulen werden auf Dauer nicht in der Lage sein, das ungelöste Strukturproblem zu kaschieren; ihre Funktion liegt eher darin, dem Reformimpetus der vergangenen Jahre ein Ventil zu bieten, ohne dass das (wegen der erforderlichen parlamentarischen Zwei-Drittel-Mehrheit) politisch wenig mobile Gesamtsystem verändert werden muss. Es bleibt abzuwarten, wie lange damit eine Strukturreform aufgehalten werden kann.

Literatur

ALTRICHTER, H./POSCH, P.: Austria: System of Education. In: Husén, T./Postlethwaite, N. T. (Eds.): The International Encyclopedia if Education. Oxford et al. 1994, 423-432.

ALTRICHTER, H./POSCH, P. (Hrsg.): Wege zur Schulqualität – Studien über den Aufbau von qualitätssichernden und -entwickelnden Systemen in berufsbildenden Schulen. Innsbruck und Wien 1999.

ALTRICHTER, H./SCHLEY, W./SCHRATZ, M. (Hrsg.): Handbuch zur Schulentwicklung. Innsbruck und Wien 1998.

BACHMANN, H. u.a.: Auf dem Weg zu einer besseren Schule. Evaluation der Schulautonomie in Österreich. Innsbruck und Wien 1996.

BEER, F./GROHMANN K.: Bildungsplanung in Österreich. Bd. I: Erziehungsplanung und Wirtschaftswachstum. Wien und München o.J. (1967).

BEHAM, M./EDER, F./WILK, L.: Auswirkungen des sozialen Wandels auf Familie und Schule. Gutachten für die oö. Landesregierung. Linz 2000.

BMUK (Hrsg.): Weißbuch zum Lehrplan'99. Entwurf. Typoskript. Wien 1996.

BUSCHMANN, I.: Implizite Theorien in den schulgesetzlichen Bestimmungen und in der schulischen Praxis der Leistungsbeurteilung. Unveröffentlichte Diplomarbeit. Salzburg 1998.

BUSCHMANN, I.: Die Trennung der Schülerinnen und Schüler nach ihren intellektuellen Begabungen in den schulgesetzlichen Bestimmungen und in der Praxis. In: Eder F., Dobart, A. u.a.: Sekundarstufe I. Themenheft von Erziehung und Unterricht, (1998)1-2.

DUBS, R./POSCH, P./STRITTMATTER, A.: Durchführung von Evaluation und ihre praktischen Folgen. In: Thonhauser, J., Patry J.-L. (Hrsg.): Evaluation im Bildungsbereich. Wissenschaft und Praxis im Dialog. Innsbruck und Wien 1999, S. 137-188.

EDER, F. (Hrsg.): Das Befinden von Kindern und Jugendlichen in der Schule. Innsbruck 1995.

EDER, F.: Schule und Demokratie. Untersuchungen zum Stand der demokratischen Alltagskultur an Schulen. Innsbruck 1998.

EDER, F.: Wie anders sind Privatschulen? In Seyfried, Clemens (Hrsg.): Bildung beflügelt. Innsbruck 1999, S. 25-56.

EDER, F.: Fähigkeits- und Leistungsunterschiede auf der Sekundarstufe. In: Eder, F./Grogger G./Mayr J. (Hrsg.): Sekundarstufe I: Probleme – Praxis – Perspektiven. Innsbruck 2002a, S. 135-157.

EDER, F.: Begleiterscheinungen der Leistungsgruppenorganisation. In: Eder, F./Grogger G./Mayr J. (Hrsg.): Sekundarstufe I: Probleme – Praxis – Perspektiven. Innsbruck 2002b, S. 187-205.

EDER, F./MAYR J.: Die Primadonna, das Aschenputtel und die Unschuld vom Lande: Vergleichende Befunde zu den Schulen der Zehn- bis Vierzehnjährigen. In: Eder, F./Grogger G./Mayr J. (Hrsg.): Sekundarstufe I: Probleme – Praxis – Perspektiven. Innsbruck 2002, S. 101-134.

EDER, F./FELHOFER G./MUHR-ARNOLD S.: Schule als Lebensraum. In: Wilk L./Bacher J. (Hrsg): Kindliche Lebenswelten. Opladen 1994, S. 197-251.

EDER, F./GROGGER G./MAYR J. (Hrsg.): Sekundarstufe I: Probleme – Praxis – Perspektiven. Innsbruck 2002.

EDER, F./GROGGER G./MAYR J.: Perspektiven für die Entwicklung der Sekundarstufe I. In: Eder, F., Grogger G., Mayr J. (Hrsg.): Sekundarstufe I: Probleme – Praxis – Perspektiven. Innsbruck 2002, S. 407-429.

EDER, F./POSCH, P./SCHRATZ, M./SPECHT, W./THONHAUSER, J. (Hrsg.): Qualitätsentwicklung und Qualitätssicherung im österreichischen Schulwesen. Innsbruck, Wien und München 2002.

FISCHER-KOWALSKI, M./PELIKAN, J./SCHANDL, H.: Kinder an Alternativschulen und Regelschulen. Reihe Bildungsforschung Bd. 4. Wien: BMUK 1993.

FRIEDL, T.: Realschule. Expertise für das ZSE. Graz 2001.

GEHMACHER, E.: Wettlauf mit der Katastrophe. Europäische Schulsysteme. Wien, Frankfurt a.M. und Zürich 1965.

GROGGER, G./SPECHT, W. (Hrsg.): Evaluation und Qualität im Bildungswesen. Problemanalyse und Lösungsansätze am Schnittpunkt von Wissenschaft und Bildungspolitik. Graz 1999.

HAIDER, G. (Hrsg.): Indikatoren zum Bildungswesen. Fakten zum österreichischen Bildungswesen und ihre Bewertung aus Expertensicht. Innsbruck und Wien 1997.

HOFMANN, F.: Aufbau von Lernkompetenz fördern. Neue Wege zur Realisierung eines bedeutsamen pädagogischen Ziels. Innsbruck, Wien und München 2000.

LUDICK, L.: Differenzierung in der AHS-Unterstufe. In: Eder F./Grogger G./Mayr J. (Hrsg.): Sekundarstufe I: Probleme – Praxis – Perspektiven. Innsbruck 2002, S. 92-98.

OLECHOWSKI, R.: Gesamtplanung der Evaluierung des Schulversuchs „Mittelschule im Schulverbund" – ein Überblick. In: Das Modell „Mittelschule", Evaluationsstudie im Längsschnitt. Unveröffentlichtes Manuskript, Wien 1999 S. 49-54.

PICHT, G.: Wettlauf mit der Katastrophe. München 1964.

PICK, M.: Differenzierung in der AHS durch offene Lernformen. In: Eder, F., Grogger, G., Mayr, J. (Hrsg.): Sekundarstufe I: Probleme – Praxis – Perspektiven. Innsbruck 2002, S. 360-379.

POSCH, P./ALTRICHTER, H.: Möglichkeiten und Grenzen der Qualitätsevaluation und Qualitätsentwicklung im Schulwesen. Innsbruck und Wien 1997.

RIFFERT, F./PASCHON, A.: Zur Kooperation zweier rivalisierender Paradigmata – Der Modulansatz zur Selbstevaluation von Schulentwicklungsprojekten (MSS). In: Pädagogische Rundschau 55 (2001), S. 335-356.

ROTH, H. (Hrsg.): Begabung und Lernen. Weinheim und Basel 1965.

SAUER, J./GAMSJÄGER, E.: Ist Schulerfolg vorhersagbar? Die Determinanten der Grundschulleistung und ihr prognostischer Wert für den Sekundarschulerfolg. Göttingen u.a. 1996.

SCHRATZ, M.: Die Rolle der Schulaufsicht in der autonomen Schulentwicklung. Innsbruck und Wien 1996.

SchOG: Schulorganisationsgesetz. http://www.bmuk.gv.at/gesetze/index.htm.

SchUG: Schulunterrichtsgesetz. http://www.bmuk.gv.at/gesetze/index.htm.

SEEL, H.: Die Entwicklung der Sekundarstufe I des österreichischen Schulsystems in der Zweiten Republik. In: Eder, F./Grogger, G./Mayr, J. (Hrsg.): Sekundarstufe I: Probleme – Praxis – Perspektiven. Innsbruck 2002, S. 13-35.

SPECHT, W./THONHAUSER, J. (Hrsg.): Schulqualität. Entwicklungen, Befunde, Perspektiven. Innsbruck 1996.

SPECHT, W./ALTRICHTER, H./SOUKUP-ALTRICHTER, K.: Qualitätsentwicklung mit Programm. Endbericht über die Begleitevaluation in der Pilotphase. ZSE-Report Nr. 41. Graz 1998.

STANZEL-TISCHLER, E./GROGGER, G.: Lehrplanentwicklung LP '99: Rückmeldeverfahren zur Planungs- und Arbeitsgrundlage. ZSE-Report Nr. 33. Graz 1998.

STOCKHAMMER, R. u.a.: Wirkungskräfte im Verhältnis Hauptschule – AHS-Unterstufe. In: Eder, F./Grogger G./Mayr, J. (Hrsg.): Sekundarstufe I: Probleme – Praxis – Perspektiven. Innsbruck 2002, S. 38-73.

SVECNIK, E.: Zur Evaluation der Schulversuche „Neue Mittelschule/Schulverbund Graz-West" und „Realschule" in der Steiermark. Ergebnisse der Schlussuntersuchung der ersten Kohorte (8. Schulstufe im Schuljahr 1994/95). Teil 1: Lernerfolgsvergleiche, Schülerlaufbahnen, Entwicklung von Schülereinstellungen und Schulklima. ZSE-Report Nr. 29. Graz 1997.

THONHAUSER, J.: Erziehung und Bildung. In: Mantl, W. (Hrsg.): Politik in Österreich. Die Zweite Republik: Bestand und Wandel. Wien, Graz und Köln 1992, S. 620-644.

THONHAUSER, J.: Neue Lehrpläne. Versuch einer Beurteilung unter erziehungswissenschaftlichem Aspekt. In: Erziehung und Unterricht 150(2000), S. 841-851.

THONHAUSER, J./EHGARTNER, M./SAMS, J.: „Ökologisierung von Schulen". Evaluation eines OECD-Projekts. Typoskript, Salzburg 1998.

THONHAUSER, J./PATRY, J.-L. (Hrsg.): Evaluation im Bildungsbereich. Wissenschaft und Praxis im Dialog. Innsbruck und Wien 1999.

Österreich

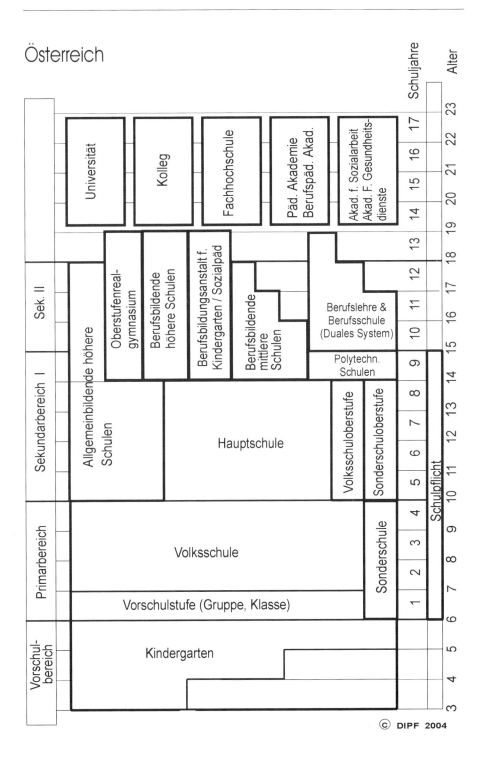

© DIPF 2004

Wolfgang Hörner

POLEN

Entwicklung des Bildungswesens

Die gesellschaftliche Bedeutung der Schule in Polen ist eng verknüpft mit dem historischen Bewusstsein des mehrmaligen schmerzlichen Verlusts der Eigenstaatlichkeit der polnischen Nation und, daraus folgend, des Widerstands gegen die „fremden" Okkupationsmächte. Diese Widerstandsgemeinschaft hielt die Nation unter aktiver Beteiligung der Katholischen Kirche – über 90% der Bevölkerung bekannten sich 1998 zum katholischen Glauben – auch ohne ein eigenes Staatswesen zusammen. In diesem Prozess spielte die Bildung, oft in einem „geheimen", d.h. im Untergrund tätigen, Schulsystem, als Vermittlung der eigenen kulturell-sprachlichen Identität an die nachfolgende Generation (gegen die von der jeweiligen Besatzungsmacht aufgezwungene fremde Kultur) eine zentrale Rolle (vgl. auch FUHRMANN 1990; WÖHLKE 1991). Die pädagogische Ideenwelt Polens ist vor allem vom Westen beeinflusst (vgl. auch ANWEILER 1996). Die Geschichte der polnischen Schule beginnt so mit der Christianisierung gegen Ende des 10. Jahrhunderts. Trägerin der ersten Dom-, Stifts- und Pfarrschulen war, genau wie in Westeuropa, die katholische Kirche. Nach dem Aufblühen der *Universität Krakau* in der Renaissancezeit (gegründet 1364) tauchte bei den polnischen Humanisten erstmalig die Idee auf, der Staat müsse die Verantwortung für die Schule übernehmen. Im 16. Jahrhundert, dem „goldenen Zeitalter" der polnischen Geschichte, erfolgte die Gründung zahlreicher Schulen unterschiedlicher Glaubensrichtungen. Mit dem Sieg der Gegenreformation blieben allerdings nur noch die Schulen der Jesuiten erhalten. Das Programm der Aufklärung brachte auch in Polen das Bemühen um Ausbreitung des „Lichtes" der Bildung (der polnische Begriff für Bildung – *oświata* – enthält ausdrücklich die Lichtmetapher – *świat*) in breitere Volksschichten mit sich. Sie fand ihren institutionellen Höhepunkt 1773 in der Berufung der Kommission für National-erziehung *(Komisja Edukacji Narodowej)*, die in Polen gern als das erste moderne Bildungsministerium bezeichnet wird. Die Kommission befasste sich – deutlich vor den Bildungsplänen der Französischen Revolution – mit der Ausbreitung des Elementarschulwesens, eines gestuften Schulsystems und einer entsprechenden Lehrerbildung. Die folgenden Teilungen Polens machten diese Ansätze allerdings wieder zunichte.

Die 120 Jahre dauernde Teilungszeit war gekennzeichnet von der Spannung zwischen der Bildungspolitik der Teilungsmächte, die das Bildungswesen mehr oder weniger in den Dienst einer Russifizierung bzw. Germanisierung stellen wollten, und der Ausbreitung eines informellen privaten oder von geduldeten Verbänden getragenen Bildungswesens, das die Grundlage der polnischen Identität bewahren sollte. Die Bildungspolitik war deshalb nach 1918 (vgl. auch WOŁOSZYN 1966) von der Notwendigkeit der Zusammenführung der getrennten Teilgebiete bestimmt, die nicht nur sozio-ökonomisch, sondern auch in schulischer Hinsicht einen unterschiedlichen Entwicklungsstand aufwiesen. Umgekehrt sollte die gemeinsame Schule zum Zusammenwachsen der getrennten Teile beitragen.

Da die Okkupationspolitik während des Zweiten Weltkriegs das Bildungswesen im so genannten Generalgouvernement auf ein Elementarniveau zurückfahren wollte und die polnischen Schulen in den dem Deutschen Reich eingegliederten Gebieten ganz geschlossen wurden, bestand die erste Aufgabe nach Kriegsende darin, das Schulsystem materiell und ideell wieder aufzubauen. Vor allem war das Problem der damals noch etwa vier Millionen Analphabeten zu lösen. In der Entwicklung des Landes in der Zeit der „Volksrepublik Polen" fällt auf, dass trotz der Einführung der Planwirtschaft und einer forcierten Industrialisierung die gesamte polnische Gesellschaft in vergleichsweise größerer Distanz zum dogmatischen Marxismus-Leninismus sowjetischer Prägung blieb als andere Staaten des sowjetischen Einflussbereichs. Die „Gleichschaltung" ideologisch sensibler Gesellschaftsbereiche einschließlich des Bereichs von Bildung und Erziehung war weitaus weniger ausgeprägt und die zahlreichen Versuche „ideologischer Offensiven", um eine stärkere politisch-ideologische Durchdringung aller gesellschaftlichen Bereiche zu erreichen, blieben stets auf halbem Weg stecken. Meilensteine der Schulentwicklung waren zunächst das Schulgesetz vom 5.7.1961, das eine achtjährige gemeinsame „Grundschule" einführte, an die sich eine selektive drei- bis fünfjährige vertikal gegliederte Sekundar(ober)stufe anschloss, die je nach Schultyp sowohl allgemein bildende als auch berufliche Qualifikationen vermittelte. Ein Versuch am Anfang der siebziger Jahre, durch eine umfassende Schulreform eine zehnjährigen Pflichtschule aufzubauen, wie diese auch in anderen sozialistischen Ländern geschaffen wurde, scheiterte an den sich rapide verschlechternden ökonomischen Bedingungen und einer tiefergehenden gesellschaftlichen Krise. Bemerkenswert ist an diesem Versuch, dass die Reform nicht, wie in staatssozialistischen Gesellschaften sonst üblich, von der Parteispitze ausgearbeitet wurde, sondern von einem unabhängigen Expertenkomitee, das seine Arbeit mit einer kritischen Bilanz des bestehenden polnischen Bildungswesens eingeleitet hatte (vgl. KUPISIEWICZ 1991).

Die Zeit nach 1989 war zunächst geprägt durch die Aufarbeitung der sozialen Kosten des wirtschaftlichen Umbaus und eine daraus folgende relative politische Instabilität. Dem überwältigenden Sieg der Parteien aus dem Umfeld der sich später rasch aufsplitternden Solidarność-Bewegung folgte Mitte der neunziger Jahre ein Wiedererstarken der sich erneuernden Linksparteien, die 1993 die vorgezogenen Parlamentswahlen und 1995 die Präsidentschaftswahlen für sich entscheiden konnten. Im Herbst 1997 verloren die Linksparteien allerdings wieder die parlamentarische Mehrheit, erreichten aber im Herbst 2000 die Wiederwahl des Staatspräsidenten und bei den Parlamentswahlen im Herbst 2001 die Regierungsmehrheit.

Organisation des gegenwärtigen Schulsystems

Gesetzliche Grundlagen/Bildungsverfassung/Finanzierung/Trägerschaften

Die neue Verfassung der Republik Polen aus dem Jahr 1997 (Dziennik Ustaw Rzeczypospolitej Polskiej 1997, Nr. 78, Position 483) – in Polen spricht man von der „Dritten Republik" – legt in Art. 70 für den Bereich der Bildung als Grundprinzipien fest:

– Jeder hat das Recht auf Unterricht. Unterricht ist Pflicht bis zum Alter von 18 Jahren.
– Unterricht an öffentlichen Schulen ist unentgeltlich. Ein Gesetz kann zulassen, dass öffentliche Hochschulen pädagogische Dienstleistungen gegen Entgelt erbringen.
– Die Eltern haben die Freiheit, für ihre Kinder auch andere als öffentliche Schulen zu wählen.
– Die öffentliche Hand sichert allen Bürgern den allgemeinen und gleichen Zugang zur Bildung.
– Die Autonomie der Hochschulen wird garantiert.

Das mehrfach novellierte *Gesetz über das Bildungswesen* von 1991 bestimmt, dass jedem Bürger der Republik Polen das Recht auf Bildung garantiert wird. Die politisch angestrebte Dezentralisierung des Staates im Hinblick auf eine Demokratisierung der Gesellschaft sollte im Bereich der Bildung durch die Übertragung eines Teils der bisherigen Bildungsaufgaben an die territorialen Selbstverwaltungsorgane geschehen. Deshalb gehört die Führung von öffentlichen Vorschuleinrichtungen und Grundschulen, seit 1999 auch der Sekundarschulen im Schulpflichtbereich, künftig zu den Pflichtaufgaben der einzelnen Gemeinden. Die Schulen des oberen Sekundarbereichs (Sekundarstufe II) werden seit einer Verwaltungsreform 1999 von den neu gebildeten Kreisen (*powiat*) verwaltet. Zu ihrem Unterhalt gibt der Staat allerdings Subventionen. Das Bildungsgesetz brach das Bildungsmonopol des Staates, indem es juristische und natürliche Personen zur Führung nicht-öffentlicher Schulen berechtigte. Nicht-öffentliche Schulen, die bestimmte gesetzliche Bedingungen erfüllen, erhalten dieselben Rechte wie öffentliche Schulen und bekommen Zuwendungen aus dem Staatshaushalt (50% der Standardausstattung einer öffentlichen Schule desselben Typs). Solche nicht-öffentliche Bildungseinrichtungen gibt es auf allen Stufen des Schulsystems, besonders zahlreich sind sie im Bereich der beruflichen Bildung.

Auf der Grundlage des Bildungsgesetzes erfolgte auch eine Dezentralisierung der Schulaufsicht selbst. Der Prozess der Dezentralisierung reformierte und begrenzte die Verwaltung durch das Ministerium, verstärkte die Befugnisse der Organe auf der regionalen Ebene (d.h. der so genannten Kuratoren des Bildungswesens), beseitigte die lokale Schulverwaltung, deren Funktion die territorialen Selbstverwaltungsorgane übernahmen und verstärkte die Befugnisse der Leiter der Bildungseinrichtungen. Parallel dazu wurde durch die Einrichtung von *Konsultativgremien* eine weitere gesellschaftliche Einbindung der Verwaltung vollzogen. Diese gesellschaftlichen Körperschaften sind in Form von Bildungsbeiräten (Schulbeiräten) auf der nationalen, regionalen und lokalen Ebene sowie auf der Ebene der einzelnen Schulen tätig.

Nationale, regionale und lokale Kompetenzaufteilung

Die Grundstruktur der Schulverwaltung hat demnach heute vier Ebenen: das Ministerium für Nationale Bildung (*Ministerstwo Edukacji Narodowej*, MEN), die Kuratoren für Bildung in den Wojewodschaften, die territoriale Selbstverwaltung nach Kreisen und Kommunen sowie die Leiter der Bildungsanstalten.

Das *MEN* koordiniert die Bildungspolitik des Gesamtstaates, hat die Aufsicht über die Bildungskuratoren und arbeitet mit anderen Organen (z.B. anderen Ministerien) auf nationaler Ebene zusammen. Seine Hauptbefugnisse sind die Finanzierung des Bildungswesens, rechtliche Regelung der Schule, der Lehrerbildung und der Prüfungen, die Erstellung der Lehrpläne und die staatliche Legitimierung der Zeugnisse und Diplome. Der *Kurator für das Bildungswesen* wird mittels Ausschreibung vom Wojewoden (dem von der Zentralregierung ernannten Leiter einer Wojewodschaft) berufen und leitet die Bildungspolitik auf Wojewodschaftsebene. Er ist für die Schulnetzplanung verantwortlich und führt die pädagogische Aufsicht über alle Bildungsstätten und Einrichtungen der Erziehungsfürsorge. Außerdem hat er die Verantwortung für die öffentlichen Einrichtungen der Weiterbildung und die Organisation der beruflichen Fortbildung der Lehrer. Die *Gemeinde* plant zusammen mit dem Kurator das Schulnetz. Sie ist Trägerin der öffentlichen Vorschuleinrichtungen und Schulen des Pflichtbereichs im gesamten Bereich der Organisations-, Finanz- und Verwaltungsfragen und stellt mittels Stellenausschreibung die Schulleiter ein. Seit Januar 1996 sind alle Grundschulen, seit 1999 auch die Gymnasien in der Trägerschaft der Gemeinden. Die *Kreise* haben seit 1999 die Verwaltung der Schulen der Sekundarstufe II. Die pädagogische Aufsicht verbleibt jedoch für alle Schulen beim Kurator. Der *Schulleiter* führt die Personalpolitik, stellt die Lehrer ein und führt die Aufsicht über sie, er verteilt die Haushaltsmittel der Schule, erstellt zusammen mit dem Beirat der Schule und dem Lehrerrat das Tätigkeitsprofil der Schule, er kann innovative und experimentelle Maßnahmen beginnen. Die *nicht-öffentlichen Schulen* stehen hauptsächlich in der Trägerschaft von gesellschaftlichen Organisationen und Vereinigungen, aber auch von Privatpersonen und Glaubensgemeinschaften. Im *Berufsbildungswesen* steht die Mehrheit der Schulen heute unter der Trägerschaft der Kreise, d.h. unter der Fachaufsicht der Kuratoren. Eine kleinere Gruppe von Schulen wird von den Ministerien verschiedener Branchen getragen (Land- und Forstwirtschaft, Gesundheit, Arbeit, Kultur, Verteidigung). Von den früher weit verbreiteten Betriebsberufsschulen, die in großen staatlichen Betrieben zu finden waren, sind nur wenige übriggeblieben.

Bildungspolitische Ziele

Wichtige Grundsätze und Ziele von Bildung und Erziehung sind in der Präambel des *Bildungsgesetzes* von 1991 niedergelegt (vgl. HÖRNER/WOMPEL 1994, S. 32).

– Bildung ist „gemeinsames Gut der ganzen Gesellschaft".
– Die Bildung in der Republik Polen orientiert sich an den Grundsätzen der Verfassung sowie an den Bestimmungen der Allgemeinen Erklärung der Menschenrechte, der Internationalen Übereinkunft über die Bürgerrechte und politischen Rechte sowie der Internationalen Konvention über die Rechte des Kindes.
– Bildung und Erziehung „haben als Basis die allgemeinen Grundlagen der Ethik unter besonderer Berücksichtigung des christlichen Wertsystems. (Sie) dienen der Entwicklung des Verantwortungsbewusstseins bei der Jugend, der Liebe zum Vaterland sowie der Achtung des polnischen Kulturerbes bei gleichzeitigem Blick auf die Kulturwerte Europas und der Welt".
– Aufgabe der Schule ist es, jedem Schüler, nach den Grundsätze der Solidarität, der Demokratie, der Toleranz, der Wahrhaftigkeit und der Freiheit, die unerlässlichen Bedingungen für seine Entwicklung, die Vorbereitung auf die Erfüllung seiner familiären und staatsbürgerlichen Pflichten zu sichern.

Curriculumstruktur und Curriculumpolitik

Anstelle der zentralen Entwicklung der einzelnen Lehrpläne wird auf nationaler Ebene jetzt nur noch das Lehrplanfundament (*podstawa programowa*) festgelegt. Dabei geht es um ein für einen bestimmten Bildungsabschnitt verpflichtendes Gerüst von Lehrinhalten und die dadurch zu erwerbenden Fähigkeiten. Die inhaltliche Ausarbeitung der Lehrpläne soll im Kompetenzbereich der Schulen liegen. Die Lehrer können eigene „Autorenlehrpläne" erstellen, die nach Genehmigung durch das Ministerium auch für andere Schulen dienen können.

Derzeitige Struktur des Schulsystems im Überblick

Die 1961 geschaffenen Schulstrukturen wurden erst Ende der neunziger Jahre verändert. Nach den jüngsten Reformen (Gesetz vom 25.7.1998) besteht das Schulsystem aus vier Stufen (vgl. dazu auch STEIER-JORDAN 1999b):

–   die sechsjährige *Grundschule* (*szkoła podstawowa)* als Pflichtschule vom 7. bis zum 13. Lebensjahr;

–   das dreijährige Gymnasium *(gimnasjum)* als neue Schulform der Sekundarstufe I gehört ebenfalls zum Pflichtschulbereich; es ist nicht selektiv (wie sein Name vermuten ließe), sondern für alle Schüler verpflichtend. Damit wird die formale Schulpflicht auf neun Jahre verlängert. Die bisherigen weiterführenden Schultypen mit der Sammelbezeichnung „Mittelschulen" werden zu Schulen der Sekundarstufe II.

–   weiterführende Schulen im differenzierten *Sekundarbereich II* als allgemein bildende, berufliche und doppeltqualifizierende Schulen. Der Zugang zu den zum Abitur führenden allgemein bildenden oder berufsbildenden höheren Schulen erfolgt über eine Aufnahmeprüfung. Die Schulzeitdauer in dieser weiterführenden Schulstufe kann zwei bis vier Jahre betragen, die Schüler sind also zwischen 16 und 20 Jahre alt.

Trotz der im Bildungsgesetz 1991 festgelegten Möglichkeit, *Privatschulen* (Schulen in nicht-öffentlicher Trägerschaft) einzurichten, ist der bei weitem größte Teil der polnischen Schulen in öffentlicher Hand. Der Anteil der Privatschulen schwankt je nach Schulstufe. Er betrug im Jahr 2000/01 im Vorschulbereich etwa 3%, sank im Bereich der jetzt sechsjährigen Grundschule unter 1% (im neu eingerichteten Gymnasium waren es 1,2%) und erreichte in der allgemein bildenden Sekundarstufe II 4,7%. Nur im Bereich der post-lyzealen Schulen ist bereits mehr als die Hälfte der Schüler (51%) in privaten Einrichtungen; im Hochschulwesen sind es mittlerweile etwa 30% der Studenten (nach GUS 2001).

Der Sekundarbereich II differenziert sich in vier Schultypen aus:

–   das dreijährige allgemein bildende Lyzeum (*liceum ogólnokształcące)*, das zum Abitur führt;

–   das dreijährige profilierte Lyzeum (*liceum profilowane)*, das bestimmte Schwerpunkte bietet und ebenfalls zum Abitur führt;

–   das vierjährige Technikum (*technikum)*, das mit der Technikerqualifikation ebenfalls die Hochschulreife vermittelt;

–   die zwei- bis dreijährige Berufsgrundschule (*zasadnicza szkoła zawodowa)*, die nur eine Facharbeiterausbildung vermittelt. Ihr Abschluss berechtigt zugleich

zum Übergang auf das ergänzende Technikum oder das ergänzende allgemein
bildende Lyzeum, das deren jeweilige Abschlüsse vermittelt.

Eine Besonderheit des polnischen Schulsystems sind die nach der Hochschulreife
möglichen Bildungsgänge an postlyzealen Schulen (*szkoła policealna*), die eine erweiterte Qualifikation (bzw. eine berufliche *Erstqualifikation*) unterhalb der Hochschulebene vermitteln.

Abschlüsse, Berechtigungen und Übergangsverfahren

Der Übergang von der (neuen) sechsjährigen Grundschule auf das Gymnasium erfolgt automatisch mit dem erfolgreichen Abschluss der 6. Klasse, da das Gymnasium ein nicht-selektiver Teil des Pflichtschulbereichs ist. Nach der Reform ist vorgesehen, am Ende des Gymnasiums eine externe Abschlussprüfung der Pflichtschule
einzuführen. Für den Übergang zu den unterschiedlichen Schultypen der Sekundarstufe II ist eine Aufnahmeprüfung durch die aufnehmende Schule erforderlich. Mit
Ausnahme der Berufsgrundschule ist es an allen Schulen der Sekundarstufe II möglich, die Reifeprüfung abzulegen. Diese war bisher eine interne Prüfung, sollte aber
mit der Reform in eine externe Prüfung umgewandelt werden (Zentralabitur). Infolge des Widerstandes der Betroffenen wurde die Realisierung dieses Reformschrittes,
der mittelfristig die an den meisten Universitäten üblichen Zugangsprüfungen ersetzen sollte, allerdings verschoben.

Qualitätskontrolle/Evaluation

Die pädagogische Aufsicht über Schulen und Lehrer haben die Kuratoren. Um die
Qualität der schulischen Arbeit zu erhöhen, ist nach westeuropäischem Vorbild im
Rahmen der Reform die Einführung nationaler Leistungsüberprüfungen auf ver-
schiedenen Niveaus der Schullaufbahn geplant. Ein ähnliches Motiv hat auch die
Umwandlung der Reifeprüfung in ein Zentralabitur. Zur Unterstützung dieser Re-
formmaßnahmen wurde eine eigene nationale Evaluierungskommission geschaffen.

Die Qualifizierung des pädagogischen Personals und der Schulleiter

Die Lehrerausbildung (vgl. ZIELIŃSKA 1998; HÖRNER/ZIELIŃSKA 2002) findet in
zwei Bereichen des Bildungswesens statt, (a) in Hochschulen sowie (b) in eigenen
Institutionen unterhalb der Hochschulebene. Lehrer der *allgemein bildenden Fächer*
werden an Universitäten und Pädagogischen Hochschulen sowie für die entsprechenden Fächer an Sport- und Kunsthochschulen ausgebildet, Lehrer der *beruflichen
Fächer* werden an Spezialhochschulen, wie Technischen Hochschulen, Land-
wirtschaftlich-Technischen Akademien und Wirtschaftshochschulen ausgebildet.
Die Lehrkräfte für den Vorschulbereich, die Grundschulen und für sozialfürsorgeri-
sche Anstalten können heute in dreijährigen Lehrerkollegs (d.h. postlyzealen Einrichtungen der Lehrerbildung unterhalb der Hochschulebene) ausgebildet werden.
Die Kollegs arbeiten jedoch mit den Hochschulen zusammen. Um dem immer noch
spürbaren Mangel an Fremdsprachenlehrern insbesondere in den Grundschulen und
im Berufsschulwesen schneller abzuhelfen, wurde eine Sonderform, die Fremdsprachenlehrerkollegs geschaffen. Im Jahr 2000/01 gab es 27 Lehrerkollegs und 50
Fremdsprachenlehrerkollegs, die zusammen 13.530 Studierende im Vollzeitstudium
ausbildeten. Dazu kommen noch etwa 4.270 Teilzeitstudierende im Fern- und

Abendstudium. Etwa 80% der Studierenden sind Frauen (GUS 2001). Die Absolventen der (früheren) postlyzealen Lehrerbildung sowie der Lehrerbildungskollegs können ergänzende Magisterstudien anschließen, was in den letzten Jahren auch die praktizierenden Lehrer in größerer Zahl tun, um ihre Qualifikationen zu erhöhen und damit ihren Arbeitsplatz zu sichern.

Die Bildungsverwaltung ist rechtlich verpflichtet, für die Lehrer den Zugang zur beruflichen Weiterbildung zu garantieren. Für das Lehrpersonal besteht umgekehrt die Verpflichtung zur Weiterbildung während des Berufslebens. Die wichtigsten Institutionen der Weiterbildung sind dabei einerseits das 1992 gegründete Nationale Weiterbildungszentrum für Lehrer (*Centralny Ośrodek Doskonalenia Nauczycieli*, CODN), das dem Bildungsministerium untersteht und das vor allem Weiterbildungsmaßnahmen in den Bereichen durchführt, die in Hinblick auf die Einführung der Bildungsreform Priorität genießen sollen, z.B. Fremdsprachenunterricht, Umweltbildung, Informatik und das Neue Abitur. Daneben besteht ein Netz Methodischer Zentren auf regionaler Ebene. In ihnen arbeiten aktive Lehrer als Fachberater sowie (fachübergreifend) als Methodische Berater.

Die Schulleiter werden in einem öffentlichen Ausschreibungsverfahren unter den besonders qualifizierten Lehrern ausgesucht. Eine eigene Ausbildung für sie gibt es nicht. Ihr Kompetenzbereich ist recht umfassend, denn sie haben nicht nur die pädagogische und rechtliche Aufsicht über die Lehrer ihrer Schule, sondern können auch das Lehrpersonal selbstständig einstellen und entlassen.

Allgemein bildende Schulen

Die vorschulische Bildung und Erziehung

Die vorschulische Betreuung der Kinder von drei bis sechs Jahren erfolgt in eigenen Vorschuleinrichtungen und Vorschulabteilungen von Grundschulen. Für Sechsjährige gibt es so genannte „Nullklassen" an Grundschulen. Eine vorschulische „Grundversorgung" der Kinder (fünf Stunden täglich) ist kostenfrei. Darüber hinaus gehende Betreuungszeiten sowie Mahlzeiten usw. sind kostenpflichtig. Das Angebot ist bei weitem nicht flächendeckend. Obgleich seit den siebziger Jahren die Notwendigkeit einer allgemeinen Verbreitung der Vorschulerziehung immer wieder betont worden war, da dies als unabdingbar für die Gleichheit der Bildungschancen angesehen wurde, ist ihre quantitative Entwicklung bei weitem nicht genügend. In den neunziger Jahren ging sie sogar zurück und zeigte erst ab 1995 eine leichte Aufwärtstendenz. Bezogen auf die Drei- bis Fünfjährigen bekam 1998 nicht einmal jedes dritte Kind einen Vorschulplatz. Nur die Einbeziehung der Sechsjährigen, die zu 97% erfasst werden, verbessert die Statistik (vgl. GUS 2001, S. 257). Die wichtigsten Ursachen liegen in den Übergangsproblemen der Umbruchsgesellschaft, dem Rückgang der Beschäftigungsrate und der Arbeitslosigkeit der Frauen, einem deutlichen Anwachsen der Gebühren für die Vorschulbetreuung, die fünf Stunden am Tag übersteigt, der schwachen wirtschaftlichen Lage vieler Gemeinden, die zu dem Bestreben führten, ihre Bildungsaufgaben zu reduzieren. Für den Vorschulbereich existiert, genau wie für den übrigen Schulbereich, ein Rahmencurriculum. Es betrifft vier Bereiche, unter denen die Gesundheitserziehung, die motorische und geistige Entwicklung sowie ästhetisch-kreative Tätigkeiten besonders hervorgehoben werden.

Die Primarschule (szkoła podstawowa)

Die Grundlage des polnischen Bildungswesens war bis 1999 die einheitliche achtklassige Grundschule, die in der Reform von 1998/99 auf sechs Jahre verkürzt wurde. Sie hatte zugleich eine bildende, erzieherische und sozialpädagogische Rolle und zielte auf eine ausgewogene körperliche, psychische, gesellschaftliche, motorische und intellektuelle Entwicklung ab. Sie sollte die Schüler mit einem umfassenden Spektrum von Wissen ausstatten und so die Grundlage für die weitere allgemeine und berufliche Bildung darstellen. Der Unterricht in der heutigen sechsjährigen Grundschule umfasst zwei Phasen, den integrierten *Anfangsunterricht* in den Schuljahren 1-3 und den *Blockunterricht* in den Schuljahren 4-6. Die Eingangsphase stützt sich auf einen ganzheitlichen Unterricht, der von einem einzelnen Lehrer erteilt wird. Der Stundenplan umfasst insgesamt 18-19 Wochenstunden und zusätzlich fünf Verfügungsstunden für den Schulleiter.

Mit der 4. Klasse beginnt der Blockunterricht in den drei Blöcken Naturwissenschaften, Sprache und sozialkundliche Fächer und Technik. Daneben werden sozusagen als Unterrichtsprinzip so genannte „Bildungspfade" eingeführt, d.h. bestimmte Unterrichtsinhalte, die keine eigenen Fächer sind, sondern von bestehenden Fächern vermittelt werden sollen, denen sich deshalb alle Lehrer verpflichtet sehen sollen: Gesundheit, Ökologie, Medien- und Sozialerziehung. Der letztgenannte Lernbereich wiederum geht vom engeren Kreis (die Familie) über die regionale Verankerungen der Schüler zur patriotischen und europäischen Erziehung. Der systematische Fachunterricht umfasst den grundlegenden Kanon der allgemein bildenden Fächer: Muttersprache, Fremdsprache (ab 5. Schuljahr), Mathematik, Gesellschaftswissenschaft, Geschichte, Geographie, Biologie und Hygiene, Physik, Chemie, Technik und Elemente der Informatik, Bildende Kunst, Musik, Sport. Der Lehrplan ist einheitlich, es gibt keine Differenzierung durch Wahlfächer oder fakultative Inhalte. Die Wochenstundenzahl steigert sich von 22 Unterrichtsstunden im vierten Schuljahr bis zu 28 im achten Schuljahr. Die inhaltliche Struktur der Lehrpläne wurde grundlegend verändert, indem u.a. Sektoren, wie gesellschaftlich-staatsbürgerliche oder ökologische Bildung eingeführt wurden. Man strebt schrittweise die generelle Einführung des Fremdsprachenunterrichts in westlichen Sprachen und einer informationstechnischen Bildung an. Hindernisse dafür sind fehlende Fachlehrer, da gerade die in diesen Bereichen ausgebildeten Lehrer in der Wirtschaft bessere Verdienstchancen haben und dorthin abgeworben werden.

Das Grundschulnetz umfasste im Schuljahr 2000/01 ca. 16.766 Schulen und 3.220.500 Schüler. Damit ist sowohl die Zahl der Schulen als die der Schüler seit 1990 (5.287.000 Schüler) drastisch gesunken. Selbst wenn man die Schüler des „neuen" Gymnasiums zu zwei Dritteln dazuzählt bleibt immer noch ein Schwund von etwa 1,3 Millionen Schülern, der auf die demographische Entwicklung zurückzuführen ist. Aufgrund der neuen Minderheitenpolitik nach 1989 wurden Schulen gefördert, die als Unterrichtssprache die Muttersprache einer nationalen oder ethnischen Minderheit haben. Im Schuljahr 2000/01 gab es auf Grundschulniveau 435 solcher Schulen. Die meisten gibt es mit Deutsch als Unterrichtssprache (269), danach folgt Ukrainisch (73), Kaschubisch (33), Weißrussisch (27), Litauisch (13), Slowakisch (9). Dazu kommen noch 112 Schulen im Sekundarbereich I, von denen knapp die Hälfte (53) Deutsch als Unterrichtssprache haben. Auf der Ebene der Sekundarstufe II spielen diese Minderheitenschulen statistisch keine Rolle mehr. Insgesamt lässt sich feststellen, dass ihre Zahl in den letzten Jahren eine stark sinkende Tendenz hat.

In der Grundschule beginnt der Fremdsprachenunterricht. Die freie Wahl der Fremdsprachen ist in der Schulwirklichkeit durch die Zahl der verfügbaren Lehrer für die gewünschten Sprachen eingeschränkt. Es gibt immer noch nicht genügend Lehrer in westlichen Fremdsprachen. Auch in Polen scheint die Ausbreitung des Englischen zu Lasten des Russischen, aber auch des Deutschen kaum aufzuhalten. Von 1999 zu 2000 stieg sein Anteil im Grundschulbereich von 38% auf 43%, der des Deutschen stieg geringfügig um 0,1% (auf 19,7%), während das Russische von 11% auf 6,6% noch einmal deutlich zurückging. Da die Quote der Schüler, die Russisch wählen, auf dem Land deutlich höher ist (die Versorgung mit Fremdsprachenlehrer ist infolge der schlechteren Arbeitsbedingungen dort schlechter), ist der Vormarsch des Englischen zugleich ein Indikator dafür, dass der Lehrermangel im Bereich der westlichen Fremdsprachen langsam kompensiert wird. Dieselbe Rangfolge – mit etwas anderen Gewichtungen zwischen den Sprachen zugunsten des Deutschen und des Russischen – findet sich im Übrigen auch in der Sekundarstufe I und II wieder. Bemerkenswert ist dabei, dass das Englische im Jahr 2000 erstmalig auch im Bereich der berufsbildenden höheren Schulen das bisher dominierende Deutsche von der ersten Stelle verdrängt hat.

Die Sekundarstufe I

Seit dem Schuljahr 1999/2000 existiert in Polen ein eigener Schultyp der Sekundarstufe I, das dreijährige Gymnasium (*gimnasjum),* das seinen Namen von einer ähnlichen Schulform in der Zwischenkriegszeit hat. Der Übergang auf das Gymnasium setzt lediglich die erfolgreiche Absolvierung der 6. Klasse der Grundschule voraus. Ab 2002 soll eine externe Leistungsüberprüfung am Ende der Grundschulzeit ein gleiches Niveau der Grundschulabsolventen garantieren. Der neue Schultyp bekam die Aufgabe zugeschrieben, die Bildungswegs- bzw. Berufsorientierung der Jugendlichen rationaler zu gestalten und ist insoweit eine Antwort auf die Kritik an den Oberklassen der Grundschule. Neben den Pflichtfächern, die denen der Oberstufe der Grundschule entsprechen, kennt auch das Gymnasium fächerübergreifende „Bildungspfade". Zusätzlich zu den „Bildungspfaden" der Grundschule kommen noch philosophische Bildung, Zivilverteidigung und die „polnische Kultur in der Zivilisation des Mittelmeerraumes". Für die Umsetzung dieses Unterrichtskonzepts wird die Erstellung von kurzen Modulen empfohlen. Am Ende des Gymnasiums ist künftig eine standardisierte externe Prüfung auf regionaler Ebene vorgesehen.

Übergang aus dem Sekundarbereich I und Tendenzen im Sekundarbereich II

Die an das Gymnasium anschließende neue Sekundarstufe II, die erstmalig im Schuljahr 2002/03 in Kraft treten soll, gabelt sich nach der Korrektur der Reform in die folgenden Schultypen:
-    das dreijährige allgemein bildende Lyzeum, das zum Abitur führt,

- die dreijährigen „profilierten Lyzeen", die ebenfalls mit dem Abitur abgeschlossen werden können, die aber eine allgemein-berufliche Vorbereitung in insgesamt 14 Profilen vermitteln,
- die vierjährigen Technika, die zusammen mit der Hochschulreife eine berufliche Qualifikation vermitteln,
- die zwei- bis dreijährigen Berufsgrundschulen, die lediglich auf den Erwerb einer Facharbeiterqualifikation vorbereiten.

Der Übergang in alle zum Abitur führenden Bildungsgänge erfolgt über eine Aufnahmeprüfung. Die Facharbeiterausbildung erfolgt außer an den Berufsgrundschulen (*szkoła zasadnicza zawodowa*) auch in Form eines betrieblichen Ausbildungsverhältnisses (insbesondere, aber nicht ausschließlich im Handwerk). Das strategische Ziel der Bildungspolitik der neunziger Jahre war die Erhöhung des Bildungsniveaus und des Qualifikationspotentials der Gesellschaft durch die allgemeine Verbreitung der Bildung auf Abiturniveau und eine breitere Öffnung des Hochschulzugangs. Zielvorstellung ist, bis zum Jahr 2010 etwa 75% der Jugendlichen auf Abiturniveau auszubilden. Dieses vorrangige bildungspolitische Ziel führt zu einem Umbau der Qualifikationspyramide, die das Bildungswesen hervorbringt. An die Stelle des bisherigen Fundaments der Ausbildung auf Facharbeiterniveau, die im Jahr 1990 noch von fast der Hälfte der Jugendlichen erworben wurde, soll für die überwiegende Mehrheit der Jugendlichen künftig eine Qualifikation auf mittlerem Niveau treten. In Verbindung mit diesen Plänen erfolgte ein Prozess der Restrukturierung der drei weiterführenden Schultypen im Hinblick auf ihr quantitatives Gewicht. Dieses Ziel ist im Grunde schon erreicht. Während im Jahr 1989/90 nur 48,4% der Absolventen nach der Pflichtschule zu den allgemein bildenden und beruflichen Sekundarschulen mit Abiturabschluss überwechselten, in die Berufsgrundschule aber 45,6% der Jugendlichen strömten, ging der Zustrom zur Berufsgrundschule im Jahr 2000 auf 23% zurück (nach GUS 2001, S. 236 und frühere Jahrgänge). Bei einer Übergangsquote von 97,6% bedeutet das, dass schon heute über 74% der Jugendlichen eine Schule besuchten, die auf das Abitur vorbereitet. Für die Mädchen allein ist die Quote noch höher (83%).

Allgemein bildende Lyzeen (liceum ogólnokształcące)

Das allgemein bildende Lyzeum erteilt eine höhere Allgemeinbildung und ermöglicht den Erwerb des Reifezeugnisses (*matura*). Der Unterricht dauert heute drei Jahre. Die Hauptfunktion des allgemein bildenden Lyzeums ist die Vorbereitung auf ein Hochschulstudium. Im Bereich der höheren Allgemeinbildung wurden nicht-öffentliche Schulen zuerst gegründet. Im Jahr 2000 gab es 445 nicht-öffentliche Lyzeen, die von etwa 4,7% der Schülerpopulation besucht werden (GUS 2001, S. 234). Der Lehrplan in den allgemein bildenden Lyzeen enthält in seinem einheitlichen Teil einen breiten obligatorischen Wissenskanon (Polnisch, zwei Fremdsprachen, Mathematik, Gesellschaftskunde, Geschichte, Geographie, Biologie mit Hygiene und Umweltschutz, Physik mit Astronomie, Chemie, Technik und Informatik, Bildende Kunst und Musik, Sport, Wehrkunde). Zugleich soll der Bildungsprozess auf die Interessen der Schüler ausgerichtet sein. Dies geschieht mittels besonderer Bildungsprofile und fakultativer Angebote. Neben dem allgemeinen Profil, das etwa 63% aller Schüler erfasst, sind das mathematische (13%), das sprachliche (8,6%)

und das naturwissenschaftliche Profil (8%) für die Statistik von Bedeutung. Weitere Differenzierungsmöglichkeiten geben fakultative Angebote im Bereich der Philosophie und Ethik, der „Hauptprobleme der gegenwärtigen Welt", des Rechts, der Wirtschaft, der Informatik, des Schutzes und der Gestaltung der Umwelt, der Pädagogik und der Psychologie.

Eine neue Entwicklung sind die bilingualen allgemein bildenden Lyzeen, die Unterricht in zwei Sprachen erteilen. Im Schuljahr 1995/96 gab es 30 bilinguale allgemein bildende Lyzeen in unterschiedlichen Wojewodschaften (nach DEVELOPMENT 1996, neuere Daten liegen nicht vor). Die Absolventen dieser Schulen können neben dem polnischen Abitur internationale Diplome über ihre Kenntnisse in der jeweiligen Sprache erwerben. Die Absolventen des allgemein bildenden Lyzeums können die *Abiturprüfung* ablegen, die aber nicht obligatorisch ist. Es ist möglich, das Lyzeum lediglich mit einem Schulabgangszeugnis zu verlassen. Insgesamt kommen 98,7% der Absolventen des allgemein bildenden Lyzeums zum Abschluss der höheren Bildung, während 94,1% das Reifezeugnis (*matura*) erhalten, das zur Bewerbung für den Hochschulzugang berechtigt.

Berufsbildende höhere Schulen (mit Doppelqualifikation)

Zu den berufsbildenden höheren Schulen gehören die Technika (*technikum*) und diesen gleichrangige Schulen sowie bisher noch die Berufsbildenden Lyzeen (*liceum zawodowe*), die künftig auslaufen sollen. Der Unterricht in den *Technika* dauert nach der Einführung des *gimnasjum* vier Jahre. In diesen Schulen kann man eine mittlere berufliche Qualifikation sowie eine höhere Allgemeinbildung erwerben, die man mit dem *Abitur* abschließen kann. Auch die *doppeltqualifizierenden* höheren beruflichen Schulen ermöglichen ihren Absolventen den Erwerb des *Abiturs*. Von der Gesamtzahl der Absolventen dieser Schulen unterzogen sich in den letzten Jahren ca. 90% der Reifeprüfung (*matura*) und ca. 78% schlossen die Prüfung auch erfolgreich ab und erhielten damit die formale Hochschulzugangsberechtigung.

Berufsbildende Schulen ohne Doppelqualifikation (zadadnicza szkoła zawodowa)

Die Berufsgrundschulen sind zweijährig und stellen den wichtigsten Zweig für die Ausbildung von *Facharbeitern* dar. Das grundlegende Modell ist das einer vollzeitschulischen beruflichen Bildung, daneben gibt es auch einen betriebsgestützten Ausbildungsmodus im Bereich der Lehrlingsausbildung. In den Berufsgrundschulen erwirbt man den Titel eines Facharbeiters (bzw. Gesellen im Handwerk) sowie das Zeugnis der allgemeinen und beruflichen Bildung, das einen weiteren Bildungsgang an einem dreijährigen Technikum möglich macht.

Hochschulbereich

Seit dem politischen Umbruch hat das polnische Hochschulwesen eine bemerkenswerte Expansion erlebt (vgl. STEIER-JORDAN 1999a; HÖRNER 2002b). Die Zahl der Studierenden stieg von 1990 bis 2000 von 403.000 auf 1,58 Millionen, die Zahl der Hochschulen von 112 auf 310. Diese Expansion war nur möglich durch eine strukturelle Diversifizierung (vgl. HRK 1991), zum einen durch die Zulassung von privaten Hochschuleinrichtungen, zum andern durch die Einführung von *Fachhochschulen* (vgl. HRK 1997), die ihrerseits verbunden war mit einer Diversifizierung von Studiengängen (Einführung von dreijährigen Kurzstudiengängen, wie sie schon für den Bereich der Lehrerbildung erwähnt wurden). So sind von den 310 genannten Hochschulen 195 Einrichtungen privater Trägerschaft, 61 sind Fachhochschulen. Im Jahr 2000 waren 29% aller Studenten an Privathochschulen eingeschrieben (GUS 2001). Da die Studiengebühren an diesen Einrichtungen für polnische Einkommens- und Währungsverhältnisse relativ teuer sind (250 –2500 Dollar im Studienjahr) lässt sich an den finanziellen Opfern die gesellschaftliche Wertschätzung ermessen, die in Polen mit dem Hochschulstudium verknüpft ist (vgl. ZIELIŃSKA 1998).

Notwendige, aber nicht hinreichende Voraussetzung für den Hochschulzugang ist in Polen das *Reifezeugnis*, das man, wie erwähnt, am allgemein bildenden und profilierten Lyzeum sowie an beruflichen höheren Schulen erwerben kann. Die Bedingungen der Zulassung zum Studium selbst legen heute die einzelnen Hochschulen fest. In den staatlichen Hochschulen gibt es in der Regel eine Zulassungsprüfung oder eine andere Form der Selektion (Bewerbungsinterview oder Berücksichtigung der Abiturnoten). In den nicht-staatlichen Hochschulen gibt es meistens keine Eingangsselektion, da Studiengebühren erhoben werden, einige unter ihnen praktizieren aber eine fortlaufende Leistungskontrolle.

Sonderschulwesen

In Polen gab es im Schuljahr 2000/01 auf Grundschulniveau 780 Sonderschulen und 284 Sonderschulabteilungen an Grundschulen. Sie nehmen etwa 52.000 Schüler auf. Fast ebenso viele finden sich in Integrationsklassen. Bei einer Gesamtschülerzahl von etwa 4,03 Millionen im entsprechenden Alter entspräche dies einer Betreuungsquote von 2,5%, die von Experten als nicht ausreichend angesehen wird.

Umgang mit Problembereichen

Polen ist statistisch kein Einwanderungsland, bis in die 1990er Jahre war vielmehr eine starke Emigrationswelle zu verzeichnen, die erst nach 1995 abebbte. Mit der Konsolidierung der ökonomischen Situation wurde Polen hingegen in den letzten Jahren als Ziel für illegale Immigration aus Osteuropa und Asien entdeckt, eine Entwicklung, die jedoch noch keinen nennenswerten Einfluss auf die Schule hat. Probleme interkultureller Erziehung wie in westeuropäischen Gesellschaften sind (noch) unbekannt. Wie oben dargestellt, wurden die speziellen Bildungsbedürfnisse der „autochthonen" sprachlichen Minderheiten nach 1990 durch eine großzügigere Praxis der Einrichtung von Minderheitenschulen befriedigt.

Probleme liegen eher auf der Ebene der durch die Transformationsgesellschaft geschaffenen sozialen Verwerfungen. Infolge der nach wie vor hohen Arbeitslosenquote leiden einige Bevölkerungsgruppen unter den impliziten Privatisierungsmaßnahmen im schulischen Angebot. Das betrifft deutlich den Vorschulbereich, aber indirekt auch den Bereich jenseits der Pflichtschule, in dem höhere Qualität nur durch private Bildungsangebote „zu kaufen" ist. Darüber hinaus ist ein traditionelles Problem der Bildungsungleichheit, nämlich das ausgeprägte Stadt-Land-Gefälle in der Qualität des Bildungsangebots auch heute noch virulent. Es wird sich vermutlich erst dann lösen lassen, wenn die materiellen Bedingungen der Lehrer auf dem Land denen der Kollegen, die in der Stadt eingesetzt sind, entsprechen und wenn die Ausstattung der Landschulen denen der Stadtschulen entspricht. Hier scheint noch ein weiter Weg zu sein. Beide Problemfelder weisen darauf hin, dass die Gewährleistung von Chancengleichheit eine ungelöste Frage auch in der Transformationsgesellschaft ist.

Aktuelle Diskussionen und Entwicklungsperspektiven

Soweit die Reform von 1998/99 die Neugestaltung der Pflichtschule betrifft, wird sie inzwischen kaum noch in Frage gestellt. Lediglich die Frage des erhöhten Verwaltungsaufwands (an Schulleitern, Personal usw.) für die neuen Schultypen der Sekundarstufe I taucht in der Diskussion bisweilen noch auf, wird aber durch die pädagogischen Qualitäten der neuen Schule (Fachunterricht...) unter Verweis auf europäische Vorbilder abgetan. Tatsächlich zeigt das neue Schulmodell eine gewisse Analogie zur französischen Gliederung des Pflichtschulbereichs, nur dass Polen ein Modell 6+3 anstelle des französischen 5+4 gewählt hat. Die Pflichtschulreform scheint ein Schritt der Angleichung an westeuropäische Modelle zu sein, wobei die Anlehnung an Frankreich statt z.B. an das mögliche skandinavische Modell sicher kein Zufall ist (vgl. HÖRNER 2002a). Wie gerade auch der Vergleich des beruflich-technischen Bildungsbereichs zeigen würde, weisen die „Philosophien" der Gesamtbildungssysteme Polens und Frankreichs eine innere Verwandtschaft auf, die über die historischen Beziehungen früherer Jahrhunderte weit hinausgehen (vgl. HÖRNER/ZIELIŃSKA 2002). Ein zentrales Problem der europäischen Integration im Bildungswesen stellt allerdings auch die niedrige Lehrerbesoldung dar, die die Motivation der Lehrer hemmt und den geplanten Reformimpetus stark abbremst. Zusatzarbeit wie Curriculumentwicklung scheint nach wie vor schwer möglich, wenn die Lehrer mehrere unterschiedliche Beschäftigungsverhältnisse haben müssen, um materiell zu überleben. Bleibende Probleme bestehen aber auch auf der Ebene der Qualitätssicherung, wie nicht erst das schlechte Abschneiden Polens bei der PISA-Untersuchung deutlich machte. Die Diskussion konzentrierte sich zunächst auf die Frage des Abiturs. Das schon zur Realisierung bereitliegende Modell des Zentralabiturs wurde aufgrund des Drucks der Elternschaft zunächst noch einmal ausgesetzt, seine Einführung scheint jedoch nur verschoben. Die parallel dazu entwickelten flankierenden Maßnahmen der zentralen Leistungskontrolle scheinen ihrerseits ein Merkmal künftiger europäischer Bildungssysteme zu sein, deren Realisierung durch die internationalen Schulleistungsmessungen noch beschleunigt wird. Der Wunsch nach Aufnahme in die EU ist hier ein wirksamer Motor.

Literatur

ANWEILER, O.: Polen. In: Anweiler, Oskar u.a.: Bildungssysteme in Europa. Weinheim 1996, S. 143-164.

BANDAU, S./LEWOWICKI, T./MIESZALSKI, S./SZYMAŃSKI, M: Schule und Erziehungswissenschaft im Umbruch. Köln 1996.

BASKE, S./BENEŠ, M./RIEDEL, R.: Der Übergang von der marxistisch–leninistischen zu einer freiheitlich–demokratischen Bildungspolitik in Polen, in der Tschechoslowakei und in Ungarn. Wiesbaden 1991.

BASKE, S.: Bildungspolitik in der Volksrepublik Polen, 1944-1986. Quellensammlung, 2 Bde. Berlin/Wiesbaden 1987.

DEVELOPMENT of Education in Poland. Report prepared by Ministry of National Education, Republic of Poland. International Conference on Education. 45th Session Geneva. Warschau 1996.

DWERTMANN, F.: Aufbruch ins Ungewisse. Die schwierige Bildungsreform der polnischen Nachbarn zwischen Tradition, neuem Denken und materieller Not. In: Neue Sammlung (1994)2, S. 307-314.

EWIKAN – System ewidencji kadr nauczycielskich, 1996. Warschau: MEN 1997

FUHRMANN, R. W.: Polen-Handbuch. Geschichte, Politik, Wirtschaft. Hannover 1990.

GUS – Głowny Urząd Statystyczny (Hrsg.): Rocznik Statystyczny Rzeczypospolitej Polskiej 2001. Warschau 2001

HÖRNER, W./KUEBART, F./SCHULZ, D. (Hrsg.): „Bildungseinheit" und „Systemtransformation". Beiträge zur bildungspolitischen Entwicklung in den neuen Bundesländern und im östlichen Europa. Berlin 1999.

HÖRNER, W./SZYMAŃSKI, M.: Schulautonomie in ausgewählten europäischen Staaten: Polen. In: Döbert, H./Geißler, G.: Schulautonomie in Europa. Baden Baden 1997, S. 243-314.

HÖRNER, W./STEIER-JORDAN S./SZYMAŃSKI, M. S. (Hrsg.): Transformation im Bildungswesen und europäische Perspektiven. Deutschland und Polen im Vergleich. Köln 1999.

HÖRNER, W./WOMPEL, I. R.: Die polnische Schule im Umbruch. Das neue polnische Bildungsgesetz im Kontext der gesellschaftlichen Veränderung. Wiesbaden 1994.

HÖRNER, W./ZIELIŃSKA, K.: Polen. In: Internationales Handbuch der Berufsbildung. Hrsg. von Lauterbach, U. u.a. Baden-Baden 2002.

HÖRNER, W.: Der Bericht des Expertenkomitees und die Schulreformpläne in Polen. In: Bachmaier, P. (Hrsg.): Bildungspolitik in Osteuropa. Systemwandel und Perspektiven. Wien 1991, S. 138-147.

HÖRNER, W.: Polytechnische Bildung im östlichen Europa. In: Dedering, H. (Hrsg.) Handbuch zur arbeitsorientierten Bildung. München 1996a, S. 663-692.

HÖRNER, W.: Zum Verhältnis von Allgemeinbildung und Berufsbildung in Umbruchsgesellschaften. Ein kontrastiver Vergleich Polen – Ostdeutschland (Neue Bundesländer). In: Bandau, S./Lewowicki, T./Mieszalski, S./Szymański, M: Schule und Erziehungswissenschaft im Umbruch. Ergebnisse eines deutsch-polnischen Symposiums. Köln 1996b, S. 245-255.

HÖRNER, W.: Die Umgestaltung des Bildungswesens in den neuen Bundesländern und im östlichen Europa. Analogien und Unterschiede in Transformationsprozessen. In. Hörner, W./Kuebart, F./Schulz, D. (Hrsg.): „Bildungseinheit" und „Systemtransformation". Beiträge zur bildungspolitischen Entwicklung in den neuen Bundesländern und im östlichen Europa. Berlin 1999, S. 167-183.

HÖRNER, W.: Das polnische Bildungswesen auf dem Weg nach Europa? Zur europäischen Dimension der polnischen Bildungsreformen. In: Bildung und Erziehung 55 (2002a) 2, S. 137-150.

Hörner, W.: Higher Education in Poland after 1989 In: After Communism and Apartheid: Transformation of Education in Germany and South Afrika. Ed. by Lutz R Reuter and Hans Döbert. Frankfurt a.M. usw. 2002b, p. 231-240.

HRK – Hochschulrektorenkonferenz (Hrsg.): Das polnische Gesetz über die Berufshochschulen vom 9. 5. 1997. Bonn 1997.

HRK – Hochschulrektorenkonferenz: Das polnische Hochschulgesetz vom 12.09.1990. Dokumente zur Hochschulreform 71/1991.

HRK – Hochschulrektorenkonferenz: Perspectives on the Reform of Higher Education in Central and Eastern Europe. Dokumente zur Hochschulreform 90/1994.

Komitet Ekspertów do spraw Edukacji Narodowej (Expertenkomitee für das nationale Bildungswesen): Edukacja narodowym priorytetem. Raport o stanie i kierunkach rozwoju edukacji narodowej w Polskiej Rzeczypospolitej Ludowej (Bildung als nationale Priorität. Bericht über Stand und Entwicklungsrichtungen des nationalen Bildungswesens in der Volksrepublik Polen). Warschau 1989.

Kozakiewicz, M.: Sozio-ökonomische Voraussetzungen der geplanten Reform des Bildungswesens in Polen. In: Bildung und Erziehung 41 (1988) 2, S. 201-214.

Kupisiewicz, C.: Die Expertenberichte von 1973 und 1989 zum Stand des Bildungswesens in Polen – Entstehung, Inhalt und Funktion. In: Bildung und Erziehung 44 (1991) 1, S. 39-52.

MEN – Ministerstwo Edukacji Narodowej: Reforma Systemu Edukacji. Projekt. Warschau 1998.

OECD – Organisation for Economic Co–Operation and Development (Hrsg.): Reviews of National Policies for Education: Poland. Paris 1996.

Steier-Jordan, S.: Die Reform der beruflichen Bildung in Polen seit 1989. Münster/New York 1995.

Steier-Jordan, S.: Die Reform der beruflichen Bildung in Polen seit 1989. Tendenzen und Probleme. In: Bandau, S./Lewowicki, T./Mieszalski, S./Szymański, M: Schule und Erziehungswissenschaft im Umbruch. Ergebnisse eines deutsch-polnischen Symposiums. Köln 1996, S. 256-265.

Steier-Jordan, S.: Das polnische Hochschulwesen zwischen Transformation und Tradition. In: Hörner, W./Kuebart, F./Schulz, D. (Hrsg.) „Bildungseinheit" und „Systemtransformation". Beiträge zur bildungspolitischen Entwicklung in den neuen Bundesländern und im östlichen Europa. Berlin 1999a, S. 133-150.

Steier-Jordan, S.: Bildungswesen und Bildungsreform in Polen: Wandel und Kontinuität. In: Osteuropa 49 (1999b) 2, S. 130-144.

Szloska, F. (red.): Drogi i bezdroża kształcenia nauczycieli w Polsce. Radom 1995.

Wöhlke, W. (Hrsg.): Länderbericht Polen. Bonn 1991.

Wołoszyn, S. (Hrsg.): Środła do dziejów wychowania i myśli pedagogicznej; T. III, Pedagogika i szkolnictwo w XX stulecie. Warschau 1966.

Zielińska, K.: Lehrerbildung in Polen im Kontext der Hochschulpolitik der 1990er Jahre. In: Bildung und Erziehung 51 (1998) 4, S. 461-474.

Zielińska, K.: Entwicklungsperspektiven der Berufsbildung in Polen. In: Hörner, W./Steier-Jordan, S./Szymański, M.: Transformation im Bildungswesen und europäische Perspektiven. Deutschland und Polen im Vergleich. Köln 1999, S. 11 bis 22.

Polen

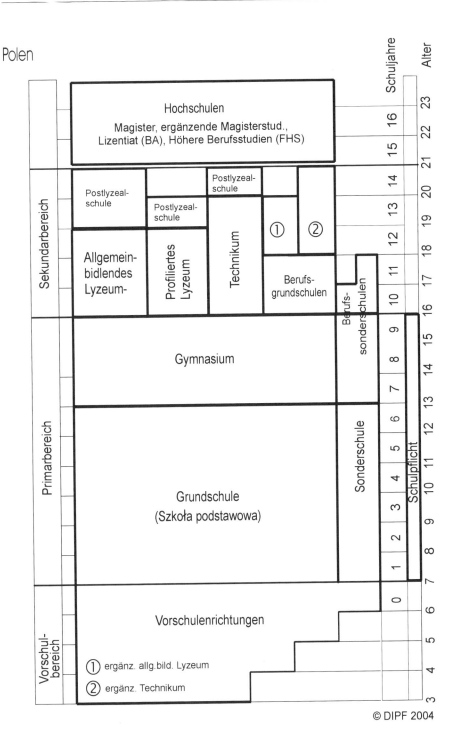

Hochschulen
Magister, ergänzende Magisterstud.,
Lizentiat (BA), Höhere Berufsstudien (FHS)

Sekundarbereich

Postlyzeal-schule

Postlyzeal-schule

Postlyzeal-schule

Allgemein-bidlendes Lyzeum-

Profiliertes Lyzeum

Technikum

① ②

Berufs-grundschulen

Berufs-sonderschulen

Primarbereich

Gymnasium

Sonderschule

Grundschule
(Szkoła podstawowa)

Schulpflicht

Vorschulenrichtungen

Vorschul-bereich

① ergänz. allg.bild. Lyzeum

② ergänz. Technikum

Schuljahre · Alter

© DIPF 2004

Jörn Schützenmeister

PORTUGAL

Die Entwicklung des Bildungswesens

Die Entstehung des portugiesischen Schulsystems kann etwa auf die Mitte des
18. Jahrhunderts datiert werden – auf einen Zeitpunkt, da Portugals ehemals überragender Einfluss als See- und Handelsmacht noch nachwirkte (vgl. SCHNUER/MERTENS 1995, S. 26). Impulse zur Entwicklung des Bildungswesens gingen von der liberalen Revolution im Jahr 1820 – Einführung der Schulpflicht 1835 – und von der
Ablösung der Monarchie durch eine Republik im Jahr 1910 aus. Da Portugal jedoch
seine Wirtschaft während des 18. und 19. Jahrhunderts bei weitem nicht in dem
Maße wie andere europäische Länder industrialisierte, fiel es in einen Modernitätsrückstand (vgl. SCHNUER/MERTENS, S. 11). Für das Verständnis des gegenwärtigen
portugiesischen Bildungswesens sind vor allem Entwicklungen während des 20.
Jahrhunderts von Bedeutung. Während der fast fünfzigjährigen Diktatur von Salazar
und Caetano geriet Portugal innerhalb Europas in eine extreme geistige und kulturelle Isolation (vgl. SINZEL 1979, S.28). Die vorherrschende Ideologie, die Werte einer
kleinbäuerlichen Agrargesellschaft in den Vordergrund rückte, begründete eine
ständisch-korporative Republik, die so genannte „Neue Republik" (*Estado Novo*).
Sie konservierte eine oligarchische Gesellschaftshierarchie und behinderte die Entfaltung des Schulsystems. Das durchschnittliche Bildungsniveau der portugiesischen
Bevölkerung war während der Diktatur niedrig. Die Analphabetenrate betrug im
Jahr 1970 noch 30% (vgl. SINZEL 1979, S. 37ff., REICHARD 1977, S. 45). Das vertikal gegliederte Bildungswesen reproduzierte die soziale Spaltung der Bevölkerung.
Die prekäre soziale Lage der meist in Großfamilien lebenden Menschen zwang sie,
ihre Kinder nach der vier- bzw. sechsjährigen Schulpflicht (vgl. SCHNUER/MERTENS
1995, S. 26) aus dem Bildungsprozess zu nehmen und sie am Erwerb des familiären
Lebensunterhaltes zu beteiligen.
Im April 1974 wurde die Diktatur durch den Militärputsch der „Bewegung der
Streitkräfte" (MFA) beendet. Erst die Entmachtung des Revolutionsrates durch einen weiteren Putsch und die Wahl der Sozialistischen Partei (PSP) gewährleisteten
Anknüpfungspunkte für den Übergang zu einer Demokratie. Jedoch setzte man in
der Übergangsphase den Schwerpunkt weiterhin auf eine zentralistische Lenkung
des Landes (vgl. GOMES 2000, S. 76). Das Ende der Diktatur hatte weitreichende
Konsequenzen für das Bildungswesen. Mit dem Ziel, einen sozialen Wandel einzuleiten, erfolgten schon 1974 und 1975 Maßnahmen zur Hebung des Bildungsniveaus
breiter Bevölkerungsschichten und zur Herstellung von Chancengleichheit (vgl.
PALT 2001, S. 52; SINZEL 1979, S. 39f.; GOMES 2000, S. 78). Strukturell bedingte
Zugangsbarrieren zur Bildung wurden abgebaut (vgl. PALT 2001, S. 146). Insbesondere in dünn besiedelten Gebieten setzte eine Welle von Schulneugründungen und
damit eine Bildungsexpansion ein.

In der zweiten Hälfte der 1970er Jahre wurde eine einheitliche Sekundarstufe eingerichtet, die die traditionellen Höheren Schulen und Technischen Schulen ersetzte
(vgl. RAPOSO 1985, S. 63f.; EURYDICE 2002, S. 44). Einerseits wurde damit der
Übergang von einem vertikal gegliederten und sozialselektiven Schulsystem zu einem horizontalen gesamtschulartigen System vollzogen, das mehr Chancengleichheit gewährleistete (vgl. auch PALT 2001, S. 144ff.). Anderseits sollte mit dieser
Reorganisation die traditionelle Trennung zwischen allgemeiner Bildung und tech-
nisch-praktischer Bildung aufgehoben werden (vgl. EURYDICE 2002, S. 44). Die
Jahrgangsstufen fünf und sechs der Grundstufe wurden als Vorbereitungsstufe der
Gesamtschule konzipiert. In ihnen sollten die Schüler für die weiterführende Bildung besser vorbereitet werden (vgl. auch RAPOSO 1985, S. 64ff.), um die Über-
gangsraten zur Sekundarstufe zu erhöhen.
Seit Beginn der 1980er Jahre orientierte Portugal seine Entwicklung zunehmend an
Westeuropa. Finanz- und Strukturhilfen unterstützten seinen wirtschaftlichen und
sozialen Aufschwung. Vom wirtschaftlichen Aufstieg Portugals konnte das Bildungswesen profitieren. So kam es 1983 zunächst zur Etablierung eines effektiveren
Berufsbildungssystems (vgl. PALT 2000, S. 47; EURYDICE 2002, S. 70). Gleichzeitig
befand sich die gesamte Sekundarstufe in der pädagogischen Erprobungsphase (vgl.
RAPOSO 1985, S. 72). Kennzeichnend für die Reformbemühungen im Sekundarbereich ist das Bestreben, Allgemeinbildung und technisch-berufliche Bildung zusam-
menzuführen (vgl. RAPOSO 1985; PALT 2001, S. 148). So waren für die 9. Jahrgangsstufe der integrierten Gesamtschule und für die Sekundarstufe II wahlobligato-
rische Bereiche mit berufsbezogenen Fächern vorgesehen (vgl. RAPOSO 1985,
S. 73ff.). Die Reorganisation erbrachte schließlich das noch heute ausgeprägte Modell des Sekundarbereiches, in dem studien- und berufsorientierte Profilierung durch
ein spezielles Kurssystem möglich ist (EURYDICE 2002, S. 45). 1989 führte man einen neuen Typ Beruflicher Schulen (*Escolas Profissionais*) ein.
Ein grundlegend neuer gesetzlicher Rahmen für die Reorganisation des portugiesischen Bildungswesens wurde 1986 geschaffen. Die Reformen sahen die Ausweitung
der Schulpflicht auf neun Jahre, die Verbesserung der Bildungsqualität und die Umstrukturierung der Bildungsadministration vor (vgl. HAMILTON/ROSS 1992, S. 158).
Bei den Bildungsreformen spielte auch die Debatte um Dezentralisierungsprozesse
eine wichtige Rolle. Allerdings wurden Bemühungen zur Dezentralisierung durch
die ungünstigen infrastrukturellen Voraussetzungen im Bildungswesen erheblich erschwert (vgl. PALT 2001, S. 185). Sie führten letztlich nicht zur Abgabe sehr wichtiger Entscheidungsbefugnisse an nachgeordnete Ebenen (vgl. PALT 2001, S. 64).
Auch wurden Bemühungen zur Dezentralisierung meist von Rezentralisierungsten-
denzen begleitet (vgl. GOMES 2000, S. 92). Die Frage nach dem Verhältnis zwischen
Dezentralisierung und Zentralisierung blieb damit offen. Seit Mitte der 1990er Jahre
forcierte man Aktivitäten im Bereich der Bildungspolitik. Hierzu gehören Anstrengungen zur Änderung der Schultypologie, zur Regionalisierung der Bildungsverwaltung, zur Förderung der Schulautonomie, zur Verbesserung der Bildungsqualität
und zur Curriculumrevision. Viele dieser Punkte, die einem allgemeinen europäischen Trend entsprechen, waren Gegenstand des 1996 vom Erziehungsminister
Portugals unterbreiteten „Bildungspaktes für die Zukunft" (vgl. PALT 2001,
S. 41ff.). Kennzeichnend für die Bildungsreformen der 1990er Jahre ist die grundle-

gende Curriculumrevision (vgl. GOMES 2000, S. 80; PALT 2001, S. 80). Hierbei werden die stoffzentrierten, veralteten Curricula durch methodenzentrierte Rahmencurricula abgelöst, die einen offenen und flexiblen Unterricht sowie curriculare Autonomie der Lehrer ermöglichen sollen.

Organisation des gegenwärtigen Schulsystems

Öffentliche und private Bildungsangebote

Das Verhältnis zwischen öffentlicher und privater Trägerschaft von Bildungseinrichtungen ist in den einzelnen Bildungsbereichen Portugals sehr unterschiedlich ausgeprägt. Bis in die 1970er Jahre hinein lag die vorschulische Erziehung ausschließlich in privater Trägerschaft. Seit der zweiten Hälfte der 1970er Jahre wurden öffentliche Kindergärten und Vorschulen gegründet, sodass gegenwärtig mehr öffentliche Einrichtungen existieren als private, auch wenn die Zahl der Kinder in privatem Sektor höher ist. Bei der neunjährigen obligatorischen Grundbildung und bei den Gymnasien (Sekundarschulen) dominiert eindeutig das öffentliche Bildungsangebot. Der Anteil der Schüler in Privatschulen des Grundbildungsbereiches beträgt nur 9,4% und der Schüler in privaten Sekundarschulen lediglich 7,7%. In den Beruflichen Schulen (*Escolas Profissionais*) liegt das Schwergewicht jedoch auf der Seite der Einrichtungen in privater Trägerschaft. Jeder privaten Bildungseinrichtung steht weitgehende Autonomie bei der Gestaltung des eigenen Bildungs- und Erziehungskonzeptes zu, wenn dieses dem Niveau staatlicher Schulen derselben Bildungsstufe entspricht. Der Übergang von Schülern und Lehrern zwischen öffentlichen und privaten Bildungseinrichtungen soll problemlos möglich sein. Der Staat hat die Pflicht, die Einrichtung privater Bildungsinstitutionen zu genehmigen und ihren Betrieb zu kontrollieren. Er hat sicherzustellen, dass der Zugang zu privaten Bildungseinrichtungen zu den gleichen Bedingungen wie zu öffentlichen Bildungseinrichtungen erfolgen kann. Zudem subventioniert der Staat Schulen in privater Trägerschaft.

Überblick über die Struktur des Schulsystems

Kinder im Alter zwischen drei und sechs Jahren können Kindergärten oder Vorschulen besuchen. Die Erziehung soll in diesem Alter jedoch primär durch die Erziehungsberechtigten erfolgen, weshalb die Teilnahme an der Erziehung in den Vorschuleinrichtungen nicht verpflichtend ist. Die Schulpflicht beginnt für Kinder, die ein Alter von sechs Jahren erreicht haben. Sie umfasst neun Jahrgangsstufen. Die Grundbildung gliedert sich in drei aufeinander aufbauende Bildungszyklen mit unterschiedlicher Dauer (4 Jahre + 2 Jahre + 3 Jahre). Die Schultypen des Grundbildungsbereiches sind sehr vielfältig. Zwar wird empfohlen, dass eine Schule mindestens zwei Bildungszyklen anbieten soll, allerdings trifft man Schulen an, die sich nur auf einen Bildungszyklus beschränken. Hierzu gehören die Schule des ersten Bildungszyklus, die Primar- bzw. Elementarschulen sowie spezielle Einrichtungen des zweiten Bildungszyklus. Eine besondere Form des zweiten Bildungszyklus ist in dünn besiedelten Gebieten Portugals anzutreffen, in denen ein ausgebautes Schulsystem fehlt. Mit Hilfe audio-visueller Unterrichtsmaterialien wird in speziellen Einrichtungen ein dem zweiten Bildungszyklus adäquater Unterricht aufrechterhalten (*ensino básico mediatizado*). Eine Reihe Schulen des Grundbildungsbereiches bieten mehrere Bildungszyklen an. Hierzu gehören Schulen mit dem 2. und 3. Bildungszyklus sowie integrierte Basisschulen, in denen Schüler in allen drei Bildungszyklen unterwiesen und erzogen werden können. An einige integrierte Basisschulen ist ein Kindergarten angeschlossen, sodass eine unmittelbare Abstimmung zwischen vorschulischer Erziehung und Primarunterricht leicht möglich ist. Im ersten und im zweiten Bildungszyklus werden noch alle Kinder gemeinsam unterrichtet. Der dritte Bildungszyklus sieht neben dem von allen Schülern gemeinsam zu durchlaufenden Pflichtbereich auch einen Wahlbereich vor. Durch die Interessendifferenzierung im Wahlbereich soll den Schülern u.a. die Orientierung und Vorbereitung auf einen weiterführenden Bildungsweg ermöglicht werden. Den Absolventen der neunjährigen Grundbildung stehen mehrere weiterführende Bildungswege offen. Zum einen können sie in ein Gymnasium (Sekundarschule) oder in eine Berufliche Schule (*Escolas Profissionais*) übergehen. Zum anderen können sie eine ein- bis vierjährige Lehrlingsausbildung aufnehmen oder ein Trainingsprogramm zur Einführung in einen Beruf absolvieren. Der an den Grundbildungsbereich anknüpfende Bildungssektor ist zum großen Teil durch die organisatorische und curriculare Integration allgemeiner und beruflicher Bildung gekennzeichnet. Mit seiner doppeltqualifizierenden Funktion strebt er Flexibilität, berufliche Polyvalenz und Effizienz an. In den Gymnasien werden alle Schüler in einem Pflichtbereich gemeinsam unterrichtet. Im so genannte Spezifischen Bildungsbereich werden mit einem Wahlbereich individuelle Qualifikationsprofile ausgeprägt. Hierbei müssen sie sich jedoch zwischen einem Wahlbereich mit Fächern, die auf das Universitätsstudium vorbereiten, und einem Wahlbereich mit berufsqualifizierenden Fächern entscheiden. Entsprechend dieser Wahlmöglichkeit lassen sich an den Sekundarschulen also zwei verschiedene Ausbildungswege unterscheiden – auf das Universitätsstudium ausgerichteter Bildungsgänge (*Cursos Secundarios Predominantemente Orientados para o Prosseguimento de Estudos – CSPOPE*) und berufliche Ausbildungsgänge (*Cursos Tecnológicos – CT*). Die Durchlässigkeit zwischen diesen beiden Bildungswegen ist gegeben. Die Gymnasien führen in der Regel nur die Jahrgangsstufen 10, 11 und 12. Es existieren jedoch auch Schulen, die die Grund- und die Sekundarausbildung integriert anbieten.

Absolventen des dritten Grundbildungszyklus können ebenfalls die dreijährige Sekundarstufe II bzw. die so genannte Qualifizierungsphase der Beruflichen Schulen (*Escolas Profissionais*) besuchen. Die Beruflichen Schulen entsprechen den Belangen der Berufs- und Arbeitswelt in besonderer Weise. Sie haben zwar ebenfalls eine doppelqualifizierende Funktion, jedoch ermöglichen sie lediglich eine vertiefende berufliche Profilbildung. Die Berufsschulen bieten in ihrer Einführungsphase (Sekundarstufe I) auch Ausbildungsgänge für Kandidaten an, die nur den Abschluss des zweiten Bildungszyklus der Grundbildung haben. In ihnen werden sie bis zum Abschluss des dritten Grundbildungszyklus und zu einer beruflichen Befähigung qualifiziert, sodass sie ebenfalls in die Qualifizierungsphase bzw. in die Sekundarstufe II der Beruflichen Schulen übertreten können (vgl. SCHNUER/MERTENS 1995, S. 42).

Auf die erfolgreiche Bildung im Sekundarbereich II baut die akademische Bildung an den Universitäten und die Ausbildung an den Polytechnischen Instituten auf. Die Schulen zur Erstausbildung werden durch Einrichtungen der Erwachsenenbildung ergänzt, deren Bildungsgänge im Sinne des lebenslangen Lernens die normale Schulbildung ergänzen oder deren Mangel kompensieren.

Abschlüsse und Berechtigungen

Der erfolgreiche Abschluss der neunjährigen obligatorischen Grundbildung wird mit dem Zeugnis der Grundbildung, *Diploma de Ensino Básico*, bescheinigt. Schüler, die das Alter von 15 bereits überschritten haben, jedoch den notwendigen Fleiß für einen erfolgreichen Abschluss zeigen, erhalten unabhängig von ihrer letzten Gesamtbewertung eine Bescheinigung, die sie zur Beendigung der Grundbildung mit einem Abschlusszeugnis berechtigt. Das Zeugnis der neunjährigen Grundbildung ist die Voraussetzung zum Eintritt in die Gymnasien und Bedingung für die Ausbildung in der Sekundarstufe II der Beruflichen Schulen. Der erfolgreiche Abschluss der auf das Universitätsstudium ausgerichteten Ausbildungsgänge der Gymnasien (*CSPOPE*) wird mit dem allgemeinen Abitur, *Diploma de Estudos Secundários*, zertifiziert. Absolventen der berufsqualifizierenden Ausbildungswege der Gymnasien (*CT*) erhalten ein Abitur, das eine Berufsqualifikation des Niveaus III bescheinigt – *Diploma de Qualificacão Profissional de Nivel III*. Die Ausbildungsgänge der Sekundarstufe II der Beruflichen Schulen werden mit dem allgemeinen Abitur und mit dem Abitur, welches das Niveau III der beruflichen Qualifikation ausweist, abgeschlossen. Das Abitur ist eine Voraussetzung für die Immatrikulation in Studiengänge der Universitäten. Auch für den Zugang zu den Polytechnischen Instituten ist das Abitur vorzuweisen, jedoch werden bei der Aufnahme Bewerber mit dem beruflichen Abitur den Kandidaten mit einem allgemeinen Abitur vorgezogen.

Berufliche Bildung

Gymnasien und Berufliche Schulen sind wegen der doppelqualifizierenden Funktion ihrer Ausbildungsgänge nicht nur Bestandteil des allgemein bildenden, sondern auch des beruflichen Bildungswesens. Bei der Einrichtung eines beruflich-technischen Zweiges im Sekundarbereich II übten die technischen Gymnasien Frankreichs (*Lyceé technique*) eine Vorbildfunktion aus (vgl. SCHNUER/MERTENS 1995, S. 68). Für Abgänger aus den Schulen des Grundbildungsbereiches, die nicht in die Sekundarschulen oder nicht in die Beruflichen Schulen eintreten, gibt es andere berufliche Qualifizierungsangebote. So ist die ein- bis vierjährige Lehrlingsausbildung für junge Leute in einem Alter von 14 bis 24 vorgesehen. Sie wird in der Regel nach dem dualen Prinzip an den Instituten für Beschäftigung und Berufsausbildung (*IEFP*), die mit Betrieben kooperieren, durchgeführt (vgl. SCHNUER/MERTENS 1995, S. 43ff.). Die Lehrlingsausbildung wurde erst mit der Gründung der *IEFP* im Jahr 1979 verstärkt gefördert (CEDEFOP 1990, S. 174). Bei ihrer Restrukturierung in der ersten Hälfte der 1980er Jahre orientierte man sich maßgeblich am dualen System der deutschen Berufsausbildung (vgl. SCHNUER/MERTENS 1995, S. 44f.). Zwischen den Arbeitgebern und dem Staat existiert seit einiger Zeit ein Konflikt, in welchem sich die Arbeitgeber skeptisch gegenüber den theorielastigen beruflichen Bildungsgängen im Sekundarbereich II zeigen, wohingegen das Erziehungsministerium eine Ausweitung der theoretischen Elemene in der Lehrlingsausbildung fordert, um die Gleichwertigkeit der beruflichen Ausbilung des Sekundarbereiches II und damit seine Anerkennung bei den Arbeitgebern durchzusetzen (vgl. SCHNUER/

MERTENS, S. 68). Eine dritte Möglichkeit der beruflichen Qualifizierung bieten Kurse, die Eigenaktivitäten zur beruflichen Bildung auslösen und diese einleiten sollen (*Cursos de educação e formação profissional inicial*). Sie kommen auf Initiative von Schulen des Grundbildungsbereiches zustande oder werden von beruflichen Ausbildungszentren angeboten. Die Kurse wenden sich primär an Jugendliche und junge Erwachsene, die die Grundbildung nicht vollständig abgeschlossen oder bestanden haben. Bei der erfolgreichen Teilnahme an ihnen kann ein berufsqualifizierender Abschluss des Niveaus II und ein Zeugnis über den dritten Grundbildungszyklus erworben werden.

Finanzierung

Die neunjährige obligatorische Grundbildung ist generell gebührenfrei und wird vom Staat finanziell getragen. An der Unterhaltung des weiterführenden Bildungsbereiches können die Erziehungsberechtigten der Jugendlichen allerdings über Anmeldungs- und Unterrichtsgebühren beteiligt werden. Auch für das Studium sind Gebühren üblich. Allerdings existieren Stipendiensysteme, die für einen gewissen sozialen Ausgleich sorgen.

Beratungssystem

An den Schulen wurde ein Beratungssystem aufgebaut. Es dient dazu, die Schüler durch ihre Schulzeit zu begleiten, ihre Interessen zu entdecken, ihre Begabungen zu fördern und ihre Lern- sowie Erziehungsdefizite zu minimieren. Im ersten und zweiten Grundbildungszyklus wird den Schülern vor allem eine pädagogische und psychologische Beratung durch Schulpsychologen und speziell qualifizierte Lehrerteams (Unterstützungslehrer) angeboten. Im dritten Zyklus der Grundbildung und in der Sekundarstufe II findet in erster Linie eine Schullaufbahn- und Berufsberatung durch Lehrerteams statt, denen geschulte Beratungslehrer und ggf. auch Sozialarbeiter angehören.

Schulaufsicht und Eigenverantwortung der Schulen

Die portugiesische Bildungsaufsicht und Bildungsverwaltung gliedert sich in Einrichtungen auf nationaler, regionaler und lokaler Ebene. Auf der nationalen Ebene steht das Erziehungsministerium mit dem Erziehungsminister und den Staatssekretären für Bildung, Höhere Bildung und Bildungsverwaltung. Auf der regionalen Ebene sind fünf Direktionen für das Schulsystem angesiedelt (*Direçoes Regionais de Educação*), die die Schulinspektion durchführen. Auf der lokalen Ebene agieren die Gremien der einzelnen Schule. Die Organisation der Schulleitung, -verwaltung und der Schulentwicklung soll die Wahrnehmung umfassender Schulautonomie ermöglichen. Die Schulen werden in pädagogischer, kultureller, administrativer und finanzieller Hinsicht von der Direktion (*direção executiva*) geführt. In Portugal sind das kollegiale und das direktorale Leitungsprinzip verbreitet. Die Funktionsträger werden für drei Jahre gewählt. Allerdings haben sie eine mehr ausführende als disponierende Funktion.

Zu disponierende Angelegenheiten, wie Entscheidungen zur Schulentwicklung, zum Schulprofil, zum Einsatz des Schulbudgets oder zu Richtlinien für die interne Schulregulation obliegen der Schulversammlung (*assembleia*). Hierbei handelt es sich um ein aus bis zu 20 Mitgliedern bestehendes Gremium, dem Lehrer, Eltern, Berater, ggf. Lehramtsstudenten, Vertreter des nicht unterrichtenden Personals sowie Repräsentanten regionaler Interessengruppen angehören. An den Schulen existieren weiterhin der pädagogische Rat, der die Schulleitung in Erziehungsfragen unterstützt, und der Verwaltungsrat, der durch Vertreter der Direktion gebildet wird.

Qualitätskontrolle und Evaluation

Mit dem gegenwärtig vertretenen Konzept zur Schulautonomie verbindet sich die Forderung nach einer stärkeren Eigenevaluation der Schulen. Allerdings soll diese durch Formen der externen Kontrolle ergänzt werden. Eine herausragende Rolle spielt hierbei das Institut für Bildungsinnovationen. Das Institut soll die Vergleichbarkeit der Qualitätsstandards auf nationaler Ebene aufrechterhalten. Deswegen bereitet es spezielle Überprüfungen dieser Standards vor, die jederzeit in den Bildungseinrichtungen durchgeführt werden können.

Qualifizierung des pädagogischen Personals

Erzieher für den vorschulischen Bereich mit und ohne Lehrbefugnis für den ersten Bildungszyklus und Lehrer, die sowohl im ersten als auch im zweiten Bildungszyklus des Primarbereiches unterrichten dürfen, werden an den Pädagogischen Hochschulen (*Escolas Superiores de Educação*) ausgebildet. Lehrer mit der Lehrberechtigung für den zweiten und für den dritten Bildungszyklus des Grundbildungsbereiches können ihre Qualifikationen an den Pädagogischen Hochschulen, aber auch an den Universitäten erwerben. Die Ausbildung der Lehrer des Sekundarbereiches II und der Lehrer, die flexibel im zweiten und dritten Bildungszyklus des Grundbildungsbereiches sowie im höheren Sekundarbereich unterrichten können, findet an den Universitäten statt. Die Pädagogischen Hochschulen sind Einrichtungen des tertiären Bildungssektors. Die Voraussetzungen für den Zugang zur Lehrerausbildung sind das Abitur und die Eignungsprüfung für die Hochschule.

Nachdem man in den 1970er Jahren damit begann, von der zweiphasigen Struktur der Sekundarschullehrerausbildung abzurücken, weist die gesamte Lehrerausbildung heute eine integrierte Struktur auf. Das Studium für den Lehrerberuf dauert acht bis zehn Semester. In der Ausbildung kommen fachwissenschaftliche, künstlerische oder technische Qualifikationselemente sowie erziehungswissenschaftliche, methodische, personale, soziale und praktische Komponenten vor. In Abhängigkeit vom Altersbereich der später zu unterrichtenden Schüler sind in den verschiedenen Studiengängen spezifische Ausbildungsschwerpunkte ausgeprägt. Einen wichtigen Ausbildungsschwerpunkt für die Lehrer des Vorschul- und Grundbildungsbereiches, die an den Pädagogischen Hochschulen qualifiziert werden, bilden die erziehungswissenschaftlichen und schulpraktischen Lehrveranstaltungen.

Die Lehrerfort- und -weiterbildung wird an den genannten Institutionen der Lehrerausbildung oder in regionalen und in lokalen Einrichtungen des Erziehungsministeriums durchgeführt. Sie sollen durch Sabbatjahre und Stipendien für Lehrer unterstützt werden. Mit der Vergabe von Kreditpunkten für Fort- und Weiterbildungsveranstaltungen möchte man die Verbindung zwischen der schulischen Personalentwicklung und der berufsbegleitenden Bildung kontrollieren sowie stärken.

Allgemein bildende Schulen

Die vorschulische Bildung und Erziehung

Der Bereich der vorschulischen Erziehung wurde während der 1990er Jahre intensiv gefördert, was zur Expansion dieses Sektors führte. Die administrative Verantwortung für die vorschulische Erziehung teilen sich das Erziehungsministerium sowie das Arbeits- und Sozialministerium. Die vorschulische Erziehung findet in Kindergärten, in Vorschulen oder im räumlichen Anschluss an die Grundschulen statt. Die Teilnahme an der vorschulischen Erziehung in öffentlichen Einrichtungen ist kostenfrei. Die vorschulische Erziehung ist nicht obligatorisch, gleichwohl nehmen an ihr die Mehrheit aller Kinder (ca. 60%) im Alter zwischen drei und fünf Jahren teil (Schuljahr 1997/1998). Die Anzahl der Kinder pro Erzieherin soll eine Zahl von 25 nicht übersteigen. Die Erzieher arbeiten ca. fünf Stunden am Tag mit den Kindern. Sie werden in ihrer Tätigkeit von Hilfskräften unterstützt.

Einschulungspraxis

Zur Einschulung kommen in einem Jahr alle Kinder, die bis zum 15. September dieses Jahres das Alter von sechs Jahren erreichen. Kinder, die später, aber noch im selben Jahr sechs Jahre alt werden, können auf Antrag vorzeitig eingeschult werden. Die Genehmigung des Antrages hängt jedoch von der Anzahl der noch freien Plätze in der Schule ab. Kommt es zu einer Überzahl von Bewerbern um die noch freien Plätze, dann werden die jeweils ältesten Kinder bevorzugt eingeschult.

Die neunjährige obligatorische Grundbildung – Primarstufe und Sekundarstufe I

Die Primarstufe und die Sekundarstufe I sind als eine durchgehende Einheit konzipiert und integrativ organisiert. Die Schulen des Grundbildungsbereiches arbeiten entweder im Normalbetrieb mit einer Vormittags- und einer Nachmittagsphase für einen Schülerdurchgang oder nach dem Zwei-Schichten-Prinzip mit einem Vormittags- und Nachmittagsdurchgang. Insgesamt haben die Schüler 25 Unterrichtsstunden in der Woche, wobei der Zeitanteil für jedes Fachgebiet nicht streng festgelegt ist, sondern in Abhängigkeit von den Gruppenbedingungen und von organisatorischen Prämissen modifiziert werden kann. Bis zur 5. Jahrgangsstufe werden die Klassen, die nicht mehr als 25 Schüler haben sollen, von jeweils einem Klassenlehrer unterrichtet. Ab der 5. Klasse geht man auf das Fachlehrerprinzip über.

Die allgemeinen Ziele im Bereich der obligatorischen Grundbildung (vgl. EURYDICE 2002, S. 34) bestehen darin, allen portugiesischen Bürgern eine Allgemeinbildung zu vermitteln, ihre Fähigkeiten, Fertigkeiten sowie ihre Interessen zu entdecken und zu fördern. Die Schüler sollen theoretisches und praktisches Wissen erwerben. Ihnen ist die Gelegenheit zu bieten, eine Fremdsprache und die Grundlagen einer zweiten Fremdsprache zu erlernen. Während der neunjährigen Schulzeit soll das Basiswissen der Schüler gefördert werden, das sie für ihre weitergehende allgemeine und berufliche Bildung benötigen. Für die Persönlichkeitsentwicklung der Schüler sind Erfahrungen von Solidarität, Humanität und Internationalität besonders wichtig. Ihnen ist Wissen über die portugiesische Sprache, Geschichte und Kultur zu vermitteln. Die Grundbildung soll die Zivilcourage der Schüler, ihre soziale, emotionale Reife fördern, eine autonome Haltung unterstützen und zur moralischen Entwicklung beitragen. Die Rahmencurricula legen Mindeststandards fest. Seit der Curriculumdebatte in den 1990er Jahren ist eine klare curriculare Tendenz erkennbar, die Sachgebiete, Qualifikationsprofile, Interdisziplinarität und Projektunterricht in den Mittelpunkt rückt (vgl. PALT 2001, S. 80ff.). Die nationalen Rahmencurricula werden durch klassenstufenbezogene Curricula konkretisiert. Als Innovation gilt die Einführung eines multidisziplinären Unterrichtsfaches (*Área-Escola*), das Raum für interdisziplinäre Aktivitäten und Projekte lässt (vgl. PALT 2001, S. 84f.).

Die Zielsetzungen, die curricularen Aspekte und die Bewertungsmodalitäten in der Grundbildungsphase lassen sich für die einzelnen Bildungszyklen weiter differenzieren und konkretisieren (vgl. EURYDICE 2002; auch PALT 2001, S. 81).

1. Zyklus

Im ersten Zyklus geht es um den Erwerb und um die Beherrschung der grundlegenden Instrumentarien der Kulturtechnik wie Rechnen mit den mathematischen Grundoperationen sowie Lesen und Schreiben. Die Kinder sollen Grundsätze der Kommunikation erlernen und Ausdruckstechniken in den Bereichen plastisches Gestalten, Musik und Motorik erwerben. Außerdem ist ein erstes Verständnis für die Natur und die Gesellschaft auszuprägen. Die Bewertung der Schüler hat einen beschreibenden Charakter. Die zusammenfassende Schülerbeurteilung am Ende des ersten Bildungszyklus entscheidet über die Versetzung in den zweiten Bildungszyklus.

2. Zyklus

Im zweiten Grundbildungszyklus sollen die erworbenen Grundfertigkeiten konsolidiert und die Schüler für die gesellschaftliche Realität aufgeschlossen werden. Dabei geht es um die Aneignung von Wissen, Instrumentarien und Methoden für das selbstständige Lernen und Arbeiten auf verschiedenen Wissensgebieten. Die Schüler sollen dazu erzogen werden, an gesellschaftlichen Prozessen kritisch und kreativ teilnehmen zu können. Die zweite Phase soll zum großen Teil in Form von Projekten durchgeführt werden, an denen mehrere Fächer beteiligt sein können. Die Projekte orientieren sich an den Gebieten: Sprachen und sozialkundliche Studien, Naturwissenschaften, Künstlerische und technische Ausbildung, Turnen, persönliche und soziale Bildung. Außerschulische Aktivitäten können in die Projektarbeit einbezogen werden.

3. Zyklus

Der dritte Zyklus gilt der systematischen Aneignung von Wissen im Bereich der humanistischen Kultur, auf wissenschaftlichen, künstlerischen und beruflichen Gebieten. Die Bildung soll die Persönlichkeitsentwicklung fördern und die Schüler auf die Übernahme gesellschaftlicher Verantwortung vorbereiten. Die Berufs- und Laufbahnberatung hat die Aufgabe, den Schülern die Wahl zwischen Fortsetzung der Bildung oder Eintritt in das Berufsleben zu erleichtern. Insofern kommt dem dritten Grundbildungszyklus eine entscheidende Orientierungsfunktion zu. Das Curriculum sieht einen Pflicht- und einen Wahlbereich vor. Im Wahlbereich kann der Schüler zwischen den Fächern Musik, Technologische Bildung und der zweiten Fremdsprache wählen. Die Gesamtbewertung der Schüler des zweiten und dritten Bildungszyklus findet am Ende jedes Schulhalbjahres statt. Die zusammenfassende Bewertung am Ende des zweiten Bildungszyklus entscheidet über die Versetzung in den dritten Bildungszyklus. Am Ende des dritten Bildungszyklus finden Abschlussprüfungen statt. Bestehen die Schüler diese Prüfungen, erhalten sie das Abschluss-zeugnis der obligatorischen Grundbildung.

Die Sekundarstufe II

Die Sekundarstufe II, die im Gegensatz zur obligatorischen Grundbildung nicht ge-bührenfrei ist, wird von den Gymnasien (Sekundarschulen) und von der Oberstufe der Beruflichen Schulen (*Escolas Profissionais*) gebildet. An beiden wird eine Ver-bindung zwischen allgemeiner Bildung und beruflicher Bildung realisiert. Gleich-wohl ist der allgemein bildende und berufsbildende Charakter der Schulen – wie be-reits erläutert – unterschiedlich stark ausgeprägt. Die Zielsetzungen, die curricularen und organisatorischen Besonderheiten werden deswegen für jede Schulart explizit beschrieben.

Gymnasien

An den Sekundarschulen werden zwei Bildungswege angeboten – der auf das Uni-versitätsstudium ausgerichtete Bildungsweg (*CSPOPE*) und der berufsorientierende Ausbildungsgang (*CT*) (vgl. oben). Das Bildungsangebot kann mit sozialen und ökonomischen Erfordernissen der Schulregion abgestimmt sein und vom verfügba-ren Lehrerangebot abhängen. Die Wochenstundenzahl während des 10. und 11. Schuljahres variiert zwischen 28 und 33 Stunden. Im 12. Schuljahr wurde der zeitli-che Spielraum mit 23 bis 32 Unterrichtsstunden im Hinblick auf die Abschlussprü-fungen und die damit verbundenen Belastungen etwas größer gewählt. Eine Unter-richtsstunde dauert 50 Minuten. An den Gymnasien soll die Selbstständigkeit der Schüler gefestigt und erweitert werden. Die Schulen haben zur Vertiefung des Wis-sens beizutragen und die Fundierung jener Fertigkeiten und Methoden zu gewähr-leisten, die für die humane, künstlerische und technische Entwicklung der Gesell-schaft notwendig sind. In diesem Zusammenhang sind Wertvorstellung und prakti-sche Einstellungen zu entfalten, die den Schülern später die Übernahme von Ver-antwortung in der Gesellschaft gestatten.

Die Curricula der Gymnasien streben eine ganzheitliche Bildung der Schüler an. Deshalb spielt die Interdisziplinarität der Fachgebiete eine zentrale Rolle. So zielen die Curricula auf den fächerübergreifenden Unterricht, auf die Realisierung multi-disziplinärer Projekte sowie auf die partnerschaftliche Zusammenarbeit der Schule mit lokalen Institutionen. Zudem betonen sie die Verbindung zwischen allgemeiner Bildung und beruflicher Ausbildung. Der Unterricht an den Gymnasien umfasst den Pflichtbereich und den so genannte spezifischen Bereich (Profilbereich). Der Pflichtbereich unterteilt sich in die allgemeinen Fächer, das multidisziplinäre Unter-richtsfach (*Área-Escola*) und den technischen Bildungsbereich. Die allgemeinen Fä-cher des Pflichtbereiches sind für die Schüler des hochschulorientierten Bildungs-weges und für die Schüler des beruflich orientierten Ausbildungsganges identisch. Der technische Bildungsbereich vermittelt polyvalent einsetzbare Kompetenzen.

Der Wahlbereich der auf die Universität vorbereitenden Bildungswege und der Wahlbereich der beruflichen Bildungswege unterteilen sich jeweils in vier Fächer-gruppen bzw. Wissensgebiete (*agrupamentos*). Diese Wissensgebiete fassen affine Fächer zusammen. Die Schüler bilden ihren Spezifischen Bereich vor allem mit der Wahl der Fächer eines Wissensgebietes innerhalb eines der beiden Wahlbereiche.

Allerdings richtet sich das Ausmaß der Wahlmöglichkeiten an einer Schule nach den schulischen Gegebenheiten. Es ist abhängig vom jeweiligen Schulprofil, von materiellen und von personellen Bedingungen an der Schule. Die meisten Schüler der Gymnasien (fast 80%) bevorzugen den universitätsvorbereitenden Ausbildungsweg. Die Schüler werden während des Schuljahres mit qualitativen Berichten beurteilt, die vor allem eine Rückkoppelungsfunktion im Hinblick auf den erreichten Lernfortschritt haben. Am Ende der Schuljahre erfolgt die Gesamtbeurteilung der Schüler in qualitativer Form und in jedem Fach mit einem von 0 bis 20 reichenden Bewertungsmaßstab. Diese Beurteilung liegt in der gemeinsamen Verantwortung der Lehrer und des Klassenrates. In die Gesamtbeurteilung fließen die über das Schuljahr erbrachten Leistungen und die Ergebnisse der Endjahresprüfungen ein. Die Gesamtjahresbewertung muss jedem einzelnen Schüler am Ende des folgenden Halbjahres formal vom Klassenrat bestätigt werden.

Mit Ausnahme der Fächer Sport, Persönliche und Soziale Entwicklung sowie Moral und Religion finden am Ende des 12. Schuljahres in jedem Fach der Schüler Abschlussprüfungen statt. In das Abitur gehen die Abschlussprüfungen zu drei Zehntel und die kontinuierlich erbrachten Schulleistungen zu sieben Zehntel ein. Mit externen Prüfungen, die in der Verantwortung des Erziehungsministeriums liegen, soll die Vergleichbarkeit der Bewertungsstandards an den Schulen gesichert werden.

Berufliche Schulen (Escolas Profissionais)

Wie an den Gymnasien werden an den Beruflichen Schulen auch allgemein bildende Inhalte vermittelt, sodass von einer doppelqualifizierenden Funktion dieser Schulen gesprochen werden kann. Dennoch sind sie vorrangig berufsqualifizierend. Die Beruflichen Schulen zielen auf eine ganzheitliche und umfassende Bildung der jungen Menschen. Ihr Unterricht soll die Jugendlichen für die Arbeitswelt qualifizieren und sie auf die weiterführende Bildung vorbereiten. Die Schulen haben zudem eine unterstützende Funktion bei der sozialen und beruflichen Integration der jungen Menschen in die Arbeitswelt. Deswegen geht es vor allem darum, eine enge Verbindung zwischen der Schule und wirtschaftlichen, beruflichen, sozialen sowie kulturellen Einrichtungen der Umgebung herzustellen. Dabei sollen sich die Beruflichen Schulen mit ihrem Bildungsangebot an den regionalen Erfordernissen orientieren und so auch einen Beitrag zur regionalen Entwicklung leisten.

Integration lernbehinderter Schüler

In Portugal wird das Konzept zur Integration lernbehinderter Schüler in die allgemein bildenden Schulen realisiert. Speziell qualifizierte Lehrer und Lehrerteams unterstützen diese Integration. In eine Klasse des Grundbildungsbereiches können maximal zwei lernbehinderte Schüler aufgenommen werden. In Klassen der Gymnasien dürfen höchstens vier lernbehinderte Schüler integriert werden. Damit körperlich und intellektuell behinderte Schüler richtig betreut werden können, darf die Klassenstärke 20 Schüler nicht überschreiten. Ein Grund für die Integration Lernbehinderter in die allgemein bildenden Schulen mag auch im schwach entwickelten Sonderschulangebot Portugals (vgl. HAMILTON/ROSS 1992, S. 155) liegen. Ist eine Integration Lernbehinderter in allgemein bildende Schulen von vornherein aussichtslos oder gelingt diese Integration nicht, dann kommt die Überweisung in eine Sonderschule in Frage. Für eine Überweisung Lernbehinderter von einer Schule in eine Sonderschule bedarf es des Vorschlages der abgebenden allgemein bildenden Schule, des Einverständnisses der Eltern, der Meinung der Lehrer, die für die Integration lernbehinderter Schüler verantwortlich sind, und eines ärztlichen Gutachtens.

Umgang mit Minderheiten

Eine bedeutende Minderheit sind die Immigranten aus den ehemaligen portugiesischen Kolonien. Viele von ihnen beherrschen die portugiesische Sprache nicht. Zwar liegt der Ausländeranteil in Portugal mit 1,7% deutlich unter dem europäischen Durchschnitt, doch konzentrieren sich die Einwanderer auf die städtischen Ballungsgebiete und die Tourismuszentren Portugals. Daher haben manche Schulen einen extrem hohen Anteil ausländischer Schüler. Da viele Immigrantenkinder aus armen Bevölkerungsschichten ihrer Herkunftsländer stammen, ergibt sich für die portugiesischen Schulen mitunter ein kompliziertes soziales Bedingungsgefüge mit spezifischen Problemen. Die Integration von Minderheiten im Sinne der Gleichberechtigung der Kulturen stellt ein erklärtes Ziel der portugiesischen Bildungspolitik dar. So sollen Lehrerfortbildungsmaßnahmen, Handreichungen zum interkulturellen Lernen für Lehrer und entsprechende Unterrichtsmaterialien die Integration der ausländischen Kinder erleichtern. Einige offene Curricula für inter- und multikulturelles Lernen, finden jedoch wegen der noch nicht hinreichend wahrgenommenen schulischen Autonomie nur sehr zögernd Eingang in die Schulen (ausführlicher dazu PALT 2001, S. 161f.).

Ausblick auf den Hochschulbereich

Der Zugang zu den Studiengängen des Hochschulbereiches hängt in der Regel von der Anzahl freier Studienplätze ab. Voraussetzung für die Immatrikulation ist nicht nur das Abitur, sondern auch ein spezieller Eignungstest. An den Universitäten führen viele dreijährige Studiengänge zum Bakkalaureus (*bacharel*). In Ausnahmefällen umfassen manche Bakkalaureusstudiengänge auch 2½ oder gar nur zwei Jahre. Einige vier- bis fünfjährigen Studiengänge können mit dem Lizentiat (*licenciado*) beendet werden. Das Lizentiat weist eine solide wissenschaftliche, kulturelle und ggf. technische Bildung aus. An den Universitäten kann auch der Magister bzw. Masterabschluss (*mestre*) oder der Doktorabschluss (*doutor*) erworben werden. Die entsprechenden Ausbildungsgänge sind stärker forschungsorientiert.

Die Polytechnischen Institute, die eine weitere Komponente des tertiären Bereichs ausmachen, sind jeweils in einzelne Polytechnische Schulen gegliedert. Sie bieten in Anpassung an regionale Gegebenheiten berufsorientierte Studiengänge an. Bevorzugt werden Kandidaten aufgenommen, die bereits beruflich vorgebildet sind – so z.B. solche, die die Beruflichen Schulen im Sekundarbereich II besuchten. Das Studiengangssystem an den Polytechnischen Instituten ist konsekutiv. Nach der ersten dreijährigen Studienphase wird der Bachelor-Abschluss erworben. In einem auf diese Phase aufbauenden Studium kann dann das Lizentiat angestrebt werden. Die Studiengänge sind in einem großen Maße an der Praxis orientiert und enthalten Phasen, in denen die Studenten Erfahrungen in den von ihnen anvisierten Berufsfeldern sammeln können.

Aktuelle Diskussionen und Entwicklungsperspektiven

Die gegenwärtigen Diskussionen um das Bildungswesen Portugals ergeben sich aus
Problemen, die im Zusammenhang mit dem Nachholprozess gegenüber zentraleuro-
päischen Staaten stehen, aus Schwierigkeiten beim Übergang zu dezentralen Strukturen und aus den noch immer ungenügenden infrastrukturellen Voraussetzungen für
das Schulsystem (PALT 2001, S. 189). Auf die Aufgabe, die Schule an Prinzipien einer egalitären demokratischen Gesellschaft zu orientieren, sie gleichzeitig aber auch
auf z.T. hierarchische Strukturen des Arbeitsmarktes auszurichten, war Portugal ge-
schichtlich bedingt nicht hinreichend vorbereitet, woraus bildungspolitische Legiti-
mationskrisen resultierten (vgl. GOMES 2000, S. 92). Diese Problematik verschärft
sich in dem Maße, wie die globale Liberalisierung von Wirtschaft und Arbeitsmärk-
ten voranschreitet. In bezug auf die Modernisierung behandelt man in den derzeitigen Bildungsdebatten das Konzept der Schulautonomie dem allgemeinen europäischen Trend folgend an zentraler Stelle. In Übereinstimmung mit dem Schulautono-
miegesetz von 1998 soll die Schule generell als eine Organisation und Erziehungs-
gemeinschaft betrachtet und auf pädagogischer, didaktisch-methodischer, curricularer, organisatorischer sowie auf finanzieller Ebene autonom gestaltet werden. Im
Rahmen von Projektversuchen arbeiten seit den 1990er Jahren mehrere Schulen in
Netzwerken zusammen, um Ressourcen gemeinsam zu nutzen und um den Einsatz
von Material sowie von Lehrkräften zu optimieren. Von diesen Bemühungen
erwartet man eine Qualitätssteigerung des Lehrens und Lernens sowie eine engere
Verbindung der Schule mit ihrer unmittelbaren Umgebung. Allerdings treten bei der
Umsetzung des Schulautonomiekonzeptes Schwierigkeiten auf. Mit der Diskussion
um die Schulautonomie verbinden sich heute vor allem Fragen nach der angemessenen Balance zwischen Autonomie und externer Kontrolle, nach der Einhaltung von
Mindeststandards, nach der Gewährleistung sozialer Chancengleichheit oder nach
der Evaluation der Lehrerleistungen (vgl. PALT 2001, S. 73f.).
Kennzeichnend für portugiesische Reformbemühungen ist die Diskrepanz zwischen
Anspruch und Realität, die am Beispiel des Schulautonomiegesetzes nachvollziehbar ist. Reformkonzepte werden mitunter vorschnell, ohne eine gründliche Prüfung
der Realisierungsmöglichkeiten und ohne einen öffentlich tragfähigen Konsens umgesetzt (vgl. PALT 2001, S. 111). Gerade bei der Gestaltung der Ausgangsbedingungen für Reformen müssen noch erheblich Anstrengungen unternommen werden.
Hierauf deutet u.a. das geringe Sozialprestige der Lehrer und der latente Mangel an
qualifizierten Lehrern hin (vgl. PALT 2001, S. 138). Mit der Diskrepanz zwischen
Anspruch und Wirklichkeit mag zu einem gewissen Teil erklärt werden können,
dass Portugal trotz seiner beachtenswert progressiven Schulgesetzgebung in Vergleichsstudien zur Leistungsfähigkeit nationaler Bildungssysteme – wie z.B. in der
TIMS-Studie oder in der PISA-Studie 2000 – nur hintere Rangplätze einnimmt. Jedoch wäre es verfehlt, das portugiesische Schulsystem nur danach zu bewerten, ohne
seine spezifischen Entwicklungs- und Rahmenbedingungen im Auge zu behalten.
Berücksichtigt man nämlich den enormen Entwicklungsrückstand des portugiesischen Schulsystems nach der Diktatur, seine ungünstigen Entwicklungsbedingungen
während der 1970er Jahre (siehe oben) und die relativ kurze Zeit, die seit dem Ende
der Diktatur vergangen ist, dann sind die Leistungsparameter, die von den internati-

onalen Vergleichsstudien festgestellt wurden, ganz anders zu bewerten als die von westeuropäischen Staaten, welche einen deutlichen Entwicklungsvorsprung gegenüber Portugal hatten. Portugal hat einen bemerkenswerten Reformprozess vollzogen, bei dem der Übergang zu demokratischen Strukturen, zu Chancengleichheit sowie eine Ausrichtung an den Erfordernissen der Wirtschaft und des Arbeitsmarktes soweit gelungen ist, dass eine Anschlussfähigkeit zum Entwicklungsniveau der Bildungssysteme westeuropäischer Staaten konstatiert werden kann.

Literatur

ARTELT, C. u.a.: „Pisa 2000. Zusammenfassung zentraler Befunde", 2001.

BECK, U.: Schöne neue Arbeitswelt. Vision: Weltbürgerschaft. Frankfurt a.M., New York 1999.

GOMES, R.: Portugals Reformen des Bildungswesens. In: Schleicher, K., Weber, P.J. (Hrsg.): Zeitgeschichte europäischer Bildung 1970-2000. Band II: Nationale Entwicklungsprofile. Münster, u.a. 2000, S. 73-96.

CEDEFOP: Die Rolle der Sozialpartner in der Berufsbildung in Portugal. (Resümee). In: CEDEFOP (Hrsg.): Die Rolle der Sozialpartner in der beruflichen Erstausbildung und Weiterbildung. Berlin 1990, S. 169-183.

EURYDICE: Portugal 2002, URL: http://www.eurydice.org/Eurybase/Application/frameset.asp?country=PT, language=EN.

HAMILTON, J./ROSS, W.: Das Bildungswesen in Portugal: Bildungspolitisches Schlusslicht? In: Seyd, W/ Schulz, R.: (Hrsg.): Arbeit-Bildung-Gesellschaft. Bd. 11. Bildungspolitik in Europa. Perspektiven für das Jahr 2000. Eine Analyse europäischer Bildungssysteme. Hamburg 1992, S. 150-159.

MARTIN, H.-P./SCHUMANN, H.: Die Globalisierungsfalle. Der Angriff auf Demokratie und Wohlstand. Reinbek bei Hamburg 1999.

PALT, B.: Modernisierungsprozesse im spanischen und portugiesischen Schulwesen zwischen 1974/75 und 2000. Im Fachbereich Pädagogik der Universität der Bundeswehr in Hamburg angenommene Dissertation (veröffentlicht auf Mikrofiches). Hamburg 2001.

RAPOSO, M.M.: Das portugiesische Schulsystem. In: Nuber, F. (1985) (Hrsg.): Schulsysteme im Herkunftsland. Griechenland - Italien - Jugoslawien - Spanien - Türkei. Interkulturelle Erziehung in Theorie und Praxis. Bd. 2., Baltmannsweiler 1985, S. 62-87.

REICHART, S. M.: Das Bildungswesen Portugals. In: Mellinghaus, G. (Hrsg.): Der fremde Nachbar. Tübingen Basel 1977, S. 45-47.

SANTOS, D.: Etude sur le cas portugais. In: Les écoles de l`Europe, Conseil de la Coopération Culturelle du Conseil de l`Europe 1970.

SCHNUER, G./MERTENS, A.: Portugal. In: Lauterbach, U. u.a. (Hrsg.): Internationales Handbuch der Berufsbildung. Baden Baden 1995.

SENNETT, R.: Der flexible Mensch. Die Kultur des neuen Kapitalismus. Berlin 2000.

SINZEL, I.: Portugal. In: Boos/Nünning, U./Hohmann, M. (Hrsg.): Ausländische Kinder. Schule und Gesellschaft im Herkunftsland. Düsseldorf 1979, S. 17-53.

Portugal

Bereich	Grundbildung (ensino básico)	Zyklus/Schule	Schuljahre	Alter

Schuljahre — **Alter**

		Schuljahre	Alter
Universität (Universitate)	Polytechnische Hochschulen (Politécnico)	16 15 14 13	22 21 20 19 18

Sekundarbereich II

Gymnasium (Escolas gerais)	Berufliche Schule (Escolas profissionais)	Technologische Schulen (Escolas tecnológicos)	12 11 10	18 17 16

Sekundarbereich I — Grundbildung (ensino básico)

Vereinheitlichter Grundunterricht (3. Zyklus) — 9 8 7 — 15 14 13

Primarbereich

Vorbereitender Grundunterricht (2. Zyklus) — 6 5 — 12 11 10

Elementarunterricht (1. Zyklus) — 4 3 2 1 — 9 8 7

Schulpflicht

Vorschulbereich

Kindergarten (educação pré-escolar) — 6 5 4 3

© DIPF 2004

Cesar Birzea

RUMÄNIEN

Entwicklung des Bildungswesens

Die ersten Schulen wurden auf Kirchenareal im 14. Jahrhundert gegründet. Der Unterricht fand jedoch in den Kirchensprachen Slawisch oder Lateinisch statt. Die erste Schule, in der in rumänischer Sprache unterrichtet wurde, wurde im 16. Jahrhundert in Brasov gegründet. Im 17. Jahrhundert wurde mit der Vasilana Akademie (1640) die erste Form des tertiären Bildungswesens eingerichtet. Die ersten Universitäten waren die Universität Jassy (1860) und die Bukarester Universität (1864). Das erste Schulgesetz wurde 1864 verabschiedet. Somit waren Griechenland (1834), Spanien (1838) und Schweden (1842) die einzigen Länder, die vor Rumänien ein Schulgesetz hatten, während diese Entwicklung in England (1880), Frankreich (1880) und in den Niederlanden (1900) später stattfand. Dieses Gesetz führte sowohl für Jungen als auch für Mädchen die vierjährige Schulpflicht ein, wobei der Schulbesuch kostenlos war, und bildete die Grundlage für ein dreistufig gegliedertes Schulsystem: Primarschule (vier Jahre), Sekundarschule (vier Jahre „Gymnasium" und anschließend drei Jahre Oberschule), theologische Hochschulen, wissenschaftliche Schulen, berufsbildende Schulen und Hochschulausbildung (Universitäten). Entscheidende Bedeutung hatte das Gesetz zum Sekundarschulwesen und zum höheren Schulsystem (1898), für das sich der Minister Spiru Haret eingesetzt hatte, der als Begründer des rumänischen Bildungswesens betrachtet wird. Die Oberschulausbildung umfasste zwei Stufen: vier Jahre „Gymnasium" (für alle) und anschließend höhere Klassen (vier Jahre) in drei Bereichen: geisteswissenschaftlich-humanistisch, naturwissenschaftlich und neusprachlich. Die Sekundarschulen für Mädchen hatten einen geringeren Status. Die Struktur vier plus vier plus vier war an das französische Bildungswesen angelehnt und hat bis zum heutigen Tag Bestand. Ein Jahr später, 1899, wurde das Gesetz zum berufsbildenden Schulsystem verabschiedet. Die berufsbildenden Schulen im Bereich Landwirtschaft, Forstwirtschaft, Gewerbe und Handel waren dreistufig gegliedert: Elementarstufe (zwei Jahre), Mittelstufe (drei bis fünf Jahre) und Oberstufe (vier bis sechs Jahre). Die berufsbildenden Schulen nahmen Absolventen der Primarschule ohne zusätzliche Prüfung auf. In den 1920er und 1930er Jahren wurden weitere Schulgesetze verabschiedet: zwei neue Gesetze zur Primarschule (1924 und 1939), drei zur Sekundarschule (1928, 1936 und 1939) und drei zum höheren Bildungswesen (1931, 1932 und 1942). Die Anzahl der Schüler nahm beträchtlich zu. Die Schulpflicht wurde von vier auf sieben Jahre verlängert (1924). An den Schulen wurden neue aktive Methoden eingeführt, die durch die aufkommende Reformpädagogik in Deutschland und die „école nouvelle" in Frankreich beeinflusst waren. Im Jahr 1931 wurde das Gesetz über die Autonomie der Universitäten verabschiedet, das die Universitäten vor den politischen Einflüssen der 1930er Jahre schützen sollte.

Diese Entwicklungen wurden jedoch durch das erste kommunistische Bildungsgesetz von 1948 beendet, das die ideologische Kontrolle durch die Einheitspartei einführte. Das Schulgesetz von 1965 verlängerte die Schulpflicht auf acht Jahre. 1976 wurde die Schulpflicht auf zehn Jahre verlängert (organisiert in Form von Gesamtschulen und 3-jährigen Gewerbeoberschulen). In den 1980er Jahren wurden „theoretische Oberschulen" von lediglich 10% der entsprechenden Altersgruppe besucht. Vorherrschend war der Besuch der Gewerbeoberschule, einer Mischung zwischen Berufsschule und eigentlicher Oberschule, die mit einem Abiturzeugnis sowie einem berufsqualifizierenden Zeugnis abgeschlossen wurde. Für die Zulassung zu Universitäten wurden äußerst selektive Aufnahmeprüfungen durchgeführt, bei denen zehn bis 30 Bewerber um einen Studienplatz konkurrierten. Dieser Numerus clausus sowie die sehr geringe Anzahl von Studienplätzen in den 1980er Jahren erklären den Boom der Hochschulausbildung in den frühen 1990er Jahren. In dieser Zeit wurden über 100 Privatuniversitäten und 20 staatliche Universitäten gegründet, während sich die Anzahl der Studenten im Verlauf eines einzigen Jahres verdoppelte.

Das erste postkommunistische Gesetz wurde 1995 verabschiedet. Es stabilisierte einige der 1990 eingeführten radikalen Änderungen und wird seitdem jährlich durch Regierungsverordnungen geregelt. Es enthielt die folgenden wichtigen Änderungen:

- die Verkürzung der Schulpflicht von zehn auf acht Jahre und die entsprechende Verlängerung der Oberschule (von zwei auf vier Jahre);
- die Neugründung von wissenschaftlichen Hochschulen;
- die Abschaffung der ideologischen Kontrolle und des polytechnischen Schulsystems;
- die Abschaffung der verpflichtenden Zuteilung der Absolventen entsprechend dem exklusiven Staatsinteresse;
- Einführung der Universitätsautonomie;
- Verringerung der Arbeitsbelastung der Lehrer (von 24 auf 18 Unterrichtsstunden pro Woche).

Diese Änderungen kennzeichnen den Beginn der *systematischen Reform*, die voraussichtlich im Laufe der nächsten fünf Jahre abgeschlossen sein wird.

Organisation des gegenwärtigen Schulsystems

Gesetzlicher Rahmen und Verwaltung

Zum gegenwärtigen Zeitpunkt wird das rumänische Bildungswesen durch drei Typen gesetzgebender Dokumente geregelt:

Verfassung

Die Verfassung von 1991, die vor dem neuen Bildungsgesetz verabschiedet wurde, spielte eine entscheidende Rolle bei der Definition des gesetzlichen Rahmens für das Schulsystem. Daher enthält Artikel 32 in Zusammenhang mit dem Recht auf Bildung Bestimmungen zur Bildungsorganisation, Autonomie der Universitäten, Unterrichtssprache und den Minderheitenrechten.

Bildungsgesetz

Das Bildungsgesetz, das ursprünglich als Gesetz 85/1995 verabschiedet wurde, ist ein konstitutives Gesetz, für dessen Änderung eine Zweidrittelmehrheit in beiden Parlamentskammern erforderlich ist. Dennoch wurde es durch die Regierungsnotverordnung Nr. 36/1997 und das Gesetz Nr. 151/1999 geändert. Gesetz Nr. 88/1993, ein wichtiges Sondergesetz, wurde unmittelbar vor dem Bildungsgesetz in Zusammenhang mit dem spektakulären Boom der privaten Hochschulausbildung verabschiedet. Dieses Gesetz bezog sich auf die Evaluation und Genehmigung der privaten Hochschulausbildung.

Regierungsverordnungen

Verschiedene Notverordnungen, die das Parlament durch die Verabschiedung von Gesetzen nachträglich bestätigt, können in ihrem Einfluss Gesetzen gleichgesetzt werden. Diese Regierungserlasse behandeln in der Regel spezielle Angelegenheiten und werden vom Bildungsministerium initiiert. Die im Mai 1990 verabschiedete Regierungsverordnung war als erste gesetzgebende Entscheidung nach dem Ende des Ceausescu-Regimes von besonderer Bedeutung. Sie entwarf in groben Zügen die Gestalt des neuen Bildungswesens in der postkommunistischen Übergangszeit.

Verwaltungsstrukturen

Das rumänische Bildungswesen war früher stark zentralisiert. Das öffentliche Schulsystem entstand als Folge des Nationalstaats und wurde als wichtige soziale Dienstleistung betrachtet, für die fast ausschließlich der Staat zuständig war. Der Parteistaat und das kommunistische Regime verstärkten diese traditionelle Auffassung. Mitte der 1990er Jahre war die Schulverwaltung von einer starken Dezentralisierungstendenz geprägt, die auf drei Ebenen durchgeführt wurde:

– Durch Dekonzentration: viele Zuständigkeiten des Bildungsministeriums wurden auf die regionalen Verwaltungen, d.h. die Schulinspektionsbehörden (eine für jede der 41 Territorialeinheiten) sowie auf die Schulleiter übertragen. Gegenwärtig sind sämtliche mit der Instandhaltung verbundenen Kosten und Investitionen auf die lokale Ebene transferiert. Überdies wird das Gehalt für die Lehrkräfte zunehmend ebenfalls von den lokalen Haushalten bezahlt.
– Durch die Übertragung von Zuständigkeiten des Bildungsministeriums auf externe Behörden: z.B. Staatliche Kommission für Diplome und Zertifizierung, Staatliche Behörde für Evaluation und Prüfung, Nationaler Rat für das Curriculum, Staatliche Kommission für die Forschung an Universitäten, Staatliche Kommission zur Finanzierung der Hochschulausbildung usw.
– Durch die Einrichtung von speziellen Gremien, die direkt vom Parlament ernannt werden: hier ist vor allem die Staatliche Kommission für Evaluation und Zulassung zu erwähnen, die aufgrund des Booms des privaten Bildungswesens eingerichtet wurde (in den 1990er Jahren wurden über 80 Privatuniversitäten gegründet); eine vergleichbare Kommission gibt es auch für Privatschulen, die jedoch nicht so verbreitet sind wie die privaten Hochschulen.
– Durch Partnerschaft zwischen den Sektoren: d.h. Zuständigkeiten werden zwischen Ministerien aufgeteilt.

Finanzen

Die Zuweisung des Bildungsbudgets erfolgt zentral. Das Bildungsgesetz legt zwar einen Mindestanteil vom BIP für Bildung fest, dennoch variierte dieser Prozentsatz in den letzten Jahren von 3,16% (1999) bis 3,66% (2000) des BIP.

Das neue Gesetz über lokale Haushalte bestimmt, dass der Prozentanteil der lokalen öffentlichen Behörden an der öffentlichen Bildungsfinanzierung 24% erreichen soll (verglichen mit nur 12,5% in 1999). Hierdurch soll eine Dezentralisierung der Finanzierung erreicht werden und die Kosteneffizienz soll durch die Anpassung an die lokalen Erfordernisse und Budgets gesteigert werden. Einige Schulinspektionsbehörden wiesen jedoch darauf hin, dass diese Maßnahme in erster Linie die Unterschiede zwischen den Regionen verstärkt. Die neuen Hauptziele der Bildungsfinanzierung für die nächsten Jahre sind:

- Transfer der Kosten auf lokale Ebene,
- Umsetzung des neuen kosteneffektiven Modells,
- Förderung von Mitfinanzierungs-Programmen (z.B. Sondermittel aus anderen Quellen,
- Einführung des neuen Management-Informationssystems (MIS).

Überblick über Strukturen und Hauptmerkmale des Bildungswesens

Struktur

Vorschule (ein bis drei Jahre), Primarstufe (Klasse I-IV), Sekundarstufe I bzw. Gymnasium (Klasse V-VIII), Sekundarstufe II (Klasse IX-XII), Postsekundarstufe (ein bis drei Jahre), Tertiärbereich (kurze und lange Kurse)

Schulbesuch

Hinsichtlich des Schulbesuchs zeigt sich:

- Vorschule: 616.313 Schüler, 35.619 Lehrkräfte, 12.831 Kindergärten; umfasst 55% der Kinder der entsprechenden Altersklasse;
- Grundschule (Klassen I-VIII, Pflichtschule): 2.581.370 Schüler; 158.178 Lehrer, 12.988 Schulen, 95,4% der 7-14-jährigen Schüler (1989 war der Anteil 93,6%);
- Sekundarstufe II (Klasse IX-XII): 694.376 Schüler, 67.239 Lehrer, 1340 Einrichtungen; 20,5% der Altersklasse (angestiegen von 3,8% in 1989);
- berufsbildendes Schulsystem (Berufs- und Lehrlingsschulen, Postsekundarschulen „scoli postliceale" – drei bis fünf Jahre: 316.934 Schüler, 5.294 Lehrer, 187 Einrichtungen; Anteil an der entsprechenden Altersklasse: 25,4% an technischen/berufsbildenden Schulen (gesunken von 66,9% in 1989); 17,9% an Berufs- und Lehrlingsschulen (gesunken von 20,3% im Jahr 1989);
- tertiärer Bildungsbereich: die öffentlichen Bildungseinrichtungen umfassen 322.129 Studenten, 23.089 Lehrer (davon 4.019 Vollprofessoren), 58 öffentliche Einrichtungen (411 Fakultäten) sowie 63 private Einrichtungen (221 Fakultäten, 130.500 Studenten und 3.168 Lehrkräfte, davon 506 Vollprofessoren).

Schüler-Lehrer-Relation

Hinsichtlich der Schüler-Lehrer-Relation ergibt sich auf den einzelnen Stufen des Bildungswesens folgendes Bild: Vorschule (19:1), Primarstufe (21:1), Sekundarstufe I (15:1), Sekundarstufe II (15:1), Tertiärbereich (15:1).

Zugang

Die einzelnen Schultypen hatten folgende Aufnahmeraten: Vorschule 55%, Primarstufe 98,9%, Sekundarstufe I 92,4%, Sekundarstufe II 70,73%, Tertiärbereich 8,27%. Die Übergangsrate zwischen Primar- und Sekundarstufe I betrug 94,23% und die zwischen Sekundarstufe I und II 55,47%. Im voruniversitären Bereich haben sich 0,1% der Schüler in Privatschulen eingeschrieben und im tertiären Bereich betrug dieser Anteil 27,1%. Ca. 17% der Altersgruppe Eingangsklasse I brechen später die Schule vor dem Abschluss der Klasse VIII ab. Ca. 80% der Absolventen von Klasse VIII (66,4% der ursprünglichen Altersgruppe Klasse I) setzen den Schulbesuch fort, wenn sie älter als 15 Jahre sind und 36,5% der Absolventen der Sekundarstufe II setzen ihre Ausbildung in einer Institution des Tertiärbereichs fort.

Allgemein bildende Schulen

Vorschulerziehung

Die Vorschulerziehung deckt die Altersgruppe der 3-7-jährigen Kinder ab. Sie ist noch nicht Bestandteil der Schulpflicht, auch wenn zunehmend mehr Kinder am letzten Jahr (*„schulvorbereitende Gruppe"*) teilnehmen. Die meisten Kindergärten sind staatliche Einrichtungen, wobei die Anzahl der privaten Vorschulen und Kindergärten jedoch steigend ist. Nach dem Gesetz sind die Schulaufsichtsbehörden für die Gründung von Kindergärten zuständig. Um das Angebot an Kindergärten zu erhöhen und zu erweitern, können lokale Unternehmen, Privatstiftungen und Einzelpersonen Kindergärten gründen und finanzieren, wenn eine Genehmigung der Schulaufsichtsbehörden vorliegt.

Die Qualifikation der Lehrkräfte ist zweistufig:

- Vorschulerzieher, die in pädagogischen Fachschulen (Sekundarstufe II) ausgebildet werden,
- zweijährige Ausbildung innerhalb einer Einrichtung (bei Absolventen von pädagogischen Fachschulen der Sekundarstufe II) bzw. dreijährige Ausbildung an einem pädagogischen College (bei Absolventen anderer Schulen der Sekundarstufe II).

Gegenwärtig wird angestrebt, dass allen 40.000 Lehrkräften im Vorschulbereich eine Ausbildung an einem pädagogischen College ermöglicht werden soll.

Schulpflicht

Gemäß Artikel 6 des Bildungsgesetzes ist jeder rumänische Staatsbürger dazu verpflichtet, mindestens acht Jahre lang die Schule zu besuchen. Diese Schulpflicht umfasst die Primarstufe I (Klassen I-IV) sowie die Sekundarstufe I bzw. „Gymnasium" (Klassen V-VIII). Nahezu 24-28% der Schulabsolventen, die acht Jahre die Schule besucht haben, setzen im Alter von 16 Jahren den Besuch der Sekundarschule nicht mehr fort, ohne einen Abschluss zu haben. Die letzten Änderungen des Schulgesetzes (Gesetz Nr. 11/1999) haben die allgemeinere Teilnahme am letzten Jahr der Vorschulerziehung („vorbereitendes Jahr") zum Ziel. Da diese Maßnahme jedoch nicht zufriedenstellend ist (d.h. zu wenig umfassend), ist die Mehrheit der Kinder in dieser Altersklasse bereits bei der Einschulung benachteiligt. Aus diesem Grund und um eine erweiterte grundlegende Erziehung sicherzustellen, schreiben die Änderungen von 1999 eine Verlängerung der Schulpflicht auf neun Jahre vor (vier Jahre Primarschule und fünf Jahre Sekundarschule). Die 5. Klasse des Schuljahrs 1999/2000 war die erste Generation, auf die sich diese wichtige Änderung ausgewirkt hat.

Sekundarstufe II

Diese selektive Phase deckt die Klassen IX-XII (14-16-jährige Schüler) ab. Sie kann in die folgenden Schultypen aufgegliedert werden:
- vier Jahre „akademisches Lyzeum" (24% der Schüler der Sekundarstufe II),
- vier Jahre „technisches Lyzeum" (44%),
- zwei oder drei Jahre Berufsschule (32%).

Entsprechend können in der Sekundarstufe II drei unterschiedliche Richtungen eingeschlagen werden: wissenschaftlich, technisch und berufsbildend. Die Sekundarstufe II wird in den Institutionstypen allgemein bildende oder spezialisierte Schulen (im akademischen oder technischen Zweig) sowie Berufsschulen oder Lehrlingsschulen (im berufsbildenden Zweig) angeboten. Die technischen, berufsbildenden und manchmal auch akademischen Sekundarschulen sind gewöhnlich in einem gemeinsamen Komplex untergebracht, der „*integrierte Schuleinheit*" („Schulkomplex") genannt wird. Jeder Komplex ist in einem oder zwei technischen Bereichen spezialisiert (z.B. Kommunikation und Elektronik), die den Erfordernissen der lokalen Unternehmen entsprechen.

Es gibt 14 verschiedene Institutionstypen der Sekundarstufe II. Die theoretischen Schulen und die Gewerbeschulen repräsentieren jeweils ein Drittel aller Institutionen. Das verbleibende Drittel weist die folgenden zwölf Spezialisierungen auf: Landwirtschaft, Forstwirtschaft, Gesundheit, Wirtschaft und Verwaltung, Informatik, Vermessungswesen, Pädagogik, Kunst, Sport, Militär, Theologie und Sonderpädagogik. Die jüngsten Reformen vereinfachen diese Spezialisierungen und beschränken sie auf drei Zweige (*filiere*): theoretisch, technisch und berufsbildend. Unter den berufsbildenden Schulen der Sekundarstufe II sind die folgenden Schultypen vertreten:
- technische Oberschule bzw. „*technologisches Lyzeum*" (33,78% aller Schüler der Sekundarstufe II), Dauer vier Jahre,
- Berufsschule bzw. *scoli profesionale* (19,12%), Dauer zwei bis drei Jahre,
- Lehrlingsschule (5,31%) bzw. *scoli de ucenici*, sind Teil der Berufsschulstruktur; ein Teil der Ausbildung findet in Unternehmen statt, Dauer ein bis drei Jahre.

Die wichtigste Funktion der Lehrlingsschulen ist die Überbrückung der Zeit nach dem Ende der Schulpflicht (im Alter von 14 Jahren) und dem gesetzlich zulässigen Alter für den Eintritt in den Arbeitsmarkt. Die Zulassung erfolgt durch Teilnahme an einem Test, die jede Schule für Schüler durchführt, die die „Eignungsprüfung" nach Ablauf der Schulpflicht nicht bestanden haben. Als Abschluss der Lehrlingsschule erhalten die Absolventen ein „Abschlusszeugnis".

Voraussetzung für die Zulassung zu Schulen der Sekundarstufe II ist das Abschluss-zeugnis am Ende des Schulpflichtbesuchs. Dieses Zeugnis wird nach dem Bestehen der landesweiten „Eignungsprüfung" („*examen de capacitate*") ausgestellt.Die Se-kundarstufe II schließt mit einer weiteren landesweiten Prüfung ab, dem Abitur (*ba-calaureat*). Die bei der Prüfung erzielten Noten werden mit den Ergebnissen der Universitätszulassungsprüfung zusammengezählt. Jede Universität gewichtet die Ergebnisse der Abiturprüfung unterschiedlich (zwischen 10% bis 30%).Nach dem Abschluss der Berufsschulausbildung sowie einer Aufnahmeprüfung können die Schüler ihre Ausbildung in einer Oberschule fortsetzen und anschließend, wenn sie die Abiturprüfung bestanden haben, sich im Tertiärbereich einschreiben. Absolven-ten der Oberschule können in das Berufsleben eintreten oder ihre Ausbildung in einer „*scoli postliceale*" (auf der Sekundarstufe II aufbauende Schule) bzw. im Ter-tiärbereich fortsetzen, wobei ein Auswahlverfahren auf Grundlage einer Auf-nahmeprüfung durchgeführt wird.Die Ausbildung an einer „*scoli postliceale*" dauert ein bis drei Jahre. Voraussetzung für die Aufnahme ist das Abiturzeugnis. Nach bestandener Abschlussprüfung wird ein „Abschlusszeugnis" ausgestellt. Post-Se-kundar-Programme werden von staatlichen Institutionen, Unternehmen oder den Teilnehmern initiiert und finanziert. In den letzten Jahren hat diese Form der Be-rufsausbildung für immer mehr Schüler an Attraktivität gewonnen. Die beliebtesten Bereiche sind Gesundheit, Pädagogik, Finanzen, Kommunikation, Handel, Be-triebswirtschaft und Informationstechnologie.

Tertiärer Bildungsbereich

Der tertiäre Bereich umfasst 58 staatliche Einrichtungen (darunter 35 Universitäten) mit 411 Fakultäten sowie 63 private Einrichtungen in über 30 Städten.
Der Tertiärbereich weist fünf Institutionstypen auf:

- Universität (*universitatea*) – bietet eine breites Angebot an Fakultäten und Pro-grammen, gewährt höhere wissenschaftliche und berufsqualifizierende Hoch-schulabschlüsse, Kombination von Lehre und Forschung.
- Akademie (*academia*) – bietet normalerweise in einem einzigen akademischen Bereich eine spezialisierte Ausbildung (z.B. Sportakademie, Musikakademie).
- Polytechnische Universität – bietet eine Ausbildung in technischen und prakti-schen Bereichen.
- Institut (*institutul*) – verleiht berufsqualifizierende Hochschulabschlüsse für ein Studium mit eingeschränkter Spezialisierung (z.B. Theologisches Institut).
- Universitäts-College (*colegiu universitar*) – bietet zwei- oder dreijährige Kurse, die mit einem Diplom abschließen; die Absolventen sind jedoch nicht für die Zulassung zu einem Postgraduierten-Studium qualifiziert.

Die Studiendauer beträgt für ein Kurzzeitstudium zwei Jahre (*College*) und für ein Langzeitstudium vier Jahre. Die Colleges sind gewöhnlich in die Universitäten inte-griert und decken die Fachbereiche Pädagogik, Wirtschaft, Verwaltung und Technik ab. Studenten, die das College mit einem Diplom abgeschlossen haben, können das Studium ihrer Fachrichtung in Langzeit-Institutionen fortsetzen.
Die Universitäten umfassen fachübergreifende oder allgemein bildende, technische, medizinische, pharmazeutische und agrarwissenschaftliche Institutionen. Nichtuni-versitäre Hochschulen umfassen die folgenden Institutionen: Akademien für Kunst,

Musik und Theater, Wirtschaftswissenschaftliche Akademien, Colleges für Landwirtschaft und Hoch- und Tiefbau, Colleges für Betriebswirtschaft, Colleges für Sport, Colleges für öffentliche Verwaltung und Colleges für zivile Seefahrt. Das Kurzzeitstudium schließt mit einem Hochschulabschluss, das Langzeitstudium mit einem Universitätsabschluss ab. Einige Universitäten mit entsprechenden Personal- und Forschungskapazitäten bieten weiterführende Studiengänge an: Weiterbildungsstudium (ein Jahr, Aneignung von Spezialkenntnissen), Aufbaustudium für Universitätsabsolventen (ein bis zwei Jahre, Master-Programme), Postgraduierten-Studium (zwei bis drei Jahre, zur Vertiefung der beruflichen Spezialisierung), Promotionsstudium (vier bis sechs Jahre, höhere Forschung und Spezialisierung).

Lehrkräfte

Der erforderliche Berufs- und Ausbildungsstatus der Lehrberufe hängt von der Schulstufe ab. Die folgende Auflistung enthält verschiedene Lehrpersonal-Kategorien:
- *Kindergarten/Vorschulen*
  „educatori" – Erzieher mit einer mindestens fünfjährigen Ausbildung an einer pädagogischen Schule der Sekundarstufe II;
  „institutori" – Lehrer, die an einem College für Lehrerausbildung ein zweijähriges Studium (Absolventen einer pädagogischen Schule der Sekundarstufe II) bzw. ein dreijähriges Studium (Absolventen anderer Schultypen der Sekundarstufe II) abgeschlossen haben;
- *Primarschule*
  „invatatori" – die in Colleges oder Colleges für Lehrerausbildung studiert haben; ein Lehrer unterrichtet in der Regel eine Klasse in allen Fächern, Ausnahmen sind bestimmte Schulfächer wie Religion, Fremdsprachen, Sport und Musik, die von Fachlehrern (jedoch keine „profesori") unterrichtet werden;
- *Sekundarstufe I*
  „profesori" – Fachlehrer mit einem Diplom, die eine spezialisierte Langzeit-Hochschulausbildung abgeschlossen haben; technische Fächer werden von Ingenieuren unterrichtet;
- *Sekundarstufe II*
  Es unterrichten nur Fachlehrer; technische Fächer werden von Ingenieuren unterrichtet, die an einer polytechnischen Universität ausgebildet wurden; jede Schulklasse hat einen Klassenlehrer („profesor diriginte"), der für die Koordination der Lernaktivitäten der Schüler sowie für die Kontakte zu den Eltern zuständig ist; Schulen mit mehr als 800 Schülern haben einen Lehrer, der für die Berufswegplanung und Beratung zuständig ist;
- *College und Universität*
  Die Lehrkräfte sind noch stärker diversifiziert; diese Diversifikation umfasst die folgenden fünf Stufen:
  - „preparator" – Junior-Assistent, der nur für praktische Kurse zuständig ist
  - „asistent universitar" – untergeordnete akademische Position, umfasst Aufgaben sowohl in der Lehre als auch in der Forschung,

–   *„lector universitar"* – in der Regel ein Doktorand, der Kurse oder Seminare
    hält (praktische Anwendungen des Kurses werden von einem Vollprofessor
    oder einem assoziierten Professor abgehalten),

–   *„conferentiar universitar"* (assoziierter Professor) hat promoviert und verfügt
    über nachgewiesene Erfahrung in Lehre und Forschung,

–   *„profesor universitar"* (Vollprofessor) hat promoviert und hat eigene Arbei-
    ten in einem wissenschaftlichen Spezialgebiet veröffentlicht.

Die Ausbildung von Lehrern erfolgt überwiegend an Universitäten. Weiterbildungs-
kurse oder schulinterne Fortbildungslehrgänge für Lehrer werden auch von anderen
Organisationen angeboten, wie beispielsweise Berufsverbänden oder Forschungszentren. Früher wurden die angesehensten Lehrer für besondere Leistungen beim
Unterricht zu Schulleitern befördert. In den letzten Jahren wurden zwei Weiterbil-
dungsprogramme durchgeführt, und zwar in den Bereichen Lehrpädagogik und
Schulverwaltung:

–   Fachlehrer können ein beliebiges Langzeitstudium an der Universität abge-
    schlossen haben. Für die Zulassung als Lehrer ist jedoch die Teilnahme an ei-
    nem Universitätsmodul für Lehrer erforderlich. Dieses Modul, ein Paket päda-
    gogischer Themen, ist ein Angebot der Abteilung für Lehrerausbildung, die in
    allen größeren Universitäten eingerichtet ist.

–   Lehrkräfte können nur dann eine Verwaltungsfunktion wie Schulleiter oder
    Schulinspektor ausüben, wenn sie an einem Fachkurs für Schulverwaltung teil-
    genommen haben, der von zu diesem Zweck eingerichteten Zentren angeboten
    wird.

Qualitätskontrolle und Evaluation

In Rumänien sind summative Formen der Evaluation vorherrschend, auch wenn in
den letzten Jahren Anstrengungen unternommen wurden, um formative Evaluations-
formen in den Schulalltag einzuführen. In diesem Zusammenhang lag der
Schwerpunkt auf zwei landesweiten Prüfungen, die in jüngster Zeit an Einfluss
gewonnen haben (Schulabschluss und Zulassung zur nachfolgenden selektiven
Stufe). Die betreffenden Prüfungen sind:

–   *„examenul de capacitate"* (Eignungsprüfung) am Ende des 8-jährigen Schulp-
    flichtbesuchs. Das bei bestandener Prüfung erhaltene Abschlusszeugnis qualifi-
    ziert für die Zulassung zu Schulen der Sekundarstufe II.

–   *„examenul de bacalaureat"* (Abitur) schließt die Sekundarstufe II mit einem
    Zeugnis ab, das ein Kriterium für die Zulassung zur Universität ist. Die Ge-
    wichtung des Zeugnisses ist hierbei variabel, die Noten werden zu den Ergeb-
    nissen der eigentlichen Aufnahmeprüfung dazugerechnet.

1999/2000 wurde ein System der externen Evaluation eingeführt. Die in der Prüfung
enthaltenen Aufgaben werden von einer unabhängigen Organisation, der Staatlichen
Kommission für Evaluation und Prüfung, erstellt und ausgewertet.

Curriculum

Im Jahr 1999/2000 wurde ein neuer staatlicher Lehrplanrahmen (NCF) eingeführt. Er ist in verschiedener Hinsicht höchst innovativ:

– Das frühere Verfahren, das sich an den Einzelfächern orientierte, wurde durch sieben Curriculumbereiche ersetzt (Sprache und Kommunikation, Mathematik und Naturwissenschaften, Mensch und Gesellschaft, Kunst, Leibeserziehung und Sport, Technologie, Beratung und Orientierung).

– Der Lehrplanrahmen schreibt nicht mehr einen starren Stundenplan mit einer unflexiblen Anzahl von Unterrichtsstunden vor. Stattdessen ist das Verhältnis zwischen dem Kern-Curriculum (Mindestanzahl der wöchentlichen Unterrichtsstunden für jedes Fach) und dem schulbasierten Curriculum (Zeitdifferenz zwischen dem Kern-Curriculum und der Mindest-/Höchstzahl der wöchentlichen Unterrichtsstunden) flexibler gestaltet. Das Kern-Curriculum deckt 70% der gesamten Schulstunden ab und ist ausreichend, um die durch den Curriculumrahmen vorgeschriebenen Leistungsziele erreichen zu können. Das Kern-Curriculum wird als einziges Bezugssystem für die verschiedenen Typen der Leistungsbewertung und die landesweite externe Evaluation verwendet. Das schulbasierte Curriculum kann in unterschiedlicher Weise umgesetzt werden: Wahlkurse, Vertiefung des Kern-Curriculums, Erweiterung Lehrplan oder informelle Aktivitäten.

– Er ermöglicht den Lehrkräften und Schulleitern mehr Eigeninitiative sowie die Anpassung des Curriculumrahmens an die lokalen Erfordernisse und die Interessen der Schüler.

– Die bisherige chronologische Einteilung wurde durch ein System von Schlüsselphasen ersetzt, die sich an Fähigkeiten und Kompetenzen orientieren. Beispielsweise wurde die Einteilung nach Altersklassen von fünf wesentlichen Lehrplanphasen abgelöst: die Grundlagenphase (Klassen I-II), die Entwicklungsphase (Klassen III-IV), die Beobachtungs- und Orientierungsphase (Klassen VII-IX), die Vertiefungsphase (Klassen X-XI), die Spezialisierungsphase (Klassen XII-XIII, bei spezialisierten Schulen der Sekundarstufe II, z.B. Kunstoberschulen).

Lehrbücher und Lehrmaterial

Für die Einführung des neuen Curriculums war eine grundlegende Änderung der Schulbücher vorgesehen. Pluralismus und Wettbewerb lösten das ehemals einzige Lehrbuch ab, das im Verlag des Bildungsministeriums publiziert wurde. Das System der „alternativen Lehrbücher" ermutigte private Verleger zur Produktion von wettbewerbsfähigen Lehrbüchern. Ein unabhängiges Gremium stellt den Lehrkräften drei Titel pro Schulfach vor, wobei die endgültige Entscheidung dann bei den Lehrkräften und Schulen liegt. Am Anfang eines jeden Schuljahrs organisieren Schulinspektoren mit dem Lehrbuchangebot Ausstellungen, und jeder Lehrer kann das Lehrbuch auswählen, das er im Unterricht verwenden möchte. Während der Schulpflichtzeit werden alle Lehrbücher vom Staat subventioniert. Seit der Einführung des neuen Systems haben ca. 20 Verleger 120 Schulbücher publiziert.

Aktuelle Diskussionen und Entwicklungsperspektiven

Drei bedeutenden Reformprogramme gleichzeitig prägten Mitte der 1990er Jahre das rumänische Bildungswesen: die voruniversitäre Bildungsreform (von der Weltbank mitfinanziert), die Reform der Hochschulausbildung und Forschung (ebenfalls von der Weltbank mitfinanziert) und das PHARE-Programm für das berufsbildende Schulsystem (von der Europäischen Union finanziert). Sie führten zusammen mit weiteren Programmen, die von der rumänischen Regierung oder bilateral unterstützt wurden, zu einer Dynamisierung des Bildungswesens. Die Auswirkungen der parallel verlaufenden Programme wurden ab Beginn des Jahres 2001 durch die folgenden Veränderungen spürbar:

– neuer Curriculum-Rahmen,
– alternative Lehrbücher für alle Fächer,
– das Recht ethnischer Minderheiten auf Unterricht in ihrer Muttersprache,
– Aufbau eines Systems externer Evaluation,
– erleichterter Zugang zu selektiven Formen der Bildung (Prüfungen am Ende des Schulpflichtbesuchs und Zulassung zu den Universitäten),
– neue Standards für die berufliche Bildung und ein dezentralisierter Lehrplan für berufsbildende Schulen,
– neues System der Zertifizierung und Evaluation in berufsbildenden Schulen, das sich an Fähigkeiten orientiert,
– Beteiligung der Sozialpartner am Bildungsmanagement,
– neues System der Schulinspektion,
– umfassendes Netzwerk für Beratung und Orientierung,
– starke Dezentralisierung von Entscheidungen (durch Dekonzentration und Übertragung vieler Rechte auf Schulaufsichtsbehörden und lokale Behörden),
– Autonomie der Universitäten und Diversifikation der Strukturen der Hochschulausbildung,
– Wiedereinführung der Forschung in der Hochschulausbildung,
– Entwicklung des privaten Schulsystems,
– neues System der Finanzverwaltung.

Die neue Stufe der *systematischen Reform* (2001-2004) hat die folgenden Prioritäten:

– Wechsel zum System neun plus drei (anstatt vier plus vier plus vier),
– Förderung des Schulsystems in ländlichen Regionen (ein weiteres von der Weltbank finanziertes Programm wurde zu diesem Zweck gestartet),
– Initiierung eines Schulgebäude-Programms (gefördert durch ein weiteres Programm der Weltbank),
– Qualitätssicherung des Unterrichts durch die Aufstellung von Lernstandards,
– Verringerung der Anzahl der Schulabbrüche (über 17% der Altersgruppe Eingangsklasse I brechen die Schule vor dem Abschluss der Klasse VIII ab),
– Einsatz der Informationstechnologie für den Unterricht (zu diesem Zweck wurde 2001 ein neues Programm gestartet, um Schulen in großem Umfang mit Computern auszustatten und computergestütztes Lernen zu ermöglichen),
– Änderung des Systems der Lehrerausbildung, insbesondere im Bereich der Fortbildung,

- Entwicklung der Erwachsenenbildung und Weiterbildung (gegenwärtig sind die Bildungsverfahren noch schulzentriert und auf formales Lernen ausgerichtet),
- Verbesserung der externen Effizienz, beispielsweise durch Fördermaßnahmen und Beschäftigungsprogramme (1999 waren über 40% der Arbeitslosen Hochschulabsolventen).

Diese Ziele sollen durch staatliche Programme erreicht werden, die vom Ministerium für Bildung und Forschung überwacht werden. Sie werden durch den Staat und durch staatsverbürgte Kredite (z.B. der Weltbank) finanziert. Da gegenwärtig das Beitrittsverfahren voranschreitet, erfolgt die Hauptförderung nicht mehr durch die Weltbank, sondern durch die Europäische Union. Ergänzend zu diesen staatlich gelenkten Programmen von oben gibt es zahlreiche Projekte, die von unten durch Schulen und die bürgerliche Gesellschaft organisiert werden. Diese Projekte konzentrieren sich vor allem auf die folgenden Aspekte: alternative Erziehung, Erziehung zur demokratischen Staatsbürgerschaft, Partnerschaft zwischen Schule und Gemeinwesen, informelles Lernen, Beteiligung der Jugendlichen, Bildung für Roma usw.

Eine interessante Entwicklung ist die Einrichtung von „Komplexen zur Entwicklung der Bildung" auf regionaler Ebene. Diese Ressourcen und Projekte sind gewöhnlich um die größeren Universitäten und das Institute für Erziehungswissenschaften gruppiert. Die Teilnehmer sind neben akademischen und professionellen Wissenschaftlern auch lokale Schulinspektoren, Schulleiter, NGOs, Ausbilder für Erwachsene, Eltern und Vertreter der „Schulhäuser" (lokale Zentren für die Lehrerfortbildung). In der Regel werden die Ressourcen und Institutionen sofort neu strukturiert, um die Teilnahme an Entwicklungsprogrammen zu ermöglichen, die vom Phare-Programm, dem Open Society-Institut, der Weltbank oder der Regierung finanziert werden. Dieses System hat sich als äußerst dynamisch erwiesen, da es ihm gelungen ist, einerseits die Initiative auf lokaler Ebene zu stärken und andererseits die unterschiedlichsten Gruppen zu einem gemeinsamen Projekt zusammenzubringen.

Literatur

BIRZEA, C. (Hrsg.): Education Reform in Romania: Conditions and Perspectives. Bucharest: Institute of Education Sciences 1993.
BIRZEA, C.: The Dilemmas of the Reform of Romanian Education: Shock Therapy, the Infusion of Innovation, or Cultural Decommunication? In: Higher Education in Europe, 22(1997)3, S. 221-227.
BIRZEA, C./BADESCU, M.: Financing the Public Education in Romania: Policy Issues and Data Availability. Bucharest 1998.
CRIGHTON, J.: Romania: Some Notes of Education Issues. Budapest: Open Society Institute 1998.
DINCA, G./DAMIAN, R.: Financing of Higher Education in Romania. Bucharest 1997.
EURYDICE: The Structure of Education System in Romania. Brussels 1997.
INSTITUTE OF EDUCATION SCIENCES: Education for All in Romania. Bucharest 2000.
MARGA, A.: Guidelines for the Reform of Education in Romania. Bucharest: Ministry of National Education 1998.

MIHAILLESCU, I./VLASCEANU, I./ZAMFIR, C.: The Reform of Higher Education in Romania. Bucharest 1995.

MIROIU, A. ET AL.: The Romanian Education Today. Iasi 1998.

NATIONAL OBSERVATORY. Modernization of Vocational Eduction and Training in Romania. Bucharest 2000.

OECD: Review of National Policies for Eduction – Romania. Paris 2000.

UNICEF: Romania – The Education System. Florence: MONEE Project 1997.

Rumänien

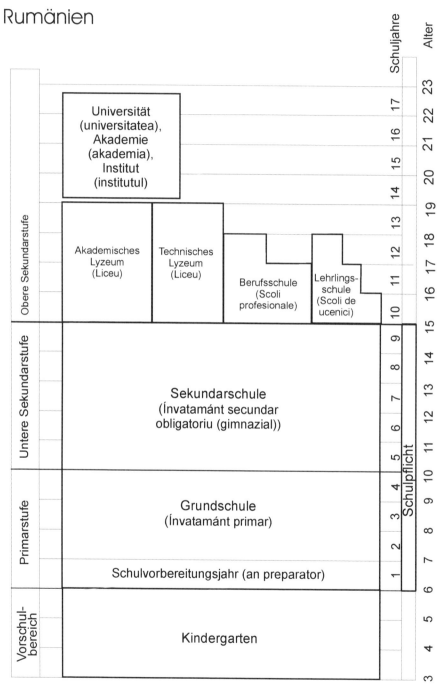

Gerlind Schmidt

RUSSISCHE FÖDERATION

Entwicklung des Bildungswesens

Das Bildungswesen und damit auch die Entwicklung des Schulsystems in Russland sind von einer wiederkehrenden, historisch bedingten Spannung geprägt: Das Zarenreich und später die Sowjetunion, die sich in einer Randlage zwischen Europa und Asien befanden, verfügten über ein Bevölkerungspotential sowie die materiellen Ressourcen, die den Aufbau eines Imperiums und eine Etablierung als Weltmacht ermöglichten. Das Bildungswesen stellte einen der Faktoren im Prozess dieser Machtentfaltung dar und wurde zugleich in ihren Dienst gestellt. Die Modernisierung des Landes erfolgte jedoch bis zum Ende des Zarenreiches mit historischem Abstand gegenüber den fortgeschrittenen Ländern des „Westens", wobei die Einbindung ausländischer Fachkräfte eine lange Tradition erlebte. Prägend ist bis heute eine Spannung bzw. ein Wechsel von Prozessen der internationalen Öffnung und der Abschottung des Landes, von einer Orientierung an westlichen oder weltweit gültigen Konzepten sowie von Schritten einer eigenständigen, vielfach dynamischen Modernisierung. Auf der internationalen Bühne rief die Entwicklung gerade auch im Bereich des Schulsystems seit dem ersten Jahrzehnt der Sowjetmacht staunende Bewunderung hervor; das sowjetische Bildungswesen wurde noch vor wenigen Jahrzehnten als ein zentraler Bereich für das mögliche „Überholen" des Westens in einem „Wettlauf der Systeme" wahrgenommen.

Die immense räumliche Ausdehnung des Landes, das Nebeneinander unterschiedlichster sozioökonomischer Entwicklungsstufen seiner Bewohner und die Vielfalt ethnischer Gruppen und Nationen stellten für das Bildungswesen eine Herausforderung dar und konfrontieren es bis heute mit Aufgaben von großer Heterogenität. Hieraus erklärt sich eine traditionell erhebliche, nach dem Zusammenbruch der Sowjetunion wieder neu entstehende Spannweite zwischen Bereichen, in denen wissenschaftliche und kulturelle Spitzenleistungen von Weltgeltung hervorgebracht wurden, und der Qualität der Bildung für die Mehrheit der Bevölkerung. In der historischen Entwicklung ging der Ausbau der Universitäten und der Wissenschaften voran, wobei die Aufgabe im Vordergrund stand, den Staat mit Beamten sowie Militärs und das Land mit anderen qualifizierten Fachkräften zu versorgen. Die Unterweisung der heranwachsenden Generation blieb lange Zeit auf den häuslichen Unterricht einer schmalen Schicht adliger Eliten beschränkt, ehe sich ein ständisch gegliedertes Sekundarschulwesen größeren Umfangs herausbilden konnte. Die Prozesse, in deren Verlauf ein modernes öffentliches Elementarschulwesen sowie ein differenziertes Berufsbildungswesen für die bis dahin agrarische Bevölkerungsmehrheit und die entstehende Industriearbeiterschaft errichtet wurden, setzten erst in der zweiten Hälfte des 19. Jahrhunderts ein. Nach der Oktoberrevolution stellten die Bolschewiki das Bildungswesen unter die Priorität, die aus dem Zarenreich überkommenen Probleme zu lösen: die Beseitigung des immer noch massenhaften Analphabetismus in Angriff zu nehmen, die Emanzipation der nationalen Minderheiten durch die Entwicklung ihrer Sprachen und Kulturen voranzutreiben und die Vorkehrungen innerhalb des Bildungswesens zu schaffen, um qualifizierte Arbeitskräfte für einen zentral geplanten Industrialisierungsprozess bislang ungekannten Tempos und Ausmaßes heranzubilden. Das allgemein bildende und das berufliche Schulsystem wurden im ersten nachrevolutionären Jahrzehnt zu einem umfassenden Experimentierfeld. Hierbei verbanden sich die Grundprinzipien der internationalen Reformpädagogik mit revolutionären Konzepten von Schule und Gesellschaft, von Lernen und Arbeiten, von allgemeiner und beruflicher Bildung sowie Unterricht und Produktion. Auf der Grundlage einer Verknüpfung dieser Ideen sollte der „neue Mensch" im Sinne der sowjetischen Variante des Marxismus geschaffen werden. Im Verlauf einer erstaunlichen Entfaltung der nationalen Kulturen gelang es zugleich, den Analphabetismus in großem Umfang zu reduzieren und für eine Vielzahl von Völkern erstmalig den Unterricht in der „nationalen" Sprache, eingeschlossen eine eigene Schrift, zu verwirklichen. Mit dem verstärkten Einsetzen der Stalinisierung zu Beginn der dreißiger Jahre wurde das Bildungswesen mehr und mehr zum Vollzugsorgan zentralistisch-hierarchischer und schließlich totalitärer Machtausübung. Zugleich wurde es vollständig in den Dienst der planwirtschaftlichen Wirtschaftslenkung gestellt. Im Schulsystem fand eine Rückwendung zu einer autoritären und uniformen, inhaltlich und ideologisch streng kontrollierten Lernschule statt. Gleichzeitig wurde eine langjährige Isolierung von der internationalen Entwicklung eingeleitet. Nachdem die Schuldauer den Realitäten gehorchend vorerst auf vier Jahre beschränkt worden war und erst nach dem zweiten Weltkrieg die allgemeine Einführung der siebenjährigen Schule gelang, konnte in wiederholten Reformanläufen schrittweise eine Verlängerung der Pflichtschulzeit erreicht werden. Die Ausdehnung auf zehn und, während der Phase der Polytechnisierung und Professionalisierung, sogar auf elf Schuljahre sowie die Verallgemeinerung des Abiturs ließen sich bis zum Ende der Sowjetunion jedoch niemals vollständig durchsetzen.

Mit der einsetzenden Perestroika wurden die Grundfesten des sowjetischen Bildungswesens und die Prinzipien der zugehörigen Pädagogik und Bildungspolitik in Frage gestellt. Verbunden mit einer Öffnung für das seit nahezu sechs Jahrzehnten tabuierte eigene frühsowjetische, aber auch für das vorrevolutionäre russische sowie für modernes internationales pädagogisches Gedankengut fand eine öffentliche Verurteilung der sowjetischen Pädagogik als „Kasernenhofpädagogik", „Pädagogik ohne Kind" und „Gleichmacherei" statt. Für die entstandenen Fehlentwicklungen wurde die inhaltliche Ausrichtung am Diktat der kommunistischen Einheitspartei und an den Anforderungen des Beschäftigungssektors, der vom militärisch-industriellen Komplex dominiert war, verantwortlich gemacht. Propagiert wurden nun eine Entideologisierung und Humanisierung der Bildung, die Betonung ihrer humanwissenschaftlichen gegenüber der bis dahin betonten naturwissenschaftlichen Ausrichtung. Hinzu trat die Individualisierung – verstanden als Einbeziehung des Subjekts im Sinne seiner umfassenden Persönlichkeitsentwicklung und der Förderung seiner besonderen Fähigkeiten und Begabungen; diese sollten sich in neu entwickelten inhaltlich differenzierten Angeboten bei individueller Wahlmöglichkeit entfalten. Das staatliche Bildungsmonopol im Schulsystem wurde mit der Absicht zur Disposition gestellt, dass die Schule einen an den Interessen einer sich entfaltenden pluralistischen Zivilgesellschaft ausgerichteten Dienstleistungsauftrag übernehmen würde.

Organisation des gegenwärtigen Schulsystems

Gesetzliche Grundlagen – Bildungsverfassung

Die Russische Föderation ist nach dem Zerfall der Sowjetunion Ende 1991 als deren Rechtsnachfolgerin entstanden. Sie umfasst über drei Viertel des sowjetischen Territoriums und hat bei einem anhaltenden Geburtenschwund und generellen Bevölkerungsrückgang heute 146,7 Millionen Einwohner (1999); hiervon waren zur Zeit des Umbruchs ca. 81% russischer Nationalität – gegenüber bis dahin etwas mehr als der Hälfte der Bevölkerung in der UdSSR. Russland ist seither von einem Gürtel unabhängiger neuer Staaten umgeben, die vielfach für Jahrhunderte zum Zarenreich gehört hatten. Die neuen Grenzziehungen haben vielfältige Migrationsbewegungen herbeigeführt, insbesondere unter den 25 Millionen russischen Bürgern, die aus den jungen nichtrussischen Nationalstaaten nach Russland übersiedelten. Die Russische Föderation ist als ein föderativer multiethnischer Staat mit einer demokratischen Grundordnung definiert. Sie umfasst 89, verkürzt als Regionen bezeichnete föderale Gebietseinheiten, die so genannten Föderationssubjekte. Das sind mehrheitlich die so genannten Gebiete (*oblast'*), sechs Regionen, 21 nationale Republiken der nichtrussischen Titularnationen mit besonderen Rechtsetzungsbefugnissen, elf ebenfalls national definierte, unterschiedlich strukturierte autonome territoriale Einheiten sowie die Städte Moskau und Sankt Petersburg. Während die vorerst noch gültigen Gesetze der Sowjetunion vielfach erst in größeren zeitlichen Abständen erneuert wurden, sind im Bildungswesen und damit auch für die Schulen bereits mit dem Bildungsgesetz vom Juli 1992 und der im Dezember 1993 beschlossenen neuen Verfassung der Russischen Föderation die Weichen für eine tiefgreifende Umorientierung gestellt worden. Diese vollzog sich im Zeichen eines neu formulierten liberal-demokratischen Paradigmas, das die politische Neugestaltung eines demokratischen und föderativen Staatswesens, die Einführung der Marktwirtschaft und den Aufbau einer Zivilgesellschaft umfasste.

Für die Bildungs- und namentlich die Schulpolitik entstand die Aufgabe, über die föderalen Territorialeinheiten hinweg die politische, rechtliche, organisatorische und inhaltliche „Einheitlichkeit des Bildungsraums" zu sichern sowie regionale Disparitäten auszugleichen. Geschaffen wurde vorerst eine föderative Struktur, die durch überwiegend bilaterale Vereinbarungen zwischen dem föderalen Bildungsministerium und den Regionen gekennzeichnet ist, wobei intermediäre Institutionen fehlen. Die vielfältig differenzierte politische, wirtschaftliche und soziale Lage in den Regionen hat sich mittlerweile in unterschiedlichen Prioritätensetzungen der einzelnen Territorialeinheiten für die regionale Schul- und Bildungspolitik niedergeschlagen, deren Instrumentalisierung im Dienste von Sonderinteressen und -wegen eingeschlossen. Allgemeine Menschen- und Bürgerrechte, darunter ein Verbot der Diskriminierung aus weltanschaulichen, politischen, sprachlichen, religiösen und ethnischen Gründen, wurden in der Verfassung festgeschrieben. Für das Schulsystem sind das verfassungsmäßig verankerte allgemeine Recht auf Bildung sowie das Recht der ethnischen Minoritäten auf Erteilung des Unterrichts in der Muttersprache bei freier individueller Wahl der Unterrichtssprache hervorzuheben. Die Aneignung der russischen Sprache als Staatssprache ist obligatorisch, es besteht aber keine Verpflichtung des Staates zur Errichtung der muttersprachlichen Angebote. Das Bildungsgesetz legt darüber hinaus eine generelle Verpflichtung der Schulen zur staatsbürgerlichen und patriotischen Erziehung fest. Während für die staatlichen Bildungseinrichtungen der Grundsatz der Säkularität gilt und ihre politische und weltanschauliche Neutralität festgeschrieben ist, können nichtstaatliche Bildungseinrichtungen mit ihren Bildungsinhalten religiöse und weltanschaulich geprägte Zielsetzungen verfolgen.

Als Wirtschaftsform wurde die freie Marktwirtschaft, eingeschlossen den Einbau marktwirtschaftlicher Elemente im sozialen Bereich sowie im Bildungswesen, etabliert. Der liberalen Konzeption des Bildungsgesetzes entspricht das Recht zum Betreiben von Bildungseinrichtungen durch nichtstaatliche gemeinnützige Trägerorganisationen (Nonprofit-Organisationen), aber auch durch kommerzielle Anbieter (Unternehmen und Privatpersonen) aus dem In- und Ausland, womit das staatliche Bildungsmonopol außer Kraft gesetzt ist. Nichtstaatliche Bildungseinrichtungen müssen eine Lizensierungs- (Zulassungs-) und Attestierungs- (Evaluierungs)-prozedur durchlaufen, ehe sie die staatliche Anerkennung der vermittelten Abschlüsse (Akkreditierung) erreichen, um – an die Schülerzahl gebundene – Zuschüsse vom Staat erhalten zu können. Die Bildungsinstitutionen können den Status einer juristischen Person erlangen, wobei die allgemein bildenden Schulen bislang mit nur 10% aller Einrichtungen das Schlusslicht darstellen. Sie können eigene Einnahmen erwirtschaften, unterliegen aber auch der Steuerpflicht, wobei Steuervergünstigungen im Vergleich zur Privatwirtschaft erst in den letzten Jahren eingeräumt wurden. Das Gebot, den Besuch staatlicher Vorschul-, Schul- und Hochschuleinrichtungen grundsätzlich kostenlos zu ermöglichen, um den Zugang zu allen Bildungsbereichen offen zu halten, wurde durch eine Novellierung des Bildungsgesetzes von 1996 vorerst an einem zentralen Punkt wirksam bekräftigt: Der Besuch der Berufsschule und der Erwerb der „vollständigen mittleren Bildung" in der allgemein bildenden Schule, der sich an die neunjährige Pflichtschulbildung anschließt, ist anders als das Hochschulstudium ohne eine Aufnahmeprüfung möglich und grundsätzlich unentgeltlich zu gestalten.

Zur Struktur des Schulsystems

Zum Schulsystem der Russischen Föderation gehört ein gegliederter Vorschulbereich. Er umfasst die Kinderkrippen für die Gruppe der Säuglinge und Kinder bis zum Alter von drei Jahren sowie den Kindergarten, den die älteren, bis siebenjährigen Kinder besuchen. Daran schließt sich eine obligatorische, nach Altersgruppen gestufte und nur noch neun Jahre umfassende allgemein bildende Pflichtschule an, die mit einer obligatorischen Abschlussprüfung endet. Ihr Bestehen gestattet den Übergang in die zweijährige obere Sekundarstufe und mit deren erfolgreichem Abschluss den Erwerb der „vollständigen mittleren Bildung" *(polnoe srednee obrazovanie)*, des Abiturs. Neben dieser „gewöhnlichen" bzw. Regelschule hat sich eine Vielfalt neuer Schultypen und organisatorischer Verbünde herausgebildet, die der besonderen Begabungsförderung und Erleichterung des Hochschulzugangs, vereinzelt auch der früh einsetzenden beruflichen Orientierung und Vorbereitung dienen.

Schließlich gibt es für die Beschulung von Kindern und Jugendlichen mit sozial, körperlich oder psychisch bedingtem besonderem Förderungs- und Betreuungsbedarf vielfältige sonderschulische Einrichtungen. Hinzu treten die außerschulischen Freizeitbeschäftigungen für Kinder und Jugendliche in Einrichtungen der „ergänzenden Bildung" *(dopolnitel'noe obrazovanie)*.

Neben der traditionellen Anlernausbildung im Betrieb kann innerhalb eines vielfältig gestuften beruflichen Bildungssektors in den beruflichen Schulen eine niedere berufliche Qualifikation erworben werden – auch in Verbindung mit dem Abschluss der vollständigen mittleren Bildung. Deren nachholender Erwerb ist schließlich in den Abend- und Schichtschulen des allgemein bildenden Schulsystems möglich. Einen Abschluss auf Fachschulniveau vermitteln Technische Lyzeen, Technika sowie der ausgedehnte Bereich der mittleren Fachschulen, die teilweise den Übergang in ein verkürztes Hochschulstudium ermöglichen. Die zahlreichen Hochschulen und Universitäten, die weiterhin als ein Bestandteil, und zwar als oberste Stufe innerhalb des Systems der Berufsbildung definiert werden, führen nach fünf Studienjahren zum Diplom; sie bieten aber auch verkürzte Studiengänge an, wobei sie sich teilweise an den ausländischen Studienformen des Bakkalaureats und des stärker forschungsbezogenen Magisterstudiums orientieren.

Staatliche Steuerung und Verwaltung

Die bildungspolitische Zuständigkeit auf der föderalen Ebene liegt für sämtliche Bereiche des Schulsystems vom Vorschulsektor über das allgemein bildende Schulsystem bis zu den Berufsschulen, für die Lehrerbildung, aber auch für den tertiären Bereich der mittleren Fach- und der Hochschulbildung sowie für die Erwachsenenbildung beim föderalen Bildungsministerium. Die traditionellen Verwaltungszuständigkeiten außerhalb des Bildungsministeriums bei den Fachministerien sind jedoch teilweise erhalten geblieben; so ist im Vorschulbereich und im Bereich der ergänzenden Bildung das Gesundheitsministerium für einen Teil der Einrichtungen zuständig. Die staatlichen Schulen und vorschulischen Bildungseinrichtungen können formal von den drei Ebenen der Bildungsverwaltung, der föderalen, der regionalen und der örtlichen Verwaltung, getragen werden; faktisch überwiegt die Trägerschaft durch die Kommunen, die so genannten Munizipalitäten. Ihre Einflussnahme auf das örtliche Schulsystem ist davon geprägt, dass neben der neu etablierten, auf die gesellschaftliche Mitwirkung orientierten lokalen Selbstverwaltung vielfach noch die traditionelle Auftragsverwaltung vorherrscht.

Dem föderalen Bildungsministerium kommt nach dem Bildungsgesetz die Aufgabe zu, staatliche Bildungsstandards im Sinne gemeinsamer Minimalanforderungen für den „einheitlichen Bildungsraum" zu erarbeiten, die von der Duma gesetzlich verabschiedet werden müssen. Es erlässt die Rahmenstundentafeln für die Schulen und ist für die Ausfüllung der föderalen Komponente der Bildungsinhalte zuständig, die durch einen vom Zeitumfang her geringeren regionalen und schulischen Anteil ergänzt wird. Für den schulischen Bildungsstandard und die Stundentafeln schreibt das Ministerium Wettbewerbe aus, an denen sich bisher in der Regel Gruppen von Wissenschaftlern, Fachleute für innovative Projektentwicklung, aber auch Praktiker beteiligt haben. Anders als im Bereich der beruflichen und der Hochschulbildung ist es bislang nicht zu einer Einigung der widerstreitenden bildungspolitischen und wissenschaftlichen Gruppierungen auf einen Bildungsstandard für die allgemein bildende Schule gekommen. Darüber hinaus regelt das Ministerium die Prüfungen und ihre Inhalte sowie die Versetzungsbestimmungen, legt die Normen für die Inspektion der Bildungseinrichtungen auf allen Trägerebenen fest und führt die qualitative Überprüfung durch. Es erteilt zudem die Lizenzen für die nichtstaatlichen Schulen und nimmt über die Akkreditierungen die Anerkennung der erteilten Abschlüsse vor. Neben der Festsetzung der Lehrergehälter und Bereitstellung entsprechender Mittel ist es für die Leistungsbeurteilung und die Gehaltseinstufung der Lehrer zuständig. Seine Verantwortung für die Zulassung, Finanzierung und Versorgung der Regionen mit Schulbüchern hat besonders Gewicht erhalten, seit die Freigabe einer Vielzahl konkurrierender und auch regional differenzierter Schulbücher wegen der Finanzierungslücken und des Fortbestehens einer tradierten Bindung der Lehrerschaft an ein einziges, vorgegebenes Schulbuch für die Unterrichtserteilung umstritten ist. Auf der Ebene der einzelnen Bildungsinstitution wurden umfangreiche Spielräume für autonome Entscheidungen und selbstständiges Handeln geschaffen, die in den Schulen in erster Linie vom Schuldirektor auszufüllen sind. Neben den existenzwichtigen Finanzierungsaufgaben gilt dies für die Ordnung der institutionsinternen Abläufe durch ein eigenes Statut, die inhaltliche Profilierung der Einrichtung, die Einführung neuer Unterrichtsmethoden, die Auswahl der Lehrbücher sowie einen Teil, nämlich die „Schulkomponente" der Curricula. Besonders der letzte Punkt stellte für viele Schulen eine beträchtliche, teilweise bis heute nicht eingelöste Herausforderung dar.

Die neue föderale Struktur des Staates, die liberale Konzeption des Bildungswesens als einer an Angebot und Nachfrage von Bildungsdienstleistungen ausgerichteten Institution, die mit den vorhandenen hohen Bildungsaspirationen einhergehende Investitions- bzw. Zahlungsbereitschaft der Bevölkerung für die Nutzung von Bildungsangeboten haben bewirkt, dass eine Kluft zwischen Gewinnern und Verlierern der Bildungsreform entstanden ist. Die einzelnen Bildungsinstitutionen unterteilen sich bei einem faktisch bereits bestehenden Wettbewerb um die zahlenden Nutzer in solche, die ihre Autonomie aufgrund, aber auch zugunsten ihrer Finanzierung aus eigenen Mitteln voll nutzen können und solche, die keinerlei außerbudgetäre Mittel erwirtschaften und hierzu auch künftig kaum in der Lage sein werden. Dies betrifft die reichen gegenüber den armen Regionen, städtische gegenüber ländlichen Schulen und Bildungseinrichtungen, die Schule gegenüber dem Vorschulbereich, die Privatschulen sowie die neuen staatlichen Gymnasien und Lyzeen gegenüber den Regelschulen, aber auch die Hochschulen gegenüber dem allgemein bildenden und insbesondere dem beruflichen Schulsystem. Anders als der tertiäre Bereich, der mit dem Verband der Hochschulrektoren mittlerweile über einen einflussreichen bildungspolitischen Akteur verfügt, sind die allgemein bildenden Schulen in hohem Maße ein Gegenstand staatlicher Steuerungsversuche mit dem Ziel einer teilweisen Rezentralisierung geblieben. Ein Widerstand der Beteiligten kam zwar in den wiederholten Lehrerstreiks zum Ausdruck; diese waren jedoch im Wesentlichen auf die Verbesserung der materiellen Situation der Lehrerschaft, nicht aber auf die Grundprobleme der Schulpolitik oder der Bildungsinhalte ausgerichtet.

Finanzierung

Die Einbrüche bei der Finanzierung des Bildungswesens während des letzten Jahrzehnts waren schwerwiegend. Im Bildungsgesetz, Art. 40, Abs. 2, wurde noch ein zu erreichender Anteil der Bildungsausgaben am Volkseinkommen *(nacional'nyj dochod)* von mindestens zehn Prozent vorgegeben. Der Anteil der gesamten Staatsausgaben für das Bildungswesen am Bruttoinlandsprodukt *(valovoj vnutrennij produkt; VVP)* pendelte jedoch seit 1995 um lediglich dreieinhalb Prozent (3,58% im Jahr 2000 nach Angaben des Bildungsministeriums), und der Anteil der Bildungsausgaben der Föderation am Bruttoinlandsprodukt ging von 1,16% in 1994 auf 0,52% in 1999 zurück.[1]

Die Finanzierung der allgemein bildenden Schulen lastet weitgehend auf den Kommunen, die in ihrer Finanzkraft untereinander große Unterschiede aufweisen, zumal siebzig Prozent von ihnen nicht über eigene Steuereinnahmen verfügen. Für die Aufwendungen pro Schüler werden hieraus entstehende regionale Abweichungen im Umfang bis zum 2,8-fachen Betrag des festgestellten Minimums angegeben. Für die Zahlung der Lehrergehälter und die Lehrbuchversorgung sind die Föderationssubjekte zuständig, die die entsprechenden Zuwendungen von der Föderation erhalten. Mehr als die Hälfte der Regionen sind jedoch gegenüber der Lehrerschaft bei den Gehaltszahlungen bis zum Ende der 1990er Jahre teilweise erheblich verschuldet gewesen. Wie im gesamten Bildungswesens erwirtschafteten auch die schulischen Einrichtungen von ihren Nutzern Eigenmittel, die anders als bei den Hochschulen, die im Durchschnitt mehr als die Hälfte ihrer Budgets selbst finanzieren, für die Mehrzahl der allgemein bildenden und auch einen Teil der beruflichen Schulen mit ca. 12 bis 15% ihrer Haushaltsmittel als vergleichsweise gering eingeschätzt werden. Diese Mittel sind als „Schattenfinanzierung" der staatlichen Kontrolle und Einflussnahme bislang entzogen, sollen künftig aber im Gesamtbudget der Schulen offiziell ausgewiesen werden und Grundlage einer richtsatzgebundenen Pro-Kopf-Finanzierung werden. In diesem Kontext steht eine allgemeingütige Regelung zur Debatte, für welche Leistungen und in welcher Höhe in den einzelnen Schulen Gebühren verlangt werden können.

Allgemein bildende und berufsbildende Schulen

Innerhalb der Struktur des Schulsystems der Russischen Föderation, aber auch ihres gesamten Bildungswesens kommt der allgemein bildenden Mittelschule, der traditionellen *„srednjaja škola"* als der Massenschule weiterhin eine Schlüsselfunktion zu. Die Festlegung ihrer Aufgaben innerhalb des Gesamtsystems und ihrer Dauer, der damit präjudizierten Inhalte, Abschlüsse und Berechtigungen bildete den zentralen Ansatzpunkt zur Erneuerung des Bildungswesens. Die Umsetzung war jedoch davon geprägt, dass der Staat die bisherigen schulischen Unterrichts-, aber auch die

---

[1] Die im vorliegenden Text aufgeführten statistischen Angaben entstammen, soweit nicht anders angegeben, dem statistischen Jahrbuch (ROSSIJSKIJ 2000), offiziellen Verlautbarungen des Ministeriums sowie dem Weißbuch des russischen Bildungswesens (BELAJA 2000). Auch diese Quellen sind nicht immer kompatibel; bei Prozentangaben, bei denen vielfach die Bezugsbasis nicht präzise angegeben wird, erschwert sich die Überprüfung bzw. die Interpretation zusätzlich.

Betreuungs- und Versorgungsleistungen nicht auf dem von der Bevölkerung gewohnten Niveau aufrechterhalten konnte. Die Maßnahmen wirkten sich auf den Vorschulsektor aus, standen aber auch in Wechselwirkung mit den Bereichen der beruflichen und namentlich der Hochschulbildung, die eine Vorreiterrolle in der Bildungsreform für sich zu erobern begann.

Vorschulische Einrichtungen

Die vorschulischen Einrichtungen sind in ihren beiden Teilbereichen, den *Kinderkrippen und Kindergärten* zumeist organisatorisch integriert. Während der ideologisch begründete Auftrag einer früh einsetzenden gesellschaftlichen Erziehung der Vergangenheit angehört, ist die traditionell fest umrissene Aufgabe der Schulvorbereitung erhalten geblieben. Der soziale Auftrag, der früher überwiegend in der Freistellung von Frauen für den Arbeitsprozess bestand, hat sich stark verändert. Hervorzuheben sind die großen Herausforderungen, die mit den vielfältigen negativen Auswirkungen des Umbruchs in Russland auf den Bereich von Familie und Kindheit entstanden sind. Gab es im Jahre 1990 noch 87,9 Tausend Vorschuleinrichtungen, so ist die Zahl bis 2001 bei einer anhaltenden Tendenz zur Schließung von Einrichtungen auf 53,9 Tausend gesunken. Die Trägerschaft der Vorschuleinrichtungen lag im Jahr 2000 zu 80,1% bei den Kommunen, nachdem die traditionellen Einrichtungen der Kinderbetreuung von Unternehmen, Behörden und landwirtschaftlichen Betrieben größtenteils zusammengebrochen sind. Bei einer sprunghaft zurückgegangenen Geburtenrate, aber auch der nachlassenden Nachfrage nach Kindergartenplätzen ist die Zahl der betreuten Kinder von neun Millionen im Jahr 1990 auf 4,225 Millionen zu Anfang des Jahres 2001 geschrumpft. Besuchten 1990 noch zwei Drittel der Altersgruppe die Vorschuleinrichtungen, so waren es 2001 nur noch 54,9%. Die staatliche Politik hat seit 1998 zunehmend auf die soziale Krise der Familie, den Geburtenrückgang, den vielfach schlechten Gesundheitszustand der Kinder sowie die nachlassenden Erziehungsleistungen der Familien zu reagieren versucht. Angestrebt wird, die Gebühren für die Eltern auf den bloßen Unterhalt der Kinder zu beschränken, während der Staat den Anteil für die Finanzierung der Bildungs- und Erziehungsmaßnahmen übernehmen soll. Ein vollständig kostenfreies Angebot ist nur für die sozial Bedürftigen vorgesehen. Der Anteil der privaten Kindergärten erreichte – bei erheblich höheren Gebühren – in den späten 1990er Jahren weniger als acht Prozent der Gesamtzahl.

Die allgemein bildende Mittelschule

Das Kernstück des allgemein bildenden Schulsystems ist seit dem Umbruch eine horizontal gestufte allgemein bildende Mittelschule *(srednjaja škola)*, die nach dem Erreichen des Pflichtschulalters von 15 Jahren, in der Regel am Ende der neunten Klasse, zum Erwerb der „grundlegenden allgemeinen Bildung" *(osnovnoe obščee obrazovanie)* führt. Der Schuleintritt in die vierjährige Primarstufe der Grund- oder Anfangsschule *(načal'naja škola)* ließ sich bislang nur für etwa 35% der Schüler im vorgezogenen Schuleintrittsalter von sechs Jahren realisieren, während die Mehrzahl der Schulanfänger sieben Jahre alt ist, diese Schulstufe binnen drei Jahren absolviert und aus dem dritten sofort in das fünfte Schuljahr der anschließenden „grundlegenden" Sekundarschule *(osnovnaja škola)* übergeht. Faktisch durchläuft die Mehrheit

der Schüler also nur eine acht- anstatt der proklamierten neun-klassigen Schulbildung, eine Situation, deren Änderung in jüngster Zeit erneut auf die Tagesordnung
gesetzt wurde. Nach zwei Schuljahren in der oberen Sekundarstufe ist der Erwerb
der „vollständigen mittleren Bildung" *(polnoe srednee obrazovanie)* mit dem Reifezeugnis möglich, das zur Teilnahme an der Hochschulaufnahmeprüfung berechtigt.
Im Schuljahr 2000/01 gab es 65.899 staatliche allgemein bildende Schulen mit
19,821 Millionen Schülern (ohne Sonderschulen und Abendschulen, die ein Nachholen von allgemein bildenden Abschlüssen für zum Teil bereits arbeitende Jugendliche ermöglichen). Darunter waren über die Hälfte alle drei Altersstufen umfassende vollständige Mittelschulen (von Klasse 1 bis 11), fast ein Viertel Primarschulen (überwiegend auf dem Lande, wobei eine erhebliche Zahl von Zwergschulen
existiert) und etwa ein knappes Fünftel Schulen der grundlegenden Allgemeinbildung im Umfang von Klasse 1 bis 9.
In veränderter Form besteht der im sowjetischen Bildungswesen fest etablierte
Schultyp mit vertieftem Unterricht in einzelnen Fächern („Spezialschule") fort, der
der frühzeitigen Selektion und Förderung besonders leistungsfähiger Schüler und
solcher mit spezifischen Begabungen dienen sollte, zugleich aber zu einer ausgeprägten sozialen Selektion geführt hatte. Vielfach bereits in der Primarstufe einset-
zend wird verstärkt Unterricht in den Fremdsprachen, Humanwissenschaften, in
Mathematik oder den Naturwissenschaften, aber auch in Sport, Musik, bildender
Kunst oder Tanz erteilt. Der in den Städten Anfang der 1990er Jahre erreichte Anteil
von etwa 15% der Schüler der entsprechenden Altersgruppe, die diese Schulform
besuchten, dürfte zugunsten der neu eingeführten, in Rückgriff auf die Bezeichnungen vorrevolutionärer Schultypen so genannten Gymnasien *(gimnazija)* und Lyzeen
(licej) zurückgegangen sein.
Diese entwickelten sich anfangs dynamisch. Sie dienen ebenfalls der besonderen
Begabungs- und Leistungsförderung mit dem Ziel der Hochschulvorbereitung, wobei sie in weitaus größerem Umfang als die Regelschulen gebührenpflichtigen fakultativen Unterricht anbieten. Während die mit Klasse fünf oder sieben beginnenden Gymnasien vorzugsweise ein humanwissenschaftliches Profil besitzen, haben
die Lyzeen, die meist erst mit Klasse acht oder zehn einsetzen, überwiegend naturwissenschaftlich-technische Profile sowie einen berufsvorbereitenden Auftrag. Bei
der gegebenen einseitigen Konzentration auf die Städte und auf dem Hintergrund eines vorübergehenden demographisch bedingten Anwachsens der Gesamtschülerzahl
in den oberen Klassen um etwa ein Fünftel weist der leichte Schülerrückgang bei
den Gymnasien möglicherweise bereits auf eine erreichte Obergrenze hin; jedenfalls
konnten sie die Schulen mit vertieftem Unterricht in einzelnen Fächern bislang nicht
verdrängen. Die Gymnasien wurden 1993 von rd. 2,7% der Schüler, 1997 von 3,9%
der Schüler besucht, die Lyzeen erreichten eine Schülerzahl von etwa 1,4% (1993),
1999 ca. 2,3% aller Schüler. Für beide Schultypen zusammen wurde 1998/99 ein
Anteil von 6,1% der Schülergesamtzahl angegeben. Gemeinsam mit den Schulen
mit vertieftem Unterricht in einzelnen Fächern gab es im Schuljahr 2000/01 ca.
7.347 solcher gezielt hochschulvorbereitender, „gehoben" *(povyšennyj)* genannter
Schulen, das sind knapp 15% aller allgemein bildenden Schulen – mit einem Schüleranteil von 12,7%, dabei 17,1% in den Städten gegenüber nur 2,6% auf dem
Lande. Viele Gymnasien und Lyzeen sind noch nicht staatlich akkreditiert. Mehr-

heitlich verfügen sie jedoch über eine vertraglich abgesicherte enge Kooperation mit einzelnen Hochschulen oder Universitäten und deren Lehrpersonal. Die Schulabsolventen werden von den Vertragshochschulen bevorzugt zum Studium aufgenommen, eine Entwicklung, die bereits vor dem Umbruch in den Spezialschulen angelegt war. 1997 besaß jede dritte Universität vertraglich geregelte Beziehungen zu allgemein bildenden Schulen, und einzelne Hochschulen binden bereits zwischen 60 und 120 Schulen an sich. Die erfolgreiche Etablierung dieses, wegen seiner ungünstigen Auswirkungen auf die Chancengleichheit nicht unumstrittenen Kooperationsmodells führte dazu, dass inzwischen 12% (1998) dieser herausgehobenen Schulen zumindest einige Klassen mit einer vertraglichen Anbindung an eine Hochschule anbieten. In Kooperation mit Militärhochschulen und -akademien bereitet schließlich eine kleine Zahl traditionsreicher militärischer Internatsschulen (Kadettenschulen) gezielt auf den Eintritt in die Offiziersausbildung vor, die ab Klasse 5 oder 9 Anwärter für eine militärische Laufbahn zur Hochschulreife führen.

Relativ unverändert in seiner zahlenmäßigen Entwicklung blieb das Netz der *nationalen Schulen*, die sich überwiegend in den zwölf nationalen Republiken sowie an anderen Orten mit ethnisch nichtrussischer oder stark gemischter Bevölkerung befinden. In diesen Schulen nimmt die nationale Sprache und Kultur der nichtrussischen Minderheiten besonderen Raum im Unterricht ein. 1998 besuchten 1.660,9 Tausend oder 7,6% aller Schüler 9.048 Schulen, in denen insgesamt 79 nichtrussische Muttersprachen, allerdings nicht immer bis zur Klasse zehn, in einem entsprechenden Unterrichtsfach unterrichtet wurden. Angaben für das Jahr 2000 zufolge wurde in 3.469 Bildungseinrichtungen der Russischen Föderation für 239.554 Schüler der Fachunterricht ganz oder teilweise in einer von 33 nichtrussischen Muttersprachen als Unterrichtssprache erteilt; die russische Sprache und Literatur bildet in diesem Fall ein besonderes obligatorisches Unterrichtsfach.

Neben den staatlichen sind bis zum Schuljahr 2000/01 ca. 635 *nichtstaatliche Schulen* (ca. 0,8% aller Schulen) mit insgesamt 60,6 Tausend Schülern entstanden, das sind ca. 0,3% der gesamten und 0,9% der Schülerzahl in den Städten. Von den nichtstaatlichen Schulen sind etwa 400 als vollständige Mittelschulen konzipiert. Mit einem Durchschnitt von unter 100 Schülern sind viele nichtstaatliche Schulen sehr klein, was sich insbesondere daraus erklärt, dass die höheren Klassenstufen nur von Jahr zu Jahr eingerichtet werden. 1997 waren von 540 bestehenden privaten Schulen erst 169 akkreditiert, bei den übrigen stand die staatliche Anerkennung der Abschlusszertifikate noch aus.

Mit dem Abschluss der obligatorischen grundlegenden Allgemeinbildung nach der neunten Klasse verließen im Jahre 1999 2,15 Millionen Schüler die Tagesschulen. Die Zahl vorzeitiger Abbrecher der Pflichtschulbildung, die im Schuljahr 1992/3 einen Höhepunkt erreicht hatte, halbierte sich bis 1996 bereits; nach russischen Angaben lassen sich für den Abschlussjahrgang 1996/7 aber immer noch ca. 8,3% vorzeitiger Schulabbrecher errechnen (Belaja Kniga 2000, S. 16). Die Zahl der Übergänge in die vollständige mittlere Bildung (zehnte Klassen der oberen Sekundarstufe) steigt tendenziell und lag gleichzeitig bei 64% – gegenüber lediglich 52 bis 54% in den späten Jahren der sowjetischen Ära. Etwa 12% der Absolventen der Pflichtschule gehen in Einrichtungen der mittleren Fachschulbildung über, ein knappes Viertel bei sinkender Tendenz (1997 noch 26%) in die grundlegende berufliche

Bildung, und nur ein Prozent setzt seine Bildung nicht fort (Angaben für 1997: RE-
VIEW 1998, S. 59). Mit dem Abschluss der elften Klasse, d.h. der vollständigen mittleren Bildung, verließen im Jahr 1999 1,35 Millionen Schüler die allgemein bildende Schule, das sind ca. 60% der Absolventen der neunten Klassen von 1997 und etwa 55% des Altersjahrgangs. Auch in Klasse zehn und elf gibt es noch eine nicht
unerhebliche Zahl von Abbrechern. Für die Gruppe von Schülern, die am Ende der
elften Klasse kein Reifezeugnis erhielten, wird jedoch nur eine Zahl von etwa 0,3%
angegeben. Nach dem Abschluss der vollständigen Mittelschule verteilen sich die
Schülerströme wie folgt (Zahlen von 1997): 30 bis 40% setzen – bei seither steigender Tendenz – ihre Bildung im Hochschulbereich fort (REVIEW 1998, S. 59), d.h.
dass weniger als ein Viertel des Altersjahrgangs ein Studium aufgenommen hat. 25
bis 30% der Abiturienten besuchen die Einrichtungen der mittleren Fachschulbildung, 15 bis 18% gehen – bei steigender Tendenz – in die grundlegende berufliche
Bildung über, und 25 bis 30% setzen ihre Bildung nicht fort.

Bildungsinhalte

Umfängliche Reformanstrengungen galten bereits seit den späten Perestroika-Jahren
einer im Vergleich zur uniformen sowjetischen Schule vielfältigeren und flexibleren
Gestaltung der schulischen Bildungsinhalte. Die stärkere humanwissenschaftliche
Ausrichtung der Lehrprogramme sowie die Orientierung auf die individuellen Be-
dürfnisse des einzelnen Schülers ließ zahlreiche neue Gegenstände wie Wirtschaft,
Recht, Umweltschutz und moderne Informationstechnologien, aber auch Religionskunde und -geschichte sowie im Jahre 1999 die obligatorische Vorbereitung auf den
Wehrdienst für die männlichen Schüler in den Stundentafeln erscheinen. Die breite
Möglichkeit, fakultativen Unterricht anzubieten, wurde insbesondere von jenen
Schulen wahrgenommen, die ein eigenes Schulprofil zu entwickeln begannen. Um
die erforderlichen grundlegenden Qualitätsanforderungen und die Gleichwertigkeit
der Zertifikate zu sichern, solange der Bildungsstandard noch nicht beschlossen war,
wurde bereits 1993 vom Bildungsministerium eine vorläufige Minimum-Rahmen-
stundentafel erlassen. Sie sollte ein einheitliches Minimum der Bildungsinhalte festlegen und die entsprechenden Anforderungen an die Absolventen formulieren. Die
Aufteilung der Zuständigkeit für die Festlegung der schulischen Bildungsinhalte
zwischen Föderation, Regionen und den Einzelschulen hat bereits mehreren Veränderungen unterlegen, da die curricularen Inhalte von einigen Regionen, aber auch
Schulen nicht umgesetzt bzw. im Sinne eigener partikularer Bildungsinteressen ab-
gewandelt wurden. Seitens der föderalen Ebene besonders kritisch wurden die in den
nationalen Republiken im Dienste ethnisch-nationaler Zielsetzungen beschrittenen
„Sonderwege" bewertet, darunter die Betonung der nationalen Sprache und Schrift,
Geschichte und Literatur.
Nachdem eine politische Einigung über den Bildungsstandard weiterhin ausblieb,
wurde 1998 eine neue Rahmenstundentafel für die allgemein bildende Schule eingeführt. Sie enthält einige, mit neuen Akzenten verbundene Erweiterungen, im Kern
bleibt aber der traditionelle Fächerkanon der sowjetischen Schule erhalten. Die
Stundentafel legt Gesamtvolumina für die einzelnen Fächergruppen wie Sprachen
und Literatur, Kunst, gesellschafts- und mathematisch-naturwissenschaftliche Fächer unter Einschluss von Informatik sowie Arbeitsunterricht, Technologie, Zeich-

nen und Sport fest. Benachteiligungen entstanden in den nationalen Schulen, wo der zusätzliche Unterricht in Russisch als Staatssprache die Zeit für den muttersprachlichen sowie für den in Klasse zwei einsetzenden Fremdsprachenunterricht verminderte bzw. voll in Anspruch nahm. Hervorhebung verdient das Angebot besonderer Stundentafeln für die Unterstufe, die nach den für die sowjetische Schule entwickelten Reformmodellen, von Zankov sowie Èl'konin und Davydov, oder als Waldorf- und Montessori-Schulen arbeiten können.

Leistungsbewertung und Abschlüsse

Nach dem Umbruch wurde es den Schulen freigestellt, flexiblere Formen der Leistungsbewertung zu finden, eine Herausforderung, die sich jedoch nur zögerlich umsetzen lässt. Prüfungen und Benotung können nun zwar, anders als in der sowjetischen Schule mit ihrem Anspruch, keinen Schüler „zurückbleiben" zu lassen, uneingeschränkt zur Selektion eingesetzt werden, nicht alle Lehrer machen davon jedoch umfassend Gebrauch. Am Ende der neunten („Zeugnis über die grundlegende Allgemeinbildung") und der elften Klasse werden Abschlussprüfungen durchgeführt. Der Abschluss der oberen Sekundarstufe durch das „Zeugnis über die vollständige mittlere Allgemeinbildung", das traditionell so genannte „Reifezeugnis" *(attestat zrelosti)*, hat mittlerweile die förmliche internationale Anerkennung erhalten. In den Schulen finden schriftliche und mündliche Prüfungen in einer größeren Zahl von Fächern statt; schriftliche Prüfungen in Mathematik sowie Russischer Sprache und Literatur sind bis in die jüngste Zeit hinein obligatorisch. Das föderale Bildungsministerium gibt die Aufsatzthemen und die Aufgaben für die Mathematikprüfung zentral vor. Als ein besonderer Leistungsanreiz werden Wettbewerbe in Form so genannter „Olympiaden" durchgeführt, bei denen ebenso wie bei den Schulabschlussprüfungen „Gold- oder Silbermedaillen" verliehen werden können. Sie erleichtern den Zugang zum Hochschulstudium, denn beim Erwerb einer Goldmedaille entfällt die obligatorische Hochschulaufnahmeprüfung. Diese findet wenige Wochen nach den Abiturprüfungen an der vom Studienbewerber ausgewählten Hochschule nach deren selbstbestimmten Kriterien (und staatlichen Richtsätzen für den Anteil von gebührenfrei Studierenden) statt. Die erworbene Zulassung zum Studium ist nicht auf andere Hochschulen übertragbar. Die Prüfung ist vielfach nur durch den gebührenpflichtigen Besuch von Tutorien zu bestehen, die in der Regel von den Dozenten und späteren Prüfern der jeweiligen Hochschule durchgeführt werden. Die Prozedur ist für den einzelnen Bewerber, aber auch für den Staat und die Gesellschaft insgesamt ineffektiv und kostenträchtig. Sie wurde, zumal sie vielfach von Schmiergeldzahlungen begleitet wird, zum Gegenstand ständiger Klagen in der Öffentlichkeit. Ein landesweit einheitliches Examen, das auf einem Testverfahren beruht und die bisherigen zwei Prüfungen integrieren und ersetzen soll, wird gegenwärtig in siebzehn Regionen Russlands erprobt.

Sonderschulen

Die Sonderschulen, die in der Sowjetunion als Tages- oder Internatsschulen für geistig und körperlich behinderte Schüler mit ca. 1,5% der Schülerschaft eine Randgruppe erfassten, wurden erst seit den 1980er Jahren durch Angebote für die nun rasch sichtbar werdende, nicht unerhebliche Zahl von Kindern mit leichteren Lern-

und Entwicklungsstörungen oder sonstigen Verhaltensauffälligkeiten ergänzt; das Vorhandensein dieser Gruppen war bis dahin aus ideologischen Gründen tabuiert gewesen. Während sich der allgemeine Gesundheitszustand der Schuljugend in Russland im vergangenen Jahrzehnt gravierend verschlechterte, bestehen gegenwärtig lediglich knapp 2000, das sind ca. drei Prozent aller Schulen, als Einrichtungen für 501,5 Tausend Schüler „mit geschädigter Gesundheit", das sind in besonderer Weise betreuungsbedürftige Krankheiten und körperliche Behinderungen. Eine besondere Problemgruppe bildet die wachsende Zahl von ohne elterliche Betreuung lebenden Sozialwaisen und obdachlosen Kindern (nach offiziellen Angaben 123,2 Tausend im Jahr 2000). Die Entwicklung geht dahin, Kinder ohne elterliche Fürsorge nicht mehr wie innerhalb des sowjetischen Bildungswesens in Kinderheimen oder Internatsschulen unterzubringen, sondern sie zunehmend Pflegefamilien anzuvertrauen.

Umgang mit besonderen Problembereichen

Eine benachteiligte Gruppe bilden auch die *Flüchtlings- und Migrantenkinder*, die aus dem Nordkaukasus sowie den ehemaligen Unionsrepubliken nach Russland übergesiedelt sind; nach offiziellen Vorausschätzungen wird sich ihre Zahl jedoch nur auf ein bis 1,5% der in den nächsten Jahren zu erwartenden Gesamtzahl der Schüler belaufen. Medienberichten zufolge finden auch Kinder aus der wachsenden Gruppe sich illegal in Russland aufhaltender Bewohner – ihrer Nationalität nach nichtrussische und oft zugleich nicht russischsprachige Zuwanderer – vielfach keine Aufnahme in einer öffentlichen Schule. Eine verschärfte Einwanderungspolitik und die zunehmende Fremdenfeindlichkeit tragen hierzu bei.

Der Bereich der ergänzenden Bildung *(dopolnitel'noe obrazovanie)* umfasst die *außerschulische Erziehungs- und Bildungsarbeit* und soll der Persönlichkeitsentwicklung von Kindern und Heranwachsenden dienen. Aus der institutionellen Übernahme und teilweise sogar der personellen Fortführung der sowjetischen Pionierpaläste und Jugendklubs entstanden, weist er eine vielfältige Struktur unterschiedlicher Einrichtungen auf, die überwiegend in eine regionale oder munizipale Trägerschaft übernommen worden sind. Die Angebote für sportliche und künstlerische Betätigungen sowie die Kinder- und Jugendmusikschulen und stadtnahen Erholungslager konnten sich nach größeren Einbrüchen seit Mitte der 1990er Jahre wieder stabilisieren.

Berufliche Erstausbildung

Die *vollzeitschulische berufliche Erstausbildung* nimmt im hierarchisch gegliederten dreistufigen Berufsbildungssystem neben den Technika und mittleren Fachschulen (Ausbildung von Technikern und anderen Fachkräften mittlerer Qualifikation) sowie den Hochschulen die untere Stufe ein und versorgt die Wirtschaft mit geringer qualifizierten Arbeitskräften. Bereits vor dem Umbruch erfüllten die Berufsschulen ihren Auftrag als Zulieferer für den gewandelten Bedarf der Wirtschaft an Arbeitskräften nur noch unvollständig, und sie wurden zum Auffangbecken für jene Schüler, für die keine Aussicht bestand, den obligatorischen vollständigen mittleren Bildungsabschluss in der allgemein bildenden Zehnjahresschule zu erreichen. Mit der 1992 erfolgten Rückführung der Schulpflicht auf neun Jahre sollte die berufliche Schule ihre Funktion verändern und einen breiten Zugang zu den höchsten Stufen innerhalb eines mehrstufig gegliederten und vertikal durchlässigen gesamten beruflichen Bildungswesens gewährleisten. Dies kam in der neuen Namensgebung als Einrichtung der „grundlegenden Berufsausbildung" zum Ausdruck. Faktisch bilden die beruflichen Schulen jedoch weiterhin ein Sammelbecken für die weniger erfolgreichen Schüler der allgemein bildenden Schule, die sie vorerst vor der Arbeitslosigkeit bewahren. Mit den allgemein bildenden Schulen sind sie dabei in mehrfacher Weise verbunden: Sie stellen den direkt anschließenden Bildungsweg für die Schulabbrecher und Absolventen der neunjährigen Pflichtschulbildung dar, die nicht in die weiterführende Bildung übergehen. Diese Gruppe belief sich 1999 auf 11,1% der Berufsschüler in den Tageseinrichtungen; sie durchläuft eine ein- bis eineinhalbjährige Ausbildung. Die beruflichen Schulen führen den Grundgedanken der Reform von 1984 fort, einem möglichst großen Teil ihrer Schüler den Erwerb der vollständigen mittleren Bildung in einem dualen Ausbildungsgang zu ermöglichen. Derzeit befinden sich 73,0% der Tagesschüler in dieser zwei- bis drei-, teilweise sogar vierjährigen Ausbildung. Schließlich werden auch Absolventen der vollständigen Mittelschule aufgenommen, die nicht in die Hoch- oder mittleren Fachschulen übergehen wollen (1999: 15,8%). Die hohe Zahl von 1.200 Ausbildungsberufen wurde inzwischen auf 293 integrierte Berufe (Angaben für das Jahr 2000) reduziert, die sich aber noch in eine größere Zahl von Spezialisierungen untergliedern. Die gesetzlich verankerten Bildungsstandards, die eine föderale, regionale und lokale Komponente aufweisen, stellen auf Grundlagenwissen und -fertigkeiten ab; ihre Zahl wird ständig erweitert. Der allgemein bildende Unterricht, der ein Viertel bis ein Drittel der gesamten Unterrichtszeit umfasst, ist inhaltlich an der beruflichen Ausrichtung orientiert. Für die am weitesten verbreiteten 20 Ausbildungsgänge sind inzwischen Musterstundentafeln vorgelegt worden. Der Zusammenbruch der großen Betriebe, die eine Vielzahl von beruflich-technischen Schulen innerhalb des sowjetischen Bildungswesens unterhalten hatten, und die resultierende Unterfinanzierung haben die materielle Lage und die Ausbildungsleistung vieler Schulen jedoch einschneidend verschlechtert, und diese Schulform ist zum großen Verlierer des Umbruchs innerhalb des Bildungswesens geworden.

Die gegenwärtig im beruflichen Schulsystem besonders gravierenden materiellen, personellen und inhaltlichen Probleme erschweren den Neuanfang unter marktwirtschaftlichen Bedingungen. Die überkommene enge Spezialisierung der Ausbildungsgänge soll weiter reduziert sowie die Durchlässigkeit im Sinne eines kontinuierlichen Lernens gegenüber den anschließenden Bildungswegen gestärkt werden,[2] ohne die traditionelle Verbindung von beruflichen Schulen und Betrieben unter Einschluss einer praktischen Tätigkeit vor Ort zu vernachlässigen. Auch die Qualifikation der Lehrkräfte soll derjenigen der allgemein bildenden Schulen weiter angeglichen werden.

---

[2] So nahmen 1998 nur knapp fünf Prozent der Absolventen der beruflichen Schulen eine Ausbildung an einer mittleren Fach- oder Hochschule auf; höhere Zahlen ergeben sich freilich bei Einbeziehung der beruflichen Lyzeen und Colleges.

Lehrerschaft

Der Umbruch im Bildungswesen brachte für den Lehrerberuf und die soziale Lage der Lehrerschaft erhebliche Herausforderungen mit sich, die auch grundlegende Veränderungen in der Lehrerausbildung nach sich zogen. Die Lehrerschaft in Russland ist durch eine Tradition bis in die Zarenzeit zurückreichenden, vielfach aufopfernden Engagements für die sozial Schwachen geprägt. Dieses Engagement verband sich schon vor der Oktoberrevolution mit dem Ethos einer „Pädagogik vom Kinde aus", die noch das erste Jahrzehnt der Sowjetherrschaft überdauerte. Das reformpädagogische Gedankengut konnte in der sowjetischen Ära in den Überzeugungen einiger weniger Pädagogen überleben und fand seit dem Tauwetter in vereinzelten Reformversuchen seinen Niederschlag, ehe es im Jahre 1988 zur Triebfeder einer pädagogischen Bewegung „von unten" wurde. Freilich überdauerte zugleich eine mit den Stalinschen Fünfjahrplänen auf den Plan getretene rigide ideologisch-politische und pädagogische Gängelung und Kontrolle der Lehrerschaft, die mehrere Generationen der seither in Massen neu ausgebildeten Lehrer geprägt hat. Die Aufgabe des Lehrers wurde auf die frontale Vermittlung des zu lehrenden Unterrichtsstoffs, der Summe eines festumrissenen Kanons von so genannten „Kenntnissen, Fähigkeiten und Fertigkeiten" sowie die ideologische Erziehung und Verhaltenskontrolle des einzelnen Schülers und des Schülerkollektivs ausgerichtet. Dem entsprach die Ausbildung von Fachlehrern in nur einem Unterrichtsfach, für das der Unterrichtsablauf streng formalisiert und nach dem Diktat einheitlicher Lehrbücher inhaltlich detailliert festgelegt war. Nicht selten fand eine schematische Erfüllung der zum Kanon erstarrten Lehraufgaben sowie eine Schönfärbung der Unterrichtsergebnisse statt. Die Entwicklung bewirkte einen Mangel an pädagogischer Flexibilität und Innovationsbereitschaft unter der Lehrerschaft, Erscheinungen, die in ihrem Verhalten hinsichtlich des Lehrstoffs, der Unterrichtsmethoden, aber auch der persönlichen Interaktion mit den Schülern und Eltern bis in die Gegenwart fortwirken. In den staatlichen (Tages-)Schulen unterrichteten 1999/2000 etwa 1,733 Millionen Lehrer. Die Abwanderung vieler jüngerer Lehrkräfte sowie Fachlehrer mit gesuchten Fachrichtungen (z.B. Fremdsprachen, Informationstechnologie) in andere Berufe und Tätigkeiten ließ das Durchschnittsalter der Lehrer noch bis vor kurzem ansteigen. Nach der massenhaften Rückkehr älterer Lehrer in die Schulen im Jahre 1997 betrug der Anteil der Lehrer im Rentenalter mehr als die Hälfte, und zu Ende der 1990er Jahre verfügten 64% über zwanzig und mehr Jahre Berufserfahrung. Die Fluktuation bei den Junglehrern ist groß, da nur etwa ein Drittel der ausgebildeten jungen Lehrer dem Beruf treu bleibt. Dennoch wird wegen des zu erwartenden Rückgangs der Schülerzahlen um ca. 30% innerhalb des laufenden Jahrzehnts ein erheblicher Lehrerüberschuss prognostiziert. Die Lehrerschaft besteht zu 85,3% (in den unteren Klassen bzw. in den Primarschulen sogar nahezu vollzählig) aus Frauen, und der Frauenanteil ist auch in den Schulleitungen sehr hoch, nicht jedoch auf der Ebene der Bildungsverwaltung. Trotz weiter reichender bildungspolitischer Zielsetzungen verfügten im Jahr 2000 nur 77,3% der Lehrer an den allgemein bildenden Schulen über ein abgeschlossenes Hochschulstudium.

Lehrerausbildung

Das Grundprinzip der Lehrerausbildung ist die Mehrstufigkeit und Flexibilität der Ausbildung in den einzelnen Institutionen des Hochschul-, des mittleren Fachschul- und des oberen Sekundarbereichs. Ein Teil der Lehrerbildung wird in den aus der sowjetischen Lehrerbildung besonders auf dem Lande verbliebenen ca. 350 pädagogischen Lehranstalten *(pedagogičeskie učilišča)* durchgeführt, die an die unvollständige sowie die vollständige mittlere Bildung anschließen können; sie entlassen jährlich ca. 34.000 neue Lehrer. Diese werden – neben der neu eingeführten Schulform des Pädagogischen College *(pedagogiceskij kolledž;* es übernahm einen Teil der vor dem Umbruch an Klasse neun anschließenden pädagogischen Ausbildungsgänge) – dem Bereich der mittleren Fachschulen zugerechnet. Die Mehrzahl der Lehrer wird aber in ca. einhundert Pädagogischen Hochschulen *(pedagogičeskij institut;* etwa 37.000 Absolventen jährlich) und in den mehr als 70 klassischen sowie in den pädagogischen Universitäten ausgebildet (ca. 5.000 Absolventen im Jahr). Rund 33 Pädagogische Hochschulen haben in Verlauf der 1990er Jahre die angestrebte Anerkennung als pädagogische oder allgemeine Universitäten erhalten, was zu einer Ausweitung ihrer Ausbildungsziele auf andere Tätigkeiten als nur den Lehrerberuf führt. Die Absolventen der pädagogischen Lehranstalten sind in der Vorschulerziehung, in der Primarschule, in den musischen Fächern, im Arbeits- und Sportunterricht sowie bei Lehrermangel (besonders auf dem Lande!) auch im Fach Russische Sprache und Literatur bis in die Mittelstufe und schließlich in den nationalen Schulen beschäftigt, wo sie 80% des Lehrkörpers stellen. Die Absolventen der pädagogischen Hochschulen und Universitäten unterrichten in der Mittel- bzw. der Oberstufe der allgemein bildenden Schule.

Die Lehrerfortbildung wird postuniversitär *(postdiplomnoe obrazovanie)* an Hochschulen, aber auch an eigenen Einrichtungen der Regionen für die Lehrerfortbildung durchgeführt. Neben einer – dem Grundsatz nach weiterhin obligatorischen – Fortbildung zu inhaltlichen und unterrichtsmethodischen Themen innerhalb eines mehrjährigen Rhythmus wird den Lehrern nahe gelegt, nach Möglichkeit den Hochschulabschluss nachzuholen, was eine günstigere Gehaltseinstufung bewirkt. Besondere Aufmerksamkeit wird der Schulleiterfortbildung zuteil, wobei organisatorische, rechtliche und ökonomische Aspekte des Schulmanagements im Zentrum stehen.

Aktuelle Diskussionen und Entwicklungsperspektiven

Die nach dem Umbruch einsetzende radikale Liberalisierung, die durch den tendenziellen Rückzug des Staates verursachte Finanzierungskrise sowie die beobachtbaren qualitativen Einbrüche bei den Leistungen der Schulen lösten in der Öffentlichkeit zunehmend Kritik aus und haben einer Rückwendung zu einigen, nun wieder als Vorzüge wahrgenommenen Kennzeichen der sowjetischen Schule Platz gemacht. Die Entwicklung innovativer Ansätze ist – anders als im Hochschulwesen – dauerhaft nur in jenen Einzelschulen gelungen, die durch verstärktes Engagement im finanziellen und organisatorischen, aber auch im inhaltlichen Bereich leistungsfähige Fachkräfte sowie eine für ihre Ziele geeignete Schülerklientel an sich binden konnten. Auch in einzelnen Regionen sowie kleineren Verwaltungseinheiten wurden jedoch zukunftsweisende Problemlösungen in unterschiedlichen Bereichen der Schulreform mit Erfolg erprobt. Die „Massenschule" blieb in diesen Prozessen zwar zurück, bewahrte dafür aber ein Großteil ihrer äußeren und inneren Stabilität. Die beobachtbare Kontinuität wird insbesondere dem Pflichtbewusstsein und Engagement der Lehrerschaft zugeschrieben, in deren Unterrichts- und Erziehungsroutinen freilich die Grundmuster der sowjetischen Schule konserviert sind. Schließlich trugen die seit Mitte der 1990er Jahre wieder rasch wachsenden Bildungsaspirationen der Bevölkerung sowie ihre Bereitschaft, erhebliche Mittel für den Unterricht der jungen Generation aufzubringen, zur Vermeidung eines noch größeren Einbruchs im Schulsystem bei.

Die föderale Bildungspolitik rückte angesichts dieser disparaten Entwicklung schrittweise von den Grundforderungen einer radikalen Entstaatlichung und Dezentralisierung des Schulsystems ab. Unter der Losung von „Zugänglichkeit, Qualität und Effizienz" erhielt Bildung mit dem Amtsantritt von Präsident Putin wieder politische Priorität, ohne dass die angekündigten finanziellen Mittel jedoch bereits voll verfügbar wären. Die Erhaltung und Stärkung der wirtschaftlichen und wissenschaftlichen Leistungskraft des Landes und die internationale Konkurrenzfähigkeit des Bildungswesens stehen dabei ebenso im Mittelpunkt wie der Abbau sozialer Spannungen, aber auch eine verstärkte Demokratie- und Rechtserziehung werden postuliert. Basierend auf den Grundsätzen der Bildungspolitik, wie sie in den Ausgangsdokumenten der Reform von 1992 formuliert sind, wurde seither ein umfassender Maßnahmenkatalog zur erforderlichen „Modernisierung des Bildungswesens" entwickelt (MINISTERSTVO 2002). Der Absicht des Staates, die Fürsorge für die Verlierer der Bildungsreform, insbesondere die Landbevölkerung, die verarmten Mittelschichten sowie die randständigen Gruppen zu übernehmen, kommt neben dem weiteren Ausbau des Bereichs der Elitebildung großes Gewicht zu. Die gegenwärtige öffentliche Diskussion um das Schulsystem ist von der Spannung zwischen den Anhängern einer angestrebten nachhaltigen Stabilisierung und den Befürwortern der ehrgeizigen Zielsetzungen des neuen Reformschubes gekennzeichnet. Kernpunkte sind weiterhin die Verlängerung der Schulzeit um ein Jahr – flankiert von einer stofflichen Entlastung der Curricula und einer individuellen Spezialisierung und fachlichen Profilbildung in der oberen Sekundarstufe – sowie die Einführung des zentralisierten Prüfungssystems, des „einheitlichen staatlichen Examens" *(Edinstvennyj gosudarstvennyj ėkzamen; ĖGE)*.

Den Rahmen bildet eine Fortentwicklung der marktwirtschaftlichen Orientierung des Bildungswesens in Richtung auf die staatliche Festlegung ordnungspolitischer Maßnahmen, und es wird an einem System von Regelungen zur indirekten Steuerung der Bildungsprozesse gearbeitet. Im Bereich des Schulsystems gehören hierzu die staatlichen Bildungsstandards, der Qualitätswettbewerb der Schulen sowie ein kontinuierliches Qualitätsmonitoring. Das Modell des Qualitätswettbewerbs und der Etablierung finanzieller Leistungsanreize ist insbesondere hinsichtlich seiner Auswirkungen auf die breite Zugänglichkeit der Schulen und die gleichmäßige Qualität des Unterrichts – also die Chancengleichheit – aber auch mit Blick auf die ökonomische Effizienz des Gesamtsystems umstritten. Die Kritik gipfelt in der verbreiteten Befürchtung, der Bildungserwerb werde künftig primär vom Geldbeutel entschieden. Die für das Schulsystem angestrebte Gemeinschaftsfinanzierung aus staatlichen Haushaltsmitteln sowie aus den selbst erwirtschafteten Einnahmen (die größtenteils

von den Nutzern erhoben werden müssen) stellt in Russland noch eine große ökonomische und mentale Herausforderung für die Schulen, aber auch die Schulverwaltung und die Öffentlichkeit dar, während dieses Modell in den Hochschulen als
bisher schon verbreitete Finanzierungspraxis bereits Fuß gefasst hat. Von den Reformgegnern wird die Ausdehnung einer rigiden Bürokratisierung und ein Fortleben
der derzeitigen „Schattenfinanzierung" über Gebühren- und Bestechungszahlungen
erwartet.

Einen weiteren Problempunkt, der die Öffentlichkeit freilich weniger stark beschäftigt, bildet das Zusammenwirken von Föderation und Regionen sowie Gebietskörperschaften in einem von der Föderation kontrollierten, aber dennoch teil-dezentrali-
sierten sowie kooperativen Rechtsetzungs-, Steuerungs- und Finanzierungssystem,
dessen Funktionsfähigkeit eine Grundbedingung für die Kohärenz des Schulsystems
im Sinne des angestrebten „einheitlichen Bildungsraums" darstellt. Die probeweise
Einführung des einheitlichen staatlichen Examens ist bereits zu einem Prüfstein dafür geworden, welche technisch- organisatorischen Hindernisse sich allein in diesem
Bereich auftürmen können. Die Fragen der inhaltlichen Ausrichtung und Qualität
der Bildungsangebote, die erhoffte Reduktion der Stofffülle in den Lehrplänen sowie die Einbeziehung der benachteiligten Schüler haben vielerorts Zweifel am Ge-
samtprojekt der zwölfjährigen Schule aufkommen lassen. Den Kritikern der Schulzeitverlängerung geht es darum, vorerst den egalitären Anspruch an das Schulsystem
in seiner Breite zu sichern, der hinter die Forderung nach Spitzenleistungen zunehmend zurückgetreten sei. Bei der inhaltlichen Neukonzeption der zwölfjährigen
Schule sind nun die wiederkehrenden ungelösten strukturellen und inhaltlichen Fragen auf den Plan getreten, die bereits die sowjetische Schulpolitik über Jahrzehnte
kennzeichneten. Im Zentrum steht das Problem einer schwerpunktmäßig am Hochschulstudium orientierten, an einheitlichen inhaltlichen Standards ausgerichteten allgemein verbindlichen Sekundarbildung, neben der ein bislang qualitativ zurückblei-
bendes, in das gesamte Bildungswesen ungenügend integriertes berufliches Schulsystem existiert. Diese Situation führt gegenwärtig zu einem unvermindert steigenden Andrang zu den Hochschulen[3], die Versorgung der Wirtschaft mit weniger qualifizierten Arbeitskräften wird aber nicht gesichert, da die allgemein bildende Schule
nicht auf die Ausbildung für einfachere berufliche Tätigkeiten orientiert.

Vor diesem Hintergrund vollziehen sich die Auseinandersetzungen um die Orientierung des schulischen Bildungsstandards, die zwischen den Anhängern eines Unterrichts in den traditionellen „Grundlagen der Wissenschaften" und den stärker re-
formorientierten Verfechtern einer Betonung von grundlegenden Fachkompetenzen
und Schlüsselqualifikationen ausgetragen werden.[4] Neben der Frage einer inhaltlichen Differenzierung nach fachlichen Profilen für die älteren Schüler sind die Dis-
pute um die neuen und nicht unangefochtenen humanwissenschaftlichen Inhalte,
namentlich in der historischen und der sprachlich-literarischen Bildung neu aufge-

---

3   Nach internationalen Vergleichsmaßstäben wird freilich eine Steigerung des bislang bei knapp 20%
     liegenden Anteils der Hochschulabsolventen an der jeweiligen Altersgruppe auf künftig etwa 30%
     für erforderlich gehalten.

4   Die Teilnahme Russlands an den internationalen Schulleistungsvergleichen der OECD wie TIMSS
     und PISA und die erreichten mäßigen Ergebnisse geben hierbei offensichtlich Anstöße von außen.

brochen. Die weitgehende Rückverlagerung der Verantwortlichkeit für die Bildungsinhalte auf das föderale Bildungsministerium steht schließlich in Spannung zu dem
in vielen staatlichen, aber auch in den privaten Modellschulen realisierten Autono-
miekonzept der Einzelschule. Diese Schulen initiierten nach dem Umbruch – als die
Garanten organisatorischer Vielfalt, inhaltlicher Pluralität und humaner Orientierung
– pädagogische Innovationen, sehen sich aber der Kontrolle einer in zunehmendem
Maße bürokratisierten Verwaltung ausgeliefert (vgl. LISOVSKAYA/KARPOV 2001).
Eine neuerliche Abschottung gegenüber der internationalen Öffnung in der offiziellen Schul- und Bildungspolitik erscheint gegenwärtig wenig wahrscheinlich, zumal
den Anforderungen von Weltbank, UNESCO, OECD und den großen internationalen Stiftungen Rechnung zu tragen ist, die erhebliche Mittel für das russische Bildungswesen zur Verfügung gestellt haben. Die Regierung bekundet den politischen
Willen, Reformkonzepte zu erproben, die weit radikaler als ihre westlichen Vorbilder sind. Dabei sucht sie den gesellschaftlichen Konsens und den politischen Kompromiss auch mit den Reformgegnern aus dem postkommunistischen und national-
patriotischen Lager, um die Umsetzung der Reformmaßnahmen abzusichern. Gegenwärtig wird eine Strategie augenfällig, unter dem Deckmantel der „Erprobung"
in der Bildungspolitik ein Nebeneinander „alter" und „neuer" Lösungen zu akzeptieren, wobei dem politischen Kräftespiel und der gesellschaftlichen Akzeptanz vor Ort
Rechnung getragen wird. Welche Auswirkungen dies auf die Dauer für das Schulsystem in einem Land von der geographischen Ausdehnung und der politischen und
sozioökonomischen Heterogenität Russlands haben wird, muss vorerst dahin gestellt
bleiben.

Literatur

BELAJA KNIGA ROSSIJSKOGO OBRAZOVANIJA (Weißbuch des russischen Bildungswe-
    sens). Moskva: Izd-vo MESI 2000. (Projekt TACIS „Upravlenie obrazovaniem")
EDUCATION FOR ALL: An Estimation 2000. Russian Federation. (Im russischen Ori-
    ginal: A. Ja. Savel'ev u. a.: Obrazovanie dlja vsech: Ocenka 2000. Analitičeskij
    doklad. Moskva: NIIVO 2000).
    <http://www.ibe.unesco.org/International/Databanks/Dossiers/mainfram.htm>:
GLOWKA, D.: Schulen und Unterricht im Vergleich. Russland/Deutschland. Müns-
    ter/New York 1995.
KUEBART, F.: Das russische Bildungswesen im Spannungsfeld von Kontinuität und
    Umbruch. In: Höhmann, H.-H./Schröder, H.-H. (Hrsg.): Rußland unter neuer Füh-
    rung. Politik, Wirtschaft und Gesellschaft am Beginn des 21. Jahrhunderts.
    Münster 2001, S. 216-228.
KUEBART, F.: Rußland. In: Anweiler, O. u. a. (Hrsg.): Bildungssysteme in Europa.
    Weinheim, Basel 1996, S. 165-192.
LISOVSKAYA, E./VYACHESLAV K.: The Perplexed World of Russian Private Schools:
    Findigs from Field Research. In: Comparative Education, 37(2001)1, S. 43-64.
MINISTERSTVO OBRAZOVANIJA ROSSIJSKOJ FEDERACII (MINOBRAZOVANIJE ROSSII):
    O Koncepcii modernizacii rossijskogo obrazovanija na period do 2010 goda.
    Prikaz ot 11.02.2002, N 393.

http://www.informika.ru/text/goscom/curdoc/393.html oder http://www.ed.gov.
ru/ministry/pravo/>
Abdruck in: Učitel'skaja gazeta Nr. 31 vom 30. Juli 2002, S. 26-29.

REVIEW OF NATIONAL POLICIES FOR EDUCATION. Russian Federation. Paris OECD 1998.

ROSSIJSKIJ STATISTIČESKIJ EŽEGODNIK 2000. Moskva 2000.

ROSSIJSKOE OBRAZOVANIE K 2001 GODU. Analitičeskij obzor.
http://www.ed.gov.ru/obzor/html:

SCHMIDT, G.: Kontinuität und Wandel im Bildungswesen Russlands. In: Die Deutsche Schule, 90(1998), S. 231-247.

SCHMIDT, GERLIND: Russland. In: PISA – Reaktionen der teilnehmenden Länder. Trends in Bildung – TiBi (2002) Nr. 5.
http://www.dipf.de/publikationen/tibi/tibi.htm

SCHMIDT, G./KRÜGER-POTRATZ, M. (Hrsg.): Bildung und nationale Identität in der Russischen Föderation aus russischer und russlanddeutscher Perspektive. Münster, New York 1999.

SUTHERLAND, J.: Schooling in the New Russia. Innovation and Change, 1984 bis 1995. Houndmills, Basingstoke, Hampshire 1998.

TOMIAK, J. J.: The Russian Federation in Transition. In: World Yearbook of Education 2000: Education in Times of Transition. Hrsg.: Coulby, D./Cowen, R./Jones, C., London 2000, S. 145-158.

WEBBER, S. L.: School, Reform and Society in the New Russia. Houndmills, Basingstoke. Hampshire 2000.

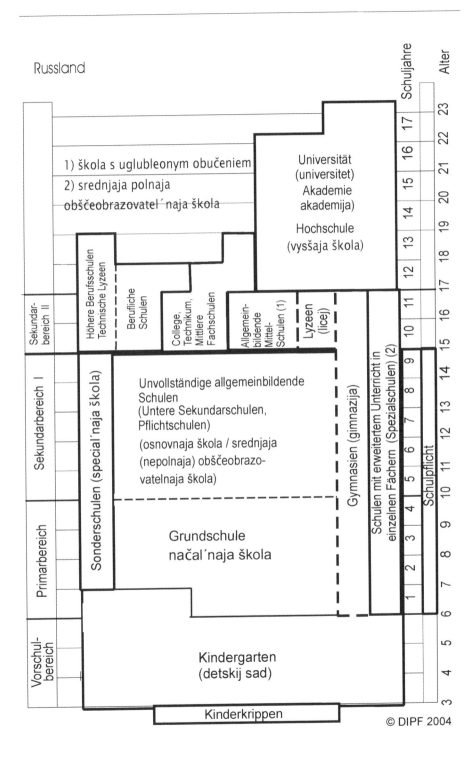

Russland

Schuljahre

Alter

1) škola s uglubleonym obučeniem
2) srednjaja polnaja
obščeobrazovatel´naja škola

Universität
(universitet)
Akademie
akademija)

Hochschule
(vysšaja škola)

Sekundarbereich II

Höhere Berufsschulen Technische Lyzeen

Berufliche Schulen

College, Technikum, Mittlere Fachschulen

Allgemeinbildende Mittel-Schulen (1)

Lyzeen (licej)

Sekundarbereich I

Sonderschulen (special´naja škola)

Unvollständige allgemeinbildende Schulen
(Untere Sekundarschulen, Pflichtschulen)
(osnovnaja škola / srednjaja (nepolnaja) obščeobrazovatelnaja škola)

Gymnasien (gimnazija)

Schulen mit erweitertem Unterricht in einzelnen Fächern (Spezialschulen) (2)

Schulpflicht

Primarbereich

Grundschule
načal´naja škola

Vorschulbereich

Kindergarten
(detskij sad)

Kinderkrippen

© DIPF 2004

Wendelin Sroka

SAN MARINO

In der im Norden der Apenninenhalbinsel gelegenen, von Italien umschlossenen Republik San Marino (*Serenissima Repubblica di San Marino*) leben ca. 25.000 Einwohner. Die Landessprache ist Italienisch. Das Schulsystem steht unter der Aufsicht des Staatssekretariats für öffentliche Bildung und kulturelle Einrichtungen (*Segretaria di Stato Pubblica Istruzione e Istituti Culturale*) und gliedert sich in drei Teile: In der Vorschule (*Scuola dell'Infanzia*) lernen Kinder von drei bis sechs Jahren auf freiwilliger Basis, wobei die Beteiligungsquote mehr als 90% beträgt. Sechsjährige Kinder werden in die fünf Klassenstufen umfassende Primarschule (*Scuola Elementare*) eingeschult. Der Sekundarbereich des Schulsystems ist in zwei Ebenen unterteilt: Der Besuch der Unteren Mittelschule (*Scuola Media Inferiore*) mit drei Jahrgangsstufen ist für alle Kinder der entsprechenden Altersjahrgänge obligatorisch. Nach Abschluss der Unteren Mittelschule ist der Übergang in die Obere Mittelschule (*Scuola Media Superiore*) mit zwei bis fünf Jahrgangsstufen oder in das Zentrum für Berufsbildung (*Centro Formazione Professionale*) mit zwei Jahrgangsstufen möglich.

Während in Vorschulen, Primarschulen und im Zentrum für Berufsbildung die Fünf-Tage-Woche (Montag bis Freitag) gilt, wird in den Mittelschulen an sechs Tagen (Montag bis Samstag) unterrichtet. Der Fremdsprachenunterricht beginnt mit Englisch ab der 3. Klasse der Primarschule, in der Unteren Mittelschule tritt Französisch hinzu. Die Obere Mittelschule verfügt über einen zweijährigen Lehrgang (*Biennio*) sowie über klassische, wirtschaftliche, sprachliche, naturwissenschaftliche und technisch-industrielle Zweige, die in fünf Jahrgangsstufen zur Hochschulreife führen. Die Berufsbildung ist vollzeitschulisch organisiert und umfasst einen allgemein bildenden, einen berufsorientierenden und einen berufsbildenden Bereich.

Die Schulpflicht beträgt zehn Jahre. Für Jugendliche, die im Ausland – überwiegend in Italien – eine Berufsausbildung aufnehmen oder ein Hochschulstudium beginnen, stellt der Staat Stipendien zur Verfügung. 1985 wurde in San Marino eine Studienuniversität (*Università degli Studi*) mit derzeit fünf Abteilungen eingerichtet, die auch Aufgaben der Erwachsenenbildung übernehmen.

Literatur

„SAN MARINO". Encyclopædia Britannica Online.
URL: http://search.eb.com/eb/article?eu=67049
Segretario di Stato alla Pubblica Istruzione: Appunti sull'Istruzione della Repubblica di San Marino. San Marino, o. J. (2001).
UNIVERSITÀ DEGLI STUDI – Dipartimento della Formazione: Osservatorio Educazione.
URL: http://www.unirsm.sm/Osservatorio

Tobias Werler

SCHWEDEN

Entwicklung des Bildungswesens

Die ökonomischen und politischen Entwicklungen in Schweden während der ersten beiden Drittel des 20. Jahrhunderts bilden das Fundament der gegenwärtigen Bildungsgesellschaft. Industrialisierung und Kommerzialisierung der Wirtschaft; Mechanisierung der Landwirtschaft; rasche Entwicklung der Telekommunikation; Bevölkerungswachstum und Urbanisierung; Übergang von einer Standesgesellschaft zur Milieugesellschaft; Arbeiterbewegung; Emanzipation der Frau; Demokratisierung und Aufbau des Wohlfahrtsstaats – mit diesen Begriffen lassen sich die wesentlichsten Elemente dieses Zeitabschnitts und darüber hinaus charakterisieren.

Grundlegende Daten

Aufgrund der Landfläche von 450.000 Quadratkilometern und einer Nord-Süd-Ausdehnung von ca. 1.600 km gehört Schweden zu den größten Ländern Westeuropas; die Bevölkerungsdichte liegt dabei jedoch nur bei ca. 20 Einwohnern je km^2. In Schweden lebten 2001 ca. 8,9 Millionen Einwohner. Ca. 16% der Landfläche liegen nördlich des Polarkreises. Die Mehrheit der Bevölkerung lebt in den beiden südlichen Teilen und konzentriert sich auf die Zentren Stockholm, Göteborg und Malmö. Samen (17.000) und Finnen, die in den nördlichen Teilen des Landes leben, bilden die nationalen Minderheiten. Seit Ende des Zweiten Weltkrieges stellen Migranten aus Krisengebieten weitere Minderheitengruppen: Im Jahr 2000 lebten in Schweden 1.003.798 Menschen, die in einem anderen Land als Schweden geboren wurden.

1998 machte der Export 45% des Bruttoinlandsprodukts (BIP) aus. Mehr als die Hälfte davon wird in die Länder der Europäischen Union exportiert. Aber auch Finnland und Norwegen sind wichtige Handelspartner. Neben den traditionellen Rohstoffquellen Eisenerz und Holz haben die metallverarbeitende Industrie (Kraftfahrzeuge, Flugzeuge) sowie die Hochtechnologie (Telekommunikation, Pharmaka) an Bedeutung gewonnen. Charakteristisch für die schwedische Wirtschaft ist der relativ hohe Anteil öffentlicher Dienstleistungen. Die Expansion des öffentlichen Sektors führte nicht nur zur Schaffung neuer Arbeitsplätze, sondern auch zur hohen Erwerbstätigkeit von Frauen. Einrichtungen öffentlicher Kinderbetreuung sind in diesem Zusammenhang von besonderer Bedeutung. Die Arbeitslosigkeit liegt bei 4,4% (Anfang 2002).

Nahezu jeder vierte Einwohner des Landes nahm 1999 an einer durch Bildungsgesetze organisierten Bildungsform teil; davon waren 1,8 Millionen Kinder und Jugendliche, ca. 400.000 Personen nahmen an der Erwachsenenbildung teil. Im Bereich der *förskoleverksamhet* befanden sich 1999 ca. 372.000 Kinder; dies entspricht einer Betreuungsquote von drei zu vier. An der 1998 eingeführten freiwilligen Schulform *förskoleklass* nahmen 93% (1999: 112.000) aller Sechsjährigen teil; parallel dazu nahmen 72% dieser Altersgruppen an außerschulischen pädagogischen

Betreuungsangeboten (*skolbarnomsorg*) teil. Die *grundskola* stellt die größte organisatorische Schuleinheit mit rund eine Million Schülern dar. Fast 99% aller Schüler
(sieben bis 15 Jahre) besuchen somit die *grundskola*. An einem nichtstaatlichen
Schulangebot im Bereich der *grundskola* nehmen etwa 3% (35.200) aller Schüler
eines Altersjahrgangs teil. Die *gymnasieskola* besuchten 1999 ca. 306.000 Schüler.
Nahezu alle Schüler (98%), die die *grundskola* abgeschlossen hatten, setzten damit
ihren Bildungsweg an einer weiterführenden Schule fort. Dieser Anteil lag noch zu
Beginn der 1990er Jahre bei rund 80%. An einem Angebot im Bereich *kommunal
voxenutbildning* (kommunale Erwachsenenbildung – *komvux*) nahmen aus der
Altersgruppe der 20-64-Jährigen im Studienjahr 1998/99 ca. 6,5% teil. Der Anteil
derer, die ihren Bildungsabschluss durch eine solche Teilnahme zu steigern
beabsichtigten, hatte 1996 nur 4,4% betragen. Als direkt wirkendes Lehrpersonal an
Schulen und in der außerschulischen Kinderbetreuung waren 1999 ca. 262.000
Personen tätig. Etwa die Hälfte von ihnen war im Bereich *skolbarnomsorg* tätig, 5%
waren im *komvux*-Sektor beschäftigt. Darüber hinaus waren weitere 62.000
Personen mit Serviceaufgaben im Schulsystem beauftragt.

Eckpunkte der historischen Entwicklung

Das zentralstaatlich organisierte Königreich Schweden kann auf eine lange national-
staatliche Tradition zurückblicken. Gustav Vasa (1523-1560) verhalf dem Land zu
einer Vormachtstellung im Norden, die bis ins 19. Jahrhundert hin währte. Bis 1809
gehörte neben Kolonien in Übersee auch Finnland zum Staatsgebiet. Zwischen 1814
und 1905 unterhielt Schweden zudem eine außenpolitische Union mit Norwegen.
Aufgrund der agrarischen Unterentwicklung weiter Teile des Landes wanderten zwischen 1840 und 1914 allerdings rund 1,1 Millionen Menschen zumeist nach Nord-
amerika aus. Erst die zu Beginn des 20. Jahrhunderts einsetzende Industrialisierung
konnte diesen Trend stoppen. Die positive wirtschaftliche Entwicklung in den
1920er Jahren schuf die Grundlage für das politische und soziale Projekt des *folk-
hem* („Volksheim"). Dieses spiegelt sich später in der Einrichtung des Wohlfahrtsstaates wider. Besonderes Kennzeichen des schwedischen Staates ist die seit 1814
währende Friedensphase. Während der beiden Weltkriege wurde das Land nicht angegriffen. Kulturell zeichnet sich Schweden durch die ethische und religiöse Beeinflussung des Protestantismus aus: Zwischen den sozialen Gruppierungen besteht ein
starkes Zusammengehörigkeitsgefühl. Die ca. 50-jährige, von Unterbrechungen gekennzeichnete sozialdemokratische Regierungsphase bestimmt stark die allgemeine
Ideologie, insbesondere die Erziehung.
Der Zeitgeist der 1970er Jahre war von Optimismus und Zukunftsglaube an den
Wohlfahrtsstaat bestimmt. Dieser Entwicklung folgte während der 1980er Jahre eine
Phase der allgemeinen Unruhe, Angst und des Pessimismus. Mit der Liberalisierung
der Märkte verändert sich allmählich das nationale Einkommensgefüge: die
Einkommensunterschiede werden größer. In der Privatwirtschaft wurden
Luxusprojekte durchgeführt, doch unter den Lehrern und Schülern fragte man sich:
Wie konnten diese glamourösen und kostspieligen Projekte so schnell durchgeführt
werden, während die Schulen der Hauptstadt verfallen?

Skizze der Schulentwicklung

Nach dem 2. Weltkrieg wurden die bis heute gültigen Reformen zum Aufbau und zur Vereinheitlichung des Schulsystems vollzogen. 1946 wurde eine Schulkommission eingesetzt, deren Aufgabe der radikale Umbau des schwedischen Schulsystems war. Schultypen, deren Wurzeln im 19. Jahrhundert liegen – *folkskola* (Volksschule), *fortsättningsskola* (weiterführende Schule), *högre folksskola* (Höhere Volksschule), *kommunala mellanskola* (Kommunale Mittelschule) und *realskola* (Realschule), – sollten in einer Schulform zusammengeführt werden. Nach verschiedenen Reformvorschlägen und der Durchführung von Schulversuchen mit einer für alle Schulpflichtigen gemeinsamen Schule wurde 1962 die Einführung der obligatorischen neunjährigen *grundskola* (Basisschule) beschlossen. Dadurch wurde die Schulpflicht von sieben auf neun Jahre verlängert und die Einheitsschule landesweit eingeführt. In der Folgezeit wurde 1964 die *gymnasieskola*, eine allgemeine 2-jährige gymnasiale Schule, die an die *grundskola* anschließt, eingeführt. Durch die Integration der *yrkesskola* (Berufsschule) und der *fackskola* (Fachschule) in die *gymnasieskola* 1968 wurden die Bestrebungen zur Vereinheitlichung des Schulsystems deutlich verstärkt. Durch die Reformen im Schulsystem sahen sich nun zahlreiche Erwachsene mit qualitativ gut ausgebildeten Schulabgängern konfrontiert. Der sich abzeichnenden Bildungskluft wurde 1967 mit der Reform zur kommunalen Erwachsenenbildung begegnet (*komvux*). Aufgabe dieser Bildungsmaßnahmen war der nachholende Bildungsabschluss auf dem Niveau der *grundskola* oder der (integrierten) *gymnasieskola*.

Organisation des gegenwärtigen Schulsystems

Bildungspolitische Ziele – Reformstrategie und Schuldebatte

Eines der wesentlichsten Ziele schwedischer Bildungspolitik ist die Bereitstellung eines nationalen Schulsystems, das allen Schülern gleichen Zugang und gleiche Lehr-Lernbedingungen bietet, ohne dass dies durch ihr Geschlecht, ihren geographischen Wohnort oder ihre sozialen und finanziellen Voraussetzungen beeinflusst ist. Jede Schule soll landesweit den gleichen Standard aufweisen. Der Unterricht erfolgt mit dem Ziel, den Schülern Wissen und Fertigkeiten in Kooperation mit den Erziehenden zu vermitteln, um sie zu verantwortlichen Menschen und Mitgliedern der Gemeinschaft zu erziehen. Besonders wird die Erziehung zur Gleichstellung zwischen den Geschlechtern und die Erziehung zur Vermeidung von rassistischem Verhalten betont. Um diese Ziele zu erreichen, wurden die großen und langsam arbeitenden Schul- und Bildungsausschüsse der 1960er Jahre während der 1980er/1990er Jahre durch kleine, schnell und effektiv arbeitende Ausschüsse ersetzt. Die wesentlichen Aufgaben und Reformen waren eingeführt, sodass die Anpassung des bestehenden Schulsystems an veränderte Umweltbedingungen erfolgen musste. Während der 1960er/1970er Jahre kam es zur Intensivierung der pädagogischen Forschung, welche mit dem Glauben an die „soziale Ingenieurskunst" verbunden war. Zahlreiche Schulversuche werden seither durchgeführt. Diese werden seit 1971 durch *skolöverstyrelse* (Amt für Schulbeobachtung – SÖ; seit 1991: SKOLVERKET – Nationales Zentralamt für Schule und Erwachsenenbildung) beobachtet. Dem *Riksdag* wird seither eine jährliche Berichterstattung über das

Schulsystem vorgelegt. Ergebnis dieser Strategie ist, dass seit den 1980er Jahren an der *grundskola* der Unterricht in Mathematik und Schwedisch stärker als früher betont wird.

Mit der Einführung der Einheitsschule war auch die Einführung nationaler Lehrpläne verbunden. Charakteristisches Kennzeichen dieser Dokumente ist, dass sie stärker die innere pädagogische Differenzierung unterstützten und somit die Schaffung einer geschlossenen *grundskola* erst ermöglichten. Dazu war unter anderem die freie Stundenwahl durch Schüler und Lehrer vorgesehen: Thematische Studien und Projektarbeit wurden möglich. Darüber hinaus wurden die Schüler sechs bis zehn Wochen im Jahr in praktisches Arbeiten eingeführt. Der 1994 eingeführte Lehrplan stellt einerseits die Fortsetzung, aber auch die natürliche Konsequenz auf die veränderten Rahmenbedingungen dar. Eine Revision war unumgänglich geworden. Der neue Lehrplan umfasst nun das ganze obligatorische Schulsystem, also auch Sonder- und Spezialschulen. Im Gegensatz zu den Vorgängern beinhaltet er nur noch Ziele und Richtlinien für den Unterricht. Zudem verfügen die Eltern seither über das Recht der freien Schulwahl.

Besonders das letzte Jahrzehnt des 20. Jahrhunderts ist durch eine aktive Politik gekennzeichnet. Auf der Ebene der *gymnasieskola* wurden am Ende der 1980er Jahre zahlreiche Schulabbrüche beobachtet. Um diese Entwicklung zu stoppen und um die Integration zwischen allgemeiner und beruflicher Bildung zu verstärken, wurden zahlreiche Reformen durchgeführt. Für die *gymnasieskola* wurde 1992 ein neues System eingeführt. Dies zeichnet sich besonders dadurch aus, dass die bisherigen Sektionen durch nationale Bildungsprogramme ersetzt wurden, die noch weiter differenziert werden können. In diesem Kontext wurde ebenfalls über die Ausweitung der Schulpflicht beraten. Doch wurde diese 1998 aus Kostengründen abgelehnt. Stattdessen wurde die *förskoleklass* (Vorschulklasse) eingerichtet. Diese neue Schulform richtet sich an Sechsjährige, die bisher die *förskola* (Vorschule) besuchten. Jede Kommune ist verpflichtet, eine solche Schulform einzurichten, doch ist der Besuch dieser Schule freiwillig.

Staatliche Zielsteuerung und kommunale Verantwortung

Verantwortung für das Bildungswesen Schwedens tragen *Riksdag* und Regierung. Durch beide Einrichtungen werden die übergreifenden Ziele und Richtlinien der schulischen Wirksamkeit bestimmt. Die Beschlussfassung ist weitestgehend dezentralisiert. Nahezu das gesamte Bildungswesen – *förskola, förskoleklass, grundskola, sameskola* (Basisschule für Samen), *särskola* (Förderschule), *specialskola* (Förderschule für Hörgeschädigte), *gymnasieskola, komvux* (Kommunale Erwachsenenbildung) sowie alle Hochschulen – bis auf die Landwirtschaftsuniversität, Bildungsmaßnahmen am Arbeitsmarkt, Militär- und Polizeischulen – stehen unter der Aufsicht des *Utbildningsdepartements* (Ministerium für Bildung und Wissenschaft). Die zentrale Verwaltungsbehörde des gesamten Schulbereichs – *skolverket* – begleitet und wertet die Tätigkeit der Schulen aus. *Skolverket* wirkt weiterhin bei der Schulentwicklung und der Lehreraus- und -weiterbildung mit und gibt Stellungnahmen und Berichte gegenüber *Riksdag* und Regierung ab. Regelmäßig werden durch das *skolverket* statistische Informationen zu allen Schulen erhoben (Schülerzahl, Lehrer-Schüler-Verhältnis, Unterrichtsausfälle, nicht abgeschlossene Schulgänge,

Budget, Kosten etc.), um einen internen Vergleich und Qualitätskontrolle zu ermöglichen. Dazu werden weiterhin in ausgewählten Schulen Leistungstests durchgeführt und Qualitätsberichte (Kosten, Ergebnisse, organisatorische Bedingungen, Service) erstellt. Die Tests können in der 5. Klasse und müssen in der 9. Klasse in Schwedisch, Englisch und Mathematik durchgeführt werden.

Der schwedische Staat kann auf eine lange Tradition der kommunalen Selbstverwaltung zurückblicken. Schweden ist administrativ in 21 *Läne* (Provinzen) aufgeteilt. Davon verfügen 20 über ein *landsting* (Läns-Rat). Die bildungspolitisch entscheidende Ebene ist die der *kommun* (Kommune). Die 289 Kommunen sind die lokal verantwortlicher Träger der *förskoleverksamhet* (Vorschulaktivität), *skolbarnomsorg* (Betreuung von Kindern im Schulalter) sowie für die *förskoleklass, grundskola* und *gymnasieskola*. Jede Gemeinde hat ein Beschlussorgan: *kommunfullmäktige* (Gemeinderat). Der zu einer Sitzung zusammengetretene Provinziallandtag *(landstingsfullmäktige)* ist das entsprechende Organ auf regionaler Ebene.

Das *skollag* (Bildungsgesetz, vgl. SKOLLAG 1997) und der *läroplanen för det obligatoriska skolväsendet, förskoleklassen och fritidshemmet* (Lehrplan für die Pflichtschule, die Vorschulklasse und das Schulfreizeitzentrum) bilden die Grundlage für alle Bildungs- und Erziehungsaktivitäten im Schulsystem. Die Dezentralisierung der Beschlussebenen bedeutet, dass jede *kommun* als Arbeitgeber für das Schulpersonal auftritt sowie für dessen Weiterbildung verantwortlich ist. Aufgabe des *kommunfullmäktige* ist die Gestaltung eines Schulplans. Dieser soll die Entwicklung und Gestaltung des lokalen Schulsystems auf der Grundlage des *läroplans* beinhalten. Außerdem müssen Maßnahmen aufgezeigt werden, mittels derer die *kommun* beabsichtigt, die national vorgegebenen Ziele zu erreichen. Jede Schule ist zur Ausarbeitung eines individuellen Arbeitsplans verpflichtet: Dieser bestimmt die Gestaltung und Organisation schulischer Tätigkeit. Unterrichtsziele werden in Kooperation zwischen Lehrern und Schülern festgelegt. Individuelle Bedürfnisse und Lernvoraussetzungen bilden dabei die Basis.

Finanzierung

Die Finanzierung der Schulen ist zwischen Staat und Kommunen aufgeteilt. Jeder *kommun* wird ein staatlicher Zuschuss zur Selbstverwaltung zur Verfügung gestellt. Dieser Zuschuss, der die kommunalen Steuereinnahmen ergänzt, ist zur Sicherung von allgemeinen schulischen Grundleistungen zu verwenden (Gebäude, Lehrergehälter, Lernmittel etc.). Der staatliche Zuschuss ist nicht von der organisatorischen Form der Schule abhängig. Erst wenn gegen das *skollag* verstoßen wird, ist der Staat berechtigt, einzugreifen. Gesonderte Zuschüsse durch den Staat gibt es für die Fortbildung des Schulpersonals, für Fördermaßnahmen für lernschwache Schüler sowie für Schulen in privater Trägerschaft. Jede *kommun* ist verpflichtet, vom *skolverket* anerkannte Privatschulen (*grundskola, gymnasieskola*) finanziell zu unterstützen.

Die *grundskola* sowie die *gymnasieskola* sind kostenlos. Dies gilt auch für die *grundskola* in privater Trägerschaft, da die Finanzierung die *kommun* übernimmt. Für die Schüler an der *grundskola* sind alle Lernmittel, die Schulmahlzeit, die medizinische Versorgung, der Schülertransport sowie der Schwedisch-Unterricht für Einwanderer kostenfrei. Dies gilt ebenfalls für die meisten *gymnasieskola*. Die 525 Stunden in der *förskoleklass* sind ebenfalls kostenfrei, doch müssen Schulmahlzeit und Transportkosten von den Eltern übernommen werden. In *komvux* müssen die Teilnehmer lediglich die Kosten für Lernmittel übernehmen, die sie selbst behalten. Schüler an der *gymnasieskola* sowie an der *folkhögskola* (Heimvolkshochschule) erhalten im Alter zwischen 16 und 20 Jahren eine finanzielle Beihilfe.

Schulsystem im Überblick

Der freiwillige Besuch einer *förskola* (Vorschule) für Kinder unter sechs Jahren bildet die erste Stufe des schwedischen Bildungswesens. Noch außerhalb des Schulpflichtbereiches ist die Kommune verpflichtet, eine einjährige *förskoleklass* (Vorschulklasse) für 6-jährige Kinder einzurichten.

Das daran anschließende öffentliche Pflichtschulwesen Schwedens setzt sich aus der *grundskola* (9-jährige Basisschule), der *sameskola* (Basisschule für Samen) für Kinder der im Norden lebenden samischen Minderheit, der *särskola* (Förderschule) sowie der *specialskola* (Förderschule für Hörgeschädigte) zusammen. Daran schließt die weiterführende Bildung in der allgemein oder berufsbildenden und doppeltqualifizierenden *gymnasieskola* an.

Sowohl für das obligatorische Schulsystem als auch für das freiwillige Schulsystem (*gymnasieskola*, *gymnasiesärskolan*, *komvux*) und die Ausbildung psychisch entwicklungsgestörter Erwachsener finden sich private Einrichtungen.

Förskola – Vorschule

Obwohl bereits seit dem 19. Jahrhundert in Schweden Kindergärten bestehen, gelang deren breite gesellschaftliche Implementierung erst in den 1970er Jahren. Verschiedene gesetzliche Regelungen sollen der besseren Integration zwischen den einzelnen Elementen des Vorschul- und Schulsystems dienen. Auf zwei Ebenen ist die *kommun* verpflichtet, pädagogische Betreuungsangebote für ein- bis fünfjährige Kinder zu unterbreiten: *förskoleverksamhet* – im Rahmen von Vorschulaktivitäten; *skolbarnsomsorg* – im Bereich der außerschulischen Kinderbetreuung. Die Durchführung beider Ebenen soll durch Gruppenaktivitäten die Entwicklung des Kindes begleiten und günstige zukünftige Lernvoraussetzungen schaffen. Die pädagogische Betreuung soll in Kooperation mit den Eltern erfolgen, ihnen dadurch die Möglichkeit zu beruflicher Tätigkeit bieten, ohne dabei auf die Elternschaft zu verzichten. Gewöhnlich werden die *förskoleaktiviteter* durch die *förskola* durchgeführt. Ferner können die Angebote in der *öppen förskola* (offene Vorschule), dem *familjedaghem* (Familientageszentrum), dem *fritidshem* (Schulfreizeitzentrum) oder in der *öppen fritidsverksamhet* (offenes Freizeitzentrum) den Eltern angeboten werden. Um die Basis für lebenslanges Lernen im Vorschulbereich und die Anschlussfähigkeit der *grundskola* zu sichern, wurde der *läroplan för det obligatoriska skolväsendet* (Lehrplan für die Pflichtschule) 1998 auf den Bereich der Vorschule (ohne *familjedaghem*) ausgedehnt.

Förskoleklass – Vorschulklasse

Die überwiegende Mehrheit der sechsjährigen Kinder in Schweden nimmt am kostenfreien Angebot der *förskoleklass* teil. Diese ist eine freiwillige Form innerhalb des öffentlichen Schulsystems. Jedem Sechsjährigen steht bis zu Beginn der Schulpflicht ein Platz mit mindestens 525 Stunden pädagogischer Betreuung in einer *för-

skoleklass zur Verfügung. Da die Kommune die Verantwortung gegenüber dieser Schulform trägt, geht auch diese Schulform in den kommunalen Schulplan ein.

Der *portalparagraf* des *skollag* gilt auch für die *förskoleklass*: Der gleichwertige Zugang ist zu wahren, den Schülern soll die Möglichkeit zu einer harmonisch-allseitigen Entwicklung geboten werden. Zur Erfüllung des Lehrplans wurde dieser in seiner Gültigkeit auch auf den Bereich der *förskoleklass* ausgedehnt. Seine Anwendung soll die Integration zwischen *förskoleklass*, dem obligatorischen Schulsystem und dem *fritidshemmet* sichern. Für die *förskoleklass* gilt das Prinzip der Nähe (*närhetsprincipen*): der Platz in einer *förskoleklass* muss so nah wie möglich am elterlichen Zuhause sein.

Hochschule und Erwachsenenbildung

Knapp ein Viertel der Schüler der *gymnasieskola* beginnt (bis zu drei Jahren nach Beendigung der Schule) ein zwei- bis fünfjähriges Hochschulstudium. In den Universitäten und Hochschulen können die Schüler einzelne Kurse und eine vollständige Ausbildungslinie wählen. Die Studiengänge (Linien) werden nach ihrer Ausbildungsdauer unterschieden. Zweijährige Kurse werden mit dem *högskoleexamen* (Hochschuldiplom, 80 Punkte), dreijährige mit dem *kandidatexamen* (bachelor, 120 Punkte) und mehr als vierjährige mit dem *magisterexamen* (master, 160 Punkte) abgeschlossen. Die frei kombinierten Kurse werden mit dem *yrkesexamen* (beruflich orientierter Hochschulabschluss) abgeschlossen.

Der Zugang zu Universitäten und Hochschulen erfolgt prinzipiell mit dem Abschlusszeugnis der *gymnasieskola*; ist die Zahl der Studienplätze beschränkt, so wird zusätzlich zum Zeugnis das Ergebnis des freiwilligen nationalen Universitätstests hinzugezogen. Jährlich unterziehen sich 140.000 Personen diesem Test. Gemessen werden studienrelevante Fähigkeiten.

Zur Verbesserung des nationalen Bildungs- und Ausbildungsniveaus wurde 1997 ein Regierungsprogramm (*kunskapslyftet* – „Wissensschub") initiiert. Im Rahmen von *komvux* werden 100.000 Studienplätze durch den Staat finanziert, um Arbeitslosen oder Angestellten den Abschluss der *gymnasieskola* zu ermöglichen. Im Jahr 1999/2000 nahmen 332.000 Personen in der kommunalen Erwachsenenbildung teil. Der überwiegende Teil (282.000) besuchte Kurse, die zum Abschluss der *gymnasieskola* führen. Kurse zum Abschluss der *grundskola* wurden von 42 273 Personen besucht.

Allgemein bildende und berufsbildende Schulen

Zum obligatorischen Schulsystem Schwedens gehören die *grundskola*, die *sameskola*, die *specialskola* und die *särskola*. Die *grundskola* umfasst, entsprechend der Schulpflicht, alle Kinder zwischen sieben und 16 Jahren. Unter der Schulpflicht wird in Schweden sowohl das Recht auf als auch die Pflicht zur Bildung in einer öffentlichen oder in einer anderen staatlich anerkannten Schule verstanden. Ein flexibler Schulbeginn ist möglich: Auf Wunsch der Eltern sind die Gemeinden verpflichtet, Kinder bereits im Alter von sechs Jahren einzuschulen. Eine Verschiebung um ein Jahr kann ebenfalls gewährt werden.

Gleichstellung und Chancengleichheit

Ein weit gefasster Begriff *jämställhe* (Gleichstellung) bedeutet in Schweden, dass Frauen und Männer über die gleichen Pflichten, Rechte und Möglichkeiten verfügen, am Arbeitsleben, der politischen, fachlichen und der sozialen Arbeit teilzunehmen. Die Schule trägt dafür einen Teil der Verantwortung. Denn Gleichstellung ist heute wesentliche Wertgrundlage und pädagogischer Bestandteil des Schulgesetzes, des Lehrplans und der Kurspläne für die Schule.

Im Schulgesetz wird neben der Gleichstellung der Geschlechter zusätzlich die Chancengleichheit betont. Im praktischen Vollzug bedeutet dies, dass die unterschiedlichen Voraussetzungen zwischen Jungen und Mädchen bezüglich des Zugangs zu Naturwissenschaft und Technik bereits in der Schulplanung berücksichtigt werden müssen. Allen Schülern muss die Möglichkeit geboten werden, sich die neuen Technologien anzueignen. Zusätzlich verlangt dieser Aspekt, dass Probleme der Gleichstellung und der Chancengleichheit bereits in der Lehrerbildung zu berücksichtigen sind.

Differenzierung und Methoden

Die interne strukturelle Differenzierung der *grundskola* in untere, mittlere und obere Stufen wurde 1995 aufgehoben. Es ist Aufgabe der Schule, über die strukturelle Gliederung der Schule, die Lehr-Lern-Bedingungen und die Klassengröße zu bestimmen. So können beispielsweise anstelle der Jahrgangsklassen gemischte Altersgruppen oder Interessengruppen eingerichtet werden.

Gewöhnlich erhalten die Schüler ihren Unterricht während der gesamten Pflichtschulphase an ein und derselben *grundskola*. Dies ermöglicht es, dass für die Lerngruppen ein Klassenlehrer verantwortlich ist. Er unterrichtet die Schüler in den meisten Stoff- bzw. Projektgebieten. In den höheren Stufen kann der Unterricht von mehreren Lehrern erteilt werden. Da seine äußere Form und die wöchentliche Stundenzahl nicht festgelegt ist, kann der Unterricht projektartig, themenzentriert oder fächerübergreifend orientiert sein. Lernziele wurden nur für die fünfte und die neunte Klasse bestimmt, sodass die inhaltliche Orientierung des Unterrichts nur an diesen beiden zeitlichen Markierungen auszurichten ist. Lehrer, Schüler und Eltern können die stoffliche Planung weitgehend selbst bestimmen. Während der gesamten Schulzeit haben insbesondere die Schüler Einfluss auf die Organisation des Unterrichts. Die demokratische Orientierung drückt sich auch darin aus, dass die Schüler mit zunehmendem Alter stetig mehr Verantwortung für ihr schulisches Arbeiten übernehmen müssen. Die Integration der unterschiedlichen pädagogischen Kulturen in und neben der Schule (*förskoleklass, fritidshem*) ermöglichen es, so den Bedürfnissen und Voraussetzungen der Schüler zu entsprechen.

Lehrplan, Kursplan und Stundenplan

Seit 1994 liegt in Schweden einer neuer nationaler Lehrplan (*Lpo 94*) vor. Er gilt für die *grundskola*, die *sameskola*, die obligatorische *särskola*, sowie für die *specialskola*. Seit 1998 umfasst der *Lpo 94* auch die zum Schulsystem gehörende *förskoleklass* sowie das *fritidshem*. Der Lehrplan definiert die nationale Wertgrundlage und beschreibt grundlegende Ziele und Richtlinien von Schule. Der Lehrplan formuliert es als Aufgabe von Schule, diejenigen Werte zu vermitteln, auf denen die schwedische Gesellschaft basiert. Dies sind die Unantastbarkeit menschlichen Lebens, die Freiheit und Integrität des Individuums, der gleiche Wert aller Menschen, die Gleichstellung von Frauen und Männern sowie die Solidarität mit Schutz- und Hilfsbedürftigen. Die Ziele und Richtlinien bestehen aus Zielen, die zu erreichen sind, und Zielen, die angestrebt werden sollen. Die Ziele, die erreicht werden müssen, bestimmen letztlich die Arbeit und die (Qualitäts-) Entwicklung der Schule. Es liegt in der Verantwortung der Organisatoren von Schule (*kommun*, Lehrer, Rektor), dass diese Ziele erreicht werden können. Für die einzelnen Fachgebiete werden durch das *Utbildingsdepartement* nationale Kurspläne festgelegt. Sie beinhalten die prinzipielle Ausrichtung des Fachs sowie die zu erreichenden Ziele lediglich für das fünfte und das neunte Schuljahr. Lehrer und Schüler entscheiden über die geeigneten Lehr-Lern-Methoden.

Für die *grundskola* existiert ein Stundenplan, der die garantierte Unterrichtszeit in Einheiten zu 60 Minuten beschreibt. Diese 60-Minuten-Einheiten legen jedoch nicht den organisatorischen Rahmen der Schulstunden fest. Etwa 9% der gesamten garantierten Unterrichtszeit können die Schüler (unter Einschränkungen) frei zur Vertiefung wählen. Üblich sind hierbei die Annahme von Angeboten in Musik, Kultur, Naturwissenschaft, Sprachen und Sport. Im Rahmen dieser Wahlfächer und durch die Erhöhung der Zeit für ein Schulfach des Stundenplans (+/- 20%) ist es jeder *grundskola* möglich, ein eigenes Profil zu entwickeln. In der Praxis wird die Verteilung der einzelnen Stunden über den neunjährigen Schulzeitraum in Verantwortung der Schule gestaltet. Anhand dieses Profils, das im lokalen Schulplan festgehalten ist, können die Eltern die Schule für ihr Kind wählen.

In der *grundskola* werden besonders der Schwedisch-, der Mathematik- und der Englischunterricht betont. Englisch ist die erste obligatorische Fremdsprache. Die Kommune entscheidet, wann im Unterricht mit dem Englischunterricht begonnen wird. In einem Drittel aller Kommunen beginnt er mit der Einschulung. Als zweite Fremdsprache werden Deutsch, Französisch und Spanisch angeboten. Im Rahmen des Wahlbereichs kann auch eine dritte Fremdsprache erlernt werden. Alternativ dazu kann Sami und Finnisch angeboten werden. Weiterhin kann ebenfalls Unterricht in der nichtschwedischen Muttersprache, Englisch oder in Zeichensprache als zweite Fremdsprache gewählt werden. Den Schülern soll so die Möglichkeit geboten werden, erstens ihre Muttersprache weiter zu vertiefen, ein bilinguales Sprachverständnis zu erwerben, und zweitens sich mit ihrem eigenen kulturellen Hintergrund vertraut zu machen. Das Recht auf diesen Muttersprachunterricht ist auf sieben Jahre begrenzt.

Benotung und Abschluss

Während der gesamten Dauer der Schulpflicht ist die Schule verpflichtet, Schüler und Eltern über die Entwicklung zu informieren. Gewöhnlich wird für diesen Kontakt der Dialog zwischen dem Lehrer und den Eltern gesucht. In diesem Gespräch (*utvecklingssamtal* – Entwicklungsgespräch) werden die Entwicklung des Schülers, sein Wissen, seine sozialen Kompetenzen und die zu erreichenden Ziele reflektiert. Auf Wunsch der Eltern kann auch eine schriftliche Stellungnahme erfolgen.

Seit 1995 werden zusätzlich ab dem 8. Schuljahr halbjährlich Zensuren (*terminsbetyg*) anhand einer dreigliedrigen Skala vergeben (befriedigend/gut/sehr gut).

Am Ende der Schulpflicht wird ein Abgangszeugnis der grundskola (*slutbetyg från grundskolan*) vergeben. Dieses Zeugnis wird auch vergeben, wenn der Schüler das 9. Schuljahr befriedigend beendet hat. Die Zensuren werden fachübergreifend bzw. fachblockweise vergeben. Grundlage hierfür sind die in den Kursplänen formulierten Notenkriterien. Die Schüler an der *grundskola* rücken automatisch ins folgende Schuljahr auf. Allerdings besteht auch die Möglichkeit für den Rektor, den Schüler zurückzustellen oder aber auch in ein nächsthöheres Schuljahr aufzunehmen. Nationale Abschlussprüfungen in Schwedisch, Englisch und Mathematik (*ämnesprov*) sichern zum einen, dass im gesamten Land vergleichbare Ergebnisse erreicht werden, und sie liefern die Grundlage für das *slutbetyg*, das zum Besuch der *gymnasieskola* berechtigt. Etwa 98% der Schüler eines Altersjahrgangs setzen ihren Bildungsgang an der *gymnasieskola* fort. Ein Abgangszeugnis kann durch die Teilnahme an *komvux* oder anderen Formen der staatlich anerkannten Erwachsenenbildung jederzeit ergänzt werden.

Förderunterricht

Sowohl Schulgesetz (§5) als auch Lehrplan (*Lpo* 94, S. 10) sehen besondere Maßnahmen für Schüler mit Lernschwierigkeiten vor. Die Schule, insbesondere der Rektor, trägt die Verantwortung, diesen Schülern die entsprechende Hilfe und Unterstützung zukommen zu lassen, um die Prüfungen im fünften und neunten Schuljahr zu bestehen. Die dafür notwendigen Maßnahmen sind nicht vom Staat festgelegt, aber sie müssen angeboten werden. Die Unterstützungsformen können von technischen Hilfen bis zu Sonderunterricht mit speziell ausgebildeten Lehrern für körper- und sehbehinderte Schüler reichen.

Schulgesundheit

Das Schulgesetz sieht vor, dass allen Schülern kostenlose Schulgesundheitspflege angeboten werden muss. Dazu müssen Schularzt und Schulkrankenschwester eingesetzt werden. Ziel der Gesundheitspflege ist die physische und psychische Entwicklungsbegleitung während des Schulbesuchs, um ihre Gesundheit zu erhalten und gesunde Lebensweise zu vermitteln. Im Vordergrund steht hierbei neben dem Bestreben der Prävention der Gedanke, dass sich die Schüler in der Schule wohl fühlen sollen.

Alternative Schulstrukturen

Neben der staatlichen *grundskola*, ist es weiterhin möglich, aus kulturellen (z.B. Samen) oder privaten religiösen Gründen heraus, unabhängige, nichtstaatliche Schulformen zur Erfüllung der Schulpflicht zu besuchen.

Sameskola

Die nationale Minderheit der Samen, die im Norden Schwedens wohnt, kann zwischen dem Besuch der *grundskola* und dem der *sameskola* wählen. In einer Anzahl von Kommunen wird ferner an der *grundskola* integrierter samischsprachiger Unterricht erteilt. Die *sameskola* umfasst momentan das erste bis sechste Schuljahr, in der integrierten Form wird der samischsprachige Unterricht während der gesamten Schulzeit angeboten. Der Lehrplan für die *sameskole* sieht vor, dass die Schüler mit dem samischen Kulturerbe vertraut gemacht werden sowie Samisch sprechen, lesen und schreiben können. Die administrative Verantwortung trägt *skolverket* neben der staatlichen Behörde für die *sameskola*. Der Staat übernimmt die anfallenden Kosten für Einrichtung und Unterhalt der Schule, zahlt Lehrergehälter, Schülertransport und die Unterbringung im Internat. Im Gegenzug ist die Heimatgemeinde des Schülers zur Ausgleichszahlung in Höhe der ungefähren Kosten des Unterrichts an einer *grundskola* an den Staat verpflichtet.

Unabhängige Schulen
Neben der kommunalen *grundskola* gibt es eine Anzahl unabhängiger nichtstaatlicher 9-jähriger Basisschulen. Ihre Anerkennung erfolgt, wenn sie den vom *Riksdag* und von der Regierung ausgearbeiteten Regeln entsprechen. Prinzipiell müssen die Bedingungen des *skollag* und des Lehrplans (Wertgrundlage, Ziele) erfüllt werden. Es steht Eltern und Schülern frei, eine solche Schulform zur Erfüllung der Schulpflicht zu wählen. Die Heimatgemeinde ist verpflichtet, den Schulbesuch des Schülers an einer unabhängigen Schule zu bezahlen; dazu werden die in der Kommune gültigen Regelungen zur Ressourcenverteilung angewandt. Entstehen für die Kommune erhebliche finanzielle und organisatorische Aufwendungen, kann die Finanzierung verweigert werden. Alle unabhängigen Schulen dürfen Schulgeld erheben, doch muss dieses als angemessen erachtet werden können. Die unabhängigen Schulen verfolgen häufig eigene (reform-)pädagogische Konzepte (gewöhnlich Montessori- oder Waldorfpädagogik).

Das freiwillige Schulsystem (Sekundarstufe II und Erwachsenenbildung)
Das freiwillige Schulsystem setzt sich aus der *gymnasieskola* (dreijährige gymnasiale Schule) und Einrichtungen der (kommunalen) Erwachsenenbildung (*komvux*) zusammen. Zur Erwachsenenbildung gehören ebenfalls die Erwachsenenbildung für geistig Behinderte (*särvux*) sowie der Schwedisch-Unterricht für Einwanderer (*sfi*). Durch beide Schulformen soll Schülern als auch Erwachsenen die Chance geboten werden, entweder eine berufliche Ausbildung oder eine studienvorbereitende Ausbildung zu erhalten. Wie die *grundskola*, so ist auch die *gymnasieskola* eine integrierte Einheitsschule.

Reformphasen
Zu Beginn des 20. Jahrhunderts stand am *gymnasiet* (Gymnasium), der höheren Schule in Schweden, das humanistische Bildungsideal im Mittelpunkt. Es dominierte der Unterricht in den alten Sprachen. Im Jahr 1927 wurde das *differentierade gymnasiet* (differenzierte Gymnasium) eingeführt. Es wurde darin eine Real- und eine Lateinlinie unterschieden. Erst 1953 wurde eine weitere Linie, die *allmänna linjen* (allgemeine Linie) eingeführt. Bis 1960 fanden sich drei verschiedene *gymnasiet*-Typen: ein allgemeines, ein technisches und ein Handelsgymnasium. Ca. 20% eines Schülerjahrganges besuchten diese hochschulvorbereitenden Schulformen. Aufgrund der Durchführung einer weiteren Reformphase (1964) wurde das dreijährige *gymnasiet* eingeführt. Es war in fünf Linien (humanistisch, gesellschaftswissenschaftlich, ökonomisch, naturwissenschaftlich und technisch) differenziert. Parallel dazu wurde eine zweijährige *fackskola* (berufliche Fachschule) entwickelt, an der

(unter derselben Differenzierung) berufliche Qualifikationen erworben werden konnten. Daneben existierte im freiwilligen Schulsektor noch die Berufsschule (*yrkeskola*). Die Integration dieser Schultypen in den einheitlichen, integrierten höheren beruflich qualifizierenden und hochschulvorbereitenden Schultyp der *gymnasieskola* (1968) erwies sich aber, wie zahlreiche Schulabbrüche zeigten, weiter als reformbedürftig. Ein neuer Reformzyklus für die *gymnasieskola* wurde 1990 begonnen, der 1994 mit der Einführung von 16 doppeltqualifizierenden nationalen Bildungsprogrammen (Profilen) abgeschlossen wurde. 2001 wurde deren Zahl auf 17 erhöht. Zur Unterstützung und stärkeren Integration sowie zur Verbesserung des nationalen Bildungsniveaus wurde 1968 die kommunale Erwachsenenbildung (*komvux*) eingeführt.

Gymnasieskolan – gymnasiale Bildung für alle

Entsprechend dem Schulgesetz ist jede Kommune verpflichtet, Unterricht in einer *gymnasieskola* Schülern anzubieten, die das 20. Lebensjahr noch nicht vollendet und die *grundskola* abgeschlossen haben. Voraussetzung für den Schulbesuch ist, dass mindestens der Schwedisch-, Englisch- und Mathematikunterricht an der *grundskola* bestanden wurde. Ältere Schüler können an der kommunalen Erwachsenenbildung (*komvux*) teilnehmen. Etwa 98% der Absolventen der *grundskola* wechseln noch im Jahr ihres Abschlusses an die *gymnasieskola*. Eine *gymnasieskola* kann durch die *kommun*, ein *län* (Provinz) oder private Träger eingerichtet werden. Jede Kommune verfügt über das Recht, eine (oder mehrere) *gymnasieskola* einzurichten. Verantwortlich für ihre Durchführung ist das lokale Schulkomitee sowie der Rektor. Die Schülerzahl an einer *gymnasieskola* kann zwischen 300 und 1500 variieren.

Alle Bildungsveranstaltungen der *gymnasieskola* sind in 17 nationalen Programmen organisiert. Zusätzlich finden sich individuelle Programme sowie „learning in working life"-Kurse. Alle nationalen Programme sind in einen oder mehrere Kurse aufgeteilt, die aus drei Blöcken, acht Kernfächern und programmspezifischen Fächern bestehen. Auch individuelle Gestaltung ist möglich.

Inhalt der Kernfächer sind Schwedisch/Schwedisch als Zweitsprache, Mathematik, Englisch, Gemeinschaftskunde, Religionskunde, Naturwissenschaften, Kunst, Sport und Gesundheitserziehung. Alle Schüler müssen weiterhin an einer Projektarbeit teilnehmen. Auch für die Kommune besteht die Möglichkeit, lokal angepasste Spezialisierungen einzuführen. Etwa 12% der Kurse können die Schüler aus verschiedenen anderen Angeboten (weitere Fremdsprache, Kurse aus einem anderen Programm) wählen. Ein Individualprogramm kann auch Schülern mit Lernschwierigkeiten angeboten werden. Gemeinsam mit dem Schüler entwickelt die Schule ein Ausbildungsprogramm für den gesamten Ausbildungsverlauf. Eine zeitliche Beschränkung ist hierbei nicht vorgesehen. Durch das Kurssystem und das Fehlen eines nationalen Stundenplans ist jeder *gymnasieskola* die Freiheit zur Organisation der Bildungsveranstaltungen gegeben.

Ziele und Curriculum

Im „*läroplan för de frivilliga skolformerna*" (Lehrplan für die freiwilligen Schulformen. – *LPF 94*) finden sich die allgemeinen Ziele und Richtlinien für diese Schulformen. Der Lehrplan bezieht sich hierbei auf die *gymnasieskola*, die *gymna-*

siesärskola (gymnasiale Sonderschule), *komvux* sowie *särvux*. Ziel der *gymnasieskola* wie auch von *komvux* sind:

- Vermittlung eines breiten Wissensgebiets, Entwicklung analytischer Fähigkeiten, Aneignung wissenschaftlicher Arbeitsweisen;
- Entwicklung von Fähigkeiten und Fertigkeiten, wie sie im Berufsleben und über den gesamten Lebenslauf hinweg benötigt werden;
- Herausbildung des Hörverständnisses der nordischen Sprachen einschließlich Sami;
- Vermittlung der wesentlichen Elemente des westlichen Kulturerbes.

Im Bildungsgesetz wurde ein Punkteplan entwickelt, der die Verteilung der Kernfächer und programmspezifischen Fächer bestimmt. Ferner ist festgelegt, wie viel Punkte erreicht werden müssen, um die *gymnasieskola* erfolgreich zu beenden. Die normale Schuldauer beträgt drei Jahre. Die Schüler können aber ihre Schulbildung, abhängig von ihrer erreichten Punktzahl, über einen kürzeren oder längeren Zeitraum ausdehnen. Schüler mit Immigrationshintergrund haben das Recht, Schwedisch als zweite Muttersprache anstelle des normalen Schwedischunterrichts zu wählen. Wie auch an der *grundskola*, so können diese Schüler an der *gymnasieskola* Unterricht in ihrer Muttersprache erhalten. Ca. 6% aller Schüler haben eine andere Muttersprache als Schwedisch.

Benotung und Abschluss

Das Benotungssystem der *gymnasieskola* bezieht sich im Wesentlichen auf die Ziele und Richtlinien des Lehrplans. Die Ergebnisse beziehen sich auf das gewählte Programm sowie den Unterrichtsplan und das Wissen für den betreffenden Kurs. Das Notensystem unterscheidet vier Niveaus (nicht bestanden/befriedigend/gut/sehr gut). Im kursbasierten System der *gymnasieskola* müssen die Schüler nur den Kurs wiederholen, den sie nicht bestanden haben. Allerdings ist es auch möglich, ein gesamtes Ausbildungsjahr zu wiederholen. Eine Abschlussprüfung findet am Ende der Schulzeit nicht statt. Jeder Schüler erhält das *Slutbetyg från gymnasieskolan* (Abschlusszeugnis der Gymnasialschule). Dieses Zeugnis führt die zusammengefassten Ergebnisse entsprechend dem Studienplan sowie die erreichten Noten zusammen. Um das Zeugnis zu erhalten, müssen ein Ausbildungsprogramm vollständig abgeschlossen sowie die Projektarbeit vollendet sein. Haben Schüler mehr Kurse belegt als notwendig, so entscheiden sie selbst, welche Kurse in das Abschlusszeugnis aufgenommen werden sollen. Die vollständige Beendigung eines Programms ist Voraussetzung zur Aufnahme eines Hochschulstudiums. Nahezu alle Hochschulstudiengänge setzen eine Spezialisierung in der *gymnasieskola* voraus.

Reformpläne

Durch die Regierung wurde ein Pilotprojekt zum Fernunterricht initiiert; Schülern wird so die Kombination von Kursen der *gymnasieskola* ihrer Heimatgemeinde mit Kursen, die an einem anderen Ort angeboten werden, ermöglicht. Parallel dazu sollen, unter der Anleitung von *skolverket*, neue Formen des IT-gestützten Fernunterrichts entwickelt werden. So soll die landesweite Kooperation zwischen Gemeinden und ihren Schulen ermöglicht werden.

Komvux – die kommunale Erwachsenenbildung

Seit 1992 werden auf der kommunalen Ebene und in deren Verantwortung Kurse in der Erwachsenenbildung zum Nachholen des Abschluss der *grundskola* und der *gymnasieskola* angeboten. Ferner können auch nachgymnasiale, beruflich qualifizierende Kurse angeboten werden. Jeder Bürger hat Anspruch auf einen Kurs auf dem Niveau der *grundskola*. Anspruch auf Ausbildung auf dem Niveau der *gymnasieskola* besteht nicht. Kommunale Erwachsenenbildungsangebote sind prinzipiell gebührenfrei. Die Kurse müssen so angelegt sein, dass es den Teilnehmern möglich ist, sie neben ihrer beruflichen Tätigkeit zu besuchen.

Sonderpädagogische Einrichtungen

Särskola – Sonderschule

Die *särskola* wurde als obligatorische Schulform für Kinder eingerichtet, die dem Unterricht und seinen Zielen an der *grundskola* aufgrund einer geistigen bzw. einer vergleichbaren Einschränkung nicht folgen können. Seit 1996 sind die Kommunen Träger der *särskola*, wobei es neben den staatlichen auch unabhängige Schulen geben kann. Ziel des Unterrichts an einer *särskola* ist die Vermittlung einer an den Zielen an der *grundskola* orientierten Ausbildung, die an die Fähig- und Fertigkeiten des Schülers angepasst ist. Es besteht ferner die Möglichkeit, dass die särskola organisatorisch in die grundskola integriert ist. Die Schüler sind dann Teil eines Pflichtschuljahrgangs, folgen aber einem eigenen Lehr- und Stundenplan. Entscheidend für Stoffauswahl und Unterrichtsmethodik/-didaktik sind letztlich aber die individuellen Voraussetzungen des Schülers. Die Schulpflicht besteht für neun Jahre, die Schüler verfügen aber über das Recht auf ein zusätzliches 10. Schuljahr. Schüler der *grundsärskola* können am Ende ihrer Schulzeit ein Abgangszeugnis erhalten. Um den Übergang in das Berufsleben oder aber auch an eine weiterführende Schule (*gymnasieskola*) zu ermöglichen, ist der Unterricht für die Schüler der *särskola* besonders auf die berufliche Ausbildung orientiert. An der *gymnasieskola* wird für Schüler mit Lernschwierigkeiten ein nationales Programm durchgeführt, welches besonders die individuellen Voraussetzungen des Schülers berücksichtigt. Ziel ist hierbei die berufliche Bildung. Erwachsene, die aus diesen angebotenen Kursen keinen Nutzen ziehen können, sind berechtigt, die kommunalen Einrichtungen der sonderpädagogischen Erwachsenenbildung (*särvux*) zu nutzen.

Specialskola – Spezialschule

Acht staatliche *specialskoler* (Spezialschulen) betreuen Kinder und Jugendliche, die dem normalen Unterricht an der *grundskola* nicht folgen können, weil sie taub, hörgeschädigt, sehbehindert oder sprachbehindert sind. Die Schulzeitdauer beträgt hier zehn Jahre. Die schulische Ausbildung soll weitestgehend derjenigen an der *grundskola* folgen. Der Lehrplan (*Lpo 94*) sowie die Ziele gelten ebenfalls für die *specialskola*. Der Sprachausbildung wird hierbei besonderes Gewicht verliehen. Nach Abschluss der *specialskola* sollen taube und hörgeschädigte Schüler Gedanken und Ideen in der Gebärdensprache kommunizieren sowie Schwedisch und Englisch lesen und schreiben können. Bei der Benotung und dem Abschlusszeugnis (*slutbetyg*) gelten dieselben Regeln, wie an der *grundskola*. Der Staat übernimmt alle Kosten, die entstehen (Internat, Transport, Hilfsmittel etc.); die Heimatgemeinde muss jedoch einen Anteil an Staat entrichten.

Särvux

Für Erwachsene mit Lernschwierigkeiten wurde, um ihnen den Abschluss der *gymnasieskola* zur ermöglichen, ein kommunales Erwachsenenbildungssystem (*särvux*) eingerichtet. Analog zur *gymnasieskola* wurden Ziele, Richtlinien sowie nationale Programme entwickelt.

Personal (Lehrer)

Die Lehrerausbildung für die *grundskola* dauert zwischen 3,5 (140 Punkte) und 4,5 (180 Punkte) Jahren, abhängig von der gewählten Studienrichtung. Es werden zwei Studiengänge angeboten. Einer bezieht sich auf das 1. bis 7. Schuljahr (140 Punkte); ein weiterer auf das 4. bis 9. Schuljahr (180 Punkte). Diejenigen Studierenden, welche die erste Studienform wählen, studieren Schwedisch sowie Fächerkombinationen mit sozialer oder mathematisch-naturwissenschaftlicher Ausrichtung. Studierende, welche die zweite Möglichkeit wählen, können sich zwischen vier Optionen entscheiden: Schwedisch und eine Fremdsprache, sozial orientierte Fächer, Mathematik und Naturwissenschaften, Kunst und musische Fächer. Das Ausbildungsprogramm besteht für alle Studierende aus gemeinsamen Basiselementen (Lernen, Sonderpädagogik, Sozialisation) sowie dem Studium der Unterrichtsfächer. Seit 2001 berechtigt der Abschluss der Lehrerausbildung an der Hochschule sowohl zum Unterricht an der *grundskola* als auch an der *gymnasieskola*, wenn Kurse gewählt wurden, deren Gesamtergebnis sich auf mindestens 180 Punkte beläuft.

Die Lehrer an der *gymnasieskola* verfügen über ein universitäres Fachstudium mit bis zu drei Fächern (min. 180 Punkte). Nach Abschluss des Studiums erfolgt eine einjährige praktisch-pädagogische Ausbildung. Der berufsbildende Unterricht wird von Fachlehrern erteilt, die über wissenschaftliche oder technische Qualifikationen verfügen. Lehrer der beruflichen Fächer können ebenfalls angestellt werden, wenn sie eine abgeschlossene Berufsausbildung sowie eine Lehrerausbildung an einer Lehrerhochschule erhalten haben.

Das Rahmencurriculum ermöglicht es den Lehrern, in Arbeitsteams zusammenzuarbeiten, um so fachübergreifenden Unterricht anbieten zu können. Zunehmend werden durch die Kommunen auch Vorschullehrer und Freizeitpädagogen angestellt, um so das Gesamtbetreuungskonzept im Pflichtschulwesen verwirklichen zu können.

Aktuelle Diskussionen und Entwicklungsperspektiven

Die wesentlichen Schulreformen wurden mit Beginn des neuen Jahrtausends beendet. Darin liegt der Grund, dass nur noch vereinzelt Feinabstimmungen durchgeführt werden. Stattdessen treten Debatten um den Einsatz moderner Kommunikationstechnologien, den Schutz der Umwelt, die Stärkung der Naturwissenschaften und um die Wertgrundlage der schwedischen Schule hervor. Seit Beginn der 1990er Jahre wurde durch *Skolverket* die IT-Entwicklung in der Schule unterstützt. Ein Teilauftrag besteht im Unterhalt und in der Entwicklung des *Skoldatanät*

(Schuldatennetz) – ein für Pädagogen konzipierter Internet-Führer. Das nationale Ressourcenzentrum für Multimedia-Lernmittel betreibt zur Verbesserung des Einsatzes neuer Medien im Unterricht das *Portal Multimediabyrån* (Multimediabüro). Darüber hinaus wurde *Skolverket* die Aufgabe übertragen, eine Infrastruktur für digitale Informationen im Bildungssektor aufzubauen. Im Eingangsparagraph (*portalparagraf*) des Schulgesetzes und im Lehrplan wird die besondere Stellung des Umweltunterrichts und der Umweltbildung hervorgehoben. Seit mehreren Jahren werden dazu zahlreiche Umweltprojekte an Schwedens Schulen durchgeführt. Ein wichtiges Projekt – *Miljöskolor* (Umweltschulen) – betont die selbstständige Ausformung eines Umweltprogramms für die *förskola* und weitere Schultypen. Dazu entwickeln die Schulen Handlungsprogramme und Unterrichtsformen, die die ökologisch nachhaltige Entwicklung unterstützen. Schulen, die den Kriterienkatalog erfüllt und einen Überprüfungsprozess bestanden haben, werden durch *Skolverket* als *Miljöskolor* ausgezeichnet. Die Auszeichnung weist auf die ökologische Arbeit der Schule hin.

Um die Stellung des Unterrichts in Naturwissenschaft, Technik und Mathematik zu verbessern, wurden zahlreiche Initiativen begonnen. Das fünfjährige *NoT*-Projekt , welches im Auftrag der Regierung durch *Skolverket* und *Högskoleverket* betrieben wird, versucht das allgemeine Interesse an Naturwissenschaft und Technik bei den Schülern zu vergrößern. Gegenwärtig unterstützt die Regierung das Projekt *Kompetensutveckling* (Kompetenzentwicklung). Ziel dieses Projekts ist die Erhöhung der Kompetenz von Lehrern, Vorschullehrern und Freizeitpädagogen in den Bereichen Naturwissenschaft, Technik und Umwelt. Das gesamte Programm geht dabei in das nationale, von der Regierung eingesetzte Zehnpunkteprogramm für Qualität und Gleichwertigkeit in der Schule ein. Weiterhin findet eine heftige Debatte um die Wertegrundlage der schwedischen Schule statt. Im Mittelpunkt der Diskussion stehen dabei die Auswirkungen des Mobbing unter Schülern sowie Möglichkeiten der Verhinderung und Bekämpfung. Es werden dabei langfristige Lösungen gesucht, die einzelne Schüler weder von der Schule noch vom Unterricht ausschließen.

Gegenwärtig wird der Bildungsforschung in Schweden eine hohe Priorität eingeräumt. Relevante Problemlagen werden in der Zusammenarbeit zwischen *Skolverket*, Forschern und Akteuren im Schul- und Bildungswesen erarbeitet. Schwerpunktmäßig richtet sich die Forschung an den Interessen der Lehrenden, der Verwaltung und der politischen Entscheidungsebene aus. So wurde unter anderem festgelegt, dass im ersten Jahrzehnt des neuen Jahrtausends insbesondere die alltägliche Arbeitspraxis im Bildungswesen Forschungsgegenstand werden soll. Die Forschung soll zu Ergebnissen führen, die Bedingungen für diese Prozesse und Muster sowie deren Einwirken auf die Resultate zeigen. Die Arbeit konzentriert sich dabei auf das Verhältnis zwischen Lehrenden, Kindern, Jugendlichen und Erwachsenen im organisierten Bildungszusammenhang. Untersucht wird ebenso Lehrerarbeit, die vollzogen wird, um das Lernen im organisierten Zusammenhang zu erleichtern. Schließlich wird die Führungsqualität der lokalen Organisationen untersucht, die Verantwortung für die dortigen Bildungsprozesse tragen.

Literatur

ANDERSON, L. G.; PERSSON, M.; THAVENIUS, J. (Hrsg.): Skolan och de kulturella förändringarna. Lund 1999.

BENGTSON: Population, economy and welfare in Sweden. Berlin 1994.

DAHLLÖF, U.: Timplaner för folkskola och grundskola. In: Wallin, E. (Hrsg.): Från folkskola till grundskola. Tio forskare vid Pedagogisk institutionen, Uppsala universitet, belyser utvecklingen under 150 år i anslutning till folkskolejubiléet. Uppsala 1992. S. 63-83.

DRAKENBERG, M.: Compulsory school develpoment in Sweden. A three-dimensional View. Helsinki 1995.

EKHOLM, M.: Steuerungsmodelle für Schulen in Europa. Schwedische Erfahrungen mit alternativen Ordnungsmodellen. In: Zeitschrift für Pädagogik, 43(1997)4, S. 597-608.

ERIKSON, R.; JONSSON, J.O. (Hrsg.): Education and Social Class. Sweden in a Comparative Perspective. o.O. (1996).

HENNINGSEN, B.: Der Wohlfahrtsstaat Schweden. Baden-Baden 1986.

ISLING, Å.: Det pedagogiske arvet. Kampen för och mot en demokratisk skola. Stockholm 1988.

ISLING, Å., MATTSON, I.; RUDVALL, G.: En skola för jämlikhet. Debattbok och studiematerial. Stockholm 1984.

ISLING, Å.: Kampen för och mot en demokratisk skola. 1. Samhällsstruktur och skolorganisation. Stockholm 1980.

KLINGE, M.: Aspekte nordischer Individualität. In: Graubard, St. R. (Hrsg.): Die Leidenschaft für Gleichheit und Gerechtigkeit. Baden-Baden 1988. S. 41-62.

MARKLUND, S.: Skolan förr och nu. 50 år av skoleutveckling. Stockholm 1984.

OECD: OECD Reviews of national policies for education. Sweden. Paris 1995.

ÖDMAN, P.-J.: Kontrasternas Spel. En svensk mentalitets- och pedagogikhistoria. Stockholm 1998.

RICHARDSON, G.: Svensk utbildningshistoria. Skola och samhälle för och nu. Lund 1999.

ROTH, H. I.: The Multicultural Park. A Study of Common Values at School and in Society. Stockholm 1999.

SKOLVERKET: Läroplan för förskolan. Lpfö 98. Stockholm 1998.

SKOLVERKET: Democracy in Swedish Education. Stockholm 2000.

SKOLVERKET: Gymnasieskolan. Stockholm 2000.

SKOLVERKET: Bedömning och betyg. Stockholm 2001.

SKOLVERKET: Invandrar – och flyktingelever. Stockholm 2001.

SVENSKA INSTITUTT: Tatsachen über Schweden. Gymnasialschule und Erwachsenenbildung. Stockholm 2001.

UTBILDNINGSDEPARTEMENTET: Läroplan för de frivilliga skolformerna. LPF 94. Stockholm 1994.

UTBILDNINGSDEPARTEMENTET: Skollag. Stockholm. 1985 (SFS nr: 1985:1100).

UTBILDNINGSDEPARTEMENTET: Skollag. Stockholm. 1997 (SFS nr: 1997:1212).

UTBILDNINGSDEPARTEMENTET: A school for all. On the Government's Preschool and School Policies. Stockholm. 1999.   (http://www.csn.se)

Schweden

Schuljahre · Alter

Schuljahre	Alter
	23
16	22
15	21
14	20
13	19
12	18
11	17
10	16

Universität Hochschulen

Sekundar-Bereich

Gymnasialschule
(17+3 Zweige)
(gymnas)

private gymnas

Primarbereich

Grundschule
(grundskola)

private grundskola

Schulpflicht

9	15
8	14
7	13
6	12
5	11
4	10
3	9
2	8
1	7

Vorschulbereich

Vorschule - freiwillig (förskoleklass)

6

Kindergarten
(förskola)

5

4

3

© DIPF 2004

Armin Gretler

SCHWEIZ

Entwicklung des Bildungswesens

Wie in den anderen europäischen Ländern gehen die Grundstrukturen des heutigen Bildungswesens auch in der Schweiz im Wesentlichen auf das 19. Jahrhundert zurück. Damals wurde die obligatorische Volksschule eingeführt und ausgebaut, im nachobligatorischen Bereich wurden kantonale Gymnasien und Lehrerbildungsanstalten eingerichtet und die Grundlagen der heutigen Berufsbildung gelegt. Die Konsolidierung dieser Grundstrukturen zog sich bis weit ins 20. Jahrhundert hin. Die Zeit nach dem 2. Weltkrieg bis hin zur Gegenwart ist dann durch Expansion und Differenzierung des Bildungswesens gekennzeichnet.

Die Entstehung der obligatorischen, unentgeltlichen und laizistischen Volksschule

Nach dem Zusammenbruch der alten Eidgenossenschaft im Gefolge der französischen Revolution erhielt die Schweiz als Helvetische Republik (1798-1803) unter napoleonischem Einfluss zunächst, wenn auch nur für kurze Zeit, eine zentralstaatliche politische Verfassung. Philipp Albert Stapfer (1766-1840), Minister für Kunst und Wissenschaft, führte damals eine so genannte Schulenquete durch, die allerhand Missstände, darunter, als wohl gravierendste, das Fehlen jeglicher Lehrerbildung zutage förderte. Obwohl Stapfer selbst seine durch die Aufklärung und die französische Revolution geprägten Ideen zur Bildung nach dem Scheitern des Zentralstaates nicht verwirklichen konnte, blieben diese über die Helvetik hinaus wirksam. Zusammen mit dem Gedankengut des Volkserziehers Johann Heinrich Pestalozzi (1746-1827), des Berner Pädagogen Philipp Emanuel von Fellenberg (1771-1844), des Freiburger Franziskanerpaters Gregor Girard (1765-1850) und des Tessiner Förderers der Volkserziehung Stefano Franscini (1796-1857) hatten die Ideen Stapfers einen bedeutenden Einfluss auf die Gestaltung und Entwicklung der schweizerischen Volksschule. Für die liberal-radikale politische Gruppierung, die im Laufe der ersten Hälfte des Jahrhunderts die Mehrheit gewann, war unbestritten, dass die Förderung des Bildungswesens eine der wichtigsten öffentlichen Aufgaben sei, wobei dem wirtschaftlichen und dem staatspolitischen Aspekt der Bildung eine besondere Bedeutung zukam. Wirtschaftlich befand sich das Land im Umbruch von einem Agrar- in einen Industriestaat, während staatspolitisch eine moderne Demokratie im Entstehen war (hierzu: CRIBLEZ u.a., 1999). Im Laufe der nun einsetzenden kantonalen Entwicklungen kristallisierten sich drei Grundsätze für die Volksschule heraus, die dann in der revidierten Bundesverfassung von 1874 gesamtschweizerisch kodifiziert wurden: die Schulpflicht, die Unentgeltlichkeit und die Laizität. Besonders umstritten war die Entkonfessionalisierung des bisher von den Kirchen gewährleisteten Unterrichts. In diesem als wichtigen Teil des Kulturkampfes zu sehenden Streit standen sich im Wesentlichen drei Positionen gegenüber: eine liberale auf der einen, und eine katholisch- sowie eine evangelisch-konservative auf der anderen Seite (SPÄNI 1999; vgl. CRIBLEZ u.a. 1999). Schließlich setzte sich der Grundsatz der Laizität durch.

Die Entwicklung des gymnasial-akademischen Bildungsstrangs

Neben der obligatorischen Volksschule für alle wurde im 19. Jahrhundert auch der für eine kleine Elite bestimmte Bildungsstrang ausgebaut, der zur höheren Bildung führt und der in der alten Eidgenossenschaft seine Vorläufer in den Kloster-, Stadt- und Lateinschulen hatte. Die meisten Kantone gründeten nun kantonale Gymnasien. Auch die heutigen Universitäten gehen, mit Ausnahme von Basel (1460), im Wesentlichen auf das 19. Jahrhundert zurück. Von zentraler Bedeutung für das schweizerische Bildungswesen war die 1854, also nur sechs Jahre nach der Gründung des Bundesstaates, durch den Bund errichtete Eidgenössische Technische Hochschule in Zürich. Kennzeichnend für die zutiefst föderalistische Ausrichtung des schweizerischen Bildungswesens ist die Tatsache, dass der Bund aufgrund des föderalistischen Widerstandes von der ihm durch die Verfassung von 1848 eingeräumten Möglichkeit, eine Universität zu errichten, nie Gebrauch machte. Der ursprünglich elitäre Charakter der Gymnasial- und Hochschulbildung zeigt sich statistisch in einer Maturitätsquote, die noch um 1900 nur ein Prozent betrug. Bis ins Jahr 2000 stieg diese Quote auf 18% (mit großen kantonalen Unterschieden) an.

Entstehung und Entwicklung des dualen Systems der Berufsbildung

Die Berufsbildung blieb nach dem Untergang des alten Zunftwesens 1798 für Jahrzehnte ungeregelt, was sich zunehmend negativ auf die Qualität der Arbeitskräfte im handwerklichen und industriellen Bereich niederschlug. Gegenmaßnahmen wurden erst in der zweiten Hälfte des 19. Jahrhunderts durch die sich formierenden Handwerker- und Gewerbevereine ergriffen, die sich 1879 zum Schweizerischen Gewerbeverein zusammenschlossen und sich u.a. die Förderung der Berufsbildung zur Aufgabe machten. Dies führte zu verschiedenen kantonalen Lehrlingsgesetzen und zu den Bundesbeschlüssen betreffend die gewerbliche und die industrielle Berufsbildung (1884), die Förderung der kommerziellen Bildung (1891), die landwirtschaftliche Bildung (1893) und schließlich die hauswirtschaftliche und die berufliche Ausbildung des weiblichen Geschlechts (1895). 1908 wurde dann ein Artikel zur Förderung des Gewerbes in die Bundesverfassung aufgenommen, der u.a. zur Grundlage des ersten eidgenössischen Berufsbildungsgesetzes (1930) wurde. Die Bedeutung der Berufsbildung, sowohl unter dem Blickwinkel der Wirtschaft als auch unter jenem des Bildungswesens, kann in der Schweiz kaum überschätzt werden, sind es doch gegen Ende des 20. Jahrhunderts (mit abnehmender Tendenz) 65-70% der 16-21-Jährigen, die eine Berufslehre abgeschlossen haben, während die Maturitätsquote für den gleichen Zeitraum (1987-1997) im Durchschnitt (mit steigender Tendenz) etwa 15% betrug.

Expansion und Differenzierung des Bildungswesens nach dem Zweiten Weltkrieg

Nach dem Zweiten Weltkrieg erlebte die Schweiz, im Einklang mit einem generellen Trend der Industrieländer, einen lang anhaltenden wirtschaftlichen Aufschwung, der mit einer raschen technologischen Entwicklung einherging. Dies führte einerseits zu einer starken Nachfrage der Wirtschaft nach mehr und höheren beruflichen Qualifikationen und andererseits, bei steigendem Wohlstand der Bevölkerung, zu einer verstärkten sozialen Nachfrage nach Bildung. Bildungspolitisch dominierten zunächst vor allem zwei Leitideen: die Ausschöpfung der Begabungsreserven (die schweizerische Übersetzung und Anwendung der Ergebnisse der Humankapitalforschung) und der Ruf nach Chancengleichheit, ein Postulat, das auch – vor allem im französischsprachigen Teil der Schweiz – als „Demokratisierung des Bildungswesens" bezeichnet wurde.

Auf den Wandel von Wirtschaft und Gesellschaft antwortete das Bildungswesen mit Expansion und Differenzierung. Während die obligatorische Schule auf demographische Veränderungen („baby-boom", wachsender Zustrom von Kindern ausländischer Arbeitskräfte) reagieren musste, fanden spektakuläre Veränderungen vor allem im allgemein bildenden Teil der Sekundarstufe II statt.[1] Verfügten die Kantone bisher in der Regel über eine einzige in der Hauptstadt angesiedelte Kantonsschule, so wurden die Gymnasien nun dezentralisiert und ihre Zahl stark vermehrt. Dementsprechend verdoppelte sich die Zahl der Maturanten zwischen 1960 und 1970 und noch einmal zwischen 1970 und 1980. Diese quantitative Expansion war begleitet von der Schaffung eines neuen Schultyps, der Diplommittelschule (DMS). Diese bereitet ihre Absolventen auf eine Reihe von Berufsfeldern mittlerer Ebene vor. Die Forderung nach der Schaffung einer „mittleren Kaderschule als Alternative zum Gymnasium" ging ursprünglich (1967) von der Standesorganisation der Gymnasiallehrerschaft aus und war der Versuch, die Einsicht in die Notwendigkeit allgemein höherer Qualifikationen mit dem Wunsch nach Bewahrung des elitären Charakters des Gymnasiums zu vereinen und die Maturitätsschulen und damit indirekt auch die Hochschulen zu „entlasten". Die Diplommittelschulen können also durchaus als „Abwehrstrategie der traditionell privilegierten Eliten gegen soziale Aufsteigergruppen" interpretiert werden (DREWEK 2001, S. 175).

Kulturelle Rahmenbedingungen für die Entwicklung des Bildungswesens

Zu den kulturellen Rahmenbedingungen, unter denen sich das Bildungswesen entwickelte, ist in erster Linie die Viersprachigkeit des Landes zu nennen. 63,6% der schweizerischen Wohnbevölkerung sprechen deutsch, 19,2% französisch, 7,6% Italienisch, 0,6% romanisch und 8,9% eine andere Sprache.[2] In der letzten Zahl kommt zum Ausdruck, dass der Anteil der Ausländer an der Wohnbevölkerung mit rund 20% im internationalen Vergleich sehr hoch ist. Diese Mehrsprachigkeit des Landes ist nicht nur eine der Wurzeln seiner föderalistischen Verfassung – die sich im Bildungswesen besonders stark auswirkt –, sondern auch der Grund für die große Bedeutung, die dem schulischen Fremdsprachenunterricht seit jeher zukommt. So wird im Wesentlichen jedes Kind während seiner obligatorischen Schulzeit zumindest mit

---

[1]   Allerdings gab es teilweise auch auf der Sekundarstufe I strukturelle Reformen, so z.B. die Einführung gesamtschulartiger Strukturen in den Kantonen Genf (1962: *Cycle d'orientation*) und Tessin (1970: *Scuola media unificata*). Einige Kantone der deutschsprachigen Schweiz führten entsprechende Schulversuche durch, ohne sie aber später zu verallgemeinern.

[2]   Diese statistischen Angaben beruhen auf der Volkszählung 1990; jene der Volkszählung 2000 sind noch nicht verfügbar.

den Anfängen einer zweiten Landessprache vertraut gemacht, wobei ihm aber auch das Erlernen einer weiteren Fremdsprache offen steht.

Eine der bisher wichtigsten Empfehlungen der 1897 gegründeten Schweizerischen Erziehungsdirektorenkonferenz[3] betraf 1975 die so genannte Vorverlegung des Unterrichts in einer zweiten Landessprache auf die vierte oder fünfte Klasse der Primarschule. Diese Empfehlung wurde weitgehend staatspolitisch im Sinne der Festigung des nationalen Zusammenhalts begründet. Auch nach der Verwirklichung dieser Empfehlung (mit einer kantonalen Ausnahme) beschäftigt sich die EDK weiterhin mit dem Sprachunterricht. Seit einigen Jahren arbeitet sie an einem so genannte Gesamtsprachenkonzept, das den Sprachunterricht – darunter das an Bedeutung ständig zunehmende Englische – gesamtschweizerisch koordinieren soll.

Die kulturelle Verschiedenheit der Sprachregionen der Schweiz schlägt sich in strukturellen und inhaltlichen Merkmalen der jeweiligen kantonalen und regionalen Bildungssysteme nieder und führt auf kleinem Raum zu einer großen Zahl unterschiedlicher Ausprägungen. Exemplarisch sei hier auf einige Punkte verwiesen:

–   Der Kindergarten hat in den verschiedenen Landesteilen unterschiedliche bildungsphilosophische Wurzeln: in der deutschen Schweiz die Ideen von Friedrich Wilhelm August Fröbel (1782-1852), in der französisch- und italienischsprachigen Schweiz die Ideen von Edouard Claparède (1873-1940), Maria Montessori (1870-1952) und anderen, was sich z.B. auf das Verhältnis von Spiel und Lernen auswirkte. Diese verschiedenen Konzeptionen haben sich erst in neuerer Zeit gegenseitig angenähert.

–   Der Vorschulbesuch der Dreijährigen erfasst im Tessin 62% (1993), im Kanton Genf 48% aller Kinder, während er in der Deutschschweiz wesentlich niedriger ist. Die Kantone Genf und Tessin haben als erste gesamtschulartige Strukturen auf der Sekundarstufe I eingeführt. Während sich die Deutschschweiz gegenüber der Gesamtschulbewegung in Deutschland mehrheitlich stark ablehnend verhielt, hat die italienische *Scuola media unificata* die tessinische Sekundarstufe I sehr direkt beeinflusst.

–   Die Repetentenquote in der obligatorischen Schule ist in den französischsprachigen Kantonen durchgehend höher als in der Deutschschweiz; dort ist dafür der Anteil der Kinder in Sonder- oder Förderschulen höher. Die berufliche Grundausbildung wird in der Suisse romande und im Tessin häufiger in einer Vollzeitschule absolviert als in der deutschsprachigen Schweiz.

–   Heilpädagogische Stütz- und Fördermaßnahmen in der Regelschule haben sich zuerst im Tessin, dann in der Suisse romande, erst später und in einem geringeren Maße auch in der deutschen Schweiz eingebürgert.

–   Die durchschnittliche Dauer eines Hochschulstudiums ist in der Suisse romande kürzer als in der Deutschschweiz.

Eine weitere, zunehmend wichtige kulturelle Rahmenbedingung für die Schulentwicklung in der Schweiz ist der hohe Anteil ausländischer Kinder an der Schulbe-

---

3   EDK; diese, seit etwa 1970 vermehrt bildungspolitisch tätig, vereinigt die kantonalen Erziehungsdirektoren (Minister), befasst sich mit der Weiterentwicklung und der Koordination des Bildungswesens und gibt Empfehlungen an die Kantone ab.

völkerung.[4] Der Anteil dieser Kinder in der obligatorischen Schule beträgt z.B. im Kanton Genf mehr als 70%, nur in drei kleinen ländlichen Kantonen weniger als 10% und im schweizerischen Durchschnitt 32%. Interkulturelle Bildung wird so zu einer zentralen Aufgabe der Schule (vgl. POGLIA u.a. 1995).

Organisation des gegenwärtigen Schulsystems

Gesetzliche Grundlagen, Bildungsverwaltung

Die rechtlichen Grundlagen des schweizerischen Bildungswesens beruhen im Wesentlichen auf dem Bildungsartikel in der Bundesverfassung, den 26 kantonalen Schulgesetzen, einer Reihe von Bundesgesetzen zu besonderen Bereichen oder Themen, einer Vereinbarung zwischen Bund und Kantonen und einigen interkantonalen Konkordaten oder Vereinbarungen. Während die Bundesverfassung von 1848 in bezug auf das Bildungswesen dem Bund lediglich die Befugnis zusprach, eine Universität und eine polytechnische Schule zu errichten, wurde im Zuge der Verfassungsrevision von 1874 die Grundlage des föderalistischen Bildungswesens gelegt:

- „Die Kantone sorgen für genügenden Primarunterricht, welcher ausschließlich unter staatlicher Leitung stehen soll. Derselbe ist obligatorisch und in den öffentlichen Schulen unentgeltlich.
- Die öffentlichen Schulen sollen von den Angehörigen aller Bekenntnisse ohne Beeinträchtigung ihrer Glaubens- und Gewissensfreiheit besucht werden können.
- Gegen Kantone, welche diesen Verpflichtungen nicht nachkommen, wird der Bund die nötigen Verfügungen treffen".

Neben diesem Verfassungsartikel, der zwischen 1902 und 1973 verschiedentlich ergänzt wurde, sind die 26 kantonalen Verfassungsbestimmungen und Schulgesetze das Herzstück des schweizerischen Schulrechts. Sie gehen meist auf den Anfang des 19. Jahrhunderts zurück, sind also älter als die Bundesverfassung und wurden im Laufe der eingangs geschilderten Entwicklung mehrmals revidiert. Sie sind Ausdruck der Vielfalt der auf regionalen Eigenheiten beruhenden Traditionen (vgl. PLOTKE 1979; PLOTKE 1994). Unterhalb der gesetzlichen Ebene wird das Schulsystem in jedem Kanton durch Dekrete des Parlaments, Verordnungen der Regierung und Weisungen der Erziehungsdirektion (Bildungsministerium) geregelt.

Auf Bundesebene gehören im Wesentlichen folgende Gesetze zu den rechtlichen Grundlagen des Bildungswesens:

- das ursprünglich von 1854 stammende, 1968 nach der Übernahme der Technischen Hochschule Lausanne durch den Bund und dann nochmals revidierte Gesetz über die Eidgenössischen Technischen Hochschulen;
- das Berufsbildungsgesetz von 1978, dem jene von 1930 und 1963 vorangegangen waren und das gegenwärtig erneut revidiert wird;
- das Gesetz von 1965 über Bundesbeiträge an kantonale Stipendien und Ausbildungsbeihilfen;

---

4   Man muss darauf hinweisen, dass in Statistiken oft diese ausländischen Kinder mit den Schweizerkindern, deren Muttersprache nicht jene ihres Schulortes ist, zusammen angeführt werden.

- das Hochschulförderungsgesetz von 1968, das 1972 und wieder im Jahre 2000 revidiert wurde;
- das Gesetz von 1973 über die Förderung von Turnen und Sport;
- das Forschungsgesetz von 1983 (befindet sich in Revision);
- das Fachhochschulgesetz von 1995;
- in Vorbereitung befand sich Ende 2001 das Bundesgesetz[5] über die Förderung der Nutzung von Informations- und Kommunikationstechnologien in den Schulen (ICT-Gesetz);
- ebenfalls in Vorbereitung befindet sich ein Verfassungsartikel (63a) über die Hochschulen, der die gesamtschweizerische Koordination der Hochschulpolitik und die Festlegung gemeinsamer Grundsätze durch Bund und Kantone im Visier hat.

Darüber hinaus gibt es weitere wichtige Rechtsgrundlagen wie das Schulkonkordat von 1970, die Verwaltungsvereinbarung zwischen dem Schweizerischen Bundesrat und der Schweizerischen Konferenz der kantonalen Erziehungsdirektoren (EDK) über die Anerkennung von Abiturzeugnissen u.a.

Die Finanzierung des Bildungswesens

Die starke Dezentralisierung der Kompetenzen spiegelt sich in der Finanzierung des schweizerischen Bildungswesens. An der Spitze stehen die Kantone, die das Bildungswesen zu 53% finanzieren, dann folgen die Gemeinden mit 35,5% und schließlich der Bund mit lediglich 11,5%. Die Gesamtausgaben für das Bildungswesen stellen fast 15% der gesamten öffentlichen Ausgaben – ein Spitzenwert im internationalen Vergleich – und gut sechs Prozent des Bruttoinlandprodukts – auch dies relativ hoch im internationalen Vergleich.

Lehrpläne, Curricula

Die Erstellung der Lehrpläne für die obligatorische Schule fällt in die Kompetenz der Kantone. In den letzten zwei Jahrzehnten des 20. Jahrhunderts haben die meisten Kantone ihre Lehrpläne revidiert, wobei der Lehrerschaft in der Regel ein starkes Mitspracherecht eingeräumt wurde. Das Bedürfnis nach Harmonisierung kam im Konkordat über die Schulkoordination, 1970 von der Erziehungsdirektorenkonferenz (EDK) ausgearbeitet, zum Ausdruck, in dem Empfehlungen an die Kantone für Rahmenlehrpläne erlassen werden sollten. Während das Unternehmen gesamtschweizerisch nur schwer vorankam, erarbeiteten die Suisse romande und die Innerschweiz – die EDK ist in vier Regionalkonferenzen gegliedert – gemeinsame Lehrpläne für die ihrer Region angehörenden Kantone. Anders als für die Volksschule sind für die Maturitätsschulen seit den neunziger Jahren des 20. Jahrhunderts gesamtschweizerische Rahmenlehrpläne in Kraft (EDK, 1992), während die Lehrpläne der Berufsschulen seit jeher gesamtschweizerische Geltung hatten (vgl. KÜNZLI/ HOPMANN 1998).

---

5 Interessant ist dabei, dass der Bund genau hundert Jahre nach dem Erlass des inzwischen als obsolet wieder aufgehobenen Gesetzes über Bundesbeiträge für Primarunterricht (1902) sich erstmals wieder, selbstverständlich im Einverständnis mit den Kantonen, mit der obligatorischen Schule befasst.

Verwaltung

Der Föderalismus im Bildungswesen geht so weit, dass die Schweiz über kein Bundesministerium für Bildung verfügt. Die (wenigen) Kompetenzen des Bundes im Bereich der Bildung sind vielmehr auf zwei eidgenössische Departemente (Bundesministerien) verteilt, das Eidgenössische Departement des Inneren (*EDI*) und das Eidgenössische Volkswirtschaftsdepartement (*EVD*). Die Kantone verfügen über je ein Bildungsministerium (Erziehungsdepartement oder -direktion, neuerdings zum Teil auch Bildungsdirektion genannt) und teilweise über einen Erziehungsrat (konsultatives Organ der Regierung); sie teilen sich in der Erfüllung ihrer Aufgaben mit den Gemeinden, die zu diesem Zweck vom Volk gewählte Schulpflegen oder -kommissionen einsetzen. Diese stark dezentralisierte Zuständigkeitsordnung führt zu einer großen Nähe zwischen Volk und Schule.

Abschlüsse

Bei der Vielfalt der kantonalen Schulsysteme kennt die mit der Sekundarstufe I zu Ende gehende obligatorische Schule keinen gesamtschweizerischen Abschluss. Die Aufnahme in eine Berufslehre wird durch den Markt geregelt, während die Aufnahme in eine Schule der Sekundarstufe II je nach kantonaler Regelung mit oder ohne Aufnahmeprüfung erfolgt. Auf der Sekundarstufe II gibt es folgende Abschlüsse und Berechtigungen:

- das eidgenössische Fähigkeitszeugnis nach erfolgreich abgeschlossener Berufslehre. Dieses findet hohe Anerkennung in der Wirtschaft und berechtigt, nach dem Bestehen einer Aufnahmeprüfung zum Eintritt in eine Fachhochschule;
- die Berufsmaturität (die immer auch ein eidgenössisches Fähigkeitszeugnis beinhaltet) berechtigt zum prüfungsfreien Eintritt in eine der Berufsrichtung entsprechende Fachhochschule;
- die mit dem Diplom einer Diplommittelschule zusammenhängenden Berechtigungen befinden sich zurzeit in Diskussion;
- die gymnasiale Maturität berechtigt zum prüfungsfreien Eintritt in die ETH und in alle Fakultäten der Universitäten.

Staatliche Steuerung, Aufsicht und Eigenverantwortung der Schulen; Evaluation

Die staatliche Aufsicht über das Schul- und Bildungswesen liegt im Wesentlichen bei den Kantonen. Der Bund beaufsichtigt die beiden Eidgenössischen Technischen Hochschulen und die Berufsbildung, während er die Aufsicht über die gymnasiale Maturität seit 1995 mit den Kantonen teilt. Als historisches Kuriosum ist die aus Föderalismusgründen indirekte Kontrolle des Bundes über die Entwicklung der Qualität der Primarschule über den Umweg der Pädagogischen Rekrutenprüfungen zu erwähnen (vgl. LUSTENBERGER 1996). Die Kantone setzen zur Beurteilung des Unterrichts und der Lehrpersonen haupt- oder nebenamtliche Inspektoren ein. Seit dem ausgehenden 20. Jahrhundert steht das herkömmliche Inspektoratswesen in vielen Kantonen im Umbruch: Der Begriff Kontrolle wird zunehmend durch den Begriff Beratung ersetzt. Ergänzend zum kantonal geregelten Inspektorat werden die lokalen Schulkommissionen allgemein als wichtige Garanten der Schulqualität erachtet. Die Tendenz zur Erhöhung der Autonomie der einzelnen Schule (in der deutschsprachigen Schweiz spielt der Begriff der „teilautonomen Schule" eine zentrale Rolle) verändert in jüngerer Zeit auch das Evaluations- und Qualitätssicherungssystem. Die Selbstevaluation der Bildungsinstitutionen (meist gekoppelt mit externer Evaluation) wird zunehmend wichtiger. Schließlich gewinnen internationale Schulleistungsvergleiche und die Erstellung von Bildungsindikatoren als Evaluationsgrundlage und Systemsteuerungselemente zunehmend an Bedeutung (vgl. z.B.: EDK 2000a; MOSER u.a. 1997; NOTTER 1999; MOSER 2001).

Qualifizierung des pädagogischen Personals

Die Ausbildung der Lehrer fand bisher entweder in Seminaren, die direkt an die obligatorische Schule anschlossen, oder (zunehmend) in postmaturitären Lehrerbildungsanstalten statt. Während in den in der Regel fünfjährigen Seminaren Allgemein- und Fachbildung nicht scharf getrennt waren, konzentrierte sich der postmaturitäre Typus auf das Vermitteln der Fachausbildung. In einigen wenigen Kantonen ist die Lehrerbildung traditionell an der Universität angesiedelt. Ab dem Jahr 2005 werden die Lehrpersonen für die Volksschule in allen Kantonen an Pädagogischen Hochschulen ausgebildet, die Teil des neuen Fachhochschulsystems sind (siehe: EDK 1993). Die Hauptziele der mit den Pädagogischen Hochschulen zusammenhängenden Reform der Lehrerbildung bestehen in der Erhöhung der Professionalisierung und in der gesamtschweizerischen Anerkennung der Lehrerdiplome.

Allgemein bildende Schulen

Die vorschulische Bildung und Erziehung

Im vorschulischen Bereich sind neben dem Kindergarten als weitere Formen der familienexternen Kinderbetreuung Krippen, Tagesmütter und private Spielgruppen zu nennen. Das Kindergartenwesen (in der französischsprachigen Schweiz meist „*ecole enfantine*", im Tessin „*scuola dell'infanzia*") ist mehrheitlich kantonal geregelt. In sechs Kantonen sind aber allein die Gemeinden für den Kindergarten zuständig. In elf Kantonen können Kindergärten auch von privaten Trägern geführt werden. In fünf Kantonen muss allen Kindern die Möglichkeit geboten werden, den Kindergarten zwei Jahre lang zu besuchen, während im Kanton Tessin ein Angebotsobligatorium von drei Jahren besteht. In allen übrigen Kantonen können die Kinder mindestens ein Jahr vor Schuleintritt den Kindergarten besuchen, wobei zahlreiche Gemeinden über das gesetzlich geforderte Minimum hinausgehen und zwei Jahre anbieten. Der Kindergartenbesuch ist (außer im Kanton Luzern) freiwillig; gesamtschweizerisch machen 99% der Kinder von diesem Angebot Gebrauch. Dass auch ein zweites Vorschuljahr stark frequentiert wird, wird durch die Tatsache belegt, dass 1997 92,5% der fünf- und sechsjährigen Kinder den Kindergarten oder die Ecole enfantine besuchten.

Primarschule

Die Primarschule dauert in 20 Kantonen sechs, in drei Kantonen fünf und in zwei Kantonen vier Jahre; im Kanton Tessin fällt die Trennung zwischen Primarschule und Sekundarstufe I weg. Der Unterricht findet in der Regel in intern nicht differenzierten Jahrgangsklassen statt, wobei in dünn besiedelten Gebieten auch mehrklassige Abteilungen bestehen. In einem Kanton (Jura) wird die Jahrgangsklasse generell, in anderen Kantonen versuchsweise durch so genannte Lernzyklen ersetzt, die zwei, drei oder sogar vier Jahre umfassen können. Ziel dieser flexiblen Organisationsform ist eine Anpassung an die individuellen Lernrhythmen der Schüler. Der Unterricht umfasst am Anfang der Primarschule etwa 20, am Ende dann etwa 35 Wochenstunden.

Die Lehrer genießen allgemein eine große Methodenfreiheit. Der Klassenlehrer (immer häufiger teilen sich auch zwei Lehrpersonen in Teilzeitarbeit in die Führung einer Klasse) wird nur selten durch Spezialisten (etwa für Zeichnen und Musik), hingegen mehr und mehr durch Stütz- und Förderlehrer ergänzt. Die Funktion einer eigentlichen Schulleitung war in der Schweiz bis in die jüngste Vergangenheit unbekannt; das Rektorat oder die Vorsteherschaft einer Schule wurde vielmehr von nicht speziell für diese Funktion ausgebildeten Lehrpersonen im Turnus und bei nur geringer Stundenentlastung wahrgenommen. Erst mit der Verlagerung bestimmter Verantwortungen auf die einzelne Schule (Entwicklung zu so genannte teilautonomen Schulen in vielen Kantonen) wurden in jüngster Zeit Ausbildungskurse für Schulleiter geschaffen (RIEGER 2001).

Die Beurteilung der Schüler/innen erfolgt traditionellerweise durch Noten (summative Evaluation), doch finden Formen der notenfreien Beurteilung (formative Evaluation) ein wachsendes Interesse (vgl. SCHWEIZERISCHE KOORDINATIONSSTELLE 2000). Die Positionen in bezug auf diese Frage sind häufig ideologisch bzw. politisch motiviert. Die Klassenrepetition bei Nichtversetzung in die nächsthöhere Klasse besteht in allen Kantonen, doch ist die Praxis nicht überall die gleiche. Im Laufe der obligatorischen Schulzeit wiederholt im gesamtschweizerischen Durchschnitt etwa ein Sechstel aller Schüler eine Klasse, wobei diese Quote in der Suisse romande höher ist als in der Deutschschweiz. In den Kantonen ohne selektionsfreien Übertritt erfolgt die Selektion für die verschiedenen Züge der Sekundarstufe I in der Regel aufgrund des letzten Schulzeugnisses, einer Empfehlung der Primarlehrkraft und häufig unter Mitsprache der Eltern.

Sekundarstufe I

Die Sekundarstufe I, zweiter Teil der neunjährigen obligatorischen Schulzeit, dauert in Abhängigkeit von der Dauer der Primarschule meist drei, seltener auch vier oder fünf Jahre. Sie ist in einigen Kantonen gesamtschulartig (kooperativ oder integrativ) oder als Orientierungsstufe konzipiert, in den meisten Kantonen aber in zwei oder drei getrennte Züge mit gehobenen, mittleren oder bescheidenen Leistungsanforderungen gegliedert. In der gesamtschweizerischen Statistik werden die beiden Kategorien „Sekundarstufe I mit Grundansprüchen" und „Sekundarstufe I mit erweiterten Ansprüchen" unterschieden: etwa 30% der Schüler besuchen einen Schultypus mit Grundansprüchen, etwa 70% einen solchen mit erweiterten Ansprüchen. Obwohl eine deutliche Tendenz zur Verbesserung der Durchlässigkeit zwischen den verschiedenen Zügen besteht, wird durch die Selektion in die Sekundarstufe I die weitere Schullaufbahn eines Kindes häufig entscheidend beeinflusst. Grob kann gesagt werden, dass Absolventen eines Typs mit erweiterten Ansprüchen später auf der Sekundarstufe II eine allgemein bildende Schule oder eine anspruchsvolle Berufslehre offen steht, während Absolventen eines Typus mit Grundansprüchen in einfachere Berufslehren gewiesen werden. In den Schultypen mit Grundansprüchen wird der

Unterricht in der Regel von einer einzigen, nichtfachspezifischen Lehrkraft erteilt, in jenen mit mittleren oder gehobenen Ansprüchen von Fachlehrkräften. Die Lehrerbildung für die Sekundarstufe I ist durch eine große Vielfalt charakterisiert. Die Lehrpläne lassen den Lehrkräften große inhaltliche und methodische Freiheiten.

Sekundarstufe II

Die Sekundarstufe II ist in die bisher grundsätzlich verschiedenen Züge der allgemein bildenden Schulen und der Berufsbildung geteilt. Die allgemein bildenden Schulen unterteilen sich im Wesentlichen in Maturitäts- und Diplommittelschulen. Gab es zur Zeit der ersten eidgenössischen Regelung des Maturitätswesens (1906) nur die Maturitätstypen A (Schwerpunkt Latein und Griechisch) und B (Schwerpunkt Latein, moderne Fremdsprachen), so kamen später (1925), wenn auch noch nicht als gleichberechtigt, der Typus C (Schwerpunkt Mathematik und Naturwissenschaften) und 1972 die Typen D (Schwerpunkt neue Sprachen) und E (Schwerpunkt wirtschaftskundliche Fächer) hinzu. Sämtliche Typen waren nun gleichberechtigt, doch wurden diese spezifischen Typen in der Maturitätsreform von 1995 wieder abgeschafft und durch eine einzige Maturität ersetzt; diese bietet differenzierte Wahlmöglichkeiten und damit die Möglichkeit individueller Schwerpunktsetzungen an.

Die Maturitätsquote nach Kantonen weist eine breite Streuung auf: um die 30% in einigen städtischen Kantonen (schwerpunktmäßig in der französisch- und italienischsprachigen Schweiz), unter zehn Prozent in einigen ländlichen Kantonen der Deutschschweiz. Die weitere Laufbahn der Abiturienten hat sich diversifiziert: Nicht mehr alle nehmen, wie früher üblich, direkt ein Hochschulstudium auf. Die Diplommittelschulen vermitteln einerseits eine erweiterte Allgemeinbildung und bereiten andererseits durch berufsfeldbezogene Fächer auf Berufe z.B. in den Bereichen Gesundheits- und Sozialwesen, Verwaltung, Verkehr, Kunst vor. Im Zusammenhang mit der Einführung der Berufsmaturität und der Fachhochschulen sind die Diplommittelschulen dabei, sich neu zu positionieren.

Eine wichtige, noch nicht abgeschlossene, Entwicklung betrifft die Sekundarstufe II als Ganzes: Sie wird vermehrt als Einheit gesehen, was bedeutet, dass Allgemeinbildung und Berufsbildung besser aufeinander abzustimmen sind, und dass die allgemeinen und beruflichen Bildungsgänge auf unterschiedlichen Wegen zur Entwicklung gleich wichtiger persönlicher und gesellschaftlicher Kompetenzen führen sollen (vgl. EDK 1996, EDK 2000b).

Tertiärbereich

Die Tertiärstufe umfasst folgende Hochschultypen: die beiden Eidgenössischen Technischen Hochschulen, die zehn kantonalen Universitäten und neu die Fachhochschulen, die teils in die Zuständigkeit des Bundes, teils in jene der Kantone fallen. Der sich in Vorbereitung befindende Verfassungsartikel über die Hochschulen strebt eine Koordination auf nationaler Ebene an und sieht die Festlegung von gemeinsamen Grundsätzen durch Bund und Kantone für folgende Bereiche vor: die Autonomie der Hochschulen, den Zugang zu den Hochschulen, die Anerkennung von Studiengängen und Institutionen, die Mobilität der Studierenden, der Lehrenden und der Forschenden, die Anerkennung von Diplomen und Studienleistungen, die Qualitätssicherung und die Finanzierung der Hochschulen (vgl. KLEIBER o.J.).

Die Aufbauphase für die neuen Fachhochschulen umfasst die Jahre 1996 bis 2003, wobei zur Hauptsache bereits bestehende außeruniversitäre Ausbildungsinstitutionen der Tertiärstufe regional und überregional zusammengefasst und den neuen Anforderungen angepasst werden. Nach den Zielvorgaben des Bundes sollen insgesamt sieben Fachhochschulen errichtet werden. Studien werden in folgenden Bereichen angeboten: Ingenieurwesen, Architektur und Raumplanung, Chemie, Land- und Forstwirtschaft, Wirtschaft und Dienstleistungen sowie Gestaltung. In die Zuständigkeit der Kantone fallen dabei die Studienangebote in den Bereichen Gesundheit, Sozialarbeit, Pädagogik und Musik.

Sonderschulwesen

Sonderschulung für behinderte Kinder und Jugendliche gibt es in der Schweiz in drei Hauptformen:

- in Sonderklassen, die größtenteils in Regelschulhäusern lokalisiert und damit in die örtliche Schulorganisation eingebunden sind;
- in Sonderschulen, die von der Invalidenversicherung subventioniert und teilweise in eigenen Gebäuden untergebracht sind;
- in ambulanten Förder-, Beratungs- und Therapieeinrichtungen.

Folgende Sonderklassentypen lassen sich unterscheiden: Einschulungsklassen, die der Erleichterung des Schulanfangs dienen; Sonder- bzw. Kleinklassen für Lernbehinderte, Sprachbehinderte und Körperbehinderte; dazu gehören in einigen Kantonen auch spezielle Klassen für Fremdsprachige. Die Sonderschulen und -klassen, aber auch die Regelschulen, werden ergänzt durch verschiedene Stütz- und Fördermaßnahmen, die von Stützlehrern oder von den Schul- und Spezialdiensten angeboten werden. Dazu gehören in erster Linie Logopädie- und Legastheniebehandlung, dann aber auch schulische Hilfen, Bewegungsschulung und -therapie sowie schulpsychologische Beratung. Insgesamt besuchen etwa 5-6% – bei einer kantonalen Streuung von eins bis acht Prozent – aller Schüler der obligatorischen Schule eine Schule mit besonderem Lehrplan, während schätzungsweise 10-20% aller Schüler auf der Primarstufe vom Angebot der oben genannten Stütz- und Fördermaßnahmen Gebrauch machen.

Aktuelle Diskussionen und Entwicklungsperspektiven

Basisstufe für die Bildung und Erziehung der vier- bis achtjährigen Kinder

Im Jahre 1994 erteilte die Schweizerische Erziehungsdirektorenkonferenz einer Arbeitsgruppe den Auftrag, „Perspektiven zum Auftrag des öffentlichen Bildungswesens betreffend die Bildung und Erziehung der vier- bis achtjährigen Kinder zu umreißen" (EKD 1994). Den Anstoß zu diesem Auftrag gaben vor allem zwei Befunde. Einesteils gestaltet sich der Übergang vom Kindergarten in die Primarschule nicht immer harmonisch, sondern ist oft problematisch und mit Schwierigkeiten verbunden, weil Kindergarten und Primarschule auf verschiedenen Kulturen beruhen. Andernteils ist das Schuleintrittsalter in der Schweiz im internationalen Vergleich hoch (sieben Jahre in den meisten Kantonen); es gibt deshalb Stimmen, die seine Herabsetzung und damit eine internationale Angleichung fordern. Die Arbeitsgruppe schlägt für die zur Diskussion stehende Altersgruppe aus entwicklungspsychologisch-gesellschaftspolitischen Gründen die Schaffung einer neuen Schulstufe mit eigenem Profil vor (eine Lösung ähnlich jener, die z.B. von den skandinavischen Ländern gewählt wurde). Die vorgeschlagene Basisstufe wird durch folgende Merkmale charakterisiert: Die Kinder treten im Alter von vier Jahren in sie ein und durchlaufen sie in der Regel in vier Jahren; dieser Zeitraum kann aber, in Anpassung an den individuellen Lernrhythmus eines Kindes, auf drei Jahre herab- oder auf fünf Jahre heraufgesetzt werden. Der Übertritt von der Basisstufe in die Primarstufe erfolgt fließend, nämlich halbjährlich während maximal zwei Jahren. Die Lernziele werden für das Ende der Basisstufe, nicht für das Ende eines Schuljahres formuliert. Die Abkehr von der Jahrgangsklasse fördert das interessenorientierte und selbstgesteuerte Lernen in einem offenen Lernklima. Die wichtigsten Argumente, die die Arbeitsgruppe zugunsten einer Basisstufe anführt, sind die pädagogische Kontinuität während der ersten vier Schuljahre, die Flexibilisierung der Übergänge, die Individualisierung des Lernens, die frühe Förderung und die Integration aller Kinder (siehe dazu EDK 1997a).

Dieses Konzept, das von der Erziehungsdirektorenkonferenz als eine Perspektive bezeichnet wird, befindet sich in einer wahrscheinlich noch länger dauernden Diskussion; seine Umsetzung fällt in die Kompetenz der einzelnen Kantone. Unschwer ist zu erkennen, dass die Abkehr vom Prinzip der homogenen Jahrgangsklasse, das in der Realität längst ausgehöhlt ist, wahrscheinlich auch tiefgehende Auswirkungen auf die folgenden Schulstufen hätte (vgl. SCHWEIZERISCHE KOORDINATIONSSTELLE 1999).

Integration der Weiterbildung in das Bildungswesen

Die Diskussion um die wachsende Bedeutung der Weiterbildung angesichts des raschen gesellschaftlichen, wirtschaftlichen, technologischen und kulturellen Wandels dauert in der Schweiz schon mehrere Jahrzehnte (vgl. GRETLER u.a. 1972; GRETLER 1981). Dass diese Diskussion noch immer fortdauert, zeigt, dass die bildungspolitischen Positionen der wesentlichen Akteure (Bund, Kantone, Arbeitgeber, Arbeitnehmer) trotz gewissen Annäherungen noch immer divergieren. Zwar besteht ein vielfältiges Weiterbildungsangebot, doch mangelt es ihm an Transparenz und Systematik. Die Rechtsgrundlagen sind auf verschiedene Instanzen des Bundes und der Kantone aufgesplittert. Ein Konsens über die Rollen, die die verschiedenen Akteure in der Weiterbildung spielen müssten, wurde noch nicht erreicht; dies betrifft vor allem die Aufgabenverteilung zwischen dem privaten und dem öffentlichen Bereich. Es ist vorauszusehen, dass die Weiterbildungsdiskussion noch geraume Zeit in Anspruch nehmen wird. Ein wichtiger Schritt nach vorn wurde im Jahre 2000 durch ihre Institutionalisierung im „Forum Weiterbildung" getan, an dem sämtliche wichtigen Akteure teilnehmen.

Schlussbemerkungen

Abschließend soll auf drei ganz verschiedenen Ebenen liegende Perspektiven und mögliche Entwicklungen eingegangen werden: die notwendige Integration transversaler, interdisziplinärer Themen von existentieller Bedeutung in die Curricula, die Integration bisher verschiedener Schul- und Bildungskulturen und schließlich eine mögliche Lockerung oder Relativierung des föderalistischen Prinzips im Bildungswesen. Die notwendige Integration transversaler, interdisziplinärer Themen ist von existentieller Bedeutung für das Bildungswesen: In den letzten Jahrzehnten wurden Themen wie Umweltbildung, Bildung im Bereich globaler Entwicklung, Gesundheitserziehung und interkulturelle Bildung, die alle eng mit der Lage der Gesellschaft und damit auch mit der Lebenswelt der Kinder zusammenhängen, meist additiv und ohne Vernetzung untereinander in die Schule aufgenommen,. Um sie aus der marginalen Situation relativer Freiwilligkeit herauszuheben und ihnen das gleiche Gewicht wie den traditionell wichtigen Schulfächern zu geben, wird es notwendig sein, den additiven Ansatz zu überwinden und sie so in die Curricula zu integrieren, dass sie nicht zu einer zusätzlichen Belastung der Schule und damit möglicherweise zu einer Überforderung der Lehrkräfte führen.

Die vorausgehende Beschreibung der Entwicklung des Bildungswesens hat deutlich gemacht, dass auf verschiedenen Stufen Ansätze zu einer Integration verschiedener Schul- und Bildungskulturen vorhanden sind. Fragen der Durchlässigkeit zwischen den Universitäten und den neuen Fachhochschulen werden voraussichtlich in der künftigen Bildungsdiskussion eine wichtige Rolle spielen. Es ist auch abzusehen, dass der Prozess der Annäherung zwischen den noch stark vom Humboldtschen Gegensatz zwischen Allgemein- und Berufsbildung geprägten Gymnasien und Universitäten einerseits und der Berufsbildung andererseits sich weiter verstärken wird. Sollte diese Prognose zutreffen, so würde damit auch die Voraussetzung zu einer weiteren Modularisierung und Flexibilisierung des nachobligatorischen Bildungswesens geschaffen.

Zweimal hat das Schweizervolk Vorlagen abgelehnt, die dem Bund mehr Kompetenzen im Bildungswesen eingeräumt hätten: 1882 mit überwältigender und 1973 mit einer knapp zustimmenden Mehrheit der Stimmbürger, aber einer knapp ablehnenden Mehrheit der Kantone, was insgesamt zur Ablehnung führte. An der Wende vom 20. zum 21. Jahrhundert sind Anzeichen vorhanden, dass die Dominanz des föderalistischen Prinzips im Bildungswesen in absehbarer Zukunft unter Druck kommen könnte, und die Gewichte, ohne das heute allgemein anerkannte Grundprinzip der gemeinsamen Verantwortlichkeit von Bund und Kantonen in Frage zu stellen, sich zugunsten des Bundes verschieben könnten. Diese Anzeichen sind vor allem in zwei Bereichen zu orten: einerseits in einem sich verstärkenden Effizienzdenken (die OECD qualifiziert das schweizerische Bildungswesen u.a. als teuer; vgl. OECD 1991) und andererseits in einem abnehmenden Verständnis der Bevölkerung für die Vorstellung, ein Fach wie z.B. Mathematik müsse in verschiedenen Kantonen auf verschiedene Weise gelehrt und gelernt werden.

Literatur

BADERTSCHER, H. (Hrsg.): Die Schweizerische Konferenz der kantonalen Erziehungsdirektoren 1897-1997 – Entstehung, Geschichte, Wirkung. Bern usw. 1997.

BLESS, G.: Zur Wirksamkeit der Integration. Forschungsüberblick, praktische Umsetzung einer integrativen Schulform, Untersuchungen zum Lernfortschritt. Bern usw. 1995.

BUNDESAMT FÜR STATISTIK (BFS): Soziale Ungleichheit im Bildungswesen. Bern 1996.

BUNDESAMT FÜR STATISTIK (1997a): Arbeitsbedingungen der Lehrkräfte. Bern 1997.

BUNDESAMT FÜR STATISTIK (1997b): Weiterbildung in der Schweiz. Eine Auswertung der Schweizerischen Arbeitskräfteerhebung 1996. Bern 1997.

BUNDESAMT FÜR STATISTIK: Ausgewählte Bildungsindikatoren Schweiz – Standardisierte Kennziffern 1996/97. Neuchâtel 1998.

BUNDESAMT FÜR STATISTIK: Bildungsindikatoren Schweiz. Neuchâtel 1999.

BUNDESVERSAMMLUNG DER SCHWEIZERISCHEN EIDGENOSSENSCHAFT : Bundesgesetz über die Fachhochschulen. Bern 1994.

BÜRLI, A.: Grundzüge der Sonderpädagogik in der Schweiz. Luzern 1992.

CONFERENCE DES CHEFS DE DEPARTEMENTS DE I' INSTRUCTION PUBLIQUE DE LA SUISSE ROMANDE ET DU TESSIN : Objectifs et activitées préscolaires. 1992.

CRIBLEZ, L./JENZER, C./HOFSTETTER, R./MAGNIN, CH. (Hrsg.): Eine Schule für die Demokratie – Zur Entwicklung der Volksschule im 19. Jahrhundert. Bern usw. 1999.

DREWEK, P.: Historische Dynamik und Ambivalenz der Reform. In: Schweizerische Zeitschrift für Bildungswissenschaften. (2001) Nr. 1.

EIDGENÖSSISCHES VOLKSWIRTSCHAFTSDEPARTEMENT: Revision des Berufsbildungsgesetzes. Erläuternder Bericht für die Vernehmlassung. Bern 1999.

GALLEY, F./MEYER, T.: Schweiz – Übergänge (Transitionen) zwischen Erstausbildung und Erwerbsleben. Länderbericht zuhanden der OECD. Bern 1998.

GONON, PH./SCHLÄFLI, A.: Weiterbildung in der Schweiz: Situation und Empfehlungen. Bericht an das Bundesamt für Berufsbildung und Technologie und das Bundesamt für Kultur. Bern 1998.

GONON, PH./HÜGLI, E./LANDWEHR, u.a.: Qualitätssysteme auf dem Prüfstand – Die neue Qualitätsdiskussion in Schule und Bildung. Analysen und Perspektiven. Aarau 1998.

GRETLER, A./HAAG, D./HALTER, E. u.a.: Die Schweiz auf dem Weg zur Education permanente. Zürich, Aarau 1972.

GRETLER, A.: Rekurrente Bildung in der Schweiz. Auf dem langen Weg von der Idee zur Wirklichkeit. In: Bildungsforschung und Bildungspraxis, (1980), 2/ I.

GRETLER, A.: Empfehlungen und Institutionen auf dem Gebiet der interkulturellen Bildung und Erziehung. In: Poglia u.a. 1995.

JENZER, C.: Schulstrukturen als historisch gewachsenes Produkt bildungspolitischer Vorstellungen – Blitzlichter in die Entstehung der schweizerischen Schulstrukturen. Bern u.a. 1998.

KIENER, U./GONON, PH.: Die Berufsmatur als Fallbeispiel schweizerischer Berufsbildungspolitik. Bern, Aarau 1998.

KLEIBER, CH.: Die Universität von morgen – Visionen, Fakten, Einschätzungen, Geschichte, Standortbestimmung, Herausforderungen. Meinungen und Debatten. Bern: Eidgenössisches Departement des Innern, ohne Jahr.

KÜNZLI, R./HOPMANN, S.: Lehrpläne: Wie sie entwickelt werden und was von ihnen erwartet wird: Forschungsstand, Zugänge und Ergebnisse aus der Schweiz und der Bundesrepublik Deutschland. Chur, Zürich 1998.

LUSTENBERGER, W.: Pädagogische Rekrutenprüfungen – Ein Beitrag zur Schweizer Schulgeschichte. Chur, Zürich 1996.

MOSER, U.: Für das Leben gerüstet? Die Grundkompetenzen der Jugendlichen – Kurzfassung des nationalen Berichtes PISA 2000. OECD- PISA Programme for International Student Assessment. Neuchâtel, Bern: Bundesamt für Statistik, Schweizerische Konferenz der kantonalen Erziehungsdirektoren, 2001.

MOSER, U./RAMSEIER, E./KELLER, C./HUBER, M.: Schule auf dem Prüfstand – Eine Evaluation der Sekundarstufe I auf der Grundlage der „Third International Mathematics and Science Study". Chur, Zürich 1997.

NATIONALES FORSCHUNGSPROGRAMM 33 „Die Wirksamkeit unserer Bildungssysteme": Was bringt unsere Bildung? Chur, Zürich 1999.

NOTTER, PH.: Lesen – eine Selbstverständlichkeit? Schweizer Bericht zum „International Adult Literacy Survey". Chur, Zürich 1999.

OECD: Examens des politiques nationales d'éducation – Suisse. Paris 1991.

OECD: Bildung auf einen Blick – OECD Indikatoren: Ausbildung und Kompetenzen. Paris 2000.

OSTERWALDER, F.: Pestalozzi. Ein pädagogischer Kult. Weinheim, Basel 1996.

PLOTKE, H.: Schweizerisches Schulrecht. Bern 1979.

PLOTKE, H.: Bildung und Schule in den kantonalen Verfassungen. In: Strukturen des schweizerischen Bildungswesens. Beiheft zur Zeitschrift für Schweizerisches Recht, Heft 17. Basel 1994.

POGLIA, E./PERRET-CLERMONT, A.-N./GRETLER, A./DASEN, P. (Hrsg.): Interkulturelle Bildung in der Schweiz – Fremde Heimat. Bern u.a. 1995.

RIEGER, G.: Schulentwicklung kontrovers. Schulleitung und Teilautonomie: Desiderate des wirtschaftlichen Diskurses und der Finanzknappheit in den neunziger Jahren oder pädagogische Forderungen an das Schulsystem? Dissertation Universität Bern 2001.

ROTHE, G.: Die Systeme beruflicher Qualifizierung Deutschlands, Österreichs und der Schweiz im Vergleich. Kompendium zur Aus- und Weiterbildung unter Einschluss der Problematik Lebensbegleitendes Lernen. Villingen-Schwenningen 2001.

SCHWEIZERISCHER BUNDESRAT: Botschaft über die Fachhochschulen. Bern 1994.

SCHWEIZERISCHER BUNDESRAT: Bericht über die Berufsbildung (Bundesgesetz über die Berufsbildung). Bern 1996.

SCHWEIZERISCHER BUNDESRAT: Botschaft über die Förderung von Bildung, Forschung und Technologie in den Jahren 2000-2003. Bern 1998.

SCHWEIZERISCHE ERZIEHUNGSDIREKTORENKONFERENZ: Primarschule Schweiz. 22 Thesen zur Entwicklung der Primarschule. Bern 1986.

SCHWEIZERISCHE ERZIEHUNGSDIREKTORENKONFERENZ: Rahmenlehrpläne für die Maturitätsschulen. Dossier 19A. Bern 1992.

SCHWEIZERISCHE ERZIEHUNGSDIREKTORENKONFERENZ: Thesen zur Entwicklung Pädagogischer Hochschulen. Dossier. Bern 1993.

SCHWEIZERISCHE ERZIEHUNGSDIREKTORENKONFERENZ: Kindergarten, Ecole enfantine, Scuola dell'infanzia. Dossier 29. Bern 1994.

SCHWEIZERISCHE ERZIEHUNGSDIREKTORENKONFERENZ; Neue Unterrichts- und Organisationsformen- Tendenzen und Beispiele. Dossier 34A. Bern 1995a.

SCHWEIZERISCHE ERZIEHUNGSDIREKTORENKONFERENZ: Trendbericht Reformprojekte Schule Schweiz. Bern 1995b.

SCHWEIZERISCHE ERZIEHUNGSDIREKTORENKONFERENZ: Projekt Sekundarstufe II. Dossier 43A. Bern 1996.

SCHWEIZERISCHE ERZIEHUNGSDIREKTORENKONFERENZ: Bildung und Erziehung der vier- bis achtjährigen Kinder in der Schweiz – eine Prospektive. Dossier 48A. Bern 1997a.

SCHWEIZERISCHE ERZIEHUNGSDIREKTORENKONFERENZ: Trendbericht Reformprojekte Schule Schweiz. Bern 1997b.

SCHWEIZERISCHE ERZIEHUNGSDIREKTORENKONFERENZ: Kindergarten. Gesamtübersicht Schweiz. Bern 1999.

SCHWEIZERISCHE ERZIEHUNGSDIREKTORENKONFERENZ: Schulische Leistungen im internationalen Vergleich. Studien und Berichte 10. Bern 2000a.

SCHWEIZERISCHE ERZIEHUNGSDIREKTORENKONFERENZ: Die Sekundarstufe II hat Zukunft – Schlussbericht der Projektgruppe Sekundarstufe II. Studien und Berichte 9. Bern 2000b.

SCHWEIZERISCHE GESELLSCHAFT FÜR BILDUNGSFORSCHUNG, Nationales Forschungsprogramm 33: „Die Wirksamkeit unserer Bildungssysteme". Erziehung und Bildung für das XXI. Jahrhundert. Neuchâtel 1999.

SCHWEIZERISCHE KOORDINATIONSSTELLE FÜR BILDUNGSFORSCHUNG: Begabungsförderung in der Volksschule. Umgang mit Heterogenität. Aarau 1999.

SCHWEIZERISCHE KOORDINATIONSSTELLE FÜR BILDUNGSFORSCHUNG: Mehr fördern, weniger auslesen. Zur Entwicklung der schulischen Beurteilung in der Schweiz. Trendbericht Nr. 2. Aarau 2000.

SCHWEIZERISCHE VEREINIGUNG FÜR WEITERBILDUNG: Schweiz Erwachsenenbildung – Expertenbericht der OECD. Zürich 2001.

SCHWEIZERISCHE ZEITSCHRIFT FÜR BILDUNGSWISSENSCHAFTEN: Die Bildungsexpansion der 1960er- und 1970er-Jahre. Freiburg: Themennummer 1/2001.

VERBAND KINDERGÄRTNERINNEN SCHWEIZ: Rahmenplan für die Erziehungs- und Bildungsarbeit im Kindergarten 1991.

VERBAND KINDERGÄRTNERINNEN SCHWEIZ: Bildung in der Schweiz: Der Kindergarten 1993.

WETTSTEIN, E.: Berufliche Bildung in der Schweiz. Luzern: Deutschschweizerische Berufsbildungs-Konferenz 1994.

Schweiz

Universitäten und andere Hochschulen

Päd. Hoch-schulen

Höhere Fachschulen

Maturitätsschulen

Lehrerseminare

Diplom-mittelschulen

Berufs-schulen Lehre inkl. Berufs-maturität

Sekundarbereich II

Sekundarbereich I

Schultypen mit erweiterten Ansprüchen

&

Schultypen mit Grund-ansprüchen

Primarbereich

TI

AI, AR, FR, GE, GL, GR, LU, NW, OW, SG, SH, SO, SZ, TG, UR, VS, ZH, ZG

Primarschule

AG, BL, NE

BE, BS, JU, VD

Schulpflicht

Vorschul-bereich

Kinder-garten

Schuljahre Alter

© DIPF 2004

Aleksandra Petrovic/Emina Hebib/Vera Spasenovic

SERBIEN

Entwicklung des Bildungswesens

Das serbische Bildungswesen beruht auf einem Schulsystem, das verschiedene Bildungsphasen oder Bildungsstufen (Vorschule, Primarbereich, Sekundarbereich, Postsekundarbereich und Hochschulbereich) sowie verschiedene Typen von Bildungseinrichtungen umfasst. Über 1.400.000 Schüler und Studenten, das sind etwa 15% der Gesamtbevölkerung, sind in das Schulsystem integriert.

Bis vor etwa 15 Jahren war die Zahl der Vorschuleinrichtungen und die Anzahl der Kinder, die diese besuchten, ansteigend, doch seitdem ist ein stetiger leichter Rückgang zu verzeichnen. Nahezu alle Kinder (97%) in den letzten 20 Jahren besuchten die obligatorische Primarschule. Gegenwärtig gibt es etwa 1.000 Primarschulen weniger als vor vierzig Jahren, obwohl sich die Zahl der Schüler nicht wesentlich geändert hat. Diese Entwicklung kann primär mit der Abwanderung der ländlichen Bevölkerung in die Städte erklärt werden. Dies hatte zur Folge, dass der Großteil der ländlichen 8-Klassen-Schulen in „unvollständige" 4-Klassen-Schulen häufig mit Kombinationsklassen (in denen ein Lehrer Schüler aus unterschiedlichen Klassen gleichzeitig unterrichtet) umgewandelt wurden. Die „vollständigen" Schulen mit acht Klassen (reguläre Dauer der Primarschule), die 40% aller Schulen repräsentieren, sind dagegen vor allem in Großstädten, Städten und größeren Gemeinden zu finden. Sie werden von 92% aller Schüler besucht, und zwar oft wegen der großen Zahl der Schüler morgens und nachmittags in Wechselschicht. Dies ist eine Besonderheit des Schulnetzwerks und Schulsystems in Serbien. Etwa 60% der Jugendlichen zwischen 15 und 18 Jahren erhalten eine Sekundarschulausbildung. Die Zahl der Sekundarschulen ist in den letzten dreißig Jahren zurückgegangen, während die Anzahl der Schüler, die den Sekundarbereich abschließen, zugenommen hat. 46% dieser Schüler schreiben sich an Postsekundarschulen und Universitäten ein. Doch lediglich 27% aller 19-25-Jährigen verfolgen eine Hochschulausbildung, wobei dieser Prozentanteil auf die hohe Zahl der Schulabbrecher zurückzuführen ist. Die Anzahl der Einrichtungen, Studenten und Lehrkräfte im Tertiärbereich weicht erheblich von der vor vierzig Jahren geschätzten Zahl ab. Die Daten von 1991 über die Bildungsstruktur der Bevölkerung zeigen, dass 9,5% der Bevölkerung keine Schule besucht hat, 2,9% für die Dauer von ein bis drei Jahren und 20,5% für die Dauer von vier bis sieben Jahren die Primarschule besucht haben, 25% die Primarschule und 32,2% die Sekundarschule abgeschlossen haben, 3,8% einen Postsekundarabschluss und 5,5% einen Universitätsabschluss haben. 7% der Bevölkerung waren Analphabeten (2,8% Männer und 11,3% Frauen).

Die ersten serbischen Schulen gehen auf das Mittelalter zurück und wurden in Klöstern gegründet, die Zentren der Spiritualität waren. Der Beginn des 19. Jahrhunderts war für die Entwicklung des serbischen Schulsystems von großer Bedeutung. Das erste Schulgesetz wurde 1833 erlassen und die ersten Curricula wurden 1838 erstellt.

Neben Primarschulen wurden „Semigymnasien", Gymnasien und ein Seminar gegründet. Das 1838 gegründete Lyzeum wurde 1863 in die „Große Schule" (Akademie) und 1905 in die Universität umgewandelt. Die Gründung des Königreichs der Serben, Kroaten und Slowenen im Jahr 1918 kennzeichnete den Entwicklungsbeginn Serbiens innerhalb des jugoslawischen Staates. Quantitativ betrachtet fand der größte Forschritt bei der Entwicklung des Schulsystems nach dem zweiten Weltkrieg statt. In diesem Zeitraum wurde der Analphabetismus erfolgreich bekämpft, die 7-jährige Schulpflicht im Primarbereich eingeführt und zahlreiche Fachhochschulen, berufsbildende und technische Schulen mit dem Ziel gegründet, die Industrialisierung des Landes voranzutreiben. In den 1960er Jahren wurde gesetzlich eine 8-jährige Schulpflicht im Primarbereich eingeführt. Zwischen 1974 und 1990 war das Schulsystem nach dem Prinzip der so genannte „Selbstverwaltung" organisiert. Der Sekundarbereich wurde umstrukturiert und der berufsorientierte Sekundarbereich eingeführt.

Nach der Einführung der parlamentarischen Mehrparteien-Demokratie im Jahr 1990 und der radikalen Transformation des jugoslawischen Staates wurde das Schulsystem in den neu gegründeten Staaten auf dem Territorium des früheren Jugoslawiens zum Teil wieder aufgebaut. Für die Verwaltung und Finanzierung des Schulsystems war wieder der Staat zuständig, Gymnasien wurden wieder aufgebaut, Curricula überarbeitet und die Gründung privater Sekundarschulen und Universitäten ermöglicht. Die damaligen sozialen, politischen, wirtschaftlichen und kulturellen Umstände erschwerten den Schulbetrieb, sodass weder quantitativ noch qualitativ bedeutende Schulreformen durchgeführt wurden. Ende 2000 wurde eine neue demokratische Regierung gewählt, die wichtige Reformen auf dem Gebiet der Wirtschaft, Politik und Gesellschaft sowie im Bildungswesen einleitete.

Organisation des gegenwärtigen Schulsystems

Verwaltung und Finanzierung

Für das serbische Bildungswesen sind die Behörden der Republik Serbien zuständig. Die Föderale Verfassung der Bundesrepublik Jugoslawien schreibt lediglich einige wesentliche Punkte vor, wie beispielsweise die Folgenden: gleiche Bedingungen für den Zugang zum Schulsystem für alle, den obligatorischen und kostenlosen Besuch der Primarschule, das Recht der nationalen Minderheiten auf Unterricht in ihrer Muttersprache. Entsprechend den Schulstufen gibt es die folgenden Bildungsgesetze: das Kinderfürsorgegesetz, das Primarschulgesetz, das Sekundarschulgesetz, das College-Gesetz, das Universitätsgesetz und das Gesetz über den Lebensstandard der Schüler und Studenten. Die Zielsetzungen und Aufgaben des Bildungswesens sind ausschließlich in den Gesetzen und Lehrplänen offiziell formuliert, die für jeden Schultyp gesondert die Aktivitäten festlegen.

Die staatlichen Bildungseinrichtungen werden aus öffentlichen Mitteln finanziert, d.h. überwiegend durch den Staatshaushalt der Republik (65%) sowie durch die kommunalen Haushalte (20%). Die Ausgaben für Bildung betragen 5,6% des Nationaleinkommens, wobei 2,4% ausschließlich für den Primarbereich ausgegeben werden. Da das Nationaleinkommen in den letzten zehn Jahren jedoch kontinuierlich zurückgegangen ist, sind die für das Bildungswesen verfügbaren Finanzmittel äußerst knapp. Unter diesen erschwerten Umständen wird der Großteil der Mittel für die Gehälter der Angestellten verwendet, während die Anschaffung von neuer Ausstattung und neuen Lehrmitteln auf ein Minimum eingeschränkt ist. Für die Privatschulen, die durch private Mittel finanziert werden, sind die Gründer zuständig.

Die Schulverwaltung ist stark zentralisiert. Der Bildungsminister ist zuständig für die Gründung und Schließung von Schulen, die Erstellung der Lehrpläne, die Genehmigung der Schulbücher und Lehrmittel, die administrative, fachliche und pädagogische Aufsicht sowie für die Ernennung bzw. Einsetzung von Schulleitern, Rektoren, Dekanen, Verwaltungsgremien, Schulausschüssen usw. Die lokalen Behörden und Schulverwaltungen haben im Wesentlichen organisatorische Kompetenzen. Die Primar- und Sekundarschulen werden von einem Schuldirektor geleitet, der für die Organisation, Durchführung und Förderung von Schulaktivitäten zuständig ist. Die Verwaltung der Primar- und Sekundarschulen obliegt einem Schulausschuss, dessen fünf Mitglieder von der Regierung ernannt werden. Er erstellt die Schulsatzung und die Jahresprogramme, prüft die Jahresberichte, veröffentlicht Stellengesuche und gibt Empfehlungen für die Einsetzung des Schuldirektors, neuer Lehrer und Berater. Der Elternrat ist ein beratendes Gremium ohne Entscheidungsbefugnis für die Schulaktivitäten und befasst sich mit speziellen Angelegenheiten, die die Umsetzung des Bildungsprozesses in der Schule betreffen. Die Zentralisierung des Schulsystems wirkt sich sogar auf die Gestaltung und Erstellung der Lehrpläne aus. Die Lehrpläne für die Vorschule, die obligatorische Primarschule und die Sekundarschule werden vom Bildungsministerium erstellt. Die Lehrpläne für die Primarschule werden speziell ausgearbeitet, gegliedert und thematisch strukturiert. Darüber hinaus enthalten sie die jährlichen und wöchentlichen Unterrichtsstunden pro Fach, die Lernziele der einzelnen Fächer, die curricularen Inhalte klassifiziert nach Fach und Klassenstufe sowie Unterrichtsanleitungen.

Die Schulverwaltung besteht aus dem Schulleiter, dem Schulausschuss, dem Elternrat und dem Lehrkörper. Die Schulleiter und Mitglieder des Schulausschusses werden durch den Schulgründer ernannt (im Fall der staatlichen Schulen die republikanische Regierung, d.h. das zuständige Ministerium). Der Lehrkörper, der Lehrkräfte, Professoren und assoziierte Mitarbeiter umfasst, regelt und verfolgt die Umsetzung der Curricula und alle sonstigen Aktivitäten. Dazu gehören die Analyse der Leistungserfolge der Schüler, die Ermittlung der Ergebnisse und Maßnahmen zur Verbesserung des Schulbetriebs. Der Lehrkörper ist jedoch nicht an den Entscheidungsprozessen beteiligt.

Überblick über die Struktur des Schulsystems

Das serbische Schulsystem ist ein einheitliches System, das aus verschiedenen Segmenten zusammengesetzt ist. Auf diese Weise können die Bildungsphasen, die miteinander verbundene und sich bedingende Komponenten umfassen, die Kontinuität des Bildungswesens gewährleisten. Der Primarbereich ist für die Altersgruppe der 7-15-jährigen Schüler verpflichtend, wohingegen für den Sekundarbereich keine Schulpflicht besteht. Der Sekundarbereich ist nicht in Phasen oder Stufen gegliedert, sondern wird nach Schultyp differenziert. Die Ausbildung im Postsekundarbereich erfolgt an zweijährigen Postsekundarschulen, Fakultäten oder Kunstakademien, wobei der Abschluss der vierjährigen Sekundarschule eine Zulassungsvoraussetzung

ist. Das Postgraduiertenstudium (M. A. und Dr. Phil.) erfolgt an der für das Fachgebiet und die wissenschaftliche Forschungsarbeit relevanten Fakultät.

Das Bildungswesen in privaten Institutionen hat sich parallel zum einheitlichen
Schulsystem entwickelt. Laut Gesetz besteht die Möglichkeit, abgesehen vom Pri-
mar- und Pflichtschulbereich, auf jedem Bildungsniveau Privatschulen zu gründen.
Die Primarschulen sind staatlich. Es ist schwer, die Zahl der Privateinrichtungen
dem Bildungsniveau entsprechend zu schätzen, da es einige Institutionen gibt, die
keinen legalen Status haben, obwohl sie bestimmte gesetzlich vorgeschriebene Bedingungen für ihre Gründung und Inbetriebnahme erfüllen müssen.

An den Primarschulen, deren Besuch obligatorisch ist, findet allgemein bildender
Unterricht statt. Die Sekundarausbildung kann sowohl an den allgemein bildenden
Gymnasien als auch an den berufsbildenden Sekundarschulen erworben werden. Der
Unterricht an den berufsbildenden Sekundarschulen dauert drei bis vier Jahre und
wird mit einem Zeugnis abgeschlossen. Die berufsbildenden Sekundarschulen bieten
berufsorientierten Unterricht, dennoch können die Schüler nach dem Abschluss des
vierjährigen Unterrichts ihre Ausbildung fortführen. Die berufsbildenden Schulen
bieten eine einjährige oder zweijährige berufsorientierte Ausbildung oder, nach dem
Abschluss des Sekundarbereichs, eine einjährige Spezialisierung an. Das Bildungswesen ist dem Qualifikationsniveau entsprechend strukturiert mit der Primarschule
als erster, der zweijährigen berufsbildenden Schule als zweiter und der dreijährigen
berufsbildenden Schule als dritter Qualifikationsstufe. Der Abschluss der Sekundarschule (Dauer vier Jahre) ist die vierte Qualifikationsstufe, während die fünfte Stufe
nach dem Abschluss der Sekundarschule und einer einjährigen Spezialisierung erworben wird. Das Ausbildungsprofil bildet die Grundlage der Sekundarschulbildung. Die Unterschiede zwischen den Ausbildungsprofilen sind begründet durch
die Unterschiede bei dem Bedarf und der Nachfrage nach Arbeitsplätzen, die eine
spezifische Komplexität in einem bestimmten Tätigkeitsbereich aufweisen. Die im
Schulsystem umgesetzte Differenzierungsform ist im Wesentlichen die externe
Differenzierung des Bildungsprogramms (nach Bildungsniveau bzw. auf demselben
Bildungsniveau nach Schultyp), was auch zur Differenzierung der Schüler führt. Die
interne Differenzierung als Unterrichtsprinzip und die Beachtung der individuellen
Unterschiede und Bedürfnisse der Schüler wird nicht in ausreichendem Maße in die
Praxis umgesetzt.

Abschlüsse und Evaluation

Das Schulsystem ermöglicht die vertikale Durchlässigkeit. Schüler können von einer
niedrigeren zu einer höheren Bildungsstufe wechseln, unter der Voraussetzung, dass
sie in einem Auswahlverfahren bewiesen haben, dass sie über die erforderlichen
Vorkenntnisse und die entsprechenden Fähigkeiten verfügen (es gibt anerkannte, der
jeweiligen Bildungsstufe entsprechende Methoden und Kriterien für die Auswahl
der Bewerber). Das Gesetz lässt ebenso die horizontale Durchlässigkeit zu. Es wird
jedoch nicht in die Praxis umgesetzt.

Die Schüler erhalten nach jeder abgeschlossenen Klasse im Primar- und Sekundarbereich ein Zeugnis. Darüber hinaus wird an den Sekundarschulen eine Abschlussprüfung (am Ende der zwei- und dreijährigen Ausbildung), eine Schulabschlussprü-
fung (am Ende der vierjährigen Ausbildung) sowie eine Prüfung der beruflichen Fä-

higkeiten am Ende des berufsbildenden Programms durchgeführt. Nach dem Bestehen der Prüfungen erhalten die Schüler ein entsprechendes Zeugnis. Die Diplomprüfung ist die Abschlussprüfung an zweijährigen Postsekundarschulen, Fakultäten und Akademien. Die Art der Diplomprüfung ist in der Satzung der zweijährigen Postsekundarschulen, Fakultäten und Akademien geregelt. Die Diplomprüfung umfasst eine eigenständige theoretische oder praktische Forschungsarbeit sowie deren Präsentation, Erläuterung und Verteidigung vor einem Prüfungsausschuss. Nach dem Bestehen sämtlicher Prüfungen einschließlich der Abschlussprüfung wird der entsprechende Titel und das Hochschulzeugnis verliehen. Mündliche und schriftliche Prüfungen während des Schuljahrs ermitteln das Wissen der Schüler. Alle Prüfungsergebnisse werden durch die vorgeschriebene Bildungsdokumentation aufgezeichnet und fließen in die Endbewertung ein. Bei allen angewendeten Methoden der Leistungsmessung ist die Ermittlung des Niveaus der Kenntnisse und Wissensaneignung von zentraler Bedeutung. Neben den intellektuellen Leistungen im eigentlichen Sinn werden weitere Fähigkeiten oder die Entwicklung anderer Persönlichkeitsaspekte nicht bewertet (zumindest ist hierfür keine systematische Beurteilung vorgesehen).
Eine Evaluation der Lehrkräfte und assoziierten Mitarbeiter, der Bildungsprogramme der Schulen sowie der Bedingungen des gesamten Bildungsprozesses erfolgt durch die Schulinspektoren, die Mitarbeiter des Bildungsministeriums sind. Sie überprüfen im Rahmen der so genannte Verwaltungs- und Pädagogikaufsicht die Umsetzung der Gesetze, der Programme und der Verordnungen, überwachen die Organisation und Realisierung der Bildungsprogramme und führen die Bildungsdokumentation und Arbeitsakten. Diese Bewertung ist von der Bedeutung und Form her als eine externe Evaluation anzusehen, da sie vor allem kontrollierende und informative Funktionen hat.

Pädagogisches Personal

An Vorschuleinrichtungen sind Personen mit einem Sekundarschulabschluss (Pfleger mit pädagogischer oder pädiatrischer Spezialisierung für Kinder bis zu drei Jahren) oder mit einem Abschluss der zweijährigen Postsekundarschule (Lehrer für Kinder zwischen drei bis sieben Jahren) beschäftigt. Der Unterricht für die 1. bis 4. Klasse wird von einem Lehrer mit der entsprechenden zweijährigen Postsekundarausbildung oder einer Hochschulausbildung durchgeführt (Abschluss am College oder an der Fakultät für Lehrerausbildung). Der Fachunterricht für die 5. bis 8. Klasse erfolgt durch Fachlehrer, die je nach Unterrichtsfach an der entsprechenden philosophischen, philologischen oder naturwissenschaftlichen und mathematischen Fakultät ausgebildet wurden. Darüber hinaus sind an den Bildungsinstitutionen auch assoziierte Mitarbeiter als Fachkräfte zur Förderung des Unterrichts- und Bildungsprozesses beschäftigt: Pädagogen, Psychologen, Sozialarbeiter, Sprachheilpädagogen, Bibliothekare und Mitarbeiter für den Medienraum. Die Pädagogen, Psychologen und Sprachheilpädagogen haben als Absolventen der philosophischen Fakultät (Institut für Pädagogik oder Psychologie) bzw. Fakultät für Sprachheilpädagogik eine höhere Qualifikation als die Sozialarbeiter, Bibliothekare und Medienbeauftragte, die eine zweijährige Postsekundarausbildung haben können.
Die Lehrkräfte an den zweijährigen Postsekundarschulen sind Professoren, leitende Hochschullehrer, Hochschullehrer und Lehrkräfte für den praktischen Unterricht.

Die Professoren haben den akademischen Grad „Dr. phil.". Die leitenden Hochschullehrer und Hochschullehrer haben den Titel „M. A." oder aber einen Hochschulabschluss als Spezialist in einem bestimmten Fachgebiet oder in einem bestimmten wissenschaftlichen oder künstlerischen Bereich. Die Lehrkräfte an den
Universitäten sind Professoren, außerordentliche Professoren und Assistenzprofessoren, während die außerordentlichen Mitarbeiter Unterrichtsassistenten und
Unterrichtshilfskräfte sind. Die Professoren, außerordentliche Professoren und
Assistenzprofessoren haben den akademischen Titel „Dr. phil." und müssen eine angemessene Anzahl wissenschaftlicher Veröffentlichungen sowie Erfahrung in der
Betreuung von jungen Wissenschaftlern vorweisen. Die Unterrichtsassistenten verfügen über den akademischen Grad „M. A.", während die Unterrichtshilfskräfte einen Hochschulabschluss haben.

Das Bildungsministerium ernennt die Schulleiter der staatlichen Schulen. Voraussetzung für die Ernennung zum Leiter einer Vorschuleinrichtung ist ein Abschluss
im Hochschul- oder zweijährigen Postsekundarbereich (mit Spezialisierung in Erziehung, Pädagogik, Sozialarbeit, Soziologie oder Gesundheitsbereich). Voraussetzung für die Ernennung zum Leiter der Primarschule ist eine Qualifikation im mindestens zweijährigen Postsekundarbereich und eine bestandene staatliche Prüfung
sowie mindestens fünf Jahre Berufserfahrung. Der Schulleiter ist dafür verantwortlich, dass die an der Schule geleistete Arbeit mit den Gesetzen übereinstimmt. Die
Direktoren und Lehrer an den Sekundarschulen müssen mindestens über einen
Hochschulabschluss verfügen.

Allgemein bildende Schulen

Vorschulerziehung

Auch wenn die Vorschulerziehung funktional mit dem Bildungswesen verbunden
ist, untersteht sie der Zuständigkeit des republikanischen Ministeriums für Gesundheit und Sozialpolitik. Die Vorschulerziehung hat die folgenden Zielsetzungen und
Aufgaben:

–   eine psychologisch und körperlich korrekte Entwicklung der Kinder unterstüt-
    zen,
–   ihre Neugier, Spontaneität und Aufrichtigkeit in der Kommunikation fördern,
–   die Entwicklung der geistigen Fähigkeiten der Kinder anregen, ihre Neugier
    wecken, ihre Erfahrungen bereichern und Elementarwissen über die Natur, das
    Leben und die menschliche Arbeit vermitteln,
–   dem Bedürfnis der Kinder nach dem Spiel mit Gleichaltrigen nachkommen und
    eine glückliche Kindheit gewährleisten,
–   die Kreativität der Kinder und ihren Sinn für ästhetischen Ausdruck unterstüt-
    zen und entwickeln,
–   die Entwicklung der ersten Grundlagen für eine ethische Orientierung der Kin-
    der und ihre Beziehungen zu anderen Menschen fördern,
–   Hygiene- und Arbeitsgewohnheiten sowie höfliches und soziales Verhalten
    entwickeln,
–   die Kinder auf die Schule vorbereiten,
–   begabte Kinder ermitteln und ihre Entwicklung fördern.

Die Institutionen der Vorschulerziehung umfassen Kinderkrippen (Kinder bis zu drei Jahren) und Kindergärten (Kinder zwischen drei und sieben Jahren bis zur Einschulung). Für die pädagogische Arbeit werden die Kinder ihrem Alter entsprechend in Gruppen eingeteilt. In Kinderkrippen (für Kinder bis zu drei Jahren) sind Pfleger mit einem pädagogisch oder pädiatrisch spezialisierten Sekundarschulabschluss zuständig, während in Kindergärten (für Kinder zwischen drei und sieben Jahren) Lehrer mit einem zweijährigen Postsekundarabschluss eingesetzt werden. Daneben können auch Pädagogen, Psychologen, Sprachheilpädagogen, Ärzte, Musik-, Kunst- und Sporterzieher sowie Sozialarbeiter an Vorschuleinrichtungen beschäftigt sein, um die pädagogische Arbeit, die Gesundheit sowie das soziale Wohlergehen der Kinder zu fördern und um eine fachlich qualifizierte Arbeit mit behinderten Kindern zu gewährleisten. Diese Fachkräfte verfügen über einen Hochschulabschluss (Fakultät für Pädagogik, Psychologie, Sprachheilpädagogik, Medizin, Sozialwissenschaften mit der Fachrichtung Sozialarbeit oder Kunstakademie).

Das Curriculum für die Vorschule wird vom Bildungsministerium erstellt. In der Praxis werden zwei Curricula verwendet: das Bildungsgrundlagenprogramm für Kinder bis zu drei Jahren und das Programm Grundlagen der Vorschulbildung für Kinder zwischen drei bis sieben Jahren. Das Curriculum für die Vorschule umfasst zwei Modelle (Modell A und Modell B). Beide Modelle beruhen auf einer spezifischen Bildungsphilosophie und enthalten relativ einheitliche und vollständige, jedoch voneinander abweichende Konzepte der Vorschulerziehung. Die Wahl zwischen den beiden Modellen wird auf der Ebene der Vorschuleinrichtung getroffen (eine Vorschuleinrichtung umfasst mehrere räumlich getrennte Kindergärten), wobei die erforderlichen Voraussetzungen für die Umsetzung und möglichen Auswirkungen des einzelnen Modells einbezogen werden.

Primarschule

Die Kinder werden im Alter von sieben Jahren in die erste Klasse der Primarschule eingeschult (d.h. die Kinder, die im laufenden Kalenderjahr sieben Jahre alt werden). Im Anschluss an eine medizinische Kontrolluntersuchung stellen assoziierte Mitarbeiter (Schulpsychologen oder Schulpädagogen) fest, ob das Kind den erforderlichen physischen, geistigen und emotional-sozialen Entwicklungsstand für die Einschulung hat. Kinder unter sieben Jahren (im Alter von sechseinhalb Jahren) können ebenfalls eingeschult werden, wenn sie von einem speziellen Ausschuss die Genehmigung erhalten. Dieser Ausschuss, der gemäß dem territorialen und kommunalen Prinzip gebildet wird, besteht aus Schulpädagogen, Schulpsychologen, Kinderärzten und Lehrkräften.

Das Ziel der Primarschulbildung in Serbien ist laut Gesetz der Erwerb der Allgemeinbildung, die ungestörte Entwicklung der Persönlichkeit, die Vorbereitung auf das Leben und die Vermittlung von Grundlagen für die weiterführende allgemeine und fachliche Bildung. Darüber hinaus hat sie auch andere Aufgaben: wie die Vorbereitung der Kinder auf das Leben, die Arbeit und Weiterbildung sowie auf das eigenständige Lernen; die Vermittlung des gegenwärtigen Allgemeinwissens; die Befähigung der Kinder, erworbenes Wissen und erworbene Kenntnisse anzuwenden und die Freizeit in kreativer Weise zu nutzen; die Entwicklung von geistigen und körperlichen Fähigkeiten, kritischem Denken, Unabhängigkeit und Interesse an neuen Erkenntnissen; die Vermittlung und Förderung von ökologischem Denken und Umweltschutz; die Entwicklung von Humanität, Ehrlichkeit, Patriotismus und anderen ethischen Qualitäten; die Erziehung zu humanen und kultivierten Beziehungen zwischen den Menschen unabhängig vom Geschlecht, der Rasse, der Nationalität oder dem persönlichem Glauben; die Förderung von kulturellen Bedürfnissen und die Achtung vor dem kulturellen Erbe sowie die Vermittlung von Grundkenntnissen darüber, was ein allen Situationen angemessenes Verhalten ist.

Die Primarausbildung dauert acht Jahre. Für die Schüler der 1.-4. Klasse findet Klassenunterricht statt, während für die Schüler der 5.-8. Klasse fachspezifischer Unterricht durchgeführt wird. In der Primarschule und den anderen Ausbildungsstufen wird das System Klasse-Fach-Stunde als Unterrichtsmodell angewendet. Die pädagogische Arbeit in Primarschulen wird von Lehrkräften und assoziierten Mitarbeitern geleistet, die über die entsprechende Art und Stufe der Qualifikation verfügen. Für die Einstellung in den Schuldienst sind gesetzlich zwei weitere Voraussetzungen vorgeschrieben: die physische und psychische Eignung für die Arbeit mit Kindern, keine Vorstrafen. Der Lehrplan führt die obligatorischen und optionalen curricularen und extra-curricularen Aktivitäten auf, d.h. Pflicht- und Wahlfächer sowie die jeweils vorgesehenen jährlichen bzw. monatlichen Unterrichtsstunden nach Klassenstufe. Zu den Pflichtfächern gehören die serbische Sprache, eine Fremdsprache, Kunst und Musik, Natur, Gesellschaft, Geschichte, Geographie, Physik, Mathematik, Biologie, Chemie, Technik und Leibeserziehung. Zu den Wahlfächern zählen weitere Fremdsprachen, die Muttersprache mit Elementen der nationalen Kultur und einige spezifische Fächer für die 7. und 8. Klasse im Bereich Maschinenbau und Landwirtschaft. Im Jahr 2001/02 wurden zwei weitere Wahlfächer eingeführt: Staatsbürgerkunde und Religion.

Sekundarbereich

Absolventen der Primarschule können sich in die Sekundarschule einschreiben, wenn sie eine Aufnahmeprüfung bestanden haben, in der die Kenntnisse der serbischen Sprache und Mathematik geprüft werden. Basierend auf den Prüfungsergebnissen sowie den Leistungen in der Primarschule wird eine Rangliste der Bewerber für die verschiedenen Sekundarschulen erstellt. Die Aufnahmeprüfung wird im kommenden Jahr durch Abschlussprüfungen nach der Primar- und Pflichtausbildung ersetzt, die dann als „Übergang" in die Sekundarschule dienen.

Die Sekundarausbildung in Serbien ist einheitlich (d.h. sie ist nicht in einen „niedrigen" und „höheren" Sekundarbereich gegliedert). Die Organisation und Dauer des Sekundarbereichs ist jedoch unterschiedlich. Zu den Zielen und Aufgaben der Sekundarausbildung, die in Gymnasien, berufsbildenden Sekundarschulen und Kunstschulen im Sekundarbereich angeboten wird, gehören die Vermittlung von allgemeinen und fachspezifischen Kenntnissen auf dem Gebiet der Wissenschaft, Technologie, Kultur und Kunst für die zukünftige Ausbildung oder Arbeit; die Vermittlung und Förderung ethischer und ästhetischer Werte; die Entwicklung der körperlichen und geistigen Fähigkeiten der Persönlichkeit; die Sensibilisierung für humane Werte und für die individuelle und gesellschaftliche Verantwortung; die Förderung der Gesundheitspflege. Alle Lehrer sowie alle assoziierten Mitarbeiter in Sekundarschulen verfügen über einen Hochschulabschluss an der ihrem jeweiligen Unterrichtsfach entsprechenden Fakultät.

Die Curricula für sämtliche Sekundarschultypen werden vom Bildungsministerium erstellt. Die Pflichtfächer in allen drei Sekundarschultypen sind serbische Sprache und Literatur, erste Fremdsprache, zweite Fremdsprache, Latein, Verfassung und Staatsbürgerrechte, Soziologie, Psychologie, Philosophie, Geschichte, Geographie, Biologie, Mathematik, Physik, Chemie, Informatik, Musik, Kunst und Leibeserziehung. Als Wahlfächer können gewählt werden Astronomie, deskriptive Geometrie, Kunst, Kunstgeschichte, Pädagogik, Entwicklungspsychologie, Ethik, Drama, Demographie, Altgriechisch, allgemeine Linguistik usw. In diesem Schuljahr wurden zwei weitere Wahlfächer eingeführt: Staatsbürgerkunde und Religion (ebenso in den Primarschulen). Die Unterschiede zwischen den Curricula für die spezifischen Ausbildungsprofile sind begründet durch die Unterschiede bei dem Bedarf und der Nachfrage nach Arbeitsplätzen, die eine spezifische Komplexität in einem bestimmten Tätigkeitsbereich aufweisen. Die Ausbildungsprofile umfassen 14 Tätigkeitsbereiche.

Voraussetzung für die Zulassung an einer Postsekundarschule oder Universität ist der Abschluss der 4-jährigen Sekundarschule (Gymnasium, berufsbildende Schule oder Kunstschule) sowie das Bestehen einer Aufnahmeprüfung. Die zweijährigen Postsekundarschulen oder Universitäten legen selbst die Inhalte und Art der Aufnahmeprüfung fest. Allen Prüfungen gemeinsam ist, dass sowohl das Allgemeinwissen als auch die an der Sekundarschule erworbenen Fachkenntnisse, die für das Studium relevant sind, geprüft werden. Darüber hinaus wird an der Kunstakademie die Eignung für die betreffende Kunstrichtung geprüft. Basierend auf den Leistungen in der Sekundarschule sowie den Prüfungsergebnissen wird eine Rangliste der Bewerber erstellt.

Bildung behinderter Kinder

In Serbien werden behinderte Kinder, abhängig von dem Grad und der Art der Behinderung, entweder in regulären Schulen unterrichtet und auf diese Weise in die regulären Programme integriert, oder in speziellen Einrichtungen, den Sonderschulen, unterrichtet. Die Zuweisung der behinderten Kinder erfolgt mithilfe eines Verfahrens, das eine umfassende medizinische Kontrolluntersuchung sowie das Gutachten einer Expertenkommission beinhaltet. Die Sonderschuleinrichtungen umfassen den Vorschulbereich, Primarbereich und Sekundarbereich. Für jede Art von Behinderung wird ein gesondertes Curriculum erstellt. Bei der Einschulung von behinderten Kinder gibt es keine Altersbegrenzung. Dies bedeutet, dass ein Kind in die Primarschule eingeschult werden kann, obwohl es älter als sieben Jahre ist. Die Primarausbildung kann bis zum Alter von 19 Jahren erworben werden. Die Sekundarausbildung kann ebenfalls später als üblich begonnen und abgeschlossen werden.

Bildung nationaler Minderheiten

Die Ausbildung der nationalen Minderheitengruppen umfasst drei Ebenen: Vorschule, Primarschule und Sekundarschule. Die Primar- und Sekundarschulausbildung wird in Serbien in den folgenden Sprachen der verschiedenen nationalen Minderheitengruppen durchgeführt: Ungarisch, Albanisch, Rumänisch, Ruthenisch (Ostslowakisch), Slowakisch und Türkisch. Das Gesetz schreibt vor, dass die Angehörigen der nationalen Minderheitengruppen Schulunterricht in ihrer Muttersprache oder zweisprachigen Unterricht erhalten können, wenn mindestens 15 Schüler in der ersten Klasse der Primar- oder Sekundarschule angemeldet sind. Gemäß dem Gesetz über die zweijährige Postsekundarschule und dem Universitätsgesetz kann der Unterricht an den zweijährigen Postsekundarschulen, den Fakultäten und Universitäten in der Sprache der nationalen Minderheit durchgeführt werden. Dies bedarf jedoch der Genehmigung durch die Regierung der Republik Serbien. 13% der angemeldeten Schüler schließen die Primarschule nicht ab. 16% der Schüler melden sich nicht für die Sekundarschule an und 34% der Schüler schließen die Sekundarschule nicht ab.

Aktuelle Diskussionen und Entwicklungsperspektiven

Um die Art der Änderungen des Schulsystems erklären zu können, bedarf es zuvor einer Darstellung und Erläuterung der grundlegenden Merkmale und Schwierigkeiten des Bildungsbetriebs. Zunächst sollen die Merkmale des Schulsystems und der Bildungseinrichtungen erläutert werden. Anschließend werden einige grundlegende Richtlinien des Bildungsprozesses an diesen Einrichtungen analysiert:

- der große Umfang des Bildungswesens mit einem schwerfälligen Schulnetzwerk. Die Zahl der Schulen und Lehrkräfte auf allen Bildungsebenen zeigt an, dass der Wunsch nach Bildung in großem Maßstab häufig auch einen Mangel an Qualität und Effizienz bedeutet.
- das zentralisierte Zuständigkeitssystem mit einer hierarchischen Verwaltungsstruktur. Der Staat steuert mithilfe seines Verwaltungsapparats den Betrieb der Schuleinrichtungen und das System insgesamt. Die Rechte und Zuständigkeiten der an den Bildungsaktivitäten Beteiligten stellen sich als Pyramide dar, wobei die Teilnehmer auf den niedrigen Hierarchieebenen sich nur sehr eingeschränkt an den Entscheidungsprozessen beteiligen können.
- die übertriebene Normierung. Nahezu alle Segmente des Bildungsprozesses sind durch normative Richtlinien und Bestimmungen streng festgelegt.
- die Bürokratisierung der Beziehungen zwischen den Teilnehmern der Bildungsaktivität sowie die Bürokratisierung der Bildungsaktivitäten.

Da die Reform des Schulsystems grundsätzlich von den Zielen der gesellschaftlichen Entwicklung und dem Grad der wirtschaftlichen, wissenschaftlichen und technologischen Entwicklung abhängt, bewegt vor allem die Frage: In welchem Ausmaß und Zeitraum wird es möglich sein, die Schule und das Schulsystem in Serbien zu ändern? Einhergehend mit den politischen Veränderungen im Laufe des letzten Jahres wurde es notwendig, das Schulsystem in zweierlei Hinsicht zu reformieren: die Dezentralisierung und Demokratisierung des Systems mit dem Ziel, es an europäische Ausbildungsstandards anzupassen. Das Ministerium für Bildung und Sport hat eine Strategie und eine langfristige Planung für die Änderung des gesamten Bildungswesens entwickelt:

- die Neuorganisation des Schulsystems, um es an die Erfordernisse der wirtschaftlichen Erholung des Landes anzupassen,

– die Modernisierung und Neuorganisation des Schulsystems als Beitrag zur demokratischen Entwicklung des Landes,
– die Modernisierung und Neuorganisation des Schulsystems als Beitrag zur Integration des Landes in die Europäische Union.

Die Reform des Bildungswesens hat die folgenden Ziele: die Aneignung von Wissen, Denkfähigkeiten und Fertigkeiten, die nützlich und anwendbar sind; die Aneignung von problemlösenden und kommunikativen Fähigkeiten; die Etablierung von Entscheidungsprozessen; das Erlernen von lebenswichtigen Fähigkeiten und die funktionale Alphabetisierung für die Informationsgesellschaft; die Entwicklung von demokratischen Einstellungen, der Fähigkeit zur Differenzierung sowie der Achtung der Menschenrechte und der nationalen Tradition. Daher sind die folgenden Reformen erforderlich:

– die Dezentralisierung des Systems und Neudefinition der Rolle der zentralen, regionalen und lokalen Behörden auf dem Gebiet der Bildung,
– die Verbesserung der Bildungsqualität auf allen Ebenen, indem nicht nur die Leistungen der Schüler, sondern auch die Tätigkeit der Einrichtungen evaluiert werden; die Verbesserung der Lehrerausbildung durch die Einführung eines Systems der beruflichen Weiterbildung; die Überarbeitung des Curriculums und der Schulbücher,
– die Demokratisierung des Bildungswesens, indem die Voraussetzungen für die Beteiligung an Entscheidungsprozessen geschaffen werden; die lehrplanübergreifende Einführung der Staatsbürgerkunde und Erziehung zur Demokratie,
– die Verbindung von Bildungswesen und ökonomischem Sektor, damit das Bildungswesen den gesellschaftlichen und ökonomischen Erfordernissen folgen kann (insbesondere im Bereich der Berufsausbildung, Hochschulausbildung und Erwachsenenbildung).

Die Reform des Bildungswesens wurde im Laufe des vergangenen Jahres ausgehend von einer Analyse des aktuellen Bildungswesens vorbereitet, wobei die Probleme in besonderem Maße berücksichtigt wurden (hierfür wurden auch Analysen von internationalen Organisationen hinzugezogen). Im Rahmen eines Beratungsprozesses (der so genannten Reformdebatte) konnten alle unmittelbar am Bildungsprozess Beteiligten, d.h. Schüler, Lehrkräfte, Eltern, Schulleiter und Mitglieder des Schulausschusses, zu den folgenden vier wesentlichen Punkten der Reform ihre Meinung äußern: die Demokratisierung des Bildungswesens, Innovationen bei den Verfahren zur Leistungsbeurteilung und Evaluation, bei der Lehrerausbildung und hinsichtlich der Curricula. Neben dem Beratungsverfahren wurden für einige der Themen Fachgremien eingerichtet. Insgesamt wurden sechs Arbeitsgruppen gebildet, die bereits aktiv sind: je eine Arbeitsgruppe zur Demokratisierung bzw. Dezentralisierung des Bildungswesens und Arbeitsgruppen zur Qualitätssicherung und Ausarbeitung eines Bildungsevaluationssystems, zur Lehrerausbildung und Lehrerweiterbildung, zur Erwachsenenbildung und zur Berufsausbildung. Zwei weitere Arbeitsgruppen, die sich mit der Ausbildung der ethnischen Minderheitengruppen bzw. der Vorschulerziehung befassen sollen, sind in Planung. Den Empfehlungen der Fachgremien entsprechend wird die Arbeitsgruppe, die für die Reform der Curricula zuständig ist, eine Strategie für die Umsetzung der grundlegenden Ideen in den Prozess selbst sowie sofortige Handlungsmöglichkeiten für die Schuleinrichtungen ausarbeiten. Die betreffenden Gremien werden bei der Vorbereitung, Ausarbeitung und Umsetzung der Reform von internationalen Organisationen und Stiftungen unterstützt durch die Organisation von Konferenzen, Fachtagungen auf nationaler und internationaler Ebene, Studienreisen in das Ausland sowie durch professionelle und finanzielle Förderung bei konkreten Aktivitäten.

Die ersten erwünschten Ergebnisse und positiven Auswirkungen der Bildungsreform werden sich wohl erst in einigen Jahren zeigen.

Literatur

DELOR, Z.: Education – a hidden treasury (UNESCO: Report on education of the International Commission for XXI century) (in Serbian). Beograd: Ministarstvo prosvete Republike Srbije 1996.

DEVELOPMENT OF EDUCATION in the FR Yugoslavia (1945-95) – The report for the 45th session of the Internacional Conference on Education UNESCO-BIE: Geneva 1996. Belgrade 1996.

DEVELOPMENT STRATEGIES AND THE REFORMS OF EDUCATION IN THE WORLD (in Serbian). Beograd: Ministarstvo prosvete Republike Srbije, 1997.

EDUCATION IN THE REPUBLIC OF SERBIA – educational indicators (in Serbian). Beograd: Ministarstvo prosvete Republike Srbije, 1996.

EDUCATION IN STATISTIC 96/97 (in Serbian). Beograd: Ministarstvo prosvete Republike Srbije, 1997.

EDUCATION ON THE GLANCE: OECD Indicators. Paris 2001.

EUROPEAN DIMENSION IN EDUCATION (in Serbian). Beograd: Ministarstvo prosvete Republike Srbije, 1997.

IVANOVIC, S. (ed.): Normative bases of primary education (in Serbian). Beograd, Ministarstvo prosvete Republike Srbije, 1998.

IVANOVIC, S.: Schooling trends (in Serbian). Beograd: Ministarstvo prosvete Republike Srbije, 1998.

KEY DATA ON EDUCATION IN EUROPE. Brussels 2000.

PARALLEL ANALYSIS OF PRIMARY SCHOOL (in Serbian). Beograd: Ministarstvo prosvete Republike Srbije, 1998.

PRE-SCHOOL EDUCATION AND UPBRINGING IN SERBIA (in Serbian), Beograd, Ministarstvo prosvete Republike Srbije, 1998.

POTKONJAK, N.: System of education and upbringing in Yugoslavia (in Serbian). Beograd 1985.

POTKONJAK, N.: Where is secondary education heading (in Serbian). Beograd: Zavod za udžbenike i nastavna sredstva i Svjetlost, 1987.

PRIMARY AND COMPULSORY EDUCATION IN THE WORLD (in Serbian). Beograd: Ministarstvo prosvete Republike Srbije, 1998.

PRIMARY EDUCATION IN THE FR YUGOSLAVIA. Belgrade: UNICEF 2001.

STATISTICAL YEARBOOK OF SERBIA. Beograd: Republički zavod za statistiku 2000.

STATISTICAL YEARBOOK OF YUGOSLAVIA. Beograd: Savezni zavod za statistiku, 2001.

SYSTEM OF EDUCATION IN THE REPUBLIC OF SERBIA (in Serbian). Beograd: Ministarstvo prosvete Republike Srbije, 1997.

THE SYSTEM OF EDUCATION IN THE FR YUGOSLAVIA AND VOCATIONAL SECONDARY EDUCATION, Belgrade, Ministry of Education Republic of Serbia, 1998.

TRNAVAC, N.: School under thorough investigations (in Serbian). Beograd: Institut za pedagogiju i andragogiju, 1992.

TRNAVAC, N.: Internal organization of the primary school, Our primary school in the future (in Serbian). Beograd: Zajednica Učiteljskih fakulteta Srbije 1998, str. 164-238.

TRNAVAC, N./HEBIB, E.: The System of Education in Yugoslavia, Educational Systems of Balkan Countries: Issues and Trends. Thessaloniki 2000, p. 211-250.

YUGOSLAV EDUCATION – status and resorses (in Serbian). Beograd: Centar za istraživanje i razvoj obrazovanja i kulture, 1997.

The Child Welfare Law, Beograd, Službeni list Republike Srbije, 1992.

The Primary School Law, Beograd, Službeni list Republike Srbije, 1992.

The Secondary School Law, Beograd, Službeni list Republike Srbije, 1992.

The Post-secondary School Law, Beograd, Službeni list Republike Srbije, 1992.

The University Law, Beograd, Službeni list Republike Srbije, 1998.

Bases of Educational Programme for children up to 3 years of age, Beograd, Prosvetni pregled, 1996.

Bases of Pre-school Educational Programme for children between 3 and 7 years of age, Beograd, Prosvetni pregled, 1996.

Curriculum and syllabus of educational process in the primary education, Beograd, Prosvetni pregled, 1996.

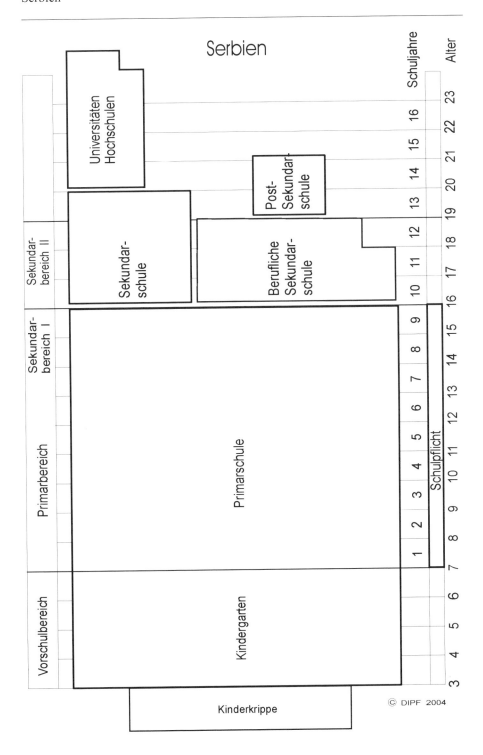

Serbien

Štefan Švec/Mária Hrabinská

SLOWAKISCHE REPUBLIK

Entwicklung des Bildungswesens

Grunddaten der historischen Entwicklung

Schulische Einrichtungen entstanden auf dem Gebiet der Slowakei erstmals schon zur Zeit des mittelalterlichen Großmährischen Reiches (seit dem 9. Jahrhundert) im Gefolge der Ankunft der orthodoxen Missionare und so genannten Slawenapostel Konstantin und Metodej. Eines der damaligen Kulturzentren war die Stadt Nitra. In diesen Schulen wurde in der altslawischen Sprache unterrichtet (vgl. RIEDL 1967). Nachdem sich die westliche (weströmische) Kirchenrichtung durchgesetzt hatte, entstanden Schulen in Klöstern, bei Kirchen und Domkapiteln. Im Zeitalter der Reformation verbreiteten sich, selbst in ländlichen Gemeinden, schon im 16. Jahrhundert protestantische Schulen. Die Ausbildung im Handwerk wurde von den Zechen kontrolliert. In diesen Ausbildungen kam die jeweilige Muttersprache zur Anwendung. Im Jahr 1635 gründeten die Jesuiten im Zuge der Gegenreformation eine Universität in Trnava, die aus einer philosophischen und einer theologischen Fakultät bestand, sowie, im Jahr 1657, eine Universität in Košice. In Folge der neuen Produktionen, Manufakturen und Fabriken entstanden in der Theresianischen Epoche auch Fachschulen. 1737 wurde in Banska Štiavnice eine Bergbauschule gegründet und in derselben Stadt wurde 1763 eine Bergbau- und Forstwirtschaftsakademie errichtet. Diese war weltweit die erste Akademie dieser Art. Eine gute Reputation hatte auch das Collegium oeconomicum in Senec. Die Bildung und Entwicklung der österreichisch-ungarischen Monarchie führte schließlich zu einer allgemeinen Schulreform, die die Kaiserin Maria Theresia entsprechend dem Plan „Ratio educationis" von 1777 durchführte. Diese Reform verordnete eine neue Verwaltungs- und Organisationsstruktur des Schulsystems sowie neue Bildungsinhalte und Unterrichtspläne. Ein allgemeiner Schulbesuch zwischen dem 6. und dem 12. Lebensjahr wurde eingeführt, wobei sich besondere Vorschriften auf die Bildung der Mädchen bezogen.

In der zweiten Hälfte des 19. Jahrhunderts kam es im Gefolge der industriellen Revolution wiederum zu weitreichenden Veränderungen im Schulsystem. In der so genannten Thunschen Schulreform aus dem Jahr 1849 wurden die 8-jährigen Gymnasien umgestaltet, wobei neben den klassischen auch allmählich Reform- und Realgymnasien und Realschulen entstanden, die insgesamt stärkeres Gewicht auf die naturwissenschaftlichen Fächer legten. Nach dem Jahr 1868 und der (nun auch rechtlich verbindlichen) Einführung der 6-jährigen Schulpflicht ab dem 6. Lebensjahr, begannen sich auch Volks- und Bürgerschulen und, seit 1881, entsprechend auch Lehrerbildungsanstalten in größerer Zahl zu entwickeln. Ab dem Jahr 1891 entstanden auch Kleinkinder-Betreuungsanstalten und Kindergärten. Ende des 19. Jahrhunderts entwickelten sich aus den beruflichen Kursen, die in den Bürgerschulen angeboten wurden, auch die ersten unteren und höheren Fachschulen. Der Zerfall

Österreich-Ungarns und das Entstehen der gemeinsamen Republik der Tschechen und Slowaken im Jahre 1918 beendete den ungarischen Druck und es entwickelte sich ein umfassendes Schulsystem mit Slowakisch als Unterrichtssprache. Mit dem so genannten Kleinen Schulgesetz von 1922 wurde die Schulpflicht auf acht Jahre verlängert und es entwickelte sich zunächst ein Netz von slowakischen Volks- und Bürger- sowie von Fach- und Fachoberschulen. 1919 wurde die Komensky- (Comenius-) Universität in Bratislava gegründet und 1937 entstand die Technische Hochschule in Košice, die dann 1939 nach Bratislava umzog.

Nach dem Ende des II. Weltkriegs und der Machtübernahme durch die kommunistische Partei, vereinheitlichte das Gesetz über die Einheitsschule von 1948 das Schulsystem und verlängerte die Schulpflicht auf neun Jahre. Das Gesetz hatte zur Folge, dass nun eine größere Zahl Jugendlicher den Schulbesuch in einer Sekundar- bzw. einer Hochschule fortführen konnte. Die 1960er Jahre bedeuteten eine qualitative Entwicklung und eine gewisse Demokratisierung im Geiste des „Sozialismus mit menschlichem Antlitz". Nach einer kurzen Phase der politischen Lockerung Ende der 1960er Jahre fiel das Land nach der Okkupation durch die sowjetische Armee im August 1968 in die Zeit der „Normalisierung" mit starken demagogischen Kampagnen, die in einer Renaissance der „Programme der kommunistischen Erziehung" resultierte. In ihrem Verlauf verabschiedete die Kommunistische Partei das Projekt einer umfassenden Bildungsreform, die unter dem Titel „Weitere Entwicklung des tschechoslowakischen Bildungs- und Erziehungssystems" bekannt wurde.

Nach der „Samtenen Revolution" im November 1989 kam es zu grundlegenden, revolutionären Veränderungen im politisch-ökonomischen Bereich aber auch in den anderen Bereichen der Gesellschaft. Die wichtigsten Veränderungen im Bereich des Bildungswesens lassen sich kurz folgendermaßen zusammenfassen:

- Die Schulen wurden einseitigen entpolitisiert, die propagandistisch-ideologischen Elemente der Lehrerbildung wurden abgeschafft.
- Das Schulsystem verzeichnete einen grundlegenden Wandel in Richtung Demokratisierung der Bildung.
- Die Schulen erlangten den Status von Rechtspersonen.
- Auf allen schulischen Ebenen, einschließlich der vorschulischen, entstanden wieder nichtstaatliche (private und kirchliche) Schulen, die es in der Zeit der kommunistischen Herrschaft nicht gegeben hatte.
- Die Bildung für die nationalen Minderheiten entwickelte sich weiter, insbesondere für die Ungarn und die Roma. Es wurden völlig neue Bildungs- und andere kulturelle Programme erarbeitet, die auf die Bildung der Romakinder und -jugendlichen ausgerichtet sind.
- Obwohl die Zahl der Kindergärten gesunken ist, verfügen die Kindergärten auch weiterhin über akzeptierte Erziehungsprogramme. Die Position und Kompetenz ihrer Leiterinnen wurden gestärkt, schrittweise wächst die Zahl der Erzieherinnen mit Hochschulabschluss. Die Slowakei hat mit nahezu 90% weiterhin einen hohen Anteil der 5-jährigen Kinder, die die Vorschule besuchen.
- Die Möglichkeit der Befreiung von der Schulpflicht wurde beseitigt. Damit wurden die legislativen Voraussetzungen dafür geschaffen, dass die Slowakei zu den Ländern mit einer 100prozentigen Beschulung aller Bürger gehört.

– Die Grundschulen sowie die Berufs- und die Fachoberschulen (*SOŠ, SOU*) haben die Möglichkeit, die Stundentafeln in einem Bereich von 10% und den Unterrichtsstoff in einem Umfang von bis zu 30% frei zu gestalten. Eingeführt wurde auch eine größere Anzahl von Wahlpflicht und Wahlfächern und es wurden neue Lehrpläne für die Grund- und Sekundarschulen herausgegeben, für die allgemein bildenden Fächer sind Leistungsstandards festgelegt worden, und ein neues Modell der Abiturprüfung ist in Vorbereitung. In den Berufs- und Fachoberschulen wurden neue Bildungs- und Ausbildungsgänge geschaffen.

– Für die werdenden Lehrer wurden zwei Qualifikationsprüfungen eingeführt und ein Programm der Weiterbildung und der fachlichen Adaptation der Lehrer ausgearbeitet.

– Die Hochschulen erhielten nach langer Zeit wieder akademische Rechte und Freiheiten, anstelle des Jahrgangssystems wird das Credit-Studiensystem eingeführt. Das Interesse der Jugendlichen am Hochschulstudium nimmt ständig zu und der Anteil der neu Zugelassenen hat sich seit 1990 bis heute um den Faktor 1,7 erhöht und erreichte 1999 rund 25,5% der Gruppe der 18-Jährigen.

– Per Verordnung wurde auch die Integration der Behinderten Schüler in das System der „Standard"-Schulen geregelt und es wurde ein Typ einer „praktischen Schule" für geistig behinderte Schüler geschaffen, außerdem wurden spezielle Klassen für Kinder mit speziellen erzieherischen und Lernproblemen in Regelschulen eingerichtet.

– Es wurde ein legislativer Rahmen für ein neues sonderpädagogisches Beratungswesen für Sonderschulen und andere sonderpädagogische Bildungs- und Erziehungseinrichtungen geschaffen. Die rechtlichen Bestimmungen hinsichtlich der Erziehungsberatung und der Beratungseinrichtungen wurden präzisiert.

– Es wurde das System einer unabhängigen Schulinspektion geschaffen.

Kultureller Hintergrund

Die Slowakische Republik ist ein unabhängiger Staat, der zum 1. 1. 1993 nach dem Zerfall der früheren Tschechoslowakei entstand. Er ist keiner Ideologie oder Religion verbunden. Die Slowakei ist ein Rechtsstaat, in dem die staatlichen Organe lediglich auf der Basis der Verfassung und ihrer Grenzen sowie im Umfang und auf Weise der grundgesetzlichen Verordnungen wirken können. Der Staat ist, mit Orientierung auf die Entwicklung der Marktwirtschaft, auf den demokratischen Prinzipien aufgebaut. Nach 1989 änderte sich auch das Verhältnis von Staat und Kirche. Auf dem Territorium der slowakischen Republik leben außer den Angehörigen des slowakischen Volkes auch einige nationale Minderheiten, von denen die Ungarn die größte Gruppe bilden. Die Angehörigen der Minderheiten haben das Recht auf Unterricht in ihrer Muttersprache bis zur Ebene der Sekundarschulen.

Das heutige Verständnis der Erziehungsziele einer „polyfunktionalen Erziehung" (ŠVEC 2002) ist im Projekt „Millenium" zusammengefasst, das das visionäre Konzept der Entwicklung von Bildung und Erziehung in der Slowakei für die nächsten 15 bis 20 Jahre skizziert (MINISTERSTVO ŠKOLSTVA 2001b) und das folgende Ziele präferiert: 1. die Entwicklung der Motivation zum Lernen und Selbststudium, zur Suche nach dem Sinn des Lebens und einer schöpferischen Aktivität über die gesamte Lebenszeit hin; 2. die Entwicklung der emotionalen Qualitäten, einer positiven Erlebnisfähigkeit, der Werteorientierung und einer positiven Beziehung zu sich selbst und anderen, zur Arbeit und zu Aktivitäten außerhalb der Arbeit; 3. die Entwicklung der Fähigkeit, für sich und andere Verantwortung zu übernehmen, Selbstbeherrschung, die Fähigkeit, sich um die eigene und die Gesundheit anderer zu kümmern; 4. die Entwicklung eines positiven sozialen Verhaltens und die Fähigkeit, mit anderen zusammen zu leben und zu arbeiten; 5. die Entwicklung der kognitiven Fähigkeiten, vor allem die Fähigkeit Probleme zu lösen, im Kontext der explosionsartigen Informationsverbreitung Informationen zu verstehen und zu nutzen, die Entwicklung der Fähigkeit, rational zu lernen, sich lebenslang zu bilden und sich schnell auf die sich wandelnden Lebensbedingungen einzustellen; 6. die Entwicklung der schöpferischen Fähigkeiten und des Verständnisses von sich selbst und der umgebenden Welt als eines offenen Systems, das sich verbessern und vervollkommnen lässt. Die sozialen Funktionen der Schule werden mit Personalisierung, Sozialisierung, professionelle Qualifizierung benannt. Trotz aller positiven Entwicklungen in den letzten Jahren, gibt es folgende Problembereiche:

- Der Anteil der erwerbstätigen Bevölkerung mit Hochschulbildung ist niedrig. Der Anteil der Schulabgänger, die ein Hochschulstudium aufnehmen, lag 1999 bei 25,5%.
- Der prozentuelle Anteil der Absolventen von Sekundarschulen (69,1%) ist vergleichsweise niedrig. Der Anteil der Schüler in Gymnasien (16,8%) verglichen mit dem der Schüler in Fachoberschulen – *SOŠ* (37,4%) und Berufsschulen – *SOU* (44,0%) ist nicht befriedigend. Die Anteile der Bildungsausgaben am Bruttoinlandprodukt erreichen lediglich 3,7%. Viele gut ausgebildete Lehrer verlassen den Bildungsbereich, um besser bezahlte Arbeit in anderen Bereichen der Volkswirtschaft zu finden.
- Es gibt noch große Mängel im Hinblick auf die Curricula. Ein nicht unwesentlicher Teil der Jugendlichen verlässt die Schule mit Wissen, Fertigkeiten und Einstellungen, die keine Entsprechung auf dem Arbeitsmarkt finden, und dieser Teil der Jugendlichen vergrößert die Reihen der Arbeitslosen und Frustrierten.
- Gemessen an den Prioritäten der Schulpolitik ist die Zahl der Schüler in den 8-jährigen Gymnasien mit 39,8% (Schuljahr 1999/2000) gegenüber den 4-jährigen Gymnasien zu hoch. Der Bereich der nichtuniversitären Hochschulbildung ist nicht entwickelt.

Organisation des gegenwärtigen Schulsystems

Gesetzlicher Rahmen

„Jede Person hat das Recht auf Bildung. Der Schulbesuch ist verbindlich und seine Dauer wird durch das Bildungsgesetz geregelt. Die Bürger haben das Recht auf kostenlose Bildung in Grund- und Sekundarschulen, und, entsprechend ihrer individuellen Fähigkeiten und den Möglichkeiten der Gesellschaft, auch in Hochschuleinrichtungen. Die Rechte der nationalen Minderheiten und ethnischen Gruppen sind geschützt" (Kap. 42 der Verfassung). Die wichtigsten Gesetze, die dem Bildungswesen zugrunde liegen, sind die folgenden: Das *Gesetz Nr. 29/1984 über das System der Primar- und Sekundarschulwesen*, das mehrfach novelliert wurde. Die Novellierung Nr. 171/1990 schaffte das Monopol des Staates über die Schuleinrichtungen ab und ermöglichte private und kirchliche Schulen sowie 8-jährige Gymnasien. Die Novellierung von 1998 führte erneut die zehnjährige Schulpflicht ein, die 1990 gekürzt worden war. Das *Gesetz über die Hochschulen Nr. 172/1990* wurde ebenfalls mehrfach novelliert. Es brachte akademische Freiheiten, erhöhte die Autonomie der Hochschulen und Fakultäten, schuf ein demokratischeres System des internen Managements durch die neue unabhängige Körperschaft des Senats, ermöglichte die Gründung des Rats für Hochschulbildung, der die Interessen der Hochschulen gegenüber dem Staat und der Akkreditierungskommission vertritt, die ihrerseits die Qualität der Hochschulbildung überwacht und ermöglichte die Gründung und den Betrieb von privaten Hochschulen. Das *Gesetz Nr. 542/1990 über die staatliche Verwaltung und die Selbstverwaltung* im Bildungswesen, das ebenfalls wiederholt novelliert wurde, führte neue Verwaltungsprinzipien durch die Bildung von kommunalen Schulbehörden ein. Das *Gesetz Nr. 279/1993 über Gründung und Betrieb von Schulen* wurde 1996 und 2000 novelliert und reguliert die Einrichtung von Schulen und Erziehungseinrichtungen verschiedenster Art. Das *Gesetz Nr. 386/ 1997 über die Weiterbildung*. Es bestimmt die generellen Bedingungen und Typen der Weiterbildungseinrichtungen und es nennt die Bedingungen ihrer Akkreditierung.

Bildungsverwaltung

Die Entwicklung der Bildungsverwaltung verzeichnete im letzten Jahrzehnt eine bemerkenswerte Dezentralisierung und Demokratisierung. Mit dem Gesetz von 1990 wurden die Sekundarschulen zu juristischen Personen und auch einige Grundschulen erwarben diesen Status. Als neue Elemente wurden gewählte Räte als mitberatende Gremien auf regionaler (Regionalräte) und auf Schulebene (Schulräte) eingerichtet. Mitglieder sind Vertreter der Eltern, der Kommunen und der Schüler. Im Jahre 1996 wurde das System der Schulverwaltung wiederum geändert und die Aufsicht über die Sekundarschulen den Distrikt- und Regionalschulämtern übertragen. Dabei sind die ersteren für Kindergärten und Grundschulen, letztere für die Sekundarschulen zuständig. Die Aufsicht über die Berufsschulen verbleibt bei den betroffenen Ministerien. Die übergeordnete Aufsicht über das Schulsystem liegt beim Bildungsministerium. Es ist verantwortlich für die Bildungspolitik, die Strategien ihrer Umsetzung, Gesetzgebung und Finanzierung. Es bestimmt das Netzwerk von Schulen sowie Gründung und Schließung von Schulen. Teilweise – außerhalb des Rahmens ihrer Autonomie – unterstehen die Hochschulen direkt dem Ministerium, z.B. in der Frage der Verteilung der im Staatshaushalt ausgewiesenen Mittel.

Bildungsfinanzierung

In der Slowakischen Republik gilt das Prinzip der Schulgeldfreiheit in den öffentlichen Schulen. Die Kosten werden vom Staatshaushalt getragen. Diese staatliche Finanzierung der Schulen sowie aller anderen erzieherischen Einrichtungen wird zu ca. 88-90% aus dem Staatshaushalt bestritten. Die restlichen 10-12% kommen aus anderen Quellen (kommunalen Haushalten, nationalen und internationalen Ausschreibungen und Projekten usw.). Die laufenden Kosten der kirchlichen Schulen werden vom Staatshaushalt getragen, die Kosten für Gebäude und Investitionskosten von den Trägern. Im Falle der nichtkirchlichen privaten Schulen trägt der Staat bis zu 70% der laufenden Kosten. Das Studium an den Hochschulen ist kostenlos. Die

Studienbewerber zahlen nur eine Gebühr für die Zulassungsverfahren und eine Verwaltungsgebühr für bestimmte Dienstleistungen wie Studentenausweise und Diplome. In den nichtstaatlichen Schulen können Gebühren im Rahmen der gesetzlichen Vorschriften erhoben werden. Einige besondere Dienstleistungen, die über dem Standard der Regelschulen liegen, werden in Rechnung gestellt (z.B. spezielle Einrichtungen für extracurriculare Aktivitäten, Schullandheime, Besuche kultureller Angebote). Einige dieser Angebote sind also für einen Teil der sozial schwächeren Familien weniger zugänglich. Generell versucht die Regierung das Finanzierungsproblem dadurch zu lösen, dass sie zusätzliche Quellen prüft. In der gegenwärtigen Diskussion wird das so genannte Multi Source Financing in Betracht gezogen.

Curriculumstruktur und Curriculumpolitik

Die Bestätigung der nationalen Curricula fällt in die Kompetenz des Bildungsministeriums. Die Curricula werden in der Regel unter der Aufsicht des Nationalen Erziehungsinstituts in Bratislava und in enger Zusammenarbeit mit so genannte Fachkommissionen sowie Lehrern und Methodenfachleuten erarbeitet. Im Verlauf der letzten zehn Jahre wurden die Curricula grundlegend reformiert. Zum Schuljahr 1993/94 wurde eine erweiterte Möglichkeit der internen Differenzierung der Schulen in der früher einheitlichen Grundschule verankert. Für die erste Stufe (Jahrgang 1-4) wurden drei Varianten entwickelt, eine reguläre sowie jeweils eine mit Schwerpunkt in Naturwissenschaften und Fremdsprachen. Für die zweite Stufe (Jahrgang 5-8) sieben Varianten, neben der regulären solche mit Schwerpunkten in Mathematik, Naturwissenschaften, Fremdsprachen, Sport, Technologie, Kunst und Musik. In der mathematischen und naturwissenschaftlichen Richtung wird Computer als Fach angeboten. Der Fächerkanon wurde wesentlich erweitert durch Wahlfächer sowie durch neue interdisziplinäre Fächer. Als Problem hat sich erwiesen, dass die Angebote zusätzlicher Fächer von Schule zu Schule variieren und oft wegen kompetenter Fachkräfte überhaupt nicht angeboten werden können.

Heutzutage wird der Entwicklung von Erziehungsstandards bzw. dem „Kerncurriculum" größte Aufmerksamkeit geschenkt. Gegenwärtig werden entsprechende Standards für die erste Stufe der Grundschule entwickelt und ihre Entwicklung ist für die Vorschule sowie die Sekundar-I-Stufe vorgesehen. Es wird erwartet, dass diese Standards auch den Prozess der Evaluationen von Schul- und Schülerleistungen, der bisher noch unzureichend entwickelt ist, fördern wird. Die Standards enthalten in Form von Wissen und Fertigkeiten die grundlegenden Fächerinhalte sowie deren Operationalisierung (z.B. im Hinblick auf die intellektuellen Operationen: memorieren, verstehen, analysieren, synthetisieren usw.). Es handelt sich also um die Bedingungen für die Entwicklung der kognitiven Fähigkeiten der Schüler. In einem geringeren Ausmaß werden auch andere Fähigkeiten erfasst wie die Fähigkeit zu kommunizieren, sich zu konzentrieren, kreativ zu sein, Hindernisse zu überwinden, soziale Fähigkeiten wie die zu Kontaktaufnahme und Freundschaften zu schließen, Solidarität mit anderen Nationen auszudrücken, den Grundgedanken des Umweltschutzes zu erfassen usw.

Während die Curricula inputorientiert sind, regeln die neuen Dokumente den Output der Erziehungsstandards. Diese Form der Steuerung funktioniert schon in einigen Fächern. Die tatsächliche regulative Funktion wird durch das System von Tests und

Examina entwickelt werden. Diese Tests werden Klarheit darüber schaffen, bis zu welchem Grad die angewandten Standards erfüllt werden.

Überblick über das gegenwärtige Schulsystem

Die *Schulpflicht* beträgt zehn Jahre und bezieht sich auf die Spanne zwischen dem 6. und dem 16. Lebensjahr. Die *Vorschulerziehung* wird in Kindergärten durchgeführt, die es für Kinder von zwei bis sechs Jahren gibt. Die Vorschulerziehung ist nicht Pflicht. Die *Grundschulausbildung (Primar- und Sekundar-I-Stufe)* erfolgt in der 9-jährigen Grundschule, die in eine Unterstufe (Jahrgänge 1-4) und eine Oberstufe (Jahrgänge 5-9) gegliedert ist. Nach Abschluss der 4. Jahrgangsklasse können die Eltern entscheiden, ob sie ihr Kind in ein 8-jähriges Gymnasium schicken möchten. Langfristig sind die 8-jährigen Gymnasien aber nur für hochbegabte Schüler vorgesehen. Die *Sekundarschulbildung* erfolgt in den folgenden Schultypen: Das Gymnasium (*gymnázium*) vermittelt eine allgemeine Sekundarschulbildung und bereitet in erster Linie auf das Studium in einer Hochschule vor. Das Gymnasium dauert vier bzw. (im Falle der 8-jährigen Gymnasien) acht Jahre. Die Fachoberschule *(Stredná odborná škola)* vermittelt eine Qualifikation für verschiedene Berufe, bereitet aber auch auf ein Hochschulstudium vor und schließt mit dem Abitur ab. Eine Reihe von Fachoberschulen bieten auch 2-3-jährige postsekundäre Aufbaustudien. Die Berufsschule (*stredné odborné učilište*) vermittelt in einigen 1-meist 3-jährigen Programmen Ausbildung in Lehrberufen, sie bietet aber auch eine 4-5-jährige Abiturausbildung in Berufen mit höherer Anforderung. Deren Abschluss berechtigt zur Aufnahme eines Hochschulstudiums. Das Konservatorium (*konzervatórium*) stellt eine besondere Form einer Fachoberschule dar, die Kurse in Gesang, Musik, Tanz und Schauspiel anbietet. Der Schulbesuch dauert vier, sechs oder (im Falle des Tanzes) acht Jahre und wird mit der Abiturprüfung bzw. mit einem postsekundären Diplom abgeschossen. Die Schulabgänger, die nach einem erfolgreichen 13 (ausnahmsweise 12)-jährigen Schulbesuch die Abiturprüfung abgelegt haben (*vysvedčenie o maturitnej skúške*) erfüllen die allgemeinen Voraussetzungen für die Bewerbung um einen Hochschulstudienplatz. Generell halten die Hochschulen Zulassungsprüfungen als Teil ihres Zulassungsverfahrens ab.

Das *Hochschulsystem* besteht aus drei Stufen: Erstens Studien, die mit einem Bachelor abschließen. Das Studium dauert in der Regel drei, teilweise (in Architektur, Kunst und Design) vier Jahre. Zweitens das Hauptstudium, das mit dem Magister bzw. in den ingenieurtechnischen Fächern mit entsprechenden Zertifikaten abschließt. Das Studium dauert in der Regel fünf Jahre, im Bereich der Lehrerbildung und der darstellenden Künste vier Jahre und in Architektur, Kunst und Design sowie in Medizin und Veterinärmedizin sechs Jahre. Drittens das Doktorandenstudium, das zum PhD-Abschluss führt. Es dauert in der Regel drei Jahre und schließt mit der Verteidigung der Dissertation ab.

Qualitätskontrolle – Schulinspektion

Entsprechend dem gesetzlichen Rahmen fiel ein Teil der Inspektionspflicht den Selbstverwaltungsgremien zu, ein Teil wurde vom Schulträger durchgeführt, und eine neue, autonome Körperschaft des Schulinspektorats wurde institutionalisiert. Die Staatliche Schulinspektion überprüft und evaluiert die Einhaltung der allgemeinen gesetzlichen Vorschriften durch die Schulen, den Standard des Unterrichts in den einzelnen Fächern, den Unterrichtsprozess und seine Ergebnisse, die räumlichen und personellen Bedingungen, die Ausstattung und die effektive Nutzung der vorhandenen Lehrmittel. Allgemeine und spezielle Schulinspektionen werden in unregelmäßigen Intervallen abgehalten. Eine komplexe Begutachtung wird im Allgemeinen alle zwei Jahre durchgeführt. Die Schulinspektion spricht ihre Empfehlungen aufgrund der Ergebnisse aus, die in gravierenden Fällen bis zur Empfehlung der Rücknahme von Maßnahmen führen können, die als Bruch der verbindlichen Vorschriften beurteilt wurden. Der Direktor des Schulinspektorats übermittelt dem Bildungsminister für jedes Schuljahr einen Bericht über den Stand des Bildungswesens und spricht gegebenenfalls auch Empfehlungen für die Schließung von Schulen aus. Die Inspektion der beruflichen Ausbildung in den gesundheitspflegerischen Schulen wird vom Gesundheitsministerium durchgeführt.

Die Qualifikation des Schulpersonals und der Schulleiter

Außer für Erzieherinnen in den Kindergärten wird von allen Lehrkräften der Schulen hochschulische Ausbildung gefordert. Kindergärtnerinnen werden üblicherweise in Fachoberschulen ausgebildet, aber es gibt auch eine Ausbildung auf Universitätsniveau. Die sekundarschulische Ausbildung dauert vier Jahre und sie vermittelt auch die Qualifikation als Erzieher in verschiedenen Einrichtungen. Die Lehrerbildung für die Unterstufe der Grundschule wird in einem 4-jährigen und für die Oberstufe der Grundschule in einem 5-jährigen Studium durchgeführt. Letzteres besteht aus einer Kombination zweier Schulfächer und wird mit einem Staatsexamen abgeschlossen. Die Lehrer für die Sekundarschulen werden in den verschiedenen Fakultäten der Universitäten und anderen Hochschulen entsprechend dem spezifischen Charakter der Fächer ausgebildet. Das Studium dauert fünf Jahre und schließt mit einem Staatsexamen ab. Absolventen von technischen und anderen Hochschulen, die während ihres Studiums keinen pädagogischen Kurs absolviert haben, können die pädagogische Qualifikation in einem Aufbaustudium ihrer Fakultät nachträglich erwerben.

Entsprechend der Verordnung Nr. 42/1996 ist eine spezielle Ausbildung für Schulleiter obligatorisch. Der Inhalt dieser Ausbildung ist ausgerichtet auf die neuesten Erkenntnisse in Management, Pädagogik und Psychologie. Die Ausbildung dauert in der Regel zwei Jahre. Eine Bewerbung zu dieser Ausbildung kann erst nach erfolgreichem Ablegen der ersten Qualifikationsprüfung erfolgen. Die Verteidigung einer abschließenden Diplomarbeit sowie eine Abschlussprüfung sind Bestandteil des Kurses.

Allgemein bildende und berufsbildende Schulen

Vorschulerziehung

Die Vorschuleinrichtungen sind Bestandteil des Bildungswesens. Es gibt staatliche, kommunale, private, kirchliche und andere Einrichtungen in slowakischer oder in einer Minderheitensprache. Die Vorschuleinrichtungen führen eine systematische Erziehung für Kinder im Alter zwischen zwei und sechs Jahren und, im Falle einer Zurückstellung vom Schulbesuch, bis zum siebten Lebensjahr durch. Die Bedeutung

dieser Einrichtungen ist auch in ihrer kompensatorischen Funktion zu sehen, die soziale und persönliche Benachteiligungen im Gefolge einer Frühdiagnose ausgleichen
kann. Ein integraler Bestandteil der Vorschulerziehung ist auch die Vorbereitung auf
die Primarschule (d.h. Vorbereitungsklassen mit direkter Beteiligung der Mütter im
Erziehungsprozess). Zusätzlich zur Stärkung der pädagogischen Funktion der Vorschuleinrichtungen begründet das Gesetz auch die Bedingungen für die Integration
von Behinderten in Regelkindergärten.

Primar- und Sekundar-I-Bildung

Die Länge der Pflichtschulzeit wurde von zehn auf neun Jahre gesenkt und gleichzeitig die Länge der Grundschule von acht auf neun Jahre verlängert, wobei der Besuch des 9. Jahrgangs, alternativ zu einem Übergang in eine weiterführende Schule
nach Abschluss schon der 8. Klasse, freiwillig blieb. Seit 1997 ist der Besuch der
neun Jahrgänge wieder verpflichtend. Die zentralen Curricula sind seit 1990 durch
Rahmencurricula ersetzt worden, die Zeitperioden zur freien Gestaltung des Unterrichts durch den Lehrer offen lassen.

Die höheren Sekundarschulen

Die höhere Sekundarbildung (Sekundarstufe II) erfolgt in drei Grundtypen von Sekundarschulen: Gymnasien, Fach- und Fachoberschulen (beruflichen Oberschulen)
und sekundären Berufsschulen ohne und mit Abiturabschluss.

Gymnasien

Nach 1989 wurden die Gymnasien in einen modernen Typ der allgemeinen Sekundarbildung umgeformt, der die Hauptaufgabe hat, die Schüler auf das Hochschulstudium vorzubereiten. Mit dieser Transformation wurden die Inhalte aller Unterrichtsfächer erneuert und es gab entscheidende konzeptionelle Veränderungen.
Eine der wichtigsten strukturellen Veränderungen stellt die Einführung 8-jähriger
Gymnasien (als so genannte gymnasiale Langform, die es auch in 6-jähriger Form
gibt) dar. Die Absicht, eine Bildungschance für exzeptionell begabte Schüler zu
schaffen, hat sich nicht erfüllt, da diese Schulform auf ein generell hohes Interesse
der Eltern stieß, die Unterstufen der 8-jährigen Gymnasien zu einer Parallel-Schul-
form zur Grundschule geworden sind und diese in Gefahr steht, zu einer „Restschule" für Schüler aus ungünstigen sozialen Verhältnisse zu verkommen. Es gibt
auch bilinguale Gymnasien, in denen slowakischer Unterricht mit Unterricht in einer
anderen Sprache kombiniert wird.

Fachoberschulen

Die Fachoberschulen hatten in früheren Jahrzehnten ein sehr stabiles Element des
Sekundarschulwesens dargestellt, die von einschneidenden Reformen weitgehend
verschont geblieben waren. Sie stellen seit 1989 einen sich dynamisch entwickelnden Typ quantitativer und qualitativer Veränderungen dar. Die Schulen reagierten
vor allem schnell auf die wirtschaftliche Transformation und den gewandelten Arbeitsmarkt unter den Bedingungen der Marktwirtschaft. Sie begannen unverzüglich
mit Innovationen hinsichtlich Inhalten und Strukturen der Unterrichtsprogramme, es
entstanden neue und integrierte Felder, was zu einer Abnahme der Zahl der früher

engen berufsbildenden Qualifizierungen führte. Die engere Spezialisierung wurde in die zwei letzten Schuljahre verschoben und der Bereich der postsekundären Ausbildung wurde erweitert. Neue Wahlbereiche und spezielle Schwerpunkte wurden eingeführt. Allgemeinbildung und Fremdsprachenunterricht wurden weiter gefördert und der Aspekt des sozialen Lernens (soft skills) wurde betont. Großes Gewicht wird auf die praktische Unterweisung der Schüler gelegt, was leider mit der Realität unzureichender Einrichtungen (Trainingszentren) kollidiert. Gegenwärtig werden die Fachoberschulen von ca. 112.000 Schülern besucht, was einem Anteil von 36,2% aller Sekundarschüler entspricht.

Berufsschulen – Einrichtungen der Lehrberufsausbildung
Der wichtigste Faktor der Entwicklung der Berufsschulen nach 1989 war die Überführung der Trägerschaft in das Wirtschaftsministerien bzw. teilweise anderer Fachministerien. Dies wirkte sich entscheidend auf den berufspraktischen Teil der Ausbildung aus. Bestandteil der curricularen Innovationen sind u. a. die experimentelle Verifizierung einer stufigen Ausbildung in den Bereichen Maschinenbauingenieurwesen, Elektroingenieurwesen, Technische Silikatchemie und andere technische Chemierichtungen, aber auch in betriebswirtschaftlichen Richtungen in Handel und anderen Dienstleistungen. Gegenwärtig (2001) gibt es 20 Pilotschulen im Rahmen eines Phare-Projekts, in denen die Möglichkeiten einer integrierten (intersektoralen) Ausbildung in den Bereichen Maschinenbauingenieurwesen, Elektroingenieurwesen, Informationstechnologie, Bau-, Lebensmittel- und Bekleidungsindustrie, Landwirtschaft, Handel und Dienstleistungen evaluiert wird. Die Berufsschulen sind traditionell in erster Linie die Produzenten der qualifizierten Arbeiterabschlüsse und nach 1995 sank die Nachfrage nach diesem Typ Qualifikationen auf dem Arbeitsmarkt wesentlich. Entsprechend sanken auch die Schülerzahlen in diesem Schultyp. Die Berufsschulen reagieren auf die neuen Berufschancen und -bedingungen mit dem Bemühen, die Struktur der Ausbildung in Richtung Servicesektor zu verschieben sowie stärkeres Gewicht auf die 4-jährigen Ausbildungsformen zu legen, die im Gegensatz zu den kürzeren Ausbildungen zum Abitur führen. Gegenwärtig besuchen ca. 115.000 Schüler die Berufsschulen, was einem Anteil an der Gesamtschülerschaft der Sekundarschulen von 37,6% entspricht.

Sonderschulen

Es gibt eine entwickelte Struktur von Sonderschulen, die differenzierte Bildungsangebote für Behinderte, für Hör- und Sehgeschädigte sowie für geistig oder physisch Behinderte, autistische Kinder, Lerngestörte, sozial Geschädigte usw. anbieten. Diese Schulen bieten Erziehungs- und Unterrichtsprogramme, die, unter Berücksichtigung der spezifischen Behinderung, auf eine maximale Integration in das Sozialsystem und die Arbeitswelt abzielen. Die Stundentafeln und Curricula der Sonderschulen basieren, mit Ausnahme der Schulen für geistig Behinderte, im Wesentlichen auf denen der regulären Grund- und Sekundarschulen. Eine integrierte, inklusive Sonderpädagogik in Regelschulen wird in allen Schulstufen vom Kindergarten bis zur Hochschule angeboten. Heute ist diese Integration umgesetzt entweder als Teilnahme der individuellen Schüler in Regelklassen (unter Anwendung individueller Programme und Unterstützungsmaßnahmen) oder in speziellen Klassen oder

Gruppen in Regelschulen. Diese sind rechtlich gesehen Bestandteil des Sonder-
schulwesens und der Unterricht verläuft nach den entsprechenden Prinzipien dieser
Schulen, wobei aber Unterrichtsteile oder Fächer nach den Curricula der regulären
Schule unterrichtet werden können.

Schulen der Minderheiten

Kindergärten gibt es mit ungarischer, ukrainischer und deutscher Unterrichtssprache
sowie als integrierte slowakisch-ungarische, slowakisch-ukrainische und slowa-
kisch-deutsche Institutionen. Grund- und Sekundarschulen gibt es in vier Alternativen:

– Schulen, in denen alle Fächer (außer dem Unterricht für Slowakische Sprache
  und Literatur) in der jeweiligen Muttersprache unterrichtet werden. Zu diesem
  Schultyp gehören vor allem die Schulen mit der als Unterrichtssprache Ungarisch.
– Schulen mit Unterricht in der Minderheitensprache (auch „kombinierte bilinguale Schulen" genannt), in denen ein Teil der Fächer in der Muttersprache der
  Schüler unterrichtet wird (meist Musik, Kunst, Geschichte, Geographie und Literatur), ein Teil der Fächer in bilingualer Form (in der Oberstufe der Grundschule Geschichte und Geographie) und ein Teil in Slowakisch. Solche Schulen
  gibt es üblicherweise in den Kombinationen Ukrainisch-Slowakisch, Deutsch-
  Slowakisch und einige ungarische berufliche Sekundarschulen (Fachoberschulen und Berufsschulen), in denen ein Teil der beruflichen Fächer in Slowakisch
  unterrichtet wird.
– Schulen, in denen alle Fächer außer dem Unterricht in der jeweiligen Muttersprache und Literatur (Ukrainisch, Deutsch und Ruthenisch) in Slowakisch unterrichtet werden.
– Schulen mit alternativem Unterricht. Dabei handelt es sich um bilinguale Schulen, in denen auf Wunsch der Eltern in einigen gesellschafts- und naturwissenschaftlichen Fächern in der Muttersprache unterrichtet werden kann, während
  das Fach Slowakische Sprache und Literatur nicht als fremd- sondern als muttersprachlicher Unterricht abgehalten wird.

Seit 1990 wird ein verstärktes Gewicht auf die Erziehung zu ethischer, rassischer
und religiöser Toleranz sowie auf multi- und interkulturelle Erziehung der Schüler
gelegt. Ein Problem besteht hinsichtlich des Inhalts und der Ziele des Minderheiten-
unterrichts für die deutsche Minderheit. Der Typus der Minderheitenschule hat noch
kein Profil gewonnen. Spezifische Probleme werden sporadisch gelöst und werden
der Karpatho-deutschen Vereinigung in der Slowakei überlassen, wobei die Finanzierung von der Bundesrepublik Deutschland und von Österreich gesponsert wird.

Die Bildung der Roma-Minderheit stellt ein besonderes Problem innerhalb des Bereichs der Minderheitenschulen dar, das mit gesamtstaatlichen soziokulturellen und
generellen pädagogischen Problemen verknüpft ist. Zwischen 1993 und 1999 wurde
die Erziehung der Roma-Kinder als Erziehung der Roma-Minderheit begriffen. Entsprechend wurden alle pädagogischen Dokumente in diesem Sinne entwickelt. Die
Projekte, die seit 1999 entwickelt wurden, zielen auf eine Integration (*Inklusion*) der
Roma-Kinder in Vorschulen und Schulen mit Slowakisch als Unterrichtssprache und

somit auf eine Adoption der gesamten Kommunikationsfähigkeit in Slowakisch sowie auf die Adoption sozialer Standards der Majorität.

Hochschulbildung

In der Slowakischen Republik gibt es 23 Hochschuleinrichtungen (Stand 2001) einschließlich zweier Militärakademien, einer Polizeiakademie, einer katholischen Universität und einer nichtkirchlichen privaten Hochschule. Der Hochschulsektor ist
einheitlich und alle Einrichtungen haben Universitätsstatus. Das neue Hochschulgesetz von 1990 bedeutete einen Meilenstein der Demokratisierung der Bildung in der
Slowakei. Es definierte die Position der Hochschulen neu, es führte die grundlegenden akademischen Rechte und Freiheiten ein, insbesondere das Recht auf wissenschaftliche Forschung und ihre Veröffentlichung, die Freiheit des künstlerischen
Schaffens, das Recht zu lehren und zu studieren, das Recht akademische Selbstver-
waltungskörperschaften zu wählen, das Recht unterschiedliche weltanschauliche
Ansichten zu vertreten, religiösen Glauben zu leben und zu propagieren sowie weitere Rechte. Die Akademischen Senate wurden gegründet und mit der Macht selbst-
verwaltender Körperschaften ausgestattet.

Aktuelle Diskussionen und Entwicklungsperspektiven

Überblick über die gegenwärtigen Diskussionspunkte

Ein gegenwärtig breit diskutiertes Thema im Bereich von Bildung und Erziehung ist
die Vorbereitung neuer grundlegender konzeptioneller und rechtlicher Dokumente.
Der Entwurf eines Gesetzes über die Grund- und Sekundarschulen (vgl. MINIS-
TERSTVO ŠKOLSTVA 2001c) legt der Öffentlichkeit die folgenden grundlegenden
Änderungen und Neuerungen zur Diskussion vor:

- der Rahmen für das Recht jedes Bürgers auf eine freie Wahl seines Bildungsweges;
- das Bemühen, die Gliederung des slowakischen Schulsystems mit der
  internationalen Standardklassifizierung (ISCED-97) in Übereinstimmung zu
  bringen;
- die Stärkung der sozialisierenden und humanisierenden Funktion der Schule;
- die Ausweitung der Pflichtschulzeit auf den Besuch der Vorschule ab dem
  5. Lebensjahr der Kinder (derzeit werden die Kindergärten von bis zu 92% der
  Fünfjährigen auf freiwilliger Basis besucht);
- eine Neufestsetzung der Autonomie der Schule im Hinblick auf die Bestimmung der Unterrichtsprogramme unter Respektierung der empfohlenen staatlichen Rahmenprogramme und eine größere Freiheit bei der Kürzung des Lehrstoffs und Einführung neuer Kurse;
- die Beibehaltung der 8-jährigen Gymnasien;
- der Vorschlag, einen neuen Typus einer gemeinsamen aber intern differenzierten beruflichen Oberschule einzurichten, die die bisherige Fachoberschule sowie die Berufsschulen mit Abitur in sich vereinigt;
- eine Präzisierung der Prozeduren und Kriterien für die Aufnahme in bzw. den
  Ausschluss aus dem System der anerkannten Schulen;

– ein neuer Gesetzesentwurf, der die spezifischen Bedingungen der pädagogischen Angestellten in Schulen und Erziehungseinrichtungen regelt.

Den schmerzlichsten Problembereich des slowakischen Bildungswesens stellt die Finanzierung dar. Die Ausgaben für Schule und Wissenschaft kommen lediglich auf 3,7% des BIP. Die Durchschnittsgehälter des Bildungswesens sind (vor Forst- und Landwirtschaft) die zweitniedrigsten in der gesamten Volkswirtschaft und hinken dem Gesamtdurchschnitt um 13-17% hinterher. In der Diskussion befindet sich die Notwendigkeit einer Finanzierung aus unterschiedlichen Quellen, die in einem Gesetz über die Finanzierung verankert werden soll. Die Ansichten über die Einführung von Studiengebühren an den Hochschulen sind kontrovers.

Ein weiteres Problem, das mit der unangemessenen Entlohnung der Lehrerarbeit zusammenhängt, ist der Abgang eines beträchtlichen Teiles der Lehrerschaft aus dem Schuldienst und ein Anwachsen der Beschäftigung nicht entsprechend qualifizierter Lehrkräfte. Dies betrifft mehr als 30% der unterrichteten Stunden in den Grund- und Mittelschulen. Außerdem sind in den Schulen 10% der Lehrkräfte Pensionäre mit Lehraufträgen. Im Fremdsprachenunterricht der Grundschulen ist der Anteil der nicht erforderlich qualifizierten Lehrkräfte überdurchschnittlich hoch (er liegt z.B. für Englischlehrer bei 47% und für Deutschlehrer bei 41%). In den Sonderschulen ist der Mangel an Qualifikationen (nur 47% der Lehrkräfte verfügen über die geforderte Qualifikation) insgesamt noch gravierender. Häufig wird auch die drohende Überalterung der Lehrerschaft diskutiert: In die Schulen treten jährlich lediglich 5,5% neuer Lehrkräfte (gemessen an der Zahl der Gesamtlehrerschaft) ein. Diese niedrige Rate kann die Abgänge in die Rente oder in andere Arbeitsverhältnisse nicht ausgleichen. Es fehlt auch im Schulsystem eine befriedigende Steuerungs- und Personal-Entwicklungspolitik. Der Wandel der politischen Führung ist in der Regel begleitet von einem Wechsel bei der Besetzung der meisten leitenden Funktionen, die oft amateurhaft ausgeübt werden. Die leitenden Kräfte im Schulsystem, von den Schulleitern aufwärts, sind nicht ausreichend professionell auf die Aufgaben des Schulmanagements und der schulverwalterischen Steuerung im regionalen und gesamtstaatlichen Maßstab ausgebildet.

Die Probleme im Hinblick auf die inhaltliche und berufliche Ausrichtung der Bildungsgänge zeigen sich auch in den die hohen Arbeitslosenraten der Absolventen. Sie liegen für die Absolventen der Berufsschulen ohne Abitur bei 36%, die der Berufsschulen mit Abitur bei 17%, die der Fachoberschulen bei 33%, die der Gymnasien bei 11% und die der Hochschulen bei 4%. Allgemein ist ein Mangel festzustellen hinsichtlich einer validen Information über die Qualität der einzelnen Schulen und der Schulen einzelner Regionen. Die Überfrachtung des Lehrstoffs aller Schultypen ist eine breit diskutierte Frage. Sie erweist sich als Hemmschwelle für eine innere Differenzierung, individuellen Zugang zu den einzelnen Schülern (den Hochbegabten wie auch den schwächeren Schülern), die Einführung methodischer und organisatorischer Innovationen im Unterrichtsprozess.

Ein weiteres Problem besteht in der Frage der Innovation bzw. der letztendlichen Durchführung der Reform eines gesamtstaatlichen Programms der Zielbestimmung von Bildung und Erziehung auf den einzelnen Bildungsstufen. Es fehlt auch ein neues Paradigma hinsichtlich des Ziels der Bildung für alle. Das gegenwärtige nationale Bildungsentwicklungsprogramm legt Schwerpunkte auf neue kognitive und moralische Qualitäten des Menschen der Zukunft. Demnach sollten die Jugendlichen zur Ablehnung von Werten wie gewissenlosem Genuss, ziellosem Wissen, Reichtum ohne Arbeit, Unternehmertum ohne Moral, Wissenschaft ohne Menschlichkeit, Anerkennung ohne Anstrengung und eine prinzipienlose Politik geführt werden (vgl. MINISTERSTVO ŠKOLSTVA 2001).

Das *Nationale Programm zur Entwicklung von Bildung und Erziehung* (MINISTERSTVO ŠKOLSTVA 2001a) hob drei Hauptpunkte der Mission der Schulen hervor: die kulturelle Reproduktion, die nationale Wiedergeburt und die Rekonstruktion der Gesellschaft. Es legte die folgenden Prioritäten für eine Schulreform vor:

- Anpassung der Zielprogramme und Bildungsprozesse an die Bedürfnisse der wissensbasierten Gesellschaft;
- Schaffung eines verlässlichen und effektiven Systems der Steuerung des Schulsystems unter den neuen Bedingungen;
- Sicherung einer höheren Qualität und Effektivität der gesamten Transformation des Bildungswesens;
- Realisierung einer grundsätzlichen Wende bei der sozialen Stellung und den Karriereperspektiven der Lehrer und ihrer systematischen Ausbildung;
- Unterstützung der Verknüpfung des Bildungs- mit dem Arbeitsmarkt.

Literatur

BEŇO, M. et al: Slovenská škola na prahu 3. tisícročia. (Slovak school on the treshold of the 3rd millenium). Bratislava: Ústav informácií a prognóz školstva, 1997.

BEŇO, M., BEŇOVÁ, T.: Učitelia dnes (Teachers today). Bratislava 1994.

ĎALŠÍ ROZVOJ ČESKOSLOVENSKEJ VÝCHOVNO-VZDELÁVACEJ SÚSTAVY. (Prospective development of Czech and Slovak education system). Bratislava 1976.

DISKUSIA O FORMOVANÍ A SEBAUTVÁRENÍ MLADÉHO ČLOVEKA V PODMIENKACH HUMANIZÁCIE A DEMOKRATIZÁCIE (Discussion on forming and self-making of youth in humanization and democratization). Pedagogická revue, 43(1991)7, S. 481-497.

HIGHER EDUCATION ACT. BRATISLAVA: Ministry of Education of the SR, 1996.

HRABINSKÁ, M. et al: National Report on Education. Bratislava 1996.

HRABINSKÁ, M.: Erziehung zur Demokratie im Bildungswesen der Slowakei: Ansätze einer europäischen Dimension. In: Europabilder in Mittel-und Osteuropa. Bonn 1996, S. 193-209.

HRABINSKÁ, M.: Transnational education in the Slovak Republic – Treaths or challenge? Higher Education in Europe, (2000)3, S. 387-394.

HRABINSKÁ, M. et al: National Report on Education. Bratislava: Ministry of Education of the Slovak Republic, 2001 (report prepared for UNESCO/ BIE).

HUMANIZÁCIA A DEMOKRATIZÁCIA VÝCHOVY A VZDELÁVANIA (Humanization and democratization of education and training). Pedagogická revue, 44(1992)7, S. 481-495.

MINISTRY OF EDUCATION: Higher Education in the Slovak Republic. Bratislava 2000.

MINISTERSTVO ŠKOLSTVA SR 2001a: Program rozvoja výchovy a vzdelávania. (Program for educational development). Bratislava 2001. (www.education.gov.sk).

MINISTERSTVO ŠKOLSTVA SR 2001B: Koncepcia rozvoja výchovy a vzdelávania v Slovenskej republike – Projekt „Milénium" (Conception for educational development in Slovakia). Ministerstvo školstva SR, 2001. (www.education.gov.sk).

MINISTERSTVO ŠKOLSTVA SR 2001c: Návrh Zákona o výchove a vzdelávaní v školách a v školských zariadeniach (Proposal for Act of education in schools). Príloha Učiteľských novín, (2001)34.

PAVLIK O. (HRSG.): Pedagogická encyklopédia Slovenska (Pedagogical encyclopedia of Slovakia). Bratislava 1985.

PLAVČAN, P.: Riadenie vysokého školstva v Slovenskej republike (Governing of higher education in Slovakia). Bratislava 2001.

PLAVČAN, P.: Súčasnosť a perspektívy vysokého školstva v Slovenskej republike (The present and future of higher education in Slovakia). Bratislava 1998.

ROSA, V.: Education and science. In: Mesežnikov, G., Ivantyšyn, M. (Hrsg): Slovakia 1998-1999. Bratislava 1999.

SEPARÁT ROČENKY ŠKOLSTVA SR 1998. (Concise statistical yearbook of the school system). Bratislava 1999.

ŠVEC, Š.: Učenie (sa) byť a uspieť (Teaching and learning to be and succeed). In: Pedagogická revue, 53(2002)1.

ŠVEC, Š. (ED.): Humanization of Education. Paedagogica 14: Collection of Studies of Comenius University. Bratislava 1997.

ŠVEC, Š.: Transformation of adult education system in Slovakia. In: International Review of Education 44(1998)4, S. 379-391.

Švec, Š.: Princípy premeny národnej sústavy školstva (Principles for transformation of national system of education). In: Pedagogická revue, 51(1999)1, S. 3-14.

ŠVEC, Š.: Reforming general education and teacher training in Slovakia. East-West Education Journal (USA), 19(1998-2000)1-2, p. 73-84.

TUREK, I., ZEMAN, M., JAKUBCOVÁ, E.: Návrh systému vzdelávania pedagogických pracovníkov v SR (Proposal for innovation of continuing teacher education). Bratislava 1999.

ZELINA, M.: Alternatívne školstvo (Alternative schools). Bratislava 2000.

Slowakei

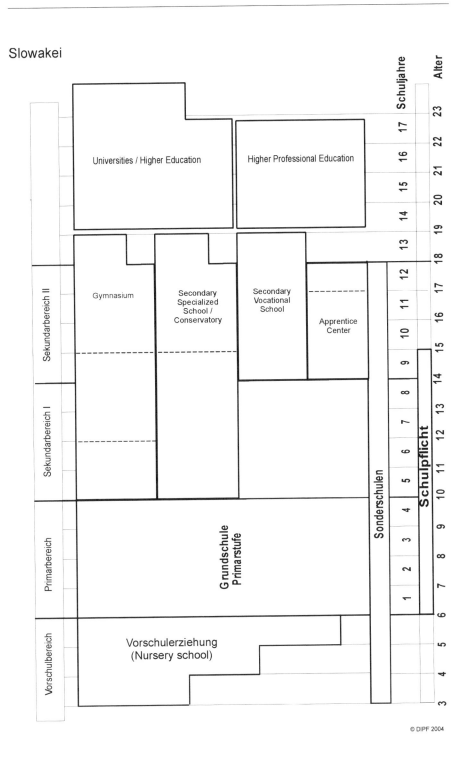

© DIPF 2004

Jože Mlakar

SLOWENIEN

Entwicklung des Bildungswesens

Um das heutige slowenische Schulsystem zu verstehen, muss man zunächst kurz auf die geographischen, historischen und politischen Umstände eingehen. Slowenien ist 20.000 Quadratkilometer groß und hat zwei Millionen Einwohner. Die Hauptstadt ist Ljubljana und die zweitgrößte Stadt heißt Maribor. Als unabhängiger Staat ist Slowenien erst im Jahr 1991 entstanden. Jahrhunderte lang – bis 1918 – lebten die Slowenen unter deutscher bzw. österreichischer Herrschaft. Von 1918 bis 1991 war Slowenien politisch ein Teil Jugoslawiens. In den Jahrzehnten nach dem Zweiten Weltkrieg regierte das kommunistische Regime bis 1990. Bis zu diesem Jahr hatten die Slowenen nie über ein eigenes Bildungswesen selbstständig entscheiden können. Die letzten großen Änderungen im Bildungsbereich wurden noch im Rahmen Jugoslawiens im Jahr 1958 ausgeführt. Eine völlige Erneuerung des Bildungswesens in Slowenien ist seit Anfang 1995 im Gange. Nach dem Gesetz über die Organisation und Finanzierung von Erziehung und Ausbildung (*Zakon o organizaciji in financiranju vzgoje in izobraževanja*) aus dem Jahr 1996 änderte sich das ganze Bildungswesen von den Kindergärten bis zu den Hochschulen.

Wichtige Ereignisse in der Geschichte des Schulsystems in Slowenien

Die Geschichte des Schulsystems in Ländern, die mit Slowenen besiedelt waren, kann man in drei Epochen teilen. Als erste und längste gilt die Epoche bis 1918, in der man die Slowenen nur als eine slowenisch sprechende Volksgruppe in deutsch sprechenden Staaten erkennen kann. Die zweite Epoche ist die Zeit Jugoslawiens von 1918 bis 1991. Von der dritten spricht man nach 1991, als sich das Schulsystem in Slowenien in einem unabhängigen Staat entwickelte. Das Jahr 1991 bedeutete den Anfang der vollständigen Autonomie des slowenischen Schulsystems. Besonders das 19. und 20. Jahrhundert sind durch unaufhörliche Bestrebungen um ein unabhängiges slowenisches Schulsystem gekennzeichnet: Zuerst richteten sie sich gegen den deutschen Nationalismus im Rahmen des Österreich-Ungarischen Reiches, dann, nach 1918, gegen den Jugoslawischen (Serbischen) Zentralismus.

Die ersten Spuren von Bildung unter den Slowenen lassen sich schon in der Zeit Karls des Großen im 8. und 9. Jahrhundert feststellen. Die Vermittlung von Wissen – besser gesagt eine Alphabetisierung – ging in dieser Zeit mit der Christianisierung einher. Die ältesten bekannten Schriften auf Slowenisch sind die so genannten Freisinger Denkmäler *(Brižinski spomeniki)* aus dem 10. Jahrhundert, die sehr wahrscheinlich eine Umschrift nach einem Original aus dem 9. Jahrhundert sind. Vom 12. Jahrhundert, als auf slowenischem Boden im Rahmen der Kirche die ersten Schulen entstanden (Dom-, Kloster- und Pfarrschulen), bis zur Zeit der Kaiser Maria Theresia und Josef II. im 18. Jahrhundert lief der Unterricht mehr oder weniger nach dem Leitmotiv, ewiges Leben zu erreichen. Die Absicht, auch etwas für das praktische Leben zu lernen, hatten im Mittelalter vor allem die bürgerlichen Schulen. Einen sehr wichtigen Impuls für die slowenische Identität gaben die Protestanten, vor allem Primož Trubar (1508-1586), der die ersten Bücher auf Slowenisch im Jahr 1550 und die Übersetzung der Bibel 1584 drucken ließ.

Einen weiteren Fortschritt im Bereich der Bildung bedeuteten die Reformen der Kaiser Maria Theresia (1717-1780) und Josef II. (1741-1790). Sie wollten allen Bürgern ungeachtet des Geschlechtes und des Standes eine Allgemeinbildung bieten und förderten die Volksschulen. Ein Gesetz aus dem Jahr 1774 führte die allgemeine Schulpflicht ein. Der gemeinsame Nenner aller Schulen in Österreich war der Unterricht in deutscher Sprache, damit sich die verschiedenen Völker im Reich in einer gemeinsamen Sprache verständlich machen konnten. Slowenisch lernten die Schüler vor allem aus dem Katechismus, der auf Slowenisch geschrieben wurde. Von großer Bedeutung für die Entwicklung der slowenischen Kultur und Bildung der einfachen Leute war der slowenische Bischof Anton Martin Slomšek (1800-1862), der als Verfechter der Rechte der Slowenen galt und die Menschen ermunterte, Slowenisch auch im öffentlichen Leben zu gebrauchen. Ein Wendepunkt in der slowenischen Schulgeschichte ist die Eröffnung des ersten slowenischen Gymnasiums in Šentvid bei Ljubljana (*Škofijska klasična gimnazija*) im Jahr 1905. Nach dem Untergang von Österreich-Ungarn 1918 vereinigten sich Slowenen mit Serben und Kroaten zu einem Staat, der zuerst Königreich der Serben, Kroaten und Slowenen hieß, später aber das Königreich Jugoslawien wurde. In dieser Periode herrschte im alten Jugoslawien (1918 bis 1941) im Bereich des Schulsystems ein starker Zentralismus.

Entwicklung des Schulsystems in der zweiten Hälfte des 20. Jahrhunderts

Während des Zweiten Weltkriegs organisierten die Partisanen auf dem befreiten Gebiet Partisanenschulen. Der Lerninhalt war stark patriotisch geprägt mit viel Propaganda für die Partisanenbewegung und für die neue sozialistische Ordnung. Viele Elemente, die im Partisanenschulwesen zu wirken begonnen hatten, kamen in der Nachkriegszeit im Schulsystem insgesamt zur Geltung. Gemäß der revolutionären kommunistischen Doktrin wurden die Privatschulen, die im Besitz und in der Verwaltung der Kirche standen, abgeschafft oder verstaatlicht. Ein ähnliches Schicksal hat auch der Religionsunterricht erlebt. Allgemein kann man feststellen, dass sich das Schulsystem in den Jahren von 1945 bis 1990 ständig veränderte. Vor allem an folgenden Änderungen wird das sichtbar: Aufhebung der Bürgerschulen, die teilweise in Untergymnasien umgewandelt wurden; Verkürzung der Schulpflicht von acht Jahren auf sieben im Jahre 1946 und erneute Verlängerung auf acht Jahre 1950; Umwandlung der vierjährigen Grundschule zur achtjährigen und gleichzeitige Verkürzung des Gymnasiums von acht auf vier Jahre nach einem Gesetz von 1958 (bei dieser Gelegenheit wurden auch die humanistischen Gymnasien abgeschafft); ständige Veränderung der Matura bzw. Abschlussprüfung, zu bestimmten Zeiten konnte das Gymnasium mit einer Seminararbeit beendet werden.

Meistens waren diese Änderungen politisch intendiert. Ein Beispiel dafür ist die Einführung der Orientierten Ausbildung *(usmerjeno izobraževanje)*. Nach dem Gesetz aus dem Jahr 1980, dem Gesetz über die orientierte Ausbildung *(Zakon o usmerjenem izobraževanju)*, wurde das Gymnasium abgeschafft und in Mittelschulen verschiedener Richtungen verwandelt. Eine festgelegte Richtung einer Schule bedeutete die Ausbildung der Schüler für eine bestimmte Kategorie von Berufen. So gab es in Slowenien in den Jahren 1980 bis 1990 naturwissenschaftliche, gesellschaftswissenschaftliche, technische, pädagogische und andere berufsorientierte Schulen. Die entsprechenden Richtlinien wurden auf den Kongressen der Jugoslawischen Kommunisten und der Slowenischen Kommunisten beschlossen. Der Ausgangspunkt für eine solche Entscheidung war die These, dass die Gymnasien zu elitär sind und den Schülern aus Berufsschulen den Weg zu höherer Bildung versperren. Dieses System der Orientierten Ausbildung wurde in der Gesellschaft stark kritisiert, besonders von Seiten der jüngeren Generation. So wurde es an der Wende des politischen Systems im Jahr 1990 ohne große Diskussion schnell aufgehoben.

Organisation des gegenwärtigen Schulsystems

Grundsätze

Um die Orientierte Ausbildung aus jugoslawischen Zeiten zu verlassen, mussten zuerst alle rechtlichen Grundlagen verändert werden. Entsprechende Richtlinien wurden 1995 vom Ministerium für Schulsystem ausgegeben und das Weißbuch für die Erziehung und Ausbildung *(Bela knjiga o vzgoji in izobraževanju)* publiziert. In diesem Buch gehen die Grundsätze für den allgemeinen theoretischen Rahmen des öffentlichen Schulsystems von den Begriffen der Menschenrechte und des Rechtstaates aus. Zu diesen Grundsätzen gehören: Bürgernähe, Autonomie und gleiche Möglichkeiten für alle. Jeder Mensch hat das Recht sich zu bilden. Die Anfangs- und Grundschulbildung sind kostenlos. Die Eltern haben das Recht, die Form der Ausbildung ihrer Kinder zu wählen. Deswegen hat der Staat die Pflicht, auch die Privatschulen zu unterstützen und ihnen rechtlich gleiche Bedingungen zu schaffen. Nach dem Weißbuch darf man die Kinder in Privatschulen nach bestimmten religiösen und weltanschaulichen Überzeugungen der Eltern erziehen. Für die öffentlichen Schulen gilt das Prinzip der *Weltanschaulichen Neutralität;* alle Kinder sollen auf der Basis der Menschenrechte erzogen werden.

Die rechtlichen Grundlagen

Den rechtlichen Rahmen gibt dem slowenischen Schulsystem das Gesetz über die Organisation und Finanzierung der Erziehung und Ausbildung *(Zakon o organizaciji in financiranju vzgoje in izobraževanja)*. Dieses Gesetz regelt die Ausbildung von den Kindergärten bis zur höheren Fachausbildung. Es umfasst auch die Tätigkeit der Internate, Musikschulen und die Erwachsenenbildung. In diesem Gesetz sind zudem die Normen für die Minderheiten und für Kinder mit besonderen Bedürfnissen festgelegt. Alle diese Bereiche sind mit einzelnen Gesetzen noch detaillierter geregelt.

Überblick über die Struktur des Schulsystems

Die derzeitige Erziehung und Ausbildung *(vzgoja in izobraževanje)* in Slowenien umfasst:

- die Vorschulerziehung *(predšolska vzgoja)*,
- die Grundschulausbildung *(osnovnošolsko izobraževanje)*,
- die Mittelschulische Ausbildung *(srednješolsko izobraževanje)*,
- die Höhere Fachausbildung *(višje strokovno izobraževanje)*,

– das Hochschul- und Universitätsstudium (*visokošolsko izobraževanje*) mit dem Aufbaustudium (*podiplomsko izobrževanje*).

In dieser Struktur sind auch die Erwachsenenbildung und die Musikschulen vertreten. Kinder mit besonderen Bedürfnissen (*otroci in mladostniki s posebnimi potrebami*) sind in der Regel in den Unterricht mit anderen Schülern integriert.

Öffentliche und private Schulen

Den öffentlichen Dienst (*javna služba*) im Bereich der Bildung führen die Schulen und Kindergärten aus, die in das öffentliche Netz eingeschlossen sind. Dieses Netz wird von der Staatsregierung festgelegt. Auch die Privatschulen sind in dieses Netz eingeschlossen, wenn sie eine Konzession vom Staat bekommen haben. Die Schulen bzw. Kindergärten mit Konzession haben die gleichen Rechte und Pflichten wie öffentliche Schulen. Sie werden vom Staat zu 100% finanziert, müssen aber die gleichen Regeln und Vorgaben berücksichtigen wie öffentliche Schulen. Auf der anderen Seite gibt es in Slowenien Privatschulen, die ohne Konzession tätig sind. Sie werden vom Staat zu 85% finanziert. Die Bedingungen für die Finanzierung sind im Allgemeinen dieselben wie in den öffentlichen Schulen. Sie haben aber gemäß eigener Grundsätze das Recht, die Kinder auszubilden wie zum Beispiel in konfessionellen Schulen. Zur Zeit gibt es im Bereich der allgemeinen Bildung in Slowenien vier katholische Gymnasien, ein nicht konfessionelles Gymnasium und ein Gymnasium mit dazugehöriger Grundschule nach den pädagogischen Grundsätzen von Steiner. Öffentliche Kindergärten, Grundschulen und Musikschulen werden von den Ortsbehörden gegründet, die Mittelschulen verschiedenster Form und die höheren Fachschulen aber vom Staat. Gymnasien können mit der Zustimmung des Staats auch von der Stadtgemeinde gegründet werden.

Finanzierung

Die Finanzierung von öffentlichen wie auch von Privatschulen ist aus verschiedenen Quellen möglich. Die Mittel für den täglichen Betrieb wie auch für Investitionen bekommen die öffentlichen Schulen nach bestimmten Kriterien aus dem Staats- bzw. Gemeindehaushalt. Die Privatschulen bekommen staatliches Geld nur für die Gehälter und für materielle Kosten in Höhe von 85%. Um die Ausstattung und Investitionen müssen sich die Gründer bzw. Träger einer Schule allein kümmern. Für das Zusatzprogramm oder für einen höheren Standard der einzelnen Schulen können auch Eltern auf freiwilliger Basis, Gemeinden und Unternehmen beitragen. Viele Schulen haben einen so genannte Schulfonds (*šolski sklad*) gegründet, in den Eltern und andere Stifter Geld für die Unterrichtsmittel spenden.

Steuerung der Schulen

Die Steuerung der Schulen ist getrennt nach öffentlichen und Privatschulen zu betrachten. Auf staatlicher Ebene ist für die Bildung auf allen Stufen der Minister für Schulsystem, Wissenschaft und Sport (*minister za šolstvo, znanost in šport*) verantwortlich. Wichtige andere Steuerungsinstrumente sind:

Fachrat

Die höchsten Gremien für verschiedene Bereiche des Schulsystems sind von der Regierung bestellte Fachräte (*strokovni sveti*) und zwar für:

–   die allgemeine Bildung (*Strokovni svet Republike Slovenije za splošno izobraževanje*),

–   die Berufs- und Fachausbildung (*Strokovni svet Republike Slovenije za poklicno in strokovno izobraževanje*),

–   die Erwachsenenbildung (*Strokovni svet Republike Slovenije za izobraževanje odraslih*).

Die Kompetenz dieser Räte ist sehr breit. Unter anderem sind sie zuständig für:

–   die Bestätigung der Curricula der öffentlichen Schulen und Kindergärten,

–   die Bestätigung der Lehrpläne der Schulfächer,

–   die Bestätigung der Prüfungskataloge für die Staatsprüfungen auf verschiedenen Stufen,

–   die Bestätigung der Lehrbücher,

–   die Eignungsprüfung der Curricula der Privatschulen usw.

Schulrat

Einzelne öffentliche Schulen verwaltet der Schulrat (*šolski svet*), der aus Vertretern der Eltern, Lehrer, Träger und der Gemeinde zusammengesetzt ist. Im Schulrat der Mittelschule sitzen auch Vertreter der Schüler. Das Mandat des Rates dauert vier Jahre. Die wichtigsten Aufgaben des Schulrates sind:

–   die Bestellung und Enthebung des Direktors der Schule,

–   die Bestätigung des Jahresplanes,

–   die Entscheidung über Beschwerden der Schüler, der Eltern oder des Personals.

Schulleiter, Lehrerkollegium und Klassenlehrer

Der Schulleiter (*ravnatelj*) ist pädagogischer und geschäftsführender Leiter der Schule. Unter anderem hat er folgende Aufgaben:

–   die Organisation und Leitung der täglichen Arbeit in der Schule,

–   die Vorbereitung des Programms der weiteren Entwicklung der Schule,

–   die Vorbereitung des jährlichen Arbeitsplans und dessen Realisierung,

–   die Verwirklichung der Rechte der Schüler,

–   die Entscheidung über die Einstellung der Lehrer, anderer Angestellter usw.

Der Schulleiter (Direktor) hat einen Stellvertreter, welchen er selbst aus dem Lehrerkollektiv auswählt. Der Direktor wird vom Schulrat ernannt oder abberufen. Die Ernennung muss vom Minister bestätigt werden. Das Mandat dauert fünf Jahre.

Das Lehrerkollegium (*učiteljski zbor*) entscheidet über die Erziehungsmaßnahmen bei schwerer Verletzung der Schulordnung und wirkt als Beratungsorgan für den Direktor. Der Klassenlehrer (*razrednik*) kümmert sich um die Probleme der Klasse bzw. der Schüler. Er entscheidet auch bei leichteren Verletzungen der Schulordnung.

Elternbeirat

Die Mitglieder des Elternbeirates (*svet staršev*) sind von den Eltern der einzelnen Klassen gewählte Vertreter, die folgende Zuständigkeiten haben: Sie schlagen das Extraprogramm der Schule vor, äußern ihre Standpunkte über den jährlichen

Arbeitsplan und über die weitere Entwicklung der Schule, erörtern Beschwerden der Eltern und wählen ihren Vertreter im Schulrat.

Aufsicht und Eigenverantwortung
Die Aufsicht über die Schulen üben zwei voneinander unabhängige Organe aus. Den Verbrauch vom Staat erhaltener Gelder kontrolliert der Rechnungshof (*Računsko sodišče Republike Slovenije*), die Aufsicht über die Arbeit der Schule führt das Inspektorat für das Schulsystem (*Inšpektorat Republike Slovenije za šolstvo*).
Die Eigenverantwortung zeigt sich in slowenischen Schulen vor allem im Bereich der Qualität des Unterrichts. Die höchste Instanz für die Beurteilung der Qualität ist der Schuldirektor. Er verfügt über eine gewisse Geldsumme (2% der gesamten Geldmenge für die Gehälter), mit der er monatlich die Lehrer belohnt, die hochwertig arbeiten. Der Direktor leitet auch verschiedene Aktivitäten und Projekte, die mit der Qualität zu tun haben. Darüber hinaus gibt es in einzelnen Schulen oder in Gruppen verschiedener Schulen, die in einem gemeinsamen Projekt verbunden sind, Versuche von Selbstbewertung.

Die Frage der Schulautonomie
Da für die Einschätzung der Schulautonomie keine exakten Maßstäbe zur Verfügung stehen, kann man im Fall des Schulsystems in Slowenien folgende positiv wie negativ zu bewertende Entwicklungen anführen:
–   Die Schulen haben das Recht, die Lehrer frei zu wählen.
–   Die Schulen sind frei bei der Organisation und Ausführung des Extracurriculums.
–   Sie können frei aus verschiedenen Quellen (Eltern, Gemeinde, Sponsoren usw.) Mittel gewinnen und verwenden.
–   Es können unter Berücksichtigung der Gesetzgebung Privatschulen gegründet werden.
–   Privatschulen haben unter Erfüllung bestimmter Bedingungen das Recht auf eine staatliche Finanzierung zu 85%.
–   Die Schulcurricula, Lehrpläne, Lehrbücher und der Schulkalender werden weiterhin von den Schulbehörden festgelegt.
–   Typische pädagogische Beziehungen zwischen Schülern und Lehrern werden durch zahlreiche, vom Minister bestimmte Vorschriften geregelt (z.B. Erziehungsmaßregeln und Schulordnung).
–   Auf allen Ebenen (von der Grundschule bis zur Matura) existieren externe Prüfungen, die von staatlichen Institutionen geleitet werden.
–   Die Schuldirektoren haben ein auf fünf (vorher vier) Jahre begrenztes Mandat. Die Ernennung durch den Schulrat muss vom Minister bestätigt werden.
–   Religiöse Tätigkeiten in öffentlichen Schulen sind per Gesetz verboten.
–   Die staatliche Schulinspektion führt eine ausschließliche Aufsicht ohne Beratungs- oder Evaluationsrolle.
–   In der Schulgesetzgebung sind mehr Artikel zu finden, die festlegen, vorgeben und verbieten, als jene, die ermöglichen, empfehlen und anregen.

Qualifikation der Lehrer und Schulleiter

Per Gesetz müssen Lehrer und andere, bei der Ausbildung von Kindern bzw. Erwachsenen beteiligtes Personal (Schulleiter, Erzieher, Schulbibliothekare, Erziehungsberater) eine Hochschulausbildung in Pädagogik bzw. Andragogik haben, die den Titel *„univ. dipl. prof.“* zur Folge hat. Nach dem Studienabschluss müssen die künftigen Lehrer noch ein einjähriges Referendariat mit staatlicher Prüfung absolvieren. Während seiner Karriere kann ein Lehrer gemäß bestimmter Kriterien befördert werden und folgende Titel erreichen: Mentor (*mentor*), Berater (*svetovalec*), Schulrat (*svetnik*).

Für den Posten als Schulleiter müssen die Kandidaten folgende Kriterien erfüllen:
– mindestens fünf Jahre nach der staatlichen Prüfung im Bildungswesen beschäftigt sein;
– den Titel *svetovalec* oder *svetnik* besitzen;
– das Prüfungszeugnis der Schule für Schulleiter erwerben.

Die Rolle der Schule für die Qualifizierung Schulleiter (*Šola za ravnatelje*) ist per Gesetz bestimmt. Das gegenwärtige Programm umfasst 144 Kursstunden in sechs Modulen. Diese Module schließen folgende Themen ein: Management im Bildungswesen, Theorie der Organisation und Führung, Planung und Entscheidung, der Schulleiter als pädagogischer Leiter, Leute in einer Organisation sowie Gesetzgebung im Erziehungs- und Bildungswesen.

Alle Lehrer, Schulleiter und andere pädagogische Angestellte haben die Möglichkeit der Fortbildung. Die Lehrer haben nach dem Kollektivvertrag (*kolektivna pogodba*) bis zu fünf Tage frei, um an fortbildenden Kursen teilzunehmen.

Allgemein bildende Schulen

Vorschulische Erziehung (predšolska vzgoja)

Vorschulische Erziehung ist nicht verpflichtend. Sie findet in Kindergärten und in speziellen Abteilungen in Grundschulen statt und wird von Kindern im Alter von ein bis sechs Jahren besucht. Die Kinder, die die Absicht haben, die achtjährige Grundschule zu wählen, müssen ein Jahr vor dem Eintritt als Vorbereitung auf die Grundschule die obligatorische „Kleine Schule“ besuchen. Die „Kleine Schule“ wird parallel mit der Einführung der neunjährigen Grundschule aufgegeben werden. Die Neuheit in den letzten zehn Jahren sind private Kindergärten, die nach speziellen pädagogischen Methoden (Waldorf, Montessori, Freinet) oder auf konfessioneller Grundlage (Katholische Kindergärten) erziehen. Allgemeine Erziehungsthemen in Kindergärten sind Musik, bildende Kunst und die Sorge um eine gesunde Ernährung. Die Vorschulerziehung regelt ein im Jahr 1996 beschlossenes Gesetz für Kindergärten (*Zakon o vrtcih*).

Grundschule (osnovnošolsko izobraževanje)

Durch eine neue legislative Verordnung aus dem Jahr 1996 hat sich die Dauer der Pflichtschule von acht auf neun Jahre verlängert. Realisierungsform dieser Schulpflicht ist die neue neunjährige Grundschule (*devetletka*), die im Schuljahr 1998/1999 als ein Versuchsprojekt in 42 Schulen gestartet wurde. In Slowenien insgesamt wird sie im Schuljahr 2002/2003 eingeführt.

Achtjährige Grundschule (osemletka)

Die bisherige achtjährige Grundschule (*osemletka*) gliedert sich in zwei Stufen:

- Klassenunterricht (*razredni pouk*) von der 1. bis zur 4. Klasse und
- Fachunterricht (*predmetni pouk*) von der 5. bis zur 8. Klasse.

Beim Klassenunterricht werden die Schüler in der Regel nur von einem Lehrer unterrichtet, bei Sport, Musik oder bildender Kunst kann auch ein Sport- bzw. Kunstlehrer mitarbeiten. Beim Fachunterricht unterrichten verschiedene Lehrer einzelne Fächer. Doch hat jede Klasse seinen eigenen Klassenlehrer, der sich um die Bedürfnisse der Schüler kümmert. Das Einschreiben in die achtjährige Grundschule ist nach einjährigem Besuch der „Kleinen Schule" mit sieben Jahren möglich. Am Ende der achten Klasse können die Schüler freiwillig Prüfungen in den Fächern Slowenisch und Mathematik ablegen. Die Prüfungen werden nach einheitlichen Kriterien von den Schulbehörden durchgeführt. Die Ergebnisse werden zum allgemeinen Schulerfolg (Punktezahl) hinzugefügt und bei der Einschreibung in die Mittelschulen hinzugerechnet, sodass dadurch die nach der Punktezahl erfolgreichsten Schüler ausgewählt werden, wenn es mehr Schüler als freie Plätze gibt. Sonst ist die einzige Bedingung für den Übergang von der achtjährigen Grundschule auf die Mittelschule der mit einem Zeugnis nachgewiesene Abschluss der achten Klasse.

Neunjährige Grundschule (devetletka)

Die Beschulung in der *devetletka* hat sich, im Vergleich zur achtjährigen Schule, auf Grund der Abschaffung der „Kleinen Schule" im Kindergarten verlängert. Die Kinder treten mit sechs Jahren in die erste Klasse der neunjährigen Grundschule (*devetletka*) ein. Die neunjährige Grundschule (*devetletka*) gliedert sich in drei Perioden (*obdobja*):

- die erste Periode dauert von der 1. bis zur 3. Klasse,
- die zweite Periode von der 4. bis zur 6. Klasse,
- die dritte Periode von der 5. bis zur 9. Klasse.

Nach der internationalen Klassifizierung ISCED gehören die ersten zwei Perioden, also die Klassen von 1 bis 6, zur Primarschule und die letzte Periode, Klasse 7 bis 9, zur Sekundarschule.

Die Lehrer

In der ersten Klasse (erste Periode) unterrichtet die Klassenlehrerin (*razredna učiteljica*) mit Hilfe einer Erzieherin (*vzgojiteljica*). Die Klassenlehrerin leitet und unterrichtet die Kinder bis zur dritten Klasse. Sie kann als Klassenlehrerin bis zur 6. Klasse bleiben, unterrichtet aber von Jahr zu Jahr weniger Stunden in der Klasse. In der 4., 5. und 6. Klasse wächst der Anteil der Fächer, die von Fachlehrern unterrichtet werden. Die Erzieherin bleibt dieselbe seit der ersten Klasse. In der dritten Periode, wo der Klassenlehrer (*razrednik*) weiterhin eine wichtige Rolle spielt, unterrichten verschiedene Lehrer die einzelnen Fächer.

Versetzung und Differenzierung

In der ersten Periode werden die Kinder nur beschreibend zensiert, in der zweiten beschreibend und mit Noten von 1 (ungenügend – *nezadostno*) bis 5 (sehr gut – *odlično*) und in der dritte Periode nur mit Noten. In der ersten und zweiten Periode werden alle Kinder versetzt, in der dritten Periode nur dann, wenn sie am Ende des Schuljahres in allen Fächern positiv zensiert wurden. Die Schüler mit negativen Noten können am Ende des Schuljahres Nachprüfungen machen. Wenn jemand auch bei der Nachprüfung erfolglos ist, wiederholt er die Klasse. In der 8. und 9. Klasse können die Schüler bei der Muttersprache, der Fremdsprache und in Mathematik eine von drei Anforderungsstufen wählen. So werden die Schüler aus derselben Klasse in diesen Fächern getrennt und in neue Gruppen aufgeteilt. Für das höchste Niveau sollen sich die besten Schüler entscheiden, um eine bessere Grundlage für das weitere Lernen, besonders im Gymnasium, zu erreichen.

Jede Periode beenden die Kinder mit externen Tests. Am Ende der ersten und zweiten Periode haben die Tests keinen Einfluss auf die Versetzung in die nächste Klasse und sollen den Eltern und Lehrern nur als Information über Wissensfortschritte der Kinder dienen. Die Teilnahme an den Tests ist in der ersten und zweiten Periode freiwillig. Am Ende der dritten Periode treten obligatorische Prüfungen in Kraft. Die Schüler machen diese Prüfungen in den Fächern Muttersprache, Mathematik, Fremdsprache und in einem naturwissenschaftlichen und gesellschaftswissenschaftlichen Fach. Es ist nur mit diesen Prüfungen möglich, die Beschulung in der Grundschule rechtsgültig zu beenden. Dann können die Schüler die weitere Schullaufbahn in den Mittelschulen wählen. Die Schüler, denen die Prüfungen misslingen, können die Schullaufbahn im 10. Jahr der Grundschule abschließen.

Curriculum

Das Curriculum der neunjährigen Grundschule ist auf dem Pflichtprogramm (*obvezni program*) und dem erweiterten Programm (*razširjeni program*) aufgebaut. Das Pflichtprogramm umfasst Pflicht- und Wahlfächer und die Klassenstunden (*razredne ure*). Für die letzte Periode können die Schüler aus einer großen Auswahl an Wahlfächern drei Fächer auswählen. Diese Fächer sind in einen gesellschaftlich-humanistischen (*družboslovno humanistični sklop*) und naturwissenschaftlich-technischen (*naravoslovno tehnični sklop*) Teil eingeteilt. Alle Schulen sind verpflichtet, den Kindern bekenntnisfreien Religionsunterricht mit Ethik (*nekonfesionalni pouk o verstvih in etiki*), Fremdsprachen und Rhetorik anzubieten. Das erweiterte Programm umfasst für die Kinder von der 1. bis zur 6. Klasse Betreuung vor und nach dem Unterricht (*podaljšano bivanje*), zusätzlichen Unterricht (*dodatni in dopolnilni pouk*) und verschiedene Interessenstätigkeiten (*interesne dejavnosti*).

Mittelschulische Ausbildung (*srednješolsko izobraževanje*)

Auch im mittelschulischen Bereich ist die Neuerung noch nicht abgeschlossen. Zwischen den Jahren 1980 und 1990 herrschte im mittelschulischen Bereich die *orientierte Ausbildung*. Die Hauptidee war, dass jede Schule gleichzeitig für den Arbeitsmarkt und für das weitere Studium ausbilden sollte. So hatten die Schulen verschiedener Richtungen dieselben, nach einem einheitlichen Muster aufgestellten allgemein bildenden Fächer. Alle Schulen gaben z.B. je drei Stunden pro Woche Slowenisch oder Mathematik. Das war kurios, verglichen mit den Schulen für die slowenische Minderheit in Italien oder in Österreich, die je fünf Stunden Slowenisch pro Woche anboten. Besonders trauerte man dem Gymnasium nach. Nach der politischen Wende am Anfang der 1990er Jahre brach das System der orientierten Ausbildung zusammen und die Gymnasien wurden, in „reiner Form", wieder eingeführt. In einer Übergangsperiode (bis 1997) war es möglich, die Schulzeit im Gymnasium auf zwei Arten zu beenden: mit der Abschlussprüfung (*zaključni izpit*) oder mit dem Abitur (*Matura*). Seit 1999 kann man das Gymnasium nur mit Abitur abschließen. Diese reine Form des Gymnasiums, die auf das weitere Universitätsstudium ausgerichtet ist, führte auf der anderen Seite zu „reinen" berufsbildenden Schulprogrammen, in denen die Schüler die Schule mit verschiedenen Formen von Abschlussprüfungen beenden konnten. Da in dieser Situation das Universitätsstudium nur mit Abitur erreichbar war, blieben für diese Schüler die Türen zur Universität versperrt. Um diese Probleme zu umgehen, wurden verschiedene Lösungen gefunden:

–   Schüler, die nicht fähig sind, das Abitur zu schaffen, können mit einem einjährigen Berufskurs (*poklicni tečaj*) einen Beruf erlangen.
–   Vierjährige Techniker- und Fachschulen kann man nun mit einem Berufsabitur (*poklicna matura*) abschließen, was ein weiteres Studium ermöglicht.
–   Schüler, die keine gymnasiale Ausbildung erreicht haben, können mit einem speziellen Kurs (*maturitetni tečaj*) auch das gymnasiale Abitur machen und sich an der Universität einschreiben.

Allgemein bildende Mittelschulen – Gymnasien
Zu den allgemein bildenden Mittelschulen gehören allgemeine Gymnasien (*splošne gimnazije*) und Fachgymnasien (*strokovne gimnazije*), die nach dem Abitur ein weiteres Hochschulstudium ermöglichen. Die italienisch und ungarisch sprechenden Kinder der beiden Minderheiten können beim Unterricht ihre Muttersprache auch im Gymnasium nutzen. Die Bedingung für die *Einschreibung* ist ein mit dem Zeugnis bewiesener Abschluss der Grundschule. Im Fall eines übermäßigen Andrangs muss das Gymnasium die Kandidaten auf Grund der Leistung in der Grundschule auswählen. Die Schulen können hinsichtlich ihrer Orientierung auch zusätzliche Tests auf verschiedenen Wissensgebieten (klassische Sprachen oder Fremdsprachen) oder bei Begabungen (für Sport, Kunst usw.) durchführen. Die Schulzeit dauert vier Jahre. Die Schüler werden in die nächste Klasse versetzt, wenn sie in allen Fächern positive Resultate erreicht haben. Sie haben das Recht, ihre Noten bei höchstens drei ungenügend bewerteten Fächern am Ende des Schuljahres durch Nachprüfungen zu verbessern und damit aufzusteigen.
Die mittelschulische Ausbildung wird mit Abitur (*Matura*) anerkannt. Der Verlauf der Abiturprüfungen wird von der Schulbehörde streng kontrolliert. Teilweise verlaufen sie extern, teilweise intern. Etwa 80% der Bewertung bekommen die Abiturienten beim externen Teil und den Rest beim internen Teil. Das Abitur wird in Slowenien von den Abiturienten in fünf Fächern abgelegt. Muttersprache, Mathematik und eine Fremdsprache sind verpflichtend; zwei Fächer können die Schüler aus einem breiten Angebot auswählen. Die Ergebnisse der Abiturprüfungen sind sehr wichtig. Sie bedeuten nicht nur die Anerkennung der mittelschulischen Ausbildung, sondern stellen auch die „Eintrittskarte" für das Universitätsstudium dar. So gibt es die Aufnahmeprüfungen an den einzelnen Fakultäten nicht mehr; die künftigen Studenten werden nach den Ergebnissen der Matura aufgenommen. Der ganze Verlauf des Abiturs wird vom Staatlichen Prüfungszentrum *(Državni izpitni center)* geleitet und kontrolliert.

Curriculum

Das Curriculum des Gymnasiums besteht aus einem obligatorischen Teil, der vor allem ordnungsgemäßen Unterricht bedeutet, und aus zusätzlichen Tätigkeiten, an denen die Schüler freiwillig teilnehmen. Den obligatorischen Teil des Curriculums legt der Fachrat für Allgemeinbildung (*Strokovni svet Republike Slovenije za splošno izobraževanje*) fest, bei den Privatschulen aber der Gründer bzw. die Trägerschaft mit der Zustimmung des Fachrates. Als erste Fremdsprache wird in Slowenien meistens Englisch (*angleščina*) unterrichtet, als zweite Deutsch (*nemščina*), Französisch (*francoščina*), Spanisch (*španščina*) oder Italienisch (*italijanščina*). Die Gymnasien oder einzelne Abteilungen können sich auf verschiedene Richtungen konzentrieren, z.b. naturwissenschaftliche, die mehr Stunden Mathematik, Physik, Biologie usw. haben, humanistische, die noch eine dritte Fremdsprache oder Latein (*latinščina*) unterrichten, oder sportliche, die mehr Stunden Sport machen. Das zusätzliche Programm umfasst Aktivitäten, an denen die Schüler in der Regel freiwillig teilnehmen. Zu diesem Programm gehören Exkursionen, Wettbewerbe, Schauspiele usw. Für dieses Programm müssen die Eltern meistens extra zahlen.

Fachgymnasien

Fachgymnasien stellen das Verbindungsglied zwischen Allgemeinen Gymnasien und Mittleren Fachschulen dar. Hinsichtlich ihrer Orientierung gibt es im Curriculum auch Fächer, die später ein ganz bestimmtes Studium an Hochschulen und Fakultäten ermöglichen. Zur Zeit gibt es in Slowenien Fachgymnasien, die ökonomisch, technisch oder künstlerisch orientiert sind. Aus diesen Bereichen können Gymnasiasten auch die Abiturfächer auswählen. In Technischen Fachgymnasien wird unter anderem auch Maschinenwesen, Elektrotechnik usw. unterrichtet.

Höhere Fachbildung (višje strokovno izobraževanje)

Die höhere Fachbildung ist im Berufs- und Fachbereich eine Neuerung. Erste Schulen dieser Art wurden im Jahr 1996 gegründet. Die Curricula sind sehr praktisch ausgerichtet. Es geht um die enge Verbindung mit der Arbeitswelt und ein beträchtlicher Teil der Ausbildung läuft in Betrieben ab. Die höheren Fachschulen sind von Hochschulen bzw. Universitäten institutionell getrennt. Diese Schulen (*višje strokovne šole*) besuchen Studenten, die die Mittelschulbildung mit dem Abitur oder Berufsabitur beendet haben. Die Ausbildung dauert zwei Jahre und endet mit der Diplomprüfung (*diplomski izpit*). Diplomanten der höheren Schulen können in bestimmten Berufsbereichen tätig werden oder weiter im 2. Jahrgang der Fachhochschule studieren.

Hochschul- und Universitätsstudium (visokošolsko in univerzitetno izobraževanje)

Das Hochschulprogramm hat heute eine binäre Struktur. Auf der einen Seite hat man universitär eingerichtete Programme, die theoretischer ausgerichtet sind und nur an Universitäten durchgeführt werden, und auf der anderen Seite Fachhochschulprogramme für Studenten in den höheren Fachschulen (*visoke strokovne šole*). Es ist anzumerken, dass die Universitäten beide Arten der Ausbildung durchführen, während die höheren Fachschulen nur das Fachhochschulprogramm anbieten.

Die letztgenannte Ausbildung dauert in der Regel drei oder vier Jahre, mit dem „Absolutorium" vier bis fünf Jahre. Die Studenten können sich mit dem Abitur oder Berufsabitur einschreiben. Der Abschluss des Studiums ist mit einer Diplomprüfung möglich. Diplomanten bekommen den Titel *„diplomirani inženir" (dipl. inž,* Diplomingenieur*)*. Neben der Anstellung in einem Betrieb ist mit der Diplomprüfung auch ein weiteres Studium möglich.

Privatschulwesen

Nach der Durchsetzung der staatlichen Zuständigkeit im Bereich des Schulsystems in der zweiten Hälfte des 19. Jahrhunderts wurden die Privatschulen in Slowenien für mehr als hundert Jahre in eine Opposition zum öffentlichen Schulsystem gedrängt. Sie wurden in der Schulpolitik des damaligen Staates randständig behandelt. Im österreich-ungarischen Staat mussten die Gründer von Privatschulen bestimmte Bedingungen erfüllen. Im Königreich Jugoslawien hat der Staat im Jahr 1929 weitere Gründungen von Privatschulen untersagt und die kommunistischen Behörden haben nach dem Zweiten Weltkrieg das private Schulsystem liquidiert. Das Verhältnis des Staates zu den Privatschulen wurde nach der Wende im Jahr 1991 deutlich besser. In verschiedenen Dokumenten werden die Privatschulen als Bereicherung und Ergänzung des öffentlichen Schulsystems bezeichnet. Auch wird das in der Verfassung verankerte Recht der Eltern und Kinder angeführt, die Ausbildung nach eigener Überzeugung zu wählen. Trotz dieser positiven Voraussetzungen sind die Bedingungen zur Gründung von neuen Privatschulen derzeit nicht günstig. Vor allem folgende Probleme bestehen: Der Staat finanziert den Privatschulen nur die Gehälter der Lehrer und die materiellen Kosten zu 85%. Für Investitionen und Ausstattung wird vom Staat kein Geld zur Verfügung gestellt. Vom Staat subventionierte Privatschulen dürfen nicht mit Profit arbeiten, weswegen kein großes Interesse an Schulneugründungen herrscht. So gibt es zur Zeit nur eine Privatgrundschule, die nach den pädagogischen Grundsätzen von Steiner wirkt. Auf der mittelschulischen Stufe existieren einige private Berufsschulen und sechs private Gymnasien.

Kinder mit besonderen Bedürfnissen (otroci s posebnimi potrebami)

Zu den Schülern mit besonderen Bedürfnissen gehören geistig und körperlich behinderte Kinder, Kinder mit Schwierigkeiten beim Lernen, aber auch außerordentlich begabte Schüler. Für diese Kinder muss die Schule einen entsprechend angepassten Unterricht organisieren, wenn nötig auch unter Mitarbeit von Fachleuten.
In Slowenien haben zwei Nationalitäten Minderheitenrechte: die italienische und ungarische Bevölkerungsgruppe. Die Angehörigen beider Minderheiten haben auch in ihrer Muttersprache Unterricht.

Aktuelle Diskussionen und Entwicklungsperspektiven

Die Erneuerung des slowenischen Schulsystems, insbesondere das Einführen der neunjährigen Grundschule, wurde in der slowenischen Öffentlichkeit nicht ohne Kritik aufgenommen. Da das ganze Projekt von der linken politischen Seite durchgeführt wurde, kamen die stärksten kritischen Äußerungen von konservativen Gruppierungen. Es wurde das so genannte Bürgerliche Forum für eine humane Schule (*Državljanski forum za humano šolo*) gegründet. Das Forum organisierte mehrere runde Tische, an denen viele prominente slowenische Intellektuelle ihre Meinungen ausdrückten. Das Forum hat bei dieser Gelegenheit auch eine kleine Serie von Veröffentlichungen zu diesem Thema herausgegeben.

Das zweite Feld, auf dem in Slowenien derzeit viel diskutiert wird, ist die *Frage der Erziehung*. Im Bereich der Erziehung kann man zwei verschiedene Konzepte unterscheiden, die als liberal und traditionell bezeichnet werden können.

Das liberale Konzept basiert auf folgenden drei Ausgangspunkten:

–   Ideenneutralität: Das Erziehungsziel erreicht man ausschließlich (oder vorwiegend) durch den Unterricht. Das Wertgefühl bekommt der junge Mensch auf der Basis des Wissens;

–   Gemeinsame europäische Werte: Diese sind in der Konvention über Menschenrechte festgelegt;

–   Toleranz: Toleranz gilt als grundlegender Wert der postmodernen Welt.

Das traditionelle Konzept geht von Folgendem aus:

–   Erziehung für das gegenseitige Verhältnis in der Familie, insbesondere zwischen Eltern und Geschwistern, und in der Schule, insbesondere zwischen Freunden, Mitschülern und Lehrern;

–   Erziehung muss auf allgemein menschlichen Werten basieren, die auch moralische Werte von verschiedenen Gruppen beinhalten (diese These wird auch als anthropologischer Zugang bezeichnet);

–   das traditionelle Erziehungskonzept soll die Kinder zu moralischer Empfindsamkeit, moralischer Beurteilung und moralischer Motivation anregen und soll den moralischen Charakter der jungen Leuten ausbilden.

Da das liberale Konzept von der regierenden liberal-demokratischen Partei vertreten wird, hat es auch starke Unterstützung in öffentlichen Schulen. Das traditionelle Konzept wird vor allem in katholischen Schulen und Kindergärten gepflegt. In diesem Spannungsfeld verläuft die aktuelle bildungspolitische Diskussion.

Literatur

Bela knjiga o vzgoji in izobraževanju v Republiki Sloveniji. Ministrstvo za šolstvo in šport. Ljubljana 1995.

Ciprle, J., Vovko, A.: Šolstvo na Slovenskem skozi stoletja. Slovenski šolski muzej. Ljubljana 1987.

Človek in kurikul. Družina. Ljubljana 2000.

Döbert H./Geißler G.: Šolska avtonomija v Evropi. Družina. Ljubljana 2001.

Družina – šola, Družina. Pedagoški inštitut. Ljubljana 1998.

Enciklopedija Slovenije 1. Mladinska knjiga. Ljubljana 1987.

Etični kodeks Društva katoliških pedagogov. Ljubljana 1996.

Grafenauer, I.: Kratka zgodovina starejšega slovenskega slovstva. Mohorjeva družba v Celju 1973.

IZHODIŠČA ZA PRIPRAVO IZOBRAŽEVALNIH PROGRAMOV NIŽJEGA IN SREDNJEGA POKLICNEGA IZOBRAŽEVANJA TER PROGRAMOV SREDNJEGA STROKOVNEGA IZOBRAŽEVANJA. Center RS za poklicno izobraževanje. Ljubljana 2001.

KEY DATA ON EDUCATION IN THE EUROPEAN UNION. Office for Official Publications of the European Communities. Luxemburg 1999.

PEDAGOŠKA ENCIKLOPEDIJA 1. Školska knjiga. Beograd 1989.

PEDIČEK F.: Ob prenovi šole. Jutro. Ljubljana 1998.

PEDIČEK, F.: Edukacija danes. Založba Obzorja. Maribor 1994.

SLOVENSKA ŠOLA IN NJEN ČAS. Družina. Ljubljana 1995.

SREDNJEŠOLSKO IZOBRAŽEVANJE V REPUBLIKI SLOVENIJI. Ministrstvo za šolstvo in šport. Ljubljana 1996.

ŠOLSKA ZAKONODAJA. Ministrstvo za šolstvo in šport. Ljubljana 1996.

THE STATE AND THE SCHOOL: SOME EUROPEAN PERSPECTIVES. Slovenian Forum on Educational Administration, St. Stanislav's Institution. Ljubljana 2001.

VZGOJA IN IZOBRAŽEVANJE V REPUBLIKI SLOVENIJI 2000. Ministrstvo za šolstvo in šport. Ljubljana 2000.

VZGOJA V JAVNI ŠOLI. Sodobna pedagogika. Ljubljana 1999.

ZASEBNO ŠOLSTVO. Ministrstvo za šolstvo in šport. Ljubljana 1996.

ZBORNIK BRIŽINSKI SPOMENIKI. Znanstveno raziskovalni center SAZU. Ljubljana 1996.

Slowenien

Schuljahre

Alter

| | | | | Schuljahre | Alter |

Universität (univerzitet)

Fachhochschule (visoke strokovne šole)

Höhere Fachschule (visje strokovne šole)

Voc / Tech

Sekundarbereich II

Gymnasium (splošne gimnazije)

Fachgymnasium (strokovne gimnazije)

Berufsschule (srednje pokucno izobraž evanje)

Kurzzeit Berufs-bildung

(nizje pokucno izobraž evanje)

optionales 10.Jahr

Sekundarbereich I

Zweiter Zyklus (predmetni pouk)

Pflichtschule (osnovnošolko izobraž evanje)

Erster Zyklus (razedni pouk)

Musik- und Ballettschule

Sonderschule

Dritter Zyklus (tretje obdobje)

Zweiter Zyklus (druga obdobje)

Erster Zyklus (prvo obdobje)

Schulpflicht

Primarbereich

Vorschulklassen (priprava na šolo)

Vorschul-bereich

Vorschulerziehung / Kindergarten (predšolka vzgoja)

Schuljahre: 16 15 14 13 12 11 10 9 8 7 6 5 4 3 2 1

Alter: 23 22 21 20 19 18 17 16 15 14 13 12 11 10 9 8 7 6 5 4 3

© DIPF 2004

Maria Jesús Martínez Usarralde[1]

SPANIEN

Entwicklung des Bildungswesens

Im Jahre 1999 gab es in Spanien 24.799.900 Jugendliche im Alter von fünf bis 15 Jahren. Das entspricht 37,4% der Gesamtbevölkerung (EURYDICE, 2001a). Die quantitative und qualitative Expansion des spanischen Erziehungssystems ist maßgeblich auf zwei Ursachen zurückzuführen: einerseits auf die Notwendigkeit, den in einem demokratischen Kontext entstandenen Erwartungen gegenüber der sozialen Herausforderung zu entsprechen, in deren Umfeld Bildung eine neue Bedeutung erhalten hat, andererseits auf den von der Wirtschaft ausgelösten Druck, der neue Qualifikationen und professionelle Kompetenzen einforderte, die durch die Schule zu erwerben seien.

Historische Perspektiven

Obwohl schon 1812 verschiedene Verfassungsregelungen, Gesetzesvorhaben und Bestimmungen für das Bildungswesen existierten, ist das *Ley de Instrución Pública* von 1857 (Ley Moyano) als die erste umfassende gesetzliche Regelung zur Konsolidierung des spanischen Bildungswesens anzusehen. Die Bedeutung dieses Gesetzes war so umfassend, dass es bis 1970 kein anderes allgemeines Gesetz zur Regelung des spanischen Bildungswesens gab. Zu seinen Besonderheiten gehörte, dass es sich mit vielen unterschiedlichen Aspekten befasste: mit dem Einfluss der Kirche auf das Bildungswesen, mit der Schulpflicht und der Unentgeltlichkeit der Elementarerziehung, mit der Bedeutung der wissenschaftlichen Inhalte der Sekundarschulausbildung, mit der im Wesentlichen katholischen Privatschule und der endgültigen Einbeziehung der technischen und beruflichen Lehre in das Bildungswesen.
Mit dem Ende des 19. Jahrhunderts endet in Spanien eine bewegte politische Periode, die deutliche Auswirkungen auf die Bildungspolitik hatte: Im Anschluss an die Erste Republik (1873-1874), in der die Freiheit der Bildung neue Impulse erhielt, kam es im Namen der so genannten Restauration der Konstitutionellen Monarchie zu ideologischen Konfrontationen infolge der gegensätzlichen schulpolitischen Auffassungen von Liberalen und Konservativen. Aus dem Kontext dieser Unruhen entstand die so genannte I.L.E. (*Institución Libre de Ensenanza*). Zunächst verbreitet von Giner de los Ríos, entstand daraus eine regelrechte pädagogische Reformbewegung. So betrachtete man Anfang des Jahrhunderts Bildung als ein Heilmittel für die Revitalisierung der Gesellschaft und für die Überwindung der allgemeinen Instabilität, die das Land aufgrund der inneren Krise durchlebte. Daraus und auch aus den Erfahrungen, die von der internationalen reformpädagogischen Bewegung gesammelt wurden, entstanden Versuche, wie die der Modernen Schule (*Escuela Mo-*

---

[1]   Aus dem Englischen übersetzt von Wolfgang Lippke.

derna) von Ferrer y Guardià (1901-1906) mit ihren weltlichen und koedukativen pädagogischen Ansätzen. Der reformerische Geist dieser Epoche bewirkte u.a. die Entstehung der Lehrerbildungsseminare, der Sekundarausbildung und der Studienpläne
der Universitäten. Der Staatsstreich des General Primo de Rivera (1923) setzte jedoch dem Reformgeist und der Innovation der so genannten Restauration ein Ende.
Nachdem im Jahre 1931 nach dem deutlichen Vorbild der Postulate der Weimarer
Republik in Deutschland in Spanien die zweite Republik (*Segunda República*) gegründet worden war, wurde die soziale Funktion der Schule neu gestärkt und als
Konsequenz die Errichtung der Einheitsschule betrieben, die unentgeltlich und verpflichtend war. Daneben ging es aber auch um die Freiheit der Bildung und die Sä-
kularisierung des Unterrichts.

Nach dem Bürgerkrieg von 1936 verwandelte sich die Erziehung in ein Werkzeug
der Ideologie und der neuen Sozialisationsmuster der diktatorischen Politik des General Franco, d.h. ein Bildungswesen, das traditionalistisch, nationalistisch und ka-
tholisch geprägt war. In den fünfziger Jahren begann sich eine gewisse Öffnung ab-
zuzeichnen, die sich in den Sechzigern in einem Bildungswesen konsolidierte, das
vorgab, sich mit den Bedürfnissen der ökonomischen Entwicklung zu verbinden.
Die Veränderungen, die sich in dieser Dekade ereigneten, beschleunigten die vollständige Reform des Erziehungswesens. Kennzeichen dafür ist das neue Bildungsgesetz *Ley General del Sistema Educativo* (*LGE*-1970), das als gesellschaftliche und
pädagogische Antwort auf die neuen Zeiten und Bedürfnisse verstanden wurde. Es
machte unter anderem die Ausbildung von sechs bis 14 Jahren verbindlich, was wiederum Auswirkungen auf die Qualität der Lehre hatte. Ziel war es, die Welt der Arbeit und das System der beruflichen Ausbildung einander näher zu bringen. Insbesondere die spanische Verfassung von 1978 hatte einen deutlichen Einfluss auf das
Schulsystem.

Grundlegende Daten des Erziehungswesens

Im Schuljahr 2000/2001 haben nach amtlichen Angaben 8.304.226 Schüler und Studenten am Unterricht aller Stufen in 21.268 Schulzentren und an 67 Universitäten
teilgenommen, an denen zusammen 530.375 Lehrer und 82.022 Universitätsprofes-
soren lehrten. Dabei sind allerdings starke regionale Unterschiede festzustellen. Die
Entwicklung der Schülerschaft während des letzten Jahrzehnts (1990-2000) zeigt,
dass die Anzahl der Schüler in absoluten Zahlen auf einigen Stufen des
Bildungswesens gefallen ist. Während die Zahl auf bestimmten Stufen des nicht
obligatorischen Bereichs anstieg (nämlich im Kindergarten, im zweiten Zyklus der
obligatorischen Sekundarstufe, in der Abiturstufe, im mittleren und höheren Zyklus
der Berufsausbildung), zeigt sich bei anderen ein Rückgang (nämlich in der
Grundschule und Sonderschule). Die Erklärung für diese Entwicklung liegt u.a. im
drastischen Geburtenrückgang, wenn auch die wachsende Eingliederung
ausländischer Schüler die fallende Tendenz bei den Zahlen der Primar- und
Sekundarstufenschüler etwas abschwächt.

Organisation des gegenwärtigen Schulsystems

Der gesetzliche Rahmen

Entsprechend der Verfassung ist Spanisch (Kastilisch) die offizielle Sprache, obwohl es auch in den verschiedenen autonomen Regionen andere Sprachen gibt: Katalanisch, Galizisch, Valencianisch und Baskisch. Dementsprechend werden in den autonomen Regionen dann, wenn zwei Sprachen koexistieren, die beiden als offizielle Unterrichtssprachen anerkannt, außer an der Universität. Der tatsächliche Gebrauch der Unterrichtssprache hängt von der Verbreitung der autonomen Sprache sowie von der Sprachenpolitik in den jeweiligen Regionen ab.

Der gesetzliche Rahmen, nach dem sich das spanische Bildungswesen richtet, wird von der spanischen Verfassung von 1978 vorgegeben (Art. 28 setzt die Leitlinien des Bildungswesens fest). Die festgelegten Prinzipien und Rechte werden von vier grundlegenden Gesetzen kodifiziert:

– Das *Ley Orgánica* 8/1985 *Reguladora del Derecho de Educación* (*LODE*) garantiert das Recht auf Ausbildung und die Freiheit der Lehre und unterstützt die Beteiligung der Gesellschaft an der Ausbildung, es legt den Umfang der durch öffentliche Mittel finanzierten Stellen an Schulen fest, und zwar sowohl für das öffentliche wie für das Privatschulwesen.

– Das *Ley Orgánica 1/1990 de Ordenación General del Sistema Educativo* (*LOGSE*) regelt die Struktur und die Organisation für die nicht universitären Schulstufen, und zwar sowohl für die Allgemeinbildung wie für das Sonderschulwesen.

– Das *Ley Orgánica 9/1995 de la Participación, la Evaluación y el Gobierno de los centros docentes* (*LOPEG*) erläutert die Vorgabe des *LODE* für den Bereich der Partizipation, vervollständigt Aspekte der Organisation, der Leitung und der Supervision, ebenso wie die Funktionen der Verwaltung der öffentlich geförderten Schulen, um sie den Vorgaben des *LOGSE* anzupassen.

– Das *Ley Orgánica 6/2001 de Universidades (LOK)* regelt die Struktur und die Ausbildung des universitären Ausbildungssystems.

Mit Inkrafttreten des *LOGSE* als gesetzlicher Norm der Bildung erlosch die Wirkung des *Ley General de Educación* (*LGE*) von 1970 (mit Ausnahme der Art. 10, 11.3, 137 und 144), obgleich es vorübergehend noch teilweise gültig bleibt, bis das neue Gesetz vollständig implementiert ist, was 2002/03 der Fall sein wird.

Bildungsziele

Die Reformen der Bildungs- und Erziehungsziele sind im *LODE* niedergelegt, die konkreten Aufgaben werden im *LOGSE* erläutert, und zwar im Einklang mit den neuen demokratischen Prinzipien, den Rechten und Pflichten seit Inkrafttreten der Verfassung. Die Bildungs- und Erziehungsziele der verschiedenen Ausbildungsstufen sind:

– *Vorschule:* Förderung der physischen, intellektuellen, emotionalen, sozialen und moralischen Entwicklung des Kindes. Insbesondere geht es darum, Mängel des sozialen, kulturellen und/oder ökonomischen Umfeldes zu kompensieren.

– *Grundschule:* Allen Kindern eine gemeinsame Ausbildung zuteil werden lassen und den Erwerb von grundlegenden Kulturtechniken zu ermöglichen.

– *Obligatorische Sekundarschule (Sekundarstufe I):* Allen Schülern eine Basisbildung zu vermitteln, den Erwerb von Kulturtechniken zu ermöglichen insbesondere im Bereich der mündlichen Ausdrucksfähigkeit, des Lesens, Schreibens und Rechnens.

– *Sekundarstufe II (Gymnasiale Oberstufe/Abiturstufe):* Das Wissen der Schüler im Bereich der Wissenschaften zu vergrößern, sie mit den geistigen Arbeitstechniken vertraut zu machen, ihnen bei der Berufswahl zu helfen.

– *Berufliche Bildung:* Den Erwerb beruflicher Qualifikationen zu ermöglichen, Organisation und Bedeutung des Arbeitssektors zu verstehen.

– *Hochschulwesen:* Vorbereitung auf die Ausübung von Berufen, für die der Erwerb wissenschaftlicher Methoden nötig ist.

Lokale, regionale und staatliche Verwaltung und Finanzierung

Wie die allgemeine Verwaltung hat sich auch die Verwaltung von Schule und Ausbildung den Erfordernissen der Dezentralisierung angepasst. Sie wird auf drei Ebenen durchgeführt:

Die *zentrale Verwaltung* liegt in der Verantwortung des Ministeriums für Erziehung und Wissenschaft. In seiner Kompetenz liegt u.a. die Organisation des Bildungswesens, die Festlegung der minimalen Anforderungen für die Errichtung von Schulen, die Regelung der Pflichtschulzeit und die gegenseitige Anerkennung der Ausbildung in ganz Spanien. *Die autonome Verwaltung* wird in den Regionen, die über die Bildungshoheit verfügen, von deren Bildungsabteilungen ausgeübt. Sie übernehmen in ihren Regionen die administrative Verantwortung für alle Bereiche, die nicht vom Zentralstaat beansprucht werden. Die *lokale Verwaltung* wird von den Kommunen durchgeführt. Sie sind für die Dinge verantwortlich, die direkt ihre Interessen berühren, wie z.B. die Ausstattung und Wartung der Schulgebäude oder die Erfüllung der Schulpflicht.

Die Finanzierung von Schule und Ausbildung wird nach demselben Stufungsmodell ebenfalls dezentral geregelt. Auch Privatschulen können sich um öffentliche Gelder bewerben, solange sie den durch den Staat festgelegten Mindestanforderungen genügen. Es gibt daher Privatschulen, die durchgängig privat verwaltet und finanziert werden, staatlich subventionierte Schulen (*escuelas concertadas*), d.h. in privater Trägerschaft, aber durch öffentliche Mittel finanziert, sowie rein private Schulen (in privater Trägerschaft und privat finanziert).

Partizipation und Beratungsgremien

Die Demokratisierung und Dezentralisierung des Bildungswesens bedeutet nicht nur eine Neuverteilung der Macht zwischen den verschiedenen Verwaltungsebenen, sondern auch die Förderung der gesellschaftlichen Partizipation auf den verschiedenen Ebenen des Bildungswesens. Auf nationaler Ebene gibt es den „Staatlichen Schulbeirat" (*Consejo Escolar del Stato*), der in Fragen allgemeiner Bildungsplanung und -gesetzgebung um Rat gefragt wird. Parallel dazu arbeitet der „Allgemeine Berufsbildungsbeirat" (*Consejo General de Formación Profesional*) für seinen Bereich. Auf der regionalen Ebene (autonome Gemeinschaft) arbeitet der Regionale

Schulbeirat (*Consejo Escolar Territorial*). Seine Aufgabe ist vor allem die Berichterstattung und Beratung über die Schulentwicklung in seiner Region. Darunter gibt es analoge Gremien auf Bezirksebene, kommunaler Ebene usw. Auf der Ebene der Einzelschule gibt es den „Schulbeirat", der über das Schulprogramm (Schulprofil) befindet, den Direktor wählt, die Schulordnung beschließt, zur Konfliktlösung beiträgt, die Zulassung von Schülern mitentscheidet, den Haushaltsplan der Schule verabschiedet, die Formen der Leistungsmessung in der Schule festlegt und über Schulpartnerschaften entscheidet. Daneben arbeiten auf Schulebene noch die Elternverbände.

Prinzipien und Formen der Differenzierung

Die Prinzipien der schulischen Erziehung sind (vgl. EURYDICE 1997):
- die volle Entwicklung der Persönlichkeit des Kindes,
- Achtung vor den Grundrechten und -freiheiten, Toleranz und Freiheit innerhalb demokratischer Lebensgrundsätze,
- Vorbereitung auf die aktive Teilnahme am kulturellen und sozialen Leben,
- Aneignung von intellektuellen Arbeitshaltungen und -fertigkeiten sowie naturwissenschaftlichem, geschichtlichem, humanistischem, ästhetischem und technischem Wissen,
- Achtung vor der kulturellen und sprachlichen Vielfalt Spaniens,
- Friedenserziehung, Zusammenarbeit und Solidarität mit den Völkern.

Überblick über die Struktur des Schulsystems

Das Reformgesetz von 1990 (*LOGSE*) enthält bereits den rechtlichen Rahmen für die Restrukturierung des spanischen Erziehungswesens. Seine Implementierung wird eine bedeutende Änderung des vorherigen Gesetzes hinsichtlich der Organisation, der Pflichtschulzeit und den Stufen der Ausbildung darstellen.

Die (freiwillige) Vorschulerziehung gliedert sich in die Zyklen null bis drei Jahre und drei bis sechs Jahre. Die Pflichtschulzeit (*Educación Primaria*) beginnt im Alter von sechs Jahren. Sie ist unentgeltlich und dauert bis zum 12. Lebensjahr der Schüler. Die ebenfalls obligatorische Sekundarstufe I (*ESO, Educación Obligatoria Secundaria*) schließt sich für die Altersgruppe 12 bis 16 an. Damit ist die Pflichtschulzeit beendet. Die Sekundarstufe I unterteilt sich in zwei Zyklen, im ersten (im Alter von 12 bis 14 Jahren) werden die Schüler gemeinsam in den Kernfächern unterrichtet, während im zweiten (14 bis 16 Jahre) mehr Wahlmöglichkeiten geboten werden, (im Umfang von 25-30% der Gesamtunterrichtszeit).

Nach Abschluss dieser Stufe können die Schüler ihren Bildungsgang freiwillig fortsetzen, und zwar:
- in der zweijährigen allgemein bildenden Abiturstufe (*Bachillerato),* einem hochschulvorbereitenden Zweig mit den Profilen Kunst, Naturwissenschaften, Gesundheitswesen, Geisteswissenschaften, Sozialwissenschaften und Technologie;
- in der Berufsausbildung mittleren Grades (*Formación Profesional Especifica de Grado Medio, FP*), die ebenfalls zweijährig ist;

– weitere Alternativen bestehen in der Erwachsenenbildung, den Zweigen mit Internationalem Abitur, Ausbildung in Musik, Tanz, Skulptur, Sprachen oder Sportmanagement.

Schließlich gibt es den Hochschulbereich und den Tertiären Bildungsbereich unterhalb der Hochschulebene.

Die Struktur des Berufsschulwesens

Das Berufsschulwesen ist durch das genannte Reformgesetz erheblich umgestaltet worden. Es gliedert sich jetzt in:

– eine Grundausbildung (*FPB, Formación Profesional de Base*) innerhalb der obligatorischen Sekundarstufe und

– eine spezielle Berufsausbildung (*FPE, Formación Profesional Específica*) als post-obligatorische Ausbildung mittleren und höheren Grades.

Die Ausbildung mittleren oder höheren Grades ist in 136 Ausbildungszweige unterteilt, die wiederum in berufliche Module mit theoretischen und praktischen Ausbildungselementen gegliedert sind. Diese wiederum sind in 22 berufliche Bereiche zusammengefasst. Mit der Qualifikation eines *Bachillerato* ist der Übergang vom mittleren zum höheren Grad auf direkte Weise möglich. Ansonsten muss ein Zugangstest gemacht werden, vorausgesetzt, dass der Kandidat 18 Jahre alt ist.

Allgemein bildende Schulen

Durch das Reformgesetz wurde ein neues curriculares Modell eingeführt (vgl. EURYDICE 1997), das eine Reihe von innovativen Elementen enthält:

– Das bisherige technisch und präskriptiv ausgerichtete Curriculummodell wurde dem schulischen Kontext angepasst, sodass die Lehrer es fortentwickeln und es ihrerseits an die Bedürfnis der Schüler adaptieren können.

– Es wurde ein offenes Curriculum eingeführt, das größere Flexibilität gewährleistet. Dabei gibt es drei Ebenen:

  – das vom Staat vorgeschriebene minimale Curriculum,

  – die Entwicklung und Anpassung des minimalen Curriculums in Form von Projekten durch die Lehrerverbände,

  – die Anpassung des Curriculums an die Schülergruppen durch den jeweiligen Lehrer.

Das neue Curriculum führt zwei besondere Prinzipien ein, die Allgemeinheit und die Diversität. Dadurch soll allen Schülern eine gemeinsame Bildungsgrundlage garantiert werden. Zugleich werden Möglichkeiten geschaffen, den Unterschieden in Begabung, sozio-kulturellem Hintergrund usw. Rechnung zu tragen.

Das Reformgesetz (*LOGSE*) betraf aber auch die Struktur der präskriptiven Curricula selbst, d.h. ihre Gliederung nach Bildungszielen, Inhalten und Fächern. Hinsichtlich der Bildungsziele erfolgt eine zweifache Änderung. Zum einen gehen sie von der Formulierung als „beobachtbares Verhalten" zugunsten der Festschreibung „allgemeiner Fähigkeiten" ab. Andererseits schlägt sich die neue Offenheit der Curricula durch eine Strukturierung der Lernziele in Stufen und Abschnitten statt in Zyklen nieder. Daneben werden auch Bausteine in die Curricula integriert, die im Rahmen der Pflichtschule eine berufliche Grundbildung für *alle* Schüler vorsehen.

Bezüglich des Inhalts wurden die folgenden Änderungen eingeführt: Das Kerncurriculum soll nicht mehr als 65% (bzw. 55% im Falle der autonomen Regionen mit eigener Sprache) der gesamten Unterrichtszeit einnehmen. Zum anderen wird eine neue Unterscheidung von konzeptionellen (Fakten, Konzepte, Prinzipien), handlungsbezogenen und verhaltensbezogenen Inhalten (Werte und Normen) gemacht. Auf diese Weise sollen Handlungswissen und Werte, die bislang eher implizit das „verborgene Curriculum" ausmachten, durch das Gesetz explizit gemacht werden. Innovationen gibt es auch auf dem Gebiet der Fächer: die Einführung einer Fremdsprache vom dritten Schuljahr der Primarschule an und eine zweite Pflichtfremdsprache in der Sekundarstufe I. Dazu kommt die Einführung eines Technologieunterrichts in der Sekundarstufe I (*ESO*). Schließlich ist auch die Betonung der fachübergreifenden Themen neu, die in allen Fächern auftauchen sollen, es sind Friedens-, Verkehrs-, Verbraucher-, Umwelt-, Gesundheitserziehung sowie die „Erziehung zur Chancengleichheit der Geschlechter" und zur Rolle als Bürger eines freien und demokratischen Staates.

Methodik und Leistungsmessung

Die Reform der Unterrichtsmethodik hat zu folgenden Maßnahmen geführt:

– Änderung in der psychologischen Begründung des Curriculums, weg von einer Fokussierung auf das *Lehren* hin zu einem konstruktivistischen Ansatz des *Lernens*.

– Die Bereitstellung von mehr sächlichen und persönlichen Ressourcen, um der Vielfalt und der Individualisierung des Lernens Rechnung zu tragen.

Das Reformgesetz hat des Weiteren bedeutende Änderungen für den Bereich der Leistungsmessungen vorgesehen. Die Beurteilungen in der Grundschule müssen umfassend sein, d.h. über die Beurteilung der einzelnen Fachleistungen hinausgehen. Wenn das Kind die nötigen Fertigkeiten erworben hat, die in dem Zyklus oder der Grundschule vorgesehen sind, wird es versetzt, ohne dass die Leistungen in den einzelnen Fächern ausschlaggebend sind. Entsprechend diesem neuen Ansatz ist die Leistungsmessung nicht allein auf den Fortschritt und auf die Resultate der Schüler beschränkt, sondern schließt auch eine Bewertung der Leistung des Lehrers ein, wie auch des curricularen Projektes, des implementierten Curriculums und der realen Weiterentwicklung des Curriculums.

Übergang innerhalb des Ausbildungssystems

Am Ende jedes der drei Zyklen der Grundschule wird über die Versetzung in den nächsten Bereich entschieden. Wenn die Leistungen nicht ausreichend sind, kann der Schüler einmal während der Grundschulzeit wiederholen. Am Ende des ersten Zyklus und am Ende eines jeden Jahres im zweiten Zyklus der Sekundarschule entscheidet die jeweilige Lehrerkonferenz über die Versetzung. Mehr als zwei Jahre können in dieser Schulstufe nicht wiederholt werden. Innerhalb der Berufsausbildung mittleren Grades muss der Schüler in jedem der Ausbildungsmodule des Zyklus positiv bewertet werden, um versetzt zu werden. Unter dieser Voraussetzung erhält er das Abgangszeugnis als *Técnico*, womit er zur Abiturstufe (*Bachillerato)* zugelassen ist bzw. zu einer anderen Ausbildung, die mit einem Examen im Alter von 18 Jahren endet.

Auf der Abiturstufe (*Bachillerato*) müssen Schüler, die in mehr als zwei Fächern am Ende des Jahres negativ bewertet werden, den Kurs wiederholen. Maximal vier Jahre hat der Schüler Zeit, sein *Bachillerato* zu beenden. Schüler, die in allen Fächern bestanden haben, erhalten ihr Abgangszeugnis, das sie berechtigt, nach einer besonderen Aufnahmeprüfung das Universitätsstudium zu beginnen. In der beruflichen Bildung höheren Grades gilt die entsprechende Regelung wie beim *Bachillerato*.

Förderunterricht für benachteiligte Schüler

Das Prinzip der Chancengleichheit in der Ausbildung impliziert, dass bestimmten defavorisierten Gruppen besondere Aufmerksamkeit zuteil wird, z.B. solchen aus ländlichen Gebieten, Jugendlichen ohne Schulbildung, Kindern aus kulturellen Minoritäten und der nicht sesshaften Bevölkerung. Mit Hilfe von integrierten schulorganisatorischen und curricularen Maßnahmen möchte das Reformgesetz einen Aktionsplan für die betreffenden Gruppen durchführen und bietet beispielsweise Studienbeihilfen und Prämien für diejenigen an, die am meisten unter dem Mangel finanzieller Ressourcen zu leiden haben. Auf diese Weise bietet das Reformgesetz verschiedene Möglichkeiten an, den unterschiedlichen Bedürfnissen auf allen Schulstufen gerecht zu werden. Die alternativen Vorschläge reichen von der Schaffung eines größeren Freiheitsraumes bis zur Einführung von angepassten Curricula oder curricularen Differenzierungen im letzten Zyklus. Außerdem sind Maßnahmen der so genannten Sozialen Garantie eingeführt worden. Diese sind speziell auf die Schüler abgestimmt, die vor dem Alter von 16 Jahren die Schule verlassen, um ihnen damit ein Minimum an beruflicher Ausbildung zu gewähren.

Aktuelle Diskussionen und Entwicklungsperspektiven

Probleme, die sich aus der Implementierung von LOGSE ergaben

Während der etwa zehnjährigen Existenz von *LOGSE* hat Spanien eine Reihe von Änderungen erlebt, und zwar in sozialer, politischer und ökonomischer Hinsicht, welche die gesamte Bevölkerung betrafen und zweifelsohne Auswirkungen auf das Bildungswesen hatten. Das Reformgesetz hat in Spanien sicherlich die „europäische Dimension im Bildungswesen" verstärkt und zugleich die Erziehungs- und Unterrichtsmethoden verbessert. Die Chancengleichheit ist größer geworden, die Prinzipien der Integration, der umfassenden Ausbildung und der konstruktiven Erziehung gelangen zur Anwendung. Das Bildungswesen ist neu strukturiert worden, Schüler mit besonderen Bedürfnissen haben größere Beachtung gefunden, die Autonomie von Lehrern und Schülern ist verstärkt worden. Auf der anderen Seite sind auch einige Schwachstellen festzustellen:

–   Das Reformgesetz hat die Leistungen der Schüler im Vergleich zum vorigen Schulgesetz nicht wesentlich erhöht. Es ist – außer bei den Sprachen – keine wesentliche Verbesserung festgestellt worden (INCE 2000). In der PISA-Untersuchung erreichen spanische Schüler allerdings in Lesekompetenz immerhin Platz 18 (drei Plätze über Deutschland!).

–   Die hohe Rate von Schulversagern, besonders nach Beendigung der Pflichtschulzeit. Auf dieser Stufe „ist die Leistung der Schüler weniger zufriedenstellend als die der 14-Jährigen, in dem Sinne, dass nur 22,5% von ihnen gegenüber 30% der 14-Jährigen die Resultate erreicht, die als uneingeschränkt akzeptabel angesehen werden" (INCE 1998, p. 144-145). Das bedeutet, dass ein Fünftel der Schüler die minimalen Anforderungen nicht erreicht, was zu hohen Wiederholerquoten führt (einer von drei Schülern muss das dritte Jahr der Sekundarausbildung wiederholen oder erhält die entsprechende Qualifikation nicht).

–   Die berufliche Ausbildung, die nur von wenigen Schülern absolviert wird, muss stärkere Beachtung erfahren (MARTÍNEZ 2001).

–   Trotz der eingeleiteten Reformen weist vieles auf eine Unzufriedenheit der Lehrerschaft hin (BENAVENTE 2001; MARCHESE/MONGUILOT 2001).

–   Dem quantitativen Wachstum der Universitäten steht keine ebenso große qualitative Entwicklung gegenüber, was zu einer allgemeinen Verminderung der professionellen Ausbildung der Studierenden führt (LÁZARO 2001). Zu beklagen sind ebenso die Spezialisierung und Atomisierung des Wissens, die schlechte Organisation der Ausbildung (MICHAVILA/CALVO 1998).

Laufende Reformen des Bildungswesens

Im Jahre 2000 lief die Möglichkeit aus, den autonomen Regionen weitere Kompetenzen im Bildungswesen zu übertragen (*Consejo Escolar del Estado, 2000*). Seit diesem Jahr sind auch drei neue Gesetzesvorlagen eingebracht worden: Das Gesetz zur Steigerung der Qualität der Bildung (*Ley de Calidad Educativa*), das sich an die Sekundarstufe richtet, das Gesetz über die Berufsbildung (*Ley de Formación Profesional*) und das Rahmengesetz für die Universitäten (*LOU – Ley Orgánica de Universidades*). In diesem Kontext erhält auch das Nationale Institut für Qualität und Evaluation (*INCE – Instituto Nacional de Calidad y Evaluación*) neue Bedeutung und neue Aufgaben. Außerdem war das akademische Jahr 1999/2000 besonders dadurch gekennzeichnet, dass es allgemeine Wahlen und Wechsel von Ministern im Kabinett gab, die zur Gründung eines neuen Ministeriums für Bildung, Kultur und Sport führten. Seitdem wurden folgende Innovationen geplant:

–   Die Vorschulerziehung von drei bis sechs Jahren soll unentgeltlich sein.

–   In der Grundschule soll im ersten Zyklus (sechs bis acht Jahre) mit dem Lernen einer ersten Fremdsprache begonnen werden, während die Kinder im zweiten Zyklus mit den Grundbegriffen des Computers bekannt gemacht werden sollen.

–   Das Curriculum für die Sekundarstufe I und das *Bachillerato* richtet sich stärker an minimalen Kernanforderungen aus, gleichzeitig erhalten die Pflichtfächer gegenüber den Wahlfächern ein größeres Gewicht.

–   Im Rahmen einer Curriculumreform des geistes- und humanwissenschaftlichen Lernbereichs erhalten Fächer wie Geschichte, Philosophie, und Klassische Sprachen (Latein/Griechisch) größeres Gewicht.

–   Für die berufliche Bildung, die bisher dreigeteilt war (berufliche Bildung in schulischer Verantwortung, betriebliche Berufsbildung und berufliche Weiterbildung), wird ein gemeinsames umfassendes Gesetz vorbereitet.

–   Ein höheres Institut für Lehrerfortbildung (*Instituto Superior de Formación del Profesorado*) soll Aufgaben der Weiterbildung des Lehrpersonals übernehmen und die nationale Anerkennung der in den Autonomen Regionen erworbenen Qualifikationen regeln.

– Ein neues nationales Zentrum für Information und Neue Technologien soll die Neuen Informationstechnologien dem Bildungswesen näher bringen.

Mit zwei weiteren Maßnahmen wird beabsichtigt, den Schülern im Alter von 14 Jahren die Wahl zwischen drei Ausbildungszweigen zu ermöglichen: beruflich-technisch, naturwissenschaftlich oder geisteswissenschaftlich. Andererseits wird das letzte Pflichtschuljahr als Kurs zur akademischen oder beruflichen Orientierung eingerichtet (*COAP – Curso para la Orientación Académica y Profesional Post-Obligatoria*), an dessen Ende die Schüler eine Prüfung bestehen müssen (*PGB-Prueba General de Bachillerato*).

Zukünftige Herausforderungen

Über die Ziele, die mit den geplanten legislativen Maßnahmen erreicht werden sollen, hinaus steht das spanische Bildungswesen nach wie vor vor einer Reihe von Herausforderungen. Es sind insbesondere:

– Die ständige Herausforderung, *Qualität* und *Gleichheit* auf allen Stufen zu vereinen.

– Der Einfluss der Informationsgesellschaft, der in allen Zusammenhängen von Erziehung und Bildung existiert.

– Die Notwendigkeit, die Autonomie der schulischen Einrichtungen zu verstärken, damit diese ihre eigenen Projekte erstellen können, die sich sensibler und anspruchsvoller in die Bedarfslagen der jeweiligen Gemeinschaft einfügen.

– Die wesentliche Anforderung, eine Strategie zur Unterstützung der Lehrerschaft zu entwickeln. Eine aktive Bildungspolitik soll die berufliche Motivation der Lehrer erhöhen, Forschung- und Experimentierfreude wecken, gute Praxis verbreiten und eine gute Ausbildungspolitik verankern.

– Die soziale und erzieherische Integration unterschiedlicher Gruppen ist eine große Herausforderung: Immigranten, Schüler mit Lernschwierigkeiten und andere aus benachteiligten Bereichen. Das verlangt die Konsolidierung und Stabilisierung der Lehrerschaft, die Kooperation mit anderen Ausbildungseinrichtungen (Universitäten, Gesellschaften, NGOs) und die Verbesserung von Unterstützungs- und Beratungsdiensten.

– Die Unterstützung von attraktiven Alternativen zur nicht universitären tertiären Ausbildung, die praktische Karrieren anbieten können und auf dem Arbeitsmarkt flexibel sind.

Literatur

BENAVENTE, J. M.: Mitos de la reforma educativa de los noventa en España. Revista Iberoamericana de Educación 27 (2001), S. 77-98

CAPITAN, A.: Historia de la Educación en España. II. Pedagogía Contemporánea. Madrid 1994.

CIDE: Sistema educativo español. Madrid 2001.

CONSEJO ESCOLAR DE ESTADO: Informe sobre el Estado y situación del sistema educativo. Curso 1999/2000. Madrid 2000.

DELGADO, E.: Historia de la Educación en España y América. La educación en la España Contemporánea (1789-1975). Madrid 1994.

ECHEVARRÍA, B.: Formación Profesional: guía para el seguimiento de su evolución. Barcelona 1993.

EURYDICE: Una década de reformas en la educación obligatoria de la Unión Europea 1984-1994. Bruselas 1997.

EURYDICE: El sistema educativo en España. EURYDICE-EURYBASE 2001: The information Database on Education Systems in Europe. http://www.eurydice.org

EURYDICE: Summary Sheets on Education Systems in Europe. EURYDICE-EURYBASE 2001a: The information Database on Education Systems in Europe. http://www.eurydice.org

GARCÍA GARRIDO, J. L.: La educación en el Siglo XXI: Desafíos para Europa y para España. In: Actas Del Congreso De Educación En La Rioja: La educación ante el siglo XXI. Gobierno de la Rioja. Consejería de Educación, Cultura, Juventud y Deportes, 1998, p. 138-149.

GARCIA GARRIDO, J. L.: Perspectivas de la Educación en Europa en el siglo XXI. In: L. M. Lázaro (ed.): Problemas y Desafíos para la Educación en el Siglo XXI en Europa y América Latina. Valencia 2001, p. 29-46.

INCE: Diagnóstico del sistema educativo. La escuela secundaria obligatoria 1997. Madrid 1998.

INCE: Evaluación de la educación secundaria obligatoria 2000. Datos básicos. Madrid: Ministerio de Educación, Cultura y Deporte, 2001.

LÁZARO, L. M.: La educación superior en Europa: el desafío pendiente de la equidad. In: L. M. Lázaro (ed.): Problemas y Desafíos para la Educación en el Siglo XXI en Europa y América Latina. Valencia 2001, p. 59-90.

MARCHESI, A.: Presente y futuro de la reforma educativa en España. Revista Iberoamericana de Educación 27 (2001), p. 57-76.

MARCHESI, A.: Controversias en la educación española. Segunda Edición. Madrid 2002.

MARCHESI, A./MONGUILOT, I.: La opinión de los padres sobre la calidad de la educación. Madrid 1999.

MARTÍNEZ, M. J.: Formación Profesional Comparada. Valencia 2001.

MEC: Las cifras de la Educación en España. Madrid 2000.

MEC: Datos Básicos de la Educación en España en el Curso 2001/2002. Madrid 2002.

MEC: Estadísticas educativas. http://www.mec.es/estadistica/index.html

MICHAVILA, F. Y/CALVO, B.: La universidad española hacia Europa. Madrid 2000.

OECD: Education at a glance. Paris 2000.

Spanien

				Schuljahre	Alter
	Universität (universdad) 2.Stufe			16	22
				15	21
	1.Stufe	Fachhoch- schule (escuela superior)	Berufliche Fachbildung höheren Grades *	14	20
				13	19
Sekundar- bereich II	allgemeinbildende Abiturstufe (Bachillerato)		Berufsbildung mittleren Grades (Formación professional específica de grado medio)	12	18
				11	17
Sekundar- bereich I	2.Stufe (2° ciclo)	obligatorischer Sekundarunterricht (Educación secundaria obligatoria)		10	16
				9	15
				8	14
	1.Stufe (1er ciclo)			7	13
Primarbereich	3.Stufe (3er ciclo)	Elementarunterricht (Educación primaria)		6	12
				5	11
	2.Stufe (2° ciclo)			4	10
				3	9
	1.Stufe (1er ciclo)			2	8
				1	7
Vorschul- bereich	2.Stufe (2° ciclo)	Vorschulerziehung (Educación infantil)			6
					5
					4
	1.Stufe				3
		* Formación professional específica de grado superior			2

Schulpflicht

© DIPF 2004

Jan Prucha

TSCHECHISCHE REPUBLIK

Entwicklung des Bildungswesens

Die Tschechische Republik ist ein relativ kleines Land (10,3 Millionen Einwohner), dessen Schulsystem eine lange Tradition hat. Die erste Universität auf tschechischem Territorium wurde bereits im Jahr 1348 (in Prag) gegründet und die Schulpflicht wurde im Jahr 1774 durch die Schulreform von Maria Theresa eingeführt. Seit dieser Zeit mussten alle tschechischen Kinder im Alter von sechs bis zwölf Jahren zumindest im „*Trivium*" (d.h. Lesen, Schreiben und Rechnen) unterrichtet werden. Die starke Alphabetisierung der tschechischen Bevölkerung kann daher unter anderem auf die Elementarausbildung in sechs Jahrgangsstufen (seit 1869 zumeist in acht Jahrgangsstufen) zurückgeführt werden. Nach offiziellen statistischen Angaben erhöhte sich während des 19. Jahrhunderts der Anteil der alphabetisierten Personen (d.h. Personen, die lesen und schreiben können) auf tschechischem Territorium von 66,4% auf 96,8%. Das Jahr 1918, das Gründungsjahr des unabhängigen Staates Tschechoslowakei, leitete eine neue Phase in der Entwicklung des Bildungswesens ein. Der bedeutendste Schritt der Bildungsreform war das Schulgesetz von 1922, das die Schulpflicht auf acht Jahre verlängerte. Damals war das tschechische Bildungswesen differenziert: (1) Der überwiegende Teil der Kinder absolvierte die acht Pflichtklassen entweder an einer Dorfschule oder ging fünf Klassen in die Elementarschule und anschließend drei Klassen in die städtische „Bürgerschule". Diese Schulen dienten in erster Linie als Vorbereitung auf eine weiterführende Ausbildung oder eine Lehre. (2) Der kleinere Teil der Kinder besuchte höhere Sekundarschulen: entweder das Gymnasium (das acht Klassen umfasste) oder die Realschule („*reálka*" mit sieben Klassen). Beide Schultypen schlossen mit dem Abitur (*maturita*) ab, das die Schüler für die Immatrikulation an einer Universität qualifizierte. Daneben gab es verschiedene Typen Sekundarfachschulen. Das Gymnasium und die Realschule waren damals sehr selektive Schultypen. Beispielsweise besuchte im Jahr 1935 nur ein Anteil von 8,2% der entsprechenden Altersgruppe diese Schulen, während die restlichen Schüler in die gewöhnlichen, nicht differenzierten Schulen gingen. Die selektive Aufteilung elfjähriger Kinder in zwei Bildungszweige kritisierten einige Pädagogen als soziale Diskriminierung. Infolgedessen wurden bereits Ende der 1930er Jahre Gesamtschulmodelle entwickelt, die jedoch nicht in großem Umfang in die Praxis umgesetzt wurden.

Nach dem zweiten Weltkrieg wurde die grundlegendste Schulreform in der früheren Tschechoslowakei durchgeführt: Im Mai 1948 verabschiedete das Parlament das „Gesetz über das einheitliche Bildungswesen". Der wichtigste Grundsatz des Gesetzes war das Recht aller Kinder unter 15 Jahren auf Ausbildung in Gesamtschulen der Primarstufe und Sekundarstufe I. Dies bedeutete praktisch, dass alle Schüler denselben Typ „Grundschule" mit neun Klassen besuchten. Nach dem Abschluss der Grundschule konnten die Kinder zum Gymnasium (vier Klassen), zur Sekundarfachschule (drei bis vier Klassen) oder zum Lehrlingsausbildungszentrum (zwei bis drei Klassen) wechseln. Dem Gesetz entsprechend wurden alle vorhandenen Privatschulen verstaatlicht, sodass ausschließlich staatliche Schulen für den Bildungsbereich zuständig waren. Der Staat übernahm sämtliche Verpflichtungen, gewährleistete eine kostenlose Schulbildung für alle jungen Menschen und erstellte die Curricula und Lehrbücher.

Die Ära des sozialistischen Bildungswesens erstreckte sich über vierzig Jahre (1948 bis 1989). Bis heute wurden weder die positiven noch negativen Ergebnisse dieser Ära von tschechischen Bildungsexperten abschließend analysiert. Einerseits war das damalige tschechische Bildungswesen stark vereinheitlicht und streng zentralisiert. Es wurde durch die politischen Entscheidungen der kommunistischen Partei gesteuert. Die Intoleranz gegenüber jeglichem nichtmarxistischen Denken, insbesondere gegenüber religiösen Gefühlen, beschränkte das demokratische und humanistische Wesen der Schulen. Die damaligen Schulbücher sind ein Beispiel für die extreme Uniformität des Bildungswesens: Im sozialistischen Bildungswesen der Tschechischen Republik durfte pro Klassenstufe und Fach immer nur ein bestimmtes Schulbuch verwendet werden; alternative Schulbücher wurden nicht zugelassen. Andererseits trug dieses System jedoch dazu bei, die sozialen Schranken beim Zugang zur höheren Sekundarbildung und zum Universitätsstudium abzubauen. Zwischen 1960 und 1990 nahm insbesondere die Anzahl der Schüler, die den Schulbesuch der Sekundarstufe II mit dem Abitur (*maturita*) abschlossen, beträchtlich zu. Im Jahr 1960/61 besuchten 48.148 Schüler das Gymnasium, während im Jahr 1988/89 die Zahl der Gymnasialschüler auf 95.346 angestiegen war. Im November 1989 führte die dramatische Veränderung des politischen und wirtschaftlichen Systems auch zu einer tiefgreifenden Transformation des tschechischen Bildungswesens (zur Entwicklung des tschechischen Bildungswesens in den 1990er Jahren siehe Prucha 1992, 1994, 1997):

–   In einem ersten Schritt wurden die Inhalte der Lehrpläne geändert: Die Ideen der marxistischen Doktrin wurden aus den Lehrplänen sämtlicher Bildungsstufen entfernt. Stattdessen wurden neue Fächer wie Sozialwissenschaften, Philosophie und Kulturgeschichte eingeführt.

–   Die Schulbücher für Geschichte, Geographie, Gesellschaftslehre und andere Fächer wurden abgeschafft, da sie von der marxistischen Ideologie stark beeinflusst waren. Heute gibt es für sämtliche Bildungsebenen neue Schulbücher. Mehrere private Verleger bieten für bestimmte Klassenstufen und Fächer verschiedene Schulbücher an, unter denen die Schulen und Lehrkräfte eine Auswahl treffen können.

–   Der Fremdsprachenunterricht wurde von Grund auf reformiert. Die Kinder sind seit 1990 nicht mehr dazu verpflichtet, Russisch als erste Fremdsprache zu erlernen, sondern können bereits ab der 4. Klasse der Primarschule zwischen Englisch, Deutsch, Französisch oder Russisch wählen.

–   Die radikalste Änderung betraf die Struktur des Schulsystems. Im Jahr 1990 erließ das Ministerium für Bildung, Jugend und Sport mehrere wichtige Verordnungen. Sie bildeten die rechtliche Grundlage für die Abschaffung der Gesamtschule im tschechischen Bildungswesen. So führte die politische Transformation direkt zur Diversifizierung des Schulsystems. Der erste Schritt bestand in der Wiederherstellung des differenzierten Schulsystems aus der vorsozialistischen Zeit, d.h. die Wiedereinführung des traditionellen Gymnasiums (mit sechs bzw. acht Jahrgangsstufen). Neben den staatlichen Schulen wurden private Schulen sowie Schulen gegründet, die von Kirchen oder Religionsgemeinschaften betrieben werden.

– Eine weitere wichtige Gesetzesänderung war weitreichend für das Schulsystem. Die jeweiligen Schulen, Schulleiter und die lokalen Behörden erhielten mehr Kompetenzen. Das Prinzip der Selbstverwaltung der Schulen wurde eingeführt, während die direkte Kontrolle der Schulen durch das Bildungsministerium vermindert wurde. Für die Finanzierung der Schulen ist der Staat zuständig und verteilt die finanziellen Mittel als Jahresbudget. Doch die Kommunen und regionalen Schulbehörden spielen bei der Verteilung der Gelder an einzelne Schulen eine entscheidende Rolle.

In welche Richtung die zukünftige Entwicklung des tschechischen Bildungswesens gehen wird, ist gegenwärtig aufgrund der erheblichen Kontroversen zwischen den politischen Parteien über die Ziele und weitere Entwicklung des Bildungswesens noch nicht vollständig geklärt.

Organisation des gegenwärtigen Schulsystems

Der nichtstaatliche Sektor im tschechischen Bildungswesen

In der Zeit des sozialistischen Regimes waren Privatschulen nicht zugelassen. Seit 1990 wurden in Übereinstimmung mit den gesetzlichen Regelungen neue, nichtstaatliche Schulen gegründet. Es gibt offiziell zwei Typen nichtstaatlicher Schulen in der Tschechischen Republik: (1) Privatschulen, die Eigentum von Privatpersonen oder Körperschaften sind und von diesen betrieben werden; (2) Konfessionsschulen, die von religiösen Gemeinschaften gegründet und geführt werden. Es gibt katholische und protestantische Schulen sowie eine jüdische Schule. Zum gegenwärtigen Zeitpunkt gibt es in den verschiedenen Bildungsebenen der Tschechischen Republik 614 Privatschulen und 105 Konfessionsschulen. Die meisten nichtstaatlichen Schulen sind Sekundarfachschulen. In diesem Bereich ist die Zahl der Schüler relativ hoch: etwa 15% aller Schüler in der Sekundarstufe II besuchen nichtstaatliche Schulen. Die Zahl der Schüler und Studenten an den Konfessionsschulen ist jedoch relativ gering. Insgesamt sind in den Konfessionsschulen aller Bildungsebenen 13.138 Schüler vertreten, dies entspricht einem Anteil von lediglich 0,7% an der Gesamtzahl der an allen Schulen registrierten Schüler.

Schultypen des allgemeinen und beruflichen Bildungswesens

Pflichtschulbereich

Der Schulbesuch ist für Kinder im Alter von sechs bis 15 Jahren obligatorisch. Es gibt zwei Möglichkeiten die Pflichtschule abzuschließen:

– Die meisten Schüler besuchen die Grundschule (*základní škola*), die neun Klassen umfasst. Die Grundschule beinhaltet die Primarstufe (1.-5. Klasse) und die Sekundarstufe I (6.-9. Klasse), die den ISCED-Stufen eins bzw. zwei entsprechen. In den Primarklassen wird der gesamte Unterricht von einem Klassenlehrer durchgeführt (mit Ausnahme der Fremdsprachen, die in der Regel von

Fachlehrern unterrichtet werden). In der Sekundarstufe I werden bestimmte Fächer von Fachlehrern unterrichtet. Die Ausbildung an der Grundschule ist der übliche Bildungsweg, den etwa 90% aller Kinder verfolgen.

– Das so genannte „*mehrjährige Gymnasium*" stellt den anderen Bildungsweg dar. Im Jahr 1990 wurde die Einführung eines alternativen Gymnasiums, das mehr als vier Jahrgänge umfasst, beschlossen. Zurzeit gibt es zwei Typen des mehrjährigen Gymnasiums: das 8-jährige Gymnasium nach dem Abschluss der 5. Klasse Grundschule und das 6-jährige Gymnasium nach dem Abschluss der 7. Klasse Grundschule. So besteht für einige Kinder die Möglichkeit, bereits im Alter von elf oder 13 Jahren zum Gymnasium zu wechseln. Das herkömmliche 4-jährige Gymnasium hat dagegen den Abschluss der 9. Klasse Grundschule zur Voraussetzung. Jährlich nutzen etwa 10% der Schüler die Möglichkeit, an ein mehrjähriges Gymnasium zu wechseln. Etwa 15% der mehrjährigen Gymnasien sind private und 5% konfessionelle Schulen.

Allgemein bildende Sekundarstufe II

Der allgemein bildende Unterricht im Sekundarbereich II (*ISCED*-Stufe 3) wird am Gymnasium durchgeführt. Das *Gymnasium* ist eine allgemein bildende Sekundarschule mit vier Jahrgangsstufen (in der Regel für Schüler im Alter von 15 bis 18/19 Jahren). Der Besuch des Gymnasiums schließt mit dem Abitur ab, das für die Zulassung zu einer Hochschule erforderlich ist. Von der Gesamtzahl aller Gymnasialschüler (127.035 Schüler im Jahr 1999/2000) schlossen etwa 55% ihre Ausbildung an einem vierjährigen Gymnasium und etwa 45% an einem mehrjährigen Gymnasium ab. Das Gymnasium ermöglicht eine Spezialisierung in Sprachen, Geisteswissenschaften, Mathematik oder Naturwissenschaften. Das Curriculum enthält gewöhnlich die folgenden Pflichtfächer: Tschechische Sprache und Literatur, zwei Fremdsprachen, Mathematik, Sozialwissenschaften, Naturwissenschaften, Informationstechnik und Computertechnologie, Kunsterziehung, Leibeserziehung. Darüber hinaus besteht ein recht breites Angebot an Wahlfächern sowie an zusätzlichen Unterrichtsstunden, die der Schulleiter für bestimmte Fächer festlegen kann. Innerhalb des allgemeinen Curriculumrahmens sind daher Variationen von bis zu 25-30% möglich. Zudem haben die Schulleiter einen großen Spielraum bei der Gestaltung des jeweiligen Schulprofils, indem sie zusätzliche Unterrichtsstunden für einige Fächer zuweisen können. Dies stärkt die Autonomie und Flexibilität der Gymnasien. Die Ausbildung an Gymnasien bietet keine berufliche Qualifizierung. Die meisten Schüler setzen ihre Ausbildung an der Universität oder an einer Postsekundarinstitution fort. Im Allgemeinen sind die Abiturienten auf ein Universitätsstudium gut vorbereitet. Gegenwärtig besuchen etwa 24% aller Schüler der Sekundarstufe II ein vier- oder mehrjähriges Gymnasium.

Berufliches Schulwesen und berufliche Ausbildung

Die Sekundarfachschule (*Střední odborná škola – SOŠ*) ist der beliebteste Sekundarschultyp in der Tschechischen Republik. Die Schulen diesen Typs haben eine lange Tradition und werden zurzeit von etwa 36% der entsprechenden Altersgruppe besucht. Sie vermitteln spezielle Kenntnisse und Fertigkeiten und bilden auf einer mittleren Qualifikationsebene Fachkräfte aus, die direkt in das Arbeitsleben eintreten können. Die Sekundarfachschulen sind hoch spezialisierte Institutionen. Zu den wichtigsten Typen zählen Sekundargewerbeschulen (spezialisiert auf Maschinenbau und Elektrotechnik, Chemie usw.), Sekundarlandwirtschaftsschulen (einschließlich Forstwirtschaftsschulen), Sekundarschulen im Gesundheitsbereich (zur Ausbildung von Krankenpflegern), Sekundarwirtschaftsschulen, Sekundarschulen zur Ausbildung von Bibliothekaren, Sekundarpädagogikschulen (zur Ausbildung von Lehrkräften für Kindergärten) und andere. Die Ausbildung an den Sekundarfachschulen dauert in der Regel vier Jahre und wird wie am Gymnasium mit einem Abitur (*maturita*) abgeschlossen. Daher können sich die Absolventen für ein Universitätsstudium bewerben. An einigen Sekundarfachschulen ist die Ausbildung jedoch kürzer (zwei oder drei Jahre) und umfasst kein Abitur. Ein Teil der Sekundarfachschulen wird privat geführt und von etwa 16% aller Schüler in dieser Ausbildungsstufe besucht. Berufsbildende Sekundarschulen für die Lehrberufausbildung (*Střední odborné učiliště – SOU*) sind Einrichtungen, die ein breites Spektrum beruflicher Ausbildungen abdecken. Die dort ausgebildeten Fachkräfte werden in einem Beruf qualifiziert, der in der offiziellen Berufsliste enthalten ist. Die meisten Schulen bieten 3-4-jährige berufliche Ausbildungsprogramme an. Die Absolventen haben als Fachkräfte in der Regel einen direkten Zugang zum Arbeitsmarkt. Einige berufsbildende Sekundarschulen bieten stärker theoretisch ausgerichtete Programme an, die mit dem Abitur (*maturita*) abschließen. Diese Programme werden von etwa 10% aller Schüler an berufsbildenden Sekundarschulen besucht. Der Unterricht und die Ausbildung an den berufsbildenden Sekundarschulen ist größtenteils als duale Lehre organisiert (mit dem deutschen Ausbildungssystem vergleichbar): Die Einrichtungen kombinieren den theoretischen Unterricht an der Schule mit der praktischen Ausbildung in einem Ausbildungszentrum bzw. an einem betrieblichen Arbeitsplatz. Obwohl die Lehrpläne der berufsbildenden Schulen auf die Ausbildung zu rein praktischen Tätigkeiten (wie Bäcker, Installateur, Bergarbeiter oder Schneider) ausgerichtet sind, werden zunehmend mehr allgemein bildende Fächer (z.B. Fremdsprachenunterricht) in die Curricula aufgenommen. Insgesamt sind die berufsbildenden Schulen ein wichtiger Zweig der höheren Sekundarschulen, der von etwa 40% der entsprechenden Altersgruppe besucht wird.

Postsekundarbereich (nichtuniversitär)
Ein neues Phänomen des tschechischen Bildungswesens sind die höheren Berufsschulen (*Vyšší odborná škola – VOŠ*). Sie sind die erste Stufe der Tertiärausbildung und entsprechen der *ISCED*-Stufe 5B (d.h. sie führen nicht direkt zu einem höheren wissenschaftlichen Abschluss). Die von ihnen angebotene 3- bis 4-jährige Ausbildung qualifiziert für hoch spezialisierte Berufe. Die Ausbildung in den hierfür erforderlichen Kenntnissen und Fähigkeiten kann an der Sekundarfachschule nicht geleistet werden. Das Abitur (*maturita*) an einer Schule der Sekundarstufe II ist Voraussetzung für die Bewerbung an einer höheren Berufsschule. Gegenwärtig gibt es 168 höhere Berufsschulen mit 31.073 Schülern (im Schuljahr 1999/2000). Einige Institutionen bemühen sich um eine Anerkennung als nichtuniversitäre Tertiärstufe, die zur Vergabe des Bachelor-Abschlusses berechtigt ist.

Prinzipien und Formen der Differenzierung

Ein Kennzeichen des tschechischen Bildungswesens ist, wie bereits erwähnt, die Differenzierung. Dies bedeutet, dass bestimmte Formen der Differenzierung angewendet werden, die offiziell oder aber auch inoffiziell bzw. verdeckt durchgeführt werden. In den folgenden Schulphasen wird eine offizielle Differenzierung der Schüler und Studenten vorgenommen:

–   Die erste Differenzierung der Schüler findet im Alter von elf oder 13 Jahren statt. In dieser Altersstufe wechseln einige Schüler (von denen angenommen wird, dass sie für das akademische Programm geeignet sind) von der Grundschule zu einem mehrjährigen Gymnasium. Diese Differenzierung wird derzeit in heftigen politischen Debatten kontrovers diskutiert.

–   Die zweite Differenzierung im Bildungswesen findet im Alter von 15 Jahren statt: Nach dem Abschluss der 9-jährigen Grundschule wechseln die Schüler zu zwei verschiedenen Zweigen des weiterführenden Bildungswesens: (1) Dies sind zum einen die Schulen der Sekundarstufe II (Gymnasien und Sekundarfachschulen), die mit einem Abitur (*maturita*) abschließen, sodass sich die Absolventen anschließend für ein Universitätsstudium bewerben können. (2) Die berufsbildenden Sekundarschulen, die eine praktisch orientierte Ausbildung anbieten und nicht mit dem Abitur abschließen, bilden den anderen Zweig. Heute beträgt der Anteil der Schüler in Zweig (1) etwa 60% und in Zweig (2) etwa 40%. Die Differenzierung erfolgt auf der Grundlage einer Aufnahmeprüfung, die alle Bewerber für die Schulen des Zweigs (1) absolvieren müssen.

Darüber hinaus wird in den Schulen eine inoffizielle Differenzierung vorgenommen, die „Leistungsdifferenzierung" genannt wird. Obwohl die allgemeinen Schulbestimmungen Differenzierungen innerhalb der Schulen untersagen, richten viele Grundschuldirektoren „homogene Klassen" ein. Dies bedeutet, dass die Schüler entsprechend ihrer Leistungen in Parallelklassen aufgeteilt werden, sodass z.B. in der Jahrgangsstufe sieben die Klasse (A) aus „besseren" Schülern und die Klasse (B) aus „schlechteren" Schülern zusammengesetzt ist. Die Lehrkräfte und Schuldirektoren haben dabei die „besten Absichten", denn sie glauben, dass die Schüler besser lernen können, wenn sie dem Grad ihrer Fähigkeiten und Lernvoraussetzungen entsprechend in homogene Klassen eingeteilt werden und dass heterogene Klassen die Entwicklung der begabten Schüler beeinträchtigen. Das Ausmaß dieser inoffiziellen Differenzierung an tschechischen Schulen ist nicht bekannt, da hierzu keine Daten veröffentlicht sind.

Qualitätskontrolle, Evaluation, Aufsicht

Es gibt verschiedene nationale und internationale Verfahren, die die Qualität des tschechischen Bildungswesens evaluieren: Auch wenn es keine staatliche Evaluation der Leistungen des tschechischen Bildungswesens gibt, organisiert ein Privatunternehmen eine Evaluation mit der Bezeichnung *Kalibro*. Diese Evaluation, die seit 1996 in regelmäßigen Abständen an den tschechischen Primar- und Sekundarschulen durchgeführt wird, prüft die Kenntnisse und Fähigkeiten der Schüler. *Kalibro* testet die Schulleistungen für alle Hauptfächer in den verschiedenen Klassen und Typen der Primar- und Sekundarschulen auf dem gesamten Territorium der Tschechischen Republik. Diese Evaluation verwendet exakte Verfahren und die Untersuchungsergebnisse werden veröffentlicht (KALIBRO 28 (5), 2001).

Das Programm *SET* führt seit Mitte der 1990er Jahre eine andere Evaluation durch, die ausschließlich die Schulen der Sekundarstufe II abdeckt. Diese Evaluation vergleicht die Qualität der Schulen auf der Grundlage quantitativer Kennzeichen, z.B. die Anzahl der Absolventen einer bestimmten Schule, die an der Universität zugelassen werden, oder die Zahl der für die Schüler verfügbaren Computer. Diese Evaluation wird von dem staatlichen Institut für Bildungsinformationen durchgeführt, das in regelmäßigen Abständen eine Rangliste der Sekundarschulen veröffentlicht. Diese Tabellen enthalten die besten Schulen, die entsprechend ihrer Qualitätsparameter angeordnet sind.

Das tschechische Bildungswesen wird darüber hinaus im Rahmen internationaler Vergleichsstudien wie der TIMS-oder PISA-Studie evaluiert. In der TIMS-Studie nahmen die tschechischen Schüler hinsichtlich der Durchschnittsergebnisse weltweit einen der vordersten Plätze ein (siehe European Report on Quality of School Education, 2000). Diese Evaluation ergab jedoch auch, dass an den tschechischen Schulen erhebliche Leistungsunterschiede im Sekundarschulbereich II auftraten: Die Schüler in den akademischen Programmen (Gymnasium) lagen im internationalen Vergleich im Spitzenbereich, wohingegen die Schüler in den praktisch orientierten Programmen (Lehre) deutlich schlechtere Ergebnisse erzielten. Eine Interpretation der tschechischen und internationalen Evaluationen des Bildungswesens mit ausführlichen Analysen und Vergleichen ist bereits an anderer Stelle erfolgt (vgl. PRUCHA 1999).

Die tschechische Schulinspektion (*Česká školní inspekce*) führt ebenfalls eine regelmäßige Evaluation an allen Schultypen durch. Diese staatliche Organisation kontrolliert nicht nur die Leistungen der Schüler, sondern insbesondere auch den Schulbetrieb, d.h. die Realisierung der in den offiziellen Lehrplänen und anderen Dokumenten festgelegten Ziele des Bildungswesens. Wichtig sind auch die jährlich publizierten Berichte der Schulinspektionen, die Daten aus Inspektionen auf landesweiter Ebene enthalten. Der Bericht für das Jahr 1999/2000 umfasst die Ergebnisse von über 3.100 Schulinspektionen, was etwa 21% des gesamten nationalen Schulnetzwerks abdeckt.

Qualifikation des Lehrpersonals

Die Lehrkräfte für sämtliche allgemein bildenden und berufsbildenden Schulen werden an der Universität ausgebildet. In der Tschechischen Republik gibt es an den Universitäten neun Fakultäten für Erziehungswissenschaften, die Lehrkräfte für den Primar- und Sekundarbereich und für den Sonderschulbereich ausbilden. Darüber hinaus werden an über 20 weiteren Fakultäten Lehrkräfte für die Sekundarstufe II ausgebildet. Eine Ausnahme bilden die Lehrkräfte für den Kindergartenbereich, die ihre Qualifikation entweder durch ein Universitätsstudium (Bachelor-Abschluss) oder an speziellen pädagogischen Schulen der Sekundarstufe II erwerben.

Auch wenn das System der Lehrerausbildung gut ausgebaut ist, ist die Realität an den tschechischen Schulen nicht zufrieden stellend: Ein Teil der Universitätsabsolventen mit Lehrerabschluss arbeitet nicht im Schulsektor, sondern in anderen, besser bezahlten Bereichen. Daher gibt es in einigen Regionen einen Mangel an qualifizierten Lehrkräften für den Primar- und Sekundarbereich, sodass unqualifizierte

Lehrkräfte eingesetzt werden müssen. Im Durchschnitt sind an den Grundschulen etwa 12% aller Lehrkräfte nicht qualifiziert (im Schuljahr 1999/2000), doch der Anteil der unqualifizierten Lehrkräfte für die Fremdsprachen Englisch, Deutsch oder Französisch liegt wesentlich höher.

Allgemein bildende Schulen

Vorschulerziehung

Die Vorschulerziehung (*ISCED*-Stufe 0) wird in Kindergärten für Kinder im Alter von drei bis sechs Jahren angeboten. Die Vorschulerziehung ist nicht obligatorisch, doch über 85% der Kleinkinder besuchen vor dem Beginn der Pflichtschulausbildung wenigstens ein Jahr lang einen Kindergarten. Im Schuljahr 1999/2000 gab es insgesamt 6.140 Vorschuleinrichtungen mit 296.230 Schülern.

Primarschule

Die tschechische Primarschule (*ISCED*-Stufe 1) stellt die erste Phase der Pflichtschule dar (1.-5. Klasse), die im Alter von sechs Jahren beginnt. Der Einschulung an den Primarschulen geht kein spezielles Verfahren voraus. Anders ist dies bei behinderten Kindern, die gewöhnlich in eine Sonderschule eingeschult werden. In der Tschechischen Republik gibt es 4.064 Einrichtungen mit Primarbereich, von denen 1.584 reine Primarschulen sind, und 2.480 die Primarstufe und Sekundarstufe I enthalten. Insgesamt gibt es im Primarbereich 618.035 Schüler, die von 32.455 Lehrkräften unterrichtet werden. Die Primarschulausbildung ist durch eine Besonderheit gekennzeichnet: Die Lehrkräfte und Schulleiter können unter drei Bildungsprogrammen, die offiziell durch das Bildungsministerium genehmigt wurden, eine Auswahl treffen. Die Programme tragen die Bezeichnungen *Základní škola* (Grundschule), *Obecná škola* (Allgemein bildende Schule), *Národní škola* (Nationalschule). Die Unterschiede zwischen diesen Programmen betreffen den Lehrplan. So bietet das Grundschulprogramm den ausgeglichensten Lehrplan an, während das Programm „*Obecná škola*" den Schwerpunkt auf die staatsbürgerliche sowie religiöse Erziehung legt, und das Programm „*Národní škola*" den Unterricht in Mathematik und den Naturwissenschaften favorisiert. Gegenwärtig übernimmt der überwiegende Teil der Schulen (etwa 83%) das Grundschulprogramm für den Unterricht.

Sekundarstufe I

Die Schulen der Sekundarstufe I umfassen vier Jahrgangsstufen (Jahrgangsstufe sechs bis neun der Grundschule), in denen die Schüler in verschiedenen Schulfächern von Fachlehrern unterrichtet werden. Es gibt 2.480 Schulen mit Klassen der Sekundarstufe I, in denen 35.223 Lehrkräfte 453.283 Schüler unterrichten. Der Übergang von der Primarstufe zur Sekundarstufe I erfordert keine Prüfung oder kein formales Verfahren. Die Anzahl der Schüler, die ihre Ausbildung im Sekundarbereich I der gewöhnlichen Grundschulen fortsetzen, nimmt jedoch jährlich ab, da etwa 10% der Schüler nach dem Abschluss der 5. oder 7. Grundschulklasse auf ein mehrjähriges Gymnasium wechseln.
Gewöhnlich sind die Primarstufe und die Sekundarstufe I zwei miteinander verbundene Phasen der Grundschule mit einem integrierten Lehrplan, der dem Dokument

Standard der Grundbildung entsprechend erstellt wird. Der Sekundarschulbereich I hat die Aufgabe, den Schülern grundlegende und allgemeine Kenntnisse und Fähigkeiten auf den wichtigsten Gebieten der Sozial- und Naturwissenschaften, Künste und Kultur zu vermitteln. Hierbei ist der Grundsatz leitend, dass die persönliche Entfaltung des Kindes, die Entwicklung des Denkens und das Erlernen der kulturellen Normen und Werte gefördert werden sollen. Zu diesem Zweck enthält das Curriculum für die 6. bis 9. Klasse neben den Pflichtfächern auch verschiedene Wahlfächer. Darüber hinaus kann der Schulleiter für die meisten Fächer zusätzliche Unterrichtsstunden innerhalb der minimalen und maximalen Stundenzahl festlegen.

Sekundarstufe II (Gymnasium)

Das tschechische Gymnasium bietet allgemein bildenden Unterricht der Sekundarstufe II (*ISCED*-Stufe 3) für Jugendliche an, die ihre Grundschulausbildung abgeschlossen haben. Alle Bewerber müssen sich einer Aufnahmeprüfung unterziehen, mit Ausnahme einiger Schüler, die aufgrund ihrer ausgezeichneten Grundschulleistungen zugelassen werden. Es gibt keine zuverlässigen Belege für Qualitätsunterschiede zwischen den Standardgymnasien und den alternativen Gymnasien. Jeder Gymnasialtyp führt zum Abitur (*maturita*), das für die Zulassung zur Universität erforderlich ist.

Sonderschulen

Die Sonderschulausbildung wird in der Tschechischen Republik auf der Ebene von Kindergärten, Grundschulen und höheren Sekundarschulen durchgeführt und umfasst den allgemein bildenden Unterricht bzw. die berufliche Ausbildung für behinderte Kinder und Jugendliche. Insgesamt gibt es 1.394 Sonderschulen mit 70.319 Schülern und Studenten und 13.953 Lehrkräften und sonstigen Mitarbeitern (z.B. Psychologen, Rehabilitationsfachkräfte). Diese Schulen sind spezielle Einrichtungen für hörbehinderte, sehbehinderte, sprachbehinderte, körperbehinderte oder mehrfachbehinderte Schüler, für geistig behinderte Kinder und für Jugendliche mit Verhaltensstörungen und Lernstörungen. Die meisten Sonderschulen sind staatliche (öffentliche) Schulen, nur etwa 10% der Sonderschulen sind Privatschulen.

Obwohl die Qualität des Unterrichts und der Ausbildung in den Sonderschulen im Allgemeinen ein sehr hohes Ansehen hat, wird das Thema Integration neu diskutiert. Integration bedeutet, dass behinderte Kinder in regulären Schulen zusammen mit den anderen Schülern in gemeinsamen Klassen, Sonderklassen oder spezialisierten Klassen unterrichtet werden sollen. Dadurch soll eine bessere Sozialisierung sowohl der behinderten als auch der nichtbehinderten Kinder und Jugendlichen erreicht werden. Es gibt 102.747 behinderte Schüler im schulpflichtigen Alter (d.h. 9,5% der entsprechenden Altersgruppe), davon besuchen 63.050 Schüler (d.h. 61,3%) eine reguläre Schule.

Problembereiche

Auch das tschechische Bildungswesen ist von bestimmten Problemen gekennzeichnet. Einige Probleme sind ökonomischer Natur (keine ausreichende finanzielle Unterstützung für bestimmte Bildungszwecke), andere Probleme sind mit bildungspolitischen und pädagogischen Beschlüssen verbunden. In den 1990er Jahren wurden die absoluten Ausgaben für Bildungseinrichtungen nachweislich in beträchtlichem Umfang erhöht. Bezogen auf das BIP wurden die Gesamtinvestitionen in das tschechische Bildungswesen jedoch verringert. Laut OECD-Vergleichsdaten entsprachen die Ausgaben für öffentliche und private Bildungseinrichtungen der Tschechischen Republik im Jahr 1995 einem Anteil von 5,38% des BIP, im Jahr 1998 jedoch nur noch einem Anteil von 4,67% des BIP (EDUCATION AT A GLANCE 2001). Damit zählt die Tschechische Republik zu den Ländern, deren auf das BIP bezogenen staatlichen Ausgaben für das Bildungswesen unter dem OECD-Durchschnitt (5,7% im Jahr 1998) liegen. Diese Situation hat sich auch in den letzten Jahren (1999/2000) nicht verbessert, obwohl das Bildungsministerium einige ambitionierte Pläne für die Erhöhung der Ausgaben für das Bildungswesen in den kommenden Jahren bekannt gegeben hatte.

Die ökonomischen Probleme betreffen insbesondere zwei Aspekte des tschechischen Bildungswesens, den Tertiärbereich und das Lehrergehalt:

– Im Tertiärbereich hat die Zahl der Studenten und Absolventen in den letzten zehn Jahren stark zugenommen, während die finanziellen Mittel für den Tertiärbereich dieser Entwicklung nicht entsprechend angepasst wurden. Zwischen 1995 und 1998 hat sich die Gesamtzahl der Studenten in sämtlichen Institutionen der Tertiärstufe um 33,8% erhöht, während die öffentlichen Ausgaben für den Tertiärbereich im selben Zeitraum lediglich um 13% erhöht wurden. Dies führte zu einigen Spannungen an den tschechischen Universitäten, an denen die Zahl der zugelassenen Studenten jährlich wächst, die Hochschulen jedoch nicht die entsprechenden finanziellen Mittel erhalten, um mit dieser Entwicklung Schritt halten zu können.

– Das zweite wichtige ökonomische Problem im tschechischen Bildungswesen betrifft die Gehälter für die Lehrkräfte an den öffentlichen Primar- und Sekundarschulen. Das durchschnittliche Lehrergehalt wurde in den 1990er Jahren zwar erhöht, jedoch nicht in demselben Maße wie in anderen Berufen mit vergleichbaren Qualifikationsanforderungen. Im ersten Halbjahr 2001 entsprach das durchschnittliche Lehrergehalt in etwa dem allgemeinen Durchschnittseinkommen in der Tschechischen Republik. Darüber hinaus ist das tschechische Lehrergehalt (sowohl Anfangs- wie Spitzengehalt) nach internationalen Vergleichsstudien eines der niedrigsten in den OECD-Staaten. Diese Ungleichheit ist einer der Gründe, warum es an den tschechischen Schulen einen Mangel an jungen Lehrkräften gibt und warum der Lehrberuf überwiegend von Frauen ausgeübt wird.

Aktuelle Diskussionen und Entwicklungsperspektiven

In der Tschechischen Republik werden anhaltende heftige Diskussionen über das Bildungswesen geführt, die in politischen und ideologischen Kontroversen begründet sind. Die diskutierten Punkte betreffen vor allem ökonomische Aspekte, z.B. die Einführung von Studiengebühren im Tertiärbereich. Zurzeit stehen zwei wesentliche kontroverse Punkte auf der Tagesordnung: (1) die Pläne zur Reform und zukünftigen Entwicklung des tschechischen Bildungswesens, (2) die Qualität und Leistungen der Standardschulen und alternativen Schulen im Vergleich.

Vision vs. Realität: das Weißbuch über das tschechische Bildungswesen

Zwischen 1998-2001, als die Sozialdemokratische Partei die Regierung und damit das Bildungsministerium übernahm, fanden besonders heftige Diskussionen über den Stand und die zukünftige Entwicklung des Bildungswesens statt. Die Sozialdemokraten initiierten eine bildungspolitische Arbeitsgruppe, die das Weißbuch über das nationale Programm zur Entwicklung des Bildungswesens in der Tschechischen Republik (2001) verfasste. Dieses Dokument wurde Anfang 2001 veröffentlicht und wurde von der Regierung der Tschechischen Republik am 7. Februar 2001 genehmigt. Das Weißbuch formuliert eine Änderungsstrategie für das tschechische Bildungswesen bis zum Jahr 2005 (für einige Aspekte bis zum Jahr 2010). Das Dokument präsentiert aktuelle Thesen, Vorschläge und Empfehlungen (1) zum tschechischen Bildungswesen allgemein sowie (2) zu einzelnen Bildungssektoren wie Vorschulerziehung, Pflichtschulbereich, Sekundarstufe II, Tertiärbereich und Erwachsenenbildung. Die Autoren des Weißbuchs vertreten als grundsätzliche These, dass dem Bildungswesen bei der zukünftigen gesellschaftlichen und wirtschaftlichen Entwicklung der Tschechischen Republik Priorität eingeräumt werden soll und daher geeignete Voraussetzungen geschaffen werden müssen, um allen Jugendlichen und Erwachsenen lebenslanges Lernen zu ermöglichen. Darüber hinaus stellen die Autoren die folgende These auf: Die Forderung nach sozialer Gerechtigkeit im Bildungswesen bedeutet, dass alle Personen entsprechend ihrer Entwicklungsfähigkeiten Zugang zu sämtlichen Bildungsstufen haben sollen. Folglich muss die Differenzierung im Bildungswesen abgeschafft bzw. reduziert werden, um zu verhindern, dass die Schulen die bestehenden gesellschaftlichen und soziokulturellen Ungleichheiten reproduzieren. Natürlich ist die Erfüllung solcher Forderungen primär von der Entwicklung der tschechischen Wirtschaft abhängig, auf die eine Bildungstheorie wohl kaum Einfluss nehmen kann. Hinsichtlich der Struktur der Pflichtschule wurde eine wesentliche Änderung vorgeschlagen: Die Autoren des Weißbuchs sind der Ansicht, dass Gleichheit für alle Kinder beim Zugang zum Bildungswesen gewährleistet sein müsse. Aus diesem Grund vertreten sie den Standpunkt, dass das derzeitige Bildungswesen soziale Ungerechtigkeit erzeuge, indem es Kinder bereits nach dem Abschluss der 5. Klasse differenziert und zwei unterschiedlichen Schulzweigen zuweist. Daher soll die Zahl der mehrjährigen Gymnasien ab dem Jahr 2002 reduziert werden. Ab 2005 sollen alle Jugendlichen bis zum Alter von 15 Jahren einheitliche Pflichtgrundschulen besuchen. Gleichzeitig sollen einige Sonderschulen (für Kinder mit einer leichten geistigen Behinderung) in die gewöhnlichen Grundschulen integriert werden. Laut dem Weißbuch soll es nur noch einen Pflichtschultyp geben, der von allen Kindern besucht wird (nach dem Prinzip „eine Schule für alle").

Selbstverständlich wurden gewichtige Einwände gegen diese Vorschläge veröffentlicht: Einerseits versucht eine starke Lobby, die die Interessen der liberalen und konservativen Parteien, der Eigentümer der privaten Gymnasien und bestimmter Elterngruppen vertritt, die Differenzierung im Bildungswesen beizubehalten. Diese Lobby ist der Ansicht, dass die vorgeschlagene Neustrukturierung des Pflichtschulbereichs ein Schritt zurück zur früheren Gesamtschule sei, in der die Bedürfnisse der „begabten" Kindern nicht berücksichtigt würden. Voraussichtlich wird das Parlament diesen Vorschlag nicht genehmigen bzw. sogar das Weißbuch insgesamt ablehnen. Kürzlich hat das Bildungsministerium auf das Vorhaben verzichtet, das mehrjährige

Gymnasium abzuschaffen, und sich damit für die Beibehaltung der Differenzierung entschieden. Andererseits vertreten einige Fachkräfte im Sonderschulbereich die Ansicht, dass für manche behinderte Kinder der Unterricht in regulären Klassen nicht ratsam sei: Die Qualität der Betreuung in den Sonderschulen, die über Sonderschullehrer, spezielle Klassenzimmer und Sonderausstattung verfügen, könne von den regulären Schulen nicht erreicht werden. Daher sind diese sowie einige Eltern behinderter Kinder ebenfalls gegen den Vorschlag, die vollständig integrierte Pflichtschule einzuführen.

Ein weiterer umstrittener Vorschlag betrifft den Pflichtunterricht in zwei Fremdsprachen in der Primarstufe und Sekundarstufe I: Die Autoren des Weißbuchs möchten damit der EU-Vorstellung folgen, nach der alle Schüler in EU-Staaten mindestens zwei Fremdsprachen erlernen sollten. Infolgedessen enthält das Weißbuch den Vorschlag, in der tschechischen Grundschule den Pflichtunterricht in zwei Fremdsprachen einzuführen: Die erste Fremdsprache soll ab der 3. Klasse und die zweite Fremdsprache ab der 6. oder 7. Klasse unterrichtet werden. Die Schüler sollen die Fremdsprachen auswählen können, wobei Englisch jedoch verpflichtend ist. Auch dieser Vorschlag wird sehr kontrovers diskutiert.

Insgesamt wird deutlich, dass die im Weißbuch formulierten Vorschläge zur Änderung des tschechischen Bildungswesens wenig realistisch sind. Der Hauptgrund dafür ist, dass die Autoren des Dokuments weder die empirische Bildungsforschung berücksichtigt haben, noch ihre Vorschläge durch Modellversuche überprüft haben. Die Vorschläge wurden lediglich als „Vision" von Bildungspolitikern formuliert, die weder Forschungsergebnisse zur realen Praxis des Bildungswesens an tschechischen Schulen verwendet haben, noch Machbarkeitsstudien hinsichtlich der Realisierbarkeit ihrer Vorschläge entwickelt haben. Zudem haben sie nicht die Erkenntnisse der vergleichenden Bildungsforschung einbezogen, die wichtige Informationen über Erfahrungen in anderen Ländern bereitstellt.

Qualität und Leistungen: Standardschulen vs. alternative Schulen

In der Tschechischen Republik vertreten einige einflussreiche Bildungspolitiker und einige Bildungsexperten die Ansicht, dass die Qualität der Standardschulen (in ihren Worten „traditionelle Schulen") gering sei und durch neue alternative oder innovative Schultypen ersetzt werden sollte. Sie machen geltend, dass insbesondere das Lernumfeld in den Klassenzimmern der Primar- und Sekundarschulen für die Entwicklung der Schüler nicht förderlich sei, weil die Schulen in der Regel vor allem auf die Wissensvermittlung ausgerichtet seien und sich weniger an den Schülern selbst orientieren würden. Daher sind seit 1990 verschiedene Typen alternativer Schulen eingeführt worden, z.B. die Waldorfschule, die Montessorischule, die offene Schule und andere alternative Schulen. Bis vor kurzem gab es keine empirische Untersuchung zu der These, dass alternative Schulen besser als die gewöhnlichen Standardschulen seien. Empirischen Untersuchungen ergaben, dass diesbezüglich keine signifikanten Unterschiede zwischen den tschechischen Standardschulen und den alternativen Schulen der Primar- und der Sekundarstufe I bestehen (vgl. PRUCHA 2001). Hinsichtlich des Lernerfolgs belegen mehrere empirische Untersuchungen, dass die Standardschulen bei der Vermittlung von Wissen und Fähigkeiten sogar besser abschneiden als einige alternative Schulen (vgl. PRUCHA 2001). Die besseren

Ergebnisse lassen sich vor allem darauf zurückführen, dass die Lehrkräfte in den tschechischen Standardschulen (d.h. staatlichen) höhere Anforderungen an die Arbeit und die Leistungen der Schüler stellen als die Lehrkräfte in den alternativen Schulen (d.h. überwiegend privaten, nichtstaatlichen Schulen). Dies haben auch Vergleichsstudien nachgewiesen, die im Rahmen von IEA-Projekten (TIMSS, TIMSS-R) durchgeführt wurden: Bei dem internationalen Vergleich der mathematischen und naturwissenschaftlichen Kenntnisse erzielten die Schüler der tschechischen Standardschulen mit die besten Ergebnisse.

Zusammenfassend lässt sich feststellen, dass das tschechische Bildungswesen insgesamt recht zufriedenstellende Leistungen hervorbringt, auch wenn es zurzeit von nicht völlig befriedigenden ökonomischen Bedingungen und einem kontroversen politischen Kontext gekennzeichnet ist.

Literatur

BASIC FIGURES ON EDUCATION IN THE CZECH REPUBLIC 1997/98. Praha 1998.

DURU-BELLAT, M./MINGAT, A.: Importance of Ability Grouping in French Collèges and its Impact upon Pupils' Academic Achievement. Educational Research and Evaluation, 4(1998)4, S. 348-368.

EDUCATION AT A GLANCE: OECD Indicators. Paris 2001.

EUROPEAN REPORT ON QUALITY OF EDUCATION: Sixteen Quality Indicators. European Commission, 2000.

FOREIGN LANGUAGE TEACHING IN SCHOOLS IN EUROPE. Brussels 2001.

KALIBRO 28. Praha, Kalibro 2001.

KUTHE, M./ZEDLER, P.: Entwicklung der Thüringer Regelschulen und Gymnasien. Erfurt 1999.

NÁRODNÍ PROGRAM ROZVOJE VZDĚLÁVÁNÍ V ČESKÉ REPUBLICE – BÍLÁ KNIHA. Praha 2001.

PRUCHA, J.: Neuere Entwicklungstendenzen im Bildungswesen der Tschechoslowakei. In: Mitter, W./Weiß, M./Schäfer, U. (Hrsg.): Neuere Entwicklungstendenzen im Bildungswesen in Osteuropa. Frankfurt a.M. 1992, S. 81-100.

PRUCHA, J.: Transformation of Education in the Czech Republic: Urgent Requirements for Educational Research. In: Benner, J./Schriewer, J./Tenorth, H.E. (Hrsg.): Strukturwandel deutscher Bildungswirklichkeit. Berlin 1993, S. 141 bis 153.

PRUCHA, J.: Private versus State Schools: A Comparison of Their Quality in the Czech Republic. In: Kodron, Ch. et al. (Hrsg.): Vergleichende Erziehungswissenschaft, Bd. 2. Frankfurt a. M. 1997, S. 538-549.

PRUCHA, J.: Vzdělávání a školství ve světě: Základy mezinárodní komparace vzdělávacích systémů. Praha 1999.

PRUCHA, J.: Alternativní školy a inovace ve vzdělávání. Praha 2001.

STATISTICKÁ ROČENKA ŠKOLSTVÍ 1999/2000. Praha 2000.

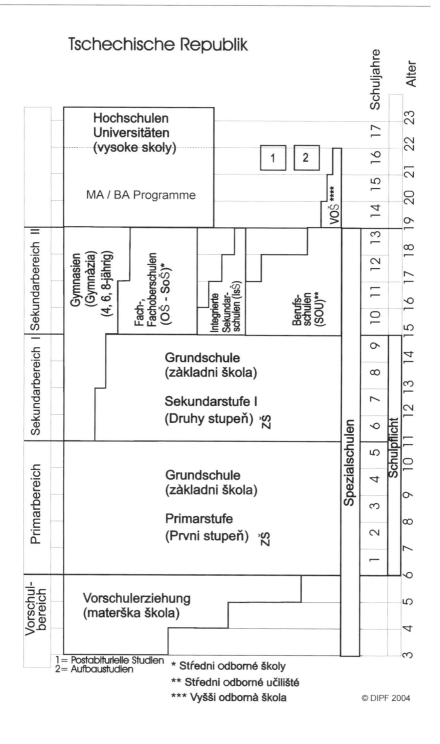

Tschechische Republik

1= Postabiturielle Studien
2= Aufbaustudien

* Středni odborné školy
** Středni odborné učiliště
*** Vyšši odbornà škola

© DIPF 2004

Yasemin Karakaşoğlu-Aydin

TÜRKEI

Entwicklung des Bildungswesens

Bei einer Gesamtbevölkerung von ca. 66 Millionen Menschen waren 32% der türkischen Bevölkerung 1998 in dem für die Primar- und Sekundarstufe relevanten Alter von fünf bis 19 Jahren (OECD-BERICHT 2000). Gemäß der letzten Volkszählung aus dem Jahr 1997 lag die durchschnittliche jährliche Zunahme der Bevölkerung in den 1990er Jahren bei 1,5%. Dies bedeutet ein Bevölkerungswachstum von ca. einer Millionen Menschen jährlich. Im Schuljahr 2000/2001 wurden in der Türkei – die vorschulische und Hochschulbildung eingeschlossen – 15,8 Millionen Menschen von 540.000 Lehrenden betreut. Bezogen auf die jeweils relevanten Altersjahrgänge besuchten im Schuljahr 1999/2000 9,8% der Kinder eine Vorschule, 97,6% die Primarschule, 59,4% die Sekundarschule, davon 22,8% gewerblich-technische Einrichtungen des Sekundarbereichs und 36,6% allgemein bildende Einrichtungen.

Im Gegensatz zu anderen europäischen Bildungssystemen wurde das türkische zwar erst in diesem Jahrhundert säkularisiert. Als einziges Land mit überwiegend muslimischer Bevölkerung hat die Türkei jedoch nach Gründung der Republik im Jahr 1923 konsequent an einer Angleichung ihres Bildungswesens an westliche Standards gearbeitet.

Als das Osmanische Reich im Zuge des Ersten Weltkrieges nach 500-jähriger Existenz auseinanderbrach, versank mit ihm ein Staat, in welchem sich die Bürger über ihre Zugehörigkeit zu einer Religion definierten. An der Spitze des Staates stand der Sultan-Kalif, der weltlicher und religiöser Herrscher zugleich war. Die muslimischen Untertanen wurden in religiösen Grund- und Mittelschulen unterrichtet. Die anerkannten religiösen Minderheiten der Christen und Juden standen unter dem persönlichen Schutz des Sultan-Kalifen. Als ʹSchutzbefohleneʹ verwalteten sie ihre kulturellen Angelegenheiten selbstständig, diese umfassten u.a. eigene Kirchen und Synagogen, und, da das gesamte Bildungswesen ebenfalls religiös orientiert war, auch eigene Bildungseinrichtungen. Obwohl die Jungtürken, die reformorientierte Mehrheitspartei in der zweiten konstitutionellen Phase des Osmanischen Reiches, schon 1913 die Umstrukturierung des Bildungswesens als eines ihrer wichtigsten Ziele angaben, wurden umwälzende Veränderungen im Bildungssektor erst in der türkischen Republik eingeführt, die 1923 gegründet wurde. Die junge Republik brach mit der Tradition eines religiös dominierten Staatswesens und übernahm aufgrund ihrer kompromisslosen Orientierung am Westen dessen positivistisches Wissenschaftsverständnis ebenso wie das lateinische Alphabet. Dieses wurde 1928 anstelle des bis dahin gültigen persisch-arabischen Alphabets eingeführt. Um die Einführung des neuen Alphabets zu beschleunigen, wurden 1929 so genannte Schulen für die Nation (*Millet Mektepleri*) eingerichtet. Jeder Bürger des Landes im Alter zwischen fünfzehn und fünfundvierzig Jahren sollte verpflichtet werden, diese Schulen zu besuchen. In den Jahren 1929-1934 besuchten 1,2 Mio Personen diese

Schulen. 1924 legte der Wissenschaftsrat die Grundsätze für die Grund- und Mittelstufe der Schulausbildung sowie für die Ausbildung der Lehrer in der Form fest, wie sie noch heute, von wenigen Veränderungen abgesehen, Gültigkeit haben. Als wichtigstes Gesetz der nationalen Erziehung wurde das Gesetz zur Vereinheitlichung der Bildung verabschiedet. Die nationale Erziehung wurde zum wichtigsten Träger und Transporteur der Prinzipien der kemalistischen Revolution. Diese bestehen in den sechs Prinzipien: Nationalismus, Laizismus, Republikanismus, Populismus, Reformismus und Etatismus. Ziel war es, eine dem türkischen Nationalstaat treu ergebene Jugend zu erziehen, die, westlich und laizistisch orientiert, sich zum Nationalbewusstsein und Republikanismus bekannte. Die 1926 eingeführte Koedukation betonte die Gleichheit von Mann und Frau, westliche Sport- und Musikarten sowie Fremdsprachenunterricht in westlichen Fremdsprachen im Gegensatz zum zuvor obligatorischen Persisch und Arabisch unterstrichen die Westorientierung. Außerdem erfolgte eine strikte Verbannung des Islam in die Privatsphäre. Daher gab es bis zur Wiedereinführung des Religionsunterrichts auf freiwilliger Basis im Jahre 1948 auch keinen islamischen Religionsunterricht und keine Schulen zur Ausbildung von Predigern und Vorbetern (*Imam-Hatip-Schulen*) und auch keine theologischen Fakultäten. Ein seit den Anfangsjahren der Republik schrittweise geändertes Verhältnis des Staates zur Religion äußerte sich erst später u.a. in der Eröffnung der ersten Theologischen Fakultät an der Universität Ankara im Jahr 1949 und der Imam-Hatip-Schulen (Schulen für Prediger und Vorbeter) 1951.

Ein besonderes Politikum in der türkischen Bildungsdiskussion stellt daher auch das religiöse Erziehungswesen dar. Zu den wichtigsten Reformen der Kemalisten gehörten Maßnahmen, die zur vollständigen Trennung von Religion und Staat im Bildungswesen führen sollten. Das Amt für Religiöse Angelegenheiten, das direkt dem Ministerpräsidenten unterstellt ist, plant, koordiniert und überwacht den seit 1982 für alle muslimischen Schüler obligatorischen Religions- und Ethikunterricht, von dessen Besuch nur Angehörige der anerkannten ethnisch-religiösen Minderheiten befreit sind. Die Inhalte des Religionsunterrichts lassen sich umschreiben als islamischer Konfessionsunterricht für die sunnitisch-hanifitische Glaubensrichtung, der für sich beansprucht, auf wissenschaftlicher Grundlage zu beruhen. Er will den Islam als einheitsstiftendes Element der türkischen Kultur vermitteln. Auch die außerhalb des schulischen Rahmens stattfindenden Korankurse werden in der Verantwortung des Staates durchgeführt. Über das Amt für Religiöse Angelegenheiten werden Curricula für die Schule und außerschulische Kursangebote entwickelt, koordiniert und kontrolliert. Die Korankurse werden aktuell gemäß einer staatlichen Verordnung organisiert. Dauer, Teilnehmerkreis und Unterrichtsorte sind in der Verordnung verbindlich geregelt.

Das türkische Schulsystem wies bis vor kurzem eine eindeutige Stufen- und Schulformgliederung auf. Bis 1997 folgte auf die fünfjährige Grundschule (*ilkokul*), die dreijährige Mittelschule (*orta okul*), an die sich ein drei- bis vierjähriger Besuch eines Lyzeums (*lise*) anschließen konnte. Die stufenförmige Struktur wurde nach und nach eingeführt. Mit Gründung der Republik (1923) wurde zunächst die fünfjährige Grundschulbildung für die 6-11-Jährigen obligatorisch und daher auch kostenlos. Erst 1951 wurde die Mittelschulbildung (*orta öğretim*) landesweit einheitlich eingeführt. Sie war bis 1982 allerdings nicht obligatorisch. Die Mittelschulen wie auch die Lyzeen gliederten sich in allgemein bildende, berufsbildende und technische Schulformen. Diese stufenförmige Struktur spiegelte sich auch in eigenständigen Lehrplänen, Schulgebäuden, Schuluniformen und auch eigenständigen Ausbildungsgängen für die jeweiligen Lehrkräfte (vgl. GLUMPLER 1997, S.25). Der Unterricht findet überwiegend in Form eines lehrerzentrierten Frontalunterrichts statt, oftmals schon wegen der Klassengröße, die andere Unterrichtsformen kaum zulässt. Abgefordert wird den Schülern vor allem rezeptives Lernen. Einen besonders hohen Stellenwert nimmt das Auswendig-Lernen von Lerninhalten ein (vgl. AKYÜZ 1999). Das Schüler-Lehrer-Verhältnis basiert auf einem hierarchisch strukturierten Wechselverhältnis von Autorität und Liebe. Den Schülern wird die Akzeptanz der Autoritätsstrukturen und Disziplin abverlangt, die beide nicht in Frage gestellt werden, wobei die Lehrer – vor allem in der Grundschule – im Gegenzug dazu ihren Schützlingen liebevolle Fürsorge angedeihen lassen. Die hier geschilderten traditionellen Lehrmethoden werden jedoch an gut ausgestatteten Schulen in den Großstädten zugunsten moderner Lehr- und Lernmethoden aufgebrochen.

Organisation des gegenwärtigen Schulsystems

Bildungspolitische Ziele

Von Anfang an galten als Grundprinzipien der republikanischen Erziehung die Betonung einer laizistischen statt einer religiösen und einer nationalen statt einer international ausgerichteten Erziehung (vgl. KAPLAN 1999, S.143). Zu weiteren Prinzipien des türkischen Bildungswesens gehört die Chancengleichheit beim Zugang zur Bildung, Koedukation, Orientierung der Angebote an den gesellschaftlichen Bedürfnissen, eine langfristig angelegte Bildungsplanung, Kontinuität der Bildung durch Ermöglichung lebenslangen Lernens, Wissenschaftlichkeit und Orientierung an den Reformen Atatürks als Grundlage aller Unterrichtsinhalte, unabhängig von den Inhalten und der Altersstufe der zu Unterrichtenden, Zusammenarbeit zwischen Schule und Elternhaus und eine landesweite Verbreitung der Erziehungs- und Bildungsangebote. Die Ziele der türkischen Volkserziehung hinsichtlich der Persönlichkeitsentwicklung der Individuen sind festgeschrieben im § 2 des „Grundlegenden Gesetzes zur Nationalen Erziehung":

- einen guten Staatsbürger heranzubilden, der sich den Reformen Atatürks und des in der Verfassung ausgedrückten Nationalismus Atatürks verbunden fühlt, der die ethischen, ideellen, historischen und kulturellen Werte der türkischen Nation verinnerlicht hat und eine gefestigte kulturelle Identität besitzt;
- einen freiheitlich denkenden Menschen mit einer konstruktiven, schöpferischen und produktiven Persönlichkeit heranzubilden, der wissenschaftliches Denken verinnerlicht hat, über ein weitgefächertes Weltbild verfügt, die Menschenrechte respektiert und sich der Gesellschaft gegenüber verantwortlich fühlt;
- einen Menschen mit Fähigkeiten und Kenntnissen auszubilden, die für einen Beruf notwendig sind, der seinen Interessen und Neigungen entspricht und ihn mit Zufriedenheit erfüllt und ihm ermöglicht, einen Beitrag zur Wohlfahrt der Gesellschaft zu leisten und im Hinblick auf einen Beruf auszubilden.

Der Stellenwert dieser Prinzipien spiegelt sich u.a. in dem Schullied wider, das die Schüler seit 1932 vor Beginn eines jeden Schultages im Chor sprechen.

Gesetzliche Grundlagen/Bildungsverfassung/Finanzierung und Trägerschaften

Schon 1937 wurde jede Form der Bildung der Aufsicht und Kontrolle des Staates unterstellt. Mit § 50 der neuen Verfassung von 1961 erhält der Staat die Aufgabe, die Bildungs- und Erziehungsmöglichkeiten des Volkes sicherzustellen. Die Primarerziehung ist für alle Bürger verpflichtend und kostenlos. Der Staat ist verpflichtet, besonders talentierten Kindern aus einkommensschwachen Familien über die Vergabe von Stipendien die Teilhabe an allen Bildungsstufen zu ermöglichen, sowie für die Erziehung und Bildung der sonderschulbedürftigen Bevölkerungsteile zu sorgen. Die Bildungsplanung in der Türkei ist Teil des allgemeinen Entwicklungsplans der Türkei, der seit 1961 in regelmäßigem fünfjährigen Abstand erstellt wird. Nach Abschluss der fünf Jahre wird dem Parlament ein Bericht über seine Verwirklichung vorgelegt. Das türkische Bildungswesen wird zentralistisch verwaltet. Die oberste Lenkungs- und Kontrollbehörde ist das Ministerium für Nationale Erziehung (*Milli Egitim Bakanligi*). Das Ministerium ist grundsätzlich der eigentliche Entscheidungsträger, Gestalter und Verantwortliche von (Aus-)Bildungsmaßnahmen aller Art. Die Befugnisse und Verantwortlichkeiten des MEB sind zuletzt durch das „Grundlagengesetz zur Nationalen Erziehung" von 1973 festgelegt worden. Dabei wird im Artikel 18 dieses Gesetzes grundsätzlich zwischen der formalen-schulischen (*örgün egitim*) und der informellen-außerschulischen (Aus-)Bildung (*yaygin egitim*) unterschieden. Informelle außerschulische Ausbildung umfasst dabei ein breites Spektrum von Ausbildungsmaßnahmen in der Erwachsenenbildung bzw. in der „lebenslangen Ausbildung von Menschen und Massen außerhalb der Schule" (vgl. MEB 1992, S.18ff). Das MEB führt heute auch sämtliche Angelegenheiten der dualen Berufsausbildung, der Berufskurse und der Erwachsenenbildung (Volksbildung) in städtischen und ländlichen Räumen über die entsprechende Generaldirektion in der Zentrale aus.

Die Entscheidungen des Ministeriums sind für alle Bildungseinrichtungen in der Türkei verbindlich. Erst seit 1993 werden auch Zuständigkeiten an die lokalen Provinzverwaltungen delegiert. Nach wie vor müssen jedoch rechtlich und faktisch alle Entscheidungen im Bildungsbereich vom MEB genehmigt werden. Das MEB selbst hat eine hierarchisch strukturierte Organisation. Neben der Ministerialbürokratie in Ankara ist das MEB auf der Ebene der 80 Provinzen (Stand 2001) durch ernannte Bildungsdirektoren vertreten. Das staatliche Bildungswesen wird aus dem Gesamtetat für Bildung und Erziehung, aus Fonds sowie den Haushaltsmitteln der Provinzen bezahlt. Die Inanspruchnahme der Einrichtungen des staatlichen Bildungswesens ist gebührenfrei. Seit Beginn der neoliberalen Politik in den 1980er Jahren gibt es jedoch für Privatinitiativen im Bildungsbereich gezielte Anreize des Staates durch umfangreiche Steuererleichterungen und Subventionen (vgl. ERCAN 1999, S. 33).

In der formalen schulischen Bildung wird durch die zentrale Steuerung durch das Ministerium vor allem im Bereich der Grundschule ein hohes Maß an Einheitlichkeit und Gleichförmigkeit sowohl im Äußeren (ausgedrückt in Schulgebäudetypen, Schuluniformen etc.) als auch im inhaltlichen (einheitliche Lehr- und Stoffpläne, gleiche Schulbücher, methodische Erläuterungen, Vorbereitungspflicht für die Lehrer etc.) angestrebt und auch weitestgehend erreicht. Erst seit 1992 wird eine stärkere Vielfalt in den Formen und Inhalten zugelassen. Dem MEB wird aufgrund des aufgeblähten bürokratischen Apparates eine große Trägheit und damit nur eingeschränkte Funktionstüchtigkeit zugeschrieben (vgl. SAKAOGLU 1999, S. 122-124).

Curriculumstruktur und Curriculumpolitik

Das Curriculum für alle Schulen wird zentral durch die für die jeweiligen Schulstufen und -formen zuständigen Generaldirektionen im MEB entwickelt und festgelegt. Nach der letzten Bildungsreform (1997) wurde ein für alle Schulen des achtjährigen Primarschulwesens gültiger Wochenstundenplan vorgelegt. Die Schulbücher für die Grund- und Mittelschulen werden gemäß den gesetzlichen Bestimmungen vom 3. Juni 1995 erstellt. Sie werden teilweise vom Ministerium für Nationale Erziehung, teilweise aber auch von autorisierten Schulbuchverlagen erstellt und veröffentlicht.

Derzeitige Struktur des Schulsystems im Überblick

Das türkische Bildungswesen ist unterteilt in den Bereich der schulischen Bildung (*örgün eğitim*), der sich aus Vorschul-, Primar-, Sekundar- und Hochschulbildung zusammensetzt und den der außerschulischen Bildung (*yaygin egitim*), der etwa vergleichbar ist mit der deutschen Erwachsenenbildung und dem Fernunterricht.

Die letzte einschneidende Schulreform fand 1997 statt und wurde 1998 landesweit umgesetzt. Durch diese Schulreform wurden die fünfjährige Grundschule (*ilkokul*) und die dreijährige Mittelschule (*orta okul*) abgeschafft und an ihrer Stelle die achtjährige Einheits-Primarschule (*ilkögretim okulu*) eingeführt. Nunmehr beträgt die Pflichtschulzeit tatsächlich acht Jahre. Damit wurde ein Schritt zur Angleichung des Bildungswesens an europäische Standards getan. Seither gibt es berufsbildende und technische Schulformen nicht mehr im Bereich der Mittelschulen, sondern nur noch auf den *Lyzeen*. Nun gab es schon vor dieser Reform Schulen, die Mittelschul- und Gymnasialausbildung kombinierten, wie z.B. die Anadolu-Gymnasien. Heute existieren diese nur noch im Bereich der Sekundarschulausbildung. An diesen Schulen findet ein Großteil des Unterrichts in einer Fremdsprache statt. Es gibt spezielle Kontingente für Remigrantenkinder, da die Initiative zur Gründung dieser Schulen zunächst von dem Gedanken getragen war, den Kindern der zurückkehrenden ehemaligen Gastarbeiter die Integration in das türkische Schulsystem zu erleichtern und auch ihr mitgebrachtes Potential an Fremdsprachenkenntnissen zu erhalten. Der Besuch dieser Lyzeen ist an das Bestehen einer Aufnahmeprüfung gebunden. Anadolu-Lyzeen sind vierjährig, da die jeweilige Unterrichtssprache (überwiegend Englisch, aber an einigen Schulen auch Französisch, Deutsch oder Italienisch) zunächst in einer einjährigen Vorbereitungsklasse gelehrt wird.

Neben den staatlichen Bildungseinrichtungen etablieren sich, mit deutlicher Unterstützung des Staates, immer mehr private Schulen in den Ballungszentren der Großstädte. Sie ergänzen das staatliche Angebot sowohl auf Seiten der allgemeinen Schulausstattung, der Bereitstellung von Lehr- und Lernmitteln wie auch der Qualifikation der Lehrenden mit qualitativ besser ausgestatteten Schulen. Damit soll das Bildungsangebot durch qualitativ herausragende private Einrichtungen für die Ausbildung einer Bildungselite ergänzt werden. Seit 1980 hat der Staat selbst bereits durch das Angebot qualitativ anspruchsvollerer Schulen wie den genannten „Anadolu-Lyzeen" oder den „Super Lyzeen", beides Schulformen, in denen der Unterricht überwiegend in einer Fremdsprache erteilt wird, eine Hierarchie des Sekundarbereiches eingeführt, die die Chancengleichheit im Bildungswesen untergräbt. Im Hochschulbereich setzt sich diese Tendenz fort. Mit dem neuen Hochschulgesetz von 1991 wurde es Privatinvestoren ermöglicht, unterstützt durch Kredite mit besonders günstigen Konditionen und bis zu 45% Subventionen des Staates zum Schulbudget so genannte „Stiftungshochschulen" zu gründen. An den privaten Universitäten können gegen ein entsprechend hohes Entgelt auch diejenigen Studenten studieren, die in der staatlichen Aufnahmeprüfung nicht die für ihr gewünschtes Fach notwendige Punktzahl erreicht haben. Auch alle Privatschulen und Universitäten unterstehen der Aufsicht und Kontrolle des MEB.

Die Schultypen im allgemein bildenden Schulsystem

Als Schultyp der Primarerziehung existiert nur noch der Einheitsschultyp der achtjährigen, für alle obligatorischen „Primarschule". Ein erfolgreicher Abschluss dieser Schule ermöglicht den Übergang zur Sekundarstufe.

In der Sekundarstufe (*lise*) gibt es derzeit drei Ausbildungsstränge: 1. Schulen, die auf ein Hochschulstudium vorbereiten, 2. Schulen, die sowohl eine Berufsausbildung vermitteln wie auch auf ein Hochschulstudium vorbereiten, 3. Bildungsgänge, die direkt ins Berufsleben führen (vgl. AGDEMIR 1998, S. 186).

Die Schultypen, die auf ein Hochschulstudium vorbereiten, umfassen naturwissenschaftliche Lyzeen, Anadolu-Lyzeen (mit einem wesentlichen Anteil des Unterrichts in einer Fremdsprache), fremdsprachliche Lyzeen (mit einem wesentlichen Anteil an Fremdsprachenunterricht, jedoch Türkisch als Unterrichtssprache in allen weiteren Fächern), Anadolu-Lyzeen für Schöne Künste, Anadolu-Lehrer-Lyzeen, allgemeine Lyzeen, Fernstudien-Lyzeen, Militär-Lyzeen und Polizeischulen. Alle Formen der Anadolu-Lyzeen, die Militär-Lyzeen, die Polizeischulen und fremdsprachigen Lyzeen dauern aufgrund der vorgeschalteten Vorbereitungsklassen zum Erlernen einer Fremdsprache vier Jahre, statt der in der Oberstufe sonst üblichen drei. Am weitesten verbreitet sind die allgemeinen Lyzeen, deren Abschluss zur Hochschulreife führt, die durch die zentrale Universitätsaufnahmeprüfung ergänzt wird.

Grobstruktur des beruflichen Bildungswesens

Der Auf- und Ausbau schulischer und außerschulischer beruflicher Ausbildung nimmt in den Fünfjahresplänen des Bildungsministeriums einen bedeutenden Platz ein. Seit Jahren unternimmt die Türkei Anstrengungen, das traditionelle Lehrlingsausbildungssystem im Betrieb durch ein duales Ausbildungssystem nach deutschem Vorbild zu ersetzen. Bis heute stellen jedoch Formen dualer Ausbildung eher die Ausnahme als die Regel dar. Es ist daher nicht verwunderlich, wenn der Stellenwert einer Berufsausbildung in der türkischen Gesellschaft weit hinter demjenigen einer universitären Ausbildung rangiert, was entscheidend zu den hohen Zahlen an Studienbewerbern an türkischen Hochschulen führt.

Bei einer traditionellen betrieblichen Berufsausbildung erhalten die Jungen und Mädchen (z.B. im mädchentypischen Handwerksberuf der Schneiderin) nach Absolvierung der Pflichtschulzeit in einem Handwerksbetrieb direkt durch den Meister eine praktische Ausbildung. Der Betriebsinhaber, der den Titel „*Usta*" (etwa „Meister") führt, führt den Lehrling in Theorie und Praxis des Ausbildungsberufs ein. Das Abkommen zwischen Eltern und Meister oder zwischen Lehrling und Meister basiert meist auf einer mündlichen Absprache. Die Lehrzeit ist nicht begrenzt, je nach Fähigkeit des Lehrlings und Beurteilung des Meisters kann die Lehrzeit drei bis fünf Jahre dauern. Spätestens der Beginn der Militärzeit markiert bei den Jungen das

Ende der Lehrzeit. Der Meister verleiht dem Lehrling, wenn er von seiner beruflichen Reife überzeugt ist, den Titel „*kalfa*" (etwa „Geselle"). Seine Befähigung wird durch den Vorsitzenden der jeweiligen Berufskammer bestätigt und durch den Gesellenbrief dokumentiert. Wenn der Geselle vom Meister als ausreichend qualifiziert bewertet wird, kann er nach einigen weiteren Jahren einen Gewerbeschein beantragen, der ihn berechtigt, selbst eine Werkstatt zu eröffnen.

Der Form schulischer Berufsausbildung sind die beruflichen und technischen Lyzeen sowie die beruflichen und technischen Anadolu-Lyzeen zuzurechnen. Sie bereiten in drei Jahren nach der Pflichtschulzeit sowohl auf einen Beruf vor als auch auf die Aufnahme eines Hochschulstudiums. Der Abschluss berufsbildender Lyzeen berechtigt zum Studium der Fächer, die Schwerpunkt des jeweils besuchten berufsbildenden Lyzeums darstellten, ohne dass zuvor eine Aufnahmeprüfung an der Universität absolviert werden muss.

Grundprinzipien und Formen der Differenzierung

Das türkische Schulsystem setzt mit der Einführung der 8-jährigen, ununterbrochenen Pflichtschulzeit an einer Primarschule auf eine noch weitergehende Vereinheitlichung des staatlichen Bildungsangebotes als bisher. Eine wirkliche Differenzierung erfolgt erst im Bereich der Sekundarstufenausbildung durch das Angebot an Lyzeen, die fremdsprachig oder naturwissenschaftlich orientiert sind und hier höhere Anforderungen als die allgemeinen staatlichen Lyzeen stellen. Weiterhin erfolgt eine de-facto-Differenzierung durch das Angebot an Privatschulen, die im Niveau weit über den staatlichen Schulen stehen und daher bessere Ausgangsbedingungen zum Bestehen der Eingangsprüfung in die Hochschule bieten. Sie sind schulgeldpflichtig, sodass ein Besuch dieser qualitativ besonders guten Schulen in der Regel vom Einkommen der Familie abhängig ist. Binnendifferenzierungen etwa durch verschiedene Kursniveaus innerhalb einer Jahrgangsklasse kennt das türkische Schulsystem nicht.

Übergangsverfahren, Abschlüsse und Berechtigungen

Nach Abschluss der Primarschule steht den Schülern der Besuch eines Lyzeums frei. An fremdsprachigen und naturwissenschaftlichen Lyzeen ist die Aufnahme an das Bestehen einer Aufnahmeprüfung (*ÖKÖSYS*) gebunden. Schüler, die den Bestimmungen entsprechend mehr Leistungen in kürzerer Zeit erbringen, können die Lyzeumszeit vor der Regelschulzeit beenden. Im Sekundarschulbereich haben Schüler das Recht, die Schulform zu wechseln oder Klassen oder Halbjahre zu überspringen. Wie in allen privaten Schulen ist auch bei den Spezialformen staatlicher Schulen (Anadolu Lyzeen, Naturwissenschaftliche Lyzeen, Lyzeen mit speziellem Status, Super Lyzeen, Lyzeen mit vielfältigen Programmen etc.) das Bestehen einer Aufnahmeprüfung in Verbindung mit dem Vorweisen eines bestimmten Notendurchschnitts Voraussetzung für den Besuch der Schulen im Sekundarbereich.

Qualitätskontrolle/Evaluation

1961 wurde das Staatliche Planungsamt als Beratungseinrichtung für die Bildungsplanung des Landes eingerichtet. Die Sitzungen des Nationalen Erziehungsrates sind das offizielle Beratungsorgan des MEB. Daneben können die im Rahmen der Fünfjahrespläne der Regierung vorgelegten Abgleichungen zwischen Zielvorgaben und

erreichten Zielen als wichtigste Evaluationsinstrumente des MEB bezeichnet werden. Die jährlich unter Verantwortung und Aufsicht des MEB stattfindenden zentralen Abschlussprüfungen der Schulen und zentralen Aufnahmeprüfungen zum
Hochschulstudium stellen weitere Instrumente der Qualitätskontrolle dar.

Qualifizierung des pädagogischen Personals

Vor dem Hintergrund, dass bei der Republikgründung 1923 ca. 90% der Bevölkerung der Türkei Analphabeten waren, ist das Problem, in den ersten Jahren der Republik Lehramtsanwärter heranzubilden, gut zu verstehen. Lehrer bildeten in den
Augen der Republikgründer die „Armee des Wissens" und damit die wichtigste
Kraft zur Verbreitung des neuen Gedankens der Republik. Die ersten Jahre standen
unter dem Focus, in kürzester Zeit so viele Lehrer wie möglich auszubilden, um das
ehrgeizige Ziel, die Bildung des Volkes, zu erreichen. In der Realität war dies kaum
möglich. So standen im Jahr 1926 ca. 200 ausgebildete Lehrer einem Bedarf des
Nationalen Erziehungsprogramms von 3.000 Lehrern gegenüber. Der Lehrerberuf,
einst von den Republikgründern mit besonderer Achtung propagiert (jährlich wird
am 24. November der „Tag der Lehrer" begangen, der Staatsgründer Mustafa Kemal
Atatürk trägt u.a. den Titel „Oberster Lehrer des Landes"), gilt heute zwar immer
noch als anerkannt aufgrund des damit erworbenen Beamtenstatus, ist jedoch nicht
mehr so erstrebenswert wie früher, da das geringe Einkommen viele Lehrer zwingt,
Nebenbeschäftigungen anzunehmen, um sich und ihre Familien ernähren zu können.
Aufgrund des notorischen Lehrermangels in der Türkei wurden immer wieder Sonderprogramme zur Ernennung von Lehrern und zur beschleunigten Ausbildung von Lehrern durchgeführt (AKYÜZ 1999, S. 337). Für das Jahr 1988 schätzte das MEB, dass ca.
ein Drittel aller damals tätigen Lehrer einen solchen Hintergrund hatten. Vielfach fand
und findet der direkte Einsatz von Hochschulabsolventen aller Fakultäten als Klassenlehrer ohne pädagogische Zusatzausbildung statt. Auch diese Form der „Schmalspur-
ausbildung" hat sich negativ auf das ursprünglich positive Image des Lehrerberufes in
der Türkei ausgewirkt (AKGYZ, S. 338). Auf das gegenwärtig eher negative Image des
Lehrerberufes, das mit zu dem allgemeinen Lehrermangel beiträgt, wirkt sich auch die
niedrige Bezahlung, die Erstanstellung zumeist im ländlichen Bereich und in politisch
unsicheren Gebieten (Südosten) aus.
Seit dem Inkrafttreten des Gesetzes zur Nationalen Bildung von 1973 ist vorgesehen, dass Lehrer für alle Schulstufen eine Hochschulausbildung durchlaufen haben
müssen. Die Lehrerausbildung erfolgt nach Abschluss des Sekundarschulausbildung
an der Universität. Bis zum Jahr 1990 reichte ein zweijähriges Studium für die
Grundschullehrerausbildung aus. Seitdem ist ein vierjähriges Studium für alle Lehramtsanwärter vorgeschrieben. Absolventen des Lehramtsstudiums werden für ein
Jahr als Hilfslehrer in einer freien Stelle eingesetzt. Um eine frühzeitige Qualifikation von Lehramtsstudierenden zu erreichen, wurden „Anatolische Lehrer-Lyzeen"
eingerichtet. Die vierjährige Ausbildung beinhaltet intensiven Fremdsprachenunterricht. Absolventen dieser Gymnasien erhalten bevorzugten Zugang zu Lehramtsstu-
diengängen an Universitäten. Dem Studium folgt eine bis zu zehn Monate dauernde
praktische Phase unter Aufsicht eines erfahrenen Lehrers, der sie gemeinsam mit der
Schulleitung nach Ablauf der Praxisphase beurteilt. Erfolgreiche Kandidaten werden
danach seitens des MEB zu Lehrern bestellt und nach einem zentral festgelegten

Provinzschlüssel vor Ort eingesetzt. In jüngster Zeit hat das Ministerium seine Bestrebungen, Lehrerfortbildungen zu zeitgemäßen Lehr- und Lernmethoden, Umgang mit dem Computer u.ä. durchzuführen, intensiviert.

Allgemein bildende Schulen

Die vorschulische Bildung und Erziehung

Vorschulische Einrichtungen wenden sich an die Altersgruppe der noch nicht schulpflichtigen Kinder bis sechs Jahren. Sie sind in der Türkei nicht sehr weit verbreitet und existieren fast ausschließlich in den Großstädten. Gleichwohl hat sich ihre Zahl in den vergangenen zehn Jahren fast verdreifacht, während die Zahl der Kinder sich ungefähr verdoppelt hat. Der überwiegende Anteil war in staatlicher, nur 637 davon in privater Hand. Die Einrichtungen gliedern sich in unabhängige Vorschulen und schulangebundene Vorklassen oder Schulkindergärten. Es gibt a.) Kinderkrippen für Kinder bis zu drei Jahren, b.) Kindergärten für drei- bis fünfjährige Kinder und c.) Vorschulklassen für fünf- bis sechsjährige Kinder. Die Kosten für den Besuch werden je nach Art der Einrichtung entweder von den Eltern und/oder Arbeitgebern der Eltern getragen oder auch teilweise vom Staat subventioniert. So soll es prinzipiell auch Kindern sozial schwacher Familien möglich werden, in den Genuss einer vorschulischen Förderung zu kommen. Das Angebot kann jedoch keinesfalls der Nachfrage gerecht werden, die auch angesichts zunehmender Urbanisierung und damit auch der Teilnahme von Frauen am außerhäuslichen Erwerbsprozess steigt. Im Schuljahr 1999 wurden lediglich 9,8% der Kinder im Vorschulalter in einer entsprechenden Einrichtung betreut.

Die Primarschule

Die Schulpflicht für Kinder beginnt im September des Jahres, in dem es das fünfte Lebensjahr vollendet hat und endet mit dem Jahr, in dem es in das 15. Lebensjahr eingetreten ist. Spezielle Einschulungstests sind nicht vorgesehen. Allerdings haben manche Privatschulen aufgrund der hohen Nachfrage Einschulungstests eingeführt, mit denen sie unter den Bewerbern die begabtesten Kinder aussuchen. Die Primarschulerziehung ist vor allem in den ersten vier Jahren geprägt durch eine intensive Vermittlung von staatsbürgerlicher Identität. Die Vermittlung der Staatsideologie des Kemalismus nimmt daher in Unterrichtsfächern wie Lebenskunde, Türkisch, Sozialkunde, Religion und Ethik einen hohen Stellenwert ein (vgl. GÖK 1999, S. 1). Das Schuljahr in der Türkei umfasst 180 Wochentage. Die Schulstunden dauern in allen Schulformen 40 Minuten. Neben dem Erfolg in den Fächern werden auch Sekundärtugenden wie das Sozialverhalten bewertet und gehen in die allgemeine Beurteilung ein.

Der Übergang von der Primar- zur Sekundarschule

Ziel der türkischen Sekundarschulerziehung ist die Vorbereitung auf die Aufnahme eines Studiums bzw. auf den Eintritt in das Berufsleben. Der Übergang von der Primar- zur Sekundarschule erfolgt durch ein Abschlussdiplom der Pflichtschulzeit, dem sich der Besuch eines allgemeinen oder gewerblich-technischen Lyzeums oder einer berufsbildenden Schule, bzw. einer Form der dualen Ausbildung anschließen

kann. Derzeit besuchen 62% der Schüler in dieser Schulstufe ein allgemeines, 38%
ein gewerblich-technisches Lyzeum. Der Besuch der Lyzeen mit naturwissenschaftlichem oder sprachlichem Schwerpunkt ist vom Bestehen der zentralen Eingangsprüfung (*ÖSS*) abhängig. Darüber hinaus hat sich an diesen Schulformen landesweit
die Einrichtung von einjährigen Vorbereitungsklassen etabliert. Hier werden die
Schüler auf die besonderen Anforderungen des Lyzeums-Unterrichts an ihre Fremd-
sprachen- und naturwissenschaftlichen Kenntnisse vorbereitet. De facto hat sich damit die Schulzeit bis zur Hochschulreife von elf auf zwölf Jahre erhöht.

Die Sekundarschulen

Die Sekundarschule schließt sich an die achtjährige Primarschulausbildung an. Prinzipiell hat jedes Kind mit einem Abschlussdiplom der Primarschule das Recht auf
die Fortsetzung seiner schulischen Ausbildung an einem Lyzeum. Das Schulangebot
auf dieser Stufe lässt sich grob unterteilen in a.) allgemein bildende Lyzeen und b.)
berufliche und technische Lyzeen. Sie sollen den Schülern eine der Sekundarstufe
angemessene Allgemeinbildung vermitteln, und sie auf einen Beruf bzw. auf ein
Hochschulstudium vorbereiten. Die *allgemein bildenden Lyzeen* unterteilen sich in
Regel-Lyzeen, Anadolu-Lyzeen, Naturwissenschaftliche Lyzeen, Anadolu-
Fachlyzeen für Lehrer, Anadolu-Lyzeen für bildende Künste, Abendlyzeen und
private Lyzeen. Die *beruflichen und technischen Lyzeen* existieren parallel zu den
allgemein bildenden Lyzeen als Einrichtungen, die sowohl berufliche Qualifikationen als auch Voraussetzungen für das Bestehen der Aufnahmeprüfung in die
Hochschulen vermitteln sollen. Es gibt technische Schulen für Mädchen und solche
für Jungen, Schulen für Handel und Tourismus sowie Imam-Hatip-Schulen. Gemäß
dem Gesetz 1739 zur Nationalen Erziehung ist es möglich, in dünn besiedelten Gebieten eine Gesamtschulform (*cok programli lise*) als Sekundarschulform anzubieten, d.h., hier werden allgemein bildende, berufliche und technische Ausbildungsprogramme unter einem Dach angeboten.
Wie in allen Schulstufen existieren auch im Sekundarschulwesen Probleme mit der
Infrastruktur. Bei einer Schülerzahl von 12,1 Millionen an allen Schulen des Primar-
und Sekundarschulwesens und einer Unterrichtsraumkapazität von 210.905, somit
einer durchschnittlichen Schülerzahl von 57 pro Klasse, kommt es zwangsläufig zu
großen Klassen und ungenügender Ausstattung mit Lehr-Lern-Materialien, was sich
auf die Qualität der Ausbildung auswirkt. Ein Teil der Kosten für die Ausstattung
und Instandsetzung der Schulen wird in Form eines an die Schule zu entrichtenden
„Bildungszuschusses" direkt von den Eltern erhoben.

Berufsbildender Bereich und Hochschulbereich

Durch die Schließung der berufsbildenden Zweige der ehemaligen Mittelschulen (*orta
okul*) wurde die berufliche Ausbildung ausschließlich im Sekundarbereich angesiedelt.
An den zuständigen Schulen werden derzeit ca. 40 unterschiedliche Formen berufsbildender Erziehung angeboten. Es zeichnet sich daneben im berufsbildenden Bereich eine
weitere Orientierung der beruflichen Ausbildung am dualen System ab.
Das Hochschulwesen hat in der Türkei in den letzten 70 Jahren eine besonders rasante
Entwicklung durchlaufen. 1933 wurde die im Jahre 1863 nach westlichem Verständnis
gegründete „*Istanbul Darülfünunu*" (Haus der Wissenschaften) als erste zu einer mod-

ernen Hochschule, nämlich zur Istanbul Universität umstrukturiert. An dieser Stelle soll eine historische Tatsache nicht ungenannt bleiben, die in Deutschland nur selten Beachtung findet. Es waren vor allem deutsche Wissenschaftler, viele von ihnen Flüchtlinge aus Hitler-Deutschland, die entscheidend zum Aufbau des modernen türkischen Universitätssystems beigetragen haben (vgl. BAŞAR 1996, S. 82-85,). Bis zum Jahr 2000 wuchs die Zahl der Hochschulen in der Türkei auf 74 an, wobei 21 davon Stiftungsuniversitäten sind. Die ca. 1,5 Millionen Studierenden an diesen Hochschulen werden von 64.169 Lehrenden betreut (vgl. DPT 2000, S. 16).

In Anbetracht der steigenden Nachfrage zum Hochschulstudium wurden in der Türkei erstmals im Studienjahr 1963/1964 zentrale Zulassungsprüfungen durchgeführt. Sie werden landesweit einmal jährlich durch die Vergabestelle für Studienplätze (*ÖSYM*), die dem Hochschulrat unterstellt ist, durchgeführt. Da man in den darauffolgenden Jahren trotz Hochschulneugründungen entsprechend der wachsenden Nachfrage zum Studium deren Grund vor allem die mangelnden Alternativen im berufsbildenden Ausbildungsbereich sind, keine ausreichenden Studienplätze schaffen konnte, wurde die bis dahin einstufige Zulassungsprüfung um eine weitere Stufe erweitert. 1999 ist allerdings, aufgrund der massiven Kritik an der damit verbundenen Entwertung des Lyzeum-Diploms, wieder die einstufige Universitätszugangsprüfung eingeführt worden. Jetzt bildet die erreichte Punktzahl bei der Zugangsprüfung, einer Prüfung zur Feststellung der Allgemeinbildung, die Grundvoraussetzung für die zentrale Zuordnung der Studienwilligen zu Studienfächern und Universitäten.

Sonder- und Förderschulen

Sonderschulformen sind in der Türkei kaum entwickelt. Die ersten Schulen für Körperbehinderte wurden in der Türkei in den 1940er Jahren eröffnet. Es handelte sich dabei um Schulen für Blinde und Taube. 1955 wurde die erste Klasse für geistig behinderte Kinder eingerichtet. 1961 wird das Recht von Sonderschulbedürftigen auf eine Förderung im Hinblick auf ihre Mitwirkung in der Gesellschaft in die neue Verfassung (§ 50) aufgenommen. 1998/99 gab es in der Türkei 1.019 Sonderschulen, davon elf für Sehbehinderte, 56 für Hörbehinderte und 56 für lernfähige geistig behinderte Kinder. Diese können dem Bedarf von schätzungsweise 900.000 sonderschulbedürftigen Kindern pro Jahrgang keinesfalls gerecht werden (vgl. GÖK 1999, S. 134). Förderschulformen für Höchstbegabte sind zwar seit dem 6. Fünfjahresplan (1990) des Staates immer wieder vorgesehen, – so gibt es derzeit fünf Wissenschafts- und Kunstzentren für besonders Begabte – sie sind jedoch ebenfalls bislang kaum entwickelt.

Umgang mit Problembereichen

Zu den Problembereichen des Bildungswesens gehören – neben den bisher genannten Aspekten: das unvermindert anhaltende zu hohe Bevölkerungswachstum (in den letzten zehn Jahren ist die Gesamtzahl der Schüler um 54% gestiegen), die starke Streuung der Bevölkerung, unwegbare geographische Lagen von Siedlungsgebieten, ein Stadt-Land-Gefälle durch Landflucht und damit einhergehender, ungeplanter Verstädterung (ungebremstes Wachstum der städtischen Bevölkerung bei gleichzeitig nicht adäquat ausgebauter Bildungs-Infrastruktur) bei gleichzeitig sinkenden Ausgaben für die Bildung im Staatsetat, starkes West-Ost-Gefälle, hohe durchschnittliche Anzahl der Schüler in einer Klasse (eine Schülerzahl von 70 pro Klasse in Grundschulen ist keine Seltenheit), veraltete Unterrichtsmaterialien, geringe Materialausstattung der Schulen, stetig sinkende aber nach wie vor noch relativ hohe Analphabetenrate bei Frauen gegenüber den Männern (im Schuljahr 1999/2000 betrug nach offiziellen Angaben des DPT die Analphabetenquote bei den Frauen noch 22,6% gegenüber 2,4% bei den Männern, vgl. DPT 2000, S. 16), insbesondere in den südöstlichen Regionen der Türkei. Die Differenz in der Beteiligung der Geschlechter am Bildungswesen setzt sich beginnend mit der Grundschule nicht nur durch alle Schulstufen fort, sondern steigt auch mit der Höhe der Schulstufe (vgl. GLUMPLER 1997, S. 16).

Die Oberschule (*lise*), die mit dem „Lyzeums-Diplom" abgeschlossen wird, bereitet nicht hinreichend auf das Bestehen der Eingangstests zur Hochschule vor. Die Kluft wird von privaten Lehranstalten (*dersaneler*) gefüllt, die für ärmere Bevölkerungsschichten nicht zu bezahlen sind. Nach zwischenzeitlichen Überlegungen der Regierung, diese mit der Begründung, sie untergraben die Einheit der Lehre und die Chancengleichheit der Kinder im Hinblick auf Bildung, zu schließen, wurden die privaten Lehranstalten stattdessen 1984 mit dem Gesetz Nr. 3035 in ihrer Existenz bestätigt und damit auf eine gesetzliche Grundlage gestellt. So verwundert die rasante Zunahme dieser Einrichtungen im Zeitraum von 1983 bis 1998 nicht. Während es 1983 lediglich 174 dieser Einrichtungen gab, waren es 1998 bereits 1659. Sie erfüllen nicht nur die Aufgabe, Nachhilfe für Schüler der Primar- und Sekundarstufe zu erteilen, sie bereiten vor allem auf die Aufnahmeprüfungen qualitativ höherwertiger Schulen des Sekundarschulwesens sowie der Universität vor. Daneben bieten sie auch die Möglichkeit einer außerschulischen Vorbereitung auf Schulabschlüsse und des Nachholens von Abschlüssen. Die Lehrer an diesen Lehranstalten erhalten einen um ein Vielfaches höheren Lohn, als die Lehrer an staatlichen Schulen. Es wird deutlich, dass staatliche Bildung qualitativ unter der privaten anzusiedeln ist und damit der Eintritt in die Universitäten immer stärker zu einer finanziellen Belastung für die Familien wird.

Ein weiterer Problembereich ist die religiöse Erziehung in der Schule. Diese erfolgt nach Maßgabe einer staatlichen Behörde, dem Amt für Religiöse Angelegenheiten, die für alle Muslime in der Türkei, also Sunniten und Aleviten gleichermaßen, die Inhalte des Religionsunterrichts festlegt. Hier ist es bisher nicht zu einer angemessenen Auseinandersetzung über die Legitimation dieses Vorgehens gekommen, auch wenn Diskussionen zwischen alevitischen und sunnitischen Gelehrten hinsichtlich dieser Problematik bereits stattgefunden haben und es in den 1990er Jahren erst überhaupt möglich wurde, diese Problematik zu thematisieren.

Im Gegensatz zu den anerkannten ethnisch-kulturellen Minderheiten wie den im Vertrag von Lausanne (1923) ausdrücklich aufgeführten Griechen, Armeniern und Juden verfügen die ethnischen Minderheiten der Kurden, Tscherkessen und Lazen, um nur einige der ca. 45 verschiedenen Gruppen zu nennen, die in der Türkei leben, nicht über ein eigenes Schulsystem in der Türkei. Die Minderheitenschulen gehören zur Kategorie der Privatschulen. Der Unterricht erfolgt in der Sprache der Minderheit, daneben ist das Fach türkische Sprache und Kultur obligatorisch, wobei die Prinzipien Atatürks, der türkische Nationalgedanke, Laizismus, Gleichheit wesentliche Inhalte des Unterrichts darstellen. Ihre Kontrolle untersteht dem Ministerium für Nationale Erziehung, ebenso wie die Schulbücher, die an den Schulen Verwendung finden. Als Privatschulen sind sie gemäß § 42 der Verfassung von 1982 verpflichtet, sich nach dem Niveau der staatlichen Schulen zu richten. In ihrer Zielsetzung und Gestaltung des Lehrstoffes sollen sie die Ziele und Grundprinzipien der Nationalen Türkischen Erziehung verwirklichen. Sie sind gemäß dem Gesetz zur Vereinheitlichung des Unterrichtswesens verpflichtet, keinen auf religiösen Prinzipien beruhenden bzw. religiöse Propaganda verbreitenden Unterricht zu machen, außerdem sind religiöse Symbole im Schulgebäude verboten. Darüber hinaus sind sie verpflichtet, mindestens 2% ihrer Schülerschaft ohne Schulgeld aufzunehmen. Neue Einrichtungen können im Allgemeinen nicht gegründet werden, bestehende Einrichtungen mit Zustimmung des Ministeriums jedoch erweitert werden. Heute ist der weitaus überwiegende Teil der Schülerschaft dieser ausländischen und Minderheitenschulen muslimischer Herkunft.

Seit Anfang der 1990er Jahre gibt es die Diskussion um Kurdisch als Unterrichtsfach für die größte ethnische Minderheit in der Türkei. Doch ist in dieser Frage keine baldige Lösung zugunsten kurdischer Belange in Sicht. Während in den Verfassungen von 1924 und 1961 der Passus „Die offizielle Sprache des Staates ist Türkisch" stand, wurde dies in der Verfassung von 1982 geändert in „Die Staatssprache ist Türkisch". Dies macht die Einführung einer anderen Sprache als das Türkische als Unterrichtssprache schwierig (vgl. GÜNDÜZKANAT 1997, S. 97-99).

Aktuelle Diskussionen und Entwicklungsperspektiven

Wie bereits angedeutet, sorgte die Entscheidung der Regierung, mit Beginn des Schuljahres 1998 das bisherige, mehrstufige Schulsystem der fünfjährigen Grundschule, auf die eine dreijährige Mittelschule und anschließend eine dreijährige Oberschule aufbaute, durch ein einstufiges Einheitsschulsystem für die Klassen 1 bis 8 zu ersetzen, für heftige Kontroversen in der innertürkischen Diskussion. Dabei sorgte weniger die Tatsache, dass damit die Pflichtschulzeit von fünf auf acht Jahre heraufgesetzt wurde, als vielmehr die Abschaffung der Mittelschulen für Aufregung, denn damit wurde auch der beruflich orientierte Mittelschulzweig der Imam-Hatip-Lyzeen aufgelöst. Hier gab es von Seiten der Befürworter einer religiös orientierten Erziehung und Bildung große Widerstände gegenüber dem Regierungsvorhaben. Die anschließenden Diskussionen konzentrierten sich auf diesen Aspekt, sodass notwendige Diskussionen um den allgemeinen Sinn der Reform, ihre Umsetzbarkeit und Finanzierung in den Hintergrund traten. Vor allem stellt sich das Problem, die nun auf acht Jahre Schulbesuch verpflichteten Schüler in kürzester Zeit mit der notwendigen Zahl von Lehrern, Lehrmaterial, Schulgebäuden etc. zu versorgen. Allein 1998 mussten 25.936 Lehrer zusätzlich eingestellt werden, und 930 so genannte „Vertretungslehrer" wurden aus den bereits in den Ruhestand gegangenen Lehrern rekrutiert. Zur Umsetzung des ehrgeizigen Zieles wurden zusätzliche Steuereinnahmen aus dem Verkauf von Benzin, Alkohol, Lotto etc. für die Bildung reserviert (vgl. GÖK 1999, S. 174-175). Mit der Heraufsetzung der Pflichtschulzeit sind unter dem Motto „Erziehung 2000" weitere Ziele der staatlichen Bildungspolitik verbunden, deren Verwirklichung jedoch noch in den Anfängen steckt. Dazu gehört die Aufhebung der Notwendigkeit „Unterricht in Schichten" durchzuführen, d.h. Vormittags- und Nachmittagsunterricht in einem Schulgebäude abzuhalten, die

Herabsetzung der Schülerzahl pro Klasse auf 30 Schüler und die landesweite Einrichtung eines Schulbustransports, der Schüler aus kleineren Ortschaften den Zugang zu Schulen in Städten ermöglicht, die eine qualitativ bessere Ausbildung anbieten als „Zwergschulformen" vor Ort. In Ergänzung zu den Schulbustransporten sollen die bestehenden Bezirksschulformen mit Internatseinrichtungen und allgemein bildende Schulen mit Wohnheimen versorgt werden. Als neueste Initiative der Regierung gab der derzeitige Bildungsminister das ehrgeizige Projekt bekannt, die Pflichtschulzeit solle mit Beginn des nächsten Schuljahres auf zwölf Jahre angehoben werden. Wie wenig realistisch eine tatsächliche Umsetzung dieses Zieles in absehbarer Zeit erscheint, verdeutlicht die Beschulungsrate in den verschiedenen Bildungseinrichtungen.

Das Bildungswesen der Türkei steht seit sieben Jahrzehnten aufgrund eines anhaltend rasanten Bevölkerungswachstums vor der Aufgabe, die Grundversorgung der Bevölkerung mit dem Pflichtschulangebot zu sichern. Vorrangig ist daher der Bau neuer Schulen und die Ausbildung einer großen Zahl von Lehrern in kürzester Zeit. Dabei ist ein deutliches Ost-West-Gefälle zu beachten. So schlägt sich die regional ungleiche Entwicklung und Verteilung der Schülerzahl darin nieder, dass die Zahl der Schüler im Schuljahr 2000/2001 in der Türkei insgesamt um 4%, in den südöstlichen Provinzen Hakkari, Sirnak und Bitlis jedoch um 13% gestiegen ist. Während in der westlichen Provinz Aydin 25 Schüler auf einen Lehrer entfallen, muss sich in der östlichen Provinz Hakkari im Durchschnitt ein Lehrer um 50 Schüler kümmern (Angaben berechnet nach Daten des MEB 2000).

Als nach wie vor bestehende Probleme des türkischen Bildungswesens, die selbst von offizieller Seite eingeräumt werden, müssen die überfüllten Klassen vor allem in Einrichtungen der Primarerziehung (Klassen von 70 und mehr Schülern in Großstädten sind keine Seltenheit) und damit zusammenhängend auch die ungenügende Versorgung mit Schulgebäuden genannt werden. Man versucht, diesem Problem mit Unterricht in zwei Schichten entgegenzutreten. Im Schuljahr 2000/2001 wurde landesweit an 21% aller Schulen Unterricht in zwei Schichten am Tag erteilt. Ferner besteht ein akuter Lehrermangel, eine fehlende Ausstattung der staatlichen Schulen mit zeitgemäßen Lehr- und Lernmaterialien und entsprechender Technologie (z.B. Computer), sowie fehlende Hochschulkapazitäten, die dem Andrang der Studierwilligen gerecht werden könnten. Im Schul- wie auch Hochschulbereich wird versucht, dem Kapazitätsproblem teilweise durch das Angebot von Fernunterrichtsformen zu begegnen. Bei allen Problemen und Herausforderungen, die das türkische Bildungswesen zu bewältigen hat, sollte doch nicht unerwähnt bleiben, dass die Bildungsexpansion seit Mitte der 1980er Jahre zur größeren Beteiligung sozial schwacher Bevölkerungsgruppen an Bildung beigetragen hat. In diesem Zusammenhang muss ein wichtiger Erfolg erwähnt werden: Die Analphabetenquote des Landes, die noch 1930 bei 80% lag, konnte bis 1960 auf 60,% und bis zum Jahr 2000 auf 14% gesenkt werden (vgl. DPT 2000, S. 16).

Literatur

AKYÜZ, Y.: Türk Egitim Tarihi. Baslangictan 1999'a (Die Geschichte der Türkischen Erziehung. Von den Anfängen bis 1999). Istanbul 1999.

BAŞAR, E.: Türk Yükseköğretim Sisteminin Dünü, Bugünü, Yarını (Gestern, Heute, Morgen des Türkischen Hochschulsystems) In: Fındıkçı İlhami (Hrsg.): Eğitimimize Bakışlar (Blicke auf unser Bildungswesen), Istanbul 1996.

BINBAŞIOĞLU, C.: Eğitim Düşüncesi Tarihi (Geschichte des Bildungsgedankens). Ankara 1982.

BINBAŞIOĞLU, C.: Türkiye'de Eğitim Bilimleri Tarihi (Geschichte der Erziehungswissenschaft in der Türkei). Istanbul 1995.

BOOS-NÜNNING, U. unter Mitarbeit von Karakaşoğlu, Y.: Türkei. In: Anweiler, O. u.a.: Bildungssysteme in Europa. Weinheim und Basel 1996, S. 231-250.

COSKUN, H./MEIER, M. G.: Das türkische Bildungswesen. Ankara 1996.

DPT – Devlet Planlama Teşkilatı/Staatliches Planungsamt (Hrsg.): Uzun Vadeli Strateji ve Sekizinci Beş Yıllık Kalkınma Planı 2001-2005 (Langfristige Strategie und der achte Fünfjahresplan), Juni 2000. http://www.ekutup.dpt.gov.tr/plan/viii/plan8.pdf).

ERCAN, F.: 1980'lerde Eğitim Sisteminin YenidenYapılanması: Küreselleşme Vergleichende Erziehungswissenschaft Neoliberal Eğitim Politikaları (Die Neuordnung des Bildungswesens in den 1980er Jahren: Globalisierung und neoliberale Bildungspolitiken), In: Gök, F. (Hrsg.): 75 yılda Eğitim. Istanbul 1999, S. 23-38.

GENERALDIREKTION FÜR AUSWÄRTIGE ANGELEGENHEITEN. Ministerium für Nationale Erziehung (Hrsg.): Das Türkische Bildungswesen. Ankara 2000.

GLUMPLER, E.: Vergleichende Bildungsforschung im Dienst interkultureller Bildungsplanung. Eine vergleichende Analyse des türkischen Pflicht- und Elementarschulwesens. Dortmund 1997.

GÖK, F.: 75 Yilda Insan Yetistirme. Egitim ve Devlet (75 Jahre Ausbildung von Menschen. Die Erziehung und der Staat). In: Gök, F. (Hrsg.): 75 Yilda Egitim (75 Jahre Erziehung). Istanbul 1999, S. 1-8.

GÜNDÜZKANAT, K.: Die Rolle des Bildungswesens beim Demokratisierungsprozess in der Türkei unter besonderer Berücksichtigung der Dimli (Kirmanc-, Zaza-) Ethnizität. Münster 1997.

KAPLAN, İ.: Türkiye'de Milli Eğitim İdeolojisi (Die Nationale Bildungsideologie in der Türkei). Istanbul 1999.

KAS – Konrad Adenauer-Stiftung (Hrsg.): Bildungsdiskussion in der Türkei und in Deutschland. Ankara 1998.

OECD – Organisation für Wirtschaftliche Zusammenarbeit und Entwicklung: Bildung auf einen Blick. OECD Indikatoren, 2000.

ÜNAL, L. I./ÖZSOY, S.: Modern Türkiye'nin Sisyphos Miti: 'Eğitimde Fırsat Eşitliği' (Der Sysiphos-Mythos der Modernen Türkei: 'Chancengleichheit im Bildungswesen'). In: Gök, F. (Hrsg.): 75 Yılda Eğitim (75 Jahre Erziehung), Istanbul 1999, S. 39-73.

SAKAOĞLU, N.: Milli Eğitim Bakanlığı Merkez Örgütü (Die Zentralorganisation Nationales Erziehungsministerium). In: Gök, F. (Hrsg.): 75 Yılda Eğitim (75 Jahre Erziehung). Istanbul 1999, S. 111-117.

ŞEN, F.: Duale Berufsausbildungssituation in der Türkei. Herausgegeben vom BIBB. Bielefeld 1994.

ŞEN, F./AKKAYA, Ç./ÖZBEK, Y.: Länderbericht Türkei. Darmstadt 1998.

TERTEMIZ, N. I.: Sekiz Yıllık Zorunlu İlköğretim: Hedefler ve Uygulamalar (Die achtjährige Pflichtprimarstufenerziehung: Ziele und Umsetzungsformen). In: Gök, F. (Hrsg.): 75 Yılda Eğitim (75 Jahre Erziehung). İstanbul 1999, S. 171 bis 176.

Informationen aus dem Internet

http://www.meb.gov.tr/haberler/yeniduzenlemeler/yeniduzenleme.htm
http://www.meb.gov.tr/stats/ist2001/Bolum1s1.htm
http://www.meb.gov.tr/Stats/ist9900/ist2.htm

Türkei

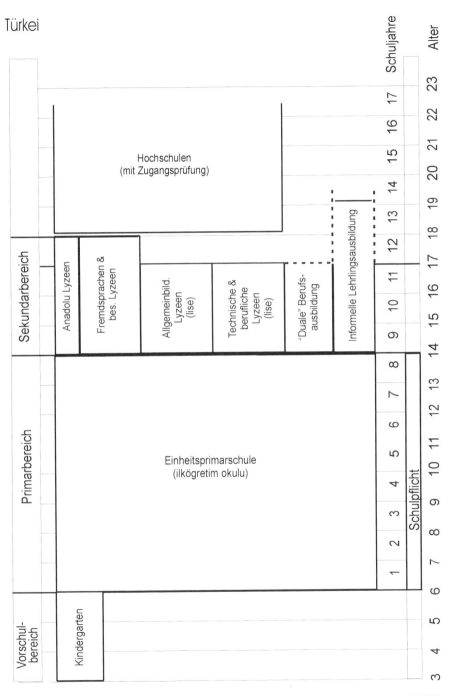

© DIPF 2004

Wolfgang Hellwig[1]

UKRAINE

Entwicklung des Bildungswesens

Bis zum Zerfall der Sowjetunion im Jahr 1990 hatte für die damalige Ukrainische
Sowjetrepublik die Gesetzgebung der UdSSR und der Unionsrepubliken über die
Volksbildung Gültigkeit. Diese folgte im Kern der marxistisch-leninistischen Ideo-
logie und zeichnete sich durch den Anspruch auf Einheitlichkeit (Mittelschule,
Struktur, Lehrpläne u.a.) und zentralistische Organisation aus. Nach der Deklaration
der Unabhängigkeit der Ukraine am 24. August 1991 durch den Obersten Sowjet in
Kiew wurde mit der ein Jahr zuvor verfassten Souveränitätserklärung im Abschnitt
„Kulturelle Entwicklung" für den Bildungsbereich festgeschrieben, dass die Ukraine
fortan selbständig bei der Lösung aller Fragen der Bildung und Wissenschaft, der
kulturellen und geistigen Entwicklung der ukrainischen Nation verfahren wird und
dass allen Nationalitäten, die auf dem Territorium der Republik leben, das Recht auf
eine freie national-kulturelle Entwicklung gewährt wird. Das im Juni 1991 veröffentlichte *Gesetz der Ukrainischen Sozialistischen Sowjetrepublik – über die Bildung* legte die künftige Richtung der Bildung und ihren Stellenwert in der Gesellschaft fest. Die Periode von 1991-1993, die den Beginn der Reorganisation des
Bildungswesens darstellen sollte, erwies sich als eine Phase des Kampfes gegen das
sowjetische Erbe, dem allerdings wenig konkret Neues entgegengesetzt werden
konnte.

Erste Eindrücke von einer neuen Weichenstellung in der Bildungspolitik des Landes
bekam die Öffentlichkeit im Frühjahr 1994, indem das am 3. November 1993 bereits
verabschiedete staatliche Bildungsprogramm unter dem Titel *Bildung (Osvita) – Die
Ukraine im 21. Jahrhundert* zugänglich gemacht wurde. Folgende drei Themen-
komplexe bilden den Schwerpunkt des Programms:

– die Umgestaltung des bestehenden Bildungswesens unter Berücksichtigung aller politischen, ökonomischen und geistigen Veränderungen, die sich in dem
  unabhängigen Staat Ukraine vollzogen haben;

– die Schaffung eines flexiblen Bildungswesens mit dem Ziel, das Bildungsniveau
  der Bevölkerung des Landes zu erhöhen;

– die Gründung von Bildungseinrichtungen neuen Typs, wie universitäre und
  nicht-universitäre „Verbundeinrichtungen", auch Bildungskomplexe genannt,
  Akademien mit „Profil", regionale Universitäten, Vernetzung von Colleges,
  Gymnasien, Lyzeen usw.

---

[1] Der Inhalt dieses Artikels basiert auf der Länderstudie: Dorner, M./Hellwig, W.: Ukraine. In:
     Lauterbach, U. in Zusammenarbeit mit Rauner, F. und von Kopp, B. (Hrsg): Internationales Hand-
     buch der Berufsbildung, Baden-Baden 2000.

In §§ 10 bis 14 des Bildungsgesetzes aus dem Jahr 1996 wird die Zuständigkeit staatlicher Organe für die Verwaltung des Bildungswesens sowie deren Kompetenzen und Verantwortungsbereiche festgelegt. Genannt werden die folgenden Organe:
- das Ministerium für Bildung und Wissenschaft der Ukraine;
- diverse Fachministerien und Behörden;
- die staatliche Akkreditierungskommission;
- das Ministerium für Bildung und Wissenschaft der Autonomen Republik Krim sowie
- örtlichen Organe der staatlichen Exekutive und örtliche Organe der Selbstverwaltung sowie die ihnen unterstellten Organe und Abteilungen der Bildungsadministration.

Alle Organe der Bildungsverwaltung, mit Ausnahme der Staatlichen Akkreditierungskommission, treten auch als Träger der staatlichen Bildungseinrichtungen auf. Sie sind damit im Rahmen der Vorgaben des Ministeriums für Bildung und Wissenschaft für deren Finanzierung sowie für die Anerkennung der Statute der jeweiligen Einrichtung verantwortlich. Die Finanzierung aller staatlichen Bildungseinrichtungen, Institutionen, Organisationen und der Betriebe im Bildungswesen erfolgt aus Mitteln der öffentlichen Haushalte, der staatlichen Betriebe und Organisationen sowie zusätzlicher Finanzierungsquellen, wie z.B. Zuschüsse aus dem kommunalen Haushalt, freiwillige Geldzuwendungen von Betrieben, aber auch einzelnen Personen, Einnahmen aus dem Verkauf der Produktion der Lehrwerkstätten, Betriebe u.a.m. Laut Gesetz beträgt der Haushalt des Bildungsbereichs insgesamt mindestens 10% des Nationaleinkommens. Im Jahr 1998 konnten allerdings nur 42,1% der Instandhaltungskosten der nationalen und regionalen Bildungseinrichtungen durch den Staatshaushalt ausgeglichen werden. Der Anteil der Ausgaben für den Bildungsbereich betrug lediglich 4,2% des Bruttoinlandsprodukts. Die Gesetze *Über die Berufsbildung* vom 10.02.1998 und das Gesetz über die allgemeine *Mittlere Bildung* vom 13.05.1999 stellen vorerst die letzten wichtigen Versuche zur Reformierung und der Modernisierung des Bildungswesens dar. Sie bilden nunmehr gemeinsam mit den entsprechenden Artikeln der Verfassung die wichtigsten bildungspolitischen Grundlagen.

Organisation des gegenwärtigen Schulsystems

Die Struktur des Bildungswesens wird durch das Bildungsgesetz festgelegt. Es erläutert Einrichtungen der vorschulischen Erziehung, der allgemeinen mittleren Bildung, der beruflichen Ausbildung und Hochschulbildung, der Weiterbildung nach dem Diplom (Postgraduiertenstudium), die Aspirantur, die Doktorantur, Einrichtungen zur beruflichen Weiterbildung und Umschulung, zur außerschulischen Bildung und Erziehung sowie das Selbststudium.

Im Alter von sechs bis sieben Jahren erfolgt nach einer mehr oder weniger intensiven Vorschulphase der Übergang in die Grundschule. Die Vorschulerziehung ist nach wie vor nicht obligatorisch. Die Regelschule, in der die Allgemeinbildung gemäß den staatlichen Bildungsstandards vermittelt wird, ist die dreistufige allgemein bildende Mittelschule:

– Stufe I: die *Grundschule*, die drei oder vier Schuljahre umfasst;
– Stufe II: die *Mittelschule* mit den Schuljahren fünf bis neun;
– Stufe III: die *Oberschule* mit den Schuljahren zehn und elf bzw. zwölf.

In Abhängigkeit von den örtlichen Bedingungen kann jede dieser Stufen als eigenständige Schule eingerichtet werden, aber auch als integrierte Schule, die alle drei Stufen beinhaltet, oder als so genannte Verbundeinrichtung, z.B. Stufe I + II, Stufe III + Hochschuleinrichtung. Die elf Jahre umfassende Allgemein bildende Mittelschule steht allen Schülern offen, ungeachtet ihrer Begabungen und schulischen Leistungen. Den Abschluss der Allgemein bildenden Mittelschule bildet die vollständige mittlere Bildung, die zur Bewerbung um einen Studienplatz berechtigt und somit der allgemeinen Hochschulreife entspricht.

Die Gründung von Lyzeen und Gymnasien mit unterschiedlicher Profilbildung und Spezialisierung sowie von Bildungskomplexen, bei denen bestimmte Schulen, z.B. ein Gymnasium oder Lyzeum mit einer Hochschuleinrichtung oder Universität einen Verbund bilden, wurden zugelassen. Ergänzend existieren Spezialschulen und Colleges, die ebenfalls den Abschluss der vollständigen mittleren Bildung vermitteln. Sie entsprechen in ihrer Struktur grundsätzlich den allgemein bildenden Mittelschulen, bieten aber einen vertieften Unterricht in einem oder mehreren Fächern an. Die Spezialschulen und Colleges ebenso wie die Gymnasien und Lyzeen sind besonders begabten Kindern vorbehalten Die Aufnahme in diese kostenpflichtigen Schulformen setzt eine bestandene Aufnahmeprüfung voraus. Besonders begabte Kinder können vom Staat eine finanzielle Unterstützung in Form von Stipendien, Studienaufenthalten oder Praktika erhalten.

Der obere Sekundarbereich erfüllt eine Gelenkfunktion zwischen allgemeiner und beruflicher Bildung, hat jedoch in erster Linie hochschulpropädeutische Funktion. Dies gilt vor allem für die Gymnasien und Lyzeen, je nach Fächerschwerpunkt und Profil auch für die Allgemein bildende Mittelschule. Durch das Fach Technologie und den praktischen Arbeitsunterricht findet eine Berufsorientierung statt. Berufliche Schulen verschiedener Fachrichtungen, dienen der beruflichen Grundausbildung. Die Aufnahme in diese Schulen erfolgt nach dem elften bzw. zwölften Schuljahr mit dem Abschluss der vollständigen mittleren Bildung oder nach dem neunten Schuljahr, wobei in diesem Fall die Möglichkeit besteht, die vollständige mittlere Bildung parallel zur Berufsausbildung zu erlangen.

Zum Hochschulwesen gehören Colleges, Institute, Akademien, Universitäten und fachlich spezialisierte Hochschulen. Die Zulassung zum Studium erfolgt im Rahmen der staatlichen Bedarfsplanung und damit auf Kosten des Staates. Grundsätzliche Voraussetzung ist neben dem Abschluss der vollständigen mittleren Bildung eine erfolgreich bestandene Aufnahmeprüfung. Staatliche wie auch private Hochschulen können im Rahmen ihrer Bedarfsplanung auch Studierende gegen Zahlung von Studiengebühren aufnehmen, darunter auch Bewerber, die bei den Aufnahmeprüfungen mit nur geringem Erfolg abgeschnitten haben.

Allgemein bildende Schulen

Die allgemeine Schulpflicht beginnt mit dem Besuch der Grundschule und endet mit dem 15. Lebensjahr. Das Einschulungsalter liegt bei sechs bzw. sieben Jahren. Die Dauer des Schuljahres darf in allen allgemein bildenden Schulen nicht weniger als 34 Wochen betragen, im ersten Schuljahr nicht weniger als 30 Wochen, die Ferienzeit in einem Schuljahr 30 Tage nicht unterschreiten. Die Länge der Unterrichtsstunden beträgt im ersten Schuljahr in der Regel 35 Minuten, in allen übrigen Schuljahren 45 Minuten. Veränderungen dieser Regelungen verfügte das Ministerium für Bildung und Wissenschaft, um zur Konsolidierung der finanziellen Situation des Bildungswesens beizutragen. Die Winterferien wurden um vier Wochen verlängert, die jeweiligen Unterrichtsstunden um zehn Minuten gekürzt. Diese auf die Wintermonate beschränkten Modifikationen sollen der Einsparung von Heizkosten dienen. Die Schülerstärke pro Klasse wurde zeitgleich in der Allgemein bildenden Mittelschule von höchstens 25 auf 35 Schüler erhöht. Ausnahmen gelten für Spezialschulen und -klassen, Gymnasien und Lyzeen, in denen die Klassenstärke auf 20 Schüler begrenzt ist, sowie für Sonderschulen und -klassen, die höchstens 15 Schüler pro Klasse aufnehmen dürfen. Darüber hinaus soll im Fremdsprachenunterricht, in praktischen und Laborübungen sowie im Informatikunterricht die Klasse in zwei Gruppen unterrichtet werden.

Für die Vergabe von Zensuren gelten folgende Regelungen: Im ersten Schuljahr der dreijährigen und im ersten und zweiten Schuljahr der vierjährigen Grundschule werden nur mündliche Noten für die schulischen Leistungen vergeben. In allen folgenden Schuljahren wird die Leistung der Schüler anhand einer Notenskala von 5 bis 1 bewertet, wobei eine Fünf die beste und eine Eins die schlechteste Note darstellen. Eine Zwei wird im Allgemeinen schon als Versagen empfunden. Die Notenvergabe kann entsprechend der Entscheidung des pädagogischen Rates viertel- oder halbjährig erfolgen. Verpflichtend sind lediglich die Jahresgesamtnoten, die in den Schulzeugnissen am Ende eines jeden Schuljahres dokumentiert werden.

Vorschulerziehung/Elementarbereich

Die Vorschulerziehung ist nicht obligatorisch. Sie kann sich sowohl ausschließlich innerhalb der Familie vollziehen als auch in einer staatlichen, betrieblichen, privaten oder sonstigen Vorschuleinrichtung, was der Regelfall ist. Die Kinderkrippen werden von Kindern im Alter von zwei Monaten bis drei Jahren besucht, die Kindergärten von den Drei- bis Sechs- bzw. Siebenjährigen. Die Zahl der Kindergartenplätze ist in den letzten Jahren zurückgegangen. Die Ursache dafür ist in der angespannten Lage vieler Betriebe zu suchen, die als ein Träger von Vorschuleinrichtungen auftreten und in der Krisensituation der letzten Jahre diese soziale Leistung jedoch nicht mehr erbringen können. Sie sind gezwungen, die Eltern in zunehmendem Maße an den Betreuungskosten zu beteiligen. Aufgrund des sinkenden Lebensstandards der Bevölkerung ist es jedoch auch vielen Eltern unmöglich geworden, eine Eigenbeteiligung zu erbringen. Die Finanzierung der staatlichen Vorschuleinrichtungen übernimmt zwar der Staat, alle Eltern sind jedoch verpflichtet, einen nach dem jeweiligen Einkommen gestuften Eigenbeitrag zu leisten.

Primarbereich

Im Jahr 1998/99 gab es 21.903 allgemein bildende Schulen (Primar- und Sekundarbereich), davon 6.913 in den Städten und 14.990 auf dem Land. In diesen Schulen lernten etwa sieben Millionen Schüler. Nur wenige von ihnen machten von der Möglichkeit des Abend- oder Fernunterrichts Gebrauch. Die überwiegende Mehrheit (6,88 Millionen) besuchte Tagesschulen. Der Eintritt in die erste Stufe der allgemein bildenden Einrichtungen, den Primarbereich, erfolgt mit dem Beginn der Schulpflicht im Alter von sieben Jahren. Schulreife Kinder können bereits mit sechs Jahren eingeschult werden. Bereits im Primarbereich findet eine erste Differenzierung statt, die sowohl struktureller als auch inhaltlicher Art sein kann. Strukturell steht neben der dreijährigen Grundschule die vierjährige, die ein langsameres Lerntempo vorgibt und so in den ersten vier Schuljahren eine Angleichung des Leistungsniveaus der Grundschüler erreichen will, bzw. es wird fähigen Kindern die Möglichkeit gegeben, die Grundschulzeit in drei Jahren zu durchlaufen.

Sekundarbereich I und II

Der untere Sekundarbereich umfasst die Schuljahre 5 bis 9 der allgemein bildenden Schulen. Hierzu gehören die Stufe II der Allgemein bildenden Mittelschule sowie die entsprechenden Klassen der Gymnasien und der Lyzeen. Der obere Sekundarbereich umfasst die Schuljahre 9 bis 11 und nach der neuen Gesetzeslage auch das 12. Schuljahr.

Allgemein bildende Mittelschule

In dem unteren Sekundarbereich der Allgemein bildenden Mittelschule wird auf den Primarbereich aufbauend die schulische Ausbildung der Schüler fortgesetzt. Rund 96% der 10-14-Jährigen nehmen an dem Unterricht teil. Den Schülern werden hier systematische Kenntnisse in den Grundlagen der Wissenschaften, die Fähigkeit zu selbständigem Arbeiten und Lernen vermittelt, die für die Fortsetzung der mittleren allgemein bildenden wie auch beruflichen Ausbildung notwendige Voraussetzungen sind. Die Basisstundentafel der Allgemein bildende Mittelschule besteht aus den Fächerblöcken der allgemein bildenden obligatorischen Fächer sowie der Wahl- bzw. fakultativen Kurse. Stattgefunden hat eine auffallende Erweiterung des sprachlich-literarischen Bereichs, der neben dem Unterricht in der ukrainischen Sprache und Literatur breiteren Raum für Fremdsprachen und das Fach „Internationale Literatur" lässt sowie den Unterricht in Nationalitätensprachen zur Wahl anbietet. Aufgeteilt und erweitert wurde auch der Geschichtsunterricht in das Fach „Ukrainische Geschichte" und „Weltgeschichte", deren Stundenanteil mit jeweils 3% ausgewiesen wird. Auf Wunsch der Eltern, der Schüler und eines interessierten Unternehmens, das vor allem die Möglichkeit der praktischen Ausbildung bereitstellt, kann auf Beschluss des Rates der Schule und bei Vorhandensein der entsprechenden Voraussetzungen in der Schule der Arbeitsunterricht den Charakter einer beruflichen Grundausbildung erhalten.

Die Aufnahme der Schüler in die Stufe III der Schulen erfolgt in der Regel aufgrund eines Wettbewerbs, dessen Bedingungen von der jeweiligen Schule in Übereinstimmung mit den zuständigen Organen der staatlichen Bildungsverwaltung ausgearbeitet werden. Voraussetzung ist in jedem Fall der erfolgreiche Abschluss des 9.

Schuljahres. Statistischen Angaben zufolge finden sich fast 40% der 15-17-Jährigen in der Sekundarstufe II wieder. Bei Vorhandensein der notwendigen Voraussetzungen in den Schulen und bei bestehendem Wunsch der Eltern und Schüler können in allen Schulen der Stufe III ein oder mehrere Profile (humanistisches, physikalisch-mathematisches, technisches, ökonomisches etc.) eingeführt werden.

Gymnasium, Lyzeum und andere Schulen mit Auslesecharakter

Nach der Definition des Ministeriums für Bildung und Wissenschaft stellen die *Gymnasien* mittlere allgemein bildende Einrichtungen des unteren und oberen Sekundarbereichs dar, die eine wissenschaftlich-theoretische sowie allgemein-kulturelle Ausbildung für begabte Kinder und Jugendliche gewährleisten. Sie umfassen somit die Schuljahre 5-12. Das *Lyzeum* ist eine spezielle Bildungseinrichtung ebenfalls für begabte Kinder, die den Erhalt einer allgemein bildenden Ausbildung, die über das staatliche Bildungsminimum hinausgeht, und seinen Absolventen eine wissenschaftlich-praktische Ausbildung garantiert. In den entsprechenden Verordnungen des Ministeriums für Bildung und Wissenschaft wird das Lyzeum als Einrichtung des oberen Sekundarbereichs bezeichnet, die Ausbildung im unteren Sekundarbereich gilt nicht als Regelfall. Sie kann jedoch bereits mit dem 8. Schuljahr beginnen und somit einen Teil des unteren Sekundarbereichs einbeziehen. Der Übergang in beide Schultypen ist von einer erfolgreich bestandenen Aufnahmeprüfung abhängig. Der Basisstundenplan für das Gymnasium differenziert sich ab dem 8. Schuljahr in drei Schwerpunktbereiche: den geisteswissenschaftlichen, den naturwissenschaftlichen und den künstlerisch-ästhetischen Bereich. Insgesamt ist hier eine tendenziell stärkere klassisch-humanistische Orientierung durch die Einführung von Fächern wie Latein, Rhetorik und Logik zu erkennen. Im Gymnasium findet keine berufliche Ausbildung statt. Es wird lediglich eine berufliche Orientierung im Rahmen des Fachbereichs Technologie im Umfang der staatlichen Standards gewährleistet. Der Basisstundenplan des Lyzeums wird analog konzipiert. Er setzt sich aus sechs Grundprofilen zusammen: dem philologischen, dem historisch-kulturellen, dem künstlerisch-humanistischen, dem physikalisch-mathematischen, dem biologisch-chemischen und dem technischen Bereich. Im Lyzeum findet keine berufliche Ausbildung statt. Es kann aber eine berufliche Orientierung und Spezialisierung mit Blick auf die künftige Berufswahl vorgenommen werden.

Neben den Lyzeen und Gymnasien bestehen mit den *Spezialschulen* und *Colleges* zwei weitere Schultypen, die der Förderung begabter Schüler dienen, denen aufgrund ihrer geringen Verbreitung nur eine marginale Rolle zukommt. Die *Spezialschulen*, die bereits in der sowjetischen Zeit existierten, unterscheiden sich von der Allgemein bildenden Mittelschule durch ihre Profilbildung in einzelnen Fächern, z.B. Mathematik, Sport oder Musik, in denen ein vertiefter Unterricht bereits ab dem 1. Schuljahr mit deutlich erhöhter Stundenzahl stattfindet. Die *Colleges* sind allgemein bildende Schulen, die die Schuljahre 5-12 umfassen. Nur in Ausnahmefällen beginnen sie bereits mit dem 1. Schuljahr. Sie gewährleisten eine profilierte Ausbildung in humanistischer, humanistisch-sozialwissenschaftlicher und humanistisch-naturwissenschaftlicher Richtung, die über die staatlichen Standards hinausgeht.

Privatschulwesen

Das Bildungswesen wird durch private allgemein bildende Einrichtungen ergänzt. In den allgemeinen Verordnungen zu den privaten Bildungseinrichtungen wird darauf hingewiesen, dass sie auf einer nichtstaatlichen Eigentumsform basieren und den Anforderungen des Bürgers, der Gesellschaft und des Staates auf eine allgemeine mittlere Bildung genüge tun sollen. Das heißt, dass Umfang und Niveau der Ausbildung nicht unter dem staatlich vorgegebenen Bildungsminimum liegen dürfen, um eine Anerkennung der Abschlüsse zu gewährleisten. Darüber hinaus müssen auch diese Einrichtungen bestimmte Grundvoraussetzungen nicht nur hinsichtlich der Inhalte erfüllen. Hierzu gehören auch Regelungen zum baulichen Zustand der Gebäude, zur Ausstattung etc. Verboten ist es, bestehende staatliche allgemein bildende Schulen in private Bildungseinrichtungen umzuwandeln oder im Rahmen staatlicher allgemein bildender Schulen einzelne gesonderte private Klassen oder Zweige einzurichten. Daher handelt es sich bei privaten Schulen ausschließlich um Neugründungen und mehrheitlich um Gymnasien und Lyzeen, d.h. um prestigeträchtige Eliteschulen. Die privaten Schulen werden daher nicht unkritisch gesehen, obwohl ihre Bedeutung gering ist. Im Gesetz über die mittlere Allgemeinbildung von 1999 wird bekräftigt, dass das System der mittleren Allgemeinbildung aus allgemein bildenden Lehreinrichtungen aller Typen und Eigentumsformen besteht.

Berufliche Schulen

Die berufliche Bildung umfasst ein breites Spektrum an Lern- und Ausbildungsformen in Bildungseinrichtungen des sekundären, postsekundären und tertiären Sektors sowie in Betrieben, Kombinaten u.a.m. In allen staatlichen beruflichen Bildungseinrichtungen erhalten die Schüler die berufliche Grundausbildung, die ein Grundrecht der Bürger auf Bildung darstellt, kostenlos. Der beruflichen Grundausbildung dienen berufliche Schulen verschiedener Fachrichtungen des oberen Sekundarbereichs, so die Beruflich-technischen Schulen, *PTU*, die beruflich-künstlerischen Lehranstalten, die beruflichen Lehranstalten zur sozialen Rehabilitation, die Lehranstalten der Agrarbetriebe, die betrieblichen Lehranstalten u.a.m. Der Übergang in die beruflichen Schulen kann nach dem 11. bzw. 12. Schuljahr nach Erhalt der vollständigen mittleren Bildung erfolgen. Überwiegend werden jedoch Absolventen der Pflichtschule aufgenommen, d.h. Schüler, die über eine mittlere Bildung verfügen. In diesem Fall kann der Schüler den vollständigen mittleren Bildungsabschluss parallel zur Berufsausbildung erwerben, die mit dem Abschluss *Qualifizierter Arbeiter* endet. Einen geringen Anteil der Schüler dieser Schulen bilden Abgänger der Pflichtschule. Im Jahre 1995 waren 15,8% der Schüler Absolventen des 11. Schuljahrs der Allgemein bildenden Mittelschule und verfügten über eine vollständige mittlere Bildung, 82,9% Absolventen der neunjährigen Pflichtschule und 1,3% Abgänger, die über keinen Abschluss verfügten und hier in einfachen Berufen ausgebildet oder angelernt werden. Ungefähr 70% der Schüler, die mit der unvollständigen mittleren Bildung in die beruflich-technische Lehranstalt eintreten, erwerben hier die vollständige mittlere Bildung gleichzeitig mit der Ausbildung in einem Arbeiterberuf.

Die höheren beruflichen Schulen nehmen ausschließlich Schüler mit vollständiger mittlerer Bildung auf. Diese können sie sowohl mit dem Abschluss des 11. bzw. 12.

Schuljahrs erworben haben oder aber nach Abschluss der *PTU*. Dementsprechend wird in der *VPU* eine höhere berufliche Qualifikation vermittelt und der Abschluss *Nachwuchsfachkraft* vergeben. Die *PTU* hat vor allem die Aufgabe, den Erwerb eines gesellschaftlichen Berufes entsprechend der Berufung, den Interessen, Fähigkeiten und unter Berücksichtigung der jeweiligen Vorbildung der Schüler zu gewährleisten. Die höher qualifizierende Berufsausbildung wird im *Technikum* oder im *College* vermittelt. Sie sind Einrichtungen der Akkreditierungsstufen I bzw. II und gehören noch zu dem Bereich der allgemeinen mittleren Bildung. Bis 1999 waren sie zwischenzeitlich Einrichtungen des Hochschulbereichs.

Tertiärbereich

Über den tertiären Bildungssektor wird in der Ukraine seit einigen Jahren heftig debattiert. Der Reformbedarf ist hoch, die Reformansätze jedoch zeichnen sich durch Heterogenität und einen experimentellen Charakter aus. Gerade die inhaltlichen und methodischen Reformen an den Hochschulen, die nicht per Gesetz oder Verordnung angeordnet werden können, hängen von der Innovationsfreudigkeit der einzelnen Hochschuleinrichtungen und ihren Verantwortlichen ab. Hinzu kommt aufgrund der niedrigen Gehälter und schlechten Arbeitsbedingungen ein insgesamt wenig reformfreudiges und reformmotiviertes Personal, das aber die wichtige Basis für wirkliche Veränderungen sein müsste. Nicht zuletzt trägt auch die insgesamt veraltete und unzureichende materielle Ausstattung der Hochschuleinrichtungen dazu bei, dass Reformen nicht greifen können. Die Vielzahl von Veränderungskonzeptionen sind letztendlich in ihrer Mehrzahl nur Pläne geblieben und haben sich bisher nicht realisieren lassen. Ein neues Hochschulgesetz ist noch im Stadium der Ausarbeitung, so dass Veränderungen auf Grundlage neuer rechtlicher Regelungen erst in einigen Jahren zu erwarten sind.

Zu den Hochschuleinrichtungen zählen Colleges (*koledžy*), Institute (*instituty*), Konservatorien (*konservatorii*), Akademien (*akademii*), und Universitäten (*universitety*). Alle diese Einrichtungen sind befugt, Bildungskomplexe, d.h. die bereits erwähnten Verbundeinrichtungen mit anderen Einrichtungen des Bildungswesens, zu bilden. Das Studium in diesen Hochschuleinrichtungen kann in Form eines Tages-, Fern- oder Abendkurses absolviert werden. Als Fern- oder Abendkurs dient es der Weiterqualifizierung neben der eigentlichen beruflichen Tätigkeit. Bei der Analyse von statistischen Angaben zu den Hochschuleinrichtungen ist zu berücksichtigen, dass bis Mitte des Jahres 1999 die Technika (*technikum*) und einige Colleges (*koledžy*) noch zum Hochschulbereich gehörten und damit die Zahl der Bildungsstätten in diesem Sektor außergewöhnlich hoch lag. Die verschiedenen Hochschuleinrichtungen stehen nicht gleichrangig nebeneinander, sondern werden in verschiedene Niveaustufen eingeteilt. Diese Einteilung erfolgt auf der Basis einer Beurteilung, der „Akkreditierung", die die offizielle Anerkennung des Rechtes der jeweiligen Hochschuleinrichtung auf die Ausübung ihrer Lehrtätigkeit darstellt. Neben den staatlichen Hochschuleinrichtungen existieren nach inoffiziellen Angaben ca. 200 private Einrichtungen aller vier Akkreditierungsstufen, die allerdings nur zu einem sehr geringen Anteil über eine staatliche Anerkennung und das Recht verfügen, staatlich anerkannte Abschlüsse zu vergeben.

Weiterbildung

Die Weiterbildung schließt formal die Aufstiegsfortbildung ebenso wie die Anpassungsfortbildung ein. In der Praxis zeigte sich jedoch, dass Fragen zur Weiterbildung im Wesentlichen noch auf die Aufstiegsfortbildung, d.h. Wege zur Universität und dort vorhandene aufbauende Qualifizierungsmöglichkeiten, bezogen wurden, obwohl gerade eine Anpassungsfortbildung in Anbetracht der neuen Berufsanforderungen nach dem Systemwechsel und dem Übergang zu marktwirtschaftlichen Strukturen und den damit verbundenen veränderten und neuen Anforderungen dringend erforderlich gewesen wäre. Der Bedarf wurde durchaus gesehen, jedoch fehlte es noch an einem System der Anpassungsfortbildung ebenso wie der Umschulung. Mittlerweile hat sich auf diesem Gebiet einiges getan. Die meisten Bildungseinrichtungen beteiligen sich an der Bereitstellung von Weiterbildungsangeboten. Neue Aus- und Weiterbildungszentren sind entstanden. Berufsbegleitende Weiterbildungsmaßnahmen werden in der Regel von den *PTU* oder von entsprechenden Unterabteilungen der Unternehmen, Betrieben oder Organisationen – meist in Abendkursen – durchgeführt.

Aktuelle Diskussionen und Entwicklungsperspektiven

Die wirtschaftliche Krise, aus der das Land bisher keinen Ausweg fand, lähmt den Fortgang der Reformen im Bildungswesen ebenso wie auch in anderen gesellschaftlichen Bereichen. Mit der Verabschiedung des neuen Bildungsgesetzes wurden Mitte der neunziger Jahre die rechtlichen Rahmenbedingungen für eine Neugestaltung des Bildungswesens geschaffen. Betrachtet man die materielle Ausstattung der Schulen, ist die Versorgung mit Lehrbüchern hervorzuheben, die in den vergangenen Jahren immer gewährleistet war. Eine Hauptaufgabe wird es sein, das gesamte Bildungswesen an europäische Standards heranzuführen, bzw. es an diesen Standards auszurichten.

Die Diskrepanz zwischen Plänen und Konzeptionen und deren Umsetzung und Etablierung ist immer noch groß. Erschwerend wirkt sich hier die mangelnde Reformbereitschaft in allen Bereichen der Bildungsadministration sowie in der Lehrerschaft selbst aus. Die personelle Kontinuität seit sowjetischer Zeit verzögerte eine geistige, fachliche und methodische Erneuerung und einen raschen Umbruch im Bildungswesen. Reformfreudige und kreative Lehrer, die mit dem Bildungsgesetz neu geschaffene Autonomieräume zu nutzen wissen, sind selten und haben bisher nur punktuelle Veränderungen bewirkt. Insbesondere mangelt es an gut ausgebildeten Lehrkräften, die den Anforderungen der sich wandelnden Gesellschaft nach Erlangung der Selbständigkeit gerecht werden können. Gerade hoch qualifizierte Kräfte wandern aus den schlecht bezahlten Lehrberufen in die freie Wirtschaft oder andere lukrative Bereiche ab, die ihnen eine ihren Fähigkeiten angemessenere Bezahlung bieten. Veränderungen dieser Situation könnten sich einstellen, wenn die Selbstverwaltung im Bildungssektor weiter voranschreitet. Bereits im Herbst 1999 wurde mit der Taras-Schewtschenko-Universität in Kiew einer Bildungseinrichtung das Privileg der Selbstbestimmung gewährt. Es bleibt abzuwarten, was die Universität mit dieser Situation anzufangen weiß, ob es gelingt ein positives Beispiel zu setzen, dem andere Bildungseinrichtungen nacheifern.

Der Bereich der beruflichen Bildung stellt seit langem ein besonderes Problemfeld im ukrainischen Bildungswesen dar. Durch die zentralistische Festlegung des Bedarfs an Arbeitskräften und die Unifizierung von Inhalten, Lehrplänen, -materialien etc. entsprechend planwirtschaftlichen Vorgaben war schon zu sowjetischer Zeit eine Anpassung der Berufsausbildung an konkrete Bedürfnisse des Arbeitsmarktes nur bedingt möglich. Ausgebildet wurde primär für die zentrale Verwaltungswirtschaft und die Industrie. Nach dem Systemwechsel und dem Übergang zur Marktwirtschaft mangelte es folglich an Kapazitäten im Sozialbereich, im Dienstleistungsgewerbe, im kaufmännischen Bereich etc., aber auch an Lehrkräften, Ausbildern und neuen Unterrichtskonzeptionen und entsprechenden Materialien für diese Bereiche. Der Bedarf an qualifizierten Arbeitskräften, die den veränderten Anforderungen gerecht werden, ist groß. Bisher ist es nicht gelungen, diesen Bedarf durch das Berufsbildungssystem zu decken. Langfristig angestrebt wird eine Berufsausbildung, die in stärkerem Maße die Unternehmen einbezieht und einen engeren Praxisbezug erhält. Hierfür fehlen jedoch bisher die grundlegenden Voraussetzungen: Die maroden Staatsbetriebe können ebenso wie die noch nicht florierenden privaten Betriebe eine berufliche Ausbildung nicht gewährleisten. Es fehlt an qualifizierten Ausbildern in den Betrieben und an neuen Ausbildungsprogrammen. Ein in sich geschlossenes Ausbildungsprogramm gibt es für die Mehrzahl der neu entstandenen Berufe im kaufmännischen ebenso wie in vielen anderen Bereichen noch nicht. In der Regel werden die Mitarbeiter angelernt, einige Akademien bieten branchenbezogene Ausbildungen und Lehrgänge an, z.B. für das Bankwesen, die nach individuell erstellten Lehrplänen arbeiten. Zahlreiche westliche Institutionen und Organisationen engagieren sich in der Aus- und Weiterbildung.

Literatur

BUNDESMINISTERIUM FÜR WIRTSCHAFT (Hrsg.): Die Beratung Mittel- und Osteuropas beim Aufbau von Demokratie und sozialer Marktwirtschaft. Konzepte und Beratungsprogramme der Bundesregierung. Bonn 1998.

DERŽAVNAJA NACIONAL'NAJA PROGRAMMA „OSVITA". Ukrajina XXI stolittja. Kyjiv: Rajdyha 1994.

DORNER, M./HELLWIG, W.: Ukraine. In: Lauterbach, U. in Zusammenarbeit mit Rauner, F./Kopp, B. (Hrsg): Internationales Handbuch der Berufsbildung, Baden-Baden 2000, S. 1-135.

DORNER, M./SPREEN, M.: Das Bildungswesen der Ukraine. Münster u.a. 1998.

DORNER, M.: Das Bildungswesen der unabhängigen Ukraine. In: Bihl, W. u.a.: Rußland und die Ukraine nach dem Zerfall der Sowjetunion. Berlin 1996, S. 299-314.

EUROPEAN TRAINING FOUNDATION. National Observatory of Ukraine (Hrsg.): Ukraine. The VET System in Ukraine. Recent Changes, Challenges and Reform Needs. National Observatory Stocktaking Report. Working Report. Kiev 1998.

KUEBART, F.: Bildungspolitische Entwicklungen im Kontext der Veränderungen im Herrschafts- und Wirtschaftssystem. In: Jahresbericht zur Bildungspolitik und zur pädagogischen Entwicklung in der DDR, der Republik Polen, der UdSSR, der CSSR und der Volksrepublik China 1990. Bochum 1991.

LINDNER, R.: Der lange Rückweg nach Europa. Die Ukraine am Rande der Staatskrise: Das Parlament ist gespalten, und der Präsident will mehr Macht. In: Frankfurter Rundschau, 56(2000-02-18), S. 24.

NACIONAL'NYJ DOKLAD UKRAINY. Professional'no-techničeskoe obrazovanie na rubeže XXI stoletija. Seoul 1999 (Vtoroj meždunarodnyj kongress po techničeskomu i professional'nomu obrazovaniju).

SCHMID, W.: Das Bildungswesen in der Ukraine. Schwäbisch Gmünd: Pädagogische Hochschule 1997.

UNITED NATIONS OFFICE IN THE UKRAINE (Hrsg.): Ukraine Human Development Report 1997. (http:/www.un.kiev.ua/UnonLine/hdr97/c2t1.htm)

VOLOVIČ, V.: Neue Tendenzen im Bildungswesen der Ukraine. In: Internationale Schulbuchforschung, 20(1998)4, S. 425-434.

WITTKOWSKY, A. u.a.: Neue Wege geberfinanzierter Arbeitsmarktpolitik in der Ukraine. Berlin: Deutsches Institut für Entwicklungspolitik 2000.

ZAKON UKRAJINY „Ob obščem srednem obrazovanii". In: Vedomosti Verchovnoj Rady Ukrainy, (1999)28, S. 547-562.

ZAKON UKRAJINY „Pro osvitu". In: Osvita, (1996)43-44, S. 6-11.

ZAKON UKRAJINY „Pro profesijno-techničnu osvitu". In: Profesijno-Technična Osvita, (1998)1, S. 2-12.

Ukraine

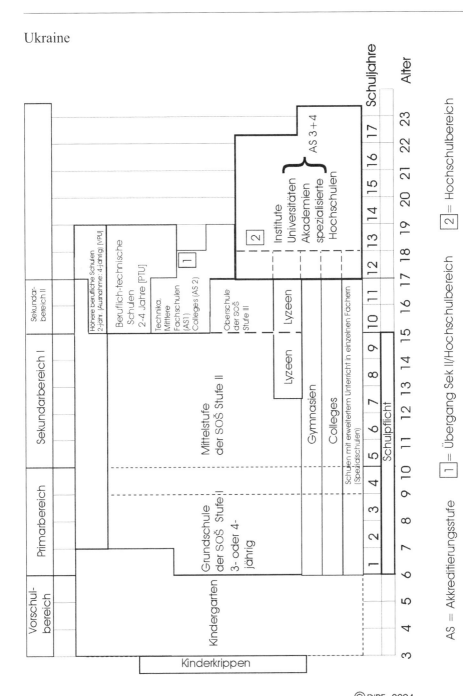

© DIPF 2004

Tamás Kozma/Magdolna Rébay

UNGARN[1]

Entwicklung des Bildungswesens

Das ungarische Schulsystem entspricht grundsätzlich dem, was man auch aus anderen mitteleuropäischen Ländern kennt: einheitliche „Grundschulen" für 6-14-jährige Schüler gefolgt von selektiven Mittelschulen (Gymnasien, Fachmittelschulen, Berufsschulen). Nach dem Abitur können die Jugendlichen ihre Studien an Hochschulen fortsetzen. Die zwei Sektoren des Hochschulsystems bilden die Universitäten einerseits und die Fachhochschulen andrerseits. Dieses Schulsystem entstand nach dem Inkrafttreten des ersten Volksbildungsgesetzes von 1868 – im Rahmen der einstigen Österreichisch-Ungarischen Monarchie. Dem Gesetz von 1868 folgte die Einführung der Schulpflicht und die Errichtung der Elementarschulen (Volksschulen). Nach 1868 wurden die früheren konfessionellen Schulen in Gymnasien (nach dem verbreiteten Muster der Monarchie) umgeformt, und es wurden die Grundsteine der Berufsbildung gelegt – die Vorbilder waren wiederum Deutschland und Österreich. Nach dem Ende des Ersten Weltkrieges, das auch die Auflösung der Österreichisch-Ungarischen Monarchie und die Entstehung der heute bekannten Nationalstaaten Mitteleuropas bedeutete, war das Bildungsnetz Ungarns zwar außerordentlich ungleichmäßig, doch blieb das Bildungswesen selber auf dem Territorium der ehemaligen Monarchie grundsätzlich einheitlich. In der Zwischenkriegsperiode (1918-39) verschwand allmählich der Analphabetismus, und die Lage der kleinen Landschulen (6-jährige Elementarschulen, aus denen der Übertritt in 8-jährige Gymnasien bzw. in 4-jährige Bürgerschulen bereits nach vier Jahren möglich war) wurde stabilisiert. Es begann auch die langsame Differenzierung der Gymnasien (klassische und Realgymnasien), und es entstanden die Vorläufer der Fachmittelschulen (höhere Gewerbe- und Handelsschulen). Das Schulsystem widerspiegelte aber die ganze Zeit hindurch die Gesellschaftsstruktur der Zwischenkriegszeit. Als Reaktion auf das selektive Mittelschulwesen bildeten sich ab den 1930er Jahren verschiedene Begabtenförderungsbewegungen, Volkshochschulen und Bauernkollegien, die aber insgesamt nur wenig an der Selektivität des Schulsystems änderten.

Zwischen 1945 und 1948 hatte Ungarn, das nach dem Zweiten Weltkrieg in die sowjetische Interessensphäre geriet, noch eine parlamentarische Demokratie und Koalitionsregierungen. Auch die Demokratisierung des Schulsystems begann. 1945 bis 1946 trat das Gesetz über die Errichtung der „Grundschulen" in Kraft. Die Unterstufe dieses Schultyps entspricht der früheren Elementarschule (Jahrgänge 1 bis 4), während die Oberstufe aus den ersten vier Jahrgängen der früheren Bürgerschule und des Gymnasiums umgebildet wurde (Jahrgänge 5-8). Bis 1948 hatte man die Pläne zur Umorganisierung der Gymnasien erarbeitet – mit neuen Lehrplänen und

---

[1]   Übersetzt von Gábor Tomasz, Budapest.

Lehrbüchern. Diese Überlegungen, die übrigens zu nicht wenigen politischen Spannungen, ja Kämpfen führten, zielten auf die Vereinheitlichung des Schulsystems und dadurch der ganzen Gesellschaft ab. In den Jahren 1948-49 zeigten sich allerdings die ersten bildungspolitischen Anzeichen der nahenden kommunistischen Machtübernahme. 1948 wurden die Privatschulen unter Zwang verstaatlicht. Von dieser Maßnahme wurden vor allem die konfessionellen Schulen betroffen. Dies bedeutete außerdem, dass die ohnehin zentrale Genehmigung der Lehrpläne und der Lehrbücher ausschließlich durch das Kultusministerium erfolgte. Und dahinter stand die kommunistische Partei (Partei der Ungarischen Werktätigen). Von jetzt an wurde das Schulsystem fest an die Parteipolitik gebunden, und die Schulen und Lehrer wurden praktisch zu Sprachrohren der Parteiideologie. 1949-56 galten die sowjetischen Lehrpläne als Muster, und es wurden zahlreiche Elemente des dortigen Schulsystems (z.B. das „kleine Abitur" nach Absolvierung der „Grundschule") übernommen. An die verschiedenen Schularten wurden die Schüler nach politischen Kriterien aufgenommen, Russisch wurde zur obligatorischen Fremdsprache. Nach der Revolution von 1956 wurde dieses diktatorische Schulsystem an einigen Punkten gelockert (Russisch als Pflichtfach wurde für eine kurze Zeit aufgehoben). Nach 1956 hörte man damit auf, die Schüler nach ihrer Herkunft zu kategorisieren. Das Schulgesetz von 1961 verlängerte die Schulpflicht (zehn Jahre: 6-16) und verbot die Einstellung von Jugendlichen unter 16 Jahren in ein Arbeitsverhältnis. In diesem Sinne wollte man den Übertritt von den Grund- in die Mittelschulen für immer weitere Kreise ermöglichen. Dazu wurde das Netz der Gymnasien erweitert, später die ersten Fachmittelschulen errichtet. In diesen war neben dem Erwerb des Abiturs, auch das Erlernen eines Berufs möglich. Die Fachmittelschulen wurden für eine lange Zeit der beliebteste Schultyp für die aufsteigenden Schichten.

Die langsame Umgestaltung wurde wesentlich durch die demografische Welle von 1973-76 erleichtert. In dieser Periode kamen 25-30% mehr Kinder auf die Welt als die Jahre vorher bzw. nachher. Um diesen Geburtenüberschuss auf die Grund- und Mittelschulen zu verteilen, musste man das Schulnetz wesentlich erweitern. Diese Kapazitäten blieben auch nach dem Abflauen der demografischen Welle erhalten, da inzwischen die Bildungserwartungen der Gesellschaft gestiegen waren. Ende der 1940er Jahren hatte die Bevölkerung nicht einmal eine allgemeine „Grundschul"-Oberstufe (Jahrgänge fünf bis acht) akzeptieren wollen – an vielen Orten (vor allem in ländlichen Gegenden) musste man die Kinder mit Gewalt „einschulen". Seit der Wende der 1970/1980er Jahre waren die Eltern aber bestrebt, ihren Kindern einen Mittelschulabschluss zu ermöglichen. Dieser Prozess bewirkte in den 1980er Jahren, dass sich die Berufsschulen allmählich entvölkerten, weil es immer weniger Eltern gab, die gewollt hätten, dass ihre Kinder direkt zu Facharbeitern werden. Auf der anderen Seite verbuchten die Gymnasien und die Fachmittelschulen einen Zuwachs, was zum langsamen Anstieg der Abiturienten führte.

Ein zweiter Meilenstein des Zerfalls des „sozialistischen" Schulsystems war das Schulgesetz von 1985. Dieses Gesetz erklärte – unter anderem – die Schulen zu autonomen Institutionen und ließ die Zurückdrängung der Parteiideologie zu (wenigstens in der Rhetorik des Gesetzes und der Bildungspolitik). Das Schulsystem wurde durch das Gesetz zwar nicht umgeformt, was seit den 1970er Jahren ja die Forderung der Reformkräfte gewesen war, gewährte aber den Schulen einen größeren

Spielraum bei Schulversuchen. All das fügte sich in die Vorstellungen der damaligen Reformkräfte innerhalb der kommunistischen Partei ein. Die politische Wende geschah aber – überraschenderweise – nicht nach deren Vorstellungen; bestimmend wurden vielmehr die oppositionellen konservativ-bürgerlichen Kräfte, die 1990 an die Regierung kamen. Als Resultat zerfiel das scheinbar einheitliche Schulsystem. Zahlreiche Gymnasien, die vorher 4-jährig gewesen waren, führten wieder die 8-jährige Ausbildung ein oder stellten sich auf sechs Jahre um. Sie unterrichten also heute 10-18- bzw. 12-18-jährige Schüler. Schulpflichtige, denen der Übergang in eine Mittelschule nicht gelang, blieben allerdings in der „Grundschule", die nun 10-jährig wurde. Die Berufsschulen verschwanden allmählich, weil die früheren staatlichen Großfirmen nach ihrer Privatisierung aus der Berufsbildung ausstiegen. Dadurch verstärkte sich das Netz der Fachmittelschulen, die allmählich zum führenden Mittelschultyp in Ungarn wurden. Einmalig unter den Bildungsreformprozessen in Mittel- und Osteuropa ist die fast völlige Dezentralisierung des Bildungswesens. Seit 1990 müssen sich die Selbstverwaltungen um die Erfüllung der Schulpflicht kümmern, d.h. ihnen untersteht der überwiegende Teil der Primar- und Sekundarbildung. Daneben erschienen auf der Bildfläche allmählich die so genannten nicht zu den kommunalen (oder regionalen) Selbstverwaltungen gehörenden Schulen, also die konfessionellen, die Stiftungs- und die (sonstigen) Privatschulen. Sie machen zwar immer noch nur etwa 6-10% aller Schulen aus, doch ist ihr Anteil ständig im Wachsen begriffen.

Das dermaßen dezentralisierte Bildungswesen bestimmt auch den Spielraum der Bildungspolitik (Schulgesetz von 1993, Hochschulgesetz von 1995, Berufsbildungsgesetz von 1995). Die früheren zentralen Lehrpläne wurden durch den so genannten Nationalen Grundlehrplan (1988-96) abgelöst, der bis heute nicht mit den Lehrbüchern und den Unterrichtshilfsmitteln in Einklang gebracht worden ist. Die Herausgabe der Lehrbücher wurde privatisiert, obgleich sich der größte Verlag nach wie vor im Staatseigentum befindet. Ungelöst ist allerdings die Kontrolle der Schulen sowie die Prüfungsordnung. Erstere wurde nicht mit den Trägern, letztere nicht mit den Anforderungen des Nationalen Grundlehrplans harmonisiert. Das ungarische Schulsystem befindet sich demnach – nach 40 Jahren erzwungener Stabilität – im Zustand permanenter Reformen.

Organisation des gegenwärtigen Schulsystems

Überblick über die Strukturen

Die Struktur des ungarischen Bildungswesens enthält seit 1990 drei Stufen: die primäre, die sekundäre und die tertiäre Bildung. Zur primären Bildung werden zum Teil auch die Kindergärten gezählt. Diese bestehen aus drei „Klassen" bzw. so genannten Gruppen (Kleingruppe für die 3-4-Jährigen, mittlere Gruppe für die 4-5-Jährigen und Großgruppe für die 5-6-Jährigen). Die Teilnahme an der Großgruppe ist obligatorisch (dort, wo es keine Kindergärten gibt, werden diese Schulvorbereitungsklassen für die 6-jährigen Kinder von Schulen organisiert). Eingeschult werden die Kinder mit sechs Jahren in die Unterstufe der allgemein bildenden Regelschule („Grundschule"), deren vier Jahrgänge sie zwischen dem 6. und 10. Lebensjahr durchlaufen. Nach dem 4. Schuljahr lernen die Schüler in der Oberstufe derselben

Institution weiter (5.-8. Schuljahr). Die Beendigung der „Grundschule" – oder einer ihr entsprechenden Schule – ist für alle, die als schulreif gelten, obligatorisch (Schulpflicht). In ihrem 15. Lebensjahr setzen die Schüler ihre Studien an Mittelschulen fort (Sekundarbereich II, 9.-12. Schuljahr). Das ungarische Mittelschulsystem ist selektiv. Der Jugendliche muss also zwischen einem Gymnasium oder einer Fachmittelschule wählen. Eine Neuigkeit besteht darin, dass der Jugendliche für weitere zwei Jahre in der „Grundschule", in der er das 8. Schuljahr beendete, bleiben kann (9.-10. Schuljahr), um erst nachher in eine Mittelschule überzutreten. Den Abschluss der Mittelschule bildet die Abiturprüfung, die den Schüler zum Studium an einer Hochschule befähigt. Das Hochschulsystem ist ebenfalls selektiv und hat zwei Sektoren. An den Universitäten kann man einen Universitätsabschluss (Diplom) erhalten – meist nach zehn Semestern. Ein solches Diplom befähigt zur wissenschaftlichen Arbeit bzw. ermöglicht den Weg in Führungspositionen. Die Fachhochschulen (acht Semester, Fachhochschuldiplom) dienen vor allem einer praxisorientierten und beruflichen Bildung. Das Bildungswesen setzt sich aus vier Subsystemen zusammen: Pflichtschulwesen, Hochschulwesen, Berufsbildung und Erwachsenenbildung. Diese Subsysteme sind innerhalb des Bildungswesens autonom. Aus diesem Grunde werden sie einzeln vorgestellt und jeweils ihre Plätze, die sie innerhalb des Systems einnehmen, beschrieben.

Der obligatorische Schulbesuch (Schulpflicht) in Ungarn dauert heute bereits zwölf Jahre (6.-19. Lebensjahr). Schulpflicht bedeutet, dass jedes Kind eine Schulvorbereitungsklasse besuchen, die „Grundschule" (oder eine ihr entsprechende Schule) absolvieren und dann vier Jahre in eine Mittelschule gehen muss. Das Abitur ist heute noch nicht obligatorisch, wird aber praktisch von allen Mittelschülern abgelegt.

Das Hochschulsystem wird von den Universitäten (*igyetem*) und den Fachhochschulen (*föiskola*) gebildet. Nach dem Hochschulgesetz (LXI. Gesetz) muss eine Universität über Fakultäten in mindestens zwei unterschiedlichen Wissensgebieten verfügen. Früher gab es auch traditionelle Wissenschaftsuniversitäten bzw. Fachuniversitäten, wie z.B. Universitäten der Medizin oder technische Universitäten. Seit 2000 bilden jedoch Universitäten und/oder Fachhochschulen einer Region so genannte integrierte Universitäten. Das bedeutet, dass sie allmählich zu einer einzigen Institution zusammengefasst werden, mit einheitlicher Haushaltsführung und innerer Leitung. Die Fachhochschulen (seit 2000 Fachhochschul-Fakultäten) vermitteln eine praxisorientierte Fachausbildung auf jeweils einem Wissensbereich. Seit 1990 werden die meisten Fachhochschulen in so genannte regionale Institutionen umgebildet. Das bedeutet, dass sie die Studenten nicht nur auf einem Fachgebiet (Lehrer, Berufstätige im Gesundheitswesen, technische und wirtschaftliche Fachkräfte, Künstler usw.), sondern gleichzeitig auf mehreren ausbilden.

Das Subsystem Berufsbildung besteht aus sekundären und tertiären Ausbildungsgängen. Eine Fachausbildung erhält der Jugendliche im Mittelschulbereich (Berufsschulen und Fachmittelschulen) bzw. im Hochschulbereich (fachspezifische Fachhochschulen). Eine Neuigkeit stellt die „akkreditierte schulische höhere Fachausbildung" dar – eine Übergangsform zwischen der traditionellen sekundären und tertiären Ausbildung. In diesem Zusammenhang sei erwähnt, dass die Berufsbildung auch in Ungarn zum größten Teil außerhalb des Bildungswesen stattfindet (Betriebliche

Ausbildung, Berufsbildung auf marktwirtschaftlicher Basis, Weiterbildung, Einarbeitung). Diese Ausbildungsformen werden von den Bildungsforschern als postsekundär oder post-compulsory bezeichnet. Auch in Ungarn werden sie statistisch nicht einheitlich erfasst.

Nach 1990 erlebte (und erlebt) das System der beruflichen Bildung bedeutende Umwandlungen. Das Wesentliche dieser Reformen war, dass die selbstständigen (oder zu einem Unternehmen gehörenden) Berufsschulen abgeschafft wurden bzw. mit Fachmittelschulen verschmolzen. Als Folge davon entstanden Fachbildungszentren, deren Fundament meist eine erfolgreiche (gut ausgestattete, genügend finanzierte, erfolgreich verwaltete) Lehrwerkstatt bildete. Um die Lehrwerkstätte bildeten sich ursprünglich entweder eine Fachmittelschule oder eine Berufsschule, die später Fachausbildungen unterschiedlicher Stufen anboten. Dadurch entstanden „Gesamtschulen" (*comprehensive institutions*), in denen man entweder nur ein Fachzeugnis (Lehrlingsausbildung) oder zusätzlich dazu auch das Abitur erhielt (Fachmittelschule). In Regionen ohne zusätzliche Mittelschulen wurden in diesen Institutionen auch gymnasiale Abteilungen gebildet. Neuerdings wird in diesen Ausbildungskomplexen auch die bereits erwähnte akkreditierte schulische höhere Fachausbildung (die höhere Technikerausbildung) organisiert.

Fachausbildungsinstitutionen können vom Staat (z.B. Institutionen der zentralen Regierungsverwaltung), von Wirtschaftsorganisationen (Unternehmen), von Selbstverwaltungen sowie von Stiftungen, Kirchen und anderen Privatpersonen getragen werden. Ein Charakteristikum dieser Institutionen ist, dass sie mehrfach finanziert werden (die Einnahmen stammen vom Träger selbst und zusätzlich aus anderen Quellen wie z.B. aus Unternehmen). Da die Fachmittelschulen (ein Bestandteil der Fachbildungskomplexe) auch zur Schulpflicht gehören, erfolgt ihre Finanzierung grundsätzlich aus Haushaltsgeldern (in unterschiedlichen finanziellen Konstruktionen). Bei der Verteilung der Haushaltsgelder wirkt der nationale Fachausbildungsrat, die Ratgeberorganisation der Fachminister (bestehend aus Vertretern der Arbeitgeber, der Arbeitnehmer und der Regierung), mit. Die bedeutendste Finanzierungsquelle stellt der so genannte nationale Fachausbildungsfonds dar (alle Unternehmen sind verpflichtet, einen Beitrag dazu zu leisten).

Die Fachmittelschulen unterstanden bis 1998 zum Teil dem Arbeitsministerium (Fachausbildung), zum Teil dem Bildungsministerium. Zur Zeit gehören sie zum Bildungsministerium. Es handelt sich dabei allerdings um eine relativ beschränkte Führung, weil durch das heute gültige Berufsbildungsgesetz (LXXVI.) das Recht der Leitung dem Träger übertragen wird. Der Eingriff des Ministeriums erfolgt deshalb grundsätzlich durch die (Neu-)Verteilung des Staatsbudgets (Unterstützungen, Anträge, Projekte). Zum Teil bringt es einige Institutionen oder Gruppen von Institutionen (z.B. Bewerber) in die außergewöhnliche Lage, sich von der Leitung durch ihre Träger vorübergehend befreien zu können. Eine solche Lage schafften das bereits erwähnte Weltbank-Projekt oder das Qualitätssicherungsprojekt (Ausarbeitung neuer Qualitätssicherungsprojekte für die Schulen) usw.

Steuerung des Schulsystems/Curricula

Während das frühere einheitliche Pflichtschulsystem (Primar- und Sekundarbereich) nach der Wende zerfiel, versuchten die verschiedenen Regierungen, diesem Zerfallsprozess entgegenzuwirken bzw. das Pflichtschulsystem wiederherzustellen. Da aber die Institutionen nicht von der Regierung, sondern vor allem von den Selbstverwaltungsorganen gegründet werden, musste man zu anderen Mitteln greifen. Zum einen bot sich hierfür die Gesetzgebung, zum anderen die Gestaltung des Curriculums an. Das heute gültige Gesetz sagt zwar nicht aus, wie die Struktur des Pflichtschulwesens auszusehen habe, weist aber darauf hin, dass die inhaltlichen Anforderungen vom Bildungsminister gesetzt werden. Dies ermöglicht es ihm, in die Lehrinhalte des Pflichtschulwesens einzugreifen. Diese werden im Wesentlichen durch den NAT (*Nationaler Grundlehrplan*) bestimmt. Der NAT setzt einheitliche Anforderungen für die ersten zehn Schuljahrgänge fest (in den Klassen elf und zwölf haben die Schulen völligen Freiraum, weil diese als Vorbereitungsklassen auf das Hochschulstudium gelten). Vom NAT werden nicht einzelne Fächer, sondern so genannte Bildungsgebiete (insgesamt zehn) bestimmt, innerhalb derer die Mindestanforderungen für jeden Schuljahrgang festgesetzt werden. Diese müssen von den Schülern geleistet werden, um in die nächsthöhere Klasse aufsteigen zu können. Rechtlich ist der NAT eine Regierungsverordnung (steht also als Rechtsquelle höher als die Erlasse des Bildungsministers), seine Grundsätze wurden überdies vom Parlament verabschiedet. Demgegenüber stehen die konkreten Lehrpläne der Schulen (sie bestimmen den tatsächlichen Unterrichtsablauf), die vom Träger angenommen werden müssen (lokaler Lehrplan, Teil des lokalen Lehr- und Lernprogramms). Der NAT (als neues Regelungsmittel des Pflichtschulwesens) entstand nach langwieriger wissenschaftlicher Vorarbeit, vielen politischen Kontroversen und Diskussionen, die bis heute nicht abgeklungen sind. Der NAT gilt daher bis zum heutigen Tag als nicht vollendet, zumal der Genehmigung keine Erprobungsphase folgte und auch die vorgesehenen Systeme der Evaluation, Finanzierung und Prüfungsordnungen noch nicht ausgearbeitet sind. Dementsprechend steht der NAT bis heute im Kreuzfeuer der Debatten.

Finanzierung

Die Finanzierung des Pflichtschulsystems wird zwischen den Trägern und dem Staat geteilt. Die Träger von „Grund"- und Mittelschulen erhalten so genannte Kopfquoten, die ca. 60-70% der Gesamtkosten decken. Das heißt, dass zusätzliche 30-40% gebraucht werden – und dies umso mehr, als die einzelnen Kostenpunkte (z.B. die Gehälter der Lehrer) zentral geregelt werden. Die Lehrer in Ungarn gelten heute als öffentlich Angestellte: ihr Gehalt wird nach einer zentralen Gehaltstabelle festgelegt, die Anstellungsanforderungen werden durch das so genannte Gesetz des öffentlichen Dienstes bestimmt. Dies führt wiederum zu zahlreichen Kontroversen, umso mehr, da die Träger nicht nur finanzielle, sondern auch inhaltliche Verantwortung für die Institutionen tragen, was ihre fachliche Kompetenz meist überfordert.

Allgemein bildende Schulen

Elementar-, Primar- und Sekundarbildung

Ungarn kennt seit 1998 eine 12-jährige Schulpflicht. Das bedeutet nicht nur, dass die Schüler – wie zuvor – lediglich zwölf Jahre im Bildungswesen verbringen, sondern dass sie diese zwölf Schuljahre (im Primar- und Sekundarbereich) auch tatsächlich beenden müssen. Die schulpflichtigen zwölf Jahre bilden das Rückgrat des Bildungswesens, dem sich sowohl das Hochschulsystem als auch die Berufs- und Erwachsenenbildung anfügen.

Der Besuch des Kindergartens (*óvoda*) zählt zwar nicht zur Schulpflicht, doch sind die Kindergärten durch die Schulvorbereitungsklassen eng mit dem Pflichtschulsystem verbunden (siehe oben). Die Organisation des Tagesablaufs in diesen Einrichtungen sind trotzdem radikal verschieden von denen der Schulen, weisen sie doch ganz andere Traditionen auf. Der ganztägige Arbeitsplan ist zwar von Kindergarten zu Kindergarten anders, folgt aber einem nationalen Standard (Vorschriften): er enthält in allen drei Gruppen (Klassen) Lern- und Freizeitaktivitäten (Spiele). Die Vormittagsaktivitäten sind dem Lernen gewidmet – selbstverständlich dem Alter der Kinder angepasst. Darauf baut sich später die erwähnte Schulvorbereitung auf. Am Nachmittag finden die Freizeitaktivitäten statt. Kindergärten werden in Ungarn vom Staat, von kommunalen Selbstverwaltungen und von Privatpersonen gegründet und getragen. Die überwiegende Mehrheit der Kindergärten fällt in das Aufgabenfeld der Gemeinden. Vor 1990 besuchten 90% der gegebenen Altersgruppe einen Kindergarten, und das Kindergartennetz im ganzen Land war dicht. Nach 1990 brach allerdings das frühere Kindergartennetz fast vollständig zusammen – zum Teil infolge der demografischen Ebbe, zum Teil wegen der selbstständigen Finanzwirtschaft der Selbstverwaltungen. In die Kompetenz der Selbstverwaltung fällt bei deren Kindergärten auch das Einholen der notwendigen Genehmigungen (gesundheitliche, technische, pädagogische). Beim Staat kann finanzielle Unterstützung beantragt werden, die von der Kinderzahl abhängt. Die Bewilligung und Kontrolle der Gründung und der Aufrechterhaltung von Kindergärten sind Aufgaben der zuständigen Abteilung des jeweiligen Bürgermeisteramts. Die Eltern müssen etwa 20-30% der Ausgaben decken. Die privaten Kindergärten stellen den Sektor des ungarischen Bildungswesens dar, der am dynamischsten wächst (ein anderer ist die Berufsbildung). Die Gründungs- und Unterhaltsbedingungen sind mit denen der von den Selbstverwaltungen getragenen identisch; sie erhalten allerdings meist keine finanzielle Unterstützung von der Gemeinde. Aus diesem Grunde müssen die Eltern häufig eine große Geldsumme für ihre Kinder bezahlen – diese kann weit über dem ungarischen Minimallohn liegen (2001: ca. 200 Euro).

Die „Grundschule" (*általanos iskola*, Allgemeine Schule) fasst in Ungarn – wie in den meisten Staaten der mittel- und osteuropäischen Region – den Primarbereich und den Sekundarbereich I in einer einzigen Institution zusammen. Vor 1990, als die Schaffung eines „neuen, sozialistischen Menschen" ihre Funktion bestimmte, hielt man sie für die größte Errungenschaft der staatssozialistischen Bildungspolitik. Nach 1990 geriet die einheitliche, allgemein bildende Regelschule allerdings in eine Krise. Obwohl in Ungarn die „Grundschule" weiterhin die verbreitetste Regelschule ist, büßte der "Grundschul"-Abschluss seine Monopolstellung ein.

Die Unterstufe (*alsó tagozat*, 1.-4. Schuljahr) entspricht der ehemaligen Elementarschule, die man auch aus anderen modernen Bildungssystemen kennt. Ihr Ziel liegt in der Vermittlung der kulturellen Grundkenntnisse (Schreiben, Lesen, mathematische Grundbegriffe, Kommunikationsfähigkeit usw.). Das wichtigste Charakteristikum der Unterstufe ist allerdings, dass ein Klassenlehrer den gesamten Unterricht erteilt (eine Ausnahme bilden die so genannten Fertigkeitsfächer wie z.B. Singen,

Turnen, Zeichnen). Obwohl man seit den 1980er Jahren bestrebt ist, die Unterstufe den Bedürfnissen und Fähigkeiten der Kinder immer besser anzugleichen („kinderzentrische Schule"), weicht die vorherrschende Atmosphäre z.b. von der in den Kindergärten auch heute noch bedeutend ab. Die Klassen der Unterstufe sind meist im Organisationsrahmen einer einheitlichen „Grundschule" organisiert; sie können aber auch eine selbstständige Institution bilden (das hängt von der Kinderzahl der Gemeinde bzw. vom Finanzierungsvermögen der Selbstverwaltung ab). Um eine Klasse errichten zu können, braucht man mindestens zwölf Kinder; für eine weitere (Parallel-)Klasse müssen mindestens 40 Kinder eingeschrieben sein. Dementsprechend findet man in den einzelnen Schuljahrgängen meist selbstständige Klassen; ist allerdings die Gemeinde zu klein, so können Kinder verschiedener Schuljahrgänge in einem Klassenzimmer gemeinsam unterrichtet werden. In einigen Fällen sind die Unterstufen mit Kindergärten verbunden (obwohl organisatorisch die zwei Institutionen auch in solchen Fällen getrennt bleiben).

Die Oberstufe (telsö tagozat) fasste vor 1990 die ersten vier Jahrgänge der ehemaligen Mittelschulen zusammen, und dies gilt auch heute noch allgemein. Der Unterschied zur Unterstufe besteht darin, dass den Kindern systematischer Fachunterricht von Fachlehrern erteilt wird. Die Atmosphäre in der Oberstufe wird auch heute noch von dieser historischen Tradition sowie von der unterschiedlichen Ausbildung der Lehrer bestimmt. Vor 1990 war ein „Grundschul"-Abschluss (acht Jahrgänge) für alle obligatorisch, obwohl diese Einheitlichkeit bereits seit den 1970er Jahren in Auflösung begriffen ist. Dieser Prozess hielt an und beschleunigte sich sogar nach der Wende (zum Teil politisch motiviert). Heute können Schüler die „Grundschule" bereits nach vier oder sechs Jahren verlassen (wie in der kommunistischen Periode). Wegen der erwähnten Schulpflicht müssen sie allerdings ihren Bildungsweg in solchen Fällen an einer Mittelschule fortsetzen. In der zweiten Hälfte des 20. Jahrhunderts (seit der Gründung der „Grundschulen" im Jahre 1945) entwickelte sich die „Grundschule" auch in den dörflichen Gemeinden zur bestimmenden Bildungsinstitutionsform. Sie und ihre Gemeinde befinden sich in gegenseitiger Abhängigkeit. Demzufolge unterstehen die meisten „Grundschulen" den Selbstverwaltungen (2000: 93%). Seit 1990 wächst allerdings die Zahl der „Grundschulen", die anderer Art sind (konfessionelle, private, Stiftungsschulen).

Die „Mittelschulen" sind selektiv. Darunter verstehen wir, dass sie – obwohl zum Pflichtschulwesen gehörend – eine Auswahl unter den Bewerbern treffen. Die zwei bestimmenden Schultypen des sekundären Bildungswesens sind die Fachmittelschule (szakkö zépiskola) und das Gymnasium (gimnázium). Die Gymnasien können 4-, 6- oder 8-jährig sein. Diese vertikale Differenzierung begann bereits vor 1990, doch erfuhr sie nach der Wende eine wesentliche Beschleunigung. Unter den Gymnasien finden wir heute ungefähr gleich viele 4- und 6-jährige (in einigen Fällen kommen die beiden Formen innerhalb einer einzigen Institution vor). 8-jährige Gymnasien findet man heute nur noch in einer kleinen Zahl. Alle drei Typen von Gymnasien bereiten die Schüler auf das Abitur vor, verwenden allerdings unterschiedliche Lehrpläne. Trotzdem können wir behaupten, dass sie im Großen und Ganzen das wiederholen, was in der Oberstufe der „Grundschule" gelernt wurde (im Falle der 4-jährigen Gymnasien), oder dass sie auf das dort Gelernte aufbauen und es fortsetzen (im 6-jährigen Typus). Ausgesprochen oder unausgesprochen bereiten die Gymnasien ihre Schüler auf das Hochschulstudium vor. Dies gilt in zunehmendem Maße, zumal die Zahl derer, die nach dem Abitur ein Hochschulstudium beginnen, im Wachsen begriffen ist (2000: ca. 40% der entsprechenden Altersgruppe). Die Gymnasiallehrer haben meist einen Universitätsabschluss (im Gegensatz zu den Erziehern in den Kindergärten und zu den „Grundschul"-Lehrern). Die Unterrichtsfächer sind weiterhin nach den universitären Wissenschaftsdisziplinen strukturiert. Der spezifische Charakter eines Gymnasiums wird dadurch bestimmt, zu welchen prozentualen Anteilen in ihm die einzelnen Disziplinen unterrichtet werden (Vorrang naturwissenschaftlicher Fächer, größere Auswahl von Fremdsprachen, vor allem Sport oder Kunstfächer usw.)

Da die Mittelschulen zum Pflichtschulsystem gehören, unterstehen sie meist den kommunalen Selbstverwaltungen. Solche Gymnasien sind meist 4-, weniger häufig 6-jährig. Die 8-jährigen Gymnasien sind meist konfessionelle Einrichtungen (manchmal mit zugehörigem Internat). Gymnasien werden zudem von Selbstverwaltungen der *Komitate* (Bezirke) bzw. von nationalen Institutionen, wie beispielsweise Universitäten, getragen. Unter ihnen gibt es auch Stiftungsschulen, so genannte alternative pädagogische Institutionen, unter denen einige sogar internationales Ansehen errungen haben. Über die Finanzierung der Mittelschulen wird auch heute noch viel diskutiert – wegen der Diskrepanz zwischen der gesetzlich vorgeschriebenen Schulpflicht (zwölf Jahrgänge) und dem allgemein für obligatorisch gehaltenen Schultyp („Grundschule"). Für die Selbstverwaltungen ist es nicht einsichtig, warum sie nebst der primären auch für die sekundäre Bildung sorgen sollen (die Finanzierung von Institutionen der Primarbildung wird heute allgemein akzeptiert). Aus diesem Grunde verzichten einige kommunale Selbstverwaltungen darauf, die Unterhaltskosten selbstständiger Mittelschulen zu decken und unterstützen stattdessen entweder bereits existierende, nicht ihnen unterstehende Institutionen oder aber Schulen in ihrer Umgebung (die Teilung und Verrechnung der Kosten führen allerdings ebenfalls zu ständigen Kontroversen). Die Regierung unternimmt den Versuch, den Übertritt der Schüler aus dem Primar- in den Sekundarbereich einheitlich zu regeln und zu lenken (Nationales Zentrum für Evaluation und Prüfungsordnung). Ein ähnliches Zentrum für die Erfassung der Studierenden gibt es auch im Hochschulbereich, nämlich das Hochschulzulassungsbüro.

Evaluation

Die Maßnahmen der Kontrolle werden seit 1990 ständig reformiert, und dieser Prozess dauert bis heute an. Die Regierung übt gemäß dem NAT Rechtsaufsicht über die Träger aus, die ihrerseits für die Kontrolle der Institutionen verantwortlich sind. Dazu stehen ihnen Sachberater zur Verfügung (pädagogische Institute der Komitate), deren Dienstleistungen (marktwirtschaftlichen Charakters) sowohl von ihnen selbst als auch von den einzelnen Institutionen in Anspruch genommen werden können. In diesem System hat die Regierung kaum Mitspracherecht, was wiederum zu Kontroversen führt. Derzeit kommen auch in Ungarn die verschiedenen Qualitätssicherungssysteme immer mehr in Mode (z.B. ISO), die seit 1990 vor allem von den Institutionen der Berufsbildung angewendet werden (unter dem Einfluss der Betriebsumgebung bzw. sich dieser anpassend). Die übrigen Institutionen des Pflichtschulwesens befassen sich erst seit kurzem mit der Erarbeitung des neuen Systems der Qualitätssicherung.

Pädagogisches Personal

In allen Bildungsinstitutionen unterrichten Pädagogen mit einem Hochschulabschluss (in den Mittelschulen Lehrer mit Universitäts-, in den „Grundschulen" und Kindergärten mit Fachhochschul-Abschluss). Lehrer zu sein gilt traditionell – wie überall auf dem europäischen Kontinent – als „Berufung" (im Gegensatz z.B. zu den angelsächsischen Ländern). Dementsprechend werden die Lehrer für die verschiedenen Schultypen getrennt ausgebildet (separat also die Erzieher für die Kindergärten, die Lehrer für die Unter- bzw. Oberstufe der „Grundschule", die Fachlehrer für die Gymnasien und die Fachmittelschulen usw.). Die Institutionen der Lehrerbildung sind ein wesentlicher Bestandteil des Hochschulsystems. Sie bilden das Fundament der bereits erwähnten regionalen Fachhochschulen und üben auch einen wesentlichen Einfluss auf die Ausbildung an den Universitäten aus (an den philosophischen Fakultäten spielt die Lehrerbildung eine bedeutende Rolle).

Ihre Grundausbildung können die Lehrer durch abwechslungsreiche Formen der Weiterbildung ergänzen bzw. weiterentwickeln. Dieses Weiterbildungssystem dehnte sich seit den 1990er Jahren immer weiter aus und nahm vermehrt marktwirtschaftliche Züge an. Heute müssen sich die Lehrer vorschriftsmäßig weiterbilden und sich für Kurse aus der zur Verfügung stehenden Angebotspalette entscheiden (ca. 40% der Kurse werden von Hochschulen, 60% von anderen Organisationen angeboten). Die Kosten der Lehrerweiterbildung werden vom Träger und/oder vom Staat (mit)getragen, aber nur im Falle der so genannten akkreditierten Kurse. Für sie ist ein Lehrer-Akkreditierungskomitee verantwortlich, dessen Dienstleistungen (Beginn einer Weiterbildung) von der Organisation, welche die Weiterbildung durchführen möchte, beansprucht und auch bezahlt werden müssen.

Aktuelle Diskussionen und Entwicklungsperspektiven

Die Expansion des Mittelschulsystems erreichte Ungarn an der Wende der 1970/1980er Jahre (im Jahre 2000 betrug der Anteil der Abiturienten der Jahrgänge 19-20 ca. 56%). Die Wirkungen dieser Expansion wurden durch die hohe Geburtenzahl zwischen 1973 und 1976 verstärkt: die in dieser Zeit Geborenen fanden am Anfang der 1990er Jahre Zugang zum Hochschulsystem. Die Wirkungen der demografischen Welle wurden durch die politische Wende von 1989/90 gesteigert. Die früheren politischen Restriktionen (festgelegte Zulassungszahlen) wurden abgeschafft und stattdessen durch die Vermarktung des Bildungswesens sogar eine Art Wettbewerbssituation hergestellt. In Ungarn kann man eine beispiellose Zunahme der Bildungsexpansion beobachten, vor allem im Hochschulwesen (1990 begannen 11-14% der 18-23-jährigen Studenten ihre Studien an einer Hochschule; 2000 waren es bereits 36-40%).

Durch die Bildungsexpansion wurde das frühere selektive Bildungswesen in den 1990er Jahren von einer Vermassung erfasst. In die vorher selektiven Institutionen kamen nun Kinder aus Gesellschaftsgruppen, deren Eltern noch kein Abitur oder keinen Hochschulabschluss hatten. Die Funktion der Gymnasien veränderte sich und damit parallel ihre Atmosphäre, die sich jener der „Grundschulen" anzugleichen begann. Die Selektion verschob sich auf immer höhere Ausbildungsformen. Heute gilt die Hochschulzulassung (oder neuerdings die Zulassung zu postgraduellen Kursen) als die tatsächliche gesellschaftliche Aufstiegsmöglichkeit. Auch das Einstiegsalter in die Berufsbildung verschob sich. Diese Entwicklung brachte eine Qualitätsminderung mit sich, die traditionellen Fächer traten in den Hintergrund, während praxisorientierte Tätigkeiten einen Aufschwung erfuhren. Der Informationswert des in der Schule Gelernten sank, die Rolle der Schule als „Jugendbewahranstalt", als eine Art „Abstellplatz" nahm dagegen zu. Das gesellschaftliche Prestige der Lehrer erreichte einen Tiefpunkt (Belohnung, Anstellung, Karriere). Auf diese Situation suchen die Regierungen nach 1990 die Antwort. Zwei unterschiedliche Strömungen zeichnen sich dabei ab. Die eine können wir neoliberale Bildungspolitik (und Erziehungsphilosophie) nennen, da sie Werte vertritt, die für neoliberale Wirtschafts- und Gesellschaftspolitik kennzeichnend sind. Diese sind: Abbau der staatlichen Bildungspolitik, Verringerung der staatlichen Unterstützungen, Verschärfung der marktwirtschaftlichen Verhältnisse, Pluralismus der Träger (private Bildung), Betonung der Schüler- und Elternrechte (z.B. Interessenvertretung der Studenten, Verstärkung der Rolle von Studentenorganisationen, Lehrergewerkschaften, und zwar auf Kosten der Zentralorgane usw.). Eine derartige neoliberale Bildungspolitik wurde grundsätzlich auch von internationalen Wirtschaftsorganisationen (z.B. IMF), die in der Bildungspolitik Mittel- und Osteuropas seit 1990 eine bedeutende Rolle spielten, vertreten und empfohlen.

Die zweite Strömung können wir als soziale und wohlfahrtsstaatliche Bildungspolitik (und Erziehungsphilosophie) bezeichnen, weil sie die Bildungsleistungen nicht als Konsumgüter, sondern als kulturelles Kapital auffasst. Demnach bewahrt Bildung die Identität der Gemeinschaft und gibt das kulturelle Erbe den folgenden Generationen weiter. Daher kann man nicht von einer wirtschaftlichen Effektivität der Bildung ausgehen. Gesellschaftlich effektiv ist die Bildung, wenn sie einen Beitrag zur gesellschaftlichen Gleichheit und Solidarität leistet. Die Bildung gilt auf allen Ebenen als Gemeinschaftsinteresse, das von der Zentralverwaltung verkörpert wird. Aus diesem Grunde muss die Regierung in die so genannten spontanen Prozesse, die marktwirtschaftliche Effekte regeln, eingreifen. Damit kann die Bildung gesellschaftliche Spannungen, die die Wende mit sich brachte (Arbeitslosigkeit, Zunahme gesellschaftlicher Ungleichheiten, Entstehung von Krisenregionen, Diskriminierung der Sinti und Roma usw.), mildern.

Aus den Kontroversen um den nationalen Grundlehrplan (NAT) kristallisieren sich diese beiden bildungspolitischen Vorstellungen gut heraus. Die Vorarbeiten zum NAT wurden von Experten gemacht, die den Lehrplan von 1978 reformieren wollten. Sie wollten einen Lehrplan verfertigen, der seine Gültigkeit auch dann bewahrt, wenn sich das ganze Bildungswesen verändert (die Wende war bereits voraussehbar). Sie folgten der englischen Curriculum-Reform, veränderten dabei aber deren Funktion. Die Funktion des Nationalen Grundlehrplans wurde in Ungarn nämlich als Befreiung von zentralen Grundlehrplänen gesehen. Die Geschichte des NAT erstreckt sich bis heute bereits über vier Regierungszyklen. Alle vier Regierungen benutzten ihn aber ihren eigenen bildungspolitischen Vorstellungen entsprechend.

Die gegenwärtige Situation im ungarischen Schulsystem ist durch eine eigentümliche Koinzidenz gekennzeichnet: Die Schulen werden nicht vom Staat, sondern von den verschiedenen privaten und Rechtspersonen sowie vor allem von Selbstverwaltungen gegründet. Dadurch wird eine neoliberale Bildungspolitik verhindert, denn die Schulen bleiben öffentliche Institutionen und die Lehrer (und anderen Bediensteten) öffentliche Angestellte. Aber auch eine zentrale Bildungspolitik wird dadurch verhindert, denn die Schulen unterstehen dem jeweiligen Träger; dieser – und nicht der Staat – trägt die Verantwortung. Diese widerspruchsvolle Lage entstand unmittelbar nach der Wende und gilt als einmalig in der mittel- und osteuropäischen Region.

Am Schulsystem Ungarns kann man gut erkennen, was die Vor- und Nachteile eines solchen „Trägerpluralismus" (Selbstverwaltungssystem) sind. Sein Vorteil liegt darin, dass die Schule zur Angelegenheit der Gemeinde wird. Die Gründung von Schulen hängt von der Entscheidung der lokalen Verwaltung ab (Gründungsurkunde). Der Schulleiter wird vom kommunalen Parlament gewählt und daraufhin vom Bürgermeister ernannt. Dadurch erhält er die uneingeschränkte Leitung in der Schule (Ernennungen, Entlassungen, Bestrafungen, Belohnungen). In seine Arbeit kann nur dann eingegriffen werden, wenn er gegen das Gesetz verstößt. Den pädagogischen Plan der Schule (und damit auch den Lehrplan!) bringt der Schulleiter ein, der dann vom kommunalen Parlament verabschiedet wird. Dieses sichert die Unterhaltskosten der Schule – zum Teil aus staatlichen Quellen (Kopfquote), zum Teil aus lokalen Einnahmen (kommunale Steuer). Der Bürgermeister kann nur kontrollieren, ob der Schulleiter bei der Ausgabe der Finanzmittel rechtmäßig verfuhr und ob er den Plan, der vom lokalen Parlament angenommen wurde, auch tatsächlich ausführte. Das Selbstverwaltungssystem umschreibt und garantiert somit die pädagogische und finanzielle Unabhängigkeit der Schule.

Der Nachteil dieses Systems liegt darin, dass das nationale Bildungswesen in verschiedene lokale Bildungssysteme auseinanderfallen kann. Das Bildungsministerium kann nicht direkt in die Arbeit der Schulen eingreifen, denn es übt nur eine rechtliche Kontrolle aus (bei der es sich nur auf die Gesetze berufen kann). Dazu werden ein Bildungsgesetz und ein vom Parlament ratifizierter Lehrplan benötigt. Im Gegensatz zum traditionellen Lehrplan (*syllabus*) müssen im neuen Lehrplan Anforderungen bestimmt werden, die gemessen und kontrolliert werden können. Die Lehrer müssen lernen, wie man einen lokalen Lehrplan erstellt, die kommunalen Abgeordneten schließlich, wie man diese annimmt bzw. ablehnt. Beide müssen wissen, ob die Schule die gesetzten Ziele, die von der lokalen Verwaltung angenommen wurden, erreicht hat oder nicht (Qualitätskontrolle). Die Partner der Bildungspolitik (Lehrer, kommunale Abgeordnete und die von ihnen unabhängigen Sachberater) müssen auch die Kontrollmechanismen der Schulen erlernen (*accountability*).

Welchen weiteren Weg Ungarn in der Bildungspolitik einschlagen wird, ist zum gegenwärtigen Zeitpunkt noch nicht absehbar.

Literatur

AZ ALAPFOKÚ NEVELÉS-OKTATÁS KERETTANTERVEI (Rahmenlehrpläne des Primärbereichs des Schulwesens). Budapest 2000.

DEMOGRAPHIC YEARBOOK 2000. Budapest 2001.

A FELSŐOKTATÁSRÓL SZÓLÓ 1993. évi LXXX. törvény egységes szerkezetben az 1996. évi LXI. törvény rendelkezéseivel (Hochschulgesetz). Budapest 1996.

A KÖZOKTATÁSI TÖRVÉNY (Bildungsgesetz). Budapest 1999.

NEMZETI ALAPTANTERV (Nationaler Grundlehrplan). Budapest: Művelődési és Közoktatási Minisztérium 1995.

STATISTICAL YEARBOOK OF HUNGARY.1999. Budapest: KSH 2000.

STATISTICAL YEARBOOK OF HUNGARY 2000. Budapest: KSH 2001.

STATISZTIKAI TÁJÉKOZTATÓ. Az alapfokú oktatás 1999/2000. (Statistische Informationen. Primärbereich des Schulwesens im Schuljahr 1999/2000) Budapest: Oktatási Minisztérium, 2001.

STATISZTIKAI TÁJÉKOZTATÓ. Középfokú oktatás 1999/2000. (Statistische Informationen. Sekundärbereich des Schulwesens im Schuljahr 1999/2000.) Budapest: Oktatási Minisztérium 2001.

A SZAKKÉPZÉSI TÖRVÉNY (Berufsbildungsgesetz). Budapest 1995.

Sekundärliteratur (Auszug)

BATHORY, Z.: The CTD „Science Practical Survey." Evaluation in Education: In: An International Review Series 9 (1985) 2, S. 165-74.

BÁTHORY, Z.: Some consequences of the „Change in Régime" in Hungarian public education. In: Mitter, W./Weiß, M./Schäfer, U. (Hrsg.): Recent trends in Eastern European Education. Frankfurt am Main 1992, S. 27-39.

BENEDEK, A. (Hrg.): Vocational training in Hungary. Budapest 1996.

BLOOM, J.: Restructuring the Secondary Vocational Education System in Hungary: The Involvement of the World Bank Project in the Educational Sector. In: Educational Media International 32 (1995)1, S. 21-25.

BOCZ-KOPECZY, T.: Report on the Vocational Education and Training System in Hungary. National Observatory Country Report. Budapest 1999.

CHAUDHURI, A./ARTZFELD, H.: Das Bildungswesen in Ungarn. In: Informationen für die Beratungs- und Vermittlungsdienste der Bundesanstalt für Arbeit (2000)43, S. 4417-25.

CSÁNYI, I.: Integration von behinderten Kindern in Ungarn.. In: Anzein, Ch./ Zászkaliczky, P. (Hrsg.): Die Sonderpädagogik im Prozess der europäischen Integration. Freibung i.Br. 1994, S. 292-296.

CSAPÓ, B.: Educational Testing in Hungary. In: Educational Measurement: Issues and Practice 11(1992)2, S. 5-8.

FALUS, I.: Analysing Some Characteristics of Teaching Practice in Hungary. In: European Journal of Teacher Education 19 (1996)3, S. 305-12.

FEJES, L.: The Situation of Vocational Training in Hungary in the 1993/94 Academic Year. Budapest: Ministry of Labour, 1994 .

FORRAY, R. K./PRIBERSKY, A. (Hrsg.): Grenzüberschreitende Zusammenarbeit und Bildung. Budapest: Hungarian Institute for Educational Research, 1992.

FREEMAN, K.: Linkages between Higher Education and the Labor Marke. „Lessons from redemocratized Hungary." In: Journal of Educational Policy 12(1997)3, S. 111-26.

GALLAI, M./KATONA, F./BALOGH, E./SCHULTHEISZ, J./DEVENY, A./BORBELY, S. (Hrsg.): Early Intervention in Budapest. In: Infants and Young Children 12 (2000)3, S. 3-10.

GRIFFIN, A.: Vocational Secondary Education in Hungary Today: Some Conceptual and Value Questions. In: Vocational Aspect of Education 42(1990)111, S. 3-10.

GUTSCHE, M.: The Hungarian Educational System in the Throes of Change. In: European Education 25 (1993)2, S. 5-11.

HALÁSZ G.: The Policy of School Autonomy and the Reform of Educational Administration: Hungarian Changes in an East European Perspective. In: International Review of Education 39(1993)6, S. 489-97.

HALÁSZ, G.: Secondary Education in a Changing Society. In: Educatio 5(1996),2, S. 333-42.

HALÁSZ, G./LANNERT, J.: Jelentés a magyar közoktatásról 1997. (Bericht über das öffentliche Schulsystem Ungarns 1997). Budapest 1997.

HALÁSZ, G./LANNERT, J: Jelentés a magyar közoktatásról 2000. (Bericht über das öffentliche Schulsystem Ungarns 2000). Budapest 2000.

HANLEY, E./MCKEEVER, M: The Persistence of Educational Inequalities in State-socialist Hungary: Trajectory-maintenance versus Counterselection. In: Sociology of Education 70(1997)1, S. 1-18.

HETHY, A./HETHY, L.: New Technologies, Work Organization, Qualification, Structures and Vocational Training in Hungary. Budapest 1990.

HORVÁTH, T. D.: Transition of Education and the Economy in Hungary in the Early 1990s. In: Education and Economics 1(1993)2, S. 165-83.

KÁRPÁTI, A.: Art Education in Post-communist Hungary: Ideologies, Policies, and Integration. In: Arts Education Policy Review 97(1995)1, S. 11-17.

KELEMEN, E.: The development of education: national refort of Hungary. Budapest: Hungarian National Commission for Unesco 1996.

KOMLÓSI, S.: Aktuelle Perspektiven einer europäischen Bildungspolitik für Ungarn. In: Liedke, M. (Hrsg.): Hausaufgabe Europa: Schule zwischen Regionalismus und Internationalismus. Bad Heilbrun 1993, S. 195-203.

KOZMA, T.: Research into Secondary Education: The Results from Hungary. Budapest: Educatio, 1993.

KOZMA, T.: Hochschulzugang in Ungarn. In: Bildung und Erziehung 48(1995)3, S. 323-29.

KOZMA, T.: Innovative School Systems: Hungary. In: Innovative School Systems in International Comparison I. Gütersloh 1996, S. 25-38.

KOZMA, T./DARVAS-NAGY J./THUN, É.: Higher Education in Hungary. Bucharest: Unesco CEPES, 1997.

KOZMA, T./FORRAY, R. K.: Kleine Grundschulen in Ungarn. In: Fickermann, D. u.a. (Hrsg.).: Kleine Grundschulen in Europa. Weinheim 1998, S. 303-32.

KOZMA, T./RADÁCSI, I.: Educational Transformation: The Case of Hungary and Central Europe. Budapest: Hungarian Institute for Educational Research, 2000.

KOZMA, T./SETÉNYI, J.: Changing policies and dilemmas in higher education finance: The Hungarian situation In: Higher Education in Europe 17(1992)1, S. 107-17.

LAJOS, T.: Perspectives, Hopes and Disappointments: Higher Education Reform in Hungary. In: European Journal of Education 28(1993)4, S. 403-11.

LANNERT, J.: Education in Hungary: 1996. Budapest 1997.

MARX, G.: The Myth of the Martians and the Golden Age of Hungarian Science. In: Science and Education 5(1996)3, S. 225-34.

MEDGYES, P.: The National L2 Curriculum in Hungary. Annual Review of Applied Linguistics 13(1992), S. 24-36.

MUNTON, A. G./MOONEY, A./KORINTUS, M.: Quality in Group Day Care Provision: UK Self-Assessment Models in Hungarian Day Care Centres. In: International Journal of Early Years Education 7(1999)2, S. 173-84.

NAGY, M.: Education in Hungary. Budapest 1997.

NAGY, P. T.: The Meanings and Funktions of Classical Studies in Hungary in the 18th-20th century. Budapest: Educatio, 1991.

NÉMETH, M.: Hungary: The development of education, 1992-1994. Budapest: Hungarian National Commission for Unesco 1994.

PAPP, K. ET AL.: What Do Hungarian Students Know and Think? In: Studies in Educational Evaluation 21(1995)3, S. 301-10.

POHL, J-U.: The Process Side of Language Awareness: A Hungarian Case Study. In: Language Awareness 3(1994)3-4, S. 151-60.

PUBLIC EDUCATIONAL AND VOCATIONAL TRAINING IN HUNGARY 1960-1992. Budapest: Ministry of Labour, 1992.

REVIEW OF EDUCATION POLICY IN HUNGARY: Draft's Examiners' Report for Publication. Paris: OECD, 1993.

Reviews of National Policies for Education: Hungary ed. by Organisation for Economic Co-operation and Development (1995) Paris: OECD, 1995.

RIDLEY, H. S./HIDVÉGH, B./PITTS, A.: Civic Education for Democracy in Hungary: In: International Journal of Social Education 12(1997)2, S. 62-72.

SALLAY, M. (Hrsg.): A new Vocational Training Model for Hungary. Budapest 1996.

SANDOR, L.: Fondation et activités du Forum hongrois des administrateurs de l'éducation.In: Administration et éducation (2001)2, S. 113-15.

SCHOOL AUTONOMY AND THE REFORM OF EDUCATIONAL ADMINISTRATIONA IN HUNGARY. In: European Education. 25 1995)4, S. 57-67.

SETÉNYI; J.: Regional Human Resource Development and the Modernisation of the Non-University Sector in Hungary. In: European Journal of Education 29(1994)1, S. 25-36.

SUPPLEMENT TO THE STUDY ON THE STRUCTURES OF THE EDUCATION AND INITIAL TRAINING SYSTEMS IN THE EUROPEAN UNION: The situation in Bulgaria, the Czech Republic, Hungary, Poland, Romania and Slovakia. Brussels 1997.

SUSSKIND, J.: Hungary: A Nation in Transition. In: Social Education 57(1993)6, S. 280-81.

SZEBENYI, P.: Two Models of Curriculum Development in Hungary (1972-1992). In: Educational Review 44(1992)3, S. 285-94.

SZOMBATHELYI, A./SZARVAS, T.: Ideas for Developing Students' Reasoning: A Hungarian Perspective. In: Mathematics Teacher 91(1998)8, S. 677-81.

VARGA, L. Qualification requirements and curricula for technical teacher training in Hungary. In: Tóth, Á. (Hrsg.): Some Aspects pf Vocational and Technical Teacher Training. Brussels 1995, S. 34-38.

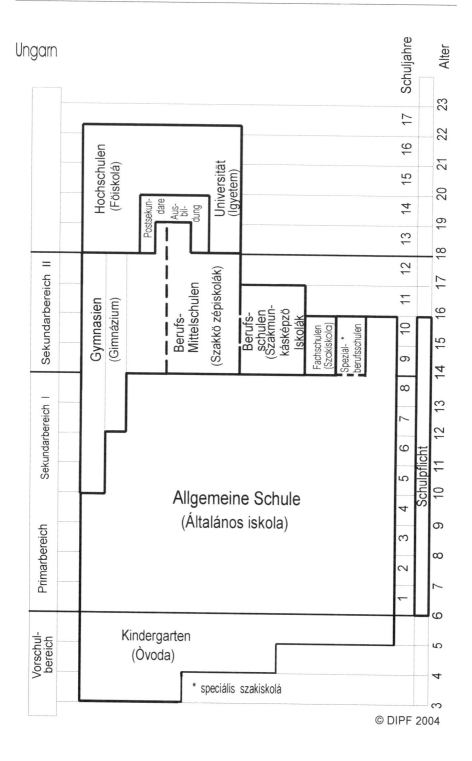

Ungarn

© DIPF 2004

Wendelin Sroka

WEIßRUSSLAND[1]

Entwicklung des Bildungswesens

1991 wurde in Weißrussland die Republik Belarus proklamiert. Gut zehn Jahre später sieht sich die Beschreibung des Schulsystems Weißrusslands aus der Außensicht mit besonderen Hindernissen konfrontiert: Zum einen gibt es auf dem Gebiet der staatlichen Bildungsinformation, wie auch von weißrussischen Autoren beklagt wird (z.B. VETOKHIN/STEPANOV 1999, S. 12f.), einen erheblichen Mangel an verlässlichen und Vergleichbarkeit ermöglichenden Daten[2]. Zum anderen ist Weißrussland unter westlichem Blickwinkel auf der Landkarte Europas und auch europäischer Bildungsinformationssysteme (z.B. EURYDICE) buchstäblich ein weißer Fleck – Folge einer von Europa entschieden abgewandten Politik der derzeitigen Führung des Landes.

Über Jahrhunderte lebte das ostslawische Volk der Weißrussen im litauischen Großfürstentum, später unter der Herrschaft Polens und Russlands. Nachdem sich im Verlauf des 19. Jahrhunderts eine schmale weißrussische Intelligenzschicht gebildet hatte, erlangte Weißrussland im Gefolge der russischen Oktoberrevolution von 1917 zum ersten Mal in seiner Geschichte eigenstaatliche Strukturen. Die 1918 proklamierte Weißrussische Volksrepublik wurde rasch in die Sowjetunion integriert. In den 1920er Jahren erlebte das Land eine kurze Phase relativer kultureller Eigenständigkeit und bildungspolitisch den Ausbau des Schulsystems und die Durchsetzung der Schulpflicht. Es folgte eine Periode der erneuten Abhängigkeit von Russland, die, unterbrochen durch den 2. Weltkrieg, bis 1990/91 dauerte. Das Schulsystem war in dieser Periode gestaltet nach dem sowjetischen Modell der Einheitsschule, die ihrerseits der marxistisch-leninistischen Ideologie als Grundlage des gesamten Bildungs- und Erziehungsprozesses verpflichtet und in eine zentralistische, von Moskau gesteuerten Organisation des Bildungswesens eingebettet war. Gleichzeitig hatte Weißrussland teil an den Prozessen der Modernisierung der frühen Sowjetunion: Verfügten Ende des 19. Jahrhunderts nur 26% der Bevölkerung auf dem Gebiet Weißrusslands über Lese- und Schreibkenntnisse, so gelang es in den 1930er Jahren, den Analphabetismus weitgehend zu beseitigen (vgl. ZAPRUDNIK 1998, S. 103).

Nach dem Überfall Nazi-Deutschlands auf die Sowjetunion im Juni 1941 wurde Weißrussland dem Reichskommissariat Ostland zugeordnet. Von der Bevölkerung

---

1   Die Bezeichnungen Weißrussland und Belarus werden in diesem Text synonym verwandt. Bei der Transkription der Bezeichnungen von Bildungseinrichtungen wurde je nach Quellenlage entweder auf weißrussische oder auf russische Termini zurückgegriffen.

2   Diese Darstellung stützt sich auf verfügbare Dokumente und Darstellungen, die in Belarus erschienen sind. Ferner wurde außerhalb Weißrusslands publizierte Literatur herangezogen. Schließlich gaben Kollegen aus Deutschland und Belarus in Einzelfragen wichtige Hinweise. Mein besonderer Dank gilt Rudolf A. Mark (Lüneburg) sowie Tamara Mackievitch und Galina Veremejtchik (beide Minsk).

Weißrusslands fielen mehr als zwei Millionen Menschen den Vernichtungsaktionen und direkter Kriegseinwirkung zum Opfer. Der Wiederaufbau des Bildungswesens, das unter dem 2. Weltkrieg und seinen Folgen schwer gelitten hatte, ging über in eine Phase der erneuten Bildungsexpansion. Gleichzeitig kam es zu einer Russifizierung des Bildungswesens. Mit dem Zerfall der Sowjetunion erreichte Weißrussland im Jahr 1991 erstmals die staatliche Unabhängigkeit. Tiefgreifende Reformen in Politik und Wirtschaft blieben jedoch aus, die alte politische Nomenklatura hielt sich weitgehend an der Macht. Die vor und nach 1991 politisch schwache weißrussische Nationalbewegung konnte in der ersten Hälfte der 1990er Jahre auf kulturellem Gebiet gewisse Erfolge verbuchen. Bereits im Dezember 1990 war ein Sprachengesetz verabschiedet worden, das die weißrussische Sprache zur alleinigen Amtssprache deklarierte. Eine Bildungsreform wurde eingeleitet, die den Aufbau einer „wirklich nationalen allgemein bildenden Schule" (ANDREEV 1995, S. 58) vorsah.

Im Juli 1994 wurde Alexander Lukaschenko zum Präsidenten der Republik Belarus gewählt. Mit der Errichtung eines autoritären Regimes, der Auflösung des Parlaments im November 1996 und der Unterdrückung der politischen Opposition führte er das Land außenpolitisch weitgehend in die Isolation. Wirtschaftlich erlebt das Land unter den Bedingungen des von der politischen Führung propagierten und gesteuerten „Marktsozialismus" seit Jahren eine schwere Krise, von der auch das Bildungswesen in starkem Umfang betroffen ist. Zu den Zielen Lukaschenkos zählt die Herstellung einer politischen Union mit Russland auf der Grundlage der (ost-)slawischen Blutsverwandtschaft und der Werte eines orthodoxen Slawentums. Im Zusammenhang damit wird von Weißrussland die Schaffung eines gemeinsamen Bildungsraums mit Russland und perspektivisch mit den weiteren Ländern der Gemeinschaft Unabhängiger Staaten angestrebt.

Nach den Ergebnissen der Volkszählung von 2000 leben in Weißrussland 10,043 Millionen Einwohner. Von ihnen sind 81,2% weißrussischer, 11,4% russischer und 3,9% polnischer Nationalität. Wenngleich das Land keine nationalen Konflikte kennt, sind Sprachen- und Minderheitenfragen im Bildungswesen von großer Bedeutung.

Organisation des gegenwärtigen Schulsystems

Rechtliche Grundlagen

Artikel 49 der 1994 verabschiedeten Verfassung der Republik Belarus garantiert den Bürgern ein Recht auf Bildung sowie den Anspruch auf kostenlose allgemeine und berufliche Bildung. Bereits im Jahr 1991 war das „Gesetz über das Bildungswesen der Republik Belarus" beschlossen worden. Eine Neufassung des Gesetzes wurde am 19. Dezember 2001 von der Kammer der Volksvertretung angenommen und am 19. März 2002 in Kraft gesetzt (ZAKON 2002). Das Gesetz schließt Ziele und Maßnahmen der Bildungsreform ein, die inzwischen eingeleitet wurde. Es nennt folgende allgemeine Grundsätze staatlicher Bildungspolitik:
-    „die Vorrangstellung der Bildung,
-    die Allgemeinverbindlichkeit der Basisbildung,
-    die Verwirklichung des Übergangs zur obligatorischen allgemeinen Mittelschulbildung,

–   die Zugänglichkeit zur Bildung im Vorschulbereich, im Bereich der beruflich-technischen Schulen sowie zu den mit Eingangsprüfungen versehenen Grundstufen des mittleren Fachschul- und des Hochschulwesens,

–   die Kontinuität und Stetigkeit der Ebenen und Stufen der Bildung,

–   die nationalkulturellen Grundlagen der Bildung,

–   die Priorität der allgemeinmenschlichen Werte, der Menschenrechte und des humanistischen Charakters der Bildung,

–   die Wissenschaftlichkeit,

–   die ökologische Ausrichtung der Bildung,

–   den demokratischen Charakter der Bildungsverwaltung,

–   den weltlichen Charakter der Bildung" (ZAKON Art. 1).

Neben dem Bildungsgesetz sind weitere Gesetze für das Schulsystem relevant: das Sprachengesetz, das Gesetz über die Rechte der Kinder, das Gesetz über die Rechte der nationalen Minderheiten, das Gesetz über die Berufsbildung, das Gesetz über die Hochschulbildung sowie das Gesetz über staatliche Bildungsrichtlinien. Neufassungen des Berufsbildungsgesetzes und des Hochschulgesetzes sind bis Ende 2002 vorgesehen. Programme des Ministerrats sowie Erlasse des Präsidenten und des Bildungsministeriums liefern weitere wichtige rechtliche Grundlagen für das Schulsystem. Die Schulverwaltung, an deren Spitze das Bildungsministerium steht, ist integriert in die allgemeine administrative Struktur der Republik Belarus. Unterhalb des Bildungsministeriums als oberster Verwaltungsebene sind die Schulverwaltungsabteilungen der Hauptstadt Minsk und der Gebiete (*voblasty*) Brest, Gomel, Grodno, Minsk, Mogiljow und Witebsk für die Umsetzung und Kontrolle schulpolitischer Entscheidungen zuständig.

Derzeitige Struktur des Schulsystems im Überblick

Struktur und Systemlogik des weißrussischen Schulsystems sind stark von dem aus der Sowjetzeit ererbten Bildungstraditionen geprägt. Dies findet seinen Niederschlag sowohl in der Fortsetzung des Konzepts der „unvollständigen" bzw. „vollständigen mittleren Bildung" wie auch in den differenzierten Formen beruflicher Bildung. Das System der grundlegenden Bildung (*asnounaja adukazyja*) umfasst acht Ebenen: die vorschulische Bildung, die allgemeine Basisbildung, die allgemeine mittlere Bildung, die beruflich-technische Bildung, die mittlere Fachbildung, die Hochschulbildung und die postgraduale Bildung (ZAKON 2002, Art. 7).

Einrichtungen der *vorschulischen Bildung und Erziehung* – Kinderkrippen für 2- und 3-Jährige sowie Kindergärten für 4-6-Jährige – bilden in Belarus die erste Stufe des Bildungswesens. Im Zentrum des Schulsystems steht die *allgemein bildende Mittelschule*. Die schulische Bildung beginnt in der Regel in der „Basisschule" („*bazavaja škola*"), die ihrerseits in eine vierjährige Grundschule (Unterstufe) und eine zur Zeit noch fünfjährige Mittelstufe untergliedert ist. Nach dem Besuch der 9. Klasse der Mittelstufe ist die „Basisbildung" (vordem: „unvollständige mittlere Bildung") und damit auch die Pflichtschulbildung abgeschlossen. Ein Teil der Mittelschulen verfügt ferner über eine zweijährige Oberstufe, die eine „vollständige Mittelschulbildung" vermittelt. Auf dem Land finden sich auch eigenständige Grundschulen sowie Mittelschulen ohne Grundschulteil. Nach der Erlangung der staatlichen Unabhängigkeit wurden in Weißrussland *Gymnasien* eingerichtet, die ebenfalls eine vollständige mittlere Bildung bieten. Gymnasien beginnen in der Regel mit Klassenstufe 5, teilweise ist ihnen auch ein Grundschulteil vorgeschaltet. In *Lyzeen* wird vollständige mittlere Bildung in Verbindung mit Kenntnissen in einem besonderen Fachgebiet vermittelt.

Die *berufliche Bildung* erfolgt in Belarus zum einen in *beruflich-technischen Lehranstalten*, die vollzeitschulische Bildungsgänge vorwiegend für Absolventen der unvollständigen Mittelschule anbieten. Zum anderen wurde das aus der Sowjetzeit tradierte System der mittleren Fachbildung (*sjarednjaja spezyjal'naja adukayja*) weiterentwickelt. Es dient der beruflichen Qualifizierung von Fachleuten der „mittleren Ebene" und verleiht Abschlüsse, die zwischen dem des Facharbeiters und dem Ingenieur-Diplom angesiedelt sind. Das System umfasst Technika (*tehnikumy*), mehrere Formen von Colleges (*kaledžy*) sowie „Höhere Berufsschulen" (*vyšejšae prafesijnae vučylišča*). Der Zugang kann erfolgen nach Beendigung der Basisschule, einer Einrichtung der mittleren Bildung oder einer beruflich-technischen Lehranstalt (vgl. ZAKON 2002, Art. 29).

Die aktuelle Reform des Schulsystems

Am 21. August 1996 verabschiedete der Ministerrat der Republik Belarus den Beschluss „Über die Konzeption der Reform der allgemein bildenden Schule in der Republik Belarus". Ihm folgte am 12. April 1999 das ebenfalls vom Ministerrat verabschiedete Programm „Hauptrichtungen der Entwicklung des Nationalen Bildungswesens". Dem Bildungssektor wird in diesem Dokument eine Schlüsselrolle für die freie Entfaltung der Persönlichkeit, für die stabile Entwicklung der Demokratie in einem Rechtsstaat und für die Steigerung des wirtschaftlichen Erfolgs der Republik Belarus zugewiesen (vgl. VETOCHKIN/STEPANOV 1999, S. 4).

Für die Umsetzung der Reformpläne sind zehn bis 15 Schuljahre veranschlagt. Ein wesentliches Ergebnis der Schulreform wird darin bestehen, dass mit dem Schuljahr 2006/07 die Dauer der Pflichtschulbildung (d.h. der „Basisbildung") von neun auf zehn Jahre und die der „allgemeinen mittleren Bildung" von elf auf zwölf Jahre erhöht wird. Gleichzeitig werden sukzessive neue Stundentafeln und neue Lehrpläne eingeführt. Schließlich sollen die beiden oberen Klassen des allgemein bildenden Schulsystems in Lyzeen umgewandelt werden, für die fünf Profile vorgesehen sind: ein allgemeines, ein humanistisches, ein naturwissenschaftliches, ein künstlerisches und ein polytechnisches Profil. Die strategische Leitung sowie die Kontrolle der Schulreform liegt bei der Administration des Präsidenten und des Ministerrats. Zentraler Bestandteil der Bildungsreform ist die Erprobung neuer Modelle des Bildungsprozesses in zwanzig Experimentalschulen (vgl. LATYSCH/ANDREEV 1997, S. 37ff.). Die auch in struktureller Hinsicht schrittweise Umsetzung der Schulreform hat zur Folge, dass gegenwärtig und bis zum Schuljahr 2005/06 zwei Schulsysteme nebeneinander existieren: Schüler, die bis zum Schuljahr 1998/99 eingeschult wurden, werden nach dem alten Modell und im Rahmen der neunjährigen Pflichtschulbildung unterrichtet. Für Schüler der nachfolgenden Einschulungsjahrgänge gilt das neue Modell.

Allgemein bildende Schulen

Vorschulische Bildung

Die vorschulische Bildung gilt in Belarus als „erstes Untersystem der allgemeinen mittleren Bildung, als grundlegende gesellschaftlich-staatliche Form, in der eine professionelle Arbeit mit Kindern geleistet wird" (LATYSCH/ANDREEV 1997, S. 43). Der Vorschulbereich ist seit der staatlichen Unabhängigkeit geprägt durch mehrere Entwicklungen: Erstens: Struktur, Trägerschaft und Profil der Einrichtungen haben sich erheblich diversifiziert. Neben die traditionellen Krippen und Kindergärten traten Spielgruppen, Kinderzentren, Schulkindergärten, „progymnasiale Klassen" (an Gymnasien mit elf Klassenstufen angegliederte vorschulische Einrichtungen) sowie Sonderkindergärten für Kinder mit besonderem Förderbedarf. Zahlreiche Betriebe zogen sich in der ersten Hälfte der 1990er Jahre als Träger vorschulischer Einrichtungen zurück. Nur ein Teil dieser Einrichtungen wurde in staatliche bzw. kommunale Trägerschaft übergeleitet. Gleichzeitig entstanden private Einrichtungen. Vor allem in den Städten wurden Kindergärten mit besonderen – vor allem künstlerischen und fremdsprachlichen – Profilen eingerichtet. Zweitens: Der Anteil der Kinder, die vorschulische Einrichtungen besuchen, ist rückläufig. Im Jahr 1996 waren es 68,3% der Kinder in städtischen Gebieten und 35,3% der Kinder in ländlichen Gebieten. Von den zu diesem Zeitpunkt vorhandenen 545.000 Plätzen waren lediglich 458.000 besetzt (vgl. LATYSCH/ANDREEV 1997, S. 43). Ein entscheidender Grund für die sinkende Nachfrage nach Plätzen in Vorschuleinrichtungen liegt in der wachsenden Höhe der von Eltern zu entrichtenden Gebühren. Dies gilt sowohl für die privaten wie auch für die öffentlichen Einrichtungen. Drittens: Die gegenwärtige Schulreform bringt insofern eine Aufwertung des Vorschulbereichs, als die Vorbereitungsklassen teilweise in den Kindergärten eingerichtet wurden.

Die Einschulungspraxis

In Belarus existiert kein einheitliches, streng an Altersjahrgängen der Kinder orientiertes System der Einschulung. Zwar sollen nach den geltenden Bestimmungen in der Regel die Kinder, die das 6. Lebensjahr erreicht haben, in die Vorbereitungsklassen aufgenommen werden. Es bleibt aber Raum für eine „Variabilität" in der Einschulung, die es erlaubt, auf den Entwicklungsstand des Kindes, auf den Wunsch der Eltern und auf die örtlichen Gegebenheiten Rücksicht zu nehmen. Wichtiges Kriterium für die Einschulung ist der Gesundheitszustand des Kindes. Gegenwärtig existieren folgende Hauptformen der Einschulung: Aufnahme Sechsjähriger in die Vorbereitungsklasse des Kindergartens, Aufnahme Sechsjähriger in die Vorbereitungsklasse der Grundschule sowie Aufnahme Siebenjähriger in die 1. Klasse der Grundschule.

Die Grundschule

Die Grundschule umfasst nach dem bisherigen Schulmodell die Klassenstufen 1 bis 4, nach dem reformierten Modell die Klassenstufen 0 sowie 1 bis 3, wobei die Vorbereitungsklasse teilweise an die Kindergärten ausgelagert ist. Grundschulen sind entweder selbstständige Schulen oder Teil von „Basisschulen", von „vollständigen Mittelschulen" oder von Gymnasien. Auf dem Lande gibt es auch Grundschulen mit

jahrgangsübergreifenden Klassen. Die Höchststundenzahl steigt von 21 Unterrichtsstunden in der Vorbereitungsklasse auf 25 Stunden in der 3. Klasse.

Die Schulen des Sekundarbereichs

Die *allgemeine Basisbildung* umfasst mit der Grundschule und dem Sekundarbereich I gegenwärtig neun Klassen. Sie ist verpflichtend für alle Schüler, die gesundheitlich zum Besuch entsprechender Schulen in der Lage sind. Lernorte der allgemeinen Basisbildung im Sekundarbereich I sind nach dem bisherigen Schulmodell
die Klassenstufen 5 bis 9 der Basisschulen, der vollständigen Mittelschulen und der
Gymnasien. Mit der vollständigen Umsetzung der Schulreform verlängert sich die
allgemeine Basisbildung um ein Jahr, wobei die Klassenstufe 4 dem Sekundarbereich zugeordnet wird.

Gymnasien beginnen in der Regel mit Klassenstufe 5, verfügen teilweise aber auch
über einen Grundschulteil. Von den anderen allgemein bildenden Schulen unterscheiden sie sich dadurch, dass sie ein besonderes Profil – künstlerisch, geisteswissenschaftlich oder mathematisch-naturwissenschaftlich – besitzen und mehr Unterrichtsstunden anbieten. Der Eintritt in den Sekundarbereich des Gymnasiums setzt
den erfolgreichen Abschluss einer Prüfung voraus. Dieser Prüfung haben sich auch
die Schüler der Unterstufen der Gymnasien vor dem Übertritt in die Mittelstufe zu
unterziehen.

Schulen des Sekundarbereichs II vermitteln eine „vollständige mittlere allgemeine
Bildung", die eine notwendige, allerdings keine hinreichende Voraussetzung für das
Hochschulstudium darstellt. Haupttypen dieser Schulen sind im Bereich des allgemein bildenden Schulsystems die Oberstufen der „vollständigen Mittelschulen" und
der Gymnasien sowie die Lyzeen. Gymnasien sollen sich von vollständigen Mittelschulen dadurch unterscheiden, dass sie die vollständige mittlere Bildung „auf höherem Niveau" (LATYSCH/ANDREEV 1997, S. 49) vermitteln. *Lyzeen* sind Einrichtungen des Sekundarbereichs II, in denen die fachliche Spezialisierung mit der Vermittlung der vollständigen mittleren Allgemeinbildung verbunden wird. Sie werden
entweder als selbstständige Einrichtungen oder als Teil von Hochschuleinrichtungen
geführt. Der Erwerb der vollständigen mittleren Bildung ist auch an Einrichtungen
der Berufsbildung möglich, insbesondere in den Technika und Colleges. Das
Bildungsgesetz lässt nichtstaatliche Institutionen grundsätzlich auf allen Ebenen des
Bildungswesens zu. Die Einrichtung und der Betrieb von allgemein bildenden Privatschulen ist allerdings besonders strengen Auflagen unterworfen. Im Schuljahr
1998/99 existierten in der Republik Belarus 16 Privatschulen, überwiegend Gymnasien und Lyzeen.

Die Schulen für Kinder in besonderen Lebenssituationen

Dem Schulsystem der Republik Belarus ist über die genannten Schularten hinaus
eine Vielzahl weiterer schulischer Einrichtungen bzw. Beschulungsformen zuzurechnen. Dazu zählen vor allem: Schulen für Kinder mit Besonderheiten der
psychophysischen Entwicklung, Internatsschulen für Kinder mit gesundheitlichen
Beeinträchtigungen, Internatsschulen für Waisenkinder, „Arbeitskolonien" für straf-
fällig gewordene Kinder und Jugendliche sowie Hausunterricht für Kinder, denen
der Besuch einer Schule aus gesundheitlichen Gründen nicht möglich ist. Nach

Angaben von LATYSCH/ANDREEV (1997, S. 13) ist fast jeder dritte Schüler – insbesondere im Gefolge der Katastrophe im Atomkraftwerk von Tschernobyl – gesundheitlich beeinträchtigt. Als verbreiteste Krankheitsbilder nennen die Autoren Haltungsschäden, Augenerkrankungen, Erkrankungen des Gehörs und „morphologische Abweichungen".

Das System der Sonderschulen im engeren Sinn umfasst laut Bildungsgesetz Einrichtungen für Personen mit geistigen Behinderungen, mit Beeinträchtigungen des Sprach-, Hör und Sehvermögens, der psychischen Entwicklung, des Stütz- und Bewegungsapparats sowie für Personen mit Mehrfachbehinderungen (vgl. ZAKON 2002, Art. 39). Im Schuljahr 1997/98 gab es 49 Kinderheime, 18 Internatsschulen für Waisen, 25 Sanatoriums-Internatsschulen und 18 Internatsschulen für geistig und/oder körperlich behinderte Kinder. Darüber hinaus waren an allgemein bildenden Tagesschulen 417 Spezialklassen für behinderte Kinder eingerichtet (vgl. UNESCO 2000, S. 17).

Ausblick: berufsbildender Bereich und Hochschulbereich

Die *beruflich-technischen Lehranstalten* sind von der wirtschaftlichen Transformation insofern besonders betroffen, als deren frühere „Basisbetriebe" ihre Unterstützung (in Form materieller Hilfen, der Bereitstellung von Praktikumplätzen und der Übernahme von Absolventen) weitgehend eingestellt haben. In der Folge ist das Ansehen der beruflich-technischen Bildung in der Öffentlichkeit deutlich gesunken. Ähnliches gilt auch für die *mittlere Fachbildung*. Im Prozess der derzeitigen Bildungsreform soll eine Aufwertung dieser Einrichtungen dadurch erreicht werden, dass deren Bildungsprogramme mit denen entsprechender Hochschulprogramme abgestimmt werden. Ziel ist, den Absolventen von Einrichtungen mittlerer beruflicher Bildung den unmittelbaren Übergang in das 2., in manchen Fällen sogar in das 3. Studienjahr an der Hochschule zu ermöglichen. Zu diesem Zweck wurde neben den Lyzeen ein System von *Colleges* geschaffen, die häufig an Hochschuleinrichtungen angegliedert sind. Beruflich-technische Colleges (*professional'no-tehničeskie kolledži*) vermitteln dabei eine mittlere Fachbildung, die an den Spezialisierungen der beruflich-technischen Bildung orientiert ist. Demgegenüber führen Höhere Colleges (*vysšie kolledži*) über die mittlere Fachschulbildung hinaus zu einem Abschluss der ersten Stufe des Hochschulwesens (ZAKON 2002, Art. 30).

Das *Hochschulwesen* der Republik Belarus gliedert sich in folgende Institutionen: Klassische Universitäten (Volluniversitäten), Universitäten mit Fachprofil bzw. Akademien, Institute (z.B. Pädagogische Institute für die Lehrerausbildung) und Höhere Colleges. Für die drei erstgenannten Teile des Hochschulwesens wurden 1994 gestufte Studiengänge – mit Baccalaureus- und Master-Abschlüssen – eingeführt (vgl. ZAKON 2002, Art. 32, 33). Der staatliche Hochschulsektor umfasst zur Zeit 42 Einrichtungen, davon sind sieben Volluniversitäten, neun Universitäten mit Fachprofil, neun Akademien, zwölf Institute und fünf Höhere Colleges. Während die Hälfte der staatlichen Hochschulen juristisch dem Bildungsministerium zugeordnet ist, untersteht die andere Hälfte entweder einem der Branchenministerien oder – wie etwa die Verwaltungsakademie des Präsidenten der Republik – anderen staatlichen Organen (vgl. BELARUSIAN 2001, S. 3ff.). Um die Aufrechterhaltung des Lehrbetriebs zu gewährleisten, wurden an den staatlichen Hochschulen gebührenpflichtige Studiengänge eingeführt. Der Anteil der Studienanfänger in gebührenpflichtigen Studiengängen stieg von 19,5% im Studienjahr 1995/96 auf 28,3% im darauffolgenden Studienjahr. 1999 durften die staatlichen Hochschulen bereits 60% ihrer Studienplätze zum gebührenpflichtigen Studium anbieten (vgl. LABODA 2001, S. 24).

In den 1990er Jahren kam es zu einer beträchtlichen Expansion des Hochschulsektors: Die Zahl der Studierenden wuchs zwischen 1990 und 2000 um 45% (vgl. LABODA 2001, S. 24). Die Expansion fand ihren Niederschlag im Ausbau des staatlichen Hochschulwesens, aber auch in der 1991 einsetzenden Gründung privater Hochschulen. 1998 war die Zahl der privaten Hochschulen – unter ihnen Seminare der orthodoxen und der katholischen Kirche – auf 20 gewachsen (vgl. BELARUSIAN 2001, S. 5). Probleme der Finanzierung und der für die Verleihung von Diplomen erforderlichen staatlichen Akkreditierung führten dazu, dass einige dieser Hochschulen ihren Betrieb inzwischen wieder einstellen mussten. Im Studienjahr 2000/01 waren 241.000 Studierende an staatlichen und 36.600 Studierende an privaten Hochschulen eingeschrieben (vgl. LABODA 2001, S. 24).

Lehrkräfte

Die niedrigen Lehrergehälter – bei 18 existierenden Lohngruppen liegen sie auf dem drittletzten Platz – lassen die Ausübung des Lehrerberufs wenig attraktiv erscheinen. 1997 waren von den 141.500 Planstellen an allgemein bildenden Schulen 38.500 unbesetzt, davon 24.000 in städtischen und 14.500 in ländlichen Gebieten (vgl. LATYSCH/ANDREEV 1997, S. 33). Der schon in der Sowjetzeit niedrige Anteil der männlichen Lehrkräfte an den allgemein bildenden Schulen ging im Verlauf der 1990er Jahre weiter zurück.

Lehrpläne

Die allgemein bildende Schule in Belarus folgt dem sowjetischen Erbe in der Wissenschaftsorientierung der Bildungsinhalte, in den hohen Anforderungen an das Wissensniveau der Schüler und in der Erziehung zu einer bewussten Disziplin. Der vom Bildungsministerium vorgegebene Lehrplan der allgemein bildenden Mittelschule stützt sich auf eine Stundentafel, die sich aus vier „Komponenten" zusammensetzt. Im Zentrum steht die „*Basiskomponente*", ein für alle allgemein bildenden Schulen des Landes einheitlicher und verbindlicher Fächer- und Stoffplan. Die „*Staatskomponente*" ermöglicht in bescheidenem Umfang eine von der Schulverwaltung vorgegebene Profilbildung der Einzelschule. Die inhaltliche Ausfüllung der „*schulischen Komponente*" liegt in der Entscheidung der Einzelschule, der Unterricht wird als Wahlpflichtunterricht angeboten. Mit der „*fakultativen Komponente*" – ein bis zwei Unterrichtsstunden pro Woche – soll schließlich differenzierender Unterricht mit leistungsschwächeren Schülern ermöglicht werden. Umfang und Qualität des den Schülern vermittelten Wissens werden auch in jüngerer Zeit zu den Aktiva der weißrussischen Schule gerechnet. Bemängelt wird hingegen ein System der Einheitlichkeit, das individuelle Neigungen und Fähigkeiten der Schüler zu wenig berücksichtige (vgl. LATYSCH/ANDREEV 1997, S. 17).

Weißrussisch und Russisch als Unterrichtssprachen

Die Frage nach der rechtlichen und praktischen Stellung des Weißrussischen und damit auch nach seinem Gebrauch als Unterrichtssprache im Bildungswesen ist in der neueren Geschichte Weißrusslands ein über den Bildungssektor weit hinausreichendes Politikum. Als Literatursprache zum Ausgang des Mittelalters hoch entwickelt, stand die Sprache in den darauf folgenden Jahrhunderten im Schatten des Polnischen einerseits und des Russischen andererseits. Erst ab dem ausgehenden 19. Jahrhundert und bis in die 1920er Jahre erlangte sie eine gewisse Bedeutung als Unterrichtssprache in den Schulen, die sie aber in den nachfolgenden Jahrzehnten weitgehend wieder einbüßte. Nach dem 2. Weltkrieg wurde im Hochschulwesen der Weißrussischen SSR – im Gegensatz zur Praxis in anderen Unionsrepubliken – nicht die Sprache der Titularnation, sondern ausschließlich das Russische als Unterrichtssprache verwendet. Im allgemein bildenden Schulsystem hatte dies zur Folge, dass das formal gegebene Recht auf die Wahl zwischen Weißrussisch und Russisch als Unterrichtsprache faktisch außer Kraft gesetzt wurde. Dies galt vor allem in den Städten, wo sich russischsprachige Schulen flächendeckend durchsetzten. Schulen mit weißrussischer Unterrichtssprache existierten auf dem Lande, hatten aber mit dem Ruf der Rückständigkeit zu kämpfen. Nachdem das Sprachengesetz von 1990 das Weißrussische zur alleinigen Amtssprache erklärt hatte, gewann es rasch an Popularität und hielt Einzug in Schulen und Hochschulen. Das allgemein bildende Schulsystem kennt seitdem Schulen mit weißrussischer Unterrichtssprache (*škol z belaruskaj movaj navučannja*), Schulen mit russischer Unterrichtssprache (*škol z ruskaj movaj navučannja*) sowie Schulen, an denen Klassen mit weißrussischer und solche mit russischer Unterrichtssprache eingerichtet sind. In der Grundschule wird die jeweils andere Sprache als Zweitsprache im Umfang von jeweils drei Wochenstunden erteilt. In der Hauptstadt Minsk stieg der Anteil der Schüler der 1. Klassen mit Weißrussisch als Unterrichtssprache von 19,2% im Schuljahr 1991/92 auf 58% im Schuljahr 1994/95 (vgl. SADOWSKI 1998, S. 367).

Im Mai 1995 wurde in der Republik Belarus ein „Volksreferendum" über die Staatssprache durchgeführt, das die russische Sprache dem Weißrussischen formal gleichstellte. Seitdem befindet sich die Titularsprache in der Praxis erneut auf dem Rückzug, obwohl das Bildungsgesetz nach wie vor die Wahlfreiheit der Unterrichtssprache garantiert (vgl. ZAKON 2002, Art. 5). Schon im Schuljahr 1995/96 wurden in Minsk nur noch 19,5% der Erstklässler in Klassen mit Weißrussisch als Unterrichtssprache eingeschult (vgl. SADOWSKI 1998, S. 367). Dieser Anteil ging auch in den Folgejahren zurück, im Schuljahr 2001/02 war er in den Vorbereitungsklassen bei 3,8% angelangt (vgl. LANGUAGES OF INSTRUCTION, S. 4). Zwar traten in den ländlich geprägten Verwaltungsbezirken der Republik Belarus im selben Schuljahr noch weit mehr Kinder in weißrussisch-sprachige Vorbereitungsklassen ein: Im Gebiet Minsk waren es 39,5% und im Gebiet Brest 28,1%. Doch ist auch hier die Entwicklung insgesamt rückläufig.

Schulen und muttersprachlicher Unterricht für nationale Minderheiten

Die zahlenmäßig größten nationalen Minderheiten in der Republik Belarus sind diejenige der Polen (ca. 400.000 Personen), der Ukrainer (ca. 291.000 Personen), der Roma (ca. 100.000 Personen) und der Litauer (ca. 18.000 Personen). Auf Initiative der Vereinigung der Polen Weißrusslands (SPB) wurde 1996 in Grodno eine erste und 1999 in Vaukavysk (poln. *Wolkowysk*) eine zweite Schule mit Polnisch als Unterrichtssprache eingerichtet. Mit Mitteln der Republik Litauen entstanden Ende der 1990er Jahre in Pelesa und Gerveĉiai zwei litauische Schulen. Daneben wird derzeit an etwa 175 allgemein bildenden Schulen muttersprachlicher Unterricht für nationale Minderheiten erteilt. Im Schuljahr 2001/02 nahmen 8774 Schüler am muttersprachlichen Polnischunterricht, 441 am Hebräischunterricht, 119 am Unterricht in der ukrainischen und 72 am Unterricht in der litauischen Sprache teil (vgl. LANGUAGES OF INSTRUCTION, S. 7). Die Minderheitenschulen sehen sich in jüngster Zeit zunehmenden Schwierigkeiten ausgesetzt. So nahm das Staatskomitee für Religionen und Nationalitäten im Jahr 1999 eine Initiative der SPB, in Navahradak (poln. *Novogrodek*) eine dritte polnische Schule zu errichten, zum Anlass, den Wert von Minderheitenschulen generell in Zweifel zu ziehen.

Politische Erziehung

Nach 1990 wurden die gesellschaftsbezogenen Fächer schrittweise von ihren marxistisch-leninistischen Inhalten befreit. Für den Unterricht in Geschichte und im Fach „Individuum und Gesellschaft" entstanden neue Lehrpläne und Lehrbücher, für die das Bemühen um eine entideologisierte Darstellung der Weltgeschichte, um eine eigenständige weißrussische Nationalgeschichte und um die Vermittlung von Kenntnissen über Prinzipien der offenen Gesellschaft und der parlamentarischen Demokratie kennzeichnend war (vgl. SADOWSKI 1998, S. 362f.). Die neu herausgegebenen Schulbücher für den Geschichtsunterricht waren von dem Bestreben geleitet, durch die Zeichnung von Traditionslinien zwischen dem mittelalterlichen Fürstentum Polozk über das Großfürstentum Litauen bis zur Gegenwart sowie durch historische Mythen zu einer weißrussischen patriotischen Erziehung beizutragen.
Dieses Ziel wurde ab der zweiten Hälfte der 1990er Jahre von der politischen Führung mehr und mehr unter Nationalismusverdacht gestellt. Die Bildungspolitik versuchte, an seine Stelle panslawistisch geprägte Orientierungen durchzusetzen. Es ist für den in der Republik Belarus derzeit herrschenden Politikstil kennzeichnend, dass der Präsident auch auf diesem Gebiet unmittelbar in die Entwicklungen eingreift. So forderte er im April 2002 in einem Gespräch mit Schulbuchautoren der Fächer Literatur, Geschichte und Sozialkunde die Anwesenden auf, ihre Werke von „nationalistischen" Inhalten zu säubern und bis zum Beginn des Schuljahrs 2003/4 revidierte Lehrbuchausgaben vorzulegen (THE IMPORTANCE, S. 1-2).

Aktuelle Diskussionen und Entwicklungsperspektiven

Die Zukunft des Schulsystems in der Republik Belarus ist eng verbunden mit der allgemeinen politischen und wirtschaftlichen Entwicklung des Landes. Ein kurzfristiger Richtungswechsel ist hier kaum zu erwarten. Dadurch dürfte auch das Spannungsverhältnis zunehmen, das sich zwischen dem staatlichen Interesse an einer zentralen Steuerung des Schulsystems einerseits und den Bildungsambitionen und ökonomischen Ressourcen unterschiedlicher gesellschaftlicher Gruppen andererseits abzeichnet. Vor diesem Hintergrund ist anzunehmen, dass die Unterschiede zwischen Stadt und Land sowie zwischen leistungsstarken und leistungsschwachen

Schulen zunehmen werden. Die wirtschaftlichen Probleme des Landes erweisen sich insgesamt als erhebliches Hindernis für den Erhalt und die Fortentwicklung der Qualität schulischer Bildung. Dies gilt für die Besoldung der Lehrkräfte ebenso wie für den Erhalt und die Ausstattung der Schulgebäude. So bleibt auch das Erlernen des Umgangs mit neuen Informations- und Kommunikationstechniken einstweilen einer Minderheit von Schülern vorbehalten. Noch schlechter ist es um Internet-Anschlüsse der Schulen bestellt.

Ungeachtet der wirtschaftlichen Probleme und trotz des neuerlich von oben bewusst gepflegten Erbes der Sowjetzeit werden sich Reformimpulse der ersten Hälfte der 1990er Jahre auf Dauer nicht zurückdrängen lassen. Dies gilt für Bestrebungen nach einer Demokratisierung des Schulsystems ebenso wie für die nach einer Besinnung auf das nationale weißrussische Erbe und nach einer Öffnung gegenüber Europa. Für diese Entwicklung spricht nicht zuletzt der wachsende Einfluss, den zivilgesellschaftliche Organisationen auf das Schulsystem und auf einen Teil der staatlichen Strukturen ausüben können.

Literatur

ANDREEV, V.: Die Bildungsreform in der Republik Belarus – Entwurf und Realisierung. In: Schmidt, G.(Hrsg.): Bildungsentwicklung nach dem Zerfall der Sowjetunion: Kasachstan, Belarus, Litauen, Russische Föderation. Frankfurt a.M. 1995, S. 44-60.

BELARUSIAN ACADEMIC INFORMATION CENTRE: Structure of the National System of Education. Minsk 2001.

HOW TO PACIFY BELARUSIAN POLES? In: Poland, Belarus and Ukraine Report 1(1999)6, p. 2-3.

KOL´KASC´ VYČNJAJ DZONNYH AGUL´NAADUKACYJNYH ŠKOL (Zahl der Schüler in den allgemein bildenden Tagesschulen). Ministerstva adykacyi Respubliki Belarus´. Minsk 2001.

LABODA, S.: Hochschulentwicklung in Belarus in den 1990er Jahren. In: Belarus-News (2001)16, S. 23-25.

LANGUAGES OF INSTRUCTION IN SCHOOLS OF GENERAL EDUCATION IN THE REPUBLIC OF BELARUS. Information compiled by T. Mackievitch on the basis of data provided by the Ministry of Education of the Republic of Belarus. Unveröffentlichtes Manuskript, Minsk 2002.

LATYSCH, N.I./ANDREEV, V.: Zustand und Reformen des Bildungswesens in der Republik Belarus unter den Bedingungen der soziokulturellen Umgestaltung der Gesellschaft. Unveröffentlichtes Manuskript. Minsk/Leipzig 1997.

MARK, R. A.: Weißrussen. In: Die Völker der ehemaligen Sowjetunion. Opladen 1992, S. 170-173.

SADOWSKI, P.: Die Schulbuchsituation in Belarus. In: Internationale Schulbuchforschung 20(1998)4, S. 361-382.

STRAŽEV, V. I./JASKEVIČ, J.S.: Podgotovka učitelej i škol´naja sistema v Belarusi – aktual´noe sostojanije i perspektivy (Lehrerbildung und Schulsystem in Weißrussland – aktueller Stand und Perspektiven). Minsk 2002.

THE IMPORTANCE OF KEEPING BELARUSIANS „INTERNATIONALIST". In: Poland, Belarus and Ukraine Report 4(2002)21, p. 1-2.

UČEBNO-METODIČESKIE MATERIALY PO OBČŠEOBRAZOVATEL´NYM PREDMETAM OBČŠEOBRAZOVATEL´NOJ ŠKOLY. Izmenenia v programmah v sootvetsvii c učebnym planom na 2002/2003 učebbnyj god. (Materialien zur Unterrichtsmethodik für die allgemein bildenden Fächer der allgemein bildenden Schule. Programmänderungen gemäß dem Lehrplan für das Schuljahr 2002/2003). Ministerstvo obrazovanija Respubliki Belarus. Minsk 2002.

UNESCO – International Bureau of Education: World Data on Education Belarus. Paris 2000.

VETOKHIN, S./STEPANOV, V.: Basic Education in Belarus. National Report of the Republic of Belarus. Education for All – 2000 Assessment. Minsk 1999.

ZAKON RESPUBLIKI BELARUS´ 19 marta 2002 g. n° 95-3 o vnesenii uzmenenij i dopolnenij v zakon Respubliki Belarus´ „Ob obrazovanii v Respublike Belarus´'" (Gesetz der Republik Belarus vom 19. März 2002 Nr. 95-3. Über die Einführung von Änderungen und Ergänzungen in das Gesetz der Republik Belarus „Über die Bildung in der Republik Belarus"). Minsk 2002.

ZAPRUDNIK, J.: Historical Dictionary of Belarus. European Historical Dictionaries, No. 28. Lanham, London 1998.

Belarus/Weißrußland

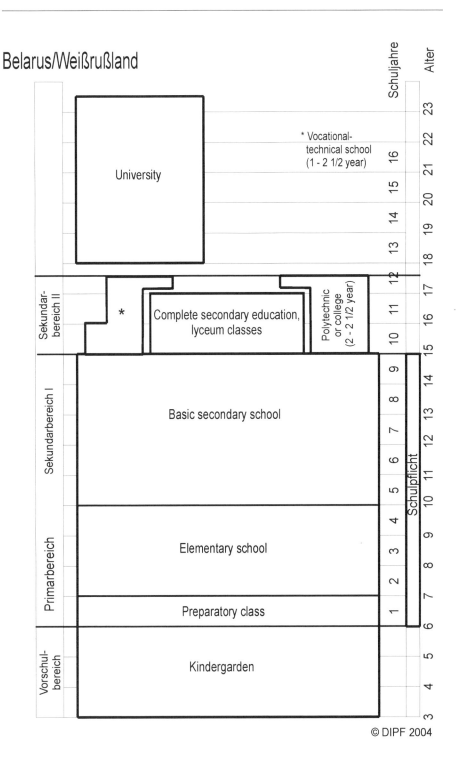

© DIPF 2004

Gertrude Cseh

ZYPERN

Entwicklung des Bildungswesens

Als im Jahre 1974 türkische Truppen an der Küste Zyperns landeten und das nördliche Drittel der Insel besetzten, schien sich mit der politischen Teilung auch eine wirtschaftliche Katastrophe für die kleine Republik anzubahnen. Inzwischen spricht man vom „kleinen Wirtschaftswunder" im Mittelmeerstaat (HÖHLER 1994, S. 3). Dieses Wirtschaftswunder ist um so erstaunlicher, als die griechischen Zyprioten mit der türkischen Okkupation des Nordens nicht nur 180.000 Flüchtlinge absorbieren mussten, sondern auch rund 70% ihrer ökonomischen Ressourcen verloren. Zypern wies in der zweiten Hälfte der 1990er Jahre ein stabiles Wirtschaftswachstum sowie eine niedrige Arbeitslosigkeit und Inflation aus. Zur guten Bilanz der Republik Zypern gehört auch ein solides, qualitativ und quantitativ gut entwickeltes Bildungswesen, in dem die allgemeine, die technische und berufliche Bildung in effizienter Weise, vor allem im Hinblick auf die nationalen Bedürfnisse, strukturiert und integriert worden sind. Dabei werden interessante Aspekte der Verflechtung von allgemeiner und beruflicher Bildung deutlich sowie das Wirken öffentlicher und privater Einrichtungen bei der an internationalen Trends orientierten Vermittlung allgemeiner, technischer und beruflicher Bildung im Sekundar- und im Tertiärbereich.[1]

Während der britischen Kolonialherrschaft (1878-1960) war Zypern dem Einfluss westeuropäischer Bildungspraktiken ausgesetzt. Britische Erfahrungen der Entwicklung, Organisation, Gestaltung und Verwaltung von Schulsystemen wurden auf den Inselstaat übertragen, teilweise auch ohne Berücksichtigung zyprischer Bedingungen. Eine dieser Besonderheiten ist die multiethnische Zusammensetzung der Bevölkerung – ein Ergebnis historischer Entwicklungen. Stets verstand sich Zypern als ein Außenposten des Hellenismus und als eine der ersten christlich-orthodoxen Gemeinschaften, weshalb der Mehrheit der Bevölkerung die Bewahrung ihres nationalen und kulturellen Bewusstseins in bezug auf ihre griechische und christlich-orthodoxe Identität bis heute ein Hauptanliegen geblieben ist. Die griechischen Zyprioten bilden den mehrheitlichen Teil der multiethnischen und multikulturellen Bevölkerung, während die türkische Minoritätengruppe, die zweitgrößte Bevölkerungsgruppe als ein Ergebnis der türkischen Okkupation (1570-1878) entstand.

Den Briten war diese Konstellation mit zwei unterschiedlichen Interessengruppen durchaus willkommen. Sie brachten den gesamten Primarschulbereich zunächst un-

---

[1] Zum besseren Verständnis des aktuellen Geschehens ist die Bildungsentwicklung in enger Verbindung mit der Geschichte zu sehen. Bis zum Zeitpunkt der türkischen Invasion gelten die folgenden Ausführungen für die ganze Insel. Danach wird das Bildungswesen im türkisch okkupierten Norden nur in begrenztem Maße behandelt, die Ausführungen richten sich vor allem auf den von der UNO anerkannten griechisch-zypriotischen Staat, der als Republik Zypern Mitglied der EU werden möchte.

ter ihre absolute Regierungskontrolle[2] und sorgten mittels der im postsekundären und tertiären Bereich an britischen Hochschuleinrichtungen gebotenen Studienmöglichkeiten für eine größere Zahl zyprischer Jugendlicher für eine Ausdehnung ihrer kolonialen Interessensphäre auf der Insel. Dies geschah vor allem, indem die Absolventen später im Verwaltungsapparat eingesetzt wurden. Dagegen blieb der Sekundarbereich außerhalb der Kontrolle der Kolonialregierung. Auf diese Weise entwickelte sich ein griechisch-zyprischer Sekundarbereich, der sich an seinen eigenen ethnischen Interessen orientierte. Als die Briten 1960 Zypern verließen, besuchten mehr als 90% der Kinder im Elementarschulalter (sechs bis zwölf Jahre) eine Primarschule, obwohl es zu diesem Zeitpunkt noch keine Schulpflicht gab. Ungefähr 25% der Kinder im Sekundarschulalter (zwölf bis 18 Jahre) besuchten eine entsprechende Schule.[3]

Organisation des gegenwärtigen Schulsystems

Bildungspolitische Ziele, Funktion von Schule

Wie aus offiziellen Stellungnahmen des Ministeriums für Bildung und Kultur hervorgeht, fand in den zurückliegenden Jahren ein Umdenken hinsichtlich der Erziehungsgrundsätze sowie der konkreten Bildungs- und Erziehungsziele statt. Sie zeichnen sich nunmehr durch eine direkte Bezugnahme auf die sozioökonomischen Bedingungen in Zypern sowie die Bedürfnisse der Wirtschaft aus. Die Bildungsverantwortlichen sind davon abgekommen, Strukturen, Inhalte und andere Elemente des Bildungswesens unmittelbar und unkritisch aus Griechenland zu übernehmen oder sich den dortigen Verhältnissen anzupassen. Die alten hellenistischen Ideale geraten keineswegs in Vergessenheit, sie werden aber so in die nationale Bedürfnisstruktur und in die gesellschaftlichen Aktivitäten integriert, dass sie den Bürgern des Landes als eine ideelle Grundlage ihres Lebens und ihrer Arbeit dienen können.

Die spezifischen Bildungs- und Erziehungsziele, bezogen auf die Möglichkeiten, Interessen sowie sozialen und kulturellen Bedürfnisse der Bevölkerung, sind vor allem die Erfüllung sozialer, ökonomischer, kultureller und anderer Voraussetzungen zur Entwicklung der Insel, die Vorbereitung der Jugendlichen auf einen Beruf und auf lebensbegleitendes Lernen sowie die Förderung von Bildungschancengleichheit.

Für die weitere Gestaltung des Bildungswesens im Rahmen des gegenwärtigen Entwicklungsplanes stehen die folgenden Ziele und Aufgaben im Vordergrund:

–   Bereitstellung des erforderlichen Arbeitskräftebedarfs für die sozioökonomische Entwicklung Zyperns;
–   Entwicklung aller erforderlichen Grundbedingungen und -voraussetzungen für das Funktionieren der University of Cyprus;
–   Verbesserung der Qualität der Bildung;
–   Erweiterung des Angebots an Vorschuleinrichtungen;

---

2   1956/57 teilte die Britische Verwaltung den Primarbereich und trug damit zur späteren Entfremdung der beiden Volksgruppen bei.

3   Vgl. Karagiorgis: Education Development in Cyprus 1960-1977. Ph. D. Thesis. University of London 1986, S. 29.

- Entwicklung von Curricula entsprechend den aktuellen Bedürfnissen von Gesellschaft und Erziehung sowie Herstellung neuer Lehrmaterialien und Unterrichtsmittel;
- Fortbildung von Schuladministratoren und Lehrern;
- Zunahme der Möglichkeiten für wiederkehrende Bildungsbedürfnisse (re-current education);
- Erleichterung des Übergangs Jugendlicher von der Schule auf den Arbeitsmarkt;
- Reorganisation der Bildungsverwaltung im Hinblick auf die Verbesserung von Kommunikation und Teilung von Verantwortung;
- Ausdehnung des Netzes von Nachmittagsklubs für Kinder.

Mit den Bestrebungen zur Erreichung dieser Ziele im Bildungswesen soll ein wesentlicher Beitrag zur Stärkung Zyperns als demokratischer Staat geleistet werden. Gleichzeitig geht es darum, das gesellschaftliche Bewusstsein, insbesondere das Denken von Schülern und Eltern stärker an den realen Anforderungen des Lebens und den sich schnell verändernden Anforderungen an der Schwelle zum 21. Jahrhundert zu orientieren.

Rechtsgrundlagen

Die Republik Zypern befindet sich mit ihrem Verfassungs- und Rechtssystem in einer komplizierten Situation. Bedingt durch das vorangegangene Kolonialsystem und die Existenz zweier großer Volksgruppen, die unterschiedlichen Kulturen angehören, wurde die Verfassung von 1960 nicht vom zyprischen Volk selbst bestimmt, sondern ihm in einer historisch brisanten Situation von außen vorgegeben. Zur Beilegung des so genannte Zypernkonflikts hatten die drei „Garantiemächte" (Großbritannien, Griechenland und die Türkei) Anfang 1959 in Zürich und London ein Abkommen mit der Absicht vereinbart, Gleichberechtigung zwischen den beiden Gemeinschaften herzustellen. Von Anfang an war sie von der griechisch-zypriotischen Volksgruppe für zu kompliziert, zu rigide und insbesondere für die türkisch-zypriotische Volksgruppe zu vorteilhaft bewertet worden. Insbesondere die im Jahre 1963 aufkommenden Diskussionen um die „Verbesserung" der Verfassung führten zu einem Konflikt zwischen den beiden Bevölkerungsteilen, der auch von Gewalttätigkeiten begleitet war (vgl. RUMPF 1998, S.158). Formell ist diese Verfassung bis heute in Kraft, obwohl sie permanent politischen Zündstoff bot. Das Prinzip der so genannte „Diarchie" im Abkommen sieht eine Beteiligung beider Volksgruppen durch eine festgelegte Quote in allen Gremien vor. Die türkische Seite erklärte die Verfassung des Landes für verletzt und kündigte schließlich 1964 die Zusammenarbeit im Sinne der einschlägigen Bestimmungen der Verfassung auf. Blutige Auseinandersetzungen bildeten einen vorläufigen Höhepunkt auf dem Weg der weiteren Separierung der beiden Volksgruppen voneinander. Die türkischen Vertreter und Mitarbeiter in den zentralen Regierungsorganen stellten ihre Mitarbeit ein. Aus dieser Situation heraus leiteten die griechischen Vertreter in den staatlichen Institutionen einige Veränderungen ein. So entschied auf Drängen der Mitglieder der griechischen Gemeindekammer das Repräsentantenhaus am 31. März 1965 mit dem Gesetz 12 die Übernahme der Verantwortung dieser Kammer in eigene Kompetenz. In §12 dieses Gesetzes wurden die Verantwortlichkeiten des neuen MOEC (Ministry of

Education and Culture) definiert. Andere Aufgaben der Gemeindekammer gingen in die Verantwortung bereits bestehender Ministerien. Zur Klärung grundlegender Probleme der Bildungspolitik steht dem Minister ein Beratungsgremium zur Seite. Mitglieder sollen bekannte Persönlichkeiten sein, die im Bildungswesen wichtige Positionen innehaben, außerdem Vertreter der Elternkomitees, der Lehrergewerkschaften, der Kirche, des Parlaments und aus anderen Ministerien. Mit dem Herauslösen der Verantwortung aus der Zentralregierung und der Verselbstständigung der beiden Volksgruppen wurde nicht nur versucht, deren Gleichstellung und Gleichberechtigung zu erreichen, sondern zugleich auch ein wesentliches Element der Trennung der beiden ethnischen Gemeinschaften geschaffen. Die anderen ethnischen bzw. religiösen Gemeinschaften hatten die freie Wahl, sich einer der beiden Gemeindekammern anzuschließen.

Finanzierung

Die Finanzierung des Bildungswesens erfolgt praktisch von drei Ebenen: aus öffentlichen Mitteln, durch private Finanzierung von Bildung und schließlich durch Zuwendungen, die der zyprische Bildungssektor von außen erhält. Den überwiegenden Teil der *öffentlichen Finanzmittel* stellt die Regierung zur Verfügung: den entscheidenden Anteil bietet der Haushalt des Bildungsministeriums, aber auch andere Ministerien sind an der Finanzierung von Bildungseinrichtungen beteiligt. Einen weiteren Teil der öffentlichen Mittel steuern die Gemeinden sowie die Elternvereinigungen und die Schulkomitees der Primar- und der Sekundarschulen bei. *Private Mittel* fließen vor allem in die privaten Vorschuleinrichtungen und die privaten Primar- und Sekundarschulen, aber auch in private Einrichtungen im tertiären und im nichtformalen Bildungsbereich. Im Bedarfsfall können den privaten Vorschuleinrichtungen und den privaten Sekundarschulen auch finanzielle Zuschüsse aus öffentlichen Mitteln gewährt werden, wenngleich diese nur relativ gering sind. Andererseits sind private Organisationen an der Finanzierung staatlicher Schulen, z.B. im Bereich der Sonderpädagogik und der Heimerziehung beteiligt. Auch *private Personen oder Vereinigungen* aus dem In- und Ausland stellen den öffentlichen Haushalten bzw. Einrichtungen Mittel zur Verfügung. Die Hilfen von außen fließen vor allem aus Hilfsfonds anderer Länder zur Unterstützung in besonderen Situationen, aus dem Flüchtlingsfonds sowie aus verschiedenen Quellen von UN-Spezialorganisationen, wie UNESCO, UNDP, UNICEF und anderen. Die einzelnen Finanzquellen überschneiden sich also, was den Einsatz ihrer Mittel betrifft.

Für die Finanzierung der öffentlichen Bildungseinrichtungen trägt die Regierung die Verantwortung. In nicht wenigen Fällen wird eine „Mischfinanzierung" mit finanzieller Unterstützung privater Zuwendungsgeber praktiziert, wobei der Staat die gesetzliche Aufsichtspflicht wahrnimmt. Im Rahmen des Staatshaushaltes der Republik Zypern nahm der Bildungshaushalt stets einen beachtlichen Posten ein. Besaß er 1970 einen Anteil von 17%, so ging er dann ab 1978 auf unter 14% zurück, ist dann jedoch weiter angestiegen, 1999 auf 15,6% (vgl. STATISTICS OF EDUCATION 1997, S. 92; 1998, S. 17). Verglichen mit anderen Ländern, liegt der Mittelmeerstaat mit diesem Prozentsatz im Mittelfeld. Ein ähnliches Bild ergibt sich beim Anteil der Bildungsausgaben vom Bruttosozialprodukt, nämlich 5,7% 1999. Inzwischen ist die vollständige Beschulung aller Schüler im 1. Zyklus der Sekundarstufe (Gymnasium) erreicht worden. Zu der beachtlichen Bilanz gehört auch, dass nach erfolgreichem Abschluss der Sekundarschule 63% der zyprischen Jugendlichen ihre Ausbildung im tertiären Bereich fortsetzen, und zwar 27% im Ausland und 36% in Zypern (vgl. STATISTICS OF EDUCATION 1997, S. 25).

Curriculumpolitik

Da die Verbesserung von Bildungs- und Erziehungsprozessen eine permanente Aufgabe ist, liegt es nahe, auch hinsichtlich der Auswahl, Anordnung, Aufbereitung und Vermittlung des Bildungsinhalts ständig nach besseren Möglichkeiten zu suchen. Dem hat sich Zypern in den vergangenen Jahren intensiv gewidmet, insbesondere mittels der Curriculum-Komitees für die verschiedenen Bildungsbereiche. Sowohl für den Primar- als auch für den Sekundarbereich wurden die Lehrpläne und Schulbücher sowie die methodischen Hilfen für die Lehrer einer Prüfung unterzogen und partiell verändert oder durch Zusatzmaterialien ergänzt. Bei den Bemühungen, Ausgewogenheit hinsichtlich des Anteils der Fächer sowie der Breite und Tiefe der entsprechenden Bildungsinhalte herzustellen, sind neue Probleme entstanden. Viele Lehrer beschweren sich über die Stofffülle im Curriculum im Verhältnis zu der vorgegebenen Zeit und beklagen die permanente „Hetzjagd" (rush) durch die Unterrichtseinheiten. Eine Reduzierung des Stoffes in einigen Fächern um 25% ist in der Diskussion.

Personal im Bildungswesen

Im Schuljahr 1999/00 waren 11.567 Lehrer auf Vollzeitstellen umgerechnet (full time equivalent) in den Schulen des Landes beschäftigt. Insgesamt 1.562 waren im Pre-Primarbereich, 3.711 im Primarbereich, 5.313 im Sekundarbereich, 886 im Tertiärbereich und 95 im Sonderschulbereich tätig.

Für die Ausbildung von Primarschullehrern war bis 1991 ein einziges Lehrerbildungsinstitut zuständig, die Cyprus Pedagogical Academy. Lehrer für den Primarbereich qualifizierten sich in dieser Bildungseinrichtung in einem dreijährigen Diplomstudiengang mit theoretischer Unterweisung und einer nichtzusammenhängenden schulpraktischen Ausbildung von 14 Wochen. Außerdem kamen im Rahmen der Studienzeit zusätzlich Schulbesuche, Hospitationen und Unterrichtsvorbereitungen hinzu. Die Pädagogische Akademie war in der Lage, den gesamten Lehrerbedarf im Elementarbereich zu decken. Mit Beginn des Schuljahrs 1991/92 nahm die Akademie keine neuen Studenten mehr auf. Von diesem Zeitpunkt an übernahm das Department of Education der Fakultät für Geistes- und Sozialwissenschaften (Faculty of Humanities and Social Science) an der University of Cyprus schrittweise ihre neue Rolle in der Ausbildung von Elementarschullehrern und Kindergartenerziehern sowie in der Weiterbildung von Lehrpersonal für alle Bildungsstufen (vgl. UNIVERSITY OF CYPRUS 1996-1997, S. 24). Sie bietet gegenwärtig eine vierjährige Erstausbildung zum Primarschullehrer an. In der Übergangsphase nahmen alle im Schuldienst tätigen Lehrer des Primarbereichs im Pädagogischen Institut (Pedagogical Institute) an Weiterbildungsveranstaltungen teil, um ihre berufliche Qualifikation zu erhöhen und die entsprechende Vergütungsgruppe zu erreichen.

Sekundarschullehrer – sowohl für den allgemeinen als auch für den beruflich-technischen Zweig – benötigen einen Hochschulabschluss (university degree) für ein be-

stimmtes Fach. Der Abschluss bzw. akademische Grad umfasst im Allgemeinen eine
Hauptdisziplin. Seit der Gründung der Universität in Nikosía ist damit eine Ausbildungsmöglichkeit im Land vorhanden. Zuvor absolvierte der größte Teil der angehenden Sekundarschullehrer ein Auslandsstudium. Lehrer für Technische Sekundarschulen konnten vom Higher Technical Institute graduiert werden. Zwischen 1960
und 1970 gab es einen relativen Mangel an qualifizierten Sekundarschullehrern, vor
allem im beruflich-technischen Zweig. Ende der achtziger Jahre war dieser Bedarf
gedeckt, weil sich die Beschulungsraten auf einem bestimmten Niveau einpendelten
und die Zahl der Lehrer im Pensionsalter rückläufig war. Da in den Folgejahren die
Anzahl von Lehrern mit Universitätsabschluss nicht geringer wurde, gibt es gegenwärtig einen Überhang an Sekundarschullehrern. Einige von ihnen haben kaum
Chancen, jemals eine Anstellung im Schuldienst zu erhalten.
Die Einstellung von Personal in den Schuldienst ist Sache einer Kommission (*Educational Service Commission*), die für die Einstellung, Versetzung und Beförderung
von Schulleitern und Lehrern verantwortlich ist. Das Gremium, dem fünf unabhängige Mitglieder angehören, wird für jeweils für eine Periode von sechs Jahren durch
den Präsidenten der Republik berufen.

Allgemein bildende und berufsbildende Schulen

Die allgemeine *Schulpflicht* beträgt gegenwärtig neun Jahre und bezieht sich auf den
Primarbereich und den Sekundarbereich I (Gymnasium). Da die quantitativen Ziele
in bezug auf die Beschulungsraten in beiden Bereichen bereits erreicht worden sind,
kann sich die Schulpolitik auf die Qualitätssicherung und Qualitätsverbesserung im
Primarbereich in Abstimmung mit den nachfolgenden Bildungs- und Ausbildungs-
bereichen konzentrieren. In offiziellen Dokumenten des Ministeriums für Erziehung
und Kultur wird vor allem eine Harmonisierung von Primarschule und Gymnasium
propagiert. Dadurch soll ein quantitativ und qualitativ verbessertes Pflichtschulsystem zur Verfügung stehen, in dem die Schüler auf der Basis einer soliden Grundbildung vorbereitend und schrittweise die Fertigkeiten und Kompetenzen entwickeln,
die für eine erfolgreiche Fortsetzung des Bildungsweges im Lyzeum (*LEM*), für den
Übergang auf den Arbeitsmarkt oder zur beruflichen Erstausbildung notwendig sind.
Nach erfolgreicher Beendigung der 3. Jahrgangsstufe des Gymnasiums können die
Schüler ein Abschlusszeugnis erwerben. Erst danach werden für den Übergang zum
Sekundarbereich II Aufnahmeprüfungen verlangt. Nur einige Privatschulen fordern
bereits von den Primarschulabsolventen eine Eignungsprüfung.
Die so genannte Lehrlingsausbildung stellt eine Kombination von regulärer Indust-
riearbeit und partieller Berufsausbildung unter Anleitung von ausgebildeten In-
strukteuren dar, die durch Unterricht und Werkstattarbeit in technischen Schulen
(12-14 Stunden wöchentlich) ergänzt wird. Die Jugendlichen, das sind ca. 50% der
Drop-outs aus dem formalen Bildungsbereich, nehmen freiwillig diese „zweite
Chance" des Qualifikationserwerbs wahr. Es handelt sich dabei nicht um eine Teil-
zeitschulpflicht. Im Rahmen dieses Bildungsangebots werden lediglich Kapazitäten
der technischen Schulen mitgenutzt. Ähnlich verhält es sich mit den technischen
Schnellkursen für Absolventen und Drop-outs des Sekundarbereichs, für die die ITA

verantwortlich ist. Auch dieses aus Steuern finanzierte ergänzende Angebot ist weder dem Schulpflicht- noch dem Teilzeitschulpflichtbereich zuzuordnen.

Vorschulbereich (Kindergärten und Kinderkrippen)

Die Anzahl der Vorschuleinrichtungen betrug im Schuljahr 1999/00 insgesamt 675 mit 26.155 Kindern (STATISTICS OF EDUCATION 1998, S. 13). Die Erweiterung des Vorschulbereichs war eine prioritäre Aufgabe des Ministeriums für Erziehung und Kultur in der zweiten Hälfte der neunziger Jahre. Es wird angestrebt, alle Kinder über drei Jahre in die Kindergartenerziehung einzubeziehen. Es gibt drei Kategorien von Kindergärten (*nursery school*): *Öffentliche Kindergärten, Gemeindekindergärten, Privatkindergärten.* Die Bemühungen zur Errichtung so genannter Kommunalkindergärten in ländlichen Distrikten werden fortgesetzt. Hierbei wird eine enge Koordinierung der Angebote von privatem und öffentlichem Sektor verfolgt, um noch mehr arbeitswilligen Müttern eine Gelegenheit für die Betreuung ihrer Kinder zu bieten. Zugleich werden Überlegungen angestellt, wie im Rahmen der Vorschulerziehung sinnvolle Nachmittagsbeschäftigungen gestaltet werden können, die über eine bloße Aufsichtsführung hinausgehen und damit die arbeitenden Familien unterstützen. Die Vorschulerziehung liegt im Verantwortungsbereich des Ministeriums für Erziehung und Kultur und wird Kindern angeboten, die jünger als fünfeinhalb Jahre sind. Der Kindergartenbesuch ist gebührenpflichtig. Dafür wurde im Rahmen der staatlichen Sozialpolitik ein System entwickelt, nach dem das Kindergartengeld gestaffelt nach Einkommenskriterien und weiteren Parametern zu entrichten ist.

Primarschulbereich

Die Bildungsgesetze für Elementarbildung und Primarschule (*Education Acts for Elementary Education, Primary School*) definieren die Primarschule als staatliche Bildungs- und Erziehungseinrichtung, die von der Regierung finanziert und verwaltet wird. Die Schulpflicht beginnt im Alter von fünfeinhalb Jahren und erstreckt sich zunächst auf die sechsjährige Primarschule. Die kostenlose und obligatorische Primarschulbildung wurde 1962 eingeführt. Damit wurde die Erziehung und Bildung im Primarbereich, die bereits seit 1945 universell praktiziert wurde, gesetzlich verankert. Grundsätzlich wird zwischen unterer Primarstufe (1. bis 3. Schuljahr) und oberer Primarstufe (4. bis 6. Schuljahr) unterschieden. Schüler, die im Verlaufe der sechsjährigen Frist das sechste Schuljahr nicht abgeschlossen haben, können ihre Primarschulbildung kostenlos fortsetzen. Private Primarschulen werden hauptsächlich von Religionsgemeinschaften auf nichtkommerzieller Basis geleitet. Sie unterstehen der Aufsicht und Inspektion durch das MOEC. Öffentliche Schulen werden in der Stadt und auf dem Lande errichtet und unterhalten, wenn die Zahl der zu beschulenden Kinder mindestens 15 beträgt. Es gibt Gebietsschulen, so genannte „*area schools*", die den Gemeinden mit jeweils weniger als 15 Schülern zur Verfügung stehen. In kleineren, relativ isoliert gelegenen Ortschaften, sind häufig Zwergschulen vorhanden, in denen die Kinder entsprechend den geringeren Schülerzahlen jahrgangsübergreifend dreiklassig, zweiklassig oder sogar einklassig organisiert sind. Schüler, die mehr als 2,5 km von der Schule entfernt wohnen, können – falls vorhanden – den Bus benutzen und erhalten eine Fahrgelderstattung. Jede Schule hat ihr eigenes Schulkomitee (*school committee*). Die Komitees werden in städtischen

Gebieten von der Regierung ernannt und in ländlichen Gegenden von den Gemeinden gewählt.

Der Schlüssel zu den Primarschulerfolgen war die Beseitigung des Analphabetismus in den vergangenen 50 Jahren. Immerhin betrug die Analphabetenrate im Jahr 1946 noch 33% (männlich 19%; weiblich 47%). Im Schuljahr 1996/97 lernten 64.761 Schüler (97% der entsprechenden Population) in den 376 Primarschulen, von denen 23 Privatschulen waren (im Schuljahr 1999/00 waren es nur noch 366 Schulen mit 63.715 Schülern). Von der Gesamtzahl der betreffenden Schülerpopulation besuchten 68,1% Schulen in Städten und entsprechenden Vororten und 31,9% Landschulen. Für den Unterricht im öffentlichen Primarschulbereich standen 3.507 Lehrer den 61.109 Schülern zur Verfügung, was eine Lehrer-Schüler-Relation von 1:17,4 ergibt. Die privaten Schulen in diesem Bereich wurden von 2.606 Schülern besucht, die insgesamt von 204 Lehrern unterrichtet worden sind. Das Schüler-Lehrer-Verhältnis fällt hier günstiger aus (STATISTICS OF EDUCATION 1998, S. 27).

Sekundarschulbereich I (Gymnasium)

Die allgemeine öffentliche Sekundarschulbildung (*General Secondary Education*) erstreckt sich über einen Zeitraum von sechs Jahren und erfasst die Schüler im Alter von zwölf bis 18 Jahren. Der allgemeine Sekundarbereich ist in zwei Zyklen (*cycle*) von je drei Jahrgangsstufen untergliedert: der untere (*lower*) Sekundarbereich, das Gymnasium, wird von der Altersgruppe der 12-15-Jährigen besucht, der obere Sekundarbereich, das Lyzeum, von der Altersgruppe der 15-18-jährigen Schüler. Der Übergang zum Sekundarbereich steht allen Primarschulabsolventen ohne Ablegen einer Eignungsprüfung offen. Seit dem Schuljahr 1985/86 ist der Besuch des ersten Zyklus (1. bis 3. Jahrgangsstufe der allgemein bildenden Sekundarschule obligatorisch. Die unentgeltliche Sekundarschulbildung wurde im Schuljahr 1972/73 zunächst für die 1. Jahrgangsstufe eingeführt und 1985/86 auf die 2. und 3. Jahrgangsstufe ausgedehnt. Im Schuljahr 1999/00 lernten 63.043 Schüler in den 128 Sekundarschulen, von denen 24 Privatschulen sind. Von der betreffenden Schülerpopulation wurden also 89,9% im öffentlichen und ca. 10,1% im privaten Bereich beschult. Für den Unterricht im öffentlichen Sekundarschulbereich standen 4.786 Lehrer zur Verfügung, was eine Lehrer-Schüler-Relation von 1:11,8 ergibt. Die privaten Schulen in diesem Bereich wurden im selben Zeitraum von 6.361 Schülern besucht, die insgesamt von 527 Lehrern (130 Teilzeitkräfte) unterrichtet worden sind. Die Lehrer-Schüler-Relation betrug hier 1:12,1 (vgl. STATISTICS OF EDUCATION 1998, S. 27). Durch die Errichtung einer größeren Zahl von allgemein bildenden Sekundarschulen auf dem Lande entwickelte sich eine differenzierte Schulstruktur. Nach dem Stand vom Schuljahr 1994/95 gibt es unter den öffentlichen allgemein bildenden Sekundarschulen 53 Schulen, die „reine" Gymnasien sind, davon 24 auf dem Lande. In 23 Schulen existieren ausschließlich Lyzeumsklassen. Unterricht für beide Schulzyklen wird in sieben städtischen Schulen erteilt. Die Stundentafel für das Gymnasium zeigt, dass im Sekundarbereich I die Vermittlung von Allgemeinbildung fortgesetzt wird. Betont werden die grundlegenden und die geisteswissenschaftlichen Unterrichtsfächer, insbesondere Griechische Sprache und Literatur mit entsprechenden Zeitanteilen. Der Sekundarbereich I dient als Orientierungsstufe (*observation period*) und soll den Schülern genügend Zeit einräumen, über sich und

ihre Interessen nachzudenken. Gleichzeitig soll dieser Zeitabschnitt den Eltern und
Lehrern ausreichend Gelegenheit bieten, die Neigungen und Fähigkeiten der Kinder
noch besser einschätzen zu können und dementsprechend eine Beratung anzusetzen.

Sekundarschulbereich II (Lyzeum)

Der zweite Zyklus des Sekundarbereichs umfasst die 4. bis 6. Jahrgangsstufe. Die
drei letzten Jahre des Sekundarschulbesuchs können entweder im Lyzeum der Wahlfächer (*Lykeion of Optional Subjects*) sowie in der Technischen Sekundarschule (*Secondary Technical School*) oder der Berufsschule (*Vocational Technical School*) absolviert werden.

Lyzeum der Wahlfächer

Die Differenzierung beginnt in der 4. Jahrgangsstufe. Bis 1976/77 gab es in den traditionellen Lyzeen drei Zweige (*stream*): den klassischen/altsprachlichen, den kaufmännischen und den naturwissenschaftlichen. Als mit Schuljahresbeginn 1977/78
das Lyzeum der Wahlfächer eingeführt wurde, gab es fortan drei Kategorien von
Unterrichtsfächern:

– Kernfächer (*subject of the main core*), die für alle Schüler verbindlich sind;
– Wahlfächer/Spezialisierungsfächer (*optional subject/spezialization subject*);
– Ergänzungsfächer (*supplementary subject*).

Im Lykeion of Optional Subjects haben die Schüler die Möglichkeit, ihre
"Wahl"fächer aus einer der folgenden fünf Fächerkombinationen bzw. Spezialisierungsrichtungen auszuwählen:

Kombination   I: Altsprachlicher Bereich (*classical studies*);
Kombination   II: Mathematisch-Naturwissenschaftlicher Bereich (*science*);
Kombination III: Wirtschaftsbereich (*economics*);
Kombination IV: Kaufmännischer Bereich/Sekretariat (*commercial/secretarial*);
Kombination   V: Fremdsprachlicher Bereich (*foreign languages*).

Der Schultyp „Lyzeum der Wahlfächer" wurde 1981 eingeführt und löste als quali-
tative Weiterentwicklung das traditionelle „einfache" Lyzeum ab. Wie sich in der
Schulpraxis bald zeigte, erwies sich die Auswahl von Fächerkombinationen sowohl
für die Schüler als auch für die Lehrer aufgrund der Interessenvielfalt aber auch der
Einseitigkeit bezüglich bestimmter beruflicher Neigungen nicht ganz unproblema-
tisch. Außerdem verursachte der abrupte Wechsel von der Allgemeinbildung zur
Spezialbildung erhebliche Diskontinuität. Im Jahre 1985 bildete das Ministerium für
Erziehung und Kultur ein Komitee, das den Auftrag erhielt, die Lyzeen zu inspizie-
ren und zu evaluieren. Auf der Grundlage von Vorschlägen wurden Pläne ausgearbeitet, die mit Beginn des Schuljahres 1994/95 auf folgende Veränderungen zielten:

– Ersetzen der Auswahl von Fächerkombinationen durch die Auswahl von Einzel-
    fächern;
– Vermeiden einer zu frühen Spezialisierung durch einen einheitlichen Unterricht
    für alle Schüler der 4. Jahrgangsstufe (also der ersten Jahrgangsstufe im Sekun-
    darbereich) auf der Basis eines integrierten Lehrplanes;
– Einführen eines höheren Spezialisierungsgrades für die Schüler der 5. und 6.
    Jahrgangsstufe auf der Grundlage gewachsener Reife und stabilerer Entschei-

dungen der Jugendlichen in weitgehender Übereinstimmung mit ihren persönlichen Neigungen und speziellen Berufswünschen;

- Einführen technischer und berufsbildender Fächer in allen Jahrgangsstufen des Lyzeums, um die Schüler einerseits für naturwissenschaftlich-technische Richtungen mit entsprechender Berufserziehung zu motivieren und sie andererseits von der zunehmenden Tendenz abzubringen, sich vor allem für die kaufmännischen Fächer zu entscheiden,
- Prüfen des Bewertungs- und Beurteilungssystems für die 4. Jahrgangsstufe im Hinblick auf das Erzielen objektiverer Resultate bezüglich der Schülerinteressen und ihrer akademischen Leistungen;
- Prüfen der Möglichkeiten für eine produktivere Studienorientierung in der 5. und 6. Jahrgangsstufe in bezug auf die Zeitzuteilung und die Angebotsbreite der Fächer (vgl. INTERNATIONAL CONFERENCE OF EDUCATION 1996, S. 24; MARCOU 1997, S. 17f).

Gesamt-Lyzeum

Der dreijährige Modellversuch, dessen Pilotphase 1998 abgeschlossen und evaluiert wurde, hat bewirkt, dass das Gesamt-Lyzeum künftig der einzige Schultyp im öffentlichen Sekundarbereich II in Zypern sein wird. Die Verflechtung der beiden Zweige (*section*) der Sekundarbildung soll dazu beitragen, die vorhandene Dichotomie zwischen Lyzeum und technischer Schule und die damit verbundenen Probleme zu lösen (vgl. MARCOU 1997, S. 51). Die Integration der Sekundarbildung zielt im Einzelnen auf:

- die Beseitigung von Vorurteilen gegen technisch-berufliche Bildung und zugleich die Aufgabe von Einseitigkeit beim Erwerb „rein akademischer" Allgemeinbildung;
- die Vermeidung einer vorzeitigen Spezialisierung durch Verzicht auf eine Differenzierung im ersten Schuljahr der Sekundarstufe II;
- die Förderung der sozialen Kohäsion, weil künftig alle Schüler denselben Schultyp besuchen werden;
- die Entwicklung des Lyzeums in Übereinstimmung mit modernen Trends und Entwicklungen in Europa, verbunden mit der Absicht, sie zu erweitern und qualitativ zu verbessern;
- die Verbesserung der Relevanz der erworbenen Bildung und Ausbildung für sozioökonomische, kulturelle und weitere Bedürfnisse des Landes;
- die Erweiterung und Modernisierung der Lehrpläne sowie die Verbesserung des Lehr- und Lernprozesses durch zeitgemäße Unterrichtsmethoden und den Einsatz entsprechender audio-visueller Bildungstechnologie (Multimedia u.a.m.);
- die Vorbereitung der Schüler entsprechend der Konzeption des lebensbegleitenden Lernens auf die „lebenslange" Aneignung von Wissen und die Ausbildung von Fertigkeiten/Kompetenzen (*skill*), bezogen auf ihre wissenschaftliche, technische, soziale, kulturelle und natürliche Umwelt (vgl. MARCOU 1997, S. 51f.).

Die 1. Schulstufe des Gesamt-Lyzeums hat den Charakter eines Basis- oder Orientierungsjahres mit einem noch relativ hohen Anteil an Kernfächern (31 von 35 Stunden pro Woche). Auf diese Weise soll eine vorzeitige Spezialisierung vermieden werden. Erst in den beiden folgenden Schulstufen (V und VI) wird die Auswahl in bezug auf Fächer oder Fachgruppen getroffen. An jeder Schule gibt es ein Komitee, das insbesondere solchen Schülern der 1. Schulstufe beratend zur Seite steht, deren Wissen und Können nicht ausreicht, um die gewünschte Spezialisierungsrichtung einschlagen zu können und die dann umgelenkt werden müssen. Bei der endgültigen Auswahl und Entscheidung der Schüler (Schulstufen V und VI) für ein bestimmte Richtung spielen die Dienste der Berufsberatung (*Careers and Guidance Councelling Services*) eine wichtige Rolle.

Tertiärbereich

Neben der einzigen Universität des Landes in Nikosía, gibt es fünf öffentliche tertiäre Bildungs- bzw. Ausbildungseinrichtungen. Eine Reihe von Bildungseinrichtungen im tertiären Bereich ist nur zeitweise in Betrieb, wenn ein Ausbildungsbedarf besteht. Dazu gehören u.a. die *Public Health Inspectors School*, die Dreijahreskurse durchführt, die *Tourist Guides School*, die der Verantwortung der Cyprus Tourism Organisation obliegt, und die *Cyprus Police Academy*, die vom Ministerium für Justiz und Öffentliche Ordnung verantwortet wird.

Berufsbildungsbereich

Die Verbesserung der Qualität und Effektivität der Berufsbildung ist in Zypern eine permanente Aufgabe, weil die Nichtverfügbarkeit von Fachkräften in der nationalen Wirtschaft notgedrungen die Besetzung von Stellen und Führungspositionen durch ausländische Arbeitskräfte nach sich zieht. Diese Situation hat dazu geführt, dass die Kooperation zwischen den betreffenden Bildungseinrichtungen, der Industrie und den verantwortlichen Ministerien institutionalisiert worden ist. Speziell auf dem Gebiet der Berufsbildung koordiniert die Behörde für Ausbildung in der Industrie (*Industrial Training Authority*) die Aktivitäten, indem sie dafür sorgt, dass die Schüler auf der Grundlage fundierter Ausbildungsprogramme in praktischer Weise technische und berufsvorbereitende Erfahrungen sammeln können und ihnen dabei qualifizierte Lehrer und Ausbilder zur Seite stehen. Zu den Kernbereichen der Berufsbildung gehören die Bildungsangebote (technischer und beruflicher Zweig) auf der Sekundarstufe II, die Lehrlingsausbildung, alle Formen der beruflichen Ausbildung, Umschulung, Fort- und Weiterbildung sowie Angebote der fünf tertiären Ausbildungseinrichtungen und der Universität Zyperns. Um diesen Kern rankt sich ein breites und vielfältiges System von Anbietern berufsbezogener Kursprogramme (öffentlich und privat, formal und nicht-formal, kostenlos und kommerziell). Ergänzend kommen die Angebote des Auslands hinzu, die für den kleinen Inselstaat mit seiner relativ niedrigen Bevölkerungszahl eine beachtliche Rolle spielen.

Technische und berufliche Schulen im Sekundarbereich II
Etwa 21% der Gesamtschülerzahl des Sekundarbereichs II (15 bis 18 Jahre) erwerben eine technisch-berufliche Bildung und Erziehung. Voraussetzung sind der erfolgreiche Abschluss des dreijährigen Gymnasiums und ein Angebot, den Bildungsweg entweder im technischen oder im beruflichen Zweig des oberen Sekundarbereichs fortzusetzen. Der wesentliche Unterschied zwischen den beiden Zweigen besteht darin, dass im Lehrplan des technischen Sekundarschulzweiges die mathematisch-naturwissenschaftlichen Fächer mehr betont werden, während im beruflichen Se-

kundarschulzweig der Akzent stärker auf Werkstattpraxis, Technikfächern und Industrieausbildung liegt. Zu den allgemeinen Fächern gehören Sprachen, Geschichte, Religion und Sport. Bezugsfächer sind beispielsweise Mathematik und Naturwissenschaften. Nach Beendigung ihrer dreijährigen höheren Sekundarbildung können die Absolventen des technischen Zweiges in der Industrie als Techniker arbeiten, die des beruflichen Zweiges sind befähigt, eine Anstellung als Handwerker anzunehmen. Die Absolventen beider Zweige haben die Möglichkeit, ein Aufbaustudium in tertiären Bildungseinrichtungen Zyperns oder im Ausland aufzunehmen. Der Zweig der technischen Erziehung umfasst die folgenden technischen Abteilungen, von denen einige in weitere Spezialisierungsrichtungen unterteilt sind: Abteilung Maschinenbau, Elektrotechnik, Hoch- und Tiefbau, Kunst und Design. Im beruflichen Zweig wird im Abschlussjahr, d.h. in der 6. Jahrgangsstufe, das duale System praktiziert. Die Schüler befinden sich zwei Tage pro Woche in einem Industriebetrieb zur Ausbildung (*industrial training*). Der berufliche Zweig umfasst vier Abteilungen mit folgenden Spezialisierungsrichtungen: Abteilung Maschinenbau, Elektrotechnik, Hoch- und Tiefbau/Gebäudearbeiten, Kunst und Design.

Sonderschulbereich

Kinder mit schwerwiegenden Problemen und Schädigungen besuchen Sonderschulen. Diese Schulen sind nach folgenden Kategorien der Behinderung der Kinder und Jugendlichen unterteilt: mäßig geistig zurückgebliebene (*moderately mentally retarded*); lernschwache (*slow learners*); emotional gestörte (*emotionally disturbed*); blinde, taube und körperlich behinderte (*blind, deaf and physically handicapped*). Diesen Kategorien entsprechend gibt es die folgenden Sonderschulen: *Schulen für mäßig geistig Zurückgebliebene*: Diese Schulen vermitteln eine Ausbildung, eingeschlossen Selbstfürsorgeaktivitäten, Berufstherapie, Sprachtherapie sowie Unterricht in Fächern, die auf die Entwicklung der geistigen Fähigkeiten bis zum Maximum ihres Potentials zielen. *Schulen für die Gehörlose und Blinde*: Diese Schulen organisieren vielfältige Programme und Aktivitäten für Fähigkeitsentwicklung und die soziale Anpassung ihrer Schüler. *Schulen für spastische Kinder*: Es gibt in Zypern zwei Sonderschulen dieser Kategorie. Träger sind philanthropische Organisationen. Zudem gibt es ein berufliches Rehabilitationszentrum für körperbehinderte Personen und zwei Heime für schwer zurückgebliebene Kinder.

Ein Teil der behinderten Kinder wird in Regelklassen der Primarschule von speziell ausgebildeten Lehrern unterrichtet. Andere Kinder sind teilweise integriert. Sie lernen in Sonderklassen, die aber Teil einer Regelschule sind. In solchen Klassen können sehschwache und hörgeschädigte Kinder sowie andere mit spezifischen psychischen Defekten am Unterricht teilnehmen. Auch in einigen Kindergärten gibt es spezielle Bildungsmöglichkeiten für hörgeschädigte und für autistische Kinder. Kinder mit einer schweren geistigen oder körperlichen Behinderung werden in Sonderschulen aufgenommen.

Umgang mit ethnischen Minderheiten

Die Maroniten, die Armenier und weitere Minderheiten (romanische und englische) machen insgesamt weniger als 5% der Bevölkerung Zyperns aus. Auf der Grundlage der Verfassung hatten sich diese christlichen Minoritäten entschieden, das Schulsystem zu wählen, das der griechisch-zyprischen Gemeindekammer bzw. ab 1965 dem Erziehungsministerium unterstellt worden war. Die überwiegende Mehrheit der Maroniten spricht Griechisch, das auch Unterrichtssprache in den Maronitischen Schulen ist. Ebenso sind die Lehrpläne, Stundentafeln und Lehrbücher der griechisch-zyprischen Schulen in Gebrauch. Lediglich der Religionsunterricht wird durch maronitische Priester erteilt. Die Beaufsichtigung und Kontrolle der Schulen obliegt der Inspektion des Erziehungsministeriums. Die maronitischen Lehrer erhalten die gleiche Ausbildung wie die griechisch-zyprischen Pädagogen. Deshalb dürfen sie auch an griechisch-zyprischen Schulen unterrichten. Die maronitische Minderheit ist weitgehend in das Leben der griechischen Zyprioten integriert. Die *armenischen* Primarschulen besitzen ein eigenes Schulkomitee, das nach Konsultation mit dem Erziehungsministerium berufen wird. Jedes Schulkomitee besteht aus sieben Mitgliedern und wird nach zwei Jahren neu gewählt. Es hat die Aufgabe, die Lehrer und Schuldirektoren zu ernennen, den Haushaltsplan aufzustellen und die Unterhaltung der Gebäude und Anlagen zu sichern. Finanzielle Unterstützung erhalten sie von der zyprischen Regierung, der armenischen Kirche, von armenischen Organisationen und einzelnen Personen. In den armenischen Primarschulen wird nach einem neunjährigen Programm gearbeitet, wovon zwei Jahre im Kindergarten verbracht werden. Grundanliegen des Unterrichts nach eigenen Lehrplänen ist eine armenische Erziehung. Sie schließt die armenische Sprache sowie die Geschichte, Kultur und Religion der ethnischen Minderheit ein. Außerdem wird Sprachunterricht in Griechisch und Englisch erteilt. Die Lehrbücher sind zum Teil örtlich erarbeitet oder aus dem Libanon importiert. Die Möglichkeit, Sekundarbildung unter armenischen Bedingungen zu erwerben, besteht an einer privaten Einrichtung.

Aktuelle Diskussionen und Entwicklungsperspektiven

Einige Probleme der aktuellen Bildungsentwicklung in Zypern wurden schon angedeutet. Einige davon werden hier mit entsprechenden Lösungsvorschlägen bzw. -ansätzen der zyprischen Regierung, sofern es diese bereits gibt, knapp erläutert:

Differenzierung im Unterricht (Mixed Ability Teaching)
In der Lehrerschaft gibt es große Bemühungen, vom Frontalunterricht zur differenzierten Gruppenarbeit überzugehen. Das methodische Instrumentarium, das zyprische Lehrer im Unterricht einsetzen, ist vielfältig. Dennoch gibt es in der Palette ihres methodischen Rüstzeugs eine Grundorientierung oder sogar eine „Philosophie", das ist das *Mixed Ability Teaching* (MAT), also das Unterrichten von Schülern mit unterschiedlichem Leistungsvermögen. Die Methode, die mit dieser Bezeichnung in anglophonen Bereichen praktiziert wird, wurde im Falle Zyperns aus Großbritannien übernommen, ebenso wie auch andere methodische Ansätze. *Mixed Ability Teaching* ist ein klar ausgewiesener Bestandteil der offiziellen Schulpolitik und ein Credo für moderne Unterrichtsgestaltung. Alle anderen eingesetzten Methoden und Lernformen, wie das kooperative Lernen (*cooperative learning*), die entdeckende Methode (*discovery method*) und weitere, ranken sich um das MAT. Das Anliegen dieser Methode entspricht der pädagogischen Erfahrung, dass der Lernerfolg von Schülern in starkem Maße auch von ihren individuellen Anlagen und Neigungen ab-

hängt und deshalb Lerntempo, Inhaltsauswahl, Gruppen- bzw. Klassenzusammensetzung, Unterrichtsmethodik, Lehrmittelnutzung in differenzierter Weise der Bandbreite des Schülerleistungsvermögens angepasst werden sollten. Die praktische Umsetzung stößt in Zypern auf enorme Schwierigkeiten. Das liegt vor allem daran, dass die Lehrer Probleme mit dem Differenzierungsaufwand haben.

Übergangsprobleme von der Sekundarstufe II zum Tertiärbereich

Einer Lösung bedarf noch immer das Problem des „harten" Übergangs von der oberen Sekundarstufe zur Hochschule bzw. Universität. Er ist durch strenge Selektionsprüfungen im nationalen Rahmen mit einem scharfen Numerus Clausus gekennzeichnet (vgl. XOCHELLIS 1998, S. 584). Eine Diskussion dazu wird seit Mitte der achtziger Jahre geführt, hat aber noch nicht zu konkreten und Veränderungsmaßnahmen geführt. Im Kreuzfeuer öffentlicher Kritik steht vor allem die Diskrepanz zwischen dem inhaltlichen Niveau des Sekundarbereichs und den Kompetenzen und Qualifikationen, die für den Zugang zum Hochschulbereich nachgewiesen werden sollen. Eine besondere Schwierigkeit stellen die unterschiedlichen Anforderungen bei den Aufnahmeprüfungen für die University of Cyprus sowie für die griechischen Universitäten und weitere Universitäten im Ausland dar. Um diesem Zustand Einhalt zu gebieten und das grundsätzliche Problem der Hochschuleingangsprüfungen zu lösen, wird eine Reform der Abschlüsse der verschiedenen Schulstufen in Erwägung gezogen.

Reform der beruflichen Bildung

Die wichtigste der geplanten Veränderungen ist die Absicht des MOEC, die öffentliche technisch-berufliche Bildung in ein System zu integrieren, das eher auf einer Wahl von Fächern als von Zweigen basiert und als „Unified Lyzeum" oder „Comprehensive Lykeion" bezeichnet wird. Der Grundgedanke dieses Vorhabens ist plausibel, jedoch bezweifeln Experten, ob der Reformschritt zu einem verbesserten Status und größerer Akzeptanz der Berufserziehung führen wird. In diesem Kontext sind auch die Perspektiven des "Apprenticeship Scheme" im Zukunftsszenarium noch nicht klar definiert. Im Falle eines Konsens aller Beteiligten kann erwartet werden, dass das Niveau der technisch-beruflichen Bildung durch eine stärkere Betonung ihres theoretischen Inhalts (technologische Kernkompetenzen, analytische und problemlösende Fähigkeiten, generische Fertigkeiten) sowie die Herausbildung einer Wissens- und Könnensbasis für jegliche "Ausbildbarkeit" (trainability) steigen wird. Als ein Schritt in dieser Richtung ist die Einführung von projektbezogenem Technologieunterricht in den Gymnasien zu werten.

Rekrutierung von Sekundarschullehrern

Der Lehrerberuf genießt in Zypern ein hohes Ansehen, teilweise auch aufgrund der hohen Wertschätzung, die generell akademischen Studien beigemessen wird. Diese Aussichten bewirken schon bei den Aufnahmeprüfungen Wettbewerbsdruck und Selektion. Allein um die 150 Studienplätze der Primarschullehrerausbildung und die 30 Studienplätze der Erzieherinnenausbildung an der Universität bewerben sich beispielsweise mehr als 5.000 Kandidaten. Während der Primarschulbereich jährlich ein Defizit von etwa 600 Lehrern aufweist, das zeitweilig durch nichtspezialisierte

Absolventen ausgeglichen wird, gibt es einen „Überhang" an ausgebildeten Sekundarschullehrern. Seit Jahren gibt es eine Warteliste (*The Catalogue*), die auf 10.000
Lehrer angewachsen ist und prinzipiell nach den Kriterien „Jahr der Graduierung"
und „Wartezeit laut Katalog" von der unabhängigen *Education Service Commission*
(fünf vollzeitbeschäftigte Kommissionsmitglieder für eine Amtszeit von sechs Jahren) abgearbeitet wird. Ein neues Rekrutierungsverfahren, das im Primarbereich
schon weitgehend praktiziert wird, wird angestrebt.

Bildungsforschung für bildungspolitische Entscheidungsträger
Immer stärker wird die Forderung nach Ausarbeitung einer kohärenten nationalen
Agenda für Forschungs- und Entwicklungsaktivitäten, die den Bedürfnissen der Bil-
dungspolitik des Landes dient. Eine stärkere Verflechtung von Bildungsforschung,
Bildungspolitik, Bildungsevaluation und Bildungsinformation ist angemahnt und
wird künftig schrittweise umgesetzt. Impulse dafür sollen von bildungspolitischen
Führungskräften des MOEC ausgehen, insbesondere durch die Erarbeitung einer
Rahmenkonzeption (*framework*). Entscheidend wird die Gründung des so genannte
Policy Review Committees (*PRC*) sein, einem permanenten Gremium, in dem die
wichtigsten bildungspolitischen Anliegen (aktuelle und zu erwartende) beraten und
definiert werden. Um hohe Forschungsstandards zu gewährleisten, wird ein *Quality
Review Committee* (*QRC*) etabliert, das eine Kontrollfunktion auszuüben hat. Die
bisher praktizierte Transformation allgemeiner bildungspolitischer Belange in spezifische Forschungsfragen und dann in wenig aussagekräftige Statistiktabellen
(„*dummy table*") soll künftig durch verständlich aufbereitete und verwendbare Forschungsergebnisse ergänzt werden, sodass eine klare Kommunikation zwischen Bildungsforschern und bildungspolitischen Entscheidungsträgern gewährleistet ist.

Literatur
BARTEL, H.: Prosperierendes Bildungswesen südlich der „Green Line" – die Repu-
    blik Zypern vor EU-Beitrittsverhandlungen. In: Zeitschrift für internationale er-
    ziehungs- und sozialwissenschaftliche Forschung 14 (1997) 1, S. 161-170.
CONSTITUTION OF THE REPUBLIC OF CYPRUS (OVERVIEW). In: Cyprus Problem.
    (http://www.kypros.org/Cyprus-Problem/constitution1.htm)
CYPRUS PRODUCTIVITY CENTRE. Program of Activities, July-December 98. Nicosia:
    Ministry of Labour and Social Insurance 1998. 44 S.
HÖHLER, G.: Der Süden strotzt vor Gesundheit, der Norden hängt am Tropf.– Beide
    Teile Zyperns entwickeln sich wirtschaftlich krass auseinander/Inseltürken im-
    portieren Inflation vom Festland. In: Frankfurter Rundschau, Nr. 182,
    28.07.1994, S. 3.
INTERNATIONAL CONFERENCE OF EDUCATION, 44th Session, Geneva, 1994: Devel-
    opment of Education 1992-1994. National Report of Cyprus. Ministry of Educa-
    tion and Culture, March 1994.
INTERNATIONAL CONFERENCE OF EDUCATION, 45th Session, Geneva, 1996: Devel-
    opment of Education 1994-1996. National Report of Cyprus. Ministry of Educa-
    tion and Culture, April 1996.

INTERNATIONALES HANDBUCH – LÄNDER AKTUELL: Zypern. Ravensburg 1994 bis 1996.

KARAGIORGES, A. G.: Education Development in Cyprus 1960-1977. Ph. D. Thesis. University of London 1986.

KARAVIAS, K. I.: General Aspects of Public and Private Education in Cyprus and the Effects of the July-1974 Turkish Invasion on Schools, Pupils, Teachers and Parents. (A non-Political Study). Nicosia 1981.

MARCOU, C.: Secondary education in Cyprus. In: A secondary education for Europe, Council for Cultural Co-operation. Strasbourg 1997.

STATISTICS OF EDUCATION 1994/95. Series I, Report No. 27. Nicosia 1995.

STATISTICS OF EDUCATION 1996/97. Series I, Report No. 29. Nicosia 1998.

PAPANASTASIOU, C.: Cyprus: System of Education. In: Husén, T./Postlethwaite, T. N.: The International Encyclopedia of Education. Oxford 1994, S. 250-257.

PERSIANIS, P. K.: The British Colonial Education „Lending" Policy in Cyprus (1878–1960): an intriguing example of an elusive „adapted education" policy. In: Comparative Education 32(1996)1, S.45-68.

RUMPF, C.: Verfassung und Recht. In: Grothusen, K.-D.,/Steffani, W./Zervakis, P. (Hrsg.): Südosteuropa-Handbuch Bd. VIII: Zypern. Göttingen 1998.

SCHMITT, R. u.a.: Die sechsjährige Grundschule auf Zypern. Auf dem Weg zu einer neunjährigen Gesamtschule. In: Grundschule in Europa-Europa in der Grundschule. Frankfurt am Main 1992, S. 154-155.

STATISTISCHES BUNDESAMT WIESBADEN (Hrsg.): Statistik des Auslandes: Länderkurzberichte Zypern 1975. Stuttgart und Mainz.

STATISTISCHES BUNDESAMT WIESBADEN (Hrsg.): Statistik des Auslandes: Länderkurzbericht Zypern 1981. Stuttgart und Mainz.

STATISTISCHES BUNDESAMT WIESBADEN (Hrsg.): Statistik des Auslandes: Länderbericht Zypern 1984. Stuttgart und Mainz.

STATISTISCHES BUNDESAMT (Hrsg.): Länderbericht Zypern 1991. Wiesbaden 1991.

THE ALMANAC OF CYPRUS 1994-1995. Nicosia 1995.

THE ALMANAC OF CYPRUS 1996. Nicosia 1996.

THE ALMANAC OF CYPRUS 1998. Nicosia 1998.

THE PEDAGOGICAL INSTITUTE OF CYPRUS. Nicosia 1997.

THE REPUBLIC OF CYPRUS. An Overview. Nicosia 1998.

THE SKILL DEVELOPMENT SYSTEM IN CYPRUS. A study prepared by the Industrial Training Authority of Cyprus in collaboration with the International Labour Office. Nicosia 1995.

UNIVERSITY OF CYPRUS PROSPECTUS 1996-1997. Nicosia.

XOCHELLIS, P.: Das Schulsystem der Republik Zypern. In: Grothusen,K.-D./Steffani, W./Zervakis, P. (Hrsg.): Südosteuropa-Handbuch Bd. VIII: Zypern. Göttingen 1998, S. 559-585.

YARATAN, H. S.: Education in the „Turkish Republic of Northern Cyprus". In: Grothusen,K.-D./Steffani, W./Zervakis, P. (Hrsg.): Südosteuropa-Handbuch Bd. VIII: Zypern. Göttingen 1998, S. 155ff.

Zypern

Universität Zyperns

Higher Technical Institute (H.T.I.)

Higher Hotel Institute (H.H.I.C.)

Forestry College

School of Nursing

M.I.M. *

Private Tertiary Education Colleges

Sekundarbereich II

Lyzeen der Wahlfächer (LEM - Lykeio Epilogio Mathimatos)

Gesamtlyzeum (Eniaeo Lykeio)

Technische Sekundarschule (Tekniki Scholi)

Berufsschule (Systemu Mathitiae)

private Sekundarschulen

Sekundarbereich I

Gymnasium (Gymnasia)

Primarbereich

Grundschule / Pflichtschule (Dimoteka Scholeia)

private Grundschulen

Sonderschule

Schulpflicht

Vorschulbereich

Staatliche & kommunale Vorschulen (Nipiagogeia)

private Vorschulen (Nipiagogeia)

Schuljahre: 17 16 15 14 13 12 11 10 9 8 7 6 5 4 3 2 1

Alter: 23 22 21 20 19 18 17 16 15 14 13 12 11 10 9 8 7 6 5 4 3

* Mediterranean Institute of Management

© DIPF 2004

Wolfgang Mitter

Ausblick: Der Weg der Schulen Europas in die Zukunft

Die „elastischen" Grenzen Europas und die Vielfalt der „Schullandschaft"

Die Herausgeber dieses Sammelwerkes haben sich nach langen Diskussionen für ein weitgefasstes Konzept entschieden. Es erfasst die *Schulen Europas* in einer geographischen Dimension, deren Grenzen sich im Wesentlichen mit denen decken, welche die Mitgliedsstaaten des Europarats vereint. Die dargestellten Bildungssysteme, mit dem auf den Primar- und Sekundarschulen liegenden Schwerpunkt, zeigen ein Europa, das sich vom Nordkap bis Kreta, vom Atlantik bis zum Kaukasus erstreckt. Es ist somit an dem Begriff der „Elastizität" orientiert; diese zeigt sich besonders in der Einbeziehung der „bikontinentalen" Russischen Föderation. Diese „Elastizität" (vgl. FERNANDEZ-ARMESTO 2002, S. 13) spiegelt sich auch in der Vielfalt der einzelnen Darstellungen. Diese wird erkennbar in der Entstehung und geschichtlichen Entwicklung der „nationalen Bildungssysteme" in den jeweils umrissenen politischen, rechtlichen, sozialen und kulturellen Rahmenbedingungen und in den Strukturen, die vor allem in den beiden Sekundarbereichen deutliche Unterschiede erkennen lassen: im Sekundarbereich I die Präferenz für Integration oder vertikale Gliederung, im Sekundarbereich II die Beziehungen zwischen allgemein- und berufsbildenden Einrichtungen. Zu erwähnen ist in diesem Zusammenhang auch die nur allgemein gehaltene Berücksichtigung des Vorschulbereichs innerhalb oder außerhalb der „Institution Schule". Schließlich äußert sich in den Lehrplänen, Stundentafeln, Prüfungssystemen sowie Unterrichts- und Erziehungsstilen die Vielfalt von Europas Schulen.

Alle diese Unterschiede verdecken indes nicht die Beobachtung, dass den Bildungssystemen gemeinsame Grundlagen eigen sind. Diese werden vor allem in der „staatlicher Bildungssouveränität" manifest, die das Bildungswesen in ganz Europa als Wirkungsfeld des modernen Staates kennzeichnet, wie weit sich die einzelstaatlichen Entwicklungen durch zeitliche Abläufe und Zäsuren auch voneinander abheben. Beispielhaft zeigt sich diese Unterschiedlichkeit zwischen ′der Gründung von Schulen durch absolute Fürsten in Deutschland im 17. und 18. Jahrhundert und der vergleichsweise späten Intervention des Staates im England des späten 19. und beginnenden 20. Jahrhunderts. Auch die Verfasstheit des Staates hat die europäische Entwicklung wesentlich beeinflusst, zum einen durch die zentrale oder föderale Struktur seiner Gesetzgebung und Verwaltung, zum anderen durch die Parallelität zwischen dem in der Gegenwart dominierenden Nationalstaat und den bis zum Ersten Weltkrieg bestehenden supranationalen Imperien, auf deren Territorien erst danach Nationalstaaten entstanden. In ganz Europa schlägt sich die „staatliche Bildungssouveränität" in den Erscheinungsformen der Schulen konkret nieder, vor allem in der expandierenden Schulpflicht. Ungeachtet der erwähnten Unterschiede weisen alle Bildungssysteme die grundsätzlich gleiche horizontale Stufung in Primar-, Sekundar- und Tertiärbereich und das Vorhandensein institutionalisierter Vorschuleinrichtungen auf. Der Vergleich von Lehrplänen, Stundentafeln und

Prüfungssystemen fördert ebenfalls Gemeinsamkeiten zutage, die auf die Entwicklung der in Europa bereits im Mittelalter entwickelten „Wissenskulturen" zurückzuführen sind. Wohl unterscheiden sich heute Umfang und Lernfolge in den einzelnen Lehrplänen, bezogen sowohl auf die Schulformen in den einzelnen Staaten als auch erst recht im intereuropäischen Vergleich. Dies ändert aber nichts an der weitgehenden Gleichartigkeit der Kerninhalte. In allen Lehrplänen findet man einen weithin ähnlichen Fächerkanon mit Muttersprache, Mathematik, Naturwissenschaften, Geschichte und heute meistens auch mindestens einer Fremdsprache. Zu beobachten sind schließlich überall die Wirkungen der pädagogischen Reformbewegungen des 19. und 20. Jahrhunderts und ihr Niederschlag in Unterrichts- und Erziehungsstilen, zugleich aber auch die Beharrlichkeit ihrer traditionellen Vorgänger und Widersacher.

Vorhersagen an der Wende zum 21. Jahrhundert

In der Gegenwart werden die Schulen von den wachsenden Einflüssen der globalen Veränderungen erfasst, die sowohl ihr Innenleben als auch ihre Stellung in der und ihre Wahrnehmung durch die Gesellschaft tangieren. Da diese Entwicklung allenthalben im Fluss und durch starke Dynamik gekennzeichnet ist, sind exakte Vorhersagen über ihre Zukunft sehr schwierig. Der folgende Versuch unterliegt daher dem Vorbehalt der Korrektur in bereits nächster Zeit. Er konzentriert sich auf die Evaluierung quantitativer und qualitativer Befunde und die auf diesen beruhende Interpretation und ist daher auf kurz- und mittelfristige Vorhersagen beschränkt. Dass beide Vorhersageformen voneinander abhängen und sich daher überschneiden, ist in dieser Überlegung mitbedacht. Diese werden anhand der folgenden *Kriterien* vorgenommen, die ineinander verflochten sind und in ihrer Gesamtheit keine Vollständigkeit beanspruchen. Die Verknüpfung beider Vorhersageformen erklärt, dass dieser Versuch zwar an dem Anspruch empirischer Begründbarkeit orientiert ist, das subjektive Urteil aber nicht gescheut wird, so weit es vertretbar scheint.

Bildungssouveränität

Europas Schulen unterliegen seit ihrer Institutionalisierung in „Bildungssystemen" der Bildungssouveränität (Bildungshoheit) des modernen Staates. Diese wird aber gegenwärtig durch mehrere, gleich- wie gegenläufige, Trends relativiert. Ob diese Entwicklung als „befreiend" oder „bedrohend" zu bewerten ist, hängt vom gesellschaftsphilosophischen oder ideologischen Standort des Interpreten ab. Die Relativierung der staatlichen Bildungssouveränität zeichnet sich in der regionalen und globalen Dimension ab. In der *regionalen* Dimension haben wir zwischen der *intranationalen* (innerstaatlichen) und der *internationalen* (zwischenstaatlichen) Ebene zu unterscheiden. Die intranationale Ebene umfasst zum einen die in jahrhundertealter Geschichte verankerten „Bundesstaaten" (im weitesten Wortsinn), beispielhaft vertreten durch Deutschland mit seinen Bundsländern und die Schweiz mit ihren Kantonen, zum anderen „Neulinge", wie Belgien mit seinen Gemeinschaften und Spanien mit seinen Autonomen Provinzen. Als „sub-souveräne" Rechtseinheiten sind diese Territorien mehr oder weniger stark für die Gesetzgebung und Verwaltung ihrer „Bildungssysteme" verantwortlich. Sie unterscheiden sich somit von der auf der Schullandkarte Europas in jüngster Zeit zu beobachtenden Entstehung

verschiedenartiger territorialer Einheiten als Begleiterscheinungen dezentralisie-
render Politik mit unterschiedlichen Formen der Selbstverwaltung – ungeachtet der
weiter bestehenden Kompetenzen grundlegender Art, die bei den Zentralregierungen
verbleiben. Ergebnisse staatlicher Dezentralisierung sind schließlich die grenz-
überschreitenden Euro-Regionen. Auch sie stellen zwar die Bildungssouveränität
des Staates nicht in Frage, entfalten in deren Rahmen aber eigenständige Initiativen,
die sich vor allem in der Förderung bilingualen Unterrichts und interkultureller
Bildung äußern. Auf der *internationalen* Ebene sehen sich die staatlichen Bildungssysteme vor allem durch die bildungspolitischen Initiativen der Europäischen
Union herausgefordert. Im Vertrag von Maastricht (1992), dessen Grundverein-
barungen durch den Vertrag von Amsterdam (1997) bestätigt wurden, ist der Bildungsbereich erstmals ausdrücklich in die Verantwortlichkeit der supranationalen
Institution einbezogen (Artikel 126 und 127). Dort wird der Beitrag der Union zur
„Entwicklung einer fortgeschrittenen Bildung" als erstrangige Aufgabe europäischer
Politik artikuliert Diese Zielbestimmung geht über die Strategien hinaus, die bereits
in den achtziger Jahren des 20. Jahrhunderts von der damaligen Europäischen
Gemeinschaft im Felde der beruflichen Bildung eingeleitet wurden und die Hoch-
schulbildung einschlossen; sie hatten sich auf die Vereinbarungen zur gegenseitigen
Anerkennung von beruflichen Qualifikationen und Hochschuldiplomen konzentriert,
die im Rahmen der Beschäftigungs- und Arbeitsmarktpolitik unter Orientierung am
Prinzip der „Mobilität" für notwendig erachtet wurde (vgl. HOCHBAUM 1993).
Verglichen mit den wirtschaftlichen Kompetenzen, mit denen die Europäische
Kommission in den letzten Jahrzehnten ausgestatten worden ist, sind ihre Bildungs-
kompetenzen bislang bescheiden geblieben, was durch die zentrale Position des
Prinzips „Subsidiarität" im Artikel 3b des Vertrags von Maastricht bekräftigt wor-
den ist. Demgegenüber hat Artikel 149 Tore geöffnet, die in den vergangenen Jahren
von den Regierungen der Mitgliedsstaaten zunehmend durchschritten worden sind.
Es geht in ihm um den Beitrag der EU zur Entwicklung einer „Qualitätsbildung".
Der Gipfel von Lissabon (2000) hat diese Linie durch Einführung der „Offenen
Methode der Zusammenarbeit" (*Open Method of Co-operation*, OMC) als eines
Werkzeugs der Entwicklung von Qualitätsindikatoren und *benchmarks* konkretisiert
(vgl. DALE/ROBERTSON 2002). Besonderer Beachtung ist in diesem Zusammenhang
auch die von der Europäischen Kommission vorgenommene Überprüfung der „Bei-
trittswürdigkeit" der Bewerberstaaten wert, weil sie die Bildungssysteme einschließt; sie wird auf der Grundlage von Fragebogen-Erhebungen und Expertenvisi-
ten vorgenommen. Schließlich wäre es irrig, die vielfachen Aktivitäten der EU unterhalb der formalen Entscheidungsebene zu übersehen. Diese umfassen vor allem
Austauschprogramme für Lehrende und Studierende im Hochschulbereich sowie
Ausbilder und Auszubildende in der beruflichen Bildung des sekundären und postsekundären Bereichs. Ihre mittelfristige Wirkung auf grenzüberschreitendes Handeln
ist ebenso wenig zu unterschätzen wie die in Memoranden der Europäischen Kommission gegebenen Empfehlungen zu grundlegenden Bildungsfragen, zumal sich
diese mit den Grundsätzen der OMC decken.
Der supranationale Status definiert klar die hervorgehobene Stellung der EU unter
den im folgenden zu nennenden internationalen Organisationen. Unter ihnen sei zuerst der Europarat als der ältere, wenn auch mit keinerlei Souveränität ausgestattete

„Bruder" der EU erwähnt. Seine jahrzehntelangen Bildungsaktivitäten erstrecken sich vor allem auf den Fremdsprachenunterricht, die politische Bildung und die besonderen Aufgaben bei der Bildung und Unterrichtung von Minderheiten. Sein Wirken kann überdies als „Vorstufe" der Europäisierung bezeichnet werden, zumal seine territoriale Reichweite größer ist als die der EU, nämlich auf Grund der Zugehörigkeit der Staaten Mittel-, Südost- und Osteuropas sowie der Türkei und der transkaukasischen Republiken.

Die *globale* Dimension in der Relativierung staatlicher Bildungssouveränität (vgl. BORDEN/McGINN 1999; CARNOY/RHOTEN 2002; GLOBALISIERUNG 2000) bezieht sich auf die Aktivitäten der internationalen Weltorganisationen, die in diesem Zusammenhang nur umrissen werden, weil sie nicht speziell für Europa gelten. Hervorhebung verdienen die UNESCO als die unmittelbar mit der Förderung von Bildung, Wissenschaft und Kultur befasste Weltorganisation sowie die OECD und die Weltbank, die innerhalb ihrer wirtschafts- und finanzpolitischen Zielrichtung der Bildungsförderung wachsende Bedeutung beimessen, sowohl in ihren Bildungsprojekten als auch in ihren Beiträgen zur politikbezogenen Bildungsforschung: Die Verbindlichkeiten, welche die Mitgliedsstaaten eingehen, bedürfen ihrer jeweiligen Entscheidung und bedeuten keine grundsätzliche Einschränkung ihrer Bildungssouveränität. Dies schließt praktische Einflussnahme der Weltorganisationen aber nicht aus, die vor allem aus der Gewährung finanzieller Zuwendungen resultiert. Die Auflagen umgreifen in der Regel nicht nur budgetäre, sondern auch strukturelle und curriculare Aspekte der einzelstaatlichen Bildungspolitik, von denen wiederum die EU-Beitrittsstaaten und deren östliche und südöstliche Nachbarn betroffen sind. Schließlich ist der informelle Bereich der Einschränkung staatlicher Bildungssouveränität zu erwähnen, der aus der wachsenden Akzeptanz der Ergebnisse internationaler Leistungsuntersuchungen durch staatliche Bildungsträger erwächst. Dadurch gewinnen nicht nur die internationalen Organisationen staatlicher Natur (z.B. OECD), sondern auch nicht-staatliche Agenturen (z.B. *International Association for the Evaluation of Educational Achievement,* IEA*)* zumindest indirekt wachsende Bedeutung als „informelle" Interventen.

Unter dem Kriterium der „Bildungssouveränität" zeichnet die zeitgeschichtliche Analyse eine Schullandschaft, in der die Souveränität des Nationalstaats, legitimiert durch europäische „Subsidiarität" und allgemein unterstützt durch konservatives Beharrungsvermögen, mit dem Einbruch regionaler und globaler Interventionen im Wettbewerb liegt. Zum historischen Vergleich bietet sich die Konkurrenz der (aus der Vormoderne überkommenen) kirchlichen Schuldominanz mit ihrem, letztlich erfolgreichen Herausforderer in Gestalt des modernen Staates.

Bildungsziele in der Spannung von Leistungsförderung und Chancengerechtigkeit
Die Auseinandersetzung über die Rangordnung der grundlegenden Bildungsziele der Leistungsförderung und Chancengerechtigkeit (oder Chancengleichheit) hat eine lange Geschichte. Die sechziger und siebziger Jahre des 20. Jahrhunderts waren vom Vorrang der Chancengleichheit dominiert; diese Prioritätensetzung wurde mit der Einführung von Gesamtschulen (im weiten Wortsinn) verbunden. Der Vormarsch von Neoliberalismus und Globalisierung in den achtziger und vor allem den neunziger Jahren hatte zur Folge, dass sich das Schwergewicht auf die Leistungsförderung

verlagerte, allerdings nunmehr unter weitgehendem Verzicht auf die Bindung des
Leistungsprinzips an das der personalen Bildung, das in früheren Perioden die Zielbestimmung der Schule sowohl im elitären als auch im elementaren Sektor beherrscht hatte. Fragen des „Wirtschaftsstandorts" des jeweiligen Staates spielen seither in der Leistungsdebatte eine zentrale Rolle, und dieser Trend dürfte auf absch-
bare Zeit eher an Bedeutung gewinnen. Die Vertreter dieser Richtung befinden sich
insofern in günstiger Lage, als die empirische Messung von Lernleistungen in den
vergangenen Jahrzehnten große Fortschritte gemacht und die Leistungsuntersuchungen internationale Reichweite erlangt haben. So erklärt es sich, dass die Ergebnisse
der TIMS- und PISA-Studien (BAUMERT u.a. 2000; DEUTSCHES PISA-KONSORTIUM
2002) beispielweise in Deutschland große Aufmerksamkeit und Aufregung hervorgerufen haben, während dort gegenüber den Ergebnissen der Ersten Mathematik-
Untersuchung der IEA noch Desinteresse und Ablehnung das Meinungsbild geprägt
hatten. Wichtig ist, dass die Fortschritte quantitativer Leistungsforschung dem Ziel
der Qualitätssicherung zugeordnet werden. *Assessment, benchmarking, ranking* und
league tables sind zu den herausragenden Kriterien der Qualitätsermittlung geworden, welche durch internationale Expertenteams erarbeitet und in den Untersuchungen umgesetzt werden.

Der Fortschritt neoliberaler Bildungsideologien, die einseitige Elitenförderung vertreten, verbindet sich mit dem wachsenden Einfluss der globalen Arbeitsmärkte auf
die Entwicklung des Bildungswesens. Die „Kommerzialisierung der Bildung", die
bisher überwiegend mit dem privaten Bildungssektor in Verbindung gebracht worden ist, greift in jüngster Zeit auf den staatlichen Sektor über. Dieser trägt selbst
durch seine deregulierende Bildungspolitik insofern wesentlich dazu bei, als die
Schulen aufgefordert werden, sich curriculare Module und auch Qualifikationsfor-
men auf dem „Markt" zu besorgen. Unterstützt wird dieser Trend indirekt durch die
Bildungsaktivitäten von OECD und Weltbank sowie direkt durch das an die Welt-
handelsorganisation (WTO) angebundene GATS (*General Agreement on Trade and
Services*), in dessen Konzeption die Definition und Praktizierung von Curricula und
Qualifikation als Waren grundsätzlich möglich wird (vgl. KOPP 2002).

Dem Fortschreiten dieses Kommerzialisierungstrends dürfte indes künftig Widerstand erwachsen, zum einen durch das erwähnte Beharrungsvermögen tradierter Bil-
dungsideen, das sich mit Forderungen nach einer ethischen, an Grundwerten beruhenden Bildung und Erziehung verbindet, zum anderen durch ein Wiedererstarken
des Prinzips der Chancengerechtigkeit. Alarmierende Meldungen über zunehmende
Leistungsdisparitäten unter der heranwachsenden Generation, die vor allem durch
unterschiedliche soziale und ethnische Herkunft der Schüler bedingt sind, verstärken
die Ausweitung von Arbeitslosigkeit und sozialem Unfrieden, sodass auch markt-
orientierte Bildungspolitiker diesen Trend künftig ernster nehmen dürften, als sie
dies in der Gegenwart tun. Eine Leistungsförderung, die sich einseitig an Elitenförderung orientiert und die Hebung des allgemeinen Bildungsniveaus vernachlässigt, könnte sich zumindest mittelfristig auch für den Arbeitsmarkt als Irrweg erweisen, abgesehen von negativen Auswirkungen auf die gesellschaftliche Kohärenz.

Öffnung der Schulen

In dem Kriterium, das die Öffnung der Schulen zum Gegenstand hat, verbirgt sich
ein Trend, der auf der Mikroebene der Schulen und Gemeinden abläuft. Er ent-
springt dem erwähnten (*top-bottom*) Abbau staatlicher Bildungskompetenzen sowie
dem (*bottom-top*) Wunsch einer wachsenden Zivilgesellschaft nach Mitwirkung an
der Schulgestaltung auf wirtschaftlich-organisatorischer, inhaltlicher und pädagogischer Ebene mittels „innerer" Evaluationen, Stellungnahmen und Entscheidungen.
In seiner Gesamtheit ist dieser Trend keineswegs von widersprüchlichen, ideologisch untermauerten Motiven und Zielsetzungen frei. Diese haben ihre Wurzeln zum
einen in den erwähnten neo-liberalen Auffassungen und gehorchen den Geboten
geographischer und sozialer Mobilität. Zum anderen äußern sich in ihnen aber auch
Kräfte der Beharrung, und zwar mit Forderungen nach einer „Rückkehr zur alten,
guten Schule". Schließlich indizieren sie Vorstellungen zugunsten einer Demokratisierung der Schule, die durch *Autonomie* erreicht werden soll (vgl. DÖBERT/GEIßLER
1997), wobei die Rangordnung ihrer Träger umstritten ist. Soll sie in erster Linie
den „inneren" Kreis umfassen mit Schulleitung, Lehrerkollegium und (auch) Schü-
lervertretung, oder soll sie ihre Reichweite um einen „äußeren" Kreis ausdehnen
unter Einschluss von Gemeinden, Elternvertretungen und Interessenverbänden innerhalb der lokalen Zivilgesellschaft? Während in diesem Streit Kompromisse versucht und auch erreicht werden, richten sich alle Bestrebungen auf die erwähnten
Wirkungsräume. Besonders wichtig wird in zunehmendem Maße die Mitwirkung an
der Ernennung (und Abberufung) von Lehrern, wie sie die Schweiz seit langem
praktiziert. Die zentralen (und föderalen) Regierungen unterstützen den Autonomie-
trend, wobei neben Demokratisierungs- freilich auch Entlastungsmotive (vor allem
in der Gewährung budgetärer Freiräume) eine große Rolle spielen. Der Rückzug
staatlicher Bildungssouveränität wird zudem durch das Erscheinen der erwähnten
neuen „Souveräne" kompensiert, welche die „äußeren" Evaluationen vornehmen
und zumindest faktisch die Kontrollbefugnisse der einstigen Schulaufsicht in den
Schatten stellen dürften. Öffnung der Schulen bedeutet schließlich Öffnung der
Klassenzimmer nach außen durch Exkursionen, Projekte und Feste, sowie nach innen durch Einladung von Fachleuten zu speziellen Unterrichtsthemen.

Curriculumentwicklung

Abgesehen von den Wandlungen in der Entscheidungskompetenz und Verantwortlichkeit spiegeln die in der Curriculumentwicklung sichtbar werdenden Trends Konflikte über inhaltliche Prioritäten wider. Kompromisse werden weiterhin allein schon
dadurch erzwungen werden, dass das Zeitvolumen auch in – heute in vielen europäischen Staaten dominierenden – Ganztagsschulen begrenzt ist und überdies sich Vorstellungen vertiefen, wonach die gesamte, Vorschul-, Primar- und Sekundarbereich
umfassende Schulzeit, nicht mehr nach oben verlängert, sondern eher verkürzt werden sollte. Vertreter traditioneller Curriculumkonzeptionen engagieren sich für den
Verbleib von älterer und mittelalterlicher Geschichte, alten Sprachen und jeweils in
„klassischen" Inhalten verwurzelten Literaturkanons.
Nichtsdestoweniger ist eine Verschiebung der Schwerpunkte, wie sie sich schon seit
einigen Jahrzehnten ankündigt, unabwendbar. Sie gilt zum ersten der Weiterentwicklung der „neuen" Unterrichtsfächer mit den Schwerpunkten der modernen In-

formationstechnologien (Computerunterricht usw.) sowie der sozialen und politischen Bildung, die in manchen Staaten (wie beispielsweise England und Wales) erst in den gegenwärtigen Reformen als Innovation erscheint. Auch der Ausbau des Fremdsprachenunterrichts steht allenthalben zur Diskussion. EU und Europarat plädieren für „Dreisprachigkeit" aller Europäer; innerhalb dieses Desiderats stehen Befürworter eines offenen Fremdsprachenangebots denen gegenüber, die dem Englischen unverzichtbare Priorität zuweisen. Es scheint, dass sich diese auch ohne staatliche (oder superstaatliche) Auflagen „von unten", nämlich durch die Option von Eltern und Schülern, auf die Dauer durchsetzen dürfte. Schließlich wird die Curriculumdiskussion zunehmend von der Identifizierung von „Kerndisziplinen" (Muttersprache, Mathematik, mindestens eine Fremdsprache, Grundlagen der Natur- und Sozialwissenschaften) beherrscht, deren Rang gegenüber den Lernfeldern der Pflichtwahl- und Wahlfächer erhöht wird.

Der zweite Trend zielt überhaupt auf einen Rückgang, wenn nicht sogar das Ende des Monopols, das von den Einzelfächern ausgeübt wird, die sich aus den im 19. Jahrhundert ausformten Wissenschaftsdisziplinen herleiten. Die „Kanonisierung" der Fächerstrukturen hat dazu geführt, dass heute zum einen wichtige Disziplinen, wie beispielsweise die Rechts- und Wirtschaftswissenschaften, im Curriculum nur implizit (im Fach *social studies* oder Gesellschaftskunde) erscheinen; die Psychologie, um ein zweites Beispiel zu nennen, hat noch gar keinen Eingang in das Curriculum gefunden. Ausgeblendet ist bislang in den meisten Bildungssystemen die Konzipierung fächerübergreifender Curricula geblieben, doch weisen Reformen vor allem im naturwissenschaftlichen und sozialwissenschaftlichen Lernbereich in diese Richtung. Ähnliches gilt für Bestrebungen, den Fremdsprachenunterricht als Ganzes so zu strukturieren, dass das Erlernen jeweils hinzutretender Sprachen dadurch rationalisiert wird, dass es an den Unterricht der ersten Fremdsprache gezielt anschließt. Schließlich bedarf es der bisher nur spärlich eingeleiteten Harmonisierung der in den einzelnen Fächern vermittelten Inhalte in deren zeitlicher Abfolge.

Die inhaltlichen Neuerungen werden durch die steigende Aufmerksamkeit für die Notwendigkeit konstruktiven Lernens, kreativen und kritischen Denkens und dessen Umsetzung in praktisches Handeln (z.B. Im Experimentalunterricht, in der Durchführung von Projekten und der Anwendung des Computers in allen Unterrichtsfächern) unterstützt. Die Ergebnisse der internationalen Leistungsuntersuchungen weisen auf die Wechselbeziehung zwischen der Vermittlung von Kenntnissen und Denkleistungen nachdrücklich hin. Dass schließlich Forderungen, welche die europäische (und amerikanische) Reformpädagogik schon vor hundert Jahren zur Reduktion von Frontalunterricht, zur Einführung von Gruppenunterricht und zur Förderung individuellen Lernens erhob, immer noch ihrer Erfüllung harren, sei zur Ergänzung der „curricularen Defizite" hinzugefügt.

Wie sind die Chancen eines „europäischen Curriculums" zu beurteilen? (vgl. ASTIZ u.a. 2002; MCLEAN 1993; MITTER 1996). Die kurz- und mittelfristige Vorhersage sei eher zurückhaltend abgefasst, was eine formale Harmonisierung betrifft. Die dargestellten Trends lassen aber vermuten, dass Mobilität sowie Lehrer- und Schüleraustausch, verbunden mit gegenseitiger Anerkennung von Schulabschlüssen und den allgemeinen Entwicklungen in Wirtschaft, Wissenschaft, Technologie und Politik, Annäherungen beschleunigen. Eine „Europäisierung" einzelner Fachcurri-

cula, insbesondere in den Naturwissenschaften, ist denkbar, nicht dagegen in den so-
zial- und geisteswissenschaftlichen Curricula mit ihren traditionsbezogenen Verwur-
zelungen in nationalen Kulturen.

Interkulturelle Sozialisation, Bildung und Erziehung
Die Ströme von Arbeitsmigranten sind im westlichen Teil Europas längst durch die
von Flüchtlingen und Asylsuchenden ausgeweitet worden; der östliche Teil Europas
wird in wachsendem Maße in diesen Trend einbezogen. Die aufnehmenden Staaten,
unternehmen zwar, mit unterschiedlicher Intensität, Anstrengungen, um die minderjährigen „Zuwanderer" (im weitesten Wortsinn) in den bildungspolitischen Strategien gezielt zu berücksichtigen; die bisherigen Ergebnisse können indes fast überall
als wenig befriedigend bezeichnet werden. Innereuropäische Mobilität und inter-
kontinentale Migration, von der Europa ebenfalls zunehmend erfasst wird, wirken
aber in den nationalen Gesellschaften als sich gegenseitig faktisch verstärkende
Faktoren von Multikulturalität und erreichen in „gemischten" Gemeinden und
Wohnbezirken die Klassenzimmer zahlreicher Schulen.
Jüngste Bestandsaufnahmen, die im Zusammenhang von Zuwanderungsgesetzen
und -verordnungen in einigen Staaten vorgenommen wurden, haben nachgewiesen,
dass die Defizite keineswegs durch isolierte Maßnahmen zu beheben sind. Beispiele
für die Offenheit der Problemlage bieten der Umgang mit der Alphabetisierung von
„Fremden" schlechthin, die Prioritätensetzung der Unterrichtssprache zwischen der
Staatssprache und den Herkunftssprachen der Zuwanderer (vgl. GOGOLIN u.a. 1991)
sowie die Zukunft bilingualen Unterrichts. Einseitige Modelle, welche die jeweiligen – lokal bedingten – sozialen und kulturellen Traditionen und Interessen sowohl
bei Zuwanderern als auch bei Einheimischen unberücksichtigt lassen, dürften keine
befriedigende Lösung zeitigen. Die Vermittlung der Staatssprache auf ein Leistungsniveau, das auch Zuwanderern Chancengerechtigkeit in bezug auf soziale Akzeptanz sowie auf persönliche und berufliche Lebensplanung widerfahren lässt, dürfte hierbei als unverzichtbares Postulat für alle Ansätze gelten. Es schließt die Zulassung von Schulen mit Unterricht in der Herkunftssprache der Zuwanderer ein. Manche Staaten verfügen immerhin über lange Erfahrungen in der Sprachenvermittlung
bei Kindern und Jugendlichen endogener ethnischer Minderheiten. Interkulturelle
Sozialisation, Bildung und Erziehung lassen sich allerdings nicht allein durch curriculare Reformen fördern, sondern bedingen die Lösung weitergehender Aufgaben:
Ermöglichung von Religionsunterricht für Zuwanderer, Beteiligung der Eltern (aller
Schüler) am Schulgeschehen sowie die Vorbereitung und Unterstützung der Lehrer
zum Umgang mit der neuen Herausforderung.
.
Lehrerberuf und Lehrerbildung
Alle kritischen Äußerungen und Reformansätze, die sich auf die vorgenannten Krite-
rien und deren Interdependenz beziehen, münden in das zentrale Kriterium, das die
„Zukunft des Lehrers" betrifft. Die Diskussion über die Ergebnisse der PISA-Studie
und die aus ihr zu ziehenden Folgerungen hat die Relevanz dieses Kriteriums verschärft. Die Diskussion entzündet sich an der Ausbildung der Lehrer sowie an der
Ausübung ihres Berufs und an ihrer Fortbildung. Die einzelnen, mehr oder weniger
kontrovers diskutierten Themen gelten den folgenden Problemen, die in diesem Zu-

sammenhang nur umrissen werden (vgl. MITTER 2002): Differenzierung der Ausbildungsgänge nach Schultypen oder (horizontalen) Schulstufen; Verbindung von fachspezifischer, fachdidaktischer und erziehungswissenschaftlicher Ausbildung (diese ergänzt durch psychologische, soziologische und politikwissenschaftliche Studieneinheiten); interdisziplinäre Orientierung des Fachstudiums (gemäß der Förderung fachübergreifenden Unterrichts in der Schule); konkurrente versus konsekutive Ausbildung (weiter modifiziert durch modulare Modelle, wie seit kurzem in Schweden); die Verteilung der Ausbildungsgewichte zwischen Theorie-Studium und Einführung in die künftige Berufspraxis der Studierenden, schließlich: Feststellung der Berufsfähigkeit vor Beginn der Ausbildung (wie bislang nur in Finnland praktiziert). Bislang ist in den meisten Ausbildungsgängen das Berufsfeld des Lehrers insofern eng gefasst, als es auf die Erteilung von Unterricht beschränkt ist. Der gegenwärtig zu beobachtende und auch diskutierte Trend zielt dagegen auf einen Lehrer, der neben der Befähigung zur Unterrichtserteilung und zur Erziehung im ganzen Schulbereich auch soziale Kompetenzen benötigt, die ihn vor allem unter Miterfassung des außerschulischen Umfelds zum Erkennen von „Problemen" bei seinen Schülern befähigen. Diese Kompetenz schließt die Fähigkeit zum Umgang mit Eltern und Funktionsträgern in der Gemeinde ein.

Die Reichweite dieser Desiderate ist beträchtlich, und die zu lösenden Aufgaben erfordern Wissen, Entscheidungskraft und Engagement. Sie alle lassen sich als Postulate einer zukunftsgerichteten Lehrerausbildung identifizieren. Warnungen illusionärer Natur sind indes angebracht, denn Gedanken an eine „Rückkehr zum nunmehr globalisierten Dorfschullehrer", von dem unter den damaligen gesellschaftlichen Rahmenbedingungen Vielseitigkeit im Wissen und in der Lösung von Alltagsproblemen in seiner Gemeinde erwartet wurde, sind irreal. Einen gangbaren Weg weist dagegen die Komplementarität von spezieller Kompetenz und allgemeinem Orientierungswissen, mit der jedes Lehrerkollegium ausgestattet sein müsste. Beispiel hierfür ist der Umgang mit Drogenproblemen: Jeder Lehrer sollte dazu über diagnostische Grundfähigkeiten verfügen, deren Beherrschung es ihm ermöglichlicht, im gegebenen Erkennensfall den Schulpsychologen oder den hier kompetenten Kollegen einzuschalten, der sich im Studium und/oder in der Fortbildung qualifiziert hat. Auch die Aufgabe interkultureller Bildung und Erziehung könnte auf diese Weise besser bewältigt werden. Nicht von jedem Lehrer ist hierfür umfassende Kompetenz zu erwarten, doch müssen Studium und Fortbildung hierfür grundlegende Einsichten und Verhaltensweisen vermittelt haben. Alle Überlegungen auf dieser Ebene münden in die Vorhersage, dass die Erwartungen an eine Fortbildung wachsen werden, welche die gesamte Berufsdauer des Lehrers umgreift und sowohl schulinterne als auch externe Komponenten enthält. Schließlich erhebt sich in diesem Zusammenhang die Frage nach wünschenswerter Mobilität im Lehrerberuf sowohl unter dem Aspekt der Ortsveränderung als auch der Flexibilisierung durch verstärkte Zulassung von „Einsteigern" mit Erfahrungen in anderen Berufsfeldern. Diese Frage sollte nicht mit einem „Plädoyer für ständige Wanderschaft" verwechselt werden, denn Förderung von Mobilität erfordert Gleichgewicht mit Kontinuität.

Erwartungen an den gegenwärtigen und künftigen Lehrer sind nur dann realistisch und vertretbar, wenn die nationale und internationale Gesellschaft dem Lehrer den Status einräumt, den die Ausübung seines Berufes erfordert. Die PISA-Studie weist darauf hin, dass Berufszufriedenheit eine unerlässliche Rahmenbedingung für die Erzielung hoher Leistungsstandards darstellt. Dies gilt erst recht für die Wahrnehmung sozialer Kompetenz. Berufszufriedenheit hängt zunächst von „befriedigender" Besoldung ab, die hauptsächlich an der Wertschätzung zu messen ist, welche die Gesellschaft Bildung, Erziehung und Schule beimisst. In dieser Hinsicht ist die europäische Schullandschaft weithin mit dunklen Flecken behaftet, nicht nur in ihrem östlichen Teil, sondern auch in westeuropäischen Staaten (z.B. Vereinigtes Königreich). Besoldung genügt allerdings nicht, wenn sie sich nicht mit sozialer Anerkennung verbindet und Einstellungen bekämpft, auf Grund derer das lokale und nationale Umfeld den Lehrer zum Sündenbock für Defizite stempelt, die beispielsweise durch Eltern oder Medien zumindest mitverursacht sind. Das Bild des Lehrers leidet darunter, dass Versagen angeprangert, Kompetenz und Engagement aber für „selbstverständlich" angesehen werden, was sich auf die Qualität der Aus- und Fortbildung sowie auf den Schulalltag auswirkt. Der Weg in die Zukunft der Schule verlangt daher die gesellschaftliche Einsicht, dass der Lehrer seinen Beruf im Team zwischen der Bewahrung tradierter Bildungswerte und der Antwort auf die Herausforderungen des „Neuen" beschreiten muss, ohne in Frustration zu verfallen. Dieser Zusatz ist angesichts des vielerorts zu beobachtenden *burn-out* Syndroms und der Zunahme frühzeitiger Pensionierung nicht unbegründet. Da die Dynamik schulischer Arbeit weiterhin wachsen dürfte, bedarf daher der Lehrerberuf besonderer Ermutigung und Fürsorge. Der Hinweis auf die in einigen Staaten bereits erkannte Notwendigkeit, Schulleiter und Angehörige der Bildungsverwaltung für ihre speziellen Aufgaben zu qualifizieren, fügt sich in die Erörterung dieses Kriteriums abrundend ein.

Schlussbetrachtungen

Die dargestellten Kriterien spiegeln Trends wider, die sich in allen europäischen Bildungssystemen beobachten lassen. Sie erlauben aber nicht den Schluss, dass sie allerorten in gleicher Intensität und zeitlicher Parallelität auftreten. Die Untersuchung einzelstaatlicher Bildungssysteme dürfte daher noch lange eine wesentliche Aufgabe der Bildungsforschung und Bildungsbeobachtung bleiben. Sie wird sich dabei nicht nur auf das Fortschreiten integrierender Tendenzen, sondern auch auf Rückschläge, innere Konflikte und Interferenzen innerhalb einzelner Systeme und im gesamteuropäischen Kontext einlassen müssen.

Die bisherigen Überlegungen beruhen auf der Annahme, dass sich die kurz- und mittelfristige Entwicklung von Europas Schulen weiterhin im Rahmen staatlicher Bildungssysteme vollziehen wird. Eingebettet ist sie in die Vorhersage, dass Bildungsvermittlung und Erziehung weiterhin in fixierten, wenn auch flexibilisierten Räumen, zeitlichen Abläufen und organisatorischen Strukturen ablaufen werden. Die Weiterentwicklung von Kultur, Wirtschaft und Gesellschaft lässt es vor allem undenkbar erscheinen, dass die Gesellschaft der Zukunft ohne allgemeine Schulpflicht auskommen kann. Neuerungen innerhalb der „traditionellen" staatlichen Schulsysteme kündigen sich indes an, wie aus den dargestellten Trends abzulesen ist (vgl. MITTER 2001). Sie betreffen beispielsweise die weitere Flexibilisierung der Räumlichkeit von Unterricht, die heute bereits durch Fernstudium und Fernunterricht demonstriert wird, etwa in Form einer Verteilung von Lernen in der Schule und am häuslichen Bildschirm. Zu erwarten ist auch eine weitergehende Lockerung der

Schulbesuchsdauer, wie sie sich bereits heute in den Regelungen von Schuleintritt und Schulabschluss ankündigt. Der Fortgang der lerntheoretischen und lernpsychologischen Forschungen wird diese Entwicklung ebenso beschleunigen wie die Ergebnisse der Hirnforschung, diese gewiss in fortschreitendem Maße. Dass diese Veränderungen, welche die bislang immer noch stabilen Horizontalstrukturen der Schulen relativieren dürften, beispielsweise durch das Nebeneinanderbestehen von Klassen und Kursen für Schüler mit unterschiedlicher Lernfähigkeit und Lerngeschwindigkeit, wird bereits gegenwärtig praktiziert oder erprobt. Die Individualisierung des Lernens im Hinblick auf Rangordnung und Verhältnis von Kern-, Angebots- und Wahlcurricula verstärkt den Weg zu neuen Formen des Lehrens und Lernens und damit der Schule.

Deuten Globalisierung, Flexibilisierung und Individualisierung auf ein „Ende der Schule" hin, die bereits vor einigen Jahrzehnten von Vertretern einer „Entschulung der Gesellschaft" vorhergesagt wurde (ILLICH 1972)? Während ILLICHS Argumentationen gesellschaftsphilosophisch begründet waren, erweitert sich heute die Reichweite solchen Fragens auf neue Erkennungsfelder, unter denen die Informationstechnologie und Genetik als die wohl bedeutsamsten hervorzuheben sind. Hiermit aber betreten wir die zweite der erwähnten Vorhersage-Dimensionen, die im spekulativen Bereich beheimatet ist. Ist eine „Welt ohne Schulen" im Sinne einer Realutopie vorstellbar? Wenn man den Begriff „Schule" auf die herkömmliche institutionalisierte Schule des modernen Staates einschränkt, kann die Antwort grundsätzlich positiv ausfallen, auch wenn die kurz- oder mittelfristige Perspektive einen solchen radikalen Wandel als unwahrscheinlich erscheinen lässt. Auch in langfristiger Perspektive erscheint jedoch die Vorstellung als unrealistisch, dass künftige Generationen ohne „Schulen" schlechthin auskommen werden, denn auch Bildungseinrichtungen, welche alle die hier angedeuteten Alternativen verwirklichen sollten, bleiben grundsätzlich „Schulen", die zielorientierter Lernkategorien und Ordnungsprinzipien bedürfen. Diese Überlegungen münden in die Vorhersage ein, dass auch das Thema „Bildungssouveränität" aus der Tagesordnung nicht verschwinden dürfte, wenn auch mit geänderten Bezügen auf ihre Träger. Allen diesen Fragen dürften sich Herausgeber und Autoren von „Die Schulsysteme Europas" (bzw. deren Nachfolger) konfrontiert sehen, die sich über die ständig notwendige Überarbeitung hinaus der Aufgabe einer völligen Neukonzeption unterziehen werden.

Literatur

ASTIZ, M. F./WISEMAN, A., F./BAKER, D. P.: Slouching toward decentralization. Consequences of globalization for curricular control in national education systems. In: Comparative Education Review 46(2002)1, S. 66-88.

BAUMERT, J./BOS, W./LEHMANN, R. (Hrsg.): TIMSS/III. Dritte Internationale Mathematik- und Naturwissenschaftsstudie -Mathematische Bildung am Ende der Schullaufbahn. Opladen 2000.

BORDEN, A., M./MCGINN, N. F.: Bereit zum Wandel? Bildung und Erziehung am Ende des 20. Jahrhunderts. In: Bildung und Erziehung 52(1999), S. 395-410.

CARNOY, M./RHOTEN, D.: What does globalization mean for educational change? A comparative approach. In: Comparative Education Review, 46(2002)1, S.1-9.

DALE, R./ROBERTSON, S. L.: The varying effects of regional organizations as subjects of globalization in education. In: Comparative Education Review, 46(2002)1, S. 10-36.

DEUTSCHES PISA-KONSORTIUM (Hrsg.): PISA 2000. Basiskompetenzen von Schülerinnen und Schülern im internationalen Vergleich. Opladen 2001.

DÖBERT, H./GEIßLER, G. (Hrsg.): Schulautonomie in Europa. Baden-Baden 1997.

FERNANDEZ-ARMESTO, F.: A Europeam civilization: Is there such thing? In: European Review 10(2002)1, S. 3-13.

GLOBALISIERUNG. Informationen zur politischen Bildung, 263. Bonn: Bundeszentrale für politische Bildung 1999.

GOGOLIN, I./KROON, S./KRÜGER-POTRATZ, M. (Hrsg.): Kultur- und Sprachenvielfalt in Europa. Münster 1991.

HOCHBAUM, I.: Neue Wege der Zusammenarbeit. Die Bildungs- und Berufsbildungspolitik in Europa nach Maastricht. In: Bildung und Erziehung 46(1993), S. 19-37.

ILLICH, I.: Entschulung der Gesellschaft. München 1972.

KOPP, B. VON: Education, transformation and GATS – New paradigms in government and administration. In: Trends in Bildung – international. Frankfurt am Main: Deutsches Institut für Internationale Pädagogische Forschung 2002.

MCLEAN, M.: Das europäische Curriculum. In: Schleicher, K. (Hrsg.): Zukunft und Bildung in Europa. Nationale Vielfalt und europäische Einheit. Darmstadt 1993, S. 261-276.

MITTER, W.: Multicultural education. Basic considerations in an interdisciplinary approach. In: Propsects 22(1992)1, S. 31-40.

MITTER, W.: European curriculum: Reality or dream? In: Winther-Jensen (Hrsg.): Challenges to European education. Cultural values, national identities and global responsibilities. Frankfurt am Main u.a. 1996, S. 295-312.

MITTER, W.: Schulen in Europa zwischen Chancen und Grenzen. In: Döbert, H./Ernst., Ch. (Hrsg.): Finanzierung und Öffnung von Schule. Hohengehren 2001, S. 173-192.

MITTER, W.: Strukturen der Lehrerausbildung im europäischen Vergleich. In: Hinz, R./Kiper, H./Mischke, W. (Hrsg.): Welche Zukunft hat die Lehrerausbildung in Niedersachsen? Hohengehren 2002, S. 135-148.

Angaben zu den Herausgebern und Autoren

Herausgeber:

Dr. habil. Hans Döbert – Deutsches Institut für Internationale Pädagogische Forschung, Forschungsstelle Berlin

Prof. Dr. Wolfgang Hörner – Universität Leipzig, Erziehungswissenschaftliche Fakultät

Prof. em. Dr. Wolfgang Mitter – Deutsches Institut für Internationale Pädagogische Forschung, Frankfurt am Main

Dr. Botho von Kopp – Deutsches Institut für Internationale Pädagogische Forschung, Frankfurt am Main

Autoren:

Rudīte Andersone – Universität Lettland, Riga

Susanne Bandau – Berlin

Katarina Batarilo – Universität Heidelberg, Erziehungswissenschaftliches Seminar

PhD MInstAM Christopher Bezzina – Universität Malta, Fakultät für Erziehungswissenschaften

Prof. Dr. Cesar Birzea – Institut für Bildungsforschung, Bukarest

Prof. Dr. Günther Brinkmann – Pädagogische Hochschule Freiburg

Christiane Brusselmans-Dehairs – Universität Ghent

Emilija Černova – Universität Lettland, Riga

Gertrude Cseh – Deutsches Institut für Internationale Pädagogische Forschung, Frankfurt am Main

Dr. habil Hans Döbert – Deutsches Instuitut für Internationale Pädagogische Forschung, Forschungsstelle Berlin

Prof. Dr. Ferdinand Eder – Universität Linz

Armin Gretler – Kölliken, ehemals Schweizerische Koordinationsstelle für Bildungsforschung, Aarau

Elvyra Giedraitiene – Universität Klaipeda, Litauen

PhD Grace Grima – Universität Malta, Fakultät für Erziehungswissenschaften

M. A. Emina Hebib – Universität Belgrad, Philosophische Fakultät

Wolfgang Hellwig – Deutsches Institut für Internationale Pädagogische Forschung, Frankfurt am Main

Prof. Dr. Wolfgang Hörner – Universität Leipzig, Erziehungswissenschaftliche Fakultät

Mária Hrabinská – Institut für Information und Prognose von Bildung, Jugend und Sport, Bartislava

Prof. Dr. Pertti Kansanen – University of Helsinki, Department of Teacher Education

Dr. Yasemin Karakaşoğlu-Aydin – Universität Gesamthochschule Essen

Ragnheidur Karlsdottir– Norwegens Technisch-Naturwissenschaftliche Universität, Trondheim

Anastasia Kesidou – Universität Thessaloniki

Prof. Dr. Maureen Killeavy – Universität Dublin

Prof. Dr. Tamás Kozma – Ungarisches Institut für Bildungsforschung, Budapest/Universität Debrecen

Prof. Dr. Volker Lenhart – Universität Heidelberg, Erziehungswissenschaftliches Seminar

Prof. Dr. Maria Jesús Martínez Usarralde – Universität Valencia

Jože Mlakar – Sv. Stanislava College, Ljubljana

Prof. em. Dr. Wolfgang Mitter – Deutsches Institut für Internationale Pädagogische Forschung, Frankfurt am Main

Dr. Natalia Odobescu – Deutsches Institut für Internationale Pädagogische Forschung, Forschungsstelle Berlin

Prof. Dr. Wolf Oschlies – Stiftung Wissenschaft und Politik, Berlin

Prof. Dr. Marko Palekčić – Universität Zadar, Philosophische Fakultät

Dr. Aleksandra Petrovic – Institut Für Bildungsforschung, Belgrad

Prof. Dr. David Phillips – Universität Oxford

Prof. Nikolay Popov – Universität Sofia, Vergleichende Pädagogik

Prof. Dr. Jan Prucha –Karls-Universität, Prag

Dr. John Pull – ehemaliger Direktor im Bildungsministerium Luxemburg

Prof. Dr. Väino Rajangu – Technische Universität Talinn, Zentrum für Bildungsforschung

Magdolna Rébay – Ungarisches Institut für Bildungsforschung, Budapest

Dr. Roland Rudolf – Berlin

Dr. Gerlind Schmidt – Deutsches Institut für Internationale Pädagogische Forschung, Frankfurt am Main

Dr. Michael Schmidt-Neke – Referent im Landtag Schleswig-Holstein, Kiel

Dr. Jörn Schützenmeister – Universität Leipzig, Erziehungswissenschaftliche Fakultät

M. A. Vera Spasenovic – Institut für Bildungsforschung, Belgrad

Dr. Wendelin Sroka – Deutsches Institut für Internationale Pädagogische Forschung, Forschungsstelle Berlin/Universität Leipzig

Thorarinn Stefansson – Norwegens Technisch-Naturwissenschaftliche Universität Trondheim

Prof. Dr. Štefan Švec – Comenius-Universität Bratislava, Philosophische Fakultät

Prof. Dr. Josef Thonhauser – Universität Salzburg, Institut für Erziehungswissenschaft

Drs. Bob van de Ven – St. Gregorius College, Utrecht

Dr. Botho von Kopp – Deutsches Institut für Internationale Pädagogische Forschung, Frankfurt am Main

Tobias Werler – Universität Leipzig, Erziehungswissenschaftliche Fakultät

Prof. Dr. Panos Xochellis – Universität Thessaloniki

Nenad Zekanović – Ministerium für Bildung und Sport Kroatien, Zweigstelle Zadar

Dr. Irēna Žogla – Universität Lettland, Riga

Neuerscheinungen

Felix Winter

Leistungsbewertung

Eine neue Lernkultur braucht einen anderen Umgang mit den Schülerleistungen
2004. VIII, 345 Seiten. Kt. ISBN 3896767402. € 19,80
Grundlagen der Schulpädagogik Band 49

Die schulische Leistungsbewertung und die Lernkultur bedingen einander wechselseitig. Das, was geprüft und beurteilt wird, bestimmt in großem Maße das, was gelernt wird. Darüber hinaus bestimmt aber auch die Art, wie geprüft und beurteilt wird, die Lernkultur. Alle Versuche, eine neue Lernkultur an Schulen zu etablieren, stoßen daher an Grenzen, wenn nicht auch das System der Prüfung und Beurteilung der Schülerleistungen reformiert wird. Die Widersprüche zwischen neuen Formen des Lehrens und Lernens einerseits und der herkömmlichen Leistungsbeurteilung andererseits werden von Lehrern und Wissenschaftlern zunehmend als problematisch eingeschätzt, und die Suche nach neuen Verfahren hat begonnen.

In diesem Buch wird ausführlich dargelegt, welche neuen Formen der Leistungsbewertung es gibt und wie sie für den Aufbau einer neuen, selbständigkeitsfördernden Lernkultur nutzbar gemacht werden können. Entwicklungsrichtungen für eine gründliche Reform dieses Bereichs schulischer Arbeit werden aufgezeigt und begründet. Die Leistungsbewertung wird als eine Gestaltungsaufgabe für die Schulen und alle daran Beteiligten beschrieben. Die neuen Methoden haben eine veränderte Funktion im Lernprozess: Sie sind Bewertung und Lernhilfe zugleich. Viele von ihnen setzen auf den Dialog über die Leistungen, sie führen zu inhaltlichen Aussagen und zu einer entwickelten Feedback-Kultur. Leistungsbewertung wird dabei auch zu einem Mitteln des Lernens der Schüler. Die Entwicklung der Fähigkeiten zur Kontrolle, Bewertung und Steuerung des Lernens wird als konstitutiv für den Aufbau einer neuen Lernkultur betrachtet.

Heike Rusch / Friedrich Thiemann

Mitten im Kampfgetümmel

Ethnographische Reportagen aus den Klassenzimmern
2003. VI, 112 Seiten. Kt. ISBN 3896766961. € 10,—

Die Schulwissenschaft hängt immer noch an einem veralteten Bild fest, das die Schulklasse als einen diffusen Block zeichnet, der von einer steuernden Zentralinstanz in eine definierte Richtung dirigiert wird.

Es ist Zeit, dieses Bild zu verabschieden. Das Klassenzimmer ist vielmehr als Schauplatz zu betrachten, an dem soziale Akteure die Dramaturgie des Geschehens vorwärtstreiben.

Was geschieht?

 Schneider Verlag Hohengehren
Wilhelmstr. 13; D-73666 Baltmannsweiler

Neuerscheinung 2004

Martin Wellenreuther

Lehren und Lernen – aber wie?

Empirisch-experimentelle Forschungen zum Lehren und Lernen im Unterricht
2004. XIV, 518 Seiten. Kt. ISBN 3896767712. € 25,–
Grundlagen der Schulpädagogik Band 50

Was zu einem guten Unterricht gehört, ist eigentlich ganz klar. Guter Unterricht ist handlungs- und problemorientiert, nutzt alle Sinne, lässt Schülern viel Zeit, möglichst alles selbst zu entdecken. Ein solcher schülerzentrierter Unterricht ist offen strukturiert. Auch Gruppenarbeit spielt in diesem Bild von einem optimalen Unterricht eine zentrale Rolle. Durch sie lernen Schüler, sich zu verstehen und zusammen zu arbeiten, soziales Lernen wird ganz groß geschrieben. Überhaupt ist der Lehrer hauptsächlich Lernberater und nur am Rande ein Wissensvermittler. Den Schülern werden weitreichende Möglichkeiten eingeräumt, Inhalte des Unterrichts mitzubestimmen. Deshalb sind die Schüler im Unterricht hochmotiviert, ihnen macht der Unterricht Spaß.

Soziales Lernen ist im Rahmen dieser Lernvorstellung sehr wichtig. Deshalb werden Lehrernovizen dazu angehalten, bei Unterrichtsplanungen immer auch das soziale Lernen der Schüler zu berücksichtigen.

Auch das Gegenstück zu einem guten Unterricht – das Feindbild – ist klar: Es ist der Frontal- und Paukunterricht, in dem der Lehrer über die Köpfe der Schüler Wissen vermitteln will. Solches Wissen bleibt den Schülern fremd, weil Schüler in einem lehrerzentrierten Unterricht sich Wissen passiv aneignen. Drill und Auswendiglernen ist entbehrlich, denn man lernt am besten aus freien Stücken. Interessante Inhalte bedürfen keiner Wiederholung.

Leider scheinen die Dinge nicht so einfach zu sein. Die letzten internationalen Vergleichsuntersuchungen wie TIMSS, PISA und IGLU haben uns schmerzhaft bewusst gemacht, dass es nicht ausreicht, das Gute, „pädagogisch Korrekte" zu wollen. Obwohl in den letzten Jahrzehnten ständig von Chancengleichheit und sozialem Lernen geredet wurde, müssen wir feststellen, dass Deutschland bei der Förderung von Kindern aus bildungsfernen Schichten zu den Schlusslichtern gehört. Deshalb benötigen wir „Erfahrungswissen", also Wissen, das durch die Feuertaufe strenger, vor allem experimenteller Prüfung gegangen ist. Wir müssen in Deutschland die Wende von der Pädagogik zur Erziehungswissenschaft, die Heinrich Roth schon Anfang der 60er Jahre des letzten Jahrhunderts gefordert hat, endlich vollziehen. Dazu müssen auch Lehrerstudenten lernen, empirische Forschung kritisch zu lesen und zu verstehen. Pädagogik muss vom Kopf (Theorie, ohne strenge empirische Forschung) auf die Füße (Theorie, die streng experimentell geprüft wird) gestellt werden.

Schneider Verlag Hohengehren
Wilhelmstr. 13; D-73666 Baltmannsweiler

Neuerscheinungen

Schulen für die Zukunft

Neue Steuerung im Bildungswesen

Hrsg. von **Stefan Koch** und **Rudolf Fisch**.

Grundlagen der Schulpädagogik Band 51

2004. X, 213 Seiten. Kt. ISBN 3896768123. € 18,—

Nach PISA und anderen Schulleistungsvergleichen steht Deutschland vor der Aufgabe, die Qualität seiner Schulen für die Zukunft zu verbessern. Unter pädagogischen Aspekten werden Bildungsstandards, Schulprogramme, Unterrichtsentwicklung und vieles mehr diskutiert, zum Teil bereits realisiert. Weniger präsent ist, das eine bessere Qualität in unserem staatlichen Schulsystem nicht ohne tief greifende Modernisierung der Schulverwaltung zu erreichen ist. Diese administrativen Aspekte erfordern eine Neue Steuerung des Bildungswesens durch Staat und Verwaltung. Diese Neue Steuerung geht auf das Konzept des „New Public Management" zurück, das seit etwa 20 Jahren die öffentlichen Verwaltungen in der ganzen Welt modernisiert.

Viele gegenwärtige Neuerungen in der Schulpraxis sind von Ideen der Neuen Steuerung durchsetzt, allen voran die erweiterte Schulautonomie. Das vorliegende Buch verbindet einen fundierten Überblick über grundlegende Konzepte und Erkenntnisse in den Bereichen Bildungsforschung, Recht, Finanzierung und Management mit Berichten über beispielhafte Reformansätze. Das Buch soll für Studium und praktische Tätigkeit im Schulbereich die kompetente und kritische Auseinandersetzung mit den aktuellen Entwicklungen der Neuen Steuerung ermöglichen.

Lexikon Schulpraxis

Theorie- und Handlungswissen für Ausbildung und Unterricht

Von **Dietrich Homberger**.

2003. VI, 471 Seiten. Kt. ISBN 3896766856. € 24,—

Das *Lexikon Schulpraxis* wendet sich an Lehrerinnen und Lehrer, die gezielt Fragen zu einem pädagogischen oder schulischen Sachthema klären oder ohne großen Aufwand eine knappe, präzise Information zu einem entsprechenden Stichwort erhalten wollen. Die zahlreichen Querverweise ermöglichen darüber hinaus die Erschließung größerer thematischer Zusammenhänge.

Insbesondere kann das *Lexikon Schulpraxis* von Lehrerinnen und Lehrern in der Ausbildung sowie von Berufsanfängern genutzt werden; es erschließt die Berufsfunktionen, gibt Hinweise zur Organisation und Verwaltung im Schulalltag, zu den Dienstpflichten und Vorschriften, es sichert die allgemeinen didaktischen und methodischen Grundlagen des Fachunterrichts, bietet rasche Orientierung sowie Hilfen bei der Vorbereitung und Reflexion des eigenen Unterrichts.

Das *Lexikon Schulpraxis* hat stets das praktische Informationsinteresse eines Kollegen oder einer Kollegin im Blick. Besonders geachtet wurde auf eine verständliche Sprachgestaltung, auf erläuternde Beispiele, übersichtliche Zusammenfassungen, praxisbezogene Hinweise und Tipps und wenige, aber relevante bzw. aktuelle Lesehinweise.

 Schneider Verlag Hohengehren
Wilhelmstr. 13; D-73666 Baltmannsweiler